9·7급 공무원 국어

2023

요정 노트

국어 요점 정리 노트

문법·어문 규정·문학·한자어

김병태 편저

**2023
국왕국어
요정노트**

시험이 임박하면 "마무리를 어떻게 할 것인가?"

그리고

시험장엔 "어떤 책을 갖고 갈 것인가?"

하고 고민하게 됩니다.

그 해결책으로 만들어진 것이

"국어 마무리에 날개를 달아줄 요정노트"입니다.

이 책은 저 혼자만의 작업으로 만들어진 것이 아니라,

수많은 학생들의 도움으로 만든 노력의 결실임을

말하고 싶습니다.

앞으로 여러분은 시험장에서

여러분의 실력을 맘껏 발휘할 일만 남았습니다.

진심으로 여러분의 합격을 기도합니다!

2022년 7월

김병태

CONTENTS

제1부 문법

1 도표로 보는 문법

언어와 국어
- 01 언어의 특성 008
- 02 언어의 기능 009
- 03 국어의 특질 009

국어의 구조 010
- 01 음운 011
- 02 형태소 014
- 03 단어 015
- 04 어절(성분) 025
- 05 문장 026
- 06 서술어의 자릿수 027

품사 구분하기 027

[특강] 1시간에 끝내는 문법 총정리 032

문법 요소 035
- 01 종결 표현 035
- 02 높임 표현 036
- 03 피동 표현 037
- 04 사동 표현 037
- 05 시제 표현 038
- 06 부정 표현 038

국어사 039
- 01 훈민정음 039
- 02 국어의 시대별 특징 041

의미론 042
- 01 반의 관계 042
- 02 의미 변화 042
- 03 동음이의어 042
- 04 다의어 042

언어 예절 043
- 01 부모와 자식 간의 호칭어·지칭어 043
- 02 주요 호칭어·지칭어 043
- 03 촌수 044
- 04 언어 예절 개정 사항 044

정확한 문장(어법에 맞는 문장) 045

2 도표로 보는 어문 규정
- 01 한글 맞춤법 046
- 02 표준 발음법 048
- 03 외래어 표기법 049
- 04 유의해야 할 외래어 표기 050
- 05 로마자 표기법 051
- 06 전음법과 전자법 052
- 07 표준어 사정 원칙 053

한글 맞춤법 판서 056
- 01 제4장 형태에 관한 것 056
- 02 제5장 띄어쓰기 059
- 03 제6장 그 밖의 것 061
- 04 심화 한글 맞춤법 063
- 05 한글 맞춤법 연습하기 076
- 06 개정된 문장 부호 080
- 07 문장 부호 081

표준 발음법 판서 086
- 01 제4장 받침의 발음 086
- 02 제5장 음의 동화 087
- 03 제6장 경음화 087
- 04 제7장 음의 첨가 088

표준어 사정 원칙 개정 089
- 01 새로 추가된 표준어 089

3 원본으로 보는 어문 규정

1 한글 맞춤법 94
- 제1장 총칙 94
- 제2장 자모 94
- 제3장 소리에 관한 것 94
- 제4장 형태에 관한 것 98
- 제5장 띄어쓰기 108
- 제6장 그 밖의 것 110
- 부록 114

2 표준어 사정 원칙 120
- 제1장 총칙 120
- 제2장 발음 변화에 따른 표준어 규정 120
- 제3장 어휘 선택의 변화에 따른 표준어 규정 127

3 표준 발음법 133
- 제1장 총칙 133
- 제2장 자음과 모음 133
- 제3장 음의 길이 134
- 제4장 받침의 발음 134
- 제5장 음의 동화 136
- 제6장 경음화 138
- 제7장 음의 첨가 139

4 외래어 표기법 141
- 제1장 표기의 기본 원칙 141
- 제2장 표기 일람표 141
- 제3장 표기 세칙 142
- 제4장 인명, 지명 표기의 원칙 146

5 로마자 표기법 148
- 제1장 표기의 기본 원칙 148
- 제2장 표기 일람 148
- 제3장 표기상의 유의점 149

제 2 부 어휘

1 고유어
- 기출 고유어 211 ... 154
- 주제별 고유어 ... 162
- 주제별 고유어와 의미 ... 163

2 속담, 한자성어
- 주요 속담 ... 166
- 속담과 한자성어의 대응 ... 168
- 한눈에 보는 한자성어 ... 170

3 한자어
- 여러 음을 가진 한자 ... 173
- 필수 이음절 한자어 323 ... 177

제 3 부 문학

1 도표 문학사 ... 220

2 고전 시가
- 공무도하가(公無渡河歌) - 백수 광부의 아내 ... 226
- 황조가(黃鳥歌) - 유리왕 ... 227
- 구지가(龜旨歌) - 구간 등 ... 228
- 정읍사(井邑詞) - 어느 행상인의 아내 ... 229
- 서동요(薯童謠) - 서동 ... 230
- 도솔가(兜率歌) - 월명사(月明師) ... 231
- 풍요 - 양지(良志) ... 231
- 헌화가(獻花歌) - 견우 노인 ... 232
- 처용가(處容歌) - 처용 ... 233
- 모죽지랑가(慕竹旨郞歌) - 득오 ... 234
- 제망매가 - 월명사 ... 235
- 찬기파랑가 - 충담사 ... 236
- 안민가(安民歌) - 충담사 ... 237
- 원왕생가(願往生歌) - 광덕(廣德) ... 238
- 사모곡(思母曲) - 작자 미상 ... 239
- 상저가(相杵歌) - 작자 미상 ... 239
- 유구곡 - 작자 미상 ... 240
- 가시리 - 작자 미상 ... 241
- 동동 - 작자 미상 ... 242
- 정과정 - 정서 ... 244
- 청산별곡 - 작자 미상 ... 245
- 서경별곡 - 작자 미상 ... 247
- 정석가(鄭石歌) - 작자 미상 ... 249
- 쌍화점(雙花店) - 작자 미상 ... 251
- 만전춘별사(滿殿春別詞) - 작자 미상 ... 252
- 처용가 - 작자 미상 ... 253
- 한림별곡(翰林別曲) - 한림 제유 ... 254
- 송인 - 정지상 ... 255
- 봄비 - 허난설헌 ... 256
- 무어별(無語別) - 임제 ... 257
- 고시(古詩) 8 - 정약용 ... 258
- 보리타작 - 정약용 ... 259
- 절명시(絕命詩) - 황현 ... 260
- 야청도의성(夜聽擣衣聲) - 양태사 ... 261
- 추야우중(秋夜雨中) - 최치원 ... 262
- 여수장우중문시(與隨將于仲文詩) - 을지문덕 ... 262
- 사리화(沙里花) - 이제현 ... 263
- 탐진촌요(耽津村謠) - 정약용 ... 263
- 구우(久雨) - 정약용(丁若鏞) ... 264
- 빈녀음(貧女吟) - 허난설헌(許蘭雪軒) ... 264
- 부벽루(浮碧樓) - 이색(李穡) ... 265
- 용비어천가(龍飛御天歌) - 정인지, 권제, 안지 등 ... 266
- 이화에 월백ᄒ고 - 이조년 ... 268
- 춘산에 눈 녹인 바람 - 우탁 ... 268
- ᄒ 손에 막디 잡고 - 우탁 ... 269
- 흥망이 유수ᄒ니 - 원천석 ... 269
- 오백 년 도읍지를 - 길재 ... 270
- 길위에 두 돌부처 - 정철 ... 271
- 방안에 혓는 촛불 - 이개 ... 271
- 재 너머 성권농(成勸農) 집의 / 머귀 잎 지고야 - 정철 ... 272
- 동짓달 기나긴 밤을 - 황진이 ... 273
- 어져 내 일이야 - 황진이 ... 274
- 묏버들 갈히 것거 - 홍랑 ... 275
- 이화우 훗쑬릴 제 - 계랑 ... 276
- 하하 허허 ᄒ들 - 권섭 ... 277
- 내히 죠타 ᄒ고 - 변계량 ... 277
- 매화사(梅花詞) - 안민영 ... 278
- 강호사시가(江湖四時歌) - 맹사성 ... 280
- 도산십이곡 - 이황 ... 281
- 고산구곡가(高山九曲歌) - 이이 ... 282
- 어부가(漁父歌) / 어부단가 - 이현보 ... 283
- 어부사시사(漁父四時詞) - 윤선도 ... 284
- 오우가(五友歌) - 윤선도 ... 286
- 견회요(遣懷謠) - 윤선도 ... 287
- 만흥(漫興) - 윤선도 ... 288
- 몽천요 - 윤선도 ... 289
- 초연곡 - 윤선도 ... 290
- 오륜가 - 주세붕 ... 291
- 훈민가 - 정철 ... 292
- 상춘곡(賞春曲) - 정극인 ... 294
- 면앙정가 - 송순 ... 296
- 관동별곡 - 정철 ... 299
- 사미인곡 - 정철 ... 304
- 속미인곡 - 정철 ... 307
- 규원가(閨怨歌) - 허난설헌 ... 309
- 상사별곡(相思別曲) - 작자 미상 ... 312
- 고공가 - 허전 ... 313
- 선상탄 - 박인로 ... 314
- 누항사(陋巷詞) - 박인로 ... 315
- 농가월령가(農家月令歌) - 정학유 ... 318
- 고공답주인가 - 이원익 ... 321
- 연행가(燕行歌) - 홍순학 ... 322
- 일동장유가(日東壯遊歌) - 김인겸 ... 323
- 용부가(庸婦歌) - 작자 미상 ... 325
- 유산가(遊山歌) - 작자 미상 ... 326

시집살이 노래 - 작자 미상 ——— 327
베틀 노래 - 작자 미상 ——— 328

3 시대별 고전 소설

단군 신화(壇君神話) - 작자 미상 ——— 330
주몽 신화 - 작자 미상 ——— 331
토황소격문 - 최치원 ——— 332
공방전(孔方傳) - 임춘 ——— 333
국순전(麴醇傳) - 임춘 ——— 334
저생전(楮生傳) - 이첨 ——— 336
경설 - 이규보 ——— 337
슬견설 - 이규보 ——— 338
이옥설 - 이규보 ——— 339
차마설 - 이곡 ——— 340
뇌설 - 이규보 ——— 341
삼국유사 - 일연 ——— 342
만복사저포기(萬福寺樗蒲記) - 김시습 ——— 343
이생규장전(李生窺墻傳) - 김시습 ——— 345
숙영낭자전(淑英娘子傳) - 작자 미상 ——— 347
춘향전 - 작자 미상 ——— 348
영영전 - 작자 미상 ——— 351
숙향전 - 작자 미상 ——— 352
운영전 - 작자 미상 ——— 354
주생전 - 권필 ——— 356
채봉감별곡 - 작자 미상 ——— 357
유충렬전 - 작자 미상 ——— 359
전우치전 - 작자 미상 ——— 360
조웅전 - 작자 미상 ——— 361
홍길동전 - 허균 ——— 362
옥루몽 - 남영로 ——— 363
박씨전(朴氏傳) - 작자 미상 ——— 365
장국진전 - 작자 미상 ——— 367
양반전 - 박지원 ——— 368
호질 - 박지원 ——— 369
허생전 - 박지원 ——— 371
광문자전 - 박지원 ——— 372
적성의전 - 작자 미상 ——— 373
사씨남정기(謝氏南征記) - 김만중 ——— 374
장끼전 - 작자 미상 ——— 376
최척전 - 조위한 ——— 377
구운몽 - 김만중 ——— 379
규중칠우쟁론기(閨中七友爭論記) - 작자 미상 ——— 382
조침문(弔針文) - 유씨 부인 ——— 384
산성일기(山城日記) - 어느 궁녀 ——— 385
동명일기(東溟日記) - 의유당 ——— 387
서포만필(西浦漫筆) - 김만중 ——— 388
통곡할 만한 자리[好哭場記] - 박지원 ——— 389
일야구도하기 - 박지원 ——— 390
상기 - 박지원 ——— 391
초정집서 - 박지원 ——— 392
수오재기(守吾齋記) - 정약용 ——— 393
한중록 - 혜경궁 홍씨 ——— 395
표해록 - 최부 ——— 396
심청가 - 작자 미상 ——— 397
봉산 탈춤 - 작자 미상 ——— 398
꼭두각시놀음 - 작자 미상 ——— 400
바리공주 - 작자 미상 ——— 402

4 현대 시
01 낯선 현대 시 쉽게 접근하기 ——— 404
02 현대 시의 주제별 유형 ——— 408
03 주요 작품 ——— 410
  1 사평역에서 ——— 410
  2 은행나무 ——— 411
  3 초토의 시1 ——— 412
  4 와사등 ——— 413
  5 생의 감각 ——— 414
  6 바다와 나비 ——— 415
  7 설일(雪日) ——— 416
  8 남으로 창을 내겠소 ——— 417
  9 초혼(招魂) ——— 418
  10 눈 ——— 419
  11 독(毒)을 차고 ——— 420
  12 눈물 ——— 421
  13 종소리 ——— 422
  14 새 ——— 423
  15 이별가 ——— 424
  16 떠나가는 배 ——— 425
  17 추천사 - 춘향의 말1 ——— 426
  18 목계장터 ——— 427
  19 농무(農舞) ——— 428
  20 꽃덤불 ——— 429
  21 그날이 오면 ——— 430
  22 깃발 ——— 431
  23 생(生) ——— 432
  24 거울 ——— 433
  25 벼 ——— 434
  26 봄 ——— 435
  27 풀벌레 소리 가득차 있었다 ——— 436
  28 슬픔이 기쁨에게 ——— 437
  29 저문 강에 삽을 씻고 ——— 438
  30 봉황수(鳳凰愁) ——— 439
  31 귀천 ——— 440
  32 성에꽃 ——— 441
  33 북어 ——— 442
  34 알 수 없어요 ——— 443
  35 자수(刺繡) ——— 444
  36 조그만 사랑 노래 ——— 445
  37 새들도 세상을 뜨는구나 ——— 446

제 4 부 비문학

1 비문학
Ⅰ 주제 찾기 ——— 450
Ⅱ 글의 구성과 전개 방식 ——— 451
Ⅲ 글의 구조 ——— 452

2 비문학 기출 연습
비문학 기출 연습 ——— 454

2023
국왕국어
요정노트

제 1 부
문법

- **01** 도표로 보는 문법
- **02** 도표로 보는 어문 규정
- **03** 원본으로 보는 어문 규정

1 도표로 보는 문법

언어와 국어

01 언어의 특성

기호적 특성	자의성	언어의 형식인 음성과 내용인 의미는 자의적 관계이다. 예 집: 한국어-집[집], 영어-house[하우스], 중국어-家[자], 일본어-家[이에] 예 나무: 한국어-나무[나무], 영어-tree[triː] 예 '사과'는 언제부터 '사과'라고 부르기 시작했는지 알 수 없다.
	사회성(불역성)	언어는 언중의 약속이므로 한 개인이 음성과 의미를 임의로 바꿀 수 없다. 예 매일 먹는 '밥'을 개인이 '법'이라고 바꾼다고 통용되지 않는다. 예 언어는 사회 구성원들의 약속이므로 많은 사람들이 사용하는 언어로 표준어가 바뀔 수 있다.
	역사성(가역성)	언어는 시간의 흐름에 따라 생성, 성장, 소멸한다. 예 'ㆍ'가 현대 국어에서 더 이상 사용되지 않는다. 예 '믈[水]'이 현대 국어에 와서 '물'로 형태가 바뀌었다. 예 '어리다'가 어리석다[愚]로 쓰이다가 현대 국어에 와서 '나이가 어리다[幼]'의 뜻으로 바뀌었다.
	추상성	개념은 구체적인 대상으로부터 공통적 속성을 뽑아내는 과정을 거쳐 형성된다. 예 장미, 백합, 개나리, 무궁화 → 공통점: 씨앗을 맺는 생식 기관 → 꽃
	분절성(불연속성)	언어는 물리적으로 연속된 세계를 나누어 표현한다. 예 실제로 무지개 색깔은 경계가 없지만 사람들은 '일곱 가지 색'으로 분류하여 설명한다. 예 시간의 흐름을 초, 분, 시간 단위로 나눠 사용해 왔다.
	개방성(창조성)	인간은 새로운 개념이나 문장을 계속 만들어내며, 관념적이고 추상적인 개념까지도 표현한다. 예 사랑, 용기, 평화
구조적 특성	규칙성	언어를 이루는 음운, 단어, 문장, 이야기는 각각의 구조를 가지며, 그 구조는 일정한 규칙이 있다. 예 영희가 바야흐로 노래를 불렀다. → 현재를 뜻하는 '바야흐로'와 과거 시제인 '불렀다'는 시제 규칙에 어긋난다. 예 영희가 그 동아리를 가입했다. → '가입하다'는 부사격 조사 '에'가 쓰인다. 조사의 규칙에 어긋난다.
	체계성	언어를 이루는 음운, 단어, 문장, 이야기는 각각의 구조를 가지며, 그 구조는 일정한 체계가 있다. 예 단어들도 상하의 조직을 가지고 있다.

02 언어의 기능

표현적 기능	화자의 사실적인 판단이나 듣는 사람에 대한 자신의 태도, 지시 대상에 대한 자신의 태도, 자신의 판단에 대한 확신성 여부를 표현하는 기능이다.
표출적 기능	화자가 어떠한 의도도 없이 무의식적 반응을 표출하는 기능이다.
명령적 기능 (감화적 기능, 지령적 기능)	화자의 주장을 받아들여 청자가 특정 행위를 하도록 명령하는 기능이다.
친교적 기능	화자가 청자와 절친하게 교제하고 있음을 드러내는 기능이다.
관어적 기능	단어와 단어 사이의 관계를 규정하는 기능으로, 어떤 단어나 개념을 정확히 풀이하거나 자국어와 외국어의 의미를 대응시키는 기능이다.
미적 기능 (미학적 기능, 심미적 기능, 시적 기능)	메시지를 효율적으로 전달하기 위해 미적(美的)으로 꾸미는 기능이다.
지식과 정보 보존의 기능	지식과 정보를 보존하여 후대에 물려주는 기능이다.

03 국어의 특질

국어는 계통상 '알타이 어'이며, 형태상 '첨가어(교착어)'이다.

음운상 특질	• 파열음 계열은 예사소리, 된소리, 거센소리 등 삼중 체계로 되어있다. • 장애음(특히, 파열음과 파찰음)이 '평음-경음-격음'의 3항 대립을 보인다. • 단모음의 수가 10개(ㅏ, ㅓ, ㅗ, ㅜ, ㅡ, ㅣ, ㅐ, ㅔ, ㅚ, ㅟ)로 많은 편이다. • 마찰음(ㅅ, ㅆ, ㅎ)이 다른 언어에 비해 많지 않다. • 두음법칙, 음절의 끝소리 규칙, 모음조화 동화작용 등의 적용을 받는다. • 음상의 차이로 어감이 달라지고, 의미가 분화되기도 한다.
어휘상 특질 (형태적 특질)	• 고유어, 한자어, 외래어의 삼중 체계로 되어 있으며, 한자어가 고유어의 빈자리를 메워 주기도 하지만 위축시키기도 한다. • 높임을 표현하는 어휘와 친족어가 발달하였다. • 감각어와 색채어가 발달하였다. • 의성어와 의태어 등의 상징어가 발달하였다. • 동사와 형용사의 활용이 유사하다.
문법상 특질 (통사적 특질)	• 조사나 어미와 같은 문법적 관계를 나타내는 말이 발달하였다. • 국어의 문장은 '주어-목적어-서술어'의 어순으로 나타나지만, 어순이 자유롭게 바뀔 수 있다. • 수식어가 피수식어 앞에 온다. • 문장 성분을 비교적 쉽게 생략할 수 있다. • 단어형성법이 다양하다.

국어의 구조

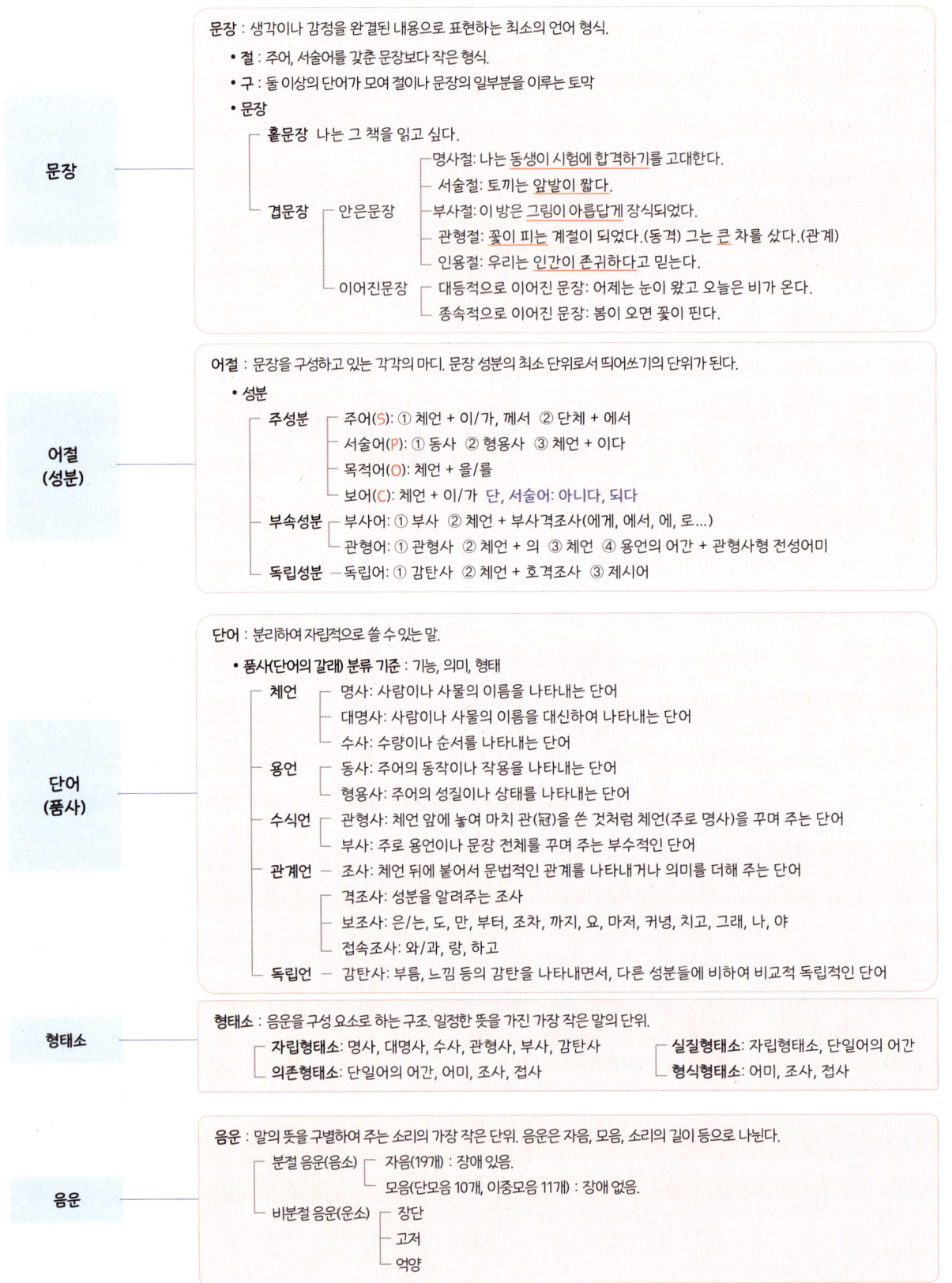

문장

- **문장** : 생각이나 감정을 완결된 내용으로 표현하는 최소의 언어 형식.
  - **절** : 주어, 서술어를 갖춘 문장보다 작은 형식.
  - **구** : 둘 이상의 단어가 모여 절이나 문장의 일부분을 이루는 토막
  - **문장**
    - **홑문장** 나는 그 책을 읽고 싶다.
    - **겹문장**
      - 안은문장
        - 명사절: 나는 동생이 시험에 합격하기를 고대한다.
        - 서술절: 토끼는 앞발이 짧다.
        - 부사절: 이 방은 그림이 아름답게 장식되었다.
        - 관형절: 꽃이 피는 계절이 되었다.(동격) 그는 큰 차를 샀다.(관계)
        - 인용절: 우리는 인간이 존귀하다고 믿는다.
      - 이어진문장
        - 대등적으로 이어진 문장: 어제는 눈이 왔고 오늘은 비가 온다.
        - 종속적으로 이어진 문장: 봄이 오면 꽃이 핀다.

어절 (성분)

- **어절** : 문장을 구성하고 있는 각각의 마디. 문장 성분의 최소 단위로서 띄어쓰기의 단위가 된다.
  - **성분**
    - 주성분
      - 주어(S): ① 체언 + 이/가, 께서 ② 단체 + 에서
      - 서술어(P): ① 동사 ② 형용사 ③ 체언 + 이다
      - 목적어(O): 체언 + 을/를
      - 보어(C): 체언 + 이/가 단, 서술어: 아니다, 되다
    - 부속성분
      - 부사어: ① 부사 ② 체언 + 부사격조사(에게, 에서, 에, 로...)
      - 관형어: ① 관형사 ② 체언 + 의 ③ 체언 ④ 용언의 어간 + 관형사형 전성어미
    - 독립성분
      - 독립어: ① 감탄사 ② 체언 + 호격조사 ③ 제시어

단어 (품사)

- **단어** : 분리하여 자립적으로 쓸 수 있는 말.
  - **품사(단어의 갈래) 분류 기준** : 기능, 의미, 형태
    - 체언
      - 명사: 사람이나 사물의 이름을 나타내는 단어
      - 대명사: 사람이나 사물의 이름을 대신하여 나타내는 단어
      - 수사: 수량이나 순서를 나타내는 단어
    - 용언
      - 동사: 주어의 동작이나 작용을 나타내는 단어
      - 형용사: 주어의 성질이나 상태를 나타내는 단어
    - 수식언
      - 관형사: 체언 앞에 놓여 마치 관(冠)을 쓴 것처럼 체언(주로 명사)을 꾸며 주는 단어
      - 부사: 주로 용언이나 문장 전체를 꾸며 주는 부수적인 단어
    - 관계언
      - 조사: 체언 뒤에 붙어서 문법적인 관계를 나타내거나 의미를 더해 주는 단어
        - 격조사: 성분을 알려주는 조사
        - 보조사: 은/는, 도, 만, 부터, 조차, 까지, 요, 마저, 커녕, 치고, 그래, 나, 야
        - 접속조사: 와/과, 랑, 하고
    - 독립언
      - 감탄사: 부름, 느낌 등의 감탄을 나타내면서, 다른 성분들에 비하여 비교적 독립적인 단어

형태소

- **형태소** : 음운을 구성 요소로 하는 구조. 일정한 뜻을 가진 가장 작은 말의 단위.
  - **자립형태소**: 명사, 대명사, 수사, 관형사, 부사, 감탄사
  - **의존형태소**: 단일어의 어간, 어미, 조사, 접사
  - **실질형태소**: 자립형태소, 단일어의 어간
  - **형식형태소**: 어미, 조사, 접사

음운

- **음운** : 말의 뜻을 구별하여 주는 소리의 가장 작은 단위. 음운은 자음, 모음, 소리의 길이 등으로 나뉜다.
  - 분절 음운(음소)
    - 자음(19개) : 장애 있음.
    - 모음(단모음 10개, 이중모음 11개) : 장애 없음.
  - 비분절 음운(운소)
    - 장단
    - 고저
    - 억양

01 음운

1-1 음향, 음성, 음운

- **음향**: 자연의 소리
- **음성**: 사람의 발음 기관을 통해 내는 물리적인 소리
- **음운**: 말의 뜻을 구별하여 주는 소리의 가장 작은 단위

1-2 음운

┌음운(모음)┐ ┌음운(자음)┐
밤 범   빵 방

1-3 음운 체계

분절 음운 (음소)

자음 (19개)

[자음 체계]

조음 방법		조음 위치	양순음 (두 입술)	치조음 (윗잇몸-혀끝)	경구개음 (센입천장-혓바닥)	연구개음 (여린입천장-혀 뒤)	후음 (목청 사이)
안울림소리 (무성음)	파열음 공기를 막았다가 터뜨림	예사소리(평음)	ㅂ	ㄷ		ㄱ	
		된소리(경음)	ㅃ	ㄸ		ㄲ	
		거센 소리 (격음=유기음)	ㅍ	ㅌ		ㅋ	
	파찰음 파열과 마찰 두 가지	예사소리(평음)			ㅈ		
		된소리(경음)			ㅉ		
		거센 소리 (격음=유기음)			ㅊ		
	마찰음 마찰	예사소리(평음)		ㅅ			ㅎ
		된소리(경음)		ㅆ			
울림소리 (유성음)	비음 코로 공기를 내보내는 소리		ㅁ	ㄴ		ㅇ	
	유음 혀끝 옆으로 공기 흘려보냄			ㄹ			

모음 (21개)

[단모음 체계]

	혀의 위치	전설 모음		후설 모음	
혀의 높이	입술의 모양	평순 모음	원순 모음	평순 모음	원순 모음
울림소리	고모음(閉)	ㅣ	ㅟ	ㅡ	ㅜ
	중모음	ㅔ	ㅚ	ㅓ	ㅗ
	저모음(開)	ㅐ		ㅏ	

[이중 모음]: 반모음 + 단모음

ㅣ [j](혹은 [y])계 이중 모음	ㅑ, ㅕ, ㅛ, ㅠ, ㅖ, ㅒ
ㅗ/ㅜ [w]계 이중 모음	ㅘ, ㅝ, ㅙ, ㅞ

비분절 음운 (운소)

장단

말:[言] ↔ 말[馬, 斗]   거:리[距離] ↔ 거리[街]   눈:[雪] ↔ 눈[眼]   밤:[栗] ↔ 밤[夜]

- 모음은 장단이 있지만 자음은 장단이 없다.
- 긴소리는 단어의 첫째 음절에 나타나는 것이 원칙인데, 이것이 둘째 음절 이하에 오면 장음이 단음으로 발음
  - 예 말[말:]은 장음이지만 '참말[참말]'에서는 단음으로 발음
  - 예 눈[눈:]은 장음이지만 '함박눈[함방눈]'에서는 단음으로 발음

고저

억양

1-4 음운 변동

① 교체·대치 XAY → XBY

음절의 끝소리	받침(홑받침, 쌍받침)이 대표음 'ㄱ, ㄴ, ㄷ, ㄹ, ㅁ, ㅂ, ㅇ' 중 하나로만 발음되는 규칙(중화) **표준 발음법 8항**	예 놓치다[놋치다], 부엌[부억], 무릎[무릅]
된소리되기	예사소리가 된소리로 바뀌는 현상 ① **표준 발음법 23항** ② **표준 발음법 24항** ③ **표준 발음법 25항** ④ **표준 발음법 26항** ⑤ **표준 발음법 27항**	예 깎고[깍꼬], 입고[입꼬], 국밥[국빱] 예 닮고[담 : 꼬], 신고[신 : 꼬], 앉고[안꼬] 예 넓게[널께], 떫지[떨 : 찌], 핥다[할따] 예 갈등[갈뜽], 물상식[물쌍식], 발전[발쩐] 예 할 것을[할꺼슬], 만날 사람[만날싸람]
구개음화	'ㄷ, ㅌ'이 모음 'ㅣ'나 반모음 'ㅣ[j]' 앞에서 'ㅈ, ㅊ'으로 바뀌는 현상(음운 동화) **표준 발음법 17항**	예 같이[가치], 붙여[부처], 해돋이[해도지]
비음화	비음이 아닌 자음이 비음이 되는 현상(자음 동화) ① **표준 발음법 18항** ② **표준 발음법 19항**	예 국만[궁만], 국민[궁민], 입는다[임는다] 예 학력[항녁], 독립[동닙], 강릉[강능] 예 꽃내음[꼳내음(중화) → 꼰내음(비음화)]
유음화	'ㄴ'과 'ㄹ'이 만났을 때 'ㄴ'이 'ㄹ'로 바뀌는 현상 (자음 동화) **표준 발음법 20항**	예 물난리[물랄리], 광한루[광 : 할루]
모음동화	'ㅣ'모음의 역행동화 : 전설모음 'ㅣ' 앞에서 후설모음 'ㅏ, ㅓ, ㅗ, ㅜ'가 전설모음 'ㅐ, ㅔ, ㅚ, ㅟ'로 변함 **표준어 사정원칙 9항**	※ 'ㅣ' 역행 동화 현상에 의한 발음은 원칙적으로 표준 발음으로 인정하지 않지만 표준어로 인정하는 경우도 있음 예 남비(X) → 냄비(O), 서울나기(X) → 서울내기(O), 동당이치다(X)→동댕이치다(O)

② 탈락 XAY → XØY

자음군 단순화	음절의 끝소리에 겹받침이 올 때, 두 개의 자음 중 하나가 탈락하는 현상 ① **표준 발음법 10항** ② **표준 발음법 11항**	예 값[갑], 흙[흑], 넋[넉], 여덟[여덜], 삶[삼 :] 예 값지다 → [갑지다](자음군 단순화) → [갑찌다](된소리되기)
'ㄹ' 탈락	① **한글 맞춤법 28항** ② **한글 맞춤법 18항 중 'ㄹ' 규칙 활용**	예 솔+나무 → 소나무, 바늘+질 → 바느질 예 울+는 → 우는, 살+는 → 사는
'ㅎ' 탈락	**표준 발음법 12항 4번**	예 좋은[조은], 싫어도[시러도]
'ㅡ' 탈락	**한글 맞춤법 18항 중 'ㅡ' 규칙 활용**	예 따르+아 → 따라, 담그+아 → 담가, 들르+어 → 들러
동음 탈락	**한글 맞춤법 34항**	예 자+아 → 자, 서+어서 → 서서, 가+아서 → 가서

③ 축약 XABY → XCY

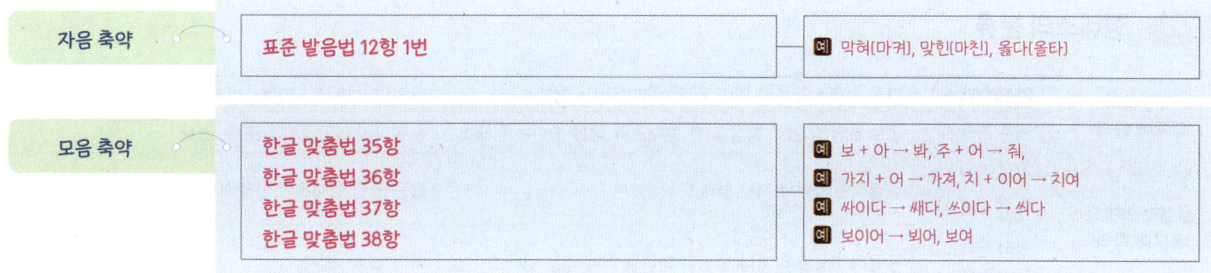

④ 첨가 XØY → XAY

참고			
순행동화	앞의 음운이 뒤의 음운에 영향을 주어 뒤에 있는 음운이 바뀌는 것		찰나[찰라], 강릉[강능], 불놀이[불로리]
역행동화	뒤의 음운이 앞의 음운에 영향을 주어 앞에 있는 음운이 바뀌는 것		국물[궁물], 손난로[손날로]

02 형태소(일정한 뜻을 가진 가장 작은 말의 단위)

2-1 형태소의 분류

자립성의 유무에 따라	자립 형태소	다른 형태소의 도움 없이 홀로 쓰일 수 있는 형태소	단일어의 명사, 대명사, 수사, 관형사, 부사, 감탄사
	의존 형태소	홀로 쓰일 수 없고 항상 다른 형태소와 함께 쓰이는 형태소	단일어의 어간, 어미, 조사, 접사
실질적 의미의 유무에 따라	실질 형태소 (어휘 형태소)	실질적인 의미를 지닌 형태소	모든 자립 형태소와 단일어의 어간
	형식 형태소 (문법 형태소)	문법적 기능을 하거나 형식적 의미를 더해 주는 형태소	어미, 조사, 접사

2-2 형태소의 분석

예문	선생님께서 우리들에게 숙제를 주신다.										
형태소	선생	-님	께서	우리	들	에게	숙제	를	주-	-시-	-ㄴ-	-다
	명사	접미사	조사	대명사	접미사	조사	명사	조사	어간	선어말 어미	선어말 어미	어말 어미

실질 형태소		형식 형태소
선생, 우리, 숙제	주-	-님, 께서, 들, 에게, 를, -시-, -ㄴ-, -다
자립 형태소	의존 형태소	

2-3 형태소의 개수

이 고기는 매우 기름지다.							
이	고기	는	매우	기름	-지	-다	7개
관형사	명사	조사	부사	명사	접사	어말어미	

먹이를 나눠 줘라.							
먹-	이	를	나누-	-어	주-	-어라	7개
어간	접사	조사	어간	연결어미	어간	어말어미	

달님에게 물어봐.							
달	님	에게	묻-	-어	보-	-아	7개
명사	접사	조사	어간	연결어미	어간	어말어미	

마음에도 안 찼니?							
마음	에	도	안	차-	-았-	-니	7개
명사	조사	조사	부사	어간	선어말 어미	어말어미	

서울에 가셨겠지.							
서울	에	가-	-시-	-었-	-겠-	-지	7개
명사	조사	어간	선어말 어미	선어말 어미	선어말 어미	어말어미	

저 나뭇잎은 참 빨갛다.							
저	나무	잎	은	참	빨갛-	-다	7개
관형사	명사	명사	조사	부사	어간	어말어미	

우리들 눈에 보였다.								
우리	들	눈	에	보-	-이-	-었-	-다	8개
대명사	접사	명사	조사	어간	접사	선어말 어미	어말어미	

03 단어

3-1 단어의 형성

```
                  ┌ 단일어 ── 어근   단어를 형성할 때 실질적 의미를 나타내는 중심 부분(어근의 짝은 접사)
                  │           ┌ 파생어 ┌ 접두사 ⊕ 어근
                  └ 복합어 ───┤        └ 어근 ⊕ 접미사
                              └ 합성어 ── 어근 ⊕ 어근
```

접사
- **파생접사** (단일어 → 파생어)
  - **한정적 접사**
    - **접두사**
      - 관형사성
        - 개-살구/떡
        - 군-살/식구
        - 날-김치/고기
        - 돌-배
        - 들-국화
        - 선-무당
        - 풋-사과/사랑
        - 핫-아비/옷
        - 홀-몸
        - 홑-몸
        - 막-국수/일
        - 맨-손/주먹
        - 맏-형/며느리
        - 민-얼굴/소매
        - 강-소주/밥
        - 한-길/여름
        - 참-먹
        - 헛-수고
        - 암-탉
        - 수-캐
        - 올-벼
        - 애-벌레
        - 알-밤
        - 덧-니
        - 찰-수수
      - 부사성
        - 되-새기다
        - 뒤-끓다
        - 드-높다/세다
        - 들-볶다
        - 엿-듣다/보다
        - 빗-나가다
        - 짓-누르다
        - 치-솟다
        - 헛-늙다
        - 휘-감다
        - 새-파랗다
        - 샛-노랗다
        - 시-꺼멓다
        - 싯-누렇다
    - **접미사**
      - (사람을 나타내는 것)
        - 사냥-꾼
        - 꾀-보
        - 쌈/바람-둥이
        - 가난-뱅이
        - 미/유기-장이
        - 멋-쟁이
        - 서울/시골-내기
        - 새침-데기
        - 한 살-배기
        - 심술/장난-꾸러기
      - (기타 접미사)
        - 굵-다랗-다
        - 깨-뜨리-다
        - 깨-트리-다
        - 사람-들
        - 넘-치-다
        - 잎-사귀
        - 사장-님
        - 송-아지
        - 얼마-어치
        - 망치-질
        - 너-희
  - **지배적접사 – 접미사** (품사변화 O)
    - 명사화
      - -음(ㅁ), -기
      - -이
      - -개, -게
      - -엄, -웅, -애
    - 동사화
      - -하
      - 이, 히, 리, 기, 우, 구, 추 : 높다 → 높이다, 좁다 → 좁히다, 낮다 → 낮추다
      - 지배 < 한정
    - 형용사화
      - -하
      - -스럽, -롭, -답, -지 : 자랑스럽다, 새롭다, 남자답다, 꽃답다, 사람답다, 기름지다, 값지다
    - 부사화
      - -이/히
      - -내, -껏, 끝⊕내, 정성⊕껏
- **굴절접사** (어미)

어근과 어간의 구분

어근	어간
• 단어에서 실질적인 의미를 나타내는 중심 부분 • '접사'의 짝	• 용언에서 형태가 고정된 부분 • '어미'의 짝

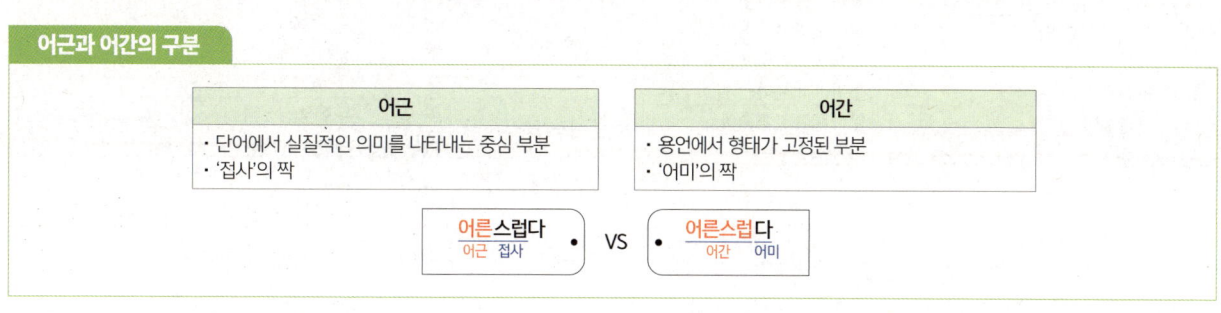

어른스럽다 (어근 접사) vs 어른스럽다 (어간 어미)

3-2 접사 자세히 알아보기

관형사성 접두사

접두사	의미	예시
개	① 야생 상태의, 질이 낮은	개살구 개떡 개꿀
	② 헛된, 쓸데없는	개꿈 개수작 개죽음
	③ 정도가 심한	개망나니 개잡놈
군	① 쓸데없는	군침 군소리 군말 군불
	② 가외로 더한, 덧붙은	군사람 군식구
날	① 가공하지 않은	날것 날고기 날장작
	② 다른 것이 없는	날바늘
	③ 지독한	날강도
	④ 경험이 없어 서투른	날뜨기
	⑤ 부질없이	날밤
돌	품질이 떨어지는, 야생의	돌배 돌감 돌조개
들	야생으로 자라는	들개 들국화
선	서툰, 충분치 않은	선무당 선웃음 선잠
풋	① 처음 나온, 덜 익은	풋감 풋고추
	② 미숙한, 깊지 않은	풋사랑 풋잠
핫	① 짝을 갖춘	핫어미 핫아비
	② 솜을 둔	핫바지 핫옷 핫이불
홀	짝이 없이 혼자뿐인	홀몸 홀아비
홑	한 겹으로 된, 하나인	홑몸 홑바지 홑이불
막	거친, 닥치는 대로 하는	막그릇 막국수 막일
맨	다른 것이 없는	맨눈 맨몸 맨땅 맨손
맏	① 맏이	맏며느리 맏사위
	② 그해에 처음 나온	맏나물 맏배
민	① 꾸미거나 딸린 것이 없는	민얼굴 민가락지
	② 그것이 없음	민무늬 민소매 민꽃
강	① 다른 것이 섞이지 않은	강굴 강술 강참숯
	② 마른, 물기가 없는	강기침 강더위
	③ 억지스러운	강울음 강호령
	④ 매우 센, 호된	강추위 강행군
한	① 큰	한걱정 한시름
	② 정확한, 한창인	한가운데 한여름 한밤중
	③ 바깥	한데
	④ 끼니때 밖	한동자 한음식 한저녁
	※관형사 '한' : ① 어떤 ② 같은 ③ 대략	
참	① 진짜, 진실하고 올바른	참사랑 참뜻
	② 품질이 우수한	참먹 참흙
	③ 먹을 수 있는	참꽃 참배
헛	이유 없는, 보람 없는	헛소리 헛고생 헛소문
암	① 새끼를 배는	암꽃 암탉 암평아리
	② 오목한 형태를 가진	암키와 암톨쩌귀
수	① 새끼를 배지 않는	수컷 수탉 수탕나귀
	② 길게 튀어나온 모양의	수키와 수톨쩌귀
올	빨리 여무는	올밤 올벼
애	① 맨 처음	애당초
	② 어린, 작은	애벌레 애호박
알	① 겉을 다 제거한	알밤 알몸 알토란
	② 작은	알바가지 알항아리
	③ 진짜, 알짜	알거지 알부자
덧	거듭된, 겹쳐 입는	덧니 덧버선 덧신 덧가지
찰	① 끈기가 있고 차진	찰떡 찰옥수수 찰흙
	② 매우 심한, 지독한	찰거머리 찰가난
	③ 품질이 좋은	찰가자미 찰복숭아
시	남편의	시어머니 시누이

부사성 접두사

접두사	의미	예시
되	다시	되살리다 되새기다 되묻다
뒤	① 몹시, 마구, 온통	뒤끓다 뒤덮다 뒤엉키다
	② 반대로	뒤바꾸다 뒤엎다
드	심하게, 높이	드날리다 드높다 드세다
들	몹시	들끓다 들볶다 들쑤시다
엿	몰래	엿듣다 엿보다 엿살피다
빗	① 기울어지게	빗대다
	② 잘못	빗나가다 빗맞다
짓	마구 함부로	짓누르다 짓밟다
치	위로 향하게	치솟다 치닫다 치뜨다
헛	보람 없이, 잘못	헛살다 헛디디다 헛되다
휘	마구 심하게	휘두르다 휘날리다 휘감다
새	매우 짙고 선명하게	새파랗다 새빨갛다
샛	매우 짙고 선명하게	샛노랗다 샛말갛다
시	매우 짙고 선명하게	시퍼렇다 시벌겋다
싯	매우 짙고 선명하게	싯누렇다 싯멀겋다

한정적 접미사(사람)

꾼	나무꾼 일꾼 낚시꾼 구경꾼 재주꾼
보	꾀보 싸움보 땅딸보 잠보 ※ 먹보 울보→지배적 접미사
둥이	귀염둥이 막내둥이 쉰둥이 바람둥이
뱅이	가난뱅이 게으름뱅이
장이	간판장이 옹기장이 양복장이 칠장이
쟁이	겁쟁이 멋쟁이 그림쟁이 이발쟁이 점쟁이
내기	서울내기 시골내기 신출내기 풋내기
데기	부엌데기 새침데기 소박데기
배기	두 살배기 나이배기 진짜배기
꾸러기	장난꾸러기 잠꾸러기 말썽꾸러기

한정적 접미사

다랗, 뜨리=트리	굵다랗다, 깨뜨리다, 깨트리다
들, 치, 사귀, 님	사람들, 넘치다, 잎사귀, 선생님
아지, 어치, 질, 희	송아지, 얼마어치, 망치질, 너희

지배적 접미사

	접미사	예시
명사화	으(ㅁ), 기	웃음 슬픔 얼음 달리기
	이	놀이 높이 넓이 먹이
	개, 게	덮개 지우개 찌개 집게
	엄	무덤(묻+엄)
	웅	마중(맞+웅) ※지붕(집+웅)→한정적 접미사
	애	마개(막+애)
동사화	하	공부하다 운동하다
	이히리기우구추	높이다 좁히다 넓히다 낮추다
형용사화	하	반듯반듯하다
	스럽	어른스럽다 복스럽다
	롭	새롭다 슬기롭다
	답	사람답다 정답다 참답다
	지	기름지다
	브	미쁘다(믿+브+다)
부사화	이, 히	많이 높이 조용히
	내	끝내 봄내 저녁내
	껏	정성껏 마음껏
	우	자주(잦+우)
관형사화	적	우호적 정신적
	까짓	그까짓 이까짓

3-3 합성어의 종류

단어 형성 방법	통사적	우리말의 일반적인 단어 배열법과 일치하는 방식
		① 관형사+명사 (새+해) 예 새해, 새언니, 첫사랑, 온갖 ② 명사+명사 (밤+낮) 예 밤낮, 돌다리, 소나무, 흙내, 얼룩소, 장군감, 김치찌개 ③ 부사+용언 (잘+나가다) 예 잘나가다, 똑같다, 그만두다, 가로막다, 가로지르다 '가로'는 어원적으로 부사 ④ 부사+부사 (알콩+달콩) 예 알콩달콩, 이리저리, 아기자기 부슬부슬 ⑤ 체언+서술어 (빛이+나다) 조사 생략 가능 예 빛나다, 낯설다 힘들다 용쓰다 기차다 앞서다 얄밉다 ⑥ 연결어미 사용 (돌아+가다) 예 돌아가다 게을러빠지다 잡아먹다 섞어찌개 몰라보다 나가다 ⑦ 어간+관형사형 어미+명사 (구운+밤) 예 군밤 군고구마 작은아버지 늙은이 어린이 날짐승 길짐승
	비통사적	우리말의 일반적인 단어 배열법에 어긋나는 방식 ① 관형사형 어미 생략 (덮은+밥) 예 덮밥 곶감 접칼 검버섯 꺾쇠 감발 묵밭 ② 연결 어미 생략 (검고+붉다) 예 검붉다 굳세다 깨물다 굶주리다 보살피다 오르내리다 짙푸르다 우짖다 날뛰다 뛰놀다 높푸르다 깔보다 돌보다 ③ 부사가 명사 직접 꾸밈 (살짝+곰보) 예 살짝곰보 딱딱새 부슬비 척척박사 산들바람
의미 관계	대등	어근이 의미를 유지하면서 대등하게 이루어진 합성어 예 앞뒤, 손발, 논밭, 위아래, 안팎
	종속	한쪽 어근이 다른 어근을 꾸미는 합성어 예 손수건, 책가방, 돌다리, 첫사랑, 얕보다
	융합	각각의 어근이 의미를 잃고 새로운 의미를 나타내는 합성어 예 춘추(春秋 : 나이), 연세(年歲 : 나이), 내외(內外 : 부부)

비통사적 합성어 암기 Tip

접칼 검버섯 곶감 덮밥 꺾쇠	오르내리다 높푸르다 짙푸르다 검푸르다 검붉다 설익다
부슬비 산들바람 촐랑개 딱딱새 척척박사	굶주리다 여닫다 우짖다
늦더위 감발 묵밭	굳세다 날뛰다 뛰놀다
	붙잡다 돌보다 보살피다 깔보다 얕보다 얽매다

통사적 합성어 암기 Tip

(1) 주격 조사 생략

낯이˅설다 → 낯설다
겁이˅나다 → 겁나다
맛이˅없다 → 맛없다
기가˅차다 → 기차다

빛이˅나다 → 빛나다
정이˅들다 → 정들다
철이˅들다 → 철들다
배가˅부르다 → 배부르다
손이˅쉽다 → 손쉽다
얄이˅밉다 → 얄밉다
힘이˅들다 → 힘들다
애가˅타다 → 애타다
애가˅끓다 → 애끓다

(2) 목적격 조사 생략

본을˅받다 → 본받다
앞을˅서다 → 앞서다
힘을˅쓰다 → 힘쓰다
용을˅쓰다 → 용쓰다
애를˅쓰다 → 애쓰다

3-4 품사

① 체언(명사, 대명사, 수사)

명사	개념	사람이나 사물의 이름을 나타내는 단어 • 조사가 붙어 격 표시가 이루어짐 • 관형어의 수식을 받을 수 있음		
	종류	사용 범위에 따라	고유 명사	인명, 지역명, 상호명
			보통 명사	일반적인 대상을 가리키는 명사
		자립 여부에 따라	의존 명사	앞에 꾸미는 말이 필요한 명사
			자립 명사	혼자서 쓰일 수 있는 명사

		* 의존 명사
		① 관형어의 꾸밈을 받는다.
		② 의존 명사는 자립 형태소로 분류되며 앞말과 띄어 쓴다.
		③ 수, 뿐, 데, 바, 지, 듯이, 이, 것, 줄, 터, 만, 리, 대로, 만큼, 척, 체, 양, 번, 겸, 단위성 의존 명사
		   (마리, 대, 자, 분 등)
		   예) 그녀는 웃을 뿐 말이 없었다.
		   예) 그는 눈 둘 데를 몰라 했다.
		   예) 아기는 아버지를 빼다 박은 듯 닮았다.		

대명사	개념	사람, 사물, 장소, 방향 등의 이름을 대신하여 나타내는 단어 • 조사가 붙어 격 표시가 이루어짐 • 관형사의 수식을 받을 수 없음 예) 새 그 X		
	종류	지시 대명사		이, 그, 이것, 저것, 그것, 여기, 무엇, 그쪽
		인칭 대명사	1인칭	화자가 자기 또는 자기 동아리를 이르는 대명사 예) 나, 우리
			2인칭	화자가 청자를 가리키는 대명사 예) 너, 당신

			3인칭	화자가 제삼자를 가리키는 말 예) 그녀, 그, 이분
				미지칭 : 대상의 이름이나 신분을 모를 때 쓰는 인칭 대명사로 주로
				       의문문에 쓰임
				       예) 지금 누구를 찾고 있니?
				부정칭 : 특정 인물을 가리키지 않는 대명사
				       예) 밤이 깊어지자 길거리에 아무도 없었다.
				재귀칭 : 한 번 나온 명사를 다시 가리킬 때 쓰이는 인칭 대명사
				       예) 형님은 자기 자신을 애국자라고 생각했다.
				       예) 형님은 당신 스스로 애국자라고 생각했다.

수사	개념	사물의 수량이나 순서를 가리키는 단어 • 조사가 붙어 격 표시가 이루어짐 예) 하나를 알면 열을 안다. • 관형사와 형용사의 수식을 받을 수 없다. 예외) 저 둘이 절친이야. O		
	종류	양수사	수량을 나타냄	고유어 계열 : 하나, 둘, 셋, …
				한자어 계열 : 일(一), 이(二), 삼(三), …
		서수사	순서를 나타냄	고유어 계열 : 첫째, 둘째, 셋째, …
				한자어 계열 : 제일(第一), 제이(第二), …

② 용언(동사, 형용사)

동사	개념	주어의 움직임을 나타내는 단어		
	종류	자동사	동작이 주어에만 미치는 동사	예 개나리가 활짝 피었다.
		타동사	목적어를 필요로 하는 동사	예 책을 읽다.
		규칙 동사	규칙적인 활용을 하는 동사	예 먹다-먹으니-먹은-먹을
		불규칙 동사	불규칙적인 활용을 하는 동사	예 묻다-묻고-물어

형용사	개념	사물의 성질이나 상태를 나타내는 단어		
	종류	성상 형용사	성질이나 상태를 나타내는 형용사	예 꽃이 예쁘다.
		지시 형용사	지시성을 나타내는 형용사	예 생김은 저러나 마음은 매우 유순합니다.
		규칙 형용사	규칙적인 활용을 하는 형용사	예 높다-높고-높아
		불규칙 형용사	불규칙적인 활용을 하는 형용사	예 사랑스럽다-사랑스럽고-사랑스러워

동사 형용사 구분하기

① 현재형 선어말 어미 '-ㄴ-' 또는 '-는다'

- 동사: O (본다, 먹는다)
- 형용사: X (예쁜다, 아름답는다)

② '않은'과 '않는'

- 동사: '않은'과 '않는' 가능
- 형용사: '않는' 불가능

헷갈리는 동사·형용사

밝다 (동, 형)

동 밤이 지나고 환해지며 새날이 오다.
예 새벽이 지나고 날이 밝는다.

이외에는 모두 형용사

동사로만 쓰이는 단어		형용사로만 쓰이는 단어	
낡다	못나다	없다	다르다
늙다	잘나다	젊다	건강하다
맞다	못생기다	아니다	
조심하다	잘생기다	알맞다	
중시하다		걸맞다	

동사와 형용사로 함께 쓰이는 단어

늦다	동사	정해진 때보다 지나다. 예 그는 약속 시간에 항상 늦는다.	크다	동사	동식물이 몸의 길이가 자라다. 예 가뭄에 나무가 잘 크지 않는다. 사람이 자라서 어른이 된다. 예 너는 커서 무엇이 되고 싶니?
	형용사	시간이 알맞을 때를 지나 있다. 예 올해는 꽃이 늦게 핀다.		형용사	사람, 사물의 길이, 높이, 부피가 보통 정도를 넘다. 예 글씨를 크게 적어서 뒤에서도 잘 보인다.
밝다	동사	밤이 지나고 환해지며 새날이 온다. 예 어느새 새벽이 지나고 날이 밝는다.	있다	동사	사람이나 동물이 어느 곳에서 떠나지 않고 머문다. 예 그는 내일 집에 있는다고 했다. 얼마의 시간이 경과하다. 예 앞으로 사흘만 있으면 추석이다.
	형용사	불빛 따위가 환하다. 예 햇살이 밝다.		형용사	사람, 동물, 물체가 실제 존재하는 상태이다. 예 나는 신이 있다고 믿는다. 재물이 넉넉하거나 많다. 예 그는 있는 집 자손이다.

③ 용언의 활용

(1) 어간과 어미

어간	용언에서 형태가 고정된 부분
어미	어간 뒤에 붙어서 변화하는 부분

먹	다
먹	고
먹	으니
어간	어미

* 어미

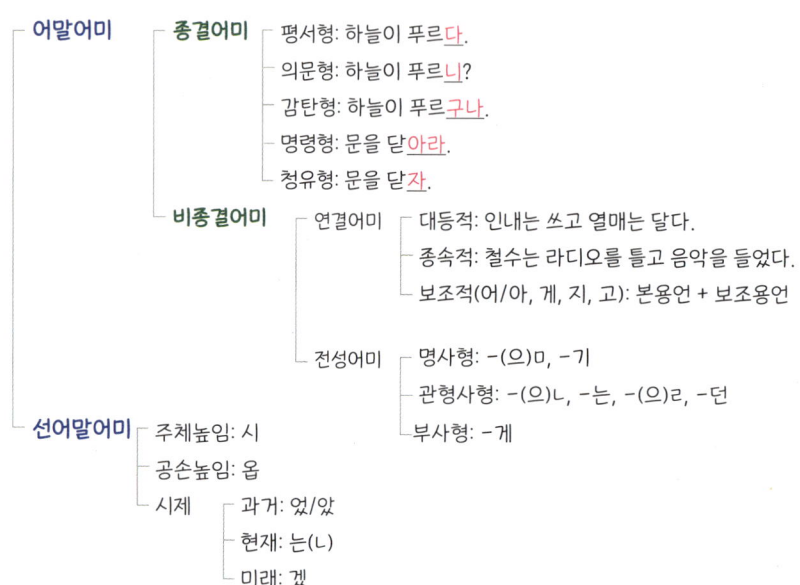

- 어말어미
  - 종결어미
    - 평서형: 하늘이 푸르다.
    - 의문형: 하늘이 푸르니?
    - 감탄형: 하늘이 푸르구나.
    - 명령형: 문을 닫아라.
    - 청유형: 문을 닫자.
  - 비종결어미
    - 연결어미
      - 대등적: 인내는 쓰고 열매는 달다.
      - 종속적: 철수는 라디오를 틀고 음악을 들었다.
      - 보조적(어/아, 게, 지, 고): 본용언 + 보조용언
    - 전성어미
      - 명사형: -(으)ㅁ, -기
      - 관형사형: -(으)ㄴ, -는, -(으)ㄹ, -던
      - 부사형: -게
- 선어말어미
  - 주체높임: 시
  - 공손높임: 옵
  - 시제
    - 과거: 었/았
    - 현재: 는(ㄴ)
    - 미래: 겠

(2) 본용언과 보조 용언

보조 동사		
진행	(-어/-아) 가다	예 불이 꺼져 간다.
	(-어/-아) 오다	예 날이 밝아 온다.
	(-고) 있다	예 얼굴이 하얀 이가 걸어오고 있다.
	(-고) 계시다	예 선생님께서 원고를 쓰고 계신다.
종결	(-어/-아) 내다	예 내 힘으로 막아 낸다.
	(-어/-아) 버리다	예 동생이 과자를 먹어 버렸다.
	(-고) 나다	예 자고 나서 어디로 갈까?
부정	(-지) 말다	예 그 곳에는 가지 말아라.
	(-지) 못하다	예 나는 그 일을 끝내지 못했다.
	(-지) 아니하다	예 되지도 않는 소리
봉사	(-어/-아) 주다	예 선배의 편지를 부쳐 주었다.
	(-어/-아) 드리다	예 나는 어머니 일을 거들어 드린다.
시행	(-어/-아) 보다	예 요리 맛은 어떤지 일단 먹어는 본다.
		예 새 옷을 입어 보았다.
피동	(-어/-아) 지다	예 글씨가 잘 써(쓰어) 진다.
사동	(-게) 하다	예 누구를 가게 하느냐?
강세	(-어/-아) 대다	예 그는 나를 놀려 대곤 했다.

보조 형용사		
희망	(-고) 싶다	예 나도 좋은 시를 많이 읽고 싶다.
부정	(-지) 못하다	예 운동장이 별로 넓지 못하다.
	(-지) 아니하다	예 오늘은 덥지 아니하다(않다).
추측	(-ㄴ가, -나) 보다	예 밖의 날씨가 매우 더운가 보다.
시인	형용사+(-기는) 하다	예 태산이 높기는 하다.

'고 싶다'와 보조사

나는 백두산이 보고 싶다.
→ 보조 형용사 '고 싶다' 앞에 '이, 가'가 있다면 체언은 무정 명사여야 하고 '이, 가'는 주격 조사가 아닌 강조의 보조사

(3) 규칙과 불규칙 활용

ㄹ 규칙	'ㄴ, ㄹ, ㅂ, ㅅ, 오'로 시작하는 어미 앞에서 'ㄹ'이 탈락		
	살	다	살다
	살	(으)니	사니
	살	(으)ㄴ	산
	살	(으)ㄹ	살
	살	(으)ㅂ니다	삽니다
	살	(으)시다	사시다
	살	오	사오

Q. 선생님 '(으)'는 뭔가요?
A. '매개 모음', '매개음'이라고 하는데, 매개음은 자음 충돌을 피하기 위해 두 자음 사이에 끼워 넣는 모음을 말해.

으 규칙	어미 '-어/아' 앞에서 'ㅡ'가 탈락								
	치르	다	치르다	우러르	다	우러르다	들르	다	들르다
	치르	고	치르고	우러르	고	우러르고	들르	고	들르고
	치르	어	치러	우러르	어	우러러	들르	어	들러
	따르	다	따르다	다다르	다	다다르다	아프	다	아프다
	따르	고	따르고	다다르	고	다다르고	아프	고	아프고
	따르	아	따라	다다르	아	다다라	아프	아	아파

* 어간만 바뀜

ㄷ 불규칙	모음 어미 앞에서 'ㄷ'이 'ㄹ'로 바뀜								
	(질문) 묻	다	묻다	(길을) 걷	다	걷다	(라면이) 붇	다	붇다
	묻	고	묻고	걷	고	걷고	붇	고	붇고
	묻	어	물어	걷	어	걸어	붇	어	불어

ㅂ 불규칙	모음 어미 앞에서 'ㅂ'이 'ㅜ'로 바뀜 *'돕다'와 '곱다' 외에는 ㅂ 불규칙 활용 시 앞이 양성모음이라도 어미 '어'를 붙여야 함								
	돕	다	돕다	사랑스럽	다	사랑스럽다	괴롭	다	괴롭다
	돕	고	돕고	사랑스럽	고	사랑스럽고	괴롭	고	괴롭고
	돕	아	도와	사랑스럽	어	사랑스러워	괴롭	어	괴로워
	돕	(으)ㄴ	도운	사랑스럽	(으)ㄴ	사랑스러운	괴롭	(으)ㄴ	괴로운
	돕	(으)니까	도우니까	사랑스럽	어서	사랑스러워서	괴롭	어서	괴로워서

ㅅ 불규칙	모음 어미 앞에서 'ㅅ'이 탈락								
	(선을) 긋	다	긋다	(집을) 짓	다	짓다	(병이) 낫	다	낫다
	긋	고	긋고	짓	고	짓고	낫	고	낫고
	긋	어	그어	짓	어	지어	낫	아서	나아서

르 불규칙	모음 어미 앞에서 'ㅡ' 탈락 후 'ㄹ' 덧생김								
	부르	다	부르다	흐르	다	흐르다	바르	다	바르다
	부르	고	부르고	흐르	고	흐르고	바르	아	발라
	부르	어	불러	흐르	어	흘러	바르	이	발리

우 불규칙	어미 '-어/아' 앞에서 'ㅜ'가 탈락		
	푸	다	푸다
	푸	어	퍼
	푸	었다	펐다

* 어미만 바뀜

여 불규칙	'하-' 뒤에 어미 '-아'가 결합할 때 '-아'가 '-여'로 바뀜		
	공부하	다	공부하다
	공부하	아	공부하아 ➡ 공부하여 ➡ 공부해

러 불규칙	어미 '-어'가 결합할 때 어미 '-어'가 '러'로 바뀜								
	(색깔) 푸르	다	푸르다	(색깔) 노르	다	노르다	(색깔) 누르	다	누르다
	푸르	고	푸르고	노르	고	노르고	누르	고	누르고
	푸르	어 ➡	푸르러	노르	어 ➡	노르러	누르	어 ➡	누르러

* 어간과 어미 모두 바뀜

ㅎ 불규칙	'ㄴ'으로 시작되는 어미 또는 모음으로 시작되는 어미 앞에서 'ㅎ'이 탈락 • 어미 '-어/-아'와 결합할 때는 'ㅎ' 탈락 후 '-에/애'로 바뀜 • 어미 '-네'와 결합할 때는 어간 끝의 'ㅎ'이 탈락하기도 하고 탈락하지 않기도 함								
	파랗	다	파랗다	하얗	아	하얘	커다랗	다	커다랗다
	파랗	니	파라니	허옇	어	허예	커다랗	습니다	커다랗습니다
	파랗	은	파란				커다랗	았습니다	커다랬습니다.
	파랗	으면	파라면	노랗	다	노랗다			
	파랗	오	파라오	노랗	니	노라니			
	파랗	아	파래	노랗	네	노랗네/노라네			
	퍼렇	어	퍼레	노랗	아	노래			

(4) '명사화 접미사'와 '명사형 전성어미'

	명사화 접미사가 붙었을 때	명사형 전성어미가 붙었을 때
품사	명사	변화 없음
꾸밈	관형어의 꾸밈을 받음	부사의 꾸밈을 받음
특징	주어, 목적어, 보어 역할을 함	서술성이 있음

예시

예 영희는 깊은 잠을 잠으로써 피로를 풀었다.
　자-+-ㅁ(명사화 접미사)
　(영희는 깊은 잠을 자다)으로써 피로를 풀었다.
　자-+-ㅁ(명사형 전성어미), 서술성O

예 진행자는 크게 웃음으로써 분위기를 풀었다.
　(진행자는 크게 웃다)으로써 분위기를 풀었다.
　웃-+-음(명사형 전성어미), 서술성O

예 겨울이어서 얼음이 자주 얾.
　겨울이어서 (얼음이 자주 얼었다.)
　얼-+-음(명사화 접미사)　얼-+-ㅁ(명사형 전성어미), 서술성O

예 그는 수줍음이 많은 사람이다.
　수줍-+-음(명사화 접미사)

예 그는 죽음을 각오하고 일에 매달렸다.
　죽-+-음(명사화 접미사)

④ 수식언(관형사, 부사)

관형사	개념	• 체언만 수식할 수 있다. • 형태가 변화하지 않는다. • '적' 　예 그는 이지적 인간이다. 관형사 　예 그는 이지적이다. 명사 　예 그곳은 비교적 교통이 편하다. 부사
	종류	**성상 관형사**: 명사의 성질이나 상태를 꾸며주는 관형사 　예 새, 헌, 옛, 외딴, 온갖 **지시 관형사**: 어떤 대상을 가리키는 관형사 　예 이, 그, 딴, 무슨, 아무 **수 관형사**: 사물의 수나 양을 나타내는 관형사 　예 한, 두, 세, 첫, 몇몇 예 그는 헌 신문지를 바닥에 깔았다. 예 그는 갖은 노력을 다했다. 예 어제는 밤이 늦도록 옛 책을 뒤적였다. 예 이 사과는 맛있게 생겼다. 예 그녀는 아무 말도 없이 고개만 끄덕이고 있었다. 예 두 사람은 서로 다투다가 화해했다. 예 가방에 소설책 한 권이 들어 있었다.
부사	개념	• 체언, 용언, 관형사, 부사를 수식한다. • 형태가 변화하지 않는다. • 용언의 어간에 부사화 접미사 '-이, -히'가 붙어 파생된 것도 있다.
	종류	**성분 부사**: 문장의 한 성분만 수식하는 부사 　예 활짝, 바로, 이리, 못, 아니 **문장(양태) 부사**: 뒤에 오는 문장 전체를 수식하는 부사 　예 과연, 분명히, 제발, 정말, 응당, 게다가, 의외로 **접속 부사**: 앞말과 뒷말 또는 앞 문장과 뒤의 문장을 이어주는 부사 　예 및, 또한, 그리고, 하지만 예 강아지가 사료를 안 먹는다. 예 의외로 철수가 모임에 참석했다. 예 그는 자리에서 일어났다. 그리고 창문을 열었다.

관형사 Tip

한다하는 집안의 고얀 녀석이 애먼 사람에게 갖은 욕과 허튼 말을 해서 몹쓸 짓을 많이 했어. 그래서 외딴 마을에 보내서 긴긴 세월을 살게 했어.

⑤ 관계언(조사)

격조사	개념	앞에 오는 단어에 문법적 관계를 표시하여 일정한 자격을 갖도록 해 주는 조사	
	종류	주격 조사	이, 가, 께서, 단체+에서 예 아이가 운동장에서 놀고 있다. 예 정부에서 학생들에게 장학금을 주었다.
		서술격 조사	이다 예 그녀는 매사에 적극적이다.
		목적격 조사	을, 를 예 그가 활을 쏨으로써 분쟁이 시작되었다.
		보격 조사	'되다, 아니다' 앞에서의 '이, 가' 예 물이 얼음이 되었다. 예 철수는 학생이 아니다.
		관형격 조사	의 예 민족자존의 정권을 영유케 하노라.
		부사격 조사	에게, 에서 (으)로, 로서, 로써, 에, 과, 하고 예 신청자에게 교부한다.
		호격 조사	아, 야 예 두껍아, 파랑새야.

보조사	개념	앞에 오는 단어에 의미를 더해 주는 조사로 체언, 어미, 부사, 조사 뒤에 붙음	
	종류	은/는, 도, 만	나는
		부터, 조차, 까지	꽃에서부터
		요, 마저	너마저, 추진력마저 *마저 밥 먹어(마저 : 부사)
		커녕, 치고, 그래, 나, 야	밥은커녕, 날씨치고
		라도, 깨나, 나마, 따라, 마다	우유라도, 공부깨나, 늦게나마, 오늘따라, 그날따라, 집집마다
		밖에	나는 V 참을 V 수밖에 V 없다.

접속조사	개념	두 단어를 이어주는 조사	
	종류	와	예 철수는 우유와 빵을 샀다.
		과	예 철수는 빵과 우유를 샀다.
		하고	예 철수는 우유하고 빵을 샀다.

⑥ 독립언(감탄사)

개념	문장 속에서 다른 성분에 얽매이지 않고 독립적으로 쓰이는 단어	
종류	감탄사	화자의 부름, 대답, 느낌, 놀람 등을 나타내는 데 쓰이는 단어 예 야, 같이 가자. 예 아이고, 깜짝이야. 예 네, 알겠습니다. 예 아니, 그럴 수가 있니? 예 글쎄, 그 일은 나도 잘 모르겠어.

04 어절(성분)

주어(S)

① 체언+'이', '가', '께서'
  예) 장미가 예쁘게 피었다.
② 단체+'에서'
  예) 학교에서 학사 일정을 공지하였다.
  예) 이번에 충청남도에서 우승을 차지하였다.
  예) 정부에서 실시한 조사 결과가 드디어 발표되었다.
  ※어느 학교의 동창회에서 있었던 일이다.
  → '있었다'의 주체는 '동창회'가 아니라 생략된 주어인 '그 사건'이다. '동창회에서'는 부사어이다.
③ 보조사가 붙기도 한다.
  예) 나는 선생님이다.
④ 주격 조사는 쉽게 생략되기도 한다.
  예) 너 심부름 가니?
⑤ 명사, 명사구, 명사절로 나타나기도 한다.
  예) 현우 밥 먹는다.
  예) 그 소년이 피리를 불었다.
  예) 피아노 연주하기가 나의 취미이다.

서술어(P)

① 동사
  예) 영희는 시험에 합격했다.
② 형용사
  예) 꽃이 아름답다.
③ 체언 + 이다
  예) 병태는 선생님이다.
④ 본용언 + 보조 용언
  예) 아이들이 건강하지를 않아 걱정이다.
⑤ 서술절로 서술어의 기능을 수행할 수 있다.
  예) 그 학교는 교정이 넓다.

주성분

목적어(O)

① 체언+'을', '를'
  예) 마법의 성을 지났다.
② 목적격 조사가 생략될 수 있다.
  예) 대화가 어디로 튈지 아무도 몰랐다.
③ 명사절로 목적어의 기능을 수행할 수 있다.
  예) 농부들은 비가 오기를 학수고대했다.
  예) 사공들은 바람이 불기를 기다렸다.

보어(C)

① '되다', '아니다' 앞에서 '체언+'이', '가'
  예) 철이는 아이가 아니다.

관형어

체언을 수식하는 문장 성분
① 관형사
  예) 저 하늘을 날아가도 놀라지 말아요.
  예) 새 옷을 할아버지께 드렸다.
② 체언 + 의
  예) 거북선은 우리의 자랑거리이다.
③ 명사
  예) 우리나라 날씨는 변화가 많다.
④ 용언 + 관형사형 전성어미
  예) 푸른 하늘

부사어

서술어, 관형어, 부사, 문장 등을 수식하는 문장 성분
① 부사
  예) 너무나 소중하다.
② 체언 + '에게', '로', '으로', '에'
  예) 손에 익은 연장이라서 일이 빨리 끝나겠다.
  예) 우리가 사고를 미연에 방지하지 못했다.
  예) 그 고마운 마음에 보답하고자 편지를 드리려고 합니다.
③ 용언의 어간+부사형 전성어미
  예) 날이 추운데 따뜻하게 입어.

부속 성분

독립어

① 감탄사
  예) 아, 달이 밝다.
② 체언 + '아', '야'
  예) 철수야, 학교가자.
③ 제시어
  예) 청춘, 이것은 듣기만 해도 가슴이 설레는 말이다.
④ 대답하는 말
  예) 예, 맞습니다.

독립 성분

05 문장

```
                        문장
                   ┌─────┴─────┐
                홑문장         겹문장
```

홑문장: 주어와 서술어의 관계가 한 번씩만 나타나는 문장

[
그 아이는 집으로 갔다.
　S　　　　　P

나는 그 책을 읽고 싶다.
S　　　　　　P
*본용언+보조용언은 하나의 서술어
]

겹문장: 주어와 서술어의 관계가 두 번 이상 나타나는 문장

[
어제는 눈이 왔고 오늘은 비가 온다.
　　　S　P　　　　　S　P

누나가 시험에 합격했음을 알렸다.
　S　　　　　P　　　　　P
*주어와 서술어가 중복될 경우 생략 가능
]

```
         ┌───────────┬───────────┐
      안은 문장              이어진 문장
```

안은 문장

명사절을 안은 문장

표지	명사형 어미 −(으)ㅁ, −기

- 예) 우리는 그가 담임 선생님임을 알았다.
- 예) 재물을 보기를 돌같이 하라.

관형절을 안은 문장

표지	관형사형 어미 −(으)ㄴ, −(으)ㄹ, −는, −던

동격 관형절	관형절에서 생략된 성분이 없다.

- 예) 기온이 내려가는 겨울이 시작되었다.
- 예) 꽃이 피는 봄이 되었다.

관계 관형절	관형절에서 생략된 성분이 있다.

- 예) 나는 어머니가 선물로 주신 가방을 멨다.
- 예) 그는 큰 차를 샀다.

부사절을 안은 문장

표지	부사형 어미 −게, −도록, −듯이

- 예) 아이가 작은 침대에서 소리도 없이 잔다.
- 예) 철수가 발에 땀이 나도록 뛰었다.

서술절을 안은 문장

표지	특정한 절 표지가 따로 없음

- 예) 이 학교는 교정이 넓다.

인용절을 안은 문장

표지	인용의 부사격 조사 라고, 고

- 예) 어제 진호가 나에게 사랑한다고 말했다.
- 예) 주인이 "많이 드세요."라고 권한다.

이어진 문장

대등하게 이어진 문장

표지	−고, −며, −지만, −든지

- 예) 해진이는 울산에 살고 초희는 광주에 산다.
- 예) 산으로 가든지 바다로 가든지 어서 결정합시다.

종속적으로 이어진 문장

표지	−면, −고, −니(까)

※ 앞 절과 뒤 절의 위치를 바꾸면 의미가 달라진다.
- 예) 가을이 되면 단풍이 든다
  ≠ 단풍이 들면 가을이 된다.
- 예) 이 비가 그치면 날씨가 더워질 듯하다.

06 서술어의 자릿수

서술어가 문장을 이루기 위해 반드시 필요한 문장 성분의 개수

1자리 서술어	필요 성분	대표 서술어	예시
	주어	깊다	물이 깊다.
		웃다	병태가 웃는다.
		피다	꽃이 피다.

2자리 서술어	필요 성분	대표 서술어	예시
	주어, 목적어	먹다	철수는 라면을 맛있게 먹었다.
		사랑하다	철이는 영선이를 사랑한다.
	주어, 필수적 부사어	닮다	영선이는 엄마와 닮았다.
		다르다	철수의 생각은 나와는 달라.
		있다	방 안에 사람이 있다.
	주어, 보어	되다	물이 얼음이 되었다.
		아니다	그는 이제 선생님이 아니다.

3자리 서술어	필요 성분	대표 서술어	예시
	주어, 필수적 부사어, 목적어	주다	나는 책을 영희에게 주었다.
		넣다	철수가 우체통에 편지를 넣었다.

07 품사 구분하기

7-1 수사 vs 관형사 vs 명사

수사	관형사	명사
1. 일, 이, 삼… 2. 하나, 둘, 셋… 3. 첫째, 둘째, 셋째… 열두째… 4. 한둘	1. 일, 이, 삼… 2. 한, 두, 세… 3. 첫째, 둘째, 셋째… 열두째… 4. 한두, 두세, 서너…	1. 하나 2. 첫째 3. 둘째, 셋째… 열두째…

- 조사가 붙을 수 있다.
- 수량과 순서(차례)
  예) 필통에서 연필 하나를 꺼냈다.
  예) 둘에 셋을 더하면 다섯이다.
  예) 달리기 시합에서 셋째로 들어오다.
  예) 첫째, 부모와 형들의 말을 잘 들어라.
  둘째, 공부를 열심히 해라.
  셋째는 건강을 챙겨라.
  예) 넓은 들판에는 농부가 한둘 눈에 띄었다.

- 조사가 붙을 수 없다.
- 명사를 꾸민다.
  예) 교실은 삼 층에 있다.
  예) 시리즈물의 첫째 권
  예) 둘째 딸, 셋째 딸
  예) 그 가방에 소설책 한 권이 들어 있었다.
  예) 그 쪽의 열두째 줄을 읽어 보아라.
  예) 사람들과 한두 마디 인사를 교환했다.
  예) 보따리에서 석류가 두세 개 굴러 나왔다.

- 조사가 붙을 수 있다.
- 단어의 '뜻'으로 구분
1. 하나
  -마음이 일치 예) 뜻을 하나로 모으다.
  -어떤 것을 가리킴
    예) 하나는 소극적 자유요, 하나는 적극적 자유다.
  -오직 그것뿐 자식 하나만 믿다.
  -전혀, 조금도 너한테는 잘못이 하나도 없다.
  -일종의 예) 그 일은 하나의 터부처럼 돼 있었다.
2. 첫째
  -('첫째로' 꼴로) 무엇보다도 앞서는 것
    예) 신발은 첫째로 발이 편안해야 한다.
  -맏이
    예) 김 선생네는 첫째가 초등학교 5학년이다.
3. 둘째, 셋째…
  -맨 앞에서부터 세어 모두 N개
    예) 빵을 넷째 먹는다.
  -N째 자식
    예) 김 선생네는 둘째가 벌써 초등학교 5학년이다.

7-2 부사격 조사 '와' vs 접속 조사 '와'

① 문장의 위치로 구분하기	② 접속조사는 '와' 생략 후 ',(쉼표)'를 추가해 보기
영희와 철수는 매일 공부한다. → '영희'와 '철수'를 같은 자격으로 이어 주는 구실을 함. → '영희와 철수는'이 주어가 된다. 영희는 철수와 게임을 한다. → '철수와'는 부사어가 된다.	영희와 철수는 매일 공부한다. 영희, 철수는 매일 공부한다. → 자연스러움. **접속조사** 영희는 철수와 게임을 한다. → 영희는 철수, 게임을 한다.(X) **부사격 조사**

7-3 의존 명사 vs 조사 [띄어쓰기]

의존 명사		조사
예 예상했던 대로 시험 문제는 까다로웠다. 예 집에 도착하는 대로 편지를 쓰다. 예 닥치는 대로 먹어 치우다. 예 될 수 있는 대로 빨리 오다.	대로	예 처벌하려면 법대로 해라. 예 큰 것은 큰 것대로 따로 모아 두다.
예 노력한 만큼 대가를 얻다. 예 까다롭게 검사하는 만큼 준비를 철저히 해야 한다.	만큼	예 집을 대궐만큼 크게 짓다 예 나도 당신만큼은 할 수 있다.
예 소문으로만 들었을 뿐이네. 예 ('-다 뿐이지' 구성) 시간만 보냈다 뿐이지 한 일은 없다.	뿐	예 이제 믿을 것은 오직 실력뿐이다. 예 그 아이는 학교에서뿐만 아니라 집에서도 말썽꾸러기였다.

1. 시간, 거리, 횟수
  예 십 년 만의 귀국. 예 사흘 만에
  예 나는 세 번 만에 그 시험에 합격했다.
2. 타당한 이유
  예 그가 화를 낼 만도 하다.
3. 행동이 가능
  예 그가 그러는 것도 이해할 만은 하다.
	만	1. 한정
		  예 아내는 웃기만 할 뿐 아무 말이 없다.
		2. 강조
		  예 그를 만나야만 모든 문제가 해결될 수 있다
		3. 기대하는 마지막 선
		  예 열 장의 복권 중에서 하나만 당첨되어도 바랄 것이 없다.
		4. '하다', '못하다'와 함께
		  예 집채만 한 파도가 몰려온다.
		  예 청군이 백군만 못하다.

일정한 범위에 들지 않는 나머지 다른 부분 예 합격자는 너 밖에도 여러 명이 있다. 예 그녀는 기대 밖의 높은 점수를 얻었다.	*명사-밖(外) 조사-밖에	'그것 이외에는'의 뜻을 나타내며 주로 뒤에 부정을 나타내는 말이 따름. 예 공부밖에 모른다. 예 가지고 있는 돈이 천 원밖에 없었다. 예 떨어져 봤자 조금 다치기밖에 더하겠니? (떨어져 봤자 조금 다치기밖에 하지 않는다.) 예 이번 일은 직접 나서는 수밖에 없다.

7-4 '중', '간', '차' [띄어쓰기]

	의존 명사			의존 명사가 한 단어로 굳어진 경우		
중, 간, 차	수업 중 회의 중 공사 중	세대 간 국가 간 이웃 간 상호 간	10년 차	한밤중 무의식중 은연중 부지불식중 병중 그중	부부간 고부간 동기간 형제간 접미사 얼마간	접미사 연구차 인사차 사업차

7-5 의존 명사 vs 어미 [띄어쓰기]

의존 명사		어미
1. 곳, 장소 예 의지할 데 없는 사람 예 예전에 가 본 데가 어디쯤인지 모르겠다. 예 지금 가는 데가 어디인데? 예 그가 사는 데는 여기서 멀다. **2. 일, 것** 예 그 책을 다 읽는 데 삼 일이 걸렸다. 예 사람을 돕는 데에 애 어른이 어디 있겠습니까? 예 그 사람은 오직 졸업장을 따는 데 목적이 있다. **3. 경우** 예 머리 아픈 데 먹는 약 예 이 그릇은 귀한 거라 손님을 대접하는 데나 쓴다.	데	**1. 설명·제안 위하여 상관되는 상황을 미리 말할 때** -ㄴ데 　예 날씨가 추운데 외투를 입고 나가거라. 　　　 예 그 사람이 정직하기는 한데 이번 일에는 적합지 않다. -는데 　예 그 애는 노래는 잘 부르는데 춤은 잘 못 춰. -은데 　예 볼 것은 많은데 시간이 모자란다. 　　　 예 방이 좁은데 가구를 너무 많이 가져오지 마라. -던데 　예 너 고향에 자주 가던데 집에 무슨 일 있니? **2. 감탄** 예 어머님이 정말 미인이신데. 예 나무가 정말 큰데. 예 성적이 많이 올랐는데. **3. (의문사와 함께 쓰여) 일정한 대답을 요구하며 질문** 예 그 옷은 얼만데? 예 누가 제일 예쁜데? 　　　　　　-데　　　　　　　　　　　-대 직접 경험≒더라　　　　　　　　1. 사실에 대한 의문 예 그이가 말을 아주 잘하데.　　예 왜 이렇게 일이 많대? 예 그 친구는 아들만 둘이데.　　예 신랑이 어쩜 이렇게 잘생겼대? 　　　　　　　　　　　　　　2. 품사 없음) 간접 전달≒-다고 해 　　　　　　　　　　　　　　예 그 사람이 아주 똑똑하대. 　　　　　　　　　　　　　　예 철수도 오겠대?
1. 앞에서 말한 내용을 나타내는 말 예 평소에 느낀 바를 말해라. 예 각자 맡은 바 책임을 다하라. 예 나라의 발전에 공헌하는 바가 크다. 예 내가 알던 바와는 다르다. 예 그는 세계 대회에 여러 차례 출전한 바 있다. **2. (어미 '-을' 뒤에 쓰여) 일의 방법이나 방도** 예 어찌할 바를 모르다. 예 눈 둘 바를 모르다. **3. (주로 '-은/는/을 바에(는)' 구성으로 쓰여) 앞말이 나타내는 일의 기회나 그런된 형편** 예 이왕 산 중턱까지 온 바에 꼭대기까지 올라갑시다. 예 어차피 매를 맞을 바에는 먼저 맞겠다. **4. (일인칭 대명사를 주어로 하고 '-는 바이다' 구성으로 쓰여) 자기주장을 단언적으로 강조** 예 우리는 우리의 굳건한 의지를 내외에 천명하는 바이다.	바	**1. 뒤 절에서 어떤 사실을 말하기 위하여, 그 사실이 있게 된 것과 관련된 과거의 어떤 상황을 미리 제시하는 데 쓰는 연결 어미** -ㄴ바 　예 서류를 검토한바 몇 가지 미비한 사항이 발견되었다. 　　　예 우리의 나아갈 바는 이미 정해진바 우리는 이제 그에 따를 뿐이다. -는바 　예 시험은 잠시 후 실시되는바 모두 자리에 앉을 것. -은바 　예 진상을 들은바, 그것은 사실이 아님을 드러났다. 　　　예 한 권의 책을 수없이 읽은바 문리가 통하였다. -던바 　예 인부들을 휘몰아 공사 기간 단축을 강요하였던바 자연히 인부들이 불만을 가지게 되었다. **2. 뒤 절의 사실이 있게 된 상황을 제시함. '-ㄴ데', '-니' 따위에 가까운 뜻을 나타낸다.** 예 그는 나와 동창인바 그를 잘 알고 있다. 예 너의 죄가 큰바 응당 벌을 받아야 한다. 예 어버이의 은혜가 하해와 같은바 갚을 길이 없다.
시간 예 그를 만난 지도 꽤 오래되었다. 예 집을 떠나온 지 어언 3년이 지났다.	지	**1. 막연한 의문이 있는 채로 그것을 뒤 절의 사실이나 판단과 관련시키는 데 쓰는 연결 어미** -ㄴ지 　예 얼마나 부지런한지 세 사람 몫의 일을 해낸다. 　　　예 얼마나 춥던지 손이 곱아 펴지지 않았다 **2. 간접 인용절에 쓰여, 막연한 의문을 나타내는 종결 어미** 예 아버님, 어머님께서도 안녕하신지. 예 고향에는 잘 다녀오셨는지.
1. 유사하거나 같은 정도 예 될 듯이 기뻐하다. **2. 짐작이나 추측** 예 그녀는 답답하다는 듯이 말하였다.	듯이	**뒤 절의 내용이 앞 절의 내용과 거의 같음.** -듯이 　예 거대한 파도가 일듯이 사람들의 가슴에 분노가 일었다. 　　　예 사람마다 생김새가 다르듯이 생각도 다르다.
'-ㄹ 걸'이 '-ㄹ 것을'의 준말 예 후회할 걸 왜 그랬니? **'-ㄹ 거야'는 항상 띄어 쓴다.** 예 내가 우승하고 말 거야.	것 걸 거	**'후회', '추측'** -ㄹ걸 　예 내가 잘못했다고 먼저 사과할걸. 　　　예 그는 내일 미국으로 떠날걸.

7-6 의존 명사 '들' vs 접미사 '들' [띄어쓰기]

의존 명사		접미사
두 개 이상의 사물을 나열할 때 예) 책상 위에 놓인 공책, 신문, 지갑 들을 가방에 넣다. 예) 과일에는 사과, 배, 감 들이 있다.	들	'복수(複數)'의 뜻을 더하는 접미사 예) 사람들, 그들, 너희들, 사건들

7-7 조사 vs 용언 [띄어쓰기]

조사		용언
직접 인용 격 조사 예) 김 대리는 "예"라고 대답했다. 예) 주인이 "많이 드세요."라고 권한다. 예) 그중 하나가 "내가 바로 홍길동이다."라고 소리쳤다.	조사-라고 용언-하고	직접 인용 동사 예) 김 대리는 "예"∨하고 대답했다. 예) 보초는 "손들어!"∨하고 크게 외쳤다. 예) 사람들은 "사람 살려!"∨하고 울부짖으면서 뛰어나왔다.

7-8 직접 인용 vs 간접 인용 [띄어쓰기]

직접 인용		간접 인용
직접 인용 격 조사 '라고' 예) 김 대리는 "예"라고 대답했다. 직접 인용 동사 '하고' 예) 김 대리는 "예" ∨하고 대답했다.	직접-라고 -하고 간접-고	간접 인용 격 조사 '고' 예) 아직도 네가 잘했다고 생각하느냐? 예) 자기는 절대 범인이 아니라고 주장한다. 예) 할 일이 있다고 자네보고 먼저 가라고 했네. *어미 '-라'+ 조사 '고'

7-9 의존 명사 vs 관형사 vs 형용사

의존 명사		관형사		형용사
예) 내 딴은 최선을 다했다.	딴	예) 다른 사람들은 어디 있지? (딴 사람들은 어디 있지?) 예) 그는 다른 일에는 관심이 없다. (그는 딴 일에는 관심이 없다.)	다른	예) 질소는 산소와 성질이 다른 원소이다. (질소는 산소와 성질이 다르다.) → 서술성이 있음

7-10 관형사 vs 동사

관형사		동사
오래되어 성하지 아니하고 낡은 예) 헌 구두, 헌 집, 헌 신문지	헌	집 따위의 축조물이나 쌓아 놓은 물건을 무너뜨리다. 예) 단층집을 헌 자리에 새 건물이 들어섰다.

7-11 기타 접미사 [띄어쓰기]

-하다/-드리다/ -시키다/-되다	예) 감사하다, 감사드리다 예) 인사하다, 인사드리다 예) 결정시키다, 결정되다
-받다/-당하다	예) 사랑받다, 오해받다, 봉변당하다, 사기당하다
-여(餘)	예) 십여 명의 사람

7-12 기타 접두사 [띄어쓰기]

제(第)	예) 제1장(O) 제 1장(X)

7-13 기타 의존 명사 [띄어쓰기]

내(內), 외(外), 초(初), 말(末)	예 이 구역 내에서는 휴대전화 사용을 삼가 주십시오. 예 그 외에 다른 것은 필요 없다. 예 내년 초에 부동산 시장이 활성화될 것이다. 예 금년 말도 여유 없이 보냈다.

7-14 기타 관형사 [띄어쓰기]

본(本), 귀(貴), 제(諸), 각(各)	예 본 대학, 본 협회, 본 변호인 예 귀 회사, 귀 신문사 예 제 문제, 제 단체 예 각 가정, 각 학교, 각 부처	단어로 굳어진 것 본교 귀사 제군 각처

7-15 못하다 vs 못되다 vs 안되다 [띄어쓰기]

	못하다
형용사	1. 비교 대상에 미치지 아니하다. 　예 음식 맛이 예전보다 못하다. 　예 건강이 젊은 시절만 못하다. 2. ('못해도' 꼴로 쓰여) 아무리 적게 잡아도. 　예 잡은 고기가 못해도 열 마리는 되겠지. 　예 아무리 못해도 스무 명은 족히 넘을 것이다.
보조 형용사	1. (형용사 뒤에서 '지 못하다' 구성으로) 앞말이 뜻하는 행동이나 상태가 극에 달해 그것을 더 이상 유지할 수 없음. 　예 편안하지 못하다. 　예 음식 맛이 좋지 못하다. 　예 그런 태도는 옳지 못하다. 2. ('-다 못하여' 구성으로) 더 이상 유지할 수 없음을 뜻함. 　예 희다 못해 푸른빛이 도는 치아 　예 먹다 못해 음식을 남기다. 　예 배가 고프다 못하여 아프다.
보조 동사	(동사 뒤에서 '-지 못하다' 구성으로) 앞말이 뜻하는 행동에 대하여 그것이 이루어지지 않거나 그것을 이룰 능력이 없음. 　예 눈물 때문에 말을 잇지 못하다. 　예 바빠서 동창회에 가지 못하다.

	못되다
형용사	1. 성질이나 품행 따위가 좋지 않거나 고약하다. 　예 못된 심보, 못된 장난 　예 못되게 굴다. 　예 못된 버릇을 고치다. 2. 일이 뜻대로 되지 않은 상태에 있다. 　예 그 일이 못된 게 남의 탓이겠어.

	안되다
동사	1. 일, 현상 물건 따위가 좋게 이루어지지 않다. 　예 올해는 비가 많이 와서 과일 농사가 안돼 큰일이다. 　예 공부가 안돼서 잠깐 쉬고 있다. 2. 사람이 훌륭하게 되지 못하다. 　예 자식이 안되기를 바라는 부모는 없다. 3. 일정한 수준이나 정도에 이르지 못하다. 　예 이번 시험에서 우리 중 안되어도 세 명은 합격할 것 같다.
형용사	1. 섭섭하거나 가엾어 마음이 언짢다. 　예 그것참, 안됐군. 　예 젊은 나이에 남편을 잃고 고생하는 것을 보니 마음이 안됐다. 　예 혼자 보내기가 안돼서 역까지 배웅했다. 2. 근심이나 병 따위로 얼굴이 많이 상하다. 　예 몸살을 앓더니 얼굴이 많이 안됐구나. 　예 안색이 안돼 보여서 보약을 지어 보냈다.

1시간에 끝내는 문법 총정리

이 고기는 매우 기름지다.

문장	이 고기는 매우 기름지다. 홑문장			
어절(성분)	이 고기는 매우 기름지다. 관형어　S　부사어　P			
단어(품사)	이/고기/는/매우/기름지다. 관형사 명사 조사 부사　형용사			
형태소	자립	이, 고기, 매우, 기름			
	의존	단일어의 어간	어미	조사	접사
			-다	는	-지

마당에서 눈사람을 만들고 있다.

문장	마당에서 눈사람을 만들고 있다. 홑문장			
어절(성분)	마당에서 눈사람을 만들고 있다. 부사어　　O　　P			
단어(품사)	마당/에서/눈사람/을/만들고/있다. 명사 조사　명사 조사 본동사 보조동사			
형태소	자립	마당, 눈, 사람			
	의존	단일어의 어간	어미	조사	접사
		만들- 있-	-고 -다	에서 을	

먹이를 나눠 줘라.

문장	먹이를 나눠 줘라. 종속적으로 이어진 문장			
어절(성분)	먹이를 나눠 줘라. 　O　　P　 P			
단어(품사)	먹이/를/나눠/줘라. 명사 조사 본동사 본동사			
형태소	자립				
	의존	단일어의 어간	어미	조사	접사
		먹- 나누- 주-	-어 -어라	를	-이

달님에게 물어봐.

문장	달님에게 물어봐. 홑문장			
어절(성분)	달님에게 물어봐. 부사어　　P			
단어(품사)	달님/에게/물어봐. 명사 조사　동사			
형태소	자립	달			
	의존	단일어의 어간	어미	조사	접사
		묻- 보-	-어 -아	에게	-님

마음에도 안 찼니?

문장	마음에도 안 찼니? 홑문장			
어절(성분)	마음에도 안 찼니? 부사어 부사어 P			
단어(품사)	마음/에/도/안/찼니? 명사 조사 조사 부사 동사			
형태소	자립	마음, 안			
	의존	단일어의 어간	어미	조사	접사
		차-	-았- -니	에 도	

우리들 눈에 보였다.

문장	우리들 눈에 보였다. 홑문장				
어절(성분)	우리들 눈에 보였다. 관형어 부사어 P				
단어(품사)	우리들/눈/에/보였다. 대명사 명사 조사 동사				
형태소	자립	우리, 눈			
	의존	단일어의 어간	어미	조사	접사
		보-	-었- -다	에	-들 -이

서울에 가셨겠지.

문장	서울에 가셨겠지. 홑문장				
어절(성분)	서울에 가셨겠지. 부사어 P				
단어(품사)	서울/에/가셨겠지. 명사 조사 동사				
형태소	자립	서울			
	의존	단일어의 어간	어미	조사	접사
		가-	-시- -었- -겠- -지	에	

떡볶이를 팔 사람은 어서 가.

문장	떡볶이를 팔 사람은 어서 가. 관형절로 안긴 문장				
어절(성분)	떡볶이를 팔 사람은 어서 가. O P S 부사어 P				
단어(품사)	떡볶이/를/팔/사람/은/어서/가. 명사 조사 동사 명사 조사 부사 동사				
형태소	자립	떡, 사람, 어서			
	의존	단일어의 어간	어미	조사	접사
		볶- 팔- 가-	-ㄹ -아	를 은	-이

영미는 걸음이 빠르다.

문장	영미는 걸음이 빠르다. 서술절로 안긴 문장				
어절(성분)	영미는 걸음이 빠르다. S S P				
단어(품사)	영미/는/걸음/이/빠르다. 명사 조사 명사 조사 형용사				
형태소	자립	영미			
	의존	단일어의 어간	어미	조사	접사
		걷- 빠르-	-다	는 이	-음

해가 비쭉 솟는다.

문장	해가 비쭉 솟는다. 홑문장				
어절(성분)	해가 비쭉 솟는다. S 부사어 P				
단어(품사)	해/가/비쭉/솟는다. 명사 조사 부사 동사				
형태소	자립	해, 비쭉			
	의존	단일어의 어간	어미	조사	접사
		솟-	-는- -다	가	

안개가 강에서 피어오른다.

문장	안개가 강에서 피어오른다. 홑문장				
어절(성분)	안개가 강에서 피어오른다. 　S　　부사어　　P				
단어(품사)	안개/가/강/에서/피어오른다. 명사 조사 명사 조사　　동사				
형태소	자립	안개, 강			
	의존	단일어의 어간	어미	조사	접사
		피- 오르-	-어 -ㄴ -다	가 에서	

아직 꽃이 피지 않았다.

문장	아직 꽃이 피지 않았다. 홑문장				
어절(성분)	아직 꽃이 피지 않았다. 부사어　S　　　P				
단어(품사)	아직/꽃/이/피지/않았다. 부사 명사/조사 본동사 보조동사(아니하았다)				
형태소	자립	아직, 꽃, 아니			
	의존	단일어의 어간	어미	조사	접사
		피-	-지 -았- -다	이	-하

철수가 집에 간다.

문장	철수가 집에 간다. 홑문장				
어절(성분)	철수가 집에 간다. 　S　부사어　P				
단어(품사)	철수/가/집/에/간다. 명사 조사 명사/조사 동사				
형태소	자립	철수, 집			
	의존	단일어의 어간	어미	조사	접사
		가-	-ㄴ -다	가 에	

선생님께서 우리들에게 숙제를 주신다.

문장	선생님께서 우리들에게 숙제를 주신다. 홑문장				
어절(성분)	선생님께서 우리들에게 숙제를 주신다. 　　S　　　부사어　　O　P				
단어(품사)	선생님/께서/우리들/에게/숙제/를/주신다. 명사　 조사　 대명사　 조사　 명사 조사 동사				
형태소	자립	선생, 우리, 숙제			
	의존	단일어의 어간	어미	조사	접사
		주-	-시- -ㄴ- -다	께서 에게 를	-님 -들

저 나뭇잎은 참 빨갛다.

문장	저 나뭇잎은 참 빨갛다. 홑문장				
어절(성분)	저 나뭇잎은 참 빨갛다. 관형어　S　부사어　P				
단어(품사)	저/나뭇잎/은/참/빨갛다. 관형사 명사　 조사 부사 형용사				
형태소	자립	저, 나무, 잎, 참			
	의존	단일어의 어간	어미	조사	접사
		빨갛-	-다	은	

문법 요소

01 종결 표현

평서문
- 말하는 이가 하고 싶은 말을 단순하게 전달하는 문장
- '-(ㄴ)다' 등의 평서형 종결 어미로 문장을 끝맺음.

> 예 하늘이 푸르다.

의문문
- 화자가 청자에게 질문하여 대답을 요구하는 문장
- '-느냐?, 냐?, 니?, 가?, 까?' 등의 의문형 종결 어미로 문장을 끝맺음.

> 예 하늘이 푸르니?

판정 의문문	긍정이나 부정의 대답을 요구하는 의문문
	예 너는 오늘 오후에 시간이 있니? → 대답 : 네.
설명 의문문	일정한 설명을 요구하는 의문문
	예 사람의 특성은 무엇이니? → 대답 : 사람은 사회를 이루고 살아가는 특성이 있어.
수사 의문문	대답을 요구하지 않고 서술이나 명령의 효과를 나타내는 의문문
	예 그렇게만 되면 얼마나 좋을까? (서술 효과) 예 빨리 공부하지 못하겠니? (명령 효과)

명령문
- 화자가 청자에게 어떤 행동을 하도록 강하게 요구하는 문장
- '-아라, -어라' 등의 명령형 종결 어미로 문장을 끝맺음.

> 예 계인아, 밥 먹어라.

직접 명령문	얼굴을 직접 맞대고 하는 명령문	
	특징	-아라, -어라
	예 어서 집으로 가 보아라.	
간접 명령문	매체를 통한 명령문	
	특징	-(으)라
	예 정부는 등록금 인하 대책을 세우라. ※ 명령문이 간접 인용절로 안길 때는 종결 어미 '-(으)라'를 쓴다. 예 "훌륭한 사람이 돼라." → 할머니께서는 훌륭한 사람이 되라고 하셨다.	

청유문
- 화자가 청자에게 어떤 행동을 함께 하도록 제안하는 문장
- '-자' 등의 청유형 종결 어미로 문장을 끝맺음.

> 예 계인아, 밥 먹자.

감탄문
- 화자가 청자를 별로 의식하지 않고 자기의 느낌을 표현하는 문장
- '-(는)구나!, -(는)구려!' 등의 감탄형 종결 어미로 문장을 끝맺음.

> 예 하늘이 푸르구나!

02 높임 표현

2-1 주체, 객체, 상대

주체 높임

주어를 높이는 표현

높임의 주격 조사	께서
주체 높임 선어말 어미	-(으)시
높임 접미사	-님
특수 어휘	진지, 댁, 연세, 성함, 존함
특수 용언 (직접 높임에만 사용)	계시다, 잡수시다, 주무시다, 편찮으시다, 돌아가시다

객체 높임

목적어나 부사어를 높이는 표현

높임의 부사격 조사	께
특수 용언	뵈다, 뵙다, 여쭙다, 모시다, 드리다

예 영이는 존경하는 선생님을 뵈었다.
예 아버지께 여쭤보는 게 좋겠어.
예 할머니를 모시고 산책을 다녀왔다.
예 나는 어머니께 선물을 드렸다.

상대 높임

말하는 이가 듣는 이(상대, 청자)를 높이거나 낮추는 방법으로 종결 어미가 쓰인 문장은 상대 높임법 실현된 것

종결어미로 표현	
하십시오체	이제 집에 가시지오.
하오체	김 형, 다시 만나니 참 반갑구려.
하게체	여보게들, 나랑 같이 가세.
해라체	얘, 저기 빈 택시가 온다.
해요체	학문에 매진해요.
해체	자네, 그럼 이리로 좀 오지.

직접 높임	주어를 직접 높임 할아버지께서 노인정에 가셨습니다.
간접 높임	주어와 관련된 대상(신체, 소유물, 생각)을 높임 특징 '-시-' 교장 선생님의 말씀이 있으시다(계시다X).
압존법	말하는 이의 입장에서 서술의 주체를 높여야 함에도 듣는 이의 지위가 더 높아 '-시-'를 쓰지 않는 어법 철수: 할아버지, 아버지가 지금 왔습니다. 말하는 이 듣는 이 서술의 주체(주어)

	격식체				비격식체	
	아주 높임	예사 높임	예사 낮춤	아주 낮춤	두루 높임	두루 낮춤
	하십시오체	하오체	하게체	해라체	해요체	해체(반말)
평서법	가십니다 -습니다, -ㅂ니다	가(시)오	가네	간다	가요	가, 가지
의문법	가십니까?	가(시)오?	가는가?	가냐?	가요?	가?, 가지?
명령법	가십시오	가구려	가게	가거라	가세요	가, 가지
청유법	(가시지요)	갑시다	가세	가자	가요	가, 가지
감탄법	-	가는구려	가는구먼	가는구나	가요	가, 가지

2-2 실현 여부

어머니께서 영희에게 과자를 주셨다.
  (+주체, -객체, +상대)
영희가 할머니께 과자를 드렸다.
  (-주체, +객체, +상대)
어머니께서 영희에게 과자를 주셨습니다.
  (+주체, -객체, +상대)
어머니께서 할머니께 과자를 드리셨습니다.
  (+주체, +객체, +상대)

03 피동 표현

능동	주어가 동작을 제 힘으로 하는 것
피동	주어가 남에 의해 움직이게 되는 것

파생적 피동 (짧은 피동)	어간+피동 접미사(-이, -히, -리, -기)
통사적 피동 (긴 피동)	어간+'-어지다, -게 되다'
어휘적 피동	받다(사랑받다), 되다(형성되다), 당하다(사기당하다),

예) 선영에 대한 오해가 미숙이에 의해 풀렸다(풀+리+었+다).
예) 선영에 대한 오해가 미숙에 의해 풀어졌다(풀+어지+었+다).
예) 선영에 대한 오해가 미숙에 의해 풀리어졌다(풀+리+어지+었+다). → 이중 피동

※ 이중 피동: 파생적 피동과 통사적 피동을 겹쳐 사용하는 것은 바람직하지 않다.

*능동문이 타동사일 때 피동문이 가능하다.

능동문	사냥꾼이 토끼를 잡았다.
	(동) 단일어 / 타동사
피동문	토끼가 사냥꾼에게 잡히었다.
	자동사, 피동사

이중 피동	
닫힌(O)	닫혀진(X)
놓인(O)	놓여진(X)
끊긴(O)	끊겨진(X)
(~로) 불리다(O)	(~로) 불려졌다(X)

*'받아들이다'는 기본형으로 '받아들인', '받아들여진'은 적절함.

04 사동 표현

주동	주어가 동작을 직접 하는 것
사동	주어가 남에게 동작을 하도록 시키는 것

파생적 사동 (짧은 사동)	어간+사동 접미사 (-이, -히, -리, -기, -우, -구, -추) ① 직접 행위 ② 간접 행위로 해석 가능
통사적 사동 (긴 사동)	어간+ -게 하다 ① 간접 행위만 가능
어휘적 사동	시키다

사동 피동 접미사 못 쓰는 것 6개

설레다(O)	설레이다(X)
되뇌다(O)	되뇌이다(X)
목메다(O)	목메이다(X)
헤매다(O)	헤매이다(X)
배다(O)	배이다(X)
개다(O)	개이다(X)

* 단일어일 때 '이, 히, 리, 기, 우, 구, 추'를 붙일 수 있다.
* 주동문에서는 단일어 중에 '타동사', '자동사', '형용사'를 쓸 수 있다.
* 파생어일 때 사동문이 되려면 주동문의 동사가 '자동사'여야만 하며, 이때 '시키다'를 붙일 수 있다.

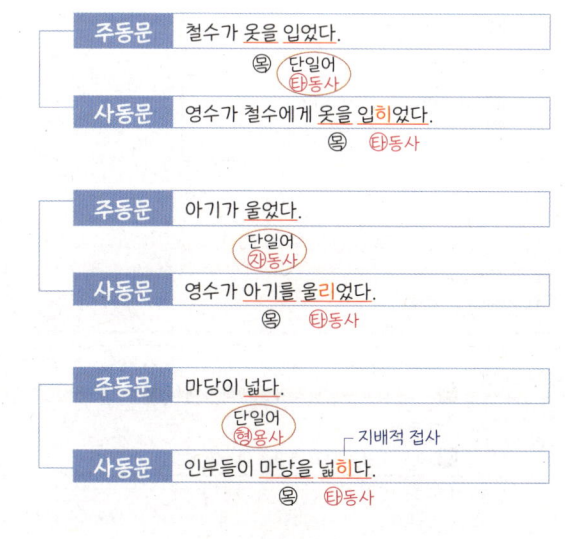

주동문	철수가 옷을 입었다.
	(동) 단일어 / 타동사
사동문	영수가 철수에게 옷을 입히었다.
	(동) 타동사
주동문	아기가 울었다.
	단일어 / 자동사
사동문	영수가 아기를 울리었다.
	(동) 타동사
주동문	마당이 넓다.
	단일어 / 형용사 — 지배적 접사
사동문	인부들이 마당을 넓히다.
	(동) 타동사

주동문	철수가 병원에 입원하였다.
	파생어 / 자동사
사동문	영수가 철수를 병원에 입원시켰다.
	(동) 타동사
주동문	김 중위는 대위로 승진하였다.
	파생어 / 자동사
사동문	군 당국은 김 중위를 대위로 승진시켰다.
	(동) 타동사

"-시키다"의 오용

친구를 소개시키다(X) → 소개하다(O)
친구를 설득시키다(X) → 설득하다(O)
갈등을 해소시키다(X) → 해소하다(O)
차를 주차시키다(X) → 주차하다(O)
회장을 해임시키다(X) → 해임하다(O)
기간을 단축시키다(X) → 단축하다(O)

05 시제 표현

5-1 시제

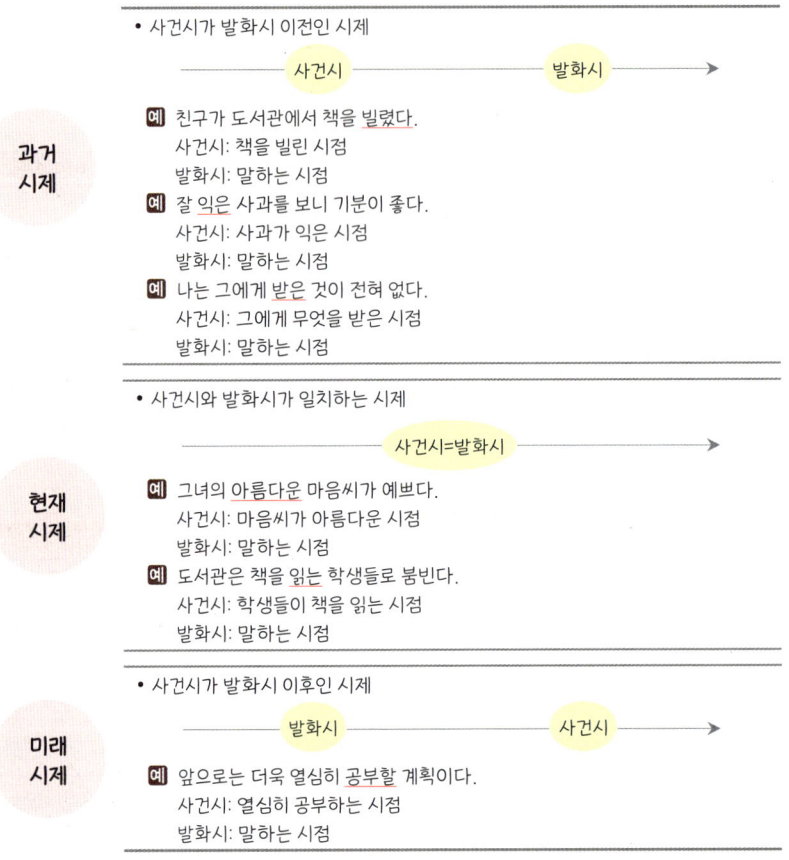

5-2 동작상

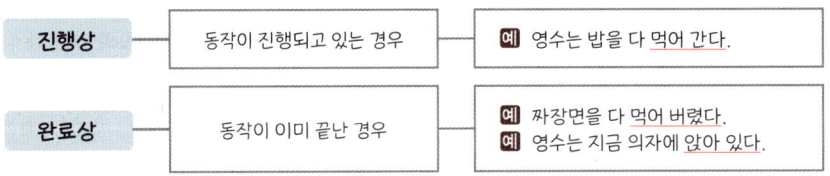

06 부정 표현

짧은 부정문		긴 부정문	
의지 부정	'안' 부정 부사 예 여당 대표는 야당 대표를 안 만났다.	의지 부정	-지 아니하다 예 여당 대표는 야당 대표를 만나지 아니했다.
능력 부정	'못' 부정 부사 예 여당 대표는 야당 대표를 못 만났다.	능력 부정	-지 못하다 예 여당 대표는 야당 대표를 만나지 못했다.

※ 서술어가 합성어나 파생어이면 짧은 부정문이 만들어지지 않는다.
  예 나는 영수를 안 앞섰다.(X)
  예 밥이 안 설익었다.(X)

국어사

01 훈민정음

세종이 1443년 음력 12월에 창제, 1446년 음력 9월 상한(양력 10월 9일)에 반포

① 우리나라 고유 문자의 이름 ➜ 1913년 주시경이 '한글'로 바꿈

② 훈민정음 해례본

자음과 모음

- 훈민정음(28) — 자음(17개), 모음(11개)
  1443
- 한글(24) — 자음(14개), 모음(10개)
  1913
- 음운(40개) — 표준어의 자음(19개), 표준어의 모음(21개)

음절의 구성

초성≒첫소리	자음
중성≒가운뎃소리	모음
종성≒끝소리	자음

1-1 제자 원리

① 초성의 제자 원리

발음 기관을 상형하여 기본자를 만들고, 가획(加劃)의 원리를 활용하여 가획자를 만들었다

구분	기본자	상형	가획자	이체자
아음(牙音)	ㄱ	혀뿌리가 목구멍을 막는 모양 상설근폐후지형(象舌根閉喉之形)	ㅋ	ㆁ (옛이응)
설음(舌音)	ㄴ	혀끝이 윗잇몸에 붙는 모양 상설부상악지형(象舌附上齶之形)	ㄷ ㅌ	ㄹ (반설음)
순음(脣音)	ㅁ	입의 모양	ㅂ ㅍ	
치음(齒音)	ㅅ	이의 모양	ㅈ ㅊ	ㅿ (반치음)
후음(喉音)	ㅇ	목구멍 모양	ㆆ ㅎ	

② 중성의 제자 원리

천(天)·지(地)·인(人)이라는 삼재(三才)를 상형하여 기본자를 만들고, 이것을 서로 합성하여 초출자와 재출자를 만들었다.

기본자	상형	초출자	재출자
·	하늘의 둥근 모양	ㅏ, ㅗ ㅓ, ㅜ	ㅑ, ㅛ ㅕ, ㅠ
ㅡ	땅의 평평한 모양		
ㅣ	사람의 서 있는 모양		

③ 종성의 제자 원리

'종성부용초성(終聲復用初聲)'의 원리에 따라 종성의 문자는 따로 만들지 않고 초성 문자를 다시 사용하였다.

1-2 문자의 운용법

이어쓰기[連書, 니서쓰기]: 'ㅇ'을 순음(ㅁ, ㅂ, ㅍ, ㅃ) 아래에 이어 쓰면 'ㅱ, ㅸ, ㆄ, ㅹ' 등과 같은 순음을 만들 수 있다는 규정이다. 'ㅸ'은 고유어 표기에 쓰였고, 나머지는 동국정운식 한자음 표기에 쓰였다.
예 글발, 대범

> ㅇ를 입시울쏘리 아래 니서 쓰면 입시울 가비야 본소리 드외 니라.

나란히쓰기[竝書, 글 바쓰기]: 초성이나 종성을 합할 때는 옆으로 나란히 쓰는 방법이다.
- **각자 병서(各字竝書)**: 같은 초성을 가로로 나란히 쓰는 방법이다. 이것은 'ㄲ, ㄸ, ㅃ, ㅆ, ㅉ, ㆅ, ㆀ' 등의 전탁자이다.
  예 뿡(佛)
- **합용 병서(合用竝書)**: 서로 다른 초성을 두 개 세 개 나란히 쓰는 운용법이다. 'ㅅ'계에는 'ㅺ, ㅼ, ㅽ' 등이 있고, 'ㅂ'계 'ㅳ, ㅄ, ㅶ, ㅷ', 'ㅄ'계, 'ㅴ, ㅵ' 등이 있다. **예** 짜(地), 뜯(意), 뿔(米), 빼(時)

> 첫소리를 어울워 뚫디면 글 바 쓰라. ㄱ냉終중ㄱ소리도 ᄒᆞᆫ가지라.

붙여쓰기[附書, 브텨쓰기]: 중성이 초성과 합칠 때에는 초성을 기준으로 중성의 위치를 규정한 것이다.
- **하서(下書)**: 중성을 초성 아래 쓰는 방법이다. **예** 눈(雪), 못노픈
- **우서(右書)**: 중성을 초성 오른쪽에 쓰는 방법이다. **예** 깃(柱), 安한

> ㆍ와 ㅡ와 ㅗ와 ㅜ와 ㅛ와 ㅠ와 란 첫소리 아래 브텨 쓰고, ㅣ와 ㅏ와 ㅓ와 ㅑ와 ㅕ와 란 올혼녀그ㅣ브텨 쓰라.

음절 이루기[성음법(成音法)]: 모든 글자는 초성·중성·종성을 갖추어야 음절을 이룰 수 있다는 규정이다.

> 믈윗字ᄌᆞㅣ모로매어우러ᅀᅡ소리이ᄂᆞ니

점찍기[가점(加點), 방점(傍點)]: 훈민정음의 예의부에 있는 규정으로, 성조를 나타내는 입성, 거성, 상성, 평성을 표시하는 것인데, 고저(高低)를 나타낸다. 이것은 16세기 말에 소멸되었지만 중세 국어의 상성은 현대 국어에서 장음으로 흔적을 남기고 있다.

종류	방점	성질
평성(平聲)	없음	처음과 끝이 한결같이 부드럽고 낮은 소리(低調)
상성(上聲)	2점	처음은 낮으나 끝이 들려서 높은 소리(先低後高調)
거성(去聲)	1점	처음과 끝이 한결같이 높은 소리(高調)
입성(入聲)	없음, 1점, 2점	안울림소리로 끝나 끝닫는 소리(促急)

1-3 소실 문자

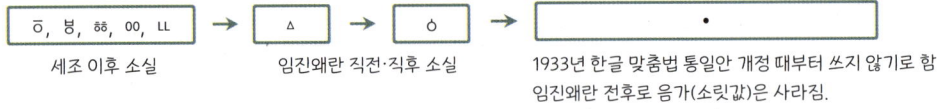

ㆆ, ㅸ, ㆅ, ㆀ, ㅿ → ㅿ → ㆁ → ㆍ
세조 이후 소실 / 임진왜란 직전·직후 소실 / 1933년 한글 맞춤법 통일안 개정 때부터 쓰지 않기로 함. 임진왜란 전후로 음가(소릿값)은 사라짐.

02 국어의 시대별 특징

918

중세국어

음운
① 어두자음군의 사용(ㅅ계열, ㅂ계열, ㅄ계열) 뿔
② 단모음 'ㅏ, ㅓ, ㅗ, ㅜ, ㅡ, ㅣ, ·' 7모음 체계
③ ㅸ(유성마찰음)>ㅗ/ㅜ, ㅿ(유성마찰음)>∅(서서히)
④ 사성(성조)에 따른 방점 사용
⑤ 모음조화의 정확한 적용

표기
이어적기(연철) 중심

문자
소실: ㅸ(순경음비읍)>∅, ㆆ(여린히읗)>∅

문법
① 주격 조사 'ㅣ/이'가 쓰임
② 목적격 조사 '을/를, 올, 롤' 등이 쓰임
③ 명사형 어미 '-옴/-움'이 확립
④ 선어말 어미 '-오-/-우-'가 규칙적으로 사용
⑤ 객체 높임법은 '-ㅅㆍ-/-ㅈㆍ-/-ㅅㆍ-' 등으로 실현
⑥ 파생 접미사를 많이 활용함
⑦ 판정 의문문과 설명 의문문의 형태가 다름

1592

근대국어

음운
① 어두 자음군 → 된소리
② 단모음 'ㅏ, ㅓ, ㅗ, ㅜ, ㅡ, ㅣ, ㅐ, ㅔ' 8모음 체계
③ 원순모음화 출현(믈 > 물, 블 > 불, 플 > 풀)
  *원순모음화가 되지 않은 것 : 오므리다
④ 전설모음화 출현(슳다 > 싫다, 즛 > 짓, 츩 > 칡)
⑤ 구개음화
⑥ 아래아 음가 소실로 모음조화 혼란

표기
① 거듭적기(중철) 출현
② 8종성법을 쓴 가운데 7종성법이 등장

문자
소실: ㅿ(반치음)>∅, ㆁ(옛이응)>ㅇ(이응)

문법
① 주격 조사 '가'의 등장
② 명사형 어미 '-옴/-움'이 '-음'으로 변화
③ 선어말 어미 '-오-/-우-'가 사용 안 됨
④ 과거 시제 선어말 어미 '-앗-/-엇-'의 확립

1894

현대국어

음운
① 단모음 'ㅏ, ㅓ, ㅗ, ㅜ, ㅡ, ㅣ, ㅐ, ㅔ, ㅚ, ㅟ' 10모음 체계
② 어두 자음군 사라지고 'ㄲ, ㄸ, ㅃ' 등으로 변화

표기
① 끊어적기(분철) 중심
② 'ㄱ, ㄴ, ㄷ, ㄹ, ㅁ, ㅂ, ㅇ' 등의 7종성법 사용

문자
소실: ·(아래아)>∅

문법
① 목적격 조사 '을/를'만 쓰임
② 의문문의 형태가 단일화

의미론

01 반의 관계

정도 반의어
① 중간항 O
② 동시 부정 O
③ 동시 긍정 X
④ 한 단어의 의미가 다른 쪽 단어의 부정을 함의

알다-모르다 늙다-젊다 뜨겁다-차갑다 빠르다-느리다
높다-낮다 쉽다-어렵다 밝다-어둡다 성공-실패

상보 반의어
① 중간항 X
② 동시 부정 X
③ 동시 긍정 X
④ 한 단어를 부정하면 다른 쪽 단어를 긍정

있다-없다 남성-여성 살다-죽다 참-거짓

방향 반의어
'관계, 이동, 공간' 등의 측면에 있어 대립이 되는 쌍
출발-도착 스승-제자 오다-가다 공격-방어 위-아래
부모-자식 주다-받다 시상-수상 판매-구매

02 의미 변화

확대
왕 (나라 우두머리 → 어떤 분야에서 으뜸인 사람)
다리 (동물의 다리 → 유정물과 무생물의 다리)
영감 (조선 시대 당상관 → 남자와 노인 모두)
세수 (손을 씻음 → 손과 얼굴을 씻음)
겨레 (종친 → 동포, 민족)
지갑 (종이로 만든 것 → 종이, 가죽, 비닐 포함)

축소
짐승 (모든 유정물 → 동물)
놈 (일반적인 남녀 → 사람의 낮춤말)
계집 (일반적인 여자 → 여성의 낮춤말)
얼굴 (몸 전체 → 안면)
미인 (남녀 모두 사용 → 여자에게만 사용)

이동
어리다 (어리석다 → 나이가 적다)
어여쁘다 (불쌍하다 → 아름답다)
인정 (뇌물 → 남을 동정하는 따뜻한 마음)
방송 (석방 → 음성이나 영상을 전파로 내보내는 일)

03 동음이의어

- 소리는 같으나 의미가 다른 두 개 이상의 단어들이 맺는 관계에 있는 단어들을 동음이의어라고 한다.
- 소리만 같을 뿐 단어의 의미 사이에는 전혀 관련이 없으며, 사전에는 별개의 단어로 등재되어 있다.

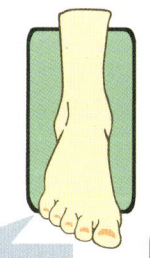
다리 1: 사람이나 동물의 몸통 아래 붙어 있는 신체의 부분

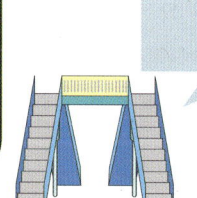
다리 2: 물을 건너거나 또는 한편의 높은 곳에서 다른 편의 높은 곳으로 건너다닐 수 있도록 만든 시설물

연습장에 붓글씨를 <u>쓰다</u>.
→ 書. 붓, 펜, 연필과 같이 선을 그을 수 있는 도구로 종이 따위에 획을 그어서 일정한 글자의 모양이 이루어지게 하다.
공원묘지에 묘를 <u>쓰다</u>.
→ 시체를 묻고 무덤을 만들다.

04 다의어

- 한 단어가 둘 이상의 의미를 지니고 있는 단어를 다의어라고 한다.
- 하나의 중심 의미와 여러 개의 주변 의미를 가지며, 국어사전에서 하나의 표제어 안에 실린다.

다리 1: 「1」 사람이나 동물의 몸통 아래 붙어 있는 신체의 부분

다리 1: 「2」 물체의 아래쪽에 붙어서 그 물체를 받치거나 높이 있도록 버티어 놓은 부분

[중심의미] [주변의미]

그는 아무에게나 반말을 <u>쓴다</u>.
→ 用. 어떤 말이나 언어를 사용하다.
아르바이트를 하는 데 시간을 많이 <u>썼다</u>.
→ 用. 어떤 일을 하는 데 시간이나 돈을 들이다.

언어 예절

01 부모와 자식 간의 호칭어·지칭어

살아 계신 나의 아버지	살아 계신 나의 어머니	살아 계신 남의 아버지	살아 계신 남의 어머니
가친, 엄친 家親 (집 가, 친할 친)	자친, 가자 慈親 (자애로울 자, 친할 친)	춘부장, 춘당 椿府丈 (참죽나무 춘, 마을 부, 어른 장) 春堂/椿堂	자당, 북당, 훤당 慈堂 北堂 萱堂
돌아가신 나의 아버지	**돌아가신 나의 어머니**	**돌아가신 남의 아버지**	**돌아가신 남의 어머니**
선친, 선고 先親 先考 (먼저 선, 생각할 고)	선비, 선자 先妣 (먼저 선, 죽은 어머니 비) 先慈	선고장, 선대인 先考丈 先大人	선대부인 先大夫人

02 주요 호칭어 · 지칭어

1. 자신의 살아 계신 부모를 가리켜 말할 때 "저의 아버님이……, 저의 어머님이……"처럼 '님'자를 붙여서는 안 된다. '아버님, 어머님'은 남의 부모를 높여 말하거나 자신의 돌아가신 부모에 대해서 쓰는 말이다.
2. 누나를 부르는 말은 '누나, 누님'이다. 그 남편은 '매부, 매형, 자형'이라 부른다. '매부'는 여동생의 남편도 가리키는 말이다.
3. 여동생 남편은 'O 서방(님)'으로 부른다.
4. 남편의 형은 '아주버님'으로 부른다. 그 아내는 '형님'으로 부른다.
5. 남편의 아우는 미혼인 경우 '도련님'으로 부르고, 기혼인 경우 '서방님'으로 부른다. 그 아내는 '동서'라고 부른다.
6. 남편의 누나는 '형님'으로 부른다. 그 남편, 곧 시누이의 남편은 '아주버님'으로 부른다.
7. 남편의 누이동생은 '아가씨, 아기씨'라고 부른다. 그 배우자(손아래 시누이의 남편)는 '서방님'으로 부른다.

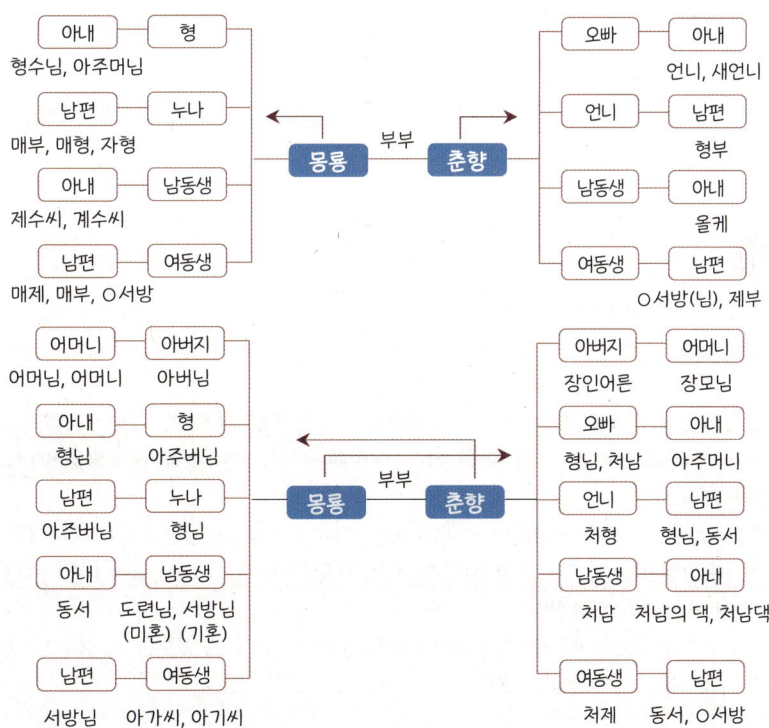

03 촌수

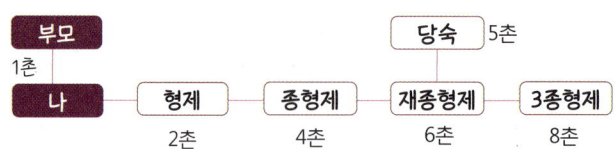

04 언어 예절 개정 사항

1. 표준 언어 예절 추가 개정 사항 (2012. 3. 13)

	추가 개정 사항
1	조부모, 손주, 사촌에 대한 호칭, 지칭을 추가하였다.
2	맨 뒤에 서식을 따로 설정하고 전자 우편, 결혼 청첩장, 결혼 축하에 대한 감사장, 조위에 대한 감사장을 여기에 새로 넣었다.
3	부모 호칭으로 어릴 때에만 '엄마', '아빠'를 쓰도록 하였던 것을 장성한 후에도 격식을 갖추지 않는 상황에서는 '엄마', '아빠'를 쓸 수 있도록 하였다.
4	남자가 여동생의 남편을 호칭하거나 지칭할 때 '매제'를 쓸 수 있도록 하였다.
5	여자가 여동생의 남편을 호칭하거나 지칭할 때 '제부'를 쓸 수 있도록 하였다.
6	남편의 형을 지칭하는 말로 '시숙(媤叔)'을 추가하였다.
7	남편 누나의 남편을 호칭하거나 지칭할 때 '아주버님', '서방님'을 쓸 수 있다고 하였던 것을 '아주버님'만 쓰도록 하였다.
8	아내 오빠의 아내를 지칭하는 말, 아내 남동생의 아내를 호칭 지칭하는 말로 '처남의 댁'만 있었던 것을 '처남댁'도 가능하다고 보아 추가하였다.
9	직장에서 윗사람에게는 '-시-'를 넣어 말하고 동료나 아래 직원에게는 '-시-'를 넣지 않고 말하도록 했던 것을 직급에 관계없이 '-시-'를 넣어 존대하는 것을 원칙으로 하였다.
10	'축하드리다'가 불필요한 공대라 하여 '축하하다'로만 쓰도록 하였던 것을 '축하합니다'와 함께 높임을 더욱 분명히 드러낸 '축하드립니다'도 쓸 수 있는 표현으로 인정하였다.
11	서비스업이나 판매업 종사자들이 고객을 존대하려는 의도로 '-시-'를 넣은 표현을 남용하는 것은 바른 경어법이 아니다.
12	부모를 조부모께 말할 때는 부모에 대해 높이지 않는 것이 전통 언어 예절이었으나, 오늘날에는 부모보다 윗분에게도 높여 말할 수 있다.

2. 편지 쓰는 예절

① 편지를 쓸 때 서두의 호칭, 서명란, 봉투쓰기 등은 정해진 형식을 따라야 한다.
서두는 '아버님 보(시)옵소서, (○○○) 선생님께 올립니다. ○○○ 님께[공적인 편지], ○○○선생님께, ○○에게, ○○보아라' 등으로 쓰면 된다.
특히 회사와 같은 단체를 가리킬 때는 '○○주식회사 귀중(貴中)'으로 써야 한다.
② 서명란에는 '○○○ 올림, ○○○ 드림'이 가장 일반적이며, 아랫사람에게는 '○○ 씀'이라고 할 수 있다. 집안 사람에게 보낼 때는 굳이 성(姓)을 쓸 필요는 없고 '○○올립니다. ○○드림'처럼 쓴다. 유의해야 할 것은 '○○주식회사 사장 ○○○ 올림'처럼 직함을 먼저 쓰고 자신의 이름을 써야 언어 예절에 부합한다는 사실이다.
③ 봉투를 쓸 때는 '○○○+직함+님(께), ○○○좌하(座下), ○○○귀하(貴下), ○○○님(에게), ○○○앞, ○○주식회사 귀중, ○○ 주식회사, ○○○ 사장님, ○○주식회사 ○○○귀하'등처럼 써야 한다. 이 경우에 흔히 '○○○ 사장님 귀하', '○○○ 선생님 귀하'로 쓰는데 이것은 올바르지 않다. 직함 뒤에 다시 '귀하'나 '좌하' 등을 쓰지 않아야 한다.
④ 예전에는 자신의 집에 편지를 보낼 때는 자신의 이름 뒤에 '본제입납(本第入納), 본가입납(本家入納), 본택입납(本宅入納)'이라고 썼지만 지금은 부모님의 성함을 넣어 '○○○ 귀하, ○○○ 좌하'라 쓴다.

정확한 문장(어법에 맞는 문장)

1. 문장 성분 갖추기

- 보충(주어 보충, 목적어 보충, 필수적 부사어 보충)
  혜진이는 은진이에게 가방을 주었는데, 그 보답으로 혜진이에게 책을 선물하였다.(X)
  ➜ 혜진이는 은진이에게 가방을 주었는데, 그 보답으로 은진이가 혜진이에게 책을 선물하였다.(O)
  인간은 자연에 복종하기도 하고, 지배하기도 한다.(X)
  ➜ 인간은 자연에 복종하기도 하고, 자연을 지배하기도 한다.(O)
  그는 이 문제에 대해 가능한 충실히 논의해 왔다.(X)
  ➜ 그는 이 문제에 대해 가능한 한 충실히 논의해 왔다.(O)
- 삭제(중복된 표현- 사람이 없는 무인도, 완전히 근절, 개인적인 사견, 소위 말하는)
  1. 사람이 없는 무인도(X) → 무인도(無人島)(O)
  2. 완전히 근절(X) → 근절(根絕)(O)
  3. 개인적인 사견(X) → 사견(私見)(O)
  4. 소위 말하는(X) → 소위(所謂)(O)

2. 문장 성분 호응

- 주어 서술어 호응 문제
  주애의 장점은 사람들을 배려하고 도와주고 어떤 일이든 최선을 다한다.
  ➜ 주애의 장점은 사람들을 배려하고 도와주고 어떤 일이든 최선을 다한다는 점이다.
- 목적어와 서술어의 호응 문제
  효진이는 춤과 노래를 불렀다.(X)
  ➜ 효진이는 춤을 추고 노래를 불렀다.(O)
  선생님은 학생들의 애환을 친절하게 들어주고 위로해 주셨다.(X)
  ➜ 선생님은 학생들의 슬픔을 친절하게 들어주고 위로해 주셨다.(O) *애환(哀歡 : 슬픔과 기쁨)
- 부사어와 서술어의 호응 문제
  그 사람은 좀체 화를 낸다.(X)
  ➜ 그 사람은 좀체 화를 내지 않는다.(O) *'좀체'는 부정적인 단어와 호응
  그는 역에서 아마 아직도 널 기다리고 있다.(X)
  ➜ 그는 역에서 아마 아직도 널 기다리고 있을 것이다.(O) *'아마'는 추측 표현과 호응
- 조사와 서술어의 호응 문제
  이것으로 인사말에 갈음하다.(X) → 이것으로 인사말을 갈음하다.(O) *'갈음하다'는 타동사

3. 문장 구조의 모호성(중의성)

- 수식어의 모호성
  아름다운 고향의 하늘.(X) → 아름다운, 고향의 하늘(O)
- 병렬 관계의 모호성
  철이와 영선이는 결혼했다.(X) → 철이는 영선이와 결혼했다.(O)
- 비교 관계의 모호성
  아내는 남편보다 아들을 좋아한다.(X)
  ① 아내와 남편 중 아내가 아들을 더 좋아한다.
  ② 아내는 남편과 아들 중에 아들을 더 좋아한다.
- 부정 구문의 모호성
  친구들이 다 오지 않았다. ➜ ① 친구들이 다 오지는 않았다. ② 친구들 전원이 오지 않았다.

2 도표로 보는 어문 규정

01 한글 맞춤법

제1장 총칙

- **제1항** 한글 맞춤법은 표준어를 소리대로 적되, 어법에 맞도록 함을 원칙으로 한다.
- **제2항** 문장의 각 단어는 띄어 씀을 원칙으로 한다.
- **제3항** 외래어는 '외래어 표기법'에 따라 적는다.

제2장 자모

- **제4항** 한글 자모의 수는 스물넉 자로 하고, 그 순서와 이름은 다음과 같이 정한다.
  - 자음: ㄱㄲㄴㄷㄸㄹㅁㅂㅃㅅㅆㅇㅈㅉㅊㅋㅌㅍㅎ
  - 모음: ㅏㅐㅑㅒㅓㅔㅕㅖㅗㅘㅙㅚㅛㅜㅝㅞㅟㅠㅡㅢㅣ

제3장 소리에 관한 것

제1절 된소리

제5항

된소리 표기	
1. 두 모음 사이의 된소리	아끼, 오빼, 소쩍새, 가끔, 으뜸, 기쁘다
2. 'ㄴ, ㄹ, ㅁ, ㅇ' 뒤 된소리	산뜻, 살짝, 담뿍
다만, 'ㄱ, ㅂ' 받침 뒤 된소리가 X	국수, 싹둑, 깍두기

제2절 구개음화

제6항 'ㄷ, ㅌ' 표기 — 맏이, 같이, 굳이, 해돋이

제3절 'ㄷ' 소리 받침

제7항 'ㅅ' 표기 — 덧저고리, 돗자리, 웃어른, 핫아비

제4절 모음

제8항 '계, 례, 몌, 폐, 혜' '계'로 표기 — 혜택, 계집, 폐계, 폐품 / *게: 게송(偈頌), 게시판(揭示板), 휴게실(休憩室), 게양(揭揚)

제9항 'ㅢ' 표기 — 늴리리, 닝큼, 띄어쓰기, 하늬바람, 희망

제5절 두음법칙

제10항 두음법칙
- 한자어 ㄴ ㄴ ㄴ ㄴ → ㅕ ㅛ ㅠ ㅣ
- 여자(女子), 요소(尿素), 유대(紐帶), 익명(匿名), 연세(年歲), 이토(泥土)
- 첫머리 이외는 본음 — 남녀(男女), 결뉴(結紐), 당뇨(糖尿), 은닉(隱匿)
- 둘째 음절 이하 적용 — 신여성(新女性), 공염불(空念佛), 남존여비(男尊女卑)

제11항 두음법칙
- 한자어 ㄹ ㄴ ㄴ ㄹ ㄹ ㄹ → ㅇ ㅕ ㅖ ㅛ ㅠ ㅣ
- 양심(良心), 역사(歷史), 예의(禮儀)
- 첫머리 이외는 본음 — 선량(善良), 쌍룡(雙龍)
- '모음, ㄴ 받침 뒤' 적용 — 율(律), 열(列, 烈, 裂, 劣), 률(率, 慄, 栗, 慓), 선율(旋律), 비율(比率), 실패율(失敗率), 분열(分裂), 백분율(百分率)
- 준말 본음 — 국련(국제연합), 국연

제12항
- 한자어 ㄹ ㄴ ㄹ ㄹ ㄴ → ㄴ ㅐ ㅕ ㅗ ㅜ
- 낙원(樂園), 노성(雷聲), 내일(來日), 누각(樓閣), 노인(老人), 능묘(陵墓)
- 고유어, 외래어 + 난(欄) — 어린이난, 가십난, 스포츠난
- 한자어 + 난(欄) — 가정란
- 둘째 음절 이하 적용 — 내내월(來來月), 상노인(上老人), 중노동(重勞動), 비논리적(非論理的)

제6절 겹쳐 나는 소리

제13항 같은 글자로 표기 — 딱딱, 씩씩, 쌉쌀하다, 쓸쓸하다, 짭짤하다, 연연불망, 유유상종 / 예외: 연년생, 염념하다, 냉랭하다, 늠름하다, 독독하다, 염념불망

제4장 형태에 관한 것

제1절 체언과 조사

제14항

제2절 어간과 어미

제15항, **제16항** 모음조화, **제17항** 조사 '요'
- 읽어, 읽어요, 좋지, 좋지요, 참으리, 참으리요

제18항 불규칙 활용

규칙과 불규칙	
규칙활용	① 'ㄹ': 살다-사니-산-사오 / ② 'ㅡ': 담그다-담가(담궈X)
불규칙 활용	1. 어간이 바뀐 경우 ① 'ㅅ': 낫다-나아-나으니-나았다 ② 'ㄷ': 신다(載)-실어-실으니-실었다 ③ 'ㅂ': 돕다(助)-도와-도와서-도와도 ④ 'ㄹ': 가르다-갈라-갈랐다 ⑤ '우': 푸다-퍼-펐다 / 2. 어미가 바뀐 경우 ① '여': 하다-하여-하여서-하여도-하여라 ② '러': 푸르다-푸르러-푸르렀다 / 3. 어간과 어미가 바뀐 경우 ① 'ㅎ': 파랗다-파라니-파래-파라면-파래서

제3절 접미사가 붙어서 된 말

제19항
- 어간+이, 음(ㅁ) → 명
- 어간+이, 히 → 부
- 1. '이' → 명 — 길이, 깊이, 높이
- 2. '음(ㅁ)' → 명 — 걸음, 민음, 앎
- 3. '이' → 부 — 많이, 같이, 익히, 작히
- 4. '히' → 부
- 붙임. 명사로 바뀐 것 — 너머(넘-+-어), 마개(막-+-애), 무덤(묻-+-엄)
- 붙임. 부사로 바뀐 것 — 너무(넘-+-우), 자주(잦-+-우), 차마(참-+-아)
- 붙임. 조사로 바뀐 것 — 나마(남-+-아), 조차(좇-+-아), 부터(붙-+-어)

제20항
- 명사+이 → 명
- 명사+이 → 부
- 명사로 바뀐 것 — 곰배팔이, 바둑이
- 부사로 바뀐 것 — 곳곳이, 낱낱이, 몫몫이, 집집이
- 'ㅣ' 외 모음 접미사 — 바가지, 터럭, 끄트머리, 지붕(집+-웅), 꼬락서니(꼴+-악서니)

제21항 자음 시작 접미사 — 명사 뒤: 뜯게질, 군더더기, 굵직하다, 깊숙하다, 높다랗다, 늙수그레하다 / 어간 뒤: 넓적하다, 널찍하다, 얄팍하다, 짤막하다, 실컷

제22항 어간+접미사
- 쌓이다, 맞히다, 돌리다, 웃기다, 솟구다, 맞추다, 돋구다, 없애다
- 받치다, 놓치다, 쫓기다, 뻗치다
- 미덥다, 우습다, 미쁘다

제23항 '하다', '거리다' 어근+이 → 명/부 — 깔쭉이, 꿀꿀이, 눈깜짝이, 더더귀, 배불뚝이, 오뚝이, 코납작이, 홀쭉이, 깍두기, 딱따구리, 뻐꾸기, 부스러기, 살사리, 싸라기, 쌕쌕이, 얼루기, 칼싹두기

제24항 '-거리다' → '이다' — 지껄이다

제25항 '-하다', '-이' / 부사+-이 → 부
- 급히, 꾸준히, 도저히, 깨끗이, 반듯이, 딱히 / 부사+-이 → 부: 곰곰이, 더욱이, 생긋이, 오뚝이, 일찍이, 해죽이

제26항 '하다', '없다' — 숱하다, 쪽하다, 얼없다

제4장 형태에 관한 것

	27항	28항	29항	30항	31항	32항	33항	34항	35항	36항	37항	38항	39항	40항
	원형	ㄹ 탈락	ㄹ→ㄷ	사이시옷	ㅂ, ㅎ 덧나는 것	모음 축약	체언+조사	ㅏ, ㅓ+ 아/어, 았/었	ㅗ, ㅜ+ㅓ →ㅘ/ㅝ, 았/었	ㅣ+어 →ㅕ				거센소리
	꽃잎이 꽃을 꽃밭이 있다 꺾꽂이 샛별 새파랗다 시누이	나날이 다달이 싸전 화살 우짖다 여닫이 마되 바느질	섣달 푿소 숟가락 사흗날 이튿날 삼짇날 반짇고리	귓밥 냇가 바닷가 아랫집 햇수 뒷머리 아랫니 윗니	1.'ㅂ'소리가 덧나는 것 멥쌀(메ㅂ쌀) 입때(이ㅂ때) 접때(저ㅂ때) 햅쌀(해ㅂ쌀) 댑싸리(대ㅂ싸리) 2.'ㅎ'소리가 덧나는 것 수캐(수ㅎ개) 수컷(수ㅎ것) 수탉(수ㅎ닭) 암캐(암ㅎ개) 암코기(머리ㅎ가락)	기러기야→기럭아 어제그저께→엊그저께 가지고→갖고 가지고→갖고 디디고→딛고 디디지→딛지	무엇이 → 뭣이 뭣이 → 무어 무엇을 → 뭣을	가 갔다 켜 컸다 서 섰다 개어 개 세어 세 되어 돼 하여 해	ㅗ아→ㅘ 보아 봐 쏘아 쏴 두어 둬 쑤어 쒀	ㅣ+어 가져 가지어 견뎌 견디어	싸이어 쌔어 싸여 누이어 뉘어 누여 뜨이어 띄어 보이어 뵈어 보여 쏘이어 쐬어 쏘여 쓰이어 씌어 쓰여	그렇잖은 적잖은 만만찮다 변변찮다	간편하게 간편케 다정하다 다정타 정결하다 정결타 가하다 가타 흔하다 흔타
	올벼			셋방(貰房) 숫자(數字) 횟수(回數) 곳간(庫間) 찻간(車間) 툇간(退間) 머리말 인사말 소개말 예사말		머리가락(머리ㅎ가락)								

제5장 띄어쓰기

제1절 조사

41항
조사
꽃이 꽃마저 꽃밖에 꽃에서부터 꽃으로만 꽃이나마 꽃이다 꽃입니다 꽃처럼 어디까지나 거기도 멀리는 웃고만

제2절 의존 명사, 단위를 나타내는 명사 및 열거하는 말

42항	43항	44항	45항	46항
의존명사	단위명사	수	열거	단음절
수, 분, 데, 바, 지, 것, 줄, 듯, 터, 리, 대로, 만큼, 뿐, 만, 나도 할 수 있다. 내가 떠난 지가 오래다. 그가 떠나 바를 지가 오래다. 아는 것이 힘이다. 덕을 덮을 먹어라. 아는 이를 만났다.	소(2) 고등어 한 손 조기 한 손 죽, 갓, 뭇(10) 버선 한 죽 접어 한 갓 굴비 한 갓 상자 한 못 두름, 쾌, 축, 제(20) 굴비 한 두름 북어 한 쾌 오징어 한 축 북어 한 쾌 거리(50) 오이 한 거리 가지 한 거리 섬(24) 바늘 한 섬 접, 톳(100) 배추 한 접 김 한 톳	'만(萬)' 단위 띄어쓰기	국장 겸 과장 열 내지 스물 청군 대 백군 이사장 및 이사들 사과, 배, 귤등등 사과, 배, 쾌, 제(20) 부산, 광주 등지	좀더 큰것 이말 저말 한잎 두잎

제3절 보조용언

47항
보조용언
원칙 허용
불이 꺼져 간다. 불이 꺼져간다. 내 힘으로 막아 낸다. 내 힘으로 막아낸다. 어머니를 도와 드린다. 어머니를 도와드린다. 그릇을 깨뜨려 버렸다. 그릇을 깨뜨려버렸다. 비가 올 듯하다. 비가 올듯하다. 일이 될 법하다. 일이 될법하다. 비가 올 성싶다. 비가 올성싶다. 잘 아는 척한다. 잘 아는척한다. 책을 읽어도 보고...... 네가 덤벼들어 보아라. 이런 기회는 다시없을 듯하다. 그가 올 듯도 하다. 잘난 체를 한다.

제4절 고유명사 및 전문용어

48항	49항	50항
이름, 호, 호칭, 관직명	고유명사	전문용어
김양수(金良洙) 서화담(徐花潭) 채영신 씨 최치원 선생 박동식 박사 충무공 이순신 장군	대한 중학교 한국 대학교 사범 대학 한국대학교 사범대학	만성 골수성 백혈병 만성골수성백혈병 중거리 탄도 유도탄 중거리탄도유도탄

제6장 그 밖의 것

51항	52항 한자어의 본음과 속음	53항	54항	55항	56항	57항
이	본음 속음	-(으)ㄹ게 -(으)ㄹ걸 -(으)ㄹ게 -(으)ㄹ걸 -(으)ㄹ세 -(으)ㄹ수록 -(으)ㄹ지 -(으)ㄹ지라도 -(으)ㄹ진대	꾼 살부름꾼, 익살꾼, 일꾼, 장난꾼 깔 맵깔, 빛깔, 성깔 때기 귀때기, 볼때기, 판자때기 꿈치 뒤꿈치, 팔꿈치 빼기 마빡빼기, 코빼기, 악착빼기, 곱빼기 쩍다 객쩍다, 겸연쩍다 대기 새침데기, 부엌데기	맞추다 입을 맞춘다. 양복을 맞춘다. 뻗치다 다리를 뻗친다. 멀리 뻗친다.	1.과거:-더라, -던 엄마나 놀랐던지 몰라. 2.선택:-든지 배든지 사과든지 마음대로 먹어라. 가든지 오든지 마음대로 해라.	비슷한 단어 구별
이	히 죽히	작히 족히				
깨끗이 버젓이 번번이 *김숙이 나직이 수북이 |백백이 촉촉이 두둑이 얼핏이 나직이	이, 히 -히	숨기ㆍ꼼꼼히	숙녀ㆍ꼼꼼히	불박이, 판박이, 점박이, 오이소박이, 차돌박이				

본음 / 속음

본음	속음
승낙(承諾)	수락(受諾), 쾌락(快諾), 허락(許諾)
안녕(安寧)	의령(宜寧), 회령(會寧)
분노(忿怒)	대로(大怒), 희로애락(喜怒哀樂)
토론(討論)	의논(議論)
오륙십(五六十)	오뉴월, 유월(六月)
십일(十日)	시방정토(十方淨土), 시왕(十王), 시월(十月)
팔일(八日)	초파일(初八日)

2 도표로 보는 어문 규정 047

02 표준 발음법

제1장 총칙

1항 표준 발음법은 표준어의 실제 발음을 따르되, 국어의 전통성과 합리성을 고려하여 정함을 원칙으로 한다.

제2장 자모

2항 자음 19	**3항** 모음 21	**4항** 단모음 10

제3장 음의 길이

5항 이중모음

'ㅑ ㅒ ㅕ ㅖ ㅘ ㅙ ㅛ ㅝ ㅞ ㅠ ㅢ'는 이중 모음으로 발음
- 다만 1. '져[저], 쪄[쩌], 쳐[처]'
- 다만 2. '예, 례' 이외는 [ㅔ]발음 허용: 계집[계ː집/게ː집], 시계[시계/시게], 지혜[지혜/지헤], 혜택[혜ː택/헤ː택]
- 다만 3. 자음이 첫소리인 'ㅢ'는 [ㅣ]로 발음: 늴리리[닐리리], 늬큼[니큼], 무늬[무니], 띄어쓰기[띠어쓰기], 희망[히망]
- 다만 4. 첫음절 이외의 '의'는 [ㅣ]로, 조사 '의'는 [ㅔ]로 발음 허용: 주의[주의/주이], 협의[혀븨/혀비], 우리의[우리의/우리에], 강의의[강ː의의/강ː이에]

민주주의의 의의[민주주의에 의/이/민주주이에 으이/이] 예ː의ː이X

제3장 음의 길이

6항 단어의 첫음절만 장음

눈보라는[눈ː보라] || 보리[보리] || 말다[말ː다] : 타

- 다만, 합성어의 경우에는 둘째 음절 이하에서도 장음 인정
- 반신반의[반ː신바ː늬/반ː신바ː니], 재삼재사[재ː삼재ː사]
- 붙임. 단음절 어간+어미 '-아/-어'로 축약되는 경우 장음
- 보아→봐[봐ː], 되어→돼[돼ː], 두어→둬[둬ː], 하여→해[해ː]

다만:]내리는 자녀에 발발[발ː발]은 덕오연서 말일[ː]하다.

7항 단음

어간+모음 어미 또는 어간+피동·사동 접미사
- 감다[감ː따] : 감기다[감기다] : 감으니[가므니]
- 밟다[밥ː따] : 밟히다[발피다] : 발히연[발ː피연]

예외
- 끌다[끌ː다] - 끌어[끄러] : 떫다[떨ː따] - 떫은[떨븐] : 벌다[벌ː다] - 벌어[버러] : 썰다[썰ː다] - 썰어[써러] : 얻다[얻ː다] - 얻어[어ː더] : 세다[세ː다]

제4장 받침의 발음

8항

음절의 끝소리 규칙
'ㄱ, ㄴ, ㄷ, ㄹ, ㅁ, ㅂ, ㅇ' 7개 자음만 발음

9항 홑받침, 쌍받침

ㄲ, ㅋ → ㄱ
ㅅ, ㅆ, ㅈ, ㅊ, ㅌ → ㄷ
ㅍ → ㅂ

닦다[닥따]	키읔[키윽]
옷[옫]	있다[읻따]
꽃[꼳]	쫓다[쫃따]
	솥[솓]
	앞[압]
	덮다[덥따]

10항 겹받침

ㄳ → ㄱ	넋[넉]
ᆬ → ㄴ	앉다[안따]
ᆲ, ᆳ, ᆴ → ㄹ	여덟[여덜]
ᆹ → ㅂ	없다[업ː따]

값[갑]
밟소[밥ː쏘]
밟는[밤ː는]
밟는다[밤ː는다]
넓죽하다[넙쭈카다]
넓둥글다[넙뚱글다]

11항 겹받침

ㄺ → ㄱ	닭[닥]
ㄻ → ㅁ	흙과[흑꽈]
ㄿ → ㅂ	맑다[막따]
	삶[삼ː]
	읊고[읍꼬]
	읊다[읍따]

'ㄱ' 앞에서 'ㄹ'
맑게[말께]
맑게[말께]
묽고[물꼬]
얽거나[얼거나]

12항 받침 'ㅎ'

1. ㅎ, (ㄶ, ᄚ) + ㄱ, ㄷ, ㅈ → ㅋ, ㅌ, ㅊ
- 놓고[노코], 좋던[조ː턴], 쌓지[싸치], 많고[만코], 닳지[달치]
- 않던[안턴]

붙임 1 ㄱ(ㄺ), ㄷ, ㅂ(ㄼ), ㅈ(ㄵ) + ㅎ → ㅋ, ㅌ, ㅍ, ㅊ
- 각하[가카]
- 먹히다[머키다]
- 밝히다[발키다]
- 맏형[마텽]
- 좁히다[조피다]
- 넓히다[널피다]
- 꽂히다[꼬치다]
- 앉히다[안치다]

붙임 2
옷 한 벌[오탄벌], 낮 한때[나탄때], 숱하다[수타다]

2. ㅎ(ㄶ, ᄚ) + ㅅ → ㅆ
- 닿소[다쏘]
- 많소[만ː쏘]
- 싫소[실쏘]

3. ㅎ+ㄴ → [ㄴ]으로 발음
- 놓는[논는]
- 쌓네[싼네]

4. ㅎ, ᄚ + 모음 : 발음X
- 낳은[나은], 놓아[노아], 많아[마나], 않은[아는]

제4장 받침의 발음

13항 홑받침, 쌍받침 +

모음 형식 형태소 (어미, 조사, 접사)
- 끝을[끄틀]
- 깎아[까까]
- 낮이[나지]
- 밭에[바테]
- 엎으로[어프로]
- 덮이다[더피다]

14항 겹받침 +

모음 형식 형태소 (어미, 조사, 접사)
- 넋이[넉씨]
- 앉아[안자]
- 닭을[달글]
- 젊어[절머]
- 곬이[골씨]
- 없어[업ː써]

15항 받침 +

'ㅏ, ㅓ, ㅗ, ㅜ, ㅟ' 실질 형태소
- 밭 아래[바다래]
- 늪 앞[느밥]
- 젖어미[저더미]
- 맛없다[마덥따]
- 헛웃음[허두슴]
- 꽃 위[꼬뒤]

넋 없다[너겁따]
닭 앞에[다가페]

16항

자모 이름 발음
- 디귿이[디그시]
- 키읔이[키으기]
- 피읖이[피으비]

제5장 음의 동화

17항 구개음화

굳이[구지]	백미[뱅ː미]
밭이[바치]	먹는[멍는]
굳히다[구치다]	국물[궁물]

18항 비음화

백미[뱅마]	
먹는[멍는]	
국물[궁물]	

제5장 음의 동화

19항 비음화

담력[담ː녁]	
강릉[강능]	
종로[종노]	

20항 유음화

난로[날ː로], 신라[실라], 천리[철리], 광한루[광ː할루], 대관령[대ː괄령], 칼날[칼랄], 물난리[물랄리], 줄넘기[줄럼끼], 할는지[할른지]

붙임: 'ㄴ'이 'ㄾ' 뒤에 있을 때: 닳는[달른], 뚫는[뚤른], 핥네[할레]

다만, 의견란[의ː견난], 임진란[임ː진난], 생산량[생산냥], 결단력[결딴녁], 공권력[공꿘녁], 동원령[동ː원녕], 상견례[상견녜], 횡단로[횡단노], 이원론[이ː원논], 입원료[이붠뇨], 권력[궐력]

21항 비표준발음

감기[감ː기](X)[강ː기](X)
문법[문뻡](X)[뭄뻡](X)
꽃길[꼳낄](X)[꼭낄](X)
꽃밭[꼳빧](X)[꼽빧](X)

제6장 경음화

23항	**24항**	**25항**	**26항**	**27항**	**28항**
국밥[국빱]	신고[신ː꼬]	넓게[널께]	갈등[갈뜽]	할 것을[할꺼슬]	문고리[문꼬리]
깎다[깍따]	앉고[안꼬]	핥다[할따]	발동[발똥]	할 바를[할빠를]	눈동자[눈똥자]
샅도[삳또]	얹다[언따]	훑소[훌쏘]	절도[절또]	할 수는[할쑤는]	신바람[신빠람]
닥장[닥짱]	닮고[담ː꼬]	떫지[떨ː찌]	물질[물찔]	만날 사람[만날싸람]	장-자리[장ː짜리]
옆집[엽찝]	젊지[점ː찌]		몰상식[몰쌍식]		등-불[등뿔]
			불세출[불쎄출]		우리전[우리ː전]

제7장 음의 첨가

29항

이	여
솜-이불[솜ː니불]	한-여름[한녀름]
홑-이불[혼니불]	남존-여비[남존녀비]
막-일[망닐]	신-여성[신녀성]
	직행-열차[지캥녈차]
	늑막-염[능망념]

내복-약[내ː복냑], 붕-뇨

22항 반모음첨가

되어[되어/되여]
피어[피어/피여]
이오[이오/이요]
아니오[아니오/아니요]

30항 사이시옷

냇가[내ː까/낻ː까]
샛길[새ː낄/샏ː낄]
콧등[코뜽/콛뜽]
뱃-속[배쏙/밷쏙]
아랫니[아랜니→아랜니]
나뭇잎[나묻닙→나문닙]

03 외래어 표기법

제1장 표기 원칙

1항	외래어는 국어의 현용 24 자모만으로 적는다.
2항	외래어의 1 음운은 원칙적으로 1 기호로 적는다.
3항	받침에는 'ㄱ, ㄴ, ㄹ, ㅁ, ㅂ, ㅅ, ㅇ'만을 쓴다.
4항	파열음 표기에는 된소리를 쓰지 않는 것을 원칙으로 한다. **예외** 빵, 껌, 히로뽕, 마오쩌둥
5항	이미 굳어진 외래어는 관용을 존중하되, 그 범위와 용례는 따로 정한다. **예** 슈퍼마켓(supermarket), 오렌지, 초콜릿, 소파, 라디오, 카메라

제2장 표기 일람표(기본 서 참고)

제3장 표기 세칙

1항

무성파열음 ([p], [t], [k])

gap[ɡæp] 갭
cat[kæt] 캣
apt[æpt] 앱트
make[meik] 메이크
cape[keip] 케이프

유성파열음 [b], [d], [g]

land[lænd] 랜드
lobster[lɔbstə] 로브스터 랍스터

2항

마찰음 ([s], [z], [f], [v], [θ], [ð], [ʃ], [ʒ])

[ʃ]
어말: flash[flæʃ] 플래시
자음 앞: brush[brʌʃ] 브러시
English[iŋɡliʃ] 잉글리시
dash[dæʃ] 대시

[ʃ]모음 앞: '샤', '섀', '셔', '셰', '쇼', '슈', '시'
shark[ʃɑːk] 샤크
eyeshadow[ɑɪʃædoʊ] 아이섀도
milkshake[milkʃeik] 밀크셰이크
shopping[ʃɔpiŋ] 쇼핑
shoe[ʃuː] 슈
leadership[liːdəʃip] 리더십

[ʒ]자음: shrimp[ʃrimp] 슈림프

파찰음 ([ts], [dz], [tʃ], [dʒ])

[ts], [dz]
어말, 자음 앞: 'ㅊ', 'ㅈ'
jazz[dʒæz] 재즈
Keats[kiːts] 키츠
Pittsburgh[pitsbəːɡ] 피츠버그
odds[ɔdz] 오즈

[tʃ], [dʒ]
어말, 자음 앞: 'ㅊ', 'ㅈ'
switch[switʃ] 스위치
bridge[bridʒ] 브리지
hitchhike[hitʃhaik] 히치하이크

mask[mɑːsk] 마스크
thrill[θril] 스릴
graph[ɡræf] 그래프
bathe[beið] 베이드
olive[ɔliv] 올리브

[tʃ], [dʒ]
모음 앞: 'ㅊ', 'ㅈ'
chart[tʃɑːt] 차트
virgin[vəːdʒin] 버진

6항

유음 [l]
어말, 자음 앞: 'ㄹ'로
hotel[houtel] 호텔
pulp[pʌlp] 펄프

[l]모음 앞, 모음 앞 비음 앞
slide[slaid] 슬라이드
film[film] 필름
helm[helm] 헬름
swoln[swouln] 스월른
Hamlet[hæmlit] 햄릿
Henley[henli] 헨리

7항

장모음
team[tiːm] 팀
route[ruːt] 루트

8항

중모음
[ai],[au],[ei],[ɔi], [ou], [auə]
house[haus] 하우스
boat[bout] 보트
tower[tauə] 타워
window[windou] 윈도
snow[snou] 스노

9항

반모음 [w], [j]

10항

복합어
flashgun[flæʃɡʌn] 플래시건
top class[tɔpklæs] 톱 클래스/톱클래스

제4장 인명, 지명 표기 원칙

1절 표기 원칙

2절 동양의 인명, 지명 표기

1항
중국 인명

2항
중국 지명

3항
일본의 인명과 지명

孔子 공자
登小平 등소평
胡錦濤 후진타오

豊臣秀吉 도요토미 히데요시
伊藤博文 이토 히로부미

4항
중국과 일본의 지명 표기

東京 도쿄, 도쿄
京都 교토, 경도
上海 상하이, 상해
臺灣 타이완, 대만
黃下 황하, 황허

3절 바다, 섬, 강, 산 등의 표기(붙여쓰기)

1항
바다는 '해(海)'로 통일
바다
홍해
발트해
아라비아해

2항
섬
우리나라를 제외하고 섬
은 모두 '섬'으로 통일 쳐 적는다.
타이완섬
코르시카섬
우리나라: 제주도,
울릉도

3항
한자 사용 지역 지명
'강', '산', '호', '섬' 등은 겹쳐 적는다.
주장강(珠江)
도시마섬(利島)

4항
산맥, 산, 강
Rio Grande 리오그란데강
Monte Rosa 몬테로사산

2 도표로 보는 어문 규정 049

04 유의해야 할 외래어 표기

자, 저, 조, 주, 차, 처, 추 X

비전	비젼X
주스	쥬스X
차트	챠트X
캐리커처	캐리커쳐X
텔레비전	텔레비젼X

된소리

가스	까스X
달러	딸러X
센터	센터X
재즈	째즈X
카페	까페X
코냑	꼬냑X
콩트	꽁트X
파리	빠리X
배터리	빳데리X
서비스	써비스X
피에로	삐에로X
모차르트	모짜르트X

거센소리

가톨릭	카톨릭X
가디건	카디건X
쿠데타	쿠테타X
요구르트	야쿠르트X
헬리콥터	해리콥터X
호치키스	호찌케스X

나라, 도시

터키, 튀르키예	터어키X
싱가포르	싱가폴X
시칠리아	시실리아X
옥스퍼드	옥스포드X
라스베이거스	라스베가스X
도이칠란트	도이칠란드X
케임브리지	케임브리지X

애, 에

새시	샤시, 샷시X
마니아	매니아X
메시지	메세지X
바비큐	바베큐X
소시지	소세지X
악센트	엑센트X
오믈렛	오믈릿X
챔피언	챔피온X
코미디	코메디X
탤런트	탈렌트X
팸플릿	팜플렛X
내레이션	나레이션X
내비게이션	네비게이션X
다이내믹	다이나믹X
액세서리	악세사리X
엘리베이터	엘레베이터X
밸런타인데이	발렌타인데이X

우, 위

대뷔	대뷰X
루주	루즈X
뷔페	부페X
누앙스	누앙스X
랑데부	랑데뷰X
리더십	리더쉽X
쥬라기	쥬라기X
플래시	플래쉬X

이/잇

보닛	보닛X
재킷	자켓X
타깃	타겟X
리포트	레포트X
초콜릿	초콜렛X

일본식 표기

링거	링겔X
벨런스	발란스X
프러포즈	프로포즈X

음성모음

소파	쇼파X
캐럴	캐롤X
캐럿	캐럿X
바겐	바게X
타월	타올X
스펀지	스폰지X
어댑터	아답터X
미스터리	미스테리X
스탠더드	스탠다드X
커스터드	커스타드X
심포지엄	심포지움X
오리지널	오리지날X

양성모음

판다	팬더X
마녀랑	미네랄X
색소폰	색스폰X
할리우드	헐리우드X
다이아몬드	다이어몬드X

사람 이름

누터	누트X
아서	아더X
루스벨트	루즈벨트X
칭기즈칸	징기즈칸X

부정 접두어

난센스	넌센스X
논픽션	넌픽션X
논스톱	난스톱X

둘 다 인정

샤쓰, 셔츠
랑도브르스터 홈스터X

군더더기

윈도	윈도우X
스트로	스트로우X
스노보드	스노우보드X
러키	럭키X
보	보우X
캐닝	캐닝X
대상	대생X
배지	벳지X
세트	세트X
카세트	카셋트X
마사지	맛사지X
앙케트	앙케이트X
플래카드	플래카드X
러닝셔츠	런닝셔츠X
블라우스	브라우스X
길모퉁이	기도미터X
포플레인	포크라인X
하이라이트	하이라이트X
드라이클리닝	드라이크리닝X

부당한 생략

불도그	불독X
스태프	스탭X
얼굴옷	얼굴X
양초	양X
케이크	케익X
콩쿠르	콩쿠X
티보이	티비X
플루트	플룻X
쇼트케이크	숏케X
얼레지기	알레지X
엔드 판	엔드판X
가스레인지	가스렌지X
스테인리스	스텐리스X
레크리에이션	레크레이션X

[ㅈ]

디지털	디지털X
컨트롤	콘트롤X
컨디션	콘디션X
리머컨	리모컨X
에어컨	에어컨X
카미슨	카미숀X
컨테이너	컨테이너X
콜렉션	콜렉션X
메스컴	메스컴X
코사트	콘사트X
콘텐츠	콘텐츠X
콘센트	콘센트X
콘테스트	컨테스트X
콤플렉스	콤플렉스X

기타

도넛	도너츠, 도우넛X
라이선스	라이센스X
로봇	로보트X
렌터카	렌트카X
유머러스	유머러스X
멜론	메론X
밀크셰이크	밀크쉐이크X
바통	바톤X
사부사부	샤브샤브X
샌드	샌드X
스낵	스넥X
스프링쿨러	스프링클러X
스튜디오스	스튜디어스X
스티로폼	스치로폼X
심벌	심볼X
아쿠아마린	아쿠아마린X
앰뷸런스	앰블런스X
아울렛	아울렛X
가스텔라	카스텔라X
가운슬링	가운슬링X
캔	캔X
캐피숄	케피솔X
플랜카드	플랜카드X

05 로마자 표기법

제1장 표기의 기본 원칙

1항 국어의 로마자 표기는 국어의 표준 발음법에 따라 적는 것을 원칙으로 한다.

2항 로마자 이외의 부호는 되도록 사용하지 않는다.

제2장 표기 일람

1항

1. 단모음

ㅏ	ㅓ	ㅗ	ㅜ	ㅡ	ㅣ	ㅐ	ㅔ	ㅚ	ㅟ
a	eo	o	u	eu	i	ae	e	oe	wi

2. 이중모음

ㅑ	ㅕ	ㅛ	ㅠ	ㅒ	ㅖ	ㅘ	ㅙ	ㅝ	ㅞ	ㅢ
ya	yeo	yo	yu	yae	ye	wa	wae	wo	we	ui

[붙임]
1. 'ㅢ'는 'ㅣ'로 소리 나더라도 'ui'로 적는다.
   광희문 Gwanghuimun, 여의도 Yeouido
2. 장모음의 표기는 따로 하지 않는다.
   거북선 Geobukseon

2항

1. 파열음

ㄱ	ㄲ	ㅋ	ㄷ	ㄸ	ㅌ	ㅂ	ㅃ	ㅍ
g, k	kk	k	d, t	tt	t	b, p	pp	p

2. 파찰음

ㅈ	ㅉ	ㅊ
j	jj	ch

3. 마찰음

ㅅ	ㅆ	ㅎ
s	ss	h

4. 비음

ㄴ	ㅁ	ㅇ
n	m	ng

5. 유음

ㄹ
r, l

[붙임]
1. 'ㄱ, ㄷ, ㅂ'은 모음 앞에서는 'g, d, b'로, 자음 앞이나 어말에서는 'k, t, p'로 적는다.
   구미 Gumi, 영동 Yeongdong, 백암[배감] Baegam, 옥천 Okcheon, 합덕 Hapdeok, 호법 Hobeop, 월곶[월곧] Wolgot, 벚꽃[벋꼳] beotkkot, 한밭[한받] Hanbat
2. 'ㄹ'은 모음 앞에서는 'r', 자음 앞이나 어말에서는 'l'로 적는다. (단, 'ㄹㄹ'은 'll')
   구리 Guri, 설악[서락] Seorak, 칠곡 Chilgok, 울릉 Ulleung, 임실 Imsil, 대관령[대괄령] Daegwallyeong

제3장 표기상의 유의점

1항

	1. 비음화		2. 유음화		3. ㄴ 첨가	4. 구개음화	5. ㅎ, ㄱ, ㄷ, ㅂ, ㅈ+ㅎ=거센소리
	역행동화	상호동화 ㄱ→ㅇ, ㅂ→ㅁ	순행동화	역행동화			
백마[뱅마] Baengma		국전[긍낙쩐] Geungnakjeon 강릉[강능] Gangneung	종로[종노] Jongno	독립문[동님문] Dongnimmun 백령도[뱅녕도] Baengnyeongdo 숙리산[숭니산] Songnisan 축석루[축썽누] Chokseongnu 왕십리[왕심니] Wangsimni 압록강[암녹깡] Amnokgang 법문사[범문사] Beomnyunsa	별내[별래] Byeollae	신라[실라] Silla 설릉[설릉] Seolleung 대관령[대 : 괄령] Daegwallyeong	앞약[암냑] allyak 학여울[항녀울] Hangnyeoul	같이[가치] gachi 굳히다[구치다] guchida 해돋이[해도지] haedoji	좋고[조코 : 코] joko [붙임] 된소리되기는 표기에 반영X 팔당 Paldang 샛별 saetbyeol 다만, 체언에서 'ㄱ, ㄷ, ㅂ' 뒤에 'ㅎ'일 때 묵호(Mukho) 집현전(Jiphyeonjeon)

2항 발음상 혼동될 우려가 있을 때에는 음절 사이에 붙임표(-)를 쓸 수 있다.

반구대 Ban-gudae
해운대 Hae-undae

3항 고유 명사 첫 글자는 대문자

부산 Busan
세종 Sejong

4항 인명 붙임표(-) 허용

1. 이름에서 일어나는 음운 변화 표기X
   한복남 Han Boknam (Han Bok-nam)
   홍빛나 Hong Bitna (Hong Bit-na)

5항 행정구역 붙임표(-)

붙임표(-) 앞뒤에서 일어나는 음운 변화는 표기X

제주도 Jeju-do
의정부시 Uijeongbu-si
양주군 Yangju-gun
도봉구 Dobong-gu
신창읍 Sinchang-eup
삼죽면 Samjuk-myeon
인왕리 Inwang-ri
당산동 Dangsan-dong
종로 2가 Jongno 2(i)-ga

6항 자연 지물명, 문화재명, 인공 축조물
명은 붙임표X

남산 Namsan
경복궁 Gyeongbokgung
무량수전 Muryangsujeon
극락전 Geungnakjeon
안압지 Anapji
남한산성 Namhansanseong

'시, 군, 읍' 단위는 생략 가능
청주시 Cheongju

7항 인명, 회사명, 단체명 연구 등 특수 분야에서 한글 등은 그동안 써 온 표기법을 전체로 표기할 경우 한글 기호를 대상으로 적는다.

8항 학술 연구 논문 등 특수 분야에서 한글 복원을 전제로 표기할 경우 한정 표기 대상으로 적는다.

집 jib
밖 bakk
값 gabs
붓꽃 buskkoch
물엿 mul-yeos
굳이 gud-i
좋다 johda

06 전음법과 전자법

전음법(轉音法)	전자법(轉字法)
국어의 단어를 발음대로 적는 방법	국어의 단어를 표기하는 대로 적는 방법

1. 연음현상

전음법:
백암[배감] Baegam 설악[서락] Seorak 북악[부각] Bugak 밀양[미량] Miryang

전자법:
1. 'ㅢ'는 [ㅣ]로 소리나더라도 ㅢ로 표기
   광희문 Gwanghuimun, 여의도 Yeouido
2. 체언에서 받침인 'ㄱ, ㄷ, ㅂ'이고, 두 번째 음절이하의 초성이 'ㅎ'일 때 축약하지 않는 것
   집현전[지편전] Jiphyeonjeon 식혜[시케] sikhye 오죽헌[오주컨] Ojukheon
   묵호[무코] Mukho

2. 자음동화

ㄴ 첨가
알약[알략] allyak

유음화
신라[실라] Silla 선릉[설릉] Seolleung 별내[별래] Byeollae
대관령[대 : 괄령] Daegwallyeong 광한루[광 : 할루] Gwanghallu

비음화
왕십리[왕심니] Wangsimni 청량리[청냥니] Cheongnyangni 백마[뱅마] Baengma
답십리[답씸니] Dapsimni 속리산[송니산] Songnisan 독립문[동님문] Dongnimmun
극락전[긍낙쩐] Geungnakjeon 촉석루[촉썽누] Chokseongnu

전자법:
3. 된소리되기 표기하지 않는 것
   압구정[압꾸정] Apgujeong 낙동강[낙똥강] Nakdonggang
   합덕[합떡] Hapdeok 팔당[팔땅] Paldang
   샛별[새:뼐/샏:뼐 : 별] saetbyeol
   *된소리 표기: 볶음밥[보끔밥] bokkeumbap 벚꽃[벋꼳] beotkkot

4. 붙임표(-) 앞뒤의 음운변동 적용하지 않음
   삼죽면[삼중면] Samjuk-myeon
   인왕리[이놩니] Inwang-ri

07 표준어 사정 원칙

제1장 총칙

1항: 표준어는 교양 있는 사람들이 두루 쓰는 현대 서울말로 정함을 원칙으로 한다.

제2장 발음 변화에 따른

제1절 자음

2항: 아래에는 따로 사정한다.

	3항 거센소리		4항 예사소리		5항 어원에서 멀어진		6항 한 가지 형태		7항 수컷 접두사 '수-'	
	○	×	○	×	○	×	○	×	○	×
	끄나풀	끄나불	가을-갈이	가을-가리	강낭-콩	강남-콩	돌	돐	수퀑	수퀑/숫꿩
	나팔-꽃	나발-꽃	거시기	거시키	고삿	고샅	둘째	두째	수-나사	숫-나사
	녁	녘	분침	푼침	사글-세	삭월-세	셋째	세째	수-소	숫-소
	부엌	부억			울력-성당	위력-성당	넷째	네째	수-강아지	숫-강아지
	살-쾡이	삵-괭이			다만, 원형에 더 가까운 형태		다만, '둘째'는 십 단위 이상의 서수사에 쓰일 때에 '두째'로		수-개	숫-개
	칸	간			갈비	가리	열두-째		수-것	숫-것
	※ '초가삼간, 윗간'의 경우에는 '간' 임				갓모	갈모	스물두-째		수-기와	숫-기와
	털어-먹다	떨어-먹다			굴-젓	구-젓			수-탕	숫-탕
					말-곁	말-겻			수-탕나귀	숫-탕나귀
					물-수란	물-수랄			수-돌쩌귀	숫-돌쩌귀
					밀-뜨리다	미-뜨리다			수-돼지	숫-돼지
					적-이	저으기			수-평아리	숫-병아리
					휴지	수지			예외: 숫-양, 숫-염소, 숫-쥐	

제2절 모음

	8항 음성모음		9항 'ㅣ' 역행 동화		10항 단모음		11항 발음이 바뀌어진		12항 윗, 위, 웃	
	○	×	○	×	○	×	○	×	○	×
	깡충-깡충	깡총-깡총	-내기	-나기	괴팍-하다	괴퍅-하다	-구려	-구료	윗-눈썹	웃-눈썹
	-둥이	-동이	냄비	남비	-구먼	-구면	깍정이	깍쟁이	윗-니	웃-니
	발가-숭이	발가-송이	동댕이-치다	동당이-치다	미루-나무	미류-나무	나무라다	나무래다	윗-도리	웃-도리
	보퉁이	보통이	'ㅣ' 역행 동화가 일어나지 않은 형태를 표준으로		미륵	미력	미수	미시	윗-목	웃-목
	봉죽	봉족			여느	어니	바라다	바래다	윗-잇몸	웃-잇몸
	뻗정-다리	뻗장-다리	아지랑이	아지랭이	온-달	왼-달	상추	상치	위(거센소리 앞에서)	
	오뚝-이	오똑-이	기술자에게는 '-장이', 그 외에는 '-쟁이'		으레	으레이	시러베-아들	실업의-아들	위-쪽	웃-쪽
	주추	주초			케케-묵다	계계-묵다	주책	주착	위-충	웃-충
	예외: '茱萸'등은 맞춤		미장이	미쟁이	허우대	허위대	지루-하다	지리-하다	위-턱	웃-턱
	예외: 부조, 사돈, 삼존		유기장이	유기쟁이	허우적-허우적	허위적-허위적	튀기	트기	웃(아래, 위가 없음)	
			멋장이	멋쟁이			하드래	하드레	웃-돈	윗-돈
			소금장이	소금쟁이			호루루기	호루루기	웃-어른	윗-어른
			담장이덩굴/넝쿨						웃-웃	윗-웃
			골목쟁이	골목장이						
			발목쟁이	발목장이						

13항 구(句)

구절	귀절
귀글	글귀
예외: 귀글, 글귀	

제3장 어휘 선택에 따른

제1절 고어

14항 준말

○	X
귀찮다	귀치 않다
김	기음
똬리	또아리
무	무우
뱀	배암
생쥐	새앙쥐
솔개	소리개
온-갖	온-가지
장사-아치	장사-아치

15항 본말

○	X
귀이-개	귀-개
돗-자리	돗
멧자-하다	멎자다
부스럼	부럼
※ '부럼'은 정월 보름에 쓰는 '부럼'은 표준어
살얼음-판	살-판
수두-상	수-상
한통-치다	통-치다

16항 준말과 본말

본말	준말
거짓-부리	거짓-불
노을	놀
머무르다	머물다
서투르다	서툴다
서드르다	서둘다
시-누이	시-뉘/시-누
오-누이	오-뉘/오-누
외우다	외다
찌꺼기	찌끼

제2절 단수 표준어

17항 단수 표준어

○	X
귀-고리	귀엣-고리
귀-지	귀에지
꼭두-각시	꼭둑-각시
내(煙)	네
냠(四)	너/네
댓-새끼	대-새끼
-(으)려고	-(으)ㄹ려고
봉숭아	봉숭화
※봉선화는 표준어
빼기다[傲]	빼기다
빼기다[除]	빼기다
상-판대기	쌍-판대기
잠-투정	잠-투세
천장	천정
-든가	-던가
때려야	때려야
하려고	할려고
좋아하려 대야	좋아할래야

제3절 복수 표준어

18항 복수 표준어

원칙	허용
네	예
쇠-	소-
괴다	고이다
꾀다	꼬이다
쐬다	쏘이다
죄다	조이다
쬐다	쪼이다

19항 복수 표준어

표준어	표준어
거슴츠레하다	게슴츠레하다
고까	꼬까
고린-내	코린-내
고기(驕氣)	갸기
구린-내	쿠린-내
꺼림-하다	께름-하다
나부랭이	너부렁이

제2절 한자어

20항 고어

○	X
설거지하다	설겆다
애닮다	애닯다
오동-나무	머귀-나무
자두	오얏

21항 고유어

○	X
까막-눈	맹-눈
눈-다래끼	노-다래끼

22항 한자어

○	X
개다리소반	개다리밥상
겸-상	맞-상
고봉-밥	높은-밥
양-파	둥근-파
어질-병	어질-머리
일-무/일터리-무	총각-무

제3절 방언

23항 방언과 표준어

표준어(방언)	표준어
멍게	우렁쉥이
물-방개	선두리
애-순	어린-순

24항 방언

○	X
빈대-떡	빈자-떡
생인-손	생안-손
역-겹다	역-스럽다
코-보	코-주부

제4절 단수 표준어

25항

○	X
고구마	참감자
고치다	낫우다
광주리	광우리
김장-임	김장-집
쌍김장이는 표준어	까지다
까지-뱅이	기롱지럽다
농지거리	떡중이
떡-보	다시마자반
부각	부스럭지
부스러기	붕으락
붕으락	푸르락
푸르락	생앙순
새앙-순	샛별
샛별	새벽별
손목시계	팔목시계
숟갈	굴집
신기롭다	신기스럽다
쌍-거마자반	쌍둥밥
쌍둥방	족방
부스럭지	

제5절 복수 표준어

26항

표준어	표준어	표준어	표준어
가뭄	가물	들락날락	들랑날랑	버들-강아지	버들-개지	성글다	성기다
가엾다	가엽다	망끗	호끗	벌레	버러지	-(으)세요	-(으)셔요
개수-통	설거지통	만큼	-만치	보조개	볼우물	심술-꾸러기	심술-쟁이
-거리다	-대다	얼파람	-뜨리다	부침개질	부칩질	앞은척	앞은제
것	해	암내	앞파람	뻐드렁-니	부드러치	아이구나없다	여이구나없다
고깃-간	푸줏-간	만큼	모내다	상-달	시월-달	아픈잖다	아픈적다
금금	금음	모내다	모내기	상산-개	산양-개	언덕-바지	언덕받이
꼬까	고까	얼찌가니	얼찌감치	생	새앙	여쭈다	여쭙다
꼬리별	살별	물봉숭아	물봉선화	생각	생심	여태	입때
		방목-가지	방목-잽이	사람답다	여태껏	이제껏	입때껏
						역성-들다	역성-하다
						연-달다	잇-달다
						옥수수	강냉이
						목상주리	목상쟁이
						-이에요	-이어요
						우리	저희
						쪽	제
						추어올리다	추어주다

요정노트 스피드 완성 _ 문장의 짜임새

- 홑문장
- 겹문장
  - 안은문장
    - 명사절
      - 사람들은 태산이 높음을 알지 못한다.
      - 농부들은 비가 오기를 학수고대했다.
      - 나는 동생이 시험에 합격하기를 고대한다.
    - 서술절
      - 이 학교는 교정이 넓다.
      - 철수는 마음이 따뜻하다.
    - 관형절
      - 떡볶이를 팔 사람은 어서 가. (주어가 생략된 관계 관형절)
      - 착한 영호는 언제나 친구들을 도와준다. (주어가 생략된 관계 관형절)
      - 철수는 예쁜 옷을 샀다. (주어가 생략된 관계 관형절)
      - 낙엽이 지는 풍경이 아름답다. (동격 관형절)
    - 부사절
      - 하늘이 눈이 부시게 푸르다.
      - 비가 소리도 없이 내린다.
      - 철수는 발에 땀이 나도록 뛰었다.
      - 이 방은 그림이 아름답게 장식되었다.
    - 인용절 — 아버지께서 나에게 내일 가족 여행을 가자고 말씀하셨다.
  - 이어진문장
    - 대등하게 이어진문장 — 해진이는 울산에 살고 초희는 광주에 산다.
    - 종속적으로 이어진문장
      - 둘에 셋을 더하면 다섯이다.
      - 그 아이는 열을 배우면 백을 안다.
      - 봄이 오면 꽃이 핀다.
      - 철수는 라디오를 틀고 음악을 들었다.
      - 영희는 집에 책을 놓고 학교에 갔다.

한글 맞춤법

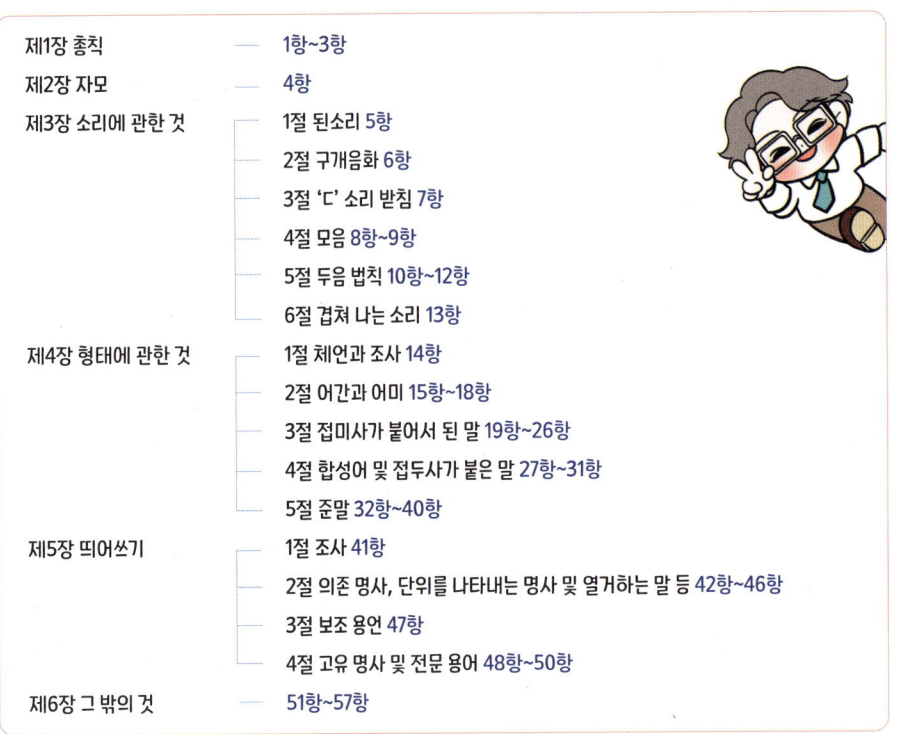

01 제4장 형태에 관한 것

4절 합성어 및 접두사가 붙은 말

30항 사이시옷

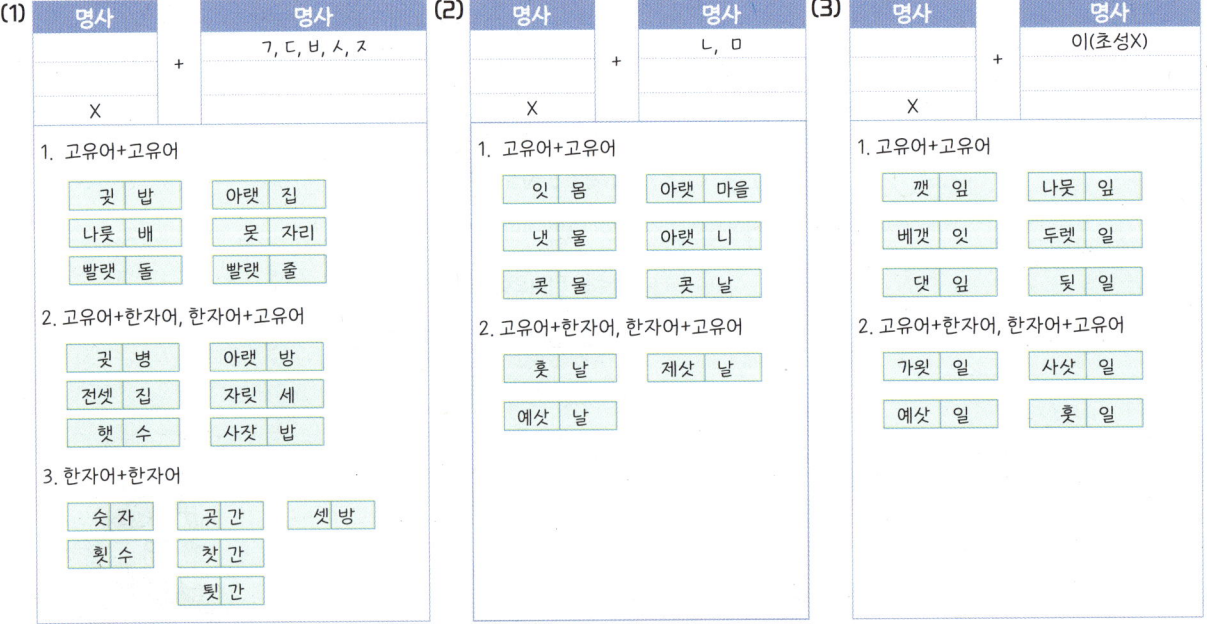

5절 준말

32항

본말			준말	
디디	다	디디다	딛	다	딛다
디디	고	디디고	딛	고	딛고
디디	어	디디어⇨디뎌	딛	어	딛어X
디디	었다	디디었다⇨디뎠다	딛	었다	딛었다X
내디디	었다	내디디었다⇨내디뎠다	내딛	었다	내딛었다X

본말			준말		
가지	다	가지다	갖	다	갖다
가지	고	가지고	갖	고	갖고
가지	어	가지어⇨가져	갖	아	갖아X
가지	었다	가지었다⇨가졌다	갖	었다	갖었다X
가지	어라	가지어라⇨가져라	갖	어라	갖어라X

본말			준말		
머무르	다	머무르다	머물	다	머물다
머무르	고	머무르고	머물	고	머물고
머무르	어	머물러	머물	어	머물어X
머무르	었다	머물렀다	머물	었다	머물었다X

'딛다, 갖다, 머물다, 서둘다, 서툴다' 등 어간이 받침이 있는 준말은 모음으로 시작되는 어미를 붙일 수 없어.

33항

본말	준말
것을	걸
금시에	금세

띄어쓰기 '-ㄹ걸'과 '걸'
'-ㄹ걸': 후회나 막연한 추측
· 영화 안 보면 후회할걸.
'걸': '-ㄹ걸'이 '-ㄹ것을'의 준말(의존명사)
· 후회할 걸 왜 그랬어?

34항

어간	어미
ㅏ, ㅓ, ㅕ, ㅐ, ㅔ	아, 았, 아서, 아도, 아야 / 어, 었, 어서, 어도, 어야
X	

붙임 2 '하여'가 한 음절로 줄어서 '해'로 될 적에는 준대로 적는다.

공부해	⇨	공부하	여	⇨	공부하	아
깨끗해	⇨	깨끗하	여	⇨	깨끗하	아
닦달해	⇨	닦달하	여	⇨	닦달하	아
흔해	⇨	흔하	여	⇨	흔하	아

가	아	가
서	어	서
펴	어	펴
건너	어	건너
건너	어서	건너서
건너	었다	건넜다
개	어	개어⇨개
개	어서	개어서⇨개서
개	었다	개었다⇨갰다
세	어	세어⇨세
세	어서	세어서⇨세서
세	었다	세었다⇨셌다
베	어서	베어서⇨베서 *베여서X
*(병이) 낫	다	낫다
나	아	나아 *나X
나	았다	나았다 *났다X
나	아서	나아서 *나서X
나	아도	나아도 *나도X
나	아야	나아야 *나야X

연습 예시

예) 어서 가.
⇨ 가(아) 모음 탈락, 형태소 2개

예) 우리만 먼저 가도 괜찮을까?
⇨ 가(아)도 모음 탈락

예) 그 사람이 길을 건넜다.
⇨ 건너(었)다 모음 탈락

예) 한 시간 동안 서서 왔다.
⇨ 서(어)서 모음 탈락

예) 날씨가 개 버렸다.
⇨ 개(어) 모음 탈락, 형태소 2개

예) 날씨가 개버렸다.
⇨ 개(어)버렸다 붙여쓰기 허용

예) 자고 나서
⇨ 나(아)서 모음 탈락

예) 돈을 세서
⇨ 세(어)서 모음 탈락

예) 나무를 벴다.
⇨ 베(었)다 모음 탈락

예) 어른 앞에서 행동을 삼가야 한다.
⇨ 삼가(아)야 모음 탈락

35항

어간	어미
ㅗ	아, 았, 아서, 아도, 아야
ㅜ	어, 었, 어서, 어도, 어야
X	

보	아	보아 ⇨ 봐
보	았다	보았다 ⇨ 봤다
주	어	주어 ⇨ 줘

붙임 1 '놓아'가 '놔'로 줄 적에는 준 대로 적는다.

놓	아	놓아 ⇨ 놔

36항

어간	어미
ㅣ	어, 었, 어서, 어도, 어야
X	

붙임 2

어간	어미
ㅚ	어, 었, 어서, 어도, 어야
X	

견디	어	견뎌
견디	었다	견뎠다
견디	어서	견뎌서
견디	어도	견뎌도
견디	어야	견뎌야
버티	어	버텨
버티	었다	버텼다
막히	어	막혀
치이	어	치여
이기	어	이겨

뵈	다	뵈다
뵈	어	뵈어 ⇨ 봬
뵈	었다	뵈었다 ⇨ 뵀다
뵈	어서	뵈어서 ⇨ 봬서
뵈	어도	뵈어도 ⇨ 봬도
뵈	어야	뵈어야 ⇨ 봬야
(설을) 쇠	다	쇠다
쇠	어	쇠어 ⇨ 쇄
쇠	었다	쇠었다 ⇨ 쇘다
쇠	어서	쇠어서 ⇨ 쇄서
쇠	어도	쇠어도 ⇨ 쇄도
쇠	어야	쇠어야 ⇨ 쇄야

연습 예시

예 이겨 내다.
⇨ 이기(어) 모음 축약

예 이겨내다.
⇨ 이기(어)내다 모음 축약, 붙여쓰기 허용

예 견뎌 내다.
⇨ 견디(어) 모음 축약

예 견뎌내다.
⇨ 견디(어)내다 모음 축약, 붙여쓰기 허용

37항 'ㅐ, ㅔ, ㅚ, ㅟ, ㅢ'

어간	어미
ㅏ, ㅕ, ㅗ, ㅜ, ㅡ	이
X	

싸	이다	싸이다 ⇨ 쌔다
펴	이다	펴이다 ⇨ 폐다
보	이다	보이다 ⇨ 뵈다
누	이다	누이다 ⇨ 뉘다
뜨	이다	뜨이다 ⇨ 띄다

38항 'ㅐ, ㅚ, ㅟ, ㅢ'

어간	어미
ㅏ, ㅗ, ㅜ, ㅡ	이어
X	

싸	이어	쌔어 싸여
보	이어	뵈어 보여
누	이어	뉘어 누여
뜨	이어	띄어 *띄어쓰기
쓰	이어	씌어 쓰여

39항 지⊕않=잖, 하지⊕않=찮

본말	준말
그렇지 않은	그렇잖다
적지 않은	적잖은
만만하지 않다	만만찮다
변변하지 않다	변변찮다
시원하지 않다	시원찮다

40항 'ㅏ' 탈락 후 ㅎ⊕자음=거센소리

어근	
X, ㅁ, ㄴ, ㄹ, ㅇ	하다

간편하게	간편케
연구하도록	연구토록
가하다	가타
다정하다	다정타
정결하다	정결타
흔하다	흔타

붙임 2 '하' 탈락

어근	
ㄱ, ㅂ, ㅅ	하다

생각하다 못해	생각다 못해
생각하건대	생각건대
깨끗하지 않다	깨끗지 않다
익숙하지 않다	익숙지 않다
섭섭하지 않다	섭섭지 않다
못하지 않다	못지않다

02 제5장 띄어쓰기

1절 조사

41항 보조사

은/는, 도, 만	나는
부터, 조차, 까지	꽃에서부터
요, 마저	너마저, 추친력마저 *마저 밥 먹어(마저: 부사)
커녕, 치고, 그래, 나, 야	밥은커녕, 날씨치고
라도, 깨나, 나마, 따라, 마다	우유라도, 죽이라도('이'는 매개음), 공부깨나, 심술깨나, 늦게나마, 오늘따라, 그날따라, 사람마다, 집집마다
밖에	나는 V 참을 V 수밖에 V 없다.

42항 의존 명사 띄어쓰기

	의존 명사			한 단어			-ㄹ 어미
중, 간, 차	수업 중 회의 중 공사 중	세대 간 국가 간 이웃 간 상호 간	10년 차	한밤중 무의식중 은연중 부지불식중 병중	부부간 고부간 동기간 형제간 *접미사 얼마간	*접미사 연구차 인사차 사업차	-ㄹ수록 -ㄹ뿐더러 -ㄹ수록 -ㄹ지언정 -ㄹ지라도

43항 단위성 의존 명사

금 서 돈	다만, 순서를 나타내는 경우나 숫자와 어울리어 쓰이는 경우에는 <u>붙여 쓸 수 있다.</u>(허용)
옷 한 벌	
버선 한 죽	
북어 한 쾌	
신 두 켤레	

육 층	삼 학년 제일 과 두 시 삼십 분 오 초	10 미터(원칙) 10미터(허용)

44항 의존 명사 만(萬) 띄어쓰기

십이억 삼천사백오십육만 칠천팔백구십팔	12억 3456만 7898

45항 열거하는 말

의존 명사	겸	국장 겸 과장, 명절도 쇨 겸 해서 한번 다녀가게.
	대	청군 대 백군 *청군: 백군
	등, 등등, 등속, 등지, 들, 따위	사과, 배, 감 들이 있다.

접속 부사	내지	열 내지 스물
	및	이사장 및 이사들

46항 단음절 단어

원칙	허용
한 잎 두 잎	한잎 두잎
이 말 저 말	이말 저말
좀 더 큰 것	좀더 큰것

47항 보조 용언

보조 형용사	듯하다	비가 올 듯하다. (본동사 보조 형용사) 비가 올듯하다. (붙여쓰기 허용) 비가 올 듯도 하다. (의존 명사)	듯이≒듯 (의존 명사) 뛸 듯(이) 기뻐했다. 듯이≒듯 (어미) 거짓말을 밥 먹듯(이) 한다.	

			의존 명사 '만'	보조사 '만'
보조 형용사	만하다	그 일은 할 만하다. (본동사 보조 형용사) 그 일은 할만하다. (붙여쓰기 허용) 그 일은 할 만도 하다. (의존 명사)	동안·계속 십여 년 만의 귀국 사흘 만에(사흘 동안) *사흘간에 (동안의 접미사) 얼마 만인가!	집채만 한 파도가 밀려온다.

보조 형용사	법하다	지금쯤은 그가 올 법하다.
	성싶다	밖에 비가 오는 성싶다.
	뻔하다	하마터면 낭떠러지 아래로 떨어질 뻔했다.

보조 동사	척하다	모르면서 아는 척한다.(원칙) 모르면서 아는척한다.(허용)	*한 단어<알은척하다≒알은체하다> ① 어떤 일에 관심을 가지는 듯한 태도를 보이다. 예 함부로 남의 일에 알은척하지 말아라. ② 인사하는 표정을 짓다. 예 아무도 나를 알은척하지 않았다.
	체하다	모르면서 아는 체한다.(원칙) 모르면서 아는체한다.(허용)	
	양하다	그는 이미 집에 간 양하다. (보조 형용사) 그 사람은 아무것도 모르는 양하다. (보조 동사)	

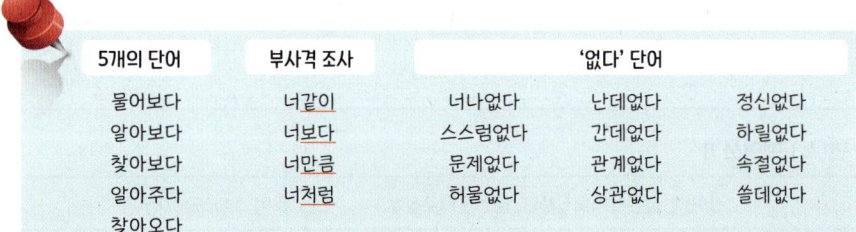

5개의 단어	부사격 조사	'없다' 단어		
물어보다	너같이	너나없다	난데없다	정신없다
알아보다	너보다	스스럼없다	간데없다	하릴없다
찾아보다	너만큼	문제없다	관계없다	속절없다
알아주다	너처럼	허물없다	상관없다	쓸데없다
찾아오다				

48항 고유 명사

'성과 이름', '성과 호'는 붙여쓰기	'호칭어'와 '관직명'은 띄어쓰기
김양수	최치원 선생
박동식	박동식 박사
서화담	화담 서경덕
이퇴계	충무공 이순신 장군
이충무공	채영신 씨(의존 명사) *혜경궁 홍씨(접미사)

03 제6장 그 밖의 것

57항 구별하여 적어야 하는 말들

가늠	가름	갈음
헤아리다.	둘로 나누다.	교체하다. 대체하다.
예 높이를 가늠하다.	예 둘로 가름.	예 인사말을 갈음하다.

거름	걸음
비료	걷는 동작
예 나무에 거름을 주었다.	예 빠른 걸음으로 걷다.

거치다	걷히다
경유하다.	'걷다'의 피동형
예 영월을 거쳐 왔다.	예 외상값이 잘 걷힌다.

걷잡다	겉잡다
붙들어 잡다.	대충 헤아리다.
예 걷잡을 수 없는 불길	예 겉잡아 이틀 걸릴 일
예 걷잡을 수 없는 상태	

그러므로	그럼으로(써)
그러니까	그러는 것으로써
예 그는 성실하다. 그러므로 잘 산다.	예 그는 열심히 공부한다. 그럼으로써 은혜에 보답한다.

노름	놀음
도박	놀이
예 노름판이 벌어졌다.	예 술래잡기는 즐거운 놀음이다.

느리다	늘이다	늘리다
걸리는 시간이 길다.	선을 연장하다.	넓이, 부피를 키우다.
예 진도가 느리다.	예 바짓단을 늘이다.	예 마당을 늘리다.
	예 고무줄을 늘이다.	예 세력을 늘리다.

다르다	틀리다
같지 않다.	사실이나 셈이 맞지 않다.
예 방법이 서로 다르다.	예 답이 틀리다.

다리다	달이다
다리미로 문지르다.	액체를 끓여서 진하게 만들다.
예 옷을 다리다.	예 보약을 달이다.

다치다	닫히다	닫치다
상처를 입다.	'닫다'의 피동사	세게 닫다.
예 사람들이 다쳤다.	예 문이 바람에 닫혔다.	예 문을 힘껏 닫쳤다.
	예 문이 저절로 닫혔다.	

마치다	맞히다	맞추다
끝내다.	적중하다.	비교해서 살피다.
예 일과를 마치다.	예 정답을 맞히다.	예 일정을 맞춰 보다.
	예 소박을 맞히다.	

바라다	바래다
기대하다.	배웅하다. 빛이 변하다.
예 건강하기를 바라.	예 옷감의 빛이 바랬다.

바치다	받치다
마음과 몸을 내놓다. 세금을 내다.	밑을 괴다.
예 뇌물을 바치다.	예 우산을 받치다.
	예 책받침을 받치다.

받히다	밭치다
'받다'의 피동사	'밭다'의 강세어
예 쇠뿔에 받히다.	예 술을 체에 밭치다.

반드시	반듯이
꼭	기울거나 비뚤어지지 않고 똑바로
예 약속은 반드시 지켜라.	예 반듯이 서라.

지그시	지긋이
슬며시 힘을 주는 모양	나이가 비교적 많아 듬직하게 참을성 있게 끈기게
예 눈을 지그시 감다.	예 그는 나이가 지긋이 들어 보인다.

부딪치다	부딪히다
'부딪다'의 강세 재타	'부딪다'의 피동 재
예 파도가 바위에 부딪쳤다.	예 파도가 바위에 부딪혔다.
예 파도가 뱃전에 부딪쳤다.	예 파도가 뱃전에 부딪혔다.
예 머리를 전봇대에 부딪쳤다.	예 마차가 화물차에 부딪혔다.

부치다	붙이다
1. 힘이 모자라다. 예 힘이 부치는 일이다. 2. 편지나 물건을 보내다. 예 편지를 부치다. 예 돈을 부치다. 3. 바람을 일으키다. 예 신문지로 연방 바람을 부치다. 4. 농사를 짓다. 예 논밭을 부친다. 5. 전을 익혀서 만들다. 예 빈대떡을 부친다. 6. 회부하다. 예 회의에 부치는 안건 7. 의탁하다. 예 삼촌 집에 숙식을 부치다. 8. 어떤 일을 거론하거나 문제 삼지 않는 상태에 있게 하다. 예 비밀에 부치다. 예 불문에 부치다. *단어 벗어부치다	1. 맞닿아서 떨어지지 않게 하다. 예 우표를 붙이다. 2. 불을 붙게 하다. 예 불을 붙이다. 3. 딸리게 하다. 예 감시원을 붙이다. 4. 노름 싸움 등을 어울리게 하다. 예 흥정을 붙이다. 5. 마음을 당기게 하다. 예 취미를 붙이다. 6. 이름을 지어달다. 예 별명을 붙이다. 7. 기대나 희망을 걸다. 예 희망을 붙이다. 8. 주가 되는 것에 달리거나 딸리다. 예 본문에 주석을 붙이다. 9. 조건을 따르게 하다. 예 조건을 붙이다. *단어 쏘아붙이다 걷어붙이다 밀어붙이다 몰아붙이다

아름	알음
두 팔을 둥글게 모아서 만든 둘레 예 세 아름이나 되는 나무의 둘레	사람끼리 서로 아는 일 예 전부터 알음이 있는 사이

안치다	앉히다
끓이거나 찔 물건을 솥에 넣다. 예 밥을 안치다.	'앉다'의 사동사. 앉게 하다. 예 자리에 앉힌다.

어름	얼음
두 물건의 끝이 서로 닿은 자리 예 바다와 땅이 닿은 어름이 수평선	물이 얼어 고체로 된 것 예 날이 추워 얼음이 얼었다.

웬일	왠지
어찌된 일 예 웬일로 여기까지 왔니?	'왜인지'의 준말 예 그는 왠지 달갑지 않은 표정이다.

이따가	있다가
조금 지난 뒤에 예 이따가 오너라.	어떤 물체를 소유하거나 자격이나 능력 따위를 가진 상태 예 돈은 있다가도 없다.

일체	일절
모든 것, 온갖 것 예 재산 일체를 기부한다.	'전혀'의 뜻으로 행위를 그치게 하거나 어떤 일을 하지 않을 때 쓴다. 예 그 이후로 연락을 일절 끊었다.

저리다	절이다
살이 눌려서 피가 잘 돌지 못해 감각이 둔하다. 예 손발이 저리다.	'절다'의 사동사. (염분을 먹여서) 절게 하다. 예 배추를 절인다.

조리다	졸이다
어육이나 채소 등은 양념하여 바특하게 끓이다. 예 생선을 조린다.	좋아들게 하다. 예 찌개를 졸인다. 마음을 초조하게 하다. 예 마음을 졸인다.

주리다	줄이다
먹는 것을 목지 못해 배곪다. 예 여러 날을 주렸다. 욕망을 못 채워 모자람을 느끼다. 예 그녀는 사랑에 주려 있다.	'줄다'의 사동사 예 비용을 줄인다.

-(으)러(목적)	-(으)려(의도)
가거나 오거나 하는 동작의 목적을 나타내는 연결 어미 예 공부하러 간다.	어떤 행동을 할 의도나 욕망을 가지고 있음을 나타내는 연결어미. 예 서울에 가려 한다.

-노라고	-느라고
자신의 행동에 대한 의도나 목적을 나타내는 연결어미 예 하노라고 한 것이 이 모양이다.	앞 절이 뒤 절의 목적이나 원인이 됨을 나타내는 연결어미 예 공부하느라고 밤을 새웠다.

-느니보다(어미)	-는 이보다(의존명사)
앞 절을 선택하기보다 뒤 절의 사태를 선택함을 나타내는 연결어미 예 나를 찾아오느니보다 집에 있거라.	'사람'의 뜻을 나타내는 의존 명사 '이'에 조사 '보다'가 붙은 말 예 오는 이가 가는 이보다 많다.

-(으)리만큼(어미)	-(으)ㄹ 이만큼(의존명사)
'-ㄹ 정도로'의 뜻을 나타내는 연결어미 예 한 걸음도 더 걷지 못하리만큼 지쳤다.	'사람'의 뜻을 나타내는 의존 명사 '이'에 조사 '만큼'이 붙은 말 예 반대할 이는 찬성할 이만큼 많지 않은 것이다.

-(으)로서(자격)	-(으)로써(수단)
지위나 신분 또는 자격을 나타내는 격조사 예 사람으로서 그럴 수는 없다.	어떤 일의 수단이나 도구를 나타내는 격조사 예 닭으로써 꿩을 대신한다.

-(으)므로(어미)	-(ㅁ, 음)으로(써)(조사)
까닭이나 근거를 나타내는 연결어미 예 그가 나를 믿으므로 나도 그를 믿는다.	어떤 일의 원인이나 이유를 나타내는 격조사 예 그는 믿음으로(써) 산 보람을 느꼈다.

04 심화 한글 맞춤법

1

가여운	가엾은

① 표준어 규정 제26항에서는 '가엽다'와 '가엾다'를 복수 표준어로 인정하였다.
  예 부모 잃은 [가여운/가엾은] 아이.
② 비슷한 용례: [서럽게/섧게] 운다. (서럽다O/섧다O)

2

가졌다O	갖었다X

① 가지다: '자기 것이 되게 하다.'의 뜻
  예 가지다: 가지고, 가지니, 가지어>가져, 가지었다>가졌다
  예 갖다: 갖고, *갖어X/*갖었다X.
② 비슷한 용례
  • 디디다: 디디어>디뎌, 디디었다>디뎠다. 예 발을 디뎠다.
  • 딛다: 딛고(자음 어미 앞에서만 쓰임), *딛었다X

3

가정란O	가정난X

① 한자어 뒤에 오는 1음절의 한자어는 두음법칙을 적용하지 않는다.
  예 가정란(家庭欄), 독자란(讀者欄), 학습란(學習欄), 투고란(投稿欄)
② 고유어, 외래어 뒤에서는 두음법칙이 적용된다.
  예 어린이난(欄), 어머니난(欄), 스포츠난(欄), 가십난(欄)

[참고] • 두음법칙이 적용되는 단어는 그 앞에 다른 말이 와서 새로운 단어의 일부가 될 적에도 두음법칙에 따라 적는다.
  예 여성(女性) → 신여성(新女性)
• 앞뒤가 짝을 이루는 한자 성어도 그 뒷말을 두음법칙에 따라 적는다.
  예 장삼이사(張三李四), 남존여비(男尊女卑), 부화뇌동(附和雷同)

4

간	칸

① '칸'은 한자어 '간(間)'이 바뀐 형태인데, 언중의 발음이 '칸'으로 굳어진 말이다.
② '칸'은 '사방을 둘러막은 그 선의 안'이란 뜻이다.
  예 방 한 칸, 중앙으로 한 칸 뛸 수에 악수 없다. 다음 빈 칸을 채우시오.
③ '초가삼간(草家三間)'은 한자 성어이므로 관용에 따라 '간'으로 적는다.
④ '윗간'은 온돌방에서 아궁이로부터 먼 부분, 굴뚝에 가깝다.

5

깡충깡충O	깡총깡총X

① 모음조화의 규칙성을 인정한 말이었으나 언중의 발음 현상이 양성 모음에서 음성 모음으로 굳어져서 '깡충깡충'을 표준어로 인정하였다.(표준어 규정 제8항)
② 비슷한 용례
  • -동이 → -둥이, 발가송이 → 발가숭이, 보통이 → 보퉁이, 봉족 → 봉죽
  • 뻗장다리 → 뻗정다리, 앗아, 앗아라 → 아서, 아서라, 오똑이 → 오뚝이

6

개다O	개이다X

개다': '날씨가 맑아지다.'의 뜻 예 날씨가 맑게 개었다.
개이다': '개다'의 피동태로 '개이다'라는 말은 없다.

7

깨끗이O	깨끗히X

① 맞춤법 제51항에 의하면 '부사의 끝음절이 분명히 '이'로만 나는 것은 '-이'로 적고, '히'로만 나는 것은 '-히'로 적는다.'라고 했다. 그러나 이것은 막연한 규정으로 발음하는 사람의 습관에 따라 달라질 수 있기 때문에 다음과 같은 규칙성을 제시하고 있다.
② '이'로 적는 것
  • 'ㅅ' 받침 뒤에 결합하는 부사화 접미사 예 기웃이, 깨끗이, 느긋이, 남짓이, 따뜻이, 번듯이, 빠듯이, 산뜻이, 지긋이
  • 첩어(명사) 뒤에 결합하는 부사화 접미사 예 간간이, 겹겹이, 곳곳이, 나날이, 다달이, 번번이, 알알이, 일일이, 줄줄이
  • 부사에 결합하는 접미사 예 곰곰이, 더욱이, 생긋이, 오뚝이, 일찍이, 히죽이, 해죽이
  • '-하다'가 붙지 않는 용언 어간에 결합하는 부사화 접미사 예 같이, 굳이, 길이, 높이, 많이, 실없이, 적이, 헛되이
  • 'ㅂ' 불규칙 용언의 어간에 결합하는 부사화 접미사 예 가벼이, 기꺼이, 부드러이, 새로이, 새삼스러이, 애처로이, 외로이, 즐거이

8	깨뜨리다	깨트리다

표준어 규정 제 26항에서 '-뜨리다'와 '-트리다'를 복수 표준어로 인정하고 있다.
- 깨뜨리다, 떨어뜨리다, 쏟뜨리다.
- 깨트리다, 떨어트리다, 쏟트리다.

9	고깃배O	고기배X

사잇소리 유무에 따라 의미의 분화를 가져온다.
- 고깃배: '고기잡이를 하는 배[船]'라는 뜻. [고기빼]로 발음한다.

10	구절O	귀절X

한자 '구(句)'
- '글귀(-句), 귀글(句-)'을 제외하고는 전부 '구'로 읽는다.
- 구절(句節), 경구(警句), 문구(文句), 시구(詩句), 어구(語句)……

11	'국제 연합(國際聯合)'의 줄임말	

① 주로 네 글자로 되어 있는 한자 단어의 단절은 대체로 첫째 글자와 셋째 글자를 따거나, 둘째 글자와 넷째 글자를 따온다.
② 두음법칙에 해당하는 한자어가 합성어의 준말에서는 소리나는 대로 적는다.(한글 맞춤법 제11항 붙임 3)
③ 용례: 국제연합 → 국련, 대한교육연합회 → 대한교련, 전기 요금 → 전기료

12	그러다	그렇다

① 그러다(←그리하다): 그러고, 그러지; 그러니, 그런; 그래, 그랬다 → 동사
② 그렇다(←그러하다): 그렇고, 그렇지; 그러니, 그런; 그래, 그랬다 → 형용사

[참고]
그러고 나서: '어떤 일을 끝낸 후'라는 뜻
그리고 나서: '그리다'라는 용언이 따로 없으므로 쓸 수 없다

13	끼어들기O	끼여들기X

끼어들기: '끼어들다'에서 온 말 예 끼어들기를 하지 맙시다.
끼여들기: '끼이어들다'라는 말이 없으므로 틀린 말이다.

14	나는O	날으는X

나는: '날다'의 어간 'ㄹ'이 'ㄴ' 앞에서 탈락한 'ㄹ' 불규칙 용언 예 하늘을 나는 원더우먼
날으는: '날다'가 활용할 때 'ㄹ'이 탈락되므로 '으'가 삽입될 수 없다. 예 하늘을 (*날으는X/나는O) 원더우먼
[참고] 시적 표현을 위하여 '날으는 새' 등으로 표현할 수는 있다.

15	나무꾼O	나뭇꾼X

① 한글 맞춤법 제54항
  - 표준어: -꾼, -깔, -때기, -꿈치, -빼기, -쩍다
  - 비표준어: -(ㅅ)군, -(ㅅ)갈, -(ㅅ)대기, -(ㅅ)굼치, -(ㅅ)배기, -(ㅅ)적다
② 용례
  - 낚시꾼, 나무꾼, 사기꾼, 소리꾼, 심부름꾼
  - 때깔, 빛깔, 성깔, 맛깔
  - 귀때기, 볼때기, 판자때기
  - 뒤꿈치, 팔꿈치
  - 곱빼기, 이마빼기, 코빼기
  - 겸연쩍다, 의심쩍다.
③ '언덕배기'는 '언덕바지'와 짝을 맞추기 위하여 '언덕빼기'가 아니라 '언덕배기'로 적는다.(표준어 규정 제26항: '언덕배기'와 '언덕바지'를 복수 표준어로 인정)

16	내로라O	내노라X

① 바른 표기: '내로라'
  예 내로라하는 사람들이 다 모였다.
② 어원: 대명사 '나'에서 서술격 조사 '이-', 주어가 화자일 때 쓰이는 선어말 어미 '-오-'(흔히 의도법 선어말 어미나 1인칭 선어말 어미라 불린다.), 평서형 종결 어미, '-다'가 차례로 결합된 형식이다.
③ 합성 과정: [나]+[이-]+[-오-]+[-다] → 나+이+오+다(라) → 내오다 → 내로라
④ 중세 국어에서는 서술격 조사 '이다' 뒤에서 선어말 어미 '-오-'가 '-로-'로 바뀌고, 선어말 어미 '-오-'뒤에서 평서형 어미 '-다'가 '-라'로 바뀌는 현상이 있다.
⑤ '[나]+[이-]+[-오-]+[-다]'는 '내로라[나+이-+-로-+-라]'로 나타난다.

17	-노라고	-느라고

① -노라고: 말하는 이의 말로, '자기 나름으로는 한다고'란 뜻을 표시하는 어미
  예 하노라고 했다. 쓰노라고 쓴 게 이 모양이다.
② -느라고: '하는 일로 인하여'란 뜻을 나타내는 어미
  예 원고를 쓰느라고 밤을 새웠다. 자느라고 가지 못했다.

18	-내기	-배기

① -내기
  • 일부 명사 뒤에서 '그 지역에서 태어나고 자라서 그 지역 특성을 지니고 있는 사람.'
    예 시골내기
  • 그런 특성을 지닌 사람의 뜻, 흔히 그런 사람을 얕잡아 이를 때 쓴다.
    예 신출내기(어떤 일에 처음 나서서 일이 서투른 사람)
② -배기
  • 어린아이의 나이를 나타내는 명사구 뒤에 붙어 '그 나이를 먹은 아이'의 뜻
  • 몇몇 명사 뒤에 붙어 '그것이 들어 있거나 차 있음, 혹은 그런 물건'을 나타낸다.
    예 두 살배기(두 살 먹은 아이), 나이배기(겉보기보다 나이가 많은 사람을 얕잡아 이르는 말), 진짜배기(진짜를 속되게 이르는 말)
[참고] '뚝배기, 학배기(잠자리 애벌레)'는 각각 단일 형태소이다.

19	늘이다	늘리다

① 늘이다: 길이가 있는 물체를 당겨 더 길게 하거나 아래로 길게 처지게 하다.
  예 엿가락을 늘이다, 고무줄을 당겨 늘이다. 머리를 길게 땋아 늘이다, 바짓단을 늘이다
② 늘리다: '늘다'의 사동사로 그 반대말은 '줄이다'이다.
  예 인원을 늘리다, 재산을 늘리다. 실력을 늘리다

20	다르다	틀리다

① 다르다: '같지 않다'라는 뜻을 지닌 형용사 예 이론과 현실은 다르다.
② 틀리다: '어떤 일이 틀어지다.'라는 뜻의 동사이다.
  예 계산이 틀리다.(셈이나 사실 따위가 맞지 않다.)
    어, 약속이 틀리는데.(어떤 일이나 사물이 예정된 상태에서 벗어나다,)
[참고] '보통의 것과 다르거나 특출나다.'라는 뜻으로 사용되는 '틀리다'는 동사가 아니라 형용사 문맥에 차츰 쓰여 '다르다'와 비슷한 용법을 보이고 있으나 아직 표준어로 인정받지 못하고 있다.
  예 야, 이곳은 분위기부터 틀리다(→ 다르다). 그렇지?

21	더욱이, 일찍이, 오뚝이O	더우기, 일찌기, 오뚜기X

① 한글 맞춤법 제25항 부사에 '-이'가 붙어서 뜻을 더하는 경우에는 부사의 원형을 밝혀 적는다.
  예 곰곰이, 더욱이, 생긋이, 오뚝이, 일찍이, 해죽이
② '오또기'는 모음조화 약화 현상에 따라 '오뚝이'로 바꾸었다.

22	-던	-든

① '-던'은 과거의 뜻, '-든'은 선택의 뜻을 나타낸다.
  • 과거: 어제 왔던 사람이 진주 신랑감이래. 얼마나 울었던지.
  • 선택: 가든(지) 말든(지) 알아서 하시오. 배든(지) 사과든(지).
② '-던'은 회상 시제 선어말 어미 '-더-'에 관형사형 어미 '-ㄴ'이 결합된 형태이며, '-든'은 연결형 어미이다.

23	-데	-대

① '-데'는 과거에 직접 경험한 내용임을 표시한다.
- 형용사: 어제 보니까 혜정이가 참 예쁘데. 사진을 보니 옛날에는 참 예뻤겠데.
- 동사: 그 아이가 밥을 잘 먹데. 철수가 벌써 제대했데.
- 서술격 조사: 곁에서 보니 참 훌륭한 신랑감이데.('-더라'의 뜻)
- 의문문: 밖에 누게 왔데? 얼마나 되데?('-던가'의 뜻)

② '-대'는 '-다(고)해'가 줄어서 된 형태로 남의 말을 전달할 때 쓰인다.
- 형용사: 사람들이 그러는데 진옥이가 예쁘대. / 예뻤대 / 예쁘겠대.
- 동사: 진옥이가 결혼한대.
- 서술격 조사: 진옥이가 학생회장이래. / 학생회장이었대.('-대'가 '-래'로 바뀜)

③ '-(느)ㄴ데'는 스스로 감탄하는 투로 넌지시 상대방의 반응을 묻기도 한다.
- 형용사: 오늘은 날씨가 참 시원한데. 오늘은 기분이 참 좋은데.
- 동사: 두 사람이 아주 잘 어울리는데.
- 서술격 조사: 철수가 아니라 진옥이가 학생회장인데.

④ '-ㄴ데'는 '-ㄴ대'의 구별
- '-ㄴ데': 앞말이 형용사일 때 예 참신한데
- '-ㄴ대': 앞말이 동사일 때 예 결혼한대

⑤ '-던-' 뒤에는 '-데'만 올 수 있고, '-대'는 올 수 없다. 따라서 '-던데'는 가능하여도 '-던대'는 불가능하다.
예 어제는 참 시원하던데, 오늘은 무척이나 무덥다.

24	돌O	돐X

① 표준어 규정 제6항
  유사하면서도 차이가 있는 뜻을 구별하기 위하여 발음 형태를 달리 잡았던 낱말들 중, 어느 한 가지 형태만으로 익숙하게 쓰이는 경우 그 한 가지 형태로 통일하였다.
② '주기(週期)'의 뜻으로 쓰였던 '돌'과 첫 생일의 뜻으로 쓰였던 '돐'을 '생일, 주기'의 뜻으로 '돌'로 통일 시켰다.
  예 돌떡, 돌잔치, 두 돌을 넘긴 아이, 우리 회사는 창립한 지 열 돌을 맞았다.

25	되어	돼

① 돼: '되어'의 준말 [되어, 되어서, 되었다 → 돼, 돼서, 됐다]
② 돼요, 됐다: '그러면 안 돼요.(← 되어요), 일이 잘 됐다.(← 되었다)'

[참고]
- '되다'는 '되어, 되어라, 되었다'와 같이 '되-'와 '-어'가 결합하여 줄면, '돼-'가 되어 각각 '돼, 돼라, 됐다'가 된다.
- '되-'가 '-어'로 시작하는 어미와 결합하지 않는 경우에는 '돼-'로 줄지 않는다.
- 간접 인용문에서의 명령형은 '하라체'의 '되라'로 나타난다.
  예 할머니께서는 장차 훌륭한 사람이 되라고 말씀하셨다.

26	띠다	띄다	떼다

① 띠다: 어떤 빛깔을 조금 가지다, 용무나 사명을 가지다.
  예 미소를 띠다. 하늘이 붉은 색을 띠다. 그는 역사적 사명을 띠고 파견되었다.
② 띄다: '뜨이다'의 준말, 감긴 눈이 열리다. 물건이 눈에 보이다.
  예 눈에 띄는 행동을 하지 말아라, 알맞게 띄어 써야 글이 읽기가 쉽다.
③ 떼다: 붙었던 것을 떨어지게 하다. 둘 사이를 벌어지게 하다.
  예 젖을 떼다. 벽보를 떼다. 기초 영어를 떼다.

27	'-ㄹ게'O	'-ㄹ께'X

① '-ㄹ게': 구어체에서 어떤 행동을 할 것을 약속하는 것을 나타내는 종결 어미이다.
  예 내일은 꼭 갈게.

28	-ㄹ는지O	-ㄹ런지X

① '-ㄹ는지'가 맞는 표기법이다. 예 우리의 제안을 어떻게 생각할는지 모르겠어.
② '-ㄹ는지' 보다 '-ㄹ지'가 더 자연스러운 문장이 된다. 예 우리의 제안을 어떻게 생각할지 모르겠어.

29	-로서	-로써

① -로서: 지위나 신분 또는 자격을 나타내는 부사격 조사, 어떤 동작이 일어나거나 시작되는 곳
  예 그는 친구로서는 좋으나, 남편감으로서는 부족한 점이 많다.
  예 그 싸움은 나로서 시작되었다.
② -로써: • 어떤 물건의 재료나 원료, 수단이나 도구를 나타내는 부사격 조사, 셈의 한계
      예 말로써 천 냥 빚을 갚는다고 하였다.
      예 내가 그녀를 만나기 위해서 시도한 게 이번으로써 열 번째이다.
    • '로써'의 '써'를 생략할 수 있다.
      예 눈물로(써) 호소하다.

30	마파람	안팎

① 한글 맞춤법 제31항
  옛말에 'ㅎ' 끝소리를 가지고 있던 낱말인 '머리[←마리:頭], 살[← 솔: 肌], 수[雄], 암[雌], 안[內], 마[霖雨]'등에 다른 낱말이 결합하여 이루어진 합성어 중에서 'ㅎ'음이 첨가되어 발음되는 낱말은 소리나는 대로(뒤 소리의 첫소리를 거센소리로) 적는다.
② 용례: 머리ㅎ+가락>머리카락, 살ㅎ+고기>살코기, 수ㅎ+개>수캐, 암ㅎ+닭>암탉, 안ㅎ+밖>안팎, 마ㅎ+바람>마파람

31	만듦, 이끎O	만듬, 이끔X

① '만들다, 이끌다'의 명사형은 '만듦, 이끎'이다. 즉 'ㄹ'로 끝나는 말의 명사형은 '-ㄻ'형이다. 다만, '삶, 앎'은 파생 명사의 용법도 지닌다.
② '울다, 얼다'의 파생 명사는 '울음, 얼음'으로 'ㄹ'로 끝나는 말의 파생 명사는 '-ㄹ음'형이다.
③ '울다, 얼다'의 명사형, '욺, 엾'은 대체로 어색한 어형이다. 예 *강이 꽁꽁 엾에 따라……

32	맞는	알맞은

① 맞는: 동사로서 기본형은 '맞다'이다. 현재 관형사형 '-는'이 결합될 수 있다.
  예 맞는 일, 맞지 않는 일.(보조 용언이 '-는'을 취함)
② 알맞은
  • 형용사로서 기본형은 '알맞다'이다. 현재 관형사형 '-(으)ㄴ'이 결합된다.
    예 알맞은 일, 알맞지 않은 일.(보조 용언이 '-(으)ㄴ'이 결합된다).
  • '걸맞다'도 형용사로 '분위기에 걸맞은 옷차림' 등으로 쓰인다.

33	맞추다	맞히다

① 맞추다
  • 서로 틀리거나 어긋남이 없도록 일치하게 하다.
    예 계산을 맞추다. 발을 맞추어 걷다. 음식의 간을 맞추다.
  • 제 자리에 맞게 갖다 연결시키다.
    예 입을 맞추다. 기계를 뜯었다 맞추다. 양복을 맞추다. 짝을 맞추다.
  • '보다'와 함께 쓰이어 서로 틀리거나 어긋남이 없는가를 마주 대어 보고 살피다.
    예 영희는 자신이 쓴 답과 텔레비전에서 제시한 답안을 맞추어 보더니 기뻤다.
② 맞히다.
  예 옳은 답을 대다. 예 프로 야구 우승팀을 맞히다. 정답을 맞히다.
  예 목표에 맞게 하다. 예 화살로 과녁을 맞히다.
  예 눈, 비 또는 침이나 매 따위를 맞게 하다. 예 비를 맞히다, 예방 주사를 맞히다.

34	머물러O	머물어X

① 머무르다: 머무르고, 머무르니, 머물러/머물렀다.
② 머물다: 머물고, 머무니 *머물어X/머물었다X
  [참고] '머무르다, 서투르다, 서두르다'의 준말인 '머물다, 서툴다, 서둘다'는 '-었-, -어'와 같은 모음 어미 앞에서는 쓰이지 않는다.

35	머지않아	멀지 않아

① 한글 맞춤법 제18항 1의 붙임: 'ㄹ'이 준 말은 준 대로 적는다.
  예 멀지 않아 → '머지않아'[불원간(不遠間): 부사]
② 복합어가 아니고 보조 용언을 거느린 본용언으로 사용될 때는 '멀지 않다'가 쓰인다.
  예 멀지 않은 장래, 여기선 학교가 멀지 않다.

36	멋쟁이, 중매쟁이O	멋장이, 중매장이X

① 전통적인 수공업에 종사하는 기술자일 때: '-장이' 예 미장이, 유기장이, 땜장이
② 기술자 이외의 말일 때: '-쟁이'(표준어 규정 제8항 붙임 2)
　　예 멋쟁이, 중매쟁이, 소금쟁이, 골목쟁이, 담쟁이, 점쟁이, 침쟁이

37	며칠O	몇 일X

① 어원이 불분명한 말은 원형을 밝히지 않고 소리나는 대로 적는다.
② '며칠'을 '몇 일'로 분석한다면, 실질 형태소인 '몇[幾]'과 '일(日)'의 결합 형태인데, 이는 [몇일 → 몇닐 → 면닐]로 발음되어야 한다. 그런데 형식 형태소인 접미사나 어미, 조사가 결합하는 형식에서와 마찬가지로 'ㅊ' 받침이 내리이어져 [며칠]로 발음되므로 '몇 일'이 아니라 '며칠'이 바른 표기이다.
　　예 오늘이 몇 월 며칠이냐?

38	바람	바램

① 바람: 소원대로 이루어지기를 기다리다[希]. '바라다'에서 온 말
　　예 우리의 바람은 오직 남과 북이 하나로 통일되는 것이다.
② 바램: 햇빛이나 습기를 받아 빛이 변하다[變色]. '바래다'에서 온 말
　　예 저고리의 색이 바램.

39	반드시	반듯이

① 반드시: '꼭, 틀임없이[必]'란 뜻의 부사이다. 예 그는 반드시 온다
② 반듯이
　• '비뚤어지거나 기울거나 굽지 않고 바르게'란 뜻의 부사이다.
　• '반듯이'는 '반듯하다[直, 正]'의 '반듯-'에 '-이'가 결합되어 파생된 부사이다. 예 반듯이 서다, 선을 반듯이 그어라.

40	받치다	받히다	바치다

① 받치다: '받다'에 강세 접미사 '-치-'가 붙은 형태이다.
　　예 우산을 받치다, 그릇을 받쳐 들다. 두 손으로 머리를 받치고 누워 있다.
② 받히다: '받다'에 피동 접미사 '-히-'가 결합되어 피동사가 된 형태이다.
　　예 기둥에 머리를 받히다. 소에게 받히다.
③ 바치다: 윗사람에게 드린다의 뜻을 지닌 말이다.
　　예 예물을 바치다. 나라를 위해 목숨을 바치다.

41	벌이다	벌리다

① 벌이다: 일을 베풀어 놓다, 물건을 늘어놓다. 가게를 차리다의 뜻이다.
　　예 싸움을 벌이다. 사업을 벌이다. 화투짝을 벌여 놓다.
② 벌리다: 두 사이를 넓게 하다의 뜻으로 반대말은 '오므리다, 닫다, (입을) 다물다'이다.
　　예 입을 벌리다. 밤송이를 벌리고 알밤을 꺼내다. 자루를 벌리다.

42	부치다	붙이다

① 부치다
　• 힘이 미치지 못하다. 부채같은 것을 흔들어서 바람을 일으키다.
　• 편지 또는 물건을 보내다, 논밭을 다루어서 농사를 짓다.
　• 번철에 기름을 바르고 누름적, 전병 따위를 익혀 만들다.
　• 어떤 문제를 의논 대상으로 내놓다. 원고를 인쇄로 넘기다.
　• 몸이나 식사 따위를 의탁하다.
　　예 힘이 부치다. 편지를 부치다. 논밭을 부치다. 빈대떡을 부치다.
② 붙이다
　• 붙게 하다, 서로 맞닿게 하다. 두 편의 관계를 맺게 하다.
　• 암컷과 수컷을 교합시키다, 불이 옮아서 타게 하다.
　• 노름이나 싸움 따위를 어울리게 만들다. 딸려 붙게 하다.
　• 습관이나 취미 등이 익숙하게 하다. 이름을 가지게 하다.
　• 뺨이나 볼기를 손으로 때리다.
　　예 봉투에 우표를 붙이다. 정을 붙이다. 불을 붙이다. 조건을 붙이다, 별명을 붙이다. 취미를 붙이다.

43	부딪치다	부딪히다

① 기본형 '부딪다': 물건과 물건이 힘있게 마주 닿다.
　　예 뱃전에 부딪는 물결 소리, 벽에 머리를 부딪고 죽다. 눈길이 부딪는 순간……
② 부딪치다: '부딪다'에 강세 접미사 '-치-'가 붙은 형태이다.
　　예 파도가 바위에 부딪치다. 자전거가 빗길에 자동차와 부딪쳤다.
③ 부딪히다: '부딪다'에 피동 접미사 '-히-'가 붙은 형태이다. 예 자전거에 부딪혀 팔이 부러졌다.

44	불가불가(不可不可)	

① 우리의 문장은 구조적 중의성을 띠고 있는 것이 많다. 이러한 구조적 중의성을 해소하기 위해서는 수식어를 피수식어 바로 앞에 놓거나, 반점(,)을 사용하면 해소될 수 있다. 또한 중의적 표현을 완전히 풀어 써도 중의성은 사라질 수 있다.
② '불가불가'
　• '불가불, 가': '어쩔 수 없이 한다.'의 뜻
　• '불가, 불가': '절대 안 된다'의 뜻 (반점 표시로 중의성을 해소한다.)
③ 비슷한 예
　• 슬픈, 곡예사의 운명: 곡예사의 슬픈 운명
　• 슬픈 곡예사의, 운명: 마음이 슬픈 곡예사의 운명
[참고] '마음이 슬픈 곡예사의 운명'처럼 수식어를 피수식어 앞에 놓아도 중의성은 해소된다.
④ 관형격 조사 '의'에 의한 중의성
　　예 어머니의 사진 ┬ 어머니가 가지고 있는 사진
　　　　　　　　　　├ 어머니를 찍은 사진
　　　　　　　　　　└ 어머니가 찍은 사진

[참고] 내용에 맞게 풀어 써서 중의성을 해소할 수 있다.

45	붉다	붉는다

① 형용사의 현재형의 표지는 따로 없고 기본 형태가 현재를 나타낸다.
② 동사의 현재형은 '-(으)ㄴ/-는'에 의해서 표시되는데, 그 자체가 진행의 뜻을 간직한다.
③ 형용사 '붉다, 밝다, 맑다, 크다' 등은 사물의 상태를 나타내지만, '붉는다, 밝는다, 맑는다. 큰다' 등 현재 시제의 표지가 연결되면 현재 진행의 뜻을 간직함으로 동사로 바뀐다.
④ 품사의 통용
단어들 가운데는 하나 이상의 문법적 성질을 함께 보여 주는 경우가 있다. 그 중 대표적인 것은 같은 단어가 품사를 달리하면서 문장 성분으로 쓰이기도 하는데, 이를 품사의 통용이라 한다. 전통 문법에서는 품사의 전성이라고 설명하기도 하는데, 한 단어가 둘 이상의 품사적 기능을 공유하고 있는 것으로 본다.

46	빌다	빌리다

① 빌다: '구걸하다[乞]'와 '축원하다[祝]'의 뜻일 때 쓰인다.
　　예 밥을 빌어먹다, 잘못했다고 빌다. 당신의 행복을 빕니다.
② 빌리다: '꾸어 주다[貸]'와 '꾸어 오다[借]'의 뜻일 때 쓰인다.
　　예 돈을 빌려 주다. 술의 힘을 빌려 사랑을 고백했다.

47	사글세O 삭월세X	강낭콩O 강남콩X

① 표준어 규정 제5항
어원에서 멀어진 형태로 굳어져서 널리 쓰이는 것은, 그것을 표준어로 삼는다.
② 사글세: '삭월세(朔月貰)'의 변형으로 다루어 왔으나, '다달이 초하룻날 내는 세'라는 어원적 의미도 인식되어 있지 않거니와, 현실적 발음 형태가 '사글세'로 굳어져 있기 때문에 '사글세'를 표준어로 삼는다.
　　예 사글셋방, 사글셋집
　　　* '월세(月貰)'는 '다달이 내는 세'라는 뜻이 적용되어 그대로 '월세'로 적는다.
③ 강낭콩: '강남(江南)+콩'으로 된 합성어이지만, '강남(중국 양자강 이남)'이란 어원적 의미도 인식되고 있지 않거니와 현실적으로 발음 형태가 [강낭콩]으로 굳어져 있기 때문에 그것을 표준어로 삼는다.

48	삼가 주십시오O	삼가해 주십시오X

• '삼가하다': '삼가하다'라는 말은 없으므로 '삼가해'라는 단어는 성립되지 않는다.
• '삼가다': '조심하다, 경계하다'란 뜻의 말이다. 예 흡연을 삼가 주십시오.

49	싸이어, 쌔어, 싸여

① 한글 맞춤법 제38항
   'ㅏ, ㅗ, ㅜ, ㅡ' 뒤에 '-이어'가 어울려 줄어질 적에는 준 대로 적는다.
② 용례: 싸이어 → 쌔어(싸+이>어)/싸여(싸>이+어)
③ 같은 류의 말
   • 보이어 → 뵈어/보여, 쏘이어 → 쐬어/쏘여, 누이어 → 뉘어/누여
   • 쓰이어 → 씌어/쓰여, 트이어 → 틔어/트여, 뜨이어 → 띄어

50	쌍둥이	쌍동밤

① 쌍둥이: '동(童)'에 접미사 '-이'가 결합되어 이루어진 낱말이 접미사화한 '-동이'가 '아이'라는 뜻으로 사용되었고, '바람둥이, 흰둥이'처럼 '아이'라는 뜻을 지니지 않은 말은 '-둥이'로 구별하였는데, 이를 '-둥이'로 통일하였다. 따라서 '쌍동이'가 아니라 '쌍둥이'가 표준어이다.
② 쌍동밤: '쌍동(雙童)'에 접미사 '-이'가 결합된 '쌍동이'가 현대에 와서 '-둥이' 형태의 접미사로 흡수되었지만, '-둥이' 형식이 아닌 경우에는 한자어 '쌍동'의 형태가 유지되기 때문에, '쌍동밤' '쌍동아들' 등은 표준어로 인정하고 있다.

51	생각건대O	생각컨대X

① '하다'가 다른 말에 붙어 용언화할 때 무성음 뒤에서는 '하-'가 생략될 수 있다.
   예 거북하지>거북지, 생각하건대>생각건대, 넉넉하지>넉넉지
② '하다'가 유성음 뒤에 붙을 때는 '하-'의 모음만 탈락한다.
   예 간편하지>간편치, 다정하지>다정치, 청하건대>청컨대, 무심하지>무심치

52	설거지O	설겆이X

① '설겆다'는 현실적으로 쓰이지 않고 있으므로 사어(死語)로 처리하여 고어의 범주에 넣고 있다.
② '설겆다'가 사어로 처리됨에 따라 '설겆이하다'라는 어휘도 그 원형을 찾을 필요가 없기 때문에 소리나는 대로 '설거지하다'로 적는다.
③ '설거지하다'는 '설거지'에 접미사 '하다'가 붙은 형태이므로 표준어는 '설거지'이다.

53	썩이다	썩히다

① 썩이다: '썩게 하다'의 뜻으로 '속을 썩이다'만 쓰인다.
   예 왜 이렇게 속을 썩이니?
② 썩히다: '썩다'의 사동형이다.
   예 쌀을 썩히다, 재주를 썩히다.

54	세 살배기O	세 살바기X

• 나이배기: 보기보다 나이가 많아 보이는 사람을 얕잡아 이르는 말이다.
• 바른 표기: 세 살배기 아이.

[참고] 국어의 각 단어는 다른 단어들과 여러 가지 관계를 맺고 있는데, 서로 연관된 단어들은 표기상으로도 그 관련성이 드러나도록 하는 것이 좋다. 즉, '의미상으로 관련된 단어는 표기상으로도 관련되게'라는 원리가 존재한다고 생각하여도 좋을 것이다. 그런데 이 단어와 관련된 단어로 '겉보기보다 나이가 많이 든 사람'을 가리키는 '나이배기'가 있다. 따라서 이 단어의 표기는 기존의 '나이배기'를 고려하여 '-배기' 형태를 표준으로 정하였다.

55	셋째O	세째X

① 표준어 규정 제6항: '둘, 셋, 넷'에 접미사 '-째'가 결합된 형태
② 바른 표기: 둘째, 셋째, 넷째

56	소고기	쇠고기

(표준어 규정 제18항)
① 복수 표준어: 소고기/쇠고기, 소가죽/쇠가죽, 소기름/쇠기름, 소머리/쇠머리
② 비슷한 예: 네/예, 괴다/고이다, 꾀다/꼬이다. 쇠다/쏘이다. 죄다/조이다, 쬐다/쪼이다

57	아니에요	아니어요

① 표준어 규정 제26항: '-이에요, -이어요'를 복수 표준어로 인정하였다.
- 받침 있는 체언 뒤에 둘 다 나타난다.
  예 책이에요(이어요)
- 받침 없는 체언 뒤에는 준말인 '-예요, 여요' 형으로 나타난다.
  예 저+이에요/이어요>예요/여요 → 저예요/저여요
② '-이에요, -이어요'의 '-이'는 서술격 조사의 어간이므로 체언을 앞세운다.
- '아니다'는 용언이기 때문에 표준어 규정 제26항의 적용이 어렵다.
- 그러나 서술격 조사 '이다'와 형용사 '아니다'는 활용 형태가 거의 동일하다.
③ '이다'와 '아니다' 활용형
- '-아서/-어서'형: 먹어서 / 좋아서 → 책이라서 / 책이 아니라서
- '-는구나, -구나'형: 먹는구나 / 좋구나 → 책이로구나 / 책이 아니로구나

[참고]
- 서술격 조사 '이다'와 '아니다'의 활용 형태는 같이 나타내고 있다.
- 이것은 기원적으로 형용사 '아니다'는 명사 '아니'에 서술격 조사 '이다'가 결합하여 형성되었다는 것을 보여 준다.
- ['아니'(명사)+'이-'(서술격 조사)]의 구조를 가지던 말이 근대 국어 말기에 형용사 어간 '아니-'로 재구조화되었다고 할 수 있다.
- 따라서 '아니다'는 비록 체언이 아니나 서술격 조사 '이다'를 이미 포함하고 있는 말이므로 '이에요, -이어요'에서 서술격 조사 부분 '-이-'가 빠진 '-에요, 어요'가 결합하게 된다.
- 즉, '아니다'에 표준어 규정 제26항을 대입하면, '아니- +-에요/-어요 → 아니에요/아니어요'의 형태가 된다.

58	아니요	아니오

① 아니요: '예'의 상대적인 말로 감탄사로 쓰인다.
  예 • 숙제 다 했니? → 예, 다했어요. / 아니요(아뇨), 조금 남았어요.(해요체)
   • 숙제 다 했니? → 응, 다 했어. / 아니, 조금 남았어.(해체)
② 아니오: 형용사 '아니다'의 '하오체' 활용 형태 예 그것은 내 잘못이 아니오.
③ '이다, 아니다' 어간 뒤에 붙어 나열의 뜻을 나타내는 '-요'는 연결형 어미이다.
  예 이것은 책이요, 저것은 공책이다.

59	아뭏든X 아무튼O	어떻든O 어떠튼X

① '아뭏다'라는 말은 존재하지 않으므로 '아무튼'이 표준어가 된다.
② '어떻다'는 현재 살아 있는 말이므로 그 어원을 밝혀 '어떻든'이 표준어가 된다.

60	아지랑이O	아지랭이X

ㅣ모음 역행 동화가 일어나지 않은 형태를 표준어로 삼은 규정으로, 이것은 ㅣ모음 역행 동화가 일어나서 발음되는 '아지랭이'와 그렇지 아니한 '아지랑이'가 병용되었으나, 현실적인 발음 형태가 '아지랑이'가 우세하기 때문에 ㅣ모음 역행 동화가 일어나지 않은 '아지랑이'를 표준어로 삼았다.

61	안	않-

① '안'은 '아니'의 준말로 부사이고, '않-'은 '아니하-'의 준말로 용언의 어간이다.
  예 안 가다, 안 보이다, 안 먹는다, 안 어울린다, 담배를 안 피운다.
② '않다'는 주로 '-지 않다'와 같이 보조 용언으로 쓰인다.
  예 집에 가지 않는다(아니한다). 철수가 먹지 않았다(아니하였다).

62	안절부절못하다O	안절부절하다X

① '안절부절'이란 낱말이 없어, 그 어원이 분명하지 않으나 관용 형태가 '안절부절못하다'로 굳어진 말이므로 표준어로 삼는다.
② '안달하다, 안달복달하다'와 같은 형식에서 유추하여 '안절부절하다'로 쓰이기도 하나, 이것은 어형을 잘못 인식하여 쓰이는 것이다.

63	애달프다O	애닯다X

① 표준어 규정 제20항: 사어(死語)가 되어 쓰이지 않게 된 단어는 고어로 처리하고, 현재 널리 사용되는 단어를 표준어로 삼는다.
② '애닯다'는 예로부터 쓰여 온 형태이지만, 현대에 와서 쓰이지 않게 되고 같은 뜻으로 '애달프다'가 널리 쓰이고 있으므로 '애닯다'는 고어로 처리하고, '애달프다'를 표준어로 삼는다.

64	-오	-요

① '-오'
- '이다, 아니다' 어간, 받침 없는 용언의 어간 등에 붙어 설명, 의문, 명령, 청유 등의 뜻을 나타내는 하오체 종결 어미이다.
  예 어서 오시오. 따님이 참 예쁘오. 정말로 사표를 내는 것이오?
- '-오'는 어미로 생략할 수 없으며, 앞에 '-십시-' 등과 같은 어미가 올 수 있다.
  예 공사 중이니 돌아가 주(십시)오.

② '-요'
- 해요체의 종결 어미에 붙어 높임의 뜻을 나타내는 조사로 생략할 수 있다.
  예 따님이 참 예뻐요.(해요체) → 따님이 참 예뻐.(해체)
- 열거의 기능을 가진 조사로도 사용된다.
  예 이것은 말이요. 저것은 소요. 그것은 호랑이오.

65	-올시다O	-올습니다X

① '-올시다': '-(으)ㅂ니다'를 좀더 친근하게 표현하는 형식이다. (표준어 규정 제17항)
  예 저는 김가올시다. 글쎄올시다. 저는 학생이 아니올시다.
② '-올습니다': '-올시다'를 잘못 인식하여 좀더 점잖게 표현하고자 한 것이나 표준어로 인정하지 않는다.

66	외톨이	이파리

① 한글 맞춤법 제20항: 명사 뒤에 '-이'가 붙어서 된 말은, 그 명사의 원형을 밝히어 적는다.
  - 부사: 곳곳이, 낱낱이, 몫몫이, 샅샅이, 앞앞이, 집집이……
  - 명사: 곰배팔이, 바둑이, 삼발이, 애꾸눈이, 육손이, 절뚝발이/절름발이……
② 한글 맞춤법 제20항 [붙임]: '-이' 이외의 모음으로 시작된 접미사가 붙어서 된 말은, 그 명사의 원형을 밝히어 적지 아니한다.
  예 꼬락서니(꼴+악서니), 끄트머리(끝+으머리), 모가지(목+아지), 바깥(밖+앝), 사타구니(샅+아구니), 싸라기(쌀+아기)
③ '외톨이': 이 말은 '외돌토리'의 준말로 다루어지기 때문에 '외톨이'가 되었다.
  '이파리': '잎+아리>이파리'가 된 것으로 앞의 규정에 따라 표기된 말이다.

67	우레O	우뢰X

① 고유어를 한자어로 잘못 알고 쓴 예, 즉, '우레'를 한자어 '우뢰(雨雷)'에서 온 말이라고 인식한 것, 동의어는 '천둥(天動)'으로 복수 표준어로 인정된다.
② '우레'는 '울게>울에>우레'로 변한 말이다.

68	왠지O	웬지X

① 왠지: '왜인지'가 줄어든 말이다.
  예 왠지 가슴이 두근거린다.
② 웬지: '웬지'라는 말은 없고 '웬'은 관형사이다.
  예 웬 험상궂게 생긴 사람이 날 따라 오더라.

69	웃어른O	윗어른X

① 웃
- 옛말 '우[上]'에 사이시옷이 결합되어 굳어진 말로 접두사이다.
- 체언 앞에 붙어 '위'의 뜻을 나타낸다.
표준어 규정 제12항 다만 2
'웃'과 '윗'이 서로 혼동되어 모두를 '윗-' 형태로 통일하였으나, '아래, 위'의 대립이 없는 단어는 '웃-'으로 발음되는 형태를 표준어로 삼았다.
  예 웃국, 웃기, 웃돈, 웃비, 웃어른, 웃옷(맨 겉에 입는 옷), 웃통(몸에서 허리 위의 부분)

② 윗
- '위[上]'는 명사
- '윗-': '위'+명사=합성 명사가 될 때 사이시옷이 첨가된 형태
표준어 규정 제12항
- '웃-' 및 '윗-'은 명사 '위'에 맞추어 '윗-'으로 통일한다.
- 위와 아래의 대립이 있을 때만 '윗-'을 쓴다.
  예 윗니, 윗눈썹, 윗도리, 윗목
- 위쪽, 위채, 위층, 위턱(된소리나 거센소리 앞에서는 'ㅅ'을 적지 않는다.)

70	-(으)ㅁ으로(써)	-(으)므로

① '-(으)ㅁ으로(써)': 앞말을 명사 구실을 하게 하는 어미 '-(으)ㅁ'에 도구나 수단의 의미를 지닌 조사 '으로'가 붙은 표현이다, 또 그 뜻을 강조할 때는 끝에 '써'가 붙을 수 있다.
　예 그는 열심히 공부함으로(써) 부모님의 은혜에 보답하고자 한다.
② '-(으)므로': 까닭이나 근거를 나타내는 연결 어미로 그 뒤에 '써'가 붙을 수 없다.
　예 강물이 깊으므로 배 없이 건널 수 없다.

71	-이에요	-이어요

① 구별
 • '-이어요': 서술격 조사 어간 '이-'에 종결어미 '-어요'가 결합한 말이다.
 • '-이에요': '-이어요'가 변한 말이다.
② 요즘에는 '-이에요'가 '-이어요'보다 우세하게 쓰여 복수 표준어로 처리하였다.
③ 용법
 • 둘 다 체언 뒤에 붙는데, 모음 뒤에 붙을 때는 '-예요, -여요'로 줄어들기도 한다.
 • 받침이 있는 인명의 경우에는 접사 '-이'가 먼저 붙기 때문에 줄어든 대로 적는다.
　예 영수예요. / 영수여요.
 • '아니다'에는 '-에요'와 '-어요'가 붙으므로 '아니에요/아녜요', '아니어요/아녀요'라고 적어야 한다.
　예 영숙이가 아니에요. / 아녜요.(아니어요/아녀요)
④ 조사로 보는 견해: 받침 없는 체언 뒤에 쓰일 때는 '이에요/이어요'가 쓰이지 않고 준말인 '예요/여요'만 쓰이므로 조사로 볼 수도 있다.
　예 *저이어요 → 저예요.(저+예요)

72	잇달다	잇따르다

① 일종의 복수 표준어이다.
② '이어 달다'의 뜻일 때는 '잇달다'만 허용된다.
　예 기관차에 객차들이 잇달았다.
　　 장군은 훈장에 훈장을 잇단 복장으로 등장하였다.
③ '어떤 사건이나 행동 따위가 이어 발생하다.'의 뜻일 때는 '잇달다, 잇따르다, 연달다'를 함께 쓸 수 있다. 그리고 '연달다'는 주로 '연달아' 형태로 쓰인다.
　예 청문회가 끝난 뒤에 증인들에 대한 비난이 잇따랐다/잇달았다/연달았다.
　　 석교를 지나자마자 주점과 점포들이 잇따라/잇달아/연달아 나타났다.
④ '움직이는 물체가 다른 물체의 뒤를 이어 따르다.'라는 뜻일 때에는 '잇따르다'가 자연스럽다.
　예 유세장에 유권자들이 잇따라 몰려왔다.
⑤ 같은 동사이지만 '잇따르다'에 비하여 '잇달다/연달다'는 다소 형용사에 가까운 특성이 있다.
　예 잇따르고 있다 → *잇달고 있다/*연달고 있다.

73	있다가	이따가

① 있다가: '있다'의 '있-'에 어떤 동작이나 상태가 끝나고 다른 동작이나 상태로 옮겨지는 뜻을 표시하는 어미 '-다가'가 붙은 형태
　예 여기 있다가 갔다. 며칠 더 있다가 가마.
② 이따가: '조금 뒤에'라는 뜻을 지닌 부사
　예 이따가 보자. 이따가 주겠다.

74	있사오니/없사오니O	있아오니/없아오니X

① 공손 선어말 어미로는 '-오-, -옵-, -사오-, -자오-' 등이 있다.
② 자음 다음에는 '-사오-'가, 모음 뒤에서는 '-오-'가 쓰인다.
　예 있사오니, 없사오니, 먹사오니[-사오-]
　　 가오니, 드리오니, 예쁘오니[-오-]

75	있습니다O	있읍니다X

① 용언의 하십시오체의 대표적인 평서형 어미는 '-ㅂ니다'이다.
② 용언이 '-ㅂ니다'와 함께 사용될 경우, 예전에는 '-읍니다'로 표기하였지만, 이제는 사람들의 발음 습관을 고려하여 '-습니다'로 그 표기법이 바뀌었다. 따라서 '있읍니다'가 아니라 '있습니다'가 표준어 표기법이다.
　예 제주도에는 많은 볼거리가 있습니다.

76	있음/없음O	있슴/없슴X

① 용언의 명사형 어미는 '-(으)ㅁ'으로 어간에 직접 붙는다.
> 예 먹다 → 먹-고, 먹-지, 먹-어, 먹-으니, 먹-습니다……먹음(먹+음)
> 있다 → 있-고, 있-지, 있-어, 있-으니, 있-습니다……있음(있+음)
> 없다 → 없-고, 없-지, 없-어, 없-으니, 없-습니다……없음(없+음)

② 명사형 어미는 모음 다음에는 '-ㅁ'으로 실현되고, 자음 다음에서는 '-음'으로 나타난다.

[참고]
- 일부 사람들은 '있음, 없음'을 '있습니다, 없습니다'의 준말로 보아 '있슴, 없슴'으로 써야 한다고 생각하는 경향이 있다.
- 또, '있다, 없다'의 명사형은 '있음, 없음'이지만, '있습니다. 없습니다'의 명사형은 '있슴, 없슴'이라고 생각하는 사람도 있다.
- '있다, 없다'의 명사형은 용언의 어간에 명사형 어미 '-(으)ㅁ'이 결합되는 것으로 오직 '있음, 없음'이 있을 뿐이다.
- 또한, 일부 문맥에서 명사형 어미가 종결 어미처럼 기능할 때(예 독일 국민에게 고함.)도 있으나, 그 때에도 여전히 명사형 어미로서 종결 어미의 기능을 하는 것일 뿐이지, 그것이 종결어미 '-습니다'에서 줄어든 형태라서 종결 어미로 기능하는 것은 아니다. '-습니다' 형태는 준말이 존재하지 않기 때문이다. 따라서 '있음, 없음'은 '있다, 없다'의 명사형일 뿐이다.

77	자문(諮問)	주책(主着)

① 자문
- '윗사람이나 상급 기관이 일정한 기관이나 전문가에게 어떤 문제에 관하여 의견을 물음'이라는 사전적 정의가 된다. 따라서 자문은 하는 것이지 구하거나 받는 것이 아니라고 해석된다.
  > 예 전문가에게 자문하다.(반대말은 '자문에 응하다')
- 근래에 와서 '자문을 구하다/받다'로 쓰이면서 '자문하여 얻게 되는 판단이나 의견'이라는 뜻으로 의미가 변화 중에 있다.

② 주책
- '주착(主着)'에서 온 말이지만 현실적인 발음 형태가 '주책'으로 굳어져 이를 표준어로 삼았다.
- '주책'은 '일정하게 자리잡힌 생각'이라는 뜻이므로, '일정한 요량이 없다.'는 뜻으로 풀이되는 낱말은 '주책없다'이다.
- 표준어 규정 제25항에 따라 '주책없다'의 비표준형으로 규정해 온 '주책이다'를 표준형으로 인정한다.

78	짜깁기O	짜집기X

바른 표기는 '짜깁기'로, 찢어지거나 구멍이 뚫린 부분을 실로 짜서 깁는 것을 말한다.

79	제상O	젯상X

① 둘 다 한자어로 된 말은 祭床이다.
② 한자어로 된 말에는 그 사이에 사이시옷을 적지 않는다.
> 예 초점(焦點), 대가(代價), 개수(個數), 내과(內科), 화병(火病), 소수(素數)

③ 예외적으로 다음 6개의 단어는 사이시옷을 붙여 적는다.
> 예 곳간(庫間), 셋방(貰房), 숫자(數字), 찻간(車間), 툇간(退間), 횟수(回數)

[참고] 뒷말의 첫소리가 된소리로 나거나 뒷말의 첫소리 'ㄴ, ㅁ'이나 모음 앞에 'ㄴ' 소리가 덧나는 합성어 중에서 '고유어+고유어(아래집, 나뭇잎), 고유어+한자어(귓병, 깃발), 한자어+고유어(전셋집, 예삿일)' 방식에는 사이시옷을 적고, '한자어+한자어' 방식에서는 사이시옷을 적지 않는다. 예 전세방(傳貰房) ↔ 전셋집(傳貰집)

80	체	채

① '체'는 '하다'와 어울려 '체한다, 척하다, 듯하다' 등과 같이 보조 용언으로 쓰인다.
> 예 그는 날보고도 못 본 체한다.

② '채'는 관형사형 어미 뒤에서 의존 명사로 사용된다. 비슷한 말로 명사 뒤에 붙는 '-째'는 접미사이다.
> 예 불을 켠 채(로) 잠을 잤다. / 통째, 껍질째(접미사)

81	출석률O	출석율X

'렬, 률'은 'ㄴ'이나 모음 뒤에는 '열, 율'로 적는다. 예 법률, 능률, 출석률, 행렬, 결렬 ↔ 운율, 비율, 백분율, 분열, 우열

82	풍비박산O	풍지박산X

① 풍비박산(風飛雹散): '사방으로 날아 흩어진다.'는 뜻인데, 정확한 표준어 어형을 모르고 '풍지박산'이라고 발음하는 잘못을 범하고 있다.

83	하려고O	할려고X

① 의도형 연결 어미로는 '-려고'이다. 언어 습관에 의하여 일부 사람들이 쓸데없이 'ㄹ'을 덧붙이기도 하는데 이런 습관은 버려야 한다. 예 집에 가려고 한다.

84	하지 마라	하지 말아라

① '말다'에 명령형어미 '-아', '-아라', '-아요' 등이 결합할 때는 어간 끝의 'ㄹ'이 탈락하기도 하고 탈락하지 않기도 한다.
  예 내가 하는 말 농담으로 듣지 마/말아.
  예 얘야, 아무리 바빠도 제사는 잊지 마라/말아라.
  예 아유, 말도 마요/말아요.
[참고] '한글 맞춤법 제18항 1의 붙임'에 의하면 어간 끝받침 'ㄹ'이 'ㄷ, ㅈ' 앞에서 줄어지지 않는 것이 원칙이나 관용상 'ㄹ'이 줄어진 형태로 굳어져 쓰이는 것은, 준대로 적는다고 하였다.
  예 말지 못하다 → 마지못하다, 말지 않다 → 마지않다, 하다 말다 → 하다마다, 하자말자 → 하자마자
③ '-어라'와 '-(으)라'의 차이: '-어라'는 직접 명령형 어미이고, '-(으)라'는 불특정 다수의 청자나 발화 현장에 없는 청자에게 하는 간접 명령형 어미이다.
  • 직접 명령형: 이것 좀 보아라. 천천히 먹어라.
  • 간접 명령형: 알맞은 답을 고르라. 기대하시라, 개봉 박두!

85	-할게, -할걸O	-할께, -할껄X

① 예사소리로 적는 이미들(한글 맞춤법 제53항)

-(으)ㄹ거나	-(으)ㄹ걸	-(으)ㄹ게	-(으)ㄹ세	-(으)ㄹ세라
-(으)ㄹ수록	-(으)ㄹ시	-(으)ㄹ지	-(으)ㄹ지니라	-(으)ㄹ지라도
-(으)ㄹ지어다	-(으)ㄹ지언정	-(으)ㄹ진대	-(으)ㄹ진저	-올시다

② 의문을 나타내는 다음 어미들은 된소리로 적는다.

| -(으)ㄹ까 | -(으)ㄹ꼬 | -(으)ㄹ쏘냐? | -(으)리까? |
| -(스)ㅂ니까? | -나이까? | -더이까? | -ㅂ디까? |

86	허예, 허옜다	하얘, 하얬다

① 음성 모음 뒤에서는 '에'형: 허옜다/허예/허옜다, 누렇다/누레/누렜다.
② 양성 모음 뒤에서는 '애'형: 하얗다/하얘/하얬다, 노랗다/노래/노랬다
③ 음성 모음, 양성 모음의 교체를 보이지 않는 '이렇다, 저렇다, 그렇다' 류는 항상 '애'형: 이렇다/이래/이랬다. 저렇다/저래/저랬다, 그렇다/그래/그랬다
[참고] 접두사 '새(샛)'와 '시(싯)'의 쓰임
• 양성 모음 앞에는 '새': 새까맣다(된소리 거센소리 앞) / 샛노랗다(예사소리 앞)
• 음성 모음 앞에는 '시': 시꺼멓다(된소리나 거센소리 앞) / 싯누렇다(예사소리 앞)

87	홀몸	홑몸

① 홀몸: 배우자나 형제가 없는 사람
② 홑몸: 딸린 사람이 없는 몸, 임신하지 않은 몸 예 홑몸이 아니라 몸이 무겁다

88	회계 연도O	회계 년도X

• 회계연도 / 영업 연도 / 제작 연도 / 졸업 연도=회계연도/영업 연도 / 제작 연도 / 졸업 연도
※ 1980년도 출생 / 1990년도 졸업식 / 2004년도 예산안
[참고]
• '연도'는 사무나 회계 결산 따위의 처리를 위하여 편의상 구분한 일 년 동안의 기간으로 사용된다.
  예 회계 연도 / 회계연도(붙여 써도 같다.)
• '년도'는 해[年]를 뜻하는 말 뒤에 쓰여 일정 기간 단위로서의 그 해를 의미한다. 예 1980년도 출생

89	횟집, 장밋빛O	회집, 장미빛X

① 합성어 과정에서 '한자어+고유어'가 모음 뒤에 오는 첫소리가 된소리로 나는 말은 사이시옷을 붙인다.
  예 횟집(膾집), 장밋빛(薔薇빛)
② 혼란을 보이는 말
  값: 기댓값(期待값), 대푯값(代表값), 초깃값(初期값), 극솟값(極小값), 최댓값(最大값)
  국: 두붓국(豆腐국), 만둣국(饅頭국), 시래깃국, 순댓국
  길: 등굣길(登校길), 성묫길(省墓길), 휴갓길(休暇길)
  빛: 무지갯빛, 보랏빛, 연둣빛, 우윳빛
  집: 소줏집(燒酒집), 맥줏집(麥酒집)

05 한글 맞춤법 연습하기

틀린 표기	바른 표기	틀린 표기	바른 표기
가리워지다	가리어지다	구비구비	굽이굽이
가자미식혜	가자미식해	구태어	구태여
강남콩	강낭콩	굴따랗다	굵다랗다
개거품	게거품	굼뱅이	굼벵이
개나리봇짐	괴나리봇짐	굽닐다	굼닐다
개피	개비	굽신거리다 (○ 2014년 추가)	굽실거리다
거치장스럽다	거추장스럽다	궁시렁거리다	구시렁거리다
건늘목	건널목	귀거리	귀걸이 / 귀고리
걷우다	거두다	귀뜸	귀띔
걸죽하다	걸쭉하다	금새 (지금 바로)	금세 (지금 바로)
검정색	검은색	기어히	기어이
결백증	결벽증	깅가밍가	긴가민가
겸연적다	겸연쩍다	까탈스럽다 (○ 2016년 추가)	까다롭다
고수래	고수레	깎두기	깍두기
골치꺼리	골칫거리	꺽꽂이	꺾꽂이
곯병	골병	꼬매다	꿰매다
곰곰히	곰곰이	꼬시다 (○ 2014년 추가)	꾀다 / 꼬이다
곱배기	곱빼기	꼭둑각시	꼭두각시
곱술머리	곱슬머리 / 고수머리	꼼장어	곰장어 / 먹장어
괄세하다	괄시하다	꽃봉우리	꽃봉오리
괴팍하다	괴팍하다	끄나불	끄나풀
구렛나루	구레나룻	끝발	끗발
끝트머리	끄트머리	되뇌이다	되뇌다
나꿔채다	낚아채다	되려	되레
나즈막하다	나지막하다	두더쥐	두더지
날개쭉지	날갯죽지	두루말이	두루마리
너스래	너스레	돌뿌리	돌부리
넉두리	넋두리	뒤치닥거리	뒤치다꺼리
넌즈시	넌지시	뒷굼치	뒤꿈치
널쩍하다	넓적하다	뒷꽁무니	뒤꽁무니
널판지	널빤지	뒷힘	뒷심
넓직하다	널찍하다	딱다구리	딱따구리
넓따랗다	널따랗다	떠벌이	떠버리
넘겨집다	넘겨짚다	떡볶기	떡볶이
넙쩍다리	넓적다리	띄엄띄엄	띄엄띄엄
놀잇감(○ 2014년 추가)	장난감	마굿간	마구간(馬廐間)

틀린 표기	바른 표기	틀린 표기	바른 표기
농짓거리	농지거리	마늘쫑	마늘종
높따랗다	높다랗다	망서리다	망설이다
뇌졸증	뇌졸중	매시껍다	메스껍다
누룽밥	눌은밥 / 누룽지	맨보리밥	꽁보리밥
눈꼽	눈곱	메주알고주알	미주알고주알
눈쌀	눈살	모밀국수	메밀국수
느즈감치	느지감치	모음냄비	모둠냄비
느즈막이	느지막이	모자르다	모자라다
늙그수레하다. 늘수레하다	늙수그레하다 늙수레하다	몫돈	목돈
늙으막	늘그막	무릎쓰다	무릅쓰다
닥달하다	닦달하다	뭉기적거리다	뭉그적거리다
단촐하다	단출하다	뭉클어지다	뭉크러지다
달디달다	다디달다	미싯가루	미숫가루
닭도리탕	닭볶음탕	민밋하다	밋밋하다
담구다	담그다	밀어부치다	밀어붙이다
더우기	더욱이	밉쌀스럽다	밉살스럽다
덤테기	덤터기	반지르하다	반지르르하다
덤풀	덤불	배개	베개
덥썩	덥석	배불뚜기	배불뚝이
덩쿨	덩굴 / 넝쿨	베낭	배낭
도령님	도련님	보라빛	보랏빛
돈까스	돈가스(돼지고기 튀김)	볼쌍사납다	볼썽사납다
돌맹이	돌멩이	부비다	비비다
부수러기	부스러기	아뭏든	아무튼
부숴지다	부서지다	아지랭이	아지랑이
부시시하다	부스스하다	악발이	악바리
부추키다	부추기다	알맞는	알맞은
불켠듯	불현듯	알멩이	알맹이
비게	비계	알송달송	알쏭달쏭
비뚜루	비뚜로	애개개	애걔걔
빈털털이	빈털터리	애닲다	애달프다
뼈다구해장국	뼈다귀해장국	얇다랗다	얄따랗다
뽀죽하다	뽀족하다	앝으막하다	야트막하다
산골짝이	산골짜기	얘기꺼리	얘깃거리
살고기	살코기	어거지	억지
상치쌈	상추쌈	어떠튼	어떻든
새벽별	샛별	어름장	으름장

틀린 표기	바른 표기	틀린 표기	바른 표기
서서이	서서히	어리광대	어릿광대
설겆이	설거지	어울어지다	어우러지다
설농탕	설렁탕	어줍잖다	어쭙잖다
섬찟하다(○ 2014년 추가)	섬뜩하다	어중띠다	어중되다
섯달	섣달	어쨌던	어쨌든
소근거리다	소곤거리다	얼띠기	얼뜨기
소꼽장난	소꿉장난	얼룩이	얼루기
소꾸리	소쿠리	얼키고설키다	얽히고설키다
수재비	수제비	얼핏하면	걸핏하면
술레잡기	술래잡기	얽메다	얽매다
숨박꼭질	숨바꼭질	에그머니나	에구머니나
쉽상	십상	여지껏	여태껏
실날	실낱	연거퍼	연거푸
실증	싫증	연연생	연년생
싸가지	싹수	영판	아주
씨래기	시래기	옛스럽다	예스럽다
싸래기	싸라기	오똑하다	오뚝하다
쌀전	싸전	오뚜기	오뚝이
쌉살하다	쌉쌀하다.	오래비	오라비
쓴나물	씀바귀	오랜동안	오랫동안
아구찜	아귀찜	오랫만	오랜만
아나고	붕장어	오무라지다	오므라지다
아둥바둥	아등바등	오무리다	오므리다
옳바르다	올바르다	짖궂다	짓궂다
왁짜지껄	왁자지껄	짓물다	짓무르다
왠일	웬일	짜집기	짜깁기
요세	요새	짧다랗다	짤따랗다
요컨데	요컨대	짭잘하다	짭짤하다
우유빛	우윳빛	쨍알거리다	짱알거리다
우통	웃통	쪽빡	쪽박
욱박지르다	윽박지르다	쪽집개	족집게
욱씬거리다	욱신거리다	쭈꾸미	주꾸미
울궈먹다	우려먹다	찌게	찌개
웅큼	움큼	찐덕거리다	찐득거리다
웬간하다	엔간하다	찐드기	진드기
윗층	위층	챙피하다	창피하다
육계장	육개장	체신없다	채신없다
으스렁거리다	어슬렁거리다	초생달	초승달

틀린 표기	바른 표기	틀린 표기	바른 표기
으시대다	으스대다	촉촉히	촉촉이
으시시	으스스	추스리다	추스르다
응큼하다	엉큼하다	치고박다	치고받다
으례	으레	치닥거리	치다꺼리
이크(○ 2015년 추가)	이키	치떠보다	칩떠보다
익숙이	익숙히	칠흙	칠흑
임마	인마	켸켸묵다	케케묵다
잎파리	이파리	콧망울	콧방울
장농	장롱	콧방아	코방아
짱아치	장아찌	터무늬없다	터무니없다
재털이	재떨이	통채	통째
저으기	적이	통털어	통틀어
저질르다	저지르다	트름	트림
젓깔	젓갈	티각태각	티격태격
조무라기	조무래기	파토	파투
족집개	족집게	펀뜻	언뜻
존대말	존댓말	펴락쥐락	쥐락펴락
졸립다	졸리다	풍덩이	풍뎅이
주루루	주르르	풍지박산	풍비박산
주책덩어리	주쳇덩어리	하마트면	하마터면
죽은깨	주근깨	하옇든	하여튼
지리하다	지루하다	할일없다	하릴없다
해꼬지	해코지	호도	호두
핼쓱하다	해쓱하다, 핼쑥하다	호로자식	호래자식
행가래	헹가래	화토	화투
허드랫일	허드렛일	회계년도	회계연도
허얘지다	허예지다	후덥찌근하다	후덥지근하다 후텁지근하다
허위대	허우대	후두둑후두둑	후드득후드득
허위적거리다	허우적거리다	흐리멍텅하다	흐리멍덩하다
헛깨비	허깨비	흐트리다	흩트리다
헛탕	허탕	흙받이	흙받기
헛투루	허투루	희죽희죽	히죽히죽
헝겁	헝겊	히히덕거리다	시시덕거리다
헝크러지다	헝클어지다		

06 개정된 문장 부호

주요변경사항	이전 규정	설명
가로쓰기로 통합	세로쓰기용 부호 별도 규정	세로쓰기용 부호 '고리점(。)'과 '모점(、)'은 개정안에서 제외
		'낫표(「」『』)'는 가로쓰기용 부호로 용법을 수정하여 유지
문장부호 명칭 정리	'.'는 '온점' ','는 '반점'	부호 '.'와 ','를 각각 '마침표'와 '쉼표'로 함.(기존의 '온점'과 '반점'도 사용 가능)
	'< >, 《 》' 명칭 및 용법 불분명	부호 '< >, 《 》'를 각각 '홑화살괄호, 겹화살괄호'로 명명하고 각각을 용법규정
부호 선택의 폭 확대	줄임표는 '……' 만 사용	아래에 여섯점(......), 세점(...) 모두 사용 가능
	가운뎃점, 낫표, 화살괄호 사용 불편	가운뎃점 대신 마침표(.)나 쉼표(,)도 쓸 수 있는 경우 확대
		'낫표(「」『』)'나 화살괄호(< >, 《 》) 대신 따옴표(' ', " ")도 사용 가능

문장부호별 주요 개정 내용

부호	설명	예시
마침표 (.)	용언의 명사형이나 명사로 끝나는 문장, 직접 인용한 문장 끝에는 마침표 쓰는 것이 원칙, 쓰지 않는 것도 허용함.	목적을 이루기 위해 몸과 마음을 다해 애를 씀. (o) / 씀 (o) 그는 "지금 바로 떠나자. (o) / 떠나자 (o)"라고 말하며 서둘러 짐을 챙겼다.
	아라비아 숫자만으로 연월일 표시할 때 마침표 모두 씀. '일'을 나타내는 마침표는 반드시 써야 함.	2014년 10월 27일 = 2014. 10. 27. (o) / 2014. 10. 27 (x)
	특정한 의미 있는 날 표시할 때 월과 일을 나타내는 아라비아 숫자 사이에는 마침표 쓰거나 가운뎃점 사용 가능	3.1 운동 (o) / 3·1 운동 (o)
물음표 (?)	모르거나 불확실한 내용임을 나타낼 때 물음표 사용	• 모르는 경우: 최치원(857~?)은 통일 신라 말기에 이름을 떨쳤던 학자이자 문장가이다. • 불확실한 경우: 조선 시대의 시인 강백(1690?~1777?)의 자는 자청이고, 호는 우곡이다.
쉼표 (,)	문장 중간에 끼어든 어구의 앞뒤에는 쉼표를 쓰거나 줄표를 쓸 수 있음	나는, 솔직히 말하면, 그 말이 별로 탐탁지 않아. 나는 – 솔직히 말하면 – 그 말이 별로 탐탁지 않아.
	특별한 효과를 위해 끊어 읽는 곳을 나타내거나 짧게 더듬는 말을 표시할 때 쉼표 사용	이 전투는 바로 우리가, 우리만이, 승리로 이끌 수 있다. 선생님, 부, 부정행위라니요? 그런 건 새, 생각조차 하지 않았습니다.
	열거할 어구들을 생략할 때 사용하는 줄임표 앞에는 쉼표를 쓰지 않음.	광역시: 광주, 대구, 대전…… (o) / 광주, 대구, 대전, …… (x)
가운뎃점 (·)	짝을 이루는 어구들 사이, 또는 공통 성분을 줄여서 하나의 어구로 묶을 때는 가운뎃점을 쓰거나 쉼표 쓸 수 있음.	하천 수질의 조사·분석 (o) / 하천 수질의 조사, 분석 (o) 상·중·하위권 (o) / 상, 중, 하위권 (o)
중괄호({ }) & 대괄호([ ])	열거된 항목 중 어느 하나가 자유롭게 선택될 수 있음을 보일 때는 중괄호 사용	아이들이 모두 학교{에, 로, 까지} 갔어요.
	원문에 대한 이해를 돕기 위해 설명이나 논평 등을 덧붙일 때는 대괄호 사용	그런 일은 결코 있을 수 없다.[원문에는 '업다'임.]
낫표(「」, 『』) & 화살괄호(< >, 《 》)	소제목, 그림이나 노래와 같은 예술 작품의 제목, 상호, 법률, 규정 등을 나타낼 때 홑낫표나 홑화살괄호를 쓰는 것이 원칙이며 작은따옴표를 대신 쓸 수 있음.	「한강」은 (o) / <한강>은 (o) / '한강'은 (o) 사진집《아름다운 땅》에 실린 작품이다.
	책 제목이나 신문 이름 등을 나타낼 때는 겹낫표나 겹화살괄호를 쓰는 것이 원칙, 큰따옴표를 대신 쓸 수 있음.	『훈민정음』은(o) / 《훈민정음》은(o) / "훈민정음"은(o) 1997년에 유네스코 세계기록유산으로 지정됐다.
줄표 (―)	제목 다음에 표시하는 부제의 앞뒤에는 줄표를 쓰되, 뒤에 오는 줄표는 생략 가능	'환경 보호 ― 숲 가꾸기 ―'라는 (o) / '환경 보호 ― 숲 가꾸기'라는 (o) 제목으로 글짓기를 했다.
붙임표(-) & 물결표(~)	차례대로 이어지는 내용을 하나로 묶어 열거할 때 각 어구 사이, 또는 두 개 이상의 어구가 밀접한 관련이 있음을 나타내고자 할 때는 붙임표 사용	멀리뛰기는 도움닫기 - 도약 - 공중 자세 - 착지의 순서로 이루어진다. 원 - 달러 환율
	기간이나 거리 또는 범위를 나타낼 때는 물결표 또는 붙임표를 씀.	9월 15일~9월 25일 (o) / 9월 15일 - 9월 25일 (o)
줄임표 (……)	할 말을 줄였을 때, 말이 없음을 나타낼 때, 문장이나 글의 일부를 생략할 때, 머뭇거림을 보일 때 줄임표 사용	"어디 나하고 한번……" 하고 민수가 나섰다.
	줄임표는 점을 가운데에 찍는 대신 아래쪽에 찍을 수도 있으며, 여섯 점을 찍는 대신 세 점을 찍을 수도 있음.	"어디 나하고 한번......" 하고 민수가 나섰다. / "어디 나하고 한번…" 하고 민수가 나섰다. / "어디 나하고 한번..." 하고 민수가 나섰다.

07 문장 부호

마침표 (.)

(1) 서술, 명령, 청유 등을 나타내는 문장의 끝에 쓴다.
  예 젊은이는 나라의 기둥입니다. 예 제 손을 꼭 잡으세요.
  붙임1 직접 인용한 문장의 끝에는 쓰는 것을 원칙으로 하되, 쓰지 않는 것을 허용한다.(ㄱ 원칙, ㄴ 허용)
    예 ㄱ. 그는 "지금 바로 떠나자."라고 말하며 서둘러 짐을 챙겼다.
      ㄴ. 그는 "지금 바로 떠나자"라고 말하며 서둘러 짐을 챙겼다.
  붙임2 용언의 명사형이나 명사로 끝나는 문장에는 쓰는 것을 원칙으로 하되, 쓰지 않는 것을 허용한다.(ㄱ 원칙, ㄴ 허용)
    예 ㄱ. 목적을 이루기 위하여 몸과 마음을 다하여 애를 씀.
      ㄴ. 목적을 이루기 위하여 몸과 마음을 다하여 애를 씀
    예 ㄱ. 결과에 연연하지 않고 끝까지 최선을 다하기.
      ㄴ. 결과에 연연하지 않고 끝까지 최선을 다하기
    예 ㄱ. 신입 사원 모집을 위한 기업 설명회 개최.
      ㄴ. 신입 사원 모집을 위한 기업 설명회 개최
  다만, 제목이나 표어에는 쓰지 않음을 원칙으로 한다.
    예 압록강은 흐른다 예 꺼진 불도 다시 보자
(2) 아라비아 숫자만으로 연월일을 표시할 때 쓴다.
  예 1919. 3. 1. 예 10. 1.~10. 12.
(3) 특정한 의미가 있는 날을 표시할 때 월과 일을 나타내는 아라비아 숫자 사이에 쓴다.
  예 3.1 운동 예 8.15 광복
  붙임 이때는 마침표 대신 가운뎃점을 쓸 수 있다.
    예 3·1 운동 예 8·15 광복
(4) 장, 절, 항 등을 표시하는 문자나 숫자 다음에 쓴다.
  예 가. 인명 예 ㄱ. 머리말 예 Ⅰ. 서론 예 1. 연구 목적
  붙임 '마침표' 대신 '온점'이라는 용어를 쓸 수 있다.

물음표 (?)

(1) 의문문이나 의문을 나타내는 어구의 끝에 쓴다.
  예 점심 먹었어?
  예 다섯 살짜리 꼬마가 이 멀고 험한 곳까지 혼자 왔다?
  예 지금?
  붙임1 한 문장 안에 몇 개의 선택적인 물음이 이어질 때는 맨 끝의 물음에만 쓰고, 각 물음이 독립적일 때는 각 물음의 뒤에 쓴다.
    예 너는 중학생이냐, 고등학생이냐?
    예 너는 여기에 언제 왔니? 어디서 왔니? 무엇하러 왔니?
  붙임2 의문의 정도가 약할 때는 물음표 대신 마침표를 쓸 수 있다.
    예 도대체 이 일을 어쩐단 말이냐.
    예 이것이 과연 내가 찾던 행복일까.
  다만, 제목이나 표어에는 쓰지 않음을 원칙으로 한다.
    예 역사란 무엇인가 예 아직도 담배를 피우십니까
(2) 특정한 어구의 내용에 대하여 의심, 빈정거림 등을 표시할 때, 또는 적절한 말을 쓰기 어려울 때 소괄호 안에 쓴다.
  예 우리와 의견을 같이할 사람은 최 선생(?) 정도인 것 같다.
  예 30점이라, 거참 훌륭한(?) 성적이군.
  예 우리 집 강아지가 가출(?)을 했어요.
(3) 모르거나 불확실한 내용임을 나타낼 때 쓴다.
  예 최치원(857~?)은 통일 신라 말기에 이름을 떨쳤던 학자이자 문장가이다.
  예 조선 시대의 시인 강백(1690?~1777?)의 자는 자청이고, 호는 우곡이다.

느낌표 (!)

(1) 감탄문이나 감탄사의 끝에 쓴다.
  예 이거 정말 큰일이 났구나! 예 어머!
  붙임 감탄의 정도가 약할 때는 느낌표 대신 쉼표나 마침표를 쓸 수 있다.
    예 어, 벌써 끝났네. 예 날씨가 참 좋군.
(2) 특별히 강한 느낌을 나타내는 어구, 평서문, 명령문, 청유문에 쓴다.
  예 청춘! 이는 듣기만 하여도 가슴이 설레는 말이다.
  예 이야, 정말 재밌다! 예 지금 즉시 대답해!
  예 앞만 보고 달리자!
(3) 물음의 말로 놀람이나 항의의 뜻을 나타내는 경우에 쓴다.
  예 이게 누구야! 예 내가 왜 나빠!
(4) 감정을 넣어 대답하거나 다른 사람을 부를 때 쓴다.
  예 네! 예 네, 선생님! 예 흥부야! 예 언니!

쉼표 (,)

(1) 같은 자격의 어구를 열거할 때 그 사이에 쓴다.
  예 근면, 검소, 협동은 우리 겨레의 미덕이다.
  다만 1, 쉼표 없이도 열거되는 사항임이 쉽게 드러날 때는 쓰지 않을 수 있다.
  예 네 돈 내 돈 다 합쳐 보아야 만 원도 안 되겠다.
  다만 2, 열거할 어구들을 생략할 때 사용하는 줄임표 앞에는 쉼표를 쓰지 않는다.
  예 광역시: 광주, 대구, 대전……
(2) 짝을 지어 구별할 때 쓴다.
  예 닭과 지네, 개와 고양이는 상극이다.
(3) 이웃하는 수를 개략적으로 나타낼 때 쓴다.
  예 5, 6세기 예 6, 7, 8개
(4) 열거의 순서를 나타내는 어구 다음에 쓴다.
  예 첫째, 몸이 튼튼해야 한다. 예 마지막으로, 무엇보다 마음이 편해야 한다.
(5) 문장의 연결 관계를 분명히 하고자 할 때 절과 절 사이에 쓴다.
  예 콩 심은 데 콩 나고, 팥 심은 데 팥 난다.
(6) 같은 말이 되풀이되는 것을 피하기 위하여 일정한 부분을 줄여서 열거할 때 쓴다.
  예 여름에는 바다에서, 겨울에는 산에서 휴가를 즐겼다.
(7) 부르거나 대답하는 말 뒤에 쓴다.
  예 지은아, 이리 좀 와 봐. 예 네, 지금 가겠습니다.
(8) 한 문장 안에서 앞말을 '곧', '다시 말해' 등과 같은 어구로 다시 설명할 때 앞말 다음에 쓴다.
  예 원만한 인간관계는 말과 관련한 예의, 즉 언어 예절을 갖추는 것에서 시작된다.
  예 호준이 어머니, 다시 말해 나의 누님은 올해로 결혼한 지 20년이 된다.
(9) 문장 앞부분에서 조사 없이 쓰인 제시어나 주제어의 뒤에 쓴다.
  예 열정, 이것이야말로 젊은이의 가장 소중한 자산이다.
  예 지금 네가 여기 있다는 것, 그것만으로도 나는 충분히 행복해.
(10) 한 문장에 같은 의미의 어구가 반복될 때 앞에 오는 어구 다음에 쓴다.
  예 그의 애국심, 몸을 사리지 않고 국가를 위해 헌신한 정신을 우리는 본받아야 한다.
(11) 도치문에서 도치된 어구들 사이에 쓴다.
  예 이리 오세요, 어머님. 예 다시 보자, 한강수야.
(12) 바로 다음 말과 직접적인 관계에 있지 않음을 나타낼 때 쓴다.
  예 갑돌이는, 울면서 떠나는 갑순이를 배웅했다.
  예 철원과, 대관령을 중심으로 한 강원도 산간 지대에 예년보다 일찍 첫눈이 내렸습니다.
(13) 문장 중간에 끼어든 어구의 앞뒤에 쓴다.
  예 나는, 솔직히 말하면, 그 말이 별로 탐탁지 않아.
  붙임1 이때는 쉼표 대신 줄표를 쓸 수 있다.
    예 나는 ― 솔직히 말하면 ― 그 말이 별로 탐탁지 않아.
    예 영호는 미소를 띠고 ― 속으로는 화가 치밀어 올라 잠시라도 견딜 수 없을 만큼 괴로웠지만 ― 그들을 맞았다.
  붙임2 끼어든 어구 안에 다른 쉼표가 들어 있을 때는 쉼표 대신 줄표를 쓴다.
    예 이건 내 것이니까 ― 아니, 내가 처음 발견한 것이니까 ― 절대로 양보할 수가 없다.
(14) 특별한 효과를 위해 끊어 읽는 곳을 나타낼 때 쓴다.
  예 이 전투는 바로 우리가, 우리만이, 승리로 이끌 수 있다.
(15) 짧게 더듬는 말을 표시할 때 쓴다.
  예 선생님, 부, 부정행위라니요? 그런 건 새, 생각조차 하지 않았습니다.
  붙임 '쉼표' 대신 '반점'이라는 용어를 쓸 수 있다.

가운뎃점 (·)

(1) 열거할 어구들을 일정한 기준으로 묶어서 나타낼 때 쓴다.
  예 민수·영희, 선미·준호가 서로 짝이 되어 윷놀이를 하였다.
  예 지금의 경상남도·경상북도, 전라남도·전라북도, 충청남도·충청북도 지역을 예부터 삼남이라 일러 왔다.
(2) 짝을 이루는 어구들 사이에 쓴다.
  예 우리는 그 일의 참·거짓을 따질 겨를도 없었다.
  예 빨강·초록·파랑이 빛의 삼원색이다.
  다만, 이때는 가운뎃점을 쓰지 않거나 쉼표를 쓸 수도 있다.
  예 우리는 그 일의 참 거짓을 따질 겨를도 없었다.
  예 빨강, 초록, 파랑이 빛의 삼원색이다.
(3) 공통 성분을 줄여서 하나의 어구로 묶을 때 쓴다.
  예 상·중·하위권 예 금·은·동메달 예 통권 제54·55·56호
  붙임 이때는 가운뎃점 대신 쉼표를 쓸 수 있다.
    예 상, 중, 하위권 예 금, 은, 동메달 예 통권 제54, 55, 56호

쌍점 (:)

(1) 표제 다음에 해당 항목을 들거나 설명을 붙일 때 쓴다.
  예 문방사우: 종이, 붓, 먹, 벼루
  예 일시: 2014년 10월 9일 10시
(2) 희곡 등에서 대화 내용을 제시할 때 말하는 이와 말한 내용 사이에 쓴다.
  예 김 과장: 난 못 참겠다.
  예 아들: 아버지, 제발 제 말씀 좀 들어 보세요.
(3) 시와 분, 장과 절 등을 구별할 때 쓴다.
  예 오전 10:20(오전 10시 20분)
  예 두시언해 6:15(두시언해 제6권 제15장)
(4) 의존명사 '대'가 쓰일 자리에 쓴다.
  예 65:60(65 대 60) 예 청군:백군(청군 대 백군)
  붙임 쌍점의 앞은 붙여 쓰고 뒤는 띄어 쓴다. 다만, (3)과 (4)에서는 쌍점의 앞뒤를 붙여 쓴다.

큰따옴표 (" ")

(1) 글 가운데에서 직접 대화를 표시할 때 쓴다.
  예 "어머니, 제가 가겠어요."
  예 "아니다. 내가 다녀오마."
(2) 말이나 글을 직접 인용할 때 쓴다.
  예 나는 "어, 광훈이 아니냐?" 하는 소리에 깜짝 놀랐다.

작은따옴표 (' ')

(1) 인용한 말 안에 있는 인용한 말을 나타낼 때 쓴다.
  예 그는 "여러분! '시작이 반이다.'라는 말 들어 보셨죠?"라고 말하며 강연을 시작했다.
(2) 마음속으로 한 말을 적을 때 쓴다.
  예 나는 '일이 다 틀렸나 보군.' 하고 생각하였다.
  예 '이번에는 꼭 이기고야 말겠어.' 호연이는 마음속으로 다짐하며 주먹을 불끈 쥐었다.

소괄호
(( ))
	(1) 주석이나 보충적인 내용을 덧붙일 때 쓴다.
	   예 니체(독일의 철학자)의 말을 빌리면 다음과 같다.
	   예 2014. 12. 19.(금)
	   예 문인화의 대표적인 소재인 사군자(매화, 난초, 국화, 대나무)는 고결한 선비 정신을 상징한다.
	(2) 우리말 표기와 원어 표기를 아울러 보일 때 쓴다.
	   예 기호(嗜好), 자세(姿勢) 예 커피(coffee), 에티켓(étiquette)
	(3) 생략할 수 있는 요소임을 나타낼 때 쓴다.
	   예 학교에서 동료 교사를 부를 때는 이름 뒤에 '선생(님)'이라는 말을 덧붙인다.
	   예 광개토(대)왕은 고구려의 전성기를 이끌었던 임금이다.
	(4) 희곡 등 대화를 적은 글에서 동작이나 분위기, 상태를 드러낼 때 쓴다.
	   예 현우: (가쁜 숨을 내쉬며) 왜 이렇게 빨리 뛰어?
	   예 "관찰한 것을 쓰는 것이 습관이 되었죠. 그러다 보니, 상상력이 생겼나 봐요."(웃음)
	(5) 내용이 들어갈 자리임을 나타낼 때 쓴다.
	   예 우리나라의 수도는 ( )이다.
	   예 다음 빈칸에 알맞은 조사를 쓰시오.
	      민수가 할아버지( ) 꽃을 드렸다.
	(6) 항목의 순서나 종류를 나타내는 숫자나 문자 등에 쓴다.
	   예 사람의 인격은 (1) 용모, (2) 언어, (3) 행동, (4) 덕성 등으로 표현된다.
	   예 (가) 동해, (나) 서해, (다) 남해

중괄호
({ })
	(1) 같은 범주에 속하는 여러 요소를 세로로 묶어서 보일 때 쓴다.
	   예 주격 조사 { 이 / 가 }
	   예 국가의 성립 요소 { 영토 / 국민 / 주권 }
	(2) 열거된 항목 중 어느 하나가 자유롭게 선택될 수 있음을 보일 때 쓴다.
	   예 아이들이 모두 학교 {에, 로, 까지} 갔어요.

대괄호
([ ])
	(1) 괄호 안에 또 괄호를 쓸 필요가 있을 때 바깥쪽의 괄호로 쓴다.
	   예 어린이날이 새로 제정되었을 당시에는 어린이들에게 경어를 쓰라고 하였다.[윤석중 전집(1988), 70쪽 참조]
	   예 이번 회의에는 두 명[이혜정(실장), 박철용(과장)]만 빼고 모두 참석했습니다.
	(2) 고유어에 대응하는 한자어를 함께 보일 때 쓴다.
	   예 나이[年歲] 예 낱말[單語] 예 손발[手足]
	(3) 원문에 대한 이해를 돕기 위해 설명이나 논평 등을 덧붙일 때 쓴다.
	   예 그것[한글]은 이처럼 정보화 시대에 알맞은 과학적인 문자이다.
	   예 신경준의 ≪여암전서≫에 "삼각산은 산이 모두 돌 봉우리인데, 그 으뜸 봉우리를 구름 위에 솟아 있다고 백운(白雲)이라 하며 [이하 생략]"

겹낫표
(『 』)
겹화살괄호
(≪ ≫)
	책의 제목이나 신문 이름 등을 나타낼 때 쓴다.
	   예 우리나라 최초의 민간 신문은 1896년에 창간된 『독립신문』이다.
	   예 『훈민정음』은 1997년에 유네스코 세계 기록 유산으로 지정되었다.
	   예 ≪한성순보≫는 우리나라 최초의 근대 신문이다.
	   예 윤동주의 유고 시집인 ≪하늘과 바람과 별과 시≫에는 31편의 시가 실려 있다.
	   붙임 겹낫표나 겹화살괄호 대신 큰따옴표를 쓸 수 있다.
	      예 우리나라 최초의 민간 신문은 1896년에 창간된 "독립신문"이다.
	      예 윤동주의 유고 시집인 "하늘과 바람과 별과 시"에는 31편의 시가 실려 있다.

홑낫표(「 」) 홑화살괄호(< >)

소제목, 그림이나 노래와 같은 예술 작품의 제목, 상호, 법률, 규정 등을 나타낼 때 쓴다.
- 예 「국어 기본법 시행령」은 「국어 기본법」에서 위임된 사항과 그 시행에 필요한 사항을 규정함을 목적으로 한다.
- 예 이 곡은 베르디가 작곡한 「축배의 노래」이다.
- 예 <한강>은 사진집 ≪아름다운 땅≫에 실린 작품이다.

붙임 홑낫표나 홑화살괄호 대신 작은따옴표를 쓸 수 있다.
- 예 사무실 밖에 '해와 달'이라고 쓴 간판을 달았다.
- 예 '한강'은 사진집 "아름다운 땅"에 실린 작품이다.

줄표(—)

제목 다음에 표시하는 부제의 앞뒤에 쓴다.
- 예 이번 토론회의 제목은 '역사 바로잡기 — 근대의 설정 —'이다.
- 예 '환경 보호 — 숲 가꾸기 —'라는 제목으로 글짓기를 했다.

다만, 뒤에 오는 줄표는 생략할 수 있다.
- 예 이번 토론회의 제목은 '역사 바로잡기 — 근대의 설정'이다.
- 예 '환경 보호 — 숲 가꾸기'라는 제목으로 글짓기를 했다.

붙임 줄표의 앞뒤는 띄어 쓰는 것을 원칙으로 하되, 붙여 쓰는 것을 허용한다.

붙임표(-)

(1) 차례대로 이어지는 내용을 하나로 묶어 열거할 때 각 어구 사이에 쓴다.
- 예 멀리뛰기는 도움닫기-도약-공중 자세-착지의 순서로 이루어진다.
- 예 김 과장은 기획-실무-홍보까지 직접 발로 뛰었다.

(2) 두 개 이상의 어구가 밀접한 관련이 있음을 나타내고자 할 때 쓴다.
- 예 드디어 서울-북경의 항로가 열렸다.
- 예 원-달러 환율   예 남한-북한-일본 삼자 관계

줄임표(……)

(1) 할 말을 줄였을 때 쓴다.
- 예 "어디 나하고 한번……." 하고 민수가 나섰다.

(2) 말이 없음을 나타낼 때 쓴다.
- 예 "빨리 말해!"
  "……."

(3) 문장이나 글의 일부를 생략할 때 쓴다.
- 예 '고유'라는 말은 문자 그대로 본디부터 있었다는 뜻은 아닙니다. …… 같은 역사적 환경에서 공동의 집단생활을 영위해 오는 동안 공동으로 발견된, 사물에 대한 공동의 사고방식을 우리는 한국의 고유 사상이라 부를 수 있다는 것입니다.

(4) 머뭇거림을 보일 때 쓴다.
- 예 "우리는 모두…… 그러니까…… 예외 없이 눈물만…… 흘렸다."

붙임1 점은 가운데에 찍는 대신 아래쪽에 찍을 수도 있다.
- 예 "어디 나하고 한번……." 하고 민수가 나섰다.
- 예 "실은…… 저 사람…… 우리 아저씨일지 몰라."

붙임2 점은 여섯 점을 찍는 대신 세 점을 찍을 수도 있다.
- 예 "어디 나하고 한번…" 하고 민수가 나섰다.
- 예 "실은… 저 사람… 우리 아저씨일지 몰라."

붙임3 줄임표는 앞말에 붙여 쓴다. 다만, (3)에서는 줄임표의 앞뒤를 띄어 쓴다.

표준 발음법

제1장 총칙	1항
제2장 자음과 모음	2항~5항
제3장 음의 길이	6항~7항
제4장 받침의 발음	8항~16항
제5장 음의 동화	17항~22항
제6장 경음화	23항~28항
제7항 음의 첨가	29항~30항

01 제4장 받침의 발음

10항 '밟'과 '넓'

어간	어미	발음	어간	어미	발음
밟	다	[밥ː따]	넓둥글	다	[넙뚱글다]
밟	고	[밥ː꼬]	넓둥글	고	[넙뚱글고]
밟	거나	[밥ː꺼나]	넓적하	다	[넙쩌카다]
밟	지	[밥ː찌]	넓적하	고	[넙쩌카고]
밟	는	[밤ː는]	넓죽하	다	[넙쭈카다]

11항 '맑'

어간	어미	발음
맑	다	[막따]
맑	고	[말꼬]
맑	게	[말께]
맑	거나	[말꺼나]
맑	지	[막찌]

12항 'ㅎ'

1.

	ㄱ, ㄷ, ㅈ ↓ ↓ ↓ ㅋ, ㅌ, ㅊ
ㅎ(ㄶ, ㅀ)	
놓다 [노타]	많다 [만ː타]
놓고 [노코]	많고 [만ː코]
놓지 [노치]	많지 [만ː치]
좋다 [조ː타]	쌓지 [싸치]
좋고 [조ː코]	않던 [안턴]
좋지 [조ː치]	닳지 [달치]

붙임 1

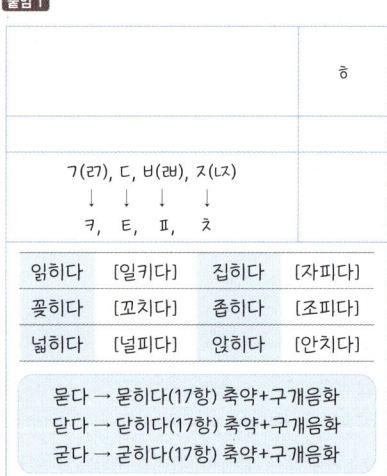

	ㅎ
ㄱ(ㄺ), ㄷ, ㅂ(ㄼ), ㅈ(ㄵ) ↓ ↓ ↓ ↓ ㅋ, ㅌ, ㅍ, ㅊ	
읽히다 [일키다]	집히다 [자피다]
꽂히다 [꼬치다]	좁히다 [조피다]
넓히다 [널피다]	앉히다 [안치다]

묻다 → 묻히다(17항) 축약+구개음화
닫다 → 닫히다(17항) 축약+구개음화
굳다 → 굳히다(17항) 축약+구개음화

붙임 2

	ㅎ
ㅅ, ㅈ, ㅊ, ㅌ ↓ ㄷ(ㄷ+ㅎ→ㅌ)	
옷 한 벌	[오탄벌]
낮 한 때	[나탄때]
꽃 한 송이	[꼬탄송이]
숱하다	[수타다]

2.

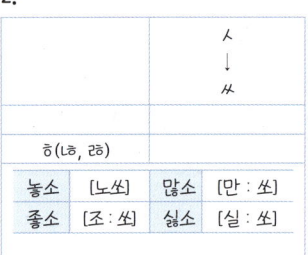

	ㅅ ↓ ㅆ
ㅎ(ㄶ, ㅀ)	
놓소 [노쏘]	많소 [만ː쏘]
좋소 [조ː쏘]	싫소 [실ː쏘]

3.

	ㄴ
ㅎ ↓ ㄴ	
놓는 [논는]	
쌓네 [싼네]	

붙임

	ㄴ
ㄶ, ㅀ	
않네 [안네]	
않는 [안는]	

4.

	어미, 접미사
ㅎ(ㄶ, ㅀ)	
낳은 [나은]	놓아 [노아]
않은 [아는]	닳아 [다라]
쌓이다 [싸이다]	많아 [마ː나]

02 제5장 음의 동화

17항 구개음화

	조사, 접미사
	ㅣ
ㅈ←ㄷ ㅊ←ㅌ(ㄾ)	
굳이	[구지]
밭이	[바치]
미닫이	[미ː다지]
땀받이	[땀바지]

붙임

	접미사
	히
ㅊ←ㄷ	
굳히다	[구치다]
닫히다	[다치다]

18항 비음화

	ㄴ, ㅁ
ㅇ←ㄱ(ㄲ, ㅋ, ㄳ, ㄺ) ㄴ←ㄷ(ㅅ, ㅆ, ㅈ, ㅊ, ㅌ, ㅎ) ㅁ←ㅂ(ㅍ, ㄼ, ㄿ, ㅄ)	

먹는	[멍는]	흙만	[흥만]	놓는	[논는]
국물	[궁물]	닫는	[단는]	밟는	[밤ː는]
깎는	[깡는]	짓는	[진ː는]	읊는	[음는]
긁는	[긍는]	있는	[인는]	없는	[엄ː는]

19항 비음화

	ㄹ→ㄴ
ㅇ←ㄱ ㅁ←ㅂ	
극락전	[긍낙쩐]
왕십리	[왕심니]
독립문	[동님문]
압록강	[암녹깡]
속리산	[송니산]

20항 유음화

	ㄹ
ㄹ←ㄴ	
신라	[실라]
선릉	[설릉]
난로	[날ː로]
광한루	[광ː할루]
대관령	[대ː괄령]

붙임 유음화

	ㄴ→ㄹ
ㄹ, ㄶ, ㄼ	
칼날	[칼랄]
물난리	[물랄리]
할는지	[할른지]
닳는	[달른]
뚫는	[뚤른]
핥네	[할레]

다만 'ㄹ'을 [ㄴ]으로 발음

의견란	[의ː견난]
임진란	[임ː진난]
생산량	[생산냥]
결단력	[결딴녁]
공권력	[공꿘녁]
동원령	[동ː원녕]
상견례	[상견녜]
이원론	[이ː원논]
구근류	[구근뉴]

03 제6장 경음화

23항 된소리되기

	ㄱ, ㄷ, ㅂ, ㅅ, ㅈ ↓ ↓ ↓ ↓ ↓ ㄲ, ㄸ, ㅃ, ㅆ, ㅉ
ㄱ(ㄲ, ㅋ, ㄳ, ㄺ), ㄷ(ㅅ, ㅆ, ㅈ, ㅊ, ㅌ) ㅂ(ㅍ, ㄼ, ㄿ, ㅄ)	

국밥	[국빱]	덮개	[덥깨]
깎다	[깍따]	꽃다발	[꼳따발]
삯돈	[삭똔]	낯설다	[낟썰다]
닭장	[닥짱]	값지다	[갑찌다]
칡범	[칙뻠]	넓죽하다	[넙쭈카다]
꽂고	[꼳꼬]	읊조리다	[읍쪼리다]

24항 된소리되기

어간	어미
	ㄱ, ㄷ, ㅅ, ㅈ ↓ ↓ ↓ ↓ ㄲ, ㄸ, ㅆ, ㅉ
ㄴ(ㄵ), ㅁ(ㄻ)	

신고	[신ː꼬]	닮고	[담ː꼬]
앉고	[안꼬]	젊지	[점ː찌]
삼고	[삼ː꼬]	더듬지	[더듬찌]

다만, 피동, 사동의 접미사 '-기-'는 된소리로 발음하지 않는다.

안기다	[안기다]
굶기다	[굼기다]

25항 된소리되기

어간	어미
	ㄱ, ㄷ, ㅅ, ㅈ ↓ ↓ ↓ ↓ ㄲ, ㄸ, ㅆ, ㅉ
ㄼ, ㄾ	

넓게	[널께]	핥다	[할따]
훑소	[훌쏘]	떫지	[떨ː찌]

04 제7장 음의 첨가

29항 ㄴ 첨가

합성어 및 파생어			
	이, 야, 여, 요, 유 ↓ ↓ ↓ ↓ ↓ ◀ㄴ첨가 니, 냐, 녀, 뇨, 뉴		
자음			
솜 이불	[솜:니불]	색 연필	[생년필]
홑 이불	[혼니불]	직행 열차	[지캥녈차]
막 일	[망닐]	늑막 염	[능망념]
삯 일	[상닐]	콩 엿	[콩녇]
맨 입	[맨닙]	담 요	[담:뇨]
꽃 잎	[꼰닙]	눈 요기	[눈뇨기]
내복 약	[내:봉냑]	영업 용	[영엄농]
한 여름	[한녀름]	식용 유	[시굥뉴]
남존 여비	[남존녀비]	백분 율	[백뿐뉼]
신 여성	[신녀성]	밤 윷	[밤:뉻]

다만, 다음과 같은 말들은 'ㄴ' 음을 첨가하여 발음하되, 표기대로 발음할 수 있다.

이죽-이죽	[이중니죽/이주기죽]
야금-야금	[야금냐금/야그먀금]
검열	[검:녈/거:멸]
금융	[금늉/그뮹]

붙임 1, 'ㄹ' 받침 뒤에 첨가되는 'ㄴ' 음은 [ㄹ]로 발음한다.

들-일	[들:릴]
솔-잎	[솔립]
설-익다	[설릭따]
물-약	[물략]
불-여우	[불려우]
서울-역	[서울력]
물-엿	[물렫]
휘발-유	[휘발류]
유들-유들	[유들류들]

붙임 2, 두 단어를 이어서 한 마디로 발음하는 경우에도 이에 준한다.

한 일	[한닐]
옷 입다	[온닙따]
서른여섯	[서른녀섣]
3 연대	[삼년대]
스물여섯	[스물려섣]

다만, 다음과 같은 단어에서는 'ㄴ(ㄹ)' 음을 첨가하여 발음하지 않는다.

6·25	[유기오]
3·1절	[사밀쩔]
송별-연	[송:벼련]
등-용문	[등용문]

30항 사이시옷 발음

1.

	ㄱ, ㄷ, ㅂ, ㅅ, ㅈ ↓ ↓ ↓ ↓ ↓ ㄲ, ㄸ, ㅃ, ㅆ, ㅉ
ㅅ(사이시옷)	
냇가	[내:까/낻:까]
샛길	[새:낄/샏:낄]
콧등	[코뜽/콛뜽]
빨랫돌	[빨래똘/빨랟똘]
대팻밥	[대:패빱/대:팯빱]
고갯짓	[고개찓/고갣찓]

2.

	ㄴ, ㅁ
ㅅ(사이시옷) ↓ ㄴ	
콧날	[콛날 → 콘날]
아랫니	[아랟니 → 아랜니]
툇마루	[퇻:마루 → 퇸:마루]

3.

	이→ㄴ
ㅅ(사이시옷) ↓ ㄴ	
깻잎	[깯닙 → 깬닙]
베갯잇	[베갣닏 → 베갠닏]
나뭇잎	[나묻닙 → 나문닙]

표준어 사정 원칙

01 새로 추가된 표준어

1. 새로 추가된 표준어 목록(2011. 8. 31.)

① 현재 표준어와 같은 뜻으로 추가로 표준어로 인정한 것(11개)

추가된 표준어	현재 표준어	추가된 표준어	현재 표준어
간지럽히다	간질이다	세간살이	세간
남사스럽다	남우세스럽다	쌉싸름하다	쌉싸래하다
등물	목물	토란대	고운대
맨날	만날	허접쓰레기	허섭스레기
못자리	묏자리	흙담	토담
복숭아뼈	복사뼈		

② 현재 표준어와 별도의 표준어로 인정한 것(25개)

추가된 표준어	현재 표준어	추가된 표준어	현재 표준어
~길래	~기에	횡하니	휭허케
개발새발 -개의 발과 새의 발	괴발개발 -고양이의 발과 개의 발	걸리적거리다	거치적거리다
나래 -'날개'의 문학적 표현	날개	끄적거리다	끼적거리다
내음 -향기롭거나 나쁘지 않은 냄새	냄새	두리뭉실하다	두루뭉술하다
눈꼬리 -눈의 귀쪽으로 째진 부분	눈초리 -눈에 나타나는 표정	맨숭맨숭/ 맹숭맹숭	맨송맨송
떨구다 -시선을 아래로 향하다	떨어뜨리다	바둥바둥	바동바동
뜨락 -추상적 공간을 비유	뜰	새초롬하다	새치름하다
먹거리	먹을거리	아웅다웅	아옹다옹
메꾸다 -무료한 시간을 적당히 보내다.	메우다	야멸차다	야멸치다
손주-손자와 손녀	손자(孫子) -아들의 아들 또는 딸의 아들	오손도손	오순도순
어리숙하다 - 어리석음	어수룩하다 -순박함 / 순진함	찌뿌둥하다	찌뿌듯하다
연신 -반복성	연방 -연속성	추근거리다	치근거리다

③ 두 가지 표기를 모두 표준어로 인정한 것(3개)

태껸-택견(추가)   자장면-짜장면(추가)   품세-품새(추가)

2. 새로 추가된 표준어 목록(2014. 12. 15.)

① 현재 표준어와 같은 뜻을 가진 표준어로 인정한 것(5개)

추가된 표준어	현재 표준어
구안와사	구안괘사
굽신*	굽실
눈두덩이	눈두덩
삐지다	삐치다
초장초	작장초

'굽신'이 표준어로 인정됨에 따라, '굽신거리다, 굽신대다, 굽신하다, 굽신굽신, 굽신굽신하다' 등도 표준어로 함께 인정됨.

② 현재 표준어와 뜻이나 어감이 차이가 나는 별도의 표준어로 인정한 것(8개)

추가된 표준어	현재 표준어	뜻 차이
개기다	개개다	개기다: (속되게) 명령이나 지시를 따르지 않고 버티거나 반항하다. (개개다: 성가시게 달라붙어 손해를 끼치다.)
꼬시다	꾀다	꼬시다: '꾀다'를 속되게 이르는 말. (꾀다: 그럴듯한 말이나 행동으로 남을 속이거나 부추겨서 자기 생각대로 끌다.)
놀잇감	장난감	놀잇감: 놀이 또는 아동 교육 현장 따위에서 활용되는 물건이나 재료. (장난감: 아이들이 가지고 노는 여러 가지 물건.)
딴지	딴죽	딴지: ((주로 '걸다, 놓다'와 함께 쓰여)) 일이 순순히 진행되지 못하도록 훼방을 놓거나 어기대는 것. (딴죽: 이미 동의하거나 약속한 일에 대하여 딴전을 부림을 비유적으로 이르는 말.)
사그라들다	사그라지다	사그라들다: 삭아서 없어져 가다. (사그라지다: 삭아서 없어지다.)
섬찟*	섬뜩	섬찟: 갑자기 소름이 끼치도록 무시무시하고 끔찍한 느낌이 드는 모양. (섬뜩: 갑자가 소름이 끼치도록 무섭고 끔찍한 느낌이 드는 모양.)
속앓이	속병	속앓이: 「1」 속이 아픈 병. 또는 속에 병이 생겨 아파하는 일. 「2」 겉으로 드러내지 못하고 속으로 걱정하거나 괴로워하는 일. (속병: 「1」 몸속의 병을 통틀어 이르는 말. 「2」 '위장병01'을 일상적으로 이르는 말. 「3」 화가 나거나 속이 상하여 생긴 마음의 심한 아픔.
허접하다	허접스럽다	허접하다: 허름하고 잡스럽다. (허접스럽다: 허름하고 잡스러운 느낌이 있다.)

* '섬찟'이 표준어로 인정됨에 따라, '섬찟하다, 섬찟섬찟, 섬찟섬찟하다' 등도 표준어로 함께 인정됨.

3. 새로 추가된 표준어 목록(2015. 12. 14.)

① 복수 표준어: 현재 표준어와 같은 뜻을 가진 표준어로 인정한 것(4개)

추가 표준어	현재 표준어	비고
마실	마을	• '이웃에 놀러 다니는 일'의 의미에 한하여 표준어로 인정함. '여러 집이 모여 사는 곳'의 의미로 쓰인 '마실'은 비표준어임. • '마실꾼, 마실방, 마실돌이, 밤마실'도 표준어로 인정함. 예 나는 아들의 방문을 열고 이모네 마실 갔다 오마고 말했다.
이쁘다	예쁘다	• '이쁘장스럽다, 이쁘장스레, 이쁘장하다, 이쁘디이쁘다'도 표준어로 인정함. 예 어이구, 내 새끼 이쁘기도 하지.
찰지다	차지다	• 사전에서 <'차지다'의 원말>로 풀이함. 예 화단의 찰진 흙에 하얀 꽃잎이 화사하게 떨어져 날리곤 했다.
-고프다	-고 싶다	• 사전에서 <'-고 싶다'가 줄든 말>로 풀이함. 예 그 아이는 엄마가 보고파 앙앙 울었다.

② 별도 표준어: 현재 표준어와 뜻이 다른 표준어로 인정한 것(5개)

추가 표준어	현재 표준어	뜻 차이
꼬리연	가오리연	• 꼬리연: 긴 꼬리를 단 연. ※ 가오리연: 가오리 모양으로 만들어 꼬리를 길게 단 연. 띄우면 오르면서 머리가 아래위로 흔들린다. 예 행사가 끝날 때까지 하늘을 수놓았던 대형 꼬리연도 비상을 꿈꾸듯 끊임없이 창공을 향해 날아올랐다.
의론	의논	• 의론(議論): 어떤 사안에 대하여 각자의 의견을 제기함. 또는 그런 의견. ※ 의논(議論): 어떤 일에 대하여 서로 의견을 주고 받음. • '의론되다, 의론하다'도 표준어로 인정함. 예 이러니저러니 의론이 분분하다.
이크	이키	• 이크: 당황하거나 놀랐을 때 내는 소리. '이키'보다 큰 느낌을 준다. ※ 이키: 당황하거나 놀랐을 때 내는 소리. '이끼'보다 거센 느낌을 준다. 예 이크, 이거 큰일 났구나 싶어 허겁지겁 뛰어갔다.
잎새	잎사귀	• 잎새: 나무의 잎사귀. 주로 문학적 표현에 쓰인다. ※ 잎사귀: 낱낱의 잎. 주로 넓적한 잎을 이른다. 예 잎새가 몇 개 남지 않은 나무들이 창문 위로 벋어올라 있었다.
푸르르다	푸르다	• 푸르르다: '푸르다'를 강조할 때 이르는 말. ※ 푸르다: 맑은 가을 하늘이나 깊은 바다, 풀의 빛깔과 같이 밝고 선명하다. • '푸르르다'는 '으불규칙용언'으로 분류함. 예 겨우내 찌푸리고 있던 잿빛 하늘이 푸르르게 맑아 오고 어디선지도 모르게 흙냄새가 뭉클하니 풍겨 오는 듯한 순간 벌써 봄이 온 것을 느낀다.

③ 복수 표준형: 현재 표준적인 활용형과 용법이 같은 활용형으로 인정한 것(2개)

추가 표준형	현재 표준형	비고
말아 말아라 말아요	마 마라 마요	• '말다'에 명령형어미 '-아', '-아라', '-아요' 등이 결합할 때는 어간 끝의 'ㄹ'이 탈락하기도 하고 탈락하지 않기도 함. 예 내가 하는 말 농담으로 듣지 마/말아. 얘야, 아무리 바빠도 제사는 잊지 마라/말아라. 아유, 말도 마요/말아요.
노랗네 동그랗네 조그맣네 …	노라네 동그라네 조그마네 …	• ㅎ불규칙용언이 어미 '-네'와 결합할 때는 어간 끝의 'ㅎ'이 탈락하기도 하고 탈락하지 않기도 함. • '그렇다, 노랗다, 동그랗다, 뿌옇다, 어떻다, 조그맣다, 커다랗다' 등등 모든 ㅎ불규칙용언의 활용형에 적용됨. 예 생각보다 훨씬 노랗네/노라네. 이 빵은 동그랗네/동그라네. 건물이 아주 조그맣네/조그마네.

4. 새로 추가된 표준어 목록(2016.12.27.)

① 추가 표준어(4항목)

추가 표준어	현재 표준어	비고
걸판지다	거방지다	걸판지다 [형용사] ① 매우 푸지다. 예 술상이 걸판지다 / 마침 눈먼 돈이 생긴 것도 있으니 오늘 저녁은 내가 걸판지게 사지. ② 동작이나 모양이 크고 어수선하다. 예 싸움판은 자못 걸판져서 구경거리였다. / 소리판은 옛날이 걸판지고 소리할 맛이 났었지. 거방지다 [형용사] ① 몸집이 크다. ② 하는 짓이 점잖고 무게가 있다. ③ =걸판지다 ①.
겉울음	건울음	겉울음 [명사] ① 드러내놓고 우는 울음. 예 꼭꼭 참고만 있다 보면 간혹 속울음이 겉울음으로 터질 때가 있다. ② 마음에도 없이 겉으로만 우는 울음. 예 눈물도 안 나면서 슬픈 척 겉울음 울지 마. 건울음 [명사] =강울음. 강울음 [명사] 눈물 없이 우는 울음. 또는 억지로 우는 울음.
까탈스럽다	까다롭다	까탈스럽다 [형용사] ① 조건, 규정 따위가 복잡하고 엄격하여 적응하거나 적용하기에 어려운 데가 있다. '가탈스럽다「1」'보다 센 느낌을 준다. 예 까탈스러운 공정을 거치다 / 규정을 까탈스럽게 정하다 / 가스레인지에 길들여진 현대인들에게 지루하고 까탈스러운 숯 굽기 작업은 쓸데없는 시간 낭비로 비칠 수도 있겠다. ② 성미나 취향 따위가 원만하지 않고 별스러워 맞춰 주기에 어려운 데가 있다. '가탈스럽다「2」'보다 센 느낌을 준다. 예 까탈스러운 입맛 / 성격이 까탈스럽다 / 딸아이는 사 준 옷이 맘에 안 든다고 까탈스럽게 굴었다. ※ 같은 계열의 '가탈스럽다'도 표준어로 인정함. 까다롭다 [형용사] ① 조건 따위가 복잡하거나 엄격하여 다루기에 순탄하지 않다. ② 성미나 취향 따위가 원만하지 않고 별스럽게 까탈이 많다.
실뭉치	실몽당이	실뭉치 [명사] 실을 한데 뭉치거나 감은 덩이. 예 뒤엉킨 실뭉치 / 실뭉치를 풀다 / 그의 머릿속은 엉클어진 실뭉치같이 갈피를 못 잡고 있었다. 실몽당이 [명사] 실을 풀기 좋게 공 모양으로 감은 뭉치.

② **추가 표준형(2항목)**

추가 표준어	현재 표준어	비고
엘랑	에는	• 표준어 규정 제 25항에서 '에는'의 비표준형으로 규정해 온 '엘랑'을 표준형으로 인정함. • '엘랑' 외에도 'ㄹ랑'에 조사 또는 어미가 결합한 '에설랑, 설랑, -고설랑, -어설랑, -질랑'도 표준형으로 인정. • '엘랑, -고설랑' 등은 단순한 조사/어미 결합형이므로 사전 표제어로는 다루지 않음. 예 서울엘랑 가지를 마오. 　　교실에설랑 떠들지 마라. 　　나를 앞에 앉혀놓고설랑 자기 아들 자랑만 하더라.
주책이다	주책없다	• 표준어 규정 제25항에 따라 '주책없다'의 비표준형으로 규정해 온 '주책이다'를 표준형으로 인정함. • '주책이다'는 '일정한 줏대가 없이 되는대로 하는 짓'을 뜻하는 '주책'에 서술격조사 '이다'가 붙은 말로 봄. • '주책이다'는 단순한 명사+조사 결합형이므로 사전 표제어로는 다루지 않음. 예 이제 와서 오래 전에 헤어진 그녀를 떠올리는 나 자신을 보며 '나도 참 주책이군' 하는 생각이 들었다.

5. 새로 추가된 표준어 목록(2018.10.16.)

① **복수 표준어**

표준어	뜻
꺼림칙이 ≒ 꺼림직이	마음에 걸려서 언짢고 싫은 느낌이 있게.
꺼림칙하다 ≒ 꺼림직하다	마음에 걸려서 언짢고 싫은 느낌이 있다.
께름칙하다 ≒ 께름직하다	마음에 걸려서 언짢고 싫은 느낌이 꽤 있다.
추어올리다 ≒ 추켜올리다, 치켜올리다	「1」 옷이나 물건, 신체 일부 따위를 위로 가뜬하게 올리다.
추어올리다 ≒ 추어주다, 추켜올리다, 치켜올리다	「2」 실제보다 과장되게 칭찬하다.
치켜세우다 ≒ 추켜세우다	「1」 옷깃이나 신체 일부 따위를 위로 가뜬하게 올려 세우다. 「2」 정도 이상으로 크게 칭찬하다

MEMO

3 원본으로 보는 어문 규정

문화체육관광부고시 제2017-12호(2017. 3. 28.)

1 한글 맞춤법

제1장 총칙

제1항 한글 맞춤법은 표준어를 소리대로 적되, 어법에 맞도록 함을 원칙으로 한다.

제2항 문장의 각 단어는 띄어 씀을 원칙으로 한다.

제3항 외래어는 '외래어 표기법'에 따라 적는다.

제2장 자모

제4항 한글 자모의 수는 스물넉 자로 하고, 그 순서와 이름은 다음과 같이 정한다.

ㄱ(기역)	ㄴ(니은)	ㄷ(디귿)	ㄹ(리을)	ㅁ(미음)
ㅂ(비읍)	ㅅ(시옷)	ㅇ(이응)	ㅈ(지읒)	ㅊ(치읓)
ㅋ(키읔)	ㅌ(티읕)	ㅍ(피읖)	ㅎ(히읗)	
ㅏ(아)	ㅑ(야)	ㅓ(어)	ㅕ(여)	ㅗ(오)
ㅛ(요)	ㅜ(우)	ㅠ(유)	ㅡ(으)	ㅣ(이)

붙임 1 위의 자모로써 적을 수 없는 소리는 두 개 이상의 자모를 어울러서 적되, 그 순서와 이름은 다음과 같이 정한다.

ㄲ(쌍기역)	ㄸ(쌍디귿)	ㅃ(쌍비읍)	ㅆ(쌍시옷)	ㅉ(쌍지읒)	
ㅐ(애)	ㅒ(얘)	ㅔ(에)	ㅖ(예)	ㅘ(와)	ㅙ(왜)
ㅚ(외)	ㅝ(워)	ㅞ(웨)	ㅟ(위)	ㅢ(의)	

붙임 2 사전에 올릴 적의 자모 순서는 다음과 같이 정한다.

자음: ㄱ ㄲ ㄴ ㄷ ㄸ ㄹ ㅁ ㅂ ㅃ ㅅ ㅆ ㅇ ㅈ ㅉ ㅊ ㅋ ㅌ ㅍ ㅎ
모음: ㅏ ㅐ ㅑ ㅒ ㅓ ㅔ ㅕ ㅖ ㅗ ㅘ ㅙ ㅚ ㅛ ㅜ ㅝ ㅞ ㅟ ㅠ ㅡ ㅢ ㅣ

제3장 소리에 관한 것

제1절 된소리

제5항 한 단어 안에서 뚜렷한 까닭 없이 나는 된소리는 다음 음절의 첫소리를 된소리로 적는다.

1. 두 모음 사이에서 나는 된소리

| 소쩍새 | 어깨 | 오빠 | 으뜸 | 아끼다 | 기쁘다 | 깨끗하다 |
| 어떠하다 | 해쓱하다 | 가끔 | 거꾸로 | 부썩 | 어찌 | 이따금 |

2. 'ㄴ, ㄹ, ㅁ, ㅇ' 받침 뒤에서 나는 된소리

| 산뜻하다 | 잔뜩 | 살짝 | 훨씬 | 담뿍 | 움찔 | 몽땅 | 엉뚱하다 |

다만, 'ㄱ, ㅂ' 받침 뒤에서 나는 된소리는, 같은 음절이나 비슷한 음절이 겹쳐 나는 경우가 아니면 된소리로 적지 아니한다.

국수   깍두기   딱지   색시   갑자기   몹시

제2절 구개음화

| 제6항 | 'ㄷ, ㅌ' 받침 뒤에 종속적 관계를 가진 '-이(-)'나 '-히-'가 올 적에는, 그 'ㄷ, ㅌ'이 'ㅈ, ㅊ'으로 소리 나더라도 'ㄷ, ㅌ'으로 적는다. (ㄱ을 취하고, ㄴ을 버림.) |

ㄱ	ㄴ	ㄱ	ㄴ
맏이	마지	핥이다	할치다
해돋이	해도지	걷히다	거치다
굳이	구지	닫히다	다치다
같이	가치	묻히다	무치다
끝이	끄치		

제3절 'ㄷ' 받침 소리

| 제7항 | 'ㄷ' 소리로 나는 받침 중에서 'ㄷ'으로 적을 근거가 없는 것은 'ㅅ'으로 적는다. |

덧저고리   돗자리   엇셈   웃어른   핫옷   무릇   사뭇
얼핏   자칫하면   뭇[衆]   옛   첫   헛

제4절 모음

| 제8항 | '계, 례, 몌, 폐, 혜'의 'ㅖ'는 'ㅔ'로 소리 나는 경우가 있더라도 'ㅖ'로 적는다. (ㄱ을 취하고, ㄴ을 버림.) |

ㄱ	ㄴ	ㄱ	ㄴ
계수(桂樹)	게수	혜택(惠澤)	헤택
사례(謝禮)	사레	계집	게집
연몌(連袂)	연메	핑계	핑게
폐품(廢品)	페품	계시다	게시다

다만, 다음 말은 본음대로 적는다.

게송(偈頌)   게시판(揭示板)   휴게실(休憩室)

| 제9항 | '의'나, 자음을 첫소리로 가지고 있는 음절의 'ㅢ'는 'ㅣ'로 소리 나는 경우가 있더라도 'ㅢ'로 적는다. (ㄱ을 취하고, ㄴ을 버림.) |

ㄱ	ㄴ	ㄱ	ㄴ
의의(意義)	의이	닁큼	닝큼
본의(本義)	본이	띄어쓰기	띠어쓰기
무늬[紋]	무니	씌어	씨어
보늬	보니	틔어	티어
오늬	오니	희망(希望)	히망
하늬바람	하니바람	희다	히다
늴리리	닐리리	유희(遊戲)	유히

제5절 두음 법칙

제10항	한자음 '녀, 뇨, 뉴, 니'가 단어 첫머리에 올 적에는, 두음 법칙에 따라 '여, 요, 유, 이'로 적는다. (ㄱ을 취하고, ㄴ을 버림.)

ㄱ	ㄴ	ㄱ	ㄴ
여자(女子)	녀자	유대(紐帶)	뉴대
연세(年歲)	년세	이토(泥土)	니토
요소(尿素)	뇨소	익명(匿名)	닉명

다만, 다음과 같은 의존 명사에서는 '냐, 녀' 음을 인정한다.
　냥(兩)　　　　　냥쭝(兩-)　　　　　년(年)(몇 년)

붙임 1 단어의 첫머리 이외의 경우에는 본음대로 적는다.
　　　남녀(男女)　　당뇨(糖尿)　　결뉴(結紐)　　은닉(隱匿)

붙임 2 접두사처럼 쓰이는 한자가 붙어서 된 말이나 합성어에서, 뒷말의 첫소리가 'ㄴ' 소리로 나더라도 두음 법칙에 따라 적는다.
　　　신여성(新女性)　　공염불(空念佛)　　남존여비(男尊女卑)

붙임 3 둘 이상의 단어로 이루어진 고유명사를 붙여 쓰는 경우에도 붙임 2에 준하여 적는다.
　　　한국여자대학　　대한요소비료회사

제11항	한자음 '랴, 려, 례, 료, 류, 리'가 단어의 첫머리에 올 적에는 두음 법칙에 따라 '야, 여, 예, 요, 유, 이'로 적는다. (ㄱ을 취하고, ㄴ을 버림.)

ㄱ	ㄴ	ㄱ	ㄴ
양심(良心)	량심	용궁(龍宮)	룡궁
역사(歷史)	력사	유행(流行)	류행
예의(禮儀)	례의	이발(理髮)	리발

다만, 다음과 같은 의존 명사는 본음대로 적는다.
　・ 리(里): 몇 리냐?　　　・ 리(理): 그럴 리가 없다.

붙임 1 단어의 첫머리 이외의 경우에는 본음대로 적는다.
　　　개량(改良)　　선량(善良)　　수력(水力)　　협력(協力)
　　　사례(謝禮)　　혼례(婚禮)　　와룡(臥龍)　　쌍룡(雙龍)
　　　하류(下流)　　급류(急流)　　도리(道理)　　진리(眞理)

다만, 모음이나 'ㄴ' 받침 뒤에 이어지는 '렬, 률'은 '열, 율'로 적는다. (ㄱ을 취하고 ㄴ을 버림.)

ㄱ	ㄴ	ㄱ	ㄴ
나열(羅列)	나렬	규율(規律)	규률
치열(齒列)	치렬	비율(比率)	비률
비열(卑劣)	비렬	실패율(失敗率)	실패률
분열(分裂)	분렬	선율(旋律)	선률
선열(先烈)	선렬	전율(戰慄)	전률
진열(陳列)	진렬	백분율(百分率)	백분률

붙임 2 외자로 된 이름을 성에 붙여 쓸 경우에도 본음대로 적을 수 있다.
　　　신립(申砬)　　최린(崔麟)　　채륜(蔡倫)　　하륜(河崙)

붙임 3 준말에서 본음으로 소리 나는 것은 본음대로 적는다.

    국련(국제 연합)   한시련(한국 시각 장애인 연합회)

붙임 4 접두사처럼 쓰이는 한자가 붙어서 된 말이나 합성어에서 뒷말의 첫소리가 'ㄴ' 또는 'ㄹ' 소리로 나더라도 두음 법칙에 따라 적는다.

    역이용(逆利用)   연이율(年利率)   열역학(熱力學)   해외여행(海外旅行)

붙임 5 둘 이상의 단어로 이루어진 고유 명사를 붙여 쓰는 경우나 십진법에 따라 쓰는 수(數)도 붙임 4에 준하여 적는다.

    서울여관   신흥이발관   육천육백육십육(六千六百六十六)

붙임 6 다만, '오륙도(五六島), 육륙봉(六六峰)' 등은 '오/육, 육/육'처럼 두 단어로 가를 수 없으므로, 본음대로 적는다.

다만, 고유어 뒤에 한자어가 결합한 경우는 뒤의 한자어 형태소가 하나의 단어로 인식되므로 두음 법칙이 적용된다.

제12항	한자음 '라, 래, 로, 뢰, 루, 르'가 단어의 첫머리에 올 적에는 두음 법칙에 따라 '나, 내, 노, 뇌, 누, 느'로 적는다. (ㄱ을 취하고, ㄴ을 버림.)

ㄱ	ㄴ	ㄱ	ㄴ
낙원(樂園)	락원	뇌성(雷聲)	뢰성
내일(來日)	래일	누각(樓閣)	루각
노인(老人)	로인	능묘(陵墓)	릉묘

붙임 1 단어의 첫머리 이외의 경우에는 본음대로 적는다.

    쾌락(快樂)   극락(極樂)   거래(去來)   왕래(往來)
    부로(父老)   연로(年老)   지뢰(地雷)   낙뢰(落雷)
    고루(高樓)   광한루(廣寒樓)   동구릉(東九陵)   가정란(家庭欄)

붙임 2 접두사처럼 쓰이는 한자가 붙어서 된 단어는 뒷말을 두음 법칙에 따라 적는다.

    내내월(來來月)   상노인(上老人)   중노동(重勞動)   비논리적(非論理的)

제6절 겹쳐 나는 소리

제13항	한 단어 안에서 같은 음절이나 비슷한 음절이 겹쳐 나는 부분은 같은 글자로 적는다. (ㄱ을 취하고 ㄴ을 버림.)

ㄱ	ㄴ	ㄱ	ㄴ
딱딱	딱닥	꼿꼿하다	꼿곳하다
쌕쌕	쌕색	놀놀하다	놀롤하다
씩씩	씩식	눅눅하다	눙눅하다
똑딱똑딱	똑닥똑닥	밋밋하다	민밋하다
쓱싹쓱싹	쓱삭쓱삭	싹싹하다	싹삭하다
연연불망(戀戀不忘)	연련불망	쌉쌀하다	쌉살하다
유유상종(類類相從)	유류상종	씁쓸하다	씁슬하다
누누이(屢屢-)	누루이	짭짤하다	짭잘하다

제4장 형태에 관한 것

제1절 체언과 조사

제14항 체언은 조사와 구별하여 적는다.

떡이	떡을	떡에	떡도	떡만
손이	손을	손에	손도	손만
팔이	팔을	팔에	팔도	팔만
앞이	앞을	앞에	앞도	앞만
낮이	낮을	낮에	낮도	낮만
꽃이	꽃을	꽃에	꽃도	꽃만
밭이	밭을	밭에	밭도	밭만
밖이	밖을	밖에	밖도	밖만
넋이	넋을	넋에	넋도	넋만
흙이	흙을	흙에	흙도	흙만
삶이	삶을	삶에	삶도	삶만
여덟이	여덟을	여덟에	여덟도	여덟만
곬이	곬을	곬에	곬도	곬만
값이	값을	값에	값도	값만

제2절 어간과 어미

제15항 용언의 어간과 어미는 구별하여 적는다.

먹다	먹고	먹어	먹으니
신다	신고	신어	신으니
믿다	믿고	믿어	믿으니
울다	울고	울어	(우니)
좇다	좇고	좇아	좇으니
젊다	젊고	젊어	젊으니
넓다	넓고	넓어	넓으니
훑다	훑고	훑어	훑으니
읊다	읊고	읊어	읊으니
옳다	옳고	옳아	옳으니
없다	없고	없어	없으니
있다	있고	있어	있으니

붙임 1 두 개의 용언이 어울려 한 개의 용언이 될 적에, 앞말의 본뜻이 유지되고 있는 것은 그 원형을 밝히어 적고, 그 본뜻에서 멀어진 것은 밝히어 적지 아니한다.

(1) 앞말의 본뜻이 유지되고 있는 것

넘어지다	늘어나다	늘어지다	돌아가다
되짚어가다	들어가다	떨어지다	벌어지다
엎어지다	접어들다	틀어지다	흩어지다

(2) 본뜻에서 멀어진 것

드러나다	사라지다	쓰러지다

붙임 2 종결형에서 사용되는 어미 '-오'는 '요'로 소리 나는 경우가 있더라도 그 원형을 밝혀 '오'로 적는다. (ㄱ을 취하고, ㄴ을 버림.)

ㄱ	ㄴ
이것은 책이오.	이것은 책이요.
이리로 오시오.	이리로 오시요.
이것은 책이 아니오.	이것은 책이 아니요.

붙임 3 연결형에서 사용되는 '이요'는 '이요'로 적는다. (ㄱ을 취하고, ㄴ을 버림.)

ㄱ	ㄴ
이것은 책이요, 저것은 붓이요, 또 저것은 먹이다.	이것은 책이오, 저것은 붓이오, 또 저것은 먹이다.

제16항 어간의 끝음절 모음이 'ㅏ, ㅗ'일 때에는 어미를 '-아'로 적고, 그 밖의 모음일 때에는 '-어'로 적는다.

1. '-아'로 적는 경우

나아   나아도   나아서   막아   막아도   막아서   얇아   얇아도   얇아서
돌아   돌아도   돌아서   보아   보아도   보아서

2. '-어'로 적는 경우

개어   개어도   개어서   겪어   겪어도   겪어서   되어   되어도   되어서
베어   베어도   베어서   쉬어   쉬어도   쉬어서   저어   저어도   저어서
주어   주어도   주어서   피어   피어도   피어서   희어   희어도   희어서

제17항 어미 뒤에 덧붙는 조사 '요'는 '요'로 적는다.

읽어   읽어요   참으리   참으리요   좋지   좋지요

제18항 다음과 같은 용언들은 어미가 바뀔 경우, 그 어간이나 어미가 원칙에 벗어나면 벗어나는 대로 적는다.

1. 어간의 끝 'ㄹ'이 줄어질 적

갈다: 가니   간   갑니다   가시다   가오
놀다: 노니   논   놉니다   노시다   노오
불다: 부니   분   붑니다   부시다   부오
둥글다: 둥그니 둥근 둥급니다 둥그시다 둥그오
어질다: 어지니 어진 어집니다 어지시다 어지오

붙임 다음과 같은 말에서도 'ㄹ'이 준 대로 적는다.
     마지못하다   마지않다   (하)다마다   (하)자마자   (하)지 마라   (하)지 마(아)

2. 어간의 끝 'ㅅ'이 줄어질 적

굿다: 그어   그으니   그었다   낫다: 나아   나으니   나았다
잇다: 이어   이으니   이었다   짓다: 지어   지으니   지었다

3. 어간의 끝 'ㅎ'이 줄어질 적

그렇다: 그러니   그럴   그러면   그러오
까맣다: 까마니   까말   까마면   까마오
동그랗다: 동그라니 동그랄 동그라면 동그라오
퍼렇다: 퍼러니   퍼럴   퍼러면   퍼러오
하얗다: 하야니   하얄   하야면   하야오

4. 어간의 끝 'ㅜ, ㅡ'가 줄어질 적

푸다:	퍼	펐다	뜨다:	떠	떴다	끄다:	꺼	껐다
크다:	커	컸다	담그다:	담가	담갔다	고프다:	고파	고팠다
따르다:	따라	따랐다	바쁘다:	바빠	바빴다			

5. 어간의 끝 'ㄷ'이 'ㄹ'로 바뀔 적

걷다[步]:	걸어	걸으니	걸었다	듣다[聽]:	들어	들으니	들었다
묻다[問]:	물어	물으니	물었다	싣다[載]:	실어	실으니	실었다

6. 어간의 끝 'ㅂ'이 'ㅜ'로 바뀔 적

깁다:	기워	기우니	기웠다	굽다[炙]:	구워	구우니	구웠다
가깝다:	가까워	가까우니	가까웠다	괴롭다:	괴로워	괴로우니	괴로웠다
맵다:	매워	매우니	매웠다	무겁다:	무거워	무거우니	무거웠다
밉다:	미워	미우니	미웠다	쉽다:	쉬워	쉬우니	쉬웠다

다만, '돕-, 곱-'과 같은 단음절 어간에 어미 '-아'가 결합되어 '와'로 소리 나는 것은 '-와'로 적는다.

돕다[助]:	도와	도와서	도와도	도왔다
곱다[麗]:	고와	고와서	고와도	고왔다

7. '하다'의 활용에서 어미 '-아'가 '-여'로 바뀔 적

하다:	하여	하여서	하여도	하여라	하였다

8. 어간의 끝음절 '르' 뒤에 오는 어미 '-어'가 '-러'로 바뀔 적

이르다[至]:	이르러	이르렀다	노르다:	노르러	노르렀다
누르다:	누르러	누르렀다	푸르다:	푸르러	푸르렀다

9. 어간의 끝음절 '르'의 'ㅡ'가 줄고, 그 뒤에 오는 어미 '-아/-어'가 '-라/-러'로 바뀔 적

가르다:	갈라	갈랐다	부르다:	불러	불렀다	거르다:	걸러	걸렀다
오르다:	올라	올랐다	구르다:	굴러	굴렀다	이르다:	일러	일렀다
벼르다:	별러	별렀다	지르다:	질러	질렀다			

제3절 접미사가 붙어서 된 말

제19항 어간에 '-이'나 '-음/-ㅁ'이 붙어서 명사로 된 것과 '-이'나 '-히'가 붙어서 부사로 된 것은 그 어간의 원형을 밝히어 적는다.

1. '-이'가 붙어서 명사로 된 것

길이	깊이	높이	다듬이	땀받이	달맞이
먹이	미닫이	벌이	벼훑이	살림살이	쇠붙이

2. '-음/-ㅁ'이 붙어서 명사로 된 것

걸음	묶음	믿음	얼음	엮음	울음
웃음	졸음	죽음	앎		

3. '-이'가 붙어서 부사로 된 것

같이	굳이	길이	높이	많이	실없이	좋이	짓궂이

4. '-히'가 붙어서 부사로 된 것

밝히	익히	작히

다만, 어간에 '-이'나 '-음'이 붙어서 명사로 바뀐 것이라도 그 어간의 뜻과 멀어진 것은 원형을 밝히어 적지 아니한다.

굽도리	다리[髢]	목거리(목병)	무녀리	코끼리
거름(비료)	고름[膿]	노름(도박)		

붙임 어간에 '-이'나 '-음' 이외의 모음으로 시작된 접미사가 붙어서 다른 품사로 바뀐 것은 그 어간의 원형을 밝히어 적지 아니한다.

(1) 명사로 바뀐 것

귀머거리	까마귀	너머	뜨더귀	마감	마개
마중	무덤	비렁뱅이	쓰레기	올가미	주검

(2) 부사로 바뀐 것

거뭇거뭇	너무	도로	뜨덤뜨덤	바투
불긋불긋	비로소	오긋오긋	자주	차마

(3) 조사로 바뀌어 뜻이 달라진 것

나마	부터	조차

제20항 명사 뒤에 '-이'가 붙어서 된 말은 그 명사의 원형을 밝히어 적는다.

1. 부사로 된 것

곳곳이	낱낱이	몫몫이	샅샅이	앞앞이	집집이

2. 명사로 된 것

곰배팔이	바둑이	삼발이	애꾸눈이	육손이	절뚝발이/절름발이

붙임 '-이' 이외의 모음으로 시작된 접미사가 붙어서 된 말은 그 명사의 원형을 밝히어 적지 아니한다.

꼬락서니	끄트머리	모가치	바가지	바깥	사타구니
싸라기	이파리	지붕	지푸라기	짜개	

제21항 명사나 혹은 용언의 어간 뒤에 자음으로 시작된 접미사가 붙어서 된 말은 그 명사나 어간의 원형을 밝히어 적는다.

1. 명사 뒤에 자음으로 시작된 접미사가 붙어서 된 것

값지다	홑지다	넋두리	빛깔	옆댕이	잎사귀

2. 어간 뒤에 자음으로 시작된 접미사가 붙어서 된 것

낚시	늙정이	덮개	뜯게질	갉작갉작하다
갉작거리다	뜯적거리다	뜯적뜯적하다	굵다랗다	굵직하다
깊숙하다	넓적하다	높다랗다	늙수그레하다	얽죽얽죽하다

다만, 다음과 같은 말은 소리대로 적는다.

(1) 겹받침의 끝소리가 드러나지 아니하는 것

할짝거리다	널따랗다	널찍하다	말끔하다	말쑥하다	말짱하다	실쭉하다
실큼하다	얄따랗다	얄팍하다	짤따랗다	짤막하다	실컷	

(2) 어원이 분명하지 아니하거나 본뜻에서 멀어진 것

넙치	올무	골막하다	납작하다

제22항	용언의 어간에 다음과 같은 접미사들이 붙어서 이루어진 말들은 그 어간을 밝히어 적는다.

1. '-기-, -리-, -이-, -히-, -구-, -우-, -추-, -으키-, -이키-, -애-'가 붙는 것

맡기다	옮기다	웃기다	쫓기다	뚫리다	울리다	낚이다	쌓이다	핥이다
굳히다	굽히다	넓히다	앉히다	얽히다	잡히다	돋구다	솟구다	돋우다
갖추다	곧추다	맞추다	일으키다	돌이키다	없애다			

다만, '-이-, -히-, -우-'가 붙어서 된 말이라도 본뜻에서 멀어진 것은 소리대로 적는다.

도리다(칼로~)	드리다(용돈을~)	고치다	바치다(세금을~)
부치다(편지를~)	거두다	미루다	이루다

2. '-치-, -뜨리-, -트리-'가 붙는 것

놓치다	덮치다	떠받치다	받치다
밭치다	부딪치다	뻗치다	엎치다
부딪뜨리다/부딪트리다	쏟뜨리다/쏟트리다		젖뜨리다/젖트리다
찢뜨리다/찢트리다	흩뜨리다/흩트리다		

[붙임] '-업-, -읍-, -브-'가 붙어서 된 말은 소리대로 적는다.

　　미덥다　　우습다　　미쁘다

제23항	'-하다'나 '-거리다'가 붙는 어근에 '-이'가 붙어서 명사가 된 것은 그 원형을 밝히어 적는다. (ㄱ을 취하고 ㄴ을 버림.)

ㄱ	ㄴ	ㄱ	ㄴ
깔쭉이	깔쭈기	살살이	살사리
꿀꿀이	꿀꾸리	쌕쌕이	쌕쌔기
눈깜짝이	눈깜짜기	오뚝이	오뚜기
더펄이	더퍼리	코납작이	코납자기
배불뚝이	배불뚜기	푸석이	푸서기
삐죽이	삐주기	홀쭉이	홀쭈기

[붙임] '-하다'나 '-거리다'가 붙을 수 없는 어근에 '-이'나 또는 다른 모음으로 시작되는 접미사가 붙어서 명사가 된 것은 그 원형을 밝히어 적지 아니한다.

개구리	귀뚜라미	기러기	깍두기	꽹과리
날라리	누더기	동그라미	두드러기	딱따구리
매미	부스러기	뻐꾸기	얼루기	칼싹두기

제24항	'-거리다'가 붙을 수 있는 시늉말 어근에 '-이다'가 붙어서 된 용언은 그 어근을 밝히어 적는다. (ㄱ을 취하고, ㄴ을 버림.)

ㄱ	ㄴ	ㄱ	ㄴ
깜짝이다	깜짜기다	속삭이다	속사기다
꾸벅이다	꾸버기다	숙덕이다	숙더기다
끄덕이다	끄더기다	울먹이다	울머기다
뒤척이다	뒤처기다	움직이다	움지기다
들먹이다	들머기다	지껄이다	지꺼리다
망설이다	망서리다	퍼덕이다	퍼더기다

ㄱ	ㄴ	ㄱ	ㄴ
번득이다	번드기다	허덕이다	허더기다
번쩍이다	번쩌기다	헐떡이다	헐떠기다

제25항 '-하다'가 붙는 어근에 '-히'나 '-이'가 붙어서 부사가 되거나, 부사에 '-이'가 붙어서 뜻을 더하는 경우에는 그 어근이나 부사의 원형을 밝히어 적는다.

1. '-하다'가 붙는 어근에 '-히'나 '-이'가 붙는 경우

   급히   꾸준히   도저히   딱히   어렴풋이   깨끗이

   붙임 '-하다'가 붙지 않는 경우에는 소리대로 적는다.

   갑자기   반드시(꼭)   슬며시

2. 부사에 '-이'가 붙어서 역시 부사가 되는 경우

   곰곰이   더욱이   생긋이   오뚝이   일찍이   해죽이

제26항 '-하다'나 '-없다'가 붙어서 된 용언은 그 '-하다'나 '-없다'를 밝히어 적는다.

1. '-하다'가 붙어서 용언이 된 것

   딱하다   숱하다   착하다   텁텁하다   푹하다

2. '-없다'가 붙어서 용언이 된 것

   부질없다   상없다   시름없다   열없다   하염없다

제4절 합성어 및 접두사가 붙은 말

제27항 둘 이상의 단어가 어울리거나 접두사가 붙어서 이루어진 말은 각각 그 원형을 밝히어 적는다.

국말이	꺾꽂이	꽃잎	끝장	물난리
밑천	부엌일	싫증	옷안	웃옷
젖몸살	첫아들	칼날	팥알	헛웃음
홀아비	홑몸	흙내		
값없다	겉늙다	굶주리다	낮잡다	맞먹다
받내다	벋놓다	빗나가다	빛나다	새파랗다
샛노랗다	시꺼멓다	싯누렇다	엇나가다	엎누르다
엿듣다	옻오르다	짓이기다	헛되다	

붙임 1 어원은 분명하나 소리만 특이하게 변한 것은 변한 대로 적는다.

   할아버지   할아범

붙임 2 어원이 분명하지 아니한 것은 원형을 밝히어 적지 아니한다.

   골병   골탕   끌탕   며칠
   아재비   오라비   업신여기다   부리나케

붙임 3 '이[齒, 虱]'가 합성어나 이에 준하는 말에서 '니' 또는 '리'로 소리 날 때에는 '니'로 적는다.

   간니   덧니   사랑니   송곳니   앞니   어금니
   윗니   젖니   톱니   틀니   가랑니   머릿니

제28항	끝소리가 'ㄹ'인 말과 딴 말이 어울릴 적에 'ㄹ' 소리가 나지 아니하는 것은 아니 나는 대로 적는다.

다달이(달-달-이)   따님(딸-님)   마되(말-되)
마소(말-소)   무자위(물-자위)   바느질(바늘-질)
부삽(불-삽)   부손(불-손)   싸전(쌀-전)
여닫이(열-닫이)   우짖다(울-짖다)   화살(활-살)

제29항	끝소리가 'ㄹ'인 말과 딴 말이 어울릴 적에 'ㄹ' 소리가 'ㄷ' 소리로 나는 것은 'ㄷ'으로 적는다.

반짇고리(바느질-)   사흗날(사흘-)   삼짇날(삼질-)   섣달(설-)
숟가락(술-)   이튿날(이틀-)   잗주름(잘-)   푿소(풀-)
섣부르다(설-)   잗다듬다(잘-)   잗다랗다(잘-)

제30항	사이시옷은 다음과 같은 경우에 받치어 적는다.

1. 순우리말로 된 합성어로서 앞말이 모음으로 끝난 경우
   (1) 뒷말의 첫소리가 된소리로 나는 것

   고랫재   귓밥   나룻배   나뭇가지   냇가   댓가지   뒷갈망
   맷돌   머릿기름   모깃불   못자리   바닷가   뱃길   볏가리
   부싯돌   선짓국   쇳조각   아랫집   우렁잇속   잇자국   잿더미
   조갯살   찻집   쳇바퀴   킷값   핏대   햇볕   혓바늘

   (2) 뒷말의 첫소리 'ㄴ, ㅁ' 앞에서 'ㄴ' 소리가 덧나는 것

   멧나물   아랫니   텃마당   아랫마을   뒷머리   잇몸   깻묵   냇물   빗물

   (3) 뒷말의 첫소리 모음 앞에서 'ㄴㄴ' 소리가 덧나는 것

   도리깻열   뒷윷   두렛일   뒷일   뒷입맛   베갯잇   욧잇   깻잎   나뭇잎   댓잎

2. 순우리말과 한자어로 된 합성어로서 앞말이 모음으로 끝난 경우
   (1) 뒷말의 첫소리가 된소리로 나는 것

   귓병   머릿방   뱃병   봇둑   사잣밥   샛강   아랫방   자릿세
   전셋집   찻잔   찻종   촛국   콧병   탯줄   텃세   핏기
   햇수   횟가루   횟배

   (2) 뒷말의 첫소리 'ㄴ, ㅁ' 앞에서 'ㄴ' 소리가 덧나는 것

   곗날   제삿날   훗날   툇마루   양칫물

   (3) 뒷말의 첫소리 모음 앞에서 'ㄴㄴ' 소리가 덧나는 것

   가욋일   사삿일   예삿일   훗일

3. 두 음절로 된 다음 한자어

   곳간(庫間)   셋방(貰房)   숫자(數字)   찻간(車間)   툇간(退間)   횟수(回數)

제31항	두 말이 어울릴 적에 'ㅂ' 소리나 'ㅎ' 소리가 덧나는 것은 소리대로 적는다.

1. 'ㅂ' 소리가 덧나는 것

   댑싸리(대ㅂ싸리)   멥쌀(메ㅂ쌀)   볍씨(벼ㅂ씨)   입때(이ㅂ때)
   입쌀(이ㅂ쌀)   접때(저ㅂ때)   좁쌀(조ㅂ쌀)   햅쌀(해ㅂ쌀)

2. 'ㅎ' 소리가 덧나는 것

머리카락(머리ㅎ가락)   살코기(살ㅎ고기)   수캐(수ㅎ개)   수컷(수ㅎ것)
수탉(수ㅎ닭)   안팎(안ㅎ밖)   암캐(암ㅎ개)   암컷(암ㅎ것)
암탉(암ㅎ닭)

제5절 준말

제32항 단어의 끝모음이 줄어지고 자음만 남은 것은 그 앞의 음절에 받침으로 적는다.

본말	준말	본말	준말
기러기야	기럭아	가지고, 가지지	갖고, 갖지
어제그저께	엊그저께	디디고, 디디지	딛고, 딛지
어제저녁	엊저녁		

제33항 체언과 조사가 어울려 줄어지는 경우에는 준 대로 적는다.

본말	준말	본말	준말
그것은	그건	그것이	그게
그것으로	그걸로	나는	난
나를	날	너는	넌
너를	널	무엇을	뭣을/무얼/뭘
무엇이	뭣이/무에		

제34항 모음 'ㅏ, ㅓ'로 끝난 어간에 '-아/-어, -았-/-었-'이 어울릴 적에는 준 대로 적는다.

본말	준말	본말	준말
가아	가	가았다	갔다
나아	나	나았다	났다
타아	타	타았다	탔다
서어	서	서었다	섰다
켜어	켜	켜었다	켰다
펴어	펴	펴었다	폈다

붙임 1 'ㅐ, ㅔ' 뒤에 '-어, -었-'이 어울려 줄 적에는 준 대로 적는다.

본말	준말	본말	준말
개어	개	개었다	갰다
내어	내	내었다	냈다
베어	베	베었다	벴다
세어	세	세었다	셌다

붙임 2 '하여'가 한 음절로 줄어서 '해'로 될 적에는 준 대로 적는다.

본말	준말	본말	준말
하여	해	하였다	했다
더하여	더해	더하였다	더했다
흔하여	흔해	흔하였다	흔했다

제35항	모음 'ㅗ, ㅜ'로 끝난 어간에 '-아/-어, -았-/-었-'이 어울려 'ㅘ/ㅝ, 왔/웠'으로 될 적에는 준 대로 적는다.

본말	준말	본말	준말
꼬아	꽈	꼬았다	꽜다
보아	봐	보았다	봤다
쏘아	쏴	쏘았다	쐈다
두어	둬	두었다	뒀다
쑤어	쒀	쑤었다	쒔다
주어	줘	주었다	줬다

[붙임 1] '놓아'가 '놔'로 줄 적에는 준 대로 적는다.

[붙임 2] 'ㅚ' 뒤에 '-어, -었-'이 어울려 'ㅙ, ㅙㅆ'으로 될 적에도 준 대로 적는다.

본말	준말	본말	준말
괴어	괘	괴었다	괬다
되어	돼	되었다	됐다
뵈어	봬	뵈었다	뵀다
쇠어	쇄	쇠었다	쇘다
쐬어	쐐	쐬었다	쐤다

제36항	'ㅣ' 뒤에 '-어'가 와서 'ㅕ'로 줄 적에는 준 대로 적는다.

본말	준말	본말	준말
가지어	가져	가지었다	가졌다
견디어	견뎌	견디었다	견뎠다
다니어	다녀	다니었다	다녔다
막히어	막혀	막히었다	막혔다
버티어	버텨	버티었다	버텼다
치이어	치여	치이었다	치였다

제37항	'ㅏ, ㅕ, ㅗ, ㅜ, ㅡ'로 끝난 어간에 '-이-'가 와서 각각 'ㅐ, ㅖ, ㅚ, ㅟ, ㅢ'로 줄 적에는 준 대로 적는다.

본말	준말	본말	준말
싸이다	쌔다	누이다	뉘다
펴이다	폐다	뜨이다	띄다
보이다	뵈다	쓰이다	씌다

제38항	'ㅏ, ㅗ, ㅜ, ㅡ' 뒤에 '-이어'가 어울려 줄어질 적에는 준 대로 적는다.

본말	준말	본말	준말
싸이어	쌔어, 싸여	뜨이어	띄어
보이어	뵈어, 보여	쓰이어	씌어, 쓰여
쏘이어	쐬어, 쏘여	트이어	틔어, 트여

본말	준말	본말	준말
누이어	뉘어, 누여		

제39항
어미 '-지' 뒤에 '-않-'이 어울려 '-잖-'이 될 적과 '-하지' 뒤에 '-않-'이 어울려 '-찮-'이 될 적에는 준 대로 적는다.

본말	준말	본말	준말
그렇지 않은	그렇잖은	만만하지 않다	만만찮다
적지 않은	적잖은	변변하지 않다	변변찮다

제40항
어간의 끝음절 '하'의 'ㅏ'가 줄고 'ㅎ'이 다음 음절의 첫소리와 어울려 거센소리로 될 적에는 거센소리로 적는다.

본말	준말	본말	준말
간편하게	간편케	다정하다	다정타
연구하도록	연구토록	정결하다	정결타
가하다	가타	흔하다	흔타

붙임 1 'ㅎ'이 어간의 끝소리로 굳어진 것은 받침으로 적는다.

않다	않고	않지	않든지
그렇다	그렇고	그렇지	그렇든지
아무렇다	아무렇고	아무렇지	아무렇든지
어떻다	어떻고	어떻지	어떻든지
이렇다	이렇고	이렇지	이렇든지
저렇다	저렇고	저렇지	저렇든지

붙임 2 어간의 끝음절 '하'가 아주 줄 적에는 준 대로 적는다.

본말	준말	본말	준말
거북하지	거북지	생각하건대	생각건대
생각하다 못해	생각다 못해	깨끗하지 않다	깨끗지 않다
넉넉하지 않다	넉넉지 않다	못하지 않다	못지않다
섭섭하지 않다	섭섭지 않다	익숙하지 않다	익숙지 않다

붙임 3 다음과 같은 부사는 소리대로 적는다.

결단코	결코	기필코	무심코
아무튼	요컨대	정녕코	필연코
하마터면	하여튼	한사코	

제5장   띄어쓰기

제1절   조사

| 제41항 | 조사는 그 앞말에 붙여 쓴다. |

꽃이   꽃마저   꽃밖에   꽃에서부터   꽃으로만
꽃이나마   꽃이다   꽃입니다   꽃처럼
어디까지나   거기도   멀리는   웃고만

제2절   의존 명사, 단위를 나타내는 명사 및 열거하는 말 등

| 제42항 | 의존 명사는 띄어 쓴다. |

아는 것이 힘이다.   나도 할 수 있다.   먹을 만큼 먹어라.
아는 이를 만났다.   네가 뜻한 바를 알겠다.   그가 떠난 지가 오래다.

| 제43항 | 단위를 나타내는 명사는 띄어 쓴다. |

한 개   차 한 대   금 서 돈   소 한 마리   옷 한 벌   열 살
조기 한 손   연필 한 자루   버선 한 죽   집 한 채   신 두 켤레   북어 한 쾌

다만, 순서를 나타내는 경우나 숫자와 어울리어 쓰이는 경우에는 붙여 쓸 수 있다.

두시 삼십분 오초   제일과   삼학년   육층
1446년 10월 9일   2대대   16동 502호   제1실습실
80원   10개   7미터

| 제44항 | 수를 적을 적에는 '만(萬)' 단위로 띄어 쓴다. |

십이억 삼천사백오십육만 칠천팔백구십팔   12억 3456만 7898

| 제45항 | 두 말을 이어 주거나 열거할 적에 쓰이는 말들은 띄어 쓴다. |

국장 겸 과장   열 내지 스물   청군 대 백군
책상, 걸상 등이 있다   이사장 및 이사들   사과, 배, 귤 등등
사과, 배 등속   부산, 광주 등지

| 제46항 | 단음절로 된 단어가 연이어 나타날 적에는 붙여 쓸 수 있다. |

좀더 큰것   이말 저말   한잎 두잎

제3절   보조 용언

| 제47항 | 보조 용언은 띄어 씀을 원칙으로 하되, 경우에 따라 붙여 씀도 허용한다.
(ㄱ을 원칙으로 하고, ㄴ을 허용함.) |

ㄱ	ㄴ
불이 꺼져 간다.	불이 꺼져간다.
내 힘으로 막아 낸다.	내 힘으로 막아낸다.

ㄱ	ㄴ
어머니를 도와 드린다.	어머니를 도와드린다.
그릇을 깨뜨려 버렸다.	그릇을 깨뜨려버렸다.
비가 올 듯하다.	비가 올듯하다.
그 일은 할 만하다.	그 일은 할만하다.
일이 될 법하다.	일이 될법하다.
비가 올 성싶다.	비가 올성싶다.
잘 아는 척한다.	잘 아는척한다.

다만, 앞말에 조사가 붙거나 앞말이 합성 용언인 경우, 그리고 중간에 조사가 들어갈 적에는 그 뒤에 오는 보조 용언은 띄어 쓴다.

잘도 놀아만 나는구나!　　　책을 읽어도 보고…….　　　네가 덤벼들어 보아라.
이런 기회는 다시없을 듯하다.　　그가 올 듯도 하다.　　　잘난 체를 한다.

제4절 고유 명사 및 전문 용어

제48항　성과 이름, 성과 호 등은 붙여 쓰고, 이에 덧붙는 호칭어, 관직명 등은 띄어 쓴다.

김양수(金良洙)　　　서화담(徐花潭)　　　채영신 씨
최치원 선생　　　　박동식 박사　　　　충무공 이순신 장군

다만, 성과 이름, 성과 호를 분명히 구분할 필요가 있을 경우에는 띄어 쓸 수 있다.

남궁억/남궁 억　　　독고준/독고 준　　　황보지봉(皇甫芝峰)/황보 지봉

제49항　성명 이외의 고유 명사는 단어별로 띄어 씀을 원칙으로 하되, 단위별로 띄어 쓸 수 있다. (ㄱ을 원칙으로 하고, ㄴ을 허용함.)

ㄱ	ㄴ
대한 중학교	대한중학교
한국 대학교 사범 대학	한국대학교 사범대학

제50항　전문 용어는 단어별로 띄어 씀을 원칙으로 하되, 붙여 쓸 수 있다. (ㄱ을 원칙으로 하고, ㄴ을 허용함.)

ㄱ	ㄴ
만성 골수성 백혈병	만성골수성백혈병
중거리 탄도 유도탄	중거리탄도유도탄

제6장 그 밖의 것

제51항 부사의 끝음절이 분명히 '이'로만 나는 것은 '-이'로 적고, '히'로만 나거나 '이'나 '히'로 나는 것은 '-히'로 적는다.

1. '이'로만 나는 것

가붓이	깨끗이	나붓이	느긋이	둥긋이	따뜻이
반듯이	버젓이	산뜻이	의젓이	가까이	고이
날카로이	대수로이	번거로이	많이	적이	헛되이
겹겹이	번번이	일일이	집집이	틈틈이	

2. '히'로만 나는 것

극히	급히	딱히	속히	작히
족히	특히	엄격히	정확히	

3. '이, 히'로 나는 것

솔직히	가만히	간편히	나른히	무단히	각별히	소홀히
쓸쓸히	정결히	과감히	꼼꼼히	심히	열심히	급급히
답답히	섭섭히	공평히	능히	당당히	분명히	상당히
조용히	간소히	고요히	도저히			

제52항 한자어에서 본음으로도 나고 속음으로도 나는 것은 각각 그 소리에 따라 적는다.

본음으로 나는 것	속음으로 나는 것
승낙(承諾)	수락(受諾), 쾌락(快諾), 허락(許諾)
만난(萬難)	곤란(困難), 논란(論難)
안녕(安寧)	의령(宜寧), 회령(會寧)
분노(忿怒)	대로(大怒), 희로애락(喜怒哀樂)
토론(討論)	의논(議論)
오륙십(五六十)	오뉴월, 유월(六月)
목재(木材)	모과(木瓜)
십일(十日)	시방정토(十方淨土), 시왕(十王), 시월(十月)
팔일(八日)	초파일(初八日)

제53항 다음과 같은 어미는 예사소리로 적는다. (ㄱ을 취하고, ㄴ을 버림.)

ㄱ	ㄴ	ㄱ	ㄴ
-(으)ㄹ거나	-(으)ㄹ꺼나	-(으)ㄹ걸	-(으)ㄹ껄
-(으)ㄹ게	-(으)ㄹ께	-(으)ㄹ세	-(으)ㄹ쎄
-(으)ㄹ세라	-(으)ㄹ쎄라	-(으)ㄹ수록	-(으)ㄹ쑤록
-(으)ㄹ시	-(으)ㄹ씨	-(으)ㄹ지	-(으)ㄹ찌
-(으)ㄹ지니라	-(으)ㄹ찌니라	-(으)ㄹ지라도	-(으)ㄹ찌라도
-(으)ㄹ지어다	-(으)ㄹ찌어다	-(으)ㄹ지언정	-(으)ㄹ찌언정
-(으)ㄹ진대	-(으)ㄹ찐대	-(으)ㄹ진저	-(으)ㄹ찐저
-올시다	-올씨다		

다만, 의문을 나타내는 다음 어미들은 된소리로 적는다.

-(으)ㄹ까? -(으)ㄹ꼬? -(스)ㅂ니까? -(으)리까? -(으)ㄹ쏘냐?

제54항 다음과 같은 접미사는 된소리로 적는다. (ㄱ을 취하고, ㄴ을 버림.)

ㄱ	ㄴ	ㄱ	ㄴ
심부름꾼	심부름군	귀때기	귓대기
익살꾼	익살군	볼때기	볼대기
일꾼	일군	판자때기	판잣대기
장꾼	장군	뒤꿈치	뒤굼치
장난꾼	장난군	팔꿈치	팔굼치
지게꾼	지겟군	이마빼기	이맛배기
때깔	땟갈	코빼기	콧배기
빛깔	빛갈	객쩍다	객적다
성깔	성갈	겸연쩍다	겸연적다

제55항 두 가지로 구별하여 적던 다음 말들은 한 가지로 적는다. (ㄱ을 취하고, ㄴ을 버림.)

ㄱ	ㄴ
맞추다(입을 맞춘다. 양복을 맞춘다.)	마추다
뻗치다(다리를 뻗친다. 멀리 뻗친다.)	뻐치다

제56항 '-더라, -던'과 '-든지'는 다음과 같이 적는다.

1. 지난 일을 나타내는 어미는 '-더라, -던'으로 적는다. (ㄱ을 취하고, ㄴ을 버림.)

ㄱ	ㄴ
지난겨울은 몹시 춥더라.	지난겨울은 몹시 춥드라.
깊던 물이 얕아졌다.	깊든 물이 얕아졌다.
그렇게 좋던가?	그렇게 좋든가?
그 사람 말 잘하던데!	그 사람 말 잘하든데!
얼마나 놀랐던지 몰라.	얼마나 놀랐든지 몰라.

2. 물건이나 일의 내용을 가리지 아니하는 뜻을 나타내는 조사와 어미는 '-든지'로 적는다. (ㄱ을 취하고, ㄴ을 버림.)

ㄱ	ㄴ
배든지 사과든지 마음대로 먹어라.	배던지 사과던지 마음대로 먹어라.
가든지 오든지 마음대로 해라.	가던지 오던지 마음대로 해라.

제57항 다음 말들은 각각 구별하여 적는다.

가름	둘로 가름.	갈음	새 책상으로 갈음하였다.
거름	풀을 썩힌 거름	걸음	빠른 걸음
거치다	영월을 거쳐 왔다.	걷히다	외상값이 잘 걷힌다.
걷잡다	걷잡을 수 없는 상태	겉잡다	겉잡아서 이틀 걸릴 일

그러므로(그러니까)	그는 부지런하다. 그러므로 잘 산다.
그럼으로(써)(그렇게 하는 것으로)	그는 열심히 공부한다. 그럼으로(써) 은혜에 보답한다.

노름	노름판이 벌어졌다.	놀음(놀이)	즐거운 놀음
느리다	진도가 너무 느리다.		
늘리다	수출량을 더 늘린다.		
늘이다	고무줄을 늘인다.		
다리다	옷을 다린다.	달이다	약을 달인다.
다치다	부주의로 손을 다쳤다.		
닫치다	문을 힘껏 닫쳤다.		
닫히다	문이 저절로 닫혔다.		
마치다	벌써 일을 마쳤다.	맞히다	여러 문제를 더 맞혔다.
목거리	목거리가 덧났다.	목걸이	금목걸이, 은목걸이
바치다	나라를 위해 목숨을 바쳤다.	받치다	우산을 받치고 간다./책받침을 받친다.
받히다	쇠뿔에 받혔다.	밭치다	술을 체에 밭친다.
반드시	약속은 반드시 지켜라.	반듯이	고개를 반듯이 들어라.
부딪치다	차와 차가 마주 부딪쳤다.	부딪히다	마차가 화물차에 부딪혔다.
부치다	힘이 부치는 일이다. / 편지를 부친다. / 논밭을 부친다. / 빈대떡을 부친다. / 식목일에 부치는 글 / 회의에 부치는 안건 / 인쇄에 부치는 원고 / 삼촌 집에 숙식을 부친다.		
붙이다	우표를 붙인다. / 책상을 벽에 붙였다. / 흥정을 붙인다. / 불을 붙인다. / 감시원을 붙인다. / 조건을 붙인다. / 취미를 붙인다. / 별명을 붙인다.		
시키다	일을 시킨다.	식히다	끓인 물을 식힌다.
아름	세 아름 되는 둘레		
알음	앎이 힘이다.		
앎	전부터 알음이 있는 사이		
안치다	밥을 안친다.	앉히다	윗자리에 앉힌다.
어름	두 물건의 어름에서 일어난 현상	얼음	얼음이 얼었다.
이따가	이따가 오너라.	있다가	돈은 있다가도 없다.
저리다	다친 다리가 저린다.	절이다	김장 배추를 절인다.
조리다	생선을 조린다. 통조림, 병조림	졸이다	마음을 졸인다.
주리다	여러 날을 주렸다.	줄이다	비용을 줄인다.
하노라고	하노라고 한 것이 이 모양이다.	하느라고	공부하느라고 밤을 새웠다.

느니보다(어미)	나를 찾아오느니보다 집에 있어라.
-는 이보다(의존 명사)	오는 이가 가는 이보다 많다.
-(으)리만큼(어미)	나를 미워하리만큼 그에게 잘못한 일이 없다.
-(으)ㄹ 이만큼(의존 명사)	찬성할 이도 반대할 이만큼이나 많을 것이다.

-(으)러(목적)	공부하러 간다.	-(으)려(의도)	서울에 가려 한다.
(으)로서(자격)	사람으로서 그럴 수는 없다.		
(으)로써(수단)	닭으로써 꿩을 대신했다.		
-(으)므로(어미)	그가 나를 믿으므로 나도 그를 믿는다.		
(-ㅁ,-음)으로(써)(조사)	그는 믿음으로(써) 산 보람을 느꼈다.		

부록 문장 부호

문장 부호는 글에서 문장의 구조를 드러내거나 글쓴이의 의도를 전달하기 위하여 사용하는 부호이다. 문장 부호의 이름과 사용법은 다음과 같이 정한다.

	문장 부호	용례
1	마침표(.)	(1) 서술, 명령, 청유 등을 나타내는 문장의 끝에 쓴다. 　예) 젊은이는 나라의 기둥입니다. / 제 손을 꼭 잡으세요. 　　　 집으로 돌아갑시다. / 가는 말이 고와야 오는 말이 곱다. [붙임 1] 직접 인용한 문장의 끝에는 쓰는 것을 원칙으로 하되, 쓰지 않는 것을 허용한다.(ㄱ을 원칙으로 하고, ㄴ을 허용함.) 　예) ㄱ. 그는 "지금 바로 떠나자."라고 말하며 서둘러 짐을 챙겼다. 　　　 ㄴ. 그는 "지금 바로 떠나자"라고 말하며 서둘러 짐을 챙겼다. [붙임 2] 용언의 명사형이나 명사로 끝나는 문장에는 쓰는 것을 원칙으로 하되, 쓰지 않는 것을 허용한다.(ㄱ을 원칙으로 하고, ㄴ을 허용함.) 　예) ㄱ. 목적을 이루기 위하여 몸과 마음을 다하여 애를 씀. 　　　 ㄴ. 목적을 이루기 위하여 몸과 마음을 다하여 애를 씀 　예) ㄱ. 결과에 연연하지 않고 끝까지 최선을 다하기. 　　　 ㄴ. 결과에 연연하지 않고 끝까지 최선을 다하기 　예) ㄱ. 신입 사원 모집을 위한 기업 설명회 개최. 　　　 ㄴ. 신입 사원 모집을 위한 기업 설명회 개최 　예) ㄱ. 내일 오전까지 보고서를 제출할 것. 　　　 ㄴ. 내일 오전까지 보고서를 제출할 것 다만, 제목이나 표어에는 쓰지 않음을 원칙으로 한다. 　예) 압록강은 흐른다　　꺼진 불도 다시 보자　　건강한 몸 만들기 (2) 아라비아 숫자만으로 연월일을 표시할 때 쓴다. 　예) 1919. 3. 1.　　10. 1.~10. 12. (3) 특정한 의미가 있는 날을 표시할 때 월과 일을 나타내는 아라비아 숫자 사이에 쓴다. 　예) 3.1 운동　　8.15 광복 [붙임] 이때는 마침표 대신 가운뎃점을 쓸 수 있다. 　예) 3·1 운동　　8·15 광복 (4) 장, 절, 항 등을 표시하는 문자나 숫자 다음에 쓴다. 　예) 가. 인명　　ㄱ. 머리말　　Ⅰ. 서론　　1. 연구 목적 [붙임] '마침표' 대신 '온점'이라는 용어를 쓸 수 있다.
2	물음표(?)	(1) 의문문이나 의문을 나타내는 어구의 끝에 쓴다. 　예) 점심 먹었어? / 이번에 가시면 언제 돌아오세요? / 제가 부모님 말씀을 따르지 않을 리가 있겠습니까? / 남북이 통일되면 얼마나 좋을까? / 다섯 살짜리 꼬마가 이 멀고 험한 곳까지 혼자 왔다? / 지금? / 뭐라고? / 네? [붙임 1] 한 문장 안에 몇 개의 선택적인 물음이 이어질 때는 맨 끝의 물음에만 쓰고, 각 물음이 독립적일 때는 각 물음의 뒤에 쓴다. 　예) 너는 중학생이냐, 고등학생이냐? 　　　 너는 여기에 언제 왔니? 어디서 왔니? 무엇하러 왔니? [붙임 2] 의문의 정도가 약할 때는 물음표 대신 마침표를 쓸 수 있다. 　예) 도대체 이 일을 어쩐단 말이냐. / 이것이 과연 내가 찾던 행복일까. 다만, 제목이나 표어에는 쓰지 않음을 원칙으로 한다. 　예) 역사란 무엇인가 / 아직도 담배를 피우십니까 (2) 특정한 어구의 내용에 대하여 의심, 빈정거림 등을 표시할 때, 또는 적절한 말을 쓰기 어려울 때 소괄호 안에 쓴다. 　예) 우리와 의견을 같이할 사람은 최 선생(?) 정도인 것 같다. 　　　 30점이라, 거참 훌륭한(?) 성적이군. / 우리 집 강아지가 가출(?)을 했어요. (3) 모르거나 불확실한 내용임을 나타낼 때 쓴다. 　예) 최치원(857~?)은 통일 신라 말기에 이름을 떨쳤던 학자이자 문장가이다. 　　　 조선 시대의 시인 강백(1690?~1777?)의 자는 자청이고, 호는 우곡이다.

문장 부호		용례
3	느낌표(!)	(1) 감탄문이나 감탄사의 끝에 쓴다. 　예 이거 정말 큰일이 났구나! / 어머! [붙임] 감탄의 정도가 약할 때는 느낌표 대신 쉼표나 마침표를 쓸 수 있다. 　예 어, 벌써 끝났네. / 날씨가 참 좋군. (2) 특별히 강한 느낌을 나타내는 어구, 평서문, 명령문, 청유문에 쓴다. 　예 청춘! 이는 듣기만 하여도 가슴이 설레는 말이다. 　　이야, 정말 재밌다! / 지금 즉시 대답해! / 앞만 보고 달리자! (3) 물음의 말로 놀람이나 항의의 뜻을 나타내는 경우에 쓴다. 　예 이게 누구야! / 내가 왜 나빠! (4) 감정을 넣어 대답하거나 다른 사람을 부를 때 쓴다. 　예 네! / 네, 선생님! / 흥부야! / 언니!
4	쉼표(,)	(1) 같은 자격의 어구를 열거할 때 그 사이에 쓴다. 　예 근면, 검소, 협동은 우리 겨레의 미덕이다. 　　충청도의 계룡산, 전라도의 내장산, 강원도의 설악산은 모두 국립 공원이다. 　　집을 보러 가면 그 집이 내가 원하는 조건에 맞는지, 살기에 편한지, 망가진 곳은 없는지 확인해야 한다. 　　5보다 작은 자연수는 1, 2, 3, 4이다. 다만, (가) 쉼표 없이도 열거되는 사항임이 쉽게 드러날 때는 쓰지 않을 수 있다. 　예 아버지 어머니께서 함께 오셨어요. / 네 돈 내 돈 다 합쳐 보아야만 원도 안 되겠다. (나) 열거할 어구들을 생략할 때 사용하는 줄임표 앞에는 쉼표를 쓰지 않는다. 　예 광역시: 광주, 대구, 대전…… (2) 짝을 지어 구별할 때 쓴다. 　예 닭과 지네, 개와 고양이는 상극이다. (3) 이웃하는 수를 개략적으로 나타낼 때 쓴다. 　예 5, 6세기 / 6, 7, 8개 (4) 열거의 순서를 나타내는 어구 다음에 쓴다. 　예 첫째, 몸이 튼튼해야 한다. / 마지막으로, 무엇보다 마음이 편해야 한다. (5) 문장의 연결 관계를 분명히 하고자 할 때 절과 절 사이에 쓴다. 　예 콩 심은 데 콩 나고, 팥 심은 데 팥 난다. 　　저는 신뢰와 정직을 생명과 같이 여기고 살아온바, 이번 비리 사건과는 무관하다는 점을 분명히 밝힙니다. 　　떡국은 설날의 대표적인 음식인데, 이걸 먹어야 비로소 나이도 한 살 더 먹는다고 한다. (6) 같은 말이 되풀이되는 것을 피하기 위하여 일정한 부분을 줄여서 열거할 때 쓴다. 　예 여름에는 바다에서, 겨울에는 산에서 휴가를 즐겼다. (7) 부르거나 대답하는 말 뒤에 쓴다. 　예 지은아, 이리 좀 와 봐./ 네, 지금 가겠습니다. (8) 한 문장 안에서 앞말을 '곧', '다시 말해' 등과 같은 어구로 다시 설명할 때 앞말 다음에 쓴다. 　예 책의 서문, 곧 머리말에는 책을 지은 목적이 드러나 있다. 　　원만한 인간관계는 말과 관련한 예의, 즉 언어 예절을 갖추는 것에서 시작된다. 　　호준이 어머니, 다시 말해 나의 누님은 올해로 결혼한 지 20년이 된다. 　　나에게도 작은 소망, 이를테면 나만의 정원을 가졌으면 하는 소망이 있어. (9) 문장 앞부분에서 조사 없이 쓰인 제시어나 주제어의 뒤에 쓴다. 　예 돈, 돈이 인생의 전부이더냐? / 열정, 이것이야말로 젊은이의 가장 소중한 자산이다. / 지금 네가 여기 있다는 것, 그것만으로도 나는 충분히 행복해. / 저 친구, 저러다가 큰일 한번 내겠어. / 그 사실, 넌 알고 있었지? (10) 한 문장에 같은 의미의 어구가 반복될 때 앞에 오는 어구 다음에 쓴다. 　예 그의 애국심, 몸을 사리지 않고 국가를 위해 헌신한 정신을 우리는 본받아야 한다. (11) 도치문에서 도치된 어구들 사이에 쓴다. 　예 이리 오세요, 어머님. / 다시 보자, 한강수야. (12) 바로 다음 말과 직접적인 관계에 있지 않음을 나타낼 때 쓴다. 　예 갑돌이는, 울면서 떠나는 갑순이를 배웅했다. 　　철원과, 대관령을 중심으로 한 강원도 산간 지대에 예년보다 일찍 첫눈이 내렸습니다.

문장 부호		용례
4	쉼표(,)	(13) 문장 중간에 끼어든 어구의 앞뒤에 쓴다. 　　예 나는, 솔직히 말하면, 그 말이 별로 탐탁지 않아. 　　　　영호는 미소를 띠고, 속으로는 화가 치밀어 올라 잠시라도 견딜 수 없을 만큼 괴로웠지만, 그들을 맞았다. [붙임 1] 이때는 쉼표 대신 줄표를 쓸 수 있다. 　　예 나는 ― 솔직히 말하면 ― 그 말이 별로 탐탁지 않아. 　　　　영호는 미소를 띠고 ― 속으로는 화가 치밀어 올라 잠시라도 견딜 수 없을 만큼 괴로웠지만 ― 그들을 맞았다. [붙임 2] 끼어든 어구 안에 다른 쉼표가 들어 있을 때는 쉼표 대신 줄표를 쓴다. 　　예 이건 내 것이니까 ― 아니, 내가 처음 발견한 것이니까 ― 절대로 양보할 수가 없다. (14) 특별한 효과를 위해 끊어 읽는 곳을 나타낼 때 쓴다. 　　예 내가, 정말 그 일을 오늘 안에 해낼 수 있을까? 　　　　이 전투는 바로 우리가, 우리만이, 승리로 이끌 수 있다. (15) 짧게 더듬는 말을 표시할 때 쓴다. 　　예 선생님, 부, 부정행위라니요? 그런 건 새, 생각조차 하지 않았습니다. [붙임] '쉼표' 대신 '반점'이라는 용어를 쓸 수 있다.
5	가운뎃점(·)	(1) 열거할 어구들을 일정한 기준으로 묶어서 나타낼 때 쓴다. 　　예 민수·영희, 선미·준호가 서로 짝이 되어 윷놀이를 하였다. 　　　　지금의 경상남도·경상북도, 전라남도·전라북도, 충청남도·충청북도 지역을 예부터 삼남이라 일러 왔다. (2) 짝을 이루는 어구들 사이에 쓴다. 　　예 한(韓)·이(伊) 양국 간의 무역량이 늘고 있다. / 우리는 그 일의 참·거짓을 따질 겨를도 없었다. / 하천 수질의 조사·분석 / 빨강·초록·파랑이 빛의 삼원색이다. 다만, 이때는 가운뎃점을 쓰지 않거나 쉼표를 쓸 수도 있다. 　　예 한(韓) 이(伊) 양국 간의 무역량이 늘고 있다. / 우리는 그 일의 참 거짓을 따질 겨를도 없었다. / 하천 수질의 조사, 분석 / 빨강, 초록, 파랑이 빛의 삼원색이다. (3) 공통 성분을 줄여서 하나의 어구로 묶을 때 쓴다. 　　예 상·중·하위권 / 금·은·동메달 / 통권 제54·55·56호 [붙임] 이때는 가운뎃점 대신 쉼표를 쓸 수 있다. 　　예 상, 중, 하위권 / 금, 은, 동메달 / 통권 제54, 55, 56호
6	쌍점(:)	(1) 표제 다음에 해당 항목을 들거나 설명을 붙일 때 쓴다. 　　예 문방사우: 종이, 붓, 먹, 벼루 / 일시: 2014년 10월 9일 10시 　　　　흔하진 않지만 두 자로 된 성씨도 있다.(예: 남궁, 선우, 황보) 　　　　올림표(#): 음의 높이를 반음 올릴 것을 지시한다. (2) 희곡 등에서 대화 내용을 제시할 때 말하는 이와 말한 내용 사이에 쓴다. 　　예 김 과장: 난 못 참겠네. / 아들: 아버지, 제발 제 말씀 좀 들어 보세요. (3) 시와 분, 장과 절 등을 구별할 때 쓴다. 　　예 오전 10:20(오전 10시 20분) / 두시언해 6:15(두시언해 제6권 제15장) (4) 의존명사 '대'가 쓰일 자리에 쓴다. 　　예 65:60(65 대 60) / 청군:백군(청군 대 백군) [붙임] 쌍점의 앞은 붙여 쓰고 뒤는 띄어 쓴다. 다만, (3)과 (4)에서는 쌍점의 앞뒤를 붙여 쓴다.
7	빗금(/)	(1) 대비되는 두 개 이상의 어구를 묶어 나타낼 때 그 사이에 쓴다. 　　예 먹이다 / 먹히다, 남반구 / 북반구, 금메달 / 은메달 / 동메달 　　　　(　　)이 / 가 우리나라의 보물 제1호이다. (2) 기준 단위당 수량을 표시할 때 해당 수량과 기준 단위 사이에 쓴다. 　　예 100미터 / 초, 1,000원 / 개 (3) 시의 행이 바뀌는 부분임을 나타낼 때 쓴다. 　　예 산에 / 산에 / 피는 꽃은 / 저만치 혼자서 피어 있네 다만, 연이 바뀜을 나타낼 때는 두 번 겹쳐 쓴다. 　　예 산에는 꽃 피네 / 꽃이 피네 / 갈 봄 여름 없이 / 꽃이 피네 // 산에 / 산에 / 피는 꽃은 / 저만치 혼자서 피어 있네 [붙임] 빗금의 앞뒤는 (1)과 (2)에서는 붙여 쓰며, (3)에서는 띄어 쓰는 것을 원칙으로 하되 붙여 쓰는 것을 허용한다. 단, (1)에서 대비되는 어구가 두 어절 이상인 경우에는 빗금의 앞뒤를 띄어 쓸 수 있다.

	문장 부호	용례

8	큰따옴표(" ")	(1) 글 가운데에서 직접 대화를 표시할 때 쓴다.
		  예 "어머니, 제가 가겠어요." / "아니다. 내가 다녀오마."
		(2) 말이나 글을 직접 인용할 때 쓴다.
		  예 나는 "어, 광훈이 아니냐?" 하는 소리에 깜짝 놀랐다.
		  밤하늘에 반짝이는 별들을 보면서 "나는 아무 걱정도 없이 가을 속의 별들을 다 헬 듯합니다."라는 시구를 떠올렸다.
		  편지의 끝머리에는 이렇게 적혀 있었다.
		  "할머니, 편지에 사진을 동봉했다고 하셨지만 봉투 안에는 아무것도 없었어요."

9	작은따옴표(' ')	(1) 인용한 말 안에 있는 인용한 말을 나타낼 때 쓴다.
		  예 그는 "여러분! '시작이 반이다.'라는 말 들어 보셨죠?"라고 말하며 강연을 시작했다.
		(2) 마음속으로 한 말을 적을 때 쓴다.
		  예 나는 '일이 다 틀렸나 보군.' 하고 생각하였다.
		  '이번에는 꼭 이기고야 말겠어.' 호연이는 마음속으로 몇 번이나 그렇게 다짐하며 주먹을 불끈 쥐었다.

10	소괄호(( ))	(1) 주석이나 보충적인 내용을 덧붙일 때 쓴다.
		  예 니체(독일의 철학자)의 말을 빌리면 다음과 같다. / 2014. 12. 19.(금)
		  문인화의 대표적인 소재인 사군자(매화, 난초, 국화, 대나무)는 고결한 선비 정신을 상징한다.
		(2) 우리말 표기와 원어 표기를 아울러 보일 때 쓴다.
		  예 기호(嗜好), 자세(姿勢) / 커피(coffee), 에티켓(étiquette)
		(3) 생략할 수 있는 요소임을 나타낼 때 쓴다.
		  예 학교에서 동료 교사를 부를 때는 이름 뒤에 '선생(님)'이라는 말을 덧붙인다.
		  광개토(대)왕은 고구려의 전성기를 이끌었던 임금이다.
		(4) 희곡 등 대화를 적은 글에서 동작이나 분위기, 상태를 드러낼 때 쓴다.
		  예 현우: (가쁜 숨을 내쉬며) 왜 이렇게 빨리 뛰어?
		  "관찰한 것을 쓰는 것이 습관이 되었죠. 그러다 보니, 상상력이 생겼나 봐요." (웃음)
		(5) 내용이 들어갈 자리임을 나타낼 때 쓴다.
		  예 우리나라의 수도는 ( )이다. / 다음 빈칸에 알맞은 조사를 쓰시오.
		  민수가 할아버지( ) 꽃을 드렸다.
		(6) 항목의 순서나 종류를 나타내는 숫자나 문자 등에 쓴다.
		  예 사람의 인격은 (1) 용모, (2) 언어, (3) 행동, (4) 덕성 등으로 표현된다.
		  (가) 동해, (나) 서해, (다) 남해

11	중괄호({ })	(1) 같은 범주에 속하는 여러 요소를 세로로 묶어서 보일 때 쓴다.
		  예 주격 조사 {이/가}
		  국가의 성립 요소 {영토/국민/주권}
		(2) 열거된 항목 중 어느 하나가 자유롭게 선택될 수 있음을 보일 때 쓴다.
		  예 아이들이 모두 학교{에, 로, 까지} 갔어요.

12	대괄호([ ])	(1) 괄호 안에 또 괄호를 쓸 필요가 있을 때 바깥쪽의 괄호로 쓴다.
		  예 어린이날이 새로 제정되었을 당시에는 어린이들에게 경어를 쓰라고 하였다.[윤석중 전집(1988), 70쪽 참조]
		  이번 회의에는 두 명[이혜정(실장), 박철용(과장)]만 빼고 모두 참석했습니다.
		(2) 고유어에 대응하는 한자어를 함께 보일 때 쓴다.
		  예 나이[年歲] / 낱말[單語] / 손발[手足]
		(3) 원문에 대한 이해를 돕기 위해 설명이나 논평 등을 덧붙일 때 쓴다.
		  예 그것[한글]은 이처럼 정보화 시대에 알맞은 과학적인 문자이다.
		  신경준의 《여암전서》에 "삼각산은 산이 모두 돌 봉우리인데, 그 으뜸 봉우리를 구름 위에 솟아 있다고 백운(白雲)이라 하며 [이하 생략]"
		  그런 일은 결코 있을 수 없다.[원문에는 '업다'임.]

	문장 부호	용례
13	겹낫표(『 』)와 겹화살괄호(《 》)	책의 제목이나 신문 이름 등을 나타낼 때 쓴다. 　예 우리나라 최초의 민간 신문은 1896년에 창간된 『독립신문』이다. 　　『훈민정음』은 1997년에 유네스코 세계 기록 유산으로 지정되었다. 　　《한성순보》는 우리나라 최초의 근대 신문이다. 　　윤동주의 유고 시집인 《하늘과 바람과 별과 시》에는 31편의 시가 실려 있다. [붙임] 겹낫표나 겹화살괄호 대신 큰따옴표를 쓸 수 있다. 　예 우리나라 최초의 민간 신문은 1896년에 창간된 "독립신문"이다. 　　윤동주의 유고 시집인 "하늘과 바람과 별과 시"에는 31편의 시가 실려 있다.
14	홑낫표(「 」)와 홑화살괄호(〈 〉)	소제목, 그림이나 노래와 같은 예술 작품의 제목, 상호, 법률, 규정 등을 나타낼 때 쓴다. 　예 「국어 기본법 시행령」은 「국어 기본법」에서 위임된 사항과 그 시행에 필요한 사항을 규정함을 목적으로 한다. 　　이 곡은 베르디가 작곡한 「축배의 노래」이다. / 사무실 밖에 「해와 달」이라고 쓴 간판을 달았다. / 〈한강〉은 사진집 《아름다운 땅》에 실린 작품이다. 　　백남준은 2005년에 〈엄마〉라는 작품을 선보였다. [붙임] 홑낫표나 홑화살괄호 대신 작은따옴표를 쓸 수 있다. 　예 사무실 밖에 '해와 달'이라고 쓴 간판을 달았다. 　　'한강'은 사진집 "아름다운 땅"에 실린 작품이다.
15	줄표(―)	제목 다음에 표시하는 부제의 앞뒤에 쓴다. 　예 이번 토론회의 제목은 '역사 바로잡기 ― 근대의 설정 ―'이다. 　　'환경 보호 ― 숲 가꾸기 ―'라는 제목으로 글짓기를 했다. 다만, 뒤에 오는 줄표는 생략할 수 있다. 　예 이번 토론회의 제목은 '역사 바로잡기 ― 근대의 설정'이다. 　　'환경 보호 ― 숲 가꾸기'라는 제목으로 글짓기를 했다. [붙임] 줄표의 앞뒤는 띄어 쓰는 것을 원칙으로 하되, 붙여 쓰는 것을 허용한다.
16	붙임표(-)	(1) 차례대로 이어지는 내용을 하나로 묶어 열거할 때 각 어구 사이에 쓴다. 　예 멀리뛰기는 도움닫기-도약-공중 자세-착지의 순서로 이루어진다. 　　김 과장은 기획-실무-홍보까지 직접 발로 뛰었다. (2) 두 개 이상의 어구가 밀접한 관련이 있음을 나타내고자 할 때 쓴다. 　예 드디어 서울-북경의 항로가 열렸다. / 원-달러 환율 / 남한-북한-일본 삼자 관계
17	물결표(~)	기간이나 거리 또는 범위를 나타낼 때 쓴다. 　예 9월 15일~9월 25일 / 김정희(1786~1856) 　　서울~천안 정도는 출퇴근이 가능하다. / 이번 시험의 범위는 3~78쪽입니다. [붙임] 물결표 대신 붙임표를 쓸 수 있다. 　예 9월 15일-9월 25일 / 김정희(1786-1856) 　　서울-천안 정도는 출퇴근이 가능하다. / 이번 시험의 범위는 3-78쪽입니다.
18	드러냄표(˙)와 밑줄(＿)	문장 내용 중에서 주의가 미쳐야 할 곳이나 중요한 부분을 특별히 드러내 보일 때 쓴다. 　예 한글의 본디 이름은 훈민정음이다. / 중요한 것은 왜 사느냐가 아니라 어떻게 사느냐이다. / 지금 필요한 것은 지식이 아니라 실천입니다. 　　다음 보기에서 명사가 아닌 것은? [붙임] 드러냄표나 밑줄 대신 작은따옴표를 쓸 수 있다. 　예 한글의 본디 이름은 '훈민정음'이다. / 중요한 것은 '왜 사느냐'가 아니라 '어떻게 사느냐'이다. / 지금 필요한 것은 '지식'이 아니라 '실천'입니다. 　　다음 보기에서 명사가 '아닌' 것은?
19	숨김표(○, ×)	(1) 금기어나 공공연히 쓰기 어려운 비속어임을 나타낼 때, 그 글자의 수효만큼 쓴다. 　예 배운 사람 입에서 어찌 ○○○란 말이 나올 수 있느냐? 　　그 말을 듣는 순간 ×××란 말이 목구멍까지 치밀었다. (2) 비밀을 유지해야 하거나 밝힐 수 없는 사항임을 나타낼 때 쓴다. 　예 1차 시험 합격자는 김○영, 이○준, 박○순 등 모두 3명이다. 　　육군 ○○ 부대 ○○○ 명이 작전에 참가하였다. 　　그 모임의 참석자는 김×× 씨, 정×× 씨 등 5명이었다.

	문장 부호	용례
20	빠짐표(□)	(1) 옛 비문이나 문헌 등에서 글자가 분명하지 않을 때 그 글자의 수효만큼 쓴다. 　예 大師爲法主□□賴之大□薦 (2) 글자가 들어가야 할 자리를 나타낼 때 쓴다. 　예 훈민정음의 초성 중에서 아음(牙音)은 □□□의 석 자다.
21	줄임표(……)	(1) 할 말을 줄였을 때 쓴다. 　예 "어디 나하고 한번……." 하고 민수가 나섰다. (2) 말이 없음을 나타낼 때 쓴다. 　예 "빨리 말해!" / "……." (3) 문장이나 글의 일부를 생략할 때 쓴다. 　예 '고유'라는 말은 문자 그대로 본디부터 있었다는 뜻은 아닙니다. …… 같은 역사적 환경에서 공동의 집단생활을 영위해 오는 동안 공동으로 발견된, 사물에 대한 공동의 사고방식을 우리는 한국의 고유 사상이라 부를 수 있다는 것입니다. (4) 머뭇거림을 보일 때 쓴다. 　예 "우리는 모두…… 그러니까…… 예외 없이 눈물만…… 흘렸다." [붙임 1] 점은 가운데에 찍는 대신 아래쪽에 찍을 수도 있다. 　예 "어디 나하고 한번......." 하고 민수가 나섰다. 　　 "실은...... 저 사람...... 우리 아저씨일지 몰라." [붙임 2] 점은 여섯 점을 찍는 대신 세 점을 찍을 수도 있다. 　예 "어디 나하고 한번…." 하고 민수가 나섰다. 　　 "실은… 저 사람… 우리 아저씨일지 몰라." [붙임 3] 줄임표는 앞말에 붙여 쓴다. 다만, (3)에서는 줄임표의 앞뒤를 띄어 쓴다.

2 표준어 사정 원칙

제1장 총칙

제1항 표준어는 교양 있는 사람들이 두루 쓰는 현대 서울말로 정함을 원칙으로 한다.

제2항 외래어는 따로 사정한다.

제2장 발음 변화에 따른 표준어 규정

제1절 자음

제3항 다음 단어들은 거센소리를 가진 형태를 표준어로 삼는다.

표준어	비표준어	비고
끄나풀	끄나불	예 끄나풀로 책을 묶었다.
나팔-꽃	나발-꽃	
녘	녁	동~, 들~, 새벽~, 동틀 ~
부엌	부억	
살-쾡이	삵-쾡이	
칸	간	1. ~막이, 빈~, 방 한 ~ 2. '초가 삼간, 윗간'의 경우에는 '간'임.
털어-먹다	떨어-먹다	재물을 다 없애다.

제4항 다음 단어들은 거센소리로 나지 않는 형태를 표준어로 삼는다.

표준어	비표준어	비고
가을-갈이	가을-카리	예 지금 가을갈이가 한창이다.
거시기	거시키	예 그는 거시기 거시기를 연발했다.
분침	푼침	

제5항 어원에서 멀어진 형태로 굳어져서 널리 쓰이는 것은, 그것을 표준어로 삼는다.

표준어	비표준어	비고
강낭-콩	강남-콩	
고삿	고샅	겉~, 속~
사글-세	삭월-세	'월세'는 표준어임.
울력-성당	위력-성당	떼를 지어서 으르고 협박하는 일

다만, 어원적으로 원형에 더 가까운 형태가 아직 쓰이고 있는 경우에는, 그것을 표준어로 삼는다.

표준어	비표준어	비고
갈비	가리	~구이, ~찜, 갈빗-대

표준어	비표준어	비고
갓모	갈모	1. 사기 만드는 물레 밑 고리 2. '갈모'는 갓 위에 쓰는, 유지로 만든 우비
굴-젓	구-젓	
말-곁	말-겻	말의 법칙
물-수란	물-수랄	깨서 끓는 물에 넣어 반쯤 익힌 달걀
밀-뜨리다	미-뜨리다	
적-이	저으기	적이-나, 적이나-하면
휴지	수지	

제6항 다음 단어들은 의미를 구별함이 없이, 한 가지 형태만을 표준어로 삼는다.

표준어	비표준어	비고
돌	돐	생일, 주기
둘-째	두-째	'제2, 두 개째'의 뜻
셋-째	세-째	'제3, 세 개째'의 뜻
넷-째	네-째	'제4, 네 개째'의 뜻
빌리다	빌다	1. 빌려주다, 빌려 오다 2. '용서를 빌다'는 '빌다'임.

다만, '둘째'는 십 단위 이상의 서수사에 쓰일 때에 '두째'로 한다.

표준어	비고
열두-째	열두 개째의 뜻은 '열둘째'로
스물두-째	스물두 개째의 뜻은 '스물둘째'로

제7항 수컷을 이르는 접두사는 '수-'로 통일한다.

표준어	비표준어	비고
수-꿩	수-퀑/숫-꿩	'장끼'도 표준어임.
수-나사	숫-나사	
수-놈	숫-놈	
수-사돈	숫-사돈	사위 쪽의 사돈 ↔ 암사돈
수-소	숫-소	'황소'도 표준어임.
수-은행나무	숫-은행나무	

다만 1. 다음 단어에서는 접두사 다음에서 나는 거센소리를 인정한다. 접두사 '암-'이 결합되는 경우에도 이에 준한다.

표준어	비표준어	표준어	비표준어
수-캉아지	숫-강아지	수-탕나귀	숫-당나귀
수-캐	숫-개	수-톨쩌귀	숫-돌쩌귀
수-컷	숫-것	수-퇘지	숫-돼지
수-키와	숫-기와	수-평아리	숫-병아리
수-탉	숫-닭		

다만 2. 다음 단어의 접두사는 '숫-'으로 한다.

표준어	비표준어	비고
숫-양	수-양	
숫-염소	수-염소	예 숫염소가 풀을 뜯고 있다.
숫-쥐	수-쥐	

제2절 모음

제8항 양성 모음이 음성 모음으로 바뀌어 굳어진 다음 단어는 음성 모음 형태를 표준어로 삼는다.

표준어	비표준어	비고
깡충-깡충	깡총-깡총	큰말은 '껑충껑충'임.
-둥이	-동이	← 童-이. 귀-, 막-, 선-, 쌍-, 검-, 바람-, 흰-
발가-숭이	발가-송이	센말은 '빨가숭이', 큰말은 '벌거숭이, 뻘거숭이'임.
보퉁이	보통이	
봉죽	봉족	← 奉足. ~꾼, ~ 들다
뻗정-다리	뻗장-다리	
아서, 아서라	앗아, 앗아라	하지 말라고 금지하는 말
오뚝-이	오똑-이	부사도 '오뚝-이'임.
주추	주초	← 柱礎. 주춧-돌

다만, 어원 의식이 강하게 작용하는 다음 단어에서는 양성 모음 형태를 그대로 표준어로 삼는다.

표준어	비표준어	비고
부조(扶助)	부주	~금, 부좃-술
사돈(査頓)	사둔	밭~, 안~
삼촌(三寸)	삼춘	시~, 외~, 처~

제9항 'ㅣ' 역행 동화 현상에 의한 발음은 원칙적으로 표준 발음으로 인정하지 아니하되, 다만 다음 단어들은 그러한 동화가 적용된 형태를 표준어로 삼는다.

표준어	비표준어	비고
-내기	-나기	서울-, 시골-, 신출-, 풋-
냄비	남비	예 냄비를 태우고 말았다.
동댕이-치다	동당이-치다	

붙임 1 다음 단어는 'ㅣ' 역행 동화가 일어나지 아니한 형태를 표준어로 삼는다.

표준어	비표준어	비고
아지랑이	아지랭이	예 아지랑이가 피어올랐다.

붙임 2 기술자에게는 '-장이', 그 외에는 '-쟁이'가 붙는 형태를 표준어로 삼는다.

표준어	비표준어	표준어	비표준어
미장이	미쟁이	담쟁이-덩굴	담장이-덩굴
유기장이	유기쟁이	골목쟁이	골목장이
멋쟁이	멋장이	발목쟁이	발목장이
소금쟁이	소금장이		

제10항   다음 단어는 모음이 단순화한 형태를 표준어로 삼는다.

표준어	비표준어	비고
괴팍-하다	괴퍅-하다 / 괴팩-하다	예 그는 성격이 <u>괴팍하다</u>.
-구먼	-구면	
미루-나무	미류-나무	← 美柳~
미륵	미력	← 彌勒. ~보살, ~불, 돌~
여느	여늬	
온-달	왼-달	만 한 달
으레	으례	예 우리는 <u>으레</u> 회사 일을 말했다.
케케-묵다	켸켸-묵다	예 <u>케케묵은</u> 생각을 버려라.
허우대	허위대	예 그는 <u>허우대</u>만 멀쩡하다.
허우적-허우적	허위적-허위적	허우적-거리다

제11항   다음 단어에서는 모음의 발음 변화를 인정하여, 발음이 바뀌어 굳어진 형태를 표준어로 삼는다.

표준어	비표준어	비고
-구려	-구료	
깍쟁이	깍정이	서울 ~, 알~, 찰~
나무라다	나무래다	
미수	미시	미숫-가루
바라다	바래다	'바램[所望]'은 비표준어임.
상추	상치	~쌈
시러베-아들	실업의-아들	
주책	주착	← 主着. ~망나니, ~없다.
지루-하다	지리-하다	← 支離
튀기	트기	
허드레	허드래	허드렛-물, 허드렛-일
호루라기	호루루기	

제12항   '웃-' 및 '윗-'은 명사 '위'에 맞추어 '윗-'으로 통일한다.

표준어	비표준어	표준어	비표준어
윗-넓이	웃-넓이	윗-바람	웃-바람
윗-눈썹	웃-눈썹	윗-배	웃-배
윗-니	웃-니	윗-벌	웃-벌
윗-당줄	웃-당줄	윗-변	웃-변
윗-덧줄	웃-덧줄	윗-사랑	웃-사랑
윗-도리	웃-도리	윗-세장	웃-세장
윗-동아리 - 준말은 '윗동'	웃-동아리	윗-수염	웃-수염
윗-막이	웃-막이	윗-입술	웃-입술
윗-머리	웃-머리	윗-잇몸	웃-잇몸
윗-목	웃-목	윗-자리	웃-자리
윗-몸 - ~운동	웃-몸	윗-중방	웃-중방

다만 1. 된소리나 거센소리 앞에서는 '위-'로 한다.

표준어	비표준어	표준어	비표준어
위-짝	웃-짝	위-치마	웃-치마
위-쪽	웃-쪽	위-턱	웃-턱
위-채	웃-채	위-팔	웃-팔
위-층	웃-층 - ~구름[上層雲]		

다만 2. '아래, 위'의 대립이 없는 단어는 '웃-'으로 발음되는 형태를 표준어로 삼는다.

표준어	비표준어	표준어	비표준어
웃-국	윗-국	웃-비 - ~걷다	윗-비
웃-기	윗-기	웃-어른	윗-어른
웃-돈	윗-돈	웃-옷	윗-옷

제13항 한자 '구(句)'가 붙어서 이루어진 단어는 '귀'로 읽는 것을 인정하지 아니하고, '구'로 통일한다.

표준어	비표준어	표준어	비표준어
구법(句法)	귀법	대구(對句) - ~법(對句法)	대귀
구절(句節)	귀절	문구(文句)	문귀
구점(句點)	귀점	성구(成句) - ~어(成句語)	성귀
결구(結句)	결귀	시구(詩句)	시귀
경구(警句)	경귀	어구(語句)	어귀
경인구(警人句)	경인귀	연구(聯句)	연귀
난구(難句)	난귀	인용구(引用句)	인용귀
단구(短句)	단귀	절구(絶句)	절귀
단명구(短命句)	단명귀		

다만, 다음 단어는 '귀'로 발음되는 형태를 표준어로 삼는다.

표준어	비표준어	표준어	비표준어
귀-글	구-글	글-귀	글-구

제3절 준말

제14항 준말이 널리 쓰이고 본말이 잘 쓰이지 않는 경우에는, 준말만을 표준어로 삼는다.

표준어	비표준어	표준어	비표준어
귀찮다	귀치 않다	빔 -설~, 생일~	비음
김 - ~매다	기음	샘 - ~바르다, ~바리	새암
똬리	또아리	생-쥐	새앙-쥐
무	무우	솔개	소리개
미다	무이다	온-갖	온-가지
뱀	배암	장사-치	장사-아치
뱀-장어	배암-장어		

| 제15항 | 준말이 쓰이고 있더라도, 본말이 널리 쓰이고 있으면 본말을 표준어로 삼는다. |

표준어	비표준어	표준어	비표준어
경황-없다	경-없다	모이	모
궁상-떨다	궁-떨다	벽-돌	벽
귀이-개	귀-개	부스럼	부럼
낌새	낌	살얼음-판	살-판
낙인-찍다	낙-하다/낙-치다	수두룩-하다	수둑-하다
내왕-꾼	냉-꾼	암-죽	암
돗-자리	돗	어음	엄
뒤웅-박	뒝-박	일구다	일다
뒷물-대야	뒷-대야	죽-살이	죽-살
마구-잡이	막-잡이	퇴박-맞다	퇴-맞다
맵자-하다	맵자다	한통-치다	통-치다

붙임 ❶ 다음과 같이 명사에 조사가 붙은 경우에도 이 원칙을 적용한다.

표준어	비표준어
아래-로	알-로

| 제16항 | 준말과 본말이 다 같이 널리 쓰이면서 준말의 효용이 뚜렷이 인정되는 것은, 두 가지를 다 표준어로 삼는다. |

본말	준말	본말	준말
거짓-부리	거짓-불	석새-삼베	석새-베
노을	놀	시-누이	시-뉘/시-누
막대기	막대	오-누이	오-뉘/오-누
망태기	망태	외우다	외다
머무르다	머물다	이기죽-거리다	이죽-거리다
서두르다	서둘다	찌꺼기	찌끼
서투르다	서툴다		

제4절 단수 표준어

| 제17항 | 비슷한 발음의 몇 형태가 쓰일 경우, 그 의미에 아무런 차이가 없고, 그중 하나가 더 널리 쓰이면, 그 한 형태만을 표준어로 삼는다. |

표준어	비표준어	표준어	비표준어
거든-그리다	거둥-그리다	봉숭아, 봉선화	봉숭화
구어-박다	구워-박다	뺨-따귀	뺌-따귀/뺨-따구니
귀-고리	귀엣-고리	뻐개다[斫] - 두 조각으로 가르다.	뻐기다
귀-띔	귀-팀	뻐기다[誇] - 뽐내다.	뻐개다
귀-지	귀에-지	사자-탈	사지-탈
까딱-하면	까땍-하면	상-판대기	쌍-판대기
꼭두-각시	꼭둑-각시	서[三]	세/석
내색 - 감정이 나타나는 얼굴빛	나색	석[三]	세

내숭-스럽다	내흉-스럽다	설령(設令)	서령
냠냠-거리다 -냠냠하다	얌냠-거리다	-습니다 - 모음 뒤에서는 'ㅂ니다'	-읍니다
냠냠-이	얌냠-이	시름-시름	시늠-시늠
너[四]	네	씀벅-씀벅	썸벅-썸벅
넉[四]	너/네	아궁이	아궁지
다다르다	다닫다	아내	안해
댑-싸리	대-싸리	어-중간	어지-중간
더부룩-하다	더뿌룩-하다/듬뿌룩-하다	오금-팽이 - 구부러진 물건 안쪽	오금- 이
-던	-든	오래-오래 - 돼지 부르는 소리	도래-도래
-던가	-든가	-올시다	-올습니다
-던걸	-든걸	옹골-차다	공골-차다
-던고	-든고	우두커니 - 작은말은 '오도카니'	우두머니
-던데	-든데	잠-투정	잠-투세/잠-주정
-던지	-든지	재봉-틀 - 발~, 손~	자봉-틀
-(으)려고	-(으)ㄹ려고/-(으)ㄹ라고	짓-무르다	짓-물다
-(으)려야	-(으)ㄹ려야/-(으)ㄹ래야	짚-북데기	짚-북세기
망가-뜨리다	망그-뜨리다	쪽 - 편(便), 이~, 그~, 저~	짝 - '아무짝'은 '짝'임.
멸치	며루치/메리치	천장(天障)	천정
반빗-아치	반비-아치	코-맹맹이	코-맹녕이
보습	보십/보섭	흉-업다	흉-헙다
본새	뽄새		

제5절 복수 표준어

제18항 다음 단어는 ㄱ을 원칙으로 하고, ㄴ도 허용한다.

ㄱ(원칙)	ㄴ(허용)	비고
네	예	
쇠-	소-	-가죽, -고기, -기름, -머리, -뼈
괴다	고이다	물이 ~, 밑을 ~
꾀다	꼬이다	어린애를 ~, 벌레가 ~
쐬다	쏘이다	바람을 ~
죄다	조이다	나사를 ~
쬐다	쪼이다	볕을 ~

제19항 어감의 차이를 나타내는 단어 또는 발음이 비슷한 단어들이 다 같이 널리 쓰이는 경우에는, 그 모두를 표준어로 삼는다.

표준어			
거슴츠레-하다	게슴츠레-하다	구린-내	쿠린-내
고까	꼬까	꺼림-하다	께름-하다
고린-내	코린-내	나부랭이	너부렁이
교기(驕氣)	갸기		

제3장   어휘 선택의 변화에 따른 표준어 규정

제1절   고어

제20항   사어(死語)가 되어 쓰이지 않게 된 단어는 고어로 처리하고, 현재 널리 사용되는 단어를 표준어로 삼는다.

표준어	비표준어	표준어	비표준어
난봉	봉	애달프다	애닯다
낭떠러지	낭	오동-나무	머귀-나무
설거지-하다	설겆다	자두	오얏

제2절   한자어

제21항   고유어 계열의 단어가 널리 쓰이고 그에 대응되는 한자어 계열의 단어가 용도를 잃게 된 것은, 고유어 계열의 단어만을 표준어로 삼는다.

표준어	비표준어	표준어	비표준어
가루-약	말-약	사래-밭	사래-전
구들-장	방-돌	삯-말	삯-마
길품-삯	보행-삯	성냥	화곽
까막-눈	맹-눈	솟을-무늬	솟을-문(~紋)
꼭지-미역	총각-미역	외-지다	벽-지다
나뭇-갓	시장-갓	움-파	동-파
늙-다리	노닥-다리	잎-담배	잎-초
두껍-닫이	두껍-창	잔-돈	잔-전
떡-암죽	병-암죽	조-당수	조-당죽
마른-갈이	건-갈이	죽데기	피-죽, 죽더기
마른-빨래	건-빨래	지겟-다리	목-발
메-찰떡	반-찰떡	짐-꾼	부지-군(負持-)
박달-나무	배달-나무	푼-돈	분-전/푼-전
밥-소라	식-소라	흰-말	백-말/부루-말
사래-논	사래-답	흰-죽	백-죽

제22항   고유어 계열의 단어가 생명력을 잃고 그에 대응되는 한자어 계열의 단어가 널리 쓰이면, 한자어 계열의 단어를 표준어로 삼는다.

표준어	비표준어	표준어	비표준어
개다리-소반(小盤)	개다리-밥상	수-삼	무-삼
겸-상(兼床)	맞-상	심(心)-돋우개	불-돋우개
고봉(高封)-밥	높은-밥	양(洋)-파	둥근-파
단(單)-벌	홑-벌	어질-병	어질-머리
마방-집	마바리-집	윤(閏)-달	군-달
민망(憫惘)-스럽다/ 면구(面灸)-스럽다	민주-스럽다	장력(壯力)-세다	장성-세다

표준어	비표준어	표준어	비표준어
방(房)-고래	구들-고래	제석(祭席)	젯-돗
부항(附缸)-단지	뜸-단지	총각(總角)-무	알-무/알타리-무
산-누에	멧-누에	칫(齒)-솔	잇-솔
산-줄기	멧-줄기/멧-발	포수	총-댕이

제3절 방언

제23항 방언이던 단어가 표준어보다 더 널리 쓰이게 된 것은, 그것을 표준어로 삼는다. 이 경우, 원래의 표준어는 그대로 표준어로 남겨 두는 것을 원칙으로 한다. (ㄱ을 표준어로 삼고, ㄴ도 표준어로 남겨 둠.)

ㄱ(원칙)	ㄴ(허용)
멍게	우렁쉥이
물-방개	선두리
애-순	어린-순

제24항 방언이던 단어가 널리 쓰이게 됨에 따라 표준어이던 단어가 안 쓰이게 된 것은, 방언이던 단어를 표준어로 삼는다.

표준어	비표준어	표준어	비표준어
귀밑-머리	귓-머리	생인-손 - 준말은 '생-손'	생안-손
까-뭉개다	까-무느다	역-겹다	역-스럽다
막상	마기	코-주부	코-보
빈대-떡	빈자-떡		

제4절 단수 표준어

제25항 의미가 똑같은 형태가 몇 가지 있을 경우, 그중 어느 하나가 압도적으로 널리 쓰이면, 그 단어만을 표준어로 삼는다.

표준어	비표준어	표준어	비표준어
-게끔	-게시리	빠-뜨리다/빠-트리다	빠-치다
겸사-겸사	겸지-겸지/겸두-겸두	뻣뻣-하다	왜긋다
고구마	참-감자	뽐-내다	느물다
고치다 - 병을 ~	낫우다	사로-잠그다	사로-채우다
골목-쟁이	골목-자기	살-풀이	살-막이
광주리	광우리	상투-쟁이	상투-꼬부랑이
괴통	호구	새앙-손이	생강-손이
국-물	멀-국/말-국	샛-별	새벽-별
군-표	군용-어음	선-머슴	풋-머슴
길-잡이/길라잡이	길-앞잡이	섭섭-하다	애운-하다
까치-발	까치-다리	속-말	속-소리
꼬창-모	말뚝-모	손목-시계	팔목-시계/팔뚝-시계
나룻-배	나루 - '나루[津]'는 표준어임.	손-수레	손-구루마 - '구루마'는 일본어

납-도리	민-도리	쇠-고랑	고랑-쇠
농-지거리	기롱-지거리	수도-꼭지	수도-고동
다사-스럽다	다사-하다	숙성-하다	숙-지다
다오-이리~	다구	순대	골-집
담배-꽁초	담배-꼬투리 / 담배-꽁치 / 담배-꽁추	술-고래	술-꾸러기 / 술-부대 / 술-보 / 술-푸대
담배-설대	대-설대	식은-땀	찬-땀
대장-일	성냥-일	신기-롭다 / 신기-하다	신기-스럽다
뒤져-내다	뒤어-내다	쌍동-밤	쪽-밤
뒤통수-치다	뒤꼭지-치다	쏜살-같이	쏜살-로
등-나무	등-칡	아주	영판
등-때기 - '등'의 낮은말	등-떠리	안-걸이 - 씨름 용어	안-낚시
등잔-걸이	등경-걸이	안다미-씌우다	안다미-시키다
떡-보	떡-충이	안쓰럽다	안-슬프다
똑딱-단추	딸꼭-단추	안절부절-못하다	안절부절-하다
매-만지다	우미다	앉은뱅이-저울	앉은-저울
먼-발치	먼-발치기	알-사탕	구슬-사탕
며느리-발톱	뒷-발톱	암-내	곁땀-내
명주-붙이	주-사니	앞-지르다	따라-먹다
목-메다	목-맺히다	애-벌레	어린-벌레
밀짚-모자	보릿짚-모자	얕은-꾀	물탄-꾀
바가지	열-바가지 / 열-박	언뜻	펀뜻
바람-꼭지	바람-고다리	언제나	노다지
반-나절	나절-가웃	얼룩-말	워라-말
반두	독대	열심-히	열심-으로
버젓-이	뉘연-히	입-담	말-담
본-받다	법-받다	자배기	너벅지
부각	다시마-자반	전봇-대	전선-대
부끄러워-하다	부끄리다	쥐락-펴락	펴락-쥐락
부스러기	부스럭지	-지만 - '-지마는'	-지만서도
부지깽이	부지팽이	짓고-땡	지어-땡 / 짓고-땡이
부항-단지	부항-항아리	짧은-작	짜른-작
붉으락-푸르락	푸르락-붉으락	찹-쌀	이-찹쌀
비켜-덩이	옆-사리미	청대-콩	푸른-콩
빙충이	빙충-맞이	칡-범	갈-범

제5절 복수 표준어

제26항 한 가지 의미를 나타내는 형태 몇 가지가 널리 쓰이며 표준어 규정에 맞으면, 그 모두를 표준어로 삼는다.

복수 표준어	
가는-허리 / 잔-허리	느리-광이 / 느림-보 / 늘-보
가락-엿 / 가래-엿	늦-모 / 마냥-모 - 만이앙-모 / 제철보다 늦게 내는 모
가뭄 / 가물	다기-지다 / 다기-차다 - 보기보다 당차서 좀처럼 겁을 내지 아니하다
가없다 / 가엽다 - 가엾어 / 가여워, 가엾은 / 가여운	다달-이 / 매-달
감감-무소식 / 감감-소식	-다마다 / -고말고
개수-통 / 설거지-통 - '설겆다'는 '설거지하다'로	다박-나룻 / 다박-수염 - 다보록하게 난 짧은 수염
개숫-물 / 설거지-물	닭의-장 / 닭-장
갱-엿 / 검은-엿	댓-돌 / 툇-돌
-거리다 / -대다 - 가물-, 출렁-	덧-창 / 겉-창
거위-배 / 횟-배	독장-치다 / 독판-치다
것 / 해 - 내~, 네~, 뉘~	동자-기둥 / 쪼구미
게을러-빠지다 / 게을러-터지다	돼지-감자 / 뚱딴지
고깃-간 / 푸줏-간	되우 / 된통 / 되게 - 아주 몹시
곰곰 / 곰곰-이	두동-무니 / 두동-사니
관계-없다 / 상관-없다	뒷-갈망 / 뒷-감당
교정-보다 / 준-보다	뒷-말 / 뒷-소리
구들-재 / 구재	들락-거리다 / 들랑-거리다
귀퉁-머리 / 귀퉁-배기 - '귀퉁이'의 비어	들락-날락 / 들랑-날랑
극성-떨다 / 극성-부리다	딴-전 / 딴-청
기세-부리다 / 기세-피우다	땅-콩 / 호-콩
기승-떨다 / 기승-부리다	땔-감 / 땔-거리
깃-저고리 / 배내-옷 / 배냇-저고리	-뜨리다 / -트리다 - 깨-, 떨어-, 쏟-
까까-중 / 중-대가리 - '까까중이'는 비표준어	뜬-것 / 뜬-귀신 - 떠돌아다니는 못된 귀신
꼬까 / 때때 / 고까	마룻-줄 / 용총-줄 - '이어줄'은 비표준어
꼬리-별 / 살-별	마-파람 / 앞-바람
꽃-도미 / 붉-돔	만장-판 / 만장-중(滿場中)
나귀 / 당-나귀	만큼 / 만치
날-걸 / 세-뿔	말-동무 / 말-벗
내리-글씨 / 세로-글씨	매-갈이 / 매-조미
넝쿨 / 덩굴 - '덩쿨'은 비표준어	매-통 / 목-매
녘 / 쪽	먹-새 / 먹음-새 - '먹음-먹이'는 비표준어
눈-대중 / 눈-어림 / 눈-짐작	멀찌감치 / 멀찌가니 / 멀찍이
먹통 / 산-먹 / 산-먹통	서방-질 / 화냥-질
면-치레 / 외면-치레	성글다 / 성기다
모-내다 / 모-심다 - 모-내기, 모-심기	-(으)세요 / -(으)셔요
모쪼록 / 아무쪼록	송이 / 송이-버섯
목판-되 / 모-되 - 네 모가 반듯하게 된 되	수수-깡 / 수숫-대

복수 표준어	
목화-씨 / 면화-씨	술-안주 / 안주
무심-결 / 무심-중	-스레하다 / -스름하다 - 거무-, 발그-
물-봉숭아 / 물-봉선화	시늉-말 / 흉내-말
물-부리 / 빨-부리	시새 / 세사(細沙)
물-심부름 / 물-시중	신 / 신발
물추리-나무 / 물추리-막대	신주-보 / 독보(櫝褓)
물-타작 / 진-타작	심술-꾸러기 / 심술-쟁이
민둥-산 / 벌거숭이-산	씁쓰레-하다 / 씁쓰름-하다
밑-층 / 아래-층	아귀-세다 / 아귀-차다
바깥-벽 / 밭-벽	아래-위 / 위-아래
바른 / 오른[右] - ~손, ~쪽, ~편	아무튼 / 어떻든 / 어쨌든 / 하여튼 / 여하튼
발-모가지 / 발-목쟁이 - '발목'의 비속어	앉음-새 / 앉음-앉음
버들-강아지 / 버들-개지	알은-척 / 알은-체
벌레 / 버러지 - '벌거지, 벌러지'는 비표준어	애-갈이 / 애벌-갈이
변덕-스럽다 / 변덕-맞다	애꾸눈-이 / 외눈-박이 - '외대-박이, 외눈-퉁이'는 비표준어
보-조개 / 볼-우물	양념-감 / 양념-거리
보통-내기 / 여간-내기 / 예사-내기 - '행-내기'는 비표준어	어금버금-하다 / 어금지금-하다
볼-따구니 / 볼-퉁이 / 볼-때기 - '볼'의 비속어	어기여차 / 어여차
부침개-질 / 부침-질 / 지짐-질 - '부치개-질'은 비표준어	어림-잡다 / 어림-치다
불똥-앉다 / 등화-지다 / 등화-앉다	어이-없다 / 어처구니-없다
불-사르다 / 사르다	어저께 / 어제
비발 / 비용(費用) - 드는 돈	언덕-바지 / 언덕-배기
뾰두라지 / 뾰루지 - '뾰두락지'는 비표준어	얼렁-뚱땅 / 엄벙-떵
살-쾡이 / 삵 - 삵-피	여왕-벌 / 장수-벌
삽살-개 / 삽사리	여쭈다 / 여쭙다
상두-꾼 / 상여-꾼 - '상도-꾼, 향도-꾼'은 비표준어	여태 / 입때 - '여직'은 비표준어
상-씨름 / 소-걸이	여태-껏 / 이제-껏 / 입때-껏 - '여직-껏'은 비표준어
생 / 새앙 / 생강	역성-들다 / 역성-하다 - '편역-들다'는 비표준어
생-뿔 / 새앙-뿔 / 생강-뿔 - '쇠뿔'의 형용	연-달다 / 잇-달다
생-철 / 양-철 - '서양-철'은 비표준어	엿-가락 / 엿-가래
서럽다 / 섧다	엿-기름 / 엿-길금
엿-반대기 / 엿-자박	좀-처럼 / 좀-체 - '좀-체로, 좀-해선, 좀-해'는 비표준어
오사리-잡놈 / 오색-잡놈 - '오합-잡놈'은 비표준어	줄-꾼 / 줄-잡이
왕골-기직 / 왕골-자리	중신 / 중매
외겹-실 / 외올-실 / 홑-실 - '홑겹-실, 올-실'은 비표준어	짚-단 / 짚-뭇
외손-잡이 / 한손-잡이	쪽 / 편 - 오른~, 왼~
의심-스럽다 / 의심-쩍다	차차 / 차츰
-이에요 / -이어요	책-씻이 / 책-거리
이틀-거리 / 당-고금	척 / 체 - 모르는 ~, 잘난 ~
일일-이 / 하나-하나	천연덕-스럽다 / 천연-스럽다
일찌감치 / 일찌거니	철-따구니 / 철-딱서니 / 철-딱지 - '철-때기'는 비표준어
입찬-말 / 입찬-소리	추어-올리다 / 추어-주다
욕심-꾸러기 / 욕심-쟁이	축-가다 / 축-나다

복수 표준어	
우레/천둥 - 우렛-소리, 천둥-소리	침-놓다/침-주다
우지/울-보	통-꼭지/통-젖
을러-대다/을러-메다	파자-쟁이/해자-쟁이
자리-옷/잠-옷	편지-투/편지-틀
자물-쇠/자물-통	한턱-내다/한턱-하다
장가-가다/장가-들다 - '서방-가다'는 비표준어	해웃-값/해웃-돈 - '해우-차'는 비표준어
재롱-떨다/재롱-부리다	혼자-되다/홀로-되다
제-가끔/제-각기	흠-가다/흠-나다/흠-지다

3 표준 발음법

제1장 총칙

제1항 표준 발음법은 표준어의 실제 발음을 따르되, 국어의 전통성과 합리성을 고려하여 정함을 원칙으로 한다.

제2장 자음과 모음

제2항 표준어의 자음은 다음 19개로 한다.

ㄱ ㄲ ㄴ ㄷ ㄸ ㄹ ㅁ ㅂ ㅃ ㅅ
ㅆ ㅇ ㅈ ㅉ ㅊ ㅋ ㅌ ㅍ ㅎ

제3항 표준어의 모음은 다음 21개로 한다.

ㅏ ㅐ ㅑ ㅒ ㅓ ㅔ ㅕ ㅖ ㅗ ㅘ ㅙ
ㅚ ㅛ ㅜ ㅝ ㅞ ㅟ ㅠ ㅡ ㅢ ㅣ

제4항 'ㅏ ㅐ ㅓ ㅔ ㅗ ㅚ ㅜ ㅟ ㅡ ㅣ'는 단모음(單母音)으로 발음한다.

붙임 'ㅚ, ㅟ'는 이중 모음으로 발음할 수 있다.

제5항 'ㅑ ㅒ ㅕ ㅖ ㅘ ㅙ ㅛ ㅝ ㅞ ㅠ ㅢ'는 이중 모음으로 발음한다.

다만 1. 용언의 활용형에 나타나는 '져, 쪄, 쳐'는 [저, 쩌, 처]로 발음한다.

가지어 → 가져[가저]   찌어 → 쪄[쩌]   다치어 → 다쳐[다처]

다만 2. '예, 례' 이외의 'ㅖ'는 [ㅔ]로도 발음한다.

계집[계:집/게:집]   계시다[계:시다/게:시다]
시계[시계/시게](時計)   연계[연계/연게](連繫)
몌별[몌별/메별](袂別)   개폐[개폐/개페](開閉)
혜택[혜:택/헤:택](惠澤)   지혜[지혜/지헤](智慧)

다만 3. 자음을 첫소리로 가지고 있는 음절의 'ㅢ'는 [ㅣ]로 발음한다.

늴리리   닁큼   무늬   띄어쓰기   씌어
틔어   희어   희떱다 희망   유희

다만 4. 단어의 첫음절 이외의 '의'는 [ㅣ]로, 조사 '의'는 [ㅔ]로 발음함도 허용한다.

주의[주의/주이]   협의[혀븨/혀비]
우리의[우리의/우리에]   강의의[강:의의/강:이에]

| 제3장 | 음의 길이 |

| 제6항 | 모음의 장단을 구별하여 발음하되, 단어의 첫음절에서만 긴소리가 나타나는 것을 원칙으로 한다. |

(1) 눈보라[눈:보라]　　　말씨[말:씨]　　　밤나무[밤:나무]
　　많다[만:타]　　　　　멀리[멀:리]　　　벌리다[벌:리다]
(2) 첫눈[천눈]　　　　　　참말[참말]　　　쌍동밤[쌍동밤]
　　수많이[수:마니]　　　눈멀다[눈멀다]　　떠벌리다[떠벌리다]

다만, 합성어의 경우에는 둘째 음절 이하에서도 분명한 긴소리를 인정한다.
반신반의[반:신바:늬/반:신바:니]　　　재삼재사[재:삼재:사]

붙임　용언의 단음절 어간에 어미 '-아/어'가 결합되어 한 음절로 축약되는 경우도 긴소리로 발음한다.
　　　보아 → 봐[봐:]　　기어 → 겨[겨:]　　되어 → 돼[돼:]　　두어 → 둬[둬:]　　하여 → 해[해:]

다만, '오아 → 와, 지어 → 져, 찌어 → 쪄, 치어 → 쳐' 등은 긴소리로 발음하지 않는다.

| 제7항 | 긴소리를 가진 음절이라도, 다음과 같은 경우에는 짧게 발음한다. |

1. 단음절인 용언 어간에 모음으로 시작된 어미가 결합되는 경우
　　감다[감:따]-감으니[가므니]　　　밟다[밥:따]-밟으면[발브면]
　　신다[신:따]-신어[시너]　　　　　알다[알:다]-알아[아라]

　다만, 다음과 같은 경우에는 예외적이다.
　　끌다[끌:다]-끌어[끄:러]　　　떫다[떨:다]-떫은[떨:븐]　　　벌다[벌:다]-벌어[버:러]
　　썰다[썰:다]-썰어[써:러]　　　없다[업:따]-없으니[업:쓰니]

2. 용언 어간에 피동, 사동의 접미사가 결합되는 경우 -주의!
　　감다[감:따]-감기다[감기다]　　　꼬다[꼬:다]-꼬이다[꼬이다]
　　밟다[밥:따]-밟히다[발피다]　　　없다[업:따]-없으니[업:쓰니]

　다만, 다음과 같은 경우에는 예외적이다.
　　끌리다[끌:리다]　　　벌리다[벌:리다]　　　없애다[업:쌔다]

　붙임　다음과 같은 복합어에서는 본디의 길이에 관계없이 짧게 발음한다.
　　　밀-물　　썰-물　　쏜-살-같이　　작은-아버지

| 제4장 | 받침의 발음 |

| 제8항 | 받침소리로는 'ㄱ, ㄴ, ㄷ, ㄹ, ㅁ, ㅂ, ㅇ'의 7개 자음만 발음한다. |

| 제9항 | 받침 'ㄲ, ㅋ', 'ㅅ, ㅆ, ㅈ, ㅊ, ㅌ', 'ㅍ'은 어말 또는 자음 앞에서 각각 대표음 [ㄱ, ㄷ, ㅂ]으로 발음한다. |

닦다[닥따]　　　키읔[키윽]　　　키읔과[키윽꽈]　　　옷[옫]　　　웃다[욷:따]
있다[읻따]　　　젖[젇]　　　　　빚다[빋따]　　　　　꽃[꼳]　　　쫓다[쫃따]
솥[솓]　　　　　뱉다[밷:따]　　　앞[압]　　　　　　　덮다[덥따]

제10항	겹받침 'ㄳ', 'ㄵ', 'ㄼ, ㄽ, ㄾ', 'ㅄ'은 어말 또는 자음 앞에서 각각 [ㄱ, ㄴ, ㄹ, ㅂ]으로 발음한다.

넋[넉]　　넋과[넉꽈]　　앉다[안따]　　여덟[여덜]　　넓다[널따]
외곬[외골]　　핥다[할따]　　값[갑]　　없다[업ː따]

다만, '밟-'은 자음 앞에서 [밥]으로 발음하고, '넓-'은 다음과 같은 경우에 [넙]으로 발음한다.
(1) 밟다[밥ː따]　　　밟소[밥ː쏘]　　　밟지[밥ː찌]
　　밟는[밥ː는→밤ː는]　　밟게[밥ː께]　　밟고[밥ː꼬]
(2) 넓-죽하다[넙쭈카다]　　넓-둥글다[넙둥글다]

제11항	겹받침 'ㄺ, ㄻ, ㄿ'은 어말 또는 자음 앞에서 각각 [ㄱ, ㅁ, ㅂ]으로 발음한다.

닭[닥]　　흙과[흑꽈]　　맑다[막따]　　늙지[늑찌]
삶[삼ː]　　젊다[점ː따]　　읊고[읍꼬]　　읊다[읍따]

다만, 용언의 어간 말음 'ㄺ'은 'ㄱ' 앞에서 [ㄹ]로 발음한다.
맑게[말께]　　묽고[물꼬]　　얽거나[얼꺼나]

제12항	받침 'ㅎ'의 발음은 다음과 같다.

1. 'ㅎ(ㄶ, ㅀ)' 뒤에 'ㄱ, ㄷ, ㅈ'이 결합되는 경우에는, 뒤 음절 첫소리와 합쳐서 [ㅋ, ㅌ, ㅊ]으로 발음한다.
　　놓고[노코]　　좋던[조ː턴]　　쌓지[싸치]　　많고[만ː코]　　않던[안턴]　　닳지[달치]

　[붙임 1] 받침 'ㄱ(ㄺ), ㄷ, ㅂ(ㄼ), ㅈ(ㄵ)'이 뒤 음절 첫소리 'ㅎ'과 결합되는 경우에도, 역시 두 음을 합쳐서 [ㅋ, ㅌ, ㅍ, ㅊ]으로 발음한다.
　　　각하[가카]　　먹히다[머키다]　　밝히다[발키다]　　맏형[마텽]
　　　좁히다[조피다]　　넓히다[널피다]　　꽂히다[꼬치다]　　앉히다[안치다]

　[붙임 2] 규정에 따라 'ㄷ'으로 발음되는 'ㅅ, ㅈ, ㅊ, ㅌ'의 경우에는 이에 준한다.
　　　옷 한 벌[오탄벌]　　낮 한때[나탄때]　　꽃 한 송이[꼬탄송이]　　숱하다[수타다]

2. 'ㅎ(ㄶ, ㅀ)' 뒤에 'ㅅ'이 결합되는 경우에는, 'ㅅ'을 [ㅆ]으로 발음한다.
　　닿소[다ː쏘]　　많소[만ː쏘]　　싫소[실쏘]

3. 'ㅎ' 뒤에 'ㄴ'이 결합되는 경우에는, [ㄴ]으로 발음한다.
　　놓는[논는]　　쌓네[싼네]

　[붙임] 'ㄶ, ㅀ' 뒤에 'ㄴ'이 결합되는 경우에는, 'ㅎ'을 발음하지 않는다.
　　　　않네[안네]　　않는[안는]　　뚫네[뚤네→뚤레]　　뚫는[뚤는→뚤른]
　　　　※ '뚫네[뚤네→뚤레], 뚫는[뚤는→뚤른]'에 대해서는 제20항 참조

4. 'ㅎ(ㄶ, ㅀ)' 뒤에 모음으로 시작된 어미나 접미사가 결합되는 경우에는, 'ㅎ'을 발음하지 않는다.
　　낳은[나은]　　놓아[노아]　　쌓이다[싸이다]　　많아[마ː나]
　　않은[아는]　　닳아[다라]　　싫어도[시러도]

제13항	홑받침이나 쌍받침이 모음으로 시작된 조사나 어미, 접미사와 결합되는 경우에는, 제 음가대로 뒤 음절 첫소리로 옮겨 발음한다.

깎아[까까]　　옷이[오시]　　있어[이써]　　낮이[나지]
꽂아[꼬자]　　꽃을[꼬츨]　　쫓아[쪼차]　　밭에[바테]
앞으로[아프로]　　덮이다[더피다]

제14항	겹받침이 모음으로 시작된 조사나 어미, 접미사와 결합되는 경우에는, 뒤엣것만을 뒤 음절 첫소리로 옮겨 발음한다.(이 경우, 'ㅅ'은 된소리로 발음함.)

넋이[넉씨]   앉아[안자]   닭을[달글]   젊어[절머]   곬이[골씨]
핥아[할타]   읊어[을퍼]   값을[갑쓸]   없어[업ː써]

제15항	받침 뒤에 모음 'ㅏ, ㅓ, ㅗ, ㅜ, ㅟ'들로 시작되는 실질 형태소가 연결되는 경우에는, 대표음으로 바꾸어서 뒤 음절 첫소리로 옮겨 발음한다.

밭 아래[바다래]   늪 앞[느밥]   젖어미[저더미]   맛없다[마덥따]
겉옷[거돋]   헛웃음[허두슴]   꽃 위[꼬뒤]

다만, '맛있다, 멋있다'는 [마싣따], [머싣따]로도 발음할 수 있다.

붙임   겹받침의 경우에는 그중 하나만을 옮겨 발음한다.
    넋 없다[너겁따]   닭 앞에[다가페]   값어치[가버치]   값있는[가빈는]

제16항	한글 자모의 이름은 그 받침소리를 연음하되, 'ㄷ, ㅈ, ㅊ, ㅋ, ㅌ, ㅍ, ㅎ'의 경우에는 특별히 다음과 같이 발음한다.

디귿이[디그시]   디귿을[디그슬]   디귿에[디그세]
지읒이[지으시]   지읒을[지으슬]   지읒에[지으세]
치읓이[치으시]   치읓을[치으슬]   치읓에[치으세]
키읔이[키으기]   키읔을[키으글]   키읔에[키으게]
티읕이[티으시]   티읕을[티으슬]   티읕에[티으세]
피읖이[피으비]   피읖을[피으블]   피읖에[피으베]
히읗이[히으시]   히읗을[히으슬]   히읗에[히으세]

제5장 음의 동화

제17항	받침 'ㄷ, ㅌ(ㄾ)'이 조사나 접미사의 모음 'ㅣ'와 결합되는 경우에는, [ㅈ, ㅊ]으로 바꾸어서 뒤 음절 첫소리로 옮겨 발음한다.

곧이듣다[고지듣따]   굳이[구지]   미닫이[미ː다지]
땀받이[땀바지]   밭이[바치]   벼훑이[벼훌치]

붙임   'ㄷ' 뒤에 접미사 '히'가 결합되어 '티'를 이루는 것은 [치]로 발음한다.
    굳히다[구치다]   닫히다[다치다]   묻히다[무치다]

제18항	받침 'ㄱ(ㄲ, ㅋ, ㄳ, ㄺ), ㄷ(ㅅ, ㅆ, ㅈ, ㅊ, ㅌ, ㅎ), ㅂ(ㅍ, ㄼ, ㄿ, ㅄ)'은 'ㄴ, ㅁ' 앞에서 [ㅇ, ㄴ, ㅁ]으로 발음한다.

먹는[멍는]   국물[궁물]   깎는[깡는]
키읔만[키응만]   몫몫이[몽목씨]   긁는[긍는]
흙만[흥만]   닫는[단는]   짓는[진ː는]
옷맵시[온맵씨]   있는[인는]   맞는[만는]
젖멍울[전멍울]   쫓는[쫀는]   꽃망울[꼰망울]
붙는[분는]   놓는[논는]   잡는[잠는]
밥물[밤물]   앞마당[암마당]   밟는[밤ː는]
읊는[음는]   없는[엄ː는]

붙임 두 단어를 이어서 한 마디로 발음하는 경우에도 이와 같다.

책 넣는데[챙넌는데]　　흙 말리다[흥말리다]　　옷 맞추다[온맏추다]
밥 먹는다[밤멍는다]　　값 매기다[감매기다]

제19항	받침 'ㅁ, ㅇ' 뒤에 연결되는 'ㄹ'은 [ㄴ]으로 발음한다.

담력[담:녁]　　　침략[침:냑]　　　강릉[강능]
항로[항:노]　　　대통령[대:통녕]

붙임 받침 'ㄱ, ㅂ' 뒤에 연결되는 'ㄹ'도 [ㄴ]으로 발음한다.

막론[막논→망논]　　　석류[석뉴→성뉴]
협력[협녁→혐녁]　　　법리[법니→범니]

제20항	'ㄴ'은 'ㄹ'의 앞이나 뒤에서 [ㄹ]로 발음한다.

(1) 난로[날:로]　　　신라[실라]　　　천리[철리]
　　광한루[광:할루]　대관령[대:괄령]
(2) 칼날[칼랄]　　　물난리[물랄리]　　줄넘기[줄럼끼]　할는지[할른지]

붙임 첫소리 'ㄴ'이 'ㅀ', 'ㄾ' 뒤에 연결되는 경우에도 이에 준한다.

닳는[달른]　　　뚫는[뚤른]　　　핥네[할레]

다만, 다음과 같은 단어들은 'ㄹ'을 [ㄴ]으로 발음한다.

의견란[의:견난]　　임진란[임:진난]　　생산량[생산냥]
결단력[결딴녁]　　공권력[공꿘녁]　　동원령[동:원녕]
상견례[상견녜]　　횡단로[횡단노]　　이원론[이:원논]
입원료[이붠뇨]　　구근류[구근뉴]

제21항	위에서 지적한 이외의 자음 동화는 인정하지 않는다.

감기[감:기](×[강:기])　　옷감[옫깜](×[옥깜])　　있고[읻꼬](×[익꼬])
꽃길[꼳낄](×[꼭낄])　　젖먹이[전머기](×[점머기])　문법[문뻡](×[뭄뻡])
꽃밭[꼳빧](×[꼽빧])

제22항	다음과 같은 용언의 어미는 [어]로 발음함을 원칙으로 하되, [여]로 발음함도 허용한다.

되어[되어/되여]　　　피어[피어/피여]

붙임 '이오, 아니오'도 이에 준하여 [이요, 아니요]로 발음함을 허용한다.

제6장 경음화

제23항 받침 'ㄱ(ㄲ, ㅋ, ㄳ, ㄺ), ㄷ(ㅅ, ㅆ, ㅈ, ㅊ, ㅌ), ㅂ(ㅍ, ㄼ, ㄿ, ㅄ)' 뒤에 연결되는 'ㄱ, ㄷ, ㅂ, ㅅ, ㅈ'은 된소리로 발음한다.

국밥[국빱]	깎다[깍따]	넋받이[넉빠지]	삯돈[삭똔]
닭장[닥짱]	칡범[칙뻠]	뻗대다[뻗때다]	옷고름[옫꼬름]
있던[읻떤]	꽂고[꼳꼬]	꽃다발[꼳따발]	낯설다[낟썰다]
밭갈이[받까리]	솥전[솓쩐]	곱돌[곱똘]	덮개[덥깨]
옆집[엽찝]	넓죽하다[넙쭈카다]	읊조리다[읍쪼리다]	값지다[갑찌다]

제24항 어간 받침 'ㄴ(ㄵ), ㅁ(ㄻ)' 뒤에 결합되는 어미의 첫소리 'ㄱ, ㄷ, ㅅ, ㅈ'은 된소리로 발음한다.

신고[신ː꼬]	껴안다[껴안따]	앉고[안꼬]	삼고[삼ː꼬]
더듬지[더듬찌]	닮고[담ː꼬]	얹다[언따]	젊지[점ː찌]

다만, 피동, 사동의 접미사 '-기-'는 된소리로 발음하지 않는다.

안기다	감기다	굶기다	옮기다

제25항 어간 받침 'ㄼ, ㄾ' 뒤에 결합되는 어미의 첫소리 'ㄱ, ㄷ, ㅅ, ㅈ'은 된소리로 발음한다.

넓게[널께]	핥다[할따]	훑소[훌쏘]	떫지[떨ː찌]

제26항 한자어에서, 'ㄹ' 받침 뒤에 결합되는 'ㄷ, ㅅ, ㅈ'은 된소리로 발음한다.

갈등[갈뜽]	발동[발똥]	절도[절또]
말살[말쌀]	불소[불쏘](弗素)	일시[일씨]
갈증[갈쯩]	물질[물찔]	발전[발쩐]
몰상식[몰쌍식]	불세출[불쎄출]	

다만, 같은 한자가 겹쳐진 단어의 경우에는 된소리로 발음하지 않는다.

허허실실[허허실실](虛虛實實)   절절-하다[절절하다](切切-)

제27항 관형사형 '-(으)ㄹ' 뒤에 연결되는 'ㄱ, ㄷ, ㅂ, ㅅ, ㅈ'은 된소리로 발음한다.

할 것을[할꺼슬]	갈 데가[갈떼가]	할 바를[할빠를]	할 수는[할쑤는]
할 적에[할쩌게]	갈 곳[갈꼳]	할 도리[할또리]	만날 사람[만날싸람]

다만, 끊어서 말할 적에는 예사소리로 발음한다.

붙임 '-(으)ㄹ'로 시작되는 어미의 경우에도 이에 준한다.

할걸[할껄]	할밖에[할빠께]	할세라[할쎄라]	할수록[할쑤록]
할지라도[할찌라도]	할지언정[할찌언정]	할진대[할찐대]	

제28항 표기상으로는 사이시옷이 없더라도, 관형격 기능을 지니는 사이시옷이 있어야 할(휴지가 성립되는) 합성어의 경우에는, 뒤 단어의 첫소리 'ㄱ, ㄷ, ㅂ, ㅅ, ㅈ'을 된소리로 발음한다.

문-고리[문꼬리]	눈-동자[눈똥자]	신-바람[신빠람]	산-새[산쌔]
손-재주[손째주]	길-가[길까]	물-동이[물똥이]	발-바닥[발빠닥]
굴-속[굴ː쏙]	술-잔[술짠]	바람-결[바람껼]	그믐-달[그믐딸]
아침-밥[아침빱]	잠-자리[잠짜리]	강-가[강까]	초승-달[초승딸]
등-불[등뿔]	창-살[창쌀]	강-줄기[강쭐기]	

제7장 음의 첨가

제29항 합성어 및 파생어에서, 앞 단어나 접두사의 끝이 자음이고 뒤 단어나 접미사의 첫 음절이 '이, 야, 여, 요, 유'인 경우에는, 'ㄴ' 음을 첨가하여 [니, 냐, 녀, 뇨, 뉴]로 발음한다.

솜-이불[솜ː니불]	홑-이불[혼니불]	막-일[망닐]
삯-일[상닐]	맨-입[맨닙]	꽃-잎[꼰닙]
내복-약[내ː봉냑]	한-여름[한녀름]	남존-여비[남존녀비]
신-여성[신녀성]	색-연필[생년필]	직행-열차[지캥녈차]
늑막-염[능망념]	콩-엿[콩녇]	담-요[담ː뇨]
눈-요기[눈뇨기]	영업-용[영엄뇽]	식용-유[시공뉴]
백분-율[백뿐뉼]	밤-윷[밤ː뉻]	

다만, 다음과 같은 말들은 'ㄴ' 음을 첨가하여 발음하되, 표기대로 발음할 수 있다.

이죽-이죽[이중니죽/이주기죽]   야금-야금[야금냐금/야그먀금]
검열[검ː녈/거ː멸]   율랑-율랑[율랑뉼랑/율랑율랑]
금융[금늉/그뮹]

붙임 1 'ㄹ' 받침 뒤에 첨가되는 'ㄴ' 음은 [ㄹ]로 발음한다.

들-일[들ː릴]	솔-잎[솔립]	설-익다[설릭따]
물-약[물략]	불-여우[불려우]	서울-역[서울력]
물-엿[물렫]	휘발-유[휘발류]	유들-유들[유들류들]

붙임 2 두 단어를 이어서 한 마디로 발음하는 경우에도 이에 준한다.

한 일[한닐]	옷 입다[온닙따]	서른여섯[서른녀섣]
3연대[삼년대]	먹은 엿[머근녇]	할 일[할릴]
잘 입다[잘립따]	스물여섯[스물려섣]	1연대[일련대]
먹을 엿[머글렫]		

다만, 다음과 같은 단어에서는 'ㄴ(ㄹ)' 음을 첨가하여 발음하지 않는다.

6·25[유기오]   3·1절[사밀쩔]   송별-연[송ː벼련]   등-용문[등용문]

제30항 사이시옷이 붙은 단어는 다음과 같이 발음한다.

1. 'ㄱ, ㄷ, ㅂ, ㅅ, ㅈ'으로 시작하는 단어 앞에 사이시옷이 올 때는 이들 자음만을 된소리로 발음하는 것을 원칙으로 하되, 사이시옷을 [ㄷ]으로 발음하는 것도 허용한다.

냇가[내ː까/낻ː까]	샛길[새ː낄/샏ː낄]
빨랫돌[빨래똘/빨랟똘]	콧등[코뜽/콛뜽]
깃발[기빨/긷빨]	대팻밥[대ː패빱/대ː팯빱]
햇살[해쌀/핻쌀]	뱃속[배쏙/밷쏙]
뱃전[배쩐/밷쩐]	고갯짓[고개찓/고갣찓]

2. 사이시옷 뒤에 'ㄴ, ㅁ'이 결합되는 경우에는 [ㄴ]으로 발음한다.

    콧날[콛날 → 콘날]   아랫니[아랟니 → 아랜니]
    툇마루[퇻:마루 → 퇸:마루]   뱃머리[뱉머리 → 밴머리]

3. 사이시옷 뒤에 '이' 음이 결합되는 경우에는 [ㄴㄴ]으로 발음한다.

    베갯잇[베갣닏 → 베갠닏]   깻잎[깯닙 → 깬닙]
    나뭇잎[나묻닙 → 나문닙]   도리깻열[도리깯녈 → 도리깬녈]
    뒷윷[뒫:뉻 → 뒨:뉻]

4 외래어 표기법

제1장 표기의 기본 원칙

제1항 외래어는 국어의 현용 24자모만으로 적는다.

제2항 외래어의 1음운은 원칙적으로 1기호로 적는다.

제3항 받침에는 'ㄱ, ㄴ, ㄹ, ㅁ, ㅂ, ㅅ, ㅇ'만을 쓴다.

제4항 파열음 표기에는 된소리를 쓰지 않는 것을 원칙으로 한다.

제5항 이미 굳어진 외래어는 관용을 존중하되, 그 범위와 용례는 따로 정한다.

제2장 표기 일람표

외래어는 표 1~19에 따라 표기한다.

국제 음성 기호와 한글 대조표

자음			국제 음성 기호	모음 앞	자음 앞 또는 어말
국제 음성 기호	모음 앞	자음 앞 또는 어말	n	ㄴ	ㄴ
p	ㅍ	ㅂ, 프	ɲ	니*	뉴
b	ㅂ	브	ŋ	ㅇ	ㅇ
t	ㅌ	ㅅ, 트	l	ㄹ, ㄹㄹ	ㄹ
d	ㄷ	드	r	ㄹ	르
k	ㅋ	ㄱ, 크	h	ㅎ	흐
g	ㄱ	그	ç	ㅎ	히
f	ㅍ	프	x	ㅎ	흐
v	ㅂ	브	모음과 반모음		
θ	ㅅ	스	i	이	ã	앙
ð	ㄷ	드	y	위	ʌ	어
s	ㅅ	스	e	에	ɔ	오
z	ㅈ	즈	ø	외	ɔ̃	옹
ʃ	시	슈, 시	ɛ	에	o	오
ʒ	ㅈ	지	ɛ̃	앵	u	우
ts	ㅊ	츠	œ	외	ə**	어
dz	ㅈ	즈	œ̃	욍	ɚ	어
tʃ	ㅊ	치	æ	애	j	이*
dʒ	ㅈ	지	a	아	ɥ	위
m	ㅁ	ㅁ	ɑ	아	w	오, 우*

* [j], [w]의 '이'와 '오, 우', 그리고 [ɲ]의 '니'는 모음과 결합할 때 제3장 표기 세칙에 따른다.
** 독일어의 경우에는 '에', 프랑스어의 경우에는 '으'로 적는다.

에스파냐어 자모와 한글 대조표

자음			국제 음성 기호	모음 앞	자음 앞 또는 어말
국제 음성 기호	모음 앞	자음 앞 또는 어말	n	ㄴ	ㄴ
p	ㅍ	ㅂ, 프	ɲ	니*	뉴
b	ㅂ	브	ŋ	ㅇ	ㅇ
t	ㅌ	ㅅ, 트	l	ㄹ, ㄹㄹ	ㄹ
d	ㄷ	드	r	ㄹ	르
k	ㅋ	ㄱ, 크	h	ㅎ	흐
g	ㄱ	그	ç	ㅎ	히
f	ㅍ	프	x	ㅎ	흐
v	ㅂ	브	모음과 반모음		
θ	ㅅ	스	i	이	ã	앙
ð	ㄷ	드	y	위	ʌ	어
s	ㅅ	스	e	에	ɔ	오
z	ㅈ	즈	ø	외	õ	옹
ʃ	시	슈, 시	ɛ	에	o	오
ʒ	ㅈ	지	ɛ̃	앵	u	우
ts	ㅊ	츠	œ	외	ə**	어
dz	ㅈ	즈	œ̃	욍	ɚ	어
tʃ	ㅊ	치	æ	애	j	이*
dʒ	ㅈ	지	a	아	ɥ	위
m	ㅁ	ㅁ	ɑ	아	w	오, 우*

제3장 표기 세칙

제1절 영어 표기

제1항 무성 파열음([p], [t], [k])

1. 짧은 모음 다음의 어말 무성 파열음([p], [t], [k])은 받침으로 적는다.

   【보기】 gap[gæp] 갭　　　　cat[kæt] 캣　　　　book[buk] 북

2. 짧은 모음과 유음·비음([l], [r], [m], [n]) 이외의 자음 사이에 오는 무성 파열음 ([p], [t], [k])은 받침으로 적는다.

   【보기】 apt[æpt] 앱트　　　setback[setbæk] 셋백　　　act[ækt] 액트

3. 위 경우 이외의 어말과 자음 앞의 [p], [t], [k]는 '으'를 붙여 적는다.

   【보기】 stamp[stæmp] 스탬프　　　cape[keip] 케이프
   　　　　nest[nest] 네스트　　　　part[pɑːt] 파트
   　　　　desk[desk] 데스크　　　　make[meik] 메이크
   　　　　apple[æpl] 애플　　　　mattress[mætris] 매트리스
   　　　　chipmunk[tʃípmʌŋk] 치프멍크　　sickness[síknis] 시크니스

| 제2항 | 유성 파열음([b], [d], [g]) |

어말과 모든 자음 앞에 오는 유성 파열음은 '으'를 붙여 적는다.
【보기】 bulb[bʌlb] 벌브　　　　　land[lænd] 랜드
　　　　zigzag[zígzæg] 지그재그　　lobster[lɔbstə] 로브스터/랍스터 *2015 '랍스터' 표기 인정
　　　　kidnap[kídnæp] 키드냅　　　signal[sígnəl] 시그널

| 제3항 | 마찰음([s], [z], [f], [v], [θ], [ð], [ʃ], [ʒ]) |

1. 어말 또는 자음 앞의 [s], [z], [f], [v], [θ], [ð]는 '으'를 붙여 적는다.
　【보기】 mask[mɑːsk] 마스크　　　jazz[dʒæz] 재즈　　　graph[græf] 그래프
　　　　　olive[ɔliv] 올리브　　　　thrill[θril] 스릴　　　bathe[beið] 베이드

2. 어말의 [ʃ]는 '시'로 적고, 자음 앞의 [ʃ]는 '슈'로, 모음 앞의 [ʃ]는 뒤따르는 모음에 따라 '샤', '섀', '셔', '셰', '쇼', '슈', '시'로 적는다.
　【보기】 flash[flæʃ] 플래시　　　shrub[ʃrʌb] 슈러브　　　shark[ʃɑːk] 샤크
　　　　　shank[ʃæŋk] 섕크　　　　fashion[fæʃən] 패션　　　sheriff[ʃerif] 셰리프
　　　　　shopping[ʃɔpiŋ] 쇼핑　　　shoe[ʃuː] 슈　　　　　　shim[ʃim] 심

3. 어말 또는 자음 앞의 [ʒ]는 '지'로 적고, 모음 앞의 [ʒ]는 'ㅈ'으로 적는다.
　【보기】 mirage[mirɑːʒ] 미라지　　vision[víʒən] 비전

| 제4항 | 파찰음([ts], [dz], [tʃ], [dʒ]) |

1. 어말 또는 자음 앞의 [ts], [dz]는 '츠', '즈'로 적고, [tʃ], [dʒ]는 '치', '지'로 적는다.
　【보기】 Keats[kiːts] 키츠　　　　　odds[ɔdz] 오즈
　　　　　switch[switʃ] 스위치　　　　bridge[bridʒ] 브리지
　　　　　Pittsburgh[pítsbəːg] 피츠버그　hitchhike[hítʃhaik] 히치하이크

2. 모음 앞의 [tʃ], [dʒ]는 'ㅊ', 'ㅈ'으로 적는다.
　【보기】 chart[tʃɑːt] 차트　　　　　virgin[vəːdʒin] 버진

| 제5항 | 비음([m], [n], [ŋ]) |

1. 어말 또는 자음 앞의 비음은 모두 받침으로 적는다.
　【보기】 steam[stiːm] 스팀　　　　corn[kɔːn] 콘
　　　　　ring[riŋ] 링　　　　　　　lamp[læmp] 램프
　　　　　hint[hint] 힌트　　　　　　ink[iŋk] 잉크

2. 모음과 모음 사이의 [ŋ]은 앞 음절의 받침 'ㅇ'으로 적는다.
　【보기】 hanging[hæŋiŋ] 행잉　　　longing[lɔŋiŋ] 롱잉

| 제6항 | 유음([l]) |

1. 어말 또는 자음 앞의 [l]은 받침으로 적는다.
　【보기】 hotel[houtel] 호텔　　　　pulp[pʌlp] 펄프

2. 어중의 [l]이 모음 앞에 오거나, 모음이 따르지 않는 비음([m], [n]) 앞에 올 때에는 'ㄹㄹ'로 적는다. 다만, 비음([m], [n]) 뒤의 [l]은 모음 앞에 오더라도 'ㄹ'로 적는다.

【보기】 slide[slaid] 슬라이드 film[film] 필름
       helm[helm] 헬름 swoln[swouln] 스월른
       Hamlet[hæmlit] 햄릿 Henley[henli] 헨리

제7항	장모음

장모음의 장음은 따로 표기하지 않는다.
【보기】 team[tiːm] 팀 route[ruːt] 루트

제8항	중모음([ai], [au], [ei], [ɔi], [ou], [auə])

중모음은 각 단모음의 음가를 살려서 적되, [ou]는 '오'로, [auə]는 '아워'로 적는다.
【보기】 time[taim] 타임 house[haus] 하우스 skate[skeit] 스케이트
       oil[ɔil] 오일 boat[bout] 보트 tower[tauə] 타워

제9항	반모음([w], [j])

1. [w]는 뒤따르는 모음에 따라 [wə], [wɔ], [wou]는 '워', [wɑ]는 '와', [wæ]는 '왜', [we]는 '웨', [wi]는 '위', [wu]는 '우로 적는다.
   【보기】 word[wəːd] 워드 want[wɔnt] 원트 woe[wou] 워 wander[wɑndə] 완더
          wag[wæg] 왜그 west[west] 웨스트 witch[witʃ] 위치 wool[wul] 울

2. 자음 뒤에 [w]가 올 때에는 두 음절로 갈라 적되, [gw], [hw], [kw]는 한 음절로 붙여 적는다.
   【보기】 swing[swiŋ] 스윙 twist[twist] 트위스트 penguin[peŋgwin] 펭귄
          whistle[hwisl] 휘슬 quarter[kwɔːtə] 쿼터

3. 반모음 [j]는 뒤따르는 모음과 합쳐 '야', '얘', '여', '예', '요', '유', '이'로 적는다. 다만, [d], [l], [n] 다음에 [jə]가 올 때에는 각각 '디어', '리어', '니어'로 적는다.
   【보기】 yard[jɑːd] 야드 yank[jæŋk] 얭크 yearn[jəːn] 연
          yellow[jelou] 옐로 yawn[jɔːn] 욘 you[juː] 유
          year[jiə] 이어 Indian[indjən] 인디언 battalion[bətæljən] 버탤리언
          union[juːnjən] 유니언

제10항	복합어

1. 따로 설 수 있는 말의 합성으로 이루어진 복합어는 그것을 구성하고 있는 말이 단독으로 쓰일 때의 표기대로 적는다.
   【보기】 cuplike[kʌplaik] 컵라이크 bookend[bukend] 북엔드
          headlight[hedlait] 헤드라이트 touchwood[tʌtʃwud] 터치우드
          sit-in[sitin] 싯인 bookmaker[bukmeikə] 북메이커
          flashgun[flæʃgʌn] 플래시건 topknot[tɔpnɔt] 톱놋

2. 원어에서 띄어 쓴 말은 띄어 쓴 대로 한글 표기를 하되, 붙여 쓸 수도 있다.
   【보기】 Los Alamos[lɔs æləmous] 로스 앨러모스/로스앨러모스
          top class[tɔpklæs] 톱 클래스/톱클래스

제2절 독일어의 표기

표 1을 따르고 제1절(영어의 표기 세칙)을 준용한다. 다만, 독일어의 독특한 것은 그 특징을 살려서 다음과 같이 적는다.

제1항	[r]

1. 자음 앞의 [r]는 '으'를 붙여 적는다.

   【보기】 Hormon[hɔrmoːn] 호르몬   Hermes[hɛrmɛs] 헤르메스

2. 어말의 [r]와 '-er[ər]'는 '어'로 적는다.

   【보기】 Herr[hɛr] 헤어   Rasur[razuːr] 라주어
   Tür[tyːr] 튀어   Ohr[oːr] 오어
   Vater[faːtər] 파터   Schiller[ʃilər] 실러

3. 복합어 및 파생어의 선행 요소가 [r]로 끝나는 경우는 2의 규정을 준용한다.

   【보기】 verarbeiten[fɛrarbaitən] 페어아르바이텐
   zerknirschen[tsɛrknirʃən] 체어크니르셴
   Fürsorge[fyːrzorgə] 퓌어조르게
   Vorbild[foːrbilt] 포어빌트
   auβerhalb[ausərhalp] 아우서할프
   Urkunde[uːrkundə] 우어쿤데
   Vaterland[faːtərlant] 파터란트

제2항	어말의 파열음은 '으'를 붙여 적는 것을 원칙으로 한다.

【보기】 Rostock[rɔstɔk] 로스토크   Stadt[ʃtat] 슈타트

제3항	철자 'berg', 'burg'는 '베르크', '부르크'로 통일해서 적는다.

【보기】 Heidelberg[haidəlbɛrk, -bɛrç] 하이델베르크
Hamburg[hamburk, -burç] 함부르크

제4항	[ʃ]

1. 어말 또는 자음 앞에서는 '슈'로 적는다.

   【보기】 Mensch[mɛnʃ] 멘슈   Mischling[miʃliŋ] 미슐링

2. [y], [ø] 앞에서는 'ㅅ'으로 적는다.

   【보기】 Schüler[ʃyːlər] 쉴러   schön[ʃøːn] 쇤

3. 그 밖의 모음 앞에서는 뒤따르는 모음에 따라 '샤, 쇼, 슈' 등으로 적는다.

   【보기】 Schatz[ʃats] 샤츠   schon[ʃoːn] 숀
   Schule[ʃuːlə] 슐레   Schelle[ʃɛlə] 셸레

제5항	[ɔy]로 발음되는 äu, eu는 '오이'로 적는다.

【보기】 läuten[lɔytən] 로이텐   Fräulein[frɔylain] 프로일라인
Europa[ɔyroːpa] 오이로파   Freundin[frɔyndin] 프로인딘

제4장 인명, 지명 표기의 원칙

외국 인명과 지명도 당연히 외래어 표기법에 따라 적어야 할 것이다. 고유 명사라는 점을 고려하면 원지음을 살려 적는 것이 바람직하지만, 그것을 정확히 모를 경우에는 우리말에 수용된 발음을 살려 적었고, 만약 관용적으로 굳어버렸다면 그것을 존중함으로써 표기의 혼란을 줄이고자 했다.

제1절 표기 원칙

제1항	외국의 인명, 지명의 표기는 제1장, 제2장, 제3장의 규정을 따르는 것을 원칙으로 한다.

제2항	제3장에 포함되어 있지 않은 언어권의 인명, 지명은 원지음을 따르는 것을 원칙으로 한다.

Ankara 앙카라   Gandhi 간디

제3항	원지음이 아닌 제3국의 발음으로 통용되고 있는 것은 관용을 따른다.

Hague 헤이그   Caesar 시저

제4항	고유 명사의 번역명이 통용되는 경우 관용을 따른다.

Pacific Ocean 태평양   Black Sea 흑해

제2절 동양의 인명, 지명 표기

제1항	중국 인명은 과거인과 현대인을 구분하여 과거인은 종전의 한자음대로 표기하고, 현대인은 원칙적으로 중국어 표기법에 따라 표기하되, 필요한 경우 한자를 병기한다.

孔子 공자   鄧小平 등소평   胡錦濤 후진타오

제2항	중국의 역사 지명으로서 현재 쓰이지 않는 것은 우리 한자음대로 하고, 현재 지명과 동일한 것은 중국어 표기법에 따라 표기하되, 필요한 경우 한자를 병기한다.

長安 장안   北京 베이징   靑島 칭다오

제3항	일본의 인명과 지명은 과거와 현대의 구분 없이 일본어 표기법에 따라 표기하는 것을 원칙으로 하되, 필요한 경우 한자를 병기한다.

豊臣秀吉 도요토미 히데요시   伊藤博文 이토 히로부미

제4항	중국 및 일본의 지명 가운데 한국 한자음으로 읽는 관용이 있는 것은 이를 허용한다.

東京 도쿄, 동경   京都 교토, 경도
上海 상하이, 상해   臺灣 타이완, 대만
黃河 황허, 황하

제3절 바다, 섬, 강, 산 등의 표기 원칙

제1항	바다는 '해(海)'로 통일한다.

홍해　　　　　　　발트해　　　　　　　아라비아해

제2항	우리나라를 제외하고 섬은 모두 '섬'으로 통일한다.

타이완섬　　　　　코르시카섬　　　　　(우리나라: 제주도, 울릉도)

제3항	한자 사용 지역(일본, 중국)의 지명이 하나의 한자로 되어 있을 경우, '강', '산', '호', '섬' 등은 겹쳐 적는다.

온타케산(御岳)　　주장강(珠江)　　도시마섬(利島)
하야카와강(早川)　위산산(玉山)

제4항	지명이 산맥, 산, 강 등의 뜻이 들어 있는 것은 '산맥', '산', '강' 등을 겹쳐 적는다.

Rio Grande　리오그란데강　　Monte Rosa　몬테로사산
Mont Blanc　몽블랑산　　　　Sierra Madre　시에라마드레산맥

5 로마자 표기법

제1장 표기의 기본 원칙

제1항 국어의 로마자 표기는 국어의 표준 발음법에 따라 적는 것을 원칙으로 한다.

제2항 로마자 이외의 부호는 되도록 사용하지 않는다.

제2장 표기 일람

제1항 모음은 다음 각호와 같이 적는다.

1. 단모음

ㅏ	ㅓ	ㅗ	ㅜ	ㅡ	ㅣ	ㅐ	ㅔ	ㅚ	ㅟ
a	eo	o	u	eu	i	ae	e	oe	wi

2. 이중 모음

ㅑ	ㅕ	ㅛ	ㅠ	ㅒ	ㅖ	ㅘ	ㅙ	ㅝ	ㅞ	ㅢ
ya	yeo	yo	yu	yae	ye	wa	wae	wo	we	ui

붙임 1 'ㅢ'는 'ㅣ'로 소리 나더라도 'ui'로 적는다. 예 광희문 Gwanghuimun

붙임 2 장모음의 표기는 따로 하지 않는다. 예 거북선 Geo:bukseon(×) – Geobukseon(○)

제2항 자음은 다음 각호와 같이 적는다.

1. 파열음

ㄱ	ㄲ	ㅋ	ㄷ	ㄸ	ㅌ	ㅂ	ㅃ	ㅍ
g, k	kk	k	d, t	tt	t	b, p	pp	p

2. 파찰음

ㅈ	ㅉ	ㅊ
j	jj	ch

3. 마찰음

ㅅ	ㅆ	ㅎ
s	ss	h

4. 비음

ㄴ	ㅁ	ㅇ
n	m	ng

5. 유음

ㄹ
r, l

붙임 1 'ㄱ, ㄷ, ㅂ'은 모음 앞에서는 'g, d, b'로, 자음 앞이나 어말에서는 'k, t, p'로 적는다.([ ] 안의 발음에 따라 표기함.)

구미 Gumi   영동 Yeongdong   백암 Baegam
옥천 Okcheon   합덕 Hapdeok   호법 Hobeop
월곶[월곧] Wolgot   벚꽃[벋꼳] beotkkot   한밭[한받] Hanbat

붙임 2 'ㄹ'은 모음 앞에서는 'r'로, 자음 앞이나 어말에서는 'l'로 적는다. 단, 'ㄹㄹ'은 'll'로 적는다.

구리 Guri   설악 Seorak   칠곡 Chilgok
임실 Imsil   울릉 Ulleung   대관령[대괄령] Daegwallyeong

제3장 표기상의 유의점

제1항 음운 변화가 일어날 때에는 변화의 결과에 따라 다음 각호와 같이 적는다.

1. 자음 사이에서 동화 작용이 일어나는 경우

    백마[뱅마] Baengma   신문로[신문노] Sinmunno
    종로[종노] Jongno   왕십리[왕심니] Wangsimni
    별내[별래] Byeollae   신라[실라] Silla

2. 'ㄴ, ㄹ'이 덧나는 경우

    학여울[항녀울] Hangnyeoul   알약[알략] allyak

3. 구개음화가 되는 경우

    해돋이[해도지] haedoji   같이[가치] gachi   굳히다[구치다] guchida

4. 'ㄱ, ㄷ, ㅂ, ㅈ'이 'ㅎ'과 합하여 거센소리로 소리 나는 경우

    좋고[조코] joko   놓다[노타] nota
    잡혀[자펴] japyeo   낳지[나치] nachi

다만, 체언에서 'ㄱ, ㄷ, ㅂ' 뒤에 'ㅎ'이 따를 때에는 'ㅎ'을 밝혀 적는다.

    묵호 Mukho   집현전 Jiphyeonjeon

붙임 된소리되기는 표기에 반영하지 않는다.

    압구정 Apgujeong   낙동강 Nakdonggang
    죽변 Jukbyeon   낙성대 Nakseongdae
    합정 Hapjeong   팔당 Paldang
    샛별 saetbyeol   울산 Ulsan

제2항 발음상 혼동의 우려가 있을 때에는 음절 사이에 붙임표(-)를 쓸 수 있다.

중앙 Jung-ang   반구대 Ban-gudae
세운 Se-un   해운대 Hae-undae

제3항 고유 명사는 첫 글자를 대문자로 적는다.

부산 Busan   세종 Sejong

제4항 인명은 성과 이름의 순서로 띄어 쓴다. 이름은 붙여 쓰는 것을 원칙으로 하되 음절 사이에 붙임표(-)를 쓰는 것을 허용한다. ( ) 안의 표기를 허용함.)

민용하 Min Yongha(Min Yong-ha)
송나리 Song Nari(Song Na-ri)

(1) 이름에서 일어나는 음운 변화는 표기에 반영하지 않는다.

    한복남 Han Boknam(Han Bok-nam)
    홍빛나 Hong Bitna(Hong Bit-na)

(2) 성의 표기는 따로 정한다.

제5항	'도, 시, 군, 구, 읍, 면, 리, 동'의 행정 구역 단위와 '가'는 각각 'do, si, gun, gu, eup, myeon, ri, dong, ga'로 적고, 그 앞에는 붙임표(-)를 넣는다. 붙임표(-) 앞뒤에서 일어나는 음운 변화는 표기에 반영하지 않는다.

충청북도 Chungcheongbuk-do   제주도 Jeju-do
의정부시 Uijeongbu-si   양주군 Yangju-gun
도봉구 Dobong-gu   신창읍 Sinchang-eup
삼죽면 Samjuk-myeon   인왕리 Inwang-ri
당산동 Dangsan-dong   봉천1동 Bongcheon 1(il)-dong
종로2가 Jongno 2(i)-ga   퇴계로3가 Toegyero 3(sam)-ga

붙임 '시, 군, 읍'의 행정 구역 단위는 생략할 수 있다.

청주시 Cheongju   함평군 Hampyeong   순창읍 Sunchang

제6항	자연 지물명, 문화재명, 인공 축조물명은 붙임표(-) 없이 붙여 쓴다.

남산 Namsan   속리산 Songnisan   금강 Geumgang
독도 Dokdo   경복궁 Gyeongbokgung   무량수전 Muryangsujeon
연화교 Yeonhwagyo   극락전 Geungnakjeon   안압지 Anapji
남한산성 Namhansanseong   화랑대 Hwarangdae   불국사 Bulguksa
현충사 Hyeonchungsa   독립문 Dongnimmun   오죽헌 Ojukheon
촉석루 Chokseongnu   종묘 Jongmyo   다보탑 Dabotap

제7항	인명, 회사명, 단체명 등은 그동안 써 온 표기를 쓸 수 있다.

제8항	학술 연구 논문 등 특수 분야에서 한글 복원을 전제로 표기할 경우에는 한글 표기를 대상으로 적는다. 이때 글자 대응은 제2장을 따르되 'ㄱ, ㄷ, ㅂ, ㄹ'은 'g, d, b, l'로만 적는다. 음가 없는 'ㅇ'은 붙임표(-)로 표기하되 어두에서는 생략하는 것을 원칙으로 한다. 기타 분절의 필요가 있을 때에도 붙임표(-)를 쓴다.

집 jib   짚 jip   밖 bakk   값 gabs
붓꽃 buskkoch   먹는 meogneun   독립 doglib   문리 munli
물엿 mul-yeos   굳이 gud-i   좋다 johda   가곡 gagog
조랑말 jolangmal   없었습니다 eobs-eoss-seubnida

부칙 〈제2000-8호, 2000.7.7〉

① (시행일) 이 규정은 고시한 날부터 시행한다.

② (표지판 등에 대한 경과조치) 이 표기법 시행당시 종전의 표기법에 의하여 설치된 표지판(도로, 광고물, 문화재 등의 안내판)은 2005. 12. 31.까지 이 표기법을 따라야 한다.

③ (출판물 등에 대한 경과조치) 이 표기법 시행당시 종전의 표기법에 의하여 발간된 교과서 등 출판물은 2002. 2. 28.까지 이 표기법을 따라야 한다

MEMO

2023
국왕국어
요정노트

제 2 부
어휘

01 고유어

02 속담, 한자성어

03 한자어

1 고유어

기출 고유어 211

1	가납사니	쓸데없는 말을 지껄이기를 좋아하는 사람
2	가리	곡식이나 장작 따위의 스무 단
3	가리사니	① 사물을 판단할 만한 지각(知覺) ② 사물을 분간하여 판단할 수 있는 실마리
4	가멸다	재산이나 자원 따위가 넉넉하고 많다.
5	가뭇없다	① 보이던 것이 전연 보이지 않아 찾을 곳이 감감하다. ② 눈에 띄지 않게 감쪽같다.
6	가붓하다	조금 가벼운 듯하다.
7	가시	음식물에 생긴 구더기
8	가탈	일이 수월하게 되지 않도록 방해하는 조건. 또는 트집을 잡아 까다롭게 구는 일≒까탈
9	가풀막	몹시 가파르게 비탈진 곳
10	갈무리	① 물건을 잘 정돈하여 간수하다. ② 일을 잘 처리하여 마무리하다.
11	감잡히다	남과 시비(是非)를 다툴 때, 약점을 잡히다.
12	갓	청어나 굴비 열 마리
13	강굴	물이나 그 밖의 다른 어떤 것도 섞지 아니한 굴의 살
14	강밥	국이나 찬도 없이 맨밥으로 먹는 밥
15	거리	오이, 가지 따위의 오십 개
16	걱실걱실하다	성질이 너그러워 행동이 시원스럽다.
17	겅성드뭇하다	많은 수효가 듬성듬성 흩어져 있다.
18	겉볼안	겉을 보면 속은 안 보아도 짐작할 수 있다는 말
19	겨끔내기	서로 번갈아 하기
20	결곡하다	얼굴 생김새나 마음씨가 깨끗하고 여무져서 빈틈이 없다.
21	겻불	겨를 태우는 불. 불기운이 미미하다.
22	곁불	① 얻어 쬐는 불 ② 가까이하여 보는 덕
23	고래실논	바닥이 깊고 물길이 좋아 기름진 논
24	고샅	① 시골 마을의 좁은 골목길. 또는 골목 사이 ② 좁은 골짜기의 사이

25	고수레	① 주로 흰떡을 만들 때에, 반죽을 하기 위하여 쌀가루에 끓는 물을 훌훌 뿌려서 물이 골고루 퍼져 섞이게 하는 일 ② 주로 논농사에서, 갈아엎은 논의 흙을 물에 잘 풀리게 짓이기는 일 ③ 민간 신앙에서, 산이나 들에서 음식을 먹을 때나 무당이 굿을 할 때, 귀신에게 먼저 바친다는 뜻으로 음식을 조금 떼어 던지는 일
26	골막하다	담긴 것이 가득 차지 아니하고 조금 모자란 듯하다.
27	곰바지런하다	일하는 것이 시원시원하지는 못하지만 꼼꼼하고 바지런하다.
28	곰비임비	자꾸자꾸 계속하여
29	곰삭다	① 옷 따위가 오래 되어서 올이 삭고 질이 약해지다. ② 젓갈 따위가 오래되어서 푹 삭다. ③ 풀, 나뭇가지 따위가 썩거나 오래되어 푸슬푸슬해지다. ④ 두 사람의 사이가 스스럼없이 가까워지다.
30	곰살궂다	① 태도나 성질이 부드럽고 친절하다. ② 꼼꼼하고 자세하다.
31	괴괴하다	쓸쓸한 느낌이 들 정도로 아주 고요하다.
32	괴이하다	정상적이지 않고 별나며 괴상하다.≒이상야릇하다
33	구레나룻	귀밑에서 턱까지 잇따라 난 수염
34	구순하다	서로 사귀거나 지내는 데 사이가 좋아 화목하다.
35	궁도련님 (宮---)	① 종친으로서 군(君)에 봉해진 젊은 사람 ② 예전에, 거만하고 약삭빠른 궁방(宮房)의 젊은 사람을 이르던 말 ③ 부유한 집에서 자라나 세상의 어려운 일을 잘 모르는 사람을 비유적으로 이르는 말
36	궁싯거리다	① 잠이 오지 아니하여 누워서 몸을 이리저리 뒤척거리다.≒궁싯대다 ② 어찌할 바를 몰라 이리저리 머뭇거리다.≒궁싯대다
37	귓불	귓바퀴의 아래쪽에 붙어 있는 살≒귓밥
38	근천스럽다	보잘것없고 초라한 데가 있다.
39	길섶	길의 가장자리. 흔히 풀이 나 있는 곳을 가리킨다.
40	깜냥	스스로 일을 헤아림. 또는 헤아릴 수 있는 능력
41	깨단하다	오랫동안 생각해 내지 못하던 일 따위를 어떠한 실마리로 말미암아 깨닫거나 분명히 알다.
42	꼭뒤	뒤통수의 한가운데
43	끌끌하다	마음이 맑고 바르고 깨끗하다.≒깔깔하다
44	끌밋하다	모양이나 차림새 따위가 매우 깨끗하고 훤칠하다.
45	나앉다	하던 일을 그만두거나 직책에서 물러나다.
46	난달	길이 여러 갈래로 통한 곳
47	너나들이	서로 너니 나니 하고 부르며 허물없이 말을 건넴. 또는 그런 사이
48	너볏하다	몸가짐이나 행동이 번듯하고 의젓하다.
49	널빈지	한 짝씩 끼웠다 떼었다 할 수 있게 만든 문. 흔히 가게에서 문 대신 쓴다.

50	널빤지	판판하고 넓게 켠 나뭇조각
51	노가리	경지(耕地) 전면에 여기저기 흩어지게 씨를 뿌리는 일
52	노느매기	여러 몫으로 갈라 나누는 일. 또는 그렇게 나누어진 몫
53	노루목	① 노루가 자주 다니는 길목 ② 넓은 들에서 다른 곳으로 이어지는 좁은 지역
54	노박이	한곳에 붙박이로 있는 사람(충청)
55	노박이로	① 줄곧 한가지에만 붙박이로 ② 줄곧 계속적으로
56	누굿하다	성질이나 태도가 좀 부드럽고 순하다.
57	눈살	두 눈썹 사이에 잡히는 주름
58	는개	'안개비'보다는 조금 굵고 '이슬비'보다는 가는 비
59	능갈치다	교묘하게 잘 둘러대다.
60	다따가	난데없이 갑자기
61	다문다문	① 시간적으로 잦지 아니하고 좀 드문 모양 ② 공간적으로 배지 아니하고 사이가 좀 드문 모양
62	달막거리다	① 가벼운 물체 따위가 자꾸 들렸다 내려앉았다 하다. ② 어깨나 엉덩이 따위가 자꾸 가볍게 들렸다 놓였다 하다. ③ 마음이 자꾸 조금 설레다. 또는 그렇게 되게 하다. ④ 말할 듯이 입술이 자꾸 가볍게 열렸다 닫혔다 하다. ⑤ 자꾸 남에 대하여 들추어 말하다.
63	대갈마치	① 말굽에 대갈을 박을 때 쓰는 작은 마치 ② 온갖 어려운 일을 겪어서 아주 야무진 사람을 비유하는 말
64	던적스럽다	하는 짓이 보기에 매우 치사하고 더러운 데가 있다.
65	데면데면하다	사람을 대하는 태도가 친밀감이 없이 예사롭다.
66	데생기다	생김새나 성품의 됨됨이가 완전하게 이루어지지 못하여 못나게 생기다.
67	도두룩하다	① 무엇이 돋아난 것처럼 가운데 부분이 볼록하다. ② 보기 좋을 정도로 자라나 있다.
68	두남두다	① 잘못을 두둔하다. ② 애착을 가지고 돌보다.
69	두루치기	① 한 가지 물건을 여기저기 두루 씀. 또는 그런 물건 ② 두루 미치거나 두루 해당함. ③ 한 사람이 여러 방면에 능통함. 또는 그런 사람
70	두름	①고사리 따위의 산나물을 열 모숨(줌) 정도씩 엮은 것 ②조기 따위의 물고기를 한 줄에 열 마리씩 두 줄로 엮은 스무 마리
71	두억시니	모질고 사나운 귀신의 하나≒야차(夜叉)
72	둘리다	그럴듯한 꾀에 속다.
73	뒷공론	① 일이 끝난 뒤 쓸데없이 이러니저러니 다시 말함 ② 겉으로 떳떳이 나서지 않고 뒤에서 이러쿵저러쿵 시비조로 말하는 일

74	드레	인격적으로 점잖은 무게
75	드팀전	예전에, 온갖 피륙을 팔던 가게
76	들뜨다	마음이나 분위기가 가라앉지 아니하고 조금 흥분되다.
77	들르다	지나는 길에 잠깐 들어가 머무르다.
78	등걸잠	옷을 입은 채 아무것도 덮지 아니하고 아무 데나 쓰러져 자는 잠

79	디딤돌	마루 아래 같은 데에 놓아서 디디고 오르내릴 수 있게 한 돌
80	뗏장	흙이 붙어 있는 상태로 뿌리 째 떠낸 잔디의 조각
81	뜯적뜯적하다	① 자꾸 손톱이나 칼끝 따위로 뜯거나 진집을 내다. ② 괜히 트집을 잡아 자꾸 짓궂게 건드리다.
82	마뜩하다	제법 마음에 들 만하다.
83	마파람	뱃사람들의 은어로, '남풍(南風)'을 이르는 말≒경풍, 오풍, 앞바람, 마풍
84	맛문하다	몹시 지친 상태에 있다.
85	모꼬지	여러 사람이 놀이나 잔치 따위의 일로 모이는 것, 즉 '연희', '집회'
86	몸가축	몸을 매만지고 다듬음
87	몽니쟁이	음흉하고 심술궂게 욕심을 부리는 사람
88	몽따다	알고 있으면서 일부러 모르는 체하다
89	무람없다	예의를 지키지 않으며 조심하는 것이 없다.
90	무릎맞춤	두 사람의 말이 어긋날 때 제삼자 앞에서 대면시켜 옳고 그름을 따짐
91	무릎맞춤하다	두 사람의 말이 서로 어긋날 때, 제삼자를 앞에 두고 전에 한 말을 되풀이하여 옳고 그름을 따지다.
92	뭇	물고기를 열 마리씩 세는 단위
93	미립	경험에서 얻은 묘한 이치
94	미쁘다	믿음성이 있다

95	바투	① 두 대상이나 물체의 사이가 썩 가깝게 ② 시간이나 길이가 아주 짧게
96	바특하다	두 대상이나 물체 사이가 조금 가깝다.
97	버름하다	① 물건의 틈이 꼭 맞지 않고 조금 벌어져 있다. ② 마음이 서로 맞지 않아 사이가 뜨다.
98	벼르다	어떤 일을 이루려고 마음속으로 준비를 단단히 하고 기회를 엿보다.
99	벽창호	고집이 세며 우둔하여 말이 도무지 통하지 아니하는 무뚝뚝한 사람
100	복대기다	① 많은 사람들이 복잡하게 떠들어 대거나 왔다 갔다 움직이다. ② 정신을 차릴 수 없을 만큼 일이나 사람을 서둘러 죄어치거나 몹시 몰아치다.
101	부시다	그릇 따위를 씻어 깨끗하게 하다.
102	붓다	① 살가죽이나 어떤 기관이 부풀어 오르다. ② (속되게)성이 나서 뾰로통해지다.

103	비웃	'청어(靑魚)'를 식료품으로 이르는 말
104	삐끗하다	① 맞추어 끼울 물건이 꼭 들어맞지 아니하고 어긋나다. ② 잘못하여 일이 어긋나다.
105	사잇밥	농사꾼이나 일꾼들이 끼니 외에 참참이 먹는 음식≒곁두리
106	삭신	몸의 근육과 뼈마디≒골신
107	산소리	어려운 가운데서도 속은 살아서 남에게 굽히지 않으려고 하는 말
108	살천스럽다	쌀쌀하고 매섭다.
109	상고대	나무나 풀에 내려 눈처럼 된 서리
110	새살거리다	샐샐 웃으면서 재미있게 자꾸 지껄이다.
111	새치름하다	쌀쌀맞게 시치미를 떼는 태도가 있다.
112	생때같다	① 아무 탈 없이 멀쩡하다. ② 공을 많이 들여 매우 소중하다.
113	서슴다	결단을 내리지 못하고 머뭇거리며 망설이다.
114	선걸음	① 현재 서서 내디뎌 걷고 있는 그대로의 걸음 ② 이왕 내디딘 걸음
115	소슬바람	으스스하고 쓸쓸하게 부는 바람
116	손	고등어나 꽁치, 조기 두 마리
117	손방	아주 할 줄 모르는 솜씨
118	손씻이	남의 수고에 보답하는 마음으로 적은 물건을 주는 일. 또는 그 물건
119	숟가락총	숟가락의 자루
120	숫밥	① 손대지 않은 깨끗한 밥 ② 솥에서 처음으로 푼 밥
121	숫접다	순박하고 진실하다.
122	슬겁다	① 집이나 세간 따위가 겉으로 보기보다 속이 너르다. ② 마음씨가 너그럽고 미덥다.
123	시앗	남편의 첩
124	실큼하다	싫은 생각이 있다.
125	쌈	바늘 스물네 개
126	쌩이질	한창 바쁠 때에 쓸데없는 일로 남을 귀찮게 구는 짓≒씨양이질
127	안갚음	① 까마귀 새끼가 자라서 늙은 어미에게 먹이를 물어다 주는 일 ② 자식이 커서 부모를 봉양하는 일≒반포(反哺)
128	안갚음하다	자식이 커서 부모를 봉양(奉養)하다.
129	안다미로	담은 것이 그릇에 넘치도록 많이
130	안잠자기	여자가 남의 집에서 잠을 자며 그 집의 일을 도와주는 일. 또는 그런 여자≒안잠

131	알심	① 속으로 은근히 동정하는 마음 ② 보기보다는 야무진 힘≒고갱이
132	알천	① 재산 가운데 가장 값나가는 물건 ② 음식 가운데서 제일 맛있는 음식
133	알토란같다	살림과 재산 등이 옹골차게 실속이 있다.
134	암살스럽다	엄살을 부리며 버티고 겨루는 태도가 있다.
135	앙갚음	남이 저에게 해를 준 대로 저도 그에게 해를 줌. ≒반보(反報), 보복(報復)
136	앙갚음하다	남이 저에게 해를 준 대로 저도 그에게 해를 주다.
137	애먼	① 일의 결과가 다르게 돌아가 억울하게 느껴지는 ② 일의 결과가 다르게 돌아가 엉뚱하게 느껴지는
138	애오라지	① '겨우'를 강조하여 이르는 말 ② '오로지'를 강조하여 이르는 말
139	악비나다	정도가 너무 지나쳐서 진저리가 날 만큼 싫증이 나다.
140	어르다	① 몸을 움직여 주거나 또는 무엇을 보여 주거나 들려주어서, 어린 아이를 달래거나 기쁘게 하여 주다. ② 사람이나 짐승을 놀리며 장난하다. ③ 어떤 일을 하도록 사람을 구슬리다.
141	어안	어이없어 말을 못하고 있는 혀 안
142	얼금뱅이	얼굴이 얼금얼금 얽은 사람
143	엉너리	남의 환심을 사려고 어벌쩡하게 서두르는 짓
144	에움길	굽은 길. 또는 에워서 돌아가는 길
145	엔간하다	대중으로 보아 정도가 표준에 꽤 가깝다.
146	여봐란듯이	우쭐대고 자랑하듯이
147	여북하다	('여북하면', '여북해야' 꼴로 의문문에 쓰여) 정도가 매우 심하거나 상황이 좋지 않다.
148	여우비	볕이 나 있는 날 잠깐 오다가 그치는 비
149	열없다	조금 부끄럽다. 담이 작고 겁이 많다.
150	영절스럽다	아주 그럴듯하다.
151	오금	무릎의 구부러지는 오목한 안쪽 부분
152	오늬	화살의 머리를 활시위에 끼도록 에어낸 부분
153	오롯이	① 모자람이 없이 온전하게 ② 고요하고 쓸쓸하게
154	오지랖	웃옷이나 윗도리에 입는 겉옷의 앞자락
155	옴나위	꼼짝할 만큼의 작은 움직임
156	옹골지다	실속이 있게 속이 꽉 차 있다.
157	왜장질	쓸데없이 큰 소리로 마구 떠드는 짓
158	우두망찰하다	정신이 얼떨떨하여 어찌할 바를 모르다.
159	우리	기와를 세는 단위. 한 우리는 기와 2천 장

160	우세스럽다	남에게 놀림과 비웃음을 받을 듯하다. ≒남우세스럽다·남사스럽다·남세스럽다
161	울력	여러 사람이 힘을 합해서 하는 일. 또는 그런 힘
162	웃비	아직 우기(雨氣)는 있으나 좍좍 내리다가 그친 비
163	웅숭깊다	① 생각이나 뜻이 크고 넓다. ② 사물이 되바라지지 아니하고 깊숙하다.
164	윤똑똑이	자기만 혼자 잘나고 영악한 체하는 사람을 낮잡아 이르는 말
165	을씨년스럽다	① 보기에 날씨나 분위기 따위가 몹시 스산하고 쓸쓸한 데가 있다. ② 보기에 살림이 매우 가난한 데가 있다.
166	음전하다	말이나 행동이 곱고 우아하다. 또는 얌전하고 점잖다.
167	의뭉스럽다	보기에 겉으로는 어리석어 보이나 속으로는 엉큼한 데가 있다.
168	이러구러	① 이럭저럭 일이 진행되는 모양 ② 이럭저럭 시간이 흐르는 모양
169	이악스럽다	① 달라붙는 기세가 굳세고 끈덕진 데가 있다. ② 이익을 위하여 지나치게 아득바득하는 태도가 있는 듯하다.
170	입시	하인이나 종이 먹는 밥을 낮잡아 이르는 말
171	자리끼	밤에 자다가 마시기 위하여 잠자리의 머리맡에 준비하여 두는 물
172	자발없다	행동이 가볍고 참을성이 없다.
173	자부락거리다	가만히 있는 사람을 실없이 자꾸 건드려 귀찮게 하다.
174	자분자분	① 좀스럽게 짓궂은 말이나 행동 따위로 자꾸 남을 귀찮게 하는 모양 ② 음식에 섞인 잔모래 따위가 귀찮게 자꾸 씹히는 모양 ③ 성질이나 태도가 부드럽고 조용하며 찬찬한 모양 ④ 부드러운 물건이 씹히는 모양
175	잔생이	① 지긋지긋하게 말을 듣지 아니하는 모양 ② 애걸복걸하는 모양
176	장돌뱅이	장돌림(여러 장을 돌아다니며 물건을 파는 장수)을 낮잡아 부르는 말
177	저어하다	염려거나 두려워하다.
178	저지레	일이나 물건에 문제가 생기게 만들어 그르치는 일
181	젯메	제사 때 올리는 밥≒제반(祭飯)
182	조쌀하다	늙었어도 얼굴이 깨끗하고 맵시 있다.
183	졸이다	① '졸다(찌개, 국, 한약 따위의 물이 증발하여 분량이 적어지다.)'의 사동사. 찌개나 국의 국물을 줄게 하는 것을 이르는 말이다. ② (주로'마음', '가슴' 따위와 함께 쓰여) 속을 태우다시피 초조해하다.
184	죽	버선, 옷이나 그릇 열 벌
185	줄행랑	'도망'을 속되게 이르는 말
186	중둥밥	① 팥을 달인 물에 흰쌀을 안쳐 지은 밥 ② 찬밥에 물을 조금 치고 다시 무르게 끓인 밥

187	지청구하다	까닭 없이 남을 탓하고 원망하다.
188	진솔	옷이나 버선 따위가 한 번도 빨지 않은 새 것 그대로인 것
189	징건하다	먹은 것이 잘 소화되지 아니하여 더부룩하고 그득한 느낌이 있다.
190	짜장	과연 정말로
191	짬짜미	남모르게 자기들끼리 짜고 하는 약속이나 수작
192	채	인삼 백 근
193	책상물림	세상 물정을 모르는 사람
194	축	오징어 스무 마리
195	츱츱스럽다	보기에 너절하고 염치없는 데가 있다.
196	콧방울	코끝 양쪽으로 둥글게 방울처럼 내민 부분
197	쾌	북어 스무 마리
198	탐탁하다	모양이나 태도, 또는 어떤 일 따위가 마음에 들어 만족하다.
199	투미하다	어리석고 둔하다.
200	푹하다	겨울 날씨가 퍽 따뜻하다.

201	푼푼하다	① 모자람이 없이 넉넉하다. ② 옹졸하지 아니하고 시원스러우며 너그럽다.
202	하늬바람	서쪽에서 부는 바람≒갈바람, 가수알바람
203	하릴없이	① 달리 어떻게 할 도리가 없이 ② 조금도 틀림이 없이
204	함초롬하다	(젖거나 서려있는 모양이나 상태가)가지런하고 곱다.
205	해거름	해가 서쪽으로 넘어가는 일. 또는 그런 때≒일모(日暮)·해름
206	해미	바다 위에 낀 아주 짙은 안개
207	호젓하다	① 후미져서 무서움을 느낄 만큼 고요하다. ② 매우 홀가분하여 쓸쓸하고 외롭다.
208	호졸근하다	① 옷이나 종이 따위가 약간 젖거나 풀기가 빠져 보기 흉하게 축 늘어져 있다. ② 지치고 고단하여 몸이 축 늘어질 정도로 힘이 없다.
209	화수분	재물이 계속 나오는 보물단지. 그 안에 온갖 물건을 담아 두면 끝없이 새끼를 쳐 그 내용물이 줄어들지 않는다는 설화상 단지를 이른다.
210	희나리	채 마르지 아니한 장작
211	희아리	약간 상한 채로 말라서 희끗희끗한 고추

주제별 고유어

나의 성격·행동

ㄱ	걱실걱실하다	결곡하다	곰살궂다	끌끌하다	끌밋하다
ㄴ	너볏하다	누긋하다	노긋하다		
ㅅ	숫접다	슬겁다			
ㅇ	음전하다	옹골지다			

나의 속성

ㄱ	가리사니	깜냥
ㄷ	드레	
ㅁ	미립	
ㅇ	알심	알천 (짝퉁! 영절스럽다)

나의 성격·행동

궁도련님	가멸다	화수분	깝살리다
조쌀하다			

윤똑똑이

ㄱ	근천스럽다		
ㄴ	능갈치다		
ㄷ	던적스럽다	데생기다	
ㅁ	무람없다	몽니쟁이	몽따다
ㅅ	살천스럽다		
ㅇ	의뭉스럽다	이악스럽다	
ㅈ	자발없다	지청구하다	저지레

이걸 보는 나는 저어하다 실큼하다 약비나다

지명

노루목	난달	에움길
고샅	가풀막	
길섶	물매	

나와 친구의 관계

너나들이	구순하다	골막하다	잔생이	안다미로	우두망찰하다	데면데면하다
	(연락 끊고 청평으로……)					
괴괴하다	소슬바람	을씨년스럽다	호젓하다	(돌아와서 처음처럼 마시고)		곰삭다

조카

새살거리다
자부락거리다
쌩이질
왜장질

김병태

괴이하다	
노박이	노박이로
달막거리다	
두억시니	

힘없는 수험생

투미하다
맛문하다
마뜩잖다

신체

정수리	꼭뒤	귓불	어안	목덜미	활개
볼기	오금	장딴지	정강이	종아리	허벅지

바람 / 비 / 별

바람		비	별	
동(東)	샛바람, 강쇠바람	안개비	유성(流星)	별똥별
서(西)	하늬바람, 갈바람	는개	항성(恒星)	붙박이별
남(南)	마파람, 앞바람	이슬비	금성(金星)	샛별
북(北)	된바람, 뒤바람	가랑비	혜성(彗星)	꼬리별, 살별

주제별 고유어와 의미

1	걱실걱실하다	성질이 너그러워 말과 행동이 시원스럽다.
2	결곡하다	얼굴 생김새나 마음씨가 깨끗하고 여무져서 빈틈이 없다.
3	곰살궂다	태도나 성질이 부드럽고 친절하다. 꼼꼼하고 자세하다.
4	끌끌하다	마음이 맑고 바르고 깨끗하다. = 깔깔하다03
5	끌밋하다	모양이나 차림새 따위가 매우 깨끗하고 훤칠하다.
6	너볏하다	몸가짐이나 행동이 번듯하고 의젓하다.
7	누긋하다	성질이나 태도가 좀 부드럽고 순하다. 메마르지 않고 좀 눅눅하다.
8	노긋하다	성질이나 태도가 좀 보드랍고 순하다. 힘이 없고 나른하다.
9	숫접다	순박하고 진실하다.
10	슬겁다	마음씨가 너그럽고 미덥다.
11	음전하다	말이나 행동이 곱고 우아하다. 또는 얌전하고 점잖다.
12	옹골지다	실속이 있게 속이 꽉 차 있다.
13	웅숭깊다	생각이나 뜻이 크고 넓다.
14	가리사니	사물을 판단할 만한 지각(知覺). 「준」 가리산01.
15	깜냥	스스로 일을 헤아림. 또는 헤아릴 수 있는 능력.
16	드레	인격적으로 점잖은 무게.
17	미립	경험을 통하여 얻은 묘한 이치나 요령.
18	알심	은근히 동정하는 마음. 보기보다 야무진 힘.
19	알천	재산 가운데 가장 값나가는 물건. 음식 가운데서 제일 맛있는 음식.
20	영절스럽다	아주 그럴듯하다.
21	궁도련님	부유한 집에서 자라나 세상의 어려운 일을 잘 모르는 사람
22	가멸다	재산이나 자원 따위가 넉넉하고 많다.
23	화수분	재물이 계속 나오는 보물단지
24	깝살리다	찾아온 사람을 따돌려 보내다. 재물이나 기회 따위를 흐지부지 다 없애다.
25	조쌀하다	늙었어도 얼굴이 깨끗하고 맵시 있다.
26	근천스럽다	보잘것없고 초라한 데가 있다.
27	능갈치다	교묘하게 잘 둘러대는 재주가 있다. 아주 능청스럽다.
28	던적스럽다	하는 짓이 보기에 매우 치사하고 더러운 데가 있다.
29	데생기다	생김새나 됨됨이가 완전하게 이루어지지 못하여 못나게 생기다.
30	무람없다	예의를 지키지 않으며 삼가고 조심하는 것이 없다.
31	몽니쟁이	몽니를 부리는 사람. (몽니: 받고자 하는 대우를 받지 못할 때 내는 심술.)

32	몽따다	알고 있으면서 일부러 모르는 체하다.
33	살천스럽다	쌀쌀하고 매섭다.
34	의뭉스럽다	보기에 겉으로는 어리석어 보이나 속으로는 엉큼한 데가 있다.
35	이악스럽다	이익을 위하여 지나치게 아득바득하는 태도가 있는 듯하다.
36	자발없다	행동이 가볍고 참을성이 없다.
37	지청구하다	까닭 없이 남을 탓하고 원망하다.
38	저지레	일이나 물건에 문제가 생기게 만들어 그르치는 일.
39	저어하다	염려하거나 두려워하다.
40	실큼하다	싫은 생각이 있다.
41	약비나다	정도가 너무 지나쳐서 진저리가 날 만큼 싫증이 나다.
42	너나들이	서로 너니 나니 하고 부르며 허물없이 말을 건네는 사이. ≒이여01(爾汝).
43	구순하다	서로 사귀거나 지내는 데 사이가 좋아 화목하다.
44	골막하다	담긴 것이 가득 차지 아니하고 조금 모자란 듯하다.
45	잔생이	지긋지긋하게 말을 듣지 아니하는 모양. 애걸복걸하는 모양.
46	안다미로	담은 것이 그릇에 넘치도록 많이.
47	우두망찰하다	정신이 얼떨떨하여 어찌할 바를 모르다. ≒우두망절하다
48	데면데면하다	사람을 대하는 태도가 친밀감이 없이 예사롭다.
49	괴괴하다	쓸쓸한 느낌이 들 정도로 아주 고요하다.
50	소슬바람	가을에, 외롭고 쓸쓸한 느낌을 주며 부는 으스스한 바람. ≒솔바람02.
51	을씨년스럽다	보기에 날씨나 분위기 따위가 몹시 스산하고 쓸쓸한 데가 있다.
52	호젓하다	후미져서 무서움을 느낄 만큼 고요하다. 매우 홀가분하여 쓸쓸하고 외롭다.
53	곰삭다	두 사람의 사이가 스스럼없이 가까워지다. 올이 삭고 질이 약해지다.
54	노루목	넓은 들에서 다른 곳으로 이어지는 좁은 지역. 노루가 자주 다니는 길목.
55	고샅	시골 마을의 좁은 골목길. 또는 골목 사이. ≒고샅길.
56	길섶	길의 가장자리. 흔히 풀이 나 있는 곳을 가리킨다.
57	난달	길이 여러 갈래로 통한 곳.
58	가풀막	몹시 가파르게 비탈진 곳.
59	물매	수평을 기준으로 한 경사도.
60	에움길	굽은 길. 또는 에워서 돌아가는 길.
61	새살거리다	샐샐 웃으면서 재미있게 자꾸 지껄이다. ≒새살대다.
62	자부락거리다	가만히 있는 사람을 실없이 자꾸 건드려 귀찮게 하다. ≒자부락대다.
63	쌩이질	한창 바쁠 때에 쓸데없는 일로 남을 귀찮게 구는 짓.
64	왜장질	쓸데없이 큰 소리로 마구 떠드는 짓.

65	괴이하다	=이상야릇하다.
66	노박이	『방언』한곳에 붙박이로 있는 사람(충청).
67	노박이로	줄곧 한 가지에만 붙박이로. 줄곧 계속적으로.
68	달막거리다	어깨나 엉덩이 따위가 자꾸 가볍게 들렸다 놓였다 하다.≒달막대다[1]「2」.
69	두억시니	모질고 사나운 귀신의 하나. ≒야차01(夜叉)「1」.
70	투미하다	어리석고 둔하다.
71	맛문하다	몹시 지친 상태에 있다.
72	마뜩잖다	마음에 들 만하지 아니하다.

2 속담, 한자성어

주요 속담

1	자식 사랑	고슴도치도 제 새끼는 함함하다고 한다.
2	자식을 많이 둔 수고로움	지네 발에 신 신기기
3	환경의 중요성	삼밭에 쑥대
4	영향력, 세력	산이 높으면 그늘도 멀다. 수양산 그늘이 강동 팔십 리를 간다. 말 꼬리에 붙은 파리가 천리를 간다.
5	성급함	오동나무 보고 춤춘다. 싸전 가서 밥 달라고 한다. 콩밭 가서 두부 찾는다.
6	부적절한 행동	망건 쓰고 세수한다. 모기 보고 칼 빼기. 절에 가서 젓국을 찾는다.
7	어리석은 행동	비단 옷 입고 밤길 다닌다. 배 주고 속 빌어먹는다. 호박씨 까서 한입에 털어 넣는다. 쥐구멍으로 소를 몰려 한다.
8	엉뚱한 지레짐작	앞집 처녀 믿다가 장가 못간다.
9	무지함	장님 코끼리 말하듯 한다. 하룻망아지 서울 다녀오듯. 눈 먼 말 워낭 소리 따라간다.
10	무모함	섶을 지고 불구덩이에 뛰어드는 격. 쫓아가서 벼락 맞는다. 곤장 메고 매품 팔러 간다.
11	근본적이지 못한 일처리	아랫돌 빼서 윗돌 괴기. 언 발에 오줌 누기. 쥐 잡으려다가 장독 깬다.
12	어쩔 수 없는 행동	오뉴월 닭이 여북해서 지붕을 후비랴.
13	허세	가게 기둥에 입춘. 개발에 주석 편자. 양반은 얼어 죽어도 겻불은 안 쬔다. 혀는 짧아도 침은 길게 뱉는다. 독을 보아 쥐를 못 잡는다.
14	실속 없음	첫 방정에 새 까먹는다. 빛 좋은 개살구. 속빈 강정. 그림의 떡
15	욕심	산지기가 도끼 밥을 남 주랴. 말 타면 경마 잡히고 싶어진다. 말 죽은 데 체 장수 모이듯 한다. 염불에는 맘이 없고 잿밥에만 맘이 있다.
16	보챔	젖 떨어진 강아지 같다.
17	남을 속임	귀 막고 방울 도둑질한다. 눈 가리고 아웅 한다. 등치고 간 내 먹는다. 고양이가 쥐 생각해 준다. 아닌 보살을 한다.
18	못된 행동	모과나무 심사
19	부당한 상황	배고픈 놈더러 요기시키란다.
20	궁지에 몰린 형세	독 안에 든 쥐. 도마에 오른 고기. 푸줏간에 든 소
21	외로운 처지	개밥에 도토리. 끈 떨어진 망석중이, 턱 떨어진 광대
22	가난	가난 구제는 나라도 못한다. 배고픈 호랑이가 원님을 알아보랴. 가난한 집 제삿날 돌아오듯. 대추나무에 연 걸리듯. 곰이라 발바닥을 핥으랴. 굶어 죽기는 정승하기보다 어렵다.
23	노력(과정)의 중요성	마디가 있어야 새순이 난다. 말 가는 데 소도 간다.
24	기회 활용의 중요성	철 나자 망령난다. 감나무 밑에 누워도 삿갓 미사리를 대어라.

25	기회의 활용	떡 본 김에 제사 지낸다. 군불에 밥 짓기. 떡 삶은 물에 풀한다.
26	말	말 많은 집에 장맛이 쓰다. 혀 아래 도끼 들었다. 실없는 말이 송사 건다.
27	일의 과정	주인 많은 나그네 밥 굶는다. 방귀가 잦으면 똥 싸기 쉽다.
28	일의 어려움	섣달이 둘이라도 시원치 않다.
29	도움/화합	열의 한 술 밥이 한 그릇 푼푼하다. 울력 걸음에 봉충다리 가듯. 외손뼉이 못 울고, 한 다리로 못 간다.
30	우연	술 익자 체 장수 지나간다. 소경 문고리 잡는다. 가던 날이 장날이다.
31	인간 관계의 그늘	한 솥에 밥 먹고 송사 간다. 길러 준 개 주인 문다. 정승의 말 죽은 데는 문상을 가도 정승 죽은 데는 문상을 안 간다.

속담과 한자성어의 대응

1	貧則多事	빈즉다사	가난한 집 제사 돌아오듯
2	有備無患	유비무환	가물에 돌 친다.
3	東奔西走	동분서주	가을 중 싸대듯
4	類類相從 草綠同色	유유상종 초록동색	가재는 게 편
5	咸興差使	함흥차사	강원도 포수/지리산 포수
6	間於齊楚	간어제초	고래 싸움에 새우 등 터진다.
7	磨斧作針	마부작침	낙숫물이 댓돌을 뚫는다.
8	鹿皮曰字	녹비왈자	녹비에 가로왈
9	附和雷同	부화뇌동	동무 따라 강남 간다.
10	得隴望蜀	득롱망촉	말 타면 경마 잡히고 싶다.
11	見蚊拔劍	견문발검	모기 보고 칼 빼기
12	十匙一飯	십시일반	백지장도 맞들면 낫다.
13	登高自卑	등고자비	벼 이삭은 익을수록 고개를 숙인다.
14	錦衣夜行	금의야행	비단 옷 입고 밤길 다닌다.
15	矯角殺牛	교각살우	빈대 잡으려고 초가삼간 태운다.
16	孤立無援	고립무원	산 밖에 난 범이요 물 밖에 난 고기라.
17	堂狗風月	당구풍월	서당 개 삼 년에 풍월을 읊는다.
18	亡羊補牢	망양보뢰	소 잃고 외양간 고친다.
19	走馬看山	주마간산	수박 겉 핥기
20	戰戰兢兢	전전긍긍	식혜 먹은 고양이 속
21	騎虎之勢	기호지세	쏘아 놓은 살이요 엎지른 물이다.
22	麻中之蓬	마중지봉	쑥대도 삼밭에 나면 곧아진다.
23	凍足放尿 下石上臺	동족방뇨 하석상대	언 발에 오줌 누기 아랫돌 빼서 윗돌 괴기
24	囊中之錐	낭중지추	주머니에 들어간 송곳이라.
25	三旬九食	삼순구식	책력 보아 가며 밥 먹는다≒서 발 막대 저어봐야 거칠 것 없다.

26	積小成大	적소성대	티끌 모아 태산
27	螳螂拒轍	당랑거철	하늘 보고 손가락질한다.
28	雪上加霜	설상가상	흉년에 윤달≒갈수록 태산

한자 부수 214

획수	번호	부수	뜻/음
1획	1	一	한 일
	2	丨	뚫을 곤
	3	丶	불똥 주
	4	丿	삐칠 별
	5	乙(乚)	새 을
	6	亅	갈고리 궐
2획	7	二	두 이
	8	亠	머리부분 두
	9	人(亻)	사람 인(변)
	10	儿	어진 사람 인(발), 걷는 사람 궤
	11	入	들 입
	12	八	여덟 팔
	13	冂	멀 경, 성 경
	14	冖	덮을 멱, 민갓머리
	15	冫	얼음 빙, 이수변
	16	几	안석 궤, 책상 궤
	17	凵	입 벌릴 감, 위튼입구
	18	刀(刂)	칼 도
	19	力	힘 력
	20	勹	쌀 포
	21	匕	비수 비, 숟가락 비
	22	匚	상자 방, 튼입구몸
	23	匸	감출 혜, 덮을 혜
	24	十	열 십
	25	卜	점 복, 무 복, 짐바리 짐
	26	卩(㔾)	병부 절, 이미 이
	27	厂	기슭 엄, 굴바위 엄
	28	厶	나 사, 사사 사, 아무 모
	29	又	또 우
3획	30	口	입 구
	31	囗	에워쌀 위, 나라 국
	32	土	흙 토, 뿌리 두
	33	士	선비 사
	34	夂	뒤져 올 치, 뒤져 올 종
	35	夊	천천히 걸을 쇠(발)
	36	夕	저녁 석
	37	大	클/큰 대
	38	女	여자 녀(여), 계집 녀
	39	子	아들 자
	40	宀	집 면, 갓머리
	41	寸	마디 촌
	42	小	작을 소
	43	尢(尣)	절름발이 왕, 더욱 우
	44	尸	주검 시, 주검시엄
	45	屮	왼손 좌, 싹날 철, 풀 초
	46	山	뫼 산, 산 산
	47	巛(川)	내 천, 개미허리
	48	工	장인 공
	49	己	몸 기
	50	巾	수건 건
	51	干	방패/줄기 간, 마을 건
	52	幺	작을 요
	53	广	집 엄, 넓을 광, 엄호
	54	廴	길게걸을 인, 민책받침
	55	廾	받들 공, 스물 입, 스물입발
	56	弋	주살 익
	57	弓	활 궁
	58	彐(彑)	튼가로왈, 돼지 머리 계
	59	彡	터럭 삼, 성씨 성
	60	彳	조금걸을 척, 두인변

획수	번호	부수	뜻/음	획수	번호	부수	뜻/음
4획	61	心(忄/㣺)	마음 심	4획	93	牛(牜)	소 우
	62	戈	창 과		94	犬(犭)	개 견, 개사슴록변
	63	戶	집 호, 지게 호		95	玄	검을 현
	64	手(扌)	손 수		96	玉(王)	구슬 옥
	65	支	지탱할 지		97	瓜	오이 과
	66	攴(攵)	칠 복, 등글월문		98	瓦	기와 와
	67	文	글월 문		99	甘	달 감
	68	斗	말/싸울 두, 싸울 투/각		100	生	날 생
	69	斤	근/도끼 근		101	用	쓸 용
	70	方	모/본뜰 방, 괴물 망		102	田	밭 전
	71	无	없을 무, 이미기방		103	疋	짝 필, 발 소, 바를 아
	72	日	날 일, 해 일		104	疒	병들어 기댈 녁(상), 병질엄
	73	曰	가로 왈		105	癶	등질 발, 필발머리
	74	月	달 월	5획	106	白	흰 백
	75	木	나무 목		107	皮	가죽 피
	76	欠	하품 흠, 이지러질 결		108	皿	그릇 명
	77	止	그칠 지		109	目	눈 목
	78	歹(歺)	살 바른 뼈 알, 몹쓸 대		110	矛	창 모
	79	殳	몽둥이 수, 갖은등글월문		111	矢	화살 시
	80	毋	말 무, 관직 이름 모		112	石	돌 석
	81	比	견줄 비		113	示(礻)	보일 시, 땅 귀신 기, 둘 치
	82	毛	터럭 모		114	禸	발자국 유, 짐승발자국 유
	83	氏	각시/성씨 씨, 나라 이름 지		115	禾	벼 화
	84	气	기운 기, 보낼 희, 기운기엄		116	穴	구멍 혈, 굴 훌
	85	水(氵/氺)	물 수, 삼수변		117	立	설 립(입), 자리 위
	86	火(灬)	불 화	6획	118	竹	대 죽
	87	爪(爫)	손톱 조		119	米	쌀 미
	88	父	아버지/아비 부, 자 보		120	糸	가는 실 멱, 실 사
	89	爻	사귈/가로그을 효, 점괘 효		121	缶	장군 부, 두레박 관
	90	爿(丬)	나무 조각 장(상), 장수장 변		122	网(罒,罓)	그물 망
	91	片	조각 편		123	羊	양 양
	92	牙	어금니 아		124	羽	깃 우, 늦출 호

획수	번호	부수	뜻/음
6획	125	老(耂)	늙을 로(노)
	126	而	말 이을 이, 능히 능
	127	耒	가래 뢰(뇌), 쟁기 뢰
	128	耳	귀 이
	129	聿(肀)	붓 사, 붓 율
	130	肉(月)	고기 육, 둘레 유
	131	臣	신하 신
	132	自	스스로 자
	133	至	이를 지
	134	臼	절구 구, 확 구
	135	舌	혀 설
	136	舛	어그러질 천, 잡될 준
	137	舟	배 주
	138	艮	괘 이름/그칠 간
	139	色	빛 색
	140	艸(艹/⺾)	풀 초, 초두머리
	141	虍	호피 무늬 호, 범호엄
	142	虫	벌레 충(훼)
	143	血	피 혈
	144	行	다닐 행, 항렬 항
	145	衣(衤)	옷 의, 옷이변
	146	襾(西)	덮을 아, 서쪽 서
7획	147	見	볼 견, 뵈올 현
	148	角	뿔 각, 사람 이름 록(녹)
	149	言	말씀 언, 화기애애할 온
	150	谷	골/곡식 곡
	151	豆	콩 두, 제기 두
	152	豕	돼지 시
	153	豸	벌레 치, 해태 체(태), 갖은돼지시변
	154	貝	조개 패, 돈 패
	155	赤	붉을 적
	156	走(赱)	달릴 주

획수	번호	부수	뜻/음
7획	157	足	발 족, 지나칠 주
	158	身	몸 신, 나라 이름 건
	159	車	수레 거(차)
	160	辛	매울 신
	161	辰	때 신, 별 진
	162	辵(辶)	쉬엄쉬엄 갈 착, 갖은책받침
	163	邑	고을 읍, 아첨할 압
	164	酉	닭/열째 지지 유, 술 유
	165	釆	분별할/나눔 변, 갖출 판
	166	里	마을/속 리(이)
8획	167	金(釒)	쇠 금, 성씨 김, 편방자 금
	168	長	긴 장, 어른 장
	169	門(閅)	문 문
	170	阜(阝)	언덕 부, 좌부변
	171	隶	미칠 이(대), 종 례(예)
	172	隹	새 추, 높을 최
	173	雨	비 우
	174	靑	푸를 청
	175	非	아닐 비, 비방할 비
9획	176	面	낯/밀가루 면
	177	革	가죽 혁, 중해질 극
	178	韋	가죽 위
	179	韭	부추 구
	180	音	소리/그늘 음
	181	頁	머리 혈, 책 면 엽
	182	風	바람 풍
	183	飛	날 비
	184	食(飠)	밥/먹을 식, 먹이 사
	185	首	머리 수
	186	香	향기 향
10획	187	馬	말 마
	188	骨	뼈 골

획수	번호	부수	뜻/음
10획	189	高	높을 고
	190	髟	늘어질 표, 처마 삼
	191	鬥	싸울 두(투)/각
	192	鬯	술 이름 창, 울창주 창
	193	鬲	막을 격, 솥 력(역), 다리굽은솥 력
	194	鬼	귀신 귀
11획	195	魚	물고기 어
	196	鳥	새 조, 땅 이름 작, 섬 도
	197	鹵	소금 로(노), 짠땅로
	198	鹿	사슴 록(녹)
	199	麥	보리 맥
	200	麻	삼 마
12획	201	黃	누를 황
	202	黍	기장 서
	203	黑	검을 흑
	204	黹	바느질할 치
13획	205	黽	힘쓸 민, 맹꽁이 맹, 고을 이름 면
	206	鼎	솥 정
	207	鼓	북 고
	208	鼠(鼡)	쥐 서
14획	209	鼻	코 비
	210	齊	가지런할 제, 재계할 재
15획	211	齒	이 치
16획	212	龍	용 룡(용), 언덕 롱(농)
	213	龜	거북 귀, 땅 이름 구, 터질 균
17획	214	龠	피리 약

시험에 꼭 나오는 필수 한자성어 270

번호	한자성어				독음	의미
1	苛 가혹할 가	斂 거둘 렴	誅 벨 주	求 구할 구	가렴주구	세금을 가혹하게 거두어들이고, 무리하게 재물을 빼앗음
2	佳 아름다울 가	人 사람 인	薄 엷을 박	命 목숨 명	가인박명	미인은 불행하거나 병약하여 요절하는 일이 많음
3	刻 새길 각	苦 쓸 고	勉 힘쓸 면	勵 힘쓸 려	각고면려	어떤 일에 고생을 무릅쓰고 몸과 마음을 다하여, 무척 애를 쓰면서 부지런히 노력함
4	刻 새길 각	骨 뼈 골	難 어려울 난	忘 잊을 망	각골난망	남에게 입은 은혜가 뼈에 새길 만큼 커서 잊히지 아니함
5	刻 새길 각	舟 배 주	求 구할 구	劍 칼 검	각주구검	융통성 없이 현실에 맞지 않는 낡은 생각을 고집하는 어리석음을 이르는 말
6	肝 간 간	膽 쓸개 담	相 서로 상	照 비칠 조	간담상조	서로 속마음을 털어놓고 친하게 사귐
7	間 사이 간	於 어조사 어	齊 제나라 제	楚 초나라 초	간어제초	약자가 강자들 틈에 끼어서 괴로움을 겪음을 이르는 말
8	甘 달 감	言 말씀 언	利 이로울 이	說 말씀 설	감언이설	귀가 솔깃하도록 남의 비위를 맞추거나 이로운 조건을 내세워 꾀는 말
9	甘 달 감	呑 삼킬 탄	苦 쓸 고	吐 토할 토	감탄고토	달면 삼키고 쓰면 뱉는다는 뜻으로, 자신의 비위에 따라서 사리의 옳고 그름을 판단함을 이르는 말
10	甲 갑옷 갑	男 사내 남	乙 새 을	女 여자 녀	갑남을녀	갑이란 남자와 을이란 여자라는 뜻으로, 평범한 사람들을 이르는 말
11	甲 갑옷 갑	論 논할 론	乙 새 을	駁 논박할 박	갑론을박	여러 사람이 서로 자신의 주장을 내세우며 상대편의 주장을 반박함
12	改 고칠 개	過 지날 과	遷 옮길 천	善 착할 선	개과천선	지난날의 잘못이나 허물을 고쳐 올바르고 착하게 됨
13	蓋 덮을 개	棺 널 관	事 일 사	定 정할 정	개관사정	시체를 관에 넣고 뚜껑을 덮은 후에야 일을 결정할 수 있다는 뜻으로, 사람이 죽은 후에야 비로소 그 사람에 대한 평가가 제대로 됨을 이르는 말
14	擧 들 거	案 책상 안	齊 가지런할 제	眉 눈썹 미	거안제미	밥상을 눈썹과 가지런하도록 공손히 들어 남편 앞에 가지고 간다는 뜻으로, 남편을 깍듯이 공경함을 이르는 말
15	乾 하늘 건	坤 땅 곤	一 한 일	擲 던질 척	건곤일척	주사위를 던져 승패를 건다는 뜻으로, 운명을 걸고 단판걸이로 승부를 겨룸을 이르는 말
16	隔 사이 격	世 세상 세	之 갈 지	感 느낄 감	격세지감	오래지 않은 동안에 몰라보게 변하여 아주 다른 세상이 된 것 같은 느낌
17	隔 사이 격	靴 신 화	搔 긁을 소	癢 가려울 양	격화소양	신을 신고 발바닥을 긁는다는 뜻으로, 성에 차지 않거나 철저하지 못한 안타까움을 이르는 말
18	牽 이끌 견	强 강할 강	附 붙을 부	會 모일 회	견강부회	이치에 맞지 않는 말을 억지로 끌어 붙여 자기에게 유리하게 함
19	見 볼 견	利 이로울 리	思 생각 사	義 옳을 의	견리사의	눈앞의 이익을 보면 의리를 먼저 생각함
20	犬 개 견	馬 말 마	之 갈 지	勞 일할 로	견마지로	개나 말 정도의 하찮은 힘이라는 뜻으로, 윗사람에게 충성을 다하는 자신의 노력을 낮추어 이르는 말

번호	한자성어				독음	의미
21	見 볼 견	蚊 모기 문	拔 뽑을 발	劍 칼 검	견문발검	모기를 보고 칼을 뺀다는 뜻으로, 사소한 일에 크게 성내어 덤빔을 이르는 말
22	見 볼 견	物 물건 물	生 날 생	心 마음 심	견물생심	어떠한 실물을 보게 되면 그것을 가지고 싶은 욕심이 생김
23	犬 개 견	兎 토끼 토	之 갈 지	爭 다툴 쟁	견토지쟁	개와 토끼의 다툼이라는 뜻으로, 두 사람의 싸움에 제삼자가 이익을 봄을 이르는 말
24	結 맺을 결	者 사람 자	解 풀 해	之 갈 지	결자해지	맺은 사람이 풀어야 한다는 뜻으로, 자기가 저지른 일은 자기가 해결하여야 함을 이르는 말
25	結 맺을 결	草 풀 초	報 갚을 보	恩 은혜 은	결초보은	죽은 뒤에라도 은혜를 잊지 않고 갚음을 이르는 말
26	輕 가벼울 경	擧 들 거	妄 망령될 망	動 움직일 동	경거망동	경솔하여 생각 없이 망령되게 행동함. 또는 그런 행동
27	傾 기울 경	國 나라 국	之 갈 지	色 빛 색	경국지색	임금이 혹하여 나라가 기울어져도 모를 정도의 미인이라는 뜻으로, 뛰어나게 아름다운 미인을 이르는 말
28	鷄 닭 계	卵 알 란	有 있을 유	骨 뼈 골	계란유골	달걀에도 뼈가 있다는 뜻으로, 운수가 나쁜 사람은 모처럼 좋은 기회를 만나도 역시 일이 잘 안됨을 이르는 말
29	孤 외로울 고	立 설 립	無 없을 무	援 도울 원	고립무원	고립되어 구원을 받을 데가 없음
30	姑 시어머니 고	息 쉴 식	之 갈 지	計 셀 계	고식지계	우선 당장 편한 것만을 택하는 꾀나 방법. 한때의 안정을 얻기 위하여 임시로 둘러맞추어 처리하거나 이리저리 주선하여 꾸며 내는 계책을 이른다
31	苦 쓸 고	肉 고기 육	之 갈 지	策 꾀 책	고육지책	자기 몸을 상해 가면서까지 꾸며 내는 계책이라는 뜻으로, 어려운 상태를 벗어나기 위해 어쩔 수 없이 꾸며 내는 계책을 이르는 말
32	孤 외로울 고	掌 손바닥 장	難 어려울 난	鳴 울 명	고장난명	외손뼉만으로는 소리가 울리지 아니한다는 뜻으로, 혼자의 힘만으로 어떤 일을 이루기 어려움을 이르는 말
33	苦 쓸 고	盡 다할 진	甘 달 감	來 올 래	고진감래	쓴 것이 다하면 단 것이 온다는 뜻으로, 고생 끝에 즐거움이 옴을 이르는 말
34	曲 굽을 곡	學 배울 학	阿 언덕 아	世 세상 세	곡학아세	바른 길에서 벗어난 학문으로 세상 사람에게 아첨함
35	過 지날 과	猶 오히려 유	不 아닐 불	及 미칠 급	과유불급	정도를 지나침은 미치지 못함과 같다는 뜻으로, 중용(中庸)이 중요함을 이르는 말
36	管 대롱 관	鮑 물고기 포	之 갈 지	交 사귈 교	관포지교	관중과 포숙의 사귐이란 뜻으로, 우정이 아주 돈독한 친구 관계를 이르는 말
37	刮 긁을 괄	目 눈 목	相 서로 상	對 대할 대	괄목상대	눈을 비비고 상대편을 본다는 뜻으로, 남의 학식이나 재주가 놀랄 만큼 부쩍 늚을 이르는 말
38	矯 바로잡을 교	角 뿔 각	殺 죽일 살	牛 소 우	교각살우	소의 뿔을 바로잡으려다가 소를 죽인다는 뜻으로, 잘못된 점을 고치려다가 그 방법이나 정도가 지나쳐 오히려 일을 그르침을 이르는 말
39	巧 공교할 교	言 말씀 언	令 하여금 영	色 빛 색	교언영색	아첨하는 말과 알랑거리는 태도
40	膠 아교 교	柱 기둥 주	鼓 북 고	瑟 거문고 슬	교주고슬	아교풀로 비파나 거문고의 기러기발을 붙여 놓으면 음조를 바꿀 수 없다는 뜻으로, 고지식하여 조금도 융통성이 없음을 이르는 말
41	九 아홉 구	曲 굽을 곡	肝 간 간	腸 창자 장	구곡간장	굽이굽이 서린 창자라는 뜻으로, 깊은 마음속 또는 시름이 쌓인 마음속을 비유적으로 이르는 말

번호	한자성어				독음	의미
42	口 (입 구)	蜜 (꿀 밀)	腹 (배 복)	劍 (칼 검)	구밀복검	입에는 꿀이 있고 배 속에는 칼이 있다는 뜻으로, 말로는 친한 듯하나 속으로는 해칠 생각이 있음을 이르는 말
43	口 (입 구)	尙 (오히려 상)	乳 (젖 유)	臭 (냄새 취)	구상유취	입에서 아직 젖내가 난다는 뜻으로, 말이나 행동이 유치함을 이르는 말
44	九 (아홉 구)	牛 (소 우)	一 (한 일)	毛 (터럭 모)	구우일모	아홉 마리의 소 가운데 박힌 하나의 털이란 뜻으로, 매우 많은 것 가운데 극히 적은 수를 이르는 말
45	九 (아홉 구)	折 (꺾을 절)	羊 (양 양)	腸 (창자 장)	구절양장	아홉 번 꼬부라진 양의 창자라는 뜻으로, 꼬불꼬불하며 험한 산길을 이르는 말
46	群 (무리 군)	鷄 (닭 계)	一 (한 일)	鶴 (학 학)	군계일학	닭의 무리 가운데에서 한 마리의 학이란 뜻으로, 많은 사람 가운데에서 뛰어난 인물을 이르는 말
47	群 (무리 군)	盲 (눈 멀 맹)	評 (평할 평)	象 (코끼리 상)	군맹평상	맹인(盲人) 여럿이 코끼리를 만진다는 뜻으로, 사물을 좁은 소견과 주관으로 잘못 판단함을 이르는 말
48	權 (권세 권)	謀 (꾀 모)	術 (재주 술)	數 (셈 수)	권모술수	목적 달성을 위하여 수단과 방법을 가리지 아니하는 온갖 모략이나 술책
49	勸 (권할 권)	上 (윗 상)	搖 (흔들 요)	木 (나무 목)	권상요목	나무에 오르게 하고 흔든다는 뜻으로, 남을 부추겨 놓고 낭패를 보도록 방해함을 이르는 말
50	勸 (권할 권)	善 (착할 선)	懲 (징계할 징)	惡 (악할 악)	권선징악	착한 일을 권장하고 악한 일을 징계함
51	捲 (말 권)	土 (흙 토)	重 (무거울 중)	來 (올 래)	권토중래	땅을 말아 일으킬 것 같은 기세로 다시 온다는 뜻으로, 한 번 실패하였으나 힘을 회복하여 다시 쳐들어옴을 이르는 말
52	橘 (귤 귤)	化 (될 화)	爲 (할 위)	枳 (탱자 지)	귤화위지	회남의 귤을 회북에 옮겨 심으면 탱자가 된다는 뜻으로, 환경에 따라 사람이나 사물의 성질이 변함을 이르는 말
53	近 (가까울 근)	墨 (먹 묵)	者 (사람 자)	黑 (검을 흑)	근묵자흑	먹을 가까이하는 사람은 검어진다는 뜻으로, 나쁜 사람과 가까이 지내면 나쁜 버릇에 물들기 쉬움을 비유적으로 이르는 말
54	金 (쇠 금)	蘭 (난초 란)	之 (갈 지)	交 (사귈 교)	금란지교	친구 사이의 매우 두터운 정을 이르는 말
55	金 (쇠 금)	石 (돌 석)	之 (갈 지)	交 (사귈 교)	금석지교	쇠나 돌처럼 굳고 변함없는 사귐
56	錦 (비단 금)	衣 (옷 의)	夜 (밤 야)	行 (다닐 행)	금의야행	「1」비단옷을 입고 밤길을 다닌다는 뜻으로, 자랑삼아 하지 않으면 생색이 나지 않음을 이르는 말 「2」아무 보람이 없는 일을 함을 이르는 말
57	騎 (말 탈 기)	虎 (범 호)	之 (갈 지)	勢 (형세 세)	기호지세	호랑이를 타고 달리는 형세라는 뜻으로, 이미 시작한 일을 중도에서 그만둘 수 없는 경우를 비유적으로 이르는 말
58	難 (어려울 난)	兄 (형 형)	難 (어려울 난)	弟 (아우 제)	난형난제	누구를 형이라 하고 누구를 아우라 하기 어렵다는 뜻으로, 두 사물이 비슷하여 낫고 못함을 정하기 어려움을 이르는 말
59	南 (남녘 남)	柯 (가지 가)	一 (한 일)	夢 (꿈 몽)	남가일몽	남쪽 가지에서의 꿈이란 뜻으로, 덧없는 꿈이나 한때의 헛된 부귀영화를 이르는 말
60	南 (남녘 남)	橘 (귤 귤)	北 (북녘 북)	枳 (탱자 지)	남귤북지	강남의 귤을 강북에 심으면 탱자가 된다는 뜻으로, 사람은 사는 곳의 환경에 따라 착하게도 되고 악하게도 됨을 비유적으로 이르는 말
61	男 (사내 남)	負 (질 부)	女 (여자 녀)	戴 (일 대)	남부여대	남자는 지고 여자는 인다는 뜻으로, 가난한 사람들이 살 곳을 찾아 이리저리 떠돌아다님을 비유적으로 이르는 말
62	濫 (넘칠 남)		觴 (잔 상)		남상	양쯔 강(揚子江) 같은 큰 하천의 근원도 잔을 띄울 만큼 가늘게 흐르는 시냇물이라는 뜻으로, 사물의 처음이나 기원을 이르는 말

번호	한자성어				독음	의미
63	囊 주머니 낭	中 가운데 중	之 갈 지	錐 송곳 추	낭중지추	주머니 속의 송곳이라는 뜻으로, 재능이 뛰어난 사람은 숨어 있어도 저절로 사람들에게 알려짐을 이르는 말
64	勞 일할 노	心 마음 심	焦 탈 초	思 생각 사	노심초사	몹시 마음을 쓰며 애를 태움
65	論 논할 논	功 공 공	行 다닐 행	賞 상줄 상	논공행상	공적의 크고 작음 따위를 논의하여 그에 알맞은 상을 줌
66	弄 희롱할 농	璋 홀 장	之 갈 지	慶 경사 경	농장지경	아들을 낳은 즐거움.
67	累 여러 누	卵 알 란	之 갈 지	危 위태할 위	누란지위	층층이 쌓아 놓은 알의 위태로움이라는 뜻으로, 몹시 아슬아슬한 위기를 비유적으로 이르는 말
68	能 능할 능	小 작을 소	能 능할 능	大 큰 대	능소능대	모든 일에 두루 능함
69	多 많을 다	岐 갈림길 기	亡 망할 망	羊 양 양	다기망양	「1」갈림길이 많아 잃어버린 양을 찾지 못한다는 뜻으로, 두루 섭렵하기만 하고 전공하는 바가 없어 끝내 성취하지 못함을 이르는 말. 「2」방침이 많아서 도리어 갈 바를 모름.
70	斷 끊을 단	金 쇠 금	之 갈 지	交 사귈 교	단금지교	쇠라도 자를 만큼 강한 교분이라는 뜻으로, 매우 두터운 우정을 이르는 말
71	簞 소쿠리 단	食 먹일 사	瓢 표주박 표	飮 마실 음	단사표음	대나무로 만든 밥그릇에 담은 밥과 표주박에 든 물이라는 뜻으로, 청빈하고 소박한 생활을 이르는 말
72	堂 집 당	狗 개 구	風 바람 풍	月 달 월	당구풍월	서당에서 기르는 개가 풍월을 읊는다는 뜻으로, 그 분야에 대하여 경험과 지식이 전혀 없는 사람이라도 오래 있으면 얼마간의 경험과 지식을 가짐을 이르는 말
73	螳 사마귀 당	螂 사마귀 랑	拒 막을 거	轍 바퀴 철	당랑거철	제 역량을 생각하지 않고, 강한 상대나 되지 않을 일에 덤벼드는 무모한 행동거지를 비유적으로 이르는 말
74	大 큰 대	同 같을 동	小 작을 소	異 다를 이	대동소이	큰 차이 없이 거의 같음
75	同 같을 동	價 값 가	紅 붉을 홍	裳 치마 상	동가홍상	같은 값이면 다홍치마라는 뜻으로, 같은 값이면 좋은 물건을 가짐을 이르는 말
76	同 함께 동	苦 쓸 고	同 함께 동	樂 즐길 락	동고동락	괴로움도 즐거움도 함께함
77	同 같을 동	病 병 병	相 서로 상	憐 불쌍할 련	동병상련	같은 병을 앓는 사람끼리 서로 가엾게 여긴다는 뜻으로, 어려운 처지에 있는 사람끼리 서로 가엾게 여김을 이르는 말
78	東 동녘 동	奔 달릴 분	西 서녘 서	走 달릴 주	동분서주	동쪽으로 뛰고 서쪽으로 뛴다는 뜻으로, 사방으로 이리저리 몹시 바쁘게 돌아다님을 이르는 말
79	同 같을 동	床 평상 상	異 다를 이	夢 꿈 몽	동상이몽	같은 자리에 자면서 다른 꿈을 꾼다는 뜻으로, 겉으로는 같이 행동하면서도 속으로는 각각 딴생각을 하고 있음을 이르는 말 ≒동상각몽
80	凍 얼 동	足 발 족	放 놓을 방	尿 오줌 뇨	동족방뇨	언 발에 오줌 누기라는 뜻으로, 잠시 동안만 효력이 있을 뿐 효력이 바로 사라짐을 비유적으로 이르는 말
81	得 얻을 득	隴 농나라 롱	望 바랄 망	蜀 촉나라 촉	득롱망촉	농(隴)을 얻고서 촉(蜀)까지 취하고자 한다는 뜻으로, 만족할 줄을 모르고 계속 욕심을 부리는 경우를 비유적으로 이르는 말
82	登 오를 등	高 높을 고	自 스스로 자	卑 낮을 비	등고자비	「1」높은 곳에 오르려면 낮은 곳에서부터 오른다는 뜻으로, 일을 순서대로 하여야 함을 이르는 말 「2」지위가 높아질수록 자신을 낮춤을 이르는 말
83	燈 등 등	下 아래 하	不 아닐 부	明 밝을 명	등하불명	등잔 밑이 어둡다는 뜻으로, 가까이에 있는 물건이나 사람을 잘 찾지 못함을 이르는 말

번호	한자성어				독음	의미
84	磨 갈 마	斧 도끼 부	作 지을 작	針 바늘 침	마부작침	도끼를 갈아 바늘을 만든다는 말로, 아무리 어려운 일이라도 꾸준히 노력하면 이룰 수 있다는 뜻
85	馬 말 마	耳 귀 이	東 동녘 동	風 바람 풍	마이동풍	동풍이 말의 귀를 스쳐 간다는 뜻으로, 남의 말을 귀담아듣지 아니하고 지나쳐 흘려 버림을 이르는 말
86	麻 삼 마	中 가운데 중	之 갈 지	蓬 쑥 봉	마중지봉	삼밭 속의 쑥이라는 뜻으로, 곧은 삼밭 속에서 자란 쑥은 곧게 자라게 되는 것처럼 선한 사람과 사귀면 그 감화를 받아 자연히 선해짐을 비유적으로 이르는 말
87	莫 없을 막	逆 거스릴 역	之 갈 지	友 벗 우	막역지우	서로 거스름이 없는 친구라는 뜻으로, 허물이 없이 아주 친한 친구를 이르는 말
88	亡 망할 망	羊 양 양	補 도울 보	牢 우리 뢰	망양보뢰	양을 잃고 우리를 고친다는 뜻으로, 이미 어떤 일을 실패한 뒤에 뉘우쳐도 아무 소용이 없음을 이르는 말
89	望 바랄 망	洋 큰 바다 양	之 갈 지	嘆 탄식할 탄	망양지탄	큰 바다를 바라보며 하는 한탄이란 뜻으로, 어떤 일에 자기 자신의 힘이 미치지 못할 때에 하는 탄식을 이르는 말
90	亡 망할 망	羊 양 양	之 갈 지	歎 탄식할 탄	망양지탄	갈림길이 매우 많아 잃어버린 양을 찾을 길이 없음을 탄식한다는 뜻으로, 학문의 길이 여러 갈래여서 한 갈래의 진리도 얻기 어려움을 이르는 말
91	茫 아득할 망	然 그럴 연	自 스스로 자	失 잃을 실	망연자실	멍하니 정신을 잃음
92	望 바랄 망	雲 구름 운	之 갈 지	情 뜻 정	망운지정	자식이 객지에서 고향에 계신 어버이를 생각하는 마음
93	買 살 매	占 점칠 점	賣 팔 매	惜 아낄 석	매점매석	물건값이 오를 것을 예상하여 한꺼번에 샀다가 팔기를 꺼려 쌓아 둠
94	麥 보리 맥	秀 빼어날 수	之 갈 지	嘆 탄식할 탄	맥수지탄	고국의 멸망을 한탄함을 이르는 말
95	面 낯 면	從 좇을 종	腹 배 복	背 배반할 배	면종복배	겉으로는 복종하는 체하면서 내심으로는 배반함
96	命 목숨 명	在 있을 재	頃 잠깐 경	刻 새길 각	명재경각	거의 죽게 되어 곧 숨이 끊어질 지경에 이름
97	目 눈 목	不 아닐 불	識 알 식	丁 고무래 정	목불식정	아주 간단한 글자인 '丁' 자를 보고도 그것이 '고무래'인 줄을 알지 못한다는 뜻으로, 아주 까막눈임을 이르는 말
98	無 없을 무	所 바 소	不 아닐 불	爲 할 위	무소불위	하지 못하는 일이 없음
99	刎 목 벨 문	頸 목 경	之 갈 지	交 사귈 교	문경지교	서로를 위해서라면 목이 잘린다 해도 후회하지 않을 정도의 사이라는 뜻으로, 생사를 같이할 수 있는 아주 가까운 사이, 또는 그런 친구를 이르는 말
100	門 문 문	外 바깥 외		漢 사나이 한	문외한	「1」어떤 일에 직접 관계가 없는 사람 「2」어떤 일에 전문적인 지식이 없는 사람
101	聞 들을 문	一 한 일	知 알 지	十 열 십	문일지십	하나를 듣고 열 가지를 미루어 안다는 뜻으로, 지극히 총명함을 이르는 말
102	尾 꼬리 미	生 날 생	之 갈 지	信 믿을 신	미생지신	우직하여 융통성이 없이 약속만을 굳게 지킴을 비유적으로 이르는 말. 중국 춘추 시대에 미생(尾生)이라는 자가 다리 밑에서 만나자고 한 여자와의 약속을 지키기 위하여 홍수에도 피하지 않고 기다리다가 마침내 익사하였다는 고사에서 유래한다
103	反 돌이킬 반	哺 먹일 포	報 갚을 보	恩 은혜 은	반포보은	먹이를 돌려드림으로써 은혜에 보답함. 즉 깊은 효심을 가리키는 말
104	拔 뽑을 발	本 근본 본	塞 막힐 색	源 근원 원	발본색원	좋지 않은 일의 근본 원인이 되는 요소를 완전히 없애 버려서 다시는 그러한 일이 생길 수 없도록 함

번호	한자성어				독음	의미
105	發 필 발	憤 분할 분	忘 잊을 망	食 밥 식	발분망식	끼니까지도 잊을 정도로 어떤 일에 열중하여 노력함
106	傍 곁 방	若 같을 약	無 없을 무	人 사람 인	방약무인	곁에 사람이 없는 것처럼 아무 거리낌 없이 함부로 말하고 행동하는 태도가 있음
107	背 배반할 배	恩 은혜 은	忘 잊을 망	德 덕 덕	배은망덕	남에게 입은 은덕을 저버리고 배신하는 태도가 있음
108	杯 잔 배	中 가운데 중	蛇 긴 뱀 사	影 그림자 영	배중사영	술잔 속에 비친 뱀의 그림자라는 뜻으로, 부질없이 의심을 품으면 엉뚱한 데에서 탈이 난다는 것을 비유한 말
109	白 흰 백	骨 뼈 골	難 어려울 난	忘 잊을 망	백골난망	죽어서 백골이 되어도 잊을 수 없다는 뜻으로, 남에게 큰 은덕을 입었을 때 고마움의 뜻으로 이르는 말
110	百 일백 백	年 해 년	河 물 하	淸 맑을 청	백년하청	중국의 황허 강(黃河江)이 늘 흐려 맑을 때가 없다는 뜻으로, 아무리 오랜 시일이 지나도 어떤 일이 이루어지기 어려움을 이르는 말
111	伯 맏 백	牙 어금니 아	絶 끊을 절	絃 줄 현	백아절현	자기를 알아주는 참다운 벗의 죽음을 슬퍼함
112	百 일백 백	尺 자 척	竿 낚싯대 간	頭 머리 두	백척간두	백 자나 되는 높은 장대 위에 올라섰다는 뜻으로, 몹시 어렵고 위태로운 지경을 이르는 말
113	法 법 법	古 옛 고	創 비롯할 창	新 새 신	법고창신	옛것을 본받아 새것을 창조해 냄
114	俯 구부릴 부	仰 우러를 앙	無 없을 무	愧 부끄러울 괴	부앙무괴	하늘을 우러러보나 세상을 굽어보나 양심에 거리낄 것이 없음
115	夫 지아비 부	唱 부를 창	婦 아내 부	隨 따를 수	부창부수	남편이 주장하고 아내가 이에 잘 따름. 또는 부부 사이의 그런 도리
116	附 붙을 부	和 화할 화	雷 우레 뇌	同 한가지 동	부화뇌동	「우레 소리에 맞춰 함께한다」는 뜻으로, 자신(自身)의 뚜렷한 소신 없이 그저 남이 하는 대로 따라가는 것을 의미함
117	粉 가루 분	骨 뼈 골	碎 부술 쇄	身 몸 신	분골쇄신	뼈가 가루가 되고 몸이 부서진다는 뜻으로, 있는 힘을 다해 노력(努力)함, 또는 남을 위(爲)하여 수고를 아끼지 않음
118	不 아닐 불	立 설 립	文 글월 문	字 글자 자	불립문자	불도의 깨달음은 마음에서 마음으로 전하는 것이므로 말이나 글에 의지하지 않는다는 말
119	不 아닐 불	問 물을 문	可 옳을 가	知 알 지	불문가지	묻지 않아도 옳고 그름을 가히 알 수 있음
120	不 아닐 불	問 물을 문	曲 굽을 곡	直 곧을 직	불문곡직	옳고 그른 것을 묻지 아니함
121	不 아닐 불	恥 부끄러울 치	下 아래 하	問 물을 문	불치하문	손아랫사람이나 지위나 학식이 자기만 못한 사람에게 모르는 것을 묻는 일을 부끄러워하지 아니함
122	不 아닐 불	偏 치우칠 편	不 아닐 부	黨 무리 당	불편부당	아주 공평하여 어느 쪽으로도 치우침이 없음
123	髀 넓적다리 비	肉 고기 육	之 갈 지	嘆 탄식할 탄	비육지탄	재능을 발휘할 때를 얻지 못하여 헛되이 세월만 보내는 것을 한탄함을 이르는 말
124	貧 가난할 빈	則 곧 즉	多 많을 다	事 일 사	빈즉다사	가난한 살림에 일은 많다는 뜻으로, 가난하면 살림에 시달리고 번거로운 일이 많아서 바쁨을 이르는 말
125	四 넉 사	顧 돌아볼 고	無 없을 무	親 친할 친	사고무친	의지할 만한 사람이 아무도 없음

번호	한자성어				독음	의미
126	四 넉 사	面 낯 면	楚 초나라 초	歌 노래 가	사면초가	아무에게도 도움을 받지 못하는, 외롭고 곤란한 지경에 빠진 형편을 이르는 말
127	四 넉 사	分 나눌 분	五 다섯 오	裂 찢을 열	사분오열	「1」여러 갈래로 갈기갈기 찢어짐 「2」질서 없이 어지럽게 흩어지거나 헤어짐 「3」천하가 심히 어지러워짐
128	駟 사마 사	不 아닐 불	及 미칠 급	舌 혀 설	사불급설	아무리 빠른 사마(駟馬)라도 혀를 놀려서 하는 말을 따르지 못한다는 뜻으로, 소문은 순식간에 퍼지는 것이므로 말을 조심하여야 함을 이르는 말
129	砂 모래 사	上 윗 상	樓 다락 누	閣 집 각	사상누각	모래 위에 세운 누각이라는 뜻으로, 기초가 튼튼하지 못하여 오래 견디지 못할 일이나 물건을 이르는 말
130	殺 죽일 살	身 몸 신	成 이룰 성	仁 어질 인	살신성인	자기의 몸을 희생하여 인(仁)을 이룸
131	三 석 삼	顧 돌아볼 고	草 풀 초	廬 농막집 려	삼고초려	유비(劉備)가 제갈공명(諸葛孔明)을 세 번이나 찾아가 군사(軍師)로 초빙(招聘)한 데서 유래(由來)한 말로, 「1」임금의 두터운 사랑을 입다는 뜻 「2」인재(人材)를 맞기 위(爲)해 참을성있게 힘씀
132	三 석 삼	旬 열흘 순	九 아홉 구	食 밥 식	삼순구식	삼십 일 동안 아홉 끼니밖에 먹지 못한다는 뜻으로, 몹시 가난함을 이르는 말
133	三 석 삼	人 사람 인	成 이룰 성	虎 범 호	삼인성호	세 사람이 짜면 거리에 범이 나왔다는 거짓말도 꾸밀 수 있다는 뜻으로, 근거 없는 말이라도 여러 사람이 말하면 곧이듣게 됨을 이르는 말
134	桑 뽕나무 상	田 밭 전	碧 푸를 벽	海 바다 해	상전벽해	뽕나무밭이 변하여 푸른 바다가 된다는 뜻으로, 세상일의 변천이 심함을 비유적으로 이르는 말
135	上 윗 상	行 다닐 행	下 아래 하	效 본받을 효	상행하효	윗사람이 하는 일을 아랫사람이 본받음
136	塞 변방 새	翁 늙은이 옹	之 갈 지	馬 말 마	새옹지마	인생의 길흉화복은 변화가 많아서 예측하기가 어렵다는 말
137	先 먼저 선	公 공평할 공	後 뒤 후	私 사사 사	선공후사	공적인 일을 먼저 하고 사사로운 일은 뒤로 미룸
138	雪 눈 설	上 윗 상	加 더할 가	霜 서리 상	설상가상	눈 위에 서리가 덮인다는 뜻으로, 난처한 일이나 불행한 일이 잇따라 일어남을 이르는 말
139	聲 소리 성	東 동녘 동	擊 칠 격	西 서녘 서	성동격서	동쪽에서 소리를 내고 서쪽에서 적을 친다는 뜻으로, 적을 유인하여 이쪽을 공격하는 체하다가 그 반대쪽을 치는 전술을 이르는 말
140	小 작을 소	貪 탐낼 탐	大 큰 대	失 잃을 실	소탐대실	작은 것을 탐하다가 오히려 큰 것을 잃음
141	束 묶을 속	手 손 수	無 없을 무	策 꾀 책	속수무책	손을 묶은 것처럼 어찌할 도리가 없어 꼼짝 못 함
142	率 거느릴 솔	先 먼저 선	垂 드리울 수	範 법 범	솔선수범	남보다 앞장서서 행동해서 몸소 다른 사람의 본보기가 됨
143	送 보낼 송	舊 옛 구	迎 맞을 영	新 새 신	송구영신	묵은해를 보내고 새해를 맞음
144	首 머리 수	丘 언덕 구	初 처음 초	心 마음 심	수구초심	여우가 죽을 때에 머리를 자기가 살던 굴 쪽으로 둔다는 뜻으로, 고향을 그리워하는 마음을 이르는 말
145	首 머리 수	鼠 쥐 서	兩 두 양	端 끝 단	수서양단	구멍에서 머리를 내밀고 나갈까 말까 망설이는 쥐라는 뜻으로, 머뭇거리며 진퇴나 거취를 정하지 못하는 상태를 이르는 말
146	水 물 수	魚 물고기 어	之 갈 지	交 사귈 교	수어지교	물이 없으면 살 수 없는 물고기와 물의 관계라는 뜻으로, 아주 친밀하여 떨어질 수 없는 사이를 비유적으로 이르는 말.

번호	한자성어				독음	의미
147	守 지킬 수	株 그루 주	待 기다릴 대	兔 토끼 토	수주대토	한 가지 일에만 얽매여 발전을 모르는 어리석은 사람을 비유적으로 이르는 말
148	菽 콩 숙	麥 보리 맥	不 아닐 불	辨 분별할 변	숙맥불변	콩인지 보리인지를 구별하지 못한다는 뜻으로, 사리 분별을 못하고 세상 물정을 잘 모름을 이르는 말
149	宿 잘 숙	虎 범 호	衝 찌를 충	鼻 코 비	숙호충비	자는 호랑이의 코를 찌른다는 뜻으로, 가만히 있는 사람을 공연히 건드려서 화를 입거나 일을 불리하게 만듦을 이르는 말
150	脣 입술 순	亡 망할 망	齒 이 치	寒 찰 한	순망치한	입술이 없으면 이가 시리다는 뜻으로, 서로 이해관계가 밀접한 사이에 어느 한쪽이 망하면 다른 한쪽도 그 영향을 받아 온전하기 어려움을 이르는 말
151	尸 주검 시	位 자리 위	素 본디 소	餐 밥 찬	시위소찬	재덕이나 공로가 없어 직책을 다하지 못하면서 자리만 차지하고 녹(祿)을 받아먹음을 비유적으로 이르는 말
152	識 알 식	字 글자 자	憂 근심 우	患 근심 환	식자우환	학식이 있는 것이 오히려 근심을 사게 됨
153	信 믿을 신	賞 상줄 상	必 반드시 필	罰 벌할 벌	신상필벌	공이 있는 자에게는 반드시 상을 주고, 죄가 있는 사람에게는 반드시 벌을 준다는 뜻으로, 상과 벌을 공정하고 엄중하게 하는 일을 이르는 말
154	十 열 십	伐 칠 벌	之 갈 지	木 나무 목	십벌지목	열 번 찍어 베는 나무라는 뜻으로, 열 번 찍어 안 넘어가는 나무가 없음을 이르는 말
155	十 열 십	匙 숟가락 시	一 한 일	飯 밥 반	십시일반	밥 열 술이 한 그릇이 된다는 뜻으로, 여러 사람이 조금씩 힘을 합하면 한 사람을 돕기 쉬움을 이르는 말
156	十 열 십	人 사람 인	十 열 십	色 빛 색	십인십색	열 사람의 열 가지 색이라는 뜻으로, 사람의 모습이나 생각이 저마다 다름을 이르는 말
157	阿 언덕 아	鼻 코 비	叫 부르짖을 규	喚 부를 환	아비규환	여러 사람이 비참한 지경에 빠져 울부짖는 참상을 비유적으로 이르는 말
158	啞 벙어리 아	然 그럴 연	失 잃을 실	色 빛 색	아연실색	뜻밖의 일에 얼굴빛이 변할 정도로 놀람
159	我 나 아	田 밭 전	引 끌 인	水 물 수	아전인수	자기 논에 물 대기라는 뜻으로, 자기에게만 이롭게 되도록 생각하거나 행동함을 이르는 말
160	安 편안 안	貧 가난할 빈	樂 즐길 낙	道 길 도	안빈낙도	가난한 생활을 하면서도 편안한 마음으로 도를 즐겨 지킴
161	眼 눈 안	下 아래 하	無 없을 무	人 사람 인	안하무인	눈 아래에 사람이 없다는 뜻으로, 방자하고 교만하여 다른 사람을 업신여김을 이르는 말
162	暗 어두울 암	中 가운데 중	摸 본뜰 모	索 찾을 색	암중모색	「1」물건 따위를 어둠 속에서 더듬어 찾음 「2」어림으로 무엇을 알아내거나 찾아내려 함 「3」은밀한 가운데 일의 실마리나 해결책을 찾아내려 함
163	弱 약할 약	肉 고기 육	强 강할 강	食 먹을 식	약육강식	약한 자가 강한 자에게 먹힌다는 뜻으로, 강한 자가 약한 자를 희생시켜서 번영하거나, 약한 자가 강한 자에게 끝내는 멸망됨을 이르는 말
164	羊 양 양	頭 머리 두	狗 개 구	肉 고기 육	양두구육	양의 머리를 걸어 놓고 개고기를 판다는 뜻으로, 겉보기만 그럴듯하게 보이고 속은 변변하지 아니함을 이르는 말
165	兩 두 양	者 사람 자	擇 가릴 택	一 한 일	양자택일	둘 중에서 하나를 고름
166	漁 고기잡을 어	父 지아비 부	之 갈 지	利 이로울 리	어부지리	두 사람이 이해관계로 서로 싸우는 사이에 엉뚱한 사람이 애쓰지 않고 가로챈 이익을 이르는 말
167	語 말씀 어	不 아닐 불	成 이룰 성	說 말씀 설	어불성설	말이 조금도 사리에 맞지 아니함

번호	한자성어				독음	의미
168	言 말씀 언	語 말씀 어	道 길 도	斷 끊을 단	언어도단	말할 길이 끊어졌다는 뜻으로, 어이가 없어서 말하려 해도 말할 수 없음을 이르는 말
169	言 말씀 언	中 가운데 중	有 있을 유	骨 뼈 골	언중유골	말 속에 뼈가 있다는 뜻으로, 예사로운 말 속에 단단한 속뜻이 들어 있음을 이르는 말
170	如 같을 여	反 돌이킬 반	掌 손바닥 장		여반장	손바닥을 뒤집는 것 같다는 뜻으로, 일이 매우 쉬움을 이르는 말
171	易 바꿀 역	地 땅 지	思 생각 사	之 갈 지	역지사지	처지를 바꾸어서 생각하여 봄
172	緣 인연 연	木 나무 목	求 구할 구	魚 물고기 어	연목구어	나무에 올라가서 물고기를 구한다는 뜻으로, 도저히 불가능한 일을 굳이 하려 함을 비유적으로 이르는 말
173	炎 불꽃 염	凉 서늘할 량	世 세상 세	態 모습 태	염량세태	세력이 있을 때는 아첨하여 따르고 세력이 없어지면 푸대접하는 세상인심을 비유적으로 이르는 말
174	五 다섯 오	里 마을 리	霧 안개 무	中 가운데 중	오리무중	오 리나 되는 짙은 안개 속에 있다는 뜻으로, 무슨 일에 대하여 방향이나 갈피를 잡을 수 없음을 이르는 말
175	傲 거만할 오	慢 거만할 만	放 놓을 방	恣 방자할 자	오만방자	남을 업신여기며 제멋대로 행동함
176	寤 잠깰 오	寐 잘 매	不 아닐 불	忘 잊을 망	오매불망	자나 깨나 잊지 못함
177	吾 나 오	鼻 코 비	三 석 삼	尺 자 척	오비삼척	내 코가 석 자라는 뜻으로, 자기 사정이 급하여 남을 돌볼 겨를이 없음을 이르는 말
178	吳 성씨 오	越 넘을 월	同 같을 동	舟 배 주	오월동주	서로 적의를 품은 사람들이 한자리에 있게 된 경우나 서로 협력하여야 하는 상황을 비유적으로 이르는 말
179	溫 따뜻할 온	故 연고 고	知 알 지	新 새 신	온고지신	옛것을 익히고 그것을 미루어서 새것을 앎
180	臥 누울 와	薪 섶 신	嘗 맛볼 상	膽 쓸개 담	와신상담	불편한 섶에 몸을 눕히고 쓸개를 맛본다는 뜻으로, 원수를 갚거나 마음먹은 일을 이루기 위하여 온갖 어려움과 괴로움을 참고 견딤을 비유적으로 이르는 말
181	樂 좋아할 요	山 산 산	樂 좋아할 요	水 물 수	요산요수	산수(山水)의 자연을 즐기고 좋아함
182	欲 하고자할 욕	速 빠를 속	不 아닐 부	達 통달할 달	욕속부달	일을 빨리하려고 하면 도리어 이루지 못함
183	愚 어리석을 우	公 공평할 공	移 옮길 이	山 산 산	우공이산	우공이 산을 옮긴다는 뜻으로, 어떤 일이든 끊임없이 노력하면 반드시 이루어짐을 이르는 말
184	雲 구름 운	泥 진흙 니	之 갈 지	差 다를 차	운니지차	구름과 진흙의 차이라는 뜻으로, 서로 간의 차이가 매우 심함을 이르는 말
185	遠 멀 원	禍 재앙 화	召 부를 소	福 복 복	원화소복	화를 물리치고 복을 불러들임
186	韋 가죽 위	編 엮을 편	三 석 삼	絶 끊을 절	위편삼절	공자가 주역을 즐겨 읽어 책의 가죽끈이 세 번이나 끊어졌다는 뜻으로, 책을 열심히 읽음을 이르는 말
187	有 있을 유	名 이름 명	無 없을 무	實 열매 실	유명무실	이름만 그럴듯하고 실속은 없음
188	有 있을 유	備 갖출 비	無 없을 무	患 근심 환	유비무환	미리 준비가 되어 있으면 걱정할 것이 없음

번호	한자성어				독음	의미
189	類 무리 류(유)	類 무리 류(유)	相 서로 상	從 좇을 종	유유상종	같은 무리끼리 서로 사귐
190	悠 멀 유	悠 멀 유	自 스스로 자	適 맞을 적	유유자적	속세를 떠나 아무 속박 없이 조용하고 편안하게 삶
191	吟 읊을 음	風 바람 풍	弄 희롱할 농	月 달 월	음풍농월	맑은 바람과 밝은 달을 대상으로 시를 짓고 흥취를 자아내어 즐겁게 놂
192	泣 울 읍	斬 벨 참	馬 말 마	謖 일어날 속	읍참마속	큰 목적을 위하여 자기가 아끼는 사람을 버림을 이르는 말
193	以 써 이	心 마음 심	傳 전할 전	心 마음 심	이심전심	마음과 마음으로 서로 뜻이 통함
194	一 한 일	擧 들 거	兩 두 양	得 얻을 득	일거양득	한 가지 일을 하여 두 가지 이익을 얻음
195	日 날 일	暮 저물 모	途 길 도	遠 멀 원	일모도원	날은 저물고 갈 길은 멀다는 뜻으로, 늙고 쇠약한데 앞으로 해야 할 일은 많음을 이르는 말
196	一 한 일	罰 벌할 벌	百 일백 백	戒 경계할 계	일벌백계	한 사람을 벌주어 백 사람을 경계한다는 뜻으로, 다른 사람들에게 경각심을 불러일으키기 위하여 본보기로 한 사람에게 엄한 처벌을 하는 일을 이르는 말
197	一 한 일	場 마당 장	春 봄 춘	夢 꿈 몽	일장춘몽	한바탕의 봄꿈이라는 뜻으로, 헛된 영화나 덧없는 일을 비유적으로 이르는 말
198	一 한 일	進 나아갈 진	一 한 일	退 물러날 퇴	일진일퇴	한 번 앞으로 나아갔다 한 번 뒤로 물러섰다 함
199	一 한 일	觸 닿을 촉	卽 곧 즉	發 필 발	일촉즉발	한 번 건드리기만 해도 폭발할 것같이 몹시 위급한 상태
200	日 날 일	就 나아갈 취	月 달 월	將 장수 장	일취월장	나날이 다달이 자라거나 발전함
201	一 한 일	波 물결 파	萬 일만 만	波 물결 파	일파만파	하나의 물결이 연쇄적으로 많은 물결을 일으킨다는 뜻으로, 한 사건이 그 사건에 그치지 아니하고 잇따라 많은 사건으로 번짐을 이르는 말
202	臨 임할 임	機 틀 기	應 응할 응	變 변할 변	임기응변	그때그때 처한 사태에 맞추어 즉각 그 자리에서 결정하거나 처리함
203	自 스스로 자	家 집 가	撞 칠 당	着 붙을 착	자가당착	같은 사람의 말이나 행동이 앞뒤가 서로 맞지 아니하고 모순됨
204	自 스스로 자	繩 노끈 승	自 스스로 자	縛 얽을 박	자승자박	자기의 줄로 자기 몸을 옭아 묶는다는 뜻으로, 자기가 한 말과 행동에 자기 자신이 옭혀 곤란하게 됨을 비유적으로 이르는 말
205	自 스스로 자	畵 그림 화	自 스스로 자	讚 기릴 찬	자화자찬	자기가 그린 그림을 스스로 칭찬한다는 뜻으로, 자기가 한 일을 스스로 자랑함을 이르는 말
206	張 베풀 장	三 석 삼	李 오얏 이	四 넉 사	장삼이사	장씨(張氏)의 셋째 아들과 이씨(李氏)의 넷째 아들이라는 뜻으로, 이름이나 신분이 특별하지 아니한 평범한 사람들을 이르는 말
207	賊 도둑 적	反 돌이킬 반	荷 멜 하	杖 지팡이 장	적반하장	도둑이 도리어 매를 든다는 뜻으로, 잘못한 사람이 아무 잘못도 없는 사람을 나무람을 이르는 말
208	積 쌓을 적	小 작을 소	成 이룰 성	大 큰 대	적소성대	작거나 적은 것도 쌓이면 크게 되거나 많아짐
209	戰 싸움 전	戰 싸움 전	兢 떨릴 긍	兢 떨릴 긍	전전긍긍	몹시 두려워서 벌벌 떨며 조심함

번호	한자성어				독음	의미
210	輾 돌아누울 전	轉 구를 전	反 돌이킬 반	側 곁 측	전전반측	누워서 몸을 이리저리 뒤척이며 잠을 이루지 못함
211	轉 구를 전	禍 재앙 화	爲 할 위	福 복 복	전화위복	재앙과 화난이 바뀌어 오히려 복이 됨
212	切 끊을 절	磋 갈 차	琢 다듬을 탁	磨 갈 마	절차탁마	옥이나 돌 따위를 갈고 닦아서 빛을 낸다는 뜻으로, 부지런히 학문과 덕행을 닦음을 이르는 말
213	切 끊을 절	齒 이 치	腐 썩을 부	心 마음 심	절치부심	몹시 분하여 이를 갈며 속을 썩임
214	漸 점점 점	入 들 입	佳 아름다울 가	境 지경 경	점입가경	「1」들어갈수록 점점 재미가 있음 「2」시간이 지날수록 하는 짓이나 몰골이 더욱 꼴불견임을 비유적으로 이르는 말
215	井 우물 정	底 밑 저	之 갈 지	蛙 개구리 와	정저지와	우물 안 개구리
216	朝 아침 조	令 하여금 령	暮 저물 모	改 고칠 개	조령모개	아침에 명령을 내렸다가 저녁에 다시 고친다는 뜻으로, 법령을 자꾸 고쳐서 갈피를 잡기가 어려움을 이르는 말
217	朝 아침 조	變 변할 변	夕 저녁 석	改 고칠 개	조변석개	아침저녁으로 뜯어고친다는 뜻으로, 계획이나 결정 따위를 일관성이 없이 자주 고침을 이르는 말
218	朝 아침 조	三 석 삼	暮 저물 모	四 넉 사	조삼모사	간사한 꾀로 남을 속여 희롱함을 이르는 말
219	鳥 새 조	足 발 족	之 갈 지	血 피 혈	조족지혈	새 발의 피라는 뜻으로, 매우 적은 분량을 비유적으로 이르는 말
220	左 왼 좌	顧 돌아볼 고	右 오른쪽 우	眄 곁눈질할 면	좌고우면	이쪽저쪽을 돌아본다는 뜻으로, 앞뒤를 재고 망설임을 이르는 말
221	坐 앉을 좌	不 아닐 불	安 편안할 안	席 자리 석	좌불안석	앉아도 자리가 편안하지 않다는 뜻으로, 마음이 불안하거나 걱정스러워서 한군데에 가만히 앉아 있지 못하고 안절부절못하는 모양을 이르는 말
222	坐 앉을 좌	井 우물 정	觀 볼 관	天 하늘 천	좌정관천	우물 속에 앉아서 하늘을 본다는 뜻으로, 사람의 견문(見聞)이 매우 좁음을 이르는 말
223	走 달릴 주	馬 말 마	加 더할 가	鞭 채찍 편	주마가편	달리는 말에 채찍질한다는 뜻으로, 잘하는 사람을 더욱 장려함을 이르는 말
224	走 달릴 주	馬 말 마	看 볼 간	山 산 산	주마간산	말을 타고 달리며 산천을 구경한다는 뜻으로, 자세히 살피지 아니하고 대충대충 보고 지나감을 이르는 말
225	重 무거울 중	言 말씀 언	復 다시 부	言 말씀 언	중언부언	이미 한 말을 자꾸 되풀이함
226	知 알 지	己 몸 기	之 갈 지	友 벗 우	지기지우	자기의 속마음을 참되게 알아주는 친구
227	指 가리킬 지	鹿 사슴 록	爲 할 위	馬 말 마	지록위마	「1」윗사람을 농락하여 권세를 마음대로 함을 이르는 말. 「2」모순된 것을 끝까지 우겨서 남을 속이려는 짓을 비유적으로 이르는 말
228	支 지탱할 지	離 떠날 리	滅 꺼질 멸	裂 찢을 렬	지리멸렬	이리저리 흩어지고 찢기어 갈피를 잡을 수 없음
229	進 나아갈 진	退 물러날 퇴	兩 두 양	難 어려울 난	진퇴양난	이러지도 저러지도 못하는 어려운 처지
230	進 나아갈 진	退 물러날 퇴	維 벼리 유	谷 골 곡	진퇴유곡	이러지도 저러지도 못하고 꼼짝할 수 없는 궁지.

번호	한자성어				독음	의미
231	天 하늘 천	高 높을 고	馬 말 마	肥 살찔 비	천고마비	하늘이 높고 말이 살찐다는 뜻으로, 하늘이 맑아 높푸르게 보이고 온갖 곡식이 익는 가을철을 이르는 말
232	千 일천 천	慮 생각할 려	一 한 일	失 잃을 실	천려일실	천 번 생각에 한 번 실수라는 뜻으로, 슬기로운 사람이라도 여러 가지 생각 가운데에는 잘못되는 것이 있을 수 있음을 이르는 말
233	千 일천 천	慮 생각할 려	一 한 일	得 얻을 득	천려일득	천 번을 생각하여 하나를 얻는다는 뜻으로, 어리석은 사람이라도 많은 생각을 하면 그 과정에서 한 가지쯤은 좋은 것이 나올 수 있음을 이르는 말
234	天 하늘 천	壤 흙덩이 양	之 갈 지	差 다를 차	천양지차	하늘과 땅 사이와 같이 엄청난 차이
235	千 일천 천	載 실을 재	一 한 일	遇 만날 우	천재일우	「천 년에 한 번 만난다」는 뜻으로, 좀처럼 얻기 어려운 좋은 기회(機會)를 이르는 말
236	天 하늘 천	井 우물 정	不 아닐 부	知 알 지	천정부지	천장을 모른다는 뜻으로, 물건(物件)의 값 따위가 자꾸 오르기만 함을 이르는 말
237	千 일천 천	篇 책 편	一 한 일	律 법칙 률	천편일률	「여러 시문의 격조가 변화 없이 비슷비슷하다」는 뜻으로, 여러 사물이 거의 비슷비슷하여 특색이 없음을 비유하여 이르는 말
238	靑 푸를 청	雲 구름 운	之 갈 지	志 뜻 지	청운지지	높은 지위에 오르고자 하는 욕망
239	靑 푸를 청	出 나갈 출	於 어조사 어	藍 쪽 람	청출어람	쪽에서 뽑아낸 푸른 물감이 쪽보다 더 푸르다는 뜻으로, 제자나 후배가 스승이나 선배보다 나음을 비유적으로 이르는 말
240	草 풀 초	綠 푸를 록	同 같을 동	色 빛 색	초록동색	풀빛과 녹색은 같은 빛깔이란 뜻으로, 같은 처지의 사람과 어울리거나 기우는 것
241	春 봄 춘	蘭 난초 란	秋 가을 추	菊 국화 국	춘란추국	봄의 난초와 가을의 국화는 각각 특색이 있어 어느 것이 더 낫다고 할 수 없음
242	取 가질 취	捨 버릴 사	選 가릴 선	擇 가릴 택	취사선택	여럿 가운데서 쓸 것은 쓰고 버릴 것은 버림
243	針 바늘 침	小 작을 소	棒 막대 봉	大 큰 대	침소봉대	작은 일을 크게 불리어 떠벌림
244	他 다를 타	山 산 산	之 갈 지	石 돌 석	타산지석	다른 산의 나쁜 돌이라도 자신의 산의 옥돌을 가는 데에 쓸 수 있다는 뜻으로, 본이 되지 않은 남의 말이나 행동도 자신의 지식과 인격을 수양하는 데에 도움이 될 수 있음을 비유적으로 이르는 말
245	貪 탐낼 탐	官 벼슬 관	汚 더러울 오	吏 관리 리	탐관오리	백성의 재물을 탐내어 빼앗는, 행실이 깨끗하지 못한 관리
246	兎 토끼 토	死 죽을 사	狗 개 구	烹 삶을 팽	토사구팽	토끼가 죽으면 토끼를 잡던 사냥개도 필요 없게 되어 주인에게 삶아 먹히게 된다는 뜻으로, 필요할 때는 쓰고 필요 없을 때는 야박하게 버리는 경우를 이르는 말
247	破 깨뜨릴 파	邪 간사할 사	顯 나타날 현	正 바를 정	파사현정	불교에서, 부처의 가르침에 어긋나는 사악한 도리를 깨뜨리고 바른 도리를 드러낸다는 뜻으로, 그릇된 생각을 버리고 올바른 도리를 행함을 비유해 이르는 말
248	破 깨뜨릴 파	竹 대나무 죽	之 갈 지	勢 형세 세	파죽지세	대를 쪼개는 기세라는 뜻으로, 적을 거침없이 물리치고 쳐들어가는 기세를 이르는 말
249	八 여덟 팔	方 모 방	美 아름다울 미	人 사람 인	팔방미인	「1」여러 방면에 능통한 사람을 비유적으로 이르는 말 「2」한 가지 일에 정통하지 못하고 온갖 일에 조금씩 손대는 사람을 놀림조로 이르는 말 「3」주관이 없이 누구에게나 잘 보이도록 처세하는 사람을 낮잡아 이르는 말
250	布 베 포	衣 옷 의	寒 찰 한	士 선비 사	포의한사	베옷을 입은 가난한 선비라는 뜻으로, 벼슬이 없는 가난한 선비를 이르는 말
251	風 바람 풍	樹 나무 수	之 갈 지	嘆 탄식할 탄	풍수지탄	효도를 다하지 못한 채 어버이를 여읜 자식의 슬픔을 이르는 말

번호	한자성어				독음	의미
252	風 바람 풍	月 달 월	主 주인 주	人 사람 인	풍월주인	맑은 바람과 밝은 달 따위의 아름다운 자연을 즐기는 사람
253	風 바람 풍	前 앞 전	燈 등 등	火 불 화	풍전등화	「1」바람 앞의 등불이라는 뜻으로, 사물이 매우 위태로운 처지에 놓여 있음을 비유적으로 이르는 말. 「2」사물이 덧없음을 비유적으로 이르는 말
254	下 아래 하	石 돌 석	上 윗 상	臺 대 대	하석상대	아랫돌 빼서 윗돌 괴고 윗돌 빼서 아랫돌 괸다는 뜻으로, 임시변통으로 이리저리 둘러맞춤을 이르는 말
255	鶴 학 학	首 머리 수	苦 쓸 고	待 기다릴 대	학수고대	학의 목처럼 목을 길게 빼고 간절히 기다림
256	邯 조나라 한	鄲 조나라 단	之 갈 지	步 걸음 보	한단지보	함부로 자기 본분을 버리고 남의 행위를 따라 하면 두 가지 모두 잃는다는 것을 이르는 말
257	咸 다 함	興 일어날 흥	差 어긋날 차	使 부릴 사	함흥차사	심부름을 가서 오지 아니하거나 늦게 온 사람을 이르는 말
258	虛 빌 허	張 베풀 장	聲 소리 성	勢 기세 세	허장성세	실속은 없으면서 큰소리치거나 허세를 부림
259	孑 외로울 혈	孑 외로울 혈	單 홀 단	身 몸 신	혈혈단신	의지할 곳이 없는 외로운 홀몸
260	狐 여우 호	假 빌릴 가	虎 범 호	威 위엄 위	호가호위	남의 권세를 빌려 위세를 부림
261	好 좋을 호	事 일 사	多 많을 다	魔 마귀 마	호사다마	좋은 일에는 흔히 방해되는 일이 많음. 또는 그런 일이 많이 생김
262	虎 범 호	視 볼 시	眈 노려볼 탐	眈 노려볼 탐	호시탐탐	범이 눈을 부릅뜨고 먹이를 노려본다는 뜻으로, 남의 것을 빼앗기 위하여 형세를 살피며 가만히 기회를 엿봄
263	浩 넓을 호	然 그럴 연	之 갈 지	氣 기운 기	호연지기	거침없이 넓고 큰 기개
264	昏 어두울 혼	定 정할 정	晨 새벽 신	省 살필 성	혼정신성	밤에는 부모의 잠자리를 보아 드리고 이른 아침에는 부모의 밤새 안부를 묻는다는 뜻으로, 부모를 잘 섬기고 효성을 다함을 이르는 말
265	和 화합할 화	而 조사 이	不 아닐 부	同 같을 동	화이부동	남과 사이좋게 지내기는 하나 무턱대고 어울리지는 아니함
266	宦 벼슬 환	海 바다 해	風 바람 풍	波 물결 파	환해풍파	벼슬살이에서 겪는 온갖 험한 일
267	嚆 울릴 효		矢 화살 시		효시	옛날에 전쟁을 시작할 때 소리가 나는 화살을 쏘아 올려 신호 삼아 전투를 開始(개시)함. 사물의 맨 처음. 비슷한 말로 濫觴(남상), 鼻祖(비조) 등이 있음
268	後 뒤 후	生 날 생	可 옳을 가	畏 두려워할 외	후생가외	젊은 후학들을 두려워할 만하다는 뜻으로, 후진들이 선배들보다 젊고 기력이 좋아, 학문을 닦음에 따라 큰 인물이 될 수 있으므로 가히 두렵다는 말
269	厚 두터울 후	顔 얼굴 안	無 없을 무	恥 부끄러울 치	후안무치	뻔뻔스러워 부끄러움이 없음
270	興 일어날 흥	盡 다할 진	悲 슬플 비	來 올 래	흥진비래	즐거운 일이 다하면 슬픈 일이 닥쳐온다는 뜻으로, 세상일은 순환되는 것임을 이르는 말

MEMO

한눈에 보는 한자성어

① 사람

1	보통사람	甲男乙女(갑남을녀), 愚夫愚婦(우부우부), 樵童汲婦(초동급부), 張三李四(장삼이사), 匹夫匹婦(필부필부)
2	인재	棟梁之材(동량지재), 八方美人(팔방미인), 群鷄一鶴(군계일학), 囊中之錐(낭중지추), 靑出於藍(청출어람), 後生可畏(후생가외)
3	외로운 사람	四顧無親(사고무친), 鰥寡孤獨(환과고독)
4	기타	門外漢(문외한), 白面書生(백면서생), 股肱之臣(고굉지신: 임금이 가장 신임하는 신하), 布衣寒士(포의한사: 벼슬 없는 가난한 선비), 項羽壯士(항우장사), 破落戶(파락호)

② 인간

1	부모	昏定晨省(혼정신성: 공양), 班衣之戲(반의지희: 효도), 望雲之情(망운지정: 그리움)
2	환경의 중요성	橘化爲枳(귤화위지), 近墨者黑(근묵자흑), 堂狗風月(당구풍월), 麻中之蓬(마중지봉), 上行下效(상행하효)
3	서로 어울림	類類相從(유유상종), 草綠同色(초록동색), 渾然一體(혼연일체)
4	친밀한 관계	肝膽相照(간담상조), 管鮑之交(관포지교), 水魚之交(수어지교), 竹馬故友(죽마고우), 知音(지음), 傾蓋如舊(경개여구)
5	사이가 나쁨	犬猿之間(견원지간), 吳越同舟(오월동주), 氷炭不相容(빙탄불상용)
6	협동/도움	同病相憐(동병상련), 十匙一飯(십시일반), 和光同塵(화광동진: 중생 인도)
7	마음으로 통함	以心傳心(이심전심), 心心相印(심심상인), 敎外別傳(교외별전), 拈華微笑(염화미소)=拈華示衆(염화시중), 不問可知(불문가지)
8	사람에 대한 경계	燈下不明(등하불명)

③ 노력과 대응

1	꾸준한 노력	愚公移山(우공이산), 磨斧作針(마부작침), 積小成大(적소성대), 積土成山(적토성산), 發憤忘食(발분망식), 欲速不達(욕속부달)
2	굳은 결의	馬革裹屍(마혁과시), 百折不屈(백절불굴), 不撓不屈(불요불굴)
3	끈질긴 시도	三顧草廬(삼고초려), 七顚八起(칠전팔기), 十伐之木(십벌지목)
4	뒤늦은 대처	亡羊補牢(망양보뢰), 渴而穿井(갈이천정)
5	어울리지 않는 대처	見蚊拔劍(견문발검)
6	지나친 대처	矯角殺牛(교각살우)
7	근본적이지 않은 대책	姑息之計(고식지계), 彌縫(미봉), 凍足放尿(동족방뇨), 下石上臺(하석상대)

| 8 | 여러 계책 | 一罰百戒(일벌백계), 走馬加鞭(주마가편), 聲東擊西(성동격서), 拔本塞源(발본색원) |
| 9 | 음흉한 꾀와 책략 | 朝三暮四(조삼모사) |

④ 행동과 태도

1	망설임	首鼠兩端(수서양단)
2	공연한 짓	宿虎衝鼻(숙호충비)
3	헛된 짓	沙上樓閣(사상누각), 錦衣夜行(금의야행)
4	유치함	口尙乳臭(구상유취)
5	오만함	傍若無人(방약무인), 眼下無人(안하무인), 傲慢無道(오만무도)
6	뻔뻔함	厚顔無恥(후안무치)
7	대충함	走馬看山(주마간산)
8	허세	虛張聲勢(허장성세), 針小棒大(침소봉대)
9	거짓으로 꾸미는 말	甘言利說(감언이설), 巧言令色(교언영색)
10	말조심	駟不及舌(사불급설)
11	말의 힘	三人成虎(삼인성호)
12	이기적 행동	牽强附會(견강부회), 我田引水(아전인수)
13	이중적 태도	表裏不同(표리부동), 面從腹背(면종복배), 口蜜腹劍(구밀복검), 羊頭狗肉(양두구육), 同床異夢(동상이몽), 勸上搖木(권상요목)
14	모순	自家撞着(자가당착), 語不成說(어불성설), 言語道斷(언어도단), 二律背反(이율배반)
15	자연에 대한 사랑	風月主人(풍월주인), 物我一體(물아일체), 泉石膏肓(천석고황), 煙霞痼疾(연하고질), 吟風弄月(음풍농월)
16	만족하는 삶	安貧樂道(안빈낙도), 安分知足(안분지족), 簞食瓢飮(단사표음), 簞瓢陋巷(단표누항), 閑中眞味(한중진미), 悠悠自適(유유자적)
17	바른 몸가짐	易地思之(역지사지), 破邪顯正(파사현정), 不偏不黨(불편부당), 明哲保身(명철보신), 見利思義 見危授命(견리사의 견위수명), 率先垂範(솔선수범), 瓜田不納履(과전불납리)
18	중도를 지키는 자세	過猶不及(과유불급)
19	모범/교훈	金科玉條(금과옥조), 他山之石(타산지석), 反面敎師(반면교사), 前車覆轍(전차복철)
20	준비	臥薪嘗膽(와신상담)
21	충성	犬馬之勞(견마지로)
22	따끔한 충고	頂門一針(정문일침)
23	간단한 말로 남을 감동하게 함	寸鐵殺人(촌철살인)

⑤ 심리와 정서

1	기쁨	松茂栢悅(송무백열: 벗이 잘됨)
2	의심	杯中蛇影(배중사영)
3	그리움	首丘初心(수구초심: 고향), 戀戀不忘(연연불망)
4	불안/근심	勞心焦思(노심초사), 戰戰兢兢(전전긍긍), 坐不安席(좌불안석), 輾轉反側(전전반측), 憂心烈烈(우심열렬)
5	분노	切齒腐心(절치부심)
6	한탄	髀肉之嘆(비육지탄: 헛되이 세월만 보냄), 麥秀之嘆(맥수지탄: 고국의 멸망), 亡羊之歎(망양지탄: 학문의 어려움) = 多岐亡羊(다기망양), 風樹之嘆(풍수지탄: 부모의 죽음), 燕鴻之歎(연홍지탄: 만나지 못함), 晚時之歎(만시지탄: 뒤늦은 후회), 破鏡之歎(파경지탄: 부부의 이별)
7	만족스럽지 않음	隔靴爬癢(격화파양)=隔靴搔癢(격화소양)

⑥ 어리석음

1	불가능	緣木求魚(연목구어)
2	융통성 없음	刻舟求劍(각주구검), 守株待兎(수주대토), 膠柱鼓瑟(교주고슬), 尾生之信(미생지신), 因循姑息(인순고식), 墨翟之守(묵적지수)
3	무지	馬耳東風(마이동풍), 牛耳讀經(우이독경), 對牛彈琴(대우탄금), 目不識丁(목불식정)
4	식견이 좁음	井底之蛙(정저지와), 坐井觀天(좌정관천), 群盲評象(군맹평상), 菽麥不辨(숙맥불변)
5	무모함	螳螂拒轍(당랑거철)
6	따라함	附和雷同(부화뇌동), 邯鄲之步(한단지보)
7	어리석은 말	痴人說夢(치인설몽)

3 한자어

여러 음을 가진 한자

1	降 (강/항)	① 내릴 강: 降等(강등), 降臨(강림: 신이 하늘에서 인간 세상에 내려옴.), 降雨(강 우), 下降(하강: 높은 곳에서 아래로 향하여 내려옴.) 예 가야국의 시조가 구지봉에 降臨(강림)했다. ② 항복할 항: 降服(항복), 投降(투항: 적에게 항복함.) 예 병사들은 그에게 投降(투항)을 거듭 촉구했다.
2	車 (거/차)	① 수레 거: 車馬費(거마비: 교통비), 人力車(인력거) 예 그는 손짓을 하여 人力車(인력거)를 불렀다. ② 수레 차: 車票(차표), 馬車(마차), 自動車(자동차) 예 승무원이 車票(차표)를 검사하러 들어왔다.
3	見 (견/현)	① 볼 견: 見聞(견문), 見學(견학), 識見(식견: 학식과 견문이라는 뜻으로, 사물을 분별할 수 있는 능력을 이르는 말) 예 그는 識見(식견)이 있는 선비로 명망이 높았다. ② 나타날 현: 謁見(알현), 讀書百遍義自見(독서백편의자현: 책이나 글을 백 번 읽으면 저절로 이해가 된다.) 예 여러 사신들은 예를 다해 국왕을 謁見(알현)하였다.
4	更 (경/갱)	① 고칠 경: 更正(경정: 바르게 고침), 變更(변경), 更迭(경질: 어떤 직위에 있는 사람을 다른 사람으로 바꿈) 예 이번 사고에 대한 문책으로 장관이 전격 更迭(경질)되었다. ② 다시 갱: 更生(갱생), 更年期(갱년기) 예 그는 범죄자들을 更生(갱생)의 길로 이끌었다.
5	龜 [구(귀)/균]	① 거북 구(귀): 龜鑑(귀감) 예 심청의 효행은 많은 사람들에게 龜鑑(귀감)이 된다. ② 틀 균: 龜裂(균열) 예 이번 지진으로 건물 벽에 龜裂(균열)이 생겼다.
6	茶 (다)	① 차 다: 茶道(다도), 茶菓(다과) 예 손님이 오시면 간단한 茶菓(다과)를 대접하는 것이 상례이다.
7	宅 (댁/택)	① 남의 집 댁: 宅內(댁내) 예 宅內(댁내) 두루 평안하신지요 ② 집 택: 住宅(주택), 宅地(택지) 예 정부는 宅地(택지) 개발을 위한 기금을 조성하였다.
8	度 (도/탁)	① 법도 도: 制度(제도), 年度(연도) 예 그는 사법 制度(제도)의 개혁을 요구하고 나섰다. ② 헤아릴 탁: 忖度(촌탁: 남의 마음을 미루어서 헤아림.), 度支部(탁지부: 대한제국 때, 국가 전반의 재정을 맡아보던 중앙 관청, 고종 32년(1895)에 탁지아문을 고친 것으로, 융희 4년(1910)까지 있었다.) 예 그 신하는 임금의 마음을 忖度(촌탁)하는 데에 밝은 인물이다.
9	洞 (동/통)	① 골, 마을 동: 洞里(동리) 예 얼어붙은 개울물에서 洞里(동리) 꼬마들이 썰매를 타고 있었다. ② 꿰뚫을 통: 洞察(통찰), 洞燭(통촉: 윗사람이 아랫사람의 사정이나 형편 따위를 깊이 헤아려 살핌.) 예 그는 이성에 의한 깊은 洞察(통찰)을 강조하였다.

10	讀 (독/두)	① 읽을 독: 讀書(독서), 耽讀(탐독: 어떤 글이나 책 따위를 열중하여 읽음.) 예 그는 신문에 줄을 그어 가며 耽讀(탐독) 중이었다. ② 구절 두: 句讀(구두: 글을 쓸 때 문장 부호를 쓰는 방법), 吏讀 (이두: 한자의 음과 뜻을 빌려 우리말을 적은 표기법) 예 외국인들은 한국어의 句讀(구두)를 어려워한다.
11	率 [률(율)/솔]	① 비율 률: 確率(확률), 比率(비율) 예 이 경기에서는 우리 팀이 이길 確率(확률)이 높다. ② 거느릴 솔: 統率(통솔), 食率(식솔: 한 집안에 딸린 구성원, 가족, 식구) 예 그는 딸린 食率(식솔)도 없이 혼자 떠돌아다니는 사람이다.
12	復 (복/부)	① 돌아올 복: 復歸(복귀), 回復(회복) 예 탈영병들에 대한 원대 復歸(복귀) 명령이 내려졌다. ② 다시 부: 復活(부활), 復興(부흥) 예 대한민국은 황폐한 국토의 재건과 復興(부흥)에 전력을 기울였다.
13	否 (부/비)	① 아니 부: 可否(가부), 否決(부결: 의논한 안건을 받아들이지 아니하기로 결정함.) 예 회사에서 제시한 임금안의 否決(부결)로 총파업이 결정되었다. ② 막힐 비: 否運(비운), 否塞(비색: 운수가 꽉 막힘.) 예 자네도 어지간히 팔자가 否塞(비색)이로군
14	北 (북/배)	① 북녘 북: 北伐(북벌), 北進(북진) 예 사령관은 北進(북진)을 단행하여 큰 성과를 거두었다. ② 패배할 배: 敗北(패배) 예 수나라 군사는 敗北(패배)를 거듭하여 사기가 떨어졌다.
15	不 (불/부) [ㄷ, ㅈ앞에서]	① 아니 불: 不遜(불손), 不服(불복) 예 마을 사람들은 그들 형제의 不遜(불손)을 더 이상 보고만 있을 수 없었다. ② 아니 부: 不動産(부동산), 不在(부재) 예 정책 不在(부재)와 경험 부족으로 곤란을 겪다.
16	索 (삭/색)	① 가릴 삭: 索莫(삭막) 예 그들은 索莫(삭막)한 들판에 버려진 상태였다. ② 찾을 색: 搜索(수색), 索引(색인) 예 경찰은 대대적으로 실종자 搜索(수색)에 나섰다.
17	殺 (살/쇄)	① 죽일 살: 殺生(살생), 虐殺(학살) 예 전쟁 중에서 많은 양민들이 虐殺(학살)을 당했다. ② 빠를·지울 쇄: 殺到(쇄도), 相殺(상쇄) 예 문의 전화 殺到(쇄도)로 업무가 마비될 지경이다.
18	狀 (상/장)	① 모양 상: 形狀(형상), 狀況(상황) 예 눈사태와 같은 돌발적 狀況(상황)에 대비해야 한다. ② 문서 장: 賞狀(상장), 行狀(행장: 죽은 사람이 평생 살아온 일을 적은 글) 예 그는 비석에 적힌 망자의 行狀(행장)을 읽었다.
19	塞 (새/색)	① 변방, 성채 새: 塞翁之馬(새옹지마) 예 인간사는 塞翁之馬(새옹지마)이다. ② 막을 색: 梗塞(경색: 소통되지 못하고 막힘.) 拔本塞源(발본색원) 예 이번 조치는 금융 시장의 梗塞(경색)을 초래했다.
20	說 (설/세/열)	① 말씀 설: 說得(설득), 學說(학설) 예 유성의 충돌로 공룡이 멸종했다는 學說(학설)이 제기되었다. ② 달랠 세: 遊說(유세), 說客(세객: 자기 의견 또는 자기 소속 정당의 주장을 선전하며 돌아다니는 사람) 예 소진과 장의는 전국 시대의 說客(세객)으로 알려져 있다. ③ 기쁠 열: 학이시습지 불역열호(學而時習之不 亦說乎: 배우고 때로 익히면 또한 즐겁지 아니한가

21	省 (성/생)	① 살필 성: 省察(성찰), 反省(반성) 예 네게는 反省(반성)의 기미가 보이지 않는다. ② 덜 생: 省略(생략), 省力(생력: 힘을 덞.) 예 우리말은 문장 성분의 省略(생략)이 자유롭다.
22	數 (수/삭)	① 셀 수: 數學(수학), 運數(운수) 예 그는 잘못된 일을 運數(운수) 탓으로 돌렸다. ② 자주 삭: 頻數(빈삭: 도수가 매우 잦다.) 예 여러 종족의 야인이 매년 왕래가 頻數(빈삭)하다.
23	宿 (숙/수)	① 묵을 숙: 宿泊(숙박), 露宿(노숙) 예 겨울철의 露宿(노숙)으로 그의 몸은 꽁꽁 얼었다. ② 별 수: 二十八宿(이십팔수: 천구를 황도에 따라 스물여덟으로 등분한 구획) 예 옛사람들은 하늘을 二十八宿(이십팔수)로 나누었다.
24	識 (식/지)	① 알 식: 知識(지식), 識別(식별) 예 달빛으로 사람 얼굴을 識別(식별)할 수 있다. ② 표할 지: 標識(표지: 표시나 특징으로 어떤 사물을 다른 것과 구별하게 함.) 예 저 통행금지 標識(표지)가 눈에 보이지 않느냐
25	什 (십/집)	① 열 사람 십: 什長(십장: 일꾼들을 감독·지시하는 우두머리) 예 현장 일꾼들은 什長(십장)이 시키는 대로 군소리 한마디 못하고 일을 했다. ② 세간 집: 什器(집기) 예 난리 통에 백성들은 가산과 什器(집기)를 다 잃었다.
26	樂 (악/락/요)	① 풍류 악: 音樂(음악), 樂團(악단) 예 드디어 樂團(악단)은 애잔한 음조의 캐럴을 연주한다. ② 즐거울 락: 樂園(낙원), 苦樂(고락) 예 그와 나는 生死苦樂(생사고락)을 함께한 전우이다. ③ 좋아할 요: 樂山樂水(요산요수: 산을 좋아하고 물을 좋아함. → 山水(산수)를 좋아함. - 〈논어〉)
27	惡 (악/오)	① 악할 악: 善惡(선악), 懲惡(징악) 예 그 정도 나이면 善惡(선악)을 판단할 수 있다. ② 모질·미워할 오: 惡寒(오한), 好惡(호오: 좋음과 싫음) 예 그녀는 好惡(호오)의 구별이 뚜렷하다.
28	易 (역/이)	① 바꿀 역: 周易(주역), 交易(교역) 예 세계 여러 나라와의 交易(교역) 활동이 활발하다. ② 쉬울 이: 容易(용이), 平易(평이) 예 이번 공무원 시험 문제는 대체로 平易(평이)했다.
29	咽 (인/열)	① 목구멍 인: 咽喉(인후), 咽頭(인두) 예 환자 분의 咽喉(인후)에 염증이 있는 것 같습니다. ② 목멜 열: 嗚咽(오열) 예 북받쳐 오르는 설움에 嗚咽(오열)을 터뜨렸다.
30	刺 (자/척)	① 찌를 자: 刺客(자객), 諷刺(풍자) 예 그 이야기는 나에 대한 諷刺(풍자)로 가득 차 있다. ② 찌를 척: 刺殺(척살: 칼 따위로 찔러 죽임.) 예 적군 장수를 刺殺(척살)하라는 명을 받고 움직였다.
31	炙 (자/적)	① 구울 자: 膾炙(회자: 회와 구운 고기라는 뜻으로, 칭찬을 받으며 사람의 입에 자주 오르내림을 이르는 말) 예 그 노래는 오늘날까지 膾炙(회자)되고 있다. ② 구울 적: 散炙(산적) 예 散炙(산적)을 부치는 냄새가 코를 찔렀다.

32	切 (절/체)	① 끊을 절: 切迫(절박: 어떤 일이나 때가 가까이 닥쳐서 몹시 급함. 또는 인정이 없고 냉정함.), 一切(일절: 아주, 전혀) 예 그는 고향을 떠난 후로 연락을 一切(일절) 끊었다. ② 온통 체: 一切(일체: 전부) 예 그 일에 따르는 一切(일체)의 비용은 회사가 부담한다.
33	辰 (진/신)	① 별 진: 辰時(진시: 十二時(십이시)의 다섯째 시. 오전 7시부터 9시까지를 이름), 日辰(일진: 그날의 운세) 예 오늘은 日辰(일진)이 사납네그려. ② 별 신: 星辰(성신), 生辰(생신) 예 고대인들은 星辰(성신)의 변화를 보며 점을 쳤다.
34	參 (참/삼)	① 간여할 참: 參拜(참배), 參詣(참예: 신이나 부처에게 나아가 뵘.) 예 아버지는 국립묘지 參拜(참배)차 외출하셨다. ② 석 삼: 參拾(삼십)
35	拓 (탁/척)	① 밑칠 탁: 拓本(탁본) 예 광개토대왕릉비의 拓本(탁본)을 뜨다. ② 넓힐 척: 開拓(개척) 예 그는 새로운 항공 노선 開拓(개척)을 위해 노력했다.
36	暴 (폭/포)	① 사나울 폭: 暴騰(폭등), 暴露(폭로) 예 물가 暴騰(폭등)으로 살기가 매우 어려워졌다. ② 사나울 포: 暴惡(포악), 橫暴(횡포) 예 양반들의 橫暴(횡포)가 갈수록 심해지고 있다.
37	行 (행/항)	① 갈 행: 行列(행렬), 決行(결행) 예 어둠 속에서 決行(결행)된 상륙 작전은 성공하였다. ② 항렬 항: 行列(항렬), 叔行(숙항: 아저씨뻘 되는 항렬) 예 나이는 내가 더 많지만 行列(항렬)로는 그가 내 삼촌뻘이다.
38	滑 (활/골)	① 미끄러울 활: 圓滑(원활), 潤滑油(윤활유) 예 당국은 물자 수급의 圓滑(원활)을 기하기 위해 규제를 없애겠다고 약속하였다. ② 어지러울 골: 滑稽(골계: 익살을 부리는 가운데 어떤 교훈을 주는 일) 예 민담 중에는 욕심 많은 양반을 골려 주는 滑稽(골계)적인 내용의 작품이 많다.

필수 이음절 한자어 323

1 可(옳을 가) 視(볼 시)
눈으로 볼 수 있는 것.
예) 可視 현상.

2 加(더할 가) 一(하나 일) 層(층 층)
정도 따위가 한층 더함.
예) 加一層의 노력.

3 可(옳을 가) 憐(불쌍히 여길 련)
가엾고 불쌍하다.
예) 可憐한 신세.

4 苛(가혹할 가) 斂(거둘 렴)
세금 따위를 가혹하게 거두어들임.
예) 고부 군수가 어떻게 苛斂을 했는가?

5 刻(새길 각) 薄(얇을 박)
1. 인정이 없고 삭막하다. 2. 땅이 거칠다.
예) 세상인심이 刻薄하다.

6 角(뿔 각) 逐(쫓을 축)
서로 이기려고 다투며 덤벼듦.
예) 두 팀이 우승을 놓고 角逐을 벌였다.

7 看(볼 간) 過(지날 과)
큰 관심 없이 대강 보아 넘김.
예) 그 사실을 결코 看過하지 않았다.

8 干(간여할 간) 涉(건널 섭)
남의 일에 부당하게 참견함.
예) 남의 일에 지나친 干涉을 하지 마라.

9 看(분별할 간) 做(지을 주)
상태, 모양, 성질 따위가 그와 같다고 봄.
예) 형사들은 그를 범죄자로 看做했다.

10 看(헤아릴 간) 破(깨뜨릴 파)
속내를 꿰뚫어 알아차리다.
예) 문제의 핵심을 看破하다.

11 葛(칡 갈) 藤(등나무 등)
목표나 이해관계가 달라 서로 충돌함.
예) 노사 간의 葛藤.

12 感(느낄 감) 傷(상처 상)
하찮은 일에도 슬퍼져서 마음이 상함.
예) 感傷에 빠지다.

13 感(느낄 감) 想(생각 상)
마음속에서 일어나는 느낌이나 생각.
예) 그 책을 읽은 感想은 '대단하다'였다.

14 鑑(거울 감) 賞(완상할 상)
주로 예술 작품을 이해하여 즐기고 평가함.
예) 영화 鑑賞.

15 減殺
덜 감 | 감할 쇄

줄어 없어짐.
예 미술에 대한 그의 열정이 減殺했다.

16 勘案
헤아릴 감 | 책상 안

여러 사정을 참고하여 생각함.
예 그가 바쁜 것을 勘案하여 일정을 짰다.

17 改悛
고칠 개 | 뉘우칠 전

잘못을 뉘우치고 마음을 바르게 고쳐먹음.
예 죄인에게 改悛의 기회를 주다.

18 介在
끼일 개 | 있을 재

어떤 것들 사이에 끼여 있음.
예 사적 감정의 介在가 이 일의 변수이다.

19 醵出
추렴할 갹 | 내보낼 출

같은 목적을 위해 사람들이 돈을 나누어 냄.
예 행사 비용 醵出.

20 健在
굳셀 건 | 있을 재

힘이나 능력이 줄어들지 않고 그대로 있음.
예 그의 健在는 학계에 커다란 힘이 되었다.

21 儉素
검소할 검 | 수수할 소

사치하지 않고 꾸밈없이 수수함.
예 그는 儉素와 절약의 미덕을 지켰다.

22 隔差
사이가 뜰 격 | 다를 차

빈부, 기술 수준 등이 서로 벌어져 다른 정도.
예 빈부 隔差.

23 見地
견해 견 | 분별 지

어떤 사물을 판단하거나 관찰하는 입장.
예 거시적인 見地

24 堅持
굳을 견 | 지킬 지

견해나 입장 따위를 굳게 지니거나 지킴.
예 신중한 자세를 堅持하다.

25 決定
결정할 결 | 정할 정

행동이나 태도를 분명하게 정함.
예 決定을 내리다.

26 缺陷
부족할 결 | 결점 함

부족하거나 완전하지 못하여 흠이 되는 부분.
예 성격상의 缺陷.

27 謙虛
겸손할 겸 | 빌 허

스스로 자신을 낮추고 비우는 태도가 있음.
예 선생님은 謙虛의 자세가 배어 있었다.

28 敬虔
공경할 경 | 삼갈 건

공경하며 삼가고 엄숙하다.
예 敬虔한 자세로 묵념을 올리다.

29 傾注
기울 경 | 뜻을 둘 주

힘이나 정신을 한곳에만 기울이다.
예 경제 발전에 전력을 傾注하다.

30 啓發
열 계 | 필 발

슬기나 재능, 사상 따위를 일깨워 줌.
예 외국어 능력의 啓發.

31 繼承
이을 계 | 받들 승

뒤를 이어받음.
예 전통문화의 繼承과 발전.

32 階梯
섬돌 계 | 사다리 제

1. 일이 되어 가는 순서나 절차.
2. 기회
예 이것저것 가릴 階梯가 아니다.

33 固陋
굳을 고 | 좁을 루

새로운 것을 잘 받아들이지 아니함.
예 固陋한 사고방식.

34 鼓舞
북 고 | 춤출 무

힘을 내도록 격려하여 용기를 북돋움.
예 박수로 선수들을 鼓舞하다.

35 苦悶
괴로울 고 | 번민할 민

마음속으로 괴로워하고 애를 태움.
예 苦悶을 털어놓다.

36 姑息
잠깐 고 | 숨쉴 식

당장에는 탈이 없고 편안하게 지냄.
예 그들은 그저 姑息이 좋았다.

37 高調
높을 고 | 고를 조

감정, 세력 따위가 한창 무르익거나 높아짐.
예 이야기가 高調에 이르다.

38 苦衷
괴로울 고 | 속마음 충

괴로운 심정이나 사정.
예 苦衷을 털어놓다.

39 膏肓
염통밑 고 | 명치끝 황

심장과 횡격막의 사이. 이 부위에 병이 생기면 낫기 힘듦.
예 膏肓에 들다.

40 困難
괴로울 곤 | 어려울 란

사정이 몹시 딱하고 어려움.
예 困難에 부딪치다.

41 汨沒
골몰할 골 | 잠길 몰

한 가지 일에만 파묻힘.
예 대책 마련에 汨沒하다.

42 公營
공평할 공 | 경영할 영

공적 기관에서 공공의 이익을 위하여 경영함.
예 公營 기업체.

43 | 共 | 榮
함께 공 | 꽃 영

함께 번영함.
예 인류가 共榮할 수 있는 길을 모색하자.

44 | 觀 | 照
볼 관 | 비출 조

고요한 마음으로 사물이나 현상을 관찰함.
예 觀照는 하되 비판하지 않는다.

45 | 乖 | 離
어지러질 괴 | 떠날 리

서로 어그러져 동떨어짐.
예 현실과 이상은 乖離가 있기 마련이다.

46 | 攪 | 亂
어지러울 교 | 어지러울 란(난)

마음 및 상황 따위를 뒤흔들어서 혼란하게 함.
예 아군은 적의 통신망을 攪亂하였다.

47 | 驕 | 慢
교만할 교 | 거만할 만

잘난 체하며 뽐내고 건방짐.
예 驕慢 방자하다.

48 | 救 | 助
구원할 구 | 도울 조

어려운 처지에 빠진 사람을 구하여 줌.
예 소방관들이 신속한 救助 활동을 벌이다.

49 | 構 | 造
얽을 구 | 지을 조

부분이나 요소가 어떤 전체를 짜 이룸.
예 사회 構造의 다원성.

50 | 窮 | 地
다할 궁 | 처지 지

매우 곤란하고 어려운 일을 당한 처지.
예 窮地에서 헤어나다.

51 | 龜 | 鑑
거북 귀 | 거울 감

거울로 삼아 본받을 만한 모범.
예 龜鑑으로 삼다.

52 | 權 | 勢
권세 권 | 기세 세

권력과 세력을 아울러 이르는 말.
예 權勢 있는 집안.

53 | 倦 | 怠
게으를 권 | 게으를 태

어떤 일에 시들해져서 생기는 싫증.
예 단조로운 생활에서 오는 倦怠.

54 | 詭 | 辯
속일 궤 | 말 잘할 변

상대편의 사고(思考)를 혼란시켜 거짓을 참인 것처럼 꾸며 대는 논법.

55 | 糾 | 明
바로잡을 규 | 밝을 명

어떤 사실을 자세히 따져서 바로 밝힘.
예 주민들은 사건의 진상 糾明을 촉구하였다.

56 | 規 | 範
법 규 | 법 범

인간이 따르고 지켜야 할 가치 판단의 기준.
예 도덕적 規範을 따르다.

57 規定
법 규 | 정할 정

규칙으로 정함.
예 대회의 規定에 따라야 한다.

58 龜裂
터질 균 | 찢을 열

거북의 등에 있는 무늬처럼 갈라져 터짐.
예 벽에 龜裂이 생기다.

59 根據
뿌리 근 | 근거 거

근본이 되는 거점.
예 활동의 根據로 삼다.

60 矜恤
불쌍히 여길 긍 | 구휼할 휼

불쌍히 여겨 돌보아 줌.
예 아버지는 수재민들을 矜恤하였다.

61 期待
기약할 기 | 기다릴 대

원하는 대로 이루어지기를 바라면서 기다림.
예 期待를 저버리다.

62 寄附
부칠 기 | 보탤 부

남을 돕기 위해 돈이나 물건을 내놓음.
예 장학금 寄附를 약속하다.

63 技術
재주 기 | 꾀 술

만들거나 짓거나 하는 능력.
예 그는 사람 다루는 技術이 뛰어났다.

64 記述
기록할 기 | 지을 술

있는 그대로 열거하거나 기록하여 서술함.
예 사회학자는 사회 현상에 대해 記述했다.

65 忌避
꺼릴 기 | 피할 피

꺼리거나 싫어하여 피함.
예 병역을 忌避하다.

66 寄與
맡길 기 | 도울 여

도움이 되도록 이바지함.
예 그는 팀 승리에 결정적인 寄與를 했다.

67 機會
시기 기 | 기회 회

1. 적절한 시기나 경우. 2. 겨를이나 짬.
예 이것은 절호의 機會이다.

68 懦弱
나약할 나 | 약할 약

의지가 굳세지 못함.
예 그는 의지가 懦弱했다.

69 懶怠
게으를 나(라) | 게으를 태

행동, 성격 따위가 느리고 게으름.
예 懶怠에 빠지다.

70 捏造
꾸밀 날 | 지을 조

사실인 것처럼 거짓으로 꾸밈.
예 역사의 捏造

3 한자어

71
濫	觴
넘칠 남(람)	잔 상

사물의 처음이나 기원.
예 소피스트는 오늘날의 선생의 濫觴이다.

72
濫	用
넘칠 남(람)	쓸 용

일정한 기준이나 한도를 넘어서 함부로 씀.
예 경제 성장에 따른 자원의 濫用.

73
內	包
안 내	쌀 포

어떤 성질이나 뜻 따위를 속에 품음.
예 그 말은 복합적인 의미를 內包하고 있다.

74
訥	辯
말 더듬거릴 눌	말 잘할 변

더듬거리는 서툰 말솜씨.
예 그는 訥辯이지만 열성적으로 강의했다.

75
能	辯
능할 능	말 잘할 변

말을 능숙하게 잘함. 또는 그런 사람
예 그는 그리 能辯이 못 된다.

76
內	訌
안 내	어지러울 홍

집단의 내부에서 자기들끼리 일으킨 분쟁.
예 內訌을 겪다.

77
賂	物
뇌물 줄 뇌(뢰)	물건 물

사사로운 일에 이용하기 위해 건네는 부정한 돈이나 물건.
예 賂物이 오가다.

78
曇	天
구름 낄 담	하늘 천

구름이 끼어서 흐린 하늘.
예 작년은 曇天 일수가 100일이 넘었다.

79
答	辭
대답할 답	말씀 사

회답을 함.
예 졸업생 대표의 答辭가 있겠습니다.

80
踏	査
밟을 답	조사할 사

현장에 가서 직접 보고 조사함.
예 현장 踏査를 떠나다.

81
踏	襲
밟을 답	인습할 습

예로부터 해 오던 방식을 좇아 그대로 행함.
예 전통 계승과 踏襲을 혼동하면 안 된다.

82
遝	至
모일 답	이를 지

한군데로 몰려들거나 몰려옴.
예 수재 의연금의 遝至.

83
擡	頭
들 대	머리 두

어떤 세력이나 현상이 새롭게 나타남.
예 신흥 세력이 擡頭하다.

84
待	遇
대할 대	대접할 우

어떤 사회적 관계나 태도로 대하는 일.
예 부당한 待遇를 받아 화가 나다.

85 導出
이끌 도 / 날 출
판단이나 결론 따위를 이끌어 냄.
예 국민적 합의의 導出.

86 瀆職
더럽힐 독 / 벼슬 직
어떤 직책에 있는 사람이 그 직책을 더럽힘. 특히 공무원이 직권을 남용하여 뇌물을 받는 따위의 부정한 행위를 저지르는 것.
예 세무 공무원의 瀆職 사건.

87 獨擅
홀로 독 / 멋대로 천
혼자서 마음대로 일을 처리함.

88 馬脚
말 마 / 다리 각
1. 말의 다리. 2. 가식하여 숨긴 본성.
예 馬脚을 드러내다.

89 萬難
일만 만 / 어려울 난
온갖 어려움.
예 그는 萬難을 무릅쓰고 적진에 뛰어들었다.

90 蔓延
덩굴 만 / 끌 연
식물의 줄기가 널리 뻗는다는 뜻으로, 나쁜 현상이 널리 퍼짐.
예 물질 만능주의의 蔓延

91 忘却
잊을 망 / 물리칠 각
어떤 사실을 잊어버림.
예 忘却의 세월.

92 罵倒
욕할 매 / 힐문할 도
심하게 욕하며 나무람.
예 사람들은 그를 기회주의자라고 罵倒한다.

93 邁進
멀리 갈 매 / 나아갈 진
어떤 일을 전심전력을 다하여 해 나감.
예 선생님은 가르치는 일에만 邁進해왔다.

94 萌芽
풀싹 맹 / 싹 아
1. 새로 돋아 나오는 싹. 2. 사물의 시초
예 문명의 萌芽.

95 免職
면할 면 / 벼슬 직
일정한 직위나 직무에서 물러나게 함.
예 무능력과 직무 유기로 免職이 불가피하다.

96 明澄
밝을 명 / 맑을 징
깨끗하고 맑다.
예 明澄한 문장.

97 摸索
찾을 모 / 찾을 색
일을 해결할 수 있는 방법을 더듬어 찾음.
예 해결 방안의 摸索.

98 侮辱
업신여길 모 / 욕될 욕
깔보고 욕되게 함.
예 侮辱을 느끼다.

99 模糊
模	糊
모호할 모	흐릿할 호

말이나 태도가 흐리터분하여 분명하지 않다.
예 문장이 模糊하여 의미를 알 수 없다.

100 目睹
目	睹
눈 목	볼 도

눈으로 직접 봄.
예 충격적인 광경을 目睹하다.

101 木鐸
木	鐸
나무 목	방울 탁

불공을 할 때 두드려 소리를 내는 기구.
예 木鐸을 두드리다.

102 沒却
沒	却
잠길 몰	물리칠 각

아주 없애 버림.
예 개성이 沒却된 사회.

103 蒙昧
蒙	昧
어릴 몽	어두울 매

어리석고 사리에 어두움.
예 蒙昧를 깨우치다.

104 杳然
杳	然
어두울 묘	그럴 연

그윽하고 멀어서 눈에 아물아물하다.
예 옛사랑의 기억이 杳然하다.

105 默過
默	過
잠잠할 묵	지날 과

잘못을 알고도 모르는 체하고 그대로 넘김.
예 이번 일을 도저히 默過할 수 없다.

106 門外漢
門	外	漢
문 문	바깥 외	사나이 한

어떤 일에 직접 관계가 없는 사람.
예 나는 그 방면에 門外漢이었다.

107 問責
問	責
물을 문	꾸짖을 책

잘못을 캐묻고 꾸짖음.
예 상사에게 問責을 당하다.

108 勿論
勿	論
말 물	논의할 론(논)

말할 것도 없음.
예 勿論 월급은 현금으로 지급될 것이다.

109 迷信
迷	信
미혹할 미	믿을 신

과학적 근거가 없는 것을 맹목적으로 믿음.
예 迷信을 타파하다.

110 未曾有
未	曾	有
아닐 미	일찍 증	있을 유

지금까지 한 번도 있어 본 적이 없음.
예 未曾有의 민족적 수난.

111 未洽
未	洽
아닐 미	흡족할 흡

아직 흡족하지 못하거나 만족스럽지 않음.
예 사전 조치가 未洽하다.

112 反駁
反	駁
반대할 반	논박할 박

어떤 의견, 주장, 논설 따위에 반대하여 말함.
예 反駁의 여지가 없는 완벽한 논리.

113 反芻
돌이킬 반 | 꼴 추

어떤 일을 되풀이하여 음미하거나 생각함.
예) 과거를 反芻해 보니 후회가 많았다.

114 反響
돌이킬 반 | 소리 울릴 향

어떤 일에 영향을 받아 일어나는 반응.
예) 反響을 불러일으키다.

115 放棄
놓을 방 | 버릴 기

내버리고 아예 돌아보지 아니함.
예) 책임과 의무의 放棄.

116 尨大
클 방 | 큰 대

규모나 양이 매우 크거나 많다.
예) 유라시아 대륙은 尨大하다.

117 幇助
도울 방 | 도울 조

남의 범죄 수행에 편의를 주는 모든 행위.
예) 그는 그 사건을 幇助한 혐의가 있었다.

118 方針
방법 방 | 바늘 침

앞으로 일을 치러 나갈 방향과 계획.
예) 교육 方針.

119 排擊
물리칠 배 | 부딪힐 격

어떤 사상, 의견, 물건 따위를 물리침.
예) 그의 사상은 모임에서 排擊을 받았다.

120 排斥
물리칠 배 | 물리칠 척

따돌리거나 거부하여 밀어 내침.
예) 반대파에게 排斥을 당하다.

121 輩出
무리 배 | 나갈 출

인재(人材)가 계속하여 나옴.
예) 기술자 輩出이 우리 학교의 목표이다.

122 背馳
등 배 | 달릴 치

서로 반대로 되어 어그러지거나 어긋남.
예) 그와 나는 한동안 背馳 상태에 있었다.

123 白眼視
흰 백 | 눈 안 | 볼 시

남을 업신여기거나 무시하는 태도로 흘겨봄.
예) 사람들로부터 白眼視를 받았다.

124 辨明
분별할 변 | 밝을 명

잘못에 대하여 구실을 대며 그 까닭을 말함.
예) 辨明의 여지가 없다.

125 病弊
병들 병 | 폐단 폐

병통과 폐단을 아울러 이르는 말.
예) 사회가 안고 있는 病弊를 고발하다.

126 補塡
보탤 보 | 매울 전

부족한 부분을 보태어 채움.
예) 적자의 補塡하다.

127 保全
보전할 보 | 온전할 전

온전하게 보호하여 유지함.
예 생태계 保全에 힘쓰다.

128 浮刻
뜰 부 | 새길 각

어떤 사물을 특징지어 두드러지게 함.
예 상품 선전은 회사의 이미지를 浮刻했다.

129 否決
아닐 부 | 결정할 결

의논한 안건을 받아들이지 아니하기로 결정함.
예 국회에서 정부안이 否決되었다.

130 浮薄
뜰 부 | 얇을 박

천박하고 경솔하다.
예 행동거지가 浮薄하다.

131 否認
아닐 부 | 알 인

어떤 사실을 옳다고 인정하지 아니함.
예 피의자는 며칠 전에 한 말을 否認했다.

132 否定
아닐 부 | 정할 정

옳지 아니하다고 반대함.
예 그녀는 긍정도 否定도 하지 않았다.

133 付託
줄 부 | 부탁할 탁

어떤 일을 해 달라고 청하거나 맡김.
예 付託을 들어주다.

134 腐敗
썩을 부 | 패할 패

정치, 사상, 의식 따위가 타락함.
예 정치적 腐敗

135 符合
부신 부 | 합할 합

사물이나 현상이 서로 꼭 들어맞음.
예 민주주의와 符合되는 제도이다.

136 紛亂
어지러울 분 | 어지러울 란

어수선하고 소란스러움.
예 紛亂을 조성하다.

137 分類
나눌 분 | 무리 류

종류에 따라서 가름.
예 식물을 종류에 따라 分類하다.

138 分離
나눌 분 | 떠날 리

서로 나뉘어 떨어짐.
예 소유와 경영을 分離시키다.

139 不拘
아닐 불 | 거리낄 구

얽매여 거리끼지 아니하다.
예 몸살에도 不拘하고 출근하다.

140 不肖
아닐 불 | 닮을 초

아버지를 닮지 않음. 못나고 어리석은 사람.
예 不肖 소생 어머니께 인사 올립니다.

141 不 朽
아닐 불 / 썩을 후
영원토록 변하거나 없어지지 아니함.
예 不朽의 명작을 남기다.

142 比 肩
견줄 비 / 어깨 견
앞서거나 뒤서지 않고 어깨를 나란히 한다.
예 그는 톨스토이에 比肩할 만한 소설가이다.

143 悲 劇
슬플 비 / 심할 극
인생의 애달픈 일을 당하여 불행한 경우.
예 悲劇이 일어나다.

144 誹 謗
헐뜯을 비 / 헐뜯을 방
남을 비웃고 헐뜯어서 말함.
예 誹謗과 욕설을 퍼붓다.

145 否 塞
막힐 비 / 막힐 색
운수가 꽉 막힘.
예 자네도 어지간히 팔자가 否塞이로군.

146 肥 沃
살찔 비 / 기름질 옥
땅이 걸고 기름짐.
예 토양이 肥沃하다.

147 否 運
막힐 비 / 운수 운
막혀서 어려운 처지에 이른 운수.

148 庇 護
감쌀 비 / 보호할 호
편들어서 감싸 주고 보호함.
예 권력의 庇護를 받다.

149 些 事
적을 사 / 일 사
조그마하거나 하찮은 일.

150 師 事
스승 사 / 섬길 사
스승으로 삼고 가르침을 받음.
예 그는 김 선생에게서 창을 師事하였다.

151 私 淑
사사로울 사 / 사모할 숙
직접 가르침을 받지는 않았으나 마음속으로 그 사람을 본받아서 도나 학문을 닦음.

152 辭 讓
말씀 사 / 사양할 양
겸손하여 받지 아니하거나 응하지 아니함.
예 辭讓 말고 많이 드세요.

153 似 而 非
같을 사 / 말이을 이 / 아닐 비
겉으로는 비슷하나 속은 완전히 다름.
예 似而非 종교.

154 謝 絶
사례할 사 / 끊을 절
요구나 제의를 사양하여 물리침.
예 면회 謝絶

155 使嗾
부릴 사 / 부추길 주

남을 부추겨 좋지 않은 일을 시킴.
예 그는 적의 使嗾를 받아 기밀을 염탐했다.

156 奢侈
사치할 사 / 사치할 치

필요 이상의 돈이나 물건을 씀.
예 奢侈를 부리다.

157 詐稱
속일 사 / 일컬을 칭

이름, 직업, 나이 따위를 거짓으로 속여 이름.
예 공무원 詐稱.

158 削減
깎을 삭 / 덜 감

깎아서 줄임.
예 국방비 削減.

159 芟除
풀벨 삼 / 없앨 제

풀을 깎듯이 베어 없애 버림.

160 相當
서로 상 / 마땅할 당

일정한 액수나 수치 따위에 해당함.
예 시가 백만 원 相當의 시계.

161 喪明
죽을 상 / 밝을 명

1. 아들의 죽음을 당하다.
2. 시력을 잃어 앞을 못 보게 되다.

162 喪失
잃을 상 / 잃을 실

어떤 것이 아주 없어지거나 사라짐.
예 가치관 喪失.

163 盛衰
성할 성 / 쇠할 쇠

성하고 쇠퇴함.
예 학문은 문화의 盛衰에 관건이 된다.

164 相殺
서로 상 / 없앨 쇄

상반되는 것이 서로 영향을 주어 효과가 없어지는 일.

165 省略
덜 생 / 생략할 략

전체에서 일부를 줄이거나 뺌.
예 문장 성분의 省略.

166 羨望
부러워할 선 / 바랄 망

부러워하여 바람.
예 그 강사는 羨望의 대상이 되었다.

167 宣揚
널리 펼 선 / 오를 양

명성이나 권위 따위를 널리 떨치게 함.
예 국위를 宣揚하다.

168 宣布
널리 펼 선 / 퍼질 포

세상에 널리 알림.
예 전쟁 宣布.

169 舌禍 | 혀 설 | 재앙 화
타인에 대한 중상이나 비방 따위로 받는 재난.

170 遡及 | 거슬러 올라갈 소 | 미칠 급
과거에까지 거슬러 올라가서 미치게 함.
예) 遡及 적용.

171 笑殺 | 웃을 소 | 지울 살
1. 웃어넘기고 문제 삼지 아니함.
2. 큰 소리로 비웃음.

172 束縛 | 묶을 속 | 묶을 박
어떤 행위를 자유로이 하지 못하도록 제한함.
예) 노비도 양반의 束縛에서 벗어났다.

173 贖罪 | 속 바칠 속 | 허물 죄
지은 죄를 물건이나 다른 공로 따위로 없앰.
예) 贖罪의 눈물.

174 殺到 | 빠를 쇄 | 다다를 도
세차게 몰려듦.
예) 문의 전화 殺到로 업무가 마비되었다.

175 收斂 | 거둘 수 | 거둘 렴
1. 돈이나 물건 따위를 거두어들임.
2. 의견을 하나로 모아 정리함.

176 殊常 | 다를 수 | 평상시 상
보통과는 달리 이상하여 의심스럽다.
예) 殊常한 기미를 보이다.

177 酬酌 | 술 권할 수 | 따를 작
1. 술잔을 서로 주고받음.
2. 서로 말을 주고받음.

178 修訂 | 고칠 수 | 바로잡을 정
글이나 글자의 잘못된 점을 고침.
예) 초판의 오식을 修訂하다.

179 熟考 | 익을 숙 | 상고할 고
곰곰 잘 생각함.
예) 오랜 熟考 끝에 최선의 해결책을 얻었다.

180 羞恥 | 부끄러울 수 | 부끄러워할 치
부끄러움.
예) 羞恥를 느끼다.

181 順延 | 순할 순 | 끌 연
차례로 기일을 늦춤.

182 猜忌 | 시새울 시 | 꺼릴 기
남이 잘되는 것을 샘하여 미워함.
예) 아이들이 재주 많은 그 아이를 猜忌했다.

183
示	唆
보일 시	부추길 사

어떤 것을 미리 간접적으로 표현해 줌.
예 낙관적인 示唆를 던져 주다.

184
信	賴
믿을 신	의지할 뢰

굳게 믿고 의지함.
예 信賴를 느끼다.

185
失	笑
잃을 실	웃을 소

어처구니가 없어 저도 모르게 나오는 웃음.
예 나도 모르게 그만 失笑를 하였다.

186
實	際
열매 실	가 제

사실의 경우나 형편.
예 實際 모습.

187
甚	深
심할 심	깊을 심

마음의 표현 정도가 매우 깊고 간절하다.
예 甚深한 조의를 표합니다.

188
阿	諂
알랑거릴 아	아첨할 첨

남의 환심을 사거나 잘 보이려고 알랑거림.
예 阿諂을 떨다.

189
軋	轢
삐걱거릴 알	삐걱거릴 력

서로 의견이 맞지 않아 충돌하는 것.
예 파벌 간의 軋轢이 끊일 날이 없다.

190
斡	旋
관리할 알	돌 선

남의 일이 잘되도록 주선하는 일.
예 친구의 斡旋으로 일자리를 구하게 되었다.

191
暗	示
어두울 암	보일 시

넌지시 알리다.
예 이 소설에서 흰옷은 죽음을 暗示한다.

192
隘	路
좁을 애	길 로

어떤 일을 하는 데 장애가 되는 것.
예 隘路사항.

193
惹	起
이끌 야	일어날 기

일이나 사건 따위를 끌어 일으킴.

194
餘	裕
남을 여	넉넉할 유

물질적·공간적·시간적으로 넉넉하여 남음.
예 돈이 餘裕가 있으면 빌려 다오.

195
餘	地
남을 여	땅 지

어떤 일을 하거나 어떤 일이 일어날 가능성이나 희망.
예 그의 행동은 의심받을 餘地가 있다.

196
役	割
맡을 역	나눌 할

자기가 마땅히 하여야 할 맡은 바 직책.
예 각자 맡은 바 役割을 다하다.

197 延期
- 끌 연 | 기약할 기
- 정해진 기한을 뒤로 물려서 늘림.
- 예 마감 날짜를 延期하다.

198 念頭
- 생각할 염(념) | 머리 두
- 1. 생각의 시초. 2. 마음의 속.
- 예 念頭에 두다.

199 傲慢
- 거만할 오 | 거만할 만
- 태도나 행동이 건방지거나 거만함.
- 예 편견과 傲慢

200 嗚咽
- 목메어 울 오 | 목멜 열
- 목메어 욺.
- 예 嗚咽을 토하다.

201 蘊蓄
- 쌓을 온 | 쌓을 축
- 1. 속에 깊이 쌓아 둠.
- 2. 오랫동안 학식 따위를 많이 쌓음.

202 訛傳
- 그릇될 와 | 전할 전
- 사실과 다르게 전함.
- 예 말이 訛傳이 되어 오해가 생기다.

203 歪曲
- 비뚤 왜 | 굽을 곡
- 사실과 다르게 해석하거나 그릇되게 함.
- 예 歪曲을 바로잡다.

204 畏敬
- 두려워할 외 | 공경할 경
- 공경하면서 두려워함.
- 예 그는 畏敬의 인물로 평가되어 왔다.

205 原則
- 근원 원 | 법 칙
- 일관되게 지켜야 하는 기본적인 규칙.
- 예 근본 原則에 어긋나다.

206 遺憾
- 남길 유 | 섭섭할 감
- 섭섭하거나 불만스럽게 남아 있는 느낌.
- 예 遺憾의 뜻을 표하다.

207 由來
- 말미암을 유 | 올 래
- 사물이나 일이 생겨남.
- 예 由來를 찾기 힘들다.

208 類例
- 무리 유(류) | 법식 례(예)
- 이전부터 있었던 사례.
- 예 類例를 찾아볼 수 없는 호황.

209 蹂躪
- 밟을 유 | 짓밟을 린
- 남의 권리나 인격을 짓밟음.
- 예 인권을 蹂躪하다.

210 遊說
- 놀 유 | 달랠 세
- 자기 소속 정당의 주장을 선전하며 돌아다님.
- 예 국회의원 후보자의 遊說가 열렸다.

211 流出
흐를 (유)류 / 날 출
밖으로 흘러 나가거나 흘려 내보냄.
예) 토사 流出을 방지하다.

212 誘惑
꾈 유 / 미혹할 혹
1. 꾀어서 좋지 아니한 길로 이끎.
2. 성적인 목적을 갖고 이성(異性)을 꾐.

213 隱匿
숨을 은 / 숨길 닉
남의 물건이나 범죄인을 감춤.
예) 그는 수배자의 隱匿을 도와주었다.

214 異常
다를 이 / 항상 상
정상적인 상태와 다름.
예) 기계에 異常이 생기다.

215 異狀
다를 이 / 항상 상
평소와는 다른 상태.
예) "근무 중 異狀 무!"

216 履行
밟을 이(리) / 다닐 행
실제로 행함.
예) 의무의 履行.

217 移行
옮길 이 / 다닐 행
다른 상태로 옮아감.
예) 시장 경제 체제로의 移行 과정.

218 引上
끌 인 / 위 상
물건값, 봉급, 요금 따위를 올림.
예) 공공요금의 引上

219 因襲
인할 인 / 엄습할 습
예전의 풍습, 습관, 예절 따위를 그대로 따름.

220 一朝
하나 일 / 아침 조
갑작스러울 정도의 짧은 시간.=하루아침
예) 그 일은 一朝에 수포로 돌아가고 말았다.

221 賃貸
품팔이 임 / 빌릴 대
돈을 받고 자기의 물건을 남에게 빌려줌.
예) 賃貸 가격이 싸다.

222 賃借
품팔이 임 / 빌릴 차
돈을 내고 남의 물건을 빌려 씀.
예) 은행 돈을 빌려 사무실을 賃借하였다.

223 姿勢
맵시 자 / 기세 세
1. 몸을 가누는 모양. 2. 마음가짐.
예) 학생 본연의 姿勢로 돌아가다.

224 資質
재물 자 / 바탕 질
타고난 성품이나 소질.
예) 그는 과학자로서의 資質이 뛰어나다.

225 掌握
손바닥 장 | 쥘 악

무엇을 마음대로 할 수 있게 됨.
예) 정권을 掌握하다.

226 障礙
가로막을 장 | 막을 애

1. 진행을 가로막음. 2. 신체 기능 결함.
예) 의사소통에 障礙를 겪다.

227 障害
가로막을 장 | 해로울 해

하고자 하는 일을 막아서 방해함.
예) 그 절벽을 오르는 데에 큰 障害는 없다.

228 這間
이 저 | 사이 간

바로 얼마 전부터 이제까지의 무렵.
예) 這間의 소식.

229 抵觸
거스를 저 | 닿을 촉

법률이나 규칙 따위에 위반되거나 어긋남
예) 당국의 검열에 抵觸이 되다.

230 沮害
막을 저 | 해로울 해

막아서 못 하도록 해침.
예) 성차별은 사회 발전의 沮害 요소이다.

231 積弊
쌓을 적 | 폐단 폐

오랫동안 쌓이고 쌓인 폐단.
예) 관민이 함께 협심하여 積弊를 일소했다.

232 轉嫁
구를 전 | 떠넘길 가

잘못이나 책임을 다른 사람에게 넘겨씌움.
예) 그는 책임 轉嫁를 일삼는 사람이었다.

233 顚倒
넘어질 전 | 넘어질 도

차례, 가치관이 뒤바뀌어 거꾸로 됨.
예) 목적이 수단과 顚倒된 느낌을 준다.

234 正鵠
바를 정 | 과녁 곡

가장 중요한 요점 또는 핵심.
예) 正鵠을 찌르다.

235 停滯
머무를 정 | 막힐 체

발전하지 못하고 한자리에 머물러 그침.
예) 경제의 停滯로 불황이 지속된다.

236 情況
뜻 정 | 하물며 황

일의 사정과 상황.
예) 여러 가지 情況으로 미루어 보았을 때.

237 提高
끌 제 | 높을 고

쳐들어 높임.
예) 기업 이미지를 提高하다.

238 提起
끌 제 | 일어날 기

1. 의견을 내어놓다. 2. 소송을 일으키다.
예) 이의를 提起하다.

239 提 (끌 제) 示 (보일 시)
의사를 말이나 글로 나타내어 보이게 하다.
예 국민들에게 대안을 提示하다.

240 嘲 (비웃을 조) 笑 (웃을 소)
흉을 보듯이 빈정거리거나 업신여기다.
예 남을 깔보고 嘲笑하다.

241 租 (조세 조) 稅 (세금 세)
세금.
예 租稅를 징수하다.

242 遭 (만날 조) 遇 (만날 우)
우연히 서로 만남.
예 적의 복병과 遭遇하다.

243 造 (지을 조) 詣 (이를 예)
분야에 대한 지식이 경지에 이른 정도.
예 그는 문학에 造詣가 깊다.

244 助 (도울 조) 長 (길 장)
바람직하지 않은 일을 더 심해지도록 부추김.
예 허례허식을 助長하다.

245 憎 (미워할 증) 惡 (미워할 오)
아주 사무치게 미워함.
예 그는 내 憎惡의 대상이 되었다.

246 持 (가질 지) 續 (이을 속)
어떤 상태가 오래 계속됨.
예 물가 상승이 持續되다.

247 止 (그칠 지) 揚 (오를 양)
더 높은 단계로 오르기 위하여 어떠한 것을 하지 아니함.

248 遲 (더딜 지) 延 (끌 연)
무슨 일을 더디게 끌어 시간을 늦춤.
예 출발 시간이 遲延되고 있다.

249 指 (가리킬 지) 向 (향할 향)
작정하거나 지정한 방향으로 나아감.
예 길을 잃고 指向 없이 헤매다.

250 志 (뜻 지) 向 (향할 향)
어떤 목표로 뜻이 쏠리어 향함.
예 평화 통일 志向.

251 職 (벼슬 직) 責 (꾸짖을 책)
직무상의 책임.
예 맡은 職責을 성실히 수행하다.

252 桎 (차꼬 질) 梏 (수갑 곡)
자유를 가질 수 없는 고통의 상태.
예 桎梏에서 벗어나다.

253 叱責
꾸짖을 질 | 꾸짖을 책
꾸짖어 나무람.
예 호된 叱責을 받다.

254 集中
모을 집 | 가운데 중
한곳을 중심으로 하여 모임.
예 별장이 강가에 集中해 있다.

255 次例
버금 차 | 법식 례
순서 있게 구분하여 벌여 나가는 관계.
예 次例대로 차에 오르다.

256 悽慘
슬퍼할 처 | 참혹할 참
몸서리칠 정도로 슬프고 끔찍하다.
예 그는 역적으로 몰려서 悽慘하게 죽었다.

257 剔抉
바를 척 | 도려낼 결
살을 도려내고 뼈를 발라냄.
예 부정부패 剔抉

258 闡明
밝힐 천 | 밝을 명
진리나 사실, 입장 따위를 드러내어 밝힘.
예 개혁의 의지를 세계만방에 闡明하다.

259 捷徑
빠를 첩 | 지름길 경
지름길.
예 성공에 이르는 捷徑

260 請託
청할 청 | 부탁할 탁
청하여 남에게 부탁함.
예 담당 공무원에게 빠른 처리를 請託했다.

261 刹那
절 찰 | 어찌 나
일이나 사물 현상이 일어나는 바로 그때.
예 그가 나가려던 刹那에 그를 막았다.

262 斬新
매우 참 | 새로울 신
새롭고 산뜻하다.
예 斬新한 디자인.

263 撤廢
거둘 철 | 폐할 폐
전에 있던 제도나 규칙을 걷어치워서 없앰.
예 신분 제도의 撤廢.

264 招來
부를 초 | 올 래
어떤 결과를 가져오게 함.
예 파멸을 招來하다.

265 促進
재촉할 촉 | 나아갈 진
다그쳐 빨리 나아가게 함.
예 정책을 세워 수출을 促進하다.

266 寸評
마디 촌 | 품평 평
매우 짧게 비평함.
예 유명 작가에 대한 寸評.

267 墜落 / 떨어질 추 / 떨어질 락
높은 곳에서 떨어짐.
예 비행기 墜落으로 인명 피해가 발생했다.

268 趨勢 / 달릴 추 / 기세 세
어떤 현상이 일정한 방향으로 나아가는 경향.
예 세계적 趨勢.

269 推移 / 옮길 추 / 옮길 이
일이나 시간의 경과에 따라 변하여 나감.
예 사건의 推移를 살피다.

270 充分 / 가득할 충 / 나눌 분
모자람이 없이 넉넉하다.
예 그 문제를 푸는 데 10분이면 充分하다.

271 恥辱 / 부끄러워할 치 / 욕될 욕
수치와 모욕을 아울러 이르는 말.
예 한국이 과거에 걸어온 수난과 恥辱.

272 取貸 / 취할 취 / 빌릴 대
돈을 돌려서 꾸어 주거나 꾸어 씀.

273 趣旨 / 뜻 취 / 뜻 지
어떤 일의 근본이 되는 목적이나 긴요한 뜻.
예 설립 趣旨를 밝히다.

274 贅言 / 군더더기 췌 / 말씀 언
쓸데없는 군더더기 말.

275 墮落 / 떨어질 타 / 떨어질 락
잘못된 길로 빠지는 일.
예 墮落의 길을 걷다.

276 綻露 / 터질 탄 / 드러낼 로
숨긴 일을 드러냄.
예 범인들은 범행이 綻露나자 도주했다.

277 搨本 / 베낄 탑 / 판본 본
비석, 기와, 기물 따위에 새겨진 글씨나 무늬를 종이에 그대로 떠냄.

278 吐露 / 토할 토 / 드러낼 로
마음에 있는 것을 죄다 드러내어서 말함.
예 친구에게 심정을 吐露하다.

279 洞察 / 꿰뚫을 통 / 살필 찰
예리한 관찰력으로 사물을 꿰뚫어 봄.
예 밝은 이성에 의한 깊은 洞察.

280 特段 / 특별할 특 / 구분 단
보통과 구별되게 다름.
예 特段의 조치를 취하다.

281 透徹
통할 투 / 통할 철
사리에 밝고 정확하다.
예) 透徹한 판단과 분석.

282 推敲
밀 퇴 / 두드릴 고
글을 지을 때 여러 번 생각하여 고치고 다듬음.

283 波及
물결 파 / 미칠 급
일의 여파나 영향이 차차 다른 데로 미침.
예) 정치적 波及이 예상되다.

284 破天荒
깨뜨릴 파 / 하늘 천 / 거칠 황
이전에 아무도 하지 못한 일을 처음으로 해냄.

285 破綻
깨뜨릴 파 / 터질 탄
원만하게 진행되지 못하고 중도에 깨짐.
예) 농촌 경제가 破綻에 이르렀다.

286 霸權
으뜸 패 / 권세 권
으뜸의 자리를 차지하여 누리는 공인된 힘.
예) 우리 학교는 전국 대회 霸權을 노렸다.

287 敗北
패할 패 / 패할 배
겨루어서 짐.
예) 찬란한 승리와 참담한 敗北.

288 遍歷
두루 편 / 지낼 력(역)
여러 가지 경험을 함.
예) 직업 遍歷.

289 編綴
엮을 편 / 이을 철
통신·문건·신문 따위를 정리하여 짜서 철하거나 모음.

290 偏頗
치우칠 편 / 치우칠 파
공정하지 못하고 어느 한쪽으로 치우쳐 있음.
예) 偏頗 보도.

291 貶下
떨어뜨릴 폄 / 아래 하
가치를 깎아내림.
예) 그의 작품까지 함부로 貶下할 수는 없다.

292 弊端
폐단 폐 / 바를 단
어떤 일이나 행동에서 나타나는 옳지 못한 경향이나 해로운 현상.

293 弊社
폐단 폐 / 모일 사
말하는 이가 자기 회사를 낮추어 이르는 말.
예) 弊社에 귀한 정보를 주셔서 감사합니다.

294 褒賞
기릴 포 / 상줄 상
칭찬하고 장려하여 상을 줌.
예) 그는 문책보다는 褒賞을 중시한다.

295	標	識
	표 표	기록할 지

표시로 어떤 사물을 다른 것과 구별하게 함.
예 통행금지 標識

296	品	位
	물건 품	자리 위

직품(職品)과 직위를 아울러 이르는 말.
예 品位를 지키다.

297	稟	議
	여쭐 품	의논할 의

웃어른에게 말이나 글로 여쭈어 의논함.
예 개혁안을 황제에게 稟議했다.

298	風	靡
	바람 풍	쓰러질 미

바람에 초목이 쓰러진다는 뜻. 어떤 사회적 현상이나 사조 따위가 널리 사회에 퍼짐.

299	披	瀝
	헤칠 피	나타낼 력

생각하는 것을 털어놓고 말함.
예 수상 소감을 披瀝했다.

300	何	如	間
	어찌 하	같을 여	사이 간

어찌하든지 간에.
예 何如間 이번 일은 네가 알아서 처리해라.

301	何	必
	어찌 하	반드시 필

다른 방도를 취하지 아니하고 어찌하여 꼭.
예 何必 이렇게 더운 날 대청소를 하다니.

302	割	賦
	나눌 할	구실 부

돈을 여러 번에 나누어 냄.
예 6개월 무이자 割賦로 물건을 구입하다.

303	割	引
	나눌 할	끌 인

일정한 값에서 얼마를 뺌.
예 割引 판매를 하다.

304	解	弛
	풀 해	느슨할 이

긴장이나 규율 따위가 풀려 마음이 느슨함.
예 정신이 解弛해졌다.

305	享	年
	누릴 향	해 년

한평생 살아 누린 나이.
예 享年 83세를 일기(一期)로 별세하다.

306	虛	僞
	빌 허	거짓 위

진실이 아닌 것을 진실인 것처럼 꾸민 것.
예 虛僞 진단서를 내다.

307	現	狀
	나타날 현	상태 상

나타나 보이는 현재의 상태.
예 現狀을 극복하려는 의지.

308	嫌	惡
	싫어할 혐	미워할 오

싫어하고 미워함.
예 추악한 세상에 대한 嫌惡로 가득 차다.

309 形態 / 모양 형 / 모양 태
사물의 생김새나 모양.
예) 건물의 배치 形態.

310 惠澤 / 은혜 혜 / 덕택 택
은혜와 덕택을 아울러 이르는 말.
예) 惠澤을 주다.

311 糊塗 / 풀 호 / 바를 도
명확히 결말을 내지 않고 덮어 버리다.
예) 사건의 본질을 糊塗하다.

312 豪奢 / 클 호 / 사치할 사
호화롭게 사치함.
예) 豪奢를 부리다.

313 呼訴 / 부를 호 / 하소연할 소
억울하거나 딱한 사정을 남에게 간곡히 알림.
예) 그는 절실하게 呼訴했다.

314 混沌 / 섞을 혼 / 어두울 돈
마구 뒤섞여 있어 갈피를 잡을 수 없음
예) 그 사건은 가치관의 混沌을 초래하였다.

315 懷疑 / 품을 회 / 의심할 의
의심을 품음.
예) 懷疑에 빠지다.

316 膾炙 / 회 회 / 구울 자
회와 구운 고기라는 뜻으로, 칭찬을 받으며 사람의 입에 자주 오르내림을 이르는 말.

317 橫暴 / 제멋대로 할 횡 / 사나울 포
제멋대로 굴며 몹시 난폭함.
예) 橫暴를 부리다.

318 嚆矢 / 울릴 효 / 화살 시
어떤 사물이나 현상이 시작되어 나온 맨 처음을 비유적으로 이르는 말.

319 凶測 / 흉할 흉 / 잴 측
몹시 흉악함.
예) 凶測한 짓.

320 詰責 / 꾸짖을 힐 / 꾸짖을 책
잘못된 점을 따져 나무람.
예) 詰責을 받다.

321 稀薄 / 드물 희 / 얇을 박
부족하거나 약하다.
예) 살아서 돌아올 가능성이 稀薄하다.

322 稀罕 / 드물 희 / 드물 한
매우 드물거나 신기하다.
예) 처음 본 稀罕한 물건.

2023
국왕국어
요정노트

제 3 부

문학

- **01** 도표 문학사
- **02** 고전 시가
- **03** 시대별 고전 소설
- **04** 현대 시

1 도표 문학사

01 고전 문학사

시대별 문학사

고대가요
- 공무도하가(고조선), 황조가(유리왕/고구려), 구지가(가야), 정읍사(백제)

향가
- 4구체: 서동요, 헌화가, 도솔가, 풍요
- 8구체: 처용가, 모죽지랑가
- 10구체: 혈명사-제망매가, 충담사-안민가/찬기파랑가, 융천사-혜성가

고려가요
- 향가계 여요(고려전기까지): 예종-도이장가(향찰), 정서-정과정곡(훈민정음)
- 경기체가(귀족/사대부의 노래): 한림별곡, 관동별곡, 죽계별곡, 독락팔곡
- 고려속요(평민의 노래): 가시리(가호곡, 서경별곡, 쌍화점, 정석가), 사모곡(엇머니 사랑), 상저가(부모님에 대한 자식의 효), 유구곡, 이상곡, 상저가, 안전준별사

시조

평시조
1. 연군가: 계량-이화우~, 황진이-내 언제~, 어져~, 청산리~, 서경덕: 마음이~
2. 연군/절의가
   - 단종/세조: 이새-백설이 사라진제~, 정몽주-단심가, 이몽주 주려주거~, 김재-오백년 도읍지~, 원천석-눈 맞아~
   - 단종: 성삼문-이몸이~, 수양산~, 박팽년-가마귀~, 이개-방안에~(연군)
3. 강호 한정가: 송순-십년을~, 성혼-말 없는~, 황희-대조볼~, 조홍이 녹아 재 너머~, 김수장-초장을~, 김천택-강산~

사설시조
1. 풍자: 발가벗은~/댁들에~, 두터비~/개아미~
2. 해학: 창 내고자~
3. 연정가: 굿도리 저 굿도리, 나모도~, 바람도~, 창밖이~, 아이오~, 님이 오마~

연시조
- 맹사성-강호사시가
- 이현보-어부가
- 이황-도산십이곡
- 이이-고산구곡가
- 정철-훈민가, 장진주사
- 윤선도-견회요, 만흥, 어부사시사

악장
- 용비어천가

가사
- 전기: 정극인-상춘곡, 조위-만분가, 송순-면앙정가, 정철-관동별곡〈사미인곡〉〈속미인곡〉〈성산별곡〉〈훈민가〉
- 후기: 박인로-태평사〉〈선상탄〉〈누항사〉〈독락당〉, 정지상-송인, 이계현-사리화, 이색-부벽루, 정약용-탐진어부사 〈주옹〉, 〈영환〉〈탐진농가〉〈고시〉, 황진이〈영반시〉

한시
- 을지문덕-여수장우중문시, 가장 오래된 한시

조선왕조

태조	정종	태종	세종	세조(1455~1468)	경종	숙종(1674~1720)	영조(1724~1776)	정조(1776~1800)	순조	중종(1506~1544)	인조	효종	현종	숙종	경종	영조	정조	순조	선조(1567~1608)
정몽주, 이색, 길재, 원천석				용비어천가		성삼문, 박팽년, 이개	김만중-사씨남정기, 구운몽	김인경-일동장유가, 김천택-청구, 김수장-해동가요, 이세춘	박지원 정약용										

광해군: 계축일기, 박인로-누항사(1611), 윤선도-견회요

가전체 문학과 고전 소설

가전체 문학
- 이규보-국선생전
- 임춘-국순전〉〈공방전〉
- 이곡-죽부인전

영웅소설	군담소설	가정 소설	애정 소설	풍자 소설	몽자 소설	판소리 소설
1. 고귀한 혈통 2. 비정상적인 이태출생 3. 어릴 때 비범한 능력 4. 어릴 때 버려짐-위기 5. 구출자/양육자-위기 벗어남 6. (사회적으로도) 다른 위기 7. 소공로 위인	역사 군담: 임진록, 임경업전, 박씨전 창작 군담: 유충렬전, 조웅전, 소대성전	장화홍련전 사씨남정기	춘향전 운영전 영영전	양반전 허생전 호질	홍순학-연행가 박효관 안민영-매화사	춘향전 흥부전 심청전 적벽가 토끼전

황현-절명시(1910)

판소리 특징

주요 용어
- 광대: 창자(唱者), 노래 부르는 사람
- 발림: 창하면서 하는 동작
- 너름새-발림: 가사, 소리, 몸짓이 일체가 되었을 때를 가리킴.
- 다는: 광대가 자신만의 독특한 방식으로 다듬어 부르는 어떤 마당의 한 대목
- 아니리: 광대가 창을 하면서 사이사이에 극적인 줄거리를 엮어 나가는 사설

장단
1. 진양(조): 판소리 장단 중 가장 느린 것
2. 중모리(중중모리, 중머리)
3. 중중모리(중중모리, 중중머리)
4. 잦은모리(잦은모리, 자진머리)
5. 휘몰이

신재효가 정리한 여섯 마당
- 춘향가, 심청가, 흥보가, 수궁가, 변강쇠타령, 적벽가

02 현대 문학사

	시	소설
개화기	최남선-해에게서 소년에게	이인직-혈의 누
1910년대	김억-봄은 간다, 주요한-불놀이	이광수-무정
1920년대	이상화-나의 침실로, 빼앗긴 들에도 봄이 오는가 김소월-진달래꽃, 산유화, 초혼, 접동새 한용운-님의 침묵, 알 수 없어요, 나룻배와 행인 * 카프: 1925년 창설 1935년 폐지 - 경향시(시인: 임화, 김기진) 20년대 국민 문학파: 이광수, 최남선	김동인 - 배따라기, 감자, 광화사 염상섭 - 표본실의 청개구리, 만세전 현진건 - 빈처, 운수좋은날, 고향, B사감과 러브레터 나도향 - 물레방아, 벙어리 삼룡이 최서해(신경향파) - 탈출기, 홍염
1930년대	1920년대 동인지: 창조(1919 - 김동인), 개벽(1920 - 염상섭), 장미촌(1921), 백조(1922 - 현진건) 3대 동인지: 창조, 폐허, 백조	
	시문학파 김영랑 - 모란이 피기까지는, 박용철 - 떠나가는 배, 이하윤 - 물레방아, 들국화	김유정 - 금따는 콩밭, 봄봄, 동백꽃, 만무방 이태준 - 복덕방, 돌다리, 달밤
	모더니즘 정지용 - 유리창, 향수, 김광균 - 와사등, 외인촌, 주요섭, 설야 장만영 - 달·포도, 잎사귀, 이상 - 거울, 오감도, 김기림 - 바다와 나비	이상 - 날개, 지주회시, 봉별기, 종생기 채만식 - 레디 메이드 인생, 치숙, 탁류, 태평천하, 미스터 방
	생명파 서정주 - 귀촉도, 유치환 - 깃발, 생명의 시	박태원 - 천변 풍경, 소설가 구보씨의 일일 이효석 - 메밀꽃 필 무렵, 행진곡
	전원파 신석정 - 그 먼 나라를 알으십니까, 슬픈 구도 김동명 - 파초, 내 마음은, 김상용 - 남으로 창을 내겠소	심훈 - 상록수 유진오 - 김강사와 T교수 박종화 - 금삼의 피 이기영 - 고향 계용묵 - 백치 아다다
	이육사 - 자오선 1930년대 동인지: 시문학(1930 - 이하윤), 시인부락(서정주, 김영랑, 박용철), 자오선(1937 - 이육사)	
1940년대	백석: 고향, 여승 이용악: 낡은 집 윤동주 - 서시, 참회록, 십자가, 별 헤는 밤, 자화상 이육사 - 광야, 교목, 절정, 청포도	김동리, 황순원
	청록파 박목월-나그네, 박두진-해, 조지훈-승무, 봉황수	
1950년대	구상 - 초토의 시, 박인환 - 목마와 숙녀	이범선 - 오발탄, 손창섭 - 비 오는 날, 하근찬 - 수난 이대
1960년대	김수영 - 풀, 눈 신동엽 - 껍데기는 가라, 봄은	김승옥 - 무진 기행 최인훈 - 광장, 항 이청준 - 병신과 머저리 황순원 - 나무 비탈에 서다
1970-80년대	신경림 - 농무, 정희성 - 저문 강에 삽을 씻고, 고은 - 머슴 대길이, 황지우 - 새들도 세상을 뜨는구나	조세희 - 난쟁이가 쏘아올린 작은 공, 황석영 - 삼포 가는 길, 이문구 - 관촌수필

03 문학사

	고조선 B.C.2333~ B.C.108	고구려 B.C.37~ A.D.668	가야 A.D.42~ A.D.562	백제 B.C.18~A.D.660	신라 B.C.57~A.D.935	고려 918~1392
운문	공무도하가 -최초 "고조선"	고대가요 황조가 -1145. 인종 김부식 "삼국사기"	구지가 -1281. 충렬왕 일연 "삼국유사"	정읍사 -조선성종 "악학궤범" -시조의 운형적 형태 -행상인 아내의 노래	향가: 향찰로 기록된 신라의 노래 [4구체] 서동요 풍요 헌화가 도솔가 [8구체] 처용가 모죽지랑가 [10구체] 일명사 "제망매가" 충담사 "안민가" "찬기파랑가" 융천사 "혜성가" 광덕 "원왕생가" 영재 "우적가" 희명 "도천수관음가"	향가: 향찰로 기록된 기록, 향찰로 기록 예종 "도이장가"-두 장수(신숭겸, 김낙), 향찰로 기록, 정서 "정과정(곡)"-훈민정음으로 기록(악학궤범) 경기체가-한림별곡-신진 사대부&귀족, 조선전기까지 불리는 노래 가 시 리 - 가요곡 서경별곡 - 평양(대동강, 여자: 소극적, 원망과 결투 동 동 - 월령체, 달거리 노래, 도입부 포함 13연 정 석 가 - 불가능한 상황을 가정함, 영원한 임에 대한 사랑 청산별곡 - 현실 도피, 이상향 동 (물놀음이) 사 모 곡 - 어머니의 사랑 예찬 상 저 가 - 부모님에 대한 자식의 효 유 구 곡 - 임금을 두려워하지 않고 지언하는 신하
		*한역시: 한자로 번역해서 쓴시 4구체 한역시 → 향가(신라)에 영향			한시	한시 정지상 "송인" 이색 "부벽루" 이제현 "사리화"
		*현전하는 최고의 한시: 고구려 을지문덕 "여수장우중시" *발해의 한시: 양태사 "야청도의성"-일본에서 발해가 그리워 쓴 시			설화 신화 전설: 증거물 민담 삼국유사에 많음 *도 설화하는 삼국사기에 수록	가전체(가계 전기소설) 임춘 공방전(돈) 국순전(술, 부정적) 이규보 국선생전(술, 긍정적) 이곡 죽부인전(대나무) 설(현대 수필과 비슷) 이규보 이옥설(집을 고치는 이야기) 경설(거울 이야기) 슬견설(이와 개의 이야기) 주뢰설(배에서 노를 잃은 이야기) 이 - 자미설(음을 붙일 이야기) 곤 - 주옹설(늘은 뱃사공 이야기) (악학궤범) - 훈민정음으로 기록된 작품 정읍사 정과정 동동
산문					[10구체] 기 서 결 연 구 별 X 구절은 고려가요부터 낙구에 강탄사 시조의 운형적 형태	설화 → 가전체 → 고전소설

- 서정(개인의 정서) - 고대가요, 향가, 향가계 여요, 고려가요,
시조, 신체시, 현대시
- 서사(서술자의 개입) - 설화, 고전소설, 판소리
- 교술(작가의 세계화) - 경기체가, 가사, 가전체, 설, 조선후기 수필, 악장, 가사, 시조 中 목적성·교훈성, 개화성·개화가
- 극(현재시제, 개입X)

조선 A.D. 1392 ~ A.D. 1897

운문

시조

목적성·교훈성

- 연정가
  - 황진이 – 동짓달 기나긴 밤을~, 어져 내 일이야, 청산은 내 뜻이오~
  - 홍랑 – 묏버들 가려 꺾어 보내노라~
  - 계량 – 이화우 흩뿌릴 제~
  - 서경덕 – 마음이 어리니~

- 연군
  - 예종 – 이시애 "우국가" – 백성이 자자진 곳에~
  - 선조
    - 정몽주 "단심가" – 이 몸이 죽고 죽어~
    - 김제 "회고가" – 오백년 도읍지를~
    - 원천석 "절의가" – 눈 마저 휘어진 대를~
    - "회고가" – 흥망이 유수하니~

- 절의가
  - 단종 – 성삼문 – 수양산 바라보며~
  - 이개 – 방안에 혓는 촉불~
  - 왕방연 – 천만리 머나먼 길에~

자연 친화

- 세종 – 황희 대조를 붙근 곳에~
- 중종 – 맹사성 "강호사시가" – 강호에 봄이 드니~
- 중종 – 송순 신년을 경영하야~
- 선조 – 이현보 "어부가" – 이 몸이 시름 없스니~
- 인조 – 정철 계 너머 성권롱 집에~
  - 송순 맘없는 청산이오~
- 인조 – 윤선도 "만흥"
- 영조 – 김천택 조훈 경음~
  - 김수장 조훈이 적로한다~

악장

용비어천가

가사 (훈민정음)

전기가사
- 성종 – 정극인 "상춘곡"
- 연산군 – 조위 "만분가"
- 중종 – 송순 "면앙정가"
- 선조 – 정철 "성산별곡"
  - "관동별곡"
  - "사미인곡"
  - "속미인곡"
  - 허난설헌 "규원가"

후기가사
- 광해군 – 박인로 "태평사" (1598)
  - "선상탄" (1605)
  - "누항사" (1611)
- 영조 – 김인경 "일동장유가"
- 순조 – 정학유 "농가월령가"
- 고종 – 홍순학 "연행가"
- 연대미상, 작자미상 "용부가"

한시

- 정약용 "보리타작", "고시", "탐진촌요"
- 황현 "절명시" (1910)

산문

고전소설

- 영웅(군담)소설
  - 역사 군담 – 임진록(임진왜란)
    - 박씨전, 임경업전(병자호란)
  - 창작 군담 – 유충렬전
    - 소대성전
    - 조웅전

- 애정 소설 – 춘향전, 운영전, 영영전, 채봉감별곡, 주생전
- 가정 소설 – 사씨남정기, 장화홍련전
- 풍자 소설 – 양반전, 허생전, 호질, 예덕선생전, 광문자전
- 판소리계 소설 – 사람의 눈으로 낯은 없이
  - 심청전 등등을 나타낸 작품

조선후기 수필

- 궁정 수필
  - 계축일기: 광해군 때 영창대군 이야기
  - 산성일기: 남한산성 항전 이야기
  - 한중록: 혜경궁 홍씨
- 기행 수필 – 영조 – 의유당 "동명일기"
- 의인체 수필 – 순조 – 유씨부인 "조침문"
  - 작자미상 "규중칠우쟁론기"

판소리

- 판소리 6마당 – 춘향가, 심청가, 흥부가, 수궁가, 적벽가, 변강쇠타령
- 용어 설명
  - 아니리: 소리 중간중간에 이야기하듯 엮어가는 사설
  - 더늠: '독특한 방식으로' 다듬어 부르는 것
    - 소리꾼 = 광대의 창자
  - 진양조 → 중모리 → 중중모리 → 자진모리 → 휘모리 (극적인 장면)
  - 판소리 → 판소리계 소설: 춘향가, 흥부전, 심청전, 토끼전(별주부전)
  - 소 설 → 판소리: 적벽가

[기행 가사]
- 관동별곡 – 금강산
- 일동장유가 – 부산 ~ 대마도
- 연행가 – 청나라 심양

[유배]
- 유배 첫 작품: 정과정
- 유배 가사: 만분가
- 연시조: 윤선도 "견회요" (광해군)

[고려]
918 태조
1000 목종 997 ~ 1009
1100 숙종 1095 ~ 1105
1200 신종 1197 ~ 1204
1300 충렬왕 1274 ~ 1308

[조선]
1400 태종 1400 ~ 1418
1500 중종 1506 ~ 1544
1600 선조 1567 ~ 1608
1700 숙종 1674 ~ 1720
1800 정조 1776 ~ 1800

* 상춘곡: 가사의 첫 작품
* 만분가: 유배가사의 첫 작품
* 강호사시가: 최초의 연시조

한국 현대 문학사 연표

구분	개화기	1910	1920	1930	1940	1950	1960	1970
시	**신체시** 최남선 "해에게서 소년에게" (1908)	**현대시** 주요한 "불놀이"(1919)	이상화 "빼앗긴 들에도 봄은 오는가" 김소월 "진달래꽃", "나의 침실로" 정지용 "건달래꽃" "춘운" "산유화" "진달래" 한용운 "님의 침묵" "알 수 없어요" "나룻배와 행인" **카프(1925-1935)** 임화 "우리 오빠와 화로" 김기진 "네거리의 순이" ↕ **국민문학파 시조 부흥 운동** **동인지** 1919 창조 → 개벽 → 폐허 → 장미촌 → 백조	시문학파 김영랑 "모란이 피기까지는" 박용철 "떠나가는 배" 정지용 "와사등", "주을 서정" "외인촌" 김광균 "이 상 "기울", "오감도" 김기림 "바다와 나비" ↓ 모더니즘 ↓ 생명파 서정주 "귀촉도" 유치환 "깃발", "생명의 시" ↓ 전원파 신석정 "그 먼 나라를 알으십니까" 김동명 "내 마음은", "파초" 김상용 "남으로 창을 내겠소" ↓ 청록파 (40년대) 조지훈 "봉황수", "승무" 박목월 "나그네", "이별가", "하관" 박두진 "해", "청산도" (좌우이념의 대립, 광복 이후-6.25) **동인지**	윤동주 "십자가" "또 다른 고향" 박재삼 "참회록" "서시" "자화상" "별 헤는 밤" 이육사 "광야" "절정" "교목" "청포도" 백석 "여승" 이용악 "낡은 집"	구 상 "초토의 시" 박재삼 "울음이 타는 가을 강" "수정가" 김춘수 "꽃" "꽃을 위한 서시" 박인환 "목마와 숙녀"	김수영 "풀" (참여문학) "눈" "폭포" 신동엽 "껍데기는 가라" (참여문학) "봄은" 천상병 "귀천"	신경림 "농무" 정희성 "저문 강에 삽을 씻고" 고은 "만인보" (연작시, 머슴대길이) 황지우 "새들도 세상을 뜨는구나"
소설	**신소설** 이인직 "혈의 누" (1906) ~다라 체 탈피	**현대 소설** 이광수 "무정" (1917)	김동인 "감자" "배따라기" 염상섭 "표본실의 청개구리" "만세전"(3.1 운동) 이상 "날개"(30년대에 진 두루미신"(해방 직후) 현진건 "고향" "빈처" "운수 좋은 날" 나도향 "물레방아" 최서해 "탈출기" (카프)	박태원 "천변풍경"(청계천) "소설가 구보씨의 일일"(경성역) 김유정 "봄봄", "만무방", "동백꽃" 이태준 "달밤", "복덕방" 이상 "날개", "지주회시", "종생기", "봉별기" 채만식 "치숙", "탁류", "태평천하" 이효석 "메밀꽃 필 무렵" 심훈 "상록수" 유치오 "강가사와 교수" 박종화 "금삼의 피" 이기영 "고향"(카프) 계용묵 "백치 아다다"	박태원 "천변풍경"(청계천)	이범선 "오발탄" 손창섭 "비 오는 날" 하근찬 "수난 이대" 황순원 "카인의 후예" "독 짓는 늙은이" "소나기"	김승옥 "무진기행" (순수문학) "누이를 이해하기 위하여" "서울 1964년 겨울" 이청준 "병신과 머저리" "광장"(참여문학) 최인훈 "판문점" 이호철 "소시민" 박경리 "시장과 전장" 황순원 "나무들 비탈에 서다"	조세희 "난쟁이가 쏘아 올린 작은 공" "운흥길 "장마" "아홉 켤레 구두로 남은 사내" 황석영 "삼포 가는 길" 이문구 "관촌 수필"

김동인, 유진오: 동반자 작가(카프와 다름, 이념은 비슷)

작품 감상
- 외재적 — 작가(표현론)
— 현실(반영론)
— 독자(효용론)
- 내재적(절대론적)

김동인, 염상섭, 현진건: 사실주의

[액자 소설]
- 김동인 "배따라기"
- 현진건 "고향"
- 이청준 "줄" (60년대, 장인정신)

[단어의 의미 변화]
- 확장(확대): 왕, 다리
- 축소: 짐승, 놈, 계집
- 이동: 어리다, 어엿브다, 인정, 방송

MEMO

2 고전 시가 시대별 주요 작품

고대 가요

고대 가요 01 공무도하가(公無渡河歌) — 백수 광부의 아내
2019년 지방직 7급, 2019년 서울시 9급

公無渡河 공 무 도 하	임이여, 물을 건너지 마오. 백수 광부 사랑	▶ 죽음의 만류
公竟渡河 공 경 도 하	임은 그예 물을 건너시네. 이별	▶ 임과의 이별
墮河而死 타 하 이 사	물에 휩쓸려 돌아가시니, 죽음 임의 죽음	▶ 임의 죽음
當奈公何 당 내 공 하	가신 임을 어이할꼬. 슬픔과 체념의 정서	▶ 임의 죽음을 슬퍼함

◆ **배경 설화**

뱃사공 곽리자고가 배를 손질하고 있었는데, 머리가 흰 미친 사람이 머리를 풀어 헤치고 호리병을 들고 어지러이 물을 건너고 있었다. 그의 아내가 뒤쫓아 외치며 막았으나, 다다르기도 전에 그 사람은 결국 물에 빠져 죽었다. 이에 그의 아내는 공후(箜篌)를 타며 '공무도하(公無渡河)'의 노래를 지어 부르니, 그 소리가 무척 구슬펐다. 그의 아내는 노래가 끝나자 스스로 몸을 물에 던져 죽었다. 곽리자고가 돌아와 아내 여옥에게 그 광경을 이야기하고 노래를 들려주니 여옥이 슬퍼하며, 공후로 그 노래를 불렀다.

2019년 서울시 9급
Q. 윗글에 대한 설명으로 가장 옳은 것은?
① 〈황조가〉와 더불어 현존하는 우리나라 최고(最古)의 서사시다.
② 한시와 함께 번역한 시가가 따로 전한다.
③ '물'의 상징적 의미를 따라 시상을 전개하고 있다.
④ 몇 번을 죽어도 충성의 마음이 변치 않음을 노래하고 있다.

2019년 지방직 7급
Q. (가), (나)에 대한 이해로 가장 적절한 것은?

> (가) 公無渡河 / 公竟渡河
> 墮河而死 / 當奈公何
> — 백수광부의 처, 『공무도하가』 —
>
> (나) 대동강(大同江) 아즐가 대동강(大同江) 너븐디 몰라셔
> 위 두어렁셩 두어렁셩 다링디리
> 빈 내여 아즐가 빈 내여 노혼다 샤공아
> 위 두어렁셩 두어렁셩 다링디리
> 네 가시 아즐가 네 가시 럼난디 몰라셔
> 위 두어렁셩 두어렁셩 다링디리
> 녈 빈예 아즐가 녈 빈예 연즌다 샤공아
> 위 두어렁셩 두어렁셩 다링디리
> 대동강(大同江) 아즐가 대동강(大同江) 건너편 고즐여
> 위 두어렁셩 두어렁셩 다링디리
> 빈 타들면 아즐가 빈 타들면 것고리이다 나는
> 위 두어렁셩 두어렁셩 다링디리
> — 작자 미상, 『서경별곡』에서 —

① (가)의 화자는 임과의 동행을, (나)의 화자는 임과의 이별을 선택한다.
② (가)의 '河'와 (나)의 '강'은 모두, 임과 나의 재회를 돕는 매개로 설정되었다.
③ (가), (나)의 화자 모두, 벌어질 상황에 대해 염려하는 마음을 드러내고 있다.
④ (가)와 (나) 모두, 화자의 상대방이 보이는 반응이 희극적 분위기를 조성하고 있다.

◆ **핵심정리**

갈래	고대 가요, 한역 시가
성격	개인적, 서정적, 체념적, 애상적
제재	물을 건너는 임
주제	임을 여읜 슬픔(이별의 한)
특징	- '황조가'와 함께 우리나라 가장 오래된 서정 시가 - 집단 가요에서 개인적 서정시로 넘어가는 시기의 과도기 작품

◆ **'물'의 의미**

1행	임에 대한 화자의 충만한 사랑
2행	임과 화자의 이별
3행	임의 죽음

'공무도하가'의 물의 이미지는 훗날 고려 가요의 '서경별곡', 정지상의 한시 '송인' 등 많은 이별가에 등장하고 있다.

병태 요정의 ADVICE

이 작품은 가장 오래된 서정시로 유명한 작품으로, 임을 잃은 여인의 한탄과 체념이 드러납니다. 화자는 임을 사랑하기에 임이 물에 빠져 죽는 것을 염려하며, 물을 건너지 말라고 당부하였습니다. 하지만 임은 강을 건너가 버리고, 화자는 임과 사별하게 되었습니다. 이별로 인한 한(恨)의 정서를 담고 있는 작품으로, 이러한 정서는 '정읍사 → 가시리 → 진달래꽃'으로 연결됩니다.

정답 ③, ③

고대 가요 02 황조가(黃鳥歌)
2014년 지방직 7급
- 유리왕

翩翩黃鳥	훨훨 나는 저 꾀꼬리
편 편 황 조	객관적 상관물
雌雄相依	암수 정답게 노니는데
자 웅 상 의	『』 선경 : 정다운 꾀꼬리의 모습
念我之獨	외로울사 이 내 몸은
염 아 지 독	화자의 정서
誰其與歸	뉘와 함께 돌아갈꼬?
수 기 여 귀	『』 후정 : 화자의 외로움

대비

◆ 배경 설화

유리왕은 왕비 송씨가 세상을 떠나자 두 여인을 후처로 삼았다. 한 사람은 화희(禾姬)로 골천 사람의 딸이고, 한 사람은 치희(雉姬)로 한인의 딸이었는데 두 여자는 자주 다투어 서로 화목하지 못했다. 왕은 동서에 이궁(二宮)을 짓고 각각 따로 살게 하였다. 하루는 왕이 사냥을 나가서 7일 동안 돌아오지 않았는데 두 여인은 심하게 다투었다. 화희가 치희에게 '너는 한가(漢家)의 비천한 계집이 무례함이 심하다.'라고 꾸짖자, 치희는 모욕감을 참을 수 없어 자기 나라로 돌아가 버렸다. 왕은 이 말을 듣고 곧 말을 달려 쫓아갔으나 치희는 노하며 돌아오지 않았다. 왕은 할 수 없이 혼자 돌아오는 길에 나무 밑에서 다정한 꾀꼬리의 모습을 보고 이 노래를 지었다.

2014년 지방직 7급

Q. 다음 글의 내용과 관련이 없는 작품은?

우리 선인들은 말에는 신성하고 예언적인 힘이 있는 것으로 생각하였다. "말이 씨가 된다"거나 "귀신 듣는 데 떡 소리도 못 하겠다"라는 속담이 그러한 예다. 머릿속으로 생각만 하는 것은 괜찮더라도 일단 말로 표현하게 되면 그 말은 예언적이거나 주술적인 힘을 발휘한다고 보았던 것이다. 우리 문학사에서 언어가 힘을 지녔다는 생각을 반영하는 작품이 적지 않은 것도 바로 그러한 생각에서 비롯되었다.

① 거북아, 거북아 / 머리를 내밀어라. / 내어놓지 않으면 / 구워서 먹으리.
② 포롱포롱 나는 저 꾀꼬리 / 암수 서로 의지하고 있네.
 외로울사 이 내 몸은 / 그 누구와 함께 돌아갈꼬.
③ 거북아 거북아, 수로를 내놓아라. / 남의 아내를 앗는 죄, 그 얼마나 큰가? / 네가 만일 어기어 내놓지 않으면, / 그물로 잡아 구워 먹으리.
④ 동경 밝은 달에 / 밤들이 노니다가 / 들어 자리를 보니 / 다리가 넷이러라. / 둘은 내해였고 / 둘은 누구핸고 / 본디 내해다마는 / 빼앗은 것을 어찌하리오.

◆ 핵심 정리

갈래	고대 가요
성격	서정적, 애상적
제재	꾀꼬리
주제	사랑하는 임을 잃은 슬픔과 외로움
특징	- 집단 가요에서 개인적 서정시로 넘어가는 단계의 가요 - 현전하는 가장 오래된 서정 시가

◆ 구성

자연물 (꾀꼬리)	하늘 → 짝	정다움
↕		↕
화자 (유리왕)	땅 → 홀로	외로움

◆ 시상 전개

선경후정	1·2행 (선경) : 꾀꼬리의 정다운 모습을 제시 3·4행 (후정) : 임을 잃은 화자의 슬픔과 고독을 노래함
기승전결	1행(기) : 가볍게 나는 꾀꼬리의 모습을 제시 2행(승) : 꾀꼬리가 정답게 노는 모습을 통해 화자의 정서를 환기시킴 3행(전) : 시상이 화자로 전환되어 외로운 정서를 표현 4행(결) : 화자의 슬픔과 고독이 절정에 이름
대조	- 1·2행과 3·4행이 완벽한 대칭 구조로 균형을 이루고 있다. - 꾀꼬리와 화자를 서로 대조하여 그리움을 부각하고 있다.

병태 요정의 ADVICE

이 작품은 여러 가지 해석이 존재합니다. '화(禾)'가 벼, '치(雉)'가 꿩인 것에 착안하여 유리왕 대가 수렵 경제 생활 체계에서 농경 경제 생활 체계로 발전되던 역사적 사실을 반영한 것으로 추정하는 견해가 있고, 치희에 대한 개인적인 미련에서 부른 것이 아니라 종족 간의 다툼을 화해시키려다 실패한 추장의 탄식을 노래한 것이라고 추정하는 견해도 있습니다. 또한 남녀가 배우자를 선택할 때에 불린 사랑가의 한 토막으로 보는 견해도 있습니다.

정답 ②

고대 가요 03 — 구지가 (龜旨歌)

- 구간 등

2020 서울시 9급, 2017년 국가직 9급

원문	해석	구조
龜何龜何 (구 하 구 하)	**거북아**, 거북아 — 신령한 존재	부름 → 왕의 출현 기원(요구)
首其現也 (수 기 현 야)	**머리**를 내어라. — 우두머리, 임금(수로왕)	명령
若不現也 (약 불 현 야)	내어 놓지 않으면, — 가정	가정
燔灼而喫也 (번 작 이 끽 야)	구워서 먹으리.	위협 → 소원 성취의 의지(위협)

◆ 배경 설화

가락국의 서울 김해에서 일어났던 일이다. 천지가 개벽한 후로 아직까지 나라의 이름도 없고 군신의 칭호도 없었다. 다만 구간(九干:가락국 아홉 마을 추장)이 있어 이들이 추장이 되어 백성을 거느리고 있었다. 어느 날, 마을 북쪽에 있는 구지봉에서 마치 누군가를 부르는 듯한 이상한 소리가 들려왔다. 마을 사람들이 그곳에 모이니, "하늘이 내게 명하시기를 이곳에 나라를 세우고 너희들의 임금이 되라 하시어 여기에 온 것이니, 너희는 이 봉우리의 흙을 파면서 노래(구지가)를 부르며 춤을 추어라. 그러면 곧 하늘로부터 대왕을 맞게 될 것이니, 너희들은 매우 기뻐하며 즐거워하게 될 것이다."라고 말하였다. 그 말에 따라, 마을 구간들과 사람들이 모두 함께 기뻐하며 노래를 부르고 춤을 추었고, 10여 일 후에 황금알 여섯 개가 내려와 사람으로 변하였다. 그중 처음으로 나온 사람이 수로로, 그가 세운 나라를 가락국이라 했다.

2020 서울시 9급

Q. 다음 시가에 대한 설명으로 가장 옳지 않은 것은?

① 향가 발생 이전의 고대시가이다.
② 환기, 명령, 가정의 어법을 지닌 주술적 노래이다.
③ 음악, 시가, 무용이 모두 어우러진 종합 예술의 성격을 띠고 있다.
④ 고조선 곽리자고의 아내 여옥이 지었다고 전해지는 순수 서정시가이다.

2017년 국가직 9급

Q. 다음 시가의 전개 방식으로 옳은 것은?

> 龜何龜何
> 首其現也
> 若不現也
> 燔灼而喫也
> — 『구지가』—

① 요구 – 위협 – 환기 – 조건
② 환기 – 요구 – 조건 – 위협
③ 위협 – 조건 – 환기 – 요구
④ 조건 – 요구 – 위협 – 환기

◆ 핵심정리

갈래	고대 가요, 한역 시가, 집단 무가, 노동요
성격	주술적, 집단적, 명령적, 제의적
제재	거북
주제	수로왕의 강림(降臨) 기원
특징	현전하는 가장 오래된 집단 무요(巫謠) 주술성을 지닌 노동요 직설적 표현과 명령 어법 사용

◆ 〈구지가〉와 〈해가〉

	구지가	해가
공통점	\- '부름-명령-가정-위협'의 구조 \- 주술적인 표현과 명령 어법(요구와 위협) \- 거북 = 신성한 존재	
차이점	\- 왕의 강림 기원 \- 공적, 집단적	\- 수로 부인의 귀환 기원 \- 사적, 개인적

◆ '거북'의 상징적 의미

거북	신령스러운 존재, 장수하는 동물
머리	신 : 모습을 감추기도 하고 나타나기도 함 생명 : 목은 생명의 상징 남근 : 외형이 남근과 유사, 생명력을 상징 우두머리 : 가장 위에 있는 존재

병태 요정의 ADVICE

이 작품은 '부름(환기)-명령(요구)-가정(조건)-위협'의 구조를 가지고 있습니다. '환기'는 주의나 여론, 생각 따위를 불러일으키는 것을 말합니다. 1행에서는 거북이를 호명하면서 주의를 집중시키고 있습니다. 이후 2행에서는 머리를 내어놓으라는 요구를 하였고, 3행에서는 '내놓지 않으면'이라는 상황을 가정하였습니다. 요구를 들어주지 않는 상황을 가정한 뒤, 구워서 먹겠다는 위협으로 시가 마무리됩니다. 참고로, '부름-명령-가정-위협'과 같은 주술적 구조에 따른 시상 전개는 후대에 전승되어, 수로 부인의 귀환을 기원하는 '해가'에서도 드러납니다.

정답 ④, ②

고대 가요 04 — 정읍사 (井邑詞)

– 어느 행상인의 아내

2014년 서울시 7급, 2016년 경찰직 1차

前腔	ᄃᆞᆯ하 노피곰 도ᄃᆞ샤
	기원의 대상 (천지신명, 광명) ↔ 즌 ᄃᆡ
	어긔야 머리곰 비취오시라.
	어긔야 어강됴리
小葉	아으 다롱디리. ▶ 달에게 남편의 안녕 기원
	■ 여음구, 조흥구 (여음을 제외하면 시조 형식과 유사)
後腔全	져재 녀러신고요.
	어긔야 즌 ᄃᆡ를 드ᄃᆡ욜셰라.
	위험한 곳 (남편에 대한 염려)
	어긔야 어강됴리 ▶ 남편이 밤길에 해를 입는 것을 걱정함
過篇	어느이다 노코시라.
金善調	어긔야 내 가논 ᄃᆡ
	① 남편(나의 사랑), ② 화자, ③ 부부(일심동체라는 의식)
	졈그ᄅᆞᆯ셰라.
	어긔야 어강됴리
小葉	아으 다롱디리. ▶ 남편의 무사 귀환을 기원함

현대어 풀이

달님이시여, 높이높이 돋으시어
멀리멀리 비춰 주소서.

시장에 가 계신가요?
진 데(위험한 곳)를 디딜까 두렵습니다.

어느 곳에나 (짐을) 놓으십시오.
임 가시는 곳에 (날이) 저물까 두렵습니다.

2016년 경찰직 1차 * 서경별곡과 함께 출제됨

Q. 윗글에 관한 설명으로 가장 적절하지 않은 것은?

① 동일한 시구를 반복하여 리듬감을 드러내고 있다.
② 행상 나간 남편의 무사 귀환을 드러내고 있다.
③ 현실의 삶에 토대를 두고 있는 작품으로서 한글로 기록되어 전해지고 있다.
④ 특정 대상에 감정을 이입하여 심화된 정서를 드러내고 있다.

◆ 핵심정리

갈래	고대 가요, 서정시
성격	서정적, 여성적, 기원적
제재	남편에 대한 염려
주제	남편의 안전을 바라는 여인의 간절한 마음
특징	- 후렴구 사용 - 현전하는 유일한 백제 노래 - 한글로 기록되어 전하는 가장 오래된 작품 - 시조 형식의 기원인 작품

◆ 배경 설화

정읍에 살던 사람이 행상을 떠나 오래도록 돌아오지 않자, 그의 아내가 산에 올라 남편이 있을 먼 곳을 바라보면서 남편이 밤길에 오다 해를 입지 않을까 염려되어 이 노래를 불렀다고 한다. 돌아오지 않는 남편을 기다리던 아내는 산 위에 돌(망부석)이 되어 남았다고 한다.

◆ 구성

아내 (화자)
남편의 안전 기원
⇩
달 (천지신명)
광명
⇩
남편 (행상인)

병태 요정의 ADVICE

남편의 무사 귀환을 바라는 화자의 간절한 마음이 드러나는 작품입니다. 전통적인 여인의 모습을 드러내며, 이러한 화자의 모습은 '가시리'와 '진달래꽃' 등으로 이어져 나타납니다.

반면, 행상 나간 남편이 다른 여성과 사랑에 빠지지 않을까 하는 의심과 질투심을 드러낸 노래로 보는 견해도 있습니다.

정답 ④

향가

향가 01 | 서동요(薯童謠) — 서동
2013 기상직 9급

善化公主主隱	선화 공주(善花公主)니믄
선 화 공 주 주 은	
他密只嫁良置古	눔그스지 얼어 두고
타 밀 지 가 량 치 고	① 시집가다 ② 정을 통하다
薯童房乙	맛둥바울
서 동 방 을	마를 파는 소년 (서동)
夜矣卯乙抱遣去如	바미 몰 안고 가다.
야 의 묘 을 포 견 거 여	(양주동 해독)

참소의 내용

현대어 풀이
선화 공주님은
남 몰래 정을 통해 두고
맛둥(서동) 도련님을
밤에 몰래 안고 간다.

◆ **배경 설화**
백제 30대 무왕(武王)의 이름은 장(璋)이다. 그 모친이 과부가 되어 서울 남쪽의 못가에 집을 짓고 살던 중, 그곳의 용과 통하여 아들을 낳아 서동(薯童)이라 하였는데, 항상 마를 캐어 팔아서 생활해 '서동'이라 불리었다. 그는 진평왕의 셋째 공주 선화가 아름답기 짝이 없다는 말을 듣고 몰래 경주로 들어가서 '서동요'를 지어 동네 아이들에게 부르게 하였다. 노래가 경주에 널리 퍼져 대궐까지 전해지자 진평왕은 공주를 먼 곳으로 귀양 보낼 수밖에 없었다. 그러자 미리 기다리고 있던 서동이 그녀를 아내로 맞이하였다. 서동은 공주를 통해 자신이 마를 캐던 뒷산이 있는 금 무더기가 보배라는 것을 알고, 그 금으로 인심을 얻어 뒷날 백제의 왕이 되었다.

2013 기상직 9급
Q. 향가의 특징으로 적절하지 않은 것은?
① 6세기경 신라에서 발생하여 고려 초까지 향유되었던 서정 문학의 장르이다.
② 현전하는 4구체 향가에는 〈도솔가〉, 〈서동요〉, 〈헌화가〉, 〈풍요가〉가 있다.
③ 작자는 화랑, 승려 등 주로 당대의 지배층이며 특히 화랑의 작품이 14수에 이를 정도로 가장 많았다.
④ 한자의 음과 훈을 빌려 문장 전체를 적은 신라 시대의 우리말 표기법인 향찰로 표기하였다.

◆ **핵심정리**

갈래	4구체 향가
성격	주술적, 민요적, 참요
제재	선화 공주에 대한 연모의 정
주제	선화 공주와 서동의 은밀한 사랑
특징	- 현전하는 향가 중 가장 오래된 작품 - 민요가 4구체 향가로 정착한 작품 - 참요(예언하는 노래) - 향가 중 유일한 동요

병태 요정의 ADVICE

이 작품은 신라 진평왕 때 백제의 서동이 지은 노래로, 현전하는 향가 작품 중 가장 오래된 작품입니다. 내용과 형식이 소박하고 단순한 4구체 향가입니다. 일반적으로 4구체 향가는 민요에서 정착되었다고 보아 민요체 향가라고도 합니다.

이 작품은 서동이 아이들에게 부르게 하였다는 점에서 동요의 성격이 강하지만, 구애의 목적과 작가가 분명하여 개인 서정시와 같은 성격을 지니기도 합니다.

이 노래의 단순한 형식 속에는 아직 일어나지 않은 일을 실제로 일어나게 만들고자 하는 의도가 숨어 있고, 배경 설화에 따르면 이 노래는 실제로 그 일을 이루어지게 만들었습니다. 이러한 점에서 이 노래는 주술적 성격을 지니고 있다고 할 수 있습니다.

정답 ③

향가 02 도솔가(兜率歌) — 월명사(月明師)
2013 기상직 9급

今日此矣散花唱良	오늘 이에 散花(산화) 블어
巴寶白乎隱花良汝隱	색쓸본 고자 너는
直等隱心音矣命叱使以惡只	고든 ᄆᆞᅀᆞ미 命(명)ㅅ 브리ᅀᆞ디
彌勒座主陪立羅良	彌勒座主(미륵 좌주) 뫼셔롸.

(산화: 불교의 제식에서 꽃을 뿌리는 의식)
(미륵불, 앞으로 이 세상에 내려와 중생을 구할 미래불.)
(양주동 해독)

◆ 현대어 풀이
오늘 이에 산화가 불러
뿌린 꽃아 너는
곧은 마음의 명을 부름이니,
미륵좌주를 모셔라!

◆ 배경 설화
경덕왕 때 해가 둘이 떠서 10여 일간 없어지지 않았다. 천문 관측을 맡은 관원이 "인연이 있는 스님을 청하여 꽃을 뿌리며 공덕을 비는 예식을 거행하면 재앙을 물리칠 수 있습니다."라고 하였다. 이에 왕은 인연 있는 스님을 기다렸다. 그때 마침 월명사가 남쪽 길로 지나갔는데, 왕이 사람을 시켜 불러들여 단을 열고 기도하는 글을 짓도록 명하였다. 월명사는 "저는 다만 국선의 무리에 속하여 오직 향가만 알고 범패 소리에는 익숙하지 못합니다."라고 하였다. 왕은 "이미 인연 있는 스님으로 정하였으니 향가를 지어도 좋다."라고 하였고, 이에 월명사가 도솔가를 지어 부르자 두 해의 괴변이 사라졌다.

◆ 핵심정리

갈래	4구체 향가
성격	주술적, 불교적
제재	산화 공덕(散花功德)
주제	- 꽃을 뿌려 미륵에게 국태민안(國泰民安)을 기원함 - 산화 공덕을 통해 국가의 변괴를 막고자 함
특징	나라를 편안하게 하자는 뜻에서 부른 노래

◆ '두 해'의 의미
'해'는 군주 또는 신을 상징하므로 두 해가 함께 나타났다는 것은 현재의 왕에 도전할 세력의 출현을 암시한다.

◆ '산화 공덕'의 모티프

도솔가 → 김소월의 '진달래꽃'으로 전승
'진달래꽃'에서 산화 공덕은 '축복'을 의미함

▣ 병태 요정의 ADVICE
이 작품은 하늘에 해가 두 개 나타난 괴변을 없애기 위한 의식에서 불려진 4구체 향가입니다. 해가 두 개 나타났다는 것은 현실적으로 있을 수 없는 일이므로, 상징적으로 해석하여 지도자가 두 명이 나타났다는 것으로 이해할 수 있습니다. 즉, 하늘의 두 해 중 하나는 왕에게 도전할 세력이 출현했음을 암시하는 것이며, 이로 인한 사회적 혼란을 막기 위해 행해진 의식이 산화 공덕(散花功德)이고, 이때 불려진 노래가 '도솔가'입니다.

향가 03 풍요(風謠) — 양지(良志)
2013 기상직 9급

來如來如來如	오다 오다 오다
來如哀反多羅	오다 셔럽다라
哀反多矣徒良	셔럽다 의내여
功德修叱如良來如	功德(공덕) 닷ᄀᆞ라 오다

('오다'의 연속적인 반복)
(믿음이 없는 현세에서의 삶)
(착한 일을 하여 쌓은 업적과 어진 덕)
(양주동역)

◆ 현대어 풀이
오다 오다 오다
오다 서럽더라
서럽다 우리들이여
공덕 닦으러 오다

◆ 배경 설화
선덕여왕 때의 사람 석양지가 석장(중의 지팡이) 위에 부대 하나를 걸어두면, 지팡이가 저절로 날아서 시주의 집에 가서 흔들며 소리를 내었다. 그러면 그 집에서 공양미를 넣어서 자루가 차면 석장이 날아서 절로 돌아왔으므로 그가 있는 절을 '석장사(錫杖寺)'라 하였다 한다. 그가 영묘사의 장륙존상을 만들 때 장안의 남녀들이 다투어 진흙을 운반하였는데, 그때 이 노래를 지어 불렀다고 한다.

2014년 서울시 7급
Q. 다음 중 한글로 전해지지 않는 시는?
① 사미인곡 ② 정읍사 ③ 풍요
④ 누항사 ⑤ 청산별곡

◆ 핵심정리

갈래	4구체 향가
성격	불교적, 민요적, 민중적
제재	불심
주제	현세에서 공덕 닦기를 원함
특징	- 노동하면서 부르는 불교적인 노래 - 현존하는 향가의 민요적 형태를 잘 보여줌

◆ 노동요
노동을 하면서 일의 지루함을 잊고 능률을 높이기 위해서 부르는 노래로, '작업요'라고도 한다. 일반적으로 민요로서 오랫동안 집단적으로 전승되어 온 노래를 노동요라고 한다.

▣ 병태 요정의 ADVICE
이 노래는 영묘사의 장륙존상을 만들 때 성안의 남녀들이 부른 노래입니다. '온다'는 말의 연속적인 반복은 공덕을 닦으러 온다는 말로 결론을 맺고 있습니다. 노래 가운데 '서럽더라'는 믿음이 없는 현세의 삶을 표현한 것으로 볼 수 있습니다.

이 노래는 '서동요'나 '헌화가'와 함께 향가의 민요적 성격을 잘 보여줍니다. 또한 신라의 향가가 여러 사람들에 의해 불려졌고, 그 속에는 불교의 교리가 은연중 내포되어 있다는 점도 보여줍니다.

정답 ③

향가 04 헌화가(獻花歌) — 견우 노인

2015 서울시 7급, 2013 기상직 9급

紫布岩乎邊希	딛배 바회 ᄀᆞ희
	사람들의 발길이 쉽게 닿을 수 없는 곳
執音乎手母牛放教遣	자ᄇᆞ온 손 **암쇼** 노히시고
	노인의 생업(생업을 놓을 정도로 부인의 아름다움에 매료됨)
吾肹不喻慚肹伊賜等	나ᄒᆞᆯ 안디 붓ᄒᆞ리샤ᄃᆞᆫ
花肹折叱可獻乎理音如	**곶ᄒᆞᆯ** 것가 받ᄌᆞ보리이다.
	수로부인이 탐하는 꽃은 탐미심, 아름다움
	노인이 바치는 꽃은 수로 부인을 향한 노인의 연정

(양주동 해독)

현대어 풀이
붉은 바위 가에
잡고 있는 암소 놓게 하시고
나를 아니 부끄러워하신다면
꽃을 꺾어 바치오리다.

◆ 배경 설화
신라 성덕왕 수로 부인의 남편 순정공(純貞公)이 강릉 태수가 되어 부임하는 길에 바닷가에서 쉬고 있을 때였다. 벼랑 위의 바위 가에 핀 아름다운 철쭉꽃을 보고 수로 부인은 크게 감탄하여, "누가 저 꽃을 꺾어다 줄 수 있겠느냐?"라고 하며 꽃을 원했다. 그러나 종자(從者)들은 모두 사람이 닿을 수 있는 곳이 아니라고 하며 나서지 않았다. 이때 소를 끌고 가던 한 노옹(老翁)이 이 노래를 지어 부르며 꽃을 꺾어 바쳤다.

◆ 핵심정리

갈래	4구체 향가
성격	민요적, 서정적
제재	바위 위의 꽃
주제	수로 부인에 대한 사랑 아름다움에 대한 찬양
특징	- 나이와 신분의 차이를 넘어선 적극적 애정 표현이 드러남 - 신라인의 소박하고 보편적인 미의식을 보여주는 작품

병태 요정의 ADVICE
이 작품은 소를 끌고 가던 한 노인이 수로 부인에게 절벽 위의 꽃을 꺾어 바치면서 불렀다는 4구체 향가입니다. 일반적인 향가와 달리, 주술성이나 종교적 색채 없이 수로 부인에 대한 순수한 예찬을 표현한 구애의 노래라는 점이 독특합니다.

향가 05 처용가(處容歌)

– 처용

2018 서울시 7급, 2015 서울시 7급

東京明期月良	시간적 배경 (밤)
동 경 명 기 월 량	시볼 볼기 도래
	공간적 배경 (신라의 수도 경주)
夜入伊遊行如可	밤 드리 노니다가
야 입 이 유 행 여 가	
入良沙寢矣見昆	드러사 자리 보곤
입 량 사 침 의 견 곤	
脚烏伊四是良羅	가루리 네히어라. ▶ 역신의 침범
각 오 이 사 시 량 라	다리가
二肹隱吾下於叱古	둘흔 내해엇고
이 힐 은 오 하 어 질 고	아내의 다리
二肹隱誰支下焉古	둘흔 뉘해언고.
이 힐 은 수 지 하 언 고	역신의 다리
本矣吾下是如馬於隱	본디 내해다마룬
본 의 오 하 시 여 마 어 은	
奪叱良乙何如爲理古	아사놀 엇디후릿고.
탈 질 량 을 하 여 위 리 고	▶ 처용의 관용

(양주동 해독)

현대어 풀이

서울 밝은 달밤에
밤 늦도록 놀고 지내다가
들어와 잠자리를 보니
다리가 넷이로구나.
둘은 내 아내의 것이지만
둘은 누구의 것인고?
본디 내 것 아내이다만
빼앗긴 것을 어찌하리.

◆ 배경 설화

용왕의 아들인 처용이 신라에 와서 벼슬을 하던 어느 날, 그가 늦게까지 놀고 있는 사이에, 역신이 매우 아름다운 그의 아내를 흠모하여 몰래 동침했다. 집에 돌아와 상황을 안 처용이 이 노래를 부르자 역신은 크게 감복하여 용서를 빌고 이후로는 처용의 형상을 그린 것만 보아도 그 문에 들어가지 않겠다고 하였다. 이후로 사람들은 처용의 형상을 문에 붙여 귀신을 막게 되었다.

2018 서울시 7급

Q. 〈보기〉의 작품과 같은 형식의 향가 작품이 아닌 것은?

> 보기
> 임금은 아버지요
> 신하는 자애로운 어머니요
> 백성은 어린아이라고 한다면
> 백성이 사랑하심을 알 것입니다. (중략)
> 아으, 임금답게 신하답게 백성답게 한다면
> 나라 안이 태평할 것입니다.

① 원왕생가 ② 처용가 ③ 찬기파랑가 ④ 혜성가

2015 서울시 7급

Q. 다음 중 신라의 향가가 아닌 것은?

① 천수대비가 ② 헌화가 ③ 처용가 ④ 숙세가

◆ 핵심정리

갈래	8구체 향가
성격	주술적, 무가(巫歌)
제재	아내를 범한 역신
주제	아내를 범한 역신을 물러나게 함
특징	– 현재 전해지는 신라 향가의 마지막 작품 – 향가 해독의 시금석 역할 – 고려 가요 '처용가'의 모태가 됨

◆ 처용과 역신에 대한 해석

처용	① 민속학적 관점 → 동해 용왕을 모시는 무당 ② 정치사적 관점 → 지방 호족의 아들 ③ 처용탈의 모습을 통한 추리 → 이슬람 상인
역신	역병

병태 요정의 ADVICE

이 작품은 현전하는 신라 향가 중 마지막 작품입니다. '구지가'에서 '해가'로 이어지는 주술 시가의 맥을 계승하고 있으며, 고려 가요 '처용가'의 모태가 된 작품이라는 점에서 문학사적 의의를 가지고 있습니다. 또한 이 작품의 여섯 구절이 고려 가요 '처용가'에 그대로 들어가 있는데, 그것을 바탕으로 향찰 표기의 기본 원리를 찾아낼 수 있었기에 향가 해독의 시금석 역할을 한 작품입니다.

처용이 자신의 아내를 범한 역신을 보고 이 노래를 지어 부르며 춤을 추었더니 역신이 크게 감복하여 용서를 빌고 이후로는 처용의 형상을 그린 것만 보아도 그 문에 들어가지 않겠다고 한 것이 이 노래의 내용입니다.

이러한 점에서 이 작품은 사악한 귀신을 물리치고 경사를 맞아들이는 벽사진경(辟邪進慶)의 민속에서 형성된 무속의 노래로 볼 수 있습니다.

정답 ②, ④

향가 06 모죽지랑가(慕竹旨郞歌) — 득오

去隱春皆理米	간 봄 그리매 _{지나간 봄}
毛冬居叱沙哭屋尸以憂音	모든 것사 우리 시름. ▶ 지난날을 그리워함
阿冬音乃叱好支賜烏隱	아름 나토샤온 _{아름다움}
兒史年數就音墮支行齊	즈시 살쯈 디니져. _{늙음에 대한 한탄} ▶ 늙은 모습에 대한 안타까움
目煙廻於尸七史伊衣	눈 돌칠 스이예 _{눈 깜빡할}
逢烏支惡知作乎下是	맛보옵디 지소리. _{죽지랑을 만나고 싶은 화자의 염원} ▶ 죽지랑에 대한 그리움
郞也慕理尸心未行乎尸道尸	**낭(郞)이여** 그릴 무스미 녀올 길 _{죽지랑, 찬양의 대상}
蓬次叱巷中宿尸夜音有叱下是	다봊 굴허헤 잘 밤 이시리. _{다북쑥 우거진 마을에 설의법} ▶ 만날 수 없음에 대한 탄식 (양주동 해독)

◆ 핵심정리

갈래	8구체 향가
성격	추모적, 찬양적
제재	죽지랑
주제	죽지랑에 대한 추모 및 사모의 정
특징	- 종교적, 주술적 색채가 없는 순수 서정시 - 화랑의 세계를 보여 줌

병태 요정의 ADVICE

이 작품은 득오가 죽지랑을 그리워하며 불렀다는 8구체 향가입니다. '찬기파랑가'와 더불어 신라 화랑의 세계를 잘 보여주고 있는 작품입니다.

또한 이 시는 주술적, 종교적 색채가 없는 순수한 개인의 서정시로 죽지랑을 사모하는 마음과 인생에 대한 무상감이 잘 드러나 있는 것이 특징입니다.

1~2구에서는 죽지랑과 함께 지냈던 아름다운 시절을 그리워하며 시름에 잠긴 화자의 모습이 드러나며, 3~4구에서는 아름다웠던 죽지랑의 모습이 세월이 흘러감에 따라 주름살이 생겼다는 표현을 통해 인생의 무상감을 표현하였습니다. 5~6구에서는 죽지랑과 다시 만나기를 바라는 화자의 간절한 마음이 드러나며, 7~8구에서는 죽지랑을 만나지 못하는 한탄으로 마무리됩니다.

현대어 풀이

간 봄을 그리워함에
모든 것이 서러워 시름하는구나.

아름다움을 나타내신
얼굴이 주름살을 지니려는구나,

눈 깜빡할 사이에나마
만나 보기를 지으리.

낭이여, 그리운 마음의 가는 길에,
다북쑥 우거진 마을에 잘 밤인들 있으리이까.

◆ 배경 설화

화랑 죽지랑의 낭도에 득오라는 사람이 있었는데, 매일 죽지랑을 모시다가 갑자기 열흘 가까이 나오지 않자 죽지랑이 그의 어미를 불러 연유를 물었다. 이에 그의 어미가 모량리(牟梁里)의 익선 아간(益宣阿干)이 부산성의 창고지기로 급히 임명하여, 미처 인사도 못 여쭙고 떠나게 되었다고 고하였다.

죽지랑이 낭도를 거느리고 떡과 술을 가지고 득오를 위로하러 가서 밭에서 일하고 있는 득오를 불러 떡과 술을 먹이고, 익선에게 휴가를 주어 함께 돌아갈 수 있도록 해 줄 것을 청하였으나 익선은 허락하지 않았다.

이때 사리(使吏) 간진(侃珍)이 세금으로 곡식 30석을 거두어 성중으로 돌아가다가 죽지랑이 선비를 아끼는 인품을 아름답게 보고, 익선의 융통성 없음을 못마땅하게 여겨 곡식 30석을 주면서 청을 허락해줄 것을 청하였지만, 그래도 듣지 않으므로 다시 말과 안장까지 주자 그때서야 득오를 놓아 주었다. 이러한 호의를 입은 득오가 죽지랑을 사모해서 이 노래를 지었다.

제망매가

— 월명사

2019 서울시 7급, 2017년 지방직 9급, 2013 지방직 9급, 2010 서울시 9급, 2010 법원직 9급

생사(生死) 길은

예 있으매 머뭇거리고
_{이승}　　　_{죽음에 대한 두려움}
나는 간다는 말도
_{죽은 누이의 말}
못다 이르고 어찌 갑니까.　▶ 죽은 누이에 대한 안타까움
　　_{화자에게 아무 말도 남기지 못하고 갔기에 더욱 안타까움}

어느 가을 이른 바람에
　　　　　_{누이의 요절 (바람=운명, 초자연적 존재, 삶과 죽음을 가르는 자연의 섭리)}
이에 저에 떨어질 잎처럼
_{누이의 죽음을 비유함}
한 가지에 나고 가는 곳 모르온저.　▶ 혈육의 죽음에서 느끼는 인생의 무상함
_{한 부모}

　　　　　_{극락 세상, 저승, 지향의 공간}
아아, 미타찰(彌陀刹)에서 만날 나
_{10구체 향가에서 낙구에 해당하는 부분}
도(道) 닦아 기다리겠노라　▶ 슬픔의 종교적 극복 및 승화
_{불교적 믿음을 통한 재회의 다짐}

2017년 지방직 9급

Q. 다음 작품에 대한 설명으로 적절한 것은?
① 시적 대상과의 재회에 대한 소망을 담고 있다.
② 반어적 표현을 통해 화자의 정서를 부각하고 있다.
③ 세속의 인연에 미련을 두지 않은 구도자의 자세를 드러내고 있다.
④ 상황 인식 - 객관적 서경 묘사 - 종교적 기원의 3단 구성으로 되어 있다.

♦ 핵심정리

갈래	향가 (10구체 향가)
성격	서정적, 애상적, 추모적, 종교적, 비유적
구성	'기-서-결'의 3단구성 (1-4행, 5-8행, 9-10행)
제재	죽은 누이
주제	죽은 누이의 명복을 빌고 추모함.
특징	- 뛰어난 비유를 통해 혈육의 정을 강조함. - 이별의 슬픔을 종교적으로 승화함.

♦ 비유적 표현

이른 바람	누이의 요절 (젊은 나이에 죽음을 맞이함)
떨어질 잎	누이의 죽음
한 가지	한 부모

병태 요정의 ADVICE

'제망매가'의 제목을 풀이해 보면, '제사 제(祭), 죽을 망(亡), 누이 매(妹), 노래 가(歌)'입니다. 죽은 누이를 제사 지내는 노래라는 뜻입니다. 누이가 죽었고, 지금 화자는 누이를 위해 제사를 지내는 상황임을 알 수 있습니다. 화자는 죽음으로 세상을 떠난 누이를 통해 인간의 삶과 죽음을 생각하고 있습니다. 화자의 누이는 "나는 갈게요."라는 작별 인사를 하지도 못하고 갑작스럽게 죽음을 맞이했습니다. 화자는 누이의 죽음을 가을이 되어 떨어지는 나뭇잎에 비유했는데, 그 이유는 가을이 되면 자연스럽게 잎이 떨어지는 것처럼 사람의 삶도 언젠가는 죽음을 맞이하기 때문입니다. 하지만 '이른' 바람이라는 것에서 누이가 젊은 나이에 요절했음을 알 수 있습니다. 혈육의 죽음을 통해 인생무상을 느끼던 화자는 '미타찰'에서 다시 만날 것을 다짐합니다. '미타찰'은 불교에서 말하는 극락세계로, 누이의 죽음에 대한 슬픔을 종교적인 믿음으로 극복하려는 것입니다. 극락세계에서 다시 만날 것이니 화자는 현생에서 열심히 도를 닦으며 기다리겠다고 말하며 이별의 슬픔을 종교적 신앙심으로 극복하고 승화하고 있습니다.

정답 ①

향가 08 — 찬기파랑가
2017년 경찰직 1차
— 충담사

■ 기파랑의 고매한 인품

열치매
나토얀 ᄃ리 — 달 (광명과 영원, 우러름의 대상, 숭고한 모습)
힌 구룸 조초 ᄯᅥ가ᄂᆞᆫ 안디하

(구름 장막을) 열어 젖히매
나타난 달이
흰 구름 따라 떠 가는 것 아니냐?
▶ 문사 : 화자의 물음

새파른 나리여희 — 내[川] (맑고 깨끗한 모습)
기랑(耆郞)이 즈ᅀᅵ 이슈라
일로 나리ㅅ 지벽희 — 자갈 (원만하고 강직한 성품)
낭(郞)이 디니다샤온
ᄆᆞᅀᆞᄆᆡ ᄀᆞᆺ홀 좇누아져

새파란 냇가에
기랑의 모습이 있구나.
이로부터 냇가 조약돌에
낭이 지니시던
마음의 끝을 따르련다.
▶ 답사 : 달의 대답

↱ 낙구 첫머리 감탄사 (10구체 향가의 특징)
아으 잣ㅅ가지 노파
└ 잣가지 (고고한 절개와 인품)
서리 몯누올 화반(花判)이여
시련, 유혹, 불의   └ 화랑의 우두머리

아아, 잣나무 가지 높아
서리조차 모르실 화랑의 우두머리여.
▶ 결사 : 화자의 독백

(양주동 해독)

2017년 경찰직 1차

Q. 다음 작품에 대한 설명으로 가장 적절하지 않은 것은?

> 흐느끼며 바라보매
> ㉠ 이슬 밝힌 달이
> 흰 구름 따라 떠간 언저리에
> 모래 가른 물가에
> 기랑(耆郞)의 모습이올시 수풀이여.
> 일오(逸烏)내 자갈 벌에서
> 낭(郞)이 지니시던
> 마음의 갓을 좇고 있노라.
> ㉡ 아아, 잣나무 가지가 높아
> 눈이라도 덮지 못할 고깔이여.

① 표현 기교가 뛰어난 작품으로 〈제망매가〉와 함께 향가 문학의 백미로 꼽힌다.
② 기파랑이라는 화랑을 추모하면서 그의 높은 덕을 기리고 있는 작품이다.
③ ㉠에서 화자는 지금은 없는 기파랑의 자취를 찾으며 슬퍼하고 있다.
④ ㉡에서 화자는 기파랑의 높은 인품을 잣나무 가지와 눈에 비유하고 있다.

◆ 핵심정리

갈래	10구체 향가
성격	추모적, 예찬적, 서정적
제재	기파랑의 인격
주제	기파랑의 고매한 인품에 대한 찬양
특징	- '제망매가'와 함께 가장 서정성이 높은 향가로 평가됨 - 주술성이나 종교적 색채가 없는 순수 서정시 - 고도의 비유와 상징을 사용함 - 대상의 특성을 자연물을 통해 드러냄

◆ 기파랑의 인품을 나타내는 소재

달	광명, 우러름의 대상
냇물	맑고 깨끗한 인품
조약돌	원만하고 강직한 성품
잣가지	고결한 절개

◆ 해독의 차이

김완진 해독	독백 형식
양주동 해독	'달'과의 문답 형식

병태 요정의 ADVICE

이 시는 기파랑의 인품을 직접 표현하지 않고, 고도의 비유와 상징을 사용하여 세련되게 표현한 작품입니다. 또한 흰색(눈)과 푸른색(잣나무)의 색채 대비를 통해 기파랑의 인품을 부각하고, 다양한 소재를 활용하여 기파랑의 인품을 찬양하고 있습니다. 이러한 점에서 이 작품은 문학성이 뛰어난 향가 작품으로 손에 꼽힙니다.

정답 ④

안민가(安民歌) - 충담사

2013 서울시 7급, 2011 지방직 9급

군(君)은 어비여,
신(臣)은 ᄃᆞᄉᆞ샬 어시여,
민(民)은 얼ᄒᆞᆫ 아ᄒᆡ고 ᄒᆞ샬디
민(民)이 ᄃᆞᄉᆞᆯ 알고다. ▶ 군, 신, 민의 관계
사랑 (백성을 다스리는 방법의 핵심)
구믈ㅅ다히 살손 물생(物生)
현실에 순응하며 살아가는 백성들
이흘 머기 다ᄉᆞ라
이 ᄯᅡᄒᆞᆯ ᄇᆞ리곡 어듸 갈뎌 홀디
백성이 이런 생각이 들 정도로 만족한다면
나라악 디니디 알고다. ▶ 백성을 다스리는 민본주의
 10구체 향가의 특징, 낙구 첫머리의 감탄사
아으, 군(君)다이 신(臣)다이 민(民)다이 ᄒᆞᄂᆞᆯ둔
자신의 본분을 충실히 이행하는 것
나라악 태평(太平)ᄒᆞ니잇다. ▶ 각자의 본분에 충실해야 함

(양주동 해독)

현대어 풀이

임금은 아버지요 / 신하는 사랑하실 어머니요
백성은 어린아이라고 한다면 / 백성이 사랑을 알 것입니다. //

구물거리며 사는 백성 / 이들을 먹여 다스리어
이 땅을 버리고 어디로 갈 것인가 한다면 / 나라 안이 유지될 줄 알 것입니다. //

아아, 임금답게 신하답게 백성답게 한다면 / 나라 안이 태평할 것입니다.

◆ **배경 설화**

당시 신라는 천재지변이 민생을 위협하고, 국가의 질서가 문란해지는 등 왕권이 위축되는 위기 상황이었다. 이러한 위기에서 벗어나고자 경덕왕은 충담사에게 노래를 지어 줄 것을 부탁하였다. 충담사는 '안민가'를 지어 바쳤고, 왕은 감동하여 그를 왕사로 봉하였으나 사양하였다.

2011 지방직 9급

Q. 괄호 안에 해당되는 제목과 지은이가 바르게 연결된 것은?

"그렇다면 나를 위하여 (㉠)를 지어주시오."
(㉡)는 이내 왕의 명을 받들어 노래를 지어 바치니 왕은 아름답게 여기고 그를 왕사(王師)로 봉하매 (㉡)는 두 번 절하고 굳이 사양하여 받지 않았다. (㉠)는 이러하다.

　임금은 아버지요, 신하는 사랑스런 어머니시라.
　백성을 어리석은 아이라 여기시니,
　백성이 그 은혜를 알리. 꾸물거리면서 사는 물생(物生)들에게, 이를 먹여 다스리네.
　이 땅을 버리고 어디로 가랴, 나라 안이 유지됨을 알리.
　(후구) 임금답게 신하답게 백성답게 할지면,
　나라는 태평하시리이다.　　- 《삼국유사》

	㉠	㉡
①	안민가(安民歌)	충담사(忠談師)
②	찬기파랑가(讚耆婆郎歌)	충담사(忠談師)
③	제망매가(祭亡妹歌)	월명사(月明師)
④	안민가(安民歌)	월명사(月明師)

◆ **핵심정리**

갈래	10구체 향가
성격	유교적, 교훈적
제재	왕과 신하와 백성의 본분
주제	나라를 다스리는 올바른 자세
특징	- 은유를 통해 내용을 효과적으로 전달함 - 논리적이고 직설적인 어법을 사용하여 주제를 설득력 있게 표현함 - 향가 중 유교적 이념을 노래한 유일한 작품 - 목적 문학적 성격

◆ **구성**

기	군, 신, 민의 관계 - 비유적, 애민 사상
서	민본주의를 실천하는 근본 원리 - 직설적, 민본사상
결	군, 신, 민의 바른 관계 - 다워야 함 - 직설적, 유교적 정명 사상

◆ **은유법**

임금	아버지	나라를 이끌어 갈 책임이 있음
신하	어머니	백성을 사랑으로 다스려야 함
백성	어린 아이	임금과 신하를 믿고 따라야 함

병태 요정의 ADVICE

신라 경덕왕 때 왕의 명을 받아 충담사가 지은 노래로, 현전하는 향가 중 유일하게 유교적 이념을 담고 있는 작품입니다. 신라 경덕왕 때는 국가적 어려움이 컸던 시기로, 이러한 상황에서 민심을 수습하고 위기에서 벗어나기 위해 충담사에게 '안민가'를 짓도록 한 것입니다. 이러한 점에서 이 작품은 예술성보다는 목적성과 교훈성이 강한 노래라고 할 수 있습니다.

1~4구에서는 임금, 신하, 백성의 관계를 아버지, 어머니, 자식의 관계에 빗대어, 자식을 보살피듯 백성을 돌봐야 함을 강조하고 있습니다. 5~8구에서는 백성의 기본적인 어려움을 해결해 줄 때 나라가 잘 유지될 것이라고 말하고 있습니다. 9~10구에서는 나라가 태평하기 위해서는 임금, 신하, 백성이 각각 맡은 본분을 다해야 한다는 점을 제시하며 시가 마무리됩니다.

정답 ①

| 향가 10 | **원왕생가(願往生歌)** | – 광덕(廣德) |

들하 이데
_{기원의 대상이자 서방 정토(西方淨土)의 사자(使者)}
서방ᄭᆞ장 가샤리고
_{서방 정도 = 극락}
무량수불전에
_{중생을 극락으로 인도하는 부처}
닏곰다가 ᄉᆞᆲ고샤셔   ▶ 기 : 달에게 부탁함

다딤 기프샨 존어히 울워러
두 손 모도 호ᄉᆞᆯ바
_{합장 – 경건한 자세}
원왕생 원왕생
_{극락왕생 – 기원의 내용}
그릴 사ᄅᆞᆷ 잇다 ᄉᆞᆲ고샤셔   ▶ 서 : 극락왕생의 소망
_{화자 (광덕)}

아으 이몸 기텨 두고
_{낙구 첫머리의 감탄사 (10구체 향가의 특징)}
사십팔대원 일고샬까   ▶ 결 : 소망, 기원의 심화
_{아미타불이 중생을 구제하기 위해 마음먹었던 48가지 맹세와 소원}

현대어 풀이
달님이시여, 이제
서방까지 가시려는가(가셔서)
무량수불전에(무량수 부처님 앞에)
일러 사뢰옵소서
맹세 깊으신 부처님에게 우러러
두 손 모아 사뢰어
원왕생 원왕생
그리워할 사람 있다 사뢰옵소서
아아, 이 몸 남겨 두고
마흔 여덟 소원을 이루실까

핵심 포인트
1. 달 : 시적 화자가 발 딛고 서 있는 차안(此岸)과 아미타불이 계신 피안(彼岸)의 서방정토를 오고갈 수 있는 불법(佛法)의 사자(使者)
2. 10구의 의미
   a. 5구에서 계속되어 온 구원의 연장이자 그 심화 확대
   b. 의문형의 설의법으로 표현했으나 내면적으로는 강한 명령법과 점목되는 위협적인 요소가 담겨 있으므로 주술적인 의미가 함축
3. 사십팔대원 : 아미타불이 법장 비구라 불렸던 옛적에 일체의 중생을 구제하기 위하여 마음먹었던 48가지의 소원

◆ 핵심정리

갈래	10구체 향가
성격	기원적, 불교적
제재	극락왕생
주제	극락왕생을 간절히 바라는 마음
특징	– 전형적인 기원가(祈願歌)의 모습을 보여줌 – 아미타 신앙을 바탕으로 하여 서방 정토에서의 왕생을 염원한 서정 가요

병태 요정의 ADVICE

신라 문무왕 때 광덕이라는 사람이 극락세계에 다시 태어나고 싶은 간절한 마음을 노래한 10구체 향가로, "삼국유사"에 실려 전한다. 자신의 소망을 초월적 대상에게 기도한 전형적인 기원가(祈願歌)로, 종교적인 색채가 두드러지는 작품이다.

이 작품 속의 의사소통 구조를 살펴보면 시적 화자, 달, 무량수불이 등장하는데, 일차적·표면적 청자는 달이지만 궁극적으로 화자가 자신의 뜻을 전하고자 하는 본질적인 청자는 무량수불이라 할 수 있다. 1~4구에서는 먼저 달에게 자신의 소원을 서방 세계에 있는 무량수불에게 전해주기를 부탁한다. 여기서 달은 현세와 이상 세계를 연결해주는 매개체의 역할을 하고 있다. 그리고 5~8구에서는 바로 경건하고 간절한 자세로 자신의 소망이 바로 왕생임을 표현하고 있다. 마지막으로 9~10구에서는 자신의 소망이 실현되지 않을 것을 염려하여, 무량수불이 소원을 이루기 위해선 자신의 소망을 들어주어야 한다는 점을 제시하여 소망 성취에 대하여 강하게 청원하고 있다.

고려가요

고려가요 01 사모곡(思母曲) - 작자 미상

호미도 놀히언마르는
원관념: 아버지의 사랑 (은유법)
낟フ티 들 리도 업스니이다. ▶ 호미와 낫의 비교
원관념: 어머니의 사랑 (은유법)

아바님도 어이어신마르는

위 덩더둥셩
의미 없는 여음구

어마님フ티 괴시리 업세라. ▶ 아버지와 어머니의 사랑 비교
어머니의 사랑 예찬

반복

아소 님하
감탄 어구

어마님フ티 괴시리 업세라. ▶ 어머니의 사랑 예찬
반복을 통한 의미 강조

현대어 풀이

호미도 날이 있지마는
낫같이 잘 들 리가 없습니다.
아버지도 아버이시지마는,
어머님같이 사랑하실 분이 없습니다.
아서라, 사람들이여.
어머님같이 사랑하실 분이 없습니다.

◆ 핵심정리

갈래	고려 가요
성격	예찬적, 유교적
주제	어머니의 절대적인 사랑 예찬
특징	- 은유법, 직유법, 비교법, 영탄법 등을 사용하여 어머니의 사랑을 예찬함 - '기(起)-서(敍)-결(結)'의 3단 구성 - 여음구를 제외하면 형식상 시조와 유사함 - 감탄 어구는 향가의 낙구와 유사함 - 어버이의 사랑을 친숙한 농기구에 빗댐

◆ 구성

기(起)	호미와 낫의 비교	
서(敍)	어머니와 아버지의 사랑 비교	어머니의 사랑 예찬
결(結)	어머니의 사랑 예찬	

병태 요정의 ADVICE

이 작품은 어머니의 사랑에 대한 예찬을 노래한 고려 가요입니다. 고려 가요의 특성인 3음보 율격과 여음구가 나타나지만 일반적인 고려가요의 형태와 달리 단연시입니다. 여음구를 제외하면 형식상 시조와 유사하며, '아소 님하'라는 감탄 어구는 향가의 낙구와 유사합니다.
비유적인 표현을 통해 어머니에 대한 사랑을 아버지에 대한 사랑에 비교하여 강조하고 있는 점이 특징적이라 할 수 있습니다.

고려가요 02 상저가(相杵歌) - 작자 미상

듥긔동 방해나 디허 히얘, ← 의미 없는 여음구 (방아를 찧을 때 장단을 맞추기 위함)
'덜커덩', '쿵더쿵' 등의 방아 찧는 소리 (의성어)
게우즌 바비나 지서 히얘,
거친
아바님 어마님씌 받줍고 히야해
부모님을 먼저 생각하는 효심
남거시든 내 머고리, 히야해 히야해.

현대어 풀이

덜커덩 방아나 찧어
거친 밥이나 지어서
아버님 어머님께 드리옵고
남거든 내가 먹으리,

◆ 〈상저가〉와 〈사모곡〉

	상저가	사모곡
공통점	효(孝)와 관련됨	
차이점	직설적 표현 부모의 사랑에 대한 차별이 없음	비유적 표현 어머니의 사랑을 중시함

◆ 핵심정리

갈래	고려 가요, 노동요
성격	낙천적, 유교적, 서민적
주제	부모를 위하는 소박한 효심
특징	- 방아 타령의 일종으로 농촌 부녀자의 소박한 풍속과 정서가 나타남 - 고려 가요 유일의 노동요

◆ 구성

1행	곡식을 찧음
2행	밥을 지음
3행	부모님에 대한 봉양
4행	남는 밥을 먹겠다는 효심

병태 요정의 ADVICE

이 작품은 부모를 위하여 방아를 찧는 노래로, 두 사람 이상이 절구통으로 방아를 찧을 때 부르는 노동요입니다. 방아 찧는 소리를 나타내는 의성어 '듥긔동'으로 시작하는 이 노래는 '히얘'라는 여음구를 반복하여 방아를 찧는 장단을 맞추고 있습니다.
이 노래는 짧은 시행에도 불구하고 거친 밥이나마 지어서 부모님께 먼저 드리고, 남는 것이 있으면 그것을 자기가 먹겠다는 지극한 효심과 시골 아낙네의 순박한 생활 감정이 진솔하게 드러나 있습니다.

| 고려가요 03 | **유구곡** | – 작자 미상 |

비두로기 새눈
비둘기 : 가냘픈 소리로 잘 울지 못하는 새
비두로기 새눈

우루믈 우르디
버곡댱이사
뻐꾸기 : 맑고 부드러운 소리로 오래도록 잘도 우는 새
난 됴해

벅곡댱이사
난 됴해
비둘기도 울기는 하지만 뻐꾹새 울음소리가 참으로 좋다

현대어 풀이
비둘기는
비둘기는
울음을 울되
뻐꾸기야말로
나는 좋아라
뻐꾸기야말로
나는 좋아라

◆ 예종의 〈버국새(伐谷鳥)〉
이 작품은 고려 가요의 하나로 작자·연대 미상으로 〈시용향악보(時用鄕樂譜)〉에 실려 있다. 예종은 〈버국새(伐谷鳥)〉를 지어서 궁중에 있는 교방기생(敎坊妓生)들에게 부르게 하였는데, 예종이 지은 그 〈버국새〉가 〈시용향악보(時用鄕樂譜)〉에 실려 있는 〈비두로기 노래〉일 것이라는 설이 있다.
임금의 잘못을 말하는 벼슬아치를 간관(諫官)이라고 한다. 비둘기는 가냘픈 소리로 잘 울지 못하는 새이다. 따라서 비둘기의 울음소리는 간관으로서 자격이 없는 것을 의미한다고 볼 수 있다. 반면 뻐꾸기는 맑고 부드러운 소리를 내면서 오래도록 잘 우는 새이다. 간관의 직분을 게을리하지 않고 임금을 보고 곧바로 우는 간관이라고 볼 수 있다.

◆ **핵심정리**

갈래	고려 가요
주제	뻐꾸기 소리를 좋아함
특징	– 새의 울음소리는 임금의 잘못을 말하는 간관을 상징하는 것으로 볼 수 있음 – 별칭은 '비두로기'
출전	시용향악보

병태 요정의 ADVICE

이 노래가 지니고 있는 뜻은 "비둘기도 울기는 하지만 뻐구기 울음소리야말로 나에게는 참으로 좋더라"라는 것입니다. 자연에 대한 예찬을 소박하게 형상화하였고, 서민들의 진솔한 느낌을 있는 그대로 표현한 작품입니다.

반면 예종이 지은 것으로 보는 견해도 있습니다. 예종이 간관을 통해 자신의 허물과 정치의 잘잘못을 들을 수 있는 길을 넓히고자 하였으나, 간관들이 임금을 두려워하여 잘못을 이야기하지 않자 그 간관들을 넌지시 타이르기 위하여 울기를 잘하는 〈버국새〉를 지었다는 것입니다. 이렇게 본다면, 이 노래의 속뜻은 "나를 간(諫)하는 간관들이 버국새 간관이 되어달라."라는 부탁을 하고 있는 것으로 볼 수 있습니다.

고려가요 04 가시리
- 작자 미상

2017 사회복지직 9급, 2016 지역인재 9급

　　3　　　　3　　　2 → 3·3·2조, 3음보
가시리 가시리잇고 나ᄂᆞᆫ
　　　　　　　　　　　→ a a b a 구조
ᄇᆞ리고 가시리잇고 나ᄂᆞᆫ

위 증즐가 大平盛代(대평셩ᄃᆡ)　　　▶ 기 : 원망
후렴구 (여음구) : 의미 없는 여음 (궁중 속악으로 불리면서 후렴구가 첨가된 것으로 추정)

『날러는 엇디 살라 ᄒᆞ고.
　　절망
ᄇᆞ리고 가시리잇고 나ᄂᆞᆫ

위 증즐가 大平盛代(대평셩ᄃᆡ)　　　▶ 승 : 원망의 고조

잡ᄉᆞ와 두어리마ᄂᆞᄂᆞᆫ

선ᄒᆞ면 아니 올셰라
주체 = 임
위 증즐가 大平盛代(대평셩ᄃᆡ)　　　▶ 전 : 절제와 체념
　　『 』: 전통적 여인의 수동적 자세

셜온 님 보내ᄋᆞᆸ노니 나ᄂᆞᆫ
주체 : 임 (이별을 서러워 하는 임) / 주체 : 화자 (화자를 서럽게 하는 임)
가시ᄂᆞᆫ 듯 도셔 오쇼셔 나ᄂᆞᆫ
화자의 소망을 직접적으로 표출, 간절한 기다림의 정서
위 증즐가 大平盛代(대평셩ᄃᆡ)　　　▶ 결 : 재회의 소망

2017 사회복지직 9급, 2016 지역인재 9급

Q. 윗글과 가장 유사한 정서를 지니는 것은?

① 한용운, 〈님의 침묵〉
② 김상용, 〈남으로 창을 내겠소〉
③ 서정주, 〈국화 옆에서〉
④ 김소월, 〈진달래꽃〉

Q. 윗글에 대한 설명으로 적절한 것은?

① 4음보의 민요적 율격을 사용하고 있다.
② 후렴구의 삽입으로 연을 구분하고 있다.
③ '이별의 안타까움 – 소망 – 체념 – 용서'의 구성으로 이루어져 있다.
④ 임금의 은혜에 대한 감사와 나라의 안위를 걱정하는 마음을 담고 있다.

◆ 핵심정리

갈래	고려 가요
성격	서정적, 민요적, 애상적
제재	임과의 이별
주제	이별의 정한(情恨)
특징	- 3·3·2조의 3음보의 율격 - '기–승–전–결'의 4단 구성 - 간결한 형식과 소박한 시어를 사용하여 이별의 감정을 절묘하게 표현 - 우리 민족의 전통적인 정서인 이별의 정한을 노래한 대표 작품

◆ 구성

기	뜻밖의 이별에 대한 놀라움과 하소연, 원망
승	하소연의 고조, 또는 원망의 고조
전	감정의 절제와 체념
결	재회에 대한 소망과 기원

병태 요정의 ADVICE

이 작품은 사랑하는 사람을 떠나보내는 시적 화자의 슬프고도 애절한 마음이 잘 드러나 있는 작품으로 우리 민족의 보편적 정서인 이별의 정한을 담고 있습니다. 1연에서는 임에게 정말 자신을 떠날 것인지 물으며 하소연을 하고, 2연에서는 고조된 슬픔과 원망의 정서를 드러내고 있습니다. 3연에서는 임을 붙잡지 못하는 전통적 여인상을 드러내고, 4연에서는 임이 돌아오기를 바라는 간절한 소망을 제시하며 시상을 마무리하고 있습니다. 이 작품에 드러난 임을 향한 사랑과 그리움의 정서는 훗날 김소월의 '진달래꽃'으로 이어진다고 볼 수 있습니다.

정답 ④, ②

고려가요 05 — 동동

- 작자 미상

2021 국가직 9급, 2020 국회직 8급, 2018 경찰직 1차, 2015 법원직 9급, 2011 법원직 9급, 2009 서울시 9급, 2006 대구시 9급

德(덕)으란 곰비예 받ᄌᆞᆸ고 / 덕일랑은 뒤에(신령님께) 바치옵고
　　ㄴ 대구법
福(복)으란 림비예 받ᄌᆞᆸ고 / 복일랑은 앞에(임금님께) 바치옵고

德(덕)이여 福(복)이라 호ᄂᆞᆯ / 덕이여 복이라 하는 것을

㉠나ᅀᆞ라 오소이다. / 진상하러 오십시오.
『　』: 임(임금)에 대한 송축 (궁중 음악으로 편입될 때 추가된 내용으로 추정)

아으 動動(동동)다리   ▶ 송도(頌禱)-덕과 복을 빎
후렴구 ('동동'은 북소리, '다리'는 악기 소리를 흉내 낸 의성어)
연 구분, 운율 강조의 효과

正月(정월)ㅅ 나릿므른 / 정월의 냇물은
화자와 대비되는 대상 (화자는 마음을 녹여줄 사람 없이 외롭게 지냄)

아으 어져 녹져 ᄒᆞ논ᄃᆡ / 아아, 얼었다 녹았다 하는데

누릿 가온ᄃᆡ 나곤 / 세상에 태어나서는

㉡몸하 ᄒᆞ올로 녈셔 / 이 몸은 홀로 살아가는구나.

아으 動動(동동)다리   ▶ 삶의 고독과 임에 대한 그리움

二月(이월)ㅅ 보로매 / 2월 보름에

아으 ㉢노피 현 / 아아, 임은 높이 켜 놓은

ⓐ燈(등)ㅅ블 다호라 / 등불 같구나. (=임의 인품은 우러러 볼 만하다)
2월 연등제의 등불을 통해 임의 인품을 찬양

萬人(만인) 비취실 즈ᅀᅵ샷다 / 만인을 비추실 모습이시도다.

아으 動動(동동)다리   ▶ 임의 인품을 찬양

三月(삼월) 나며 開(개)ᄒᆞᆫ / 3월 지나며 핀

아으 滿春(만춘) ㉣ᄃᆞᆯ욋고지여 / 아아, 늦봄의 진달래꽃이여.
아름다운 임의 모습을 비유

ᄂᆞ믜 브롤 즈ᅀᅳᆯ / 남이 부러워할 모습을

디녀 나샷다 / 지니고 태어나셨구나.

아으 動動(동동)다리   ▶ 임의 아름다움을 찬양

四月(사월) 아니 니저 / 4월을 잊지 않고

아으 오실셔 ⓑ곳고리새여 / 아아, 오는구나 꾀꼬리새여.
화자의 외로움 고조 (객관적 상관물)

므슴다 錄事(녹사)니ᄆᆞᆫ / 무엇 때문에 녹사님은
돌아오지 않는 대상 ↔ 곳고리새와 대조

녯 나ᄅᆞᆯ 닛고신뎌. / 옛날을 잊고 계시는구나.

아으 動動(동동)다리   ▶ 무심한 임에 대한 원망

*유두일: 나쁜 일을 없애기 위해 동쪽으로 머리를 감는 풍습이 있음
六月(유월)ㅅ 보로매 / 6월 보름(유두일)에

아으 별해 ᄇᆞ룐 ⓒ빗 다호라. / 아아, 벼랑에 버린 빗 같구나.
임에게 버림받은 화자의 모습

도라보실 니믈 / 돌아보실 임을

적곰 좃니노이다. / 잠시나마 따르겠나이다.

아으 動動(동동)다리   ▶ 임에게 버림받은 슬픔

十月(시월)애 / 10월에

아으 져미연 ⓓᄇᆞᄅᆺ 다호라. / 아아, 잘게 잘라 놓은 보리수나무 같구나.
임에게 버림받은 화자의 모습

것거 ᄇᆞ리신 後(후)에 / 꺾어 버리신 후에 (보리수나무를)

디니실 ᄒᆞᆫ 부니 업스샷다. / 지니실 한 분이 없으시도다.

아으 動動(동동)다리   ▶ 버림받은 사랑에 대한 회한과 고독

十二月(십이월)ㅅ 분디남ᄀᆞ로 갓곤 / 12월에 분지나무로 깎은

아으 나ᅀᆞᆯ 盤(반)잇 져 다호라. / 아아, (임께 드릴) 소반 위의 젓가락 같구나.
임에게 버림받은 화자의 모습

니미 알ᄑᆡ 드러 얼이노니 / 임의 앞에 들어 가지런히 놓으니

ⓔ소니 가재다 므ᄅᆞᄉᆞᆸ노이다. / 손님이 가져다가 뭅니다.
임과의 어긋난 사랑을 암시

아으 動動(동동)다리   ▶ 임과 인연을 맺지 못한 안타까움

2018년 경찰직 1차

Q. 밑줄 친 부분에 대한 설명으로 가장 적절하지 않은 것은?
① ㉠ : '나중에 오십시오.'라는 뜻이다.
② ㉡ : 시적 화자의 외로운 처지를 나타낸다.
③ ㉢ : 2월의 세시 풍속인 '연등제'와 관계된다.
④ ㉣ : 임의 수려한 외모를 비유적으로 형상화하였다.

2020년 국회직 8급

Q. 밑줄 친 ⓐ~ⓔ의 함축적 의미가 유사한 것으로 묶인 것은?
① ⓐ, ⓑ　　② ⓐ, ⓔ　　③ ⓑ, ⓒ
④ ⓒ, ⓓ　　⑤ ⓓ, ⓔ

2018년 경찰직 1차

Q. 이 작품에 대한 설명으로 가장 적절하지 않은 것은?
① 임을 그리는 여인의 심정을 월령체 형식에 맞추어 노래한 고려 가요이다.
② 고려 시대부터 구전되어 내려오다가 조선 시대에 문자로 정착되어 『악장가사』에 전한다.
③ 후렴구를 사용하여 연을 구분하고 음악적 흥취를 고조시켰다.
④ 1연은 서사(序詞)로서 송축(頌祝)의 내용을 담고 있는데, 이는 민간의 노래가 궁중으로 유입되면서 덧붙여진 것으로 추측된다.

2021 국가직 9급

Q. ㉠~㉣의 의미로 적절하지 않은 것은?

> 二月ㅅ 보로매 아으 노피 ㉠ <u>현</u> 燈ㅅ블 다호라
> 萬人 비취실 즈싀샷다 아으 動動다리
> 三月 나며 開호 아으 滿春 돌욋고지여
> ᄂᆞ미브롤 ㉡ <u>즈슬</u> 디뎌 나삿다 아으 動動다리
> 四月 아니 ㉢ <u>니저</u> 아으 오실셔 곳고리새여
> ㉣ <u>므슴다</u> 錄事니믄녯 나를닛고신뎌 아으 動動다리
>
> — 작자 미상, 動動 에서 —

① ㉠은 '켠'을 의미한다.
② ㉡은 '모습을'을 의미한다.
③ ㉢은 '잊어'를 의미한다.
④ ㉣은 '무심하구나'를 의미한다.

◆ 핵심정리

갈래	고려 가요
성격	상징적, 비유적, 서정적, 송축적, 월령체
구성	월령체 형식 (서사 1연과 본사 2연~13연으로 구성)
제재	달마다 행하는 민속
주제	송축과 고독의 비애, 임에 대한 영원한 사랑 (각 연마다 주제가 다름)
특징	- 영탄법, 직유법, 은유법을 사용 - 후렴구 반복 - 세시 풍속에 따라 사랑의 감정을 전달함. - 임에 대한 송축과 연모의 정이 어우러짐

◆ 구성

연	내용	중심 소재
1연(서사)	임에 대한 송축	덕(德), 복(福)
2연(1월)	자신의 외로운 처지	나릿물
3연(2월)	임의 인품 찬양	등ㅅ불
4연(3월)	임의 아름다운 모습 찬양	달욋곳(진달래꽃)
5연(4월)	자신을 찾지 않는 임에 대한 원망	곳고리 새
6연(5월)	임의 장수에 대한 기원	아침 약 (단오)
7연(6월)	임에게 버림받은 처지 비관	(버려진) 빗
8연(7월)	임을 따르고자 하는 염원	백종
9연(8월)	임 없는 한가위의 쓸쓸함	한가위
10연(9월)	임의 부재로 인한 고독	황화 (중양절)
11연(10월)	임에게 버림받은 슬픔	바랏(보리수나무)
12연(11월)	임 없이 살아가는 외로움	한삼
13연(12월)	임과 맺어지지 못하는 안타까움	져 (나무젓가락)

◆ 시적 화자를 비유한 표현

별해 ᄇᆞ룐 빗	임에게서 버림받은 시적 화자의 가련한 신세를 드러냄.
져미연 ᄇᆞᆮ	
盤(반)잇 져	임에게 버림받고 다른 사람에게 시집가는 화자의 안타까움이 드러남.

병태 요정의 ADVICE

　임에 대한 송축으로 노래가 시작되는 것이 독특합니다. 임에 대한 사랑과 그리움을 주제로 하는데 '덕'이나 '복'은 전체 내용과 어울리지 않기 때문에 1연은 궁중에서 불리면서 절차를 갖추기 위해서 후대에 덧붙여진 것으로 추측할 수 있습니다. 따라서 이 노래에서 '임'은 개인이 사랑하는 사람이기도 하지만 공적인 의미를 더해 '임금'으로 볼 수도 있습니다.

　이 노래는 1월부터 12월까지 열두 달의 순서에 따라 노래한 월령체 형식을 취하고 있는데, 각 달의 세시풍속과 연관 지어 임에 대한 사랑과 그리움을 표현하고 있습니다. 2연(정월)에서는 홀로 외롭게 지내고 있는 화자의 신세를 강물이 얼고 녹는 자연 현상과 대조하여 표현했습니다. 냇물은 얼었다가 녹는 변화를 맞이하는데, 화자의 마음은 녹여 줄 사람(임)이 없는 것입니다. 3연(2월)에서는 연등 행사에서 높이 달아 놓은 등불의 모습이 마치 임의 모습과 같다고 표현했습니다. 등불이 밝게 비추는 것처럼 임 또한 만인을 비추는 사람이라며 임의 인격과 성품을 예찬하였습니다. 4연(3월)에서는 늦봄에 핀 진달래꽃을 통해 임의 모습 역시 그처럼 아름답다고 예찬하고 있습니다. 2월에서 임의 인품을 찬양했다면 3월에서는 임의 외적인 모습을 찬양하고 있는 것입니다.

　7연(6월)의 '별해 버린 빗'과 11연(10월)의 '져미연 바랏'은 임에게 버림받은 화자의 처지를 표현한 것입니다. 13연(12월)의 '반잇 져' 역시 화자의 처지를 상징하는데, 임이 아니라 다른 사람에게 선택받은 자신의 신세를 형상화한 것입니다.

정답 ①, ④, ②, ④

고려가요 06 — 정과정

- 정서

2017년 국회직 8급, 2015년 서울시 7급

내 님믈 그리ᅀᆞ와 우니다니 (고려 의종)	내가 임을 그리워하여 울고 지내더니,
山(산) 접동새 난 이슷ᄒᆞ요이다. (감정 이입의 대상 (객관적 상관물))	산 접동새와 나는 처지가 비슷합니다.
아니시며 거츠르신 ᄃᆞᆯ 아ᄋᆞ	(참소가 진실이) 아니며 거짓인 줄은 아!
殘月曉星(잔월효성)이 아ᄅᆞ시리이다. 천지신명 (진실을 알고 있는 존재)	천지신명이 아실 것입니다.

▶ 자신의 처지와 결백 호소

넉시라도 님은 ᄒᆞᆫᄃᆡ 녀져라 아ᄋᆞ 일편단심	넋이라도 임과 함께 살아가고 싶어라. 아!
벼기더시니 뉘러시니잇가.	(허물이 있다고) 우기던 이는 누구였습니까?
過(과)도 허믈도 千萬(천만) 업소이다.	(나는) 잘못도 허물도 전혀 없습니다.
ᄆᆞᆯ힛 마리신뎌	(모두 다) 뭇사람들의 모함입니다.
ᄉᆞᆯ읏븐뎌 아ᄋᆞ	슬프도다. 아!
니미 나ᄅᆞᆯ ᄒᆞ마 니ᄌᆞ시니잇가 임에 대한 원망	임께서 나를 벌써 잊으셨습니까?

▶ 결백에 대한 해명

| 아소 님하, **도람 드르샤 괴오쇼셔**. 주제 (창작의 궁극적 목적) | 아아 임이여, (마음을) 돌려 (내 말을) 들으시어 사랑해 주소서. |

▶ 임에 대한 애원

◆ 핵심정리

갈래	고려 가요, 향가계 고려 가요
성격	충신연주지사(忠臣戀主之詞)
제재	임과의 이별
주제	임금을 향한 변함없는 충절
특징	- 형식면에서 향가의 전통을 이음 - 내용면에서 신충의 원가(怨歌)와 통함 - 감정 이입을 통해 정서를 표현함 - 고려 가요 중 작가가 밝혀진 유일한 작품 - 유배 문학의 효시

◆ 여성 화자 설정

화자	임
여성	남성

임에 대한 영원한 사랑

↓

작가 (정서)	의종
신하	임금

임금에 대한 영원한 사랑

병태 요정의 ADVICE

이 작품은 국문으로 전하는 고려 가요 중에서 작가를 알 수 있는 유일한 노래입니다. 고려 의종 때 정서가 귀양지인 동래에서 임금의 소환을 기다리다가 소식이 없자, 자신의 결백을 밝히고 선처를 청하기 위해 창작한 작품입니다. 이 작품에서 시적 화자는 자신에 대한 참소가 거짓임을 역설하면서 억울하고 원통한 심정, 임을 모시고 싶다는 충절의 심정을 드러내고 있는데 임을 그리워하며 울고 있는 자신의 처지를 '접동새'라는 자연물에 빗대어 표현하였습니다.

이 작품에서는 향가의 흔적도 찾아볼 수 있습니다. 형식상으로는 11행이지만 문맥상 8행과 9행을 묶어서 10구체로 볼 수 있기 때문입니다. 낙구에 감탄사가 있다는 점은 같으나, 10구체 향가에서는 9행의 첫머리에 감탄사가 있는데, 이 작품은 10행에 감탄사 '아소 님하'가 있다는 점에서는 차이가 있습니다.

2017년 국회직 8급, 2015년 서울시 7급

Q. 위 작품의 화자가 지닌 정서나 태도와 가장 유사한 것은?

① 추강(秋江)에 밤이 드니 물결이 차노매라
   낚시 드리치니 고기 아니 무노매라
   무심한 달빛만 싣고 빈 배 저어 오노라
② 내 일 망녕된 줄 나라 하여 모를 손가
   이 마음 어리기도 님 위한 탓이로세
   아무가 아무리 일러도 임이 헤아리소서
③ 천만 리 머나먼 길에 고운 님 여의옵고
   내 마음 둘 데 없어 냇가에 앉았으니
   저 물도 내 안 같아야 울어 밤길 예놋다
④ 수양산(首陽山) 바라보며 이제(夷齊)를 한하노라
   주려 죽을진들 채미(採薇)도 하는 것가
   비록애 푸새엣것인들 긔 뉘 땅에 났나니
⑤ 흥망이 유수(有數)하니 만월대도 추초(秋草)로다
   오백 년 왕업이 목적(牧笛)에 부쳐시니
   석양에 지나는 객이 눈물계워 하노라

Q. 위 고전 시가에 대한 설명으로 가장 옳은 것은?

① 현재 자신의 처지에서 벗어나고 싶은 심정을 담고 있다.
② 이상과 현실의 괴리에 대한 담담한 마음을 담고 있다.
③ 다가올 미래에 대한 비관적인 심경을 담고 있다.
④ 일상적인 소재를 통해서 삶의 교훈을 담고 있다.

정답 ②, ①

고려가요 07 청산별곡
- 작자 미상

2017 법원직 9급, 2016년 경찰직 1차

3·3·2조
3 3 2   → 이상향, 현실 도피처, 현실과 대조되는 공간
살어리 살어리랏다. 靑山(쳥산)애 살어리랏다.
 a   a   b   a → aaba 구조

멀위랑 ᄃᆞ래랑 먹고, 靑山(쳥산)애 살어리랏다.
얄리얄리 얄랑셩, 얄라리 얄라.
의미 없는 후렴구, 'ㄹ', 'ㅇ' 반복으로 밝고 경쾌한 리듬감 형성
▶ 청산에 대한 동경

우러라 우러라 새여, 자고 니러 우러라 새여.
          감정 이입의 대상
널라와 시름 한 나도 자고 니러 우니노라.
얄리얄리 얄랑셩, 얄라리 얄라.
▶ 삶의 비애와 고독

가던 새 가던 새 본다. 『믈 아래 가던 새 본다.
날아가던 새, 갈던 밭이랑   속세   『 』: 속세에 대한 미련
잉무든 장글란 가지고, 믈 아래 가던 새 본다.
이끼 묻은 쟁기
얄리얄리 얄랑셩, 얄라리 얄라.
▶ 속세에 대한 미련

이링공 뎌링공 ᄒᆞ야 나즈란 디내와손뎌.
오리도 가리도 업슨 바므란 또 엇디 호리라.
              '낮'과 대조되는 고독과 절망의 시간
얄리얄리 얄랑셩, 얄라리 얄라.
▶ 절망적인 고독과 비탄

어듸라 더디던 돌코, 누리라 마치던 돌코.
             운명적 비애
믜리도 괴리도 업시 마자셔 우니노라.
운명에 대한 체념 (비애의 원인은 외부적인 것임)
얄리얄리 얄랑셩, 얄라리 얄라.
▶ 삶에 대한 운명적 체념

살어리 살어리랏다. 바ᄅᆞ래 살어리랏다.
           이상향, 현실 도피처, 현실과 대조되는 공간(새로운 이상향 모색)
ᄂᆞᄆᆞ자기 구조개랑 먹고 바ᄅᆞ래 살어리랏다.
얄리얄리 얄랑셩, 얄라리 얄라.
▶ 바다에 대한 동경

가다가 가다가 드로라, 에졍지 가다가 드로라.
             속세와 단절된 공간
사ᄉᆞ미 짒대예 올아셔 奚琴(히금)을 혀거를 드로라.
기적이 일어나기를 바라는 절박한 심정
얄리얄리 얄랑셩, 얄라리 얄라.
▶ 기적을 바라는 절박한 심정

가다니 ᄇᆡ브른 도긔 설진 강수를 비조라.
             현실적 고통을 잠시 잊게 하는 매개체
조롱곳 누로기 ᄆᆡ와 잡ᄉᆞ와니, 내 엇디 ᄒᆞ리잇고.
의인법
얄리얄리 얄랑셩, 얄라리 얄라.
▶ 술을 통한 고뇌 해소

◆ 핵심정리

갈래	고려 가요
성격	현실 도피적, 애상적
제재	청산, 바다
주제	삶의 고뇌와 비애·실연의 슬픔 삶의 터전을 잃은 유랑민의 슬픔
특징	- 'ㄹ'과 'ㅇ'의 반복으로 운율감 살림 - 반복법과 상징법을 사용하여 시적 화자의 정서를 드러냄 - aaba구조, 의인법, 감정 이입 등의 표현 방법 사용

◆ 후렴구의 기능

얄리얄리 얄랑셩, 얄라리 얄라.

- 노래의 흥을 돋우고 운율을 형성
- 'ㄹ, ㅇ'을 반복하여 경쾌한 리듬감 형성
- 각 연마다 반복되어 구조적 통일성과 안정감을 줌

◆ 대칭적 구조

1연	청산, 머루와 다래	…	6연	바다, 나문재와 굴과 조개
2연	새, 삶의 비애 (자고 니러 우니노라)	…	5연	돌, 운명적 비애 (마자셔 우니노라)
3연	가던 새, 속세의 미련	…	7연	사슴, 기적을 바라는 절박함
4연	밤, 고독의 시간 (엇디 호리라)	…	8연	술, 고통의 일시적 해소 (엇디 ᄒᆞ리잇고)

현대어 풀이

살겠노라 살겠노라. 청산에서 살겠노라.
머루와 다래를 먹고, 청산에서 살겠노라.

우는구나 우는구나 새여, 자고 일어나 우는구나 새여.
너보다 근심이 많은 나도 자고 일어나 울며 지내노라.

가던 새 가던 새 보았느냐? 물 아래 (들판으로) 가던 새 보았느냐?
이끼 묻은 쟁기를 가지고, 물 아래 (들판으로) 가던 새 보았느냐?

이럭저럭하여 낮은 지내 왔지만,
올 사람도 갈 사람도 없는 밤은 또 어찌하리오.

어디에다 던지던 돌인가? 누구를 맞히려던 돌인가?
미워할 사람도 사랑할 사람도 없이 (돌에) 맞아서 울고 있노라.

살겠노라 살겠노라. 바다에서 살겠노라.
나문재(해초)와 굴과 조개를 먹고, 바다에서 살겠노라.

가다가 가다가 듣노라. 외딴 부엌을 지나가다가 듣노라.
사슴이 장대에 올라가서 해금을 켜는 것을 듣노라.

가다 보니 배부른 독에 독한 술을 빚는구나.
조롱박꽃 같은 누룩이 매워 붙잡으니, 내 어찌하리오.

2017 법원직 9급

(가) 딩아 돌하 當今에 계샹이다.
   딩아 돌하 當今에 계샹이다.
   先王聖代예 노니ㅇ와지이다.
   삭삭기 셰몰애 별헤 나는
   삭삭기 셰몰애 별헤 나는
   구은 ㉠밤 닷 되를 심고이다.
   그 바미 우미 도다 삭나거시아
   그 바미 우미 도다 삭나거시아
   有德ᄒ신 님믈 여ᄒㅣ와지이다.
   玉으로 蓮ㅅ고즐 사교이다.
   玉으로 蓮ㅅ고즐 사교이다.
   ㉡바회 우희 接柱ᄒ요이다.
   그 고지 三同이 퓌거시아
   그 고지 三同이 퓌거시아
   有德ᄒ신 님 여ᄒㅣ와지이다.
   — 〈정석가(鄭石歌)〉

(나) ㉮ 살어리 살어리랏다
   靑山애 살어리랏다
   멀위랑 ᄃ래랑 먹고
   靑山애 살어리랏다
   얄리얄리 얄랑셩 얄라리 얄라
   우러라 우러라 ㉢새여
   자고 니러 우러라 새여
   널라와 시름한 나도
   자고 니러 우니로라
   얄리얄리 얄라셩 얄라리 얄라
   가던 새 가던 새 본다
   ㉣믈아래 가던 새 본다
   잉무든 장글란 가지고
   믈아래 가던 새 본다
   얄리얄리 얄라셩 얄라리 얄라
   — 〈청산별곡(靑山別曲)〉

Q. (가), (나)에 대한 설명으로 가장 적절하지 않은 것은?

① (가): 임에 대한 영원한 사랑의 의지를 드러내고 있다.
② (가): 임에 대한 그리움을 열거의 방법으로 밝히고 있다.
③ (나): 현실에서 벗어나고자 하는 화자의 소망이 나타나 있다.
④ (나): 반복적인 여음구의 사용으로 운율적 효과를 얻고 있다.

Q. 다음 〈보기〉의 설명에 해당하는 것은?

── 보기 ──
작가는 문학 작품을 창작하는 과정에서 자연물을 활용하여 화자의 상황이나 감정을 이입하여 표현하기도 한다.

① ㉠ 밤   ② ㉡ 바회   ③ ㉢ 새   ④ ㉣ 믈아래

Q. ㉮와 운율의 형성 방법이 가장 유사한 것은?

① 해야 솟아라. 해야 솟아라. 말갛게 씻은 얼굴 고운 해야 솟아라. — 박두진, 〈해〉
② 강나루 건너서 / 밀밭 길을 /
   구름에 달 가듯이 / 가는 나그네. — 박목월, 〈나그네〉
③ 나 보기가 역겨워 / 가실 때에는
   말없이 고이 보내 드리오리다. — 김소월, 〈진달래꽃〉
④ 님은 갔습니다. 아아, 사랑하는 나의 님은 갔습니다.
   푸른 산빛을 깨치고 단풍나무 숲을 향하여 난 작은 길을 걸어서 차마 떨치고 갔습니다. — 한용운, 〈님의 침묵〉

◆ 시적 화자에 대한 이견

유랑민	청산에 들어가 머루나 다래를 따먹고 살아야 하는 유랑민의 처지를 나타낸 노래
실연한 사람	실연의 슬픔을 잊기 위해 청산으로 도피하고 싶어하는 노래
지식인	속세의 번뇌를 해소하기 위해 청산을 찾고, 기적과 위안을 구하면서도 삶을 집요하게 추구하는 지식인의 노래

병태 요정의 ADVICE

이 작품은 세속에서 벗어나 자연 속에 묻혀 살고자 하는 뜻이 담겨 있는 노래입니다. 현실적·세속적 공간으로부터의 도피처인 자연은 '청산'과 '바다'로 그려지고 있습니다. 그곳을 동경하지만 술로 시름을 달래거나 체념할 수밖에 없었던 당시 고려인의 삶의 고뇌와 비애가 드러나고 있는 작품입니다.

정답 ②, ③, ①

고려가요 08 | 서경별곡
2017 법원직 9급
- 작자 미상

↑ '아즐가'는 가락을 맞추기 위한 의미 없는 여음, '~ 아즐가 ~' 형태의 반복
서경(西京)이 아즐가 서경(西京)이 셔울히 마르는

위 두어령셩 두어령셩 다링디리
후렴구 (악기 소리의 의성어), 내용과 대비되는 경쾌한 리듬감을 형성함

닷곤딕 아즐가 닷곤딕 쇼셩경 고외마른
닦은 곳, 낡은 것을 고친 곳
　　위 두어령셩 두어령셩 다링디리

『여희므론 아즐가 여희므론 질삼뵈 브리시고
　　　　　　　　　화자의 생업 (여성 화자임을 알 수 있음)
　　위 두어령셩 두어령셩 다링디리

괴시란딕 아즐가 괴시란딕 우러곰 좃니노이다』
　　　　『 』: 이별을 거부하는 적극적인 태도
　　위 두어령셩 두어령셩 다링디리

▶ 이별의 거부와 연모의 정

『 』: '정석가'의 6연과 동일 (당시 유행했던 표현이거나 구전 과정에서 차용되었을 가능성)
『구스리 아즐가 구스리 바회예 디신들
사랑　　　　　　　시련　　　이별하게 된들
　　위 두어령셩 두어령셩 다링디리

긴힛뚠 아즐가 긴힛뚠 그츠리잇가 나는
믿음　　　　　　　　　　　의미 없는 여음구
　　위 두어령셩 두어령셩 다링디리

즈믄히를 아즐가 즈믄히를 외오곰 녀신들
　　위 두어령셩 두어령셩 다링디리

신(信)잇둔 아즐가 신(信)잇둔 그츠리잇가』나는
믿음
　　위 두어령셩 두어령셩 다링디리

▶ 변함없는 사랑과 믿음의 맹세

대동강(大同江) 아즐가 대동강(大同江) 너븐디 몰라셔
이별의 공간, 단절의 공간
　　위 두어령셩 두어령셩 다링디리

빅내여 아즐가 빅내여 노혼다 샤공아
　　　　　　　　　임을 대신한 비난과 원망의 대상
　　위 두어령셩 두어령셩 다링디리

네가시 아즐가 네가시 럼난디 몰라셔
　　위 두어령셩 두어령셩 다링디리

녈빅예 아즐가 녈빅예 연즌다 샤공아
　　위 두어령셩 두어령셩 다링디리

대동강(大同江) 아즐가 대동강(大同江) 건넌편 고즐여
　　　　　　　　　　　　　　　　　꽃 = 새로운 여인
　　위 두어령셩 두어령셩 다링디리

빅타들면 아즐가 빅타들면 것고리이다 나는
　　위 두어령셩 두어령셩 다링디리

▶ 임에 대한 원망과 불신

◆ 핵심정리

갈래	고려 가요
성격	남녀상열지사(男女相悅之詞)
제재	임과의 이별
주제	이별의 정한(情恨)
특징	- 설의적 표현의 사용으로 임과의 사랑을 맹세하는 화자의 정서가 효과적으로 드러남 - 상징적 시어의 사용으로 화자가 처한 이별의 상황을 드러냄 - 고려 가요 '가시리'와 함께 이별의 정한을 노래한 작품

◆ 구성

1연	이별을 아쉬워하는 연모의 정 (여인의 목소리)
2연	임에 대한 변함없는 사랑과 믿음의 맹세
3연	떠나는 임에 대한 애원 (여인의 목소리)

2연은 고려 속요인 '정석가'와 동일한데, 이는 당대에 이와 같은 구절이 유행했다는 점을 말해 주기도 하고, 구전되는 과정에서 후대 사람들에 의해 첨삭·중복되었을 가능성을 시사하기도 한다.

◆ 〈가시리〉와 비교

	차이점	공통점
서경별곡	적극적이고 활달한 고려 시대의 여성상	이별의 정한을 노래한 고려 가요이며 화자의 목소리가 여성적임
가시리	인고와 순정을 미덕으로 간직하는 여성상	

2017 법원직 9급

(가) 셔경(西京)이 아즐가 셔경이 셔울히 마르는
　　위 두어렁셩 두어렁셩 다링디리
　　닷곤되 아즐가 닷곤되 쇼셩경 고외마른
　　위 두어렁셩 두어렁셩 다링디리
　　여희므론 아즐가 여희므론 질삼뵈 부리시고
　　위 두어렁셩 두어렁셩 다링디리
　　괴시란되 아즐가 괴시란되 우러곰 좃니노이다
　　위 두어렁셩 두어렁셩 다링디리
　　구스리 아즐가 구스리 바회예 디신돌
　　위 두어렁셩 두어렁셩 다링디리
　　긴히똔 아즐가 긴힛똔 그츠리잇가 나는
　　위 두어렁셩 두어렁셩 다링디리
　　즈믄 히를 아즐가 즈믄 히를 외오곰 녀신돌
　　위 두어렁셩 두어렁셩 다링디리
　　신(信)잇둔 아즐가 신잇둔 그츠리잇가 나는
　　위 두어렁셩 두어렁셩 다링디리
　　대동강(大同江) 아즐가 대동강 너븐디 몰라셔
　　위 두어렁셩 두어렁셩 다링디리
　　빈 내여 아즐가 빈 내여 노혼다 샤공아
　　위 두어렁셩 두어렁셩 다링디리
　　네 가시 아즐가 네 가시 럼난디 몰라셔
　　위 두어렁셩 두어렁셩 다링디리
　　녈 빈예 아즐가 녈 빈예 연즌다 샤공아
　　위 두어렁셩 두어렁셩 다링디리
　　대동강 아즐가 대동강 건너편 고즐여
　　위 두어렁셩 두어렁셩 다링디리
　　빈 타들면 아즐가 빈 타들면 것고리이다 나는
　　위 두어렁셩 두어렁셩 다링디리
　　　　　　　　　　　　　　　- 〈서경별곡(西京別曲)〉

(나) 어져 내 일이야 그릴 줄을 모로던가
　　이시라 ᄒ더면 가랴마는 제 구틱야
　　보내고 그리는 정(情)은 나도 몰라 ᄒ노라
　　　　　　　　　　　　　　　- 황진이

(다) 가시리 가시리잇고 나는 / 부리고 가시리잇고 나는
　　위 증즐가 태평성대 / 날러는 엇디 살라 ᄒ고
　　부리고 가시리잇고 나는 / 위 증즐가 태평성대
　　잡ᄉ와 두어리마ᄂᆞᆫ / 선ᄒ면 아니 올셰라
　　위 증즐가 태평성대 / 셜온 님 보내옵노니 나는
　　가시는 듯 도셔 오쇼셔 나는 / 위 증즐가 태평성대
　　　　　　　　　　　　　　　- 〈가시리〉

Q. (가)와 (나)의 공통점으로 가장 적절한 것은?

① 감탄사를 활용해 화자의 감정을 드러내고 있다.
② 시어의 반복을 통해 리듬감을 조성하고 있다.
③ 의문형 어미를 활용해 화자의 심정을 드러내고 있다.
④ 상징적인 소재를 활용해 화자가 처한 상황을 부각하고 있다.

Q. (가)의 화자와 (다)의 화자가 만나 나눈 대화로 적절하지 않은것은?

① (가): 임과 이별하기보다는 임을 따라가서 사랑하고 싶어요.
② (다): 저는 임이 다시 돌아오지 않으실까봐 보내드리려고 해요.
③ (가): 그래서 저도 사공에게 떠나는 임을 잘 모셔 줄 것을 부탁하네요.
④ (다): 슬프지만 임이 빨리 돌아오시기만을 바라고 있어요.

병태 요정의 ADVICE

이 작품은 한(限)의 정서로 애절한 사랑의 감정을 노래하고 있는 고려 가요입니다. 이 노래의 이러한 특징은 우리 문학의 전통으로, 고려 가요 '가시리'와 함께 김소월의 '진달래꽃'으로 이어지는 계보의 한 축을 담당하고 있습니다. 그러나 이 노래의 여성 화자는 불안과 질투의 감정을 숨기지 않고 드러내면서 사랑을 쟁취하려는 적극적인 삶의 태도를 드러낸다는 점에서 다른 작품과 차이가 있습니다.

이 노래는 이별을 슬퍼하며 임의 뒤를 따르겠다는 애절한 소망과 연모의 정을 노래한 1연, 사랑의 믿음은 끊어지지 않을 것이라는 2연, 임을 싣고 떠나는 사공을 원망하는 내용이 담긴 3연으로 구성되어 있습니다. 이 중 2연은 고려 가요 '정석가'의 6연과 일치하는데, 이것은 구전되는 과정에서 덧붙여진 것이 그대로 채록된 것으로 보입니다.

정답 ③, ③

고려가요 09 정석가(鄭石歌) - 작자 미상
2018 법원직 9급, 2017 기상직 7급

† '정석(鄭石)'은 '딩아 돌하'의 '딩[鄭(정)]'과 '돌[石(석)]'을 차자(借字)한 것으로서 타악기를 의인화한 표현으로 보기도 하고, 연모하는 인물의 이름으로 보기도 함

딩아 돌하 당금(當今)에 계상이다.

딩아 돌하 당금(當今)에 계상이다.

션왕셩딕(先王聖代)예 노니 ♀와지이다.
태평성대   ~싶습니다.
▶ 태평성대를 소망함

삭삭기 셰몰애 별헤 나는 / 삭삭기 셰몰애 별헤 나는
  의성어 (사각사각)
구은 밤 닷 되를 심고이다.
그 바미 우미 도다 삭나거시아 / 그 바미 우미 도다 삭나거시아
                              구은 밤에 싹이 날 리 없음
유덕(有德)호신 님믈 여히♀와지이다.
반어법 (임과 이별하고 싶지 않습니다)

옥(玉)으로 련(蓮)ㅅ고즐 사교이다.

옥(玉)으로 련(蓮)ㅅ고즐 사교이다.

바회 우희 졉듀(接柱)호요이다.
그 고지 삼동(三同)이 퓌거시아 / 그 고지 삼동(三同)이 퓌거시아
    ① 세 묶음, ② 추운 겨울   옥으로 새긴 연꽃이 바위 위에서 필어날 리 없음
유덕(有德)호신 님 여히♀와지이다.

므쇠로 텰릭을 물아 나는 / 므쇠로 텰릭을 물아 나는
          철릭 (무관의 관복)
텰스(鐵絲)로 주롬 바고이다.
그 오시 다 헐어시아 / 그 오시 다 헐어시아
                  무쇠로 만든 옷이 헐 리 없음
유덕(有德)호신 님 여히♀와지이다.

므쇠로 한쇼를 디여다가 / 므쇠로 한쇼를 디여다가
텰슈산(鐵樹山)애 노호이다.
그 쇠 텰초(鐵草)를 머거아 / 그 쇠 텰초(鐵草)를 머거아
                      무쇠로 된 소가 쇠로 된 풀을 먹을 리 없음
유덕(有德)호신 님 여히♀와지이다.
▶ 임과의 영원한 사랑을 기원함

구스리 바회예 디신들 / 구스리 바회예 디신들
사랑   시련, 이별
긴힛돈 그츠리잇가.
믿음
즈믄 히를 외오곰 녀신들 / 즈믄 히를 외오곰 녀신들
신(信)잇든 그츠리잇가.   ▶ 임에 대한 영원한 사랑과 믿음
이별하더라도 임에 대한 믿음을 지키겠다는 의지

현대어 풀이

징이여 돌이여 지금에 계시옵니다
징이여 돌이여 지금에 계시옵니다
이 좋은 성대에 놀고 싶습니다.

사각사각 가는 모래 벼랑에 / 사각사각 가는 모래 벼랑에
구운 밤 닷 되를 심으오이다.
그 밤이 움이 돋아 싹이 나야만 / 그 밤이 움이 돋아 싹이 나야만
유덕하신 님 여의고 싶습니다

옥으로 연꽃을 새깁니다
옥으로 연꽃을 새깁니다
바위 위에 접을 붙이옵니다
그 꽃이 세 묶음(한 겨울에) 피어야만 / 그 꽃이 세 묶음 피어야만
유덕하신 님 여의고 싶습니다

무쇠로 철릭을 마름질해 / 무쇠로 철릭을 마름질해
철사로 주름 박습니다
그 옷이 다 헐어야만 / 그 옷이 다 헐어야만
유덕하신 님 여의고 싶습니다

무쇠로 황소를 만들어다가 / 무쇠로 황소를 만들어다가
쇠나무산에 놓습니다
그 소가 쇠로 된 풀을 먹어야 / 그 소가 쇠로 된 풀을 먹어야
유덕하신 님 여의고 싶습니다

구슬이 바위에 떨어진들 / 구슬이 바위에 떨어진들
끈이야 끊어지겠습니까
천 년을 외로이 살아간들 / 천 년을 외로이 살아간들
믿음이야 끊어지겠습니까

◆ **핵심정리**

갈래	고려 가요
성격	서정적, 민요적
제재	임에 대한 사랑
주제	태평성대 기원, 임에 대한 영원한 사랑
특징	- 불가능한 상황 설정을 통한 역설적 표현으로 임과의 영원한 사랑을 소망하는 화자의 정서가 효과적으로 드러남 - 반어적 시구 (유덕호신 님 여히♀와지이다)를 반복하여 리듬감을 살리면서 상황과 정서를 강조함 - 한 연에 두 번씩 되풀이되는 2구를 통해 감정을 강조함

2017 기상직 7급

Q. 윗글에 대한 설명으로 적절한 것은?

① 임에 대한 終天之慕의 정서가 드러나 있다.
② 자연물을 통하여 이별의 悲哀를 형상화하고 있다.
③ 4음보의 율격을 바탕으로 하여 정서적인 안정감을 주고 있다.
④ 구비 전승되다가 《樂學軌範》에 실려 궁중 음악으로 향유되었다.

2018 법원직 9급   * '청산별곡'과 함께 출제

Q. 이 시와 발상 면에서 가장 유사한 것은?

① 동지(冬至)ㅅ 둘 기나긴 밤을 한 허리를 버혀 내어
　춘풍 니불아릭 서리서리 너헛다가
　어론 님 오신 날 밤이여든 구뷔구뷔 펴리라.
　　　　　　　　　　　　　　　　　　　　　　- 황진이

② 江山(강산) 죠흔 景(경)을 힘센이 타툴 양이면
　내 힘과 내 분으로 어이ᄒᆞ여 엇들쏜이
　眞實(진실)로 금(禁).리 업쓸씌 나도 두고 논이노라.
　　　　　　　　　　　　　　　　　　　　　　- 김천택

③ 나무 토막으로 당닭을 깎아
　젓가락으로 집어 벽에 앉히고
　이 새가 꼬끼오 하고 울며 때를 알리면
　어머님 얼굴은 비로소 서쪽으로 기우는 해처럼 늙으소서.
　　　　　　　　　　　　　　　　　　　　- 문충, 〈오관산요〉

④ 묏버들 가려 꺾어 보내노라 임의 손에
　자시는 창밖에 심어 두고 보소서
　밤비에 새잎이 나거든 나인가 여기소서.
　　　　　　　　　　　　　　　　　　　　　　- 홍랑

병태 요정의 ADVICE

　이 작품은 역설적 표현 속에 기원의 의미를 담고 있는것이 특징입니다. 2연~5연은 소재만 달리 하여 불가능한 상황을 설정하여, 영원한 사랑을 희망하고 있습니다.
　2연에서는 '구운 밤', 3연에서는 '옥 연꽃', 4연에서는 '무쇠 옷', 5연에서는 '무쇠 소'라는 소재를 등장시켜 임과는 영원히 헤어질 수 없다고 노래하고 있습니다.
　그런데 6연에서는 이 노래와 관계가 없는 '서경별곡'의 2연이 첨가되어 있습니다. 이것은 당시 이와 같은 구절이 널리 유행되어 삽입되었을 것으로 추측할 수 있습니다.
　이 노래는 가사 이외에 어떠한 배경적 기록도 문헌에 보이지 않아, 고려 가요로 단정할 증거는 없으나 형식과 내용, 표현상의 특징이 고려 가요와 일치하므로 고려 가요로 보고 있습니다.

정답 ①, ③

고려가요 10 — 쌍화점(雙花店)

― 작자 미상

쌍화점(雙花店)에 쌍화(雙花) 사라 가고신딘
공간적 배경 (만두 가게) 만두
　　　　　　　　　　　만두집에 만두 사러 갔더니만

회회(回回) 아비 내 손모글 주여이다
외국인　　　적극적인 구애의 행동
　　　　　　　　　　　회회(몽고인) 아비 내 손목을 쥐더이다.

이 말스미 이 **점(店)** 밧긔 나명들명
　　　소문이 나면　　　　　이 소문이 가게 밖에 나며 들며 하면

다로러거디러 죠고맛감 **삿기 광대** 네 마리라 호리라
■ : 의미 없는 여음　　　심부름하는 아이
　　　　　　　　　　　조그마한 새끼 광대(심부름하는 아이) 네 말이라 하리라

더러둥셩 다리러디러 다리러디러 다로러거디러 다로러

긔 자리예 나도 자라 가리라　　　그 잠자리에 나도 자러 가리라

위 위 다로러거디러 다로러 / 긔 잔 딕フ티 덦거츠니 업다
　　　　　　　　　　　난잡한, 지저분한 (문란한 행실 비판)
　　　　　　　　　　　그 잔 데같이 난잡한 곳이 없다

▶ 회회 아비와의 밀애

삼장사(三藏寺)에 브를 혀라 가고신딘　　삼장사에 불을 켜러 갔더니만
공간적 배경

그 뎔 **사쥬(社主)** ㅣ 내 손모글 주여이다　그 절 지주 내 손목을 쥐더이다.
절의 주지 (종교적 지도자)

이 말스미 이 뎔 밧긔 나명들명　　이 소문이 이 절 밖에 나며 들며 하면

다로러거디러 죠고맛간 삿기 **상좌(上座)** ㅣ 네 마리라 호리라
　　　　　　　　　　　어린 중
　　　　　　　　　　　조그마한 새끼 상좌 네 말이라 하리라

더러둥셩 다리러디러 다리러디러 다로러거디러 다로러

긔 자리예 나도 자라 가리라

위 위 다로러거디러 다로러 / 긔 잔 딕フ티 덦거츠니 업다

▶ 절의 주지와의 밀애

드레 우므레 므를 길라 가고신딘　　두레 우물에 물을 길러 갔더니만
공간적 배경 (왕궁을 의미)

우믓 용(龍)이 내 손모글 주여이다　　우물 용이 내 손목을 쥐더이다.
우물 용 (정치적 지도자)

이 말스미 이 우믈 밧긔 나명들명　　이 소문이 우물 밖에 나며 들며 하면

다로러거디러 죠고맛감 드레바가 네 마리라 호리라
　　　　　　　　두레박
　　　　　　　　　　　조그마한 두레박아 네 말이라 하리라

더러둥셩 다리러디러 다리러디러 다로러거디러 다로러

긔 자리예 나도 자라 가리라

위 위 다로러거디러 다로러 / 긔 잔 딕フ티 덦거츠니 업다

▶ 용과의 밀애

술 풀 지븨 수를 사라 가고신딘　　술 파는 집에 술을 사러 갔더니만
공간적 배경 (술 파는 집)

그 짓 **아비** 내 손모글 주여이다　　그 집 아비 내 손목을 쥐더이다.
그 집 아비 (평범한 백성)

이 말스미 이 집 밧긔 나명들명　　이 소문이 이 집 밖에 나며 들며 하면

다로러거디러 죠고맛감 식구바가 네 마리라 호리라
　　　　　　　　　술 바가지
　　　　　　　　　　　조그마한 술 바가지야 네 말이라 하리라

더러둥셩 다리러디러 다리러디러 다로러거디러 다로러

긔 자리예 나도 자라 가리라

위 위 다로러거디러 다로러 / 긔 잔 딕フ티 덦거츠니 업다

▶ 술집 아비와의 밀애

◆ 핵심정리

갈래	고려 가요
성격	향락적, 퇴폐적
주제	자유분방한 남녀 간의 애정 행각
특징	- 후렴구를 반복적으로 사용함 - 상징과 은유를 사용하여 당시 고려 사회의 자유분방한 성윤리에 대한 비판적 태도를 표현함 - 전 4연으로 각 연이 동일한 구성 형식을 취함 - 왕부터 평민까지 각계각층 사람들이 성적으로 문란했다는 것을 짐작할 수 있음

◆ 구성

1연	회회 아비와의 밀애 : 당시 고려에 주둔하고 있던 외인부대를 상징
2연	절의 주지와의 밀애 : 종교적 지도자, 타락한 불교상을 드러냄
3연	우물 용과의 밀애 : 왕을 상징, 음탕하기로 유명한 충렬왕 때 지어진 것으로 기록되어 있음
4연	술집 아비와의 밀애 : 평민을 상징

병태 요정의 ADVICE

전 4연으로 된 이 노래는 당시의 퇴폐한 성윤리를 풍자하여 비판하고 있습니다. 이 노래를 통해 왕부터 평민까지 각계각층 사람들이 성적으로 문란했다는 것을 짐작할 수 있습니다. 노골적인 표현 때문에 조선 시대에는 남녀상열지사(男女相悅之詞)라고 지목되기도 하였습니다.

그러나 상징법과 은유법을 사용하여 차원 높은 시의 가치를 발휘하고 있기도 한 작품입니다.

고려가요 11 · 만전춘별사(滿殿春別詞) — 작자 미상

어름 우희 댓닙자리 보와 님과 나와 어러 주글만뎡
　반복법 좋지 않은 잠자리 (임과 함께 겪는 시련)　　　죽음보다도 강렬한 사랑의 열정
어름 우희 댓닙자리 보와 님과 나와 어러 주글만뎡

情(정) 준 오늜밤 더듸 새오시라 더듸 새오시라
　얼어 죽어도 좋으니 함께하는 시간이 계속 되기를 바람 (죽음보다
　강한 사랑의 열정, 짧은 밤에 대한 아쉬움)
▶ 임과 오랫동안 함께하고 싶은 소망

耿耿(경경) 孤枕上(고침상)애 어느 즈미 오리오
　전전반측(輾轉反側)
西窓(서창)을 여러ᄒᆞ니 桃花(도화)] 發(발)ᄒᆞ두다.
　　　　　　　　　화자의 정서와 대비되는 소재 (객관적 상관물)
도화난 시름 업서 笑春風(소춘풍)ᄒᆞᄂᆞ다 笑春風(소춘풍)ᄒᆞᄂᆞ다
　　　　　　　　버림받은 자신에 대한 비웃음
▶ 임이 떠난 후의 외로움

넉시라도 님을 ᄒᆞᄃᆡ 녀닛 景(경) 너기다니
넉시라도 님을 ᄒᆞᄃᆡ 녀닛 景(경) 너기다니
벼기더시니 뉘러시니잇가 뉘러시니잇가
　우기던 이, 어기던 이
▶ 임에 대한 서운함과 원망

올하 올하 아련 비올하
　aaba 구조, 반복을 통한 운율감 형성
여흘란 어듸 두고 소에 자라 온다
　화자 ↔ '소'와 대조　　다른 여성
소콧 얼면 여흘도 됴ᄒᆞ니 여흘도 됴ᄒᆞ니
　다른 여성 ↔ 화자(여흘)와 대조
▶ 임의 방탕한 생활 풍자

南山(남산)애 자리 보와 玉山(옥산)을 벼여 누어
錦繡山(금수산) 니블 안해 麝香(사향) 각시를 아나 누어
　　　　　　　　　　　사향이 든 주머니, 아름다운 여인
南山(남산)애 자리 보와 玉山(옥산)을 벼여 누어
錦繡山(금수산) 니블 안해 麝香(사향) 각시를 아나 누어
藥(약)든 가슴을 맛초ᄋᆞᆸ시다 맛초ᄋᆞᆸ시다
　사향이 든 향기로운 가슴
▶ 임에 대한 욕망과 상상

아소 님하
　감탄사
遠代平生(원대평생)애 여힐ᄉᆞᆯ 모ᄅᆞᆸᄉᆡ
　영원히　　　　　　　이별
▶ 영원한 사랑에 대한 소망

현대어 풀이

얼음 위에 대나무 잎으로 자리를 펴서 임과 내가 얼어 죽을망정
얼음 위에 대나무 잎으로 자리를 펴서 임과 내가 얼어 죽을망정
정 둔 오늘 밤 더디 새소서, 더디 새소서.

근심 어린 외로운 잠자리에 어찌 잠이 오리오.
서쪽 창문을 열어젖히니 복숭아 꽃이 피어나는구나.
복숭아꽃이 근심 없이 봄바람에 웃는구나. 봄바람에 웃는구나.

넋이라도 임과 함께 지내는 일을 생각하였더니
넋이라도 임과 함께 지내는 일을 생각하였더니
어기던 이가 누구였습니까, 누구였습니까.

오리야 오리야 어리석은 비오리야.
여울은 어디 두고 소(연못)에 자러 오느냐?
소(연못)마저 얼면 여울도 좋습니다. 여울도 좋습니다.

남산에 잠자리를 보아 옥산을 베고 누워
금수산 이불 안에서 사향 각시를 안고 누워
남산에 잠자리를 보아 옥산을 베고 누워
금수산 이불 안에서 사향 각시를 안고 누워
사향이 든 (향기로운) 가슴을 맞추십시다. 맞추십시다.

아아! 임이시여
영원히 이별할 줄 모르고 지냅시다.

◆ 구성

1연	죽음보다 강한 사랑의 정열, 짧은 밤에 대한 아쉬움
2연	임 생각에 잠 못 이루는 밤 (전전반측)
3연	사랑을 배신한 임에 대한 원망과 서운함
4연	무절제한 사랑을 하는 방탕한 임에 대한 풍자
5연	임에 대한 욕망과 상상 (임과의 노골적 사랑 묘사)
6연	임과의 영원한 사랑에 대한 소망

◆ 핵심정리

갈래	고려 가요
성격	연가(戀歌), 남녀상열지사(男女相悅之詞)
제재	남녀 간의 사랑
주제	변치 않는 사랑에 대한 소망
특징	- 고려 가요의 특징인 여음이 삽입되지 않음 - 남녀의 강렬한 사랑을 비유와 상징, 역설, 감각적인 언어를 사용하여 표현함 - 남녀상열지사(男女相悅之詞)의 대표작으로 시조의 기원으로 보기도 함

병태 요정의 ADVICE

　이 작품은 1~5연을 아우르면서 종결짓는 6연을 독립된 장으로 보면, 모두 6연으로 이루어져 있다고 볼 수 있습니다. 각 연을 살펴보면, 1연은 얼어 죽더라도 정을 나눈 오늘 밤이 더디게 가기를 바라는 소망을 노래한 부분으로 민요적 성격이 짙습니다. 2연에서는 임이 오지 않으니 잠이 오지 않는다면서 자신의 처지를 복숭아꽃과 대비하여 한탄하고 있고, 3연에서는 넋이라도 함께 하자고 맹세하던 임을 원망하고 있습니다. 4연에서는 임의 방탕한 생활을 오리와 못에 빗대어 풍자하고, 5연에서는 임과의 해후를 그리며 변치 않는 사랑을 다짐하고 있습니다.

　각 연은 순차적으로 되어 있지 않고, 사랑의 여러 모습을 보여주고 있습니다. 이 노래는 시조의 원류라는 평가를 받는데, 작품의 2연과 5연이 시조 양식에 접근하는 형태를 보여주고 있기 때문입니다. 3장이라는 분장 형태, 4음보 율격, 호흡의 완급, 수사 방법까지 시조와 접근하는 것으로 파악되어 고려 가요가 붕괴되면서 시조의 형식이 형성된 것으로 보는 근거가 됩니다.

고려가요 12 처용가

— 작자 미상

신라 성대 밝고 거룩한 시대

천하 태평 나후의 덕 / 처용 아비여

이로써 늘 인생에 말씀 안 하시어도

이로써 늘 인생에 말씀 안 하시어도

삼재와 팔난이 단번에 없어지시도다

아아, 아비의 모습이여. 처용 아비의 모습이여

▶ 처용의 덕을 예찬함

머리 가득 꽃을 꽂아 기우신 머리에

아아, 목숨 길고 멀어 넓으신 이마에

산의 기상 비슷 무성하신 눈썹에

애인 상견 하시어 온전하신 눈에

바람이 찬 뜰에 들어 우그러지신 귀에

복사꽃같이 붉은 모양에 / 오향 맡으시어 우묵하신 코에

아아, 천금을 머금으시어 넓으신 입에 / 백옥 유리같이 흰 이에

사람들이 기리고 복이 성하시어 내미신 턱에

칠보를 못 이기어 숙어진 어깨에 / 길경에 겨워서 늘어진 소매에

슬기 모이어 유덕하신 가슴에

복과 지가 모두 넉넉하시어 부르신 배에

태평을 함께 즐겨 기나긴 다리에

계면조 맞추어 춤추며 돌아 넓은 발에

▶ 처용의 모습 예찬

누가 만들어 세웠는가? 누가 지어 세웠는가?

바늘도 실도 없이, 바늘도 실도 없이

처용의 가면을 누가 만들어 세웠는가?

많고 많은 사람이여 / 모든 나라가 모이어 만들어 세웠으니

아아, 처용 아비를 많고 많은 사람들이여.

▶ 처용 가면의 제작

버찌야, 오얏아, 녹리야 / 빨리 나와 나의 신코를 매어라
_{역신을 물리치러 나가기 위한 준비}

아니 매면 나릴 것이나 궂은 말이

_{항가 '처용가'와 동일}
신라 서울 밝은 달밤에 새도록 놀다가

돌아와 내 자리를 보니

다리가 넷이로구나.

아아 둘은 내 것이거니와 둘은 누구의 것인가?

이런 때에 처용 아비 곧 보시면

열병신(熱病神) 따위야 횟(膾)감이로다.
_{열병을 일으키는 귀신}

천금(千金)을 줄까? 처용 아비여,

칠보(七寶)를 줄까? 처용 아비여,

천금도 칠보도 다 말고

열병신을 나에게 잡아다 주소서.
_{역신에 대한 처용의 분노, 향가 '처용가'와의 차이점}

산이나 들이나 천 리 먼 곳으로

처용 아비를 피해 가고 싶다.

아아, 열병 대신의 소망이로다.

▶ 역신을 잡는 처용의 권능

◆ **핵심정리**

갈래	고려 가요
성격	주술적
주제	역신을 몰아내는 처용의 위용과 기상
특징	– 신라 향가 '처용가'의 내용이 포함되어 있어서 향가 해독의 단서가 됨 – 향가 '처용가'와 달리 처용의 모습을 자세히 묘사하였고, 역신에 대한 처용의 분노가 강하게 드러나 있음

병태 요정의 ADVICE

이 작품은 향가 '처용가'와 마찬가지로 처용이 역신을 몰아내는 축사의 내용을 바탕으로 합니다.

하지만 향가 '처용가'와 달리 이 작품에서는 처용의 모습이 자세히 묘사되어 있고, 역신에 대한 처용의 분노가 절실하게 나타나 있어서 희곡적 분위기가 강합니다.

고려가요 13 한림별곡(翰林別曲) — 한림 제유

〈제1장〉

元淳文(원슌문) 仁老詩(인노시) 公老四六(공노ᄉ륙)

李正言(니졍언) 陳翰林(딘한림) 雙韻走筆(솽운주필)

冲基對策(튱긔ᄃᆡ척) 光鈞經義(광균경의) 良鏡詩賦(량경시부)

위 試場(시댱)ㅅ 景(경) 긔 엇더ᄒᆞ니잇고.

葉(엽) 琴學士(금ᄒᆞᆨᄉ)의 玉笋門生(옥슌문ᄉᆡᆼ) 琴學士(금ᄒᆞᆨᄉ)의 玉笋門生(옥슌문ᄉᆡᆼ)

위 날조차 몃 부니잇고.

▶ 명문장과 금의의 문하생 찬양

● **현대어 풀이**

유원순의 문장, 이인로의 시, 이공로의 사륙변려문,
이규보와 진화의 쌍운을 맞추어 써 내려간 글,
유충기의 대책문, 민광균의 경서 해의(解義), 김양경의 시와 부(賦)
아, 과거 시험장의 광경, 그것이 어떠합니까?
금의가 배출한 죽순처럼 많은 제자들. 금의가 배출한 죽순처럼 많은 제자들
아, 나까지 몇 분입니까?

〈제2장〉

唐漢書(당한셔) 莊老子(장로ᄌᆞ) 韓柳文集(한류문집)

李杜集(니두집) 蘭臺集(난ᄃᆡ집) 白樂天集(ᄇᆡᆨ락텬집)

毛詩尙書(모시샹셔) 周易春秋(주역츈츄) 周戴禮記(주ᄃᆡ례긔)

위 註(주)조쳐 내 외옩 景(경) 긔 엇더ᄒᆞ니잇고.

葉(엽) 大平廣記(대평광긔) 四百餘卷(ᄉᆞᄇᆡᆨ여 권) 大平廣記(대평광긔) 四百餘卷(ᄉᆞᄇᆡᆨ여 권)

위 歷覽(력남)ㅅ 景(경) 긔 엇더ᄒᆞ니잇고.

▶ 학문과 독서에 대한 자긍심 찬양

● **현대어 풀이**

당서와 한서, 장자와 노자, 한유와 유종원의 문집
이백과 두보의 시집, 난대영사(令使)들의 시문집, 백낙천의 문집
시경과 서경, 주역과 춘추, 대대례와 소대례
아, 이러한 책들을 주석까지 포함하여 내쳐 외는 광경이 그 어떠합니까?
대평광기 사백여 권을 대평광기 사백여 권을
아, 열람하는 광경이 그 어떠합니까?

〈제8장〉: 우리말을 많이 사용하여 아름다움을 살림

唐唐唐(당당당) 唐楸子(당츄ᄌᆞ) 皂莢(조협) 남긔

紅(홍)실로 紅(홍)글위 ᄆᆡ요이다.

혀고시라 밀오시라 鄭少年(뎡쇼년)하

위 내 가논 ᄃᆡ ᄂᆞᆷ 갈셰라.

葉(엽) 削玉纖纖(샤옥셤셤) 雙手(솽슈)ㅅ길헤 削玉纖纖(샤옥셤셤)

雙手(솽슈)ㅅ길헤

위 携手同遊(휴슈동유)ㅅ 景(경) 긔 엇더ᄒᆞ니잇고.

▶ 그네뛰기의 흥겨운 정경과 풍류 생활

● **현대어 풀이**

당당당 당추자(호도나무) 쥐엄나무에
붉은 그네를 맵니다.
당기시라 미시라 정소년이여.
아, 내가 가는 곳에 남이 갈까 두렵다.
옥을 깎은 듯 고운 손길에, 옥을 깎은 듯 고운 손길에
아, 마주 손잡고 노니는 정경, 그것이 어떠합니까?

◆ **핵심정리**

갈래	경기체가
성격	풍류적, 향락적, 귀족적
주제	- 신진 사대부들이 학문적 자부심과 향락적 풍류 생활
특징	- 열거법, 영탄법, 설의법, 반복법을 사용함 - 전 8장의 분절체로 각 장의 1~4행은 전대절(前大節), 5~6행은 후소절(後小節) - 3·3·4조의 3음보를 취함 - 객관적 사물을 운율에 맞게 나열함 - 후대 가사 문학에 영향을 미침

◆ **구성**

1~4행 전대절	시적 대상을 제시한 후, '위 경긔 엇더하니잇고'라는 후렴구로 마무리
5~6행 후소절	자신들의 모습을 강조하면서 마무리

> **병태 요정의 ADVICE**
>
> 이 작품은 최로의 경기체가 작품으로, 고려 시대 사대부들의 정서를 표현한 대표적인 귀족 문학이라 할 수 있습니다. 전체 8장의 분장체로, 각 장은 전대절(前大節) 4행과 후소절(後小節) 2행의 총 6행으로 구성되어 있습니다.
>
> 제1장에서 제7장까지는 한문 어구의 나열과 현토한 듯한 문장이 많은 반면, 제8장은 우리말의 아름다움을 살려 표현하여 문학성을 인정받고 있습니다. 또한 한자를 연결하여 우리말 율격인 3음보에 맞추어 음보율을 형성하고, 각 연의 규칙적인 반복, 후렴구 등에서 음악적 효과가 드러납니다.
>
> 이 노래를 통해 신진 사대부들의 문학적 경지와 자긍심, 귀족 문인들의 풍류적 삶의 태도를 엿볼 수 있습니다. 또한 관념적이고 추상적인 대상을 노래했던 기존 문학적 관습에서 벗어나 구체적이고 실제적인 사물에 시적 화자의 정서를 결부시켜 노래한 새로운 문학 양식이라는 점에서 그 의의가 큽니다.

한시 & 악장

한시 01 송인 — 정지상
2018 지역인재 9급

'물'의 이미지가 '비, 대동강 물, 물결'로 이어지면서 '이별의 아픔으로 흘리는 눈물'과 결합되어 화자가 느끼는 이별의 정한을 고조시키고 있음

雨歇長堤草色多
우 헐 장 제 초 색 다

비 갠 긴 둑에 풀빛이 푸른데,
시각적 이미지 (싱그러운 자연)

送君南浦動悲歌
송 군 남 포 동 비 가

남포에서 임 보내며 슬픈 노래 부르네.
자연과 대비되는 이별의 인간사 (대조법)
『 』: 도치법, 과장법

大同江水何時盡
대 동 강 수 하 시 진

『대동강 물은 언제 다할 것인가,
설의법 (마를 리 없음)

別淚年年添綠波
별 루 년 년 첨 록 파

이별의 눈물 해마다 푸른 물결에 보태질
대동강 물이 마르지 않는 이유 (이별의 눈물이 계속 더해짐)
터인데.』

2018 지역인재 9급

Q. (가)와 (나)의 공통점에 대한 설명으로 가장 적절한 것은?

(가) 쑴에 단니눈 길히 자최곳 날쟉시면
  님의 집 창(窓) 밧긔 석로(石路)라도 달흐리라
  쑴길히 자최 업스니 그를 슬허호노라.

(나) 비 갠 긴 언덕에는 풀빛이 푸른데,
  그대를 남포에서 보내며 슬픈 노래 부르네.
  대동강 물은 그 언제 다할 것인가,
  이별의 눈물 해마다 푸른 물결에 더하는 것을.

① 시적 대상과의 대화를 통해 이별의 상실감을 표현하고 있다.
② 역설적 표현을 통해 임에 대한 원망의 감정을 표출하고 있다.
③ 인식을 전환하여 부정적인 상황을 긍정적으로 받아들이고 있다.
④ 상황을 과장하여 시적 화자가 느끼는 절실한 감정을 드러내고 있다.

◆ 핵심정리

갈래	한시, 7언 절구, 서정시
성격	송별시(送別詩), 이별시(離別詩)
제재	임과의 이별
주제	이별의 슬픔
특징	- 도치법, 과장법, 설의법을 사용하였으며, 인간사와 자연사를 대비시켜 주제를 효과적으로 드러냄 - 시적인 이미지를 선명하게 제시하고 함축적인 언어를 사용함 - 우리나라 한시 중 이별가의 백미(白眉)

◆ 구성

기	비 갠 뒤 싱그러운 자연 (화자의 심정과 대비되는 경치)
승	이별의 전경 – 이별의 슬픔 시적 상황 (화자는 이별을 하고 있음)
전	이별의 한 – 대동강 물의 원망 설의적 표현으로 시상 전환
결	이별의 정한 – 이별의 눈물

병태 요정의 ADVICE

이 작품은 우리나라 한시 중 이별시의 백미(白眉)로 평가됩니다. 항구의 긴 둑에 비에 씻긴 풀들의 푸른빛이 더욱 짙어지고, 아름다운 자연의 풍경은 시적 화자의 슬픈 이별과 대조되어 이별의 애달픔은 더욱 고조됩니다. 자연사와 인간사의 대조를 통하여 이별의 정한을 심화·확대하고 있는 것입니다.

또한 임이 그리워 흘리는 눈물 때문에 대동강 물이 마르지 않을 것이라는 과장된 표현은 이별의 정한을 효과적으로 표현하고 있습니다. 특히 이 시에는 대동강 물결이 이별의 눈물과 동일시되어 슬픔의 깊이를 확대하고 있습니다. 이때의 눈물은 중의적 표현으로 이별하는 사람들이 흘리는 눈물이기도 하고 혹은 화자가 임과의 이별을 슬퍼하며 흘린 눈물이기도 합니다. 이를 통하여 시적 화자는 일방적인 자기 슬픔의 하소연에서 벗어나 인간 보편의 이별 노래로 이 시를 승화시키고 있습니다.

정답 ④

한시 02 봄비
- 허난설헌

2017 지방직 9급

㉠春雨暗西池　　**봄비** 내리니 서쪽 못은 어둑한데
　　　　　　　　　쓸쓸함을 자아내는 배경 (객관적 상관물)

輕寒襲㉡羅幕　　**찬바람**은 비단 장막으로 스며드네.
　　　　　　　　　화자의 고독한 처지를 암시 (객관적 상관물)

愁依小㉢屛風　　시름에 겨워 작은 병풍에 기대니
　　　　　　　　　시적 화자의 심정

墻頭㉣杏花落　　담장 위에 **살구꽃**이 떨어지네
　　　　　　　　　　　　　아쉬움

*살구꽃 : 봄날 한때 피었다가 금방 지는 꽃
　　　　　인생의 짧은 젊음 또는 여인의 짧은 아름다움을 상징

◆ 구성

기	선경	못에 내리는 봄비 - 쓸쓸한 정경
승		장막 속에 숨어드는 찬 바람 - 이른 봄의 추위가 외로움을 더함
전	후정	시름을 못 이기는 화자 - 시름에 잠긴 화자의 모습
결		담 위에 지는 살구꽃 - 허망하게 지나가는 젊은 날

2017 지방직 9급

Q. 밑줄 친 시어에서 '외롭고 쓸쓸한 화자의 심정'을 나타내기 위해 동원된 객관적 상관물로서 화자 자신과 동일시되는 소재는?

① ㉠ 春雨
② ㉡ 羅幕
③ ㉢ 羅幕
④ ㉣ 杏花落

◆ 핵심정리

갈래	5언 절구의 한시, 서정시
성격	애상적, 독백적, 서정적
어조	쓸쓸하고 독백적인 목소리
제재	봄비
주제	규중 여인의 외로운 정서
특징	- 선경후정의 방식으로 시상을 전개함 (선경-시공간적 배경, 후정-화자의 외로움) - 객관적 상관물의 적절한 활용

◆ 객관적 상관물

봄비	화자의 슬픔 부각
찬바람	화자의 외로움 부각
살구꽃	화자의 안타까운 심정 부각 화자와 동일시되는 소재

시에서 정서나 사상을 그대로 나타내지 않고, 그것을 나타내 주는 어떤 사물, 정황 등을 빌려 표현하는 것을 '객관적 상관물'이라고 한다. 이 작품에서는 '봄비, 찬바람, 살구꽃'을 객관적 상관물로 활용하여 화자의 감정을 표현하였다.

병태 요정의 ADVICE

화자는 병풍에 기대어 봄비에 떨어지는 살구꽃을 바라보고 있습니다. 살구꽃을 보며 외로움 심정을 표현하고 있는 것입니다. 화자는 직접적으로 감정을 드러내지 않고 비가 내리는 모습, 꽃이 떨어지는 모습 등을 활용하여 외롭고 쓸쓸한 정서를 드러내고 있습니다. 살구꽃은 봄날 잠깐 피었다가 지는 꽃으로, 잠깐의 아름다움을 상징합니다. 봄비에 떨어지고 있는 살구꽃을 보면서 자신의 젊음과 아름다움도 지나가고 있음을 한탄하고 있는 것입니다. '살구꽃'은 화자가 자신과 동일시하고 있는 소재로, 외롭고 쓸쓸한 화자의 정서를 부각합니다. 참고로 '봄비'는 화자의 쓸쓸한 정서를 부각하는 객관적 상관물이지만 화자와 동일시되고 있는 대상은 아닙니다.

정답 ④

한시 03 무어별(無語別) — 임제
2018 국가직 9급

十五越溪女	열다섯 아리따운 아가씨
	소녀의 모습
	▶ 기 : 아름다운 아가씨
羞人無語別	남 부끄러워 말 못하고 헤어졌어라.
	소극적인 태도
	▶ 승 : 부끄러워 말을 못함
歸來掩重門	돌아와 중문을 닫고서는
	부끄러움을 감추기 위한 행동
	▶ 전 : 이별의 안타까움
泣向梨花月	**배꽃 사이 달**을 보며 눈물 흘리네.
	애상감을 심화시키는 대상 소극적인 표출, 슬픔의 절제
	▶ 결 : 남몰래 흘리는 눈물

2018 국가직 9급

Q. 다음 글에 대한 이해로 가장 적절한 것은?

(가) 내 마음 베어 내어 저 달을 만들고져
　　구만 리 장천(長天)의 번듯이 걸려 있어
　　고운 님 계신 곳에 가 비추어나 보리라

(나) 열다섯 아리따운 아가씨가
　　남부끄러워 이별의 말 못 하고
　　돌아와 겹겹이 문을 닫고는
　　배꽃 비친 달 보며 흐느낀다

① (가)와 (나)에서 '달'은 사랑하는 마음을 임에게 전달하는 매개체이다.
② (가)의 '고운 님'과, (나)의 '아리따운 아가씨'는 화자가 사랑하는 대상이다.
③ (가)의 '나'는 적극적인 태도로, (나)의 '아가씨'는 소극적인 태도로 정서를 드러낸다.
④ (가)의 '장천(長天)'은 사랑하는 임이 머무르는 공간이고, (나)의 '문'은 사랑하는 임에 대한 마음을 숨기는 공간이다.

◆ 핵심정리

갈래	한시, 5언 절구(五言絕句)
성격	서정적, 애상적, 낭만적
주제	- 이별의 슬픔 - 이별한 소녀의 애틋한 마음
특징	- 간결하고 담백한 표현으로 절제된 언어의 아름다움을 구사함 - 관찰자적인 입장에서 객관적으로 시적 상황을 전달함

병태 요정의 ADVICE

'규원(閨怨)'이라는 부제로도 불리는 이 작품은 이별하는 아가씨의 슬픔을 효과적으로 표현하였습니다. 또한 간결한 형식미가 돋보입니다.

제목인 '무어별(無語別)'은 '말 못 하고 헤어지다'라는 뜻으로, 많은 말을 하지 않으면서도 어린 소녀의 애틋한 마음을 표현하고 있어, 절제된 언어의 아름다움이 드러납니다.

남녀유별이 엄격하던 시대에 절실한 사랑을 마음속으로만 간직한 채 몰래 흘리는 여인의 심정을 섬세하게 반영하고 있는 작품입니다. 특히 결구의 '배꽃 사이 달(梨花月)'은, 화자의 애상감을 심화시켜주는 이 작품의 백미라 할 수 있습니다.

정답 ③

한시 04 | 고시(古詩) 8
— 정약용

燕子初來時 연 자 초 래 시	제비 한 마리 처음 날아와 관리에게 수탈당하는 백성
喃喃語不休 남 남 어 불 휴	지지배배 그 소리 그치지 않네.
語意雖未明 어 의 수 미 명	말하는 뜻 분명히 알 수 없지만
似訴無家愁 사 소 무 가 수	집 없는 서러움을 호소하는 듯 삶의 터전을 빼앗긴 백성들의 서러움
楡槐老多穴 유 괴 로 다 혈	"느릅나무 홰나무 묵어 구멍 많은데 『 』: 인간과 제비의 대화 (참신한 표현, 주제 부각)
何不此淹留 하 불 차 엄 류	어찌하여 그 곳에 깃들지 않니?"
燕子復喃喃 연 자 부 남 남	제비 다시 지저귀며
似與人語酬 사 여 인 어 수	사람에게 말하는 듯
楡穴鸛來啄 유 혈 관 래 탁	→백성을 수탈하는 관리 "느릅나무 구멍은 황새가 쪼고 백성들의 보금자리, 삶의 터전
槐穴蛇來搜 괴 혈 사 래 수	→백성을 수탈하는 관리 홰나무 구멍은 뱀이 와서 뒤진다오." 백성들의 보금자리, 삶의 터전 ■ : 당시의 사회상 암시 (가렴주구)

핵심 포인트
1. 제비 : 삶의 터전을 상실한 백성(착취를 당하는 힘없는 백성)
2. 황새, 뱀 : 백성들을 괴롭히는 탐관 오리

◆ 문학적 표현의 우의성 (寓意性)
문학에서 인간 문제를 말하기 위해 자연 사물이 사용되는 경우는 오랜 역사를 가지고 있다. 이러한 자연 사물이 사용된 이유는 인간과 사회의 문제를 작가가 직접적으로 말하기에는 사회적 분위기가 부담스럽거나 제약이 있기에 간접적 방법인 우의적 표현을 통해서 작가의 생각을 드러내기 위한 것이다.
'우의(寓意)'는 다른 사물에 빗대어 비유적인 뜻을 나타내거나 풍자하거나, 또는 그런 의미를 말하는 것으로 직접적인 문제 제시보다는 문학적 함축성을 높이고, 사회적 제약을 넘기기 위한 하나의 방법으로 작가들이 즐겨 사용했다.

◆ 핵심정리

갈래	한시, 오언 고시
성격	풍자적, 우의적, 현실 비판적, 상징적
제재	제비의 울음소리
주제	지배층의 횡포와 백성들의 고통
특징	- 우의적 표현을 통한 주제 형상화 - 대화를 통한 시상 전개

병태 요정의 ADVICE
이 작품은 정약용이 쓴 고시 27수 중 한 수입니다. 조선 후기 지배층의 횡포를 우의적인 방법으로 풍자한 시로 겉으로는 황새나 뱀으로부터 수난을 당하는 제비에 대해 이야기하고 있으나, 사실은 당시 지배층이 백성들을 착취하는 모습을 풍자하고 있습니다. 화자는 '제비'를 수탈당하는 백성에, '느릅나무, 홰나무'를 백성들의 삶의 터전에, '황새, 뱀'을 '백성들을 괴롭히는 세력'에 빗대어 백성들이 처한 가혹한 현실을 그려내면서 그들에 대해 연민을 정을 드러내고 있습니다.

한시 05 보리타작
- 정약용

2012 국가직 7급

新蒭濁酒如渾白	새로 거른 막걸리 젖빛처럼 뿌옇고
신 추 탁 주 여 혼 백	
大碗麥飯高一尺	큰 사발에 보리밥, 높기가 한 자로세.
대 완 맥 반 고 일 척	과장
飯罷取耞登場立	밥 먹자 도리깨 잡고 마당에 나서니
반 파 취 가 등 장 립	
雙肩漆澤翻日赤	검게 탄 두 어깨 햇볕 받아 번쩍이네.
쌍 견 칠 택 번 일 적	▶ 농민의 건강한 삶의 모습 (기)

선경

呼耶作聲擧趾齊	옹헤야 소리 내며 발맞추어 두드리니
호 야 작 성 거 지 재	보리타작할 때 부르는 노동요
須臾麥穗都狼藉	삽시간에 보리 낟알 온 마당에 가득하네.
수 유 맥 수 도 랑 자	
雜歌互答聲轉高	주고받는 노랫가락 점점 높아지는데
잡 가 호 답 성 전 고	선창과 후창으로 나누어 부름
但見屋角紛飛麥	보이느니 지붕 위에 보리 티끌뿐이로다.
단 견 옥 각 분 비 맥	▶ 보리타작하는 마당의 정경 (승)

觀其氣色樂莫樂	그 기색 살펴보니 즐겁기 짝이 없어
관 기 기 색 락 막 락	
了不以心爲形役	마음이 몸의 노예 되지 않았네.
료 불 이 심 위 형 역	농민의 삶에 대한 평가 (심신의 조화)
	▶ 정신과 육체가 조화된 농민의 삶 (전)

후정

『 』: 농민들의 건강한 삶을 통해 공명을 추구했던 자신의 삶 반성

樂園樂郊不遠有	『낙원이 먼 곳에 있는 게 아닌데
낙 원 락 교 불 원 유	건강한 삶 ↔ 벼슬길
何苦去作風塵客	무엇하러 벼슬길에 헤매고 있으리오.』
하 고 거 작 풍 진 객	세속적인 공명을 추구하는 삶
	▶ 자신의 삶에 대한 반성 (결)

◆ 핵심정리

갈래	한시, 행(行)
성격	사실적, 묘사적, 반성적
제재	보리타작
주제	농민들의 건강한 노동을 통해 얻은 삶의 깨달음
특징	- 농민들의 일상적 생활과 관련된 시어의 사용 - 감각적 이미지를 통해 노동 현장을 생동감 있게 묘사함 - 실사구시의 중농주의 실학 사상이 반영됨

◆ 구성

기	노동하는 농민의 건강한 삶의 모습
승	보리타작하는 마당의 정경
전	정신과 육체가 조화된 농민의 삶
결	관직에 몸담은 자신의 삶에 대한 반성

예찬	반성
농민들의 노동하는 삶	벼슬길을 헤맸던 자신의 삶

병태 요정의 ADVICE

이 시는 즐겁게 노동하는 농민들의 모습을 실감 나게 묘사하고 있습니다. 양반인 화자는 보리타작에 열중하는 농민을 바라보며, 육체와 정신이 합일(合一)된 농민들의 노동이야말로 참된 삶이라고 말하고 있습니다.

이 과정에서 '막걸리', '보리밥', '도리깨', '보리 낟알', '보리 티끌'과 같은 당시 백성들의 삶과 관련된 시어를 사용하여, 농민들의 삶을 사실적으로 형상화하였습니다.

이를 통해 평민에 대한 화자의 친밀한 태도와 애정이 드러납니다. 화자는 건강한 농민들의 삶을 통해 자신의 삶을 성찰하며 깨달음을 얻고 있습니다.

정답 ③

2012 국가직 7급

Q. 다음 시에서 화자가 궁극적으로 추구하는 삶의 모습은?

새로 거른 막걸리 젖빛처럼 뿌옇고
큰 사발에 보리밥, 높기가 한 자로세.
밥 먹자 도리깨 잡고 마당에 나서니
검게 탄 두 어깨 햇볕 받아 번쩍이네.
옹헤야 소리 내며 발맞추어 두드리니
삽시간에 보리 낟알 온 마당에 가득하네.
주고받는 노랫가락 점점 높아지는데
보이느니 지붕 위에 보리 티끌뿐이로다.
그 기색 살펴보니 즐겁기 짝이 없어
마음이 몸의 노예 되지 않았네.
낙원이 먼 곳에 있는 게 아닌데
무엇하러 벼슬길에 헤매고 있으리오.

- 정약용, 〈보리타작[打麥行]〉

① 농촌에서 노동하는 삶
② 벼슬을 하는 지식인의 삶
③ 육체와 정신이 조화를 이룬 삶
④ 모두가 하나 되는 공동체적인 삶

한시 06 절명시(絶命詩) — 황현
2017 경찰직 2차, 2017 경찰직 1차

〈제1수〉

亂離袞到白頭年	머리털 다 세도록 하많이 겪은 난리
幾合捐生却未然	몇 번이나 죽으려다 뜻을 이루지 못했네
今日眞成無可奈	나라 망한 오늘은 참으로 어찌할 수 없으니
輝輝風燭照蒼天	가물거리는 촛불만이 푸른 하늘을 비추네

풍전등화(風前燈火)의 현실
▶ 순국의 결심

〈제2수〉

妖氣唵翳帝星移	요사스런 기운이 가려 임금 별자리를 옮기니
九闕沈沈晝漏遲	구중궁궐 침침해져 햇살도 더디 드네
詔勅從今無復有	임금의 조칙도 이후로는 다시없을 것이니
琳琅一紙淚千絲	구슬 같은 조서엔 눈물만 가득 흐르네

일제의 침탈 / 위태로운 상황 / 암담한 상황 / 망국의 비애
▶ 망국의 비애

〈제3수〉

鳥獸哀鳴海岳嚬	새 짐승 슬피 울고 산 바다도 찡그리고
槿花世界已沈淪	무궁화 금수강산 진흙탕에 빠졌구나
秋燈掩卷懷千古	가을 등 밑 책 덮고 오랜 역사 되새기니
難作人間識字人	글 아는 선비답게 행세하기 어렵도다

감정 이입, 의인법 (국권 피탈의 슬픔) / 우리나라 (대유법) / 지식인 / 자책, 고뇌
▶ 지식인으로서의 고뇌

〈제4수〉

曾無支廈半椽功	일찍이 나라 위한 작은 공도 없었으니
只是成仁不是忠	나의 죽음은 인(仁)일망정 충성은 아니로다.
止竟僅能追尹穀	끝맺음이 겨우 윤곡을 따르는데 그쳤을 뿐
當時愧不躡陳東	당시의 진동을 좇지 못함이 부끄럽기만 하네

항일 운동에 적극적으로 나서지 못하고 죽기 때문
몽골이 침입해 가족이 몰살당하자 자결한 송나라 선비
국가를 위한 상소를 하고 황제의 노여움을 사 참형을 당한 송나라 선비
▶ 적극적으로 항거하지 못하는 부끄러움

2017 경찰직 2차
Q. 위 시에 대한 설명 중 가장 적절하지 않은 것은?

① 이 시는 《매천집(梅泉集)》에 실려 있다.
② '새'와 '짐승', '강산'은 시인의 감정이 이입된 대상이다.
③ 역사의 시련을 맞이한 지식인의 진정 어린 고뇌가 나타난다.
④ 고려 멸망의 소식을 접하고 순절(殉節)한 황현이 자결을 앞두고 쓴 시이다.

◆ 핵심정리

갈래	한시, 7언 절구
성격	우국적, 고백적, 저항적
주제	국권 상실에 따른 지식인의 고뇌와 절망
특징	- 나라를 잃은 지식인의 고뇌와 절망의 심정을 고백적 어조로 표현 - 적극적으로 맞서지 못하는 자신을 부끄러워하는 태도를 보임 - 활유법, 과장법, 대유법, 감정 이입 등의 다양한 시적 기법 활용
출전	매천집

병태 요정의 ADVICE

'절명시(목숨을 끊으며 지은 시)'라는 제목에서 알 수 있듯이, 이 시는 1910년 국권 피탈의 소식을 들은 후 작가가 자결을 하면서 남긴 한시입니다.

이 시에는 망국에 대한 절망과 통분을 심정을 토로하면서도 지식인으로서 도리를 다하지 못한 것에 대한 자책이 담겨 있습니다.

특히, 제4수에서 화자는 망국의 상황에서 자결을 선택한 윤곡의 인(仁)을 따를 뿐, 나라를 바로 세우기 위해 목숨을 걸고 상소한 진동의 충(忠)을 따르지 못하는 자신을 부끄러워하는 태도를 보입니다.

작가의 생애를 고려할 때, 작품에 나타난 작가의 자책과 부끄러움은 지식인으로서의 사회적 역할과 소명을 다하지 못한 것에 대한 괴로움이라고 할 수 있겠습니다.

정답 ④

한시 07 야청도의성(夜聽擣衣聲) - 양태사
2017 경찰직 2차, 2017 경찰직 1차

霜天月照夜河明	가을 하늘에 달 비치고 은하수가 밝아
	화자의 시름을 돋우는 시간적 배경
客子思歸別有情	나그네는 돌아갈 생각으로 마음이 간절
	화자의 상황 고국에 대한 그리움
	하구나.
厭坐長宵愁欲死	긴 밤을 앉아 있는 것이 지루해 근심도 사
	라지려고 하는데
忽聞隣女擣衣聲	어디선가 홀연히 이웃 여인의 **다듬이 소리**
	고국을 떠올리게 하는 매개물(객관적 상관물)
	들려오네.
聲來斷續因風至	소리는 끊어질 듯 이어지고 바람따라 이
	르러서
夜久星低無暫止	밤이 깊어 별이 낮아지도록 잠시도 멈추
	화자의 깊은 상념을 촉발함
	지 않네
自從別國不相聞	『고국을 떠난 후로는 들어 보지 못했는데
今在他鄕聽相似	지금 타향에서도 들려 오는 저 소리는
	비슷하구나.』
	『 』: 고국에 대한 그리움
不知綵杵重將輕	『그대 든 방망이는 무거운가 가벼운가.
不悉靑砧平不平	푸른 다듬잇돌 고른가 거칠은가.
遙憐體弱多香汗	약한 체질 온통 구슬 땀에 젖으리.
預識更深勞玉腕	옥 같은 두 팔도 힘이 부쳐 지쳤으리.』
	『 』: 다듬이질하는 여인에 대해 상상함
爲當欲救客衣單	홑옷으로 떠난 나그네 구하자 함인가.
	화자
爲復先愁閨閤寒	규방에 외로이 있는 시름 잊자 함인가.
	『 』: 다듬이질을 하는 이유를 추측해 봄
雖忘容儀難可問	그대 모습 그려 보나 물어볼 도리 없고
不知遙意怨無端	부질없는 먼 원망만 끝없이 깊어 가네.
	고국에 대한 그리움을 심화시키므로
寄異土兮無新識	먼 이국땅 낯선 고장에서
	일본 (시적 화자가 있는 공간)
想同心兮長嘆息	그대 생각 하노라 긴 탄식만 하네.
	고국 고국에 대한 그리움
此時獨自閨中聞	이런 때 들려오는 규방의 다듬이 소리
此夜誰知明眸縮	그 누가 알랴, 시름 깊은 저 설움을
	여인이 품고 있을 설움을 화자의 설움과 동일시함. 동병상련의 처지
憶憶兮心已懸	그리운 생각에 마음 높이 달렸건만
重聞兮不可穿	듣고 또 들어도 뚫어 알 길이 없네.
卽將因夢尋聲去	꿈속에라도 저 소리 찾아보려 하지만
只爲愁多不得眼	나그네 수심 많아 잠도 이루지 못한다네.
	잠을 이루지 못하는 화자의 괴로운 마음

◆ 핵심정리

갈래	한시(전 24행), 7언 고시
성격	애상적
제재	다듬이 소리
주제	고국을 그리워하는 나그네의 마음
특징	- 객관적 상관물(다듬이 소리)을 통해 화자의 정서를 드러냄. - 청각적 이미지를 활용함.

2006년 수능

Q. 시어에 대한 감상으로 적절하지 않은 것은?

가을 하늘에 달 비치고 은하수 환하니	霜天月照夜河明
나그네는 돌아가고픈 심정이 간절해지네	客子思歸別有情
긴긴 밤 근심에 겨워 오래 앉았노라니	厭坐長宵愁欲死
홀연 들리는 이웃집 여인의 다듬이 소리	忽聞隣女擣衣聲
바람에 실려 오는 소리 끊어질 듯 이어지며	聲來斷續因風至
밤 깊고 별이 낮도록 잠시도 멈추지 않네	夜久星低無暫止
고국을 떠나온 뒤로는 듣지를 못하였건만	自從別國不相聞
지금 타향에서 들으니 소리 서로 비슷하네	今在他鄕聽相似

- 양태사, 「야청도의성(夜聽擣衣聲)」 -

① '달'과 '은하수'는 시흥을 불러일으키는 배경이다.
② '다듬이 소리'는 화자의 정서를 심화시킨다.
③ '바람'은 구속에서 벗어나려는 화자의 의지를 드러낸다.
④ '별이 낮도록'은 시간이 많이 흘렀음을 보여 준다.
⑤ '서로 비슷하네'는 과거와 현재의 경험이 중첩됨을 드러낸다.

병태 요정의 ADVICE

 '밤에 다듬이 소리를 듣다'라는 제목을 지닌 이 작품은 양태사가 일본에 사신으로 가 머물 때 지은 7언 고시의 24행 장편 시가로 기록이 부실하여 뒷부분은 표기가 혼란되어 있습니다. 낯선 이국땅에서 쓸쓸한 나그네가 되어 고향을 그리워하는 애절한 감정을 표현하여 감동을 자아내는 작품입니다. 특히 '다듬이 소리'라는 청각적 심상이 주제로 승화되는 고도의 표현 기법을 사용하였습니다.
 시적 화자인 나그네는 홀로 가을밤을 지새우다가 어디선가 들려오는 다듬이 소리를 듣게 됩니다. 다듬이질은 일본에는 없는 풍속이므로, 반드시 발해 사람은 아닐지라도 동족 이주민일 터이므로, 다듬이 소리를 듣고 친근감과 그리움을 느끼게 됩니다. 그 여인도 자신과 마찬가지로 고국을 떠나와 있으므로 외로움과 시름을 느끼고 있을 것이라며 동질감을 느끼는 것입니다. 이웃 여인의 다듬이 소리는 홀로 외로움을 느끼고 있던 화자에게 위안을 주고 달래주는 역할을 함과 동시에 고향에 대한 그리움을 더욱 증폭, 심화하는 역할을 합니다. 결국 화자는 밤에 잠을 이루지 못하고 계속 끊어질 듯 이어지는 다듬이 소리만 듣고 있게 됩니다.

정답 ③

한시 08 추야우중(秋夜雨中) - 최치원

■ : 화자의 정서를 심화시키는 소재

秋風唯苦吟　　가을바람에 이렇게 힘들여 읊고 있건만
　　　　　　　　　『　』: 화자의 고뇌하는 처지

世路少知音　　세상 어디에도 알아주는 이 없네.

窓外三更雨　　창 밖엔 깊은 밤비 내리는데
　　　　　　　　　세상에 대한 단절, 통로(미련)

燈前萬里心　　등불 앞에선 만 리 밖으로 마음 향하네.
　　　　　　　　　심리적, 정서적 거리감

◆ 핵심정리

갈래	한시, 5언 절구
성격	서정적, 애상적
주제	- 자신의 뜻을 펴지 못하는 지식인의 고뇌 - 고국에 대한 그리움
특징	- 객관적 상관물을 통해 정서를 부각시킴 - 제목에서 가을과 밤, 비의 조합으로 시의 전체적인 분위기를 조성함

병태 요정의 ADVICE

이 작품은 신라 말기 문인인 최치원이 쓴 오언 절구이다. 최치원은 육두품 출신으로 당나라에 유학하고 고국으로 돌아와 정치적 견해를 제시했으나 자신의 뜻이 받아들여지지 않자 가야산에서 은거하며 생을 마쳤다고 한다.

이 작품은 이러한 최치원의 전기적 사실을 고려하여 창작 시기에 따라 두 가지로 해석이 가능하다.

창작 시기를 최치원이 당나라에 머무는 동안으로 보기도 하고, 신라로 돌아온 이후로 보기도 하는데, 전자의 경우에는 고국에 대한 그리움을 표현한 작품이 되고, 후자의 경우에는 좌절한 지식인의 고뇌를 표현한 작품이 된다. 그러나 작품의 성격으로 볼 때 후자의 견해가 더 타당한 것으로 생각되고 있다. 즉, 당나라에서 문장가로 이름을 떨칠 정도의 뛰어난 지식인이었지만 고국에 돌아온 후 자신의 뜻과 능력을 발휘하지 못해 좌절했던 최치원의 고뇌가 담겨 있는 작품인 것이다.

이러한 고뇌와 좌절감을 가을바람, 밤비, 등불 등의 소재를 통해 효과적으로 형상화하고 있다.

한시 09 여수장우중문시(與隋將于仲文詩) - 을지문덕

神策究天文　　그대의 신기한 계책은 하늘의 이치를 다 하였고

妙算窮地理　　기묘한 헤아림은 땅의 이치를 통하였네.
　　　　　　　　　『　』: 대구법, 반어법(표면=칭찬, 이면=조롱)

戰勝功既高　　싸움에 이겨 그 공이 이미 높으니
　　　　　　　　　더는 이길 수 없으리란 의미

知足願云止　　만족함을 알고 그만두기를 바라노라.
　　　　↑ 우중문에게 여러 번 패한 것이 적을 유인하기 위한 계략이었음을 암시
　　　　　　　　　『　』: 전쟁을 그만두지 않으면 가만두지 않겠다는 위협의 의미

◆ 창작 배경

고구려 영양왕 23년(612년)에 수나라가 100만 대군을 이끌고 고구려를 침공했는데, 그 별동대 30만 명이 을지문덕의 유인 작전에 속아 살수를 건너서 고구려군의 포위망 안에 들어왔다. 이에 을지문덕은 적장 우중문에게 이 시를 보내서 희롱했던 것이다.

잘못을 깨달은 우중문은 급히 후퇴하려 했으나, 이미 대세는 돌이킬 수 없는 상황이었다. 이 싸움에서 결국 적군은 거의 전멸했고, 겨우 2, 3천 명만이 목숨을 건져 달아났으니, 이것이 유명한 살수 대첩이다.

◆ 핵심정리

갈래	한시, 5언 고시
성격	풍자적, 반어적
주제	적장 우중문에 대한 야유와 조롱
특징	- 현전하는 우리나라 최고(最古)의 한시 - 자신감을 바탕으로 상대를 조롱함 - 억양법으로 적장을 거짓 칭송한 뒤 경고와 위협을 하여 적의 퇴각을 유도함

◆ 억양법

우선 누르고 후에 올리거나, 우선 올리고 후에 누르는 방식으로 문세(文勢)에 기복을 두어 효과를 누리는 수사법

병태 요정의 ADVICE

이 작품은 고구려의 장수 을지문덕이 612년 살수 대첩 때 지은 오언 고시로 "삼국사기"에 수록되어 전한다. 지금까지 전해오는 우리 문학 작품 가운데 지은 시기와 작품의 본모습을 정확하게 알 수 있는 가장 오래된 작품이라는 점에서 문학사적 의의를 지닌다. 뿐만 아니라 민족이 웅비했던 역사와 함께 당시 고구려인의 자주적 기상을 기개에 찬 표현으로 보여 주는 작품이라는 점에서 가치가 있다.

내용을 살펴보면, 전쟁의 긴박한 상황에서 적장에게 항복을 종용하는 전술적 성격을 띠고 있다고 할 수 있다. 표면적으로는 을지문덕이 패배를 스스로 인정하고 우중문의 지혜와 계책을 칭찬하고 있지만, 그 이면에는 상대방을 조롱하는 내용이 포함되어 있다. 지치고 굶주린 병사들을 이끌고 평양성을 공격할 수도 없고 후퇴할 명분도 없는 상황에 처한 우중문에게 이 시를 보낸 의도는 상대의 심리적 평정심을 잃게 하려는 을지문덕의 전략적 행위에서 비롯된 것이다. 이 작품에는 30만 대군을 무찌른 을지문덕의 기개와 자신감이 드러나 있으며, 이를 통해 당시 고구려인의 씩씩한 기상을 엿볼 수 있다.

한시 10 사리화(沙里花) － 이제현

黃雀何方來去飛	참새야 어디서 오가며 나느냐
황 작 하 방 래 거 비	*탐관오리*
一年農事不曾知	일 년 농사는 아랑곳하지 않고,
일 년 농 사 부 증 지	
鰥翁獨自耕耘了	늙은 홀아비 홀로 갈고 맸는데,
환 옹 독 자 경 운 료	*힘없는 농민*
耗盡田中禾黍爲	밭의 벼며 기장을 다 없애다니
모 진 전 중 화 서 위	*농민들의 땀의 결실*

핵심 포인트
1. 참새 : 탐관오리
2. 늙은 홀아비 : 탐관오리에게 수탈 당하며 고통스러운 삶을 사는 힘없고 가난한 농민
3. 수탈로 인한 농민의 피폐한 삶 ⇒ 탐관오리 횡포 풍자
4. 가렴주구, 가정맹어호

◆ 핵심정리

갈래	한역시, 7언 절구(七言絶句)
성격	풍자적, 상징적, 현실 비판적
주제	권력자들의 농민 수탈에 대한 비판 가혹한 수탈로 인한 농민의 피폐한 삶
특징	- 당시 민족적 현실을 반영함 - 탐관오리가 백성들을 수탈하는 것을, 참새가 백성들의 곡식을 쪼아 먹는 것에 빗대어 풍자함

병태 요정의 ADVICE
이 작품은 고려 시대에 지어진 작자 미상의 민요로, 본래의 가사는 전하지 않고 이제현의 "익재난고"에 7언 절구의 한역시로 기록되어 있다. 탐관오리가 백성들을 수탈하는 것을, 참새가 백성들이 애써 지은 곡식을 쪼아 먹는 것에 빗대어 풍자하는 시이다.

한시 11 탐진촌요(耽津村謠) － 정약용

棉布新治雪樣鮮	새로 짜낸 무명이 눈결같이 고왔는데,
면 포 신 치 설 양 선	*농민들의 땀의 결실*
黃頭來博吏房錢	이방 줄 돈이라고 황두가 뺏어 가네.
황 두 래 박 이 방 전	*탐관오리*　　*탐관오리*
漏田督稅如星火	『누전 세금 독촉이 성화같이 급하구나,
누 전 독 세 여 성 화	*토지 대장의 기록에서 빠진 토지* *(세금을 매길 근거가 없는 토지)*
三月中旬道發船	삼월 중순 세곡선(稅穀船)이 서울로 떠난다고.』
삼 월 중 순 도 발 선	*조세로 바친 곡식을 실어 나르는 배* 『 』:도치법

핵심 포인트
1. 무명 : 농민들의 피땀어린 재산
2. 이방 : 상급관리 / 황두 : 하급관리
3. a. 조선 후기 지배층의 가혹한 수탈 풍자
   b. 피폐한 농촌의 현실과 농민들의 고통스러운 삶에 대한 연민
4. 가렴주구, 가정맹어호

◆ 핵심정리

갈래	한시, 7언 절구
성격	고발적, 비판적, 사실적
주제	탐관오리들의 횡포 고발
특징	- 당대의 현실에 대한 비판적 인식과 사실적인 표현 - 도치법을 사용한 시적 상황의 효과적 표현

병태 요정의 ADVICE
'탐진'은 전라남도 강진의 옛 이름으로, 작가가 귀양살이를 하던 곳이다. 작가는 그곳에서 농민들의 어려운 생활을 목격하고 농민의 생활고를 가중시키는 관리들의 수탈을 고발하는 시를 쓴 것이다. 황두에게 무명을 빼앗기고, 세금 독촉에 시달리는 농민들의 눈물겨운 삶이 사실적으로 그려져 있는데, 여기에서 다산의 애민 정신과 현실에 대한 비판 의식, 백성을 근본으로 여기는 사상 등을 엿볼 수 있다. '탐진촌요'는 '탐진농가', '탐진어가'와 더불어 3부작 15수로 구성되었는데 이 작품은 그 중 일곱 번째 수에 해당한다.

한시 12 구우(久雨) — 정약용(丁若鏞)

한문	해석
窮居罕人事 궁 거 한 인 사	궁벽하게 사노라니 사람 보기 드물고 벼슬을 하지 않고 가난하게 살고 있으므로 찾아오는 사람 없이 쓸쓸하게 하루를 보냄
恒日廢衣冠 항 일 폐 의 관	항상 의관도 걸치지 않고 있네.
敗屋香娘墜 패 옥 향 랑 수	낡은 집엔 향랑각시 떨어져 기어가고, 현실적 가난이 드러남
荒畦腐婢殘 황 휴 부 비 잔	황폐한 들판엔 팥꽃이 남아 있네.
睡因多病減 수 인 다 병 감	병 많으니 따라서 잠마저 적어지고
愁賴著書寬 추 뢰 저 서 관	글 짓는 일로써 수심을 달래 보네. 궁핍한 농촌 현실을 바라보는 화자의 마음
久雨何須苦 구 우 하 수 고	비 오래 온다 해서 어찌 괴로워만 할 것인가 괴로움의 원인이 장마가 아님
晴時也自歎 청 시 야 자 탄	날 맑아도 또 혼자서 탄식할 것을. 날이 밝아도 백성의 생활은 나아지지 않을 것을 탄식함

핵심 포인트
1. 성격 : 비판적, 우회적
2. 주제 : 궁핍한 사회 현실에 대한 비판 / 자신의 능력 없음에 대한 한탄

◆ 핵심정리

갈래	한시, 5언 율시
성격	비판적, 우회적
주제	피폐한 농촌 현실에서 느끼는 비애감
특징	- 장마철 농촌의 가난한 삶을 그려 당시의 피폐한 농촌 현실을 고발함 - 백성을 위한 정치가 이루어져야 함을 촉구함

◆ 지은이 : 정약용(丁若鏞, 1762~1836)

경기도 광주 출생. 조선 정조 때의 실학자. 호는 다산(多山). 또는 여유당(與猶堂). 정조 13년에 남인(南人)의 불리한 처지를 극복하고 대과에 급제하여 정조의 총애를 받기도 한 실학자이다. 저서에 〈목민심서(牧民心書)〉, 〈경세유표(經世遺表)〉, 〈흠흠신서(欽欽新書)〉 등 아주 많다.

병태 요정의 ADVICE

이 작품은 장마철 농촌의 가난한 삶을 그리고 있다. 벼슬길에서도 멀어져 찾아오는 이도 없고, 의복은 남루한데 비는 하염없이 내리고 있는 상황이다. 집안에는 노래기가 기어다니고 들판은 황량한 모습이니 글을 짓는 선비의 마음을 짐작할 만하다. 가난의 원인이 무엇인지, 그 책임이 누구에게 있는지 뻔히 알고 있지만 자신에게 힘이 없어 괴로워해야 하는 작자의 심정이 오죽하겠는가! 그러니 차라리 비가 그치지 않았으면 하는 마음도 가져 보는 것이다.

한시 13 빈녀음(貧女吟) — 허난설헌(許蘭雪軒)

한문	해석
手把金剪刀 수 파 금 전 도	『 ̄겨울밤에 느끼는 바느질의 고통 가위로 싹둑싹둑 옷 마르느라면
夜寒十指直 야 한 십 지 직	추운 밤에 손끝이 호호 불리네 고달픈 현실, 바느질의 고통
爲人昨嫁衣 위 인 작 가 의	『 ̄: 남의 옷을 짓는 자신의 처지에 대한 한탄 시집살이 길옷은 밤낮이건만 남이 시집갈 때 입을 옷을 만들기 위해 고생하지만
年年遠獨宿 연 년 환 독 숙	이 내 몸은 해마다 새우잠인가. 화자의 처지

핵심 포인트
1. 주제 : 불평등한 현실 비판
2. 새우잠 : 모로 불편하게 자는 잠(고통스러운 삶)

◆ 핵심정리

갈래	한시 (전 4수, 5언 절구)
성격	자조적, 애상적
주제	불평등한 현실에 대한 한탄과 비판
특징	- 여성 특유의 섬세한 감각으로 고달픈 삶을 형상화함 - 남(시집가는 타인)과 자신의 처지를 대조하여 정서를 강조함

병태 요정의 ADVICE

"빈녀음(貧女吟)"은 4수로 이루어진 연작이다. 이 시는 그 중 두 번째 작품으로, 남을 위해 옷을 짓는 여인의 모습을 통해 사회적 불평등을 표현하고 있다. 1행과 2행에서는 겨울 밤 바느질의 괴로움을 노래하고 있고, 3행과 4행에서는 남을 위해 밤을 새워 하는 바느질과 자신의 불우한 삶을 대비시켜 표현하고 있다. 특유의 섬세한 필치로 불우한 여인의 고달픈 삶을 애상적(哀傷的) 시풍으로 그린 작품이다. 작자 자신의 불우한 삶과도 통하는 시이다.

한시 14 — 부벽루(浮碧樓)
― 이색(李穡)

■ : 자연의 영원성

昨過永明寺 (작 과 영 명 사)	어제 영명사를 지나다가 *고구려 광개토대왕 때 지은 금수산에 있는 절
暫登浮碧樓 (잠 등 부 벽 루)	잠시 부벽루에 올랐네. *대동강변에 위치한 누각 (물 위에 떠 있는 것 같다고 하여 붙여진 이름)
城空月一片 (성 공 월 일 편)	**성**은 텅 빈 채로 **달** 한 조각 떠 있고 *자연의 영원성 / 황폐해진 고구려의 성 (인간의 유한성)
石老雲千秋 (석 로 운 천 추)	오래된 조천석 위에 천 년의 **구름** 흐르네. *세월의 무상함
麟馬去不返 (인 마 거 불 반)	『기린마는 떠나간 뒤 돌아오지 않는데』 『 』: 역사의 단절 / 고구려 동명왕이 타고 하늘로 올라갔다는 말
天孫何處遊 (천 손 하 처 유)	천손은 지금 어느 곳에 노니는가? 천손(동명왕) 같은 영웅의 등장을 소망함 (우국지정)
長嘯倚風磴 (장 소 의 풍 등)	돌다리에 기대어 휘파람 부노라. 무상감, 쓸쓸함
山靑江自流 (산 청 강 자 류)	**산**은 오늘도 푸르고 **강**은 절로 흐르네. 허망한 인간 역사와 대조되는 변함없는 자연의 모습

핵심 포인트
1. 시상 전개 : 선경 후정
2. 어조 : 지난 날의 찬란한 역사를 회고하며 그와 대비되는 현재의 모습에서 무상감에 젖은 목소리
3. 제재 : 옛 성터에서의 풍경과 감상
4. 시대적 배경 : 이 당시 고려는 원의 오랜 침략을 겪고 난 후 국력이 극도로 쇠약해져 있었다. 시인은 이러한 시대 상황 속에서 고구려의 웅혼한 역사를 일으킨 동명왕의 위업을 생각하고 있다.
5. 주제 : 인생무상
6. 자연의 무한함(달, 구름, 산, 강)→인간의 유한함(텅 빈 성)

◆ 핵심정리

갈래	한시 (5언 율시)
성격	회고적, 애상적
주제	지난 역사의 회고와 고려 국운(國運) 회복의 소망
특징	- 자연의 영원함과 인간 역사의 유한함을 대조하여 표현함 - 시간의 흐름을 시각적으로 표현함(4행) - 선경 후정의 시상 전개 방식을 사용함 - 〈동명왕 신화〉를 배경으로 한 시어(기린마, 천손)를 사용함

병태 요정의 ADVICE

이 작품은 고려 말의 문신이었던 작가가 고구려 동명왕의 전설이 깃들어 있는 평양의 부벽루에서 고구려의 영화롭던 지난날을 회상하며 그 심회를 읊은 5언 율시(五言律詩)이다. 작가는 화려하게 번성했던 고구려의 평양성이 지금은 텅 비어 황폐해진 모습을 바라보며 자연의 유구함과 대비되는 인간 역사의 유한성을 느끼고 그로 인한 무상감을 표현하고 있다. '텅 빈 성'이 '천 년이 지나도록 유구한 구름', '여전히 빛나는 조각달', 그리고 '오늘도 푸른 산', '유유히 흐르는 강물'과 대조되어 인간 역사의 덧없음과 그로 인한 화자의 쓸쓸하고 애상적인 정조가 부각된다.

이 시는 한문 문학이면서도 소재의 특성 면에서 민족 문학적 성격도 드러나 있다. 고구려의 건국 시조인 동명왕의 신화와 관련하여 '조천석', '기린마', '천손' 등을 언급하고 있으며, '영명사', '부벽루'와 같은 우리 지명을 사용하고 있다. 이는 고구려의 건국 시조인 동명왕의 위업을 상기시키고 이를 통하여 당시 원 나라의 오랜 침략을 겪고 국가의 힘이 극도로 쇠약해져 있던 고려의 기상이 회복되기를 바라는 작가의 소망을 바탕으로 한 것이다. 고구려의 자주적 민족 국가로서의 위상을 회복하겠다는 고려 지식인의 역사 의식이 반영된 것이라 할 수 있다.

악장 15 · 용비어천가(龍飛御天歌) — 정인지, 권제, 안지 등

〈제1장〉 ← 1절 3구의 형식 (2절 4구의 형식에서 벗어남)

海東(해동) 六龍(육룡)이 ᄂᆞᄅᆞ샤 일마다 天福(천복)이시니.
발해의 동쪽 / 이씨 왕조의 역대 조상 / 천우신조 (건국의 정당성)

古聖(고성)이 同符(동부)ᄒᆞ시니.
중국 고대 왕조 / 꼭 들어 맞으시니
▶ 조선 건국의 정당성

현대어 풀이
우리나라의 여섯 용(임금)이 나시어, 하시는 일마다 모두 하늘이 내린 복이시니.
이것은 중국의 옛 성군이 하신 일들과 꼭 맞으시니.

〈제2장〉

불휘 기픈 남ᄀᆞᆫ ᄇᆞᄅᆞ매 아니 뮐씨, 곶 됴코 여름 하ᄂᆞ니.
대구 / 기초가 튼튼한 나라 / 시련 / 문화의 융성

ᄉᆡ미 기픈 므른 ᄀᆞᄆᆞ래 아니 그츨씨, 내히 이러 바ᄅᆞ래 가ᄂᆞ니.
유서 깊은 나라 / 시련 / 무궁한 발전
▶ 조선의 무궁한 발전 송축

현대어 풀이
뿌리가 깊은 나무는 바람에 흔들리지 아니하므로, 꽃이 좋고 열매가 많이 열리니.
샘이 깊은 물은 가뭄에 그치지 아니하므로, 내가 이루어져 바다에 가나니.

〈제48장〉

굴허에 ᄆᆞ를 디내샤 도ᄌᆞ기 다 도라가니 半(반) 길 노핀들 녀기 디 나리잇가.
대구

石壁(석벽)에 ᄆᆞ를 올이샤 도ᄌᆞᆨ글 다 자ᄇᆞ시니 현 번 ᄢᅱ운들 ᄂᆞ미 오 ᄅᆞ리잇가.
초인적인 능력
▶ 태조의 초인적인 능력

현대어 풀이
구렁에 말을 지나게 하시어 뒤쫓아 오던 도적들이 다 돌아가니 반 길의 높이인들 남(도적)이 지나겠습니까?
(태조가) 돌벽에 말을 올리시어 도적을 다 잡으시니, 몇 번을 뛰어오르게 한들 남이 오르겠습니까.

〈제125장〉 ← 3절 (2절 4구의 형식에서 벗어남)

千世(천세) 우희 미리 定(정)ᄒᆞ샨 漢水(한수) 北(북)에, 累仁開國(누인 개국)ᄒᆞ샤 卜年(복년)이 ᄀᆞ업스시니,
왕조의 운수

聖神(성신)이 니ᅀᅳ샤도 敬天勤民(경천근민)ᄒᆞ샤ᅀᅡ, 더욱 구드시리 이다.
하늘을 공경하고 백성을 위해 부지런히 일함

님금하, 아ᄅᆞ쇼셔. 洛水(낙수)예 山行(산행) 가 이셔 하나빌 미드니 잇가.
선조의 덕만 믿고 정사를 게을리하다가 폐위되었던 태강왕의 고사를 인용하여 후대 왕들에게 백성을 다스리는 일에 힘쓸 것을 권계함
▶ 후왕들에 대한 권계

현대어 풀이
천 년 전에 미리 정하신 한강의 북쪽 땅(한양)에 여러 대에 걸쳐 어진 덕을 쌓아 나라를 여시어 왕조의 운수가 끝없으시니.
성군의 자손이 대를 이어도 하늘을 공경하고 백성을 다스리는 데에 부지런히 힘쓰셔야 나라가 더욱 굳건해질 것입니다.
후대 임금님이시여, 아소서. (하나라 태강왕이) 낙수에 사냥 가서 (백일이 되도록 돌아오지 않아 폐위를 당하였으니 태강왕은) 할아버지(우왕의 공덕)만을 믿었던 것입니까?

◆ 핵심정리

갈래	악장, 영웅 서사시, 송축가
성격	서사적, 송축적, 설득적, 권계적
제재	새 왕조의 창업
주제	새 왕조 창업의 정당성
특징	– 서사, 본사, 결사의 구조 속에 작품 창작 동기가 유기적으로 서술됨 – 영웅 이야기의 일반적 서사 단계와 같은 전형성이 나타남 – 대부분이 2절 4구체의 구성 ('제1장', '제125장'은 파격장) – 대부분 전절에 중국 고사를 인용하고, 후절에서는 조선 건국의 정당성을 강조함 – 훈민정음으로 기록된 최초의 작품 – 우리나라 최초의 장편 영웅 서사시

◆ 구성

구성	해당 장	중심 내용
서사	제1장	조선 건국의 정당성과 당위성을 강조함
	제2장	조선의 무궁한 발전을 송축하고 기원함.
본사	제3장~제8장	태조의 선조인 사조(四祖)의 행적을 노래함.
	제9장~제89장	익조의 사적과 태조의 인품과 영웅적 업적을 노래함.
	제90장~제109장	태종의 위업 찬양
결사	제110장~제124장	후대 왕에 대찬 권계
	제125장	후대 왕에 대한 권계(대단원)

2016년 경찰직 1차

Q. 다음의 '〈용비어천가〉 125장'에 대한 설명으로 틀린 것은?

> 千世 우희 미리 定ᄒᆞ샨 漢水 北에, 累仁開國ᄒᆞ샤 卜年이 ᄀᆞ업스시니,
> 聖神이 니ᅀᅳ샤도 敬天勤民ᄒᆞ샤ᅀᅡ, 더욱 구드시리이다.
> 님금하, 아ᄅᆞ쇼셔. 洛水예 山行 가 이셔 하나빌 미드니잇가.

① 조선 세종 29년(1447년)에 간행된 악장·서사시이다.
② '累仁開國'은 '어진 덕을 쌓아서 나라를 열었다.'라는 뜻이다.
③ '聖神'은 '聖子神孫'의 준말이다. 위대한 후대 왕들을 지칭한다.
④ 앞에는 중국 역사상의 사적을 적고, 뒤에는 앞의 것에 부합되는 조선 건국의 사적을 적고 있다.
⑤ 〈용비어천가〉는 전반적으로 조선 건국의 당위성을 담고 있는데 이 125장은 후대 왕에게 주는 권계(勸誡)가 그 주제가 된다.

2015 서울시 7급

Q. 다음의 밑줄 친 ㉠, ㉡을 현대어로 옳게 바꾼 것은?

> 太子ᄅᆞᆯ 하ᄂᆞ리 ㉠ ᄀᆞᆯᄒᆡ샤 兄ᄀᆞ ᄠᅳ디디 ㉡ 일어시ᄂᆞᆯ 聖孫ᄋᆞᆯ 내시니이다
> – 〈용비어천가〉

	㉠	㉡
①	가리시어	이루어지시거늘
②	가리시어	일어나시거늘
③	말씀하시어	이르시거늘
④	말씀하시어	일어나시거늘

2010 경찰직

Q. 조선 시대 〈용비어천가〉에 대한 설명으로 가장 옳지 않은 것은?

① 주로 개국공신의 업적을 찬양하는 내용으로 이루어졌다.
② 훈민정음으로 된 문헌이다.
③ 궁중에서 연주되었던 악장의 대표적 작품이다.
④ 조선 건국의 당위성을 강조하려는 의도가 있었다.

병태 요정의 ADVICE

이 작품은 세종(世宗)의 명을 받아 정인지, 권제, 안지 등이 편찬한 악장입니다. 조선을 건국한 육조(六祖)의 사적을 찬양하고, 창업의 천명성을 강조하며, 후대의 왕에게는 왕권의 확립과 수호를 권계(勸戒)하고, 신하와 백성들에게는 조선 건국이 천명에 의한 것임을 밝혀 국가에 충성을 다할 것을 권고할 목적으로 지어진 작품입니다.

총 125장으로 된 장편 서사시로서, 첫 장과 마지막 125장을 제외하고는 대체로 2절 4구의 대구 형식을 취하고 있습니다.

〈서사〉에 해당하는 1, 2장은 '개국송'으로, 조선 왕조 창업의 정당성과 천명성을 노래하며 무궁한 발전을 기원하고 있습니다.

〈본사〉에 해당하는 3장~109장은 대부분 첫 절에서 중국 역대 제왕의 공적(功蹟)을 칭송하고, 다음 절에서는 6대 임금의 사적(事蹟)과 품성을 찬양하고 있습니다.

〈결사〉에 해당하는 110장~124장은 '계왕훈(戒王訓)'으로, 방탕한 생활로 나라를 잃은 중국 역대 왕의 사적을 보여주며 후대 왕이 이를 타산지석으로 삼을 것을 권계하고 있습니다. 마지막 125장에서는 권계의 내용을 총 마무리하며 대단원의 막을 내리는 구성입니다.

정답 ④, ①, ①

시조

시조 01 이화에 월백ᄒ고
— 이조년
2016 법원직 9급, 2015 서울시 9급

■ 순수한 흰색의 이미지의 시어, 애상적 분위기 강조

이화(梨花)에 월백(月白)ᄒ고 은한(銀漢)이 삼경(三更)인 제
<small>하얀 배꽃에 달빛이 희게 비치고   은하수   밤 11시~새벽 1시</small>
일지춘심(一枝春心)을 자규(子規)] 야 아랴마ᄂᆞᆫ,
<small>하나의 나뭇가지에 어린 봄의 마음 (의인법)   두견새 울음소리를 통해 화자가 느끼는 애상감 강조</small>
다정(多情)도 병(病)인 냥ᄒ여 ᄌᆞᆷ 못 드러 ᄒ노라.
<small>화자의 정서가 두드러짐 (봄밤의 애상적 정감)</small>

현대어 풀이
하얗게 핀 배꽃에 달빛이 은은히 비치고 은하수는 자정을 알리는 때에 배나무 가지 끝에 맺은 봄의 정서를 두견새가 알고서 저리 우는 것일까마는 다정다감한 나는 그것이 병인 듯해서 잠을 이루지 못하노라.

2016 법원직 9급

창(窓) 밖에 ㉠ 밤비가 속살거려 / 육첩방(六疊房)은 남의 나라. //
시인(詩人)이란 슬픈 천명(天命)인 줄 알면서도 / 한 줄 시(詩)를 적어 볼까, //
땀내와 사랑내 포근히 품긴 / 보내주신 학비(學費) 봉투(封套)를 받아 //
대학(大學) 노트를 끼고 / ㉡ 늙은 교수(敎授)의 강의(講義) 들으러 간다. //
생각해 보면 어린때 동무를 / 하나, 둘, 죄다 잃어 버리고 //
나는 무얼 바라 / 나는 다만, 홀로 침전(沈澱)하는 것일까? //
인생(人生)은 살기 어렵다는데 / 시(詩)가 이렇게 쉽게 씌어지는 것은 부끄러운 일이다. //
육첩방(六疊房)은 남의 나라 / 창(窓)밖에 밤비가 속살거리는데, //
㉢ 등불을 밝혀 어둠을 조금 내몰고,
시대(時代)처럼 올 아침을 기다리는 최후(最後)의 나, //
나는 나에게 작은 손을 내밀어 / 눈물과 위안(慰安)으로 잡는 최초(最初)의
㉣ 악수(握手).   — 윤동주, 〈쉽게 씌어진 시〉

Q. 윗글의 ㉠~㉣ 중, 〈보기〉의 밑줄 친 '삼경(三更)'과 시적 기능이 가장 유사한 것은?

──보기──
이화(梨花)에 월백(月白)ᄒ고 은한(銀漢)이 삼경(三更)인지
일지춘심(一枝春心)을 자규(子規)야 알냐마ᄂᆞᆫ
다정(多情)도 병(病)인 양ᄒ여 ᄌᆞᆷ 못일워 ᄒ노라   — 이조년

① ㉠   ② ㉡   ③ ㉢   ④ ㉣

◆ 핵심정리

갈래	평시조
성격	서정적, 애상적
주제	봄밤의 정한(情恨) 봄밤의 애상적 정서
특징	- 상징법, 의인법과 시각적, 청각적 심상을 활용하여 주제를 표현함 - 백색의 이미지로 애상적 정서를 형성함 - '다정가(多情歌)'라고도 불림 - 고려 시조 중 가장 뛰어난 문학성을 지닌 작품으로 평가됨

병태 요정의 ADVICE
이 시조는 봄날의 한밤중을 배경으로, 봄밤에 느끼는 애상과 우수의 정서를 표현한 작품입니다. 백색의 이미지(이화, 월백, 은한)와 청각적 심상(두견새 울음소리)을 활용하여 화자가 느끼는 애상감을 잘 그려낸 작품으로, 고려 시조 중에서 가장 뛰어난 문학성을 지닌 작품으로 평가됩니다.

정답 ①

시조 02 춘산에 눈 녹인 바람
— 우탁

春山(춘산)에 눈 노기ᄂᆞᆫ ᄇᆞ람 건듯 불고 간 듸 업다.
<small>청춘</small>
져근덧 비러다가 ᄆᆞ리 우희 불니고져.
<small>잠깐   『 』: 젊어지고 싶은 소망</small>
귀 밋틔 희묵은 서리를 녹여 볼가 ᄒ노라.

현대어 풀이
봄 산에 쌓인 눈을 녹인 바람이 잠깐 불고 어디론지 간 곳 없다.
잠시 동안 (그 바람을) 빌려다가 머리 위에 불게 하고 싶구나.
귀 밑에 여러 해 묵은 서리(백발)를 (다시 검은 머리가 되게) 녹여 볼까 하노라.

◆ 핵심정리

갈래	평시조
성격	탄로가(嘆老歌), 달관적
주제	늙음에 대한 한탄(탄로)
특징	- 은유법을 사용하여 시적 화자의 정서를 형상화함 - 색채 이미지를 활용하여 참신한 비유를 함

병태 요정의 ADVICE
이 시조는 자신의 백발을 해묵은 서리에 비유하여, 봄 산의 눈을 녹인 바람을 자신의 백발에 불게 하여 젊음을 되찾고자 하는 소망을 표현한 노래입니다. 시적 화자가 가지고 있는 나이 듦에 대한 여유로움과 인생을 달관하는 태도가 돋보이는 작품입니다.

시조 03 | 흔 손에 막디 잡고 — 우탁
2015 서울시 9급

흔 손에 막디 잡고 / 쏘 흔 손에 가식 쥐고,
　　　　대구법
늙는 길 가식로 막고 / 오는 白髮(백발) 막디로 치려터니,
　　　대구법　　　　　　↳늙음
『　』: 관념의 구체화 (늙음이라는 추상적 개념을 구체적으로 표현)
白髮(백발)이 제 몬져 알고 즈럼길노 오더라.
　『　』: 의인법, 해학적 표현　　지름길

현대어 풀이
한 손에 막대를 잡고 또 한 손에는 가시를 쥐고
늙는 길을 가시로 막고 오는 백발을 막대로 치려고 하였더니
백발이 제가 먼저 알고서 지름길로 오더라.

◆ 핵심정리

갈래	평시조
성격	탄로가(嘆老歌), 해학적
주제	늙음에 대한 한탄(탄로)
특징	의인법, 대구법 등 다양한 수사법을 활용함

병태 요정의 ADVICE
이 시조는 '늙음'이라는 추상적 개념을 구체적인 형상을 가진 실체로 표현하였습니다. 인간이 세월을 거역하려지만 늙음을 막을 수 없는 인간의 한계를 인식하고, 늙음에 대한 해학적인 태도를 드러내고 있습니다.

시조 04 | 흥망이 유수ㅎ니 — 원천석
2014 지방직 9급, 2017 경찰직 1차, 2009 법원직 9급

『고려 멸망의 시각적 표현
興亡(흥망)이 有數(유수)ㅎ니 滿月臺(만월대)도 秋草(추초) ㅣ 로다.
　　　　　　하늘의 뜻에 달려 있으니　고려 왕조의 궁터
五百年(오백 년) 王業(왕업)이 牧笛(목적)에 부쳐시니,
고려 왕조의 왕업　　　화자　　목동의 피리 소리 『』: 고려 멸망의 청각적 표현
夕陽(석양)에 지나는 客(객)이 눈물겨워 ㅎ노라.
중의법 (저무는 해, 고려의 멸망)　　　망국의 슬픔

현대어 풀이
흥하고 망함이 하늘에 달렸으니 만월대도 가을 풀만 우거져 있다.
오백 년 왕업이 목동의 피리 소리에 담겨 있으니
석양에 지나는 객이 눈물겨워 하노라.

2014 지방직 9급
Q. 다음 시조에 드러난 화자의 정서와 가장 가까운 것은?

> 흥망(興亡)이 유수(有數)ㅎ니 만월대(滿月臺)도 추초(秋草) ㅣ 로다.
> 오백 년(五百年) 왕업(王業)이 목적(牧笛)에 부쳐시니
> 석양(夕陽)에 지나는 객(客)이 눈물겨워 ㅎ노라.

① 서리지탄(黍離之歎)　② 만시지탄(晚時之歎)
③ 망양지탄(亡羊之歎)　④ 비육지탄(髀肉之歎)

2017 경찰직 1차

> 鳥獸哀鳴海岳嚬 새와 짐승은 슬피 울고 강산은 찡그리네.
> 槿花世界已沈淪 무궁화 세계는 이미 사라지고 말았구나.
> 秋燈掩卷懷千古 가을 등불 아래 책 덮고 역사를 생각하니,
> 難作人間識字人 세상에서 글 아는 사람 노릇하기 어렵구나. — 황현, 〈절명시〉

Q. 위 시의 화자가 처한 상황을 고려할 때 시적 정서가 가장 유사한 것은?

① 이화우(梨花雨) 흣쑤릴 제 울며 잡고 이별흔 님,
　추풍 낙엽(秋風落葉)에 저도 날 싱각는가.
　천 리에 외로운 쑴만 오락가락 ㅎ노매.
② 말 업슨 청산(靑山)이요 태(態) 업슨 유수(流水)ㅣ로다.
　갑 업슨 청풍(淸風)이요 님주 업슨 명월(明月)이라.
　이 중(中)에 병(病) 업슨 이 몸이 분별(分別) 업시 늘그리라.
③ 반중(盤中) 조홍(早紅)감이 고아도 보이느다.
　유자(柚子)ㅣ 안이라도 품엄 즉도 ㅎ다마는
　품어 가 반기리 업슬시 글노 설워ㅎ노이다.
④ 흥망(興亡)이 유수(有數)ㅎ니 만월대(滿月臺)도 추초(秋草) ㅣ 로다.
　오백 년(五百年) 왕업(王業)이 목적(牧笛)에 부쳐시니,
　석양(夕陽)에 지나는 객(客)이 눈물겨워 ㅎ노라.

◆ 핵심정리

갈래	평시조
성격	회고적, 비유적, 감상적
주제	고려 왕조의 멸망에 대한 탄식과 무상감
특징	- 시각적, 청각적 이미지로 인생무상의 정서를 표현함 - 비유와 중의적 수법을 통해 주제를 형상화함

병태 요정의 ADVICE
이 시조는 고려의 충신이었던 작가가 고려의 도읍지였던 개성의 궁궐터를 돌아보면서 지난날을 회고하고 세월의 덧없음을 노래한 작품입니다. 고려의 멸망에서 느끼는 무상감이 탄식의 어조로 잘 표현되어 있습니다.

정답 ①, ④

시조 05 오백 년 도읍지를 — 길재

2018 경찰직 1차, 2016 지방교행직(경)

五百年(오백 년) 都邑地(도읍지)를 匹馬(필마)로 도라드니,
　고려의 옛 수도 (송도)　　　　　　　한 필의 말 (외로운 신세)
山川(산천)은 依舊(의구)ᄒ되 / 人傑(인걸)은 간 듸 업다.
맥수지탄　『 』: 자연과 인간사 대비 (대구법, 대조법)　고려 인재
어즈버, 太平烟月(태평연월)이 ꥢ이런가 ᄒ노라.
감탄사 (아아!)　　　　　　태평연월　　　　허무함

현대어 풀이
오백 년이나 이어 온 고려의 옛 서울을 한 필의 말로 돌아보니
산과 물은 예전 그대로인데, 당대의 훌륭한 인재들은 간 데 없구나.
아아, 고려의 태평했던 시절이 꿈처럼 허무하구나.

2016 지방교행직(경)

(가) 오백 년(五百年) 도읍지(都邑地)를 필마(匹馬)로 도라드니,
　　산천(山川)은 의구(依舊)ᄒ되 인걸(人傑)은 간 듸 업다.
　　어즈버, 태평연월(太平烟月)이 ㉠ 꿈이런가 ᄒ노라.
　　　　　　　　　　　　　　　　　　　　　　　　　　　　- 길재

(나) 풋ᄌᆞᆷ의 ㉡ 꿈을 꾸어 십이루(十二樓)에 드러가니
　　옥황(玉皇)은 우스시되 군선(群仙)이 ᄭᅮ짓ᄂᆞ다
　　어즈버 백만 억(百萬億) 창생(蒼生)을 어늬 결의 물으리

　　하ᄂᆞᆯ이 이지러진 제 ᄆᆞ슴 술(術)로 기워낸고
　　백옥루(白玉樓) 중수(重修)홀제 엇던 장인이 일워낸고
　　옥황꾀… 술와 보쟈 ᄒᆞ더니 다 몯ᄒᆞ야 오나다
　　　　　　　　　　　　　　　　　　　　　- 윤선도, 〈몽천요〉

(다) ㉢ 꿈에 뵈눈님이 신의(信義) 업다 ᄒ건마는
　　탐탐이 그리올 제 ᄭᅮᆷ 아니면 어이 보리
　　져 님아 ᄭᅮᆷ이라 말고 ᄌᆞ로ᄌᆞ로 뵈시쇼.
　　　　　　　　　　　　　　　　　　　　　- 명옥

Q. (가)~(다)에 대한 이해로 적절하지 않은 것은?

① (가), (나)는 모두 대조를 통해 시적 상황을 나타낸다.
② (나), (다)는 모두 자연물에 비유하여 주제를 암시한다.
③ (가)에서 화자의 행위는 시의 분위기를 드러내고, (나)에서 설의법은 화자의 정서를 강조한다.
④ (가)에는 특정한 공간적 배경이 제시되어 있으나, (다)에는 공간적 배경이 제시되어 있지 않다.

Q. ㉠~㉢에 대한 설명으로 가장 적절한 것은?

① ㉠, ㉡을 통해 자기실현의 의지를 보이고 있다.
② ㉠, ㉢을 통해 현실의 외로움을 위로받고 있다.
③ ㉡, ㉢을 통해 보고 싶은 대상을 만나 보고 있다.
④ ㉠, ㉡, ㉢을 통해 자신의 운명을 합리화하고 있다.

◆ 핵심정리

갈래	평시조
성격	회고적, 비유적, 감상적
주제	망국의 한과 인생무상
특징	- 자연과 인간을 대비하여 옛 왕조에 대한 회고의 정과 인생무상을 노래함 - 대조법, 대구법, 영탄법을 사용함

◆ 관련 있는 한자 성어

남가일몽 (南柯一夢)	꿈과 같이 헛된 한때의 부귀영화를 이르는 말
인생무상 (人生無常)	인생이 덧없음
일장춘몽 (一場春夢)	'한바탕의 봄 꿈'이라는 뜻으로, 헛된 영화나 덧없는 일을 비유적으로 이르는 말.
맥수지탄 (麥秀之嘆)	고국의 멸망을 한탄함을 이르는 말.

병태 요정의 ADVICE

이 시조는 고려 왕조가 몰락하자 모친의 봉양을 핑계로 고향에 은거한 작가가 고려의 도읍지였던 개성을 찾아 느끼는 감회를 읊고 있는 작품입니다. 고려 왕조의 옛 시절이 한바탕 꿈에 지나지 않는다는 허무감과 망국의 한(恨)을 노래하고 있습니다.

정답 ②, ③

시조 06 | 길위에 두 돌부처   - 정철
2014년 국가직 7급

길위에 **두 돌부처** **벗고 굶고** 마주 서서
　　화자가 부러워하는 대상
바람비 눈서리를 맞도록 맞을망정
　시련과 고통　　　　　　『　』: 돌 부처의 상황
人間의 離別을 모르니 그를 불워 하노라.
　　　　　부러움의 이유 (이별의 슬픔을 모름)

현대어 풀이
길가에 선 두 돌부처, 헐벗고 굶어가며 마주 서서
비바람과 눈서리를 하염없이 맞을망정
인간처럼 이별을 모르고 헤어지지 않으니 그것을 부러워하노라.

2014년 국가직 7급
Q. 다음 시조에 대한 설명으로 옳지 않은 것은?
① 돌부처에 대한 신앙을 풍자하고 있다.
② 작자가 전달하려는 메시지는 마지막 줄에 있다.
③ 무정의 존재에 빗디어 작자의 감정을 표현했다.
④ 한 줄은 모두 네 개의 호흡 단위(음보)로 끊어진다.

◆ 핵심정리

갈래	평시조, 단시조, 정형시
성격	애상적
율격	3(4)·4조, 4음보
제재	돌부처
주제	이별의 슬픔과 안타까움
특징	- 인간과 돌부처를 대조함. - 상징적인 시어를 통해 이별의 슬픔과 고통을 구체화함.

◆ 대조

두 돌부처	화자
헐벗고 굶주림.	이별의 슬픔을 겪음.
비바람과 눈서리를 맞음.	⋮
⋮	헤어짐을 모르는
이별의 슬픔을 모름.	돌부처의 상황을 부러워함.

병태 요정의 ADVICE
이 시조는 정철이 사람들과 이별하는 슬픔을 노래한 것입니다. 화자는 돌부처와 인간을 대비하며 돌부처가 부럽다고 말하고 있습니다. 돌부처는 길 위에서 눈과 비를 맞으며 굶주리는 고통을 겪지만, 이별의 슬픔을 모르기 때문입니다. 화자에게는 그 어떠한 시련보다도 이별의 슬픔이 더 크다는 것을 알 수 있습니다.

정답 ①

시조 07 | 방안에 혓는 촛불   - 이개
2015 서울시 9급, 2014 법원직 9급

　　　　　　　감정이입의 대상
방안에 혓는 **촛불** 눌과 이별 ᄒ엿관듸
　　　　　　　　　　　현재 화자의 상황 암시 (의인법)
것츠로 눈물 디고 속 타는 줄 모르는고
　촛농　　　　　　심지
뎌 촛불 날과 갓트여 속 타는 줄 모로도다
촛불과 화자를 동일시함

현대어 풀이
방 안에 켜 있는 촛불은 누구와 이별을 하였기에
겉으로 눈물을 흘리면서 속이 타는 줄 모르는가?
저 촛불도 나와 같아서 (슬퍼 눈물만 흘릴 뿐) 속이 타는 줄 모르는구나.

2015년 서울시 9급
Q. 위의 시조와 가장 유사한 정서가 나타난 것은?
① 이화에 월백ᄒ고 은한이 삼경인 제
　일지춘심을 자규야 알랴마는
　다정도 병인냥ᄒ여 좀 못 드러 ᄒ노라
② ᄒᆞᆫ 손에 막디 잡고 또 ᄒᆞᆫ 손에 가싀 쥐고
　늙은 길은 가싀로 막고 오는 백발은 막대로 칠엿튼이
　백발이 제 몬져 알고 지름길로 온거야
③ 이화우 훗쑤릴 제 울며 잡고 이별ᄒᆞᆫ 님
　추풍낙엽에 저도날 싱각ᄂᆞᆫ가
　천리에 외로운 쑴만 오락가락 ᄒ노매
④ 무ᄋᆞᆯ 사ᄅᆞᆷ들아 올흔 일 ᄒᆞ쟈스라
　사ᄅᆞᆷ이 되어 나셔 올티옷 못ᄒᆞ면
　무쇼롤 갓 곳갈 식워 밥머기나 다르랴

◆ 핵심정리

갈래	평시조, 단시조, 정형시
성격	상징적, 감상적, 여성적, 은유적
율격	3(4)·4조, 4음보
제재	촛불
주제	임(단종)과 이별한 슬픔
특징	- 의인법을 사용하고, 시적 화자의 감정을 특정한 대상(촛불)에 이입함. - 자문자답 형식으로 이별의 아픔을 형상화함. - 여성적 어조의 완곡한 표현 속에 자신의 절의를 드러냄.

◆ 시대적 상황
단종의 복위를 꾀하다가 발각되어 처형된 이개의 작품으로, 왕위를 찬탈한 세조로 인해 단종과 이별하고 애태우는 심정을 촛불에 빗대어 표현하였다. 촛불을 의인화하고 촛농이 떨어지는 모습을 이별의 눈물이 흐르는 것으로 표현하였다.

병태 요정의 ADVICE
화자는 초가 타면서 촛농이 떨어지는 모습을 눈물이 흐르는 것이라고 표현하였습니다. 화자의 마음이 슬프기에 촛불의 촛농이 떨어지는 눈물로 보이는 것입니다. 화자는 촛불에 감정을 이입하여, 자신과 동일시하면서 이별에 대한 슬픔을 드러내고 있습니다. 시대적 배경과 관련지어 감상해보면, 이별한 임은 단종으로 볼 수 있습니다. 수양 대군의 왕위 찬탈 후 유배를 가는 단종과 이별하는 마음을 여성적 어조로 완곡하게 표현한 작품입니다.

정답 ③

시조 08 — 재 너머 셩권농(成勸農) 집의 / 머귀 잎 지고야

― 정철

재 너머 셩권농~ : 2017 지방직 9급 / 머귀 잎 지고야~ : 2017 국가직 7급

재 너머 셩권농(成勸農) 집의 술 닉닷 말 어제 듯고
고개　'셩혼'을 가리킴 ('권농'은 농사일을 권장하던 사람)
누은 쇼 발로 박차 언치 노하 지즐투고
　　　안장 밑에 까는 털 헝겊　　눌러 타고
아히야 네 권농 겨시냐 뎡좌슈(鄭座首) 왓다 ᄒᆞ여라.
셩권농의 집에 도착하여 하인에게 자신이 왔음을 알리는 대목. 큰따옴표로 묶을 수 있음

현대어 풀이

고개 너머 사는 성 권농 집의 술이 익었다는 말을 어제 듣고
누워 있는 소를 발로 차서 일으켜 털 헝겊만 얹어서 눌러 타고
"아이야, 네 권농 어른 계시냐? 정 좌수 왔다고 여쭈어라."

2017 지방직 9급

Q. 다음 시조에 대한 설명으로 적절하지 않은 것은?

① 화자는 소박한 풍류를 즐기며 살고 있다.
② '박차'라는 표현에서 역동성과 생동감을 느낄 수 있다.
③ '언치 노하'는 엄격한 격식을 갖추려는 태도를 드러낸다.
④ '아히야'는 화자의 의사를 간접적으로 전달하는 존재이면서도, 대화체로 이끄는 영탄적 어구이다.

◆ 핵심정리

갈래	평시조. 단시조. 정형시
성격	전원한정가(田園閑情歌). 풍류적, 전원적
율격	3(4)·4조. 4음보
제재	술과 벗
주제	전원생활의 흥취(興趣)
특징	서사적이고 압축적이며 해학적임. 시상의 과감한 생략으로 인한 비약적 표현. 작가의 호탕한 성격이 드러남.

병태 요정의 ADVICE

작가인 정철이 성혼의 집에 방문하는 모습을 표현한 시조로, 마치 한 편의 이야기를 보는 듯한 작품입니다. 술이 익었다는 말을 듣고 기쁜 마음에 누워 있는 소를 발로 차서 성급히 달려가는 모습이 해학적입니다. 또한 술을 좋아하는 작가의 애주가로서의 모습도 엿볼 수 있습니다. 술이 있다는 셩권농의 집에 도달하기까지의 과정을 경쾌하고 발랄하게 서술하고 있는데, 긴 시간의 여정을 짧은 시조 형식에 압축하였다는 점에서 정철의 문학적 역량을 확인할 수 있습니다. 술과 벗을 좋아하는 정철의 풍류와 멋스러움이 토속적인 농촌의 정취와 조화를 잘 이루고 있어서 더욱 돋보이는 작품입니다.

정답 ③

머귀 잎 지고야 알겠도다 가을인 줄을
영탄법 (가을의 정취 강조)　　　시간적 배경
세우청강(細雨淸江) 서느럽다 밤 기운이야
비가 내리는 맑은 강
천리에 님 이별하고 잠 못 들어 하노라
화자의 처지와 정서가 드러남

현대어 풀이

오동 잎이 다 떨어져서야 어느덧 가을인 줄을 알겠구나.
맑은 강에 가느다란 비가 내리니 밤기운이 서늘하기도 하구나.
천 리 밖 머나먼 곳으로 임과 이별하여 떨어지니 잠 못 들어 하노라.

2017년 국가직 7급

Q. 다음 시조에 대한 설명으로 가장 적절한 것은?

① 이별한 임에 대한 원망의 감정이 선명하게 나타나 있다.
② 반어법을 동원하여 가을의 정취를 잘 나타내고 있다.
③ 점강법을 활용하여 계절 감각을 섬세하게 드러내고 있다.
④ 이별한 임을 잊지 못하는 안타까운 심정이 잘 나타나 있다.

◆ 핵심정리

갈래	평시조. 단시조. 정형시
성격	애상적
율격	3(4)·4조. 4음보
제재	머귀 잎, 비
주제	이별로 인한 안타까움
특징	- 계절적 배경을 통해 정서를 부각함. - 영탄적 표현을 사용함.

병태 요정의 ADVICE

가을이라는 계절적 배경이 드러나고 있습니다. 화자는 비 내리는 가을밤에 잠들지 못하고 있습니다. 그 이유는 임과 이별하여 슬프고 안타까운 마음이 크기 때문입니다. 화자는 홀로 쓸쓸한 가을밤을 보내고 있습니다. 가을이라는 배경은 화자의 쓸쓸함을 더욱 부각합니다.

정답 ④

시조 09 | 동짓달 기나긴 밤을 — 황진이

2019 소방직, 2018 서울시 9급, 2017 국가직 9급(추), 2014 법원직 9급

관념의 구체화 (시간이라는 추상적 개념을 구체적인 사물로 표현)

- 冬至(동지)ㅅ둘 기나긴 밤을 한 허리를 버혀 내여
  - 쓸쓸하고 외로운 시간
- 春風(춘풍) 니불 아레 서리서리 너헛다가
  - 우리말의 묘미 (생동감↑)
- 어론님 오신 날 밤이여든 구뷔구뷔 펴리라
  - 임과 함께 하는 시간

현대어 풀이
동짓달 기나긴 밤의 한가운데를 잘라 내어,
봄바람 같은 이불 아래 서리서리 넣었다가,
고운 임 오신 날 밤이 되거든 굽이굽이 펴리라.

2018 서울시 9급

Q. 윗글에 대한 설명으로 가장 옳지 않은 것은?

① 사랑하는 임의 안위에 대해 걱정하고 있다.
② 추상적인 시간을 구체화하여 제시하고 있다.
③ 의태어를 사용하여 생동감을 자아내고 있다.
④ '어론님 오신날'은 화자의 소망과 관련된 구절이다.

2017 국가직 9급(추)

Q. ㉠에 들어갈 시조로 적절한 것은?

> 우리말에서 공간적 개념은 흔히 시간적 개념으로 바뀌어 표현되곤 한다. 예컨대 공간 표현인 '뒤'가 시간 표현으로 '나중'을 의미하기도 한다. 한편 문학 작품에서 시간적 개념이 공간적 개념으로 바뀌어 표현되는 경우도 있다. 그 예로 다음 시조를 보자.
> (_____㉠_____)

① 어져 내 일이야 그릴 줄을 모르도냐
  이시랴 ᄒᆞ더면 가랴마는 제 구ᄐᆞ여
  보내고 그리는 情은 나도 몰라 ᄒᆞ노라

② 靑山은 내 뜻이오 綠水는 님의 情이
  綠水 흘러간들 靑山이야 變홀손가
  綠水도 靑山을 못 니져 우러 예어 가는고

③ 冬至ㅅ둘 기나긴 밤을 한 허리를 버혀 내여
  春風니불 아릭 서리서리 너헛다가
  어론 님 오신 날 밤이여든 구뷔구뷔 펴리라

④ 山은 녯 山이로되 물은 녯 물이 안이로다
  晝夜에 흘으니 녯 물이 이실쏜야
  人傑도 물과 ᄀᆞᆺᄋᆞ야 가고 안이 오노미라

◆ 핵심정리

갈래	평시조
성격	낭만적, 감상적, 연정가
주제	임을 기다리는 절실한 마음 임을 향한 그리움과 사랑
특징	- 추상적인 개념을 구체적 사물로 표현하였으며, 우리말의 묘미를 잘 살려 냄 - 음성 상징어, 대조법 등을 사용하여 주제를 효과적으로 표현함

병태 요정의 ADVICE

이 시조는 추상적인 시간을 구체적인 사물로 형상화하였는데, 임과 함께 하는 짧은 봄밤을 연장해 보겠다는 참신한 발상이 돋보입니다. 이러한 표현을 통해 임에 대한 애틋한 그리움과 사랑을 절실히 환기시키고 있습니다. 또한 '서리서리, 구뷔구뷔'와 같은 음성 상징어를 사용하여 우리말의 묘미를 살리고 생동감을 높이고 있습니다. 이러한 점에서 이 시조는 뛰어난 문학성을 인정받고 있습니다.

정답 ①, ③

시조 10 — 어져 내 일이야
― 황진이

2017 국가직 9급(추), 2017 경기북부 여경 1차, 2015 지방교행직 9급, 2013 지방직 7급

어져 내 일이야 그릴 줄을 모로ᄃᆞ냐.
감탄사 내가 한 일이여
이시라 ᄒᆞ더면 가랴마ᄂᆞᆫ 제 구ᄐᆞ여 ― ① 임 : 임이 굳이 가셨겠냐만
있으라고 했더라면   중의적 표현 ② 화자 : 내가 굳이 보내고
보내고 그리ᄂᆞᆫ 情(정)은 나도 몰라 ᄒᆞ노라.

현대어 풀이
아! 내가 한 일이여, 그리워할 줄을 미처 몰랐더냐.
있으라 했더라면 떠나려 했겠느냐마는 굳이
보내고 이제 와서 새삼 그리워하는 마음을 나 자신도 모르겠구나.

2017 경기북부 여경 1차

> (가) ᄆᆞ음이 어린 後(후)ㅣ니 ㉠ ᄒᆞᄂᆞᆫ 일이 다 어리다
>   萬重雲山(만중운산)에 ㉡ 어ᄂᆞ 님 오리마ᄂᆞᆫ
>   지ᄂᆞᆫ 닙 부ᄂᆞᆫ ᄇᆞ람에 行(행)혀 긘가 ᄒᆞ노라
>
> (나) 어져 내 일이야 ㉢ 그릴 줄을 모로ᄃᆞ냐
>   ㉣ 이시랴 ᄒᆞ더면 가랴마ᄂᆞᆫ 제 구ᄐᆞ여
>   보내고 그리ᄂᆞᆫ 情(정)은 나도 몰라 ᄒᆞ노라

Q. (가)와 (나)에 대한 설명으로 가장 적절하지 않은 것은?

① (가), (나)의 'ᄒᆞ노라'의 주체는 모두 화자 자신이다.
② (가), (나) 모두 임을 기다리는 마음을 나타내고 있다.
③ (가)에서 화자는 깊고 먼 곳에 있는 임이 자신에게 오기를 기다리고 있다.
④ (나)에는 앞뒤로 연결이 되어 중의적으로 해석될 수 있는 부분이 있다.

Q. 밑줄 친 부분을 현대어로 풀이한 것 중 가장 적절한 것은?

① ㉠: 하는 일이 모두 예쁘다
② ㉡: 오는 임이 오리에 계시건만
③ ㉢: 그릇된 줄을 몰랐더냐
④ ㉣: 있으라고 했더라면 갔겠는가마는

2013 지방직 7급

Q. (가)~(다)에 대한 설명으로 가장 적절한 것은?

> (가) 公無渡河 그대 물을 건너지 마오.
>   公竟渡河 그대 기어이 물을 건너시네.
>   墮河而死 물에 빠져 죽으시니
>   當奈公何 이제 그대 어찌하리.   ― 백수 광부의 아내, 〈공무도하가〉
>
> (나) 어져 내 일이야 그릴 줄을 모로ᄃᆞ냐.
>   이시라 ᄒᆞ더면 가랴마ᄂᆞᆫ 제 구ᄐᆞ여
>   보내고 그리ᄂᆞᆫ 情(정)은 나도 몰라 ᄒᆞ노라.   ― 황진이
>
> (다) 梨花雨(이화우) ᄒᆞᆺ뿌릴 제 울며 잡고 離別(이별)ᄒᆞᆫ 님
>   秋風落葉(추풍 낙엽)에 저도 날 ᄉᆡᆼ각ᄂᆞᆫ가
>   千里(천 리)에 외로운 ᄭᅮᆷ만 오락가락 ᄒᆞ노매.   ― 계랑

① (가)와 (나)는 모두 민요조의 율격을 바탕으로 하고 있다.
② (가)와 (다)는 모두 참요(讖謠)의 성격을 강하게 드러내고 있다.
③ (나)와 (다)는 모두 향토적 소재를 사용하여 시상을 전개하고 있다.
④ (가), (나), (다)의 화자는 모두 이별로 인한 쓰라림을 느끼고 있다.

◆ 핵심정리

갈래	평시조
성격	애상적, 감상적, 이별가
주제	이별의 회한과 임에 대한 그리움
특징	- 화자의 심리적 갈등을 우리말의 절묘한 구사를 통해 드러냄 - 중의적 표현과 영탄법을 사용하여 시적 화자의 안타까운 정서를 강조함 - 고려 가요 '가시리', '서경별곡'과 현대시 김소월의 '진달래꽃'을 매개하는 이별가로 평가받음

병태 요정의 ADVICE

이 시조는 자존심과 연정 사이에서 겪는 심리적 갈등을 우리말로 절묘하게 표현한 작품입니다. 겉으로는 강한 척하지만 속으로는 외롭고 약한 시적 화자의 심리가 깊은 공감을 불러일으킵니다.

기녀(妓女)들의 시조가 표현과 기교면에서도 고도로 세련되었음을 보여주는 대표적인 작품입니다.

정답 ③, ④, ④

시조 11 — 묏버들 갈히 것거
- 홍랑

2018 법원직 9급, 2015 지방교행직 9급

<u>묏버들</u> 갈히 것거 보내노라 님의손디,
시적 화자의 분신, 임에 대한 사랑   도치법
자시는 窓(창) 밧긔 심거 두고 보쇼셔.
『　』: 화자의 마음이 항상 임과 함께 있음을 나타냄 (자신을 잊지 말라는 호소)
밤비예 새닙곳 나거든 날인가도 너기쇼셔.
　　　　시적 화자를 상징

현대어 풀이
산버들을 골라 꺾어 보내노라, 임에게.
주무시는 방의 창문 밖에 심어 두고 보소서.
밤비에 새잎이라도 나거든 나를 본 것처럼 여겨 주소서.

2015 지방교행직 9급

Q. (가)와 (나)에 대한 이해로 적절하지 않은 것은?

> (가) 어져 내 일이여 그릴 줄을 모로두냐
>   이시라 흐더면 가랴마는 제 구틱야
>   보내고 그리는 情(정)은 나도 몰라 흐노라   - 황진이
>
> (나) 묏버들 갈히*것거 보내노라 님의손디*
>   자시는 窓(창)밧긔 심거 두고 보쇼셔
>   밤비예 새닙곳 나거든 날인가도 너기쇼셔   - 홍랑
>
> * 갈히: 가려
> * 님의손디: 임에게

① (가)의 '어져 내 일이여'에는 화자의 회한의 심정이 담겨 있다.
② (나)의 '갈히 것거'에는 '님'을 향한 화자의 정성이 담겨 있다.
③ (가)와 (나)의 화자는 모두 이별의 상황에 처해 있다.
④ (가)와 (나)는 모두 화자 자신을 사물에 비유하고 있다.

◆ 핵심정리

갈래	평시조
성격	애상적, 감상적, 연정가
주제	임에 대한 그리움
특징	- 떠나는 임에 대한 자신의 사랑을 소박한 자연물(묏버들)을 통해 드러냄 - 상징과 도치법을 사용하여 여성의 특유의 섬세한 감정을 잘 표현함

◆ 구성

초장	묏버들을 가려 꺾어서 임에게 보냄
중장	주무시는 방 창가에 심어 두고 보아 달라는 당부
종장	자신을 잊지 말아 달라는 간절한 호소

병태 요정의 ADVICE

　이 시조는 임에 대한 그리움이 짙게 배어 있는 시조로, 임이 자신을 잊지 않기를 바라는 마음을 노래하고 있습니다. 시적 화자는 자신의 분신이라 할 수 있는 '묏버들'을 임에게 보내면서 부디 자신을 기억해 달라는 당부와 항상 임에 곁에 있겠다는 의지를 표현하고 있습니다.

정답 ④

시조 12 — 이화우 훗쑤릴 제 - 계랑

2019 서울시 7급, 2018 국회직 9급, 2017 경찰직 1차, 2017 기상직 9급, 2015 서울시 9급, 2013 지방직 7급, 2012 사회복지직 9급

梨花雨(이화우) 훗쑤릴 제 울며 잡고 離別(이별)ᄒᆞᆫ 님,
봄, 하강의 이미지
秋風落葉(추풍 낙엽)에 저도 날 싱각ᄂᆞᆫ가.
가을, 하강의 이미지 (봄→가을로 이별의 상황 지속)
千里(천 리)에 외로온 쑴만 오락가락 ᄒᆞ노매.
임과의 거리감 / 임에 대한 그리움

현대어 풀이
배꽃이 비 내리듯 흩날릴 때, 울면서 소매를 부여잡고 이별한 임.
가을바람에 낙엽이 지는 이때에 임도 나를 생각하고 있을까?
천 리나 되는 머나먼 길에 외로운 꿈만 오락가락하는구나.

2015 서울시 9급

Q. 다음 시조와 가장 유사한 정서가 나타난 것은?

> 방안에 혓는 촛불 눌과 이별 ᄒᆞ엿관디
> 것츠로 눈물 디고 속 타는 줄 모르는고
> 뎌 촛불 날과 갓트여 속 타는 줄 모르도다

① 이화에 월백ᄒᆞ고 은한이 삼경인 제
　일지춘심을 자규야 알랴마는
　다정도 병인냥ᄒᆞ여 좀 못 드러 ᄒᆞ노라
② ᄒᆞᆫ 손에 막티 잡고 또 ᄒᆞᆫ 손에 가싀 쥐고
　늙는 길은 가싀로 막고 오는 백발은 막티로 칠엿튼이
　백발이 제 몬져 알고 지름길로 오건야
③ 이화우 훗쑤릴 제 울며 잡고 이별ᄒᆞᆫ 님
　추풍낙엽에 저도 날 싱각ᄂᆞᆫ가
　천리에 외로운 쑴만 오락가락 ᄒᆞ노매
④ 무옴 사람들아 올ᄒᆞᆫ 일 ᄒᆞ쟈스라
　사람이 되어 나셔 올티옷 못ᄒᆞ면
　무쇼를 갓 곳갈 싀워 밥머기나 다르랴.

2019 서울시 7급

Q. 〈보기〉의 작품들을 시대 순으로 바르게 나열한 것은?

> **보기**
> (가) 雨歇長堤草色多 / 送君南浦動悲歌
> 　　大同江水何時盡 / 別淚年年添綠波
>
> (나) 생사의 길은 / 여기 있으니 두려워하고
> 　　나는 간다는 말도 / 못다 이르고 가느냐
> 　　어느 가을 이른 바람에 / 여기 저기 떨어지는 나뭇잎처럼
> 　　한 가지에 나고서도 / 가는 곳을 모르는구나
> 　　아으, 미타찰(彌陀刹)에 만날 나 / 도(道) 닦아 기다리리
>
> (다) 翩翩黃鳥
> 　　雌雄相依
> 　　念我之獨
> 　　誰其與歸
>
> (라) 이화우(梨花雨) 훗뿌릴 제 울며 잡고 이별(離別)ᄒᆞᆫ 님
> 　　추풍(秋風) 낙엽(落葉)에 저도 날 생각ᄂᆞᆫ가
> 　　천리(千里)에 외로운 꿈만 오락가락 ᄒᆞ노매

① (가) - (다) - (나) - (라)
② (가) - (다) - (라) - (나)
③ (다) - (가) - (나) - (라)
④ (다) - (나) - (가) - (라)

◆ 핵심정리

갈래	평시조
성격	애상적, 감상적, 연정가
주제	이별의 슬픔과 임에 대한 그리움
특징	- 임과 헤어진 뒤의 시간적 거리감과 임과 떨어져 있는 공간적 거리감이 조화를 이룸 - 시간의 흐름과 하강의 이미지를 통해 시적 화자의 정서를 심화시킴

◆ 구성

초장	이화우 : 배꽃이 떨어지는 봄날에 임과 이별함(하강의 이미지)
중장	추풍낙엽 : 가을 바람에 낙엽이 질 때 임을 그리워함 (하강의 이미지)
종장	천 리 : 임과 떨어져 있는 먼 거리(공간적 거리감, 심리적 거리감) 외로운 꿈 : 임에 대한 간절한 그리움과 재회에 대한 염원

병태 요정의 ADVICE

이 작품은 작가가 자신과 정이 깊었던 임이 서울로 간 후 소식이 없자 그를 그리워하며 지은 것입니다. 배꽃이 비처럼 흩날릴 때 이별하는 정회, 낙엽이 지는 가을에 임을 그리는 마음, 멀리 떨어져 있는 임을 재회하는 꿈 등이 섬세하게 그려져 있습니다.
'이화우'는 봄의 계절감과 함께 순백의 사랑과 이별의 눈물을 암시하고, '추풍낙엽'은 가을의 계절감과 화자의 애절한 고독을 암시합니다. 종장의 '천 리'는 임과의 정서적 거리감을 나타낸 것입니다.

정답 ③, ④

시조 13 - 하하 허허 흔들 — 권섭
2019년 지방직 9급

『하하 허허 흔들 내 우음이 졍 우움가 』
- 실소(失笑), 부정적인 정치 현실에 대한 쓴웃음
- 의성어를 통해 웃음 소리를 구체화
- 『 』: 설의적 표현

하 어쳑 업서셔 늣기다가 그리 되게
- 어처구니가 없어서

벗님늬 웃디들 말구려 아귀 쁴여디리라
- 현실에 대한 풍자 (과장법)
- (세상의 우스운 꼴을 볼 때마다 웃는다면 어이없는 일이 많아서 입이 찢어질 것이라는 의미)

현대어 풀이
하하 허허 하고 웃는 내 웃음이 정말 우스워서 웃는 것이겠는가
세상일이 하도 어처구니가 없어서 느끼다가 그렇게 웃는 것이네
벗님네들이여, 내가 웃는다고 같이 웃지를 말구려. 웃다가 아귀가 찢어질지도 모르니까

◆ 핵심정리

갈래	평시조, 풍자시
성격	냉소적, 교훈적, 현실 비판적, 풍자적
주제	진실한 삶의 자세
특징	- 의성어를 적절히 활용했고, 설의법과 과장법을 사용한 표현이 두드러짐 - 문답법, 설의법, 돈호법, 의성법 사용

병태 요정의 ADVICE
세상일에 환멸을 느껴 거짓 웃음으로 표현할 수밖에 없는 심정을 노래한 시조입니다. 화자는 세상의 우스운 꼴을 볼 때마다 웃는다면 어이없는 일이 하도 많아서 입이 찢어질 것이라며 현실에 대해 부정적인 인식을 드러내고 있습니다. 입이 찢어진다는 비속한 언어를 사용하여 현실 상황에 대한 풍자를 하고 있는 작품입니다.

시조 14 - 내히 죠타 ᄒᆞ고 — 변계량
2017 지방직 9급, 2009 지방직 9급

『내히 죠타 ᄒᆞ고 ᄂᆞᆷ 슬흔 일 ᄒᆞ지 말며 』
- 『 』: 대구법

ᄂᆞᆷ이 ᄒᆞᆫ다 ᄒᆞ고 義 아니면 좃지 말니
- 명령형을 사용하여 직설적으로 표현

우리는 天性을 직희여 삼긴 대로 ᄒᆞ리라
- 성선설의 입장

현대어 풀이
내가 좋아하는 일이라 해서 남이 싫어하는 일을 하지 말며
남이 한다고 해도 옳은 일이 아니면 따라하지 말아라.
우리는 타고난 성품을 지키며 생긴 그대로 지내리라.

◆ 핵심정리

갈래	평시조, 단시조, 교훈가
성격	교훈적, 계세적
주제	의(義)와 천성(天性)을 지켜나가는 삶
특징	- 대구법과 명령형의 시어를 통해 화자의 가치관을 직설적으로 드러냄. - 맹자의 성선설에 바탕을 두고 성리학적인 도의를 추구하는 삶의 방식을 제시함 - 계세적 성격을 지님

병태 요정의 ADVICE
이 시조는 '義(의)'와 '天性(천성)'에 따라 살 것을 강조하는 변계량의 시조입니다. 사람들은 모두 올바른 천성을 타고나니, 타고난 천성에 따라 올바르게 살아가라는 교훈을 담고 있습니다. 성선설(性善說)에 바탕을 둔 교훈적인 노래입니다.

연시조

연시조 01 매화사(梅花詞) — 안민영
2018 법원직 9급, 2016 법원직 9급

매영(梅影)이 부딪힌 창에 옥인금차(玉人金釵) 비겼으니
　　　　　　　　　　　　　금비녀를 꽂은 아름다운 여인
이삼 백발옹(白髮翁)은 거문고와 노래로다.
매화를 감상하는 주체 (늙은 선비들)
이윽고 잔 잡아 권할 적에 달이 또한 오르더라. 〈제1수〉
　　　　　　　　　　흥취를 북돋아 주는 자연물
▶ 매화와 함께 즐기는 풍류

　　　　　　↑ 예찬의 대상, 고결함, 고고함
어리고 성긴 매화 너를 믿지 않았더니,
　　　　의인법　　꽃을 피우지 못할 것이라는 의구심
눈 기약 능히 지켜 두세 송이 피었구나.
눈이 오면 피겠다는 약속　　　영탄법
촉(燭) 잡고 가까이 사랑할 제 암향(暗香)조차 부동(浮動)터라.
　　　　　　　　　　　　　　그윽한 향기
〈제2수〉
▶ 눈 속에 피는 매화의 강인한 의지와 성품

빙자옥질(氷姿玉質)이여 눈 속에 네로구나.
얼음처럼 깨끗한 자태와 옥같이 고운 자질, 매화의 외면적 아름다움 (매화의 별칭)
가만히 향기 놓아 황혼월(黃昏月)을 기약하니
아마도 아치고절(雅致高節)은 너뿐인가 하노라. 〈제3수〉
　　　아담한 풍치와 높은 절개, 매화의 내면적 아름다움 (매화의 별칭)
▶ 매화의 아름다움과 높은 절개

바람이 눈을 모라 산창(山窓)에 부딪치니,
시련
찬 기운(氣運) 싀여 드러 좀든 매화를 침노(侵擄)한다.
시련, 매화의 생명력을 앗아가려 함 (바람, 눈, 찬 기운 = 시련과 고난)
아무리 얼우려 흥인들 봄 뜻이야 아슬소냐. 〈제6수〉
　봄이 찾아왔음을 알리겠다는 의지　　　↑ : 매화의 강인함, 설의법
▶ 매화의 강인한 의지와 자연의 섭리

　　　↑ 동쪽 누각 (따뜻하고 안전한 곳)　　↑ 철쭉꽃, 진달래꽃 ↔ 매화와 대조
동각에 숨은 꽃이 척촉(躑躅)인가 두견화(杜鵑花)인가.
　↑ 온 세상　　　　　　↑ 설의법
건곤(乾坤)이 눈이어늘 제 어찌 감히 피리.
　　　　↑ 눈의 찬 기운을 이겨내고 꽃을 피워 봄을 알리는 매화의 강인함 예찬
알괘라 백설양춘(白雪陽春)은 매화밖에 뉘 있으리. 〈제8수〉
영탄법　눈 속의 따뜻한 봄 (매화의 별칭)　　설의법
▶ 눈 속에 피어난 매화의 강인한 의지와 높은 절개

현대어 풀이

매화 그림자 비친 창에 아름다운 여인이 비스듬히 앉아 있는데
두어 명의 노인은 거문고 뜯으며 노래하도다.
이윽고 술잔을 들어 서로 권할 때 달이 또한 솟아오르도다.

연약하고 엉성한 가지이기에 꽃을 피우리라는 것을 믿지 아니하였더니
눈 올 때 피겠다던 약속을 능히 지켜 두세 송이가 피었구나.
촛불 잡고 너를 가까이 보며 즐길 때 그윽한 향기는 방안을 떠도는구나.

얼음같이 맑고 깨끗한 모습과 구슬같이 아름다운 바탕이여, 눈 속에 피어난 너로구나.
가만히 향기를 풍기며 저녁달을 기다리니
아마도 아담한 풍치와 높은 절개를 지닌 것은 오직 너뿐인가 하노라.

찬 기운이 방으로 새어 들어와 잠들어 있는 매화를 침범한다.
아무리 얼게 하려 한들 새봄이 찾아왔음을 알리겠다는 매화의 의지를 빼앗을 수 있으랴.

동쪽 누각에 숨어 피어 있는 꽃이 철쭉인가 진달래인가.
온 세상이 눈에 덮여 있는데 제 어찌 감히 꽃을 피울 수 있겠느냐.
알겠도다, 백설 속에서도 봄빛을 보이는 것은 매화밖에 또 누가 있으랴.

◆ 핵심정리

갈래	평시조, 연시조(전 8수)
성격	영매가(詠梅歌), 예찬적
제재	매화
주제	매화 예찬
특징	- 매화를 의인화하여 고결한 성품을 지닌 존재로 표현함 - 영탄법, 설의법을 통해 주제를 강조함

◆ 구성

1수	매화와 함께하는 풍류
2수	매화의 지조에 대한 경탄
3수	매화의 아름다움과 절개
4수	매화와 함께하는 유흥
5수	매화와 달의 조화
6수	매화의 굳은 의지
7수	늙은 매화나무의 굳은 의지
8수	매화의 남다른 지조

◆ '눈'을 이기는 '매화'

보통 겨울은 꽃이 피기 어려운 계절이지만 이 작품에서 매화는 '바람, 찬 눈, 찬 기운'과 같이 꽃이 피기 어려운 시련이나 고통에서도 꽃을 피우고 있다. 화자는 이러한 매화의 고결한 성품과 절개를 예찬하고 있다.

2016년 경찰직 1차　* '어상', '무식한 놈'과 함께 출제

Q. 밑줄 친 시어가 '절개를 가진 꽃'과 유사한 의미로 쓰이지 않은 것은?

① 풍상(風霜)이 섞어 친 날에 갓 피온 황국화(黃菊花)를
　금분(金盆)에 가득 담아 옥당(玉堂)에 보내오니
　도리(桃李)야 꽃이온 양 마라 임의 뜻을 알괘라.
② 국화야 너는 어이 삼월동풍 다 보내고
　낙목한천(落木寒天)에 네 홀로 피었느냐
　아마도 오상고절(傲霜孤節)은 너뿐인가 하노라.
③ 빙자옥질(氷姿玉質)이여 눈 속에 네로구나
　가만히 향기 놓아 황혼월을 기약하니
　아마도 아치고절(雅致高節)은 너 뿐인가 하노라.
④ 동각에 숨은 꽃이 철쭉인가 두견화인가
　건곤이 눈이어늘 제 어찌 감히 피리
　알괘라 백설양춘은 매화밖에 뉘 있으리.

2018 법원직 9급 * '봉선화가'와 함께 출제

백옥섬 좋은 흙에 종종이 심어 내니 / 춘삼월 지난 후에 향기 없다 웃지 마소
취한 나비 미친 벌이 따라올까 저허하네 / 정정한 저 기상을 여자밖에 뉘 벗할고
옥난간 긴긴 날에 보아도 다 못 보아 / 사창을 반개하고 차환*을 불러 내어
다 핀 꽃을 캐어다가 수(繡)상자에 담아 놓고
여공(女工)을 그친 후에 중당에 밤이 깊고 납촉이 밝았을 제
나옴나옴 고초 앉아 흰 구슬을 갈아 마아
빙옥(氷玉) 같은 손 가운데 난만이 개어 내어
파사국 저 제후의 홍산궁을 펼쳤는 듯 / 심궁 풍류 절고에 홍수궁을 마아는 듯
섬섬한 십지상(十指上)에 수실로 감아 내니
종이 위에 붉은 물이 미미히 숨의는 양
가인의 얕은 뺨에 홍로를 끼쳤는 듯
단단히 봉한 모양 춘나옥자 일봉서를 왕모에게 부치는 듯
춘면을 늦게 깨어 차례로 풀어 놓고 / 옥경대를 대하여서 팔자미를 그리려니
난데없는 붉은 꽃이 가지에 붙었는 듯 / 손으로 우희려니 분분히 흩어지고
입으로 불려 하니 섞인 안개 가리었다
여반(女伴)을 서로 불러 낭랑이 자랑하고
꽃 앞에 나아가서 두 빛을 비교하니
쪽 잎의 푸른 물이 쪽빛보다 푸르단 말이 아니 옳을손가
은근히 풀을 매고 돌아와 누웠더니 / 녹의홍상 일여자가 표연히 앞에 와서
웃는 듯 찡그리는 듯 사례는 듯 하직는 듯 / 몽롱이 잠을 깨어 정녕이 생각하니
아마도 꽃 귀신이 내게 와 하직한다 / 수호를 급히 열고 꽃 수풀을 점검하니
땅 위에 붉은 꽃이 가득히 수놓았다. / 암암이 슬퍼하고 낱낱이 주워 담아
꽃다려 말 붙이니 그대는 한치 마소 / 세세연년의 꽃빛은 의구하니
하물며 그대 자취 내 손에 머물렀지 / 동원의 도리화는 편시춘을 자랑 마소
이십 번 꽃바람의 적막히 떨어진들 뉘라서 슬퍼할고
규중에 남은 인연 그대 한 몸뿐이로세
봉선화 이 이름을 뉘라서 지어낸고 일로 하여 지어서라

— 작가 미상, 〈봉선화가〉

Q. 화자의 봉선화에 대한 태도와 가장 일치하는 것은?

① 동각에 숨은 꽃이 척촉(躑躅)인가 두견화(杜鵑花)인가.
건곤(乾坤)이 눈이어늘 제 어찌 감히 피리.
알괘라 백설 양춘(白雪陽春)은 매화밖에 뉘 있으리.

② 이화(梨花)에 월백(月白)ᄒ고 은한(銀漢)이 삼경(三更)인 제
일지춘심(一枝春心)을 자규(子規) ㅣ야 아랴마ᄂᆞ.
다정(多情)도 병(病)인 냥ᄒ여 ᄌᆞᆷ 못 드러 ᄒ노라.

③ 추강(秋江)에 밤이 드니 물결이 차노매라.
낚시 드리우니 고기 아니 무노매라.
무심(無心)한 달빛만 싣고 빈 배 저어 오노라.

④ 잔 들고 혼자 앉자 먼 뫼흘 ᄇᆞ라보니,
그리던 님이 오다 반가옴이 이러ᄒ랴.
말솜도 우움도 아녀도 내 됴하ᄒ노라.

병태 요정의 ADVICE

이 작품은 작가가 스승인 박효관을 찾아가 벗들과 기생들과 함께 거문고를 타고 노래를 부르면서 놀다가, 마침 박효관이 가꾼 매화가 피어 방안에 향기가 진동하여 이 노래를 지었다고 알려져 있습니다.

〈제1수〉는 이 작품의 창작 동기가 된 당시의 배경으로, 나머지 7수에서 매화 자체에 초점을 맞추게 되는 서사적 기능을 합니다. 〈제2수〉에서는 눈 속에서 피어나는 매화의 강인한 의지와 높은 절개를 예찬하고, 〈제3수〉에서는 매화의 깨끗한 자태와 우아한 풍치, 높은 절개를 예찬하고 있습니다. 〈제6수〉에서는 겨울 바람과 같은 시련이와도 꽃을 피워 봄소식을 전달하는 매화의 모습을 통해 매화의 절개를 예찬하고 있습니다. 〈제8수〉에서는 철쭉과 진달래와 대조하여 추운 겨울에 피는 유일한 꽃이라는 점을 강조하여 매화의 강인한 의지와 높은 절개를 예찬하고 있습니다.

정답 ①, ①

연시조 02 강호사시가(江湖四時歌) - 맹사성

1

江湖(강호)에 봄이 드니 미친 興(흥)이 절로 난다.
자연(대유법)
濁醪溪邊(탁료계변)에 錦鱗魚(금린어) 안주로다.
안빈낙도, 안분지족
이 몸이 閒暇(한가)하옴도 亦君恩(역군은)이샷다.
유교적 충의

현대어 풀이

강호(자연)에 봄이 찾아오니 참을 수 없는 흥이 절로 난다.
막걸리를 마시며 노는 시냇가에 싱싱한 물고기가 안주로다.
이 몸이 이렇게 한가하게 지내는 것도 역시 임금의 은혜이시도다.

2

江湖(강호)에 녀름이 드니 草堂(초당)에 일이 업다.
有信(유신)호 江波(강파)눈 보내ᄂ 브람이다.
자연과 혼연일체가 된 생활
이 몸이 서늘하옴도 亦君恩(역군은)이샷다.

현대어 풀이

강호에 여름이 앞아오니 초당에 있는 이 몸은 할 일이 별로 없다.
신의가 있는 강의 물결은 보내는 것이 시원한 바람이로다.
이 몸이 이렇게 시원하게 지내는 것도 역심 임금의 은혜이시도다.

3

江湖(강호)에 ᄀ을이 드니 고기마다 술져 잇다.
풍요로움
小艇(소정)에 그믈 시러 흘리 띄여 더뎌 두고,
이 몸이 消日(소일)하옴도 亦君恩(역군은)이샷다.
느긋하게 세월을 보냄

현대어 풀이

강호에 가을이 찾아오니 물고기마다 살이 올라 있다.
작은 배에 그물을 싣고 가서 물결 따라 흐르게 던져 놓고,
이 몸이 이렇게 소일하며 지내는 것도 역시 임금의 은혜이시도다.

4

江湖(강호)에 겨월이 드니 눈 기픠 자히 남다.
삿갓 빗기 쓰고 누역으로 오슬 삼아,
소박함, 안빈낙도, 안분지족
이 몸이 칩지 아니하옴도 亦君恩(역군은)이샷다.

현대어 풀이

강호에 겨울이 찾아오니 쌓인 눈의 깊이가 한 자가 넘는다.
삿갓을 비스듬히 쓰고 도롱이를 둘러 덧옷을 삼으니,
이 몸이 이렇게 춥지 않게 지내는 것도 역시 임금의 은혜이시도다.

핵심 포인트

〈춘사〉	시냇가에서 물고기를 안주삼아 탁주를 마시는 흥겨운 강호 생활 미친 흥 : 참을 수 없는 즐거움
〈하사〉	초당에 지내는 한가로운 강호 생활
〈추사〉	강호에서 물고기를 잡으며 즐기는 강호 생활
〈동사〉	삿갓과 도롱이로 추위를 막으며 만족하는 강호 생활

♦ 핵심정리

갈래	연시조, 정형시, 강호 한정가
성격	풍류적, 전원적, 낭만적
주제	강호에서 자연을 즐기며 임금의 은혜에 감사함
특징	- 계절에 따라 한 수씩 노래함 - 자연에 대한 예찬과 유교적 충의가 함께 드러남 - 각 연마다 형식을 통일하여 안정감을 드러내고 주제를 효과적으로 부각시킴

병태 요정의 ADVICE

강호에서 자연을 즐기며 한가롭게 지내는 삶을 노래하며 이를 임금의 은혜와 결부시켜 표현한 조선 전기 강호가도의 대표적 작품으로, 최초의 연시조이다. 춘사(春詞)에서는 흥겹고 한가한 풍류적 생활을, 하사(夏詞)에서는 강바람을 맞으며 초당에서 한가로이 지내는 강호의 생활을, 추사(秋詞)에서는 작은 배를 타고 고기를 잡으며 소일하는 즐거움을, 동사(冬詞)에서는 설경을 완상하며 유유자적하는 삶의 모습을 그리고 있다. 이와 같이 이 시는 자연 속에서의 즐거움을 각 계절마다 한 수씩 읊으며 안분지족하는 은사(隱士)의 모습을 보여 주고 있다.

각 연의 끝에 나타나는 '亦君恩(역군은)이샷다'는 작자 미상의 '감군은'이나 송순의 '면앙정가' 등에도 보이는 것으로, 임금에 대한 신하의 충(忠) 사상과 태평성대를 구가하는 사대부들의 소망을 반영한 것이다.

연시조 03	**도산십이곡**	– 이황

2019년 지방직 9급

　　　　　　대구법
이런들 엇더ᄒᆞ며 / 뎌런들 엇더ᄒᆞ료
　　　　　　　　　　달관적 태도
草野愚生(초야우생)이 이러타 엇더ᄒᆞ료
시골에 사는 어리석은 사람　　자연을 벗 삼아 사는 삶
ᄒᆞ물며 泉石膏肓(천석고황)을 고려 므슴ᄒᆞ료 　〈제1곡〉
　　　자연을 사랑하는 것이 병이 될 정도로 깊음 = 연하고질(煙霞痼疾)
▶ 자연에 대한 지극한 사랑

『고인(古人)도 날 몯 보고 나도 고인(古人) 몯 뵈』
　옛 성현들　　　　　　　　　　　『 』: 대구법
고인(古人)을 몯 뵈도 녀던 길 알ᄑᆡ 잇ᄂᆡ
　　　　　　　　　　　　학문 수양의 길
녀던 길 알ᄑᆡ 잇거든 아니 녀고 엇뎔고 　〈제9곡〉
　　　　　　　　　　후학들에 대한 충고와 훈계
▶ 학문 수양의 다짐과 후학에 대한 충고

당시(當時)예 녀든 길흘 몃 ᄒᆞ를 ᄇᆞ려 두고
벼슬을 하기 전, 학문에 힘쓰던 시절　벼슬을 함
어듸 가 ᄃᆞ니다가 이제ᅀᅡ 도라온고
이황은 23세에 과거에 급제하여 69세에 벼슬에서 물러남
이제나 도라오나니 년 ᄃᆡ ᄆᆞᅀᆞᆷ 마로리 　〈제10곡〉
　　　　　　자기 수양과 학문 도야, 후학 양성에만 힘쓰겠다는 다짐
▶ 벼슬을 버리고 학문에 정진함

『 』: 대구법
『청산(青山)는 엇뎨ᄒᆞ야 만고(萬古)애 프르르며
　변함없는 푸르름 예찬
유수(流水)는 엇뎨ᄒᆞ야 주야(晝夜)애 긋디 아니ᄂᆞᆫ고』
멈추지 않는 영원성 예찬
우리도 그치디 마라 만고상청(萬古常青) ᄒᆞ리라 　〈제11곡〉
변함없고 그침 없이 학문 수양에 힘쓰겠다는 의지
▶ 학문 수양의 의지

　　『 』: 학문 완성의 어려움
『우부(愚夫)도 알며 ᄒᆞ거니 긔 아니 쉬운가
　어리석은 사람
성인(聖人)도 못다 ᄒᆞ시니 긔 아니 어려운가』
쉽거나 어렵거나 중에 늙ᄂᆞᆫ 주를 몰래라 　〈제12곡〉
▶ 영원한 학문 수양의 길

현대어 풀이

이런들 어떠하며 저런들 어떠하랴?
시골에 묻혀 사는 어리석은 사람이 이렇게 산다고 해서 어떠하랴?
더구나 자연을 버리고는 살 수 없는 마음을 고쳐서 무엇하랴? 　〈제1곡〉

옛 훌륭한 어른이 지금의 나를 못 보고 나도 고인을 뵙지 못하네
고인을 뵙지 못해도 그분들이 행하시던 길이 앞에 놓여 있으니,
그 가던 길(학문의 길)이 앞에 있으니 나 또한 아니 가고 어떻게 하겠는가? 〈제9곡〉

그 당시 학문 수양에 힘쓰던 길을 몇 해씩이나 버려두고
벼슬길을 헤매다가 이제야 돌아왔는가?
이제 돌아왔으니 다시는 딴 마음을 먹지 않으리. 　〈제10곡〉

푸른 산은 어찌하여 영원히 푸르며
흐르는 물은 또 어찌하여 밤낮으로 그치지 않는가?
우리도 저 물같이 그치는 일 없이 저 산같이 언제나 푸르게 살리라. 〈제11곡〉

어리석은 자도 알아서 행하니 학문의 길이 얼마나 쉬운가.
그러나 성인도 다하지 못하는 법이니 그것이 얼마나 어려운가.
쉽든 어렵든 간에 학문을 닦는 생활 속에 늙는 줄을 모르겠다. 〈제12곡〉

◆ 핵심정리

갈래	연시조
성격	교훈적, 회고적, 예찬적
율격	3(4)·4조, 4음보
주제	자연 속에 묻혀 살고 싶은 소망과 학문의 길에 대한 의지
특징	– 반복법, 설의법, 대구법, 연쇄법 등 다양한 표현 방법을 활용함 – 총12수로 전반부와 후반부로 나눔. – 학문에 대한 의지와 생경한 한자어가 많이 사용됨

◆ 구성

전반부 언지(言志)	1수 : 아름다운 자연에 순응하면서 순리대로 살아가려는 마음 2수 : 아름다운 자연을 벗하여 살며 태평성대 속에 병으로 늙어 가는 작자의 모습 3수 : 성선설을 지지하며 세상의 영재들에게 순박하고 후덕한 풍습을 강조 4수 : 벼슬자리를 떠나 자연을 벗하며 살아도 임금을 그리워하는 정 5수 : 자연을 멀리하는 현실 개탄 6수 : 대자연의 아름다움
후반부 언학(言學)	7수 : 학문하는 즐거움과 산책하는 생활 8수 : 인간으로서 진리 터득의 중요성 9수 : 옛 성현들을 따라 우리도 학문의 길을 실천하며 살아야 함 10수 : 젊을 때 학문에 뜻을 두었다가 벼슬을 지낸 과거를 후회하면서, 이제 학문 수양에 힘쓰겠다는 다짐 11수 : 청산과 유수라는 자연의 영원 불변성을 소재로 하여, 그침 없이 학문 수양에 힘쓰겠다는 의지 12수 : 영원한 학문 수양의 길을 강조

병태 요정의 ADVICE

이 작품은 이황(李滉)이 지은 연시조로, 작자가 안동에 도산 서원을 세우고 학문에 열중하면서 지은 것입니다. 모두 12곡으로 이루어졌는데, 작자 자신이 전6곡(前六曲)은 언지(言志), 후6곡(後六曲)을 언학(言學)이라고 설명하였습니다. 전6곡은 자연에 동화된 생활을 하면서 느끼는 감흥을 노래한 것이고, 후6곡은 학문 수양에 임하는 심경을 노래한 것입니다.

연시조 04 고산구곡가(高山九曲歌) - 이이

〈서사〉

高山九曲潭(고산구곡담)을 살룸이 몰으든이

주모복거(誅茅卜居)ᄒᆞ니 벗님네 다 오신다

어즙어, 무이(武夷)를 想像(상상)ᄒᆞ고 학주자(學朱子)를 ᄒᆞ리라.
　　　　　　　　　　　　　　　　　　학문에 대한 다짐

현대어 풀이

고산의 아홉 번을 굽이 도는 계곡의 아름다운 경치를 사람들이 모르느니,
내가 터를 닦아 집을 짓고 살게 되니 벗들이 찾아오는구나.
아, 주자가 학문을 닦던 무이를 생각하면서 주자의 학문을 공부하리라.

〈제1곡〉

一曲(일곡)은 어디ᄆᆡ고 冠巖(관암)에 ᄒᆡ 빗쵠다
↑■ : 반복법 (형식적 통일, 운율 형성)　　① 지명 ② 갓[冠]같이 생긴 바위 (중의법)

平蕪(평무)에 ᄂᆡ 거든이 遠近(원근)이 글림이로다.
잡초가 무성한 넓고 평편한 들판　　　　은유법

松間(송간)에 綠樽(녹준)을 노코 벗 온 양 보노라.
　　　　　　　　　자연 속에서의 풍류

현대어 풀이

일곡은 어디인가? 관암에 해가 비친다.
잡초가 우거진 들판에 안개가 걷히니 원근의 경치가 그림같이 아름답구나.
소나무 사이에 술동이를 놓고 벗이 찾아온 것처럼 바라보노라.

〈제2곡〉

二曲(이곡)은 어디ᄆᆡ고 花巖(화암)에 春晩(춘만)커다.
　　　　　　　　　① 지명 ② 꽃과 바위 (중의법)

碧波(벽파)에 곳츨 씌워 野外(야외)에 보내노라.
　　　　　　　　　　　　속세

살룸이 勝地(승지)를 몰온이 알게 ᄒᆞᆫ들 엇더리.
　　　　　① 명승지(경치가 좋은 곳) ② 학문의 진리 (중의법)

현대어 풀이

이곡은 어디인가? 화암에 봄이 저물었도다.
푸른 물결에 꽃을 띄워 들 밖으로 보내노라.
사람들이 경치 좋은 이곳을 알지 못하니 알려서 찾아오게 한들 어떠리.

핵심 포인트

〈서사〉 고산에 정사를 짓고 주자학을 배움(학문에 대한 다짐)
〈제1곡〉 관암의 아침 경치(아름다운 자연에서 풍류를 즐기는 여유로운 모습)
〈제2곡〉
1. 화암의 늦봄 경치(꽃을 띄워 보내 사람들에게 화암의 경치를 알리려는 멋과 여유)
2. 승지 : 경치 좋은 곳
3. 종장 : '면앙정가'와 관련

◆ 핵심정리

갈래	평시조, 연시조
성격	교훈적, 예찬적
제재	고산의 아름다움 예찬과 학문의 즐거움
주제	학문의 즐거움과 자연의 아름다움 예찬
특징	- 중의적 표현으로 고산의 아름다움과 학문의 즐거움을 동시에 나타냄 - 한자어 사용이 두드러지고, 절제된 감정 속에 풍경을 구체적으로 묘사함

병태 요정의 ADVICE

　이 작품은 작가가 고산 석담(石潭)에 은거하며 그곳의 풍광을 묘사하고, 아울러 이를 학문을 향한 정진과 연계한 10수의 연시조로, 서곡(序曲) 1수, 본문 9수로 이루어져 있다. 서곡의 "武夷(무이)를 想像(상상)ᄒᆞ고 學朱子(학주자)를 ᄒᆞ리라"에 나타난 것처럼 시 전반에 걸쳐 학문에의 의지와 자연 친화적 성격이 드러난다. 본문은 고산의 경치와 흥취를 노래하고 있는데, 매수에 고산의 특정 장소로 인도하는 첫 구절을 두고 있어 작품 전체가 완결된 한 편의 시조로 느껴지게 한다. 여기에 나타난 지명은 경관의 아름다움을 묘사할 뿐 아니라 학문 수양과 풍류를 의미하는 중의적 표현이다. 또한 각 연의 이미지를 시간의 순서와 연관시켜 형상화하여 아침(1곡)에서 달밤(8곡)에 이르는 하루의 시간적 순환과 봄(2곡)에서 겨울(9곡)에 이르는 한 해의 질서에 따라 변화하는 태도가 유기적으로 잘 형상화되어 있다. 이는 모든 것에서 조화와 질서를 추구하고자 했던 이이의 철학적 태도가 작품에도 반영된 것이라 할 수 있다.

　한편 이 작품이 주희(朱熹)의 '무이도가(武夷櫂歌)'를 본떠서 지었다고 하지만, 시상(詩想)과 미의식 면에서 독창성이 엿보인다. 주자를 배운 대부분의 학자들이 한시로 '무이도가'를 모방한 데 반해, 이이는 시조의 형식으로 받아들였고, 경관의 묘사를 넘어 학문의 자세를 언급한 점은 여타 작품과 뚜렷이 대비된다.

연시조 05 — 어부가(漁父歌) / 어부단가 — 이현보
2019 국회직 8급

〈제1수〉

이 듕에 시름 업스니 漁父(어부)의 생애이로다.
  인간 생활
一葉扁舟(일엽편주)를 萬頃波(만경파)에 띄워 두고
  나뭇잎같이 작은 배 한 척   한없이 넓은 바다
人世(인세)를 다 니젯거니 날 가는 줄를 안가.
  속세   잊고 있으니
                                    ▶ 걱정 없는 어부의 삶

〈제2수〉

구버는 千尋綠水(천심 녹수) 도라보니 萬疊靑山(만첩청산)

十丈紅塵(십장 홍진)이 언매나 그롓는고.
  속세
江湖(강호)애 月白(월백)ᄒ거든 더옥 無心(무심)하얘라.
            달이 밝게 비침   세속적 욕심에 관심이 없는 화자의 모습
                                    ▶ 유유자적(悠悠自適)하는 삶

〈제3수〉

靑荷(청하)애 바볼 반고 綠流(녹류)에 고기 꿰여,
  푸른 연잎   푸른 버들가지
蘆荻花叢(노적화총)애 빈 민아두고,
  갈대꽃과 억새풀이 가득한 곳
一般淸意味(일반청의미)를 어느 부니 아르실고.
  자연의 참된 의미
                                    ▶ 자연의 참된 의미

〈제4수〉

山頭(산두)에 閑雲(한운)이 起(기)ᄒ고 水中(수중)에 白鷗(백구) ㅣ
              한가로운 구름(자연 친화의 대상)   자연 친화의 대상
飛(비)이라.

無心(무심)코 多情(다정)ᄒ니 이 두 거시로다.
  욕심 없이
一生(일생)에 시르믈 닛고 너를 조차 노로리라.
  물아일체의 경지 (의인법-한운과 백구를 '너'로 지칭함)
                                    ▶ 자연에 몰입하는 즐거움의 추구

〈제5수〉

長安(장안)을 도라보니 北闕(북궐)이 千里(천 리)로다.
  한양   임금이 있는 곳, 대궐(경복궁)
漁舟(어주)에 누어신들 니즌 스치 이시랴.
  화자의 내적 갈등 (1수 종장과 대비)
두어라 내 시름 아니라 濟世賢(제세현)이 업스랴.
  감탄사   세상을 건질 어진 사람
                                    ▶ 우국충정

◆ 핵심정리

갈래	연시조, 강호 한정가
성격	풍류적, 낭만적, 자연 친화적
제재	어부의 생활
주제	자연을 벗하는 풍류적인 생활, 자연에 은거하는 어부의 생활
특징	- 상투적인 표현을 사용하여 정경 묘사가 추상적이고 관념적임 - 고려 때 전해 오는 '어부가'를 개작한 강호가도의 맥을 잇는 작품 - 윤선도의 '어부사시사'에 영향을 줌

◆ 속세에 대한 화자의 인식 변화

제1수	속세에 대한 부정적 인식이 드러남.
제2수	속세로부터 벗어나고자 함.
제5수	속세를 잊지 못하고 미련을 보임.

◆ 화자의 내적 갈등

〈제1수〉에서 화자는 인세, 즉 세속의 일을 잊고 자연을 벗 삼아 한가로운 삶을 누리고자 한다. 〈제2수〉에서도 '십장 홍진'으로 대표되는 속세를 잊고자 '천심 녹수', '만첩 청산'이라는 화자를 둘러싼 자연물을 제시하는데, 이는 속세와의 단절 의지를 드러낸 소재라 할 수 있다. 그러나 〈제5수〉에서 '장안'과 '북궐'을 의식하며 속세에 대한 미련과 함께 임금에 대한 걱정을 드러내면서 화자가 속세에서 완전히 벗어나지 못했음을 암시하고 있다.

> **병태 요정의 ADVICE**
>
> 고려 때부터 전해 내려오는 '어부가'를 개작한 것으로 '어부단가'라고도 불립니다. 이 작품은 선인들의 요산요수의 운치 있는 생활과 함께 자연을 벗하며 고기잡이를 하는 한가한 삶에서 당시 양반 계급의 풍류 생활을 엿볼 수 있습니다. 이 작품에서는 시상 전개에 따라 화자의 시선 이동이 나타나고 이를 통해 자연 속에 있으면서 현실을 지향하는 내면 의식을 확인할 수 있습니다. 이것은 문학 작품이 사회와의 관계에서 그 사회의 영향으로부터 벗어날 수 없다는 관점에서 살펴볼 여지가 있습니다.
>
> 또한 이 작품은 상대적으로 한자어가 많아 노래를 부르기에 적합하지 않은 결점을 지녔으며, 상투적 한자어를 많이 쓴 정경의 묘사도 관념적이라고 평가됩니다.

어부사시사(漁父四時詞) — 윤선도

2019 서울시 9급, 2013 국회직 9급, 2013 소방직

〈춘사(春詞) 1〉

압개예 안기 것고 뒫뫼희 히 비췬다.
앞 포구에, 앞 포구에
빈 떠라 빈 떠라
후렴구(여음구), 출항에서 귀항까지의 과정을 나타내며 각 수마다 다름
밤믈은 거의 디고 낟믈이 미러 온다.
至지匊국悤총 至지匊국悤총 於어思사臥와
후렴구(여음구), 고려 가요의 특징을 이어받음 (노 젓는 소리의 의성어와 어부의 소리)
江강村촌 온갓 고지 먼 빗치 더옥 됴타.
꽃이 / 좋다

▶ 강촌의 봄 풍경

현대어 풀이
앞 포구에 안개 걷히고 뒷산에 해 비친다. / 배 띄워라 배 띄워라.
썰물은 거의 빠지고 밀물이 밀려온다. / 찌그덩 찌그덩 어여차
강 마을의 온갖 꽃이 먼 빛으로 바라보니 더욱 좋다.

〈춘사(春詞) 4〉

『 』: 시각적 심상과 청각적 심상이 짝을 이루어 평화로운 어촌 마을의 봄경치를 잘 드러냄
『우는 거시 ⓐ벅구기가 프른 거시 버들습가.』
청각, 동적 이미지 / 시각, 정적 이미지
이어라 이어라
漁어村촌 두어 집이 닛 속의 나락들락.
원경 / 안개
원경→근경 至지匊국悤총 至지匊국悤총 於어思사臥와
말가호 기픈 소희 온갇 ⓑ고기 뛰노ᄂ다.
근경 / 역동적이고 활기찬 이미지

▶ 어촌에서의 유유자적한 삶

현대어 풀이
우는 것이 뻐꾸기인가 푸른 것이 버드나무 숲인가. / 노 저어라 노 저어라.
어촌 두어 집이 안개 속에 들락날락하는구나. / 찌그덩 찌그덩 어여차
맑고도 깊은 못에 온갖 고기 뛰노는구나.

〈하사(夏詞) 2〉

蓮년닙희 밥 싸 두고 飯반饌찬으란 쟝만 마라.
안분지족(安分知足), 단사표음(簞食瓢飮) : 검소하고 소박한 생활
닫 드러라 닫 드러라
『 』: 어부의 소박한 옷차림
『靑쳥蒻약笠립은 써 잇노라 綠녹蓑사衣의 가져 오냐.』
푸른 갈대로 만든 삿갓 / 풀로 엮은 비옷 (도롱이)
至지匊국悤총 至지匊국悤총 於어思사臥와
『 』: 물아일체(物我一體), 자연(自然)친화, 물심일여(物心一如)
『無무心심호 ⓒ白빅鷗구는 내 좃ᄂ가 제 좃ᄂ가.』
욕심 없는

▶ 물아일체의 즐거움

현대어 풀이
연잎에 밥 싸 두고 반찬은 준비하지 마라. / 닻 들어라 닻 들어라.
삿갓은 쓰고 있노라, 도롱이 가져왔느냐? / 찌그덩 찌그덩 어여차
무심한 갈매기는 내가 저(갈매기)를 쫓는가 제(갈매기)가 나를 쫓는가?

〈추사(秋詞) 4〉

水슈國국의 ᄀᆞ을히 드니 고기마다 슬져 잇다.
강촌 (보길도) / 풍성함, 여유로움
닫 드러라 닫 드러라
萬만頃경澄딩波파 슬ᄏᆞ지 容용與여ᄒᆞ쟈.
한없이 넓은 바다 / 한가롭고 편안하게 즐기자
至지匊국悤총 至지匊국悤총 於어思사臥와
人인間간을 도라보니 머도록 더옥 됴타.
속세 ↔ 자연과 대조

▶ 속세를 떠나 자연에 은거하는 즐거움

현대어 풀이
강촌 (보길도)에 가을이 되니 고기마다 살쪄 있다. / 닻 들어라 닻 들어라.
끝없이 넓고 푸른 바다의 물결에서 실컷 놀아 보자. / 지그덩 찌그덩 어여차
속세를 돌아보니 멀수록 더욱 좋구나.

〈동사(冬詞) 4〉

간밤의 눈 갠 後후의 景경物물이 달匇고야.
온 세상이 눈에 덮임
이어라 이어라
『 』: 대구법, 색채 대비
『압희는 萬만頃경琉류璃리 / 뒤희는 千천疊텹玉옥山산』
끊없이 잔잔한 바다 / 첩첩이 눈 덮인 산 (흰 색)
至지匊국悤총 至지匊국悤총 於어思사臥와
仙션界계ㄴ가 佛블界계ㄴ가, ⓓ人인間간이 아니로다.
이상 세계 / 속세 ↔ 선계, 불계와 대조

▶ 눈 덮인 강촌의 아름다움

현대어 풀이
지난밤 눈 그친 후에 경치가 달라졌구나. / 노 저어라 노 저어라.
앞에는 유리처럼 맑고 잔잔한 넓은 바다, 뒤에는 첩첩이 둘러싸인 백옥 같은 산.
찌그덩 찌그덩 어여차 / 선계인가 불계인가 속세는 아니로다.

◆ 핵심정리

갈래	평시조, 연시조(춘하추동 각 10수씩 전 40수), 강호 한정가, 어부가
성격	풍류적, 전원적, 자연 친화적
제재	자연에서의 어부 생활
주제	자연 속에서 한가롭게 살아가는 어부 생활의 여유와 흥취
특징	- 초장과 중장, 중장과 종장 사이에 고려 가요처럼 후렴구가 있음 - 대구법, 반복법, 의성법, 원근법 등의 다양한 표현법을 사용함 - 우리말의 묘미를 잘 살림 〈춘사 4〉 - 선명한 색채 대비를 통해 자연의 모습을 그려 냄

◆ 계절의 흐름에 따른 전개

춘	고기잡이를 떠나는 광경 - 고기잡이를 떠나는 어부의 모습과 흥겨움
하	소박한 어옹의 생활 - 소박하고 욕심 없는 어옹의 생활과 안분지족의 정서
추	속세를 떠나 자연과 동화된 생활 - 자연에 동화된 생활에서 느끼는 속세에 대한 거부감
동	정계에 대한 근심과 자연을 예찬하는 마음

※ 여기서 어부는 물고기를 잡는 일을 업으로 하는 어부가 아니라, 어부처럼 지내는 사람으로 속세를 떠나서 살아가는 사람을 말한다. '어부사시사'의 '어부'는 정계 또는 세상의 속사를 잊고 강호에 묻혀 지내며 시를 읊고 술잔을 기울이던 사대부들이라고 할 수 있다.

2019 서울시 9급

Q. 위 시조에 대한 설명으로 옳지 않은 것은?

① 임금에 대한 그리움을 함축적으로 표현하고 있다.
② 청각적 이미지를 활용하고 있다.
③ 대구법을 사용하고 있다.
④ 후렴구를 제외하면 전형적인 3장 6구의 시조 형식을 갖추고 있다.

2013 소방직

Q. 다음 중 위 작품과 관련이 없는 한자 성어는?

① 안빈낙도(安貧樂道) ② 유유자적(悠悠自適)
③ 강호한정(江湖閑情) ④ 연군지정(戀君之情)

Q. 밑줄 친 ⓐ~ⓓ 중에서 성격이 다른 하나는?

① ⓐ   ② ⓑ   ③ ⓒ   ④ ⓓ

2013 국회직 9급

Q. 다음 중 (가)와 (나)의 시의 공통점으로 적절한 것은?

> (가) 우는거시 벅구기가 프른 거시 버들숩가 漁村 두어 집이 닛속의 나락들락 말가. 가픈 소희 온갇 고기 뛰노ᄂᆞ다
> — 윤선도, 〈어부사시사〉
>
> (나) 윤사월 해 길다 / 꾀꼬리 울면
> 산지기 외딴 집 / 눈먼 처녀사
> 문설주에 귀 대이고 / 엿듣고 있다.
> — 박목월, 〈윤사월〉

① 시각과 청각이 겹쳐져 입체적인 이미지를 형성하고 있다.
② 대상의 외면 묘사를 통해 시인의 노골적인 내면의 정서를 표현하고 있다.
③ 자연과 인간의 대조를 통해 인간의 유한성을 드러내고 있다.
④ 자연의 좋은 경치를 즐기고 있는 화자의 모습이 그려져 있다.
⑤ 화자의 시선이 한 곳에 고정되어 정태적 느낌을 자아내고 있다.

◆ 구성상 특징

'어부사시사'는 각 계절마다 펼쳐지는 어촌의 아름다운 경치와 어부 생활의 흥취가 여음(餘音)과 더불어 잘 드러나 있다. 중장과 종장 사이의 후렴구 '지국총 지국총 어사와'는 전편(全篇)이 일정하다.
반면 초장과 중장 사이의 후렴구는 각 계절의 10수마다 출항에서 귀항까지의 과정을 보여준다. 초장과 중장 사이의 여음구는 다음과 같다.

1수	빈 떠라 빈 떠라
2수	닫 드러라, 닫 드러라
3수	돋 ᄃᆞ라라, 돋 ᄃᆞ라라
4수	이어라, 이어라
5수	이어라, 이어라
6수	돋 디여라, 돋 디여라
7수	빈 셰여라 빈 셰여라
8수	빈 ᄆᆡ여라, 빈 ᄆᆡ여라
9수	닫 디여라, 닫 디여라
10수	빈 븟텨라, 빈 븟텨라

병태 요정의 ADVICE

이 작품은 고려 때부터 전하여 온 '어부사(漁父詞)'를 이현보가 9장으로 개작하였고, 이를 다시 윤선도가 후렴구를 넣어 창작한 것으로, 연장체 형식의 연시조입니다. 각 수에 나타난 여음·후렴구를 빼고 보면 각기 초장, 중장, 종장 형태의 3장 6구 평시조 형식을 지니게 됩니다.

작가가 전남 보길도에 은거하며 지은 것으로 계절마다 펼쳐지는 어촌의 아름다운 경치와 어부 생활의 흥취를 담아 한 계절당 10수씩 읊고 있는 형식입니다. 각 계절의 10수는 출항에서 귀항까지 어부의 하루 일과를 시간 순서로 읊고 있는데, 세속을 벗어나 자연과의 합일을 추구하는 삶의 경지를 격조 높고 아름답게 표현하고 있습니다.

우리말의 아름다움과 대구법, 원근법, 시간의 추이에 따른 시상 전개의 조화 등 표현 기교도 매우 뛰어나서 우리 시조 문학사에서 높은 평가를 받는 작품입니다.

정답 ①, ④, ④, ①

연시조 07	**오우가(五友歌)**	- 윤선도
	2020 지방직 7급	

■ : 부정적인 대상, ■ : 예찬의 대상

<u>구룸</u> 비치 조타 ᄒᆞ나 검기를 ᄌᆞ로 ᄒᆞᆫ다.
대구법 ↕가변성 깨끗하다
<u>ᄇᆞ람</u> 소리 묽다 ᄒᆞ나 그칠 적이 하노매라.
                              많다
조코도 그츨 뉘 업기는 <u>믈</u>뿐인가 ᄒᆞ노라.   〈제2수〉
                   깨끗함과 영원성 예찬
                              ▶ 물의 깨끗함과 영원성

현대어 풀이

구름의 빛이 깨끗하다고 하나 검기를 자주 한다.
바람 소리 맑다고 하나 그칠 때가 많도다.
깨끗하고도 그칠 때가 없는 것은 물뿐인가 하노라.

<u>고즌</u> 므스 일로 퓌며셔 쉬이 디고,
대구법 ↕순간성
<u>플</u>은 어이ᄒᆞ야 프르는 둣 누르ᄂᆞ니,

아마도 변티 아닐손 <u>바회</u>뿐인가 ᄒᆞ노라.   〈제3수〉
                   불변성 예찬
                              ▶ 바위의 불변성

현대어 풀이

꽃은 무슨 일로 피자마자 곧 져 버리고,
풀은 어찌하여 푸르러지자마자 곧 누런 빛을 띠는가?
아마도 변치 않는 것은 바위뿐인가 하노라.

더우면 곳 퓌고 치우면 닙 디거ᄂᆞᆯ,

<u>솔</u>아 너는 얻디 눈서리를 모ᄅᆞᄂᆞᆫ다.
지조와 절개 예찬   시련, 고난
구천(九泉)에 불휘 고ᄃᆞᆫ 줄을 글로 ᄒᆞ야 아노라.   〈제4수〉
깊은 땅속
                              ▶ 소나무의 지조와 절개

현대어 풀이

더우면 꽃 피고 추우면 잎 지거늘
솔아, 너는 어찌 눈서리를 모르느냐?
깊은 땅속까지 뿌리가 곧은 줄을 그것으로 미루어 알겠노라.

나모도 아닌 거시, 플도 아닌 거시,

<u>곳기는</u> 뉘 시기며, 속은 어이 <u>뷔연는</u>.
 곧기, 곧게 자라기   비었느냐
뎌러코 사시(四時)예 프르니 <u>그</u>를 됴하ᄒᆞ노라.   〈제5수〉
                          대나무 (지조와 절개 예찬)
                              ▶ 대나무의 지조와 절개

현대어 풀이

나무도 아닌 것이, 풀도 아닌 것이
곧게 자라기는 누가 시켰으며, 속은 어찌 비었느냐?
저러고도 사시사철 푸르니 그를 좋아하노라.

쟈근 거시 노피 써서 만믈(萬物)을 다 비취니,

밤듕의 광명(光明)이 <u>너</u>만ᄒᆞ니 ᄯᅩ 잇ᄂᆞ냐.
                 달 (어둠을 밝히는 존재, 달의 밝음 예찬)
보고도 말 아니ᄒᆞ니 내 벋인가 ᄒᆞ노라.   〈제6수〉
        침묵의 미덕 예찬
                              ▶ 달의 밝음과 과묵함

현대어 풀이

작은 것이 높이 떠서 만물을 다 비추니
한밤중에 밝은 것이 너만 한 것이 또 있겠느냐?
(세상의 선과 악 모든 것을) 보고도 말을 하지 않으니 내 벗인가 하노라.

◆ **핵심정리**

갈래	평시조, 연시조 (전 6수)
성격	찬미가(讚美歌), 예찬적
제재	물, 바위, 소나무, 대나무, 달
주제	오우(五友 : 수·석·송·죽·월) 예찬
특징	- 대상의 속성을 예찬의 근거로 제시함 - 자연물을 의인화하여 예찬함 - 우리말의 아름다움이 잘 드러남

병태 요정의 ADVICE

〈제1수〉는 문답법을 통해 이후에 등장할 다섯 '벗'에 대해 소개하는 서시(序詩)의 성격을 지니고 있습니다.

〈제2수〉는 가변적인 존재인 구름이나 바람과 달리 맑고 깨끗한 물[水]의 영원성을 예찬하고, 〈제3수〉는 순간적인 꽃, 풀과 달리 영원한 바위[石]의 모습을 예찬하고 있습니다. 〈제4수〉는 눈서리를 이겨 내는 뿌리 곧은 소나무[松]의 지조를 예찬하고, 〈제5수〉는 언제나 푸르른 대나무[竹]의 절개를 예찬하고 있습니다. 〈제6수〉에서는 광명의 존재이면서도 과묵함의 미덕을 지닌 달[月]을 예찬하면서 시를 마무리하고 있습니다. 이를 통해 다섯 벗에 대한 화자의 애정과 그를 통해 선비로서 지녀야 할 미덕을 알 수 있습니다.

이 작품은 우리말의 아름다움을 유감없이 발휘하는 시인의 능력이 잘 발휘되고 있으며, 이러한 점에서 시조를 높은 경지로 끌어올린 뛰어난 작품으로 평가되고 있습니다.

연시조 08 견회요(遣懷謠) － 윤선도

2020 국가직 7급, 2015 국회직 9급

(가) 슬프나 즐거오나 옳다 하나 외다 하나
　　　　　　　　　　　　　　　　　그르다
내 몸의 해올 일만 닦고 닦을 뿐이언정
　　　　임금에 대한 충성
그 밧긔 여남은 일이야 분별(分別)할 줄 이시랴. 〈제1수〉
　　　　　　　　　　근심하거나 생각함

▶ 신념에 충실한 강직한 삶

(나) ┌ 권신 이이첨의 횡포를 고발하는 상소를 올린 일
내 일 망녕된 줄 내라 하여 모랄 손가.
　　분수에 넘치거나 어긋나는 줄
이 마음 어리기도 님 위한 탓이로세.
　　　　어리석기도　임금을 위한
아뫼 아무리 일러도 임이 혜여 보소서. 〈제2수〉
아무개가　　모함하여도

▶ 억울한 심정의 하소연과 결백 주장

(다) 추성(秋城) 진호루(鎭胡樓) 밧긔 울어 예는 저 시내야.
　　함경북도 경원의 옛 이름　　　　　화자의 심정　감정 이입의 대상
무음 호리라 주야(晝夜)에 흐르는다.
님 향한 내 뜻을 조차 그칠 뉘를 모르나다. 〈제3수〉

▶ 변함없는 충성에 대한 의지

(라) 뫼흔 길고 길고 물은 멀고 멀고.
　　화자와 어버이 사이의 장애물
어버이 그린 뜻은 많고 많고 하고 하고.
어디서 외기러기는 울고 울고 가느니. 〈제4수〉
　　　　감정 이입의 대상　화자의 심정

▶ 부모님을 향한 그리움

어버이 그릴 줄을 처엄부터 알아마는
님군 향한 뜻도 하날이 삼겨시니
　임금을 위하는 마음　　　만들어 준 것이니
진실로 님군을 잊으면 긔 불효(不孝)인가 여기노라. 〈제5수〉
임금에게 직언하며 보필하지 않으면

▶ 연군지정의 깨달음

2020 국가직 7급

Q. 다음 작품에 대한 감상으로 적절하지 않은 것은?

① (가)에서 슬프든 즐겁든 자신의 할 일만 닦을 뿐이라는 것으로 보아 화자의 강직한 태도를 엿볼 수 있군.
② (나)에서 자신의 잘못을 잘 안다고 한 것으로 보아 타인을 원망하기보다는 화자 스스로의 잘못을 더 뉘우치고 있군.
③ (다)에서 임을 향한 뜻을 밤낮 흐르는 시냇물에 비유한 것으로 보아 화자가 지닌 변함없는 연군의 심정을 느낄 수 있군.
④ (라)에서 어버이를 그리는 절절한 정이 표현되는 것으로 보아 화자의 인간적인 면모를 짐작할 수 있군.

◆ 핵심정리

갈래	평시조, 연시조, 연군가, 우국가
성격	연군적, 우국적
제재	유배지에서의 정회(情懷)
주제	연군, 우국지정과 사친(思親)
특징	- 감정 이입을 통해 화자의 정서를 드러냄 - 대구법, 반복법을 통해 형식적 운율과 주제적 의미를 동시에 강조함

◆ 구성

1수	어떤 일이 있어도 자신의 신념에 맞도록 살아가겠다는 강직한 삶
2수	자신의 행위가 임금을 위한 일이었으며, 임금의 현명한 판단을 원한다는 결백한 마음의 호소
3수	시냇물에 화자의 마음을 이입하고, 임금을 향한 변함없는 충성에 대한 의지를 드러냄
4수	산·물·외기러기에 작자의 모습을 투영하여 어버이를 그리는 정을 나타냄
5수	어버이를 그리는 효와 임금을 섬기는 충은 일치한다는 깨달음

병태 요정의 ADVICE

이 작품은 윤선도가 권신 이이첨의 횡포를 고발하는 상소를 올렸다가 귀양 가게 된 함경도 경원에서 지은 것입니다. 국사를 근심하고 어버이를 기리면서 지은 것으로, 남이 어떻게 말하든 자신의 신념대로 행동하는 강직한 성격과 불의와 타협할 줄 모르는 정의감이 드러납니다. 또한 임금을 향한 변함없는 충성심, 그리고 부모님에 대한 간절한 그리움이 절실히 드러나 있습니다.

이 시의 제목 '견회(遣懷)'란, '시름을 쫓다' 또는 '회포를 풀다'라는 의미로 '견회요'는 '마음을 달래는 노래'라는 뜻입니다.

임금을 향한 강한 충성심과 어버이에 대한 효성(이상)을 나타낼 수 없는 현실(이상과 상충)을 통해 비장미(悲壯美)를 지닌 것으로 평가받는 작품이기도 합니다.

정답 ②

연시조 09	만흥(漫興)	- 윤선도
	2017 국회직 8급	

■ : 자연, 이상적 가치 ↔ ■ : 속세, 세속적 가치

〈제1수〉

산슈간 바회아래 뛰집을 짓노라 ᄒᆞ니,
속세, 정계(政界)를 초탈한 곳

그 몰론 ᄂᆞᆷ들은 웃는다 혼다마는,
비웃는다 한다마는

어리고 햐암의 뜻듸는 내 분인가 ᄒᆞ노라.
향암(鄕闇) : 시골에서 자라 사리에 어둡고 어리석은 사람

▶ 안분지족(安分知足)하는 삶에 대한 만족감

〈제2수〉

보리밥 픗ᄂᆞ물을 알마초 머근 後(후)에,
소박한 음식

바횟긋 믉ᄀᆞ의 슬ᄏᆞ지 노니노라.

그나믄 녀나믄 일이야 부룰 줄이 이시랴.
부귀영화, 세속적 가치   설의적 표현

▶ 자연에서 안빈낙도(安貧樂道)하는 삶의 즐거움

〈제3수〉

잔 들고 혼자 안자 먼 뫼흘 ᄇᆞ라보니,

그리던 님이 오다 반가옴이 이러ᄒᆞ랴.
자연 친화적인 태도

말ᄉᆞᆷ도 우움도 아녀도 몯내 됴하ᄒᆞ노라.
물아일체(物我一體)의 경지

▶ 자연과 물아일체(物我一體)된 삶의 즐거움

〈제4수〉

누고셔 三公(삼공)도곤 낫다 ᄒᆞ더니 萬乘(만승)이 이만ᄒᆞ랴.
삼정승   만 개의 수레를 부리는 천자(황제)

이제로 헤어든 巢父許由(소부 허유)ㅣ 냑돗더라.
고대 중국의 인물들로 속세에 나서지 않고 자연을 벗 삼아 즐기며 삶

아마도 林泉閑興(임천한흥)을 비길 곳이 업세라.
자연 속에서 느끼는 한가한 흥취

▶ 강호 한정의 삶에 대한 자부심

〈제5수〉

내 셩이 게으르더니 하늘히 아ᄅᆞ실샤,
화자의 천성을 겸손하게 나타냄

人間萬事(인간 만사)를 ᄒᆞᆫ 일도 아니 맛뎌,
인간 세상의 수많은 일

다만당 ᄃᆞ토리 업슨 江山(강산)을 딕희라 ᄒᆞ시도다. ▶ 자연에 귀의한 삶
       다툴 이   지키라

〈제6수〉

江山(강산)이 됴타 ᄒᆞᆫ들 내 分(분)으로 누얻ᄂᆞ냐.

「님군 恩惠(은혜)를 이제 더욱 아노이다.

아ᄆᆞ리 갑고쟈 ᄒᆞ야도 ᄒᆡ올 일이 업세라. ▶ 임금의 은혜에 대한 감사
              『 』: 유교적 충의 사상

◆ 핵심정리

갈래	평시조, 연시조(전 6수)
성격	한정가(閑情歌), 자연 친화적
제재	자연을 벗하는 생활
주제	자연에 묻혀 사는 즐거움과 임금님의 은혜
특징	- 우리말의 묘미를 잘 살림. - 중국의 고사를 인용하여 화자의 정서를 강조함. - 자연과 속세를 대조하여 자연 친화적인 태도를 부각함. - 자연에 은거하면서도 임금의 은혜를 언급하는 사대부의 모습을 보여 줌. - 안분지족하는 삶의 자세가 드러남. - 인간사에 대한 비판적 관점을 통해 현실 도피적 태도를 드러냄.

병태 요정의 ADVICE

자연과 더불어 유유자적하며 살아가는 흥거운 삶을 노래하고 있는 이 작품은 전체 6수로 된 연시조로, 화자가 유배되었다가 풀려난 뒤 고향에 은거하면서 지은 것입니다. 자연에 묻혀 지내는 한가롭고 흥거운 심정을 읊으면서 임금의 은혜를 잊지 않는 것은 사대부 시조의 전통을 이어받은 것으로 볼 수 있으며 우리말의 묘미를 잘 살리고 있는 작품입니다.

〈제1수〉에는 혼란한 정계를 떠나 자연에서 은거하는 나를 어리석다고 비웃을지 모르지만 자신의 분수에 맞게 속세를 벗어나 자연과 함께 지내겠다는 현실 도피 사상이 드러납니다. 〈제2수〉에서는 부귀와 공명 같은 세속적인 가치를 부러워하지 않고 자연 속에서 안빈낙도하는 화자의 모습이 잘 드러나 있습니다. 〈제3수〉에서는 먼 산이 어떤 벗이나 임보다도 더 좋다고 함으로써 자연과 혼연일체(渾然一體)가 되어 몰입된 화자의 모습을 보여 줍니다. 〈제4수〉에서는 자연을 벗 삼아 지내는 생활이 다른 어떤 것과도 비길 수 없다고 하면서 임천한흥에 대한 자부심을 보이고 있습니다. 〈제5수〉에서는 자신의 성품이 나태하다고 말하고 인간 만사 중에 무엇 하나 제대로 이루지 못했다고 하며 겸양의 미덕을 보여 주고 있습니다. 〈제6수〉에서는 강호 한정을 읊으면서 임금의 은혜를 잊지 않고 있음을 보여 주고 있는데, 이것은 맹사성의 '강호 사시가'에 나오는 '亦君恩(역군은)이샷다'와 맥락을 같이 하는 관습적인 표현으로 조선 초기 사대부 시조의 전통을 이어받은 것으로 볼 수 있습니다.

연시조 10 - 몽천요 — 윤선도
2016 지방교행직(경)

상(常)해런가 꿈이런가 백옥경에 올라가니
    우의적 장치   옥황상제가 산다는 궁궐 (=한양)
『옥황(玉皇)은 반기시나 군선(群仙)이 꺼리는구나.』 → 『』: 대구법
 임금   여러 신하들
두어라, 오호연월(五湖烟月)이 내 분(分)에 알맞구나.
     자연에서의 삶
▶ 천상에서의 좌절과 자연에서의 삶

풋잠에 꿈을 꾸어 십이루에 들어가니
           백옥경에 있다는 12개의 누각
『옥황은 웃으시되 군선이 꾸짖는구나.』 → 『』: 대구법
             시기와 모함
어즈버, 백만억창생을 어느 결에 물으리.
 영탄법   백성들의 안위를
▶ 경세제민(經世濟民)의 이상

하늘이 이저신 제 무슨 술(術)로 기워 내었는고.
 나라의 위기 상황   기술, 솜씨
백옥루 중수(重修)할 제 어떤 바치 이루어 내었는고.
                 나라를 구할 인재
옥황께 사뢰어 보자 하더니 다 못하고 왔구나.
          이상의 좌절 (뜻을 펼칠 수 없는 상황에 대한 안타까움)
▶ 이상의 좌절과 안타까움

현대어 풀이

생시런가 꿈이런가 하늘나라 백옥경에 올라가니
옥황상제는 반기시나 여러 신선이 꺼리는구나.
두어라, 자연에서 사는 일이 내 분수에 옳도다

풋잠에 꿈을 꾸어 십이루에 들어가니
옥황상제께서는 웃으시되 여러 신선이 꾸짖는구나.
아아!! 수많은 백성들의 고초를 어느 겨를에 물어보리.

하늘이 이지러졌을 때 무슨 기술로 기워 냈는가
백옥루를 수리할 때 어떤 재주꾼이 이루어 냈는고?
옥황상제께 여쭈어보자 하였더니 다 못하고 왔도다.

◆ 핵심정리

갈래	연시조
율격	3(4)·4조, 4음보
주제	조정 현실에 대한 개탄과 우국애민의 정
특징	우의적 표현을 활용하여 시상을 전개함. 대구법이 사용됨

◆ 창작 배경

현실 정치를 떠나 초야에 묻혀 지내던 윤선도는 임금의 부름으로 동승부지가 되었다. 하지만 조정 신하들의 모함과 방해로 사직하고 양주의 명승지 고산(孤山)으로 내려와 조정의 모습과 자신의 안타까운 심정을 노래한 작품이다.

◆ 우의적 표현

현실을 꿈속 천상계의 일에 빗대어 표현

옥황	임금 (효종)
⇩	⇩
반김, 웃음	임금의 부름으로 벼슬에 오름
화자	윤선도
꺼림, 꾸짖음	시기와 모함
⇧	⇧
군선	신하들

병태 요정의 ADVICE

'몽천요'는 윤선도가 효종의 특명을 받고 벼슬길에 올랐으나, 정적(政敵)들의 공격과 노환으로 물러난 후 지은 3수의 시조 작품이에요. 이 시조는 임금을 옥황에 빗대고, 정적들을 '군선'에 빗대어 현실에 대한 개탄과 안타까움을 우의적으로 표현한 것이 특징이에요.

초연곡

연시조 11 — 윤선도
2019년 지방직 9급

집은 어이하야 되연난다. 대장(大匠)의 공(功)이로다
　나라의 정치　　　　　충신의 공로, 임금의 선정
나무는 어이하야 고든다. 고조즐을 조찬노라.
　임금　　　　　　　　성현(聖賢)의 법도
이 집의 이 뜯을 알면 만수무강(萬壽無疆)하리라.
　임금이 성현의 법도를 따라 선정을 베푸는 것
　　　　　　　　　　　　▶ 성현의 도리를 따르는 임금과 신하

술은 어이하야 됴하니 누록 섯글 타시러라.
　임금의 정치　　　　　　신하들의 보필
국은 어이하야 됴하니 염매(鹽梅) 탈 타시러라.
이 음식 이 뜯을 알면 만수무강(萬壽無疆)하리라.
　　　　　　　　　　　　▶ 좋은 정치를 위한 임금과 신하의 노력

현대어 풀이

집이라 하는 것은 어떻게 만들어졌는가? 그것은 목수의 공이로다.
집을 짓는데 쓴 목재는 어찌하여 곧게 펴졌는가. 그것은 먹고조의 줄을 따라 다듬었기 때문이다.
이 집이 이루어진 뜻을 알면 만수무강할 것이다.

술은 어찌하여 좋은가? 누룩을 섞은 탓이로다.
국은 어이하여 맛이 좋은가? 소금을 타서 맛을 낸 탓이로다.
이 음식의 원리를 아시면 나라를 다스림에 만수무강하오리다.

◆ 핵심정리

갈래	평시조, 연시조
성격	교훈적, 설득적, 비유적, 상징적
율격	3(4)·4조, 4음보
주제	성현의 도리를 따라 정치를 행하는 임금과 신하의 바람직한 자세와 임금의 만수무강 기원
특징	- '~한다면 ~할 것이다'와 같은 조건 제시의 화법으로 끝맺고 있음 - 대구법을 사용함

◆ 제목의 의미

'초연곡(初筵曲)'은 함은 경연(經筵)의 자리, 즉 임금이 학문을 닦기 위하여 학식과 덕망이 높은 신하를 불러 경서와 올바른 성현의 가르침에 관해 강론하던 자리에서 임금에게 간언하기 위해 처음 지은 노래라는 뜻이다.

병태 요정의 ADVICE

이 시는 두 가지 서로 다른 제재를 통해서 임금의 만수무강을 기원하고 있어요. 1수에서는 집을 만드는 장인의 마음과 나무의 곧은 모습을 알고 그를 본받으면 만수무강할 것이라고 했고, 2수에서는 술과 국을 만들 때에 거기에 맞는 재료를 통해서 만든다는 뜻을 알면 만수무강할 것이라고 대구법을 이용하여 표현했어요.

1수의 내용을 풀이해 보면, 목수가 집을 지을 때 먹줄을 쳐서 곧고 바르게 하듯이, 왕이 나라를 다스릴 때에도 성현의 법도에 따라 곧고 바르게 행해야 한다는 의미를 담고 있어요. 2수는 임금의 성덕을 술과 국에 빗대었는데, 누룩을 섞고 염매를 탄 것은 어진 신하들의 보필을 의미해요. 좋은 정치를 위해 신하들이 임금을 잘 보필하고 있다는 얘기죠.

각 수의 전반부(조, 중장)는 비유적 표현을 사용해서 전달하고자 하는 의미를 우회적으로 표현하고, 후반부(종장)는 임금의 만수무강을 기원하는 내용으로 구성되어 있어요.

오륜가

연시조 12 — 주세붕

사름 사룸마다 이 말씀 드르스라.
이 말씀 아니면 사룸이오 사룸 아니니
이 말씀 닛디 말오 비호고야 마로리이다.

▶ 삼강오륜을 배우는 이유

현대어 풀이
사람 사람들마다 이 말씀(삼강오륜의 말씀)을 들으십시오.
이 말씀 아니면 사람이면서도 사람이 아닌 것이니,
이 말씀을 잊지 않고 배우고야 말 것입니다.

아버님 날 나흐시고 / 어머님 날 기르시니, *(대구법)*
父母(부모)옷 아니시면 내 모미 업슬랏다.
이 덕을 갚프려 호니 하늘 궃이 업스샷다. *(끝이, 한정이)*

▶ 부자유친(父子有親)

현대어 풀이
아버님이 나를 낳으시고 어머님이 나를 기르시니,
부모님이 아니셨더라면 이 몸이 없었을 것입니다.
이 덕을 갚으려 하니 하늘처럼 끝이 없습니다.

동과 항것과를 뉘라셔 삼기신고. *(상전(임금) / 종(신하))*
『벌과 가여미사 이 뜨들 몬져 아니,』
『』: 벌과 개미들이 여왕벌, 여왕개미에게 충성을 다하는 것을 보아 임금과 신하의 관계가 어떠해야 하는지 잘 알고 있음
호 모음애 두 뜯 업시 속이지나 마옵새이다.

▶ 군신유의(君臣有義)

현대어 풀이
종과 상전의 구별을 누가 만들어 내었던가.
벌과 개미들이 이 뜻을 먼저 아는구나.
한 마음에 두 뜻을 가지는 일이 없도록 속이지나 마십시오.

지아비 받 갈라 간 뒤 밥고리 이고 가, *(남편 / 밥 담은 광주리)*
반상을 들오뒤 눈썹의 마초이다.
(거안제미(擧案齊眉), 남편에 대한 지극한 공손함)
친코도 고마오시니 손이시나 다룰실가.

▶ 부부유별(夫婦有別)

현대어 풀이
남편이 밭을 갈러 간 곳에 밥을 담은 광주리를 이고 가서,
밥상을 들되 눈썹 높이까지 공손히 들어 바칩니다.
친하고도 고마운 분이시니 손님을 대하는 것과 무엇이 다르겠습니까?

兄(형)님 자신 졋을 내 조쳐 머궁이다.
(아우의 목소리)
어와 아으야 어마님 너 스랑이아.
(형의 목소리)
兄弟(형제)옷 不和(불화)호면 개 도티라 호리라.
(개돼지)

▶ 형제우애(兄弟友愛)

현대어 풀이
형님이 잡수신 젖을 내가 따라 먹습니다.
아아, 우리 아우야 너는 어머님의 사상이로다.
형제간에 화목하지 못하면 남들이 개나 돼지라 할 것입니다.

늘그니는 父母(부모) 궃고 얼우는 兄(형) 궃트니,
궃톤디 不恭(불공)호면 어디가 다룰고. *(어른 / 존경하지 않으면 / 짐승과)*
날료셔 모디어시든 절호고야 마로리이다. *(노인과 어른들을)*

▶ 장유유서(長幼有序)

현대어 풀이
노인은 부모님 같고, 어른은 형님 같으니,
이와 같은데 공손하지 않으면 (짐승과) 어디가 다른가.
나로서는 (노인과 어른들을) 맞이하게 되면 절하고야 말 것입니다.

◆ **핵심정리**

갈래	평시조, 연시조
성격	교훈적, 직설적, 계도적
제재	오륜(五倫)
주제	삼강오륜(三綱五倫)의 교훈 강조
특징	– 조선 시대의 이상적인 인간관을 드러내며 교훈적이고 도덕적인 설교가 많음

병태 요정의 ADVICE

이 작품은 작가가 해주에서 감사 생활을 할 때 지은 것으로, '백성의 생활 풍속이 무지한 것으로 보고 이 노래를 지어 사람의 큰 윤리를 밝히고자 했다.'라고 밝힌 데서 알 수 있듯이 삼강오륜의 내용을 바탕으로 백성들이 일상에서 지켜야 할 일들을 노래로 표현한 교훈적 시조이다.

'오륜가'에는 주세붕의 작품 외에도 박인로, 김상용의 작품들도 있다. 이들 역시 유교적 윤리를 주위 사람들에게 알리고자 하는 의도를 지닌 작품들로 직설적으로 교훈을 전달한다는 특성을 지닌다.

훈민가 — 정철
연시조 13

1
아바님 날 나ᄒᆞ시고 어마님 날 기ᄅᆞ시니,
두 분 곳 아니시면 이 몸이 사라실가.
하ᄂᆞᆯ ᄀᆞᆮ튼 ᄀᆞ업순 은덕을 어ᄃᆡ 다혀 갑ᄉᆞ오리.

현대어 풀이
아버님께서 나를 낳으시고 어머님께서 나를 기르시니,
두 분이 아니었다면 이 몸이 태어나 살 수 있었을까.
하늘같이 끝이 없는 큰 은혜를 어떻게 다 갚을 수 있을까.

핵심 포인트
1. 부모님에 대한 효도의 권장
2. 초장 : 부생모육(父生母育)

2
형아 아ᄋᆞ야 네 ᄉᆞᆯᄒᆞᆯ 만져 보아
뉘손ᄃᆡ 타 나관ᄃᆡ 양지조차 ᄀᆞᆮᄐᆞᆫ손다.
ᄒᆞᆫ 젓 먹고 길러나 이셔 닷 ᄆᆞᄋᆞᆷ을 먹디 마라.
　　같은 어머니의 젖 먹고　　형제간 우애를 해치는 마음
　　　　　　　　모습, 모양　설의법

현대어 풀이
형아, 아우야, 네 살을 만져보아라.
누구에게서 태어났길래 모습조차 같은 것인가?
같은 젖을 먹고 자랐으니 딴 마음을 먹지 마라.

핵심 포인트
1. 형제 간의 우애

4
어버이 사라신 제 셤길 일란 다ᄒᆞ여라.
디나간 휘면 애ᄃᆞᆲ다 엇디ᄒᆞ리.
풍수지탄(風樹之嘆)
ᄑᆞ생(평생)에 곳텨 못홀 일이 잇ᄲᅮᆫ인가 ᄒᆞ노라.
　　　　　　　　　　　효(孝)

현대어 풀이
어버이께서 살아 계실 때 섬기는 일을 다하여라.
돌아가신 뒤에 아무리 애통하고 후회한들 무슨 소용이 있겠는가.
평생에 다시 할 수 없는 일이 이것뿐인가 하노라.

핵심 포인트
1. 풍수지탄(風樹之嘆)의 경계

6
간나ᄒᆡ 가ᄂᆞᆫ 길흘 ᄉᆞ나ᄒᆡ 에도ᄃᆞ시,
ᄉᆞ나ᄒᆡ 녜ᄂᆞᆫ 길흘 계집이 츼도ᄃᆞ시,
제 남진 제 계집 아니어든 일홈 뭇디 마오려

현대어 풀이
여자가 가는 길을 남자가 멀찌감치 돌아가듯이,
남자가 가는 길을 여자가 피해서 돌아가듯이,
자기의 남편이나 아내가 아니라면 이름을 묻지 마시오.

핵심 포인트
1. 남녀 간의 예의 범절

8
ᄆᆞ을 사ᄅᆞᆷ들아 올ᄒᆞᆫ 일 ᄒᆞ쟈스라.
사ᄅᆞᆷ이 되어나셔 올치옷 못ᄒᆞ면,
마쇼를 갓 곳갈 씌워 밥머기나 다르랴.

현대어 풀이
마을 사람들아, 옳은 일 하자꾸나.
사람으로 태어나서 옳지를 못하다면,
짐승에게 갓이나 고깔을 씌워서 밥을 먹이는 것과 무엇이 다르겠는가?

핵심 포인트
1. 옳은 일의 권장

13
오늘도 다 새거다 호믜 메고 가쟈스라.
　　　　　　　　　　청유형의 사용으로 설득력을 높임
내 논 다 ᄆᆡ여든 네 논 졈 ᄆᆡ여 주마.
상부상조(相扶相助)
올 길헤 ᄲᅩᆼ 따다가 누에 머겨 보쟈스라.
　　　　　　　　　　　　청유형 사용

현대어 풀이
오늘도 날이 밝았다. 호미 메고 가자꾸나,
내 논 다 매거든 네 논도 좀 매어 주마.
일을 끝내고 돌아오는 길에 뽕을 따다가 누에 길러 보자꾸나.

핵심 포인트
1. 농사일에서의 근면과 상부상조 권장

16

이고 진 뎌 늘그니 짐 프러 나를 주오.

나는 졈엇써니 돌히라 므거올가.

늘거도 셜웨라커든 지믈 조차 지실가.

현대어 풀이

짐을 머리에 이고 등에 진 노인장이여.
그 짐을 풀어 내게 주시오. 나는 젊었으니 돌이라 한들 무거울까.
늙는 것도 서럽다 하는데 짐까지 지시겠는가.

핵심 포인트

1. 경로 사상의 강조
2. 종장 : 설상가상

◆ **핵심정리**

갈래	연시조(전 16수), 평시조
성격	계몽적, 교훈적, 설득적
제재	유교 윤리
주제	유교 윤리의 실천 권장
특징	- 평이하고 정감있는 어휘로 내용 전달 효과가 뛰어남 - 순우리말을 사용하여 이해하기 쉬움 - '경민가(警民歌)', '권민가(勸民歌)'로 불리기도 하는 일종의 목적 문학임

병태 요정의 ADVICE

이 작품은 작가가 강원도 관찰사로 재직하였던 1580년(선조 13) 정월부터 이듬해 3월 사이에 백성들을 계몽하고 교화하기 위하여 지은 것으로 일명 '경민가(警民歌)' 또는 '권민가(勸民歌)'라고도 한다. 송나라 진양(陳襄)이 지은 '선거권유문'의 13조목에 군신(君臣)·장유(長幼)·붕우(朋友)의 3조목을 추가하여 시조 형식으로 표현하였으며, "송강가사"에 실려 있다.

'훈민가'의 창작 의도는 백성들이 유교적인 윤리관에 근거하여 바람직한 생활을 영위하도록 권유하는 데 있었다. 사실 도덕의 실천궁행(實踐躬行)을 목적으로 하는 계몽적인 내용의 작품들은 독자들의 호응을 얻기가 쉽지 않다. 그래서 작가는 이를 일방적으로 따르도록 명령하는 어법만을 사용하지 않고, 청유적 어법을 섞어서 활용하였으며 백성들이 절실하게 느끼는 인간관계를 설정하고 정감 어린 어휘들을 사용함으로써 다른 어떤 작품들보다도 강한 설득력을 얻고 있다. 즉, 이 작품은 인정이 넘치는 나와 너, 한 백성과 또 다른 백성의 목소리가 부각되고 있는 것이다.

가사

가사 01 상춘곡(賞春曲) — 정극인
2018 국회직 9급, 2017 국회직 9급, 2014 법원직 9급, 2014 기상직 9급, 2009 서울시 9급

■ : 공간의 이동, ■ : 화자가 부정적으로 생각하는 것

㉠ 紅塵(홍진)에 뭇친 분네 이내 生涯(생애) 엇더ᄒᆞ고.
속세 ↔ 산림과 대조
녯 사롬 風流(풍류)를 미츨가 못 미츨가.
화자의 풍류 생활이 옛 선인들의 풍류 생활과 유사하다는 자부심
㉮ 天地間(천지간) 男子(남자) 몸이 날만흔 이 하건마는
山林(산림)에 뭇쳐 이셔 至樂(지락)을 모를 것가.
자연 ↔ 속세와 대조
㉡ 數間茅屋(수간모옥)을 碧溪水(벽계수) 앏픠 두고,
松竹(송죽) 鬱鬱裏(울울리)예 風月主人(풍월주인) 되여셔라.

▶ 서사 : 자연에서 사는 즐거움

현대어 풀이
세상에 묻혀 사는 분들이여. 이 나의 생활이 어떠한가.
옛 사람들의 운치 있는 생활을 내가 미칠까 못미칠까?
[A] 세상의 남자로 태어난 몸으로서 나만한 사람이 많건마는
왜 그들은 자연에 묻혀 사는 지극한 즐거움을 모르는 것인가?
몇 간쯤 되는 초가집을 맑은 시냇물 앞에 지어 놓고,
소나무와 대나무가 우거진 속에 자연의 주인이 되었구나!

㉢ 엇그제 겨을 지나 새봄이 도라오니,
계절적 배경
桃花杏花(도화 행화)는 夕陽裏(석양리)예 픠여 잇고,
복숭아꽃, 살구꽃
㉣ 綠楊芳草(녹양방초)는 細雨中(세우 중)에 프르도다.
푸른 버드나무와 향기로운 풀
칼로 몰아 낸가, / 붓으로 그려 낸가, →대구법
㉤ 造化神功(조화 신공)이 物物(물물)마다 헌ᄉᆞ롭다.
수풀에 우는 새는 春氣(춘기)를 못내 계워 소리마다 嬌態(교태)로다.
감정 이입의 대상
봄의 경치에 대한 감상

▶ 본사 : 봄의 아름다운 경치

현대어 풀이
엇그제 겨울이 지나 새봄이 돌아오니,
복숭아꽃과 살구꽃은 저녁 햇빛 속에 피어 있고,
푸른 버들과 아름다운 풀은 가랑비 속에 푸르도다.
칼로 재단해 내었는가? 붓으로 그려 내었는가?
조물주의 신비스러운 솜씨가 사물마다 야단스럽구나!
物我一體(물아일체)어니, ㉥ 興(흥)이이 다를소냐. →설의법
柴扉(시비)예 거러 보고, / 亭子(정자)애 안자 보니, →대구법
逍遙吟詠(소요음영)ᄒᆞ야. 山日(산일)이 寂寂(적적)흔듸
천천히 거닐며 시를 읊조림
閑中眞味(한중진미)를 알 니 업시 호재로다.
한가로움 속에서 느끼는 참맛

▶ 본사 : 봄의 흥취

현대어 풀이
수풀에서 우는 새는 봄 기운을 끝내 이기지 못하여
소리마다 아양을 떠는 모습이로다.
자연과 내가 한 몸이거니 흥겨움이야 다르겠는가?
사립문 주변을 걷기도 하고 정자에 앉아 보기도 하니,

천천히 거닐며 나직이 시를 읊조려 산 속의 하루가 적적한데,
한가로운 가운데 참된 즐거움을 아는 사람이 없이 혼자로구나.

이바 니웃드라 山水(산수) 구경 가쟈스라.
踏靑(답청)이란 오늘 ᄒᆞ고, / 浴沂(욕기)란 來日(내일) ᄒᆞ새. →대구법
풀 밟기   시냇물에 목욕하고 노는 것
아ᄎᆞᆷ에 採山(채산)ᄒᆞ고, / ㉦ 나조ᄒᆡ 釣水(조수)ᄒᆞ새. →대구법, 안분지족의 삶
나물 캐기   저녁에   낚시
ᄀᆞᆺ 괴여 닉은 술을 葛巾(갈건)으로 밧타 노코,
곳나모 가지 것거, 수 노코 먹으리라.
낭만적인 모습, 정철의 '장진주사'와 유사한 표현
和風(화풍)이 건듯 부러 綠水(녹수)를 건너오니,
淸香(청향)은 잔에 지고, 落紅(낙홍)은 옷새 진다.
후각적, 시각적 이미지를 활용하여 자연에 몰입한 모습을 표현
樽中(준중)이 뷔엿거든 날ᄃᆞ려 알외여라.
小童(소동) 아ᄒᆡᄃᆞ려 酒家(주가)에 술을 믈어,
얼운은 막대 집고, 아ᄒᆡᄂᆞᆫ 술을 메고,
微吟緩步(미음완보)ᄒᆞ야 시냇ᄀᆞ의 호자 안자,
= 소요음영 (천천히 거닐며 시를 읊조림)
明沙(명사) 조흔 믈에 잔 시어 부어 들고,
淸流(청류)를 굽어보니, 써오ᄂᆞ니 桃花(도화) ㅣ 로다.
武陵(무릉)이 갓갑도다, 져 ᄆᆡ이 귄 거이고.

▶ 본사 : 술을 마시며 즐기는 풍류

현대어 풀이
여보게 이웃 사람들이여, 산수 구경을 가자꾸나.
산책은 오늘 하고 냇물에서 목욕하는 것은 내일 하세.
아침에 산나물을 캐고 저녁에 낚시질을 하세.
이제 막 익은 술을 갈건으로 걸러 놓고,
꽃나무 가지를 꺾어 잔 수를 세면서 먹으리라.
화창한 바람이 문득 불어서 푸른 시냇물을 건너오니,
맑은 향기는 술잔에 가득하고 붉은 꽃잎이 옷에 떨어진다.
술동이 안이 비었으면 나에게 아뢰어라.
사동을 시켜서 술집에서 술을 사 가지고,
어른은 지팡이를 짚고 아이는 술을 메고,
나직이 읊조리며 천천히 걸어 시냇가에 혼자 앉아,
고운 모래가 비치는 맑은 물에 잔을 씻어 술을 부어 들고,
맑은 시냇물을 굽어보니 떠내려오는 것이 복숭아 꽃이로다.
무릉도원이 가까이 있구나. 저 들이 바로 그곳인가?

松間細路(송간 세로)에 杜鵑花(두견화)를 부치 들고,
㉨ 峰頭(봉두)에 급피 올나 구름 소긔 안자 보니,
千村萬落(천촌만락)이 곳곳이 버러 잇ᄂᆡ.
煙霞日輝(연하일휘)는 錦繡(금수)를 재폇ᄂᆞᆫ 듯.
안개와 노을, 빛나는 햇살 (=자연)
엇그제 검은 들이 봄빗도 有餘(유여)ᄒᆞᆯ샤.
겨울 들

▶ 본사 : 산봉우리에서 조망한 봄의 정경

현대어 풀이

소나무 사이 좁은 길로 진달래꽃을 손에 들고,
산봉우리에 급히 올라 구름 속에 앉아 보니,
수많은 촌락들이 곳곳에 벌여 있네.
안개와 놀과 빛나는 햇살은 아름다운 비단을 펼쳐 놓은 듯.
엊그제까지도 거뭇거뭇했던 들판이 이제 봄빛이 넘치는구나.

功名(공명)도 날 끠우고, 富貴(부귀)도 날 끠우니,
주객전도 (화자가 공명과 부귀를 꺼리는 것을 반대로 표현함)
淸風明月(청풍명월) 外(외)예 엇던 벗이 잇亽올고.
簞瓢陋巷(단표누항)에 훗튼 혜음 아니 허닉.
도시락 밥, 표주박 물, 누추한 곳공명, 부귀
아모타 百年行樂(백년행락)이 이만호들 엇지허리.
정격 가사의 특징 (시조 종장의 음수율과 유사함)

▶ 결사 : 안빈낙도의 삶

현대어 풀이

공명과 부귀가 모두 나를 꺼리니,
아름다운 자연 외에 어떤 벗이 있으리오.
비록 가난하게 살고 있지만 잡스러운 생각은 아니 하네.
아무튼 한평생 즐겁게 지내는 것이 이만하면 족하지 않겠는가?

◆ **핵심 정리**

갈래	서정 가사, 양반 가사, 은일 가사, 강호 한정가
성격	서정적, 묘사적, 자연 친화적, 예찬적
제재	봄의 아름다운 풍경
주제	봄 경치를 즐기는 강호가도(江湖歌道)와 안빈낙도(安貧樂道)
특징	- 대구법, 직유법, 의인법, 고사 인용 등 다양한 표현 방법 사용함 - 감정 이입을 통해 주제를 강조함 (새) - 공간의 이동에 따라 시상을 전개함 - 조선 시대 최초의 양반 가사 - 강호 한정가의 출발점이 되는 작품

2018 국회직 9급

Q. 윗글에 대한 설명으로 옳지 않은 것은?
① 이런 글의 갈래를 '서정 가사', '정격 가사', '양반 가사'라고 한대. 서정적인 내용을 정해진 격식에 따라서 양반이 지어서 그런 건가 봐.
② 맞아. 가사는 길게 쓴 시조라고 볼 수도 있는 건가 봐. 그래서 '운문체'이기도 하고 '가사체'이기도 한다고 해.
③ 어디 보자. 글 내용으로 볼 때 주제는 봄의 완상(玩賞)과 안빈낙도(安貧樂道)가 맞겠지?
④ 그렇지. 이 글엔 설의법, 의인법, 풍유법, 대구법, 직유법 등 여러 표현 기교를 사용했네.
⑤ 조선 시대 사대부 가사의 작품으로 송순의 〈면앙정가〉와 함께 은일 가사라고 불리기도 한 대.

2014 법원직 9급

Q. ㉠~㉣에 대한 설명으로 가장 적절한 것은?
① ㉠은 작가와 대조되는 삶을 살고 있는 사람들로서, 화자가 안타까움을 느끼는 대상이다.
② ㉡은 '흥이 이에 미치겠는가'라는 의미로, 자연이 인간보다 우위에 있음을 드러낸다.
③ ㉢은 '저녁에 낚시하세'라는 뜻으로, 문제 해결에 있어 선공후사(先公後私)의 태도를 견지하는 모습을 보여 준다.
④ ㉣과 같은 백성의 삶에 대한 관심은, 위정자로서의 책임감이 반영된 결과이다.

2017 국회직 9급

Q. [A]를 두 개의 단락으로 나눌 때, 두 번째 단락이 시작되는 곳은?
① ㉮ ② ㉯ ③ ㉰
④ ㉱ ⑤ ㉲

2014 기상직 9급

Q. 다음 작품에 대한 설명으로 적절하지 않은 것은?
① 연속된 4음보의 율격으로 안정된 리듬감을 형성하고 있다.
② 주체와 객체가 전도된 표현으로 화자의 인생관을 드러내고 있다.
③ 시적 화자는 자연의 영원함을 통해 인간의 유한함을 자각하고 있다.
④ 마지막 행이 시조의 종장 형식과 유사하여 정격 가사임을 알 수 있다.

2009 서울시 9급

Q. 다음 시와 다른 느낌의 작품은?

金樽美酒千人血(금준미주천인혈) / 玉盤佳肴萬姓膏(옥반가효만성고)
燭淚落時民淚落(촉루락시민루락) / 歌聲高處怨聲高(가성고처원성고)

① 허균의 〈홍길동전〉 ② 정극인의 〈상춘곡〉 ③ 홍명희의 〈임꺽정〉
④ 이인직의 〈은세계〉 ⑤ 조정래의 〈태백산맥〉

◆ **공간의 이동**

수간 모옥 (數間茅屋)
⇩
정자 (亭子)
⇩
시냇가
⇩
산봉우리 (峰頭)

좁은 공간인 수간 모옥에서 출발하여 점차 넓은 공간인 산봉우리로 이동하며 공간을 확대하고 있다.

◆ **화자의 태도**

긍정적, 예찬	부정적, 꺼림
산림, 자연	홍진, 속세
안빈낙도의 삶	부귀, 공명

병태 요정의 ADVICE

이 작품은 정극인이 벼슬에서 물러나 고향에 머물면서 자연의 아름다움과 그 자연을 즐기는 삶의 흥취를 노래한 가사입니다. 제목 그대로 봄 풍경을 즐기는 노래로, 자연과 하나가 되는 물아일체(物我一體)의 경지를 표현하였습니다.

조선 전기 사대부의 자연관을 형상화하고 있으며, 세속적인 욕망에서 벗어나 이상적인 삶으로서의 안빈낙도의 추구를 드러내고 있습니다.

대구법, 직유법, 의인법, 설의법 등의 다양한 표현 방법을 사용하고, 고사 등을 이용하여 봄의 정경과 그에 따른 감흥을 효과적으로 형상화한 것이 특징입니다. 공간의 이동에 따라 시상을 전개하고 있는데, 처음에는 좁은 공간인 수간 모옥에서 출발하여 점차 넓은 공간인 산봉우리로 이동하며 공간을 확대하고 있는 것이 특징입니다.

정답 ④, ①, ③, ③, ②

가사 02 면앙정가 - 송순
2018 지방직 7급, 2018 지방교행직(경), 2010년 법원직 9급

서사

无等山(무등산) 혼 활기 뫼희 동다히로 버더 이셔
무등산 한 줄기 산이 동쪽으로 뻗어 있어

멀리 쎄쳐 와 霽月峯(제월봉)의 되여거늘
(무등산을) 멀리 떼어 버리고 나와 제월봉이 되었거늘
*주체 : 제월봉 (의인법)

無邊大野(무변대야)의 므슴 짐쟉 ᄒ노라
끝없이 넓은 벌판에 무슨 생각을 하느라고

일곱 구비 홈머움쳐 므득므득 버려ᄂᆞᆫ 듯.
일곱 굽이가 한 곳에 움츠려 우뚝우뚝 벌여 놓은 듯하다

가온대 구비ᄂᆞᆫ 굼긔 든 늘근 뇽이
그 가운데 굽이는 구멍에 든 늙은 용이
↑제월봉의 가운데 굽이를 비유한 표현

선즘을 ᄀᆞᆺ 쎄야 머리ᄅᆞᆯ 안쳐시니.
선잠을 막 깨어 머리를 얹어 놓은 듯하다.

▶ 서사1 : 제월봉의 형세

너ᄅᆞ바회 우희
넓고 평평한 바위 위에

松竹(송죽)을 헤혀고 亭子(정자)ᄅᆞᆯ 안쳐시니
소나무와 대나무를 헤치고 정자를 앉혔으니

구름 튼 靑鶴(청학)이 千里(천 리)를 가리라 / 두 ᄂᆞ릐 버려ᄂᆞᆫ 듯.
구름을 탄 청학이 천 리를 가려고 / 두 날개를 벌리고 있는 듯하다.
↑면앙정을 비유한 표현   ↑면앙정의 지붕을 비유한 표현

▶ 서사2 : 면앙정의 모습

본사1

玉泉山(옥천산) 龍泉山(용천산) ᄂᆞ린 믈히
옥천산, 용천산에서 내리는 물이

亭子(정자) 압 너븐 들히 兀兀(올올)히 펴진 드시
정자 앞 넓은 들에 끊임없이 펴진 듯이

넙거든 기노라 프르거든 희지마니
넓으면서도 길며, 푸르면서도 희다
↑〈관동별곡〉에 영향을 준 표현

雙龍(쌍룡)이 뒤트는 듯 긴 깁을 치 폇ᄂᆞᆫ 듯
두 마리의 용이 몸을 뒤트는 듯, 긴 비단을 쫙 펼쳐 놓은 듯
↑시냇물을 비유한 표현

어드러로 가노라 므슴 일 빗얏바
어디로 가느라고 무슨 일이 바빠서

닷ᄂᆞᆫ 듯 ᄯᆞ로ᄂᆞᆫ 듯 밤낫ᄌᆞ로 흐르ᄂᆞᆫ 듯.
달리는 듯, 따르는 듯, 밤낮으로 흐르는 듯하다.

▶ 본사1 : 면앙정 앞 시냇물의 모습

므소친 沙汀(사정)은 눈ᄀᆞ치 펴졋거든
물 따라 펼쳐진 모래밭은 눈같이 하얗게 펼쳐져 있는데

이즈러온 기럭기는 므스거슬 어로노라
어지럽게 나는 기러기는 무엇을 어르느라고

안즈락 ᄂᆞ리락 모드락 흐트락
앉았다가 날았다가, 모였다 흩어졌다가 하면서

蘆花(노화)를 ᄉᆞ이 두고 우러곰 좃ᄂᆞ는고.
갈대꽃을 사이에 두고 울면서 따라다니느냐.

▶ 본사1 : 물가의 기러기의 교태

너븐 길 밧기요 긴 하ᄂᆞᆯ 아릭 두로고
넓은 길 밖이요, 긴 하늘 아래
↑산봉우리가 마치 병풍을 둘러 놓은 듯함

쇼조 거슨 뫼힌가 屛風(병풍)인가 그림가 아닌가.
두르고 꽂은 것은 산인가, 병풍인가, 그림인가 아닌가.
『 』: 산의 다양한 모습

『노픈 듯 ᄂᆞ즌 듯 긋ᄂᆞᆫ 듯 닛ᄂᆞᆫ 듯
높은 듯 낮은 듯, 끊어지는 듯 이어지는 듯

숨거니 뵈거니 가거니 머믈거니』
숨거니 보이거니, 가거니 머물거니

이츠러온 가온ᄃᆡ 일홈 ᄂᆞᆫ 양ᄒᆞ야 하ᄂᆞᆯ도 젓치 아녀
어지러운 가운데 유명한 척하며 하늘도 두려워하지 않고

웃득이 셧ᄂᆞᆫ 거시 秋月山(추월산) 머리 짓고
우뚝 서 있는 여러 산봉우리 가운데, 추월산이 머리를 이루고

龍歸山(용귀산) 鳳旋山(봉선산) / 佛臺山(불대산) 漁燈山(어등산)
涌珍山(용진산) 錦城山(금성산)이 / 虛空(허공)에 버러거든
용구산, 봉선산 / 불대산, 어등산 // 용진산, 금성산이 / 허공에 늘어서 있는데,

遠近(원근) 蒼崖(창애)의 머믄 것도 하도 할샤.
멀고도 가까운 푸른 벼랑에 머문 것도 많기도 많구나.

▶ 본사1 : 면앙정에서 바라본 산의 모습

본사 2
■ : 계절감을 나타내는 소재

흰구름 브흰 煙霞(연하) 프ᄅᆞ니는 山嵐(산람)이라.
흰 구름, 뿌연 안개와 노을, 푸른 것은 산아지랑이로구나.
↑안개와 노을   ↑산 아지랑이 (봄)
↑의인법 (주체 = 산람)

千巖(천암) 萬壑(만학)을 제 집으로 사마 두고
수많은 바위와 골짜기를 자기 집으로 삼아 두고

나명성 들명성 일희도 구ᄂᆞ지고.
나오기도 하고 들어가기도 하면서 아양도 떠는구나.

오르거니 ᄂᆞ리거니 長空(장공)의 써나거니
오르기도 하고 내리기도 하며 먼 하늘로 떠나기도 하고

廣野(광야)로 거너거니 프ᄅᆞ락 블그락 여트락 지트락
넓은 들판으로 건너가기도 하며 푸르기도 하고 붉기도 하고 옅기도 하고 짙기도 하고

斜陽(사양)과 섯거디어 細雨(세우)조ᄎᆞ ᄲᅥ리ᄂᆞᆫ다.
석양과 섞이어 가랑비조차 뿌리느냐.

▶ 본사 2 : 면앙정의 봄

↗화자의 신분이 드러남
藍輿(남여)를 빗야 트고 솔아리 구븐 길로 오며 가며 ᄒᆞᄂᆞᆫ 적의
뚜껑 없는 가마를 재촉해 타고 소나무 아래 굽은 길로 오며 가며 하는 때에

↗버드나무 (여름) ↗감정이입
綠陽(녹양)의 우는 黃鶯(황앵) 嬌態(교태) 겨워 ᄒᆞᄂᆞᆫ괴야.
푸른 버드나무에서 우는 꾀꼬리는 홍에 겨워 아양을 떠는구나.

나모 새 ᄌᆞᄌᆞ지어 綠陰(녹음)이 얼린 적의
나무와 억새와 같은 풀이 우거져 녹음이 짙어진 때에

百尺(백척) 欄干(난간)의 긴 조으름 내여 펴니
긴 난간에서 긴 졸음을 내어 펴니

水面(수면) 凉風(양풍)이야 긋칠 줄 모르ᄂᆞᆫ가.
물위에서 불어오는 서늘한 바람이야 그칠 줄을 모르는구나.

▶ 본사 2 : 면앙정의 여름

↗된서리 (가을)   ↗단풍이 물든 산의 모습
즌 서리 빠진 후의 산 빗치 錦繡(금수)로다.
된서리 걷힌 후에 산빛이 수놓은 비단 같구나.

↗누렇게 익은 곡식을 비유한 말 (은유법)
黃雲(황운)은 또 엇지 萬頃(만경)에 편거긔오.
누렇게 익은 곡식은 또 어찌 넓은 들에 펴져 있는고?

↗감정이입
漁笛(어적)도 흥을 계워 들룰 ᄯᅡ라 브ᄂᆞ는다.
고기잡이를 하며 부르는 피리도 흥을 이기지 못하여 달을 따라 계속 부는가.

▶ 본사 2 : 면앙정의 가을

草木(초목) 다 진 후의 江山(강산)이 미몰커늘
초목이 다 떨어진 후에 강산이 (눈 속에) 묻혔거늘

↗겨울
造物(조물)이 헌ᄉᆞᄒᆞ야 氷雪(빙설)로 ᄭᅮ며 내니
조물주가 야단스러워 얼음과 눈으로 꾸며 내니

↗눈 덮인 아름다운 자연을 비유한 말 (은유법)
瓊宮瑤臺(경궁요대)와 玉海銀山(옥해은산)이 眼底(안저)에 버러셰라.
경궁요대(구슬로 꾸며 놓은 궁전과 대)와 옥해은산(구슬이 깔린 바다와 은으로 꾸민 산)과 같이 아름다운 설경이 눈 아래 펼쳐져 있구나

↗자연의 아름다움에 대한 예찬
乾坤(건곤)도 가음열샤 간 대마다 경이로다.
하늘과 땅도 풍성하구나. 가는 곳마다 아름다운 경치로구나.

▶ 본사 2 : 면앙정의 겨울

결사

↗자연을 완상하기에 바쁜 마음
人間(인간)을 써나와도 내 몸이 겨를 업다.
인간 세상을 떠나와도 내 몸이 한가로울 겨를이 없다.

니것도 보려 ᄒᆞ고 져것도 드르려코
이것도 보려하고 저것도 들으려 하고

ᄇᆞ람도 혀려 ᄒᆞ고 ᄃᆞᆯ도 마즈려코
바람도 쐬려 하고(끌어당기려 하고), 달도 맞으려 하고

밤으란 언제 줍고 고기란 언제 낙고
밤은 언제 줍고 고기는 언제 낚고

柴扉(시비)란 뉘 다드며 딘 곳츠란 뉘 쓸려뇨.
사립문은 누가 닫으며 떨어진 꽃은 누가 쓸 것인가.

아ᄎᆞᆷ이 낫브거니 나조히라 슬흘소냐.
아침에도 (시간이) 부족한데 저녁이라고 (자연을 완상할 시간이) 싫을쏘냐.

오ᄂᆞᆯ리 不足(부족)커니 來日(내일)리라 有餘(유여)ᄒᆞ랴.
오늘도 (자연을 완상할 시간이) 부족한데 내일이라고 (자연을 완상할 시간이) 넉넉하랴.

이 뫼히 안자 보고 져 뫼히 거러 보니
이 산에 앉아보고 저 산에 걸어보니

煩勞(번로)ᄒᆞᆫ ᄆᆞ음의 ᄇᆞ릴 일이 아조 업다.
번거로운 마음이지만 버릴 일이 전혀 없다.

쉴 사이 업거든 길히나 젼ᄒᆞ리야.
쉴 사이도 없는 데 (이곳에 오는) 길을 전할 틈이 있으랴.

다만 ᄒᆞᆫ 靑藜杖(청려장)이 다 므듸여 가노미라.
다만 하나의 푸른 명아주 지팡이가 다 무디어져 가는구나.

▶ 결사 1 : 속세를 떠나 자연 속에서 즐기는 생활

술리 닉엇거니 벗지라 업슬소냐.
술이 익어가니 벗이 없을 것인가

블ᄂᆡ며 ᄐᆞ이며 혀이며 이아며
(노래를)부르게 하며, (악기를)타게 하며, 켜게 하며, 흔들며

↗술에 취하여 일어나는 흥취
온가지 소리로 醉興(취흥)을 ᄇᆡᄋᆞ거니
온갖 소리로 취흥을 재촉하니

근심이라 이시며 시름이라 브터시랴.
근심이라 있으며 시름이라 붙어 있겠는가

누으락 안즈락 구브락 져츠락
누웠다가 앉았다가 구부렸다가 젖혔다가(눕기도 하고 앉기도 하며, 구부리기도 하고 젖히기도 하며)

을프락 ᄑᆞ람ᄒᆞ락 노혜로 소긔니
(시를) 읊다가 휘파람을 불었다가 마음 놓고 노니

天地(천지)도 넙고넙고 日月(일월) ᄒᆞᆫ가ᄒᆞ다.
천지도 넓으며 세월도 한가하다.

羲皇(희황)을 모ᄅᆞ러니 이 젹이야 긔로고야
복희씨도 태평성대를 모르고 지냈더니 지금이야말로 그때로구나

神仙(신선)이 엇더턴지 이 몸이야 긔로고야.
신선이 어떤 것인가, 이 몸이야말로 신선이로구나

▶ 결사 2 : 취흥을 즐김

↗아름다운 자연   ↗평생
江山風月(강산풍월) 거ᄂᆞ리고 내 百年(백 년)을 다 누리면
아름다운 자연을 거느리고 내 한평생을 다 누리면

岳陽樓上(악양루상)의 李太白(이태백)이 사라 오다.
악양루 위에 이태백이 살아온들

浩蕩情懷(호탕정회)야 이에서 더ᄒᆞᆯ소냐.
넓고 끝없는 정다운 회포야 이보다 더하겠느냐?

▶ 결사 3 : 호탕한 정회

↑ 유교적 충의가 나타남
이 몸이 이렁 굼도 亦君恩(역군은)이샷다.
이 몸이 이렇게 지내는 것도 역시 임금의 은혜이시도다

▶ 결사 4 : 임금의 은혜

◆ **핵심정리**

갈래	서정 가사, 양반 가사, 은일 가사, 강호 한정가
성격	서정적, 묘사적, 자연 친화적
율격	3(4)·4조, 4음보 연속체
제재	면앙정 주변의 아름다운 자연 풍경
주제	자연을 즐기는 강호가도와 임금에 대한 감사
특징	비유·대구·반복 등의 다양한 표현 방법 사용 사계절의 변화에 따른 내용 전개

◆ **시상의 흐름**

서사	면앙정이 있는 제월봉의 위치와 형세
본사1	면앙정에서 바라본 주변의 아름다운 경치(근경 → 원경)
본사2	사계절의 변화에 따른 면앙정의 아름다움
결사	자연 속에서 즐기는 풍류 생활과 임금의 은혜에 대한 감사를 드러냄.

◆ **계절감을 나타내는 소재**

이 작품은 '면앙정'이라는 정자 주위의 풍경을 사계절에 따라 읊으며, 계절마다 대표적인 소재를 등장시켜 계절의 특성을 드러내고 있다.

봄	산람, 세우
여름	녹양, 녹음
가을	즌 서리, 금수, 황운
겨울	빙설, 경궁요대, 옥해은산

2010년 법원직 9급

Q. 이 작품에서 서술되고 있는 내용 중 작가의 신분을 나타내는 것으로 볼 수 있는 가장 적절한 것은?

① 斜陽(사양) ② 藍輿(남여) ③ 黃雲(황운) ④ 醉興(취흥)

2018년 지방직 7급

Q. 다음 글에 나타난 시적 화자의 정서와 가장 유사한 것은?

① 수간모옥(數間茅屋)을 벽계수(碧溪水) 앞에 두고 송죽(松竹) 울울리(鬱鬱裏)에 풍월주인(風月主人) 되어셔라.
② 이 술 가져다가 사해(四海)에 고루 나누어 억만창생(億萬蒼生)을 다 취(醉)케 만든 후에 그제야 고쳐 만나 또 한 잔 하잤고야.
③ 모첨(茅簷) 찬 자리에 밤중만 돌아오니 반벽청등(半壁靑燈)은 눌 위하여 밝았는고.
④ 종조추창(終朝惆悵)하며 먼 들을 바라보니 즐기는 농가(農歌)도 흥(興) 없어 들리나다.

병태 요정의 ADVICE

이 작품은 작가가 벼슬에서 물러나서 고향인 전남 담양에 머물던 시기에 지은 것입니다. 작가는 면앙정이 위치한 지세(地勢), 제월봉의 형세, 면앙정의 경치, 면앙정 주변의 풍경을 묘사하고, 면앙정 주변의 아름다운 자연을 계절의 변화에 따라 표현했습니다.

서사에서는 주위 경관에 대해 노래하고, 본사에서는 면앙정에서 바라보는 근경과 원경, 사계절의 아름다운 모습을 표현했습니다. 이때 비유·대구·반복·점층·생략 등의 다양한 표현 방법을 사용하고, 우리말의 아름다움을 살려서 표현했습니다. 이러한 이유로 문학적 가치가 높은 작품으로 평가받고 있습니다.

결사에서는 강호에서의 풍류 생활을 표현하면서도 이렇게 지낼 수 있는 것은 모두 임금님의 은혜라면서, 임금에 대한 감사함으로 작품을 마무리합니다.

정답 ②, ①

가사 03 관동별곡 － 정철

2020 지방직 7급, 2019 경찰직 1차, 2016 법원직 9급, 2015 국회직 8급,
2014년 국가직 9급, 2014년 국가직 7급

서사1

江강湖호애 病병이 깁퍼 竹듁林님의 누엇더니,
↳ 은거지, 전남 창평
연하고질(煙霞痼疾), 천석고황(泉石膏肓)
자연을 사랑하는 마음이 고치질 못할 병처럼 깊어 은거지(창평)에서 지내고 있었는데,

↳ 관찰사의 소임
關관東동 八팔百뵉 里니에 方방面면을 맛디시니,
(임금님께서) 8백 리나 되는 관동 지방 관찰사의 직분을 맡겨 주시니,

어와 聖셩恩은이야 가디록 罔망極극ᄒ다.
아아, 임금님의 은혜야말로 갈수록 그지없다.

『 』: 과감한 생략 (속도감, 관찰사로 임명 받은 기쁨)
『延연秋츄門문 드리ᄃ라 慶경會회 南남門문 ᄇ라보며,
(경복궁 서문인) 연추문으로 달려들어가 경회루 남쪽 문을 바라보며

下하直직고 믈너나니 玉옥節졀이 알ᄑ 셧다.』
임금님께 하직을 하고 물러나니, 관찰사의 신표인 옥절이 앞에 서 있다.

平평丘구驛역 물을 ᄀ라 黑흑水슈로 도라드니,
평구역(양주)에서 말을 갈아 타고 흑수(여주)로 돌아드니,

蟾셤江강은 어듸메오 雉티岳악이 여긔로다.
섬강(원주)는 어디인가? 치악산(원주)이 여기로구나.

▶ 서사1 : 관찰사 배명(拜命)과 부임의 여정

서사2

↳ 연군지정
昭쇼陽양江강 ᄂ린 믈이 어드러로 든단 말고.
소양강의 흘러내리는 물이 어디로 흘러 든다는 말인가

↳ 우국지정
孤고臣신 去거國국에 白뵉髮발도 하도 할샤.
임금 곁을 떠나는 외로운 신하가 걱정이 많기도 많구나.

東동州쥐 밤 계오 새와 北븍寬관亭뎡의 올나ᄒ니,
동주(철원)의 하룻밤을 겨우 새워 북관정에 오르니,

↳ 연군지정
三삼角각山산 第뎨一일峰봉이 ᄒ마면 뵈리로다.
(임금 계신 한양의) 삼각산 제일 높은 봉우리가 웬만하면 보일 것도 같구나.

↳ 까마귀와 까치 (감정 이입의 대상)
弓궁王왕 大대闕궐 터희 烏오鵲쟉이 지지괴니,
궁예 왕의 대궐 터였던 곳에 까막까치가 지저귀니,

↳ 인생무상, 맥수지탄(麥秀之嘆)
千쳔古고 興흥亡망을 아는다 몰ᄋᄂ다.
한 나라의 흥하고 망함을 알고 우는가, 모르고 우는가?

『 』: 선정에 대한 포부
『淮회陽양 녜 일홈이 마초아 ᄀ툴시고.
회양이라는 이름이 (중국 한나라에 있던) 회양이라는 옛날 이름과 공교롭게도 같구나.

汲급長댱孺유 風풍彩치를 고텨 아니 볼 게이고.』
(한나라 회양 태수로 선정을 베풀었던) 급장유의 풍채를 다시 펼쳐야 할 것이 아닌가?

▶ 서사 2 : 관내 순시와 선정에 대한 포부

본사1

↳ 선정에 대한 은근한 자부심   ↳ 시간적 배경   ■ : 공간의 이동
營영中듕이 無무事ᄉᄒ고 時시節졀이 三삼月월인 제,
감영 안이 무사하고, 시절이 3월인 때에,

↳ 금강산의 가을 명칭
花화川쳔 시내길히 楓풍岳악으로 버더 잇다.
화천(花川)의 시냇길이 금강산으로 뻗어 있다.

↳ 여행 채비
行ᄒᆡᆼ裝장을 다 썰티고 石셕逕경의 막대 디퍼,
행장을 간편히 하고, 돌길에 지팡이를 짚고,

百ᄇ川쳔洞동 겨ᄐᆡ 두고 萬만瀑폭洞동 드러가니,
백천동 옆을 지나서 만폭동 계곡으로 들어가니,

↳ 직유법   ↳ 직유법
銀은 ᄀᄐᆞᆫ 무지게 玉옥 ᄀᄐᆞᆫ 龍룡의 초리,
↳ 폭포의 역동적인 모습 (은유법)
은 같은 무지개, 옥 같은 용의 꼬리처럼

↳ 과장법
섯돌며 ᄲᅮᆷᄂᆞᆫ 소ᄅᆡ 十십 里리의 ᄌᆞ자시니,
폭포가 섞여 돌며 내뿜는 소리가 십 리 밖까지 퍼졌으니,

↳ 청각 ↳ 대구법 ↳ 시각
들을 제ᄂᆞᆫ 우레러니 / 보니ᄂᆞᆫ 눈이로다.   『 』: 원경 → 근경
멀리서 들을 때에는 우렛소리 같더니, 가까이서 보니 눈이 날리는 것 같구나!

▶ 본사1 : 만폭동 폭포의 장관

↳ 신선이 탄다는 학(미화법)
金금剛강臺ᄃᆡ 민 우層층의 仙션鶴학이 삿기 치니,
금강대 맨 꼭대기에 학이 새끼를 치는데,

春츈風풍 玉옥笛뎍聲셩의 첫ᄌᆞᆷ을 ᄭᅢ돗던디,
봄바람에 들려오는 옥피리 소리에 첫 잠을 깨었던지

↳ 흰 저고리와 검은 치마 (학의 모습)
縞호衣의 玄현裳샹이 半반空공의 소소 ᄯᅳ니,
흰 저고리 검은 치마로 단장한 학이 공중에 치솟아 뜨니,

↳ 화자 자신(정철)
西셔湖호 녯 主쥬人인을 반겨셔 넘노ᄂᆞᆫ ᄃᆞᆺ.
서호의 옛 주인 임포를 반기듯 나를 반겨 넘노는 듯하구나!

▶ 본사1 : 금강대의 선학

小쇼香향爐노 大대香향爐노 눈 아래 구버보고,
소향로봉과 대향로봉을 눈 아래 굽어보고,

正졍陽양寺ᄉ 眞진歇혈臺ᄃᆡ 고텨 올나 안준마리,
정양사 뒤 진헐대에 다시 올라 앉으니,

廬녀山산 眞진面면目목이 여긔야 다 뵈ᄂᆞ다.
중국의 여산과도 같이 아름다운 금강산의 참모습이 여기서야 다 보인다.

↳ 우아미
어와 造조化화翁옹이 헌ᄉᆞ토 헌ᄉᆞᄒᆞᆯ샤.
아아, 조물주의 솜씨가 야단스럽기도 야단스럽구나.

↳ 산봉우리의 변화무쌍하고 역동적인 모습 (송순의 '면앙정가'에서 영향을 받음)
ᄂᆞᆯ거든 ᄯᅱ디 마나 / 셧거든 솟디 마나.
봉우리들이 나는 듯하면서도 뛰는 듯하고, 우뚝 서 있는 듯하면서도 솟은 듯하여 변화무쌍하구나

芙부蓉용을 고잣ᄂᆞᆫ ᄃᆞᆺ / 白ᄇᆡᆨ玉옥을 믓것ᄂᆞᆫ ᄃᆞᆺ,
연꽃을 꽂아 놓은 듯, 백옥을 묶어 놓은 듯,

↳ 동해   ↳ 임금을 상징
東동溟명을 박ᄎᆞᄂᆞᆫ ᄃᆞᆺ / 北북極극을 괴왓ᄂᆞᆫ ᄃᆞᆺ. 『 』: 대구법
동해를 박차는 듯, 북극성을 괴고 있는 듯하구나.

놉흘시고 望망高고臺딕, 외로올샤 穴혈望망峰봉이
↑ 충신의 모습
높기도 하구나 망고대여, 외롭기도 하구나 혈망봉이

하늘의 추미러 무슨 일을 스로리라,
하늘에 치밀어 무슨 일을 아뢰려고

千쳔萬만劫겁 디나드록 구필 줄 모르는다.
오랜 세월이 지나도록 굽힐 줄 모르는가?
↑ 망고대, 혈망봉
어와 너여이고 너 フ트니 또 잇는가.
아, 너로구나. 너 같은 높은 기상을 지닌 것이 또 있겠는가?
▶ 본사1: 진헐대에서 바라본 금강산

開기心심臺딕 고텨 올나 衆듕香향城셩 브라보며,
개심대에 다시 올라 중향성을 바라보며

萬만 二이千쳔峰봉을 歷녁歷녁히 혀여ㅎ니,
만 이천 봉을 똑똑히 헤아리니,

峰봉마다 및쳐 잇고 긋마다 서린 긔운,
봉마다 맺혀 있고, 산끝마다 서린 기운,
↑ 맑고도 깨끗한 산의 정기 (대구법, 연쇄법)
묽거든 조티 마나 조커든 묽디 마나.
맑거든 깨끗하지 말거나, 깨끗하거든 맑지나 말 것이지,
↑ 우국지정
뎌 긔운 흐터 내야 人인傑걸을 믄들고쟈.
저 맑고 깨끗한 기운을 흩어 내어 뛰어난 인재를 만들고 싶구나.
↑ 금강산의 정적인 모습   ↑ 금강산의 동적인 모습
形형容용도 그지업고 體톄勢셰도 하도 할샤.
(산의) 생김새도 끝이 없고 형세도 다양하기도 하구나.

天텬地디 삼기실 제 自ㅈ然연이 되연마는,
천지가 생겨날 때에 저절로 이루어진 것이지만,

이제 와 보게 되니 有유情정도 有유情정흘샤.
이제 와서 보게 되니 조물주의 깊은 뜻이 담겨 있구나.
↑ 오른 사람이 없을 것이다
毗비盧로峰봉 上샹上샹頭두의 올라 보니 긔 뉘신고.
(금강산의 제일 꼭대기인) 비로봉에 올라 본 사람이 누구이신가?
『 』: 동산, 태산에 올라 천하를 작게 여긴 공자의 호연지기를 부러워함
東동山산 泰태山산이 어ㄴ야 놉돗던고.
동산과 태산 중 어느 것이 비로봉보다 높던가?

魯노國국 조븐 줄도 우리는 모르거든,
노나라가 좁은 줄도 우리는 모르는데,

넙거나 넙은 天텬下하 엇찌ㅎ야 젹닷 말고.
(하물며) 넓고도 넓은 천하를 (공자는) 어찌하여 작다고 했는가?

어와 뎌 디위를 어이ㅎ면 알 거이고.
아! 공자와 같은 (그 높고 넓은) 저 경지를 어찌하면 알 수 있겠는가?
↑ 내려가는 것이 (무엇이) 이상하랴
오른디 못ㅎ거니 느려가미 고이홀가.
오르지 못하는데 내려감이 이상하랴?
▶ 본사1: 개심대에서의 중향성, 비로봉 조망

圓원通통골 フ는 길로 獅ㅅ子ㅈ峰봉을 추자가니,
원통골의 좁은 길을 따라 사자봉을 찾아가니,

그 알픽 너러바회 化화龍룡쇠 되여셰라.
그 앞의 넓은 바위가 화룡소가 되었구나.
↑ 화룡소의 모습 - 화자 자신
千쳔年년 老노龍룡이 구비구비 서려 이셔,
천 년 묵은 늙은 용이 굽이굽이 서려 있는 것같이

晝듀夜야의 흘녀 내여 滄창海히예 니어시니,
밤낮으로 물을 흘려 내어 넓은 바다까지 이어 있으니
↑ 선정의 여건(때)   ↑ 백성에게 베푸는 선정
風풍雲운을 언제 어더 三삼日일雨우를 디련는다.
(저 용은) 바람과 구름을 언제 얻어 흡족한 비를 내리려 하느냐?
↑ 고통받는 백성   『 』: 선정에의 포부, 숭고미
陰음崖애예 이온 플을 다 살와 내여스라.
그늘에 시든 풀들을 다 살려 내려무나.
▶ 본사1: 화룡소의 감회

磨마訶하衍연 妙묘吉길祥샹 雁안門문재 너머 디여,
마하연, 묘길상, 안문재를 넘어 내려가

외나모 뻐근 드리 佛블頂뎡臺딕 올라ㅎ니,
썩은 외나무 다리를 건너 불정대에 오르니

千쳔尋심絶졀壁벽을 半반空공애 셰여 두고,
천 길이나 되는 절벽이 공중에 세워 두고
↑ 원관념 = 폭포
銀은河하水슈 한 구비를 촌촌이 버혀 내여,
은하수 큰 굽이를 마디마디 잘라내어
↑ 폭포의 근경   ↑ 폭포의 원경
실フ티 플텨이셔 뵈フ티 거러시니,
실처럼 풀어서 베처럼 걸어 놓았으니,

圖도經경 열두 구비 내 보매는 여러히라.
산수 도경에는 열두 굽이로 그려 놓았지만, 내가 보기에는 그보다 더 많아 보인다.

李니謫뎍仙션 이제 이셔 고텨 의논ㅎ게 되면,
만일, 이백이 지금 있어서 다시 의논하게 되면,
↑ 이백이 폭포의 장관을 노래한 '망여산폭포'의 소재가 되는 산
盧녀山산이 여긔도곤 낫단 말 못 ㅎ려니.
여산 폭포가 여기보다 낫다는 말은 못 할 것이다.
▶ 본사1: 불정대에서 바라본 십이 폭포의 장관

본사 2
↑ 금강산(내금강)   ↑ 해금강으로 장소 이동 (내금강 → 해금강)
山산中듕을 믹양 보랴 東동海히로 가쟈스라.
금강산만 항상 보랴. 동해로 가자꾸나.
↑ 화자의 신분을 드러냄
籃남輿여 緩완步보ㅎ야 山산映영樓누의 올나ㅎ니,
남여를 타고 천천히 걸어 산영루에 오르니,
↑ 금강산을 떠나는 아쉬움을 시냇물과 새에 이입하여 표현함 (감정이입)
玲녕瓏롱 碧벽溪계와 數수聲성 啼뎨鳥됴는 離니別별을 怨원ㅎ는 둣,
영롱한 푸른 시냇물과 아름다운 새소리는 이별을 원망하는 듯,
『 』: 관찰사의 행차 모습
『旋정旗긔를 썰티니 五오色식이 넘노는 둣,
깃발을 휘날리니 갖가지 색깔의 깃발이 서로 넘나들며 노는 듯하고,

鼓고角각을 섯부니 海히雲운이 다 것는 둣.』
북을 치고 나발을 부니 그 소리에 바다 위의 구름이 다 걷히는 듯하다.

　　　　　　　　　↱ 취한 신선, 작가 자신 (정철)
鳴명沙사길 니근 물이 醉취仙션을 빗기 시러,
모래밭 길에 익숙한 말이 취한 신선을 비스듬히 실어,

바다홀 겻틱 두고 海ᄒᆡ棠당花화로 드러가니,
바다를 곁에 두고 해당화 핀 곳으로 들어가니,
↱ 자연과 하나가 된 경지 (물아일체)
白ᄇᆡᆨ鷗구야 ᄂᆞ디 마라 네 버딘 줄 엇디 아ᄂᆞᆫ.
갈매기야 날지 마라. 내가 네 벗인 줄 어찌 알겠느냐?
　　　　　　　　　▶ 본사 2 : 내금강을 떠나는 아쉬움과 동해로 가는 감회

金금蘭난窟굴 도라드러 叢총石석亭뎡 올라ᄒᆞ니,
금난굴 돌아들어 총석정에 올라가니,
　　↱ 총석정에서 바라본 네 개의 돌기둥(사선봉)을 가리킴
白ᄇᆡᆨ玉옥樓누 남은 기동 다만 네히 셔 잇고야.
(옥황상제가 거처하던) 백옥루의 돌기둥이 네 개만 서 있는 듯하구나.

工공倕슈의 셩녕인가 鬼귀斧부로 다ᄃᆞᆷ던가.
(옛날 중국의 명장인) 공수가 만든 작품인가? 조화를 부리는 귀신의 도끼로 다듬었는가.

구ᄐᆞ야 六뉵面면은 므어슬 象샹톳던고.
구태여, 육면으로 된 돌 기둥은 무엇을 본떴는가?
　　　　　　　　　▶ 본사 2 : 총석정에서 바라본 사선봉

高고城셩을란 뎌만 두고 三삼日일浦포를 ᄎᆞ자가니,
고성은 저만큼 두고 삼일포를 찾아가니,
↱ 붉은 글씨　　　↱ 신라의 화랑들
丹단書셔는 宛완然연ᄒᆞ되 四ᄉᆞ仙션은 어ᄃᆡ 가니.
(신라의 국선이었던 영랑의 무리가 남석으로 갔다는) 붉은 글씨 뚜렷한데, 사선은 어디 갔는가?

예 사흘 머믄 後후의 어ᄃᆡ 가 ᄯᅩ 머믈고.
여기서 사흘 동안 머무른 뒤에 어디 가서 또 머물렀던고?

仙션遊유潭담 永영郎낭湖호 거긔나 가 잇ᄂᆞᆫ가.
선유담, 영랑호 거기에 가 있는가?

淸쳥澗간亭뎡 萬만景경臺ᄃᆡ 몃 고ᄃᆡ 안돗던고.
청간정, 만경대 몇 곳에 앉아 놀았던가?
　　　　　　　　　▶ 본사 2 : 삼일포에서의 사선 추모

梨니花화는 볼셔 디고 졉동새 슬피 울 제,
배꽃은 벌써 지고 접동새 슬피 울 때

洛낙山산 東동畔반으로 義의相샹臺ᄃᆡ예 올라 안자,
낙산사 동쪽 언덕으로 가서 의상대에 올라 앉아
↱ 해 = 임금
日일出츌을 보리라 밤듕만 니러ᄒᆞ니,
해돋이를 보려고 한밤중에 일어나니
『　』: 해가 떠오르는 장관을 묘사, 동적인 이미지. (직유법, 과장법 사용)
『祥샹雲운이 집픠ᄂᆞᆫ 동, 六뉵龍뇽이 바퇴ᄂᆞᆫ 동,
　　　　　　　　여섯 용=충신
상서로운 구름이 뭉게뭉게 피어나는 듯, 여섯 용이 하늘을 떠받쳐 괴는 듯

바다히 ᄯᅥ날 제ᄂᆞᆫ 萬만國국이 일위더니,
(해가) 바다에서 떠날 때는 온 세상이 일렁이더니
↱ 임금의 총명을 연상
天텬中듕의 티ᄯᅳ니 毫호髮발을 혜리로다』
하늘로 치솟아 뜨니 터럭도 셀 수 있을 만큼 환하구나.

　　　　　　↱ 간신배 (임금의 총명을 흐리게 하는 존재)
아마도 녈구름 근쳐의 머믈셰라.
아마도 지나가는 구름이 해 근처에 머물까 두렵구나.

詩시仙션은 어듸 가고 咳ᄒᆡ唾타만 나맛ᄂᆞ니.
이백은 어디 가고 그의 시구만이 남았느냐?

天텬地디間간 壯장ᄒᆞᆫ 긔별 ᄌᆞ셔히도 홀셔이고.
천지간 일출의 장한 소식을 자세히도 표현하였구나.
　　　　　　　　　▶ 본사 2 : 의상대 일출의 장관

　　　　　　↱ 석양, 해 질 녘
斜샤陽양 峴현山산의 텩튝을 므니ᄇᆞᆯ와
석양 무렵 현산의 철쭉꽃을 잇따라 밟으며,
↱ 신선이 탄다는 수레 (자신을 신선에 비유함)
羽우蓋개芝지輪륜이 鏡경浦포로 ᄂᆞ려가니,
신선이 탄다는 수레를 타고 경포로 내려가니,
　　　　　　↱ 잔잔한 수면 (원경)
十십里리 氷빙紈환을 다리고 고텨 다려,
십 리 뻗쳐 있는 얼음같이 흰 비단을 다리고 다시 다린 것 같은 맑고 잔잔한 호숫물이

長댱松숑 울흔 소개 슬ᄏᆞ장 펴뎌시니,
큰 소나무 숲으로 둘러싼 속에 한껏 펼쳐져 있으니,
　　　　　　　↱ 매우 맑다 (근경)
믈결도 자도 잘샤 모래ᄅᆞᆯ 혜리로다.
물결도 잔잔하기도 잔잔하여 물속 모래알까지도 헤아릴 만하구나.

孤고舟쥬 解ᄒᆡ纜람ᄒᆞ야 亭뎡子ᄌᆞ 우희 올나가니,
한 척의 배를 띄워 호수를 건너 정자 위에 올라가니,

江강門문橋교 너믄 겨틱 大대洋양이 거긔로다.
강문교 넘는 곁에 동해가 거기로구나.

從동容용ᄒᆞᆫ댜 이 氣긔像샹 闊활遠원ᄒᆞᆫ댜 뎌 境경界계,
조용하구나 (경포의) 기상이여, 넓고 아득하구나 저 (동해의) 경계여,
　　　　↱ 우아미
이도곤 ᄀᆞ존 ᄃᆡ ᄯᅩ 어듸 잇닷 말고.
이 곳보다 아름다운 경치를 갖춘 곳이 또 어디 있단 말인가?
　　　　　↱ 고려 때 강원 감사 박신과 기생 홍장이 경포에서 사랑을 나눴다는 고사
紅홍粧장 古고事ᄉᆞ를 헌ᄉᆞ타 ᄒᆞ리로다.
과연 고려 우왕 때 박신과 홍장의 이야기가 야단스럽다 하리로다.

江강陵능 大대都도護호 風풍俗쇽이 됴흘시고.
강릉 대도호부의 풍속이 좋기도 하구나.

節졀孝효旌졍門문이 골골이 버러시니,
충신, 효자, 열녀를 표창하기 위하여 세운 정문이 동네마다 널렸으니,
　　　　　↱ 도덕적이고 풍속이 좋은 태평성대
比비屋옥可가封봉이 이제도 잇다 ᄒᆞᆯ다.
즐비하게 늘어선 집마다 모두 벼슬을 줄 만하다는 요순 시절의 태평성대가 지금도 있다고 하겠도다.
　　　　　　　　　▶ 본사 2 : 경포의 장관과 강릉의 미풍양속

眞진珠쥬館관 竹듁西셔樓루 五오十십川쳔 ᄂᆞ린 믈이,
진주관 죽서루 아래 오십천의 흘러내리는 물이

太태白ᄇᆡᆨ山산 그림재를 東동海ᄒᆡ로 다마 가니,
태백산 그림자를 동해까지 담아 가니,

2 고전 시가　301

↳ 연군지정
출하리 漢한江강의 木목멱멱의 다히고져.
차라리 (그 물줄기를) 임금 계신 한강으로 돌려 서울의 남산에 닿게 하고 싶구나.
『 』: 위정자로서의 책임감과 자연인으로서의 욕망 사이의 갈등 심화 – 비장미
『王왕程뎡이 有유限ᄒᆞ고 風풍景경이 못 슬믜니,
  위정자로서의 책임감
관원의 여정은 유한하고, 풍경은 볼수록 싫증나지 않으니,
       ↳ 자연인으로서의 욕망
幽유懷회도 하도 할샤 客ᄀᆡᆨ愁수도 둘 듸 업다.
그윽한 회포가 많기도 많고, 나그네의 시름도 달랠 길 없구나.
↳ 신선이 타는 뗏목. 울진의 옛 이름
仙션槎사를 띄워 내여 斗두牛우로 向향ᄒᆞᆯ살가,
신선이 타는 뗏목을 띄워 내어 북두성과 견우성으로 향할까?
            ↳ 신라 때 사선이 놀았다는 강원도에 있는 굴
仙션人인을 ᄎᆞ즈려 丹단穴혈의 머므살가.
신선을 찾으러 단혈에 머무를까?
▶ 본사 2 : 죽서루에서의 객수

㉠天텬根근을 못내 보와 望망洋양亭뎡의 올은말이,
하늘 끝을 끝내 보지 못하여, 망양정에 올랐더니

바다 밧근 하늘이니 하늘 밧근 므서신고.
바다 밖은 하늘이니 하늘 밖은 무엇인고
      ↳ 원관념 : 성난 파도 (활유법)
㉡ᄀᆞ득 노ᄒᆞᆫ 고래 뉘라셔 놀내관ᄃᆡ,
가뜩이나 성난 고래를 누가 놀라게 하기에

블거니 씸거니 어즈러이 구는디고.
불기도 하고 뿜기도 하면서 어지러이 구는 것인가?
    ↳ 높은 파도 (은유법)
㉢銀은山산을 것거 내여 六뉵合합의 ᄂᆞ리ᄂᆞᆫ 듯,
은으로 된 산을 깎아 내어 온 천지에 흩뿌려 내리는 듯하니,
              ↳ 파도에서 떨어지는 물방울 (은유법)
五오月월 長댱天텬의 ㉣白ᄇᆡᆨ雪셜은 므ᄉ 일고.
오월의 하늘에서 흰 눈이 내리는 것은 무슨 영문인고.
▶ 본사 2 : 망양정에서의 파도 조망

결사1
져근덧 밤이 드러 風풍浪낭이 定뎡ᄒᆞ거늘,
잠깐 사이 밤이 되어 풍랑이 가라앉거늘

扶부桑상 咫지尺쳑의 明명月월을 기ᄃᆞ리니,
해뜨는 곳(부상)이 가까운 동쪽 바다에서 밝은 달이 뜨기를 기다리니

瑞셔光광千쳔丈댱이 뵈ᄂᆞᆫ 듯 숨ᄂᆞᆫ고야.
천길이나 되는 길게 뻗친 상서로운 달빛이 나타났다가는 이내 숨는구나.

珠쥬簾렴을 고텨 것고 玉옥階계를 다시 쓸며,
구슬로 만든 발을 다시 걷고 옥같은 섬돌을 다시 쓸며

啓계明명星셩 돗도록 곳초 안자 ᄇᆞ라보니,
샛별이 돋도록 꼿꼿이 앉아 바라보니
    ↳ 흰 연꽃 (원관념 = 달)
白ᄇᆡᆨ蓮년花화 ᄒᆞᆫ 가지를 뉘라셔 보내신고.
흰 연꽃처럼 희고 아름다운 달을 누가 이 세상에 보냈는가
   ↳ 애민 사상
일이 됴흔 世셰界계 ᄂᆞᆷ대되 다 뵈고져.
이렇게 좋은 (망양정의 달밤의 경치를) 나 아닌 다른 사람들에게 보이고 싶구나.

뉴霞하酒쥬 ᄀᆞ득 부어 ᄃᆞᆯᄃᆞ려 무론 말이,
신선이 마시는 술을 가득 부어 들고 달에게 묻기를
      ↳ 이백
英영雄웅은 어ᄃᆡ 가며, 四ᄉ仙션은 긔 뉘러니,
(옛날의) 영웅은 어디 갔으며, (신라 때의) 네 명의 국선은 그 누구이던가?

아미나 맛나 보아 녯 긔별 뭇쟈 ᄒᆞ니,
아무나 만나 옛 소식 묻고자 하니

仙션山산 東동海ᄒᆡ예 갈 길히 머도 멀샤.
삼신산이 있다는 동해로 갈 길이 멀기도 하구나.
▶ 결사 1 : 망양정에서 본 월출

결사 2
 ↳ 꿈의 시작   ■ : 신선, ■ : 화자(정철)
松숑根근을 볘여 누어 픗ᄌᆞᆷ을 얼픗 드니,
소나무 뿌리를 베고 누워 선잠이 잠깐 드니

ᄭᅮᆷ애 ᄒᆞᆫ 사ᄅᆞᆷ이 날ᄃᆞ려 닐온 말이,
꿈에 한 사람이 나에게 이르기를
  ↳ 신선이 화자에게 한 말
그ᄃᆡ를 내 모ᄅᆞ랴 ⓐ上상界계예 眞진仙션이라.
"그대를 내가 모르겠느냐? 그대는 하늘 나라의 참 신선이다.

黃황庭뎡經경 一일字ᄌᆞ를 엇디 그릇 닐거 두고,
황정경이라는 도가의 경전 한 글자를 어찌 잘못 읽어 두고,

人인間간의 ᄂᆞ려와셔 우리를 ᄯᆞᆯ오ᄂᆞᆫ다.
인간 세상에 내려와서 우리를 따르는가?"

져근덧 가디 마오 이 술 ᄒᆞᆫ 잔 머거 보오.
잠깐 동안 가지 마오. 이 술 한 잔 먹어 보오.
                  ↳ 작가의 호방한 기상이 드러남, 호연지기
ⓑ北븍斗두星셩 기우려 滄챵海ᄒᆡ水슈 부어 내여,
북두칠성을 술국자로 하여 푸른 동해의 물을 술로 삼아 부어내서

저 먹고 날 머겨ᄂᆞᆯ 서너 잔 거후로니,
저도 먹고 나에게도 먹이거늘 서너 잔 기울이니

和화風풍이 習습習습ᄒᆞ야 兩냥腋익을 추혀 드니,
따뜻한 봄바람이 산들산들 불어와 양쪽 겨드랑이를 추켜드니

九구萬만 里리 長댱空공애 져기면 ᄂᆞ리로다.
아득히 먼 하늘에 웬만하면 날아오를 것만 같구나.
『 』: 선우후락, 목민관의 자세, 애민정신
『이 술 가져다가 四ᄉ海ᄒᆡ예 고로 ᄂᆞ화,
이 술 가져다가 온 천하에 고루 나누어

ⓒ億억萬만 蒼창生ᄉᆡᆼ을 다 醉취케 밍근 後후의,
모든 백성을 다 취하게 만든 후에

그제야 고텨 맛나 ᄯᅩ ᄒᆞᆫ 잔 ᄒᆞ잣고야.
그 때에야 다시 만나 또 한 잔 하자꾸나

말 디쟈 鶴학을 ᄐᆞ고 九구空공의 올나가니,
그 말이 끝나자 신선이 학을 타고 하늘로 올라가니

空공中듕 玉옥簫쇼 소리 어제런가 그제런가.
공중의 옥피리 소리 어제인지 그제인지 어렴풋하구나.

나도 좀을 끼여 바다흘 구버보니,
꿈 → 현실
나도 잠을 깨어 바다를 굽어보니

ⓓ기픠를 모르거니 ㄱ인들 엇디 알리.
깊이를 모르니 끝인들 어찌 알리?
↑ 임금을 상징 (임금의 은총) / 시조의 종장과 같은 음수율 (정격 가사)

明명月월이 千쳔山산 萬만落낙의 아니 비쵠 디 업다.
밝은 달이 온 산과 촌락에 비치지 않는 곳이 없다.

▶ 결사 2 : 꿈속 신선과의 만남과 임금에 대한 예찬

◆ 핵심정리

갈래	양반 가사, 기행 가사, 정격 가사
성격	서정적, 지사적, 서경적
율격	3(4)·4조의 4음보
제재	내금강과 관동 팔경
주제	금강산, 관동 팔경에 대한 감탄과 연군지정 및 애민 사상
특징	- 영탄법, 대구법, 생략법 등을 활용함. - 우리말의 아름다움을 잘 살림.

◆ 서사

서사 1 (부임)	창평	은거 생활, 천석고황
	한양	성은에 감격
	평구역	양주
	흑수	여주
	섬강·티악	원주 감영이 있는 곳
서사 2 (순력*)	쇼양강(춘천)	연군지정, 우국지정
	동쥬(철원)·북관뎡	연군지정, 세사의 무상함
	회양	선정에의 포부

* 순력 : 관찰사나 원 등이 관할 지역을 순회하던 일.

◆ 본사
금강산과 관동 팔경 유람

본사 1 금강산	만폭동의 폭포	폭포의 장관, 비유·감각적 표현
	금강대의 선학	도선적 풍모, 셔호 녯주인
	진헐대에서의 조망	녀산 진면목, 우국과 충절
	개심대에서의 조망	성현의 도를 흠모, 공자의 고사
	화룡소에서의 감회	선정에 대한 포부, 노룡에 비유
	불정대의 12 폭포	폭포의 장관, 망여산 폭포
	산영누	신선사상, 백구, 물아일체
본사 2 관동팔경	총석정	도교 사상, 기묘한 형상
	삼일포	사선의 추모
	의상대	일출의 장관, 우국지정
	경포	미풍양속
	죽서루	객수, 연군지정
	망양정	파도의 장관, 고래, 은산

◆ 산과 바다의 이미지

작가가 산을 보며 떠올린 생각은 백성을 돌보고 나라의 장래를 걱정하는 공인으로서의 자세가 주로 드러난다. 반면 바다에서는 인간 본연의 모습이 주로 드러나며, 개인적인 풍류와 연결된다.

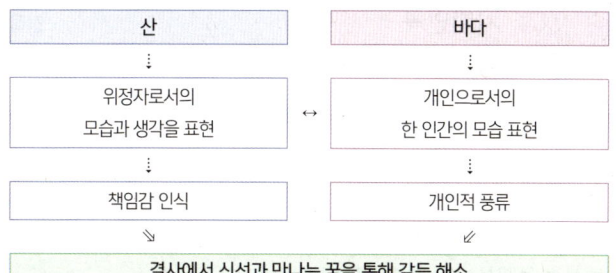

산	바다
위정자로서의 모습과 생각을 표현 ↔	개인으로서의 한 인간의 모습 표현
↓	↓
책임감 인식	개인적 풍류

결사에서 신선과 만나는 꿈을 통해 갈등 해소

◆ 결사

망양정	망양정에서 월출과 꿈	신선에 대한 동경
	선우후락의 정신	애민정신, 선정에 대한 포부
	달이 비치는 모습	임금에 대한 예찬

2014년 국가직 9급

Q. ㉠~㉣에 대한 풀이로 가장 적절한 것은?

① ㉠ - 은하수
② ㉡ - 성난 파도
③ ㉢ - 태백산
④ ㉣ - 흰 갈매기

2014년 국가직 7급

Q. 다음 ⓐ~ⓓ 중 "先天下之憂而憂, 後天下之樂而樂"과 가장 밀접한 표현은?

① ⓐ ② ⓑ ③ ⓒ ④ ⓓ

2020년 지방직 7급

Q. 밑줄 친 단어가 가리키는 대상을 노래한 것은?

珠簾을 고텨 것고 玉階물 다시 쓸며
啓明星 돗도록 곳초 안자 브라보니
白蓮花 훈 가지를 뉘라셔 보내신고

- 정철, 「관동별곡(關東別曲)」에서 -

① 구룸 빗치 조타 하나 검기를 주로 한다
  바람 소리 맑다 하나 그칠 적이 하노매라
  조코도 그츨 뉘 업기는 믈뿐인가 하노라
② 고즌 므스 일로 픠며셔 쉬 디고
  플은 어이하야 프르는 듯 누르나니
  아마도 변티 아닐손 바회뿐인가 하노라
③ 나모도 아닌 거시 플도 아닌 거시
  곳기는 뉘 시기며 속은 어이 뷔연는다
  뎌러코 四時예 프르니 그를 됴하하노라
④ 쟈근 거시 노피 떠셔 萬物을 다 비취니
  밤듕의 光明이 너만하니 또 잇느냐
  보고도 말 아니 하니 내 벗인가 하노라

병태 요정의 ADVICE

이 작품은 작가가 45세 때 강원도 관찰사로 임명된 후 금강산과 관동 팔경을 유람하며 그 경치에 대한 감탄과 정감을 노래한 가사입니다. 관리로서의 현실 인식을 바탕으로 나라를 생각하는 우국, 애민정신과 개인으로서의 풍류 사이에서의 갈등을 꿈을 통하여 해소하는 모습이 드러납니다. 감탄사와 생략법과 대구법 등을 적절히 사용하여 금강산과 관동 팔경의 정경을 생동감 있게 묘사하고 있는 것이 특징입니다. 또한 우리말을 사용한 작가의 뛰어난 문장력이 돋보이는데, 우리말의 유창성과 독특한 묘미를 살리는 표현이 많아서 가사 문학의 백미로 일컬어지고 있습니다.

정답 ②, ③, ④

가사 04 사미인곡 － 정철
2017년 지방직 7급, 2014 서울시 7급, 2012년 법원직 9급, 2011 서울시 9급, 2009 경찰직

서사

이 몸 삼기실 제 님을 조차 삼기시니,
이 몸이 태어날 때에 임을 따라 태어나니,

 ᄒᆞᆫ 싱 緣연分분이며 하ᄂᆞᆯ 모를 일이런가.
한평생 함께 살아갈 인연이며 이 또한 하늘이 (어찌) 모를 일이던가?

나 ᄒᆞ나 졈어 잇고 님 ᄒᆞ나 날 괴시니,
나는 오직 젊어 있고, 임은 오직 나를 사랑하시니,

이 ᄆᆞ음 이 ᄉᆞ랑 견졸 ᄃᆡ 노여 업다.
이 마음과 이 사랑을 비교할 곳이 다시 없다.
▶ 임과의 인연

平평生싱애 願원ᄒᆞ요ᄃᆡ 혼ᄃᆡ 녜쟈 ᄒᆞ얏더니,
평생에 원하기를 임과 함께 살아가려 하였더니,

늙거야 므ᄉᆞ 일로 외오 두고 글이ᄂᆞᆫ고.
늙어서야 무슨 일로 외로이 떨어져 그리워하는고?

엇그제 님을 뫼셔 廣광寒한殿뎐의 올낫더니,
엊그제까지만 해도 임을 모시고 광한전에 올라 있었더니,

그 더ᄃᆡ 엇디ᄒᆞ야 下하界계예 ᄂᆞ려오니,
그동안에 어찌하여 속세에 내려 왔느냐?

올 적의 비슨 머리 얼퀴연 디 三삼年년이라.
내려올 때에 빗은 머리가 헝클어진 지 3년일세.

연脂지粉분 잇ᄂᆡ마는 눌 위ᄒᆞ야 고이 홀고.
연지와 분이 있지마는 누구를 위하여 곱게 단장할꼬?

ᄆᆞ음의 미친 실음 疊텹疊텹이 빠혀 이셔,
마음에 맺힌 근심이 겹겹으로 쌓여 있어서

짓ᄂᆞ니 한숨이오 디ᄂᆞ니 눈믈이라.
짓는 것이 한숨이요, 흐르는 것이 눈물이라.
▶ 이별과 임에 대한 그리움

人인生싱은 有유限ᄒᆞᆫᄃᆡ 시름도 그지업다.
인생은 유한한데 근심은 한이 없다.

無무心심ᄒᆞᆫ 歲셰月월은 믈 흐르ᄃᆞᆺ ᄒᆞᄂᆞᆫ고야.
무심한 세월은 물 흐르듯 하는구나.

炎염凉냥이 ᄣᅢ를 아라 가ᄂᆞᆫ ᄃᆞᆺ 고텨 오니,
더위와 추위가 계절의 바뀔 때를 알아 지나갔다가 다시 돌아오니,

듯ᄂᆞ니 보ᄂᆞ니 늣길 일도 하도 할샤.
듣거니 보거니 하는 가운데 느낄 일이 많기도 하구나.
▶ 세월의 무상감

본사

■ : 계절감을 나타내는 소재
● : 화자의 마음을 나타내는 소재

東동風풍이 건듯 부러 積젹雪셜을 헤텨 내니,
봄바람이 문득 불어 쌓인 눈을 헤쳐 내니,

窓챵 밧긔 심근 梅ᄆᆡ花화 두세 가지 픠여셰라.
창밖에 심은 매화가 두세 가지 피었구나.

ᄀᆞᆺ득 冷닝淡담ᄒᆞᆫᄃᆡ 暗암香향은 므ᄉᆞ 일고.
가뜩이나 쌀쌀하고 담담한데, 그윽이 풍겨 오는 향기는 무슨 일인고?

黃황昏혼의 ᄃᆞ리 조차 벼마ᄐᆡ 빗최니,
황혼에 달이 따라와 베갯머리에 비치니

늣기는 듯 반기는 듯 님이신가 아니신가.
느껴 우는 듯 반가워하는 듯하니, 임이신가 아니신가

뎌 梅ᄆᆡ花화 것거 내여 님 겨신 ᄃᆡ 보내오져.
저 매화를 꺾어 내어 임 계신 곳에 보내고 싶다

님이 너를 보고 엇더타 너기실고.
그러면 임이 너를 보고 어떻다 생각하실꼬
▶ 봄－임에게 매화를 보내고 싶음

[가] 곳 디고 새 닙 나니 綠녹陰음이 질렷ᄂᆞᆫᄃᆡ,
꽃잎이 지고 새 잎 나니 녹음이 우거져 나무 그늘이 깔렸는데

羅나幃위 寂젹寞막ᄒᆞ고 繡슈幕막이 뷔여 잇다.
비단 포장은 쓸쓸히 걸렸고, 수 놓은 장막만이 드리워져 텅 비어 있다

芙부蓉용을 거더 노코 孔공雀쟉을 둘러 두니,
연꽃 무늬가 있는 방장을 걷어 놓고, 공작을 수 놓은 병풍을 둘러 두니

ᄀᆞᆺ득 시름 한ᄃᆡ 날은 엇디 기돗던고.
가뜩이나 근심 걱정이 많은데, 날은 어찌 길던고?

鴛원鴦앙錦금 버혀 노코 五오色ᄉᆡᆨ線션 플터 내여,
원앙새 무늬가 든 비단을 베어 놓고 오색실을 풀어내어

金금자ᄒᆞ 견화이셔 님의 옷 지어 내니,
금으로 만든 자로 재어서 임의 옷을 만들어 내니,

手슈品품은 ᄏᆞ니와 制제度도도 ᄀᆞ즐시고.
솜씨는 말할 것도 없거니와 격식도 갖추었구나.

珊산瑚호樹슈 지게 우ᄒᆡ 白ᄇᆡᆨ玉옥函함의 다마 두고,
산호수로 만든 지게 위에 백옥으로 만든 함에 담아 앉혀 두고,

님의게 보내오려 님 겨신 ᄃᆡ ᄇᆞ라보니,
임에게 보내려고 임 계신 곳을 바라보니,

山산인가 구롬인가 머흐도 머흘시고.
산인지 구름인지 험하기도 험하구나.

千쳔里리 萬만里리 길흘 뉘라셔 ᄎᆞ자갈고.
천 리 만 리나 되는 머나먼 길을 누가 찾아갈꼬?

니거든 여러 두고 날인가 반기실가.
가거든 열어 두고 나를 보신 듯이 반가워하실까?
▶ 여름－임에게 옷을 지어 보내고 싶음

[나] ᄒᆞᄅᆞᆺ밤 서리김의 기러기 우러 녤제
하룻밤 사이의 서리 내릴 무렵에 기러기 울며 날아갈 때,

危위樓루에 혼자 올나 水슈晶졍簾념을 거든말이,
높다란 누각에 혼자 올라서 수정알로 만든 발을 걷으니,

東동山산의 ᄃᆞᆯ이 나고, 北븍極극의 별이 뵈니,
동산에 달이 떠오르고 북극성이 보이므로,

님이신가 반기니 눈믈이 절로 난다.
임이신가 하여 반가워하니 눈물이 절로 난다.

淸쳥光광을 쥐여 내여 鳳봉凰황樓누의 븟티고져.
저 맑은 달빛을 일으켜 내어 임이 계신 궁궐에 부쳐 보내고 싶다.

樓누 우희 거러 두고 八팔荒황의 다 비최여,
누각 위에 걸어 두고 온 세상을 비추어,

深심山산 窮궁谷곡 졈낫ᄀᆞ티 밍그쇼셔.
깊은 산골짜기에도 대낮같이 환하게 만드소서.

▶ 가을-맑은 달빛을 임에게 보내고 싶음

[다] 乾건坤곤이 閉폐塞ᄉᆡᆨᄒᆞ야 白빅雪셜이 ᄒᆞᆫ 빗친 제,
천지가 겨울의 추위에 얼어 생기가 막혀, 흰 눈이 일색으로 덮여 있을 때에,

사ᄅᆞᆷ은 코니와 ᄂᆞᆯ새도 긋쳐 잇다.
사람은 말할 것도 없거니와 날짐승의 날아감도 끊어져 있다.

瀟쇼湘샹 南남畔반도 치오미 이러커든,
소상강 남쪽 둔덕도 추위가 이와 같거늘,

玉옥樓누 高고處쳐야 더욱 닐너 므슴ᄒᆞ리.
하물며 북쪽 임 계신 곳이야 더욱 말해 무엇하랴?

陽양春츈을 부쳐 내여 님 겨신 ᄃᆡ 쏘이고져.
따뜻한 봄기운을 부치어 내어 임 계신 곳에 쐬게 하고 싶다.

茅모簷쳠 비쵠 희ᄅᆞᆯ 玉옥樓누의 올리고져.
초가집 처마에 비친 따뜻한 햇볕을 임 계신 궁궐에 올리고 싶다.

紅홍裳샹을 니믜ᄎᆞ고 翠취袖슈를 半반만 거더
붉은 치마를 여미어 입고 푸른 소매를 반쯤 걷어 올려

日일暮모脩슈竹듁의 혬가림도 하도 할샤.
해는 저물었는데 밋밋하고 길게 자란 대나무에 기대어서 이것저것 생각함이 많기도 많구나.

댜ᄅᆞᆫ 히 수이 디여 긴 밤을 고초 안자,
짧은 겨울 해가 이내 넘어가고 긴 밤을 꼿꼿이 앉아,

靑쳥燈등 거른 겻ᄐᆡ 鈿뎐箜공篌후 노하 두고,
청사초롱을 걸어둔 옆에 자개로 수 놓은 공후라는 악기를 놓아 두고,

ᄭᅮᆷ의나 님을 보려 ᄐᆡᆨ 밧고 비겨시니,
꿈에서나 임을 보려고 턱을 바치고 기대어 있으니,

鴦앙衾금도 ᄎᆞ도 출샤 이 밤은 언제 샐고.
원앙새를 수 놓은 이불이 차기도 차구나. 이 밤은 언제나 샐꼬?

▶ 겨울-추위에 임을 걱정함

결사

[라] ᄒᆞᄅᆞ도 열두 ᄣᅢ ᄒᆞᆫ ᄃᆞᆯ도 셜흔 날,
하루도 열두 때, 한 달도 서른 날,

져근덧 ᄉᆡᆼ각 마라 이 시름 닛쟈 ᄒᆞ니,
잠시라도 임 생각을 말아 가지고 이 시름을 잊으려 하여도

ᄆᆞᄋᆞᆷ의 ᄆᆡ쳐 이셔 骨골髓슈의 ᄢᅧ텨시니,
마음속에 맺혀 있어 뼛속까지 사무쳤으니,

扁편鵲쟉이 열히 오나 이 병을 엇디ᄒᆞ리.
편작과 같은 명의가 열 명이 오더라도 이 병을 어떻게 하랴.

어와, 내 병이야 이 님의 타시로다.
아, 내 병이야 이 임의 탓이로다.

출하리 싀어디여 범나븨 되오리라.
차라리 죽어 없어져 범나비가 되리라.

곳나모 가지마다 간 ᄃᆡ 죡죡 안다가,
꽃나무 가지마다 간 데 족족 앉고 다니다가

향 므든 ᄂᆞᆯ애로 님의 오시 올므리라.
향기가 묻은 날개로 임의 옷에 옮으리라.

님이야 날인 줄 모ᄅᆞ셔도 내 님 조ᄎᆞ려 ᄒᆞ노라.
임께서야 나인 줄 모르셔도 나는 임을 따르려 하노라

▶ 임에 대한 충성심

◆ 핵심정리

갈래	양반 가사, 서정 가사, 정격 가사
성격	서정적, 여성적, 연모적, 의지적
율격	3(4)·4조, 4음보의 연속체
제재	임금에 대한 사랑
주제	임금을 향한 일편단심, 연군지정(戀君之情)
특징	- 연군지정을 임을 사랑하는 여인의 입장에 빗대어 표현함. - 계절의 변화에 따라 정서를 드러냄. - 비유와 상징을 활용함. - 우리말의 유려한 표현과 다양한 표현 기교를 구사함.

◆ 시상의 흐름

서사	임과의 이별로 인한 한탄과 안타까움
본사	임에게 충정을 알리고 싶음. (매화) 임에게 사모의 정을 알리고 싶음. (옷) 임에 대한 사모의 정, 선정을 바라는 마음. (달빛) 임에 대한 염려와 고독감 (봄볕)
결사	변함없는 사랑(충성심) 나비가 되어 임을 좇으려 함.

♦ 소재의 상징적 의미

봄	매화	임에 대한 화자의 충정
여름	옷	임에 대한 화자의 정성
가을	청광(달빛)	선정을 갈망, 화자의 충정
겨울	양춘, 희	임에 대한 화자의 염려

'매화, 옷, 청광, 양춘'은 임에 대한 그리움과 충정을 형상화한 객관적 상관물

♦ 〈속미인곡〉과 공통점

사미인곡	속미인곡
- 화자가 모두 천상의 백옥경에서 하계에 내려온 여성 - 화자는 임에 대한 간절한 그리움을 가지고 있음. - 죽어서도 임을 따르겠다는 확고한 의지가 드러남. - 죽어서 다른 자연물로 변신하고자 함.	

♦ 〈속미인곡〉과 차이점

사미인곡	속미인곡
- 화자의 독백체 - 사계절의 변화에 따라 전개 - 한자어와 과장적 표현이 많음. - 임을 기다리는 소극적인 모습으로 임에 대한 일방적 지향의 태도 - 그리움을 안으로 삭이고 점잖게 표현하는 사대부 규중 여인의 목소리	- 화자와 보조적 인물의 대화체 - 화자의 일상 시간에 따른 전개 - 임의 일상을 염려하는 말 속에서 사계절이 잠깐 언급됨. - 우리말의 묘미를 잘 살림. - 임의 소식을 알아보러 다니는 적극적인 모습 - 직설적이고, 소박한 서민 여성의 목소리

2012년 법원직 9급

Q. 윗글에 대한 설명으로 가장 적절하지 않은 것은?

① 4음보의 리듬감이 나타난다.
② 여성 화자의 목소리가 나타난다.
③ 상대방에 대한 예찬을 주제로 한다.
④ 화자는 현재의 처지에서 벗어나고 싶어 한다.

2017년 지방직 7급

Q. [라]에 나타난 화자의 상황 및 정서와 가장 유사한 것은?

① 서방님 병(病) 들여 두고 쓸 것 없어
  종루 저자에 다리 팔아 배 사고 감 사고 유자 사고 석류 샀다. 아 차차 잊었구나. 오화당(五花糖)을 잊어 버렸구나.
  수박에 숟 꽂아 놓고 한숨계워 하노라.

② 갓나희들이 여러 층(層)이오매
  송골매도 같고 줄에 앉은 제비도 같고 백화원리(百花園裡)에 두 루미도 같고 녹수파란(綠水波瀾)에 비오리도 같고 따해 퍽 앉은 소리개도 같고 썩은 등걸에 부엉이도 같데.
  그려도 다 각각 임의 사랑이니 개(疥) 일색(一色)인가 하노라.

③ 공명도 날 꺼리고 부귀도 날 꺼리니
  청풍명월 외에 어떤 벗이 있사올꼬.
  단표누항에 허튼 혜음 아니하니 아모타 백년행락이 이만한들 어 떠하리.

④ 내 임을 그리워하여 울고 있나니
  산 접동새 난 비슷하요이다.
  아니시며 거츠르신 것을
  아으 잔월효성이 알으시리이다.

2012년 법원직 9급

Q. [가]~[라] 중, '선정(善政)에의 당부'로 해석할 수 있는 구절이 포함된 것은?

① [가]   ② [나]   ③ [다]   ④ [라]

병태 요정의 ADVICE

이 작품은 작가가 조정에서 물러나 은거 생활을 하고 있을 때 지은 가사로, 임금과 떨어져서도 임금에 대한 그리움과 충정을 잊지 않은 작가의 모습을 표현하고 있습니다. 비록 왕에 대한 자신의 충정을 하소연할 목적으로 지은 노래이지만, 왕과 자신의 관계를 직접적으로 드러내지 않고 자신을 임의 사랑을 받지 못하는 여자로 설정한 것이 독특합니다. 임금을 임으로 설정한 후, 사계절의 변화와 함께 이별한 임을 그리워하는 여인의 애절한 마음에 빗대어 표현한 것입니다.

다양한 표현 방법과 우리말의 아름다움을 잘 살리고 있어서, 국문학에서는 가사 문학의 대표 작품으로 평가받고 있습니다.

정답 ③, ④, ②

가사 05 속미인곡 - 정철

2017 국가직 7급, 2017 법원직 9급, 2016 국회직 8급

서사

데 가는 뎌 각시 본 듯도 ᄒᆞ뎌이고,
天텬上샹 白뵉玉옥京경을 엇디ᄒᆞ야 離니別별ᄒᆞ고,
ᄒᆡ 다져믄 날의 눌을 보라 가시ᄂᆞ고.

▶ 갑녀(보조적 인물)의 질문 -백옥경을 떠난 이유

어와 네여이고, 내 ᄉᆞ셜 드러보오.
내 얼굴 이 거동이 님 ㉠괴얌즉 ᄒᆞ가마ᄂᆞᆫ
엇딘디 날 보시고 네로다 녀기실ᄉᆡ
나도 님을 미더 ㉡군 ᄠᅳ디 전혀 업서
㉢이릭야 교ᄐᆞ야 어ᄌᆞ러이 구돗ᄯᅥᆫ디
반기시ᄂᆞᆫ ᄂᆞᆺ비치 녜와 엇디 다ᄅᆞ신고.
누어 ᄉᆡᆼ각ᄒᆞ고 니러 안자 혜여ᄒᆞ니
내 몸의 지은 죄 뫼ᄀᆞ티 ᄡᅡ혀시니
하ᄂᆞᆯ히라 원망ᄒᆞ며 사ᄅᆞᆷ이라 허믈ᄒᆞ랴.
셜워 플텨혜니 造조物믈의 타시로다.

▶ 을녀(중심 화자)의 대답 -자신의 죄와 조물주의 탓

본사

글란 ᄉᆡᆼ각 마오.
ᄆᆡ친 일이 이셔이다.
님을 뫼셔 이셔 님의 일을 내 알거니
믈 ᄀᆞᄐᆞᆫ 얼굴이 편ᄒᆞ실 적 몃 날일고.
春츈寒한 苦고熱열은 엇디ᄒᆞ야 디내시며
秋츄日일冬동天텬은 뉘라셔 뫼셧ᄂᆞᆫ고.
粥쥭早조飯반 朝죠夕셕 뫼 녜와 ᄀᆞᆺ티 셰시ᄂᆞᆫ가.
기나긴 밤의 ᄌᆞᆷ은 엇디 자시ᄂᆞᆫ고.

▶ 임을 걱정하는 화자의 모습

님다히 消쇼息식을 아므려나 아쟈 ᄒᆞ니
오늘도 거의로다. ᄂᆡ일이나 사ᄅᆞᆷ 올가.
내 ᄆᆞᄋᆞᆷ 둘 ᄃᆡ 업다. 어드러로 가쟛 말고.
잡거니 밀거니 놉픈 뫼ᄒᆡ 올라가니
구롬은 ᄏᆞ니와 안개는 므ᄉᆞ 일고.
山산川쳔이 어둡거니 日일月월을 엇디 보며
咫지尺쳑을 모ᄅᆞ거든 千쳔里리ᄅᆞᆯ 바라보랴.

출하리 믈ᄀᆞ의 가 ᄇᆡᆺ길하나 보쟈 ᄒᆞ니
ᄇᆞᄅᆞᆷ이야 믈결이야 어둥졍 된뎌이고.
샤공은 어ᄃᆡ 가고 븬 ᄇᆡ만 걸렷ᄂᆞ니.
江강天텬의 혼자 셔셔 디ᄂᆞᆫ ᄒᆡ를 구버보니
님다히 消쇼息식이 더욱 아득ᄒᆞᆫ뎌이고.

▶ 임의 소식을 알고 싶은 마음에 산하를 방황함

茅모簷쳠 ᄎᆞᆫ 자리의 밤듕만 도라오니
半반壁벽靑쳥燈등은 눌 위ᄒᆞ야 볼갓ᄂᆞᆫ고.
오ᄅᆞ며 ᄂᆞ리며 헤ᄯᅳ며 바니니
져근덧 力녁盡진ᄒᆞ야 풋ᄌᆞᆷ을 잠간 드니
精졍誠셩이 지극ᄒᆞ야 ᄭᅮᆷ의 님을 보니
玉옥 ᄀᆞᄐᆞᆫ 얼굴이 半반이나마 늘거셰라.
ᄆᆞᄋᆞᆷ의 머근 말ᄉᆞᆷ 슬ᄏᆞ장 솗쟈 ᄒᆞ니
눈믈이 바라 나니 말인들 어이ᄒᆞ며
情졍을 못다 ᄒᆞ야 목이조차 몌여ᄒᆞ니
오뎐된 鷄계聲셩의 ᄌᆞᆷ은 엇디 ᄭᅢ돗던고.

▶ 독수공방의 애달픔

결사

어와, 虛허事ᄉᆞ로다. 이 님이 어ᄃᆡ 간고.
결의 니러 안자 窓창을 열고 ᄇᆞ라보니
어엿븐 그림재 날 조찰 ᄲᅮᆫ이로다.
출하리 싀여디여 落낙月월이나 되야 이셔
님 겨신 窓창 안ᄒᆡ ㉣번ᄃᆞ시 비최리라.
각시님 ᄃᆞᆯ이야ᄏᆞ니와 구준 비나 되쇼셔.

▶ 죽어서라도 이루려는 임에 대한 간절한 사랑

2017 국가직 7급

Q. ㉠~㉣의 뜻풀이로 옳지 않은 것은?

① ㉠ 사랑받음직
② ㉡ 다른 생각이
③ ㉢ 아양이야
④ ㉣ 반드시

◆ 핵심정리

갈래	서정 가사, 양반 가사, 정격 가사
성격	연군가
율격	3·4조 내지 4·4조를 기조로 한 대화체
제재	임과의 이별, 임에 대한 그리움
주제	연군(戀君)의 정(情)
특징	- 가사 문학의 극치를 이룬 작품 - 우리말의 구사가 절묘하여 문학성이 높음. - 대화 형식으로 된 최초의 작품

◆ 시상의 흐름

서사	갑녀의 질문	백옥경을 떠난 이유를 물음.
	을녀의 대답	자신의 죄와 조물주의 탓임.
본사	갑녀의 위로	생각을 달리 할 것을 권유함.
	을녀의 말	- 임의 일상에 대한 염려 - 임의 소식을 알고 싶어 함. - 독수공방의 애달픔.
결사	을녀의 말	임에 대한 간절한 사모의 정 (죽어서 낙월이 되고 싶음)
	갑녀의 위로	갑녀의 맺음말 (궂은 비가 될 것을 권유)

◆ 장애물

산	구름, 안개	간신을 상징
물	바람, 물결	
계성	장애물의 성격만 있음.	

◆ 시적 화자

갑녀	을녀
을녀의 하소연을 유도하고, 작품을 더욱 극적으로 결말 짓게 함. 갑녀의 질문에 대해 하소연을 하면서 작품의 정서적 분위기를 주도함.	
작품의 전개와 종결을 위한 기능적인 역할을 함.	작품의 주제 구현을 위한 중심 역할을 함.
보조적 위치에 있는 화자	작가의 처지를 대변하는 중심 화자

◆ '낙월'과 '구즌 비' 비교

낙월 (을녀)	구즌 비 (갑녀)
- 쓸쓸한 분위기를 형성함. - 임과의 재회가 이루어질 수 없으리라는 '을녀'의 절망감을 내포함.	- '을녀'의 눈물을 의미함. - '을녀'의 마음을 임에게 전달하기 위해 '갑녀'가 제시하는 방법임.
멀리서 잠시 임을 바라보고 사라지는 존재임.	오랫동안 내리면서 임의 옷을 적실 수 있을 만큼 임에게 가까이 갈 수 있음.
소극적 애정관(일시적, 간접적)	적극적 애정관(지속적, 직접적)

병태 요정의 ADVICE

이 노래는 임금에 대한 마음을 임과 이별한 여인의 애달픈 심정에 의탁해 표현하고 있습니다. 독백으로 진행되는 일반적인 시와 달리, 보조적 인물을 설정하여 대화체로 시상을 전개했다는 것이 큰 특징입니다. 보조적 화자 '갑녀'와 중심 화자 '을녀'가 있는데, 갑녀가 을녀에게 백옥경을 떠난 이유를 물으며 시가 시작됩니다. 을녀는 자신의 잘못(지나친 애교와 교태)으로 인해 임과 이별하게 되었다고 말합니다. 갑녀는 그런 을녀를 위로합니다. 을녀는 임의 일상에 대한 염려, 임의 소식을 알고 싶어 노력했던 것, 독수공방의 애달픔 등을 이야기하며, 죽어서 '낙월'이 되어서라도 임을 만나고 싶다고 말합니다. 갑녀는 을녀에게 '낙월'보다는 좀 더 적극적인 의미를 가진 '궂은 비'가 되라며 위로의 말을 전하며 시가 마무리됩니다.

정답 ④

가사 06 규원가(閨怨歌) — 허난설헌

2020 지방직 7급, 2016 기상직 7급, 2015 사회복지직 9급, 2010 법원직 9급, 2008 서울시 9급, 2007 서울시 7급

엇그제 저멋더니 ᄒ마 어이 다 늘거니.

少年行樂(소년 행락) 생각ᄒ니 일러도 속절업다.
어릴 적 즐겁게 지내던 일

늘거야 서른 말ᄒ자니 목이 멘다.
앞으로 이어질 내용 암시 (서러운 사연)

父生母育(부생 모육) 辛苦(신고)ᄒ야 이내 몸 길러 낼 제
부모님이 낳아 기름

公侯配匹(공후 배필)은 못 바라도 ㉠ 君子好逑(군자 호구) 願(원)
이상적인 대상 (높은 벼슬아치의 아내)   현실적인 대상 (군자의 좋은 짝)

ᄒ더니,

三生(삼생)의 怨業(원업)이오 月下(월하)의 緣分(연분)으로,
불교의 윤회 사상, 운명에 대한 순응적 태도

長安遊俠(장안 유협) 輕薄子(경박자)를 꿈ᄀᆞ치 만나 잇서,
화자의 남편

當時(당시)의 用心(용심)ᄒ기 살어름 디디는 듯,
조심스럽게 살아가는 모습

三五二八(삼오 이팔) 겨오 지나 天然麗質(천연여질) 절로 이니,
15세, 16세   타고난 아름다운 모습

이 얼골 이 態度(태도)로 百年期約(백년 기약)ᄒ얏더니,

年光(연광)이 훌훌ᄒ고 造物(조물)이 多猜(다시)ᄒ야,
세월   시기함이 많아서

㉡ 봄바람 가을 믈이 뵈오리 북 지나듯
빠르게 지나는 세월

雪鬢花顔(설빈 화안) 어듸 두고 面目可憎(면목가증) 되거고나.
고운 머리채와 아름다운 얼굴 ↔ 얼굴 생김새가 밉살스러움

내 얼골 내 보거니 어느 님이 날 괼소냐.

스스로 慙愧(참괴)ᄒ니 누구를 怨望(원망)ᄒ리.
체념적 태도

▶ 세월의 덧없음과 늙은 자신의 모습에 대한 한탄 [기]

현대어 풀이

엇그제 젊었더니 벌써 어찌 다 늙었는가.
어린 시절 즐겁게 지내던 일을 생각하니 말하여도 소용없다.
늙어서 서러운 사연을 말하자니 목이 멘다.
부모님께서 날 낳아 몹시 고생하여 이내 몸을 길러 내실 때
높은 벼슬아치의 짝은 바라지 않아도
군자의 좋은 짝이 되기를 바랐더니,
삼생의 원망스러운 업보이자 부부의 인연으로,
서울 거리의 호탕한 풍류객이면서 경박한 사람을 꿈같이 만나서,
시집갈 당시에 마음 쓰기를 살얼음 디디는 듯하였다.
열다섯, 열여섯 살을 겨우 지나
타고난 고운 모습이 절로 나타나니,
이 모습 이 태도로 평생을 기약하였더니,
세월이 빨리 지나가고 조물주가 시기함이 많아서,
봄바람 가을 물이 베틀의 올에 북 지나가듯 쏜살같이 지나더니,
아름다운 얼굴은 어디에 두고 보기 싫은 얼굴이 되었구나.
내 얼굴 내 보거니 어느 임이 날 사랑할 것인가.
스스로 부끄럽거늘 누구를 원망하겠는가.

三三五五(삼삼 오오) 冶遊園(야유원)의 새 사람이 나단 말가.
기생집, 술집

곳 피고 날 저물 제 定處(정처) 업시 나가 잇어.

㉢ 白馬金鞭(백마 금편)으로 어듸어듸 머무는고.
좋은 말과 좋은 채찍 (호화로운 행장)

遠近(원근)을 모르거니 消息(소식)이야 더욱 알랴.
소식이 없는 임에 대한 원망

因緣(인연)을 긋쳐신들 ᄉᆡᆼ각이야 업슬소냐.

얼골을 못 보거든 그립기나 마르려믄,

열두 째 김도 길샤 설흔 날 支離(지리)ᄒ다.

玉窓(옥창)에 심근 梅花(매화) 몃 번이나 피여 진고.
남편의 소식이 끊어진 지 몇 년이 되었음

겨울 밤 차고 찬 제 자최눈 섯거 치고,

여름날 길고 길 제 구즌비는 므스 일고.
계절의 변화   대구법

㉣ 三春花柳(삼춘 화류) 好時節(호시절)의 景物(경물)이 시름업다.
봄

가을 들 방에 들고 蟋蟀(실솔)이 床(상)에 울 제,
감정 이입

긴 한숨 디는 눈물 속절업시 헴만 만타.
그리움과 외로움

아마도 모진 목숨 죽기도 어려울사.

▶ 임에 대한 원망과 애달픈 심정 [승]

현대어 풀이

삼삼오오 다니는 기생집에 새 기생이 나타났다는 말인가.
꽃 피고 날 저물 때 정처 없이 나가 있어,
호사스러운 행장을 차리고 어디 어디 머무르시는고.
멀고 가까움을 모르거늘 소식이야 더욱 어찌 알랴.
인연을 끊으려고 한들 임에 대한 생각까지 없을 것인가.
얼굴을 못 보거든 그립지나 말지,
하루 열두 때 한 달 서른 날 지루하다.
규방 앞에 심은 매화는 몇 번이나 피었다가 졌던가.
겨울밤 차고 찬 때 자국눈 섞어 내리고
여름날 길고 길 때 궂은비는 무슨 일로 내리는고.
봄날 온갖 꽃 피고 버들잎이 돋아나는 좋은 시절에
아름다운 경치를 보아도 아무 생각이 없다.
가을 달이 방에 들고 귀뚜라미가 침상에서 울 때,
긴 한숨 떨어지는 눈물에 속절없이 생각만 많다.
아마도 모진 목숨 죽기조차 어렵구나.

도로혀 풀쳐 혜니 이리ᄒ여 어이ᄒ리.
곰곰이 생각해 보니

靑燈(청등)을 돌라 노코 綠綺琴(녹기금) 빗기 안아,
푸른 빛깔의 거문고

碧蓮花(벽련화) 한 곡조를 시름 조ᄎ 섯거 타니,
거문고 곡조 이름

『瀟湘夜雨(소상 야우)의 ᄃᆡᆺ소리 섯도는 듯,
중국 소상강의 밤비

華表(화표) 千年(천 년)의 別鶴(별학)이 우ᄂᆞᆫ 듯,
묘 앞에 세우는 망주석   』: 화자의 슬프고 처량한 심정

玉手(옥수)의 타는 手段(수단) 녯 소래 잇다마ᄂᆞᆫ,
여성의 아름답고 고운 손

芙蓉帳(부용장) 寂寞(적막)ᄒ니 뉘 귀에 들리소니.
연꽃이 그려진 휘장

肝腸(간장)이 九曲(구곡) 되야 구븨구븨 ᄭᅳᆫ쳐서라.
구곡간장(九曲肝腸) - 애끓는 심정

▶ 거문고를 타며 달래는 외로움과 한 [전]

현대어 풀이

돌이켜 여러 가지 일을 생각하니 이렇게 살아서 어찌할 것인가?
등불을 돌려놓고 푸른 거문고를 비스듬히 안고서
벽련화 한 곡조를 시름으로 함께 섞어서 연주하니
소상강 밤비에 댓잎 소리가 섞여 들리는 듯
망주석에 천 년만에 찾아온 이별한 학이 울고 있는 듯
아름다운 손으로 타는 솜씨는 옛날 가락이 그대로 있다마는
연꽃 무늬의 휘장이 드리워진 방 안이 텅 비었으니
누구의 귀에 들릴 것인가?
시름이 쌓인 마음속이 굽이굽이 끊어졌도다.

츠하리 잠을 드러 쑴의나 보려 ᄒ니,
　현실적 절망에 대한 심리적 보상의 공간
바람의 디는 닢과 풀 속에 우는 즘생,
　잠을 이루지 못하게 방해하는 장애물
므스 일 원수로서 잠조차 ᄭᆡ오ᄂᆞ다.
天上(천상)의 牽牛織女(견우 직녀) 銀河水(은하수) 막혀서도,
　만남을 방해하는 장애물
七月七夕(칠월 칠석) 一年一度(일년 일도) 失期(실기)치 아니거든,
　시기를 놓침
우리 님 가신 후는 무슨 弱水(약수) 가렷관듸,
　만남을 방해하는 장애물
오거나 가거나 消息(소식)조차 ᄭᅳ쳣는고.
欄干(난간)의 비겨 셔서 님 가신 듸 바라보니,
草露(초로)는 맷쳐 잇고 暮雲(모운)이 디나갈 제,
　풀에 맺힌 이슬　　　*석양에 물든 구름*
竹林(죽림) 푸른 고듸 새 소리 더욱 설다.
　　　　　　　　감정 이입의 대상 (서러움)
세상의 서룬 사람 수업다 ᄒ려니와,
薄命(박명)ᄒᆞᆫ 紅顔(홍안)이야 날 가ᄐᆞ니 ᄯᅩ 이실가.
　　　　　붉은 얼굴, 흔히 여자를 가리킴
아마도 이 님의 지위로 살동말동 ᄒᆞ여라.
　　　　　　　　탓, 까닭

▶ 임을 기다리는 마음과 기구한 운명 한탄 [결]

현대어 풀이

차라리 잠이 들어 꿈에나 임을 보려고 하였더니
바람에 지는 잎과 풀 속에서 우는 벌레는
무슨 일로 원수가 되어 잠마저 깨우는가?
하늘의 견우와 직녀는 은하수가 막혔을지라도
칠월칠석 일 년에 한 번씩 때를 어기지 않고 만나는데
우리 임 가신 후는 무슨 장애물이 가려 있길래
온다간다는 소식마저 그쳤을까?
난간에 기대어 서서 임 가신 곳을 바라보니
이슬은 풀에 맺혀 있고, 저녁 구름이 지나가는 때이구나.
대나무 숲 우거진 푸른 곳에 새소리)가 더욱 서럽구나.
세상에 서러운 사람이 많다고 하겠지만
운명이 기구한 여자야 나 같은 이가 또 있을까?
아마도 임의 탓으로 살 듯 말 듯하구나.

◆ 핵심정리

갈래	규방(내방) 가사
성격	원망적, 체념적, 절망적, 고백적
제재	규방 부인의 한 많은 삶
주제	봉건 제도에서 겪는 부녀자의 한
특징	- 다양한 대상에 화자의 심정을 이입함(실솔) - 고사와 한문을 많이 사용함 - 대구법, 은유법 등 다양한 표현법을 사용함 - 계절과 자연물을 통해 화자의 정서를 표현함 - 현전하는 최초의 여류가사, 규방(내방) 가사 - 가사의 작자층을 여성으로 확대시킨 작품

◆ 구성

기(起)	과거의 회상과 늙고 초라한 자신의 신세를 한탄	- 장안 유협 경박자를 만나 혼인함 - 살얼음 디디는 듯 불안했던 결혼 생활 - 세월이 지나 늙은 신세가 됨
승(承)	임에 대한 원망과 자신의 애달픈 심정	- 남편의 외도와 무소식 - 한숨과 눈물로 보내는 외로운 처지
전(轉)	거문고에 의탁한 외로움과 한	- 거문고를 타며 외로움과 한을 달래려 하지만 슬픔만 길어짐
결(結)	임을 기다리며, 기구한 운명을 한탄	- 기다림, 설움, 한탄의 심화

◆ 화자의 심리 변화

화자는 자신을 버린 남편에 대해서 일관된 정서를 취하는 것이 아니라, 정서가 변화기도 하고 때로는 상반된 정서를 동시에 갖기도 한다. 이 작품에서 시적 화자는 임을 그리워하기도 하고, 원망하기도 하고, 때에 따라서는 이 두 개의 상반된 정서를 동시에 갖기도 한다.

2010 법원직 9급

Q. 위 작품의 화자(話者)에 대한 설명으로 알맞지 않은 것은?

① 가부장제 사회를 살아가는 여인의 외로움과 한스러움을 드러내고 있다.
② 과거의 아름다운 모습과 현재의 추한 모습을 대비하며 자신의 신세를 한탄하고 있다.
③ 남편으로부터 버림받은 자신에 대한 심한 자괴감을 드러내고 있다.
④ 원망스러운 남편을 잊고 체념하면서 덧없는 세월을 보내고 있다.

2016 기상직 7급

Q. 다음 작품에 대한 설명으로 적절하지 않은 것은?

① 시간의 흐름을 비유적으로 표현하고 있다.
② 화자는 자신의 늙음에 대해 한탄하고 있다.
③ 자연물을 활용하여 독수공방의 외로움을 부각하고 있다.
④ 화자는 임(남편)과의 만남을 유교적인 시각에서 받아들이고 있다.

2008 서울시 9급

Q. 다음 시가의 밑줄 친 시어 중 〈보기〉에서의 '약수(弱水)'와 같은 역할을 하는 것은?

── 보기 ──
天上(천상)의 牽牛織女(견우 직녀) 銀河水(은하수) 막혀서도, 七月七夕(칠월 칠석) 一年一度(일년 일도) 失期(실기)치 아니커든, 우리 님 가신 후는 무슨 弱水(약수) 가렷관듸, 오거나 가거나 消息(소식)조차 쯔쳣는고.
― 허난설헌, 〈규원가〉

① 살어리 살어리랏다 <u>쳥산(靑山)</u>애 살어리랏다.
　멀위랑 드래랑 먹고, 쳥산(靑山)애 살어리랏다.
② 잡거니 밀거니 놉픈 뫼. 올라가니 <u>구롬</u>은 크니와 안개.
　므슴일고. 산쳔(山川)이 어둡거니 일월(日月)을 엇디 보며
　지쳑(咫尺)을 모르거든 쳔 리(千里)를 부라보랴.
③ 귀먹어서 삼 년이요 눈 어두워 삼 년이요
　말 못해서 삼 년이요 석삼년을 살고 나니,
　배꽃 같던 요내 얼굴 <u>호박꽃</u>이 다 되었네.
④ 쳥산리(靑山裏) <u>벽계수(碧溪水)</u>ㅣ야 수이 감을 쟈랑 마라
　일도 창해(一到滄海)ᄒ면 다시 오기 어려오니
　명월(明月)이 만공산(滿空山)ᄒ니 수여간들 엇더리
⑤ 엇그제 겨을 지나 새봄이 도라오니,
　<u>도화 행화(桃花杏花)</u>는 석양리(夕陽裏)예 퓌여 잇고,
　녹양 방초(綠楊芳草)는 세우 중(細雨中)에 프르다.

2007 서울시 7급

Q. 위 작품의 시어 중 같은 의미를 가진 것끼리 묶여진 것은?

① 輕薄子(경박자) - 天然麗質(천연 여질)
② 天然麗質(천연 여질) - 雪鬢花顔(설빈 화안)
③ 雪鬢花顔(설빈 화안) - 面目可憎(면목가증)
④ 輕薄子(경박자) - 面目可憎(면목가증)
⑤ 天然麗質(천연 여질) - 面目可憎(면목가증)

Q. ㉠~㉣에 대한 풀이로 알맞지 않은 것은?

① ㉠: 군자들이 바라는 아름다운 미녀를 의미한다.
② ㉡: 비유적 표현으로 세월이 빨리 흘러감을 의미한다.
③ ㉢: 호사스러운 행장을 의미한다.
④ ㉣: 임의 부재로 인한 외로움을 강조하는 표현이다.

2020 지방직 7급

Q. 다음 글의 화자에 대한 설명으로 가장 적절한 것은?

열 두 째 김도 길샤 설흔 날 지리(支離)ᄒ다. 옥창(玉窓)에 심근 매화(梅花) 몇 번이나 피여진고. 겨울 밤 차고 찬 제 자최눈 섯거 치고, 여름날 길고 길 제 구즌 비는 므스 일고. 삼춘 화류(三春花柳) 호시절(好時節)의 경물(景物)이 시름 업다. 가을 돌 방에 들고 실솔(蟋蟀)이 상(床)애 울 제, 긴 한숨 디는 눈물 속절 업시 헴만 만타. 아마도 모진 목숨 죽기도 어려울사. 도로혀 풀쳐 혜니 이리 ᄒ여 어이 ᄒ리. 청등(靑燈)을 돌라 노코 녹기금(綠綺琴) 빗기 안아, 벽련화(碧蓮花) 한 곡조를 시름 조차 섯거 타니, 소상(瀟湘) 야우(夜雨)의 댓소리 섯도는 둣, 화표(華表) 천년(千年)의 별학(別鶴)이 우니는 둣, 옥수(玉手)의 타는 수단(手段) 녯 소래 잇다마는, 부용장(芙蓉帳) 적막(寂寞)ᄒ니 뉘 귀에 들리소니. 간장(肝腸)이 구곡(九曲)되야 구비구비 쓴쳐셔라. 출하리 잠을 드러 꿈의나 보려 ᄒ니, 바람의 디는 닙과 풀 속에 우는 즘생, 므스 일 원수로서 잠조차 쌔우는다. 천상(天上)의 견우 직녀(牽牛織女) 은하수(銀河水) 막혀셔도, 칠월 칠석(七月七夕) 일년 일도(一年一度) 실기(失期)치 아니커든, 우리 님 가신 후는 무슨 약수(弱水) 가렷관듸, 오거나 가거나 소식(消息)조차 쯔쳣는고. 난간(欄干)의 비겨 셔서 님 가신 듸 바라보니, 초로(草露)는 맷쳐 잇고 모운(暮雲)이 디나갈 제, 죽림(竹林) 푸른 고듸 새 소리 더욱 설다. 세상의 셔룬 사람 수업다 ᄒ려니와, 박명(薄命)ᄒᆫ 홍안(紅顔)이야 날 가트니 쏘 이실가. 아마도 이 님의 지위로 살동말동 ᄒ여라.

― 「규원가(閨怨歌)」에서 ―

① 시간 변화를 통해 슬픔과 기쁨의 감정 변화를 나타내고 있다.
② 자신이 처한 상황과 그 심정을 자연물에 의탁해서 드러내고 있다.
③ 자신에게 가해지는 차별과 억압의 원인을 연인과의 이별에서 찾고 있다.
④ 운명에 순응하여 힘든 결혼 생활을 견뎌 온 것에 대해 자부심을 가지고 있다.

병태 요정의 ADVICE

이 작품은 조선 시대 봉건 사회 속에서 가정을 돌보지 않는 가장으로 인해 고통받는 규방 여인의 한스러운 삶과 정서를 간곡하게 표현한 규방(내방) 가사입니다.

남편과의 불행한 결혼 생활로 홀로 지냈던 작가의 불우한 삶을 형상화한 이 노래는 불성실한 남편에 대한 원망이 드러나 있어서 '원부사(怨夫詞)', 또는 '원부가(怨婦歌)'라고도 불립니다.

기승전결의 기본 구성을 취하고 있으며 흐르는 세월 속에 쌓여온 슬픔과 한을 다양한 표현 방법과 고사를 이용하여 효과적으로 드러내고 있는 것이 특징입니다. 특히 여러 가지 대상에 화자의 심정을 투영하거나 비유적으로 표현한 점이 돋보입니다. 후대 규방 가사나 애정 가사에 많은 영향을 끼친 작품으로, 사대부들의 전유물이었던 가사의 작가층이 여성으로 확대되는 계기가 되었습니다.

정답 ④, ④, ②, ②, ①, ②

가사 07 상사별곡(相思別曲)
- 작자 미상

인간 이별 만사(萬事) 중에 독수공방이 더욱 섧다
화자의 처지

상사불견(相思不見) 이내 진정(眞情)을 제 뉘라서 알리
서로 그리워하면서 만나지 못함   진실하여 애틋한 마음

맺힌 설움 이렁저렁이라 흐트러진 근심 다 후리쳐 던져두고

자나깨나 깨나자나 임을 못 보니 가슴이 답답
→ 시각적, 청각적 이미지로 임에 대한 그리움 형상화함

어린 양자(樣姿) 고운 소리 눈에 암암하고 귀에 쟁쟁
대구법

보고지고 임의 얼굴 / 듣고지고 임의 소리

비나이다 하느님께 임 생기라 하고 비나이다
기원의 대상   임과의 재회 기원

전생차생(前生此生)이라 무슨 죄로 우리 둘이 생겨나서
전생과 금생

죽지마자 하고 백년기약

만첩청산을 들어간들 어느 우리 낭군이 날 찾으리
깊은 산

산은 첩첩하여 고개 되고 물은 흘러 소(沼)가 된다
■ : 화자의 그리움을 형상화함(장애물의 이미지로 보기도 함)

오동추야(梧桐秋夜) 밝은 달에 임 생각이 새로 난다
임에 대한 그리움을 심화시키는 매개물

한번 이별하고 돌아가면 다시 오기 어려웨라

천금주옥(千金珠玉) 귀 밖이오 세사(世事) 일분(一分) 관계하랴
온갖 보물   관심 없음

근원 흘러 물이 되어 깊고 깊고 다시 깊고
↕ 임에 대한 사랑   ↕ a-a-b-a 구조

사랑 모여 뫼가 되어 높고 높고 다시 높고

무너질 줄 모르거든 끊어질 줄 어이 알리

(중략)

공방미인(空房美人) 독상사(獨相思)는 예로부터 이러한가
독수공방하며 임 생각에 몸부림치는 일

나 혼자 이러한가 남도 아니 이러한가

날 사랑하던 끝에 남 사랑 하시는가

무정(無情)하야 그러한가 유정(有情)하야 이러한가
주체 - 임, 대상 - 나   주체 - 임(또는 '나), 대상 - 다른 여인(또는 임)

산계야목(山鷄夜鶩) 길을 들여 놓을 줄 모르는가
산 꿩과 들오리(성질이 사납고 거칠어서 길들이기 어려운 사람), 임을 뜻함

노류장화(路柳墻花) 꺾어 쥐고 춘색(春色)으로 다니는가
길가의 버들가지와 담장 위의 꽃송이, 화류계의 여인(질투의 대상)

가는 꿈이 자취 되면 나에게 오는 길이 무디리라
임에게 갈 수 있는 길의 자취가 없어서 임이 '나'에게 올 수 있는 길도 무디짐

한 번 죽어 돌아가면 다시 오기 어려우니
임을 다시 보지 못할 것에 대한 염려

아마도 옛 정(情)이 있거든 다시 보게 삼기소서
재회에 대한 소망

◆ 핵심정리

갈래	가사, 애정 가사
성격	애상적, 비애적
제재	임과의 이별
주제	독수공방의 외로움 임에 대한 간절한 그리움
특징	- 서민층의 어휘와 양반층의 어휘가 혼재함 - 여성적인 어조로 독수공방의 외로움을 표현함 - 4음보 연속체, 반복법, 대구법 등을 사용함 - 기원의 대상을 설정하여 시상을 전개함

핵심 포인트

1. 인간 이별~더욱 섧다 : 임을 그리워하며 독수공방하고 있는 화자의 처지가 단적으로 나타나 있는 부분이다.
2. 산은 첩첩하여 고개 되고 물을 흘러 소(沼)가 된다 : 임을 만나기 위한 상황이 매우 어려움을 나타내는 말로, 임을 만나기 위해 넘어야 할 '고개'와 건너야 할 '소'는 '산'과 '물'보다 그 정도가 더 심한 장애물들이다. 이것은 결국 임에 대한 그리움이 그만큼 깊어지고 있음을 의미한다.
3. 천금주옥(千金珠玉)~일분(一分) 관계하랴 : 온갖 보물이나 세상 일에는 관심이 없다는 말로, 오직 임에 대한 그리움만이 관심의 대상일 뿐임을 노래하고 있다. 다른 이본에는 '세사(世事)' '일분(一分)'이 '세사일빈(世事一貧:가난한 살림살이)'이나 '세상빈부(世上貧富)'로 나타나기도 한다.
4. 산계야목(山鷄夜鶩) 길을~춘색(春色)으로 다니는가 : 앞의 '날 사랑하던 끝에 남 사랑 하시는가'를 비유적으로 풀어 쓴 부분으로, 비유적인 표현을 통해 임이 다른 여인을 사랑할 것에 대한 염려를 나타내고 있다.
5. 독수공방의 외로움
6. 임에 대한 간절한 그리움

병태 요정의 ADVICE

이 작품은 조선 후기 12가사의 하나로, 남녀 간의 순수한 애정을 바탕으로 임과 이별하고 독수공방하며 임을 그리워하는 여인의 심정을 절실하게 나타낸 가사이다.

설의와 대구, 자연물의 활용 등 다양한 표현법을 활용하여 임에 대한 간절한 그리움을 효과적으로 드러내고 있어 상사류 가운데 주목받는 작품이다.

가사 08 고공가 — 허전
2016 국가직 7급

집의 옷 밥을 두고 빌어먹는 저 고공(雇工)아
　　　　　　　　　　　　　　　머슴 (신하를 상징함)
우리 집 기별을 아느냐 모르느냐
우리나라의 역사
비 오는 날 일 없을 때 새끼 꼬면서 이르리라
㉠ 처음의 한어버이 살림살이 하려 할 때
　　조선을 건국한 태조 이성계
인심(仁心)을 많이 쓰니 사람이 절로 모여
풀 베고 터를 닦아 큰 집을 지어 내고
　　　　　나라를 세우고
써레 보습 쟁기 소로 전답(田畓)을 기경(起耕)하니
올벼논 텃밭이 ㉡ 여드레 갈이로다
　　　　　　　　8일 동안 갈 만한 넓은 땅 (조선 팔도를 의미함)
자손(子孫)에 전계(傳繼)하여 대대(代代)로 내려오니
논밭도 좋거니와 고공도 근검터라

▶ 우리 집안의 내력

저희마다 농사지어 부유하게 살던 것을
『　　』: 밥그릇 싸움만 하는 관리들의 모습 비판
『요사이 고공들은 생각이 어이 아주 없어
밥 사발 크나 작으나 동옷이 좋고 궂으나
나라에서 주는 녹봉　　남자가 입는 저고리 (벼슬을 의미함)
마음을 다투는 듯 ㉢ 호수(戶首)를 시기하는 듯
　　　　　　　　　　　관리들의 우두머리
무슨 일 감겨들어 흘긧할긧 하는가』
　　　　반목(서로 시기하고 미워함)을 하느냐
너희들 일 아니하고 시절(時節)조차 사나워
　　　　　　　　　　흉년이 들어
가뜩이나 내 세간이 줄어지게 되었는데
엊그제 ㉣ 화강도(火强盜)에 가산(家産)이 탕진하니
　　　　왜적
집 하나 불타 버리고 먹을 것이 전혀 없다
크나큰 세간을 어찌하여 일으키려느냐
김가 이가 고공들아 새 마음 먹으려무나
머슴들의 각성을 촉구

▶ 머슴들의 반목으로 인한 피해와 각성 촉구

2016년 국가직 7급
Q. '고공'이 조정의 신하를 비유한다고 볼 때, ㉠~㉣에 대한 이해로 적절하지 않은 것은?

① ㉠ : 태조 이성계
② ㉡ : 조선 팔도
③ ㉢ : 임금
④ ㉣ : 왜적

◆ 핵심정리

갈래	가사
성격	교훈적, 계도적, 비판적, 우의적
주제	임진왜란 직후 관리들의 나태함과 이기적인 정치적 행태 비판
특징	- 나라의 일을 한 집안의 농사일로, 화자를 주인으로, 신하들을 머슴에 빗대어 표현함. - 화답가로 이원익의 '고공답주인가'가 있음.

◆ 비유적 표현

비유어	원관념
고공	벼슬아치
옷밥, 밥, 사발, 동옷	녹봉, 벼슬아치, 이권
우리집, 큰 집, 전답	우리나라
처음의 한 어버이	조선을 건국한 이성계
살림살이, 세간, 가산	나라 살림
화강도, 도적	왜적
한솥	한 조정

◆ 구성

기	집안(나라)의 내력
승	머슴들의 반복으로 인한 폐해 (벼슬아치들의 탐욕과 무능으로 인한 폐해)
전	머슴들의 각성을 촉구 (벼슬아치들에 대한 각성 촉구)
결	사려 깊은 새 머슴을 기다림. (어질고 사려 깊은 새로운 벼슬아치를 기다림)

병태 요정의 ADVICE
　시적 화자가 머슴(고공)들을 꾸짖고 경계하는 구조로 되어 있는 작품입니다. 처음 살림살이를 시작할 때 고공들은 다 부지런하고 검소한 일꾼들이었지만 지금의 고공들은 밥사발(이권)의 크고 작음과 옷의 좋고 나쁜 것이나 서로 다투고 있는 상황입니다. 강도가 쳐들어와 집안의 재산을 죄다 망쳐 놓았는데도 도둑을 막고 부지런히 농사를 지을 생각은 않고 옷과 밥만 다투고 있는 것입니다.
　머슴인 벼슬아치들에게 근검하고 협동할 것을 당부하고, 새로운 머슴이 나타나길 기대하면서 시가 마무리됩니다.

정답 ③

가사 09 선상탄 — 박인로
2017 국가직 7급(추)

시시(時時)로 멀이 드러 북신(北辰)을 브라보며,
때때로 머리를 들어 임금님이 계신 곳을 바라보며
↳ 나라를 걱정하는 화자의 모습

㉠ 상시 노루(傷時老淚)를 천일방(天一方)의 디이ᄂᆞ다.
시국을 근심하는 늙은이의 눈물을 하늘 한 모퉁이에 떨어뜨린다.
↳ 우리나라 문물에 대한 자부심

㉡ 오동방(吾東方) 문물(文物)이 한당송(漢唐宋)애 디랴마ᄂᆞᆫ,
우리나라의 문물이 중국의 한나라, 당나라, 송나라에 뒤떨어지랴마는,

국운(國運)이 불행(不幸)ᄒᆞ야
나라의 운수가 불행하여
↳ 변방을 지키는 관리로서 느끼는 왜적에 대한 적개심

해추흉모(海醜兇謀)애 만고수(萬古羞)을 안고 이셔,
왜적의 흉악한 꾀에 영원히 씻을 수 없는 수치를 안고서

백분(百分)에 ᄒᆞᆫ 가지도 못 시셔 ᄇᆞ려거든,
그 백분의 일도 아직 씻어 버리지 못했거든,

이 몸이 무상(無狀)ᄒᆞᆫᄃᆞᆯ 신자(臣子) ㅣ 되야 이셔다가,
이 몸이 변변하지 못하지만 신하가 되어 있다가

궁달(窮達)이 길이 달라 몬 뫼읍고 늘거신ᄃᆞᆯ,
신하와 임금의 신분이 서로 달라 못 모시고 늙었다 한들,

우국 단심(憂國丹心)이야 어ᄂᆞ 각(刻)애 이즐넌고. (중략)
나라를 걱정하는 충성스런 마음이야 어느 시각인들 잊었을 것인가?

▶ 왜적에 당한 수치심과 화자의 우국 단심 (본사)

↳ 왜적을 비하하는 말
준피도이(蠢彼島夷)들아 수이 걸항(乞降)ᄒᆞ야ᄉᆞ라.
꾸물거리는 저 섬나라 오랑캐들아 빨리 항복하려무나.

항자 불살(降者不殺)이니 너를 구ᄐᆡ 섬멸(殲滅)ᄒᆞ랴?
항복한 자는 죽이지 않는 법이니, 너희들을 구태여 모두 죽이겠느냐?

오왕(王) 성덕(聖德)이 욕병생(欲並生) ᄒᆞ시니라.
우리 임금님의 성스러운 덕이 너희와 더불어 살아가고자 하시느니라.

㉢ 태평 천하(太平天下)애 요순(堯舜) 군민(君民) 되야 이셔,
태평스러운 천하에 요순 시대와 같은 화평한 백성이 되어
↳ 태평세월이 계속됨을 나타냄

일월광화(日月光華)ᄂᆞᆫ 조부조(朝復朝) ᄒᆞ얏거든,
해와 달 같은 임금의 성덕이 매일 아침마다 밝게 비치니,
↳ 같은 '배'이지만 '전선'은 전쟁, '어주'는 풍류를 의미함

㉣ 전선(戰船) ᄐᆞ던 우리 몸도 어주(漁舟)에 창만(唱晚)ᄒᆞ고
전쟁하는 배를 타던 우리들도 고기잡이 배에서 저녁 무렵까지 늦도록 노래하고

추월춘풍(秋月春風)에 놉히 베고 누어 이셔,
가을달 봄바람에 베개를 높이 베고 누워서
↳ 파도가 일어나지 않는 바다(=성군의 정치로 나라가 태평함)

성대(聖代) 해불 양파(海不揚波)를 다시 보려 ᄒᆞ노라.
성군 치하의 태평성대를 다시 보려 하노라.

▶ 태평성대 기원 (결사)

2017년 생활안전분야 국가직 7급

Q. ㉠~㉣에 대한 설명으로 적절하지 않은 것은?

① ㉠ : 나라의 운명을 염려하는 화자의 충정을 볼 수 있다.
② ㉡ : 우리나라의 문물에 대한 화자의 자부심을 볼 수 있다.
③ ㉢ : 평안하고 조화로운 세상을 향한 화자의 바람을 볼 수 있다.
④ ㉣ : 안빈낙도보다 부국강병을 희망하는 화자의 태도를 볼 수 있다.

◆ 핵심정리

갈래	가사
성격	우국적(憂國的), 비판적, 기원적
율격	3(4).4조 4음보 연속체
제재	임진왜란의 체험
주제	- 전쟁을 혐오하고 태평성대를 누리고 싶은 마음 - 전쟁의 상처가 극복되고 평화가 찾아오기를 바라는 마음
특징	- 민족의 현실을 구체적으로 다루고 있음. - 예스러운 한자 성어와 고사가 많음. - 왜적에 대한 적개심과 모화사상(慕華思想)이 나타남.

◆ 구성

서사	통주사가 되어 진동영에 내려옴.
본사	배를 만든 헌원씨를 원망함. 왜적이 생긴 것을 개탄함. 배로 누릴 수 있는 풍류와 흥취 옛날과 배는 같지만 풍류가 다름. 왜적에게 당한 수치심과 작자의 우국지심 설분신원(雪憤伸寃)을 다짐하는 작자의 기개
결사	태평성대가 도래하기를 염원함.

병태 요정의 ADVICE

이 작품은 몇 안 되는 전쟁 가사로, 작가인 박인로가 부산에서 왜적의 침입을 막고 있을 때 지은 것입니다. 임진왜란이 끝난 상황이지만 왜적에 대한 적개심이 남아있는 상태였습니다. 화자는 나라를 걱정하며, 왜적이 항복하여 함께 태평성대를 누리기를 바라고 있습니다.

정답 ④

가사 10 — 누항사(陋巷詞) — 박인로

2019 국가직 9급, 2016 법원직 9급, 2015 법원직 9급

어리고 迂闊(우활)홀산 이닉 우히 더니 업다.

吉凶禍福(길흉화복)을 하날긔 부쳐 두고
운명론적 세계관
陋巷(누항) 깁픈 곳의 草幕(초막)을 지어 두고,
좁고 지저분한 곳 (자기가 사는 곳을 겸손하게 이르는 말)
風朝雨夕(풍조우석)에 석은 딥히 셥히 되야
바람 부는 아침과 비 오는 저녁, 날씨가 변화무쌍한 날
셔홉 밥 닷홉 粥(죽)에 煙氣(연기)도 하도 할샤.
초라한 음식 『 』: 화자의 곤궁한 생활
설 데인 熟冷(숙냉)애 뷘 빅 쇽일 뿐이로다.

生涯(생애) 이러호다 丈夫(장부) 뜻을 옴길넌가.
현실   *이상*
安貧一念(안빈일념)을 젹을망정 품고 이셔,
가난하지만 편안히 즐기며 살려 함
隨宜(수의)로 살려 호니 날로조차 齟齬(저어)호다
옳은 일을 좇음

▶ 서사 : 누항에서 안빈 일념으로 살려는 의지

현대어 풀이
어리석고 세상 물정에 어둡기로는 이 나보다 더한 사람이 없다.
모든 운수를 하늘에게 맡겨 두고 누추한 깊은 곳에 초가를 지어 놓고,
고르지 못한 날씨에 썩은 짚이 땔감이 되어 초라한 음식을 만드는 데 연기가 많기도 하구나.
덜 데운 숭늉으로 고픈 배를 속일 뿐이로다.
살림살이가 이렇게 구차하다고 한들 대장부의 뜻을 바꿀 것인가.
안빈낙도하겠다는 한 가지 생각을 적을 망정 품고 있어서,
옳은 일을 좇아 살려 하니 날이 갈수록 뜻대로 되지 않는다.

ᄀ올히 不足(부족)거든 봄이라 有餘(유여)호며

주머니 뷔엿거든 瓶(병)이라 담겨시랴.

貧困(빈곤)혼 人生(인생)이 天地間(천지간)의 나뿐이라,

飢寒(기한)이 切身(절신)호다 一丹心(일단심)을 이질ᄂᆞᆫ가.
배고픔과 추위   *안빈 일념*
奮義忘身(분의망신)호야 죽어야 말녀 너겨
의에 분발하여 제 몸을 잊음
于橐(우탁) 于囊(우랑)의 줌줌이 모와 녀코,
전대와 망태(군인의 배낭)
兵戈(병과) 五載(오재)예 敢死心(감사심)을 가져이셔
임진왜란 5년   *죽음을 각오한 마음*
履尸涉血(이시섭혈)호야 몃 百戰(백전)을 지닉연고.

▶ 본사 : 임진왜란에 참전했던 일을 회상함

현대어 풀이
가을이 부족한데 봄이라고 여유가 있겠으며
주머니가 비었는데 술병에 술이 담겨 있으랴
가난한 인생이 천지간에 나뿐이로다.
배고픔과 추위가 몸을 괴롭힌다 한들 일편 단심을 잊을 것인가. 의에 분발하여 내 몸을 잊어서 죽어서야 말겠노라고 마음먹어,
전대와 망태에 한 줌 한 줌 모아 넣고,
전란 5년 동안에 죽고 말리라는 마음을 가지고 있어
주검을 밟고 피를 건너 몇백 전을 치루었던가

一身(일신)이 餘暇(여가) 잇사 一家(일가)를 도라보랴

一奴長鬚(일노 장수)는 奴主分(노주분)을 이졋거든

告余春及(고여 춘급)을 어닉 사이 싱각호리

耕當問奴(경당 문노)인들 눌ᄃᆞ려 물롤ᄂᆞ고

躬耕稼穡(궁경 가색)이 닉 분(分)인 줄 알리로다.
몸소 밭을 갈고 씨를 뿌리고 거둠
莘野耕叟(신야경수)와 隴上耕翁(농상경옹)을 賤(천)타 ᄒᆞ리 업것마는

아모려 갈고젼들 어닉 쇼로 갈로손고.
소가 없어 농사를 짓지 못함

▶ 본사 : 전란 후 몸소 농사를 지어야 하는 궁핍함

현대어 풀이
한 몸이 겨를이 있어서 집안을 돌보겠는가?
늙은 종은 하인과 주인의 분수를 잊어버렸는데
나에게 봄이 왔다고 일러 줄 것을 어떻게 기대할 수 있겠는가.
밭 가는 일은 마땅히 종에게 물어야 한다지만 누구에게 물을 것인가?
몸소 농사를 짓는 것이 내 분수에 맞는 줄 알겠도다.
들에서 발 갈던 은나라의 이윤과 진나라의 진승을 천하다고 할 사람이 없지마는
아무리 갈려고 한들 어느 소로 갈겠는가?

旱旣太甚(한기 태심)호야 時節(시절)이 다 느즌 졔
가뭄이 이미 크게 심함
西疇(서주) 놉흔 논애 잠깐 긴 녈비예,

道上無源水(도상 무원수)를 반만깐 딕혀 두고
근원 없이 흐르는 물
쇼 흔 젹 듀마 ᄒᆞ고 엄섬이 ᄒᆞ는 말삼,
진심으로 하는 말이 아님
친절(親切)호라 너긴 집의 달 업슨 황혼(黃昏)의 허위허위 다라가셔,

구디 다든 문(門) 밧긔 어득히 혼자 서셔,

큰 기춤 아함이를 양구(良久)토록 ᄒᆞ온 후(後)에,
                          『 』: 현실과 체면 사이의 상반된 모습
어화 긔 뉘신고 염치(廉恥) 업산 닉옵노라.

㉠ 초경(初更)도 거읜딕 긔 엇지 와 겨신고.

㉡ 연년(年年)에 이러ᄒᆞ기 구차(苟且)혼 줄 알건만는,

㉢ 쇼 업슨 궁가(窮家)애 혜염 만하 왓삽노라.
   연민에 호소하며 소를 빌리려는 화자
공ᄒᆞ나 갑시나 주엄즉도 ᄒᆞ다마는,

다만 어제 밤의 거넨 집 져 사름이,
                                              화자와
목 불근 수기치(雉)를 옥지읍(玉脂泣)게 쑤어 닉고,   소 주인의
        수평   *구슬 같은 기름*   대화
간 이근 삼해주(三亥酒)를 취(醉)토록 권(勸)ᄒᆞ거든,

이러흔 은혜(恩惠)을 어이 아니 갑흘넌고.
우회적으로 거절함 (건넛집에 소를 빌려주기로 했다는 의미)
내일(來日)로 주마 ᄒᆞ고 큰 언약(言約) ᄒᆞ야거든,

실약(失約)이 미편(未便)ᄒᆞ니 사셜이 어려왜라.

㉣ 실위(實爲) 그러ᄒᆞ면 혈마 어이할고.

헌 먼덕 수기 스고 측 업슨 집신에 설피설피 물너 오니,
                                    맥없이 (화자의 정서 암시)
풍채(風採) 저근 형용(形容)애 ⓐ 기 즈칠 뿐이로다.
                                    화자의 슬픔을 고조시키는 존재

▶ 본사 : 소를 빌리러 갔다가 수모를 당하고 옴

현대어 풀이

가뭄이 몹시 심하여 농사철이 다 늦은 때에, 서쪽 두둑 높은 논에 잠깐 갠 지나가는 비에 길 위에 흐르는 물을 반쯤 대어 놓고는, 소 한 번 주마 하고 엉성하게 하는 말을 듣고
"소 한 번 빌려 주마."하고 엉성하게 하는 말을 듣고
친절하다고 여긴 집에 달도 없는 황혼에 허둥지둥 달려가서
굳게 닫은 문 밖에 우두커니 혼자 서서
'에헴.'하는 인기척을 꽤 오래도록 한 후에
"어, 거기 누구신가?" 묻기에 "염치 없는 저올시다."
"초경도 거의 지났는데 그대 무슨 일로 와 계신가?"
"해마다 이러기가 구차한 줄 알지마는,
소 없는 가난한 집에서 걱정이 많아 왔소이다."
"공짜로나 값을 치르거나 간에 주었으면 좋겠지만
다만 어젯밤에 건넛집 사는 사람이
목이 붉은 수꿩을 구슬 같은 기름에 구워내고
갓 익은 좋은 술을 취하도록 권하였는데
이러한 은혜를 어떻게 아니 갚겠는가?
내일 소를 빌려 주마 하고 굳게 약속을 하였기에
약속을 어기기가 편하지 못하니 말씀하기가 어렵구료."
"사실이 그렇다면 설마 어찌하겠는가."
헌 모자를 숙여 쓰고 축 없는 짚신을 신고 맥없이 물러나오니
풍채 적은 내 모습에 개가 짖을 뿐이로구나.

와실(蝸室)에 드러간들 잠이 와사 누어시랴.
북창(北窓)을 비겨 안자 식비를 기다리니,
무정(無情)한 ⓑ대승(戴勝)은 이닉 한(恨)을 도우닉다.
종조 추창(終朝惆悵)ᄒᆞ며 먼 들흘 바라보니,
즐기는 농가(農歌)도 흥(興) 업서 들리닉다.
세정(世情) 모른 한숨은 그칠 줄을 모르닉다.
아싀온 져 소뷔는 벗보님도 됴홀세고.
가시 엉권 묵은 밧도 용이(容易)케 갈련마는,
허당 반벽(虛堂半壁)에 슬듸업시 걸려고야.
춘경(春耕)도 거의거다 후리쳐 더뎌 두쟈.

▶ 본사 : 농사일을 포기함

현대어 풀이

작고 누추한 집에 들어간들 잠이 와서 누워 있겠는가.
북쪽 창문에 기대앉아 새벽을 기다리니
무정한 오디새는 나의 한을 북돋우는구나.
아침이 끝날 때까지 슬퍼하며 먼 들을 바라보니
즐기는 농부들의 노래도 흥 없게 들리는구나.
세상 물정을 모르는 한숨은 그칠 줄 모른다.
아까운 저 쟁기는 날도 좋구나.
(소만 있다면) 가시가 엉킨 묵은 밭도 쉽게 갈 수 있으련만
빈집 벽 한가운데 쓸데없이 걸려 있구나.
봄갈이도 거의 다 지났다. 팽개쳐 던져 버리자.

강호(江湖)ᄒᆞᆫ 꿈을 꾸언지도 오릭러니,
구복(口腹)이 위루(爲累)ᄒᆞ야 어지버 이져쩌다.
첨피 기욱(瞻彼淇燠)혼ᄃᆡ 도 하도 할샤.
유비군자(有斐君子)들아 낙ᄃᆡ 하나 빌려스라.
蘆花 깁픈 곳애 명월청풍(明月淸風) 벗이 되야,
님ᄌᆡ 업슨 풍월강산(風月江山)애 절로절로 늘그리라.
무심(無心)한 백구(白鷗)야 오라 ᄒᆞ며 말라 ᄒᆞ랴.
다토리 업슬순 다문 인가 너기로라.

▶ 결사 : 자연을 벗 삼아 늙기를 소망함

현대어 풀이

자연을 벗 삼아 살겠다는 꿈을 꾼 지도 오래더니
먹고 사는 것이 누가 되어 아, 슬프게도 다 잊었도다.
저 냇가를 바라보니 푸른 대나무가 많기도 하구나.
교양 있는 선비들아, 낚싯대 하나 빌리자꾸나.
갈대꽃 깊은 곳에서 밝은 달과 맑은 바람의 벗이 되어
임자 없는 자연 속에서 근심 없이 늙으리라.
무심한 갈매기야, 나더러 오라고 하며 말라고 하랴?
다툴 이가 없는 것은 다만 이뿐인가 생각하노라.

◆ 핵심정리

갈래	가사
성격	전원적, 사색적, 사실적
제재	안분지족(安分知足)의 생활
주제	- 자연을 벗 삼아 안빈낙도(安貧樂道)하고자 하는 선비의 궁핍한 삶 - 빈이무원(貧而無怨)하며 충효, 우애, 신의를 나누는 삶
특징	- 일상생활에 대한 생생한 묘사를 보여 줌 - 일상 언어의 사용으로 생활 감정을 직접적으로 드러냄 - 농촌의 일상과 관련된 어휘와 어려운 한자어가 많이 쓰임 - 운명론적 인생관이 드러남

◆ 구성

서사	누항에서 안빈 일념으로 살려는 의지
본사	전쟁에 임하여 죽을 고비를 넘겼던 일을 회상
	전란 후 몸소 농사를 지어야 하는 궁핍함
	농사를 지으려고 소를 빌리러 감
	소를 빌리러 갔다가 수모를 당하고 돌아옴
	매정한 세태를 한탄하고 밭 갈기를 포기함
	자연을 벗 삼아 임자 없는 자연 속에서 늙겠다고 다짐
결사	빈이무원하고 충효, 화형제, 신붕우를 중히 여기고 살아가겠다고 다짐

2019 국가직 9급

Q. ⓐ와 ⓑ에 대한 설명으로 적절한 것은?

① ⓐ는 실재하는 존재물이고, ⓑ는 상상적 허구물이다.
② ⓐ는 화자의 절망을 나타내고, ⓑ는 화자의 희망을 나타낸다.
③ ⓐ는 화자의 내면을 상징하고, ⓑ는 화자의 외양을 상징한다.
④ ⓐ는 화자의 초라함을 부각시키고, ⓑ는 화자의 수심을 깊게 한다.

2016 법원직 9급

Q. 다음 작품에 대한 이해가 올바르지 않은 것은?

> 무상(無狀)한 이 몸애 무슨 지취(志趣) 이스리마는,
> 두세 이렁 밧논를 다 무겨 더뎌 두고,
> 이시면 죽(粥)이오 업시면 굴물망졍,
> 남의 집 남의 거슨 전혀 부러 말렷노라.
> 닉 빈천(貧賤) 슬히 너겨 손을 헤다 물너가며,
> 남의 부귀(富貴) 불리 너겨 손을 치다 나아오랴.
> 인간(人間) 어늬 일이 명(命) 밧긔 삼겨시리.
> 빈이 무원(貧而無怨)을 어렵다 ㅎ건마논
> 닉 생애(生涯) 이러호되 설은 쓧은 업노왜라.
> 단사표음(簞食瓢飮)을 이도 족(足)히 너기로라.
> 평생(平生) 혼 쯧이 온포(溫飽)애는 업노왜라.
> 태평천하(太平天下)애 충효(忠孝)를 일을 삼아
> 화형제(和兄弟) 신붕우(信朋友) 외다 ㅎ리 뉘 이시리.
> 그 밧긔 남은 일이야 삼긴 딕로 살렷노라.

① 안분지족(安分知足)적 삶의 자세가 드러나 있다.
② 양반의 지배적 이념을 추구하는 모습이 엿보인다.
③ 서로 대비되는 시어를 통해 주제를 부각하고 있다.
④ 주객이 전도된 표현을 통해 화자의 태도를 드러내고 있다.

2015 법원직 9급

Q. 윗글에 대한 설명으로 가장 적절하지 않은 것은?

① 설의법과 대구법이 쓰이고 있다.
② 시선의 이동에 따른 전개 방식을 사용하고 있다.
③ 의태어를 사용하여 화자의 심리를 드러내고 있다.
④ 농촌의 일상 어휘와 어려운 한자어가 함께 쓰였다.

Q. 윗글의 내용과 일치하는 것은?

① 화자의 이웃은 이전에 나에게 소를 빌려준다고 말을 했었다.
② 화자는 소를 빌리기 위해 수꿩과 술을 들고 이웃집에 찾아갔다.
③ 화자는 들려오는 농가(農歌)를 들으며 마음에 위로를 받고 있다.
④ 화자는 소를 빌리지 못했지만 농사를 짓고자 결심하고 있다.

Q. ㉠~㉣ 중 화자가 다른 하나는?

① ㉠   ② ㉡   ③ ㉢   ④ ㉣

Q. ⓐ와 가장 유사한 역할을 하는 소재는?

① 대승   ② 가시   ③ 노화   ④ 백구

병태 요정의 ADVICE

이 작품은 작가가 임진왜란이 끝난 후 고향으로 돌아가 살고 있을 때 지은 가사입니다. 작가는 자신의 가난한 처지에 대해 진솔하게 털어놓으면서도 자연에서 안빈낙도(安貧樂道)하며 충효와 신의, 우애를 지키며 본분에 충실할 것을 다짐하고 있습니다. 작가는 가난한 현실의 어려움 속에서 느끼는 비애와 좌절감을 솔직하게 드러내고 있지만, 그러한 상황에서도 빈이무원하며 유교적 이상을 버리지 않았습니다.

이 작품은 일상 언어를 사용하여 일상생활의 모습을 생생하고 구체적으로 묘사하고 있습니다. 또한 '어화 긔 뉘신고 염치(廉恥) 업산 닉옵노라.', '공ㅎ니나 갑시나 주엄즉도 ㅎ다마는,'과 같이 인물의 대화를 직접 인용한 형식, '춘경(春耕)도 거의거다 후리쳐 더뎌 두쟈.'처럼 궁핍한 생활에서 비롯된 감정을 사실적으로 제시한 표현이 특징입니다.

이러한 점에서 이 작품은 조선 전기 가사가 보여주었던 자연 완상(玩賞)의 세계에서 벗어나, 조선 후기 가사의 새로운 방향을 제시하였다는 평가를 받고 있습니다.

정답 ④, ④, ②, ①, ①, ①

가사 11. 농가월령가(農家月令歌) - 정학유
2014 서울시 7급, 2016 기상직 9급, 2010 국회직 9급

〈정월령(正月令)〉

정월(正月)은 맹춘(孟春)이라 입춘(立春) 우수(雨水) 절후(節侯)로다.
초봄
▶ 정월의 절기 소개

현대어 풀이
1월은 초봄이라 입춘, 우수의 절기로다.

산중 간학(山中澗壑)의 빙설(氷雪)은 남아시니
산속의 물이 흐르는 골짜기
평교(平郊) 광야(廣野)에 운물(雲物)이 변(變)ᄒ도다.
계절의 변화 (겨울→봄)
▶ 정월에 대한 감상

현대어 풀이
산속 골짜기에는 얼음과 눈이 남아 있으나
넓은 들과 벌판에는 경치가 변하기 시작하도다.

어와 우리 성상(聖上) 애민 중농(愛民重農) ᄒ오시니
간측(懇惻)하신 권농 윤음(勸農綸音) 방곡(坊曲)에 반포(頒布)ᄒ니
농사를 권장하는 임금의 말
슬푸다 농부(農夫)들아 아므리 무지(無知)흔들
직접적인 정서 표출
네 몸 이해(利害) 고사(枯捨)하고 성의(聖意)를 어글소냐.
임금의 뜻을 명분으로 농사일을 강조
선전 수답(山田水畓) 상반(相半)ᄒ게 힘디로 ᄒ오리라.
일년 풍흉(一年豊凶) 측량(測量)치 못ᄒ야도
인력(人力)이 극진(極盡)ᄒ면 천재(天災)를 면(免)ᄒ나니
지성이면 감천, 탈운명론적 사고관
져 각각(各各) 권면(勸勉)ᄒ야 게얼니 구지 마라.
계몽적, 교훈적
▶ 농사일의 권장

현대어 풀이
어와, 우리 임금님께서 백성을 사랑하고 농사를 중히 여기시어
농사를 권장하시는 말씀을 방방곡곡에 알리시니
슬프다 농부들이여, 아무리 무지하다고 한들
네 자신의 이해관계를 제쳐 놓고라도 임금님의 뜻을 어기겠느냐?
밭과 논을 반반씩 균형 있게 힘써 경작하오리라.
일 년의 풍년과 흉년을 예측하지는 못한다 해도
사람의 힘을 다 쏟으면 자연의 재앙을 면하나니
제각각 서로 권하고 격려하여 게을리 굴지 마라.

일년지계(一年之計) 재춘(在春)ᄒ니 범사(凡事)를 미리 ᄒ라.
봄에 만일 실시(失時)ᄒ면 종년(終年) 일이 낭패되네.
정월의 중요성
농지(農地)를 다스리고 농우(農牛)를 살펴 먹여,
ᄌ거름 ᄌ와 노코 일변(一邊)으로 시러 니여,
재로 만든 거름
맥전(麥田)의 오줌두기 세전(歲前)보다 힘써 ᄒ소.
보리밭
늙으니 근력(筋力) 업고 힘든 일은 못 ᄒ야도,
낮이면 이영 녁고 밤의는 식기 꼬아,
지붕을 이기 위해 짚으로 엮은 것
ᄯ 맛쳐 집 니우니 큰 근심 더럿도다.
실과(實果) 나모 벗꼿 싸고 가지 스이 돌 ᄭ오기
굵은 나무의 겉껍질
정조(正朝)날 미명시(未明時)의 시험(試驗)죠로 ᄒ야 보소.
정월 초하룻날
며나리 닛디 말고 송국주(松菊酒) 밋ᄒ여라.
삼춘(三春) 백화시(百花時)의 화전 일취(花煎一醉) ᄒ야 보ᄌ.
꽃이 만발한 춘삼월
▶ 정월에 해야 하는 농사일

현대어 풀이
일 년의 계획은 봄에 하는 것이니 모든 일을 미리 하라.
만약 봄에 때를 놓치면 해를 미칠 때까지 일이 낭패되네,
농지를 다스리고 농우를 잘 보살펴서,
재거름을 재워 놓고 한편으로 실어 내어,
보리밭에 오줌 주기를 세전보다 힘써 하소,
늙은이는 기운이 없어 힘든 일은 못 하여도,
낮이면 이엉을 엮고 밤이면 새끼 꼬아,
때맞추어 지붕을 이니 큰 근심을 덜었도다.
과일나무 보굿을 벗겨 내고 가지 사이에 돌 끼우기,
정월 초하룻날 날이 밝기 전에 시험 삼아 하여 보소.
며느리는 잊지 말고 송국주를 걸러라.
온갖 꽃이 만발할 봄에 화전을 안주 삼아 한번 취해 보자.

〈팔월령(八月令)〉

팔월이라 仲秋(중추)되니 白露(백로) 秋分(추분) 節氣(절기)로다.
음력 8월
北斗星(북두성) ᄌ로 도라 西便(서편)을 가르치니,
계절 변화 (북두칠성의 방향으로 가을을 짐작하게 함)
션션흔 朝夕(조석) 긔운 秋意(추의)가 宛然(완연)ᄒ다.
가을의 뜻, 가을다운 기운
귀쓰람이 말근 쇼리 碧澗(벽간)에 들거고나
아ᄎᆷ에 안개 씨고 밤이면 이실 ᄂ려,
百穀(백곡)을 成實(성실)ᄒ고 萬物(만물)을 ᄌ촉ᄒ니,
곡식 따위가 다 자라서 열매를 맺음
들 구경 돌나보니 힘드린 닐 共生(공생)ᄒ다.
百穀(백곡)의 이삭 픠고 여믈 들어 고기 숙어,
西風(서풍)의 익는 빗츤 黃雲(황운)이 이러난다.
누렇게 익은 곡식 (은유법)
▶ 8월에 대한 감상

현대어 풀이
8월이라 한가을 되니 백로, 추분 절기로다.
북두칠성의 자루가 돌아 서쪽을 가리키네.
선선한 아침 저녁 기운 가을 기운이 뚜렷하다.
귀뚜라미 맑은 소리 벽 사이에서 들리는구나.
아침에 안개 끼고 밤이면 이슬 내려,
백곡을 잘 여물게 하고 만물을 재촉하니,
들 구경 둘러보니 힘 들인 일의 공이 나타난다.
백곡에 이삭이 패고 여물 들어 고개를 숙여,
서풍에 익는 빛은 누런 구름이 일어난다.

白雪(백설) 갓흔 棉花(면화)송이 珊瑚(산호) 갓흔 고쵸다리
쳠아의 너러시니 가을 볏 明朗(명랑)ᄒ다.
안팟 마당 닥가 노코 발쳐 망구 쟝만ᄒ쇼.
棉花(면화) ᄯᆞᄂᆞᆫ 다락기의 수수 이삭, 콩가지오.
나무군 도라오니 머루 다ᄅᆡ 山果(산과)로다.
뒤동산 밤 대쵸는 아ᄒᆡ들 世上(세상)이라.
아름 모아 말니여라. 쳘 대야 ᄡᅳ게 ᄒᆞ쇼.
제사 준비 – 유비무환(有備無患)

명지(明紬)를 ᄭᅳᆫ허 내여 추양(秋陽)에 마젼ᄒ고
명주 / 가을볕
쪽 듸리고 잇 듸리니 쳥홍(靑紅)이 색색이라,
부모님 연만(年晩)ᄒ니 수의(襚衣)를 유의ᄒ고,
나이가 많음 / 염습할 때 송장에 입히는 옷
그 남아 마루지아 자녀의 혼수(婚需)ᄒ셰.

집 우희 긋은 박은 요긴한 기명(器皿)이라.
살림살이에 쓰는 그릇을 통틀어 이르는 말
딥ᄉᆞ리 뷔를 ᄆᆡ아 마당질의 ᄡᅳ오리라.
곡식을 떨어 알곡을 거두는 일
참ᄭᆡ 들ᄭᆡ 거둔 후의 중오려 타작ᄒ고,
다소 익은 벼
담배 줄 녹두 말을 아쇠야 작젼(作錢)ᄒ랴.
물건을 팔아 돈을 마련함
장 구경도 ᄒᆞ려니와 흥졍홀 것 잇지 마쇼.
북어쾌 젓조기를 추석 명일(明日) 쇠아 보셰.
신도주(新稻酒) 오려송편 박나물 토란국을
올벼로 만든 송편
선산(先山)의 제물ᄒ고 이웃집 ᄂᆞ화 먹셰
▶ 팔월의 농사일과 세시 풍속

현대어 풀이
눈같이 흰 목화송이, 산호같이 아름다운 고추 열매,
지붕에 널었으니 가을 볕이 맑고 밝다.
안팎의 마당을 닦아 놓고 발채의 옹구를 마련하소.
목화 따는 다래끼에 수수 이삭과 콩가지도 담고,
나무꾼 돌아올 때 머루 다래와 같은 산과도 따오리라.
뒷동산의 밤과 대추에 아이들은 신이 난다.
알밤을 모아 말려서 필요한 때에 쓸 수 있게 하소.

명주를 끊어 내어 가을볕에 표백하고 남빛과 빨강으로 물을 드리니 청홍이 색색 이로구나. 부모님 연세가 많으니 수의를 미리 준비하고, 그 나머지는 마르고 재어 서 자녀의 혼수하세.

지붕 위의 익은 박은 긴요한 그릇이라. 대싸리로 비를 만들어 타작할 때 쓰리라. 참깨 들깨를 수확한 후에 다소 이른 벼를 타작하고 담배나 녹두 등을 팔아서 아쉬 운 대로 돈을 만들어라. 장 구경도 하려니와 흥정할 것도 잊지 마소. 북어쾌와 젓 조기를 사다가 추석 명절을 쇠어 보세. 햅쌀로 만든 술과 송편, 박나물과 토란국을 조상께 제사를 지내고 이웃집이 서로 나누어 먹세

◆ 핵심정리

갈래	가사, 월령체 가사, 장편 가사 (전 13장)
성격	교훈적, 계몽적
제재	농사의 일과 한 해의 세시풍속
주제	각 달과 절기에 따른 농사일과 세시풍속 소개
특징	– 농민들을 계몽, 교화시키고자 함 – 정월부터 섣달까지 열두 달에 걸쳐 시간의 흐름에 따라 연을 나누어 부르는 월령체 형식을 취함 – 농촌 생활과 관련된 구체적인 어휘를 통해 농사일과 세시풍속을 소개함 – 실제적인 농사일을 열거하여 실생활에 도움이 되도록 함 – 대구법, 직유법, 은유법 등의 다양한 표현법과 직설적 표현을 사용함

핵심 포인트

1. 구성
   a. 팔월의 절기
   b. 팔월의 정경 묘사
   c. 팔월에 농가에서 농민들이 해야 할 일
   d. 팔월의 세시 풍속 – 추석과 근친
   e. 내년을 위한 준비
2. 주제 : 다달이 해야 할 농가의 일과 세시 풍속
3. 의의
   a. 월령가로서는 가장 규모가 큰 작품이다.
   b. 조선 후기, 농사의 중요성을 강조하는 실학의 태도를 짐작하게 한다.
   c. 우리말 노래로서, 농업 기술의 보급을 처음 시도한 작품이다.
4. 표현상의 특징
   a. 각 달의 내용상 구성이 일정한 형태를 취하고 있다.
      그 달의 절기 소개 → 그 달의 정경 묘사 → 농가에서 할 일 → 세시 풍속
   b. 농촌 생활과 관련된 구체적 어휘가 많이 사용되고 있다.
      지거름, 이영, 싀기, 벗꼿, 발처, 망구, 다락기
   c. 명령형, 청유형의 문장이 많다.

2014 서울시 7급

Q. 아래 시는 〈농가월령가〉의 일부이다. 아래에 나온 내용은 음력 몇 월을 노래한 것인가?

> 인가(人家)의 요긴한 일 장 담는 정사로다.
> 소금을 미리 받아 법대로 담그리라.
> 고추장 두부장도 맛맛으로 갖추하소.
> 전산에 비가 개니 살진 향채 캐오리라.
> 삽주 두릅 고사리며 고비 도랏 어아리를
> 일분은 엮어 달고 이분은 묻혀 먹세.
> 낙화를 쓸고 앉아 병술로 즐길 적에
> 산처의 준비함이 가효가 이뿐이라.

① 2월 ② 3월 ③ 4월
④ 5월 ⑤ 6월

2016 기상직 9급

Q. 다음 빈칸에 들어갈 시구로 가장 적절한 것은?

> 사월이라 맹하되니 (　　　　)
> 비 온 끝에 볕이 나니 일기도 청화하다.
>
> 떡갈잎 퍼질 때에 뻐꾹새 자로 울고
> 보리 이삭 패어나니 꾀꼬리 소리 난다.
> 　　　　　　　　　　- 정학유, 〈농가월령가〉

① 입춘 우수 절기로다
② 경칩 춘분 절기로다
③ 청명 곡우 절기로다
④ 입하 소만 절기로다

2010 국회직 9급

Q. 다음은 계절의 변화에 따라 예로부터 내려오는 세시풍속, 놀이, 행사와 음식 등을 월별(月別)로 나누어서 알려 주고 있는 〈농가월령가〉의 팔(八)월령이다. (　)에 들어갈 적절한 어구는?

> 팔월이라 한가을 되니 (　　　　).
> 북두칠성 자루 돌아 서쪽 하늘 가리키니,
> 신선한 아침 저녁 가을이 완연하다.
> 귀뚜라미 맑은 소리 벽 사이에 들리누나.
> 아침에 안개 끼고 밤이면 이슬 내려,
> 온갖 곡식 열매 맺고 결실을 재촉하니,
> 들에 나가 돌아보니 힘들인 보람 난다.

① 입춘 우수 절기로다
② 청명 곡우 절기로다
③ 백로 추분 절기로다
④ 한로 상강 절기로다
⑤ 입동 소설 절기로다

◆ 구성

월	해야 할 일
서사	정월령에서는 맹춘(孟春)인 정월의 절기와 일년 농사준비, 정조(正朝)의 세배와 풍속, 그리고 보름날의 풍속 등을 보여주고, 그 당시에 쓰이는 역법의 기원을 설명하였다.
정월령	맹춘인 정월의 절기와 일년 농사 준비, 정조의 세배와 풍속, 그리고 보름날의 풍속 등을 보여주고 있다.
2월령	중춘인 2월의 절기와 춘경과 가축 기르기, 그리고 약재 캐기 등을 묘사하고 있다.
3월령	모춘인 3월의 절기와 논농사 및 밭농사의 파종, 과일나무 접붙이기, 장 담그기 등을 노래하고 있다.
4월령	맹하인 4월의 절기, 이른 모내기, 간작·분봉 등을 노래하고 있다.
5월령	중하인 5월의 절기와 보리타작·고치 따기·그네 뛰기·민요 화답 등을 보여주고 있다.
6월령	계하인 6월의 절기와 간작·북돋우기, 유두의 풍속, 장 관리, 삼 수확, 김쌈 등을 노래하고 있다.
7월령	맹추인 7월의 절기와 칠월 칠석의 견우 직녀의 이별과 비, 김매기·피 고르기, 선산의 벌초하기, 겨울을 위한 준비 및 김장할 무·배추의 파종 등을 보여주고 있다.
8월령	중추인 8월의 절기와 백곡의 무르익음과 수확, 중추절, 며느리의 친정 근친 등을 노래하고 있다.
9월령	계추인 9월의 절기와 늦어지는 가을 추수의 이모저모, 그리고 풍요함 속에서 피어나는 이웃 간의 온정을 노래하고 있다.
10월령	맹동인 10월의 절기와 무·배추·수확, 겨울 준비, 가내화목, 한 동네의 화목 등을 권하고 있다.
11월령	중동인 11월의 절기, 메주 쑤기, 동지의 풍속, 가축 기르기, 거름 준비 등을 노래하고 있다.
12월령	계동인 12월의 절기, 새해 준비, 묵은 세배 등을 묘사하고, 결사에서는 농업에 힘쓰기를 권장하고 있다.

병태 요정의 ADVICE

이 작품은 농가에서 각 달에 해야 할 농사일과 세시풍속, 지켜야 할 예의범절 등을 노래한 월령체 시가입니다.

서사에서 12월령까지 모두 13장으로 구성되어 있으며, 농가의 다양한 농사일과 명절에 행할 세시풍속, 농촌 풍속 등을 자세하게 소개하여 월령체 가운데서 가장 길고 짜임새 있는 작품으로 평가받고 있습니다. 농업 기술을 음률에 맞춰 흥겹게 노래를 부를 수 있도록 하였다는 점에서 농업 기술의 보급에서도 중요한 의미를 지니고 있는 작품입니다.

정답 ②, ④, ③

가사 12 고공답주인가
― 이원익

어와 저 양반아 도라안자 내 말 듯소.
　　청자
엇지ᄒᆞ 져믄 소니 혬 업시 단니ᄂᆞ다. (중략)
　젊은 손님이　생각

▶ 청자에게 이야기를 들어보라고 권유함

현대어 풀이
아아! 저 양반아! 돌아앉아 내 말 듣소.
어떠한 젊은 손이 생각 없이 다니는가?

■ : 변방을 지키는 무관들을 상징
밧별감 만하 이스 외방사음(外方舍音) 도달화도
바깥 별감　　　　바깥 마름　　종을 부려 먹지않는 대신 세금을 받던 벼슬아치
제 소임 다 ᄇᆞ리고 몸 ᄭᅳ릴 ᄲᅮᆫ이로다
제 소임을 다하지 않는 관리들의 모습

▶ 머슴들에 대한 비판

현대어 풀이
바깥 별감 많이 있어 바깥 마름과 도달화도
제 소임 다 버리고, 몸만 사릴 뿐이로다.

기울어진 집안 살림에 대한 걱정:
비 ᄉᆡ여 셔근 집을 뉘라셔 곳쳐 이며
옷 버서 믄허진 담 뉘라셔 곳쳐 쏠고
불한당 구멍 도적 아니 멀니 단이거든
　왜적을 상징
화살 츤 수하상직(誰何上直) 뉘라셔 힘써 홀고
큰나큰 기운 집의 마누라 혼자 안자
형편이 기울어진 나라　　임금
명령을 뉘 드르며 논의를 눌라 홀고
낫 시름 밤 근심 혼자 맛다 계시거니
옥 ᄀᆞᄐᆞᆫ 얼굴리 편ᄒᆞ실 적 몇 날이리
임금의 얼굴
이 집 이리 되기 뉘 타시라 ᄒᆞᆯ셔이고
혬 업는 종의 일은 뭇도 아니 ᄒᆞ려니와
도로혀 혜여ᄒᆞ니 마누라 타시로다
　　　　　　　　관리들도 문제지만 임금에게도 책임이 있음

▶ 어른 종의 말을 듣지 않는 상전에게 충고

현대어 풀이
비 새어 썩은 집을 누가 고쳐 이으며,
옷 벗어 무너진 담 누가 고쳐 쌓을까?
불한당 구멍 도적은 멀리 다니지 아니하거든
화살을 찬 상직군은 누가 힘써 할까?
크나크게 기운 집에 주인님 혼자 앉아
명령을 누가 들으며 논의를 누구와 할까?
낮 시름 밤 근심을 혼자 맡아 계시거니,
옥 같은 얼굴이 편하실 적 몇 날이리?
이 집 이리 된 것을 누구 탓이라 할 것인가?
헤아림 없는 종의 일은 묻지도 아니하려니와
도리어 생각하니, 주인님의 탓이로다.

ᄂᆡ항것 외다 ᄒᆞ기 종의 죄 만컨마ᄂᆞᆫ
　　　　주인, 임금, 상전
그러타 세상 보려 민망ᄒᆞ야 사뢰나이다
새끼 쏘기 마르시고 내 말슴 드르쇼셔
집일을 곳치거든 종들을 휘오시고
　　　　　　　　종(신하)들을 휘어잡아야 함
종들을 휘오거든 상벌을 밝히시고
　　　　　　　상과 벌을 분명히 해야 함
상벌을 밝히거든 어른 종을 미드쇼셔
　　　　　　　어른 종(고위 관리, 원로 신하)의 충간을 들어야 함
진실노 이리 ᄒᆞ시면 가도(家道) 절노 닐니이다

▶ 집안 살림을 일으킬 수 있는 방안 제시

현대어 풀이
내 주인님 그르다 하기에는 종의 죄가 많지만
그렇다 세상 보려니 민망하여 여쭙니다.
새끼 꼬기 멈추시고, 내 말씀 들으소서.
집일을 고치려거든 종들을 휘어잡으시고,
종들을 휘어잡으려거든 상과 벌을 밝히시고,
상과 벌을 밝히려거든 어른 종을 믿으소서.
진실로 이리 하시면, 집안의 도가 절로 일어날 것입니다.

◆ **핵심정리**

갈래	가사, 풍자가
성격	비유적, 풍자적, 비판적, 경세적, 교훈적
주제	- 게으른 신하에 대한 비판과 임금이 해야 할 도리 - 기울어진 집안 살림(나랏일)을 일으키는 방도
특징	- 임금을 '마누라', 신하를 '종'에 비유하여, 임금과 신하를 동시에 비판하면서 문제 해결 방안을 제시함 - 조선 중기에 이원익이 허전의 〈고공가〉에 화답하여 지은 가사 - 나라의 형편이 기울게 된 원인을 신하 이기적인 모습에만 초점을 맞춘 〈고공가〉보다 자세하게 분석함

◆ **구성**

신하에 대한 비판	직무 태만, 상전 능욕, 사리사욕, 당파 싸움에 몰두, 소임을 잊고 제 몸만 살핌.
임금에 대한 비판	신하들이 이렇게 된 데에는 임금의 탓이 더 큼.
문제 해결 방안	신하들을 휘어잡아야 함. 상벌을 분명히 해야 함. 원로 신하들의 충간을 들어야 함.

병태 요정의 ADVICE

　허전이 지은 〈고공가〉에 대한 답가로 지은 가사로 〈고공답가〉라고도 합니다. 〈고공가〉에 화답하는 노래답게 비유적인 표현 방법을 주로 썼으며, 제재와 주제, 문체와 표현 등에서도 상응하는 수법을 택하고 있습니다. 〈고공가〉와 마찬가지로 한 국가의 살림살이를 농사짓는 주인과 종의 관계를 통하여 제시하고 있습니다.
　'게으르고 헤아림 없는 종'에게 왜 '마누라'의 말씀을 듣지 않느냐고 비난하고, '마누라'에게는 '어른 종'을 믿으라고 말하고 있습니다. 여기서 '게으르고 헤아림 없는 종'은 나라 일에 태만한 신하들을 빗대어 표현한 것이고, '마누라'는 선조를, '어른 종'은 작자 자신을 포함한 고관들을 빗대어 표현한 것입니다.
　작가는 '헤아림 없는 종'도 문제가 있지만, '마누라'의 탓이 더 크다며 '종'을 휘어잡아 상벌을 밝히고, '어른 종'을 믿어달라고 간청하고 있습니다. 그러면 '가도(家道)' 곧 나라의 형편과 도리가 저절로 일어날 것이라는 충언을 담고 있습니다.

가사 13 · 연행가(燕行歌) — 홍순학

〈전략〉

녹창 쥬호 여염들은 오식이 영농ᄒ고,
화ᄉ 치란 시졍들은 만물이 번화ᄒ다.
집집이 호인들은 길의 나와 구경ᄒ니,
의복기 괴려ᄒ여 쳐음 보기 놀납도다.
머리는 압흘 ᄭ악가 뒤만 ᄯᅡᇂ 느리쳐셔
당ᄉ실노 당긔ᄒ고 말익이을 눌너 쓰며,
일 년 삼백육십 일에 양치 한 번 아니ᄒ여
이ᄲᅡᆯ은 황금이오 손톱은 다섯 치라. 〈중략〉

▶ 청의 거리와 구경 나온 호인들의 모습

현대어 풀이
녹색 창과 붉은 문의 여염집은 오색이 영롱하고,
화려한 집과 채색한 난간의 시가지는 만물이 번화하다.
집집마다 만주 사람들은 길에 나와 구경하니,
옷차림이 괴이하여 처음 보기에 놀랍도다.
머리는 앞을 깎아 뒤만 땋아 늘어뜨려
당사실로 댕기를 드리고 마래기라는 모자를 눌러 쓰며,
일 년 삼백 육십 일에 양치질 한 번도 아니하여
이빨은 황금빛이요 손톱은 다섯 치나 된다. 〈중략〉

ᄲᅳ더인 온다 ᄒ고 져의기리 지져귀며,
무어시라 인사ᄒ나 한 마디도 모르겟다.

▶ 조선인에 대한 반응

현대어 풀이
소국 사람 온다 하고 저희끼리 수군대며
무엇이라고 인사 하나 한 마디도 모르겠다.

계집년들 볼 만ᄒ다 그 모양은 읏더튼냐.
머리만 치거실러 가림ᄌᄂᆞᆫ 아니 타고,
뒤통슈의 모화다가 밉시 잇게 슈식ᄒ고,
오식으로 만든 ᄭᅩᆺᄎᆞᆫ ᄉᆞ면으로 ᄭᅩᆺᄌᆞᄉᆞ며,
도화분 단장ᄒ여 반취한 모양갓치
블그러 고흔 ᄐᆡ도 아미을 다스르고,
살쥭을 고이 ᄭᅵ고 붓스로 그려스니,
입슐 아ᄅᆡ 연지빗흔 단슌이 분명ᄒ고,
귓방을 ᄯᅮ른 군영 귀여소리 달아스며

▶ 청 여인들의 모습

현대어 풀이
계집년들 볼 만하다. 그 모양은 어떻더냐.
머리만 위로 추켜올려 가르마는 아니 타고,
뒤통수에 모아다가 맵시 있게 장식하고,

오색으로 만든 꽃은 사면으로 꽂았으며,
도화색 분으로 단장하여 반쯤 취한 모양같이
불그레 고운 태도 눈썹 치장을 하였고,
귀밑머리 고이 끼고 붓으로 그렸으니,
입술 아래 연지빛은 붉은 입술이 분명하고,
귓방울 뚫은 구멍에 귀고리를 달았으며,

의복을 볼작시면 사나히 졔도로되,
다홍빗 바지이다 푸른빗 져구리오,
연도ᄉᆡ 두루막이 발등ᄭᅡ지 길게 지어,
목도리며 수구 ᄭᅳᆺ동 화문으로 수을 노코,
품 너르고 ᄉᆞ미 널너 풍신 죠케 썰쳐 입고,
옥수의 금지환은 외짝만 넙젹ᄒ고,
손목의 옥고리는 굴게 ᄉᆞ려 둥글고나. 〈후략〉

▶ 청 여인들의 의복

현대어 풀이
의복을 볼 것 같으면 사나이 제도로되,
다홍빛 바지에다 푸른빛 저고리요,
연두색 두루마기를 발등까지 길게 지어,
목도리며 소매 끝동에 꽃무늬로 수를 놓고,
품이 너르고 소매가 넓어 풍채 좋게 떨쳐 입고,
고운 손의 금가락지는 한 짝만 넓적하고
손목에 낀 옥고리는 굵게 사려서 둥글구나, 〈후략〉

◆ 핵심정리

갈래	가사, 기행 가사, 장편 가사
성격	사실적, 서사적, 묘사적, 비판적
주제	청나라 연경을 다녀온 견문과 감상
특징	– 치밀한 관찰을 통해 대상을 섬세하게 묘사함 – 소박한 표현과 우리말 구사가 나타남 – 존명 배청(尊明排斥 : 명나라를 높이고 청나라를 배척)의 태도가 드러남 – 대상에 대해 우월감을 가짐

병태 요정의 ADVICE

이 작품은 작가 홍순학이 중국에 파견된 사신으로서 연경(베이징)을 다녀온 체험과 견문을 서술한 장편 기행 가사입니다. 왕명을 받아 한양에서 출발하여 집으로 돌아오기까지의 여정과 견문을 자세하고 객관적으로 담고 있습니다. 노정이 자세하고 서술이 풍부하고 치밀한 관찰력을 바탕으로 한 묘사가 돋보입니다. 노래를 전제로 한 가사라기보다는 서사적인 수필에 가깝다고 할 수 있으며, 한자 사용을 억제하고 우리말을 주로 사용하여 관리들뿐 아니라 일반 백성들까지도 쉽게 읽도록 하였다는 점에서 조선 후기 가사의 특징을 잘 보여 줍니다.

가사 14 일동장유가(日東壯遊歌) - 김인겸
2015 지방교행직(경)

댱풍(壯風)의 돗츨 드라 뉵션(六船)이 홈끠 떠나,
  센 바람   사절단의 규모를 짐작할 수 있음 (여섯 척의 배)

삼현(三絃)과 군악 소리 산히(山海)를 진동ᄒᆞ니,
  거문고, 가야금, 당비파 악기 연주하는 소리

믈 속의 어룡(魚龍)들이 응당이 놀라도다.
  성대한 환송 분위기 (군악 소리에 고기들이 놀람)

히구(海口)를 얼픗 나셔 오뉵도(五六島) 뒤지우고,
  부산항   부산항 앞바다에 있는 섬

고국(故國)을 도라보니 야싴(夜色)이 창망(滄茫)ᄒᆞ야
  밤 경치   멀고 아득하여

아모것도 아니 뵈고, 연히 변진(沿海邊鎭) 각 포(浦)의

불빗 두어 뎜이 구름 밧긔 뵐 만ᄒᆞ니.

▶ 부산항 출발 광경

현대어 풀이
거센 바람에 돛을 달고 여섯 척의 배가 함께 떠날 때,
악기 연주하는 소리가 산과 바다를 진동하니
물속의 고기들이 마땅히 놀람직하도다.
부산항을 얼른 떠나 오륙도 섬을 뒤로하고
고국을 돌아보니 밤빛이 아득하여
아무것도 아니 보이고, 바닷가에 있는 군영 각 항구의
불빛 두어 점이 구름 밖에서 보일 듯 말 듯하다.

비방의 누어 이셔 내 신세를 싱각ᄒᆞ니,

ᄀᆞ득이 심난ᄒᆞᄃᆡ 대풍이 니러나니,
  임무에 대한 책임감과 궂은 날씨가 겹쳐 마음이 불안함

태산 ᄀᆞᆺ튼 셩낸 물결 텬디의 ᄌᆞ옥ᄒᆞ니,

큰나큰 만곡쥐(萬斛舟ㅣ) 나모닙 브치이듯,

하늘의 올라다가 디함(地陷)의 ᄂᆞ려지니,
              땅 밑, 지면이 움푹 주저앉은 곳

열두 발 쌍돗대는 지이텨로 구버 잇고,

쉰두 복 초셕 돗츤 반들쳐로 비블럿늬.

굵은 우레 준 별악은 등 아래셔 딘동ᄒᆞ고,

셩낸 고래 동ᄒᆞᆫ 뇽은 믈 속의셔 희롱ᄒᆞ니.
  사나운 파도를 비유

방 속의 요강 타구(唾具) 잣바지고 업더지고,
                   가래침 뱉는 그릇

샹하 좌우 비방 널은 닙닙히 우ᄂᆞᆫ구나.

▶ 바다 가운데서 폭풍을 만남

현대어 풀이
선실에 누워서 내 신세를 생각하니
가뜩이나 마음이 어지러운데 큰 바람이 일어나서,
태산 같은 성난 물결이 천지에 자욱하니,
만 석을 실을 만한 큰 배가 마치 나뭇잎이 나부끼듯
하늘에 올랐다가 땅 밑으로 떨어지니,
열두 발이나 되는 쌍돗대는 종이로 만든 옷처럼(나뭇가지처럼) 굽어 있고
쉰 두 폭으로 엮어 만든 돛은 반달처럼 배가 불렀네.
큰 우렛소리와 잦은 벼락은 등 뒤에서 떨어지는 것 같고,
성난 고래와 용이 물 속에서 희롱하는 듯하네.
선실의 요강과 타구가 자빠지고 엎어지고
상하 좌우에 있는 선실의 널빤지는 저마다 소리를 내는구나.

이윽고 히 돗거늘 장관(壯觀)을 ᄒᆞ여 보식,
  해돋이의 장관에 대한 감탄

니러나 빈문 열고 문셜쥬 잡고 셔서,

ᄉᆞ면을 바라보니 어와 장흘시고,
                    굉장하구나 (화자의 감탄)

인싱 텬디간의 이런 구경 ᄯᅩ 어ᄃᆡ 이실고.

구만(九萬) 니 우듀 속의 큰 믈결분이로식.

등 뒤흐로 도라보니 동ᄂᆡ(東萊) 뫼이 눈섭 ᄀᆞᆺ고,
                                  원경

동남을 도라보니 바다히 ᄀᆞ이 업ᄂᆡ.

우아릭 프른 빗치 하늘 밧긔 다하 잇다.
  수평선

슬프다 우리 길이 어ᄃᆡ로 가는쟉고.
  망망대해 한가운데에 있는 막막함과 슬픔

홈긔 쎠난 다솟 빈는 간 ᄃᆡ를 모를로다.
  같이 떠난 나머지 다섯 척 배의 행방을 알 수 없음

ᄉᆞ면을 두로 보니 잇다감 믈결 속의

부체만 쟈근 돗치 들낙날낙 ᄒᆞ는구나.
  같이 떠난 일행의 배가 멀리 보임 (다른 배들과 멀리 떨어진 상황)

▶ 바다의 장관과 폭풍이 지난 후 망망대해를 바라봄

현대어 풀이
이윽고 해가 돋거늘 굉장한 구경을 하여 보세.
일어나 선실 문을 열고 문설주를 잡고 서서,
사면을 바라보니 아아! 굉장하구나,
인생 천지간에 이런 구경이 또 있을까?
넓고 넓은 우주 속에 다만 큰 물결뿐이로세.
등 뒤로 돌아보니 동래의 산이 눈썹만큼이나 작게 보이고
동남쪽을 돌아보니 바다가 끝이 없네.
위 아래 푸른 빛이 하늘 밖에 닿아 있다.
슬프다. 우리의 가는 길이 어디란 말인가?
함께 떠난 다섯 척의 배는 간 곳을 모르겠도다.
사방을 두루 살펴보니 이따금 물결 속에
부채만한 작은 돛이 들락날락하는구나

◆ 핵심정리

갈래	가사, 기행 가사, 장편 가사
성격	사실적, 직서적, 묘사적
주제	일본 여행의 견문과 감상
특징	- 여정에 따른 추보식 구성을 보임 - 여정에 따른 일화, 환경, 사건, 풍물 등을 사실적으로 제시함 - 조선 후기 장편 가사의 전형적인 특징을 보여 줌

◆ '일동장유가'의 의의와 한계

의의	- 국문으로 된 해외 장편 기행 가사의 효시가 됨 - 일본의 독특한 풍물이나 풍속, 자연 등을 소개하고 있을 뿐 아니라 통신사 일행의 모습이나 일본 사람들의 구체적인 상황까지 전달 - 당시 외교 사절단의 규모와 한일 양국의 외교 방법, 당시 일본의 풍속 등을 엿볼 수 있음 - 작가의 일본에 대한 시선을 통해 임진왜란 이후 가시지 않은 대왜(對倭) 감정을 알 수 있어 외교사적인 면에서도 귀중한 자료임
한계	- 일본에 대한 적개심을 지니고 있던 탓에 일본에 대해 낮잡아 보고 일본 사회에 대한 깊이 있는 이해를 보이지 못함 - 한·중·일 3국의 도시 경제를 비교하면서 일본의 도시가 우리나라보다 훨씬 발달해 있고 중국에 비해서도 뒤지지 않음을 인정하고 있지만 일본의 민중이나 학술, 기술에 대해서는 관심을 보이지 않음 - 당시 동아시아의 정세 속에서 상공업의 발전으로 국제적 위상을 높여 가던 일본과 그에 대한 우리의 대응 자세에 대한 성찰을 하지 못함

◆ 전체 구성

제1권	일본에서 친선 사절을 청하여, 여러 수속 끝에 8월 3일 서울을 출발하여 용인, 충주, 문경, 예천, 안동, 영천, 경주, 울산, 동래를 거쳐 부산에 이름.
제2권	10월 6일, 부산에서 승선하여 발선하는 장면에서부터 대마도, 일기도, 축전주, 남도를 거쳐 적간관에 도착하여 머묾.
제3권	정월 초하루 적간관의 명절 이야기로부터 오사카, 교토, 와다와라, 시나카와를 거쳐 에도에 들어가 사행(使行)의 임무를 마침.
제4권	3월 11일 귀로에 올라, 6월 22일 부산에 귀환, 7월 8일 서울에 와서 영조께 복명함.

2015 지방교행직(경)

Q. 다음 작품에 대한 설명으로 적절하지 않은 것은?

> 장풍에 돛을 달아 육선(六船)이 함께 떠나
> 삼현(三絃)과 군악 소리 산해(山海)를 진동하니
> 물속의 어룡(魚龍)들이 응당히 놀라도다
> 해구(海口)를 얼핏 나서 오륙도를 뒤로 하고
> 고국을 돌아보니 야색(夜色)이 창망(滄茫)하여
> 아무것도 아니 뵈고 연해변진(沿海邊鎭) 각 포(浦)에
> 불빛 두어 점이 구름 밖에 뵐 만하니

① 환송의 성대함이 과장되게 표현되어 있다.
② 육지의 모습이 원경(遠景)으로 그려지고 있다.
③ 고국을 떠나는 부담이 계절감으로 표현되고 있다.
④ 출항과 항해가 시간의 흐름에 따라 나타나고 있다.

병태 요정의 ADVICE

　이 작품은 영조 39년(1763년)에 조엄이 일본 통신사로 갈 때 삼방서기(三房書記, 통신사를 보좌하여 여러 기록을 책임지는 사람)로 동행한 작가가 그 여정과 견문을 기록한 장편 기행 가사입니다. 1763년 8월 3일부터 1764년 7월 8일까지 약 11개월 동안의 여정이 추보식 구성으로 나타나 있으며, 전체 4책 8천여 구에 달하는 길이로 구체적인 날짜와 기후, 노정 등을 상세하게 기록하였습니다.

　작가는 여정과 함께 그곳에서 보고 들은 일본의 문물 제도와 인물, 풍속, 외교 임무의 수행 과정 등과 이에 대한 느낌을 소상히 기록하고, 여기에 자신의 날카로운 비판과 해학을 곁들여 실감 나게 묘사하였습니다. 이를 통해 일본의 실질적인 문화나 문물 등을 구체적으로 엿볼 수 있는 한편, 기행 문학의 묘미를 잘 느낄 수 있습니다.

정답 ③

가사 15 용부가(庸婦歌)

— 작자 미상

흉보기 싫다마는 저 부인(婦人)의 거동(擧動)보소.
　　　　　　　　　풍자의 대상
시집간 지 석 달 만에 시집살이 심하다고
친정에 편지하여 시집 흉을 잡아내네.

▶ 용부의 거동 소개

현대어 풀이
흉보기가 싫다마는 저 부인의 거동을 보소.
시집 간 지 석달 만에 시집살이가 심하다고
친정에 편지하여 시집 흉을 잡아 내네.

『　』: 화자가 부인의 편지 내용을 전하는 부분
『계엄할사 시아버니 암상할사 시어머니
　음흉하고 욕심이 많음　　시기하고 질투함
고자질에 시누이와 엄숙하기 맏동서여
　　　　　　　　　　　무뚝뚝함
요악(妖惡)한 아우동서 여우 같은 시앗년에
요사스럽고 잔악함　　　　　　남편의 첩
드세도다 남녀노복(男女奴僕) 들며나며 흠구덕에
남편이나 믿었더니 십벌지목(十伐之木) 되었어라.』
　　　　　　　　열 번 찍어 넘어가지 않는 나무 없다

▶ 용부의 시집 식구 흉보기

현대어 풀이
계엄한 시아버지에 암상스런 시어머니라,
고자질 잘 하는 시누이와 엄숙한 맏동서여,
요사스럽고 간악한 아우 동서에 여우 같은 시앗년에
드세구나 남녀 하인 들며나며 흠구덕에
남편이나 믿었더니 열 번 찍은 나무가 되었구나.

『　』: 화자의 논평
『여기저기 사설이요 구석구석 모함이라.』
시집살이 못 하겠네 간슷병을 기우리며
　　　　　　　　자살을 하려 함
치마 쓰고 내닫기와 보찜 싸고 도망질에
오락가락 못 견디어 승(僧)들이나 따라갈가
긴 장죽(長竹)이 벗이 되고 들구경 하여 볼가
문복(問卜)하기 소일(消日)일라.
점치는 일
겉으로는 시름이요 속으로는 딴 생각에
반분대(半粉黛)로 일을 삼고 털 뽑기가 세월이라
살짝 칠한 엷은 화장
시부모가 경계(警戒)하면 말 한마디 지지 않고
　　　　타일러서 주의하게 함
남편이 걱정하면 뒤받아 맞넉수요
　　　　　　　　마주 대꾸함
들고 나니 초롱군에 팔자나 고쳐 볼까
　　　　드나드는 젊은 남자
양반 자랑 모두 하며, 색주가(色酒家)나 하여 볼까
과장을 통한 풍자 효과의 극대화

▶ 용부의 행실 소개

현대어 풀이
여기저기 말이 많고 구석구석 모함이라.
시집살이 못 하겠다며 자살하려고 간수를 마시고
치마를 쓰고 내닫기도 하고 봇짐을 싸 가지고 도망하기도 하며,
오락가락 견디지 못해 스님이나 따라갈까
긴 담뱃대를 벗삼아서 들 구경이나 하여 볼까.
점치기로 세월을 보내는구나.
겉으로는 시름에 쌓여 있지만 속으로는 딴 생각에
얼굴 단장으로 일을 삼고 털 뽑기로 시간을 보낸다.
시부모가 타이르면 말 한마디도 지지 않고,
남편이 걱정하면 뒤를 받아 마주 대꾸하고
드나드는 젊은 남자에게 새로 시집이나 가서 팔자나 고쳐 볼까.
양반 자랑은 다 하면서 기생집이나 해 볼까 하네.

◆ 핵심정리

갈래	가사
성격	풍자적, 경세적(警世的), 교훈적, 비판적
주제	여인의 잘못된 행실에 대한 비판과 풍자
특징	- 여인의 잘못된 행실을 열거하며 과장을 통해 비판함 - 당대 서민들의 생활상을 잘 보여 줌 - 일상적이고 평이한 언어로 당대 서민층의 비판 의식을 보여 줌 - '우부가(愚夫歌)'와 짝을 이루어 인물의 행실에 대한 경계를 나타냄

병태 요정의 ADVICE

용렬한 부인이 시집을 와서 시집살이를 하는 동안의 갖가지 부정적인 모습을 비판적으로 제시함으로써, 여성의 바람직한 행실은 어떤 것인가에 대해 간접적으로 깨우치고자 한 작품이다. 전체적으로 과장되고 속된 표현이 많지만, 사실적인 묘사로 생생한 실감과 토속미를 풍기고 있으며 풍자와 유머가 풍부하다.

이 작품에서는 당시의 삶의 모습을 엿볼 수 있는 구절이 많이 보이는데, 이를테면 '여우 같은 시앗년에'라는 표현은 첩을 두는 것이 드물지 않았다는 사실을 말해 주는 것이며, '무당 소경 푸닥거리 의복 가지 다 내주고'에서는 굿을 하는 사람에게 지불하는 보수가 의복이었다는 사실을 알려 주고 있다.

조선 후기의 가사 문학은 음풍농월식의 강호한정이나 연군(戀君)에서 벗어나 인간의 성정을 있는 그대로 표출하고, 서민층의 풍자비판 의식이 나타나게 되는데, 〈용부가〉도 이러한 조선 후기 가사의 특징을 잘 보여 주는 작품이라 하겠다.

유산가(遊山歌)

- 작자 미상

화란 춘성(花欄春城)하고 만화방창(萬化方暢)이라. 때 좋다 벗님
상투적인 한문투 (상층 문학을 모방함)
네야, 산천경개(山川景槪)를 구경을 가세. ▶ 서사: 봄의 경치 권유

죽장망혜(竹杖芒鞋) 단표자(單瓢子)로 천리강산을 들어를 가니,
간편한 차림 (대나무 지팡이와 짚신, 표주박)
만산 홍록(滿山紅綠)들은 일 년 일도(一年一度) 다시 피어 춘색(春色)을 자랑노라 색색이 붉었는데, 창송 취죽(蒼松翠竹)은 창창울울(蒼蒼鬱鬱)한데, 기화요초(琪花瑤草) 난만 중(爛漫中)에 꽃 속에
푸른 소나무와 푸른 대나무
옥같이 고운 풀이 핀 구슬같이 아름다운 꽃
잠든 나비 자취 없어 날아난다.
유상앵비(柳上鶯飛)는 편편금(片片金)이요, 화간접무(花間蝶舞)
대구법, 은유법
는 분분설(紛紛雪)이라. 삼춘가절(三春佳節)이 좋을씨고. 도화 만발 점점홍(桃花滿發點點紅)이로구나. 어주 축수 애삼춘(漁舟逐水愛三春)이어든 무릉도원(武陵桃源)이 예 아니냐. 양류 세지 사사록(楊柳細枝絲絲綠)하니 황산 곡리 당춘절(黃山谷裏當春節)에 연명 오류(淵明五柳)가 예 아니냐.
도연명이 은거 후 버드나무를 심고 자신을 어류 선생이라 칭함
제비는 물을 차고, 기러기 무리져서 거지중천(居之中天)에 높이 떠서 두 나래 훨씬 펴고, 펄펄펄 백운간(白雲間)에 높이 떠서 천리 강산 머나먼 길을 어이 갈꼬 슬피 운다.
전체 정서와 어울리지 않는 상투적인 표현
원산(遠山)은 첩첩(疊疊), 태산(泰山)은 주춤하여, 기암(奇巖)은 층층(層層), 장송(長松)은 낙락(落落), 에이 구부러져 광풍(狂風)에 흥을 겨워 우줄우줄 춤을 춘다.
실감나는 묘사
『 』: 순우리말로 만들어진 의성어와 의태어 사용, 생동감 있는 묘사, 우리말의 묘미 ↑
층암 절벽상(層岩絕壁上)의 폭포수(瀑布水)는 콸콸, 수정렴(水晶簾) 드리운듯, 이 골 물이 주루루룩, 저 골 물이 쌀쌀, 열에 열 골 물이 한데 합수(合水)하여 천방져 지방져 소쿠라지고 펑퍼져, 넌출지고 방울져, 저 건너 병풍석(屛風石)으로 으르렁 콸콸 흐르는 물결이 은옥(銀玉)같이 흩어지니, 소부 허유(巢父許由) 문답하던 기
원관념: 폭포
'천방지방'이 변형된 말 (천방지방: 너무 급하여 함부로 날뛰는 모양)
산 영수(箕山潁水)가 예 아니냐.
주곡제금(奏穀啼禽)은 천고절(千古節)이요, 적다정조(積多鼎鳥)
대구법
는 일년풍(一年豊)이라. ▶ 본사: 찬란한 봄의 경치 완상

일출 낙조(日出落照)가 눈앞에 벌여나 경개 무궁(景槪無窮) 좋을씨고. ▶ 결사: 무궁한 경개 예찬

현대어 풀이

봄이 오자 성안에 꽃이 만발하여 화려하고, 따뜻한 봄날에 만물은 바야흐로 한창 기를 펴고 자라난다. 때가 좋구나. 친구들아 산천경치를 구경가세.

대나무 지팡이에 짚신을 신고 표주박 하나를 들고 머나먼 강산에 들어가니, 온 산에 가득한 붉은 꽃과 푸른 초목은 일 년에 한 번씩 다시 피어 봄빛을 자랑하느라 색색이 붉어 있는데, 푸른 소나무와 푸른 대나무는 울창하고, 아름다운 꽃과 풀은 화려한 가운데, 꽃 속에서 자던 나비는 사뿐하게 날아오른다.

버드나무 위에서 나는 꾀꼬리는 여러 개의 금조각이 같이 아름답고, 꽃 사이에서 춤추는 나비들은 날리는 눈송이같구나. 아름다운 이 봄이 참으로 좋구나. 복숭아꽃이 만발하여 꽃송이마다 붉었구나. 고깃배를 타고 물을 따라 올라가서 산속의 봄 경치를 사랑하게 되니, 무릉도원이 여기가 아니냐. 버드나무의 가는 가지는 수많은 실을 늘여 놓은 것같이 가닥가닥이 푸르니, 황산의 골짜기에 봄을 만난 도연명의 오류촌이 여기가 아니냐.

제비는 물을 차고, 기러기는 무리를 지어 허공에 높이 떠 두 날개를 활짝 펴고, 펄펄펄 흰구름 사이에 높이 떠서 천 리나 되는 머나먼 강산을 어떻게 갈까 슬프게 운다.

먼 산은 겹겹으로 펼쳐지고, 높은 산은 멈칫하듯 우뚝 솟아 있는데, 기이한 바위는 층층이 쌓이고, 큰 소나무는 가지가 치렁치렁 늘어져 허리가 구부러진 채, 미친 듯 사나운 바람에 흥에 겨워 우쭐우쭐 춤을 춘다.

층층인 바위 절벽 위에 폭포수는 수정으로 만든 발을 드리워 놓은 듯 이 골짜기의 물이 주루루룩, 저 골짜기의 물이 쌀쌀 소리내며, 많은 골짜기의 물이 한 곳에 합쳐서 방향을 잡지 못하고 솟쳤다가는 내려 앉아 편편하게 흐르며, 넝쿨과 같은 긴 물줄기를 이루기도 하고, 물방울을 이루기도 하며, 건너 병풍처럼 둘러친 석벽으로 으르렁 콸콸 흐르는 물결이 하얗게 물보라를 이루며 흩어지니, 옛날 은자들이었던 소부와 허유가 서로 말을 주고받던, 별천지인 기산의 영수가 여기가 아니냐?

주걱새 울음은 천고의 절개를 노래하고, 쩍새 울음소리는 한 해의 풍년을 알리는 구나.

아침에 뜬 해가 벌써 저녁놀이 되어 눈앞에 펼쳐져 경치가 끝이 없으니 좋구나.

◆ 소부 허유

소부와 허유는 중국 기산의 은자로, 요임금이 허유에게 임금의 자리를 넘겨주려고 하자 허유는 더러운 말을 들었다고 하여 영수에서 귀를 씻었다. 소를 끌고 온 소부는 이를 보고 영수의 물을 소에게 먹이지 않았다고 한다.

◆ 핵심정리

갈래	잡가
성격	서경적, 향락적, 유흥적, 영탄적
주제	봄의 아름다운 경치 완상(玩賞)과 감흥
특징	- 의태어와 의성어를 빈번히 사용하여 생동감을 부여함 - 가창되는 특성을 고려하여 일정한 운율로 전개됨 - 대구법, 열거법, 비유법 등 다양한 표현 방법을 활용함 - 조선 후기에 유행한 잡가 중 대표작

병태 요정의 ADVICE

이 작품은 잡가의 대표적인 작품으로, 자유분방한 언어 구사를 통해 봄을 맞이한 유흥과 감흥을 표현한 노래입니다. 4·4조의 운율이 주를 이루고 있으나 파격이 많이 이루어지고 있다는 점에서 가사 성격의 잡가라고 할 수 있습니다. 의성어와 의태어의 활용, 대구와 열거의 방법 등 다양한 표현 기교를 활용하여 봄의 아름다운 정취를 생동감 있게 묘사하고 있습니다.

민요 01 시집살이 노래
― 작자 미상

a-a-b-a 구조
형님 온다 형님 온다 분(粉)고개로 형님 온다.
　시집갔던 사촌 언니
형님 마중 누가 갈까 형님 동생 내가 가지.
　　　　　　　　　　　형님의 이야기를 이끌어 내는 사촌 동생
형님 형님 사촌 형님 시집살이 어떱뎁까?
사촌 동생의 질문
　　　　　　　　　▶ 시집살이에 대한 사촌 동생의 호기심

이애 이애 그 말 마라 시집살이 개집살이.
　　　　　　　　　　　언어유희 (시집살이의 어려움을 표현)
앞밭에는 당추(唐椒) 심고 뒷밭에는 고추 심어,
　　　　　　　고추 (동어 반복을 피하고 운율을 살림)
고추 당추 맵다 해도 시집살이 더 맵더라.

「둥글둥글 수박 식기(食器) 밥 담기도 어렵더라.
도리도리 도리 소반(小盤) 수저 놓기 더 어렵더라.
『 』: 상 차림의 어려움
오 리(五里) 물을 길어다가 십 리(十里) 방아 찧어다가,
아홉 솥에 불을 때고 열두 방에 자리 걷고,
『 』: 육체적인 어려움
외나무다리 어렵대야 시아버지같이 어려우랴?
나뭇잎이 푸르대야 시어머니보다 더 푸르랴?
『 』: 시부모를 모시는 어려움
시아버니 호랑새요 시어머니 꾸중새요,
　　　　무서움　　　　*꾸중을 잘함*
동세 하나 할림새요 시누 하나 뾰족새요,
　　　　고자질을 잘함　　*화를 잘 냄*
시아지비 뾰중새요 남편 하나 미련새요,
　　　　퉁명스러움　　*어리석고 둔함*
자식 하난 우는 새요 나 하나만 썩는 샐세.
　　　　　　　　　　　속이 썩는 화자
귀 먹어서 삼 년이요 눈 어두워 삼 년이요,
말 못 해서 삼 년이요 석 삼 년을 살고 나니,
9년, 고된 시집살이를 참고 견딤
배꽃 같던 요내 얼굴 호박꽃이 다 되었네.
┌ 삼단 같던 요내 머리 비사리춤이 다 되었네.
대조 백옥 같던 요내 손길 오리발이 다 되었네.
└ *결혼 전 고왔던 모습과 결혼 후 초라해진 모습 대조*
열새 무명 반물 치마 눈물 씻기 다 젖었네.
두 폭 붙이 행주치마 콧물 받기 다 젖었네.
　　　　　　　　　　　▶ 시집살이의 고충

울었던가 말았던가 베갯머리 소(沼) 이겼네.
　　　　　　　　　　과장법
그것도 소이라고 거위 한 쌍 오리 한 쌍
　　　　　　　　원관념: 자식들
쌍쌍이 때 들어오네.
　　때를 맞추어 오다, 떼를 지어 오다
　　　　　　　　　▶ 해학적인 체념

◆ 핵심정리

갈래	민요(民謠), 부요(婦謠)
성격	여성적, 서민적, 풍자적, 해학적
주제	시집살이의 한(恨)과 체념
특징	- 언어유희와 비유로 해학성을 유발함 - 물음과 대답으로 이루어진 대화 형식으로 구성됨 - 유사 어구와 동일 어구의 반복으로 리듬감을 형성함 - 대구, 대조, 열거 등의 표현법을 활용함 - 서민들의 소박한 삶의 애환이 드러남

◆ 내방 가사와 시집살이 노래

		내방 가사	시집살이 노래
공통점		봉건 사회와 남성 중심 가부장 사회에서 여성이 겪는 불행을 여성 자신이 표현	
차이점	향유 계층	사대부 계층의 부녀자들	평민층의 부녀자들
	시적 화자	도덕적으로 자신의 감정을 억제하고 통제하는 인고의 여인	자신의 감정을 시원스럽게 말하는 진솔하고 소박한 여인
	내용	눈물과 한숨으로 부당한 속박을 참고 견디는 규방 생활을 표현 (허난설헌의 '규원가')	부당한 속박에 대한 불만을 해학적이고 체념적으로 표현

병태 요정의 ADVICE

　이 노래는 봉건적 가족 관계 속에서 겪는 여성의 어려움과 괴로움을 소박하고 간결한 언어로 표현한 민요입니다. 대화의 형태로 구성되어 있는 이 노래에는 대구와 대조, 반복과 열거 등 다양한 표현 방법이 사용되고 있습니다. 또한 4음보 형태의 율격을 갖추고 있어 안정되고 균형 잡혀 있어서 민요에 매우 적합한 형태를 이루고 있습니다.

　이 노래는 평범한 일상어를 사용하면서도 언어 표현의 묘미를 잘 살렸으며, 짙은 한(恨)을 표현하면서도 해학적으로 풀어 내는 높은 문학성을 지니고 있는 작품입니다. 특히 여러 시댁 식구와 자기 자신을 새에, 자식들을 오리와 거위에 비유하여 해학적으로 표현한 것이 특징입니다.

민요 02	베틀 노래
	2019 소방직

- 작자 미상

기심 매러 갈 적에는 갈뽕을 따 가지고
대구법 / 김, 논밭에 난 잡풀
기심 매고 올 적에는 올뽕을 따 가지고
발음의 유사성을 이용한 언어유희

▶ 누에를 치기 위해 뽕잎을 땀

삼간방에 누어 놓고 청실 홍실 뽑아 내서
세 칸 방   누에
『강릉 가서 날아다가 서울 가서 매어다가
     베틀에 날실을 걸어다가   날실에 풀을 먹이고 고루 다듬어 말리어 감아다가
하늘에다 베틀 놓고 구름 속에 이매 걸어
『 』: 화자의 상상력이 드러남(과장법), 자신을 직녀에 비유함
함경나무 바디집에 오리나무 북게다가
짜궁짜궁 짜아 내어 가지잎과 몹거워라.
의성어 (베 짜는 소리)

▶ 실을 뽑아서 베를 짬

배꽃같이 바래워서 참외같이 올 짓고
         직유법
『외씨 같은 보선 지어 오빠님께 드리고
 오이씨   버선
겹옷 짓고 솜옷 지어 우리 부모 드리겠네.
『 』: 화자의 가족애가 드러남(유교적), 대구법

▶ 가족에게 옷을 지어 줌

2019 소방직

Q. 이 작품에 대한 설명으로 적절하지 않은 것은?

① 노동 현실에 대한 한과 비판이 드러나 있다.
② 대구법과 직유법 등의 표현 기법을 사용하고 있다.
③ 4·4조의 운율과 언어유희로 리듬감을 형성하고 있다.
④ 화자의 상상력을 바탕으로 과장되게 표현한 부분이 나타나 있다.

◆ 핵심정리

갈래	민요(民謠), 노동요(勞動謠), 부요(婦謠)
성격	여성적, 낙천적, 유교적, 낭만적
주제	- 베를 짜는 과정에서 느끼는 낭만적 여유와 가족애 - 베 짜는 여인의 흥과 멋
특징	- 4·4조의 운율, 언어유희, 반복법 사용으로 리듬감을 형성함. - 뽕잎을 따서 옷을 짓기까지의 과정을 시간적 순서에 의한 추보식으로 구성함. - 세련되고 우아한 어투를 구사함. - 힘든 노동의 상황에도 자신을 선녀로 표현하는 낭만적 여유를 지니고, 가족애를 잃지 않음. - 근면한 삶의 태도가 드러남.

병태 요정의 ADVICE

이 노래는 강원도 통천 지방에 전해지는 민요로서, 부녀자들이 베 짜기의 고달픔과 지루함을 덜기 위해 부르던 4·4조, 4음보 연속체의 노동요입니다. 뽕을 따다 누에를 치는 것으로부터 누에고치에서 실을 뽑아 비단을 짜서 가족들의 옷을 지어 주는 데까지의 과정을 시간 순서에 따라 서사적으로 노래하고 있습니다.

유교적 성향을 지닌 화자의 우애(友愛)와 효친(孝親)의 정서가 두드러지며 우리말을 이용하여 베의 여러 부분의 생김새와 베 놓는 과정, 그리고 베를 짜는 모습을 실감나게 표현하고 있습니다. 또한 세련되고 우아한 표현과 재치 있는 언어유희가 돋보입니다.

특히 '하늘에다 베틀 놓고 구름 속에 이매 걸어'에는 자신이 베를 짜는 선녀라고 상상하여 힘듦과 지루함을 덜어 보려는 낭만적인 환상이 나타나는데, 이를 통하여 힘들고 억눌린 생활 속에서도 낭만과 여유를 잃지 않았던 옛 여인들의 낙천적인 삶의 태도를 파악할 수 있습니다.

정답 ①

MEMO

시대별 고전 소설 주제별 주요 작품

상고 시대

설화 01 단군 신화(壇君神話) - 작자 미상
2017 경찰직 2차

"고기(古記)"에는 이렇게 전한다.
① 옛 기록, ② 단군의 사적을 기록한 문헌 → 출전을 제시하여 사실성 획득

옛날에 환인(桓因) — 제석(帝釋)을 이른다. — 의 서자(庶子)
『 』: 하늘 숭배 사상 (지배자가 하늘에서 왔음)

환웅(桓雄)이 항상 천하에 뜻을 두고 세상을 몹시 바랐다. 아버지가 아들의 뜻을 알고, 삼위 태백(三危太伯)을 내려다보니, 인간 세계를 널리 이롭게 할 만했다.
홍익인간(弘益人間): 우리 민족의 건국 이념, 인간 중심적 사고

이에 천부인(天符印) 세 개를 주어 인간의 세계를 다스리게 했다.
하늘의 위력과 영험함을 표상하는 신물 (방울, 칼, 거울)

환웅은 무리 3천 명을 거느리고 태백산 — 지금의 묘향산 — 꼭대기의 신단수(神壇樹) 아래로 내려왔다. 이곳을 신시(神市)라 불렀다.
제사를 올리는 제단에 있는 나무

이분을 환웅 천왕(桓雄天王)이라 한다. 그는 풍백(風伯)·우사(雨師)·운사(雲師)를 거느리고, 곡식·수명·질병·형벌·선악 등
바람, 비, 구름을 주관하는 존재, 농경 중심의 사회였음을 보여줌

을 주관하고, 모든 인간의 삼백예순여 가지 일을 주관하여 인간 세계를 다스리고 교화(敎化)했다.

이때, 곰 한 마리와 범 한 마리가 같은 동굴에서 살고 있었는데,
곰 숭배 부족   호랑이 숭배 부족   통과 제의, 재생을 위한 제의적 공간

그들은 항상 신웅(神雄)에게 사람이 되기를 빌었다. 이때, 신이 신령한 쑥 한 심지와 마늘 스무 개를 주면서 말했다.
주술적 의미를 지니는 소재

"너희들이 이것을 먹고 백 일 동안 햇빛을 보지 않으면 곧 사람
소망을 이루기 위해 거쳐야 하는 통과 의례

이 될 것이다."

곰과 범이 이것을 받아서 먹고 조심한 지 삼칠일(21일) 만에 곰은 여자의 몸이 되었으나, 범은 조심을 잘못해서 사람이 되지 못했
세력 다툼에서 곰을 숭배하는 부족이 승리

다. 웅녀(熊女)는 혼인할 상대가 없었으므로 항상 단수(壇樹) 밑에
부족 내 혼인이 금지였음을 알 수 있음

서 아이 배기를 축원했다.

환웅이 이에 임시로 변하여 그녀와 혼인했더니 이내 잉태해서
① 신과 인간의 결합, ② 천상과 지상의 결합, ③ 이주족과 토착 부족의 결합

아들을 낳았다. 이름을 단군왕검(壇君王儉)이라 하였다.

단군왕검은 중국 요 임금이 즉위한 지 50년인 경인년(庚寅年) — 요(堯)가 즉위한 원년(元年)은 무진년(戊辰年)이니 50년은 정사(丁巳)이지, 경인(庚寅)이 아니다. 이것이 사실이 아닌지 의심스럽다. — 에 평양성(平壤城) — 지금의 서경(西京) — 에 도읍하고 비로소 조선(朝鮮)이라고 불렀다. 또 도읍을 백악산(白岳山) 아사달(阿斯達)로 옮기니 그곳을 궁홀산(弓忽山) — 일명 방홀산(方忽山) — 이라고도 하고 금미달(今彌達)이라고도 한다. 그는 1천 5백
비현실적, 신성성 강조

년 동안 여기에서 나라를 다스렸다. 주(周)나라 호왕(虎王)이 즉위한 기묘년(己卯年)에 기자(箕子)를 조선(朝鮮)에 봉하니, 단군은 장당경(藏唐京)으로 옮겼다가 뒤에 돌아와서 아사달(阿斯達)에
신화의 전형적인 종결 방식, 단군의 신성성을 더함, 신성화를 통한 민족적 자부심 획득

숨어서 산신(山神)이 되니, 나이는 1천 9백 8세였다고 한다.

2017 경찰직 2차

Q. 〈단군 신화〉에 대한 설명 중 가장 적절하지 않은 것은?
① 홍익인간이라는 건국 이념을 찾을 수 있다.
② 이 신화를 통해 우리 신화의 원형과 당시 사회의 성격을 살펴볼 수 있다.
③ 이 신화는 우리 민족이 세운 최초의 국가인 고조선의 천지 창조 신화이다.
④ 환웅과 웅녀가 결합하여 시조인 단군이 탄생하였다는 점에서 우리나라가 천손에 의해 건국되었음을 밝히고 있다.

◆ 핵심정리

갈래	건국 신화
성격	신화적, 서사적, 민족적
제재	단군의 탄생과 고조선의 건국
주제	홍익인간의 이념과 단일 민족의 역사성
특징	- '환인 – 환웅 – 단군'의 삼대기적 구성 - 천손 하강형(天孫下降型), 천부 지모형(天父 地母型)의 화소로 천손의 자손이라는 민족의 자부심 고취 - 홍익인간의 건국 이념 제시 - 편집자적 논평이 곳곳에 쓰임 - 출전을 밝혀 이야기의 사실성을 증명함

◆ 삼대기적 구성

제1대	환인	천상적 존재로서 아들 환웅의 큰 뜻을 헤아리고 세상을 다스리게 함
제2대	환웅의 하강과 웅녀와의 혼인	- 환웅은 천상과 지상을 매개하는 존재로 환웅이 내려온 땅은 하늘이 선택한 땅임을 드러냄 - 인간이 되기를 희구한 곰의 인간으로의 변화는 신화의 인본주의적 성격을 보여 주며, 환웅과 웅녀의 혼인을 통해 신과 인간의 결합이라는 상징성을 드러냄
제3대	단군의 탄생	단군은 천상계(환웅)와 지상계(웅녀)의 결합으로 탄생했다는 점에서 신성성을 드러냄
	고조선의 건국	건국 신화의 면모를 보여 주는 부분으로, 신화에 주로 나타나는 투쟁적 요소가 없는 점이 특징임

◆ 소재의 상징성

소재	상징적 의미
천부인	환웅이 신성한 권능을 지닌 제사장의 성격을 지녔음을 의미함
신단수	천상계와 지상계의 매개 지점
풍백, 우사, 운사	당시가 농경 사회였음을 암시함
쑥과 마늘	인간이 되기 위한 통과 제의의 동물의 성질을 없앰
곰과 범	곰과 범을 숭배하는 각 부족의 토템

정답 ③

설화 02 주몽 신화
— 작자 미상
2020 지방직 9급, 2016 지방직 9급

금와는 그때 한 여자를 태백산 남쪽 우발수에서 만났는데, 그녀가 이렇게 말했다.

"㉠ 하백의 딸 유화입니다. 동생들과 놀러 나왔을 때 한 남자가 나타나 자신이 천제의 아들 해모수라고 하며 웅신산 아래 압록강 가에 있는 집으로 유인하여 사통하였습니다. 그러고는 저를 떠나가서 돌아오지 않았습니다. 부모는 제가 중매도 없이 다른 사람을 따라간 것을 꾸짖어 이곳으로 귀양을 보내 살도록 했습니다."

㉡ 금와가 괴이하게 여겨 유화를 방 안에 남몰래 가두어 두었더니, 햇빛이 비추었다. 그녀가 피하자 햇빛이 따라와 또 비추었다. 이로 인해 임신하여 알을 하나 낳았는데, 크기가 다섯 되쯤 되었다. …〈중략〉… 금와에게는 아들이 일곱 있었는데, 항상 주몽과 함께 놀았다. 그러나 그들의 기예가 주몽에게 미치지 못하자 ㉢ 맏아들 대소가 말했다. "주몽은 사람에게서 태어난 것이 아니니 일찍이 도모하지 않으면 후환이 있을 것입니다." 왕은 듣지 않고 주몽에게 말을 기르도록 했다. 주몽은 준마를 알아보고 먹이를 조금씩 주어 마르게 하고, 늙고 병든 말은 잘 먹여 살찌게 했다. 왕은 살찐 말은 자기가 타고 주몽에게는 마른 말을 주었다.

왕의 아들들과 여러 신하들이 함께 주몽을 해치려 하자, 그 사실을 알게 된 주몽의 어머니가 아들에게 말했다. "나라 사람들이 너를 해치려고 하는데, 너의 재략이라면 어디 간들 살지 못하겠느냐? 빨리 떠나거라." 그래서 주몽은 오이 등 세 사람과 벗을 삼아 떠나 개사수에 이르렀으나 건널 배가 없었다. ㉣ 추격하는 병사들이 문득 닥칠까 두려워서 이에 채찍으로 하늘을 가리키며 빌었다. "나는 천제의 손자이고, 하백의 외손이다. 황천 후토(皇天后土)는 나를 불쌍히 여겨 급히 주교(舟橋)를 내려 주소서." 하고 활로 물을 쳤다. 그러자 물고기와 자라가 다리를 만들어 주어 강을 건너게 했다.

그러고는 다리를 풀어 버렸으므로 뒤쫓던 기병은 건너지 못했다.

2016년 지방직 9급

Q. 다음 글의 ㉠~㉣에 대한 설명으로 적절하지 않은 것은?
① ㉠ : '유화'가 귀양에 처해진 이유를 알 수 있다.
② ㉡ : '유화'가 임신을 하게 된 이유를 알 수 있다.
③ ㉢ : '주몽'이 준마를 얻기 위해 '대소'와 모의했음을 알 수 있다.
④ ㉣ : '주몽'이 강을 건너가기 위해 '신'과 교통했음을 알 수 있다.

◆ 핵심정리

갈래	건국 신화
성격	신화적, 서사적, 영웅적
제재	주몽과 고구려의 건국 경위
주제	주몽의 일생과 고구려의 건국
특징	– 난생(卵生) 화소와 천손 하강형(天孫下降型), 천부 지모형(天父地母型) 화소가 결합됨. – '탄생-기아-구출-시련-극복'의 영웅 일대기적 구성으로 이루어짐. – 영웅 서사 문학의 기본 틀을 갖추어 후대 문학에 영향을 줌.

◆ 영웅 서사 구조

영웅 소설 특징	주몽 신화
고귀한 혈통	천제의 아들인 해모수와 하백의 딸인 유화 사이에서 태어남.
비정상적 출생	유화가 햇빛을 통하여 주몽을 임신하고 알을 낳음.
유년기의 위기	주몽이 알의 형태로 태어나자 금와가 버리게 함.
구출·양육	알을 버리니 짐승들이 보살펴 줌.
탁월한 능력	주몽의 외모가 훌륭하고 활을 잘 씀.
성장 후의 위기	– 금와왕의 아들들이 주몽을 죽이려 함. – 주몽이 배가 없어 길이 막힘.
고난 극복과 승리	– 물고기와 자라가 다리를 놓아 줌. – 부여에서 탈출에 성공하고, 고구려를 건국함.

2020 지방직 9급

Q. 밑줄 친 부분에서 행위의 주체가 같은 것으로만 묶은 것은?

금와왕이 이상히 여겨 유화를 방 안에 가두어 두었더니 햇빛이 방 안을 비추는데 ㉠ 몸을 피하면 다시 쫓아와서 비추었다. 이로 해서 태기가 있어 알[卵] 하나를 낳으니, 크기가 닷 되들이만 했다. 왕이 그것을 버려서 개와 돼지에게 주게 했으나 모두 먹지 않았다. 다시 길에 ㉡ 내다 버리게 했더니 소와 말이 피해서 가고 들에 내다 버리니 새와 짐승들이 덮어 주었다. 왕이 쪼개 보려 했으나 아무리 해도 쪼개지지 않아 그 어미에게 돌려주었다. 어미가 이 알을 천으로 싸서 따뜻한 곳에 놓아두었더니 한 아이가 ㉢ 껍질을 깨고 나왔는데, 골격과 외모가 영특하고 기이했다.

겨우 일곱 살이 되었을 때, 이미 기골이 뛰어나서 범인(凡人)과 달랐다. 스스로 활과 화살을 만들어 쏘았는데 백발백중이었다. 나라 풍속에 ㉣ 활 잘 쏘는 사람을 주몽이라고 하므로 그 아이를 '주몽'이라 했다.

금와왕에게는 일곱 아들이 있어 항상 주몽과 함께 놀았는데, 재주가 주몽을 따르지 못했다. 맏아들 대소가 왕에게 말했다.

"주몽은 사람의 자식이 아닙니다. 일찍 ㉤ 없애지 않는다면 후환이 있을까 두렵습니다." 왕이 듣지 않고 주몽을 시켜 말을 기르게 하니 주몽은 좋은 말을 알아보고 적게 먹여서 여위게 기르고, 둔한 말을 ㉥ 잘 먹여서 살찌게 했다.

① ㉠, ㉡   ② ㉡, ㉣   ③ ㉢, ㉥   ④ ㉣, ㉤

신화의 줄거리

주몽은 하늘의 신(神)인 해모수를 아버지로, 물의 신인 하백의 딸을 어머니로 하여 알로 태어난다. 어머니를 돌보던 부여 왕조의 금와왕은 상서롭지 않다고 생각하여 알을 버리려 하나 없앨 수 없게 되자 도로 알을 돌려준다. 얼마 후, 알에서 한 아이가 태어났는데 그 아기는 매우 출중하고, 특히 활을 잘 쏘아, '주몽'이라 불리게 되었다. 금와왕의 일곱 아들이 그의 재주를 시기하여 죽이려 하자, 이를 안 주몽의 어머니는 계략을 써 주몽이 기르던 말 중 가장 좋은 말을 타고 도망가게 한다. 강에 이르러 그들의 추격이 급박해지자 주몽은 하늘을 향해 자신이 하늘과 강의 신(神)의 자손임을 말하며 도움을 청한다. 이에 자라와 고기가 무사히 달아나도록 돕는다. 드디어 주몽은 남쪽 졸본에 이르러 고구려를 세우게 된다.

정답 ③, ③

수필 01 토황소격문
- 최치원
2016년 국가직 9급

대개 사람은 스스로 자신의 잘못을 깨닫는다. 지난번 우리 조정에서는 부끄러움을 무릅쓰고 너를 달래기 위하여 지방의 요직에 임명한 일이 있었다. 그런데도 너는 만족할 줄 모르고 오히려 못된 독기를 발산하여 가는 곳마다 사람을 죽이고 군주를 욕되게 하여, 결국 황제의 덕화(德化)를 배신하고 말았다.　▶ 황소의 죄상 고발
덕으로 교화함

『도덕경』에 이르기를, "갑자기 부는 회오리바람은 한나절을 지탱하지 못하고, 쏟아지는 폭우는 하루를 계속하지 못한다." 하였다. *=폭우, 황소 (세력이 오래 가지 않음)*
천지에 갑작스럽게 일어난 변화도 이와 같이 오래 가지 못하는 법인데 하물며 사람의 일이야 말할 나위가 있겠는가?
설의법, 유추의 방법을 통한 논지 강조
▶ 황소가 패망할 수밖에 없는 이유

지금 너의 흉포함이 쌓이고 쌓여 온 천지에 가득 찼다. 그러나 이러한 위험 속에서 스스로 안주하고 반성할 줄 모르니, 이는 마
황소의 태도
치 제비가 불이 붙은 초막 위에 집을 지어 놓고 만족해하는 것과 같고, 물고기가 솥 안에서 즐거워하며 헤엄치는 것과 같다. 눈앞에 닥친 삶을 즐겨 죽을 운명을 생각지 못하고 말이다.
제비=물고기=황소 : 죽을 운명을 생각하지 못하는 어리석은 존재
▶ 황소의 어리석음을 꾸짖음

나는 지금 현명하고 신기로운 계획으로 온 나라의 군대를 규합
황소에 대한 위협
하니 용맹스러운 장수가 구름처럼 모여들고, 죽음을 가벼이 여기는 용사들이 소나기처럼 몰려온다. 진격하는 깃대를 높이 세워 남쪽 초(楚)나라에서 불어오는 바람을 잠재우고, 전함과 누선을 띄
배 안에 이 층으로 집을 지은 배로 주로 해전에 쓰임
워 오(吳)나라 강의 풍랑을 막으려고 한다. ▶ 토벌군의 막강한 위력을 알림

2014년 국가직 9급

Q. 다음 글의 서술 방식으로 적절하지 않은 것은?

① 단호한 어조로 상대의 오만함을 지적하고 있다.
② 역사적 사례를 들어 상대의 미묘한 심리를 언급하고 있다.
③ 상대가 행한 일을 나열하며 부당한 처사였음을 지적하고 있다.
④ 상대가 처한 상황을 비유적으로 표현하며 반성을 촉구하고 있다.

◆ 핵심정리

갈래	격문
성격	비판적, 설득적, 위협적
제재	황소의 반란
주제	황소의 죄상을 폭로하고 항복을 회유
특징	- 협박과 회유의 방법을 사용하여 상대를 효과적으로 설득함. - 문학이 발휘하는 현실적인 힘을 잘 보여 줌. - 중국 문학과 한국 문학의 교섭 관계를 파악할 수 있는 좋은 자료임.

◆ 격문이란?

널리 세상 사람들을 선동하거나 의분을 고취하기 위해 쓰는 글로, 격서 또는 격이라고도 한다. 주로 여러 사람에게 급하게 알려야 할 내용이 있거나, 특별한 일로 군병을 모집해야 할 경우, 적군을 타이르거나 꾸짖기 위한 상황에서 발표하는 글이다.

◆ 황소의 난

중국 당나라 말기에 일어난 농민 반란이다. 기근과 수탈로 사회적 불안이 높아지자 왕선지가 난을 일으켰고 황소는 이에 호응, 유민들을 규합해 큰 세력을 형성하고 관헌·부호에 대한 약탈을 감행하였다. 이후 황소는 국호를 대제(大齊)라 칭하고 제위에 올랐으나 무력으로 진압되었다.

병태 요정의 ADVICE

이 글은 '황소의 난'이 일어나자 최치원이 황소에게 보내기 위해 지은 격문입니다. 황소가 이 격문을 읽고 말에서 굴러떨어졌다는 일화가 유명합니다. 황소의 마음을 돌리기 위해 위협과 회유를 절묘하게 섞어 효과적으로 설득하는 글입니다. 글쓴이는 황소의 죄상을 고발하고 있는데, 유추의 방법을 통해, 황소가 패망할 수밖에 없음을 말하고 있습니다. 또한 다양한 비유적 표현으로 황소의 어리석음을 꾸짖으면서, 황소에 대한 위협도 드러내고 있습니다.

중국에서 창작된 한자 표기의 글이지만, 당시 훈민정음이 창제되지 않은 시기였고, 최치원이라는 한국 사람의 경험과 시각을 바탕으로 창작되었다는 점을 고려하여 한국 문학으로 볼 수 있습니다.

정답 ②

고려 시대

가전 01 공방전(孔方傳) — 임춘
2018 지방직 9급, 2015 경찰직 2차

㉠ 공방(孔方)의 자(字)는 관지(貫之)이니, 그 조상이 일찍이 수양산(首陽山)에 숨어 굴속에서 살았기에 세상에 쓰인 적이 없었다. 처음 황제(黃帝) 시절에 조금 쓰이기도 했으나 성질이 굳세어 세상일에 그리 잘 적응하지 못하였다.
_{밝은 둥글고 안에 네모난 구멍이 있는 엽전 / 돈이 보편적으로 사용되지 않음}

임금이 ㉡ 상공(相工: 관상을 보는 사람)을 불러 그를 보이니, 그가 한참 동안 들여다보고 말하기를,

"산과 들처럼 거센 성질이라 쓸 만하지는 못하오나, 만일 폐하가 만물을 조화하는 풀무와 망치 사이에 놓게 하여 때를 긁고 빛을 갈면 그 자질이 마땅히 점점 드러나리이다. ㉢ 왕자(王者)는 무엇이나 쓸모가 있게 하는 분이오니, 원컨대 ㉣ 폐하는 저 단단한 구리와 함께 내버리지 마옵소서."
_{돈을 만드는 과정 / 돈을 유통시키길 권함}

하였다. 이로 말미암아 세상에 그의 이름이 나타났다. 뒤에 난리를 피하여 강가의 숯화로 거리로 이사하여 거기서 눌러살게 되었다.
_{돈이 사용되기 시작함}

▶ 공방의 출현 배경

그의 아버지 천(泉)은 주(周)나라의 재상으로 나라의 세금 매기는 일을 맡았었다. 방의 위인이 밖은 둥글고 안은 모나며, 때에 따라 그에 맞게 변하기를 잘하여 한(漢)나라에서 벼슬하여 홍로경(鴻臚卿)이 되었다. 그때에 오(吳)나라 왕 비(濞)가 교만하고 주제넘어 권세를 도맡아 부렸는데, 방이 그에게 붙어 많은 이익을 얻었다.
_{① 돈의 모양, ② 돈의 이중성(긍정적, 부정적)}

무제(武帝) 때에 천하의 경제가 궁핍하여 나라의 창고가 텅 비었으므로 위에서 걱정하여 방에게 부민후(富民侯)라는 벼슬을 주어 그의 무리 염철승(鹽鐵丞) 근(僅)과 함께 조정에 있었는데, 근이 매양 형님이라 하고 이름을 부르지 않았다. ▶ 공방의 생김새와 정계 진출
_{공방을 존경함}

방의 성질이 욕심 많고 더러워 염치가 없었는데, 이제 재물과 씀씀이를 도맡게 되니 본전과 이자의 경중을 저울질하기 좋아하였다. 나라를 편하게 하는 것이 반드시 질그릇이나 쇠그릇을 만드는 생산의 기술에만 있는 것이 아니라고 하면서 백성과 더불어 사소한 이익조차도 다투었다.
_{돈에 대한 욕심을 부리는 사람에 대한 비판 / 돈으로 인한 폐해}

그런가 하면 물건값을 낮추어 곡식을 천하게 만드는 대신 돈을 중하게 만들어 백성으로 하여금 근본인 농사를 버리고 끄트머리인 장사를 좇게 하여 농사를 방해했다. 임금께 아뢰는 사람들이 많이 상소하여 논했으나 위에서 듣지 않았다. 〈중략〉 ▶ 공방의 품성과 폐해
_{돈으로 인한 폐해 (생산을 방해), 돈에 대한 글쓴이의 부정적인 인식이 드러남}

사신(史臣)이 말하기를,
_{글쓴이의 의견을 대변하는 인물, 가전의 특징 (사신의 평이 붙음)}

"남의 신하가 되어 두 마음을 품고 큰 이익을 좇는 자를 어찌 충성된 신하라 이르겠는가. 방이 올바른 법과 좋은 주인을 만나 정신을 모으고 마음을 도사려 정녕(丁寧)한 약속을 손에 잡아 그다지 적지 않은 사랑을 받았으니, 마땅히 일으키고 해를 덜어 그 은우(恩遇)를 갚을 것이거늘, 비(濞)를 도와 권세를 도맡아 부리고 이에 사사로운 당(黨)을 세웠으니, 충신은 경외(境外)의 사귐이 없다는 것에 어그러진 자이다."
_{돈의 폐해: 사사로운 이익만 좇음 / 돈에 대한 부정적인 인식 / 돈의 폐해: 권세를 도맡아 부림}

하였다. ▶ 공방에 대한 사신의 평가

2018 지방직 9급
Q. ㉠~㉣에 대한 설명으로 적절하지 않은 것은?
① ㉠은 ㉡의 결정에 의해 세상에 이름이 드러나게 되었다.
② ㉡은 ㉠의 단점보다는 앞으로의 발전 가능성에 주목하였다.
③ ㉢은 ㉡에게 자신의 견해를 펼칠 기회를 제공하였다.
④ ㉣은 ㉢의 이상적인 모습을 본받고 있다.

◆ 핵심정리

갈래	가전체(假傳體)
성격	풍자적, 우의적, 교훈적
제재	돈(엽전)
주제	돈(재물)에 대한 인간의 탐욕과 돈을 탐하는 세태에 대한 비판
특징	- 의인화 기법을 활용한 전기적 구성 - '도입–전개–비평'의 구성 - 돈에 대한 작가의 부정적·비판적 성격이 강하게 드러남 - '국순전'과 함께 우리나라 문학상 최초의 가전 작품 - 돈의 문제를 본격적으로 다룬 우리나라 최초의 문학 작품

◆ 구성

도입	공방의 출현 배경과 내력	- 공방의 조상은 황제 때 등용되어 세상에 나옴 - 공방의 아버지 소개(세금에 관한 일을 함)
전개	공방의 외양과 정계 진출	- 공방의 성품과 행적 - 공방에 대한 탄핵과 공방의 죽음 - 공방 제자들의 등용과 폐단으로 인한 세력 감쇠 - 공방 아들의 죽음
비평	공방에 대한 사신의 평가	- 돈을 없애지 않은 후환과 폐단 - 작가의 주장이 드러남

◆ 작가의 비판적 인식

공방의 특징
- 속이 편협하게 모가 나 있음
- 욕심이 많고 비루하고 염치가 없음
- 백성들이 농사짓는 것을 방해함
- 관직을 매매하여 사회의 질서를 해침

↓

작가의 생각
공방의 존재가 사회를 어지럽히므로, 후환을 막으려면 공방을 없애야 함
→ 돈의 폐해에 대한 작가의 비판적 인식 표출

2015 경찰직 2차

Q. 윗글에 대한 설명으로 가장 적절하지 않은 것은?

① 우의(寓意)의 표현 방식을 통해 세상사의 문제를 비판하고 풍자하고 있다.
② 세상을 살아가는 임기응변의 지혜와 부정부패 척결을 일깨워주는 교훈적 성격의 글이다.
③ 사물을 의인화하여 사물의 가계와 생애 및 성품 등을 전기(傳記) 형식으로 기록한 가전체 문학이다.
④ 구체적 사물과 경험을 중시하면서 그것들을 해석한다는 점에서 교술적 성격이 있고 사물과 경험을 어떤 인물의 구체적인 생애로 서술한다는 점에서 서사적 성격도 있다.

◆ '사신(史臣)'의 역할

가전체 작품의 끝 부분에는 사신의 비평이 나오는데, 이것은 소설의 서술자의 개입과 유사하다. 여기서 사신은 사관(史官)의 신분으로 인물의 성품과 행적에 대해서 평가하고 작가의 의식을 대변하는 역할을 한다. '사신이 말하기를~'이라는 표현은 역사 서술에 쓰이는 양식적인 표현으로 "사기"의 '열전'의 형식을 모방한 것이다.

작품의 줄거리

공방의 집안은 수양산에 은거하다가 황제(黃帝) 때 등용되어 세상에 처음으로 나왔고, 공방의 아버지 천은 주나라 재상으로 부세를 장악하였다. 공방은 처세에 능하여 한나라의 홍로경으로 등용되어 오나라 왕 비에게 빌붙어 많은 이익을 보았고, 무제 때에는 부민후를 지냈다. 권력과 부를 가지게 된 공방은 돈을 중시하고 곡식을 천시하여 백성들로 하여금 농업을 버리고 상업에 매달리게 하고, 또 재물을 가진 이라면 누구든지 가까이하는 등 문란한 행위를 하였다. 원제 때 공우가 상소하여 공방은 마침내 조정에서 쫓겨나게 되었으나 교만하여 반성하지 않았다. 진나라 때에는 한때 다시 등용되었으나 대체로 비천하게 여겨졌고, 당나라 때에는 공방의 재주를 이용하여 나라의 씀씀이를 편하게 하고자 하였으나 이미 공방이 죽었으므로 그의 제자들을 등용하였다. 남송 때에는 공방의 제자들이 정사를 도왔으나, 천하가 교란해지므로 축출되어 다시 번성하지 못하였다. 공방의 아들은 부정한 죄가 드러나 욕을 먹고 사형되었다. 이에 사신은 공방은 본분을 잊고 사욕만을 따른 자이므로 그 일당까지 모두 죽여 없애야 된다고 평가하고 있다.

정답 ③, ②

가전 02 국순전(麴醇傳) — 임춘

국순(麴醇)의 자(字)는 자후(子厚)이다. 그 조상은 농서(隴西) 사
 ╰ '술'을 의인화한 말
람이다. 90대조(祖)인 모(牟)가 후직(后稷)을 도와 뭇 백성들을 먹
     ╰ '보리'의 의인화 ╰ 농사를 잘 다스린 주나라의 선조
여 공이 있었다. "시경(詩經)"에,

"내게 밀과 보리를 주다."

한 것이 그것이다. 모(牟)가 처음 숨어 살며 벼슬하지 않고 말하기를,

"나는 반드시 밭을 갈아야 먹으리라."
 ╰ 벼슬을 하지 않고 밭을 가면서 살겠다는 의지의 표현
하며 밭이랑에 살았다. 임금이 그 자손이 있다는 말을 듣고 조서(詔書)를 내려 안거(安車)로 부를 때, 군(郡)과 현(縣)에 명하여 곳마다 후하게 예물을 보내게 하고 신하를 시켜 친히 그 집에 나아가, 드디어 방아와 절구 사이에서 교분을 정하였다. 화광동진(和光同塵)하게 되니, 훈훈하게 찌는 기운이 점점 스며들어서 온자(醞藉)한 맛이 있어 말하기를,
                                              ╰ 발효하는 모습

"나를 이루어 주는 자는 벗이라 하더니, 과연 그 말이 옳다."

하였다. 드디어 맑은 덕(德)으로써 알려지니, 임금이 그 집에 정문(旌門)을 표하였다. 임금을 따라 원구(園丘)에 제사한 공으로 중산후(中山侯)에 봉해졌다. 식읍(食邑)은 일만 호(一萬戶)
                      ╰ 제사에 쓰는 술(제주)로 쓰였음
이고, 식실봉(食實封)은 오천 호(五千戶)이며, 성(姓)은 국씨(麴氏)라 하였다. 5세손이 성왕(成王)을 도와 사직을 제 책임으로 삼아 태평성대를 이루었고, 강왕(康王)이 위(位)에 오르자 점차로
                        ╰ 음주가 성행했음을 의미
박대를 받아 금고(禁錮)에 처해졌다. 그리하여 후세에 나타난 자
 ╰ 금고령이 내려져 술을 못 마시게 됨
가 없고, 모두 민간에 숨어 살게 되었다. ▶ 국순의 선조와 집안 내력
                 ╰ 금주령으로 인한 밀주 출현
위(魏)나라 초기에 이르러 순(醇)의 아비 주(酎)가 세상에 이름
                                      ╰ 독한 술을 의인화한 것
이 알려져서, 상서랑(尙書郞) 서막(徐邈)과 더불어 서로 친하여 그
                       ╰ 위나라의 유명한 애주가
를 조정에 끌어들여 말할 때마다 주(酎)가 입에서 떠나지 않았다.
 ╰ 진한 술을 조정에 가지고 들어가 마셨다는 의미
마침 어떤 사람이 임금께 아뢰기를,

"막이 주와 함께 사사로이 사귀어, 점점 난리의 계단을 키웁니다."

하므로, 임금께서 노하여 막을 불러 힐문(詰問)하였다. 막이 머리를 조아리며 사죄하기를,

"신이 주를 좇는 것은 그가 성인(聖人)의 덕이 있기에 수시로 그 덕을 마셨습니다."

하니, 임금께서 그를 책망하였다.

그 후에 진(晉)이 이어 일어서매, 세상이 어지러울 줄을 알고 다시 벼슬할 뜻이 없어, 유령(劉伶), 완적(阮籍)의 무리들과 함께 죽림

(竹林)에서 노닐며 그 일생을 마쳤다. ▶ 국순의 아버지 주(酎)의 행적 [도입]

순(醇)의 기국(器局)과 도량은 크고 깊었다. 출렁대고 넘실거림
이 만경창파(萬頃蒼波)와 같아 맑게 하여도 맑지 않고, 뒤흔들어
  술잔에 담긴 술의 모습
도 흐리지 않으며, 자못 기운을 사람에게 더해 주었다. 일찍이 섭
         술 기운
법사(葉法師)에게 나아가 온종일 담론할 때, 일좌(一座)가 모두
절도(絕倒)하였다. 드디어 유명하게 되
술에 취하여 몸을 가누지 못하게 됨
었으며, 호(號)를 국 처사(麴處士)라 하였다. 공경(公卿), 대부(大夫),
신선(神仙), 방사(方士)들로부터 머슴, 목동, 오랑캐, 외국 사람에
이르기까지 그 향기로운 이름을 맛보는 자는 모두 그를 흠모하여,
                    사람들이 모두 술을 즐겨 마심
성대(盛大)한 모임이 있을 때마다 순(醇)이 나오지 아니하면 모두
다 추연(愀然)하여 말하기를,

"국 처사가 없으면 즐겁지가 않다."
술이 화기애애한 분위기를 만들어 줌
하였다. 그가 당시 세상에 애중(愛重)됨이 이와 같았다.

태위(太尉) 산도(山濤)가 감식(鑑識)이 있었는데, 일찍이 그를
       중국 진나라의 학자
말하기를,

"어떤 늙은 할미가 요런 갸륵한 아이를 낳았는고. 그러나 천하
                          반어법
의 창생(蒼生)을 그르칠 자는 이놈일 것이다." / 라 하였다.
술의 폐해가 있을 것 암시 (국순이 간신이 될 것임)
                                    ▶ 국순의 성품과 행적 [전개]

〈중략〉

사신(史臣)이 말하기를,
가전체 형식의 전형적인 마무리 방식 (글쓴이가 대상에 대해 논평을 함)
"국씨(麴氏)의 조상이 백성에게 공(功)이 있었고, 청백(淸白)을
            모(牟)
자손에게 끼쳐 창(鬯)이 주(周)나라에 있는 것과 같아 향기로운 덕
(德)이 하느님에까지 이르렀으니, 가히 제 할아버지의 풍이 있다
하겠다. 순(醇)이 설병(挈瓶)의 지혜로 독 들창에서 일어나서, 일찍
금구(金甌)의 뽑힘을 만나 술 단지와 도마에 서서 담론하면서도
옳고 그름을 변론하지 못하고, 왕실(王室)이 미란(迷亂)하여 엎어
                              백성을 먹여 살렸던 국순의 90대조인 모(牟)
져도 붙들지 못하여 마침내 천하의 웃음거리가 되었으니,

산도(山濤)의 말이 족히 믿을 것이 있도다."
국순이 간신이 될 것임을 말한 학자
라고 하였다.   ▶ 국순에 대한 사신의 평가 [논평]

◆ 핵심정리

갈래	가전체(假傳體)
성격	풍자적, 우의적, 교훈적
제재	술(누룩)
주제	간사한 벼슬아치에 대한 풍자
특징	- '도입-전개-비평'의 구성 - 일대기 형식의 순차적 구성 - 의인화 기법을 활용한 전기적 구성 - 현전하는 가전체 문학의 효시 - 이규보의 '국선생전'에 영향을 줌

◆ '국순전'에 나타난 가전체의 3요소

교훈성	인간의 바람직한 처신을 알려 줌	술로 인해 방탕한 사람이 되는 것을 경계하라고 가르침
서사성	인물의 일생을 연대기적으로 서술함	'국순'이라는 가공 인물의 일대기를 서술함
우의성	사물을 의인화하여 표현함	술을 사람처럼 표현하여 현실을 풍자함

◆ 가전체의 작가와 의인화의 효과

고려 후기에 새로 등장한 문인들은 원래 지방 향리 출신으로서 실무 역량에다 문인으로서의 소양까지 갖추어서 중앙 정계로 진출한 신흥 사대부들이거나, 이들과 처지는 다르면서도 여기에 동조한 사람들이다. 구체적인 사물을 의인화해서 표현하는 가전체는 실무 능력과 문학적인 수련을 겸비한 신흥 사대부들의 취향을 잘 보여 주는 역사적 양식이다.

가전체는 주인공이 의인화된 사물이기 때문에 그 가계와 행적을 역사적 사실과 관련짓기 위하여 많은 고사를 끌어와 쓰는 특징이 있다. 또한 역사적 기록과 같이 끝 부분에서 사관의 말을 통하여 강한 비판 의식을 보임으로써 사람들에게 교훈을 주고 경계로 삼게 한다. 고려 후기 무신의 난으로 말미암아 세력을 잃게 된 문인들은 가전체를 통해 그들의 문학적 역량을 과시하면서, 한편으로 불편한 심사를 우회적으로 담아낼 수 있었던 것이다.

작품의 줄거리

주인공 국순의 90대 조상인 모(牟, 보리)는 농사를 맡은 벼슬인 후직(后稷)을 도와 백성들을 먹여 살린 공이 있었다. 모(牟)는 성품이 청렴한 데다 임금을 따라 원구(하늘에 제사 지내는 단)에 종사한 공으로 중산후에 봉해졌고, 국씨(麴氏)라는 성을 받았다. 위나라 초기에 이르러 국순의 아버지 주(酎, 소주)가 출세하여 세상에 이름이 알려졌다가 나라가 어지러워지자 벼슬을 버리고 죽림에서 놀다가 일생을 마쳤다.

국순의 기국과 도량이 크고 깊어 맑게 해도 더 맑지 않고 흔들어도 흐려지지 않았으며, 사람들에게 기운을 더해 주어 뭇 사람들로부터 사랑을 받았다. 군신의 회의나 국가의 중대사에 반드시 국순이 나아감에 따라 마침내 권세를 얻게 되었다. 국순은 임금이 자기로 인하여 정사를 폐하여도 간언하지 않아 미움을 받기도 하고, 돈을 거둬들여 재산을 모으기도 하지만, 임금은 그를 매번 보호하였다. 임금이 국순의 입에서 냄새가 난다고 싫어하자 국순이 관을 벗어 은퇴하고 집에 돌아와 갑자기 병이 들어 하루 만에 죽었다. 사신은 이러한 국순에 대해 천하의 웃음거리가 되었다는 부정적 평가를 내린다.

가전 03 저생전(楮生傳) — 이첨

2020 지방직 9급

생의 성은 저(楮)인데, 저란 닥나무로 종이의 원료이다. 그의 이름은 백이며, 희다는 뜻이다. 자는 무점으로 무점은 아무런 티가 없이 깨끗하다는 말이다. 그는 회계 사람으로 한나라 채륜의 후손이다.

생은 태어날 때 난초탕에서 목욕을 하고, 흰 구슬을 희롱하고 흰 띠로 꾸렸기 때문에 그 모양이 깨끗하고 희었다. 그의 아우는 모두 19명이나 된다. 이들은 저생과 같은 어머니에게서 태어났다. 이들은 서로 화목하고 사이가 좋아서 잠시도 떨어지는 법이 없었다. 이들은 원래 성질이 정결하고, 무인을 좋아하지 않아, 언제나 문사들만 사귀어 놀았다. 그 중에서도 중산 모학사가 가까운 친구인데, 모학사란 곧 붓을 가리킨다. 저생과 모학사는 마냥 친하게 놀아서 혹시 모학사가 저생의 얼굴에 먹칠을 하고 더럽혀도 씻지 않고 그대로 있었다.

저생은 학문으로 말하면 천지, 음양의 이치를 널리 통하고, 성현과 명수에 대한 학문의 근원에까지도 모르는 것이 없었다. 심지어 제자백가의 글과 이단 불교에 이르기까지도 모조리 써서 보고 연구하였다.

한나라에서 선비를 뽑는데 책을 지어 재주를 시험했다. 이때 저생은 방정과에 응시하여 임금께 말하였다.

"옛날이나 지금의 글은 대개 댓조각을 엮어서 쓰기도 하고, 흰 비단에 쓰기도 합니다. 그러나 이것은 모두 불편하기 짝이 없습니다. 신은 비록 두텁지는 못하오나 진심으로 댓조각이나 비단을 대신하려 하옵니다. 저를 써보시다가 만일 효력이 없으시거든 신의 몸에 먹칠을 하시옵소서."

이 말을 듣고 화제(和帝)는 사람을 시켜서 시험해 보라 했다. 시험해 보니 그의 말대로 과연 편리하여 전혀 댓조각이나 비단을 쓸 필요가 없었다. 이에 저생을 포상하여 저국공(楮國公) 백주 자사(白州刺史)의 벼슬에 임명하였다. 그리고 만자군을 통솔케 하고 봉읍으로 그의 씨(氏)를 삼았다.

2020 지방직 9급

Q. 다음 글에서 의인화하고 있는 사물은?

> 姓은 楮이요, 이름은 白이요, 字는 無玷이다. 회계 사람이고, 한나라 중상시 상방령 채륜의 후손이다. 태어날 때 난초탕에 목욕하여 흰 구슬을 희롱하고 흰 띠로 꾸몄으므로 빛이 새하얗다. 〈중략〉 … 성질이 본시 정결하여 武人은 좋아하지 않고 文士와 더불어 노니는데, 毛學士가 그 벗으로 매양 친하게 어울려서 비록 그 얼굴에 점을 찍어 더럽혀도 씻지 않았다.

① 대나무 ② 백옥 ③ 엽전 ④ 종이

◆ 핵심정리

갈래	가전체(假傳體)
성격	경세적, 우의적, 교훈적, 풍자적
제재	종이
주제	선비로서의 바른 삶 권유
특징	- 작가의 삶이 반영되어 있음 - 일반적인 가전과 달리 평결부에서 주인공에 대한 논평을 하지 않고 주인공의 가계를 설명함 - 가전의 형식적 변화를 확인할 수 있음

◆ 가전체 문학의 창작 배경

가전체 작품들이 창작된 고려 명종 이후의 시기는 사회적으로 매우 혼란한 상황이었다. 무신의 난이 발생하여 사회가 불안정한 상황에서 몽골의 침입까지 겹쳐 사회 전반이 극심한 내우외환(內憂外患)에 빠졌다. 이러한 상황은 기존 가치관의 혼란을 가져왔다. 지식인들은 이 혼란을 바로잡고자 교훈적, 비판적 성격이 강한 교술 갈래인 가전체 작품들을 창작하게 되었다. 또한 고려 후기에 신진 사대부들이 정계에 진출하였는데, 이들은 사물에 대한 관심이 많았다. 이러한 사물에 대한 관심도 가전체 작품 창작에 어느 정도 영향을 미쳤다고 볼 수 있다.

작품의 줄거리

도입부에서는 저생의 성은 저(닥나무), 이름은 백, 사는 곳은 종이의 생산지인 회계라는 것을 밝히고 있다. 종이를 처음으로 만들어 낸 채륜의 후예라는 것을 서술하였다.

전개부에서는 그의 천성이 깨끗하여 무인보다 문인을 좋아하고 모학사(붓)와 친분이 두터웠으며, 학문을 하여 천지 음양의 이치와 성명의 근원에 통달하였고, 제자 백가의 글까지 모두 기록하였다고 하였다. 그리고 종이의 내력을 꿰뚫어 언급하여, 종이의 발명 시기인 한나라부터 진나라·수나라·당나라와 작자 당시인 원나라·명나라에 이르기까지 종이의 용도와 내력을 기술하였다. 또한 종이의 용도에 따라 다양하게 나누어 용도와 내력을 서술하고 자손의 번성과 벼슬(용도)를 서술하였다.

평결부에서는 저생의 종말을 설명하고, 그 후손들이 천하에 가득하다고 칭찬하였다.

정답 ④

수필 01 경설
- 이규보
2016년 국가직 9급

거사(居士)에게 거울 하나가 있는데, 먼지가 끼어서 마치 구름에 가려진 달빛처럼 희미하였다. 그러나 조석(朝夕)으로 들여다보고 마치 얼굴을 단장하는 사람처럼 하였더니, 어떤 손[客]이 묻기를, "거울이란 얼굴을 비치는 것이요, 그렇지 않으면 군자(君子)가 그것을 대하여 그 맑은 것을 취하는 것인데, 지금 그대의 거울은 마치 안개 낀 것처럼 희미하니, 이미 얼굴을 비칠 수가 없고 또 맑은 것을 취할 수도 없네. 그런데 그대는 오히려 얼굴을 비추어 보고 있으니, 그것은 무슨 까닭인가?" 하였다. ▶ 나그네의 물음

거사는 이렇게 대답했다. "얼굴이 잘생기고 예쁜 사람은 맑고 아른아른한 거울을 좋아하겠지만, 얼굴이 못생겨서 추한 사람은 오히려 맑은 거울을 싫어할 것입니다. 그러나 잘생긴 사람은 적고 못생긴 사람은 많기 때문에, 만일 맑은 거울 속에 비친 추한 얼굴을 보기 싫어할 것인즉 흐려진 그대로 두는 것이 나을 것입니다. 그래서 차라리 깨쳐 버릴 바에야 먼지에 흐려진 그대로 두는 것이 나을 것입니다. 먼지로 흐리게 된 것은 겉뿐이지 거울의 맑은 바탕은 속에 그냥 남아있는 것입니다. 만약 잘생기고 예쁜 사람을 만난 뒤에 닦고 갈아도 늦지 않습니다. 아! 옛날에 거울을 보는 사람들은 그 맑은 것을 취하기 위함이었지만, 내가 거울을 보는 것은 오히려 흐린 것을 취하는 것인데, 그대는 이를 어찌 이상스럽게 생각합니까?"

하니 나그네는 아무 대답이 없었다. ▶ 거사의 답변

2016년 국가직 9급

Q. 다음 글에 대한 설명으로 옳지 않은 것은?

① 잘생긴 사람이 적고 못생긴 사람이 많다는 말에서 거사의 현실 인식을 알 수 있다.
② 용모에 대한 거사의 논의는 도덕성, 지혜, 안목 등을 비유한 것으로 볼 수 있다.
③ 잘생기고 예쁜 사람을 만난 후 거울을 닦겠다는 말에서 거사가 지닌 처세관을 엿볼 수 있다.
④ 이상주의적이고 결백한 자세로 현실에 맞서고자 하는 거사의 높은 의지가 드러나 있다.

◆ 핵심정리

갈래	한문 수필, 설(說)
성격	교훈적, 관조적, 철학적, 풍자적, 비유적
제재	(흐린) 거울
주제	세상을 살아가는 올바른 처세훈 사물과 현상의 본질을 꿰뚫어 보는 통찰력
특징	- 처세의 방편을 알려줌 - 대화를 통해 주제를 암시함 - 사물(거울)을 통해 삶의 새로운 이치를 깨닫게 함

◆ 거울의 의미

지나친 깨끗함	너무 맑고 결백해서 상대방의 흠이나 결함을 용서하지 못하는 인간관계에 대한 비판 → 지나치게 결백한 태도만으로 일관하기 어렵다는 처세훈
인간의 본성	사람의 본성은 거울처럼 맑고 깨끗하지만, 세상의 먼지와 티끌이 끼어 그 본성이 흐려진 것임

병태 요정의 ADVICE

거사는 벼슬을 하지 않고 세상을 멀리하며 살아가는 선비를 말합니다. 수필의 자아는 수필을 쓴 사람 자신이므로, 여기서 '거사'는 작가인 이규보라고 볼 수 있습니다. '거사'의 목소리를 통해 작가가 자신의 생각을 이야기하고 있는 것입니다. 더러운 거울이 낫다는 거사의 말은 세상에는 결점을 가진 사람이 더 많으므로 지나치게 결백하거나 깨끗함을 추구하는 것보다는 그 결점을 받아들이고 이해하는 태도가 필요하다는 의미입니다. 거울의 본성인 깨끗함은 닦지 않는다고 해서 사라지는 것이 아니라 닦으면 언제든지 드러나는 것입니다. 거사는 사람도 이와 같다고 생각합니다. 먼지가 묻은 거울처럼 본성이 가려진 것일 뿐, 그 안에 맑은 바탕은 남아있다는 것을 말하고 싶은 것입니다. '거울'이라는 사물을 통해, 당시의 시대 상황에 따른 올바른 처세관을 상징적으로 드러내고 있는 글입니다. 결백하고 청명한 태도는 현실에 부딪혀 깨지기 쉬우니, 남의 허물도 수용하는 유연한 자세가 필요하다는 생각을 비유적으로 제시하고 있는 것입니다.

정답 ④

수필 02 슬견설

― 이규보

2013년 지방직 9급

어떤 사람이 내게 말했다.
<대상의 외면적 특징을 기준으로 사물을 평가하는 사람>

"어제저녁, 어떤 사람이 몽둥이로 개를 때려 죽이는 것을 보았네. 그 모습이 불쌍해 마음이 매우 아팠네. 그래서 이제부터는 개고기나 돼지고기를 먹지 않을 생각이네."
<인지상정(人之常情), 측은지심(惻隱之心)>

▶ 어떤 사람의 이야기-개의 죽음을 아파함

그 말을 듣고 내가 말했다.

"어제저녁, 어떤 사람이 화로에서 이[蝨]를 잡아 태워 죽이는 것을 보고 마음이 무척 아팠네. 그래서 다시는 이를 잡지 않겠다고 맹세를 하였네."
<의도적으로 극단적인 상황을 들어 대꾸함>

▶ '나'의 대답 - 이의 죽음에 마음이 아픔

그러자 그 사람은 화를 내며 말했다.

"이는 하찮은 존재가 아닌가? 나는 큰 동물이 죽는 것을 보고 불쌍한 생각이 들어 말한 것인데, 그대는 어찌 그런 사소한 것이 죽는 것과 비교하는가? 지금 나를 놀리는 것인가?"
<'개'는 육중하기에 귀중하고, '이'는 하찮은 존재라는 편견과 선입견이 드러남>

▶ 어떤 사람의 반응-'개'는 육중한 짐승이고, '이'는 미물임

나는 좀 구체적으로 설명할 필요를 느꼈다.

"무릇 살아 있는 것은 사람으로부터 소, 말, 돼지, 양, 벌레, 개미에 이르기까지 모두 사는 것을 원하고 죽는 것을 싫어한다네. 어찌 큰 것만 죽음을 싫어하고 작은 것은 싫어하지 않겠는가? 그렇다면
<모든 생명체는 귀중하고 소중하다는 의미>
개와 이의 죽음은 같은 것이겠지. 그래서 이를 들어 말한 것이지,
<크기에 따른 선입견을 비판, 존재의 본질을 제대로 파악해야 함을 강조>
어찌 그대를 놀리려는 뜻이 있었겠는가? 내 말을 믿지 못하거든, 그대의 열 손가락을 깨물어 보게나. 엄지손가락만 아프고 나머지 손가락은 안 아프겠는가? 우리 몸에 있는 것은 크고 작은 마디를 막론하고 그 아픔은 모두 같은 것일세. 더구나 개나 이나 각기 생명을 받아 태어났는데, 어찌 하나는 죽음을 싫어하고 하나는 좋아하겠는가? 그대는 눈을 감고 조용히 생각해 보게. 그리하여 달팽이의 뿔을 소의 뿔과 같이 보고, 메추리를 큰 붕새와 동일하게 보
<크기에 관계없이 근본적 성질이 같을 수도 있음>
도록 노력하게나. 그런 뒤에야 내가 그대와 더불어 도(道)를 말할
<편견이나 선입견에 치우치지 말고 본질을 파악한 뒤에야>
수 있을 걸세."

▶ '나'의 구체적 설명

2013년 지방직 9급

Q. 다음 글에서 다루고 있는 소재들의 관계가 다른 하나는?

① 이[蝨] : 개
② 벌레 : 개미
③ 달팽이의 뿔 : 소의 뿔
④ 메추리 : 붕새

◆ 핵심정리

갈래	한문 수필, 설(說)
성격	교훈적, 비유적, 관념적, 풍자적
제재	개[犬]와 이[蝨]의 죽음
주제	사물에 대한 편견의 배제 생명의 소중함
특징	- 변증법적 대화를 통해 글을 전개함 - 대조적 예시를 통해 주제를 부각함 - 일상적 사물을 통해 교훈적 의미를 줌

◆ 대조

큰 것	작은 것
개	이
엄지손가락	나머지 손가락
소의 뿔	달팽이의 뿔
붕새	메추리

◆ 변증법적 대화

한 사람이 다른 사람의 견해를 논박하는 형식을 통해 주제를 제시한 것은 이 작품만의 독특한 점이다. 하나의 이론에 대해(정) 이의를 제기하면(반) 그것의 문제점을 수정하여 새로운 이론을 정립(합)하는 변증법적 대화를 통해 주제를 강조하고 있다.

기	손님의 생각 : '개'의 죽음 - 마음이 아픔	(正)
승	나의 이야기 : '이'의 죽음 - 마음이 아픔	(反)
전	손님의 생각 : '이'는 미물이기에 죽음은 하찮음	(正)
결	나의 생각 : 생명체의 죽음은 모두 처참함, 본질적으로 모든 생명체는 같고 소중함.	(合)

병태 요정의 ADVICE

'슬견설'은 일상적인 소재인 개[犬]와 이[蝨]의 죽음을 통해 선입견이나 편견을 가지고 사물을 보지 말아야 한다는 교훈을 제시한 수필입니다. 글쓴이는 자신의 생각을 직접 드러내지 않고, 가상의 인물인 '어떤 사람'과 나누는 대화를 통해 제시하여 설득력을 높이고 있습니다.

정답 ②

수필 03 이옥설

2018년 국가직 7급

– 이규보

내 집에 당장 쓰러져 가는 행랑채가 세 칸이나 되어 할 수 없이 전부 수리하였다. 그중 두 칸은 이전 장마에 비가 새면서 기울어진 지 오래된 것을 알고도 이리저리 미루고 수리하지 못한 것이고 한 칸은 한 번 비가 새자 곧 기와를 바꿨던 것이다. ▶ 퇴락한 행랑채를 수리함

이번 수리할 때에 기울어진 지 오래였던 두 칸은 들보와 서까래들이 다 썩어서 다시 쓰지 못하게 되어 수리하는 비용도 더 들었으나, 비가 한 번 새었던 한 칸은 재목이 다 성하여 다시 썼기 때문에 비용도 덜 들었다. ▶ 제때 고치지 않은 행랑채에 경비가 많이 듦

『』: 잘못을 오래 방치하면 손해가 크고, 잘못을 빨리 고치면 쉽게 개선될 수 있음

나는 ㉠이 경험을 통해 ㉡깨달음을 얻었다. 이러한 것은 사람에게도 있는 일이다. 자기 과오를 알고 곧 고치지 않으면 나무가 썩어서 다시 쓰지 못하는 것과 같고, 과오를 알고 고치기를 서슴지 않으면 다시 착한 사람이 되기 어렵지 않으니 집 재목을 다시 쓰는 이로움과 같은 것이다. ▶ 잘못을 빨리 고쳐야 함을 깨달음 (유추)

다만 한 사람만이 아니라 한 나라의 정치도 또한 이와 같아서 백성의 이익을 침해하는 일이 심하여도 그럭저럭 지내고 고치지 않다가 백성이 떠나가고 나라가 위태롭게 된 뒤에는 갑자기 고치려고 해도 바로잡기가 대단히 어려우니 삼가지 않아서야 되겠는가? ▶ 깨달음을 나라를 다스리는 일에 적용함 (유추)

2018년 국가직 7급

Q. ㉠에 해당하는 것과 ㉡에 해당하는 것을 문맥적 의미를 고려하여 짝지을 때 적절하지 않은 것은?

㉠	㉡
① 기와를 바꾸다	과오를 고치다
② 미루고 수리하지 않다	과오를 알고도 곧 고치지 않다
③ 들보와 서까래가 다 썩다	나라를 바로잡을 방도가 없다
④ 비가 새서 기울어진 상태	자기 과오

◆ 시대적 상황

1170년 무인들이 문신들을 학살하고 정권을 잡았는데, 정치는 혼란스럽고 몽골의 침입까지 겹쳐서 백성들의 삶은 매우 어려웠다. 이때 이규보는 다른 문신들과 달리 무인 정권에 참여하여 높은 벼슬을 지냈다. '이옥설'의 내용에 시대적 상황을 대응시키면, 무신의 난과 몽고 침입으로 혼란스러운 당시 상황은 '비가 새서 집이 퇴락해가는 상황'으로 이해할 수 있다. 이때 무인 정권이 싫어서 몸을 낮추고 정치에 참여하지 않는다면 그것은 '비가 새는 집을 그대로 두고 보는 자세'가 된다. 하지만 '이옥설'의 관점에 따르면 무인 정권의 정통성이 약하다 하더라도 우선 '집을 수리하고 재목을 보전하는 일'이 중요하다. 그러면 나중에 '집을 수리해서 온전하게 만드는 일'이 가능한 것이다.

◆ 핵심정리

갈래	한문 수필, 설(說)
성격	교훈적, 경험적, 유추적
제재	행랑채를 수리한 일
주제	잘못을 미리 알고 고쳐 나가는 자세의 중요성
특징	'사실 + 의견'의 구성 방식을 취함 유추의 방법으로 글을 전개함

◆ 이옥설의 구성

행랑채를 수리한 체험에서 느낀 바가 있음. ⇒ 체험 (사실)

⇓

사람의 몸과 마음 (유추와 적용) 정치의 경우 (유추 및 확장) ⇒ 깨달음 (의견)

자신의 체험에서 얻은 깨달음을 사람의 몸과 나라의 정사로 확대하여 적용함.

◆ 경험과 깨달음

경험	깨달음
비가 새서 기울어진 상태	잘못이나 허물이 생김
미루고 수리하지 않음	잘못을 알고도 고치지 않음
기와를 바꿈	잘못을 고침
들보와 서까래가 다 썩음	잘못을 방치하면 손해가 큼

병태 요정의 ADVICE

글쓴이는 집을 수리했던 경험을 통해, 사람의 몸과 정치의 경우도 이와 같다는 깨달음을 얻었습니다. 비가 새서 집이 기울어진 상태는 사람으로 치면 잘못이나 허물이 생긴 상태를 의미합니다. 기와를 바꾸는 것은 사람이 자신의 과오를 고치는 것에 대응됩니다. 비가 새면 바로 고쳐야 하듯, 사람 역시 잘못이나 허물이 생기면 바로 고쳐야 손실이 적습니다. 글쓴이는 집수리의 경험을 통해 얻을 깨달음을 사람과 정치에 적용하여 교훈을 주고 있습니다.

정답 ③

수필 04 차마설 — 이곡
2015년 9급 국가직

나는 집이 가난하여 말이 없어서 간혹 남의 말을 빌려 탄다. 노둔하고 여윈 말을 얻게 되면 일이 비록 급하더라도 감히 채찍을 대지 못하고 조심조심 금방 넘어질 듯 여겨서 개울이나 구렁을 지날 때는 말에서 내려 걸어가므로 후회할 일이 적었다. 발굽이 높고 귀가 쫑긋하여 날래고 빠른 말을 얻게 되면 의기양양 마음대로 채찍질하고 고삐를 늦추어 달리니 언덕과 골짜기가 평지처럼 보여 매우 장쾌하지만 말에서 위험하게 떨어지는 근심을 면치 못할 때가 있었다.
▶ 외물에 따른 심리 변화

아! 사람의 마음이 옮겨지고 바뀌는 것이 이와 같을까? 남의 물건을 빌려서 하루아침의 소용에 쓰는 것도 이와 같은데, 하물며 참으로 자기가 가지고 있는 것이야 어떻겠는가?
▶ 자기 소유일 때의 심리 변화

그렇긴 하지만 사람이 가지고 있는 것 가운데 남에게 빌리지 않은 것이 또 뭐가 있다고 하겠는가. 임금은 백성으로부터 힘을 빌려서 존귀하고 부유하게 되는 것이요, 신하는 임금으로부터 권세를 빌려서 총애를 받고 귀한 신분이 되는 것이다. 그리고 자식은 어버이에게서, 지어미는 지아비에게서, 비복(婢僕)은 주인에게서 각각 빌리는 것이 또한 심하고도 많은데, 대부분 자기가 본래 가지고 있는 것처럼 여기기만 할 뿐 끝내 돌이켜 보려고 하지 않는다. 이 어찌 미혹된 일이 아니겠는가. 그러다가 혹 잠깐 사이에 그동안 빌렸던 것을 돌려주는 일이 생기게 되면, 만방(萬邦)의 임금도 독부(獨夫)가 되고 백승(百乘)의 대부(大夫)도 고신(孤臣)이 되는 법인데, 더군다나 미천한 자의 경우야 더 말해 무엇하겠는가. 맹자(孟子)가 말하기를 "오래도록 차용하고서 반환하지 않았으니, 그들이 자기의 소유가 아니라는 것을 어떻게 알았겠는가."라고 하였다.

내가 이 말을 접하고서 느껴지는 바가 있기에, '차마설'을 지어서 그 뜻을 부연해 보았다.
▶ 인간의 소유에 따른 깨달음

2015년 9급 국가직

Q. 다음 글에 대한 설명으로 적절하지 않은 것은?

① 경험을 통한 통찰력이 돋보인다.
② 우의적 기법을 적절히 활용하고 있다.
③ 대상들 사이의 유사점을 통해 대상의 특성을 설명하고 있다.
④ 일상사와 관련지어 글쓴이의 주장을 설득력 있게 드러내고 있다.

◆ 핵심정리

갈래	한문 수필, 설(說)
성격	교훈적, 경험적, 자성적
제재	말을 빌려 탄 일
주제	소유에 대한 성찰과 깨달음
특징	- '사실+의견'의 2단 구성 방식을 취함 - 권위 있는 사람(맹자)의 말을 논거로 사용하여 설득력을 높임 - 유추의 방법을 통해 개인적 경험을 보편적 깨달음으로 일반화함

◆ 창작 의도

전반부	항상심을 잃고 때에 따라 태도를 바꿈. → 외물에 따른 인간의 심리 변화 비판
후반부	본래 자기 소유의 것은 존재하지 않음. → 그릇된 소유 관념 비판

◆ 설의 특징

'설'은 한문학 양식의 한 갈래로, 사물의 이치를 풀이하고 자신의 의견을 덧붙여 서술하는 것으로, 국문학상의 갈래로는 수필에 해당한다. 이러한 '설'은 '사실+의견' 또는 '체험+깨달음'의 2단 구성으로 이루어지며, 우의적인 표현을 활용하는 것이 일반적이다.

병태 요정의 ADVICE

말을 타고 느낀 경험을 바탕으로 권력과 소유에 대한 자신의 깨달음을 서술하고 있는 교훈적 수필입니다. 사람들은 흔히 자기가 소유한 것이 많고 적음이나 좋고 나쁨에 따라 마음이 좌우됩니다. 높은 벼슬에 있으면 그것이 자기 것인 양 마구 휘두르게 되고 낮은 위치에 있으면 의기소침하게 되는데, 사실 진정한 소유란 아무것도 없다고 글쓴이는 말하고 있습니다. 그러므로 가진 것에 집착하거나 휘둘리지 말 것을 당부하고 있는 것입니다.

정답 ③

수필 05 뇌설

2017년 국가직 7급

— 이규보

'우르릉~ 쾅!' 하고 천둥이 울리면 사람들은 누구나 두려워한다. 그래서 '뇌동(雷同)'이란 말이 생겨났다. 내가 우렛소리를 들었을 때, 처음에는 간담이 서늘하였다. 하지만 반복해서 나의 잘못을 고쳐 허물을 발견하지 못한 뒤에야 몸이 조금 편안해졌다.

다만 한 가지 꺼림칙한 일이 있다. 내가 '춘추좌씨전(春秋左氏傳)'에서 '화부(華父)가 지나가는 미인에게 눈길을 주는 일'이 나오는 대목을 읽고는 그 일에 대해 비난하지 않은 적이 없었다. 그러므로 길을 가다가 아름다운 여인을 만나면 눈길을 주지 않으려고 머리를 숙이고 고개를 돌려 달아났다.

그러나 머리를 숙이고 고개를 돌리는 것은 그런 마음이 없지 않다는 것이니, 이것만은 스스로 미심쩍은 일이다. 일반 사람의 마음을 벗어나지 못하는 일이 또 하나 있다. 남이 나를 칭찬하면 아주 기뻐하고, 비방하면 몹시 언짢아한다. 이것은 비록 우레가 칠 때 두려워하는 것과는 다른 일이지만, 또한 경계하지 않을 수 없다. 옛사람 중에는 깜깜한 밤에도 자신의 마음을 속이지 않는 자가 있었다고 한다. 내가 어찌 이런 사람에게 미칠 수 있겠는가?

2017년 국가직 7급

Q. 다음 글의 서술 방식에 대한 설명으로 가장 적절한 것은?
① 개인적인 체험을 통해 얻은 깨달음을 제시하고 있다.
② 필자의 생각과 다른 사람의 생각을 비교하며 제시하고 있다.
③ 권위 있는 자의 말을 인용해 필자의 주장을 강조하고 있다.
④ 문답 형식을 통해 독자 스스로 깨달음을 얻도록 하고 있다.

◆ 핵심정리

갈래	한문 수필, 설(說)
성격	교훈적, 자성적
제재	우렛소리
주제	매사에 근신하고 반성하는 삶의 태도
특징	일상의 사건에서 깨달음을 이끌어 냄

◆ 글의 구성

경험	우렛소리를 들을 때의 경험을 계기로 자신을 반성함
반성 ①	아름다운 여인을 만나면 고개를 숙이고 걸음을 빨리 하였음. → 여인을 외면하고 피한 것은 마음이 흔들린 것임.
반성 ②	다른 사람의 평가에 일희일비하였음. → 다른 사람의 평가에 마음이 흔들리는 것은 경계해야 할 일임.
깨달음	매사에 스스로 행동을 삼가고 조심해야 함.

병태 요정의 ADVICE

글쓴이는 우렛소리를 듣고 간담이 서늘하여 자신의 잘못을 반성해 보았습니다. 먼저 아름다운 여인을 만나 고개 숙이고 빨리 걸어갔던 행동을 반성하였습니다. 아름다운 여인을 보고 흔들림이 없었다면 굳이 외면하거나 빨리 지나칠 이유가 없습니다. 글쓴이의 마음이 흔들렸기에 의도적으로 피했던 것입니다. 따라서 자신의 마음이 흔들린 것임을 인정하고 반성하고 있는 것입니다. 그 다음으로는 다른 사람의 평가에 의해 마음이 흔들리는 것이 경계해야 할 일이라고 말합니다. 타인의 평가에 마음이 흔들리는 태도를 반성하면서 항상 행동을 삼가고 조심해야 한다는 교훈을 전달하고 있는 수필입니다.

정답 ①

수필 05 삼국유사 — 일연
2016년 지방직 7급

완하국(琓夏國) 함달왕(含達王)의 부인이 임신하였다. ㉠달이 차서 알을 낳았는데, 알이 변하여 사람이 되었다. 이름을 탈해(脫解)라 하였다.
기이한 출생-난생(卵生)

바다를 따라 가락국에 왔는데, 키가 3척이요 머리 둘레가 1척이었다. 즐거이 궁궐에 나아가 왕에게 말하였다.

"나는 왕의 자리를 뺏기 위해 왔소." 왕이 대답하였다.
탈해의 자신감

"㉡하늘이 나에게 명하여 왕위에 오르게 함은 장차 나라를 안정시키고 백성을 편안하게 하려 함이다. 감히 하늘의 명령을 어기고 왕의 자리를 내어 줄 수 없다. 또 감히 우리나라와 백성들을 너에게 맡길 수 없다."

탈해가 "그렇다면 술법으로 겨루어 봅시다."라고 하자 왕이 "좋다."라고 하였다.

㉢잠깐 사이에 탈해가 매가 되자 왕은 독수리가 되고, 또 탈해가 참새로 화하자 왕은 새매로 변하였다. 이때 잠시의 시간도 걸리지 않았다. 탈해가 본모습으로 돌아오자 왕 또한 그렇게 했다.
『 』: 왕의 도술이 탈해보다 뛰어남 (매<독수리, 참새<새매)

탈해가 드디어 엎드려 항복하며

"제가 술법을 겨루는 마당에서 ㉣독수리 앞의 매가 되고 새매 앞의 참새가 되었는데, 잡히지 않고 살 수 있었던 것은 성인께서 살생을 싫어하신 인자함 때문에 그런 것이 아니겠습니까? 저는 왕과는 자리를 다투기 어렵습니다."

라고 말하고는 바로 절하고 나가 버렸다.

2016년 지방직 7급

Q. 밑줄 친 부분에 대한 설명으로 옳은 것은?
① ㉠ 신비한 출생을 통해 탈해의 범상함을 강조한 표현이다.
② ㉡ 왕위는 인위적으로 획득되지 않는 것임을 강조한 표현이다.
③ ㉢ 탈해와 왕이 본래는 동물이었음을 강조한 표현이다.
④ ㉣ 탈해의 술법이 왕보다 뛰어남을 강조한 표현이다.

◆ **핵심정리**

지은이	일연
시대	고려 충렬왕 7년(1281)에 작성
내용	- 단군·기자·대방·부여의 사적(史跡)과 신라·고구려·백제의 역사를 기록 - 불교에 관한 기사·신화·전설·시가 등을 풍부하게 수록

병태 요정의 ADVICE

일연의 '삼국유사'는 고구려, 백제, 신라 삼국뿐 아니라 고조선에서부터 고려까지, 우리 민족의 역사를 폭넓게 다루고 있는 책입니다. 이 책에는 단군 신화를 비롯한 우리 민족의 신화와 설화, 그리고 방대한 양의 불교와 민속 신앙 자료가 담겨 있습니다. 무신 정권과 몽골의 침입 등 국내의 정세가 안팎으로 어수선하고 불안해지자, 일연은 우리 민족의 자부심을 고취하고자 그동안 모아 놓은 자료들을 정리하여 '삼국유사'를 쓴 것입니다.

정답 ②

조선 전기

고전 소설 01 만복사저포기(萬福寺樗蒲記) - 김시습
2017년 국가직 9급

양생은 소매 속에 저포(樗蒲)를 넣고 가서 불전(佛前)에 던지면서 말했다.

"제가 오늘 부처님과 저포 놀이를 하려고 합니다. 만약 제가 지면 법연(法筵)을 베풀어 제사를 드리겠습니다. 만약 부처님께서 지시거든 아름다운 여인을 얻고 싶은 제 소원을 이루어 주실 것을 빌 뿐입니다."

축원을 마치고 나서 저포를 던지니 과연 양생이 이겼다. 곧 불전에 무릎을 꿇고 말하기를,

"업(業)은 이미 정해졌으니 허튼 말이 되어서는 안 됩니다."

하고는 불좌(佛座) 밑에 숨어서 그 약속을 기다렸다.

얼마 후, 한 아름다운 여인이 나타났는데, 나이는 열대여섯쯤이요, 머리는 두 가닥으로 늘어뜨리고 화장기가 별로 없었다. 자태가 아름다워서 선녀나 천녀(天女) 같았는데, 바라보니 태도가 단정하고 조심스러웠다. 손으로 기름병을 이끌어 등불을 돋우고 향을 꽂은 다음, 세 번 절하고 무릎을 꿇고는 한숨지으며 탄식했다.

"인생의 박명(薄命)함이 어찌 이렇듯 할까?"

그러고 나서 품속에서 글을 꺼내어 탁자 앞에 바쳤다. 그 글은 다음과 같다. 〈중략〉

여인이 빌기를 마치고 나서 여러 번 흐느껴 울었다. 양생은 불좌 틈으로 여인의 얼굴을 보고 마음을 걷잡을 수가 없었으므로, 갑자기 뛰쳐나가 말하였다.

"조금 전에 글을 올린 것은 무슨 일 때문이신지요?"

그는 여인이 부처님께 올린 글을 보고 얼굴에 기쁨이 흘러넘치며 말하였다.

"아가씨는 어떤 사람이기에 혼자서 여기까지 왔습니까?"

여인이 대답하였다.

"저도 또한 사람입니다. 대체 무슨 의심이라도 나시는지요? 당신께서는 다만 좋은 배필만 얻으면 되실 테니까, 반드시 이름을 묻거나 그렇게 당황하지 마십시오."

이때 만복사는 이미 허물어져 승려들은 구석진 방에서 살고 있었다. 법당 앞에는 행랑만이 쓸쓸히 남아 있었고, 그 끝에는 좁은 판자방 하나가 있었다. 양생이 여인을 불러 그곳으로 들어가니 여인은 별 주저함 없이 따라갔다. 서로 이야기를 나누며 즐기는 것이 보통 사람과 다름없었다.

이윽고 밤이 깊어지자 달이 동산에 떠올라 달그림자가 창살에 비쳤다. 문득 발자국 소리가 들렸다. 여인이 묻기를,

"누구냐? 시녀가 왔느냐?"

시녀가 말하기를,

"예, 접니다. 요즘 아가씨께서는 중문 밖을 나가지 않으셨고 뜰 안에서도 좀처럼 걷지 않으셨습니다. 그런데 엊저녁에는 우연히 나가시더니 어찌 이 먼 곳까지 오셨습니까?"

라고 하였다. 이에 여인이 말하기를,

"오늘 일은 아마도 우연이 아닌가 보다. 하늘이 도우시고 부처님이 돌보셔서 한 분 고운 님을 만나 백년해로하기로 했느니라. 부모님께 알리지 않은 것은 비록 예에 어긋나지만, 서로 즐거이 맞이하게 되니 이 또한 평생의 기이한 인연일 것이다. 너는 집에 가서 앉을 자리와 술, 과일을 가져오너라."

시녀는 그 분부에 따라 돌아갔다. 이윽고 뜰에는 술자리가 베풀어졌는데, 밤은 이미 사경(四更)에 가까웠다.

시녀는 앉을 자리와 술상을 품위 있게 펼쳐 놓았는데, 기구들이 모두 말쑥하며 무늬라고는 찾아볼 수 없었다. 술에서는 진한 향기가 풍겨 나왔는데 정녕 인간 세상의 것은 아니었다.

양생은 의심이 나고 괴이하게 생각하는 바도 있었다. 하지만 여인의 말씨와 웃음이 맑고 고우며 몸가짐과 용모가 얌전했으므로, 틀림없이 귀한 집 처녀가 몰래 나온 것이려니 생각하고는 더 의심치 않았다.

2013 국회직 9급

Q. 다음 글의 내용과 직접적 연관성이 없는 것은?

> 남원에 양생이 살았는데 일찍 부모를 여의고 장가들지 못한 채 만복사 동쪽에서 홀로 지내고 있었다. 방 밖에 서있는 한 그루 배나무는 바야흐로 봄을 맞아 꽃이 활짝 피어 마치 옥으로 된 나무에 은덩이가 붙어 있는 것 같았다. 양생이 달 밝은 밤이면 그 나무 아래를 거닐며 낭랑하게 시를 읊조렸다.
>
> 　한 그루 배나무 꽃 쓸쓸함을 달래주나
> 　가련히도 밝은 달밤을 저버리누나.
> 　청춘에 홀로 누운 외로운 창가로
> 　어디선가 미인이 봉황 통소 부는구나.
> 　비취 새 외로이 날아 짝을 맺지 못하고
> 　원앙새 짝을 잃고 맑은 강에 몸을 씻네.
> 　어느 집에 인연 있나 바둑으로 점치다가
> 　밤엔 등불 꽃 점복하고 근심스레 창에 기대네.
>
> 　읊기를 마치자 홀연히 공중에서 소리가 들려왔다.
> "그대가 좋은 짝을 얻고자 하니 어찌 이루지 못할까 걱정하는가?"

① 주인공은 고독한 처지에 놓여 있다.
② 사건 전개에 비현실적인 내용이 들어 있다.
③ 인물의 내면이 시를 통하여 표출되고 있다.
④ 고난과 고난 극복의 서사가 이어지고 있다.
⑤ 작품 배경이 수사적 표현으로 그려지고 있다.

정답 ④

◆ 핵심정리

갈래	한문 소설, 전기(傳奇) 소설, 명혼(冥婚) 소설
성격	전기적(傳奇的), 낭만적, 비극적, 환상적
시점	전지적 작가 시점
배경	전라도 남원
주제	생사(生死)를 초월한 남녀 간의 애절한 사랑
특징	- 불교의 윤회 사상이 바탕을 이룸 - 시를 삽입하여 인물의 심리를 효과적으로 전달함 - 우리나라를 배경으로 함 (자주적인 성격)

◆ 구성

발단	양생이 부처와의 저포 놀이에서 이김
전개	여인이 나타나 사랑을 나눔
위기	사흘 뒤 헤어지며 재회를 약속함
절정	양생이 여인의 정체를 알게 되고, 영원히 이별함
결말	양생이 잠적함

◆ '양생'과 '여인'의 삶을 통해 나타난 작가 의식

여인이 목숨보다 정절을 중히 여겨 죽임을 당한 것이나, 양생이 여인과의 의리를 지켜 다시 장가들지 않고 지리산에 들어가 살았던 것은 모두 인물의 도덕적 이념이 반영된 것이라 할 수 있다. 이는 작가 의식이 반영된 것으로, 의리와 정절을 무엇보다 중요하게 생각하는 작가가 부당하게 단종의 왕위를 빼앗는 세조를 보고 이 작품에서 '도덕적 이념'을 전면에 내세운 것으로 볼 수 있다.

◆ '은그릇'의 기능

여인은 양생에게 '은그릇'을 주면서 절로 가는 길목에서 자신을 기다리라고 한다. 양생은 그녀가 가르쳐 준 대로 다음 날 길목에서 기다리다가 여인의 부모를 만나게 되고, 그 부모를 통해 여인이 왜구들의 난리 때 죽은 처녀의 환신임을 알게 된다. 이 소설에서 은그릇은 양생과 여인의 부모를 연결시키는 매개체이며, 사건 전개에 필연성을 부여하는 소재로 기능한다.

작품의 줄거리

전라도 남원에서 홀로 외롭게 살아가던 양생은 만복사(萬福寺)의 부처님과 저포 놀이를 하여 이긴 후 만복사에서 아름다운 여인을 만난다. 두 사람은 조촐한 상을 차리고 술잔을 기울이며 시를 주고받는다. 날이 새려 하자 그 여인은 양생을 자신의 거처로 데려간다. 그곳은 매우 궁벽한 곳에 있는 집이었는데, 기물이나 차림새가 인간 세상의 것이 아닌 듯했다. 두 사람은 그곳에서 3일 동안 머물면서 즐거움을 맛보지만, 여인은 양생에게 이별의 시간이 되었다고 알리고, 이웃 여인들을 초대하여 간단한 잔치를 베풀어 전송한다. 그런 뒤 양생에게 은그릇을 주면서 절로 가는 길목에서 자신을 기다리라고 한다. 양생은 그녀가 가르쳐 준 대로 다음 날 길목에서 기다리다가 여인의 부모를 만나게 되고, 그 부모를 통해 여인이 왜구들의 난리 때 죽은 처녀의 환신이라는 것을 알게 된다. 그리고 양생은 여인과 약속한 시간에 절에서 만나 함께 잿밥을 먹고 서로 영영 이별하게 된다. 양생은 자신의 재산을 모두 팔아 여인의 명복을 빌고, 지리산에 들어가 약초를 캐며 살았는데, 그가 어떻게 죽었는지는 아무도 모른다.

고전 소설 02 이생규장전(李生窺墻傳) – 김시습

이씨 집에서는 마침내 뜻을 돌려서 곧 사람을 보내어 이생을 불러와서 그의 의사를 물었다. 그는 기쁨을 이기지 못해서 시를 지어 읊었다.

> 깨진 거울 합쳐지니 이것 또한 인연이네.
> 은하의 오작들도 이 가약을 돕겠네.
> 이제부터 월로(月老)는 붉은 실 맺어 주니
> 봄바람 부는 저녁 두견새 원망 마오.

최 처녀는 이생이 이 같은 시를 지었다는 소식을 들으니 병이 차차 나아져 그녀도 시를 지어 읊었다.

〈중략〉

이윽고 신축년(辛丑年)에 홍건적(紅巾賊)이 서울을 점령하매 임금은 복주(福州)로 피난 갔다. 적들은 집을 불태우고 사람과 가축을 죽이고 잡아먹으니, 그의 가족과 친척들은 능히 서로 보호하지 못하고 동서(東西)로 달아나 숨어서 제각기 살기를 꾀했다.

『이생은 가족을 데리고 궁벽한 산골에 숨어 있었는데 한 도적이 칼을 빼어 들고 쫓아왔다. 이생은 겨우 달아났는데』 여인은 도적에게 사로잡힌 몸이 되었다. 적은 여인의 정조를 겁탈하고자 했으나, 여인은 크게 꾸짖어 욕을 퍼부었다.

"이 호랑이 창귀(倀鬼) 같은 놈아! 나를 죽여 씹어 먹어라. 내 차라리 이리의 밥이 될지언정 어찌 개·돼지의 배필이 되어 내 정조를 더럽히겠느냐?"

도적은 노하여 여인을 한칼에 죽이고 살을 도려 흩었다.

한편 이생은 황폐한 들에 숨어서 목숨을 보전하다가 도적의 무리가 떠났다는 소식을 듣고 부모님이 살던 옛집을 찾아갔다. 그러나 집은 이미 병화(兵火)에 타 버리고 없었다. 다시 아내의 집에 가 보니 행랑채는 쓸쓸하고 집 안에는 쥐들이 우글거리고 새들만 지저귈 뿐이었다. 그는 슬픔을 이기지 못해, 작은 누각에 올라가서 눈물을 거두고 길게 한숨을 쉬며 날이 저물도록 앉아서 지난날의 즐겁던 일들을 생각해 보니, 완연히 한바탕 꿈만 같았다.

밤중이 거의 되자 희미한 달빛이 들보를 비춰 주는데, 낭하(廊下)에서 발소리가 들려왔다. 그 소리는 먼 데서 차차 가까이 다가온다. 살펴보니 사랑하는 아내가 거기 있었다. 이생은 그녀가 이미 이승에 없는 사람임을 알고 있었으나, 너무나 사랑하는 마음에 반가움이 앞서 의심도 하지 않고 말했다.

"부인은 어디로 피난하여 목숨을 보전하였소."

여인은 이생의 손을 잡고 한바탕 통곡하더니 곧 사정을 얘기했다.

〈중략〉

서로 쌓였던 이야기가 끝나고 잠자리를 같이하니 지극한 즐거움은 옛날과 같았다.

이튿날 여인은 이생과 함께 옛날에 살던 개령동을 찾아가니 거기에는 금, 은 몇 덩어리와 재물 약간이 있었다. 그들은 두 집 부모님의 유골을 거두어 금, 은 재물을 팔아서 각각 오관산(五冠山) 기슭에 합장하고는 나무를 세우고 제사를 드려 모든 예절을 다 마쳤다.

그 후 이생은 벼슬을 구하지 않고 아내와 함께 살게 되니, 피난 갔던 노복들도 또한 찾아들었다. 이생은 이로부터 인간의 모든 일을 다 잊어버리고, 친척과 귀한 손의 길흉사(吉凶事) 방문에도 문을 닫고 나가지 않았으며, 늘 아내와 함께 시구를 지어 주고받으며 즐거이 세월을 보냈다.

2020년 지방직 7급

Q. 밑줄 친 어구와 같은 뜻의 한자 성어는?

> 이생(李生)은 그 이후로 인간사에 게을러져 친척과 빈객의 길흉사가 있어도 문을 닫고 나가지 않았다. 늘 아내 최씨(崔氏)와 더불어 시를 주고받으며 사이좋게 지냈다.
> – 김시습, 「이생규장전(李生窺墻傳)」에서 –

① 琴瑟相和 ② 女必從夫
③ 談笑自若 ④ 男負女戴

◆ 핵심정리

갈래	한문 소설, 전기(傳奇) 소설, 명혼(冥婚) 소설
성격	전기적(傳奇的), 낭만적, 비극적
배경	고려 공민왕 때, 송도(개성)
주제	죽음을 초월한 남녀 간의 애절한 사랑
특징	- '만남-이별'을 반복하는 구조로 이루어짐 - 유(儒)·불(佛)·선(仙) 사상이 혼재함 - 시를 삽입하여 등장인물의 심리를 효과적으로 전달함

◆ '만복사저포기'와 '이생규장전'의 공통점

주제	삶과 죽음을 넘어선 애절한 사랑
인물	- 재자가인(才子佳人) - 귀신과의 사랑을 진실한 사랑으로 여기는 남자 주인공
결말	비극적 결말 (세계의 횡포로 인한 여인들의 죽음) - '만복사저포기'의 왜구의 침입 - '이생규장전'의 '홍건적의 난'

◆ 사상적 배경

'만복사저포기'가 불교적 성격이 강하다면, '이생규장전'은 유교적 성격이 강하게 드러난다. 이생은 국학에 다니는 유생으로 부모 몰래 자유연애를 하면서도 늘 반성하면서 불안해 한다. 이생과 최랑의 자유연애는 유교적인 관점에서 볼 때 쉽게 용납할 수 없는 행위여서 이생의 부모가 이생을 멀리 쫓아 버리는 것이다.

또한 홍건적의 난 때 정절을 지키다 죽은 최랑의 모습 역시 이러한 유교적 정조관을 드러낸다. 그리고 유교적 사상에 도교적 숙명론을 삽입하여 사건을 전개하고 있는데, 홍건적의 난으로 죽은 최랑의 원혼이 환신하여 재결합하는 것이 그것이다. 또한 결말에서 주인공들의 재회가 허무하게 끝나도록 설정해 놓은 것은 불교적인 무상관(無常觀)을 반영한 것이라고 할 수 있다. 이렇게 보면 이 작품은 작가가 지닌 유(儒)·불(佛)·선(仙)의 사상을 혼합하여 반영한 것이라고 할 수 있다.

◆ "금오신화(金鰲新話)"에 수록된 다른 작품들

취유부벽정기 (醉遊浮碧亭記)	홍생이 평양의 부벽정에서 취흥에 겨워 시를 읊던 중, 기자 조선 시대에 죽어 선녀가 된 기씨녀를 만난다. 홍생은 선녀와 시를 주고받으며 하룻밤을 즐겁게 지낸다. 날이 새자 선녀는 승천하고, 홍생은 마음의 병이 들어 죽고 만다. 그러나 그 역시 신선이 되어 하늘로 올라간다.
남염부주지 (南炎浮洲志)	경주의 박생이 유교에 심취하여 불교와 무속, 귀신 등을 부인한다. 그런데 꿈에 남염부주라는 지옥에 가 염왕을 만나 귀신, 왕도, 불도 등에 대해 문답을 하게 되는데, 염왕이 그의 박식에 감동하여 왕위를 물려준다. 그 후 박생은 죽어서 남염부주의 왕이 된다.
용궁부연록 (龍宮赴宴錄)	글재주에 능한 고려 시대 개성의 한생이 꿈속에서 용궁에 초대되어 신축 별궁의 상량문을 지어 주고 극진한 환대를 받고 많은 선물을 받아서 돌아온다.

작품의 줄거리

송도에 사는 이생(李生)은 어느 봄날 서당에 갔다 오던 중 우연히 담 너머로 최씨 집안의 아름다운 처녀를 보게 된다. 두 사람은 사랑하는 사이가 되어 시를 주고받았고, 이생이 밤마다 그 집 담을 넘어 밀애를 계속한다. 두 사람의 행실을 눈치챈 이생의 부모는 크게 노해서 이생을 고향인 울주로 쫓아 버렸고, 최랑은 이생과 만나지 못해 상사병에 걸린다. 이 사실을 알게 된 최랑의 부모는 이생 부모를 설득하여 이생과 최랑을 혼인시킨다.

그 후 홍건적의 난이 일어나 이생은 간신히 도망하여 목숨을 보전하였으나, 최랑은 정조를 지키다가 끝내 홍건적의 손에 죽임을 당한다. 난이 평정된 후 집으로 돌아온 이생은 황폐화된 집에서 가족의 생사를 알 수 없어 슬픔에 잠긴다. 그러던 중, 죽은 아내의 환신(幻身)이 돌아오고, 이생은 그녀가 이미 죽은 환신인 줄 알면서도 3년 동안 행복한 삶을 산다.

3년이 지난 어느 날, 최랑은 자신의 유골을 거두어 장사 지내 줄 것을 부탁하며 이생에게 영원한 이별을 고한다. 이생은 아내의 유언에 따라 장사를 지내 주고, 이내 병들어 아내의 뒤를 따라 죽는다.

정답 ①

조선 후기 - 애정 소설

애정 소설 01 숙영낭자전(淑英娘子傳) — 작자 미상

"낭군이 입신양명하여 영화롭게 돌아오시니 기쁘기 측량 없사오나, 저는 시운이 불길하여 이 세상을 버리고 황천객이 되었습니다. 전에 낭군의 편지 사연을 들으니 낭군이 저에게 향한 마음이 간절하시나, 이것 역시 저의 연분이 천박하여 벌써 유명을 달리하였으니 구천의 혼백이라도 한스럽습니다. 그러나 저의 원통한 사연을 아무쪼록 깨끗이 풀어 주시기를 낭군에게 부탁합니다. 낭군은 소홀히 여기지 마시고 저의 억울한 누명을 풀어 주시면, 죽은 혼백이라도 깨끗한 귀신이 될까 합니다."
_{숙영 낭자가 선군의 꿈에 나타난 이유}

하고 낭자는 홀연히 사라졌다. 선군이 놀라서 꿈을 깨어 보니 전신에 식은땀이 축축하고 심신이 떨려 진정할 수가 없었다. 〈중략〉
_{사건 해결의 실마리 제공}

"네가 상경한 지 오륙 일 만에 낭자의 기척이 없기에, 우리가 이상히 여기고 방에 가 보니 저런 처참한 모양으로 누워 있어 깜짝 놀라서 그 곡절을 알려고 애썼으나 아직도 자세한 곡절을 모르겠구나. 다만 추측컨대 필시 어떤 놈이 네가 집에 없는 틈을 타서 밤중에 침입해서 겁탈하려다가 뜻대로 되지 않자 칼로 찔러 죽이고 도망친 것인가 하여 염습을 하려고 칼을 빼려고 해도, 어느 누구도 능히 빼지를 못하고, 시체를 움직여 염습을 하려고 해도 움직이지
_{억울한 원혼이 풀리지 않았기 때문. 전기적 요소}
를 않아서 그대로 너 오기만 기다리게 되었다. 이런 일을 네가 알면 필경 병이 날까 하는 염려에서 알리지 않았다. 미리 임 진사의 딸과 성혼하려고 한 것은 네가 낭자의 죽음을 알지라도 숙녀를 얻어서 새 정을 붙이면 마음이 위로될까 생각했던 것이니, 너도 기왕 당한 불행을 너무 상심하지 말고 어서 염습해서 장례를 잘 지낼 생각해라." / 하였다. 선군이 이 말을 듣고 넋을 잃고 어찌할 바를 모르고 잠잠히 있다가 다시 낭자의 빈소로 들어가 대성통곡하였다. 그러다가 갑자기 노해서 집안의 모든 남녀 노비를 일시에 결박하여 뜰에 꿇어앉히고 보니, 그 중에 매월이도 끼여 있었다.

선군이 소매를 걷고 빈소로 들어가서 이불을 벗기고 보니, 낭자의 용모와 전신이 완연히 산 사람 같고 조금도 변함이 없었다. 선군이 부축하여 올리고, / "이제 내가 왔으니 가슴에 박힌 칼이 빠지면 그 칼로 원수를 갚아서 낭자의 원혼을 위로하겠다."

하고 칼을 잡아 빼니, 그 칼이 가볍게 쑥 빠졌다. 그와 동시에 그 구멍에서 파랑새 한 마리가 나오며, / "매월이다, 매월이다, 매월이다." 하고 세 번 울고 날아갔다. 그 뒤에 또 파랑새가 한 마리 나오며,

"매월이다, 매월이다, 매월이다." / 하고 세 번 울고 날아갔다.
_{: 전기적 요소}

그제서야 선군이 매월의 소행인 줄 알고, 분격하여 당에 나와 형구를 갖춰 놓고 모든 비복을 차례로 장문(杖問)하였다. 그러나 죄가 없는 비복이야 죽을망정 무슨 말로 승복할 수가 있으랴. 이에 매월을 끌어내다가 매 때려 문초하였으나 간악한 매월은 좀처럼 제 죄를 자백하지 않았다. 그러나 매가 백 대에 이르자 철석 같은 몸인들 어찌 견뎌 내랴. 살이 터지고, 유혈이 낭자하였다. 모진 매월도 하는 수 없이 개개 승복하여 울면서,

"상공께서 숙영 낭자가 들어온 후로 저는 본 체도 하지 않기로 질투심이 일어나던 차, 때를 타서 감히 간계로 낭자에게 누명을 씌우려고 했습니다. 같이 공모한 자는 돌이옵니다."
_{매월이 숙영 낭자의 죽음을 모의하게 된 이유}
하고 실토하였다.

◆ **핵심정리**

갈래	국문 소설, 판소리계 소설, 애정 소설
성격	염정적, 전기적, 비현실적
제재	숙영과 선군의 사랑 이야기
주제	현실을 초월한 절대적 애정의 승리
특징	애정 지상주의에 근간을 둠으로써 유교적 가치관에 대한 비판적 태도를 드러냄

◆ **'꿈'의 역할**

선군은 꿈을 통해 자신의 배필을 알게 되며, 숙영이 억울하게 죽은 이유도 알게 된다. 이처럼 꿈은 초현실적 세계와 현실 세계를 이어주는 역할을 하여, 사건 해결의 실마리를 제공하고 선악(善惡)의 질서를 바로잡는 구실을 한다.

◆ **가치관의 대립**

선군, 숙영		백상군
개인 중심의 애정 지상주의적 가치관	↔	가문 중심의 유교적 가치관

◆ **죽음과 재생의 의미**

숙영의 죽음은 하늘이 정한 3년 기한을 어긴 죄를 용서받는 절차이며, 비극적 사랑을 축복받는 사랑으로 승화시키는 계기가 된다. 그리고 숙영의 재생은 통과 의례를 거쳐 새로운 모습으로 태어나는 것을 상징한다.

작품의 줄거리

숙영은 천상에서 죄를 짓고 적강한 선녀이다. 백상군의 외아들 선군은 꿈을 통해 숙영이 자신의 연분임을 알게 된다. 그러나 하늘이 정한 기간 3년을 기다리지 못하고 선군의 강요로 혼인한다. 과거를 보러 떠난 선군이 숙영을 그리워하여 두 번이나 밤중에 집으로 되돌아와 아내 숙영과 자고 간다. 이때 백상군은 선군을 외간 남자로 오인하고 숙영은 시비 매월의 농간으로 누명을 쓰게 된다. 이에 숙영은 분함을 못 이겨 자결한다. 과거에 급제한 선군은 꿈을 통해 사건의 진상을 알게 되고 매월을 죽인다. 숙영은 옥황상제의 은덕으로 재생하여 선군과 연분을 잇게 되고, 임 소저를 둘째 부인으로 맞이하여 세 사람이 부귀영화를 누리다가 같은 날 함께 상천(上天)한다.

애정 소설 02 춘향전 — 작자 미상
2021 지방직 9급, 2019 국가직 9급, 2015 법원직 9급, 2012 지방직 7급, 2011 국가직 9급

『근읍(近邑) 수령이 모여든다. 운봉 영장(營將), 구례, 곡성, 순창, 옥과, 진안, 장수 원님이 차례로 모여든다. 좌편에 행수 군관(行首軍官), 우편에 청령 사령(聽令使令), 한가운데 본관(本官)은 주인이 되어 하인 불러 분부하되,

"관청색(官廳色) 불러 다담을 올리라. 육고자(肉庫子) 불러 큰 소를 잡고, 예방(禮房) 불러 고인(鼓人)을 대령하고, 승발(承發) 불러 차일(遮日)을 대령하라. 사령 불러 잡인(雜人)을 금하라."

이렇듯 요란할 제, 기치(旗幟) 군물(軍物)이며 육각 풍류(六角風流) 반공에 떠 있고, 녹의홍상(綠衣紅裳) 기생들은 백수나삼(白手羅衫) 높이 들어 춤을 추고, 지야자 두덩실 하는 소리』 어사또 마음이 심란하구나.

"여봐라, 사령들아. 네의 원전(員前)에 여쭈어라. 먼 데 있는 걸인이 좋은 잔치에 당하였으니 주효(酒肴) 좀 얻어먹자고 여쭈어라."

저 사령 거동 보소.

"어느 양반이관대, 우리 안전(案前)님 걸인 혼금(閽禁)하니 그런 말은 내도 마오."

등 밀쳐 내니 어찌 아니 명관(名官)인가. 운봉이 그 거동을 보고 본관에게 청하는 말이

"저 걸인의 의관은 남루하나 양반의 후예인 듯하니, 말석에 앉히고 술잔이나 먹여 보냄이 어떠하뇨?"

본관 하는 말이 / "운봉 소견대로 하오마는……"

하니 '마는' 소리 훗입맛이 사납겄다. 어사 속으로, '오냐, 도적질은 내가 하마. 오랏줄은 네가 져라.' / 운봉이 분부하여

"저 양반 듭시래라."

어사또 들어가 단좌(端坐)하여 좌우를 살펴보니, 당상(堂上)의 모든 수령 다담을 앞에 놓고 진양조 양양(洋洋)할 제 어사또 상을 보니 어찌 아니 통분하랴.

모 떨어진 개상판에 닥채저붐, 콩나물, 깍두기, 막걸리 한 사발 놓았구나.

상을 발길로 탁 차 던지며 운봉의 갈비를 직신, "갈비 한 대 먹고지고." / "다리도 잡수시오."

하고 운봉이 하는 말이

"이러한 잔치에 풍류로만 놀아서는 맛이 적사오니 차운(次韻) 한 수씩 하여 보면 어떠하오?"

"그 말이 옳다."

하니 운봉이 운(韻)을 낼 제, 높을 고(高) 자, 기름 고(膏) 자 두 자를 내어 놓고 차례로 운을 달 제, 어사또 하는 말이

"걸인도 어려서 추구권(抽句卷)이나 읽었더니, 좋은 잔치 당하여서 주효를 포식하고 그저 가기 무렴(無廉)하니 차운 한 수 하사이다." 〈중략〉

"금준미주(金樽美酒)는 천인혈(千人血)이요,
옥반가효(玉盤佳肴)는 만성고(萬姓膏)라.
촉루락시(燭淚落時) 민루락(民淚落)이요,
가성고처(歌聲高處) 원성고(怨聲高)라."

이 글 뜻은,

'금동이의 아름다운 술은 일만 백성의 피요,
옥소반의 아름다운 안주는 일만 백성의 기름이라.
촛불 눈물 떨어질 때 백성 눈물 떨어지고,
노랫소리 높은 곳에 원망 소리 높았더라.'

이렇듯이 지었으되, 본관은 몰라보고 운봉이 이 글을 보며 속마음에 '아뿔싸, 일이 났다.'

이때, 어사또 하직하고 간 연후에 공형(公兄) 불러 분부하되,

"야야, 일이 났다."

『이때에 어사또 군호(軍號)할 제, 서리(胥吏) 보고 눈을 주니 서리, 중방(中房) 거동 보소. 역졸(驛卒) 불러 단속할 제 이리 가며 수군, 저리 가며 수군수군, 서리 역졸 거동 보소. 외올망건(網巾), 공단(貢緞) 쌔기 새 평립(平笠) 눌러 쓰고 석 자 감발 새 짚신에 한삼(汗衫), 고의(袴衣) 산뜻 입고 육모방치 녹피(鹿皮) 끈을 손목에 걸어 쥐고 예서 번뜻 제서 번뜻, 남원읍이 우군우군, 청파 역졸(靑坡驛卒) 거동 보소.』 달 같은 마패(馬牌)를 햇빛같이 번뜻 들어

"암행어사 출도(出道)야!" 외는 소리, 강산이 무너지고 천지가 뒤눕는 듯. 초목금수(草木禽獸)인들 아니 떨랴. 〈중략〉

『모든 수령 도망할 제 거동 보소. 인궤(印櫃) 잃고 과줄 들고, 병부(兵符) 잃고 송편 들고, 탕건(宕巾) 잃고 용수 쓰고, 갓 잃고 소반(小盤) 쓰고, 칼집 쥐고 오줌 누기. 부서지니 거문고요, 깨지느니 북, 장구라.』

본관이 똥을 싸고 멍석 구멍 새앙쥐 눈 뜨듯 하고 내아(內衙)로 들어가서

"어 추워라, 문 들어온다, 바람 닫아라. 물 마른다, 목 들여라."

관청색은 상을 잃고 문짝 이고 내달으니, 서리, 역졸 달려들어 후닥딱

"애고, 나 죽네!"

◆ 핵심정리

갈래	판소리계 소설, 염정 소설
성격	해학적, 풍자적, 평민적
시점	전지적 작가 시점
배경	조선 후기(숙종), 전라도 남원
주제	- 신분을 초월한 남녀 간의 사랑 - 불의한 지배 계층에 대한 서민의 항거 - 신분적 갈등의 극복을 통한 인간 해방
특징	- 해학과 풍자에 의한 골계미가 나타남 - 서술자의 편집자적 논평이 자주 드러남 - 판소리의 영향으로 운문체와 산문체가 혼합됨

◆ 표면적 주제와 이면적 주제

	표면적 주제	이면적 주제
내용	춘향과 이몽룡의 연애담 → 춘향이 수청을 강요하는 변 사또에 맞서 정절을 지킴	춘향과 이몽룡의 결연 → 춘향이 사대부와 혼인하여 신분적 제약에서 벗어남
주제	여성의 굳은 정절	신분적 제약을 벗어난 인간 해방

◆ 춘향전의 근원 설화

염정 설화	양반 자제와 기생의 사랑 이야기
열녀 설화	여자가 고난과 시련을 이겨 내고 정절을 지키는 이야기
관탈 민녀 설화	벼슬아치가 민간의 여자를 빼앗는 이야기
신원 설화	억울하게 죽은 혼의 한을 풀어 주는 이야기
암행어사 설화	암행어사가 권력자나 부자의 횡포를 비판하고 약자의 한을 풀어 주는 이야기

◆ 이몽룡의 한시

보조 관념	원관념
술	피
안주	기름
촛농	눈물
노랫소리	원망 소리

이몽룡이 지은 한시는 부패한 지배층이 부귀영화를 누리며 사는 것은 백성들의 피와 땀 덕분이며, 백성들은 지배층의 횡포에 시달려 피폐한 삶을 살고 있음을 비판적으로 고발하고 있는 내용이다. 칠언절구의 형식으로 대구법과 은유법을 사용하였다.

◆ 표현상 특징

언어유희	- 동음이의어를 활용한 해학적 표현 - 언어 도치를 활용한 해학적 표현 - 유사 음운의 반복을 통한 언어유희 - 발음의 유사성을 통한 언어유희
이중적 언어 사용	일상어 위주의 서민들 언어, 고사 및 한문 투의 양반층의 언어를 동시에 사용하여 폭넓은 독자층의 요구에 부합함.

2021 지방직 9급

Q. ㉠~㉣에 대한 설명으로 옳지 않은 것은?

이때는 오월 단옷날이렷다. 일 년 중 가장 아름다운 시절이라. ㉠ 이때 월매딸 춘향이도 또한 시서 음률이 능통하니 천중절을 모를쏘냐. 추천을 하려고 향단이 앞세우고 내려올 제, 난초같이 고운 머리 두 귀를 눌러 곱게 땋아 봉황 새긴 비녀를 단정히 매었구나. …〈중략〉… 장림 속으로 들어가니 ㉡ 녹음방초 우거져 금잔디 좌르르 깔린 곳에 황금 같은 꾀꼬리는 쌍쌍이 날아든다. 버드나무 높은 곳에서 그네 타려할 때, 좋은 비단 초록 장옷, 남색 명주 홑치마 훨훨 벗어 걸어 두고, 자주색 꽃신을 썩썩 벗어 던져두고, 흰 비단 새 속옷 턱밑에 훨씬 추켜올리고, 삼 껍질 그넷줄을 섬섬옥수 넌지시 들어 두 손에 갈라 잡고, 흰 비단 버선 두 발길로 훌쩍 올라 발 구른다. …〈중략〉… ㉢ 한 번 굴러 힘을 주며 두 번 굴러 힘을 주니 발밑에 작은 티끌 바람 쫓아 펄펄, 앞뒤 점점 멀어 가니 머리 위의 나뭇잎은 몸을 따라 흔들흔들. 오고갈제 살펴보니 녹음 속의 붉은 치맛자락 바람결에 내비치니, 높고 넓은 흰 구름 사이에 번갯불이 쏘는 듯 잠깐 사이에 앞뒤가 바뀌는구나. …〈중략〉… 무수히 진퇴하며한참 노닐 적에 시냇가 반석 위에 옥비녀 떨어져 쟁쟁하고, '비녀, 비녀 ' 하는 소리는 신호채를 들이 옥그릇을 깨뜨리는 듯. ㉣ 그 형용은 세상 인물이 아니로다.

– 작자 미상, 「춘향전」에서 –

① ㉠: 설의적 표현을 통해 춘향이도 천중절을 당연히 알 것이라는 점을 서술하고 있다.
② ㉡: 비유법을 사용하고 음양이 조화를 이룬 아름다운 봄날의 풍경을 서술하고 있다.
③ ㉢: 음성상징어를 사용하여 춘향의 그네 타는 모습을 시각적으로 서술하고 있다.
④ ㉣: 서술자의 편집자적 논평을 통해 춘향이의 내면적 아름다움을 서술하고 있다.

2019 국가직 9급

Q. ㉠~㉣ 중 서술자가 개입되어 있지 않은 것은?

이때 춘향이는 사령이 오는지 군노가 오는지 모르고 주야로 도련님을 생각하여 우는데, ㉠ 생각지 못할 우환을 당하려 하니 소리가 화평할 수 있겠는가. 한때나마 빈방살이 할 계집아이라 목소리에 청승이 끼어 자연히 슬픈 애원성이 되니 ㉡ 보고 듣는 사람의 심장인들 아니 상할 것인가. 임 그리워 서러운 마음 밥맛 없어 밥 못 먹고 불안한 잠자리에 잠 못 자고 도련님 생각으로 상처가 쌓여 피골이 상접하고 양기가 쇠진하여 진양조 울음이 되어 노래를 부른다. 갈까 보다 갈까 보다, 임을 따라 갈까 보다. 천 리라도 갈까 보다. 만 리라도 갈까 보다. 바람도 쉬어 넘고 수진이 날진이 해동청 보라매도 쉬어 넘는 높은 고개 동선령 고개라도 임이 와 날 찾으면 신발 벗어 손에 들고 아니 쉬고 달려가리. ㉢ 한양 계신 우리 낭군 나와 같이 그리워하는가, 무정하여 아주 잊고 나의 사랑 옮겨다가 다른 임을 사랑하는가? ㉣ 이렇게 한참을 서럽게 울 때 사령 등이 춘향의 슬픈 목소리를 들으니 목석이라도 어찌 감동을 받지 않겠는가? 봄눈 녹듯 온몸에 맥이 탁 풀렸다.

– 작가 미상, 〈춘향전〉

① ㉠ ② ㉡ ③ ㉢ ④ ㉣

2011 국가직 9급

Q. 밑줄 친 ㉠~㉢에 대한 설명으로 옳지 않은 것은?

> 모든 수령 도망할 제 거동 보소. 인궤(印櫃) 잃고 과줄 들고, 병부(兵符) 잃고 송편 들고, 탕건(宕巾) 잃고 용수 쓰고, 갓 잃고 소반(小盤) 쓰고, 칼집 쥐고 오줌 누기. 부서지니 거문고요, 깨지느니 북, 장고라. 본관이 똥을 싸고 멍석 구멍 새앙쥐 눈 뜨듯 하고 내아(內衙)로 들어가서
> ㉠ "어 추워라, 문 들어온다, 바람 닫아라. 물 마른다, 목들여라."
> 관청색은 상을 잃고 문짝 이고 내달으니, 서리, 역졸 달려들어 후닥딱
> "애고, 나 죽네!"
> 이때 수의 사또 분부하되,
> "이 골은 대감이 좌정하시던 골이라, ㉡ 훤화(喧譁)를 금하고 객사(客舍)로 사처(徙處)하라."
> 좌정(座定) 후에,
> "본관은 봉고파직(封庫罷職)하라."
> 분부하니
> "본관은 봉고파직이오!"
> 사대문에 방 붙이고 옥 형리 불러 분부하되,
> "네 골 옥수(獄囚)를 다 올리라."
> 호령하니 죄인들 올리거늘, 다 각각 문죄(問罪) 후에
> ㉢ 무죄자 방송(放送)할새,
> ㉣ "저 계집은 무엇인다?"
> – 완판본 〈열녀춘향수절가(烈女春香守節歌)〉

① ㉠: 인물의 다급한 심리를 해학적으로 표현했다.
② ㉡: 담배를 금하고 객사로 장소를 옮기라는 뜻이다.
③ ㉢: 죄 없는 자를 감옥에서 나가도록 풀어 준다는 뜻이다.
④ ㉣: 의문형 종결 방식이 현대 국어와 다름을 보여 준다.

2012년 지방직 7급

Q. 춘향과 신관 사또의 말하기 방식에 대한 설명으로 옳은 것은?

> 신관이 분부하되
> "네 본읍 기생으로 도임 초에 현신 아니 하기를 잘 했느냐?"
> 춘향이 아뢰되
> "소녀 구관 사또 자제 도련님 뫼신 후에 대비정속한 고로 대령치 아니하였나이다."
> 신관이 증을 내어 분부하되
> "고이하다. 너 같은 노류장화가 수절이란 말이 고이하다. 네가 수절하면 우리 마누라는 기절할까? 요망한 말 말고 오늘 부터 수청 거행하라."
> 춘향이 여쭙되 "만 번 죽사와도 이는 봉행치 못 할소이다."
> 신관의 말이 "네 잡말 말고 분부대로 거행하여라."
> 춘향이 여쭙되
> "고언에 충신은 불사이군이오, 열녀는 불경이부라 하오니 사또께서는 응당 아실지라. 만일 국운이 불행하여 난시를 당하오면 사또께서는 도적에게 굴슬 하시리이까?"
> 신관이 이 말을 듣고 크게 화를 내어 강변의 덴 소 날뛰듯하며 춘향을 바삐 형추 하라 하니 〈중략〉

① 신관 사또는 춘향에게 회유의 말과 겁박의 말을 번갈아 사용했다.
② 신관 사또는 춘향의 정서적 거부감을 없애려고 희화적 표현을 사용했다.
③ 춘향은 양시론적 입장에서 자신의 주장을 정당화하는 화법을 구사했다.
④ 춘향은 자신의 정당성을 뒷받침하고 신관 사또의 부당성을 부각하는 화법을 구사했다.

작품의 줄거리

성 참판과 퇴기 월매 사이에서 태어난 춘향은 뛰어난 미모와 재주를 지녔다. 남원 부사의 아들 이몽룡이 광한루에 구경나왔다가 그네를 타는 춘향을 보고 한눈에 반해서 그날 밤 춘향의 집을 찾아간다. 이몽룡은 춘향의 모 월매에게 춘향과의 백년가약(百年佳約)을 맹세하고 둘은 밤마다 사랑에 빠진다. 그런데 이몽룡의 아버지가 서울로 영전하게 되어 둘은 어쩔 수 없이 이별을 하게 된다. 새로 부임한 변 사또는 호색가여서 춘향에게 수청 들 것을 강요한다. 춘향은 죽음을 무릅쓰고 정절을 지키려 하고, 이로 인해 형장을 맞고 하옥된다. 서울로 올라간 이몽룡은 과거에 급제하여 전라도 암행어사가 되어 내려온다. 이몽룡이 거지꼴로 변장하여 춘향의 집을 찾아가나 월매가 푸대접하고, 옥중의 춘향은 절망에 빠져 자기가 죽으면 장사를 잘 지내 달라고 유언을 남긴다. 어사또는 변 사또의 생일잔치때 각 읍수령이 모인 틈을 타 어사출두를 단행한다. 어사또는 변 사또를 봉고파직하고, 춘향은 월매와 더불어 크게 기뻐한다. 어사또는 춘향을 데리고 상경하여 부부로서 부귀영화를 누린다.

정답 ④, ③, ②, ④

애정 소설 03 영영전
― 작자 미상

[앞부분의 줄거리] 소년 선비인 김생은 회산군의 궁녀인 영영을 우연히 보고 사랑에 빠진다. 김생은 상사병에 걸려 눕게 되었다가 노복 막동과 그녀의 이모인 노파의 도움으로 영영을 만나게 되고, 이윽고 몰래 궁으로 들어가 영영을 만난다.

"좋은 밤은 괴로울 정도로 짧고 사랑하는 두 마음은 끝이 없는데, 장차 어떻게 이별을 하리오? 궁궐 문을 한번 나가면 다시 만나기 어려울 터이니, 이 마음을 어떻게 하리오?"

영영은 이 말을 듣고 울음을 삼키며 흐느끼더니, 고운 손으로 눈물을 흩뿌리면서 말했다.

"홍안박명은 옛날부터 있었으니, 비단 미천한 저에게만 그러한 것은 아닙니다. 살아서 이렇듯 이별하니, 죽어서도 이렇듯 원통할 것입니다. 죽고 사는 것은 꽃이 시들고 나뭇잎이 떨어지는 것과 같으니, 굳이 날씨가 추워지기를 기다릴 필요도 없습니다. 낭군은 철석 같은 마음을 가진 남아인데, 어찌 소소하게 아녀자를 염려하다가 성정(性情)을 해쳐서야 되겠습니까? 엎드려 바라건대, 낭군께서는 이별한 뒤에는 제 얼굴을 가슴 속에 두어 심려치 마시고, 천금같이 귀중한 몸을 잘 보존하십시오. 또 학업을 계속하여 과거에 급제하고 운로에 올라 평생의 소원을 이루시길 간절히 바라고 또 바라옵니다!"
('영영'은 궁을 떠날 수 없음을 체념적으로 받아들이고 있음.)

이어서 영영은 토끼털로 만든 붓을 뽑고 용꼬리를 새긴 벼루를 연 다음, 난봉전을 펼쳐 놓고 칠언율시(七言律詩)를 한 수 지어 이별에 부치었다. 〈중략〉

그러나 세월은 천연히 흘러가고 광음은 돌연히 바뀌어 온갖 근심 속에서도 3년이 훌쩍 지나가 버렸다. 마음이 일에 따라 변하듯 영영에 대한 그리움도 점차 줄어들었다. 김생은 다시 학업을 일삼아 경전(經典)과 서적(書籍)에 침잠하고 힘써 문장을 닦았다. 홰나무꽃이 누렇게 물드는 시기가 되어 김생은 과거 시험장에서 나라 안의 모든 선비들과 함께 자리를 다투었다. 그는 시험을 치를 때마다 거듭 합격하여 마침내 뭇 사람들 가운데서 장원으로 뽑히었다. 이로 인해 김생의 이름은 널리 빛나 당대(當代)에는 그와 견줄 만한 사람이 없었다. 3일 동안의 유가에서 김생은 머리에 계수나무 꽃을 꽂고 손에는 상아(象牙)로 된 홀을 잡았다. 〈중략〉

김생은 얼큰하게 술에 취한지라, 의기(意氣)가 호탕해져 채찍을 잡고 말 위에 걸터앉아 수많은 집들을 한번 둘러보았다. 갑자기 길가의 한 집이 눈에 띄었는데 높고 긴 담장이 백 걸음 정도로 빙빙 둘러 있었으며, 푸른 기와와 붉은 난간이 사면에서 빛났다. 섬돌과 뜰은 온갖 꽃과 초목들로 향기로운 숲을 이루고, 희롱하는 나비와 미친 벌들이 그 사이를 어지러이 날아다녔다. 김생이 누구의 집이냐고 물으니, 곧 회산군(檜山君) 댁이라고 하였다. 김생은 문득 옛날 일이 생각나 마음 속으로 은근히 기뻐하며, 짐짓 취한 듯 말에서 떨어져 땅에 눕고는 일어나지 않았다. 궁인(宮人)들이 무슨 일인가
(영영이 살고 있을 것이라는 생각에 그녀를 만나고 싶은 목적을 가진 의도적 행동)

하고 몰려나오자, 구경꾼들이 저자처럼 모여들었다. 이때 회산군은 죽은 지 이미 3년이나 되었으며, 궁인들은 이제 막 상복(喪服)을 벗은 상태였다. 그동안 부인은 마음 붙일 곳 없이 홀로 적적하게 살아온 터라, 광대들의 재주를 보고 싶었다. 그래서 시녀들에게 김생을 부축하여 서쪽 가옥으로 모시고, 죽부인을 베개 삼아 비단 무늬 자리에 누이게 하였다.

♦ **핵심정리**

갈래	한문 소설, 애정 소설
성격	낭만적, 현실적
배경	명나라 효종
주제	- 고난을 뛰어넘는 사랑의 실현 - 김생과 영영의 사랑 - 신분을 극복한 사랑의 성취
특징	- 현실에서는 불가능한 신분적 제약을 뛰어넘는 상황이 설정됨 - 과거와 출세라는 당시의 사회적 통념이 드러남 - 사실적인 표현과 내용 전개가 특징임 (전기성, 우연성 등이 나타나지 않음)

♦ **〈운영전〉과 〈영영전〉**

이 작품은 〈운영전〉과 유사하여 동일 작자설까지 논의된 바 있으나 사실 여부는 알 수 없다. 〈운영전〉의 비극적 결말과 달리 이 작품은 남녀의 지상결합으로 행복한 결말로 이루어진 것이 큰 차이점이다. 이에 따라 〈운영전〉의 전기적 성격이 〈영영전〉에 나타나지 않는다.

작품의 줄거리

명나라 효종 때 성균 진사 김생이 있었는데 용모가 뛰어나고 쾌활하였다. 어느 날 취중에 한 미인을 만나 사모하게 되었다. 남자 종인 막동이가 미인이 사는 집 노파와 친하게 되어, 그 미인이 회산군의 시녀 영영임을 알게 된다.

김생의 그리움이 더해지자 노파가 주선하여 영영과 만나게 되나 동침만은 거절당한다. 그 뒤 김생은 회산군 집에 몰래 들어가 영영과 하룻밤을 동침하고 헤어진다.

이들은 만날 길이 없는 가운데 3년이 지났는데, 그리움으로 자결까지 하려던 김생은 과거를 보고 장원급제를 한다. 삼일유가(三日遊街 : 과거에 급제한 사람이 사흘 동안 시험관과 선배 급제자와 친척을 방문하던 일)를 하다 회산군 집에 들어간 김생은 영영과 편지만 주고받는데, 이때 회산군은 죽은 지 3년이 되었다.

김생이 영영에 대한 그리움으로 앓아 눕자, 회산군 부인의 조카인 친구가 김생의 사연을 말하여 영영을 보내주게 하였다. 김생은 벼슬도 사양하고 영영과 여생을 보낸다.

애정 소설 04 숙향전
— 작자 미상

이때에 상서가 국사(國事)에 매어어 집에 돌아오지 못하였더니 상서의 부인이 생의 행동거지(行動擧止)가 수상함을 보고 하인들을 힐문(詰問)하였다.

이에 하인들이 부득이하여 사실대로 아뢰니 부인이 크게 놀라 즉시 상서께 기별하였다. 상서가 또한 통분하나 '누님께서 주혼(主婚)하고 선이 몹시 사랑

한다 하니 달리 금치 못하리라.' 하고 낙양 태수에게 기별하되,

"동촌 술 파는 할미 집에 숙향이라는 계집이 가장 요악(妖惡)하다 하니 잡아다가 죽이라."

하였다. 이생은 고모 집에 있어 아무 것도 모르고 있었다. 이때 낙양 태수 김전이 상서의 말을 듣고 즉시 관원들을 풀어 숙향을 잡아 오니 숙향이 아무 것도 모르고 잡히어 관전(官前)에 이르니 태수가 물어 말하기를,

"너는 어떤 창녀이기에 상서 댁의 공자를 고혹(蠱惑)하였느냐? 이제 쳐 죽이라는 기별이 왔으니 나를 원망하지 말라."

하고 아랫사람들에게 호령하여 형틀에 매고 치려 하니 낭자가 원망하여 말하기를,

"소녀는 다섯 살 때 피란 가던 중에 부모를 잃고 동서로 구걸하며 다니다가 할미집에 의지하였는데, 이랑이 빙례(聘禮)로 구혼하옴에 상하 체면에 거스리지 못하여 성혼하였습니다. 이는 진실로 첩의 죄가 아닙니다."

하였다. 태수가 말하기를,

"나는 상서의 기별대로 할 뿐이다."

하고 치기를 재촉하니 숙향의 화월(花月) 같은 용모에 머리를 흐트러뜨리고 눈물이 밍밍하여 슬피 우니 그 경상(景狀)을 차마 못 볼러라. 집장 사령이 매를 들어 치려 한즉 팔이 무거워 들지 못하였다. 태수가 크게 노하여 다른 사령으로 갈아 치웠으나 또한 매 끝이 땅에 붙고 떨어지지 아니하니 태수가 고이히 여겨 말하기를,

"필시 애매한 사람이리라. 그러나 상서의 기별임에 나로서는 어쩌지 못하겠다."

하고 동여매어 물에 넣으려 하였다. 이때 태수의 부인인 장씨의 꿈에 숙향이 앞에 와 울며 말하기를,

"부친께서 저를 죽이려 하거늘 모친이 어찌 구하지 않으십니까?"

하니 부인이 놀라 깨어 시비로 하여금,

"상공이 무슨 공무를 보시는가 알아 오라."

하였다. 시비가 되돌아 와 말하기를,

"상공이 이 상서의 영(令)으로 그 댁 며느리를 죽이려 하십니다."

하니 장씨가 놀라 급히 태수를 청하여 말하기를,

"여아(女兒)를 잃은 지 십여 년에 한 번도 꿈에 뵈는 일이 없더니 아까 몽중에 숙향이 울며 여차저차하오니 매우 이상합니다. 오늘 보시는 공무(公務)는 어떤 일입니까?"

하였다. 태수가 말하기를,

"이 상서의 아들이 숙향에게 고혹되어 부모를 속이고 장가들었음에 제게 기별하여, '죽이라' 하기에 이번 일을 하는 것입니다."

하니 장씨가 말하기를,

"몽사가 이상하고 이 상서의 며느리가 또한 피란 중에 부모를 잃었다 하니 그 근맥을 물어 보겠습니다. 일을 잠시만 미루어 주십시오."

하였다. 태수가 이에 응낙하고 하령하여, 가두라 하니 낭자 약하디 약한 몸에 큰 칼을 쓰고 누수 만면(淚水滿面)하여 옥에 들며 말하기를,

"이 곳이 어디입니까?"

하니 옥졸이 대답하여 말하기를,

"낙양 옥중이다. 내일은 죽을 것이니 불쌍하구나."

하거늘 낭자 헤아리되, '이랑은 내가 죽는 것을 모를 것이니 소식을 누가 전하리오?' 하고 애통해 하더니 날이 밝음에 문득 청조(靑鳥) 날아와 울거늘 낭자가 적삼 소매를 떼어 손가락을 깨물어 피를 내어 편지를 써 새의 발목에 매어 주며, '이랑께 전하라.' 경계하니 청조가 두 번 울고 날아 갔다.

이날 이랑이 고모 집에서 자는데 문득 이랑의 고모가 잠결에 대경 대로하여 말하기를,

"선이 비록 상서의 아들이나 내 또한 길렀음에 주혼하였던 것인데, 내게 묻지도 아니하고 어찌 이렇듯 걱정을 끼칠 수 있는가?"

하거늘 생이 부인을 흔들어 깨웠다. 부인이 정신을 차려 생에게 꿈 얘기를 이를 즈음에 문득 청조가 날아와 이랑의 앞에 앉거늘 자세히 보니 발목에 한 봉물이 매어 있는지라 끌러 보니 그 글에 하였으되,

"박명 첩 숙향은 삼가 글월을 이랑 좌하에 올립니다. 첩이 전생 죄를 차생(此生)에서 피하지 못하여 속절없이 낙양 옥중의 흙이

되니 죽기는 섧지 아니하나 낭군을 다시 못 보니 지하에 가도 눈을 감지 못할 것입니다. 엎드려 비옵건대 낭군은 천첩을 생각지 마르시고 천금같이 귀한 몸을 보중(保重)하십시오."

하였거늘 이랑이 편지 글에 크게 놀라 그 글을 고모에게 드리고 낙양 옥중에 가 함께 죽고자 하니 고모가 말하기를,

"내 몽사와 같으니 장차 어찌하리오? 그러나 경솔히 굴지 말고 할미 집에 사람을 시켜 자세히 알아오라."

'고모'는 상황에 침착하게 대응하고 있음.

하며 일변으로 상서 집 노복을 불러 물으니 노복 등이 대답하여 말하기를,

"부인이 알으시고 상서께 기별하여 여차저차한 것입니다."

하거늘, 부인이 대로하여 말하기를,

"내 주혼함을 업수이 여기고 내게 묻지도 아니하고 무작정 사람을 죽이려 하는구나. 내 친히 경성으로 올라가 상서를 만나 결단하리라."

하고 치행(治行)하여 경성으로 갔다.

◆ 핵심정리

갈래	염정 소설, 적강 소설, 영웅 소설
성격	도교적, 초현실적, 낭만적
시점	전지적 작가 시점
제재	숙향과 이선의 사랑
주제	고난을 극복한 사랑의 성취 인간의 천상적 애정 실현
특징	- 천계계와 지상계의 이원적 공간이 설정됨 - 영웅 소설적 구조를 지님 - 주인공 숙향은 영웅으로서의 능력은 구비하지 못함

◆ 〈숙향전〉에 반영된 설화

동물 보은 설화	숙향의 아버지 김전이 거북을 살려 준 일이 있었는데, 훗날 김전이 물에 빠졌을 때 그 거북이 건져 줌
혼사 장애 설화	이선의 아버지 이상서는 아들이 미천한 신분인 숙향과 혼인한 것을 알고 숙향을 죽이려고 함
선약(仙藥) 탐색 설화	이선이 황태후의 병환 치료에 쓸 영약을 구하러 험난한 길을 떠나 하늘의 도움으로 약을 구해 옴

◆ 일반적 영웅 소설과 차이점

	영웅 소설	여성 영웅 소설	숙향전
공통점	영웅의 일대기 구조		
차이점	남자 주인공	여자 주인공	
	집단적 가치를 실현하는 영웅		집단적 가치를 실현하지 않음
	초월적 존재 및 영웅 스스로의 능력에 의한 해결		초월적 존재에 의한 해결

◆ 갈등 관계

숙향, 이선
남녀의 인간적 애정
↕ 대립
유교적 도덕관
부모의 의사와 신분 질서에 근거한 현실 논리

→ 현실적 장애 요인을 극복하고 애정 성취

◆ 기본 구조

출생	김전이 자식이 없다가 숙향을 얻음
성장과 구출	숙향의 기아(棄兒)와 구출, 모함과 신원, 투신과 용녀의 구출, 화재와 구출, 마고 할미에게 의탁 등이 드러남
만남	이선과의 인연과 상봉
이별	이선 부모에 의한 혼사 장애
재회	이선의 과거 급제로 인한 만남
완성	결혼 허락과 수용, 결혼 생활의 즐거움과 천상 세계로의 복귀

작품의 줄거리

송나라 사람 김전이 어느 날 죽게 된 거북을 살려 준다. 김전과 장씨는 늦도록 자식이 없어 근심하다가 명산대찰에 빌어 외동딸 숙향을 낳는다. 하지만 숙향이 세 살 때 도적의 난이 일어나 딸을 잃어버린다. 이때 사슴이 숙향을 업어다가 장 승상 집 앞에 데려다 놓는다. 숙향은 그 집 양녀로 성장하는데 이를 질투한 종 사향의 모함으로 집에서 쫓겨나 표진강에 몸을 던진다. 이때 물에 빠진 숙향을 용녀가 구해 주는데, 용녀는 김전이 전에 살려준 거북이다.

숙향은 이리저리 떠돌다가 갈대밭에서 불을 만나 죽을 고비에 처한다. 그 순간 화덕진군이 구해 주고, 마고 할미가 그녀를 거두어 수를 놓아 팔며 함께 살게 된다. 숙향의 수를 본 이선은 수에 놓인 그림이 자신의 꿈과 같은 것에 놀라 마고 할미의 집을 찾아가고, 고모의 도움으로 숙향과 가연을 맺는다. 그러나 아들의 혼인을 안 이상서는 낙양 태수 김전에게 숙향을 죽이도록 명한다.

자기 딸인 줄 모르고 숙향을 죽이려던 김전은, 부인 장씨가 꾼 꿈으로 인해 숙향을 죽이지 못하고 다른 곳으로 떠난다. 숙향은 마고 할미가 죽고 홀로 남겨지자 자살하려 하나 기르던 삽살개의 도움으로 이선과 재회한다. 숙향은 이선의 부모와 만나 오해를 풀고 과거에 급제한 이선과의 혼인을 허락받는다. 이후 숙향은 장 승상을 만나고 친부모 김전도 만나 비로소 혈육의 정을 나눈다. 한편, 이선은 황제의 불사약을 구하라는 명을 수행한 뒤 양왕의 딸을 둘째 부인으로 맞는다. 이선과 숙향은 늙어 칠십 세에 신선이 따로 준 약을 먹고 하늘로 올라간다.

운영전

애정 소설 05 — 작자 미상

하루는 대군이 서궁의 수헌에 앉아 계시다가 왜철쭉이 활짝 핀 것을 보고, 시녀들에게 각기 오언 절구(五言絕句)를 지어서 바치라고 명령했습니다.

시녀들이 지어서 올리자, 대군이 크게 칭찬하여 말했습니다.

"너희들의 글이 날마다 점점 나아지고 있어서 매우 기쁘다. 다만 운영의 시에는 님을 그리워하는 마음이 나타나 있다. 지난번 부연시(賦煙詩)에서도 그러한 마음이 희미하게 엿보였는데 지금 또 이러하니, 네가 따르고자 하는 사람이 어떤 사람이냐? 김생의 상량문에도 말이 의심스러운 데가 있었는데, 네가 생각하는 사람이 김생 아니냐?"

저는 즉시 뜰로 내려가 머리를 조아리고 울면서 말했습니다.

"지난번 주군께 처음 의심을 사게 되자마자 저는 스스로 목숨을 끊으려고 했었습니다. 그러나 제 나이가 아직 20도 되지 않은데다가 다시 부모님도 뵙지 못하고 죽는 것이 매우 원통한지라, 목숨을 아껴 여기까지 이르렀습니다. 그런데 또 의심을 받게 되었으니, 한 번 죽는 것이 무엇이 아깝겠습니까? 천지의 귀신들이 죽 늘어서 밝게 비추고 시녀 다섯 사람이 한순간도 떨어지지 않고 함께 있었는데, 더러운 이름이 유독 저에게만 돌아오니 사는 것이 죽는 것보다 못합니다. 제가 이제야 죽을 곳을 얻었습니다."

저는 즉시 비단 수건을 난간에 매어 놓고 스스로 목을 매었습니다. 이때 자란이 말했습니다.

"주군께서 이처럼 영명(英明)하시면서 죄 없는 시녀로 하여금 스스로 사지(死地)로 나가게 하시니, 지금부터 저희들은 맹세코 붓을 들어 글을 쓰지 않겠습니다."

대군은 비록 화가 많이 났지만, 마음속으로는 진실로 제가 죽는 것은 바라지 않았습니다. 그래서 자란으로 하여금 저를 구하여 죽지 못하게 했습니다. 그런 뒤 대군은 흰 비단 다섯 단(端)을 내어서 다섯 사람에게 나누어 주면서 말했습니다.

"너희가 지은 시들이 가장 아름답기에 이것을 상으로 주노라."

이때부터 진사는 다시는 궁궐을 출입하지 못하고 집에 틀어박힌 채 병들어 눕게 되었습니다. 눈물이 이불과 베개에 흩뿌려졌으며, 목숨은 한 가닥 실낱같았습니다. 특이 와서 보고는 말했습니다.

"대장부가 죽으면 죽는 것이지, 어떻게 차마 임을 그리워하다 원한이 맺혀 좀스런 여자들처럼 상심하고, 또 천금 같은 귀중한 몸을 스스로 던져 버리려 하십니까? 이제 마땅히 꾀를 쓰시면 그 여자를 얻는 것은 어렵지 않을 것입니다. 한적하고 깊은 밤에 담을 넘어 들어가서 솜으로 입을 막고 업어서 나오면 누가 감히 우리를 쫓아올 수 있겠습니까?"

진사가 말했습니다.

"그 계획 역시 위험하여 성심으로 호소하는 것만 못할 것이다."

그날 밤 진사가 들어왔는데, 저는 병으로 일어날 수가 없어서 자란에게 진사를 맞아들이게 했습니다. 술이 석 잔 정도 돌아간 후에 제가 봉한 편지를 드리면서 말했습니다.

"이후부터는 다시 뵐 수 없으니, 삼생(三生)의 인연과 백 년의 약속이 오늘 저녁에 모두 끝났습니다. 만약 하늘이 정해 준 인연이 아직 끊어지지 않았다면 마땅히 저승에서나 서로 만나 볼 수 있을 것입니다."

〈중략〉

대군은 서궁의 시녀 다섯 사람을 붙잡아 뜰 가운데 세우고, 눈앞에 형장(刑杖)을 엄히 갖춘 다음 명령을 내려 말했습니다.

"이 다섯 사람을 죽여서 다른 사람들을 경계하라."

대군은 또 곤장을 잡은 사람에게 지시하여 말했습니다.

"곤장 수를 헤아리지 말고 죽을 때까지 때려라."

이에 우리 다섯 사람이 말했습니다.

"한마디 말만 하고 죽기를 원합니다."

대군이 말했습니다.

"무슨 말이든지 그간의 사정을 다 털어놓도록 해라."

은섬이 말했습니다.

"남녀의 정욕은 음양의 이치에서 나온 것으로, 귀하고 천한 것의 구별이 없이 사람이라면 모두 다 갖고 있는 것입니다. 그런데 저희는 한 번 깊은 궁궐에 갇힌 이후 그림자를 벗하며 외롭게 지내 왔습니다. 그래서 꽃을 보면 눈물이 앞을 가리고, 달을 대하면 넋이 사라지는 듯하였습니다. 저희들이 매화 열매를 꾀꼬리에게 던져 쌍쌍이 날지 못하게 하고, 주렴으로 막을 쳐서 제비 두 마리가 같은 둥지에 깃들지 못하게 하는 것도 다름이 아닙니다. 저희 스스로 쌍쌍이 노니는 꾀꼬리와 제비를 부러워하고 질투하는 마음을 견딜 수 없었기 때문입니다. 한 번 궁궐의 담을 넘으면 인간 세상의 즐거움을 알 수 있습니다. 그럼에도 저희가 궁궐의 담을 넘지 않는 것은 어찌 힘이 부족하며 마음이 차마 하지 못해서 그러하겠습니까? 저희들이 이 궁중에서 꾀할 수 있는 일은 오로지 주군의 위엄이 두

려워 이 마음을 굳게 지키다가 말라죽는 길뿐입니다. 그런데도 주군
께서는 이제 죄 없는 저희들을 사지(死地)로 보내려 하시니, 저희
들은 황천(黃泉) 아래서 죽더라도 눈을 감지 못할 것입니다."

<small>안평 대군에 대한 지조와 절개</small>
<small>남녀가 사랑의 감정을 갖는 것은 인간의 본성이므로 죄가 아니라고 생각함</small>

◆ **핵심정리**

갈래	염정 소설, 몽유 소설, 액자 소설
성격	염정적, 비극적
시점	외화 – 전지적 작가 시점, 내화 – 1인칭 주인공 시점
배경	조선 초기~중기, 한양의 수성궁, 천상계
주제	신분적 제약을 초월한 남녀의 비극적 사랑
특징	- 액자식 구성으로 되어 있음 - 궁중이라는 특수한 사회를 배경으로 함 - 시를 삽입하여 인물의 내면세계를 효과적으로 드러냄 - 고전 소설의 보편적 주제인 권선징악에서 벗어나 자유연애 사상을 보여주는 개성적 작품임

◆ **등장 인물**

운영	궁궐 안에서의 억압적인 삶에서 벗어나 참된 삶을 살고 싶어 하는 궁녀로, 순결하고 뜨거운 정열과 지성을 지닌 여인
김 진사	글솜씨가 뛰어난 선비로, 운영과의 사랑이 현실적 장벽에 가로막히자 운영의 뒤를 따라 죽음는 인물
안평 대군	겉으로는 품위 있는 행동을 보이며 도덕군자인 척하지만 위선적이고 전근대적 사고를 지닌 인물
유영	운영과 김 진사로부터 그들의 비극적 사랑 이야기를 전해 듣는 선비로, 운영과 김 진사의 애틋한 사랑을 전달하는 인물

◆ **주제의 양면성**

주제의 양면성	– 표면적 주제
	  이루어질 수 없는 남녀의 비극적 사랑
	– 이면적 주제
	  억압된 삶에 대한 저항, 자유연애 사상

◆ **구성상 특징**

	외화(外話)	내화(內話)	외화(外話)
내용	유영이 운영과 김 진사를 만남	운영과 김 진사의 애절한 사랑	운영, 김 진사와의 이별, 유영의 행적
시대	선조 (현재)	세종 (과거)	선조 (현재)
서술자	전지적 작가	운영, 김 진사	전지적 작가

◆ **몽유록계 소설과 〈운영전〉의 차이**

몽유록계 소설은 꿈과 현실이 명확하게 구별되고 대체로 현실 세계의 주인공이 꿈 속의 주인공과 동일 인물인 경우가 많다. 반면 '운영전'은 현실 세계에서는 유영을, 꿈 속에서는 운영과 김 진사를 주인공으로 설정하고 있다. 기존의 몽유록계 소설들이 '현실-꿈-현실'처럼 단순한 액자 구성 방식을 취하는데, '운영전'은 입몽(入夢)과 각몽(覺夢)의 형태가 다르다. 즉, 현실계의 유영이 꿈의 세계에 해당하는 운영과 김 진사의 세계로 바로 들어가지 않는다. 유영은 취몽(醉夢)에서 깨어난 다음에 비로소 운영과 김 진사를 만나게 되고, 현실로 복귀할 때도 취몽에서 깨어나는 과정을 거치게 된다. 이것은 '현실-꿈-현실'로 구성되는 몽유록계 소설의 일반적 구성과 다른 방식으로, 현실성을 부여하려는 몽유록의 발전된 형식이라 할 수 있다.

작품의 줄거리

선조 때 선비 유영이 안평 대군의 옛집인 수성궁 터에 들어가 홀로 술잔을 기울이다가 잠이 든다. 밤중에 잠에서 깨어난 유영은 궁녀였던 운영과 김 진사를 만나 술을 마시며 그들의 이야기를 듣게 된다(유영의 이야기).

운영은 안평 대군의 궁녀로 들어와 지내던 중, 안평 대군을 찾아와 시로 풍류를 즐기던 젊은 김 진사를 보고 사랑에 빠진다. 운영과 김 진사는 궁을 드나드는 무녀를 통해 몰래 편지를 주고받는 등 은밀하게 사랑을 나눈다.

김 진사의 종 '특'과 동료인 '자란'등의 도움으로 운영은 궁의 담을 넘어 들어온 김 진사와 사랑을 나눈다. 그녀는 김 진사와 달아날 계획을 세우지만 안평 대군에게 들키고 만다. 결국 운영은 자책감 때문에 목을 매어 자결한다(운영의 이야기).

운영의 자결 소식을 들은 김 진사는 기절했다가 정신을 차린 후 운영이 남긴 보화를 부처에게 바쳐 내세를 기약하려 한다. 그러나 특이 모두 가로 챈 것을 알고 억울함을 부처님께 고한다. 그러자 특은 우물에 빠져 죽고, 김 진사도 슬픔이 병이 되어 죽고 만다(김 진사의 이야기).

운영과 김 진사는 자신들의 사랑 이야기를 세인(世人)에게 전해 달라고유영에게 당부한다. 유영이 다시 취중에 졸다가 깨어 보니 운영과 김 진사의 일을 기록한 책만 남아 있었다. 유영은 그것을 가지고 돌아온 후 명산대천(名山大川)을 두루 돌아다녔는데, 그 생을 마친 바를 알 수가 없다(유영의이야기).

애정 소설 06 주생전 — 권필

배도는 눈물을 훔치고 정색을 하며 말했다.

"시경에 '아낙네 잘못 없는데, 사내는 달리 대하네.'라고 이르지 않았습니까? 낭군은 이익과 곽소옥의 사연을 알지 않습니까? 낭군이 만약 저를 멀리 버리시지 않을 것이라면, 원컨대 맹세의 글을 써 주십시오."

이어서 배도가 고운 명주 한 폭을 꺼내어 주자, 주생은 즉시 붓을 휘갈겨 말했다.

"푸른 산이 늙지 않고 푸른 물이 내내 흐르듯이 내 마음 변치 않으리.

그대가 내 말을 믿지 않는다면, 하늘에 뜬 밝은 달에 맹세하리라."

주생이 다 쓴 뒤에, 배도는 마음과 피로 봉하듯이 그 글을 정성껏 봉해서 허리춤 속에 넣었다. 이날 밤 시를 읊으며 두 사람이 사랑을 나누니, 비록 김생과 취취나 위랑과 빙빙의 사랑이라도 여기에 미치지 못할 정도였다.

〈중략〉

주생은 몸을 숨긴 채 다가가서 숨을 죽이고 엿보았다. 금빛 병풍과 채색 담요가 황홀하여 눈이 부시었다. 부인은 붉은 비단 적삼을 입고 백옥(白玉) 방석에 기대어 앉아 있었다. 나이는 50세 정도 되어 보였으나 지긋이 한 쪽 눈을 감고 돌아보는 태도에는 아직 예전의 어여쁜 모습이 남아 있었다.

꽃다운 나이의 소녀가 부인 옆에 앉아 있었는데, 구름처럼 고운 머릿결에는 푸른빛이 맺혀 있고 아리따운 뺨에는 붉은빛이 어리어 있었다. 밝은 눈동자로 살짝 흘겨보는 모습은 흐르는 물결에 비친 가을 햇살 같았으며, 어여쁨을 자아내는 아름다운 미소는 봄꽃이 새벽 이슬을 머금은 듯 했다. 배도가 그 사이에 앉아 있었는데, 배도는 그 소녀에 비하면 봉황에 섞인 갈가마귀나 올빼미요, 옥구슬에 섞인 모래나 자갈일 뿐이었다. 그 소녀를 본 주생은 넋이 구름 밖으로 날아가고 마음이 공중에 뜬 듯이 황홀하였다. 그래서 몇 번이나 미친 듯이 소리를 지르며 달려 들어갈 뻔했다.

주생은 한 번 선화를 본 후부터는 배도를 향한 마음이 이미 사라지고 없었다. 그래서 배도와 술잔을 주고받는 사이에도 애써 웃고 기뻐할 뿐, 마음은 온통 선화에 대한 생각으로 가득 차 있었다.

하루는 승상 부인이 아들 국영을 불러 놓고 말했다.

"네 나이가 열두 살인데도 아직 글을 배우지 않고 있으니, 훗날 어른이 되어서 어떻게 자립할 수 있겠느냐? 배 낭자의 남편인 주생은 학문이 뛰어난 선비라고 들었다. 네가 가서 그에게 배움을 청하는 것이 어떻겠느냐?"

◆ 핵심정리

연대	선조 때(16세기 말)
갈래	한문 소설, 애정 소설
성격	비극적, 사실적
주제	운명에 대한 인간의 나약성과 비극적인 사랑
의의	초기 소설과 후대 소설의 교량적 성격을 지님

◆ 〈최척전〉과 비교

전란으로 인해 사랑하는 사람들이 이별을 맞는다는 점에서 '최척전'과 공통되나, 전쟁의 참상을 구체적·사실적으로 그리기보다는 주생과 배도, 선화의 심리를 주로 다루었다는 점에서 '최척전'과 차이가 있다.

작품의 줄거리

주생은 어려서부터 글재주가 뛰어났지만, 과거에 실패하고 장삿길로 나서 여기저기를 돌아다녔다. 그는 우연히 어렸을 때 친구로 지금은 기생이 된 배도를 만나게 된다. 주생은 배도의 아름다운 자태와 시재(詩才)에 이끌리어 깊은 사랑을 하게 된다. 어느 날, 노 승상 댁의 딸 선화를 본 뒤부터 주생의 마음은 선화에게 옮겨 간다. 주생은 승상 댁 아들 국영에게 글을 가르치게 되면서부터 그리던 선화와 사랑을 나누게 된다. 두 사람의 관계를 안 배도는 주생의 배신에 괴로워하다 병들어 눕게 된다. 국영의 갑작스런 죽음으로 주생과 선화는 만날 길이 없어져 서로 상사병에 시달린다. 배도는 비극적 사랑의 슬픔을 간직한 채 죽는다.

사랑을 모두 잃은 주생은 외가의 장씨를 찾아간다. 그간의 사연을 안 장씨가 노 승상 댁에 사람을 보내, 주생과 선화의 혼인을 주선한다. 혼사를 몇 달 앞둔 어느 날, 왜적이 조선에 쳐들어와 명나라는 조선에 파병한다. 이 때 주생도 명나라 군사로 조선에 오게 된 뒤, 선화와 영영 소식이 끊기고 만다.

애정 소설 07 채봉감별곡 2015년 지방직 9급 － 작자 미상

"아가, 어디를 갔다가 이렇게 늦게 오느냐?"

채봉은 자연 부끄러운 태도가 있어 미처 대답을 하지 못하고 추향이 대답한다.

"달이 하도 밝기에 후원에서 놀다가 인제야 옵니다."

"어린 아이들이 무섭지 아니하냐? 근일 들은즉 후원 터진 데 사람의 발자취가 있더라고 하던데, 다시는 밤중에 들어가지 말라. 그러나 지금 들은즉 남자의 소리가 들리니 누가 들어왔더냐?"

채봉은 천만뜻밖에 이 말을 듣고 감히 고개를 들지 못하고, 추향은 창황하여 즉시 대답을 하지 못한다.

이 부인이 이 거동을 보고 노기를 띠고 재차 다시 묻는다.

"왜 대답이 없느냐? 나는 남자와 같이 말하는 것을 보고, 어떤 남자가 들어온 것을 책하여 내보내는 줄 알았더니, 지금 너희의 동정을 보니 무슨 사정이 있구나. 이 일을 진사님이 아시기 전에 진작 실토하면 내가 먼저 조처를 하고, 진사께 말씀하려니와, 만일 기망을 하면 진사께 말씀하여 살풍경이 일 것이니, 이실직고하여 기망 말라. 추향아, 너는 사정을 자세히 알지? 만약 네가 기망하면 너부터 치죄하리라."

채봉은 더욱 망지소조하여 어찌할 줄 모르고, 추향은 속으로 생각하되,

'바로 말씀 드려 일이 없도록 하는 것이 좋겠다.' 싶어 이 부인 앞에 가 앉으며,

"마님께서 이와 같이 하문하시니 어찌 기망하오리까. 이는 다 소비의 죄이오니 만사무석이올시다."

"그래 네가 주선한 것이면 사정이 어떻게 되었단 말이냐?"

추향이 처음에 채봉과 후원에 꽃구경 갔더니 담 밖에서 남자의 음성이 들리기로 급히 초당으로 왔다가 수건을 잃어 찾으러 나갔더니 수건이 천만의외에 강필성에게 간 말이며 글귀로 화답한 말이며 일장설화를 다하고 필성을 입에 침이 없이 칭찬한다.

"강 상공은 뵌 즉 가위 여옥귀인(如玉奇人)이라. 소저의 배우 되기 부끄럽지 아니하더이다."

이 부인이 이 말을 다 듣고, 한참 앉아서 무슨 생각을 하더니

"이 일을 진사께서 아시면 큰일 나겠다. 어떻게 처치를 해야 무사히 된단 말이냐?"

"무사히 처치하려면 어려울 것 없지요."

"어떻게 하면 좋겠느냐?"

추향이 부인의 귀에 입을 대고 한참을 소곤소곤하더니,

"그렇게 하면 이런 사정을 누가 알며 일은 좀 잘 되겠습니까?"

"네 말도 그럴듯하다마는 강씨의 문벌이 어떠하다더냐?"

"청해서 물으시면 아시려니와, 강 선천 자제이고 외가댁은 앞집 김 첨사 댁이라고 하시니 댁과 상당치 아니하십니까?"

"혼인이라 하는 것은 인력으로 못 하는 것이라. 약비기연(若非其緣)이면 비록 일실지내에 있어도 초월지간과 같고 필유기연이면 수만 리 밖에 각각 있어도 자연 모되나니 어찌 인력으로 억제하리요. 일이 이에 이르렀으니 네 말과 같이 주선하려니와, 대관절 강씨의 글씨가 어디 있느냐?"

추향이 의장을 열고 수건을 내놓으니, 이 부인도 문한이 유여한지라. 〈중략〉

이때는 추구월망간(秋九月望間)이라. 월색이 명랑하여 남창에 비치고, 공중에 외기러기 응응한 긴 소리로 짝을 찾아 날아가고, 동산의 송림 사이에 두견이 슬피 울어 불여귀를 화답하니, 무심한 사람도 마음이 상하거든 독수공방에 눈물로 세월을 보내는 송이야 오죽할까.

송이가 모든 심사를 저 버리고 책상머리에 의지하여 잠깐 졸다가 기러기 소리에 놀라 눈을 뜨고 보니, 남창에 밝은 달 허리에 가득하고 쓸쓸한 낙엽송은 심회를 돕는지라, 잊었던 심사가 다시 가슴에 가득해지며 눈물이 무심히 떨어진다. 송이가 남창을 가만히 열고 달빛을 내다보며 위연탄식하는데,

"달아, 너는 내 심사를 알리라. 작년 이때 뒷동산 명월 아래 우리 임을 만났더니, 달은 다시 보건마는 임을 어찌보지 못하는고. 심양강의 탄금녀는 만고문장 백낙천을 달 아래 만 날 적에, 설진심중무한사(說盡心中無限事)를 세세히 하였건마는, 나는 어찌 박명하여 명랑한 저 달 아래서 부득설진심중사(不得說盡心中事)하니 가련하지 아니할까. 사람은 없어 말하지 못하나, 차라리 심중사를 종이 위에나 그리리라."

하고, 연상을 내어 먹을 흠씬 갈고 청황모 무심필을 듬뿍 풀어 백능화주지를 책상에 펼쳐 놓고, 섬섬옥수로 붓대를 곱게 쥐고 탄식하면서 맥맥이 앉았다가, 고개를 돌려 벽공의 높은 달을 두세 번 우러러보더니, 서두에 '추풍감별곡(秋風感別曲)' 다섯 자를 쓰고, 상사가 생각되고, 생각이 노래 되고, 노래가 글이 되어 붓끝을 따라오니, 붓대가 쉴새 없이 쓴다.

◆ 핵심정리

갈래	애정 소설, 염정 소설
성격	사실적, 비판적, 진취적
시점	전지적 작가 시점
배경	조선 후기
주제	권세에 굴하지 않는 순결하고 진실한 사랑
특징	– 적극적이고 주체적인 의지에 따라 행동하는 근대적 여성관을 드러냄. – 매관매직이 성행하던 조선 말기의 타락한 세태를 사실적으로 드러냄. – 독백이나 시가를 삽입하여 인물의 내면 심리를 묘사함.

◆ 근대적 여성관

우연성에 의존한 여타 고전 소설과 달리 현실적 차원에서 이루어지는 사건의 전개, 사실에 가까운 표현법을 사용하고 있는 특징을 보이고 있다. 특히 주인공 채봉이 주체적 의지에 따라 부모의 명령을 거역하면서까지 그 사랑을 성취하고 있다는 점에서 근대적 여성관과 봉건적 세계에 대한 도전 정신을 드러낸 작품이라 할 수 있다.

◆ 작품에 드러난 시대 상황

지배층의 횡포	허 판서가 김 진사에게 벼슬을 대가로 돈과 그의 딸을 요구함.
가부장적 권위의 허상	김 진사가 욕심에 눈이 멀어 채봉에게 허 판서의 첩이 될 것을 강요함.
매관매직	김 진사가 허 판서로부터 벼슬을 사려고 함.
자유연애	채봉은 부모의 명을 거역하고 필성과의 사랑을 성취함.

2015년 지방직 9급

Q. 다음 글의 내용과 시적 상황이 가장 유사한 것은?

① 임이여 물을 건너지 마오 / 임은 기어이 물을 건너갔네 / 물에 빠져 돌아가시니 / 이제 임이여 어이할꼬.
② 가위로 싹둑싹둑 옷 마르노라 / 추운 밤 열 손가락 모두 굳었네 / 남 위해 시집갈 옷 항상 짓건만 / 해마다 이내 몸은 홀로 잔다네.
③ 펄펄 나는 저 꾀꼬리 / 암수 서로 정다운데 / 외로울사 이내 몸은 / 누구와 함께 돌아갈꼬.
④ 비 개인 긴 언덕에 풀빛 짙은데 / 님 보내는 남포에는 서러운 노래 퍼지네 / 대동강 물은 언제나 마를까 / 이별의 눈물 해마다 푸른 물결 더하니.

작품의 줄거리

김 진사가 딸의 배필을 찾아 서울로 간 동안, 채봉이 시비 추향과 뒷동산에 봄을 맞아 올라갔다가, 김필성이 나타나자 급히 집으로 돌아오다가 수건을 떨어뜨린다. 필성이 수건을 주워 두 사람이 만난 연분을 시구로 써서 준다. 다시 채봉과 만나다가 채봉의 어머니에게 발견되는데, 채봉의 어머니는 필성이 마음에 들어 사위로 맞고자 사주단자를 보낸다. 한편, 서울 간 김 진사는 마땅한 배필을 구하지 못하자, 당시 권세 있는 허 판서와 친하다는 김양주에게 돈 만 냥을 주고 벼슬자리를 구한다. 허 판서는 김 진사에게 과천 현감 자리를 주기로 하고, 대신 딸 채봉을 허 판서의 별실로 보내기로 약속한 뒤, 평양으로 돌아온다. 집에 오니 딸이 김필성과 혼약이 되어 있자 고민하다가, 가난보다야 벼슬이 좋고 자신도 욕심이 나서 부인과 합의하여 채봉을 데리고 서울로 올라간다. 도중에 도적이 주막에 닥친 틈을 타서 채봉은 몰래 다시 평양으로 돌아간다. 김 진사 내외는 고생을 하다가 돈 오천 냥도 잃고 딸도 죽은 줄 알고 허 판서를 찾아가나, 도리어 약속을 지키지 않았다고 옥에 갇힌다. 부인만 평양으로 돌아와서 채봉이 살아 있는 줄 알고 사정을 말하니, 채봉이 아버지를 구하려고 기생이 되어 돈을 벌어 부인이 허 판서를 찾아가나, 허 판서는 딸을 원하며 풀어주지 않는다. 기생이 된 채봉은 전날 필성이 수건에 써 준 시구를 화답하면 오입쟁이를 맞겠다고 하나 아무도 맞추지 못하는데, 소문이 필성에게까지 들어가 둘은 다시 만나게 된다. 이때 신임 평안 감사 이보국이 채봉의 글재주를 보고 공사를 맡긴다. 김필성은 이방으로 들어가고, 이보국은 채봉과 김필성을 만나게 해 준다. 허 판서는 역적죄로 파멸되고, 김 진사가 부인과 돌아오고, 채봉과 김필성은 결혼한다.

정답 ③

조선 후기 - 영웅 소설

영웅 소설 01 유충렬전
— 작자 미상
2017년 국가직 9급

빌기를 다 함에 지성이면 감천이라 황천인들 무심할까. 단상의
<u>서술자의 개입</u>
오색구름이 사면에 옹위하고 산중에 ㉠<u>백발 신령</u>이 일제히 하강
하여 정결케 지은 제물 모두 다 흠향한다. 길조(吉兆)가 여차(如此)
하니 귀자(貴子)가 없을쏘냐. <u>서술자의 개입</u>

빌기를 다한 후에 만심 고대하던 차에 일일은 한 꿈을 얻으니,
㉡<u>천상으로서 오운(五雲)이 영롱하고, 일원(一員) 선관(仙官)</u>이
청룡(靑龍)을 타고 내려와 말하되, <u>유충렬</u>

"나는 청룡을 다스리던 선관이더니 익성(翼星)이 무도(無道)한
고로 상제께 아뢰되 익성을 치죄하야 다른 방으로 귀양을 보냈더
니 익성이 이걸로 함심(含心)하야 ㉢<u>백옥루 잔치 시에 익성과 대
전(對戰)</u>한 후로 상제전에 득죄하여 인간에 내치심에 갈 바를 모
르더니 남악산 신령들이 부인 댁으로 지시하기로 왔사오니 부인
은 애휼(愛恤)하옵소서."
『 』: 천상계와 지상계로 이원적 공간이 설정됨

하고 타고 온 청룡을 오운 간(五雲間)에 방송(放送)하며 왈,

"㉣<u>일후 풍진(風塵) 중에 너를 다시 찾으리라.</u>"

하고 부인 품에 달려들거늘 놀래 깨달으니 일장춘몽이 황홀하
다. 정신을 진정하야 정언주부를 청입(請入)하야 몽사를 설화(說
話)한대 정언주부가 즐거운 마음 비할 데 없어 부인을 위로하야
춘정(春情)을 부쳐 두고 생남(生男)하기를 만심 고대하더니 과연
그달 부터 태기 있어 십 삭이 찬 연후에 옥동자를 탄생할 제, 방 안
<u>부모가 기도하여 늦게 얻은 아들 (영웅 소설의 구조 중, 비정상적 출생)</u>
에 향취 있고 문밖에 서기(瑞氣)가 뻗질러 생광
(生光)은 만지(滿地)하고 서채(瑞彩)는 충천하였다. …〈중략〉…

이때에 조정에 두 신하가 있으니 하나는 도총대장 <u>정한담</u>이요,
또 하나는 병부상서 <u>최일귀</u>라. 본대 천상 익성으로 자미원 대장성
<u>천상에서부터 충렬과 대립하는 악인</u>
과 백옥루 잔치에 대전한 죄로 상제께 득죄 하여 인간 세상에 적강
(謫降)하여 대명국 황제의 <u>신선이 인간 세상에 내려오거나 사람으로 태어남</u>

신하가 되었는지라 본시 천상지인(天上之人)으로 지략이 유여
하고 술법이 신묘한 중에 금산사 옥관도사를 데려다가 별당에 거
처하게 하고 술법을 배웠으니 만부부당지용(萬夫不當之勇)이 있
고 백만군중대장지재(百萬軍中大將之才)라 벼슬이 일품이요 포
악이 무쌍이라 일상 마음이 천자를 도모코자 하되 다만 정언주부
인 <u>유심</u>의 직간을 꺼려하고 또한 퇴재상(退宰相) 강희주의 상소를
<u>유충렬의 아버지. 개국 공신의 후예로 정직하고 충성스러운 인물</u>
꺼려 주저한 지 오래라.

2017년 국가직 9급

Q. ㉠~㉣에 대한 풀이로 옳지 않은 것은?
① ㉠ : 길조(吉兆)가 일어날 것임을 암시한다.
② ㉡ : '부인'이 꾼 꿈의 상황이다.
③ ㉢ : '선관'이 인간 세상에 귀양을 오게 되는 계기이다.
④ ㉣ : '남악산 신령'이 후일 청룡을 타고 천상 세계로 복귀할 것임을 암시한다.

◆ 핵심정리

갈래	국문 소설, 영웅 소설, 군담 소설, 적강 소설
성격	전기적, 비현실적, 영웅적
시점	전지적 작가 시점
배경	시간-중국 명나라 시대 공간-명나라 조정과 중국 대륙
주제	유충렬의 고난과 영웅적 행적
특징	- 영웅 소설의 전형적 요소를 갖춤. - 실세한 양반들의 권력 회복 소망을 반영함. - 천상계와 지상계로 이원적 공간이 설정됨. - 유교 사상, 불교 사상, 도교 사상을 바탕으로 함.

◆ 영웅 서사 구조

영웅 소설 특징	유충렬전
고귀한 혈통	현직 고관 유심의 외아들
비정상적 출생	부모가 산천에 기도하여 늦게 얻은 아들 - 기자(祈子) 정성
탁월한 능력	하강한 신선으로 비범한 능력을 지님.
유년기의 위기	간신 정한담의 박해로 죽을 위기에 처함.
구출·양육	강희주를 만나 그의 사위가 되고, 노승을 만나 도술을 배움.
성장 후의 위기	정한담의 반란으로 국가적 위기를 맞음.
고난 극복과 승리	반란을 평정하고 헤어진 가족을 만나 부귀영화를 누림.

작품의 줄거리

중국 명나라 유심은 늦은 나이에 아들 '충렬'을 얻는다. 이때 나라에서는 반역을 꾀하던 정한담과 최일귀 등이 유심을 모함하여 귀양을 보내고 충렬 모자를 죽이려 한다. 그러나 충렬은 하늘의 도움으로 위기에서 벗어나 승상 강희주를 만나게 되며 그의 사위가 된다. 그러나 강희주도 모함을 받아 귀양을 가게 되어 가족들은 뿔뿔이 흩어진다. 충렬은 아내가 된 강 낭자와 이별하고 백룡사의 노승을 만나 무예를 익히며 때를 기다린다. 이때 남적과 북적이 반란을 일으켜 명나라를 공격해 오자, 정한담은 남적에게 항복하고 도리어 남적의 선봉장이 되어 천자를 공격한다. 충렬은 반란군을 모두 소멸하고 정한담을 사로잡는다. 호국에 잡혀간 황후, 태자 등을 구출하고 아버지와 장인 강 승상을 구하여 높은 벼슬을 얻고 행복하게 산다.

정답 ④

영웅 소설 02 — 전우치전
2016 기상직 9급
— 작자 미상

조선 초에 송경 숭인문 안에 한 선비 있으니, 성은 전이요 이름은 우치라. 일찍 높은 스승에게서 신선의 도를 배우되, 본래 재질이 뛰어나고 정성이 지극하여 마침내 오묘한 이치를 통하고 신기한 재주를 얻었으나 소리를 숨기고 자취를 감추어 지내므로 비록 가까이 지내는 이도 알 리 없더라.

이때 남방 해변 여러 고을이 여러 해 바다 도적의 노략을 당하고 엎친 데 덮쳐 무서운 흉년까지 만나니, 그곳 백성의 참혹한 형상은 이루 붓으로 그리지 못할지라. 그러나 조정에 벼슬하는 이들은 권세 다투기에만 눈이 붉고 가슴이 탈 뿐이요 백성의 고통은 모르는 듯 버려두니, 뜻있는 이가 통분함이 이를 길 없더니 우치 또한 참다못하여 뜻을 결단하고 집을 버리며 세간을 헤치고, 천하로써 (*대의를 중시하는 모습*) 집을 삼고 백성으로써 몸을 삼으려 하더라. 〈중략〉

이때 간의태위 상소하여 왈,

"호서 땅에 사오십 명이 모여 반역을 모의하여 조만간 기병(起兵)한다는 문서를 사자가 신에게 가져왔사오니, 그를 가두어 두고 사연을 아뢰나이다." 〈중략〉

이때 우치 문사낭청(問事郞廳)으로 있더니, 뜻밖에 이름이 역도 (*죄인을 신문할 때 기록과 낭독을 맡은 임시 벼슬*) (逆徒)의 진술에 나오는지라. 상이 대로하사,

"우치 역모함을 짐작하되 나중을 보려 하였더니, 이제 발각되었으니 빨리 잡아오라." 하시니, 나졸이 명을 받들어 일시에 달려들어 관대를 벗기고 옥계 하에 꿇리니, 상이 진노하사 형틀에 올려 매고 죄를 추궁하여 왈,

"네 전일 나라를 속이고 도처마다 장난함도 용서치 못할 일이거 (*이전에도 나라를 곤란하게 한 적이 있었음.*) 늘, 이제 또 역적죄에 들었으니 변명한들 어찌 면하리오."

하시고, 나졸을 호령하사 한 매에 죽이라 하시니, 집장과 나졸이 힘껏 치나 능히 또 매를 들지 못하고 팔이 아파 치지 못하거늘, 우치 아뢰되,

"신의 전일 죄상은 죽어 마땅하오나, 금일 이 일은 애매하오니 용서하옵소서."

하고, 심중에 생각하되, '주상이 필경 용서치 아니시리라.' 하고 다시 아뢰기를,

"신이 이제 죽사올진대, 평생에 배운 재주를 세상에 전하지 못할지라. 지하에 돌아가오나 원혼이 되리니, 엎드려 바라건대 성상은 원을 풀게 하옵소서."

상이 헤아리시되, '이놈이 재주 능하다 하니 시험하여 보리라.' 하시고 가라사대,

"네 무슨 능함이 있어 이리 보채느뇨?" / 우치 아뢰기를,

"신이 본대 그림 그리기를 잘하니 나무를 그리면 나무가 점점 자라고 짐승을 그리면 짐승이 걸어가고 산을 그리면 초목이 나서 자라니 이러므로 명화라 하오니, 이런 그림을 전하지 못하고 죽사 (*전우치를 위기에서 구해 주는 수단인 동시에 전우치의 능력을 보여 주는 수단*) 오면 어찌 원통치 아니리오."

상이 가만히 생각하되, '이놈을 죽이면 원혼이 되어 괴로움이 있을까' 하여 즉시 맨 것을 끌러 주시고 지필(紙筆)을 내리사 원을 풀라 하시니, 우치 지필을 받자와 산수를 그리니 천봉만학과 만장폭포가 산 위로부터 산 밖으로 흐르게 그리고 시냇가에 버들을 그려 가지가지 늘어지게 그리고 그 밑에 안장 지은 나귀를 그리고, 붓을 던진 후 사은(謝恩)하매, 상이 묻기를,

"너는 방금 죽을 놈이라, 이제 사은함은 무슨 뜻이뇨?" / 우치 아뢰기를,

"신이 이제 폐하를 하직하옵고 산림에 들어 여년을 마치고자 하와 아뢰나이다."

하고, 나귀 등에 올라 산 동구에 들어가더니 이윽고 간 데 없거늘, 상이 대경하사 왈,

"내 이놈의 꾀에 또 속았으니, 이를 어찌하리오."

◆ 핵심정리

갈래	영웅 소설, 군담 소설, 사회 소설
성격	전기적, 영웅적, 비판적
제재	전우치의 의로운 행적
주제	전우치의 빈민 구제와 의로운 행동
특징	- 실재 인물의 생애를 소재로 쓴 전기 소설이자 영웅 소설임. - 여러 개의 에피소드가 병렬된 형식으로 되어 있어 '홍길동전'에 비해 구성이 미숙함.

◆ 도술이 지니는 이중적 의미

민중을 위한 영웅적 행위	- 왕실의 황금 들보를 훔쳐 백성을 돕고 부정한 관리를 벌함 - 불의에 대항하여 약자를 도와줌 - 조정에 들어가 벼슬아치들의 비행을 징벌함
개인적 욕망을 위한 행위	- 거만한 한량과 기생을 혼내 줌 - 자기에게 피해를 준 자에 대하여 복수를 함 - 수절 과부의 절개를 깨뜨리려 함

작품의 줄거리

송도에 사는 전우치라는 사람이 신기한 도술을 얻었으나 재주를 숨기고 산다. 그런데 빈민의 처참한 처지를 보고 참을 수가 없어서 천상 선관으로 가장하여 임금에게 나타나 황금 들보를 만들어 바치라 한다. 황제가 황금 들보를 바치자 그것을 팔아서 곡식을 장만하여 빈민에게 나누어 준다.

조정에서는 전우치의 이러한 소행을 알고 잡아갔으나 전우치는 용케도 탈출하여 사방을 다니면서 횡포한 무리를 징벌하고 억울하거나 가난한 사람들을 도와준다. 그러다가 자수를 하고 무관 말직을 얻어 도둑의 반란을 평정하는 공을 세운다. 그러나 역적의 혐의를 받자 다시 도망쳐 도술로 세상을 희롱하고 다닌다. 후에 서화담에게 굴복하여 서화담과 함께 산중에 들어가 도를 닦는다.

영웅 소설 03 **조웅전**

― 작자 미상

이날 왕 부인이 잠자리에서 한 꿈을 얻었는데, 승상이 들어와 부인의 몸을 만지며,

"부인은 무슨 잠을 그리 깊이 자는가? 날이 밝으면 큰 화를 당할 것이니 웅을 데리고 급히 도망하소서."

하거늘, 부인이 망극하여 묻기를,

"이 깊은 밤에 어디로 가리이까?"

승상이 말하기를,

"수십 리를 가면 자연히 구해 줄 사람이 있을 것이니 급히 떠나소서."

〈중략〉

모자가 힘닿는 대로 약간의 의복과 행장을 가지고 곧바로 충렬묘에 들어가니, 화상의 얼굴이 붉고 땀이 나 화안(畫顔)을 적셨거늘 모자 나아가 안하(案下)에 엎드려 크게 울지는 못하고 체읍(涕泣)하여 가슴을 두드리며 애통해하니 그 모습이 불쌍하고 가련하더라.

정신을 진정하여 일어나 화상을 떼어 행장에 간수하고 급히 나와 웅을 앞세우고 걸음을 재촉하여 수십 리를 나와 대강(大江)에 다다르니 물새는 하늘에 닿았고 달은 떨어져 검은 구름이 하늘을 가려 길을 분별하기 어려웠다. 마침 물가에 빈 배가 매여 있으되 사공은 없는지라. 배에 올라 부인이 손수 삿대를 들고 아무리 저은들 매여 있는 배가 어디를 가리오? 벌써 동방이 밝아오고 갈 길은 아득하여 하늘을 우러러 목놓아 울부짖다가 물에 빠지려 하거늘, 웅이 붙들고 무수히 애걸하니 차마 죽지는 못하더라, 마침 바라보니 동남쪽 대해(大海)에서 선동(仙童)이 일엽주(一葉舟)에 등불을 돋워 달고 만경창파에 살같이 오기에, 반겨 기다렸더니 순식간에 지나가거늘 부인이 크게 외쳐 말하기를,

"선주(船主)는 급한 사람을 구원하소서."

하시니, 선동이 배를 멈추고 대답하여 말하기를,

"어떠한 사람이 바삐 가는 배를 만류하나이까?"

하며, 오르기를 재촉하거늘 부인이 반겨 배에 오르니 매우 편안하고 배를 젓지 아니하여도 빠르기가 화살 같은지라.

◆ 등장 인물

조웅	좌승상 조정인의 아들로, 온갖 고난을 극복하고 태자를 복위시키는 영웅이자 충신의 전형적인 인물
조정인	조웅의 아버지로, 충신이었으나 이두병의 참소로 음독 자살한 인물
이두병	권력욕에 어린 태자를 내쫓고 스스로 천자의 자리에 오르는 전형적인 간신형 인물
월경 대사 화산 도사 철관 도사	초월적 능력을 지닌 도사들로, 조웅에게 술법과 병법을 가르쳐 주는 조력자들
장 소저	조웅과 백년가약을 맺은 장 진사의 딸로, 조웅을 연모하다 병이 들어 죽지만 조웅이 구해 온 선약을 먹고 소생함.

◆ 핵심정리

갈래	국문 소설, 영웅 소설, 군담 소설
성격	영웅적, 도술적, 비현실적
시점	전지적 작가 시점
배경	중국 송나라 시대, 송나라와 주변 중국 대륙
주제	진충보국(盡忠報國)과 자유연애
특징	- 영웅적 무용담과 결연담을 결합해 구성함 - 한시를 삽입하여 인물의 상황이나 의중을 드러냄 - 유교, 불교, 도교 사상을 바탕으로 함

◆ 이야기 구조

고행담	- 이두병에게 쫓겨 어머니와 유리걸식함. - 월경 대사, 철관 도사에게 병법과 무술을 익힘.
결연담	- 장 소저와 혼전 성사를 가짐. - 장 소저는 강호자사에게서 정절을 지킴.
무용담	- 위왕을 도와 서번을 격파함. - 유배된 태자를 구출함. - 이두병의 군대를 물리침

◆ 대립 구조

이두병 ↓	이두병이 조웅의 아버지를 모함하여 죽게 함으로써 조웅과 이두병이 원수가 됨
번왕 ↓	조웅이 아버지와 우호관계에 있는 위왕을 돕자, 위왕과 대립 관계에 있는 서번왕과 대립
이두병	이두병이 송의 태자를 쫓아내고 스스로 천자가 되어 천명을 거스름

작품의 줄거리

중국 송(宋)나라 문제(文帝) 때 승상 조정인이 이두병의 참소를 받고 음독자살하자, 조웅 모자는 이두병을 피해 도망다닌다. 이때 천자가 세상을 떠나자, 이두병은 어린 태자를 계량도로 유배 보내고 스스로 천자가 된다. 조웅 모자는 온갖 고생을 하며 유랑하다가 월경 대사를 만나 강선암에 들어가 살게 된다. 월경 대사로부터 술법과 글을 배운 조웅은 강선암을 떠나 강호의 화산 도사로부터 조웅검(삼척검)을 얻고, 철관 도사에게서 무술과 도술을 배운 뒤 용마를 얻는다. 조웅은 강선암으로 어머니를 만나러 가던 중 장 소저를 만나 혼인을 약속한다. 이때, 서번이 위국을 침공하므로 조웅은 위국으로 달려가서 위왕을 도와 서번군을 격파한다. 그런 다음 태자를 구출하고, 중국으로 와서 이두병 일파를 처단한다. 조웅은 위왕과 연합하여 수십 만 대군으로 황성을 쳐서 이두병의 목을 베고, 태자를 천자의 자리에 등극시킨다. 황실은 다시 회복되고 조웅은 서번의 왕이 된다.

영웅 소설 04 홍길동전 — 허균
2017년(하) 국가직 9급

　길동이 "형님께서는 염려하지 마시고, 내일 소제(小弟)를 잡아 보내시되,
　장교 중에 부모와 처자 없는 자를 가리어 소제를 호송하시면 좋은 묘책이 있습니다."라고 말하였다. 감사가 그 뜻을 알고자 하나 길동이 대답을 아니 하니, 감사가 그 생각을 알지 못해도 호송원을 그 말과 같이 뽑아 길동을 호송해 한양으로 올려 보냈다.
　조정에서 길동이 잡혀 온다는 말을 듣고 훈련도감의 포수 수백을 남대문에 매복시키고는, "길동이 문 앞에 들어오거든 일시에 총을 쏘아 잡으라." 하고 명했다.
　이때에 길동이 풍우같이 잡혀 오지만 어찌 그 기미를 모르리오. 『동작 나루를 건너며 '비 우(雨)' 자 셋을 써 공중에 날리고 왔다. 길동이 남대문 안에 드니 좌우의 포수가 일시에 총을 쏘았지만 총구에 물이 가득하여 할 수 없이 계획을 이루지 못했다.』
　길동이 대궐 문밖에 다다라 자기를 잡아온 장교를 돌아보면서 말하기를,
　"너희는 날 호송하여 이곳까지 왔으니 문죄 당해 죽지는 아니하리라."
　하고, 수레에서 내려 천천히 걸어갔다. 오군영(五軍營)의 기병들이 말을 달려 길동을 쏘려 했으나 말을 아무리 채찍질해 몬들 길동의 축지하는 법을 어찌 당하랴.
　성안의 모든 백성들이 그 신기한 수단을 헤아릴 수 없었다.

(주석)
- 소제(小弟): 나이 어린 동생 (길동)
- 어찌 그 기미를 모르리오: 서술자의 개입
- 『 』: 전기적 요소
- 너희는 ~ 아니하리라: 장교를 배려하는 인간적인 모습
- 말을 아무리 ~ 당하랴: 서술자의 개입

2017년(하) 국가직 9급
Q. 다음 글에 대한 설명으로 적절하지 않은 것은?
① 서술자가 길동의 장면 묘사에 직접적으로 개입하고 있다.
② 호송하는 장교를 배려하는 길동의 면모가 드러나고 있다.
③ 비현실적 요소를 도입하여 길동의 남다름을 나타내고 있다.
④ 길동이 수레에서 탈출하는 모습은 비유적으로 표현하고 있다.

◆ 홍길동전과 허생전

홍길동전의 '율도국'	허생전의 '빈 섬'
추상적 공간	가족 중심의 농경 사회
현실의 세계와 단절된 곳	해외 교역이 이루어지는 곳
최종 목적지	중간 기착지

해외로 진출하여 이상 세계를 건설한다는 점과 기득권층에 맞서고 당대의 현실을 적나라하게 비판하고 있다는 점에서 유사함.

◆ 핵심정리

갈래	국문 소설, 사회 소설, 영웅 소설
성격	현실 비판적, 영웅적, 전기적(傳奇的)
시점	전지적 작가 시점
배경	시간-조선 시대 공간-조선국과 율도국
주제	모순된 사회 제도의 개혁과 이상국의 건설
특징	사회 제도의 불합리성을 비판함. 영웅의 일대기라는 서사적 구조가 드러나며 전기적 요소가 강함.

◆ 영웅 서사 구조

영웅 소설 특징	홍길동전
고귀한 혈통	판서의 아들로 태어남.
비정상적 출생	시비에게서 태어난 서자(庶子)
탁월한 능력	총명하고 도술에 능함.
유년기의 위기	주변의 음모로 생명의 위협을 받음.
구출·양육	도술로 자객을 죽이고 위기에서 벗어남.
성장 후의 위기	활빈당을 조직하자 나라에서 잡아들이려 함.
고난 극복과 승리	율도국의 왕이 됨.

병태 요정의 ADVICE
　주인공 홍길동은 조선 세종 때 서울에 사는 홍 판서의 시비 춘섬의 소생인 서자이다. 길동은 어려서부터 도술을 익히고 장차 훌륭한 인물이 될 기상을 보였으나, 천생인 탓으로 아버지를 아버지라 부르지 못하고 형을 형이라 부르지 못하는 한을 품는다. 가족들은 길동의 비범한 재주가 장래에 화근이 될까 두려워하여 자객을 시켜 길동을 없애려고 한다. 길동은 위기에서 벗어나자 집을 나섰고, 도적의 소굴에 들어가 힘을 겨루어 두목이 된다. 도술로써 팔도 지방 수령들의 불의한 재물을 탈취하여 빈민에게 나누어준다. 국왕이 길동을 잡으라는 체포 명령을 전국에 내리고, 홍 판서와 길동의 형 인형도 가세하여 길동의 소원을 들어주기로 하고 병조판서를 제수하여 회유하기로 한다. 길동은 서울에 올라와 병조판서가 된다. 그 뒤 길동은 고국을 떠나 율도국을 발견한다. 요괴를 퇴치하여 볼모로 잡혀온 미녀를 구하고 율도국왕이 된다.

정답 ④

영웅 소설 05 옥루몽 - 남영로

강남홍은 훌쩍 몸을 솟구쳐 허공으로 날아오르며 번쩍 칼을 떨어뜨려 도끼를 휘두르는 뇌천풍의 투구를 쪼개어 버렸다.

양원수는 참을 수 없었다. 친히 대결해 보고자 들먹들먹하는데 소사마가 앞을 가로막고 대신 나섰다. 그러나 방천극을 잘 쓰는 명장 소사마도 강남홍의 놀라운 재주와 칼은 막아낼 도리가 없었다. (속수무책)

"아차!"

소사마는 극도로 긴장하였다. 강남홍의 칼에 맞아 죽나 보다 하는 아슬아슬한 순간이었다. 그러나 강남홍은 하늘에서 나는 듯 명랑한 소리로 외칠 뿐이었다.

"하늘이 내신 명장을 내 손으로 어찌 죽이리요. 살길을 열어 줄 것이니 장군은 빨리 원수께 돌아가 군사를 거두어 물러가라 하시라."
(어쩔 수 없이 전쟁터에 나와 있긴 하지만 상대방과 싸우고 싶어 하지 않음.)

양원수도 싸움을 내일로 미루는 수밖에 없었고, 강남홍도 군사를 거두어 돌아갔다. 그러나 싸움에 이기면 이길수록 강남홍의 고민은 컸다.

'어찌 만왕을 위해서 나의 고국을 저버릴 수 있겠는가? 일장일졸도 내 조국의 군사를 죽이고 싶지 않으나, 그렇다고 스승의 명을 받들고 싸움터에 나와 그대로 돌아갈 수도 없는 노릇이니.' (참전한 이유)

달 밝은 밤이었다. 강남홍은 옥통소를 가슴에 품고 산에 올라 명군의 진영을 살피며 한 곡조를 불어 보았다. 이 통소 소리를 듣자 명나라 진영은 일대 혼란을 일으켰다. 장수·졸병 할 것 없이 고향 그리운 우수에 잠겨서 눈물을 훌쩍거리는 자까지 있었다. 이 광경을 본 양원수는 언젠가 벽성선이 준 옥통소를 꺼내서 한 곡조를 불어 보았다. 이상한 일이었다. 그랬더니 당장에 장수와 병졸들은 명랑한 기분을 회복하고 사기가 충천해지는 것이 아닌가.
('벽성선'은 옥통소 부는 법을 가르쳐 준 인물로, 조력자의 역할을 함.)

옥통소 소리. 어여쁜 여인 같으면서도 용맹무쌍한 적장. 양원수는 날이 갈수록 의심을 풀길이 없었다.
(인간의 심리 변화를 가져옴.)

마침내 양원수와 강남홍은 일 대 일로 대결하지 않으면 안 되게 되었다. 양원수 진두로 내달았을 때 강남홍도 말을 타고 칼을 휘두르며 가까이 덤벼들다가, 일견해서 명나라 진영의 원수가 바로 양창곡, 양공자임을 똑바로 알아차렸다. 양원수는 아직도 강남홍을 알아보지 못하고 창을 높이 들어 찌르려고 덤벼드는 아슬아슬한 찰나.

"상공께선 강남홍을 잊으셨나이까?"

구슬같이 맑은 강남홍의 음성. 이 말에 양원수는 깜짝 놀라 눈이 휘둥그레졌다. 강남홍은 오늘 밤에 단 둘이서 만날 것을 넌지시 약속하고 말고삐를 돌려 자기 진영으로 돌아갔다. 그날 밤 강남홍은 손삼랑에게만 알리고 명나라 진영으로 살며시 건너와서 양원수를 만났다. 양원수는 강남홍의 모습을 두 눈으로 또렷이 쳐다보면서 꿈인지 생시인지 분간치 못하고 어리둥절하였다.

"홍랑! 그대 죽어서 혼이 나타난 것이 아니요? 정말 산 사람이 날 찾아온 것이요? 그대 죽은 것을 잘 알고서야 어찌 살아왔다고 믿으리요!"

강남홍은 흐느껴 울며 목멘 소리로 대답하였다.

"첩은 상공께서 사랑해 주신 덕택으로 수중고혼(水中孤魂)이 되지 않고 다시 살아나게 되었나이다. 여러 사람의 눈이 두려우니 그것만이 근심되나이다."

양원수는 누가 볼까 두려워하여 즉시로 장막을 쳐서 가리우고 그제서야 강남홍의 손을 덥석 잡았다. 강남홍도 양원수의 손을 마주 잡고 오열(嗚咽)에 젖을 뿐.

"모든 것이 꿈만 같사옵니다."

"이상하도다. 홍랑은 여자의 몸으로 이다지 먼 곳까지 나타났을 뿐만 아니라, 명장(名將)이 되어서 만왕을 구하러 나섰으니."

여기서 강남홍은 지금까지의 경과를 비로소 자세히 양원수에게 설명해 들려주었다.

◆ 핵심정리

갈래	한문 소설, 염정 소설, 군담 소설, 영웅 소설
성격	전기적, 비판적
제재	영웅적 인물들의 활약상
주제	양창곡의 영웅적 활동과 부귀영화
특징	여성 인물들의 성격이 특징 있게 묘사됨. 사실적으로 묘사하고 있음.

◆ 환몽 구조

환몽 구조는 '현실 – 꿈 – 현실'의 구조이다. 이들은 꿈에서 일어난 사건을 중심으로 주제를 전달하는데 '옥루몽'에서 양창곡의 일생도 문창성이라는 천상 신선의 꿈속에서 일어나는 일이다. 환몽 구조를 지닌 대표 작품으로 '구운몽'이 있으나, 주제나 사상 등에서는 '옥루몽'과 차이를 보인다. '구운몽'이 불교에서의 깨달음을 통해 현실의 삶을 부정적으로 평가하는 데 반해, '옥루몽'은 유교 사상을 수용하고 있으며 현세에서의 부귀영화를 긍정하고 있다.

◆ 공간적 배경

'옥루몽'에는 양창곡, 강남홍과 갈등 관계에 있는 간신들의 죄상이 낱낱이 그려져 있다. 이 작품에서 배경을 중국으로 설정한 이유는, 우리나라의 조정에 드러난 병폐를 중국의 상황인 것처럼 제시하여 간접적으로 비판하기 위해서라고 볼 수 있다.

작품의 줄거리

천상의 문창성이 여러 선녀(제방옥녀, 천요성, 홍란성, 제천선녀, 도화성)와 술을 마시며 놀다가 벌을 받고 꿈에서 인간 세계로 내려온다. 양 씨 집안에서 창곡으로 태어난 문창성은 타고난 재능과 뛰어난 성품 등으로 어린 나이에 과거에 합격하고, 강남홍(홍란성)을 만나 결혼한다. 그러나 창곡은 장원 급제한 후 황각로의 청혼을 거절하여 누명을 써 유배되는데, 그곳에서 벽성선(제천선녀)을 만난다. 유배에서 풀려난 뒤 황 소저(천요성)와 결혼한 창곡은 중국 남쪽 오랑캐인 남만이 쳐들어오자 대원수로 전쟁에 나간다. 한편 남만의 공주 일지련(도화성)은 강남홍과 싸우다가 생포되어 창곡을 따르게 된다. 이때 황 소저가 벽성선을 질투하여 암살할 음모를 꾸미나 실패하고, 벽성선은 암자에 숨어 살다가 창곡을 만난다. 이후 황 소저는 자신의 죄를 뉘우치고, 창곡은 여러 부인(윤 소저, 황 소저, 강남홍, 벽성선, 일지련)과 세상의 영광을 누리다가 천상으로 돌아간다.

영웅 소설 06 - 박씨전(朴氏傳)
2016년 지방직 7급 — 작자 미상

골대 부하에게 명령하여 일시에 불을 지르니, 화약이 터지는 소리 산천이 무너지는 듯하고 불이 사면으로 일어나며 불꽃이 충천하니, 박씨 부인이 계화에게 명하여 부적을 던지고, 왼손에 붉은 부채를 들고, 오른손에 흰 부채를 들고, 오색실을 매어 화염 중에 던지니 문득 피화당으로부터 대풍이 일어나며 도리어 오랑캐 진중으로 불길이 들이치며 오랑캐 병사들이 그중에 들어 천지를 분변치 못하며 불에 타 죽는 자가 부지기수(不知其數)라. 골대 크게 놀라 급히 퇴진하며 하늘을 우러러 탄식하여 가로되,

"군사를 일으켜 조선에 나온 후 사람을 죽이지 않고 대포 소리만으로 조선을 도모하였으나, 이곳에 와 여자를 만나 불쌍한 동생을 죽이고 무슨 면목으로 임금과 귀비(貴妃)를 뵈오리오."

통곡함을 마지 아니하거늘, 여러 장수들이 좋은 말로 철군을 권유하며 왈,

"아무리 하여도 그 여자에게 복수할 수는 없사오니 퇴군하느니만 같지 못하다."

하고, 왕비와 세자, 대군과 장안 물색(長安物色)을 거두어 행군하니, 백성의 울음 소리 산천이 움직이더라. 이 때 박씨 부인이 계화로 하여금 적진을 대하여 크게 외쳐 왈,

"무지한 오랑캐 놈아. 내 말을 들으라. 너의 왕은 우리를 모르고 너 같은 구상유취(口尙乳臭)를 보내어 조선을 침략하니 국운이 불행하여 패망은 당하였거니와 무슨 연고로 우리 나라 인물을 거두어 가려 하느냐. 만일 왕비를 모셔 갈 뜻을 두면 너희들을 몰살할 것이니 목숨을 돌보아라."

하거늘, 오랑캐 장수가 이 말을 듣고 웃으며 왈,

"너의 말이 가장 호락호락하도다. 우리 이미 조선 왕의 항복 문서를 받았으니 데려가기와 아니 데려가기는 우리 손바닥에 달렸으니 그런 구차한 말은 말라."

하며 업신여기고 욕보이거늘 계화가 일러 왈,

"너희들이 한결같이 마음을 고치지 아니하니 나의 재주를 구경하라."

하고, 말을 마친 후에 무슨 진언(眞言)을 외더니, 문득 공중으로 두 줄 무지개 일어나며 우박이 담아 붓듯이 오며 순식간에 급한 비와 눈바람이 내리고 얼음이 얼어 장수와 군사들의 말발굽이 얼음에 붙어 떨어지지 아니하여 한 발짝도 움직이지 못할지라. 오랑캐 장수가 그때서야 깨달아 가로되,

"당초에 귀비 분부하시되 '조선에 신인(神人)이 있을 것이니 부디 이시백의 후원을 범치 말라.' 하시거늘, 우리 일찍 깨닫지 못하고 또한 한순간의 분함을 생각하여 귀비의 부탁을 잊고 이곳에 와서 도리어 화를 당해 십만 대병을 다 죽일 뿐이라. 울대도 죄 없이 죽고 무슨 면목으로 귀비를 뵈리요. 우리 이러한 일을 당하였으니 부인에게 비느니만 같지 못하다."

하고, 오랑캐 장수 등이 갑옷을 벗어 안장에 걸고 손을 묶어 앞에 나아가 땅에 엎드려 죄를 청하여 가로되,

"소장(小將)이 천하에 횡행하고 조선까지 나왔으되 무릎을 한 번 꾼 바 없더니 부인 장막 아래에 무릎을 꿇어 비나이다."

하며 머리 조아려 애걸하고 또 빌어 가로되,

"왕비는 아니 모셔 가리이다. 소장 등으로 길을 열어 돌아가게 하옵소서."

하고 무수히 애걸하거늘 부인이 그제야 주렴을 걷고 나오며 크게 꾸짖어 왈,

"너희들을 씨도 없이 몰살하자 하였더니, 내 인명을 살해함을 좋아 아니하기로 십분 용서하나니 네 말대로 왕비는 모셔 가지 말며, 너희들이 부득이 세자, 대군을 모셔 간다 하니 그도 또한 천의(天意)를 따라 거역치 못하거니와 부디 조심하여 모셔 가라. 나는 앉아서 아는 일이 있으니 내 신장(神將)과 갑병(甲兵)을 모아 너희들을 다 죽이고 나도 북경에 들어가 국왕을 사로잡아 분을 풀고 무죄한 백성을 남기지 아니하리니 내 말을 거역치 말고 명심하라."

한대, 골대 다시 애걸 왈,

"소장의 아우의 머리를 내어 주시면 부인 덕택으로 고국에 돌아가겠나이다."

부인이 크게 웃으며 왈,

"옛날 조양자(趙襄子)는 지백(知伯)의 머리를 옻칠하여 술잔을 만들어 원수를 갚았으니, 나도 옛날 일을 생각하여 울대 머리를 옻칠하여 남한산성에서 패한 분을 만 분의 일이나 풀리라. 너의 정성은 지극하나 각기 그 임금 섬기기는 일반이라, 아무리 애걸하여도 그는 못 하리라."

골대 이 말을 듣고 분한 마음이 충천하나 울대의 머리만 보고 크게 울 따름이요, 할 수 없이 하직하고 행군하려 하니 부인이 다시 일러 왈,

"행군하되 의주(義州)로 행하여 임 장군을 보고 가라."

울대 그 비계(秘計)를 모르고 마음속으로 생각하되,

"우리가 조선 임금의 항복 문서를 받았으니 서로 만남이 좋다."

하고, 다시 하직하고 세자·대군과 장안(長安) 물색(物色)을 데리고 의주로 갈 때 잡혀가는 부인들이 하늘을 우러러 통곡하여 왈,

"박 부인은 무슨 복으로 환(患)을 면하고 고국에 편안히 있고, 우리는 무슨 죄로 만리 타국에 잡혀 가는고. 이제 가면 언제 어느 때에 고국 산천을 다시 볼꼬."

하며, 통곡하는 자가 무수하더라,

부인이 계화로 하여금 외쳐 가로되,

"인간 고락은 사람의 상사(常事)라. 너무 슬퍼 말고 들어가면 삼년 안에 세자·대군과 모든 부인을 뫼셔 올 사람이 있으니 부디 안심하여 무사 가도록 하라."

하고 위로하더라.

◆ **핵심정리**

갈래	역사 소설, 전쟁 소설, 군담 소설
성격	역사적, 전기적(傳奇的), 영웅적
시점	전지적 작가 시점
배경	조선 시대(병자호란), 청나라와 조선
주제	- 박씨 부인의 영웅적 기상과 재주 - 청나라에 대한 적개심과 복수심
특징	- 변신 모티프를 사용함 - 실존 인물을 등장시켜 사실성을 제고함 - 병자호란의 패배라는 역사적 사실을 승리라는 허구로 바꾸어 민족의 자긍심을 고취함 - 여성의 입장에서 병자호란을 재구성하여 여성의 능력을 부각하고 남성 중심 사회를 비판함

◆ **등장 인물**

박씨	이시백의 부인. 학문이 깊고 재주가 뛰어나며 사려가 깊은 성격임. 진취적인 사고를 가지고 자신과 나라의 운명을 짊어지고 나가는 초인적인 능력을 지닌 비범한 인물
이시백	박씨의 남편. 외모만 보고 박씨를 멀리하지만, 후에 아내의 특별한 재주를 알고 의지함
계화	박씨의 몸종. 박씨가 추한 용모 때문에 박대받는 것을 안타깝게 여기고 지성으로 섬김
박 처사	박씨의 부친. 금강산에 사는 신선으로, 나중에 딸의 추한 허물을 벗겨서 미모를 찾게 해 줌
이득춘	인조 때의 재상으로 이시백의 부친. 모두 천대하는 박색의 며느리를 홀로 아끼고 감싸줌
용골대 용율대	왕의 명을 받고 조선을 침략한 청나라 장군

◆ **변신 모티프**

사건 진행의 구성상 추녀 박씨가 탈을 벗기까지의 이야기가 전개되는 전반부와 병자호란을 배경으로 박씨가 영웅적으로 활약하는 이야기를 그린 후반부로 나눌 수 있다. 이때 전반부와 후반부를 매개하는 사건상의 전환점으로 제시된 것이 박씨의 변신이다. 박씨의 변신은 전생의 죄를 벗고 새로운 사회적 관계를 형성하며, 신묘한 도술로써 여성의 우수한 능력을 보이는 계기가 된다. 박씨가 후원의 피화당(避禍堂)에서 삼 년 동안 시집 식구들과의 교류 없이 홀로 기거하는 기간은 사회의 구성원이 되기 위해서 거쳐야 할 통과 의례(通過儀禮)에 해당한다. 이 통과 의례를 거침으로써 박씨는 명실상부한 사회적 인물로 살아갈 수 있게 된 것이다.

◆ **전체 구성**

전반부	전환	후반부
박씨가 이시백의 아내가 됨 - 결혼담	변신 모티프	병자호란을 배경으로 한 박씨의 활약 - 전쟁담
가정 내의 갈등	↓	사회적 갈등
수신제가(修身齊家) - 개인적 의미	사건의 전환점	치국평천하(治國平天下) - 사회적 의미

◆ **역사적 사실과 비교**

병자호란은 인조 14년인 1636년 청나라의 침입으로 일어난 전쟁이다. 군신의 관계를 맺자는 청나라의 요구에 조선이 불응하자, 청나라 태종이 대군을 이끌고 침략하였다. 조정은 남한산성으로 피란했으나 결국 삼전도에서 항복하여 세 번 절하고 아홉 번 머리를 조아리는 치욕을 당했고, 청나라와는 군신의 관계를 맺고 해마다 조공을 바쳐야 했다. 또한 두 왕자가 볼모로 연경에 잡혀갔다.

'박씨전'은 인조반정(仁祖反正)에 공을 세우고 영의정에까지 오른 실제 인물 이시백과 허구적인 인물인 그의 처 박씨를 등장시켜 이야기로 엮은 소설이다. 이 작품에서 청나라 태종이 조선을 침공해서 인조가 항복했다는 것은 역사적 사실과 일치한다. 그러나 용골대가 직접 군졸을 지휘해 싸움에 나선 것이나, 박씨가 신통력을 부리는 것 등은 꾸며 낸 내용이다. 무엇보다 조선의 패배로 끝난 병자호란이 이 작품에서는 승리한 것으로 설정하여 민족의 자긍심을 높이고, 문학으로나마 정신적인 보상을 받으려는 의도가 드러난다.

작품의 줄거리

조선 인조 때 서울에서 태어난 이시백은 어려서부터 매우 총명하고, 문무를 겸비하여 그 명망을 조정과 재야에 떨친다. 아버지 이 상공이 주객으로 지내던 박 처사의 청혼을 받아들여, 시백은 박 처사의 딸과 혼인을 하게 된다. 시백은 신부의 용모가 천하의 박색임을 알고 실망하여 박씨와 대면조차 하지 않는다. 이에 박씨는 이 상공에게 청하여 후원에 피화당을 짓고 소일을 하며 홀로 지낸다. 박씨는 여러 가지 신이한 일을 드러내 보이지만, 시백은 거들떠보지도 않는다. 시기가 되어 박씨가 허물을 벗고 절세가인이 되자, 시백은 크게 기뻐하며 박씨의 뜻에 따른다. 이때 청나라의 가달이 삼만의 병사를 거느린 용골대 형제를 앞세워 조선을 침략한다. 그러나 박씨는 뛰어난 능력을 발휘하여 오랑캐를 물리친다. 박씨와 이시백은 국란을 극복하고 행복한 여생을 보낸다.

영웅 소설 07 장국진전 - 작자 미상

적은 어느새 도성에 다다르고 도성의 백성들은 아우성치니, 이는 지옥을 상상하게 하더라. 그것은 도무지 구할 도리가 없는 완전한 파멸을 보는 듯

하더라. 이것을 어느 누구의 힘으로 구원하여 밝은 빛을 뿌릴 터인가.
▶ 팔당국의 침입과 명나라의 위기

국진은 다시 말에 오르자, 한 손에 절륜도, 또 한 손에 청학선을 흔들며 성문을 빠져나가 물밀 듯 밀려드는 수십만 적군의 진영으로 비호처럼 달리더라. 그의 절륜도가 닿는 곳마다 번갯불이 번쩍일더니 적장과 적 군사는 추풍낙엽같이 쓰러지니, 적군에게는 전혀 예상하지 못한 일대 혼란이 일더라. 그들의 시체는 산을 이루고 피가 바다를 이루면서 물러가니라.

달마 왕과 백운 도사는 그 가운데에서 필사적으로 대항하여 자기 진영을 지키며, 백운 도사는 온갖 도술을 부려 이 천신과 다름없는 용감무쌍한 장군을 막고 또 사로잡으려고 하더라. 그러나 그때마다 국진은 절륜도를 휘두르고 청학선을 부치면서 장히 빠져나오고 공격하곤 하더라. 〈중략〉
▶ 장국진의 활약상

백운 도사는 난데없는 천신의 출현에 놀라 그의 지식을 모조리 동원하여 이를 막으며, 또한 이를 자세히 관찰하기도 하더라. 그는 자신의 도술을 막을 수 있는 자는 천신이 아닐 수 없다고 굳게 믿고 있던 터라, 그리하여 달마 왕과 장대에 올라 관찰을 끝내고 나서 말하기를, "칠 년 전에 그 소년을 죽였나이까 살렸나이까?" 하더라. 이에 달마 왕은 그때의 소년에 대한 것을 까마득하게 잊고 있었기 때문에 백운 도사의 말에 매우 당황한 얼굴이더라. 달마 왕은 곧 선봉장 은통을 불러서 이 질문에 명확한 대답을 하라고 명령하니라. 이에 은통은, "물에 던져 죽였나이다." 하고 대답하더라. 그러자 백운 도사가 말하되, "팔괘를 벌려 보니, 그 때 물에 던진 소년은 용왕의 구함을 입어 여학 도사의 제자가 되어 갔나이다. 거기서 칠 년 동안 재주를 배우고, 겸하여 여학 도사의 절륜도와 청학선을 얻었나니 이 두 가지는 천하의 보배라. 그 소년을 당하지 못할 것이니 차라리 퇴병하여 본국으로 돌아가 계교로써 그를 죽이고 대명을 치는 일이 쉬울까 하나이다."

하니, 달마 왕이나 은통도 또 한 번 똑같이 놀라더라. 그것이 장국진임에는 틀림없으나, 그때의 그 소년을 물속에 던진 것이 말할 수 없이 분하게 생각되더라. 달마 왕은 자기의 명령을 제대로 실행하지 못한 선봉장 은통에게 죄를 주고도 싶었으나, 그것이 이제 와서는 무슨 도움이 될 것인가.

은통도 그 때의 일을 회상하니, 전에 소년을 물에 던졌을 때 물속에서 웬 물체가 올라 소년을 태우고 오운을 일으키며 순식간에 자취를 감추어 버린 그 때의 광경이 선하게 떠오르더라. 하늘이 시킨 일이라면 몇 년을 불쌍하게 생각한 자신의 동정심도 어쩔 수 없는 일이라. 백운 도사 역시 그 점을 이해하며, 누구도 탓할 이유도 없는 것이라 말하면서 그와 달마 왕을 위로하더라.
▶ 달마 왕이 칠 년 전 장국진을 죽이지 못함을 후회함

◆ 핵심정리

갈래	고전 소설, 군담 소설, 영웅 소설
성격	전기적, 비현실적, 영웅적
시점	전지적 작가 시점
주제	나라를 구하는 장국진의 영웅적 무용담
특징	- 기존의 영웅소설들과 달리 작품 결말에서 주인공의 죽음과 자식들의 번성이 다루어지지 않음 - 남성 영웅과 여성 영웅이 함께 등장함

작품의 줄거리

명나라 때, 전 승상 장경구는 늦도록 자식이 없다가 부처께 발원하여 장국진을 얻는다. 7세 때 장국진은 달마국의 침입으로 부모를 잃고 술집에서 말을 먹이는 등의 고생을 한다. 이때 달마국의 백원 도사가 장국진의 영웅성을 보고는 잡아다가 강물에 던져 죽이려고 한다. 그러나 청의 동자의 구함을 얻어 여학 도사의 제자가 되어 경서와 도술을 익힌다.

7년 후 속세로 돌아와 수소문 끝에 부모와 상봉하고 이창옥의 딸 계양에게 구혼하나 거절당한다. 그 후 국진은 장원급제하여 천자의 주선으로 계양과 혼인하고 병부상서 유봉의 딸과도 혼인한다. 국진은 서주 어사가 되어 백성들을 진휼하고, 달마 왕의 침입을 물리친다. 천자가 승하하여 태자가 즉위하자 장국진은 이참의 참소로 유배를 가다가 달마국에 잡혀 갇힌다.

달마 왕이 재차 침입하나, 국진이 탈출하여 막는다. 이때 국진이 병이 들어 위험에 처하자 계양이 남장을 하고 나아가 남편의 병을 고치고 적군과 싸워 승리를 거둔다. 개선하여 국진은 호왕에 봉해지고, 두 부인은 왕비로 봉해져 행복한 삶을 산다.

조선 후기 – 풍자 소설

풍자 소설 01 양반전 — 박지원
2015년 지방직 9급

양반이라는 말은 선비 족속의 존칭이다. 강원도 정선군에 한 양반이 있었는데, 그는 어질면서도 글 읽기를 좋아하였다. 군수가 새로 부임하면 반드시 그 집에 몸소 나아가서 경의를 표하였다. 그러나 그는 집안이 가난해서 해마다 관가에서 환곡을 빌려 먹다 보니 그 빚이 쌓여서 천 석에 이르렀다.

관찰사가 각 고을을 돌아다니다가 이곳의 환곡 출납을 검열하고는 매우 노하여, "어떤 놈의 양반이 군량을 이렇게 축내었느냐"라고 하였다. 그리고는 명령을 내려 그 양반을 잡아 가두라고 하였다. 군수는 마음속으로 그 양반이 가난해서 갚을 길이 없는 것을 불쌍히 여겼지만 그렇다고 해서 가두지 않을 수도 없었다.

그 양반은 밤낮으로 훌쩍거리며 울었지만 별다른 대책도 생각해 낼 수 없었다. 그런 상황에서 그의 아내가 몰아세우기를, "당신은 한평생 글 읽기를 좋아했지만 관가의 환곡을 갚는 데 아무런 도움이 못 되는구려. 양반 양반하더니 양반은 한 푼 가치도 못 되는구려."라고 하였다.

그 마을에 사는 한 부자가 가족들과 의논하기를,
"양반은 아무리 가난해도 늘 존귀하게 대접받고 나는 아무리 부자라도 항상 비천(卑賤)하지 않느냐. 말도 못하고, 양반만 보면 굽신굽신 두려워해야 하고, 엉금엉금 가서 정하배(庭下拜)를 하는데 코를 땅에 대고 무릎으로 기는 등 우리는 노상 이런 수모를 받는단 말이다. 이제 동네 양반이 가난해서 타 먹은 환자를 갚지 못하고 시방 아주 난처한 판이니 그 형편이 도저히 양반을 지키지 못할 것이다. 내가 장차 그의 양반을 사서 가져 보겠다."

부자는 곧 양반을 찾아가 보고 자기가 대신 환자를 갚아 주겠다고 청했다. 양반은 크게 기뻐하며 승낙했다. 그래서 부자는 즉시 곡식을 관가에 실어 가서 양반의 환자를 갚았다.

2015년 지방직 9급

Q. 다음 글의 등장인물에 대한 설명으로 적절하지 않은 것은?
① 양반은 자구책을 마련하지 못하고 있다.
② 군수는 양반에게 측은지심을 느끼고 있다.
③ 관찰사는 공평무사하게 일을 처리하고 있다.
④ 아내는 남편에 대해 외경하는 마음을 지니고 있다.

◆ 매매 증서

| 1차 매매 증서 | 양반이 지켜야 할 덕목 | 양반의 허례허식 비판 |
| 2차 매매 증서 | 양반이 누릴 수 있는 특권 | 양반의 횡포 비판 |

◆ 핵심정리

갈래	한문 소설, 단편 소설, 풍자 소설
성격	풍자적, 비판적, 사실적
시점	전지적 작가 시점
배경	시간-조선 후기 공간-강원도 정선
주제	양반들의 무능과 위선적인 태도와 허위의식 풍자
특징	몰락하는 양반들의 위선적인 모습을 풍자함. 조선 후기의 사회상을 사실적으로 보여 줌.

◆ 등장인물

양반	학식과 인품을 지녔지만 생활 능력이 없는 양반의 전형을 보여주는 인물이다. 경제적 능력을 상실하여 결국 자신의 신분을 팔게 되는 무능력한 인물로, 풍자의 대상이다.
부인	현실적 생활 능력을 중시하는 인물로, 무능한 양반을 비판하는 작가 의식을 대변하는 인물이다.
부자	조선 후기 신흥 부유층으로 경제력을 바탕으로 신분 상승을 꾀하는 인물이다. 돈으로는 양반 신분을 사려고 하지만 양반의 실상을 알고는 양반이 되기를 포기한다.
군수	표면적으로 양반과 부자의 신분 매매를 조정하는 역할을 하나, 결국 부자가 양반이 되기를 포기하도록 만드는 인물이다.

작품의 줄거리

정선군에 사는 한 양반이 관가에서 환곡을 타다 먹고 살았는데, 그것이 어느덧 천 석이나 되었다. 관찰사가 환곡을 조사하다가 이 사실을 알고 노하여 양반을 가두라고 하자, 군수는 환곡을 갚을 능력이 없는 양반을 딱하게 여겨 난감해한다. 이웃에 사는 부자가 이 소문을 듣고, 그 양반을 찾아가서 환곡 천 석을 갚아 줄 테니 양반 신분을 달라고 제안한다. 양반은 흔해히 승낙하고, 부자는 약속대로 환곡을 갚아 준다. 군수는 양반이 환곡을 갚게 된 내력을 듣고, 부자에게 군민을 증인으로 하여 계약 증서를 써주겠다고 한다. 군수가 군민을 불러 놓고 양반 매매 계약서를 작성하는데, 양반으로서 행할 형식적인 품행 절차와 그 횡포를 듣고 부자는 양반이 되기를 포기하고 가 버린다.

정답 ④

풍자 소설 02 호질 - 박지원

2020 법원직 9급, 2017년 국가직 7급

> 높은 학식과 인품을 가진 선비로 추앙받지만 실상은 부도덕하고 위선적인 인물

북곽 선생은 머리를 조아리고 범 앞으로 기어가서 세 번 절하고
　　　　　　　　　　　　　　　작가 의식을 대변하는 의인화된 대상
꿇어앉아 우러러 아뢴다.

"호랑님의 덕은 지극하시지요. 대인(大人)은 그 변화를 본받고,
『　』: 아첨하는 북곽 선생
제왕(帝王)은 그 걸음을 배우며, 자식된 자는 그 효성을 본받고, 장수는 그 위엄을 취하며, 거룩하신 이름은 신령스러운 용(龍)의 짝이 되는지라, 풍운의 조화를 부리시매 하토(下土)의 천신(賤臣)은 감히 아랫바람에 서옵나이다."

범은 북곽 선생을 여지없이 꾸짖었다.

"내 앞에 가까이 오지 마라. 내 들건대 유(儒)는 유(諛)라 하더니
과연 그렇구나. 네가 평소에 천하의 악명을 죄다 나에게 덮어씌우
[선비 유(儒), 아첨할 유(諛)] 동음을 활용한 언어유희 (유학자는 아첨을 잘한다는 의미)
더니, 이제 사정이 급해지자 면전에서 아첨을 떠니 누가 곧이듣겠
북곽 선생의 기회주의적 속성 비판
느냐. 천하의 원리는 하나뿐이다. 범의 본성(本性)이 악한 것이라면 인간의 본성도 악할 것이요, 인간의 본성이 선한 것이라면 범의 본성도 선할 것이다. 『너희가 떠드는 천 소리 만 소리는 오륜(五倫)에서 벗어난 것이 아니고, 경계하고 권면하는 말은 내내 사강(四綱)에 머물러 있다. 그런데 도회지에 코 베이고, 발꿈치 짤리고, 얼굴에다 자자(刺字)질하고 다니는 것들은 다 오륜을 지키지 못한 자들이 아니냐. 포승줄과 먹실, 도끼, 톱 같은 형구(刑具)를 매일 쓰기에 바빠 겨를이 나지 않는데도 죄악을 중지시키지 못하는구나.』 범의 세계에서는 원래 그런 형벌이 없으니 이로 보면 범의 본성이 인간의 본성보다 어질지 않느냐?"
『　』: 인륜 도덕을 세워서 권장하지만 인간의 나쁜 짓은 막을 길이 없음을 꾸짖음

2017년 국가직 7급

Q. 다음 글에 나타난 북곽 선생의 언행에 부합하는 한자성어로 가장 적절한 것은?

① 牽強附會　　② 巧言令色
③ 名論卓說　　④ 橘化爲枳

◆ 풍자 대상

범 (작가의 의식을 대변)
↓
비판, 풍자

북곽 선생, 동리자, 다섯 아들		농부
- 표리부동한 부도덕한 인물 (동리자, 북곽 선생) - 아첨을 잘하는 인물 (북곽 선생) - 강자에게 약하고 약자에게 강한 인물 (북곽 선생) - 상황을 제대로 파악하지 못하는 어리석은 인물 (다섯 아들) ⇒ 위선적이고 부도덕한 당대 지배층을 상징	↔	- 새벽부터 부지런히 노동하며 건실하게 살아가는 서민 - 선량하나 선비의 이중성을 간파하지 못하는 어리석은 대중

◆ 핵심정리

갈래	한문 소설, 단편 소설, 우화 소설, 풍자 소설
성격	풍자적, 비판적, 우의적
시점	전지적 작가 시점
배경	정(鄭)나라 어느 고을
주제	양반의 위선적인 삶과 인간 사회의 부도덕성 비판
특징	- 호랑이라는 동물의 입을 빌려 우의적으로 질책함. - 인물의 행위를 희화화하여 제시함. - 유학자의 위선과 아첨, 인간의 탐욕스러움을 비판함.

◆ '범'의 특징

비현실 세계의 존재	현실 바깥의 존재인 범은 풍자의 주체로서 현실 사회의 본질과 모순을 확연히 꿰뚫어 보고 있다.
객관적 관찰자	범은 현실 속의 인물인 북곽 선생과 인간들의 감춰진 부도덕성을 객관적으로 보여주고 있다. 범의 비판은 인간의 비판보다 더 설득력 있고 풍자의 효과도 크다.
심판자	범은 유일하게 등장인물의 속성을 꿰뚫어 볼 수 있는 절대적 위치에서 '북곽 선생'으로 대변되는 양반 지배 계층의 위선적 속성을 폭로하고 비판하고 있다.

2020 법원직 9급

[앞부분의 줄거리] 북곽 선생(北郭先生)이라는 명망이 높은 선비가 열녀로 칭송받는 젊은 과부인 동리자의 방에서 정을 통하려 했다. 이때 과부의 다섯 아들이 북곽 선생을 여우로 의심하여 몽둥이를 들고 방 안으로 들이닥쳤다.

이에 다섯 아들이 함께 어미의 방을 에워싸고는 안으로 들이닥쳤다. 북곽 선생은 깜짝 놀라 부리나케 내빼면서 그 와중에도 행여 남들이 자신을 알아볼까 겁이 나 한 다리를 들어 목에다 얹고는 귀신처럼 춤추고 웃으며 문을 빠져나왔다. 그러고는 그렇게 달아나다가 벌판에 파 놓은 똥구덩이에 빠지고 말았다. 똥이 가득 찬 구덩이 속에서 버둥거리며 무언가를 붙잡고 간신히 올라가 목을 내밀어 살펴보니, 범 한 마리가 길을 막고 있었다. 범이 이맛살을 찌푸리고 구역질을 하며 코를 막은 채 얼굴을 외면하고 말한다.

㉠ "아이구! 그 선비, 냄새가 참 구리기도 하구나."

북곽 선생이 머리를 조아리며 앞으로 엉금엉금 기어 나와 세번 절하고, 다시 꿇어앉아서 아뢴다.

"범님의 덕이야말로 참 지극합니다. 대인(大人)은 그 변화를 본받습니다. 제왕(帝王) 된 자는 그 걸음걸이를 배웁니다. 남의 아들 되는 이는 그 효성을 본받고, 장수는 그 위엄을 취합니다. 그 명성은 신룡(神龍)과 나란하여 한 분은 바람을 일으키고, 다른 한 분은 구름을 만드십니다. 이 몸은 천한 신하로, 감히 범님의 다스림을 받고자 합니다."

범이 꾸짖으며 답한다.

"에잇! 가까이 다가오지 말렸다. 전에 내 듣기로 유(儒)*란 유(諛)*라 하더니 과연 그렇구나. 네가 평소에는 세상의 온갖 나쁜 이름을 끌어모아 제멋대로 내게 갖다 붙이더니만, 지금은 서둘러 면전에서 아첨을 늘어놓으니 그 따위 말을 대체 누가 믿겠느냐? 천하의 이치는 하나일 따름이니, 범이 정말 악하다면 인간의 본성 또한 악할 것이요, 사람의 본성이 착하다면 범의 본성 또한 착한 것이다. 네놈들이 하는 말은 모두 오상(五常)*을 벗어나지 않고, 경계하고 권장하는 것은 늘 사강(四綱)*에 있다. 그렇지만 사람 사는 동네에 코가 베이거나 발이 잘리거나 얼굴에 문신이 새겨진 채 다니는 자들은 모두 오륜(五倫)을 어긴 자들이다. 이들을 잡아들이고 벌하기 위해 제아무리 오랏줄이나 도끼, 톱 등을 써 대도 인간의 악행은 당최 그칠 줄을 모른다. 밧줄이나 먹바늘, 도끼나 톱 따위가 횡행하니, 악행이 그칠 리가 없다. ㉡범의 세상에는 본래 이런 형벌이 없는데, 이로써 보면 범의 본성이 인간보다 더 어질다는 뜻이 아니겠느냐?" 〈중략〉

북곽 선생은 자리를 옮겨 부복(俯伏)해서 머리를 새삼 조아리고 아뢰었다.

"맹자(孟子)에 일렀으되 '비록 악인(惡人)이라도 목욕재계하면 상제(上帝)를 섬길 수 있다' 하였습니다. 하토의 천신은 감히 아랫바람에 서옵니다. 북곽 선생이 숨을 죽이고 명령을 기다렸으나 오랫동안 아무 동정이 없기에 참으로 황공해서 절하고 조아리다가 머리를 들어 우러러보니, 이미 먼동이 터 주위가 밝아 오는데 범은 간 곳이 없었다. 그때 새벽 일찍 밭 갈러 나온 농부가 있었다. ㉢ "선생님, 이른 새벽에 들판에서 무슨 기도를 드리고 계십니까?"

북곽 선생은 엄숙히 말했다.

㉣ "성현(聖賢)의 말씀에 '하늘이 높다 해도 머리를 아니 굽힐 수 없고, 땅이 두텁다 해도 조심스럽게 딛지 않을 수 없다.'하셨느니라."

Q. 윗글의 서술상 특징으로 가장 옳지 않은 것은?

① 시대적 배경을 구체적으로 묘사하고 있다.
② 동음이의어를 활용하여 대상을 풍자하고 있다.
③ 인물의 말과 행동을 통해 사건을 전개하고 있다.
④ 의인화를 통해 현실을 우회적으로 비판하고 있다.

Q. 윗글의 내용에 대한 이해로 가장 옳지 않은 것은?

① 범은 인간이 말로는 선을 권하지만 악을 일삼는 자가 많다고 주장한다.
② 북곽 선생은 남들이 자신을 알아볼까 두려워 괴이한 모습으로 도망쳤다.
③ 범은 평소와 다르게 아첨하는 북곽 선생의 말을 믿을 수 없다고 생각한다.
④ 북곽 선생은 인간의 본성과 범의 본성을 비교하며 범에게 목숨을 구걸했다.

Q. ㉠~㉣에 대한 설명으로 가장 옳은 것은?

① ㉠ : 본심을 숨기고자 상대에게 거부감을 드러내고 있다.
② ㉡ : 자랑거리를 내세우며 상대가 따르도록 강요하고 있다.
③ ㉢ : 자신을 낮추며 상대를 흠모하는 마음을 드러내고 있다.
④ ㉣ : 상황이 바뀌자 비굴함을 숨기기 위해 허세를 부리고 있다.

Q. 윗글의 '북곽 선생'에 대한 평가로 가장 옳은 것은?

① 사람들의 칭송처럼 높은 학식과 고매한 인품을 가진 동량지재(棟梁之材)한 인물이군.
② 위기 상황에서도 동리자와의 사랑을 지키고자 하는 천의무봉(天衣無縫)한 인물이군.
③ 평판과 다르게 실상은 부도덕하며 위선적인 것을 보니 양두구육(羊頭狗肉)한 인물이군.
④ 범의 꾸짖음에 양반 계급의 허위와 부도덕성을 반성하며 개과천선(改過遷善)한 인물이군.

작품의 줄거리

대호(大虎)가 사람을 잡아먹으려 하는데 마땅한 것이 없었다. 의사를 잡아먹자니 의심이 나고 무당의 고기는 불결하게 느껴졌다. 그래서 청렴한 선비의 고기를 먹기로 하였다. 이때 고을에 도학(道學)으로 이름이 있는 북곽 선생(北郭先生)이라는 선비가 동리자(東里子)라는 젊은 과부와 정을 통하였다. 그녀의 아들들이 북곽선생을 여우로 의심하여 몽둥이를 들고 어머니의 방을 습격하였다. 그러자 북곽 선생은 허겁지겁 도망쳐 달아나다가 그만 어두운 밤이라 분뇨 구덩이에 빠졌다. 겨우 머리만 내놓고 발버둥치다가 기어 나오니 이번에는 큰 호랑이가 앞에 기다리고 있었다. 호랑이는 더러운 선비라 탄식하며 유학자의 위선과 아첨, 이중인격 등에 대하여 신랄하게 비판하였다.

북곽 선생은 정신없이 머리를 조아리고 목숨만 살려주기를 빌다가 머리를 들어보니 호랑이는 보이지 않고 아침에 농사일을 하러 가던 농부들만 주위에 서서 그의 행동에 대하여 물었다. 그러자 그는 농부에게, 자신의 행동이 하늘을 공경하고 땅을 조심하는 것이라고 변명하였다.

정답 ②, ①, ④, ④, ③

풍자 소설 03 허생전 — 박지원
2016년 지방직 7급, 2012년 국가직 7급

이때 변산(邊山)에 도적 떼 수천 명이 몰려 있었는데, 지방 관청에서 군사를 풀어 잡으려 하여도 잡을 수 없었다. 도적 떼 또한 감히 나와서 활동을 못하여 바야흐로 굶주리고 곤란하였다. 허생(許生)이 그들을 찾아갔다. 〈중략〉

당시 사회적 상황

허생이 물었다.

"자네들은 아내가 있는가"

도적들이 답하였다.

"없습니다."

"자네들은 밭이 있는가"

도적들이 웃으며 말하였다.
어이없는 웃음 (허생이 자신들의 처지를 이해하지 못하고 있다고 판단)

"아내가 있고 밭이 있다면 무엇 때문에 괴롭게 도적이 되겠습니까"
경제적 궁핍 때문에 어쩔 수 없이 도적이 됨

허생이

"그렇다면 왜 장가를 들어 집을 짓고, 소를 사서 농사를 짓지 않는가? 살아서 도적 이란 이름을 면하고, 거할 때 가정의 즐거움을 누리고, 나가도 쫓기고 잡혀 갈 걱정 없이 오래도록 잘 먹고 잘 입는 풍요로움을 누릴 수 있을 터인데."

라고 하였다. 도적들이 "어찌 그런 것을 원하지 않겠습니까? 다만 돈이 없을 뿐입니다."
돈의 필요성에 대한 인식

라고 하였다.

안목을 지닌 인물, 이완 대장과 허생의 매개자 역할을 함
변 씨는 이완을 문밖에 서서 기다리게 하고 혼자 먼저 들어가서,
지배 계층을 대변하는 인물, 비판의 대상
허생을 보고 이완이 몸소 찾아온 연유를 이야기했다. 허생은 못들은 체하고,

"당신 차고 온 술병이나 어서 이리 내놓으시오."

했다. 그리하여 즐겁게 술을 들이켜는 것이었다. 변 씨는 이완을 밖에 오래 서 있게 하는 것이 민망해서 자주 말하였으나, 허생은
이완을 문전박대하는 허생, 지배층에 대한 허생의 반감
대꾸도 않다가 야심해서 비로소 손을 부르게 하는 것이었다. 이완이 방에 들어와도 허생은 자리에서 일어서지도 않았다. 이완이 몸 둘 곳을 몰라 하며 나라에서 어진 인재를 구하는 뜻을 설명하자, 허생은 손을 저으며 막았다.

2016년 지방직 7급

Q. 다음 글의 내용과 가장 관련이 깊은 것은?
① 人不知而不慍
② 無恒産無恒心
③ 人無遠慮必有近憂
④ 良藥苦於口而利於病

2012년 국가직 7급

Q. 다음 예문에서 이완의 처지를 반영한 사자성어로 적절한 것은?
① 門前薄待, 坐不安席
② 狐假虎威, 威風堂堂
③ 優柔不斷, 騎虎之勢
④ 虎視耽耽, 威風堂堂

◆ 핵심정리

갈래	한문 소설, 풍자 소설
성격	풍자적, 비판적
시점	전지적 작가 시점
배경	시간-조선 효종 때(17세기 중반), 공간-국내(서울, 안성, 제주, 변산 등)와 국외(장기도, 빈 섬 등)
주제	지배층인 사대부의 무능과 허위의식 비판 / 지배층의 각성 촉구
특징	- 실학사상을 바탕으로 당대 사회의 모순을 풍자함. - '허생'이라는 영웅적 인물의 행적을 중심으로 사건을 전개함. - 이상향의 구체적 모습(빈 섬)을 제시함.

◆ 시대적 배경

사회 현실 상황	경제적 피폐와 사회의 구조적인 모순으로 평민들은 생계를 꾸리기 어려워 도둑이 되는 경우가 많았다.
신분 질서 동요	평민 부자(변 씨)와 경제적으로 어려운 몰락한 양반(허생)이 생겨났다.
실학사상	실사구시와 이용후생을 주장하는 학풍이 등장했다. 허생이 군도들을 이끌고 빈 섬으로 간 행위와 남은 돈으로 빈민 구제에 힘쓴 모습에서 실학사상을 엿볼 수 있다.

병태 요정의 ADVICE

책 읽기만 즐기던 가난한 선비 허생은 아내의 질책으로 책 읽기를 포기하고 장안의 부자인 변 씨에게 만 냥을 빌려 전국의 과일과 말총을 매점매석한다. 큰 돈을 번 허생은 들끓는 도적들을 모아 빈 섬으로 들어가 농사를 지으며 살도록 권유한다. 이곳에서 농사와 무역으로 부를 축적하여 이상국 건설의 실험을 마친 허생은 섬에서 나와 변 씨를 찾아가 돈을 갚는다. 변 씨로부터 허생의 기이함을 전해 들은 이완 대장은 허생을 찾아온다. 허생은 이완이 요청한 사회 개선책으로, 부국강병을 위한 인재 등용, 명나라 후예들에 대한 세도가들의 지원, 유학과 무역을 통한 청나라 정벌이라는 세 가지 계책을 제안하지만, 이완은 현실적으로 수용할 수 없다고 한다. 이에 허생은 지배 계층의 현실성 없는 명분론을 비판하면서 이완을 내쫓고, 다음날 자취를 감춘다.

정답 ②, ①

풍자 소설 04 광문자전 — 박지원
2018 지방교행직 9급

광문은 외모가 극히 추악하고, 말솜씨도 남을 감동시킬 만하지 못하며, 입은 커서 두 주먹이 들락날락하고, 만석희(曼碩戱)를 잘하고 철괴무(鐵拐舞)를 잘 추었다. 우리나라 아이들이 서로 욕을 할 때면, "니 형은 달문(達文)이다."라고 놀려 댔는데, 달문은 광문의 또 다른 이름이었다.

광문이 길을 가다가 싸우는 사람을 만나면 그도 역시 옷을 홀랑 벗고 싸움판에 뛰어들어, 뭐라고 시부렁대면서 땅에 금을 그어 마치 누가 바르고 누가 틀리다는 것을 판정이라도 하는 듯한 시늉을 하니, 온 저자 사람들이 다 웃어 대고 싸우던 자도 웃음이 터져, 어느새 싸움을 풀고 가 버렸다.

광문은 나이 마흔이 넘어서도 머리를 땋고 다녔다. 남들이 장가가라고 권하면, 하는 말이,

"잘생긴 얼굴은 누구나 좋아하는 법이다. 그러나 사내만 그런 것이 아니라 비록 여자라도 역시 마찬가지다. 그러기에 나는 본래 못생겨서 아예 용모를 꾸밀 생각을 하지 않는다."

하였다. 남들이 집을 가지라고 권하면,

"나는 부모도 형제도 처자도 없는데 집을 가져 무엇하리. 더구나 나는 아침이면 소리 높여 노래를 부르며 저자에 들어갔다가, 저물면 부귀한 집 문간에서 자는 게 보통인데, 서울 안에 집 호수가 자그만치 팔만 호다. 내가 날마다 자리를 바꾼다 해도 내 평생에는 다 못 자게 된다."

고 사양하였다.

서울 안에 명기(名妓)들이 아무리 곱고 아름다워도, 광문이 성원해 주지 않으면 그 값이 한 푼어치도 못 나갔다.

예전에 궁중의 우림아(羽林兒), 각 전(殿)의 별감(別監), 부마도위(駙馬都尉)의 청지기들이 옷소매를 늘어뜨리고 운심(雲心)의 집을 찾아간 적이 있다. 운심은 유명한 기생이었다. 대청에서 술자리를 벌이고 거문고를 타면서 운심더러 춤을 추라고 재촉해도, 운심은 일부러 늑장을 부리며 선뜻 추지를 않았다. 광문이 밤에 그 집으로 가서 대청 아래에서 어슬렁거리다가, 마침내 자리에 들어가 스스로 상좌(上坐)에 앉았다. 광문이 비록 해진 옷을 입었으나 행동에는 조금의 거리낌도 없이 의기가 양양하였다. 눈가는 짓무르고 눈꼽이 끼었으며 취한 척 구역질을 해 대고, 헝클어진 머리로 북상투(北髻)를 튼 채였다. 온 좌상이 실색하여 광문에게 눈짓을 하며 쫓아내려고 하였다. 광문이 더욱 앞으로 나아가 무릎을 치며 곡조에 맞춰 높으락낮으락 콧노래를 부르자, 운심이 곧바로 일어나 옷을 바꿔 입고 광문을 위하여 칼춤을 한바탕 추었다. 그리하여 온 좌상이 모두 즐겁게 놀았을 뿐 아니라, 또한 광문과 벗을 맺고 헤어졌다.

◆ 핵심정리

갈래	한문 소설, 단편 소설, 풍자 소설
성격	풍자적, 사실적
시점	전지적 작가 시점
배경	조선 후기, 한양의 종로 저자
주제	- 정직하고 신의 있는 삶에 대한 예찬 - 권모술수가 판을 치는 사회에 대한 풍자
특징	- 조선 후기 사회의 모습을 사실적으로 묘사함. - 거지 '광문(廣文)'의 인품을 예찬함으로써 상대적으로 양반 사회에 대한 풍자 효과를 높임. - 양반 계층에 대한 부정적 인식에서 표출된 새로운 인간형을 제시함.

소설의 줄거리

원래 광문은 종로 네거리를 다니며 구걸하는 걸인이었는데, 여러 걸인들이 그를 추대하여 두목으로 삼아 소굴을 지키게 하였다. 어느 겨울밤 걸인 하나가 병이 들어 앓다가 갑자기 죽게 되자, 이를 광문이 죽인 것으로 의심하여 쫓아낸다. 그는 마을에 들어가 숨으려 하지만 주인에게 발각되어 도둑으로 몰렸는데, 그의 말이 너무나 순박하여 풀려난다. 그는 주인에게 거적을 얻어 수표교 걸인의 시체를 가지고 있던 거적으로 잘 싸서 서문 밖에 장사지내 준다. 집주인은 계속 그를 미행하고 있다가 광문으로부터 그동안의 내력을 듣고는 가상히 여겨 그를 어떤 약방에 추천하여 일자리를 마련해준다. 어느 날 약방에서 돈이 없어져 광문이 또 다시 의심받게 되나, 며칠 뒤 약방 주인의 처조카가 가져간 사실이 드러나 광문의 무고함이 밝혀진다. 주인은 광문이 의심을 받고도 별로 변명함이 없음을 가상히 여겨 크게 사과한 뒤, 자기 친구들에게 널리 광문의 사람됨을 퍼뜨려 장안 사람 모두가 광문과 그 주인을 칭송하게 된다. 나이가 차서 결혼할 때가 되었으나 자신의 추한 몰골을 생각하고 아예 결혼할 생각을 하지 않는 광문은, 어느 날 장안에서도 가장 이름난 운심이란 기생을 만나게 된다. 광문이 자신의 남루한 복장과 추한 얼굴을 숨기지 않고 많은 귀인들 앞에서 노래를 부르니, 이에 콧대 높은 운심도 그의 소탈하고 순수한 모습에 감동하여 자리에서 일어나 그를 위해 춤을 춘다.

2018 지방교행직 9급

Q. 윗글에 대한 설명으로 가장 적절한 것은?
① 여러 가지 일화들을 제시하여 주인공의 성격을 드러내고 있다.
② 사건의 흐름에 따라 주인공의 심리가 변하는 과정을 보여주고 있다.
③ 특정 사건을 계기로 인물 간의 갈등이 심화되는 과정을 보여 주고 있다.
④ 인물 간 대화를 직접 제시하여 긴장과 이완이 교차되는 분위기를 조성하고 있다.

Q. 윗글에 제시된 상황에 대한 이해로 가장 적절한 것은?
① 아이들이 싸울 때 상대방을 광문에 빗대어 욕하는 것은 아이들이 광문을 낭중지추(囊中之錐)로 보고 있기 때문이겠군.
② 길거리에서 싸우던 사람들이 광문의 개입으로 싸움을 멈추는 것은 그들이 광문의 교언영색(巧言令色)에 넘어갔기 때문이겠군.
③ 집을 가지라는 주변 사람들의 말에 대한 광문의 대답은 그가 안분지족(安分知足)의 삶을 추구하고 있음을 보여 주는군.
④ 기생이 광문에 호응하여 칼춤을 추는 것을 보고 즐겁게 놀았던 손님들이 광문과 벗을 맺는 것은 구밀복검(口蜜腹劍)의 행태라 하겠군.

정답 ①, ③

조선 후기 - 가정·윤리 소설

가정,윤리 소설 01

적성의전

- 작자 미상

이때 안평국 왕비가 기러기 발에 편지를 매어 보내고 회답 오기를 밤낮으로 기다리고 있었는데, 하루는 왕이 내전에 들어 왕비와 더불어 옥루에 올라 난간에 비기어 앉아 성의를 생각하시고 슬픔을 금치 못하였다. 홀연 기러기가 중천에 높이 떠서 긴 소리로 아뢰는 듯하더니 순식간에 쏜살같이 내려와 왕비 앞에 앉거늘, 왕비가 기러기만 보아도 성의를 본 듯하여 손으로 기러기를 덥석 안고 어루만지며 살펴보니 기러기가 발에 한 통의 편지를 매고 왔는지라. 일희일비하여 급히 풀어 뜯어보니 그 사연에 이르기를,

"불효자 성의는 삼가 백배(百拜)하옵고 부왕 전하와 모비 마마께 올리나이다. 이별이 오래되었사온데 양 전하의 기후 강녕하심을 기러기 편으로 듣자오니 반갑고 설운 마음 헤아릴 길이 없사옵니다. 연전에 모비의 병환을 위하여 슬하를 떠나 서역을 갈 때에 천신만고 끝에 십생구사(十生九死)로 수만리 서천에 이르러 일영주를 얻었습니다. 돌아오던 도중 바다 가운데에서 포악한 변을 만나 뱃사람 일행을 모두 죽이고 장차 소자를 죽이려 할 때 거느린 군사 중에 태연이라 하는 사람의 힘을 입어 목숨은 보전하였으나 두 눈을 잃고 한 조각 나무판에 태워져 푸른 파도 속으로 밀쳤으니 십이 세 어린 것이 어찌 살기를 바라리오? 파도에 밀려서 지향없이 가옵더니 여러 날만에 겨우 한 섬에 다달았습니다. 짐작하니 언덕이어서 더듬어 보니 바위가 있기에 바위 위에 올라 정신을 수습하였더니 바람결에 대 우는 소리가 들려 내려 더듬어 보니 과연 대밭이 있었습니다. 대를 베어 단저를 만들어 슬픈 마음을 덜고 앉아 오작에게 실과를 얻어 먹고 있었더니 천지신명이 도우사 중국 호 승상이 남일국의 사신으로 다녀오시는 길에 소자를 데려다가 보살핌을 입어 승상부에 머물게 되었던 일이며, 과거에 급제하여 부마된 전후 사연과 호 승상의 수양자 된 말씀을 낱낱이 아뢰고, 공주와 더불어 고국으로 즉행하오니 또 중도에 무슨 변이 있을지 모르오니 엎드려 바라옵건대 양친은 살피옵소서."

하였더라. 왕비가 보기를 다함에, 전하는 다 듣고 나서 눈물을 흘리고 슬퍼하시더라. 왕비가 기러기를 붙들고 통곡하여 슬퍼하시더니, 이때 세자 항의가 왕비의 곡성을 듣고 크게 놀라 들어가 엎드려 여쭙기를,

"모후는 무슨 까닭으로 이렇듯이 비창(悲愴)하십니까?"

왕비가 항의를 보고 잠잠하시거늘 항의가 일어나 사면을 살펴보니 서안에 일봉 서찰이 놓였고 또 기러기를 어루만지시거늘 자세히 보니 이는 곧 성의의 필적이었다. 항의가 말하기를,

"서간을 보오니 성의가 중국에 들어가 입신양명하여 부마가 되었다 하니 이는 부왕의 성덕이거늘 어찌 그리 슬퍼하십니까? 빨리 예단을 갖추어 마중 나가시옵소서."

하더라. 왕비가 그날로 예단을 갖추어 중로에 사신을 보내었다. 이때 상이 항의에게 칙교(勅敎)하기를, '중전을 모시고 떠나지 말라' 하셨다.

차설, 항의가 마음속으로 헤아리되, '성의가 틀림없이 죽은 줄로 알았는데 어찌하여 살았으며 이다지 영귀하게 되었는고. 만일 성의가 오면 나의 전후 행적이 발각되겠구나.'

하고 매우 근심하다가 한 계교를 생각하고 노복에게 분부하여 적부리를 부르니, 이 사람은 지혜와 용기가 매우 많았다.

◆ 핵심정리

갈래	가정 소설, 윤리 소설
성격	불교적, 유교적, 도교적, 교훈적, 전기적
시점	전지적 작가 시점
주제	- 불교적인 인과응보와 부모에 대한 효성 - 형제간의 우애와 고난 극복과 승리의 쟁취
특징	- 불교적인 인과응보와 부모에 대한 효성, 형제간의 우애 등을 강조함. - 집을 떠나서 모험과 고난 끝에 무엇을 찾고 돌아와 명예를 얻는 서사 구조를 지님.

◆ 등장 인물

적성의	안평국의 둘째 왕자로 재주와 덕성을 겸비한 인물로, 형 항의에 의한 역경을 딛고 왕이 됨.
적항의	안평국의 첫째왕자, 동생 성의를 시기하여 그 공을 가로채고 성의를 죽음으로 몰아넣으려 하다가 결국 자신이 죽음에 이르게 됨.
채란 공주	중국의 공주이자 성의의 아내로 선견지명이 있으며, 용의주도하고 대범함.

작품의 줄거리

강남 안평국 왕의 맏아들 항의는 괘씸하고 엉큼한 마음을 가졌고, 둘째 아들 성의는 남다른 기품이 있으며 재덕을 겸비하여 사랑을 받았다. 왕비가 병이 들어 수많은 약이 효험이 없자 도사의 말에 따라 성의는 격군 10여 명을 데리고 일영주(日映珠)를 구하러 서역으로 떠났다.

선관의 도움으로 서방세계에 이른 성의는 천성금불보탑존사(금강경천불도사)를 만나 일영주를 얻어, 동방삭의 도움으로 파초선을 타고 약수(弱水 : 신선이 살았다는 중국 서쪽의 전설 속의 강)를 건너온다.

한편, 항의는 사공과 무사 수십 명을 데리고 나가 일영주를 빼앗고, 성의의 두 눈을 칼로 찔러 바다에 빠뜨린 뒤 돌아와 일영주로 어머니의 병을 고쳤다. 맹인이 되어 표류하던 성의는 안남국에 사신으로 갔다오던 호 승상에게 구출되어 천자의 후원에 머물게 되고, 채란 공주와 사귄다. 어머니가 기러기 발에 매어 보낸 편지를 공주가 읽는 순간 성의는 두 눈을 뜨고, 장원급제하여 가약을 맺는다. 성의를 죽이려던 항의는 죽음을 당하고 성의는 안평국 왕이 되어 요순(堯舜)의 정치를 한다.

사씨남정기(謝氏南征記) - 김만중

가정,윤리 소설 02 / 2019 지방직 9급, 2016 국가직 9급

유 소사(劉少師)가 생각키에, 사 급사 댁에는 남자가 없으니 의당 매파를 보내어 혼인을 의논해야 되겠다고 하여, 매파 주씨를 보내 혼인할 뜻을 전했다. 부인이 불러 보니 매파는 먼저 유 소사의 집안이 대대로 부귀하며, 한림의 문채와 풍채가 빼어남을 일컫고는 또 이렇게 말했다.

"어느 재상 댁인들 유 소사에게 청혼하지 않았겠습니까? 하오나 소사께서는 소저가 천자 국색(天姿國色)이며, 재덕(才德)이 출중하다는 소문을 들으시고는 이에 소인으로 하여금 중매를 서게 하였습니다. 소저께서 유씨 집안의 빙폐(聘幣)를 받으시면 그날로 명부(命婦)가 되시는 것이오니 부인의 뜻은 어떠하온지요?"

▶ 유 소사가 매파를 통해 혼사의 뜻을 전함

부인은 매우 기뻤다. 허나 소저와 상의하고자 매파를 머물게 하고는 몸소 소저의 처소로 갔다. 매파 주씨가 말한 대로 소저에게 이르고는 물었다.

"우리 아이는 어떻게 생각하느냐? 숨기지 말고 네 뜻을 말해 보아라."

소저 대답하여 아뢰었다.

"소녀가 듣자오니 유 소사께서는 오늘날의 어진 재상이라고 합니다. 결혼이 불가할 까닭이 없습니다. 그러나 오직 매파 주씨의 말로만 본다면 의심스러운 점이 없지 않습니다. 소녀가 듣자오니 군자는 덕(德)을 귀하게 여기고 색(色)은 천하게 여기며, 숙녀는 덕으로써 시집을 가고 색으로써 사람을 섬기지 않는다고 합니다. 이제 매파 주씨가 먼저 색을 일컬으니 소녀는 그윽히 부끄럽게 여깁니다. 더욱이 유씨 집안의 부귀를 극히 자랑하면서도 우리 선 급사(先給事)의 성대한 덕은 일컫지 않았습니다. 혹시 매파 주씨가 사람됨이 미천하여 유 소사의 뜻을 잘 전하지 못한 것은 아닌지요. 그렇지 않다면 유 소사께서 어질다고 하는 말은 거의 헛소문일 것입니다. 소녀는 그 집에 들어가기를 원하지 않사옵니다."

▶ 사씨가 청혼을 거절함

부인은 평소 딸을 기특히 여기고 사랑하는지라 어찌 그 뜻을 어길리가 있겠는가? 밖에 나와 매파 주 씨에게 답변했다.

"소사께서 우리 딸의 재색(才色)에 대해 잘못 들으셨던 게야. 우리 딸은 가난한 집에서 자라나 제 손으로 방적(紡績)을 하면서 여공(女功)을 서투르게 익혔을 뿐이네. 어찌 부귀한 집안의 부인에 방불할 만한 화용성식(華容盛飾)이 있을 리가 있겠는가. 결혼한 후에 소문과 같지 못하다면 죄를 얻을까 두렵다네. 바라건대 이렇게 회보하여 주기 바라네."

매파 주씨는 이 말을 듣고는 매우 이상하게 여기고는 재삼 쾌히 승낙하기를 청했으나 부인의 말씀은 변함이 없었다. 매파는 돌아가 그대로 소사에게 아뢰었다.

소사는 자못 불쾌하였다. 한참 동안 말없이 생각하다가 매파 주씨에게 물었다.

"애당초 네가 부인에게 무엇이라고 말씀을 드렸는가?"

매파 주씨는 자기가 한 말을 그대로 반복하여 아뢰었다. 소사는 그제야 깨닫고는 웃으며 말했다.

"내가 일에 소활하여 너를 잘 가르쳐 보내지 못한 탓이로다. 너는 잠시 물러가 있거라."

▶ 유 소사가 사씨의 청혼 거절을 전해 듣고 그 이유를 깨달음

이튿날 소사는 친히 신성(新城)으로 가 지현(知縣)을 보고는 사씨 집안과의 통혼할 일을 말했다.

"일찍이 매파를 보내어 혼인의 뜻을 전했습니다만 그 집안에서 답하기를 여차여차하니 이는 필시 매파가 실언한 때문입니다. 이제 수고스럽지만 선생께서 한번 사 급사 댁을 다녀와 주시기를 바랍니다."

◆ 핵심정리

갈래	국문 소설, 가정 소설
성격	풍간적(諷諫的), 가정적
시점	전지적 작가 시점
배경	중국 명나라 초기, 중국 북경 금릉 순천부
주제	처첩 간의 갈등과 사씨의 고행 사씨의 부덕(婦德)과 권선징악(勸善懲惡)
특징	- 전체적으로 추보식 구성이나 일부에서 역행적 구성이 보임 - 숙종을 깨우치기 위한 일종의 목적 소설로 각 인물들이 상징성을 지님 - 후대 가정 소설의 모범이 됨

◆ 제목의 의미

'사씨남정기'의 원래 제목은 '남정기(南征記)'이다. '남정'은 '남쪽으로 쫓겨 간다.'라는 뜻으로, 사씨가 가정에서 쫓겨나고, 남편 유 한림이 조정에서 쫓겨나는 과정을 의미한다. 특히 이 제목은 사씨가 정실 자리에서 쫓겨난 뒤 남쪽으로 간 사건을 강조하여 지은 제목이라고 할 수 있다. 사씨가 간 남쪽은 중국 장사(長沙) 지역으로, 이곳은 순임금의 두 왕비인 아황과 여영의 발자취가 남아 있는 곳이자, 굴원을 비롯한 충신열사들이 목숨을 바치거나 유배를 당한 곳이다. 이로 보아 이 작품은 당시 조선 사회의 모순과 실상을 적나라하게 비판하기 위해 '남정'의 의미에 무게를 두었음을 짐작할 수 있다. 따라서 이 작품은 권선징악적 주제 의식 이면에 날카로운 비판 의식이 내포된 일종의 목적 소설이다.

◆ 인물 소개

사씨 (사정옥)	유 한림의 본처. 현모양처(賢母良妻)로서 유교적 여성관을 드러내는 전형적인 인물
교씨 (교채란)	유 한림의 첩. 자신의 이익과 행복을 위해서는 수단과 방법을 가리지 않는 악인의 전형적인 인물
유 한림 (유연수)	본성은 착하나 판단력이 부족하고, 양반 사대부가의 봉건적 사고방식을 지닌 전형적인 인물
두(杜) 부인	유연수의 고모. 유순하면서도 덕이 있으며 사리 판별이 뛰어난 인물로 다가올 일을 암시하는 복선의 역할을 하는 인물
유 소사 (유희)	유 한림의 부친, 사씨의 재능을 알고 아들 유 한림과 혼인시키는 당대 사회에서 존경받는 인물

2019년 국가직 9급

Q. 다음 글에 대한 이해로 가장 적절한 것은?

> 유 소사가 말하기를, "신부(新婦)가 이제 내 집에 들어왔으니 어떻게 남편을 도울꼬?"
> 사씨 대답하여 말하기를, "첩(妾)이 일찍 아비를 여의고 자모(慈母)의 사랑을 입사와 본래 배운 것이 없으니 물으시는 말씀에 대답치 못하옵거니와 어미 첩을 보낼 제 중문(中門)에 임(臨)하여 경계하여 말씀하시기를 '반드시 공경(恭敬)하며 반드시 경계(警戒)하여 남편을 어기오지 말라.' 하시니 이 말씀이 경경(耿耿)하여 귓가에 있나이다."
> 유 소사가 말하기를,
> "남편의 뜻을 어기오지 말면 장부(丈夫) 비록 그른 일이 있을지라도 순종(順從)하랴?"
> 사씨 대 왈, "그런 말이 아니오라 부부(夫婦)의 도(道) 오륜(五倫)을 겸(兼)하였으니 아비에게 간(諫)하는 자식이 있고 나라에 간하는 신하 있고 형제(兄弟) 서로 권하고 붕우(朋友) 서로 책(責)하나니 어찌 부부라고 간쟁(諫諍)치 않으리이까? 그러하나 자고로 장부(丈夫) 부인(婦人)의 말을 편청(偏聽)하면 해로움이 있삽고 유익(有益)함이 없으니 어찌 경계 아니 하리이까?"
> 유 소사가 모든 손님을 돌아보며 말하기를, "나의 며느리는 가히 조대가*에 비할 것이니 어찌 시속(時俗) 여자가 미칠 바리오."라고 하였다.
>   - 김만중, 〈사씨남정기〉
> * 조대가: 한서(漢書)를 지은 반고(班固)의 누이동생인 반소(班昭). 학식이 뛰어나고 덕망이 높아 왕실 여성의 스승으로 칭송이 자자했다.

① 사씨의 어머니는 딸이 남편에게 맞섰던 일을 비판하고 있다.
② 사씨는 홀어머니를 모시느라 제대로 배우지 못한 것을 안타까워하고 있다.
③ 사씨는 부부의 예에 따라, 남편이 잘못하면 이를 지적해야 한다고 생각한다.
④ 유 소사는 며느리와의 대화를 통해, 효성이 지극한 사씨의 모습에 흡족해하고 있다.

2016년 국가직 9급

Q. 다음의 상황에 어울리는 한자 성어로 가장 적절한 것은?

> 김만중의 〈사씨남정기〉에서 사씨는 교씨의 모함을 받아 집에서 쫓겨난다. 사악한 교씨는 문객인 동청과 작당하여 남편인 유한림마저 모함한다. 그러나 결국은 교씨의 사악함이 만천하에 드러나고 유한림이 유배지에서 돌아오자 교씨는 처형되고 사씨는 누명을 벗고 다시 집으로 돌아오게 된다.

① 교언영색(巧言令色)   ② 절치부심(切齒腐心)
③ 만시지탄(晩時之歎)   ④ 사필귀정(事必歸正)

◆ 가정 소설(家庭小說)

가정 안에서 벌어지는 일을 소재로 한 작품을 '가정 소설'이라고 한다. 고전 소설에서는 처첩 간의 갈등이나 계모와 전처 소생의 자녀 간 갈등을 다룬 작품들이 여기에 속한다. 이러한 작품들은 권선징악(勸善懲惡)과 개과천선(改過遷善)을 주제로 하는데, 대체로 악인(惡人)은 음해와 악행이 탄로나서 징벌을 받거나 참회하여 선인(善人)이 되고, 선인은 행복을 다시 찾는다는 결말로 되어 있다.

작품의 줄거리

유연수는 중국 명나라 세종 때 금릉 순천부에 사는 유현이라는 명신(名臣)의 아들로 태어나 15세에 장원 급제하고 한림학사를 제수받는다. 유 한림은 덕성과 재학(才學)을 겸비한 사씨와 결혼하나 늦도록 후사가 없어 교씨를 첩으로 맞아들인다. 교씨는 천성이 간악한 인물로 아들을 낳자 정실이 되기 위해 사씨를 참소한다. 결국 유 한림은 사씨를 폐출하고 교씨를 정실로 삼는다. 교씨는 문객 동청과 간통하면서 유 한림을 참소하여 유배시킨다. 마침내 조정에서는 유 한림에 대한 혐의를 풀어 소환하고, 충신을 참소한 동청을 처형한다. 유 한림은 사방으로 사씨의 행방을 찾다가 소식을 듣고 온 사씨와 해후한다. 유 한림은 자신의 잘못을 뉘우치고 고향으로 돌아와 간악한 교씨를 처형하고 사씨를 다시 정실로 맞아들인다.

정답 ③, ④

조선 후기 – 우화·전쟁·몽자류 소설

기타 소설 01 장끼전 　　　　　　　　　　　　　- 작자 미상

　장끼와 까투리가 들판에 떨어져 있는 콩알을 주으러 들어가다가, 붉은 콩 한 알이 덩그렇게 놓여 있는 것을 장끼가 먼저 보고 눈을 크게 뜨며 말하기를,
<붉은 콩 한 알: 까투리와 장끼의 갈등을 유발하는 소재>

　"어허, 그 콩 먹음직스럽구나! 하늘이 주신 복을 내 어찌 마다하랴? 내 복이니 어디 먹어 보자."

　옆에서 이 모양을 지켜보고 있던 까투리는, 어떤 불길한 예감이 들어서,

　"아직 그 콩 먹지 마오. 눈 위에 사람 자취가 수상하오. 자세히 살펴보니 입으로 훌훌 불고 비로 싹싹 쓴 자취 심히 괴이하니 제발 덕분 그 콩 먹지 마오."
<조심성이 있는 까투리, 논리적으로 의견을 표출함.>

　"자네 말은 미련하기 그지없네. 이때를 말하자면 동지섣달 눈 덮인 겨울이라, 첩첩이 쌓인 눈이 곳곳에 덮여 있어, 천산에 나는 새도 그쳐 있고, 만경에 사람의 발길이 끊겼는데 사람의 자취가 있을까 보냐?"
<눈앞의 이익에 급급하여 상황을 올바로 파악하지 못함. 신중하지 못한 성격>

　까투리도 지지 않고 입을 연다.

　"사리는 그럴 듯 하오마는 지난 밤에 꿈이 크게 불길하니 자량하여 처사하오."
<지난 밤에 꿈: 장끼의 비극적 죽음을 암시>

　그러자 장끼가 또 하는 말이,

　"내 간밤에 한 꿈을 얻으니 황학(黃鶴)을 빗겨 타고 하늘에 올라가 옥황상제께 문안드리니 상제께서 나를 산림 처사를 봉하시고 만석고(萬石庫)에서 콩 한 섬을 내주셨으니, 오늘 이 콩 하나 아니 반가운가? 옛 글에 이르기를 '주린 자 달게 먹고, 목마른 자 쉬 마신다' 하였으니 어디 한 번 주린 배를 채워 봐야지."

　그러나 지지 않고 까투리 또 말하기를,

　"당신의 꿈은 그러하나 이 내 꾼 꿈 해몽해 보면, 어젯밤 이경 초에 첫잠이 들어 꿈을 꾸니 북망산 음지 쪽에 궂은 비 흩뿌리며 맑은 하늘에 쌍무지개가 홀연히 칼이 되어 당신의 머리를 덩겅 베어 내리쳤으니, 이것이야말로 당신이 죽을 흉몽임에 틀림없으니 제발 그 콩일랑은 먹지 마오."

　장끼 또한 그대로 있을쏘냐?
<서술자의 개입>

　"그 꿈 또한 염려 말게. 춘당대 알성과에 문관 장원으로 급제하여 어사화 두 가지를 머리 위에 숙여 꽂고 장안 큰 거리로 왔다갔다할 꿈이로세. 어디 과거에나 힘써 보세나."
<상황을 자신에게 유리한 쪽으로 해석함.>

　까투리 다시 하는 말이

　"야삼경에 또 한 번 꿈을 꾸니 천근들이 무쇠 가마를 그대 머리에 흠뻑 쓰고 만경창파 깊은 물에 아주 풍덩 빠졌기로, 나 홀로 그 물가에 앉아 대성통곡하였으니, 이거야말로 당신이 죽는 꿈이 아니겠소? 부디 그 콩일랑 먹지 마오."

　장끼란 놈 또 하는 말이,

　"그 꿈은 더욱 좋을씨고! 명나라가 중흥할 때, 구원병을 청해 오면 이 몸이 대장이 되어 머리 위에 투구 쓰고 압록강 건너가서 중원을 평정하고 승전 대장 될 꿈이로세."

〈중략〉

◆ **핵심정리**

갈래	국문 소설, 우화 소설, 판소리계 소설
성격	우화적, 풍자적, 해학적, 현실 비판적
시점	전지적 작가 시점
주제	남존여비(男尊女卑) 사상과 여성의 개가(改嫁) 금지에 대한 비판과 풍자
특징	– 의인화된 동물에 의해 사건이 전개됨. – 중국의 고사가 많이 인용됨. – 당대의 서민 의식이 반영됨.

◆ **등장 인물**

장끼	신중하지 못하고 남의 말, 특히 여자의 말을 잘 듣지 않고 고집 센 가부장적 인물
까투리	조심성 있고 소신이 뚜렷하며 지혜로운 인물로, 장끼가 죽은 후에는 본성을 좇아 개가하는 자유로운 성향을 보여 줌.

◆ **주제 의식**

장끼	까투리
– 여자의 말을 무시함	– 죽어 가는 장끼로부터 수절을 강요당함
– 자기의 죽음을 까투리 때문이라고 말함	– 장끼가 죽고 곧바로 개가함
– 남존여비 사상 비판	– 여성의 개가 금지 비판
– 남성 우월 의식 비판	– 봉건적 유교 윤리 비판·풍자
– 가부장적 권위주의 비판	– 진보적 의식 반영
봉건적 유교 윤리를 비판·풍자	

작품의 줄거리

　어느 겨울, 굶주린 장끼와 까투리가 아홉 아들과 열두 딸을 거느리고 먹이를 찾아 산기슭으로 간다. 먹이를 찾아 헤매던 장끼는 땅에 떨어진 붉은 콩 한 개를 발견하고 기뻐한다. 까투리는 불길한 꿈 이야기를 들려주면서 콩을 먹지 말라고 만류하지만, 장끼는 여자의 말이라고 무시하며 고집을 부린다. 신중한 까투리가 중국의 고사들을 인용하여 콩을 먹지 말라고 계속 말리지만, 이를 아전인수식으로 해석한 장끼는 고집을 꺾지 않고 콩알을 먹으려다 결국 덫에 걸리게 된다. 장끼는 죽어 가면서도 까투리에게 수절하여 정렬부인이 되어 줄 것을 유언하고, 까투리는 장끼의 깃털 하나를 주워다가 장례를 치른다. 장끼의 장례식에 조문을 온 갈가마귀, 부엉이, 물오리 등이 까투리에게 청혼하나 까투리는 수절을 명분으로 거절한다. 그러다가 홀아비 장끼를 본 후로 수절할 마음을 버리고 유유상종이라는 명분을 내세우며 개가한다. 재혼한 이들 부부는 아들딸을 모두 혼인시키고 명산대천(名山大川)을 구경하다가 큰 물에 들어가 조개가 된다.

기타 소설 02 최척전 － 조위한

정유년 팔월이었다. 왜적이 남원 고을로 쳐들어와 성을 함락시켰다. 사람들은 뿔뿔이 흩어져 산 속을 피란했다. 최척의 가솔은 지리산 연곡 깊숙이 피란했다. 난리통이라 임심이 흉흉했다. 어디서 무슨 변을 당할지 몰랐다. 최척은 옥영더러 남장을 하라고 일렀다. 남복을 입으니 아무도 여자인 줄 짐작 못했다.

산속으로 피란 온 지 여러 날이 지나지 이미 가져온 양식은 동이 나고 식솔이 굶주리게 되었다. 최척은 장정 서너 명과 작당하여 산속을 벗어났다. 양식을 구하는 길에 적세를 살피면서 구례까지 갔다. 그곳에서 갑자기 적병을 만나게 되었는데, 그들은 몸을 신속히 날려 바위틈에 숨어 적병이 지나가기를 기다렸다.

왜적들은 곧장 지리산 연곡으로 쳐들어갔다. 적들은 피란 나온 사람들은 남김없이 잡아 끌고 갔다.

〈중략〉

이윽고 그는 섬강으로 달려갔다. 얼마 못 가서 흩어진 시체 속에서 신음 소리를 들었다. 그는 그 소리 나는 곳으로 다가갔다. 가서 보니 살았는지 죽었는지 분간을 할 수 없었다. 시뻘건 선지피가 온 얼굴을 감싸 누구인지 알 도리가 없었다. 최척은 옷을 살펴보았다. 어딘가 낯이 익은 것만 같았다. 그래서 최척은 크게 소리쳐 불렀다.

"네가 혹 춘생이 아니냐."

춘생은 젖 먹던 힘까지 내어 눈을 떴다. 그 표정은 고통으로 일그러졌다. 그녀는 기어드는 소리로 간신히 말했다.

"오, 서방님, 아씨가 적병에 잡혀갔어요. 저…… 저는 몽석을 등에 업고 달아났으나 빨리 달릴 수가 없어 적병의 칼에 찔렸어요. 칼 맞은 지 한나절 만에 겨우 살……살아났으나, 드…… 등에 업힌 아기의 새…… 생사를 아……알……."

말을 다 하지 못하고 숨이 넘어갔다. 최척은 주먹으로 가슴을 쳤다. 발로는 땅을 차면서 통곡하다가 정신을 잃었다. 얼마나 지나 정신이 들었다. 다시 기운을 차려 섬강으로 달려가 보니, 강둑에는 칼 맞은 시체들이 너저분하게 널려 있었다. 자세히 살펴보니, 연곡으로 피란왔던 사람들이었다. 최척은 더 이상 기대를 걸 수 없었다. 그는 실성하여 통곡하며 시체 속을 누볐다. 그는 마침내 자살하려고 강가로 갔다. 막 물로 뛰어들려는 찰나, 어떤 사람이 옷을 잡으며,

"이 난리통에 당신 같은 이가 한 사람뿐인가. 그럴수록 용기백배해야지."하고 말리는 것이었다. 그래 죽지도 못하고 식솔을 찾아 밤낮으로 헤맸으나 허사였다.

〈중략〉

그때 왜선에서 염불하는 소리가 매우 구성지게 들려왔다. 최척은 홀로 선창에 기댄 채 신세 타령을 했다. 모든 것을 잊으려는 듯, 품 속에서 퉁소를 꺼내어 계면조 한 곡을 불면서 가슴 속에 맺힌 애원한 정을 풀고 있었다. 이 피리 소리에 하늘마저 근심스런 빛을 띤 듯했고, 구름과 연기조차 침울하기 그지없었다. 배 안에서 잠을 자던 사람들도 놀라 깨어났다.

그들은 하나같이 슬픈 낯빛을 지었다. 피리 소리가 울려 퍼졌다. 그때 왜선에서는 염불 소리가 갑자기 멎었다. 염불 소리 대신에 조선어로 칠언 절구를 읊는 소리가 들렸다.

『왕자진의 피리 소리에 달마저 떨어지려 하는데
바다처럼 푸른 하늘엔 이슬만 서늘하구나.』

시를 읊는 소리는 처절하여 마치 원망하는 듯, 호소하는 듯 하였다. 읊기를 다 하자 그 사람은 길게 한숨을 내쉬었다. 최척은 이 시 읊는 소리를 듣고 너무도 뜻밖이어서 들었던 퉁소를 떨어뜨렸다. 넋을 잃은 듯, 마치 실성한 사람처럼 멍하니 있었다.

송공이 이상히 여겨,

"자네는 어째서 그런 모양을 하고 있는가."

하고 거듭 물어도 대답이 없었다. 연해 큰 소리로 묻자 최척은 그 자리에 쓰러지며 기절해 버렸다. 얼마나 지나서야 최척은 겨우 정신을 차리고 일어나 앉으며 말했다.

"저 배 안에서 들려왔던 시는 내 아내가 지은 시요. 둘만이 알지 다른 사람은 아무도 모르오. 더욱이 시 읊는 소리가 아내와 흡사하니 어찌 놀라지 않겠소. 아내가 저 배를 타고 있는 것이 아닌지, 아니 도저히 그럴 리 없지."

그리고는 왜적의 습격을 당하여 가족들이 흩어진 내력을 들려주었다, 사람들은 놀라며 이상히 여겼다.

그 속에 두홍(杜洪)이라는 사람이 있었다. 나이가 젊고 용감한 반면 좀 덤벙대는 선비였다. 그는 최척의 말을 듣자 의기를 나타내 주먹으로 뱃전을 쳤다. 분연히 일어서며,

"내가 당장 가서 알아보고 오겠소."

하며 급히 서둘렀다. 송공이 만류하며,

"깊은 밤에 일을 꾸몄다가는 무슨 변을 당할지 두려우니 내일 아침에 정중히 찾아보는 것이 좋을 것이오."

하니 모두들 찬성하였다.

그날 밤 최척은 잠 한숨 자지 못했다. 아침을 기다리며 뜬 눈으로 날을 밝혔다. 이윽고 동쪽 하늘이 밝아왔다. 그는 조금도 지체할 수 없어 배에서 내려왔다. 곧장 언덕으로 내려가 왜선으로 다가갔다. 최척은 조선어로 크게 외쳤다.

"어젯밤 시를 읊은 사람은 틀림없이 조선인일 거요. 나도 조선인이요. 이 머나먼 안남까지 와서 고국 사람을 만나 보는 것도 이 또한 기쁜 일이 아니겠습니까?"

옥영은 배 안에서 퉁소 소리를 들었었다. 그것은 곧 조선의 곡조요, 또한 옛날에 귀에 익었던 소리였다. 그래서 혹시 남편이 그 배에 와 있지 않나 해서 시를 시험삼아 읊었던 것이었다. 이때 남편이 자기를 찾는 말을 듣자 옥영은 황망하여 몸둘 바를 몰랐다. 엎어지고 넘어지면서 급히 난간을 내려갔다. 두 사람은 서로를 알아보고 소리치면서 끌어안고 흐느껴 울었다. 너무나 감격해 가슴이 막혔다. 심정이 격하여 말도 제대로 안 나왔다.

◆ 핵심정리

갈래	한문 소설, 애정 소설, 전기 소설, 군담 소설
성격	조선 시대(16세기) 조선의 남원, 일본, 중국, 안남(베트남)
시점	전지적 작가 시점
제재	사실적, 불교적
주제	전란으로 인한 가족의 이산과 재회
특징	- '만남-이별-재회'를 반복해서 구성함 - 시대적 상황과 전쟁으로 인해 민중들이 겪었던 고통을 사실적으로 표현함

◆ 등장인물

최척	쇠락한 양반집 아들. 전란과 이산의 고통 속에서도 포기하지 않고 사랑과 행복을 쟁취하는 의지적 인물
옥영	전란을 피해 남원으로 오게 된 서울 양반가의 규수. 강인한 의지와 지혜로 전쟁으로 인한 역경을 극복하는 인물

◆ 새로운 여인상

이 작품의 제목은 '최척전'이지만, 주인공 최척보다 돋보이는 인물은 바로 최척의 아내 '옥영'이다. 이 작품에서 옥영은 매우 슬기롭고 적극적인 여성의 모습으로 그려져 있다.

처음 자신의 마음에 드는 최척에게 사랑의 마음을 담은 시를 쪽지로 전하기도 하고, 부자에게 시집보내려는 어머니의 뜻을 거슬러 가난하지만 덕이 있는 최척에게 시집가겠다고 주장하기도 한다. 중국에서 황해를 건너 조선에 오기 위해 몸소 담대한 결정을 내리고 치밀하게 준비하여 실행한다. 목숨을 담보로 사랑을 지키는 '운영전'과 '영영전'의 여주인공도 옥영만큼 강인한 의지로 자신의 사랑을 지키고 전쟁이 가져다준 역경을 극복하며 운명을 개척해 나가는 능동성을 보이지는 않는다. 따라서 옥영은 중세 조선에 나타난 새로운 여인상이라 할 만하다.

◆ 다른 군담 소설의 공통점과 차이점

	최척전	임진록, 박씨전, 임경업전 등
공통점	전란을 배경으로 함	
차이점	- 주인공을 평범한 인물로 설정함 - 전란으로 인한 당대 백성들의 고난과 역경을 사실적·구체적으로 그리는 데 초점을 둠 - 적강 화소가 나타나지 않음	- 주인공을 민족적 영웅으로 설정함 - 영웅의 활약상을 그리는 데 초점을 둠 - 적강 화소가 나타남 (이원론적 공간 설정)

작품의 줄거리

남원에 사는 최척이 정상사의 집으로 공부하러 다녔다. 어느 날, 옥영이 창틈으로 최척을 엿보고 그에게 마음이 끌려 구애(求愛)의 시를 써서 보냈다. 그리고 시비(侍婢) 춘생을 보내 답신을 받아오게 한다. 최척은 춘생을 통해 옥영의 이야기를 듣고 그녀를 사랑하게 되어, 부친의 친구인 정상사에게 혼사(婚事)를 주선해 줄 것을 부탁한다. 옥영은 이 혼사를 반대하는 어머니를 설득하여 마침내 둘은 약혼(約婚)을 하게 된다. 혼인(婚姻)날을 정해 놓고 기다리던 중 왜적의 침입(侵入)을 막기 위해 남원 지역에 의병이 일어났고 최척도 여기에 참전(參戰)하게 되었다. 혼인 날짜가 지나도록 최척이 돌아오지 않으므로 옥영의 어머니는 부자의 아들인 양생을 사위로 맞으려 한다. 그러나 옥영은 최척이 돌아올 때를 기다려, 두 사람은 드디어 혼인을 하고 행복한 나날을 보낸다. 이때 맏아들 몽석이 태어난다.

정유재란으로 남원이 함락되면서, 옥영은 왜병의 포로가 되었고 최척은 흩어진 가족을 찾아 헤매다가 실심(失心)한 끝에 명나라 장수 여유문과 형제의 의를 맺고 중국으로 건너가 살게 되었는데, 자신을 매부로 삼으려는 여유문의 요구를 단호하게 거절했다. 한편 일본에 잡혀간 옥영은 계속 남자로 행세하면서 불심이 깊은 왜인을 만나 우여곡절 끝에 상선을 타고 다니면서 장삿일을 돕게 된다.

여러 해가 지나 여유문이 죽자 최척은 항주의 친구 송우와 함께 상선을 타고 여기저기로 떠돌아다니게 되었다. 그러던 어느 날, 안남에 배를 타고 갔다가, 상선을 타고 안남까지 오게 된 아내 옥영을 우연히 만나게 된다. 이들은 중국 항주에 정착하여 둘째 아들 몽선을 낳아 기르며 십수 년 간 행복한 생활을 누린다. 몽선이 장성하게 되자 홍도라는 중국 여인과 혼인을 시킨다. 홍도는 임진왜란 때 조선에 출전했다가 실종된 진위경의 딸이었다. 이듬해 호적이 침입하여 최척은 아내와 아들을 이별(離別)하고 명나라 군사로 출전하였다가 청군의 포로가 된다. 그는 포로수용소에서 명나라의 청병으로 강홍립을 따라 조선에서 출전했다가 역시 청군의 포로가 된 맏아들 몽석을 극적으로 만나게 된다. 부자는 함께 수용소를 탈출(脫出)하여 고향(故鄕)으로 향한다.

한편 옥영은 주도 면밀한 계획을 세워 몽선, 홍도와 더불어 천신만고 끝에 고국으로 돌아와 일가가 다시 해후하여 단란한 삶을 누리게 된다.

기타 소설 03 구운몽
— 김만중

2022 국가직 9급, 2018년 국가직 9급, 2018년 경찰직 1차, 2013년 국가직 7급

잔을 씻어 다시 술을 부으려 하는데 ㉠ 갑자기 석양에 막대기 던지는 소리가 나거늘 괴이하게 여겨 생각하되, '어떤 사람이 올라오는고.' 하였다.

이윽고 한 중이 오는데 눈썹이 길고 눈이 맑고 얼굴이 특이하더라. 엄숙하게 자리에 이르러 승상을 보고 예하여 왈,

"산야(山野) 사람이 대승상께 인사를 드리나이다."

승상이 이인(異人)인 줄 알고 황망히 답례하여 왈,

"사부는 어디에서 오신고?" / 중이 웃으며 왈,

"평생의 낯익은 사람을 몰라보시니 귀인이 잘 잊는다는 말이 옳도소이다."

승상이 자세히 보니 과연 낯이 익은 듯하거늘 문득 깨달아 능파 낭자를 돌아보며 왈,

"소유가 전에 토번을 정벌할 때 꿈에 동정 용궁에 가서 잔치하고 돌아오는 길에 남악에 가서 놀았는데 한 화상이 법좌에 앉아서 불경을 강론하더니 노부께서 바로 그 노화상이냐?" / 중이 박장대소하고 말하되,

"옳다. 옳다. 비록 옳지만 ㉡ 꿈속에서 잠깐 만나본 일은 생각하고 ㉢ 십 년을 같이 살던 일은 알지 못하니 누가 양 장원을 총명하다 하더뇨?"

승상이 어리둥절하여 말하되,

"소유가 ㉣ 열대여섯 살 전에는 부모 슬하를 떠나지 않았고, 열여섯에 급제하여 줄곧 벼슬을 하였으니 동으로 연국에 사신을 갔고 서로 토번을 정벌한 것 외에는 일찍이 서울을 떠나지 않았으니 언제 사부와 십 년을 함께 살았으리오?" / 중이 웃으며 왈,

"상공이 아직 춘몽에서 깨어나지 못하였도소이다." / 승상이 왈,

"사부는 어떻게 하면 소유를 춘몽에게 깨게 하리오?" / 중이 왈,

"어렵지 않으니이다." 하고 손 가운데 돌 지팡이를 들어 난간을 두어 번 치니 갑자기 사방 산골짜기에서 구름이 일어나 누대 위에 쌓여 지척을 분변하지 못했다. 승상이 정신이 아득하여 마치 꿈에 취한 듯하더니 한참 만에 소리 질러 말하되,

"사부는 어찌 소유를 정도로 인도하지 않고 환술(幻術)로 희롱하나뇨?"

말을 맞지 못하여서 구름이 걷히니 호승이 간 곳이 없고, 좌우를 돌아보니 팔 낭자가 또한 간 곳이 없는지라 정히 경황(驚惶)하여 하더니, 그런 높은 대와 많은 집이 일시에 없어지고 제 몸이 한 작은 암자 중의 한 포단 위에 앉았으되, 향로(香爐)에 불이 이미 사라지고, 지는 달이 창에 이미 비치었더라.

스스로 제 몸을 보니 일백여덟 낱 염주(念珠)가 손목에 걸렸고, 머리를 만지니 갓 깎은 머리털이 가칠가칠하였으니 완연히 소화상의 몸이요, 다시 대승상의 위의(威儀) 아니니, 정신이 황홀하여 오랜 후에 비로소 제 몸이 연화 도량(道場) 성진 행자인 줄 알고 생각하니,

처음에 스승에게 수책(受責)하여 풍도(酆都)로 가고, 인세(人世)에 환도하여 양가의 아들 되어 장원 급제 한림학사하고, 출장입상(出將入相)하여 공명신퇴(功名身退)하고, 양 공주와 육 낭자로 더불어 즐기던 것이 다 하룻밤 꿈이라. 마음에

'이 필연(必然) 사부가 나의 염려(念慮)를 그릇함을 알고, 나로 하여금 이 꿈을 꾸어 인간 부귀와 남녀 정욕(情慾)이 다 허사인 줄 알게 함이로다.'

급히 세수하고 의관을 정제하며 방장에 나아가니 다른 제자들이 이미 다 모였더라. 대사 소리하여 묻되,

"성진아, 인간 부귀를 지내니 과연 어떠하더뇨?"

성진이 고두하며 눈물을 흘려 가로되,

"성진이 이미 깨달았나이다. 제자 불초하여 염려를 그릇 먹어 죄를 지으니, 마땅히 인세에 윤회할 것이어늘, 사부 자비하사 하룻밤 꿈으로 제자의 마음 깨닫게 하시니, 사부의 은혜를 천만 겁이라도 갚기 어렵도소이다."

대사 가로되,

"네 승흥하여 갔다가 흥진하여 돌아왔으니 내 무슨 간예함이 있으리오? 네 또 이르되 인세에 윤회할 것을 꿈을 꾸다 하니, 이는 인세와 꿈을 다르다 함이니, 네 오히려 꿈을 채 깨지 못하였도다."

2018년 국가직 9급

Q. ㉠~㉣을 사건의 시간 순서에 따라 가장 적절하게 배열한 것은?

① ㉠ → ㉢ → ㉣ → ㉡
② ㉠ → ㉣ → ㉢ → ㉡
③ ㉢ → ㉣ → ㉡ → ㉠
④ ㉣ → ㉢ → ㉡ → ㉠

2018년 국가직 9급

Q. 윗글에 대한 이해로 가장 적절한 것은?

① '승상'은 꿈에 남악에서 '중'을 보았던 기억을 떠올리며 낯이 익은 듯하다고 여기기 시작한다.
② '승상'은 본디 남악에서 '중'의 문하생으로 불도를 닦던 승려였음을 인정한 뒤 꿈에서 깨게 된다.
③ '승상'은 '중'이 여덟 낭자를 사라지게 한 환술을 부렸음을 확인하고서 그의 진의를 의심한다.
④ '승상'은 능파 낭자와 어울려 놀던 죄를 징벌한 이가 '중'임을 깨닫고서 '중'과 의 관계를 부정하게 된다.

2022 국가직 9급

Q. 다음 글에 대한 이해로 적절하지 않은 것은?

> 승상이 말을 마치기도 전에 구름이 걷히더니 노승은 간 곳이 없고 좌우를 돌아보니 팔낭자도 간 곳이 없었다. 승상이 놀라 어찌할 바를 모르는 중에 높은 대와 많은 집들이 한순간에 사라지고 자기의 몸은 작은 암자의 포단 위에 앉아 있었는데, 향로의 불은 이미 꺼져 있었고 지는 달이 창가에 비치고 있었다.
> 자신의 몸을 보니 백팔염주가 걸려 있고 머리를 손으로 만져보니 갓 깎은 머리털이 까칠까칠하더라. 완연한 소화상의 몸이요, 전혀 대승상의 위의가 아니었으니, 이에 제 몸이 인간 세상의 승상 양소유가 아니라 연화도량의 행자 성진임을 비로소 깨달았다.
> 그리고 생각하기를, '처음에 스승에게 책망을 듣고 풍도옥으로 가서 인간 세상에 환도하여 양가의 아들이 되었지. 그리고 장원급제를 하여 한림학사가 된 후 출장입상하고 공명신퇴하여 두 공주와 여섯 낭자로 더불어 즐기던 것이다 하룻밤 꿈이었구나. 이는 필시 사부가 나의 생각이 그릇됨을 알고 나로 하여금 이런 꿈을 꾸게 하시어 인간 부귀와 남녀 정욕이 다 허무한 일임을 알게 하신 것이로다.'
> — 김만중, '구운몽'에서

① '양소유'는 장원급제를 하여 한림학사가 되었다.
② '양소유'는 인간 세상에 환멸을 느껴 스스로 '성진'의 모습으로 되돌아왔다.
③ '성진'이 있는 곳은 인간 세상이 아니다.
④ '성진'은 자신의 외양을 통해 꿈에서 돌아왔음을 인식한다.

2018년 경찰직 1차

Q. 이 작품의 주제와 가장 유사한 것은?

① 어져 내 일이야 그릴 줄을 모로ᄃᆞ냐.
　이시랴 ᄒᆞ더면 가랴마ᄂᆞᆫ 제 구ᄐᆞ여
　보내고 그리는 情(정)은 나도 몰라 ᄒᆞ노라.
② 五百年(오백 년) 도읍지를 匹馬(필마)로 도라드니,
　山川(산천)은 依舊(의구)ᄒᆞ되 人傑(인걸)은 간 듸 없다.
　어즈버 太平烟月(태평 연월)이 ᄭᅮᆷ이런가 ᄒᆞ노라.
③ 首陽山(수양산) 바라보며 夷齊(이제)를 限(한) ᄒᆞ노라.
　주려 주글진들 採薇(채미)도 ᄒᆞᄂᆞᆫ것가.
　비록애 푸새엣 거신들 긔 뉘 ᄯᅡ헤 낫ᄂᆞ니.
④ 三冬(삼동)에 뵈옷 닙고 巖穴(암혈)에
　눈비 마자 구름 낀 볏뉘도 쬔적이 없건마는,
　西山(서산)에 히지다 ᄒᆞ니 눈물겨워 ᄒᆞ노라.

2018년 경찰직 1차

Q. 이 작품에 대한 설명으로 가장 적절하지 않은 것은?

① '국민 문학론'과 관련된 몽자류 소설이다.
② '현실 → 꿈 → 현실'의 환몽 구조 소설이다.
③ 조신 설화가 이 소설의 근원 설화이다.
④ 작품 속의 시대적 배경은 조선 시대이다.

2013년 국가직 7급

Q. 다음 글의 내용에 가장 부합되는 시조는?

① 首陽山 바라보며 夷齊를 恨ᄒᆞ노라
　주려 주글진들 採薇도 ᄒᆞᄂᆞᆫ것가
　비록애 푸새엣 거신들 긔 뉘 ᄯᅡ헤 낫ᄂᆞ니
② 歸去來 歸去來ᄒᆞᆫ들 물러간 이 긔 누구며
　공명이 浮雲인 줄 사람마다 알건마는
　세상에 꿈 깬 이 없으니 그를 슬허ᄒᆞ노라
③ 梨花에 月白ᄒᆞ고 銀漢이 三更인 제
　一枝春心을 子規ㅣ야 아랴마는
　多情도 病인 냥ᄒᆞ여 좀 못 드러 ᄒᆞ노라
④ 長安을 도라보니 北闕이 千里로다
　魚舟에 누어신들 니즌 스치 이시랴
　두어라 내 시름 안이라 濟世賢이 업스랴

◆ 핵심정리

갈래	국문 소설, 몽자류(夢字類) 소설, 양반 소설, 염정 소설, 영웅 소설
성격	전기적, 이상적, 불교적
시점	전지적 작가 시점
배경	당나라 때, 중국 남악 형산 연화봉 동정호(현실), 당나라 서울과 변방(꿈)
주제	인생무상(人生無常)의 깨달음을 통한 허무의 극복
특징	-'현실-꿈-현실'의 환몽 구조를 지닌 일대기 형식을 취함. - 유교, 불교, 도교 사상이 나타나며, 불교의 공(空) 사상이 중심을 이룸.

◆ 제목의 의미

구(九)	운(雲)	몽(夢)
인물	주제	구성 환몽 구조
성진과 팔 선녀 양소유와 2처 6첩	인생무상의 깨달음	세속적 욕망이 헛된 것임을 깨닫는 공간

⇩

성진과 팔 선녀 아홉 사람이
속세의 부귀영화를 갈망하다가
꿈에서 부귀영화를 누린 후에 허망함을 느끼고,
인생무상을 깨닫는 이야기

◆ 환몽 구조

현실	꿈	현실
신선계, 천상	인간계, 지상	신선계, 천상
비현실적	현실적	비현실적
불교	유교	불교
성진과 팔 선녀	양소유와 2처 6첩	성진과 제자들
세속적 욕망으로 인한 번뇌	세속적 욕망의 성취	득도, 깨달음
불교에 대해 회의하는 성진	유교의 입신양명을 성취하는 양소유	불교에 귀의하는 성진

> **병태 요정의 ADVICE**
>
> 중국 당나라 때 인도에서 온 육관대사가 남악 형산 연화봉에서 불법을 베푼다. 동정 용왕이 설법 자리에 늘 참석하자 대사는 함께 살고있는 제자 성진(性眞)을 보내 사례하는데, 성진은 용왕의 술대접을 받고 돌아오던 중 석교에서 남악 위부인의 시녀 여덟 명을 만나 복숭아꽃으로 구슬을 만들어 준다. 성진은 팔선녀의 아름다움에 미혹당하고 세속의 부귀공명에 대한 욕망으로 번뇌하다가 이를 알게 된 육관대사의 명으로 팔선녀와 함께 인간 세상으로 추방된다. 성진은 회남 수주현에 사는 양처사의 아들 양소유로, 팔선녀는 각기 진채봉, 계섬월, 적경홍, 정경패, 가춘운, 이소화, 심요연, 백능파로 태어난다. 성진은 10살 때 부친이 신선의 세계로 떠나간 뒤 어머니를 모시고 지내다가 15살에 과거를 보러 떠난다. 그 과정에서 진채봉과 혼약을 정하나 반란이 일어나, 양소유는 남전산으로 피난을 가고 진채봉은 그 부친의 죄로 궁녀로 잡혀간다. 양소유는 남전산에서 도인에게 음악을 배우고 귀가했다가 이듬해 다시 과거길에 오른다. 그 과정에서 당시 이름난 기생이었던 계섬월과 인연을 맺고, 당대 최고의 규수인 정경패의 소문을 듣고는 그녀를 찾아간다. 후에 양소유는 장원 급제하여 한림학사가 된 뒤에 정경패와 혼약을 맺는다. 이때 정경패는 과거에 양소유에게 속은 부끄러움을 씻고자 자신의 종인 가춘운을 양소유의 첩으로 삼게 한다. 연나라 왕이 배반하자 양소유는 사신으로 가 항복을 받고 돌아오는 길에 자신을 찾아온 기생 적경홍과 인연을 맺는다. 예부 상서가 된 양소유는 퉁소 연주가 계기가 되어 난양 공주와 혼인하라는 황제의 명을 받으나 정경패와의 혼약을 들어 거부하다가 투옥된다. 토번이 침략하자 황제는 양소유로 하여금 대적하게 한다. 그는 연전연승하던 중 토번왕이 보낸 자객 심요연과 인연을 맺고, 동시에 꿈속에서 동정 용왕의 딸 백능파와 인연을 맺고는 그녀를 위해 남해 용왕의 아들을 제압한다. 한편 난양 공주는 정경패를 찾아가 그 인품에 감복하고, 태후는 정경패를 영양 공주에 봉한다. 개선한 양소유는 승상이 되고, 태후는 두 공주와 진채봉을 양소유와 결혼하게 한다. 양소유는 고향의 모친을 모시고 와 잔치를 열고, 황제의 동생 월왕과 낙유원에서 사냥 시합을 하는 등 처첩들과 더불어 행복한 나날을 보내고, 처첩들은 관음보살 앞에서 형제의 의를 맺는다. 세월이 흐른 뒤 양소유는 은퇴를 거듭 청하고, 황제는 마지못하여 취미궁을 하사하여 살게 한다. 은퇴 후 행복한 시간을 보내던 어느 날, 생일 즈음에 등고라는 명절을 맞아 취미궁 서녘의 높은 대에 올라가 여덟 부인과 가을 경치를 즐기던 양소유는 인생의 무상함을 느끼며 불도에 귀의할 결심을 하게 된다. 이때 갑자기 호승(胡僧: 육관대사)이 찾아와 지금까지의 꿈을 깨게 해준다. 꿈에서 깨어나 지금까지 경험한 모든 부귀영화가 결국은 한순간의 꿈임을 깨닫고는 자신의 잘못을 뉘우치며 불법에 정진하게 된다. 이때 팔선녀 또한 크게 뉘우치고 불도에 귀의하게 된다. 후에 육관대사는 성진에게 모든 것을 전수하고 서천(西天)으로 돌아가게 되고, 성진은 팔선녀와 함께 보살 대도를 얻어 아홉 사람이 함께 극락 세계로 가게 된다.

정답 ③, ①, ②, ②, ④, ②

조선 후기 - 수필

수필 01 규중칠우쟁론기(閨中七友爭論記) - 작자 미상
2020 국가직 7급, 2019 서울시 7급

자, 가위, 바늘, 실, 골무, 인두, 다리미
이른바 규중 칠우(閨中七友)는 부인내 방 가운데 일곱 벗이니
　　부녀자들이 거처하는 곳
글하는 선배는 필묵(筆墨)과 조희 벼루로 문방사우(文房四友)를
　붓, 먹, 종이, 벼루
삼았나니 규중 여자인들 홀로 어찌 벗이 없으리오.

이러므로 침선(針線)의 돕는 유를 각각 명호를 정하여 벗을 삼
을새, 바늘로 세요 각시(細腰閣氏)라 하고, 침척을 척 부인(尺夫人)
　　　　　　허리가 가는 각시(바늘)
이라 하고, 가위로 교두 각시(交頭閣氏)라 하고, 인도로 인화 부인
(引火夫人)이라 하고, 달
우리로 울 랑자(熨娘子)라 하고, 실로 청홍흑백 각시(靑紅黑白
　　　　　熨(다릴 울), '울다'의 어간 (다리미)
閣氏)라 하며 골모로 감토 할미라 하여, 칠우를 삼아 규중 부인내
　　　　　　　　　감투를 쓴 할미 (골무)
아츰 소세를 마치매 칠위 일제히 모혀 종시하기를 한가지로 의논
하여 각각 소임을 일워 내는지라.　▶ 규중 칠우 소개 (기)

일일(一日)은 칠위 모혀 침선의 공을 의논하더니 척 부인이 긴
허리를 자히며 이르되,

"제우(諸友)는 들으라. 나는 세명지 굵은 명지 백저포(白紵布)
　　　　　　　　　　　　　　　명주의 종류와 비단의 종류
세승포(細升布)와, 청홍녹라(靑紅綠羅) 자라(紫羅) 홍단(紅緞)을
다 내여 펼쳐 놓고 남녀의(男女衣)를 마련할새, 장단 광협(長短廣
狹)이며 수품 제도(手品制度)를 나 곧 아니면 어찌 일으리오. 이러
므로 작의지공(作衣之功)이 내 으뜸 되리라."
　　옷을 만드는 공 (칠우의 핵심 논쟁)
교두 각시 양각(兩脚)을 빨닉 놀려 내달아 이르되,
　자신의 공을 자랑하려고 걸어 나오는 모습을 해학적으로 표현
"척 부인아, 그대 아모리 마련을 잘한들 버혀 내지 아니하면 모
양 제되 되겠느냐. 내 공과 내 덕이니 네 공만 자랑 마라."
　　　『 　』: 교두 각시가 자신의 공을 자랑함
세요 각시 가는 허리 구붓기며 날랜 부리 두루혀 이르되,

"양우(兩友)의 말이 불가하다. 진주(眞珠) 열 그릇이나 꿴 후에
　　　척 부인과 교두 각시
구슬이라 할 것이니, 재단(裁斷)에 능대능소(能大能小)하다 하나
나 곧 아니면 작의(作衣)를 어찌하리오. 세누비 미누비 저른 솔 긴
옷을 일우미 나의 날내고 빠름이 아니면 잘게 뜨며 굵게 박아 마
음대로 하리오. 척 부인의 자혀 내고 교두 각시 버혀 내다 하나 내
아니면 공이 없으려든 두 벗이 무삼 공이라 자랑하나뇨."〈중략〉
　척 부인과 교두 각시의 공을 폄하고 자신의 공을 자랑함
　　　　　　　　　　　　　　　　　▶ 규중 칠우의 공치사 (승)

규중 부인이 이르되,

"칠우의 공으로 의복을 다스리나 그 공이 사람의 쓰기에 있나니
　　　　　　　　　　　　인간 중심의 사고, 규중 칠우의 원망을 유발함
어찌 칠우의 공이라 하리오."

하고 언필에 칠우를 밀치고 베개를 돋오고 잠을 깊이 드니 척 부
인이 탄식고 이르되,

"매야할사 사람이오 공 모르는 것은 녀재로다. 의복 마를 제는
몬저 찾고 일워 내면 자기 공이라 하고, 게으른 종 잠 깨오는 막대
는 나 곧 아니면 못 칠 줄로 알고 내 허리 브러짐도 모르니 어찌 야
속하고 노흡지 아니리오."
　　『 　』: 척 부인의 불평

◆ 핵심정리

갈래	국문 수필, 내간체 수필
성격	우화적, 논쟁적, 풍자적, 교훈적
제재	바느질 도구들의 공치사와 불평
주제	공치사만 일삼는 이기적인 세태 풍자 / 역할과 직분에 따른 성실한 삶 추구
특징	- 일상적인 사물을 의인화하여 세태를 풍자함 - 3인칭 시점에서 객관적으로 관찰, 서술함 - 봉건적 질서 속에서 변화해 가는 여성 의식을 반영함

◆ '규중 칠우'의 별명의 근거

	별명	별명의 근거
자	척 부인	한자 '尺(자 척)'과 발음이 같음
가위	교두 각시	가윗날(머리)이 교차하는 모양
바늘	세요 각시	허리가 가는(세요) 모양
실	청홍흑백 각시	실의 다양한 색깔
골무	감토 할미	감투와 비슷한 생김새와 주름
인두	인화 부인	불에 달구어 사용 (쓰임새)
다리미	울 낭자	한자 '熨(다릴 울)'에서 따옴 '울'은 '울다'의 어간과 같으므로 다리미에서 수증기가 올라오는 모습을 연상해서 붙인 것 (쓰임새)

◆ 구성상 특징

부인의 첫 번째 잠	규중 칠우가 다투어 자신의 공을 자랑함
부인이 잠을 깸	부인이 공을 자랑하는 규중 칠우를 꾸짖음으로써 그들의 불평을 유발함
부인의 두 번째 잠	규중 칠우가 평소 부인에 대해 갖고 있던 불평을 토로함
부인이 다시 잠을 깸	부인이 규중 칠우를 꾸짖고 사과하는 감토 할미를 총애함

2019 서울시 7급

Q. 〈보기〉에 대한 설명으로 가장 옳은 것은?

보기
"양우(兩友)의 말이 불가하다. 진주 열 그릇이나 꿴 후에 구슬이라 할 것이니. 재단(裁斷)에 능소능대(能小能大)하다 하나 나 곧 아니면 작의(作衣)를 어찌하리오. 세누비 미누비 저른 솔 긴 옷을 일우미 나의 날래고 빠름이 아니면 잘게 뜨며 굵게 박아 마음대로 하리오. 척 부인이 자혀 내고 교두 각시 버혀 낸다 하나 내 아니면 공이 없으려든 두 벗이 무삼 공이라 자랑하나뇨."

① 서술자는 '세요 각시', 즉 '바늘'이다.
② 자기 자랑을 하기에 앞서 타인의 공을 인정하고 있다.
③ '능소능대(能小能大)'는 몸의 크기가 자유자재로 변화하는 것을 말한다.
④ '척 부인'과 '교두 각시'는 각각 '자'와 '인두'를 가리킨다.

2020 국가직 7급

Q. ㉠에 나타난 말하기 방식에 대한 설명으로 가장 적절한 것은?

> 이른바 규중 칠우는 부인네 방 가온데 일곱 벗이니 글하는 선배는 필묵과 조희 벼루로 문방사우를 삼았나니 규중 녀잰들 홀로 어찌 벗이 없으리오.
>
> 이러므로 침선(針線)의 돕는 유를 각각 명호를 정하여 벗을 삼을새, 바늘로 세요 각시라 하고, 침척(針尺)을 척 부인이라 하고, 가위로 교두 각시라 하고, 인도(引刀)로 인화 부인이라 하고, 달우리로 울 낭자라 하고, 실로 청홍흑백 각시라 하며, 골모로 감토 할미라 하여, 칠우를 삼아 규중 부인네 아침 소세를 마치매 칠위 일제히 모혀 종시하기를 한가지로 의논하여 각각 소임을 일워 내는지라.
>
> 일일은 칠위 모혀 침선의 공을 의논하더니 척 부인이 긴 허리를 자히며 이르되, …〈중략〉…
>
> 인화 낭재 이르되,
>
> ㉠ "그대네는 다토지 마라. 나도 잠간 공을 말하리라. 미누비 세누비 눌로 하여 저가락같이 고으며, 혼솔이 나곧 아니면 어찌 풀로 붙인 듯이 고으리오. 침재(針才) 용속한 재 들락날락 바르지 못한 것도 내의 손바닥을 한번 씻으면 잘못한 흔적이 감초여 세요의 공이 날로 하여 광채 나나니라."

① 풍자적 표현을 통해 내면의 갈등을 드러내고 있다.
② 각자의 역할과 직분을 지켜야 한다고 충고하고 있다.
③ 자신의 도움을 통해 상대방이 빛날 수 있음을 자랑하고 있다.
④ 상대방 말의 허점을 최대한 부각하면서 논리적으로 지적하고 있다.

작품의 줄거리

'규중칠우쟁론기'는 규방 부인이 바느질에 사용하는 '자, 바늘, 가위, 실, 골무, 인두, 다리미'를 의인화하여 인간 심리의 변화, 이해관계에 따라 변하는 세태를 우화적으로 풍자한 작품이다. 바느질 도구를 각시, 부인, 낭자, 할미 등 구체적 인물로 설정하여 생김새와 쓰임새를 생동감 있게 그려 내고 있다.

규중 부인이 칠우와 더불어 일해 오던 중, 주인이 잠이 든 사이에 칠우는 서로 제 공을 늘어놓으며 다툰다. 그러다가 부인에게 꾸중을 듣고, 부인이 다시 잠들자 이번에는 자신들의 신세 타령과 부인에 대한 원망과 불평을 늘어놓았다. 잠에서 다시 깬 부인에게 꾸중을 듣고 쫓겨나게 되었는데, 이때 감토 할미(골무)가 나서서 사죄함으로써 용서를 받고, 부인은 이 감토 할미를 가장 귀하게 여긴다.

구성상 규중 칠우들이 공을 다투는 부분과 인간에 대한 원망을 하소연하는 부분으로 나누어진다. 전반부에서는 자신들의 공치사를 내세우면서 서로를 비난하고 헐뜯는 관계에 있지만, 후반부에서는 인간에 대한 원망을 드러내면서 서로 같은 입장이 되어 탄식하고 동정하는 관계로 변모한다. 전반부의 규중 칠우는 풍자의 대상으로 이기적이고 남을 깎아내리기 좋아하는 인간들의 모습 자체를 나타낸다. 후반부의 규중 칠우는 풍자를 하는 주체로 실제 인간을 비판하고 풍자하는 역할을 한다.

정답 ①, ③

수필 02 조침문(弔針文)

- 유씨 부인

 유세차(維歲次) 모년(某年) 모월(某月) 모일(某日)에, 미망인(未亡人) 모씨(某氏)는 두어 자 글로써 침자(針子)에게 고하노니, 인간 부녀(人間婦女)의 손 가운데 중요한 것이 바늘이로되, 세상 사람이 귀히 아니 여기는 것은 도처에 흔한 바이로다. 이 바늘은 한낱 작은 물건이나, 이렇듯이 슬퍼함은 나의 정회(情懷)가 남과 다름이라. 오호통재(嗚呼痛哉)라, 아깝고 불쌍하다. 너를 얻어 손 가운데 지닌 지 우금(于今) 이십칠 년이라. 어이 인정(人情)이 그렇지 아니하리오. 슬프다. 눈물을 잠깐 거두고 심신을 겨우 진정하여, 너의 행장(行狀)과 나의 회포(懷抱)를 총총히 적어 영결(永訣)하노라. ▶ 글을 쓰는 목적 (서사)

 연전(年前)에 우리 시삼촌께옵서 동지상사 낙점을 무르와, 북경을 다녀오신 후에, 바늘 여러 쌈을 주시거늘, 친정과 원근 일가(一家)에게 보내고, 비복(婢僕)들도 쌈쌈이 나누어 주고, 그중에 너를 택하여 손에 익히고 익히어 지금까지 해포 되었더니, 슬프다, 연분이 비상(非常)하여, 너희를 무수히 잃고 부러뜨렸으되, 오직 너 하나를 연구(年久)히 보전하니, 비록 무심한 물건이나 어찌 사랑스럽고 미혹(迷惑)하지 아니하리오. 아깝고 불쌍하며, 또한 섭섭하도다. ▶ 바늘을 얻게 된 내력과 인연

 나의 신세 박명(薄命)하여 슬하에 한 자녀 없고, 인명(人命)이 흉완(凶頑)하여 일찍 죽지 못하고, 가산(家産)이 빈궁하여 침선(針線)에 마음을 붙여, 널로 하여 생애를 도움이 적지 아니하더니, 오늘날 너를 영결하니, 오호통재라, 이는 귀신이 시기하고 하늘이 미워하심이로다. ▶ 외로운 처지인 '나'와 바늘의 관계

 아깝다 바늘이여, 어여쁘다 바늘이여, 너는 미묘한 품질과 특별한 재치(才致)를 가졌으니, 물중(物中)의 명물(名物)이요, 철중(鐵中)의 쟁쟁(錚錚)이라. 민첩하고 날래기는 백대(百代)의 협객(俠客)이요, 굳세고 곧기는 만고(萬古)의 충절(忠節)이라. 추호(秋毫) 같은 부리는 말하는 듯하고, 뚜렷한 귀는 소리를 듣는 듯한지라. 능라(綾羅)와 비단에 난봉(鸞鳳)과 공작을 수놓을 제, 그 민첩하고 신기함은 귀신이 돕는 듯하니, 어찌 인력(人力)이 미칠 바리요. ▶ 바늘의 품질과 재주

 오호통재라, 자식이 귀하나 손에서 놓일 때도 있고, 비복이 순하나 명(命)을 거스를 때 있나니, 너의 미묘한 재질(才質)이 나의 전후에 수응(酬應)함을 생각하면, 자식에게 지나고 비복에게 지나는지라. 천은(天銀)으로 집을 하고, 오색(五色)으로 파란을 놓아 결고름에 채였으니, 부녀의 노리개라. 밥 먹을 적 만져 보고 잠잘 적 만져 보아, 너로 더불어 벗이 되어, 여름 낮에 주렴(珠簾)이며, 겨울 밤에 등잔을 상대하여, 누비며, 호며, 감치며, 박으며, 공그릴 때에, 겹실을 꿰었으니 봉미(鳳尾)를 두르는 듯, 땀땀이 떠 갈 적에, 수미(首尾)가 상응하고, 솔솔이 붙어 내매 조화(造化)가 무궁하다. 이생에 백년 동거(百年同居)하렸더니, 오호애재(嗚呼哀哉)라. ▶ '나'와 바늘의 각별한 인연 (본사)

◆ 핵심정리

갈래	국문 수필
성격	추모적, 고백적
제재	바늘
주제	부러뜨린 바늘에 대한 애도
특징	- 제문 형식을 활용하여 바늘에 대한 추도의 정을 표현함 - 바늘을 의인화하여 대화하듯이 표현함 - 비유, 열거, 대구 등 다양한 표현법을 사용하여 감각적으로 표현함 - 여성 특유의 섬세한 정서가 드러남

◆ 구성

나	- 자녀가 없는 미망인 - 바느질로 시름을 달래며 살아감 - 바늘을 지극히 아끼고 사랑함
↓	
조침문	- 부러진 바늘에 대한 추모
↓	
바늘	- 시삼촌이 북경에서 사다 줌 - 품질이 뛰어나 '나'의 사랑을 받음 - 바느질 도중 부러짐

병태 요정의 ADVICE

 이 글은 '서사-본사-결사'의 전형적인 3단 구성을 취하면서 내용을 전개하고 있습니다.
 서사에서는 제문을 짓게 된 동기를 제시하면서 바늘에 대한 영결을 드러내고 있고, 본사에서는 바늘을 얻게 된 계기, 바늘의 공로와 재질, 바느질하는 모습, 바늘이 부러진 순간의 슬픔과 자책을 드러내면서 바늘에 대한 애정과 슬픔을 대구, 과장, 영탄적 어조 등의 표현 방법을 써서 효과적으로 드러내고 있습니다. 결사에서는 바늘과 후세에서 다시 만날 것을 기대하면서 글을 맺고 있습니다.
 바늘을 의인화했다는 측면에서 고려 시대 가전체 문학과 통하는 면이 있으며, 작가의 애절한 마음을 뛰어난 문장력으로 표현한 한글체 제문이라는 점에서 문학사적 의의가 높은 작품입니다.

수필 03 산성일기(山城日記) — 어느 궁녀
2017 법원직 9급

십구 일의 남문 대장(南門大將) 구굉(具宏)이 발군ᄒᆞ야 싸화 도적 이십 명을 죽이다. 대풍(大風)ᄒᆞ고, 비 오려 ᄒᆞ더니 김쳥음(金淸陰)을 명ᄒᆞ샤 셩황신(城隍神)의 졔(祭)ᄒᆞ니, ᄇᆞ람이 긋치고 비 아니 오니라.
▶ 청음 김상헌(척화파의 한 사람)
▶ 성황신에 대한 제사, 토속적 샤머니즘에 의지 (성안의 절박한 상황)
▶ 구굉의 활약과 성황신에 대한 제사

이십 일의 마장(馬將)이 통ᄉᆞ(通使) 뎡명슈(鄭命壽)를 보ᄂᆡ야 화친ᄒᆞ기를 언약ᄒᆞᆯᄉᆡ 셩문을 여디 아니ᄒᆞ고 셩우희셔 말을 뎐ᄒᆞ게 ᄒᆞ다.
▶ 통역관 정명수
▶ 적과의 화친 약속

이십일 일의 어영 별장(御營別將) 니긔튝(李起築)이 군을 거ᄂᆞ려 도적 여라믄을 죽이고, 동문 대장(東門大將) 신경진(申景禛)이 발군ᄒᆞ야 도적을 죽이다.
▶ 이기축
▶ 군사를 일으켜
▶ 이기축과 신경진의 활약

이십이 일의 ᄯᅩ 마부대(馬夫大) ㅣ 통ᄉᆞ(通事)를 보ᄂᆡ여 닐오ᄃᆡ, 이졔ᄂᆞᆫ 동궁(東宮)을 쳥티 아니니, 만일 왕ᄌᆞ 대신을 보ᄂᆡ면 뎡ᄒᆞ야 화친ᄒᆞ쟈 ᄒᆞ디, 샹이 오히려 허티 아니시다. 북문 어영군이 도적 여라믄을 죽이고, 신경진이 ᄯᅩ 셜흔아믄을 죽이다. 샹이 ᄂᆡ졍(內廷)의셔 호군(犒軍)ᄒᆞ시다.
▶ 청나라 소현 세자를 인질로 잡아가겠다는 조건을 완화하고 다른 왕자와 대신을 보내라고 제안함
▶ 왕(인조)이 허락하지 않음
▶ 음식을 내어 군사를 위로하시다
▶ 마부대의 화친 요청 거절

이십삼 일의 동·셔·남문의 영문의셔 군ᄉᆞ를 ᄂᆡ고, 샹이 북문의셔 싸홈을 독촉ᄒᆞ시다.
▶ 동·서·남문의 발군과 왕의 싸움 독촉

이십ᄉᆞ 일의 대위(大雨) ㅣ ᄂᆞ리니, 셩쳡(城堞) 직흰 군ᄉᆡ 다 져ᄌᆞ고 어러 죽으니 만ᄒᆞ니, 샹이 셰ᄌᆞ(世子)로 더브러 ᄯᅳᆯ 가온ᄃᆡ 셔셔 하ᄂᆞᆯᄭᅴ 비러 ᄀᆞᆯ오샤ᄃᆡ,
"금일 이에 니ᄅᆞ기ᄂᆞᆫ 우리 부ᄌᆡ 득죄ᄒᆞ미니, 일셩 군민(一城軍民)이 무슴 죄리잇고. 텬되(天道ㅣ) 우리 부ᄌᆞ의게 화를 ᄂᆞ리오시고, 원컨대 만민을 살오쇼셔."
▶ 큰비가 내려 성을 지키던 군사 여럿이 얼어 죽음 (설상가상)
▶ 인조와 세자
▶ 성안의 군사와 백성
▶ 왕의 애민 정신이 드러남

군신들이 드ᄅᆞ시기를 쳥ᄒᆞ디 허티 아니ᄒᆞ시더니, 미구(未久)의 비 긋치고, 일긔 ᄎᆞ디 아니ᄒᆞ니, 셩듕인(城中人)이 감읍(感泣)디 아니리 업더라.
▶ 성안에 있는 사람들이 감격하여 울지 않는 이 없더라
▶ 군사들이 얼어 죽자 왕과 세자가 하늘에 기원함

이십오 일의 극한(極寒)ᄒᆞ다. 묘당(廟堂)이 젹진의 ᄉᆞ신 보ᄂᆡ기를 쳥ᄒᆞ오니,
▶ 몹시 추운 절망적인 상황

샹이 ᄀᆞᆯ오샤ᄃᆡ,
"아국이 ᄆᆡ양 화친으로써 져의게 속으니, 이졔 ᄯᅩ ᄉᆞ신을 보ᄂᆡ야 욕될 줄아ᄃᆡ, 모든 의논이 이러ᄒᆞ니 이셰시(歲時)라, 술, 고기를 보ᄂᆡ고 은합(銀盒)의 실과를 담아뻐 후졍(厚情)을 뵌 후, 인ᄒᆞ야 졉담(接談)ᄒᆞ야 긔ᄉᆡᆨ을 ᄉᆞᆯ피리라." ᄒᆞ시다.
▶ 명절에 가까운 시기
▶ 세찬, 연말에 선사하는 물건
▶ 적진에 세찬을 보내 기색을 살피고자 함

이십뉵 일의 니경직(李景稷), 김신국(金藎國)이 술, 고기 은합을 가지고 젹진의 가니, 젹쟝이 ᄀᆞᆯ오ᄃᆡ,
"군듕(軍中)의 날마다 쇼 잡고 보물이 뫼ᄀᆞ티 ᄡᅡ혀시니, 이거슬 므어싀 쓰리오. 네 나라 군신(君臣)이 돌 굼긔셔 굴면 지 오라니, 가히 스스로 뼘즉ᄒᆞ도다." ᄒᆞ고, 드듸여 밧디 아니ᄒᆞ고, 도로 보ᄂᆡ니라.
▶ 인조가 화친의 뜻으로 보낸 세찬을 적장이 조선을 업신여기는 태도로 거절함
▶ 적장이 세찬을 거절하며 조선을 업신여김

◆ 핵심정리

갈래	국문 수필, 일기체 수필, 궁중 수필
성격	사실적, 객관적, 체험적
제재	병자호란
주제	병자호란의 치욕과 남한산성에서의 항쟁
특징	- 간결하면서도 중후한 궁중어를 사용함 - 객관적인 태도로 사실을 기록함 - 병자호란 당시의 역사적 사실을 한글로 기록한 유일한 작품 - '계축일기'와 국문학사상 쌍벽을 이루는 일기체 작품임

◆ 전체 구성

도입부	청 태조 누르하치가 명나라로부터 '용호 장군(龍虎將軍)'의 관직을 얻고, 인조가 남한산성으로 피란 가는 과정을 설명함
중심부	1636년(병자년) 12월 14일의 전쟁에서부터 시작하여 1637년(정축년) 1월 30일 임금이 세자와 함께 삼전도에서 청나라에게 치욕적인 항복을 하기까지의 일을 기록함
종결부	그 이후 3년간의 일을 짧게 요약함

2017 법원직 9급

Q. 윗글의 내용과 일치하지 않는 것은?
① 조선은 청의 통역사로 남한산성에 온 정명수를 성안으로 들어오지 못하게 하였다.
② 임금은 추운 날씨 때문에 얼어 죽는 병사들을 보고 비통함을 느껴 하늘에 의지하는 모습을 보인다.
③ 적장은 매번 화친에 속았지만 굶고 있는 상대에 대한 연민으로 선물인 술과 고기를 되돌려주었다.
④ 성안의 신하와 백성들은 고립무원(孤立無援)의 상황에 처해 있다.

Q. 다음은 26일에 있었던 조선과 청의 대화 장면을 가상으로 꾸며 본 것이다. 윗글의 내용과 일치하지 않는 것은?
① 이경직: 마침 설날이기도 하여 우리가 두터운 정으로 술과 고기를 준비해 왔으니 받아주시고 화친합시다.
② 적장: 그런 거 필요 없소. 우리는 그런 것들이 곳간에 차고 넘치니 도로 가져가서 당신네 임금과 신하나 드시오.
③ 이경직: 왜 이러시오? 4일 전인 22일에는 당신네가 아무 조건 없이 싸움을 그치고 화친하겠다고 먼저 제안하지 않았소.
④ 적장: 22일에 다시 화친을 제의했을 때라도 받았어야지요. 자, 이 술과 고기를 갖고 이제 그만 돌아가시오.

2017 법원직 9급

Q. 〈보기〉를 참고하여 윗글을 감상한 내용으로 적절하지 않은 것은?

> **보기**
> 1636년 국호를 청(淸)으로 고친 청 태종은 조선에 최후 통첩을 보내 조선의 왕자를 볼모로 보내고 청과의 대결을 주장하는 척화론자들을 압송하라고 요구한다. 조선의 집권층이 이를 무시하자, 청 태종은 그해 12월 조선에 침입한다. 청의 선봉 부대가 한양에 접근하자 인조는 급히 남한산성으로 피신하나, 곧 청군에 포위된다. 결국 인조는 남한산성을 나와 삼전도에서 청 태종에게 항복하고, 청은 소현 세자와 봉림 대군을 볼모로 잡고 대표적인 척화론자들인 홍익한, 윤집, 오달제 등 3학사를 체포해 철군한다.

① 실제 역사적 사건을 시간 순서에 따라 서술하였군.
② '돌 굼긔'는 적장이 남한산성을 멸시하여 이른 말이겠군.
③ 글쓴이는 척화론자들의 현실 감각 결여를 비판하고 있군.
④ 날이 갈수록 전세가 불리해지는 가운데 조정의 의견이 척화보다는 화친으로 모아졌군.

병태 요정의 ADVICE

이 글은 병자호란 당시 남한산성에서의 정황을 서술한 어느 궁녀의 실기(實記)이자 수필입니다. 작가와 연대는 정확히 알려져 있지 않지만 남한산성에서의 일을 꼼꼼히 기록한 것으로 보아 인조를 모시던 궁녀가 썼을 것이라 추정하고 있습니다.

남한산성이 포위되어 청나라 군에게 항복하기까지 약 50여 일간의 사실이 일기 형태로 서술되어 있는데 남한산성에서의 처절한 항전 및 굴욕적인 외교의 일면과 암울했던 역사의 이면(裏面)을 일기 형식으로 생생히 기록하여 당시의 처절했던 정황과 우리 민족사의 어두운 면을 되새겨보게 하는 작품이라 할 수 있습니다.

일기이지만 객관적이며 서사적이어서 사적인 사실의 이면을 보여 줄 뿐만 아니라, 병자호란 당시의 사실을 한글로 기록한 유일한 작품이기도 합니다. 역사적 사실을 발단에서 전개, 위기를 거쳐 대단원에 이르는 하나의 단편처럼 기술하고 있는데, 50여 일의 긴 시간적 경과가 긴박감 있게 기술되어 있고, 굴욕적인 역사적 사실을 바라볼 수 있게 하는 사료적 가치를 지닌 작품입니다.

정답 ③, ③, ③

수필 04 동명일기(東溟日記) - 의유당
2008 국회직 8급

　매우 시간이 지난 후 동편의 성수(星宿)가 드물어 월색이 차차 엷어지며 홍색이 분명하니, 소리하여 시원함을 부르고 가마 밖에 나서니, 좌우 비복과 기생들이 옹위하여 보기를 좋이더니, 이윽고 날이 밝으며 붉은 기운이 동편 길게 뻗쳤으니, 진홍대단(眞紅大緞) 여러 필을 물 위에 펼친 듯, 만경창파가 일시에 붉어 하늘에 자욱하고, 노하는 물결 소리 더욱 장하며, 홍전(紅氈) 같은 물빛이 황홀하여 수색이 조요하니, 차마 끔찍하더라.
　붉은빛이 더욱 붉으니, 마주 선 사람의 낯과 옷이 다 붉더라. 물이 굽이쳐 올려 치니, 밤에 물 치는 굽이는 옥같이 희더니, 지금은 물굽이는 붉기 홍옥(紅玉) 같아서 하늘에 닿았으니, 장관을 이를 것이 없더라. 〈중략〉

　홍색이 거룩하여 붉은 기운이 하늘을 뛰놀더니 이랑이 소리를 높이 하여 나를 불러, 저기 물밑을 보라 외치거늘 급히 눈을 들어 보니, 물 밑 홍운(紅雲)을 헤치고 큰 실오라기 같은 줄이 붉기 더욱 기이하며, 기운이 진홍 같은 것이 차차 나 손바닥 너비 같은 것이 그믐밤에 보는 숯불빛 같더라. 차차 나오더니, 그 위로 작은 회오리밤 같은 것이 붉기가 호박(琥珀) 구슬 같고, 맑고 통랑(通朗)하기는 호박보다 더 곱더라.
　그 붉은 위로 흘흘 움직여 도는데, 처음 났던 붉은 기운이 백지 반 장 너비만큼 반듯이 비치며, 밤 같던 기운이 해 되어 차차 커 가며, 큰 쟁반만 하여 불긋불긋 번듯번듯 뛰놀며, 적색이 온 바다에 끼치며, 먼저 붉은 기운이 차차 가시며, 해 흔들며 뛰놀기 더욱 자주하며, 항아리 같고 독 같은 것이 좌우로 뛰놀며, 황홀히 번득여 양목(兩目)이 어질하며, 붉은 기운이 명랑하여 첫 홍색을 헤치고 천중(天中)에 쟁반 같은 것이 수레바퀴 같아서 물속으로 치밀어 받치듯이 올라붙으며, 항독 같은 기운이 스러지고, 처음 붉어 겉을 비추던 것은 모여 소의 혀처럼 드리워 물속에 풍덩 빠지는 듯싶더라. 일색(日色)이 조요하며 물결의 붉은 기운이 차차 가시며 일광이 청랑하니, 만고천하에 그런 장관은 대두(對頭)할 데 없을 듯하더라.
　짐작에, 처음 백지 반 장만큼 붉은 기운은 그 속에서 해 장차 나려 하고 물이 우러나서 그리 붉고, 그 회오리밤 같은 것은 짐짓 일색을 빨아 내니 우린 기운이 차차 가시며, 독 같고 항아리 같은 것은 일색이 모질게 고운고로, 보는 사람의 안력(眼力)이 황홀하여 도무지 헛기운인 듯싶더라.

▶ 일출의 장관을 묘사함

◆ 핵심 정리

갈래	한글 수필, 기행 수필
성격	사실적, 묘사적, 비유적, 예찬적
시점	동해의 월출과 일출
주제	귀경대에서 본 일출의 장관
특징	- 여성 특유의 섬세한 표현이 돋보임 - 순수 우리말과 색채어, 비유적 표현을 활용하여 일출의 장관을 묘사함 - 글쓴이의 주관적인 감정 표현이 드러남

◆ '관동별곡'에 나타난 월출과 일출의 비교

　'관동별곡'에서는 월출과 일출 광경이 굵은 선으로 스케치하듯이 그려져 있다. 그리고 '일이 됴흔 世세界계 남대되 다 뵈고져.', '아마도 널구름 근처의 머믈셰라.' 같은 구절에서 임금을 걱정하고 백성을 생각하는 유교적 통치 이념이 투영되어 있다. 반면 '동명일기'에 표현된 월출과 일출 광경은 '바다 푸른빛이 희고 히어 운 갇고 맑고 좋아 옥 같으니' 처럼 주로 직유법을 사용하여 섬세하면서도 사실적으로 묘사되고 있다. 그리고 내용면에서 '관동별곡'과 같은 유교적 통치 이념이 잘 드러나지 않는 것이 차이점이다.

2008 국회직 8급

Q. 다음 글의 표현상 특징으로 적절하지 않은 것은?

　홍식이 거록ᄒᆞ야 붉은 긔운이 하ᄂᆞᆯ을 쒸노더니 이랑이 소ᄅᆡᆯ 놉히 ᄒᆞ야 나를 불러 져긔 믈밋출 보라 웨거ᄂᆞᆯ 급히 눈을 드러 믈밋 홍운을 헤앗고 큰 실오리 ᄀᆞᆺᄒᆞᆫ 줄이 붉기 더옥 긔이ᄒᆞ며 긔운이 진홍 ᄀᆞᆺᄒᆞᆫ 것이 ᄎᆞᄎᆞ 나 손바닥 너비 ᄀᆞᆺᄒᆞᆫ 것이 그믐 밤의 보는 숫블빗 ᄀᆞᆺ더라. ᄎᆞᄎᆞ 나오더니 그 우흐로 젹은 회오리밤 ᄀᆞᆺᄒᆞᆫ 것이 붉기 호박 구슬ᄀᆞᆺ고 몱고 통낭ᄒᆞ기는 호박도곤 더 곱더라.
　그 붉은 우흐로 흘훌 움죽여 도ᄂᆞᆫ디쳐로 낫던 붉은 긔운이 빅지 반 쟝 너비만치 반드시 비최며 밤 ᄀᆞᆺ던 긔운이 히되야 ᄎᆞᄎᆞ 커 가며 쟝반만 ᄒᆞ여 붉읏붉읏 번득번득 쒸놀며 젹식이 왼 바다희 찌치며 몬져 붉은 긔운이 ᄎᆞᄎᆞ 가시며 히 흔들며 쒸놀기 더욱 ᄌᆞ조 ᄒᆞ며 항 ᄀᆞᆺ고 독 ᄀᆞᆺᄒᆞᆫ 것이 좌우로 쒸놀며 황홀히 번득여 냥목이 어즐ᄒᆞ며 붉은 긔운이 명낭ᄒᆞ야 첫 홍쉭을 헤앗고 텬듕의 쟝반 ᄀᆞᆺᄒᆞᆫ 것이 수레박 희 ᄀᆞᆺᄒᆞ야 믈 속으로서 치미러 밧치ᄃᆞ시 올나 붓흐며 항독 ᄀᆞᆺᄒᆞᆫ 긔운이 스러디고 처엄 붉어 것을 빗최던 거슨 모혀 쇼혀텨로 드리워 믈 속의 풍덩 싸디ᄂᆞᆫ듯 시브더라. 일식이 됴요ᄒᆞ며 물결의 붉은 긔운이 ᄎᆞᄎᆞ 가시며 일광이 쳥낭ᄒᆞ니 만고 텬하의 그런 쟝관은 디두ᄒᆞᆯ ᄃᆡ 업슬 둣ᄒᆞ더라.

① 시간의 흐름에 따라 내용이 전개되고 있다.
② 여성의 섬세한 문체를 잘 보여 주고 있다.
③ 해돋이 광경을 비유적으로 잘 묘사하고 있다.
④ 다양한 고유어의 사용이 인상적이다.
⑤ 관찰 대상을 객관적으로 표현하여 현장감을 주고 있다.

병태 요정의 ADVICE

　'동명일기'는 글쓴이가 함흥 판관으로 부임해 가는 남편을 따라가 그곳의 명승고적을 둘러보고 느낀 바를 쓴 기행 수필입니다. 가치섬 일대에서의 뱃놀이 풍류, 귀경대에서 본 월출과 일출 광경, 이성계의 본궁(本宮) 관람 등으로 구성되어 있습니다. "의유당관북유람일기" 중 가장 우수한 글로 평가받는 이 작품은, 순우리말을 사용하여 표현의 운치를 드높이고, 여성 특유의 예리한 관찰과 섬세한 표현으로 문학적 우수성을 획득하고 있습니다.
　월출과 일출 장면을 제재로 삼았다는 점에서 정철의 '관동별곡'과 비교되는데, 기존의 유교적 이념이나 관념의 틀에서 벗어난 자유분방하고 사실적인 묘사를 한 것은 이 작품만의 특징입니다. 글쓴이는 시간의 흐름에 따라 월출과 일출의 변화 과정을 표현하고, 이를 시각적 이미지와 직유법을 사용하여 생동감 있게 묘사하고 있습니다. 또한 월출과 일출을 보지 못할까 봐 초조해하는 마음과, 월출과 일출을 본 뒤의 감흥을 아주 자세하게 표출하고 있어서 심리적 추이도 잘 드러내고 있습니다. 이러한 표현상의 우수성으로 인해 이 작품은 고전 수필의 백미(白眉)로 평가받고 있습니다.

정답 ⑤

수필 05 　서포만필(西浦漫筆)
— 김만중

■ : 글쓴이가 높이 평가하는 것 / ■ : 글쓴이가 부정적으로 평가하는 것

　송강(松江)의 '관동별곡(關東別曲)', '전후사미인가(前後思美人歌)'는 우리나라의 이소(離騷)이나, 그것은 문자(文字)로써는 쓸 수가 없기 때문에 오직 악인(樂人)들이 구전(口傳)하여 서로 이어 받아 전해지고 혹은 한글로 써서 전해질 뿐이다. 어떤 사람이 칠언시로써 '관동별곡'을 번역하였지만, 아름답게 될 수가 없었다. 혹은 택당(澤堂)이 소시(少時)에 지은 작품이라고 하지만 옳지 않다.
▶ 송강 가사에 대한 평가 [기]

　구마라습(鳩摩羅什)이 말하기를, "천축인(天竺人)의 풍속은 가장 문채(文彩)를 숭상하여 그들의 찬불사(讚佛詞)는 극히 아름답다. 이제 이를 중국어로 번역하면 단지 그 뜻만 알 수 있지, 그 말씨는 알 수 없다." 하였다. 이치가 정녕 그럴 것이다. ▶ 번역 문학의 한계 [승]

　사람의 마음이 입으로 표현된 것이 말이요, 말의 가락이 있는 것이 시가문부(詩歌文賦)이다. 사방의 말이 비록 같지는 않더라도 진실로 말할 수 있는 사람이 각각 그 말에 따라서 가락을 맞춘다면, 다 같이 천지를 감동시키고 귀신을 통할 수가 있는 것은 유독 중국만이 그런 것은 아니다. 지금 우리나라의 시문은 자기 말을 버려두고 다른 나라 말을 배워서 표현한 것이니, 설사 아주 비슷하다 하더라도 이는 단지 앵무새가 사람의 말을 하는 것이다. 여염집 골목길에서 나무꾼이나 물 긷는 아낙네들이 '에야디야' 하며 서로 주고받는 노래가 비록 저속하다 하여도 그 진가(眞假)를 따진다면, 정녕 학사(學士) 대부(大夫)들의 이른바 시부(詩賦)라고 하는 것과 같은 입장에서 논할 수는 없다. ▶ 우리말로 문학을 해야 하는 이유 [전]

　하물며 이 삼별곡(三別曲)은 천기(天機)의 자발(自發)함이 있고, 이속(夷俗)의 비리(鄙俚)함도 없으니, 자고로 좌해(左海)의 진문장(眞文章)이 이 세 편뿐이다. 그러나 세 편을 가지고 논한다면, '후미인곡'이 가장 높고 '관동별곡'과 '전미인곡'은 그래도 한자어를 빌려서 수식을 했다. ▶ 송강 가사를 높이 평가하는 이유 [결]

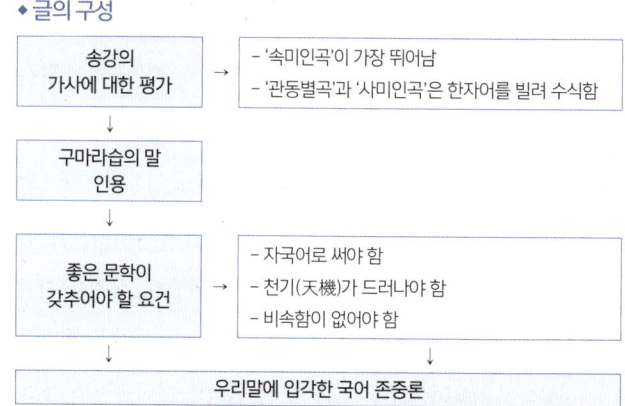

◆ 핵심정리

갈래	중수필, 문학 비평문(평론)
성격	비판적, 비평적, 주관적
제재	송강 정철의 가사 작품
주제	진정한 국문학의 제고(提高)
특징	- 문화적 자주 의식이 드러남 - 예시를 통해 논거를 제시함

◆ 글의 구성

송강의 가사에 대한 평가 → - '속미인곡'이 가장 뛰어남
- '관동별곡'과 '사미인곡'은 한자어를 빌려 수식함

↓

구마라습의 말 인용

↓

좋은 문학이 갖추어야 할 요건 → - 자국어로 써야 함
- 천기(天機)가 드러나야 함
- 비속함이 없어야 함

↓

우리말에 입각한 국어 존중론

병태 요정의 ADVICE

　'서포만필'은 글쓴이가 송강 정철의 가사를 우리나라의 진정한 문학으로 극찬하면서, 국문 문학의 당위성을 논한 고전 수필입니다.
　글쓴이는 좋은 문학의 기본 요소를 사람의 입으로 표현된 말에 있다고 보고 있습니다. 이것은 유교적 문학관과 대조되는 국문 문학의 가치를 내세우는 근거로, 글쓴이는 이를 바탕으로 내용 전달에 치중하는 한문학으로는 우리 고유의 정서와 우리말의 가락을 표현할 수 없으므로 한글 문학이 진정한 문학이라고 주장합니다.
　한문학만을 문학으로 인정하던 당시의 지배적인 가치관에서 벗어나 한글 문학의 가치를 인식함으로써 자주적인 문화 의식을 드러내고 있는 글입니다.

수필 06 통곡할 만한 자리[好哭場記] - 박지원

초팔일 갑신(甲申), 맑다.
  1780년 7월 8일
정사 박명원(朴明源)과 같은 가마를 타고 삼류하(三流河)를 건너
  사절단 대표 (박지원의 팔촌 형)
냉정(冷井)에서 아침밥을 먹었다. 십여 리 남짓 가서 한 줄기 산기
슭을 돌아 나서니 태복(泰卜)이 국궁(鞠躬)을 하고 말 앞으로 달려
  여정이 드러남
나와 땅에 머리를 조아리고 큰 소리로,

"백탑(白塔)이 현신(現身)함을 아뢰오."
  의인화, 주객전도 (사물인 백탑이 행동의 주체로 표현)
한다.   ▶ 태복으로부터 백탑이 나타날 것이라는 말을 들음

태복이란 자는 정 진사(鄭進士)의 말을 맡은 하인이다. 산기슭
이 아직도 가리어 백탑은 보이지 않았다. 말을 채찍질하여 수십 보
를 채 못 가서 겨우 산기슭을 벗어나자 눈앞이 아찔해지며 눈에 헛
것이 오르락내리락하여 현란했다. 나는 오늘에서야 비로소 사람
  요동 벌판을 본 느낌
이란 본디 어디고 붙어 의지하는 데가 없이 다만 하늘을 이고 땅을
밟은 채 다니는 존재임을 알았다.
  자연의 광활함을 보고, 인간이 작은 존재라는 것을 깨달음
말을 멈추고 사방을 돌아보다가 나도 모르게 손을 이마에 대고
말했다.

"좋은 울음터로다. 한바탕 울어 볼 만하구나!"
  요동 벌판을 바라본 감회, 글쓴이의 창의적인 발상
                           ▶ 요동 벌판을 보고 좋은 울음터라고 생각함
정 진사가,

"이 천지간에 이런 넓은 안계(眼界)를 만나 홀연 울고 싶다니 그
  일반적인 사고방식
무슨 말씀이오?"

하기에 나는,

"참 그렇겠네. 그러나 아니거든! 천고의 영웅은 잘 울고 미인은
눈물이 많다지만 불과 두어 줄기 소리 없는 눈물이 그저 옷깃을 적
셨을 뿐이요, 아직까지 그 울음소리가 쇠나 돌에서 짜 나온 듯하여
천지에 가득 찼다는 소리를 들어 보진 못했소이다. 사람들은 다만
안다는 것이 희로애락애오욕(喜怒哀樂愛惡欲) 칠정(七情) 중에서
'슬픈 감정[哀]'만이 울음을 자아내는 줄 알았지, 칠정이 모두 울음
  일반적인 상식적 사고의 한계
을 자아내는 줄은 모를 겝니다. 『기쁨[喜]이 극에 달하면 울게 되
고, 노여움[怒]이 사무치면 울게 되고, 즐거움[樂]이 극에 달하면
울게 되고, 사랑[愛]이 사무치면 울게 되고, 미움[惡]이 극에 달하
여도 울게 되고, 욕심[欲]이 사무치면 울게 되니』, 답답하고 울적
  『 』: 울음을 자아내는 다양한 감정들
한 감정을 확 풀어 버리는 것으로 소리쳐 우는 것보다 더 빠른 방
  울음의 기능 (감정의 정화)
법은 없소이다.

울음이란 천지간에 있어서 뇌성벽력에 비할 수 있는 게요. 복받
쳐 나오는 감정이 이치에 맞아 터지는 것이 웃음과 뭐 다르리요?

사람들의 보통 감정은 이러한 지극한 감정을 겪어 보지도 못한
  일반적인 진술 → 이후 구체적인 예시를 제시함
채 교묘하게 칠정을 늘어놓고 '슬픈 감정[哀]'에다 울음을 짜 맞
춘 것이오. 이러므로 사람이 죽어 초상을 치를 때 이내 억지로라도
'아이고', '어이'라고 부르짖는 것이지요. 그러나 정말 칠정에서 우
러나오는 지극하고 참다운 소리는 참고 억눌리어 천지 사이에 쌓
이고 맺혀서 감히 터져 나올 수 없소이다. 저 한(漢)나라의 가의(賈
誼)는 자기의 울음터를 얻지 못하고 참다 못하여 필경은 선실(宣
室)을 향하여 한번 큰 소리로 울부짖었으니, 어찌 사람들을 놀라게
하지 않을 수 있었으리요."

◆ 핵심정리

갈래	한문 수필, 중수필, 기행 수필
성격	체험적, 논리적, 설득적, 사색적, 교훈적
제재	광활한 요동 벌판
주제	광활한 요동 벌판을 보며 느끼는 감회
특징	- 문답에 의한 구성 방식을 취함 - 글쓴이의 창의적 발상과 적절한 비유가 돋보임

◆ 기승전결 구성과 문답법 사용

기		글쓴이가 요동 벌판을 보고 '좋은 울음터'라고 말함
승	문	정 진사가 글쓴이에게 울고 싶어 하는 까닭을 물음
	답	사람은 '희로애락애오욕(喜怒哀樂愛惡欲)'의 칠정(七情)의 감정이 극에 달하면 울게 된다고 답함
전	문	정 진사가 칠정 가운데 어느 정을 골라 울어야 하느냐고 물음
	답	갓난아이가 세상에 나와 정신이 시원하여 터뜨리는 울음과 같이 넓은 곳에 처한 기쁨과 즐거움으로 울면 된다고 답함
결		요동의 광활한 풍경을 묘사하고, 통곡할 만한 자리임을 다시 한번 확인함

◆ 대상을 바라보는 관점

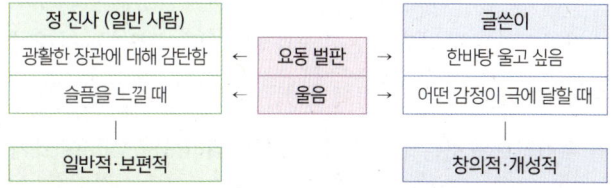

병태 요정의 ADVICE

이 글은 작가가 청나라를 여행하고 쓴 기행문인 "열하일기" 중의 한 편으로, 요동 벌판에 이르러 드넓은 세계를 만난 기쁨을 적절한 비유와 구체적인 예를 통해 실감나게 표현한 글입니다. 특히 천하의 장관인 광활한 광야를 보고 '통곡하기 좋은 울음터'라고 말하면서 그 까닭을 독특한 논리로 설명하고 있습니다. '울음'이 지닌 기존의 관념에 얽매이지 않고 '울음'을 새롭게 해석하면서, '울음'이 지닌 본질에 접근하는 방식으로 글을 전개하고 있습니다. 감탄한 장관에 대한 묘사보다는 글쓴이의 주장이 주를 이루며, 이러한 주장은 '기-승-전-결'의 4단 구성과 정 진사의 물음에 대해 작가가 답변하는 문답 구조로 효과적으로 전달되고 있습니다.

수필 07 일야구도하기 － 박지원
2018년 지방직 7급

　내 집이 산속에 있는데 문 앞에 큰 개울이 있다. 해마다 여름철에 소낙비가 한 차례 지나가면, 개울물이 갑자기 불어 언제나 수레 소리, 말 달리는 소리, 대포 소리, 북소리를 듣게 되어 마침내 귀에 못이 박혔다. 내가 일찍이 문을 닫고 누워서 소리의 종류를 비교해 들어 보았다. 깊은 솔숲에서 솔바람 소리 이는 듯하니 이 소리는 청아하게 들린다. 산이 찢어지고 언덕이 무너지는 것 같으니 이 소리는 격분한 듯 들린다. 개구리들이 다투어 우는 듯하니 이 소리는 교만하게 들린다. 많은 축(筑)이 차례로 연주되는 것 같으니 이 소리는 성난 듯이 들린다. 번개가 치고 우레가 울리는 것 같으니 이 소리는 놀란 듯 들린다. 약한 불 센 불에 찻물이 끓는 듯하니 이 소리는 아취 있게 들린다. 거문고가 궁조(宮調)와 우조(羽調)에 맞게 연주되는 것 같으니 이 소리는 슬프게 들린다. 종이 창문에 바람이 문풍지를 울게 하는 듯하니 이 소리는 의아하게 들린다. 〈중략〉
▶ 마음속의 뜻이 반영되는 물소리

　지금 나는 밤중에 한 강을 아홉 번 건넜다. 〈중략〉 내가 아직 요동에 들어오지 못했을 때 바야흐로 한여름이라, 뜨거운 별 밑을 가노라니 홀연 큰 강이 앞에 당하는데 붉은 물결이 산같이 일어나 끝을 볼 수 없으니, 이것은 대개 천 리 밖에서 폭우(暴雨)가 온 것이다. 물을 건널 때는 사람들이 모두 머리를 우러러 하늘을 보는데, 나는 생각하기에 사람들이 머리를 들고 쳐다보는 것은 하늘에 묵도(默禱)하는 것인 줄 알았더니, 나중에 알고 보니 물을 건너는 사람들이 물이 돌아 탕탕히 흐르는 것을 보면, 자기 몸은 물을 거슬러 올라가는 것 같고, 눈은 강물과 함께 따라 내려가는 것 같아서 갑자기 현기가 나면서 물에 빠지는 것이기 때문에 그들이 머리를 우러러보는 것은 하늘에 비는 것이 아니라, 물을 피하여 보지 않으려 함이다. 또한 어느 겨를에 잠깐 동안의 목숨을 위하여 기도할 수 있으랴.
▶ 낮에 사람들이 고개를 들고 물을 건너는 이유

　그 위험함이 이와 같으니, 물소리도 듣지 못하고 모두 말하기를,
　"요동 들은 평평하고 넓기 때문에 물소리가 크게 울지 않는 거야."
하지만 이것은 물을 알지 못하는 것이다. 요하(遼河)가 일찍이 울지 않는 것이 아니라 특히 밤에 건너 보지 않은 때문이니, 낮에는 눈으로 물을 볼 수 있으므로 눈이 오로지 위험한 데만 보느라고 도리어 눈이 있는 것을 걱정하는 판인데, 다시 들리는 소리가 있을 것인가. 지금 나는 밤중에 물을 건너는지라 눈으로는 위험한 것을 볼 수 없으니, 위험은 오로지 듣는 데만 있어 바야흐로 귀가 무서워하여 걱정을 이기지 못하는 것이다.

　나는 이제야 도(道)를 알았도다. 마음을 잠잠하게 하는 자는 귀와 눈이 누(累)가 되지 않고, 귀와 눈만을 믿는 자는 보고 듣는 것이 더욱 밝혀져서 병이 되는 것이다.
▶ '나'의 깨달음

2018년 지방직 7급
Q. 다음 글의 중심 생각을 표현한 성어는?
① 以心傳心　　　② 心機一轉
③ 人心不可測　　④ 一切唯心造

◆ 핵심정리

갈래	한문 수필, 기행 수필
성격	체험적, 사색적, 분석적, 교훈적
제재	하룻밤에 아홉 번 강을 건넌 체험
주제	외물(外物)에 현혹되지 않는 삶의 자세 이목(耳目)에 구애됨이 없는 초연한 마음 마음을 다스리는 일의 중요성
특징	- 구체적인 경험을 바탕으로 자연스럽게 결론을 이끌어 냄 - 치밀하고 예리한 관찰력으로 사물의 본질을 꿰뚫어 봄

◆ 구성

기	마음속의 뜻이 반영되어 물소리가 달리 들렸던 경험 → 마음 가짐에 따라 강물 소리가 달라짐
승	요하(遼河)를 건넌 경험 낮에는 눈에 보이는 파도 때문에 소리가 들리지 않고 밤에는 파도가 보이지 않아 소리가 크게 들림 → 외물(外物)에 현혹되기 쉬움
전	외물에 현혹되지 않고 마음을 평정하면 사나운 강물에도 익숙해짐 → 글쓴이가 깨달은 진리
결	감각 기관과 그것에 의하여 움직이는 감정에 휩쓸리지 말아야 함 → 인생의 바른 태도

병태 요정의 ADVICE

　글쓴이는 큰 개울의 물소리에 대해 이야기하고 있습니다. 같은 물소리이지만 화자의 마음에 따라서 청아하게 들리기도 하고, 교만하게 들리기도 하죠. 슬프거나 의아하게 들리기도 하는데 이것은 모두 글쓴이의 마음 상태에 따라 다르게 들리는 것입니다. 이후 글쓴이는 강을 건넜던 경험을 이야기하는데, 이를 통해 큰 강물을 건너면서 사람들이 겁을 먹는 이유는 강물의 흐름이나 소리만을 염두에 두기 때문이라는 것을 깨달았습니다. 또한 눈과 귀를 통해 지각된 외물에 현혹되지 말고, 사물을 이성적으로 바라볼 필요가 있다는 것도 깨달았습니다. 이러한 경험과 깨달음을 통해 글쓴이는 외물에 쉽게 흔들리지 않는 삶의 자세가 필요하다고 이야기하고 있는 것입니다.

정답 ④

수필 08 상기
2017년 생활안전분야 국가직 7급
— 박지원

"이빨을 준 자가 누구인가?"하고 묻는다면 사람들은 "하늘이 주었지요."라 말하리라. 다시 "하늘이 이빨을 준 이유는 장차 무엇을 하게 하려 함인가?"라고 물으면 사람들은 "하늘이 먹이를 씹어 먹으라고 한 것이지요."라 답하리라. 다시 "이빨로 먹이를 씹어 먹게 함은 무슨 까닭인가?"라고 물으면 사람들은 "<u>이는 하늘의 이치입니다.</u> 새나 짐승은 손이 없으므로 반드시 부리나 주둥이를 굽혀 땅에 닿도록 해서 먹이를 구하게 하는 것이지요. 그래서 학의 다리가 이미 높으니 어쩔 수 없이 목을 길게 만들지 않을 수 없었고, 그래도 혹 땅에 닿지 않을까 염려하여 부리를 길게 만든 것입니다. 만약 닭의 다리를 학의 다리처럼 만들었더라면 뜨락에서 굶어 죽었겠지요." 라 답하리라.

내가 크게 웃으며 "<u>그대가 말한 하늘의 이치는 곧 소, 말, 닭, 개 에게나 해당한다.</u> 하늘이 이빨을 준 이유가 반드시 구부려서 먹이를 씹게 하려 한 것일진대 이제 저 코끼리가 쓸데없는 어금니를 가지고 장차 땅에 구부리려 한다면 어금니가 먼저 닿을 터이니 이른 바 먹이를 씹는 데 도로 방해가 되지 않겠느냐?" 라 말하면 어떤 사람은 "코에 의지하면 되지요."라 말하리라.

내가 "<u>어금니가 길어서 코에 의지하는 것보다는 차라리 어금니를 버리고 코를 짧게 하는 편이 나으리라.</u>"라 하니 이에 떠들던 자가 처음 주장을 굳게 지키지 못하고 자기가 알고 있던 바를 조금씩 굽혔다. ▶ 모든 사물에 하늘의 의도가 반영되어 있다는 주장에 대한 논리적 반박

이는 생각의 범위가 미치는 것이 겨우 말, 소, 닭, 개 정도에 머물 뿐이요, 용, 봉황, 거북, 기린 같은 것에는 미치지 못해서이다. 코끼리가 범을 만나면 코로 쳐서 죽이니 그 코로 말한다면 천하에 적수가 없다 할 것이나, 코끼리가 쥐를 만나면 코를 둘 자리가 없어서 멍하니 하늘을 쳐다보고 섰을 뿐이다. 그렇다고 쥐가 범보다 무섭다고 말한다면 앞서 이른 하늘의 이치는 아닐 것이다.
▶ 고정된 시각으로 대상을 판단할 때의 오류

2017년 생활안전분야 국가직 7급

Q. 필자의 견해와 일치하는 것은?
① 코끼리는 쥐에게나 범에게나 천하무적의 대상이다.
② 사람들은 익숙한 대상을 통해 하늘의 이치를 헤아리려 한다.
③ 코끼리는 쓸데없는 어금니를 지탱하기 위하여 코가 길어졌다.
④ 닭의 다리를 학의 다리와 같게 만드는 것이 하늘의 이치이다.

◆ 핵심정리

갈래	한문 수필, 기(記)
성격	묘사적, 비유적, 교훈적
제재	코끼리를 본 경험
주제	획일적 이치로 만물을 바라보는 고정 관념에 대한 경계
특징	- 작가의 경험을 바탕으로 통념을 깨는 철학적 진리를 전달함. - 비유와 묘사를 통해 말하고자 하는 바를 개성적으로 표현함. - 문답법을 사용하여 작가의 주장이 타당함을 논리적으로 입증함.

◆ 사람들과 작가의 문답

사람들	하늘이 이빨을 준 것은 구부려서 사물을 씹도록 한 것임.
작가	코끼리는 땅으로 고개를 숙이면 어금니가 먼저 닿아 씹는 것에 방해가 됨.
사람들	코끼리에게 긴 어금니를 준 것은 코가 있기 때문임.
작가	차라리 어금니를 없애고 코를 짧게 하는 것이 나음.

◆ 구성

기	움직이는 코끼리를 보았을 때 느낀 충격과 경이로움
승	코끼리의 외양에 대한 자세한 묘사
전	하늘의 이치에 관한 통념에 대한 논리적 반박과 입증
결	고정된 관념에서 대상을 인식하는 것의 위험성

병태 요정의 ADVICE

'사람들'과 필자의 문답으로 글이 전개되고 있습니다. '사람들'에게 묻고 예상되는 답변에 다시 반박하는 상황을 가정하여 문답식으로 내용을 전개하고 있습니다. 이러한 방식은 작가의 주장과 타당성을 효과적으로 드러냅니다.

정답 ②

수필 09 초정집서 － 박지원

2014년 국가직 7급

■: 긍정적인 대상, ■: 부정적인 대상

문장을 어떻게 써야 하는가? '반드시 옛것을 모범으로 삼아야 한다.'라고 사람들은 말한다. 그리하여 세상에는 마침내 옛것을 모방하면서도 부끄러운 줄 모르는 사람들이 생겨나게 되었다. 이는 주(周)나라의 제도를 본떴던 역적 왕망(王莽)이 예악(禮樂)을 수립했다는 격이며, 공자와 얼굴이 닮은 양화(陽貨)가 만세(萬世)의 스승이 될 수 있다는 격이다. 그러니 어찌 옛것을 모범으로 삼을 수 있겠는가?

▶ 옛것을 따르는 글쓰기의 문제점

그렇다면 새것을 만들어야 하는가? 그리하여 세상에는 마침내 괴상하고 허황되고 지나치게 치우친 글을 쓰면서도 두려워할 줄 모르는 이들이 생겨나게 되었다. 이는, 임시 조처로 세 길 높이의 나무를 옮기게 하는 것이 통상의 법령보다 중요하다는 격이고, 이연년(李延年)의 새로 만든 간드러진 노래를 종묘(宗廟)의 음악으로 연주하여도 좋다는 격이다. 그러니 어찌 새것을 만들겠는가?

▶ 새것을 만드는 글쓰기의 문제점

그렇다면 어찌해야 좋단 말인가? 우린 장차 어찌해야 하는가? 글쓰기를 그만두어야 할 것인가?

▶ 글쓰기에 대한 고민

아아! 옛것을 모범으로 삼는 사람은 낡은 자취에 구애 되는 것이 병이고, 새것을 만들어 내는 사람은 상도(常道)에서 벗어나는 것이 탈이다. 참으로 옛것을 모범으로 삼되 변통할 줄 알고, 새것을 만들어 내되 법도가 있게 할 수 있다면, 지금 글이 옛날 글과 같을 것이다.

▶ 옛것과 새것의 장점을 살린 글쓰기

◆ 핵심정리

갈래	한문 수필
성격	분석적, 반성적
주제	올바른 글쓰기의 방법
특징	구체적인 사례를 인용하여 주장을 강조함. 비유적 표현을 사용함.

◆ 글쓰기 방법의 장단점

옛것을 따르는 글쓰기 - 법고	
장점	단점
글의 법도가 있는 것 글의 근거가 있는 것	기존 글의 형식에 빠지게 됨

새로운 것을 만드는 글쓰기 - 창신	
장점	단점
변통성 있는 글쓰기	글의 법도가 없는 것 글의 근거가 없는 것

⇩ 절충

옛것 : 법도와 근거가 있는 글쓰기	새것: 변통성 있는 글쓰기
법고창신(法古創新)	

병태 요정의 ADVICE

글쓴이는 옛것을 따르는 글쓰기와 새로운 것을 만드는 글쓰기 사이에서 어느 것이 올바른 글쓰기의 방향인지 고민하고 있습니다. 두 방법 모두 장단점이 명확하기 때문입니다. 그래서 글쓴이는 옛것을 배우더라도 변통성이 있고, 새것을 만들어 내더라도 법도가 있는 글쓰기 방법을 제시했는데, 그것이 '법고창신(法古創新)'의 글쓰기 방법입니다. 이는 온고지신(溫故知新)의 의미와 일맥상통합니다.

수필 10 수오재기(守吾齋記) - 정약용
2015 지방교행직 9급

수오재(守吾齋)라는 이름은 큰형님이 자신의 집에다 붙인 이름
'나를 지키는 집'이라는 의미
이다. 『나는 처음에 이 이름을 듣고 이상하게 생각하였다. '나와 굳
『』: 대상에 대한 일상적, 현상적 차원의 생각
게 맺어져 있어 서로 떨어질 수 없는 가운데 ㉠'나[吾]'보다 더 절
실한 것은 없다. 그러니 굳이 지키지 않더라도 어디로 가겠는가?
이상한 이름이다.』
▶ '수오재'라는 명칭에 대한 의문 [기]
글쓴이의 의문 = 독자의 의문, 독자와의 공감 유도

내가 장기로 귀양 온 뒤에 혼자 지내면서 생각해 보다가, 하루는
글쓴이의 처지 (귀양살이 중)
갑자기 이 의문점에 대해 해답을 얻게 되었다. 나는 벌떡 일어나
경험과 사색으로 깨달음을 얻음
이렇게 스스로 말하였다.

"천하 만물 가운데 지킬 것은 하나도 없지만, 오직 나만은 지켜
글쓴이의 깨달음
야 한다.

『내 밭을 지고 달아날 자가 있는가. 밭은 지킬 필요가 없다. 내 집
을 지고 달아날 자가 있는가. 집도 지킬 필요가 없다. 내 정원의 여
러 가지 꽃나무와 과일나무들을 뽑아 갈 자가 있는가. 그 뿌리는
땅속 깊이 박혔다. 내 책을 훔쳐 없앨 자가 있는가. 성현의 경전이
세상에 퍼져 물이나 불처럼 흔한데, 누가 능히 없앨 수가 있겠는
가. 〈중략〉 그러니 천하 만물은 모두 지킬 필요가 없다.』
『』: 자문자답의 열거를 통해 천하 만물은 지킬 필요가 없음을 드러냄
그런데 오직 나라는 것만은 잘 달아나서, 드나드는 데 일정한 법
사람의 마음은 유혹에 잘 넘어감, 현혹되기 쉬움
칙이 없다.

아주 친밀하게 붙어 있어서 서로 배반하지 못할 것 같다가도, 잠
시 살피지 않으면 어디든지 못 가는 곳이 없다. 이익으로 꾀면 떠
나가고, 위험과 재앙이 겁을 주어도 떠나간다. 마음을 울리는 아름
다운 음악 소리만 들어도 떠나가며, 눈썹이 새까맣고 이가 하얀 미
인의 요염한 모습만 보아도 떠나간다. 한번 가면 돌아올 줄을 몰라
서, 붙잡아 만류할 수가 없다. 그러니 천하에 나보다 더 잃어버리기
쉬운 것은 없다. 어찌 실과 끈으로 매고 빗장과 자물쇠로 잠가서
나를 굳게 지켜야 하지 않으리오." ▶ '나'를 지켜야 하는 이유를 깨달음 [승]
'나'를 굳게 지켜야 하는 이유 : 잃어버리기는 쉽지만 돌이키기는 어려움

■ 나 : 본질적 자아 ↔ ■ : 현상적 자아
나는 나를 잘못 간직했다가 잃어버렸던 자다. 어렸을 때에 과거
관직 생활에 대한 후회와 '나'를 더럽힌 것에 대한 자책
(科擧)가 좋게 보여서, 십 년 동안이나 과거 공부에 빠져들었다. 그
러다가 결국 처지가 바뀌어 조정에 나아가 검은 사모관대에 비단
도포를 입고, 십이 년 동안이나 미친 듯이 대낮에 커다란 길을 뛰
어다녔다. 그러다가 또 처지가 바뀌어 한강을 건너고 새재를 넘게
되었다. 친척과 선영을 버리고 곧바로 아득한 바닷가의 대나무 숲
유배지 ('나'를 지키지 못한 결과, 현재 글쓴이의 처지 암시, 지나온 삶을 반성하게 되는 곳)
에 달려와서야 멈추게 되었다. 이때에는 나도 땀이 흐르고 두려워
서 숨도 쉬지 못하면서, 나의 발뒤꿈치를 따라 이곳까지 함께 오게
되었다.

내가 나에게 물었다.

"너는 무엇 때문에 여기까지 왔느냐? 여우나 도깨비에 홀려서
끌려왔느냐? 아니면 바다 귀신이 불러서 왔느냐. 네 가정과 고향
이 모두 초천에 있는데, 왜 그 본바닥으로 돌아가지 않느냐?" 그러
나 나는 끝내 멍하니 움직이지 않으며 돌아갈 줄을 몰랐다. 그 얼
굴빛을 보니 마치 얽매인 곳에 있어서 돌아가고 싶어도 돌아가지
못하는 것 같았다. 그래서 결국 붙잡아 이곳에 함께 머물렀다. 이
귀양을 오고 나서야 비로소 잃었던 본질적 자아를 지킬 수 있었다는 의미
때 둘째 형님 좌랑공도 나를 잃고 나를 쫓아 남해 지방으로 왔는
데, 역시 나를 붙잡아서 그곳에 함께 머물렀다. ▶ 본질적 자아를 잃고 살아
온 지난 삶에 대한 반성과 깨달음 [전]

오직 나의 큰형님만이 나를 잃지 않고 편안히 단정하게 수오재
에 앉아 계시니, 본디부터 지키는 것이 있어서 나를 잃지 않았기
때문이 아니겠는가. 이것이 바로 큰형님이 그 거실에 '수오재'라고
이름 붙인 까닭일 것이다. 〈중략〉

맹자가 "무엇을 지키는 것이 큰가? 몸을 지키는 것이 가장 크
맹자의 말을 인용하여 근거로 삼음, 설득력 강화
다."라고 하였으니, 이 말씀이 진실하다. 내가 스스로 말한 내용을
써서 큰형님께 보이고, 수오재의 기(記)로 삼는다.
〈수오재기〉를 쓴 내력
▶ 〈수오재기〉를 쓰게 된 이유 [결]

◆ 핵심정리

갈래	한문 수필, 기(記)
성격	반성적, 회고적, 교훈적, 자경적(自警的)
주제	본질적 자아를 지키는 것의 중요함
특징	- 자문자답을 통해 사물의 의미를 도출함 - 의문에서 출발하여 깨달음을 얻는 과정을 드러냄으로써 독자의 공감을 유도함

◆ 한눈에 보기

과거의 '나'
나를 지키지 못함
⇩
깨달음, 반성, 성찰
유배지에서의 '나'
나를 지킴

◆ 구성

기	수오재라는 명칭에 대한 의문
승	'나'를 지켜야 하는 이유를 깨달음
전	본질적 자아를 잃어버린 채 살았던 삶에 대한 반성적 고찰
결	'수오재기'를 쓰게 된 내력과 깨달음의 의미 기록

2015 지방교행직 9급

Q. 윗글의 ㉠에 대한 이해로 적절한 것은?

① 글쓴이는 ㉠을 언제나 간직해 왔다.
② ㉠은 글쓴이가 소중하게 여기는 가치와 관련 있다.
③ ㉠이 떠나간 것은 글쓴이가 천하 만물을 잃어버렸기 때문이다.
④ 글쓴이는 경전을 오래 연구한 끝에 ㉠의 진정한 의미를 깨닫는다.

Q. 〈보기〉의 속담 중 윗글의 주제와 관련되는 것끼리 묶은 것은?

─ 보기 ─
㉠ 길이 아니면 가지 말고 말이 아니면 듣지 말라
㉡ 가는 말이 고와야 오는 말이 곱다
㉢ 강물이 돌을 굴리지 못한다
㉣ 우물에 가 숭늉 찾는다

① ㉠, ㉡ ② ㉠, ㉢
③ ㉡, ㉣ ④ ㉢, ㉣

병태 요정의 ADVICE

'수오재기'는 '나를 지키는 집'이라는 당호(堂號)에 의문을 제기하여 글쓴이 자신의 삶을 되돌아보고 깨달음을 얻는 과정을 드러내고 있는 글입니다. 글쓴이는 이러한 깨달음을 얻기 위해 '나'와 '또 하나의 나'를 구분하여, 현상적 자아에 대비되는 본질적 자아의 모습을 그려내고 있습니다.

본질적 자아라고 할 수 있는 '나'는 간직하고 지켜내야 할 자아의 내면이고, 내가 세상의 바람에 흔들리고 미혹에 빠지려고 할 때 중심을 잡아 줄 수 있는 든든한 기둥과 같은 것입니다. 글쓴이는 본질적 자아, 즉 내면적 자아를 유지할 때 비로소 세상의 바람에 흔들리거나 유혹당하지 않게 된다는 깨달음을 통하여 큰형님이 '수오재'라는 이름을 지은 속뜻을 알게 되었음을 드러내고 있습니다.

그리고 글쓴이가 귀양지에서 '나'와 대화를 나누고 '나'의 모습을 살펴본다는 내용은, 반성과 성찰의 행위를 가시적으로 보여주고 있는 이 작품이 지닌 특징적인 장치라 할 수 있습니다.

정답 ②, ②

수필 11 한중록
2017년 지방직 7급

— 혜경궁 홍씨

휘령전으로 오시고 ㉠소조(小朝)를 부르신다 하니, 이상할손
　　　　　　　섭정하는 왕세자를 뜻하는 말 (사도 세자)
어이 '피(避)차.'는 말도, '달아나자.'는 말도 아니 하시고, 좌우를 치
　　피하거나 달아나자는 말
도 아니하시고, 조금도 화증 내신 기색 없이 썩 용포를 달라 하여
입으시며 하시되,

"㉡내가 학질을 앓는다 하려 하니, 세손의 휘항을 가져오라." 하
　사도 세자　　　　　　　　　　　　추울 때 머리에 쓰던 모자
시거늘, 내가 그 휘항은 작으니 당신 휘항을 쓰시고자 하야, 내인
(內人)더러 ㉢당신 휘항을 가져오라 하니, 몽매(夢寐) 밖에 썩 하
　　　　　　　　　　　　　　　　　　천만 뜻밖에 대뜸 말씀하시기를
시기를,

"자네가 아무커나 무섭고 흉한 사람이로세. 자네는 세손 데리고
오래 살려 하기, 내가 오늘 나가 죽겠기사 외로워, 세손의 휘항을
아니 쓰이랴 하는 심술을 알겠네."

하시니, ㉣내 마음은 당신이 그날 그 지경에 이르실 줄 모르고
　　　　　혜경궁 홍 씨　　　　뒤주 속에 들어가 죽은 일
이 끝이 어찌 될꼬? 사람이 다 죽을 일이요, 우리의 모자의 목숨이
어떠할런고?

아무렇다 없었기. 천만 의외의 말씀을 하시니, 내 더욱 서러워
다시 세손 휘항을 갖다 드리며,

"그 말씀이 하 마음에 없는 말이시니 이를 쓰소서."

하니,

"슬희! 사외하는 것을 써 무엇할꼬."
　싫네　마음에 꺼림칙한
하시니 이런 말씀이 어이 병환(病患) 드신 이 같으시며, 어이 공
순히 나가려 하시던고? 다 하늘이니, 원통 원통하오다. 그러할 제
　　　　　　　　　　　　　　　　　　　　숙명론, 운명론
날이 늦고 재촉하여 나가시니, 대조(大朝)께서 휘령전에 좌(坐)하
　　　　　　　　　　　　　　　임금 (영조)
시고, 칼을 안으시고 두드리오시며 그 처분을 하시게 되니, 차마
차마 망극하니, 이 경상(景狀)을 내 차마 기록하리오. 섧고 섧도다.
　　　　　　이 광경 (사도 세자가 죽음을 당한 임오화변의 일)

▶ 영조의 부름과 휘항과 관련된 사도 세자의 오해

2017년 지방직 7급

Q. 밑줄 친 말에서 가리키는 사람이 다른 것은?

① ㉠　　　　② ㉡
③ ㉢　　　　④ ㉣

◆ 핵심정리

갈래	국문 수필, 궁정 수필, 회고록
성격	사실적, 체험적, 회고적, 비극적
제재	사도 세자의 죽음(임오화변)
주제	사도 세자의 참변을 중심으로 한 파란만장한 인생 회고
특징	- 우아하고 품위 있는 궁중 용어를 사용함 - 자전적 회고의 성격을 지님 - 비극적인 내용을 절실하고도 간곡한 묘사를 통해 형상화함.

◆ 시대적 상황

영조는 정빈 이씨에게 첫 왕자를 얻었으나 어린 나이에 죽고 말았다. 이후 영조는 42세에 영빈 이씨(선희궁)에게서 사도 세자를 낳았다. 영조는 기뻐서 백일도 안 된 아기를 별궁에 키우면서 이듬해 세자로 책봉하고, 세자가 15세 되던 해에 정사(政事)에도 참여시켰다. 이때 세력을 쥐고 있던 노론은 사도 세자를 중심으로 새 세력을 구축하여 소론을 물리치고자 하였으나, 세자가 이를 들어주지 않았다. 이에 노론은 갖가지 음모를 꾸며 세자를 못살게 굴었다. 또 세자의 장인 홍봉한이 세력을 떨치자 세자 폐위의 계략을 꾸몄다. 여기에다 세자의 비행(非行)이 자꾸 드러나자, 노론은 사도 세자가 역모를 꾀했다고 고변하게 된다. 그러자 영조는 세자를 폐위(廢位)하고 결국 뒤주에 가두어 죽였다.

병태 요정의 ADVICE

영조의 부름에 사도 세자는 운명을 예감했습니다. 아내 혜경궁 홍씨에게 세손(증조)의 휘항을 가져와 달라고 하며, 영조에게는 자신이 학질에 걸렸다 말하겠다고 했습니다. 영조가 아끼는 세손의 휘항을 써서 자신이 세손의 아버지임을 강조하고, 학질이라는 병을 내세워 위기의 상황에서 벗어나고자 했던 것입니다. 하지만 혜경궁 홍씨는 그 의도를 모르고 작은 세손의 모자를 어찌 쓰겠냐며 사도 세자의 것을 가지고 오게 했습니다. 휘항과 관련하여 혜경궁 홍씨를 오해한 사도 세자는 영조에게 가서 결국 죽음을 당했습니다.

'한중록'은 혜경궁 홍씨가 남편이 뒤주에 갇혀 죽임을 당했던 임오화변의 역사적 사실과 자신의 운명을 회상하여 자서전 형식으로 기록한 궁정 수필입니다. 총 4편으로 구성되어 있는데, 사도 세자의 참변에 대한 진상은 4편에서 다루고 있습니다.

정답 ④

수필 12 표해록

— 최부

2016년 국가직 7급

신(臣)이 부영(傅榮)에게 말하였습니다.

"수차(水車) 만드는 법을 배우고 싶습니다."

"당신은 어디에서 수차를 보았습니까?"

"지난번 소흥부(紹興府)를 지날 때, 어떤 사람이 호수 언덕에서 수차를 돌려 논에 물을 대고 있는 것을 보았습니다. 힘을 적게 들이면서 물을 많이 퍼 올리더군요. 가뭄에 농사짓는 데 도움이 될 것 같습니다."

"수차는 물을 푸는 데만 사용될 뿐이니 배울 것이 못 됩니다."

"우리나라는 논이 많은데 자주 가뭄이 들지요. 만약 수차 만드는 법을 배워 우리 백성에게 가르쳐 준다면 농사에 큰 도움이 될 것입니다. 그대가 조금만 수고해 가르쳐 주면, 우리 백성 대대로 큰 이익이 생길 것이오. 그 제작법을 잘 알아보시되 모자란 점이 있으면 뱃사람들에게 물어서 정확히 가르쳐 주시기 바랍니다."

2016년 국가직 7급

Q. 다음 글에서 '신(臣)'의 태도로 가장 적절한 것은?

① 공리공론(空理空論)
② 실사구시(實事求是)
③ 이용후생(利用厚生)
④ 주권재민(主權在民)

◆ 창작 배경

지은이 최부는 부친상을 당해 제주에서 고향인 나주로 급히 돌아오다가 풍랑을 만나 16일 동안 바다에서 표류하며 중국 저장성 닝보부에 표착하였다. 명나라에서는 왜구로 오해하여 최부의 일행에게 매질을 가하고 이들을 죽여서 왜구를 사살한 업적으로 삼고자 했다. 하지만 최부와 그 일행 43명이 왜구가 아니라 풍랑으로 밀려온 조선인임을 알게 되자 장교를 대동하여 중국 내륙으로 이어진 대운하를 따라 북경으로 이송되었다. 북경에서는 명나라의 황제 홍치제를 알현하여 상을 받고, 이들 일행은 반년 만에 귀국하였다. 최부는 조선으로 돌아와 자신이 경험한 사실을 성종에게 보고했으며 성종은 이 같은 사실을 서책으로 기록하여 보고토록 지시했다. 왕명에 의하여 지어졌기 때문에 서술에서도 지은이 스스로를 가리킬 때 '신(臣)'이라고 기록하여 보고문의 성격도 가지고 있다.

◆ 핵심정리

갈래	여행기, 표해기
제재	명나라에 표류하였던 경험
주제	해안에 표착하여 겪은 고난과 중국을 종단하면서 보고 들은 다양한 내용
특징	- 방문하는 도시마다 풍물을 관찰하여 세세하게 기록함. - 운하를 통한 물자 운송으로 경제적 효율성에 대하여 심도 있게 서술함. - 중국 운하사(運河史)의 중요한 문헌으로 평가됨. - 현재 전하고 있는 표해 기록문 중 가장 오래된 작품임.

병태 요정의 ADVICE

이 작품은 작가가 풍랑을 만나 표류하면서 배 안에서 겪은 갈등과 왜구를 만난 일, 왜구로 오인 받아 붙잡혀서 사형 당할 위기에 처한 일, 북경으로 옮겨지게 된 일 등을 보고문처럼 서술한 글입니다. 중국 대륙을 종단하여 북쪽으로 올라오면서 보고 듣고 느낀 갖가지 일들도 기록되어 있는데 중국의 해로(海路), 기후, 도로, 풍속, 민요 등 폭넓은 영역을 자세히 소개하고 있습니다.

특히, 중국 농촌에서 논밭에 물을 퍼 올리는 수차(水車)를 보고 그 제작과 이용법을 배운 일을 기록하였는데, 훗날 충청도 지방에 가뭄이 들었을 때 이 수차를 만들어서 많은 도움을 주기도 했습니다.

정답 ③

조선 후기 - 판소리, 민속극, 무가

판소리 01 심청가 — 작자 미상
2015년 지방직 9급

"심청은 시각이 급하니 어서 바삐 물에 들라."

심청이 거동 보소. 두 손을 합장하고 일어나서 하느님 전에 비는 말이,
서술자의 개입

"비나이다, 비나이다. 하느님 전에 비나이다. 심청이 죽는 일은 추호라도 섧지 아니하되, 병든 아비 깊은 한을 생전에 풀려 하고 이 죽음을 당하오니 명천(明天)은 감동하사 어두운 아비 눈을 밝게 띄워 주옵소서."
죽음을 초월한 지극한 효심

눈물지며 하는 말이,

"여러 선인네 평안히 가옵시고, 억십만금 이문 남겨 이 물가를 지나거든 나의 혼백 불러내어 물밥이나 주시오."

하며 안색을 변치 않고 뱃전에 나서 보니 티 없이 푸른 물은 월러렁 괄넝 뒤둥구리 굽이쳐서 물거품 북적찌데한데, 심청이 기가 막혀 뒤로 벌떡 주저앉아 뱃전을 다시 잡고 기절하여 엎딘 양은 차마 보지 못할 지경이었다.
음성 상징어를 사용하여 생동감을 살림 *서술자의 개입*

2015년 지방직 9급

Q. 다음 글에 대한 설명으로 적절하지 않은 것은?
① 사건에 대한 서술자의 주관적 서술이 나타나 있다.
② 등장인물들의 발화를 통해 사건의 상황을 보여준다.
③ 죽음을 초월한 심청의 면모와 효심이 드러나 있다.
④ 대상을 나열하여 장면을 다양하게 제시하고 있다.

◆ 근원 설화

효녀 지은 설화	신라 때 연권의 딸인 '지은'이 홀로 어머니를 봉양하기 위해 나이가 들어도 시집을 가지 않고, 부잣집에 몸을 팔아 그 대가로 받은 쌀로 어머니를 봉양했다는 내용이다. 시집을 가지 않은 심청이 홀로 된 아버지를 가난한 형편에서도 모시고 살다가, 아버지의 행복을 위해 자신을 희생하는 모습과 연관된다.
거타지 설화	신라 진성 여왕 때, 당나라에 사신으로 가던 무리 중 거타지라는 궁사가 여우로 둔갑한 요괴로부터 용왕의 딸을 구해 주고, 꽃으로 변한 딸을 육지로 데리고 나와 다시 여자로 변하게 하여 결혼했다는 내용이다. 심청이 꽃으로 변하는 장면과 연관된다.
관음사 연기 설화	눈먼 아버지를 위해 딸이 신에게 바치는 제물이 된다는 내용이다. 아버지를 위해 팔려 가는 심청의 모습과 심청의 효에 힘입어 심 봉사가 눈을 뜨는 장면과 연관된다.

◆ 핵심정리

갈래	판소리 사설
성격	교훈적, 비현실적, 우연적
배경	중국 송나라 말, 황주 도화동
주제	부모에 대한 지극한 효심 인과응보(因果應報)
특징	- 인물의 심리 및 행동이 사실적으로 묘사됨. - 당시 서민들의 생활상과 가치관 등이 반영됨. - 적층 문학의 성격을 가짐.

◆ 심청전의 비장미

'심청가'는 판소리 다섯 마당 중 하나로 다양한 근원 설화를 바탕으로 하고 있다. 이 작품은 해학미와 풍자가 주를 이루는 다른 판소리 사설과 달리 비장미와 해학미가 공존하고 있다. 특히 심청이 아버지의 눈을 뜨게 하기 위해 공양미 삼백 석에 몸을 팔아 인당수 제물로 가는 장면에서 슬프고 처량한 대목이 많아 비장미가 강조된다.

작품의 줄거리

심청은 효성이 지극하여 밥을 동냥하면서 아버지를 봉양한다. 심 봉사가 부처님께 쌀 삼백 석을 공양하면 눈을 뜰 수 있다는 말을 듣고 심청에게 말하자, 심청은 공양미 삼백 석을 마련하기 위해 남경 상인에게 몸을 팔아 인당수의 제물이 된다. 심청이 죽은 뒤 심 봉사는 행실이 나쁜 뺑덕 어멈과 살아간다. 한편 심청은 인당수에 빠졌으나 상제의 명으로 다시 살아나 황후가 되고, 심청은 맹인 잔치를 베풀어 심 봉사와 만난다. 심 봉사는 그 반가움에 눈을 떠 심청과 더불어 부귀영화를 누린다.

정답 ④

가면극 01 봉산 탈춤
2016년 지방직 7급 — 작자 미상

제6㉠과장 양반춤

말뚝이 (벙거지를 쓰고 채찍을 들었다. 굿거리장단에 맞추어 양반 삼 형제를 인도하여 등장)

양반 삼 형제 (말뚝이 뒤를 따라 굿거리장단에 맞추어 점잔을 피우나, ㉡어색하게 춤을 추며 등장. 양반 삼 형제 맏이는 샌님(生員), 둘째는 서방님(書房), 끝은 도련님(道令)이다. 샌님과 서방님은 흰 창옷에 관을 썼다. 도련님은 남색 쾌자에 복건을 썼다. ─ 샌님과 서방님은 언청이이며(샌님은 언청이 두 줄, 서방님은 한 줄이다.─ 부채와 장죽을 가지고, 도련님은 입이 삐뚤어졌고 부채만 가졌다. 도련님은 일절 대사는 없으며, 형들과 동작을 같이 하면서 형들의 면상을 부채로 때리며 방정맞게 군다.)

말뚝이 (가운데쯤에 나와서) 쉬이. (음악과 춤 멈춘다.) 양반 나오신다아! 양반이라고 하니까 노론(老論), 소론(少論), 호조(戶曹), 병조(兵曹), 옥당(玉堂)을 다 지내고 삼정승(三政丞), 육판서(六判書)를 다 지낸 퇴로 재상(退老宰相)으로 계신 양반인 줄 아지 마시오.

㉢개잘량이라는 '양' 자에 개다리소반이라는 '반' 자 쓰는 양반이 나오신단 말이오.

양반들 야아, 이놈, 뭐야아!

말뚝이 아, 이 양반들 어찌 듣는지 모르갔소. 노론, 소론, 호조, 병조, 옥당을 다 지내고 삼정승, 육판서 다 지내고 퇴로 재상으로 계신 이 생원네 삼 형제분이 나오신다고 그리하였소.

양반들 (합창) 이 생원이라네. (굿거리장단으로 ㉣모두 춤을 춘다. 도령은 때때로 형들의 면상을 치며 논다. 끝까지 그런 행동을 한다.) 〈중략〉

생원 쉬이. (춤과 장단 그친다.) 말뚝아.

말뚝이 예에.

생원 이놈, 너도 양반을 모시지 않고 어디로 그리 다니느냐?

말뚝이 예에, 양반을 찾으려고 찬밥 국 말어 일조식(日早食)하고, 마구간에 들어가 노새 원님을 끌어다가 등에 솔질을 솰솰 하여 말뚝이 님 내가 타고 서양(西洋) 영미(英美) 법덕(法德), 동양 삼국 무른 메주 밟듯 하고, 동은 여울이요, 서는 구월이라, 동여울 서구월 남드리 북향산 방방곡곡(坊坊曲曲) 면면촌촌(面面村村)이, 바위 틈틈이, 모래 쨈쨈이, 참나무 결결이 다 찾아다녀도 샌님 비뚝한 놈도 없습디다.

◆ 핵심정리

갈래	가면극(탈춤) 대본, 민속극
성격	풍자적, 해학적, 서민적, 비판적
배경	조선 후기(18세기경), 황해도 봉산
주제	양반에 대한 풍자와 조롱
특징	─ 각 과장이 복합적으로 구성되어 독립적임 ─ 언어유희, 열거, 대구, 익살, 과장 등을 통하여 양반을 풍자하고 비판함 ─ 서민 계층의 언어와 양반 계층의 언어가 함께 사용됨 ─ 무대와 객석, 배우와 관객이 엄격하게 구분되지 않음

◆ 등장인물

말뚝이	─ 양반 계층에 대한 서민들의 비판 의식을 대변하는 인물 ─ 재치 있는 언행을 통하여 양반을 조롱하고 비판하는 역할
양반 삼 형제	─ 양반 계층의 어리석음과 무능함을 상징하는 인물 ─ 우스꽝스러운 외모와 언행을 통하여 자신들의 어리석음을 스스로 폭로

◆ 재담 구조

양반의 위엄	양반과 하인 말뚝이의 정상적인 관계를 나타냄
말뚝이의 조롱	말뚝이의 도전으로 양반의 위엄이 급격히 파괴됨
양반의 호통	양반은 민감한 반응을 보이면서 제재를 가해 '말뚝이의 조롱'을 부정하고 '양반의 위엄'을 세우려 함
말뚝이의 변명	말뚝이는 표면적으로는 '말뚝이의 조롱'을 부정하고 '양반의 위엄'과 '양반의 호통'을 긍정하는 척함
양반의 안심	양반은 '말뚝이의 변명'의 표면만 알고 기분 좋게 생각하나, 그것은 양반의 착각에 해당함. 객관적으로는 '양반의 위엄'과 '말뚝이의 변명'이 부정되고 '말뚝이의 조롱'이 긍정됨

◆ 전체 구성

제1과장	사상좌춤	사방신(四方神)에게 배례하는 의식무
제2과장	팔목중춤	팔목중의 파계와 법고놀이 장면 ⇒ 중을 희화화
제3과장	사당춤	사당과 거사들이 흥겹게 노는 내용
제4과장	노장춤	노장이 유혹에 넘어가 파계했다가 취발이에게 욕보는 내용
제5과장	사자춤	사자가 파계승을 혼내고 화해의 춤을 춤 ⇒ 놀이판 정비
제6과장	양반춤	양반집 하인 말뚝이가 양반을 희롱하는 내용 ⇒ 양반의 허세를 희화화하고 공격함
제7과장	미얄춤	영감과 미얄, 첩의 삼각 관계와 미얄의 죽음 ⇒ 서민의 생활상과 남성의 횡포 표현

2013년 지방직 9급

Q. 다음 글에 대한 이해로 적절하지 않은 것은?

① 말뚝이는 언어유희를 통해 양반을 조롱하고 있다.
② 말뚝이는 양반의 호통에 이내 변명하는 모습을 보인다.
③ 양반은 화를 낼 뿐 말뚝이의 말에 대한 제대로 된 문책을 못하고 있다.
④ 양반은 춤을 통해 말뚝이를 제압하고 있다.

2018년 경찰직 1차

Q. 밑줄 친 부분에 대한 설명으로 가장 적절하지 않은 것은?

① ㉠: 현대 연극의 '막'과 유사하지만 각 '과장'은 독립적이다.
② ㉡: 양반의 행동을 희화화하여 보여 주고 있다.
③ ㉢: 언어유희를 통해 양반을 조롱하고 있다.
④ ㉣: 말뚝이를 통해 유발된 갈등이 완전히 해소되었다.

2018년 경찰직 1차

Q. 이 작품에 대한 설명으로 가장 적절한 것은?

① 경상도 안동 지방에서 전해 내려오는 가면극의 일종이다.
② '양반의 위엄→말뚝이의 조롱→양반의 호통→말뚝이의 변명→양반의 안심'의 재담 구조를 보인다.
③ 등장인물은 공연 상황에 따라 대사를 바꾸어 표현하지 못한다.
④ 말뚝이는 무능한 지배 계층을 대변하는 인물이다.

2020년 지방직 9급

Q. 다음 글에 대한 이해로 적절하지 않은 것은?

① 양반들이 자신들을 조롱하는 말뚝이에게 야단쳤군.
② 샌님과 서방님이 부채와 장죽을 들고 춤을 추며 등장했군.
③ 말뚝이가 굿거리장단에 맞춰 양반을 풍자하는 사설을 늘어놓았군.
④ 도련님이 방정맞게 굴면서 샌님과 서방님의 얼굴을 부채로 때렸군.

◆ '탈'의 기능

가면극에 사용되는 탈은 과장된 외양을 특징으로 한다. 이 글에서도 양반 삼 형제의 모습을 희화화하기 위하여, 언청이의 특징을 드러낸 탈을 사용하고 있다. 이러한 탈의 사용은 인물의 성격을 극적으로 표현하기 위한 것이며, 극에 대한 관객의 몰입도와 이해도를 높여 준다. 상류 계층인 양반에 대한 조롱과 비판을 주된 내용으로 하는 가면극의 특성상, 풍자하는 주체의 익명성을 보장하여 양반에 대한 풍자를 자유롭게 할 수 있는 기능을 하기도 한다.

병태 요정의 ADVICE

'말뚝이'는 양반을 모시는 하인으로, '양반'의 뜻풀이를 다르게 하여 양반을 조롱하고 있습니다. 조롱을 들은 '양반들'은 버럭 화를 내는데, 여기서 '양반들'은 서민들에게 권위를 인정받지 못하는 우스꽝스러운 존재에 해당합니다. 양반의 호령에 '말뚝이'는 변명을 하는데, '양반들'은 '말뚝이'의 변명을 듣고 안심하며 춤을 춥니다. 이를 통해 일시적으로 갈등이 해소되고, 양반의 어리석음은 더욱 부각됩니다.

제시된 부분은 '봉산탈춤'의 제6과장 '양반춤 마당'으로, '양반의 위엄 → 말뚝이가 양반의 위엄 파괴 → 양반의 호령 → 말뚝이의 변명 → 안심하는 양반'의 재담 구조가 반복되며 이야기가 진행됩니다.

정답 ④, ④, ②, ③

인형극 01 꼭두각시놀음

－작자 미상

제1마당 박 첨지 마당 / 제5막 표 생원(表生員)

표 생원 부인의 말이 그러하니 말이오. 내가 그전에 작은집 하나 얻었소.

꼭두각시 아이고 듣던 중 상쾌한 말이오. 이 형편에 큰 집 작은 집을 어찌 가리겠소. 집을 얻었으나 재목(材木)이나 성하며, 양지바르고 또 장인들 담가 놨겠소.

표 생원 어으? 아 이게 무슨 소리여. 장은 무슨 장이며, 재목은 무슨 재목? 떡 줄 놈은 생각도 안 하는데 김칫국 먼저 마시네. 소실(小室)을 얻었단 말이여.

꼭두각시 아이고 영감, 이게 무슨 소리요. 이날껏 찾아다니면서 나중에 이런 험한 꼴을 보자고 영감을 찾았구려.

표 생원 잔말 말고 주는 거나 먹고 지내지.

꼭두각시 그러나저러나 적어도 큰마누라요, 커도 작은마누라니 인사나 시키오.

표 생원 여보게 돌모루집네 법은 법대로 하세.

돌모루집 무얼 말이오?

표 생원 큰 부인한테 인사나 하게.

돌모루집 멀지 않은 좌석(座席)에서 들어도 알겠소. 내가 적어도 용산 삼개 돌모루집이라면 장안이 다 아는 터인데, 유명한 표 생원이기로 가문을 보고 살기어든 날더러 작은집이라 업신여겨 큰 부인에게 인사를 하여라, 절을 하여라 하니 잣골 내시 댁 문 앞인가 절은 웬 절이여? 인사도 싫고 나는 갈 터이니 큰마누라하고 잘 사소. (돌아선다.)

표 생원 돌모루집네 여즉 살던 정리(情理)로 그럴 수가 있나. 오뉴월 불도 쬐다 물러나면 서운하다네. 마음을 돌려 인사하게.

돌모루집 그러면 인사해 볼까요? (아무 말 없이 화가 나서 꼭두각시한테 머리를 딱 들이받으며) 인사 받우.

꼭두각시 (놀라며) 이게 웬일이여? 여보 영감 이게 웬일이오. 시속 인사(時俗人事)는 이러하오? 인사 두 번만 받으면 내 머리는 간다봐라 하겠구나. 인사도 싫으니 세간을 나눠 주오.

표 생원 괘씸스런 계집들은 불 같은 욕심은 있구나. 나의 집은 해남 관머리요, 몸 지체는 한양 성중인데 무슨 세간 무슨 재물을 나눠 주니? 짚은 몽둥이로 한번 치면 다 죽으리라.

〈중략〉

표 생원 네, 구장이십니까. 판결 좀 하여 주시오. 제가 해남 사는 표 생원으로 부부 이별하고 그간 소실을 얻어 이곳에 왔다가 저기 선 저 화상(꼭두각시를 가리키며)은 나의 큰마누라인데 작은집으로 감정을 내어 세간을 나눠 달라 하오니 백계무책(百計無策)이오. 어찌할는지요.

박 첨지 그러면 세 분이 다 객지(客地)오?

표 생원 여기는 객지나 다름없습니다.

박 첨지 재산이 있으면 나눠 줄 마음이오?

표 생원 다시 이를 말씀이오.

박이 한참 생각한다.

박 첨지 내가 일동(一洞) 구장으로 잘 처리하겠으니 염려 마우.

(창) 돌모루집은 왕십리에 구실 은(銀) 두 되 하는 논 네 마지기를 주고,

꼭두각시는 남산 봉우제 재실 재답 구실 닷 마지기 고초밭 하루갈이 주고,

용산 삼개 들어오는 뗏목(筏木)은 모두 다 묶어다가 돌모루집 가져가고,

꼭두각시 널랑은 명년(明年) 장마에 떠밀리는 나무뿌리는 너 다 갖고

은장 봉장, 자개 함롱, 반닫이는, 글랑 모두 돌모루집 주고

뒤꼍에 돌아가 개똥밭 하루갈이와 매운 잿독 깨진 걸랑 꼭두각시 너 다 가져라.

꼭두각시 (창) 허허 나는 가네. 나 돌아가네. 덜덜거리고 그 돌아가네. (춤추며 나간다.)

◆ 등장 인물

- 표 생원 : 남성 중심의 가부장적 사고를 지닌 인물로, 자신의 축첩 행위를 정당화하고 본처에게 횡포를 부리는 인물
- 꼭두각시 : 표 생원의 행동을 원망하면서도 현실에 순응하는 인물
- 돌모루집 : 표 생원의 첩으로 기존의 봉건적 질서를 거부하면서 본처에 대한 예우를 하지 않는 인물
- 박 첨지 : 재산 분배의 권한을 위임받은 인물로 분쟁을 객관적으로 해결하지 않고 돌모루집에게 일방적으로 유리한 판결을 하여 위선적인 모습을 보이는 인물

◆ 핵심정리

갈래	인형극 대본
성격	희극적, 풍자적
제재	처첩 간의 갈등
주제	가부장제의 모순에 대한 비판과 풍자
특징	- 전체 2마당 8막으로, 막과 막 사이에 줄거리의 연관성이 없음 - 무대 밖의 악사와 관객이 등장인물과 수시로 대화할 수 있음 - 사투리, 비속어, 언어유희를 활용한 해학적인 표현이 자주 나타남 - 현전하는 유일한 민속 인형극임

◆ 전체 구성

제1 마당 〈박 첨지 마당〉	
(1) 박 첨지 유람 거리	박 첨지가 팔도 강산을 유람하다가 남사당패 놀이판에 끼어든 이야기를 산받이와 나누면서 자기 소개를 한다.
(2) 피조리 거리	뒷절의 상좌들이 박 첨지의 질녀와 놀아나는 것을 보고 박 첨지가 노해서 자기 조카인 홍동지를 불러 중을 내쫓는 장으로, 파계승에 대한 풍자를 담고 있다.
(3) 꼭두각시 거리	박 첨지가 사돈 최영로의 집에 가서 새를 쫓으러 가는데, 사람이 나오는 족족 잡아먹는 용강 이심이에게 막 잡아먹힐 뻔하였을 때 홍동지가 구해 준다.
(4) 이심이 거리	눈을 감고 등장한 이유가 세상을 부정하기 때문이라고 하여 세상에 대한 풍자를 담고 있다.
제2마당 〈평안 감사 마당〉	
(5) 표 생원 거리	해남의 양반인 표 생원은 본 마누라와 첩 사이에서 낭패에 처하고 박 첨지는 표 생원을 돕는다는 핑계를 꼭두각시에게 불리하게 표 생원의 재산을 분배한다.
(6) 매사냥 거리	평안 감사가 새로 부임해 와서는 매사냥을 하겠다며 포수와 사냥하는 매를 대령하도록 한다.
(7) 상여 거리	평안 감사가 모친상을 당해 상여가 나가는데 상제는 오히려 좋아하며, 향두꾼으로 벌거벗은 홍동지가 불려와 상여를 맨다.
(8) 절 짓고 허는 거리	박 첨지가 나와 장례 후 명당에 적을 짓겠다고 알리며, 중 2명이 나와 조립식 법당을 짓고 다시 헐어 버린다.

병태 요정의 ADVICE

이 작품은 서양의 연극과는 달리, 막과 막 사이에 줄거리의 연관이 없이 각 막이 독자적인 내용을 가지는 것이 특색입니다. 또한 무대 밖의 악사나 관중이 무대 안의 인물들과 수시로 대화하는 방식을 취하여 거리감을 좁히며, 가면극과 마찬가지로 등장 인물 간에 대립과 갈등이 나타납니다.

교재에 수록된 부분은 모두 8막으로 구성된 인형극 가운데 제5막 '표 생원 거리'로 처첩 갈등이 중심 내용입니다. 이를 통해 표 생원으로 대표되는 가부장적 권위 의식을 지닌 사회 현실에 대한 비판 의식을 드러내고 있습니다.

무가 01 바리공주
— 작자 미상

칠공주 불러내어, 부모 소양 가려느냐?
국가에 은혜와 신세는 안 졌지만은 어마마마 배 안에 열 달 들어 있던 공으로 소녀 가오리다.

"거동 시위로 하여 주랴, 구수덩 싸덩을 주랴?"

"필마단기(匹馬單騎)로 가겠나이다."

사승포(四升布) 고의 적삼, 오승포(五升布) 두루마기 짓고 쌍상토 짜고, 세 패랭이 닷죽 무쇠 주랑〔鐵杖〕 짚으시고 은 지게에 금줄 걸어 메이시고 양전마마 수결(手決) 받아, 바지끈에 매이시고,

"여섯 형님이여, 삼천 궁녀들아 대왕 양 마마님께서 한날한시에 승하하실지라도 나 돌아올 때까지 기다려서 인산거동(因山擧動) 내지 마라."

양전마마께 하직하고, 여섯 형님께 하직하고 궐문 밖을 내달으니, 갈 바를 아지 못할너라.

우여! 슬프다, 선후망의 아모 망재 칠공주 뒤를 좇으면은 서방 정토 극락세계 후세발원(後世發願) 남자 되어 연화대(蓮花臺)로 가시는 날이로성이다. 〈중략〉

▶ 바리공주가 약수를 구하러 떠남

키는 하늘에 다은 듯하고 얼굴은 쟁반만하고, 눈은 등잔만하고 코는 줄병 매달린 것 같고 손은 소댕〔釜蓋〕만하고, 발은 석 자 세 치라.

하도 무서웁고 끔찍하여 물러나 삼배를 드리니 무상 신선 하는 말이,

"그대가 사람이뇨 귀신이뇨? 날짐승 길버러지도 못 들어오는 곳에 어떻게 들어왔으며 어데서 왔느뇨?"

"나는 국왕마마의 세자로서, 부모 봉양 왔나이다."

"부모 봉양 왔으면은, 물값 가지고 왔소? 나무값 가지고 왔소?"

"총망 길에 잊었나이다."

"물 삼 년 길어 주소. 불 삼 년 때어 주소. 나무 삼 년 베어 주소."

석 삼 년 아홉 해를 살고 나니, 무상 신선 하는 말이,

"그대가 앞으로 보면, 여자의 몸이 되어 보이고 뒤로 보면 국왕의 몸이 되어 보이니 그대하고 나하고 백년가약을 맺어 일곱 아들 산전 받아 주고 가면 어떠하뇨?"

"그도 부모 봉양할 수 있다면은 그리하성이다."

천지(天地)로 장막(帳幕)을 삼고, 등칙으로 베개 삼고 잔디로 요를 삼고, 떼구름으로 차일을 삼고 샛별로 등촉(燈燭)을 삼어, 초경(初更)에 허락하고 이경(二更)에 머무시고, 삼경(三更)에 사경 오경에 근연 맺고, 일곱 아들 산전 받아 준 연후에, 아기 하는 말씀이

"아무리 부부 정(情)도 중하거니와 부모 소양 늦어 가네. 초경에 꿈을 꾸니, 은바리가 깨어져 보입디다. 이경에 꿈을 꾸니, 은수저가 부러져 보입디다. 양전마마 한날한시에 승하하옵신 게 분명하오. 부모 봉양 늦어가오."

"그대 깃던 물 약려수이니 금장군에 지고 가오. 그대 베던 나무는 살살이 뼈살이니 가지고 가오."

▶ 무상 신선의 요구를 들어주고 약을 얻음

◆ 핵심정리

갈래	구비 서사시, 무조(巫祖) 신화, 서사 무가
성격	신화적, 서사적, 무속적, 교훈적
주제	바리공주의 고난 극복과 희생을 통한 구원의 성취
특징	- 죽은 사람의 소원이나 원혼을 풀어 주고 극락 천도를 기원하는 오구굿에서 가창됨 - 죽음을 관장(管掌)하는 무조신(巫祖神)의 유래를 밝힌 본풀이임 - 한국 서사 문학의 전형 가운데 하나인 영웅 서사 구조를 지님

◆ 영웅 서사 구조

고귀한 혈통	공주의 신분으로 태어남
비정상적 출생	신령님께 치성을 드린 결과로 태어남
어려서 버려짐	딸이라는 이유로 산에 버려짐 → 남아 선호 사상에 따른 여성의 수난
조력자의 도움	석가세존의 도움으로 무사히 지냄
비범한 능력	지팡이를 한 번 휘둘러 짚으면 천리를 감
고난	약려수를 구하기 위해 이승과 저승을 오감 → 바리공주의 효심과 희생
고난의 극복	어려움을 극복하고 약수를 구함 약려수로 부모를 회생시킴 → 바리공주의 영웅적 면모와 주술적 능력
영웅이 됨	죽은 영혼을 천도하는 무조신의 자리에 오름

◆ 바리공주의 상징성

희생	일곱 번째 딸이라는 이유로 버림받는 부당한 희생 부모를 위해 자신을 희생하며 숱한 시련을 감내함
	→ 당대 여성들의 수난을 상징
구원	비참한 운명을 극복하고 죽은 부모를 회생시킴 저승에 안착하지 못하는 영혼을 천도함
	→ 당대 여성들의 정체성 발견과 소망

작품의 줄거리

불라국의 오구 대왕과 길대 부인은 딸만 여섯을 낳고 살던 중, 신령님께 치성을 드려 아이를 잉태하지만 또 딸을 낳는다. 대왕은 실망하여 아이를 내다 버리라고 명하고, 길대 부인은 아이의 이름을 '바리데기'라고 짓고 산에 갖다 버린다. 세월이 흐른 뒤, 오구 대왕과 길대 부인이 큰 병에 걸려 죽을 지경에 이르고, 병을 고치기 위해서 서천 서역국에 있는 약려수가 필요하게 된다. 그때 부인이 꿈에서 계시를 받고 산으로 가서 바리공주를 찾고, 석가세존의 도움으로 무사히 지내고 있던 바리공주는 약려수를 구하러 길을 떠난다. 바리공주는 우여곡절 끝에 서천 서역국에 당도하고, 9년간 노동을 해야 약려수를 준다는 무상 신선을 위해 9년 동안 일한다. 또 무상 신선의 자식도 낳아 달라는 요구까지 들어주고 비로소 약려수를 얻는다. 약려수를 구해 돌아오는 길목에서 바리공주는 왕과 왕비의 상여를 만나고, 바리공주가 죽은 왕과 왕비의 입에 약수를 흘려 넣자 왕과 왕비는 다시 살아난다. 바리공주는 그 공적으로 죽은 사람을 저승으로 인도하는 오구신이 되고 남편인 무상 신선과 아들들도 각각 신이 된다.

4 현대 시

01 낯선 현대 시 쉽게 접근하기

※ 내재적 접근

▣ 시어 중 서술어(Predicate)에 초점을 두어야 한다.
▣ 서술어(Predicate)를 통해 시적 화자의 감정(정서) 또는 시적 화자의 소망/의지(태도)를 파악해야 한다.

1) 시적 화자의 감정(정서) 파악하기	2) 시적 화자의 소망(태도) 파악하기
① 가마귀 가왁가왁 울며 새었소. (김소월 '길') ▶ 울며 새었소 : 운다 (슬픔/비애) ▶ 유랑의 슬픔 (비애)	① 파랑새 되리 (한하운 '파랑새') ▶ 파랑새가 되고픈 소망 ▶ 파랑새 (자유) ▶ 자유로운 삶의 소망
② 제 피에 취한 새가 귀촉도 운다. (서정주 '귀촉도') ▶ 운다 (슬픔/비애) ▶ 님을 잃은 슬픔(비애)	② 산호도 섬도 없는 저 하늘로 나를 올려다오 (서정주 '추천사') ▶ 하늘로 올라가고픈 소망 ▶ 하늘(신분적 제약이 없는 이상 세계) ▶ 이상 세계에의 동경
③ 사슴의 무리도 슬피운다. (김소월 '초혼') ▶ 슬피운다 (슬픔/비애) ▶ 님을 잃은 슬픔 (비애)	③ 제비떼 까맣게 날아오길 기다리나니 (이육사 '꽃') ▶ 제비떼 까맣게 날아오길 기다리는 소망 ▶ 제비떼 (봄날→광복) 기다리는 소망 ▶ 광복에의 소망
④ 울어 보렴 울어 보렴 목놓아 울어 보렴 오랑캐꽃 (이용악 '오랑캐꽃') ▶ 울어 보렴 (슬픔/비애) ▶ 망국의 슬픔 (비애)	④ 시대처럼 올 아침을 기다리는 최후의 나 (윤동주 '쉽게 씌어진 시') ▶ 아침을 기다리는 소망 ▶ 아침(광복)을 기다리는 소망
⑤ 삼각산이 일어나 더덩실 춤이라도 추고 (심훈 '그날이 오면') ▶ 더덩실 춤이라도 추고 ▶ 기쁨 ▶ 광복의 기쁨	⑤ 밤새도록 쌓인 가슴의 가래라도 마음껏 뱉자 (김수영 '눈') ▶ 가래를 마음껏 뱉고픈 소망 ▶ 가래 (속물성, 비굴함, 소시민성)을 뱉고픈 소망
⑥ 인적 끊긴 곳 홀로 앉은 가을산의 어스름 (박두진 '도봉') ▶ 홀로 앉은 ▶ 외로움 (고독)	⑥ 그 어느 언덕 꽃덤불에 아늑히 안겨보리라 (신석정 '꽃덤불') ▶ 꽃덤불에 안기고픈 소망 ▶ 꽃덤불 (완전한 조국 광복)에 안기고픈 소망 ▶ 완전한 조국 광복에의 소망
⑦ 내 호올로 어딜 가라는 슬픈 신호냐 (김광균 '와사등') ▶ 내 호올로 어딜 가라 ▶ 외로움 (고독)	⑦ 종로의 인경을 머리로 들이받아 울리오리다. (심훈 '그날이 오면') ▶ 종로의 인경을 울리고 싶은 소망 ▶ 종로의 인경(광복의 종소리)을 울리고 싶은 소망 ▶ 광복에의 소망
⑧ 이 비 그치면 내 마음 강나루 긴 언덕에 서러운 풀빛이 짙어 오것다. (이수복, '봄비')	⑧ 언제나 내 더럽히지 않을 티없는 꽃잎으로 살아 여러 했건만 (신석초 '바라춤') ▶ 꽃잎으로 살고 싶은 소망 ▶ 순수하게 살고 싶은 소망

3) 자연물(구체적 사물) 함축적 의미 파악하기

A. 바람	B. 구름
① 젖지 않고 피는 꽃이 어디 있으랴. 이 세상 그 어떤 빛나는 꽃들도 다 젖으며 젖으며 피었나니 바람과 비에 젖으며 꽃잎 따뜻하게 피웠나니 젖지 않고 가는 삶이 어디 있으랴. (도종환 '흔들리며 피는 꽃')	① 남으로 창을 내겠소. 밭이 한참 갈이 괭이로 파고 호미론 김을 매지요. 구름이 꼬인다 갈 리 있소. (김상용 '남으로 창을 내겠소')
② 어디 뻘밭 구석이거나 썩은 물 웅덩이 같은 데를 기웃거리다가 한눈 좀 팔고 싸움도 한 판 하고, 지쳐 나자빠져 있다가 다급한 사연 듣고 달려간 바람이 흔들어 깨우면 눈 부비며 너는 더디게 온다. (이성부 '봄')	② 천 길 땅 밑을 검은 물로 흐르거나 도솔천(兜率天)의 하늘을 구름으로 날더라도 그건 결국 도련님 곁 아니어요? 더구나 그 구름이 소나기 되어 퍼부을 때 춘향은 틀림없이 거기 있을 거에요! (서정주 '춘향유문')
③ 벼는 가을 하늘에도 서러운 눈 씻어 맑게 다스릴 줄 알고 바람 한 점에도 제 몸의 노여움을 덮는다. 저의 가슴도 더운 줄을 안다. (이성부 '벼')	③ 산새도 날아와 우짖지 않고, 구름도 떠 가곤 오지 않는다. 인적 끊인 곳 홀로 앉은 가을 산의 어스름. (박두진 '도봉')
④ 나는 바람을 타고 들에서는 푸름이 된다. 꽃에서는 웃음이 되고 천상에서는 악기가 된다. (박남수 '종소리')	

C. 등불	D. 꽃
① 차단─한 등불이 하나 비인 하늘에 걸리어 있다. 내 호올로 어딜 가라는 슬픈 신호냐. (김광균 '와사등')	① 흔들리지 않고 피는 꽃이 어디 있으랴. 이 세상 그 어떤 아름다운 꽃들도 다 흔들리면서 피었나니 흔들리면서 줄기를 곧게 세웠나니 흔들리지 않고 가는 사랑이 어디 있으랴. (도종환 '흔들리며 피는 꽃')
② 등불을 밝혀 어둠을 조금 내몰고, 시대(時代)처럼 올 아침을 기다리는 최후(最後)의 나. (윤동주 '쉽게 씌여진 시')	② 아름다운 나무의 꽃이 시듦을 보시고 열매를 맺게 하신 당신은 (김현승, '눈물')
③ 타고 남은 재가 다시 기름이 됩니다. 그칠 줄을 모르고 타는 나의 가슴은 누구의 밤을 지키는 약한 등불입니까? (한용운 '알 수 없어요')	③ 내가 그의 이름을 불러 주었을 때 그는 나에게로 와서 꽃이 되었다. (김춘수 '꽃')
	④ 언제나 내 더럽히지 않을 티없는 꽃잎으로 살어 여려 했건만 내 가슴의 그윽한 수풀 속에 솟아오르는 구슬픈 샘물을 어이할까나. (신석초 '바라춤')

4) 시적 화자 파악하기	
A. 겉으로 드러난 시적 화자 파악하기	B. 겉으로 드러나지 않은 시적 화자 파악하기
① 나는 무너지는 둑에 혼자 서 있었다. 기슭에는 채송화가 무더기로 피어서 생(生)의 감각(感覺)을 흔들어 주었다 (김광섭 '생의 감각')	① 어제도 하로 밤 나그네 집에 가마귀 가왁가왁 울며 새였소. 오늘은 또 몇 십 리 어디로 갈까. (김소월 '길')
② 나는 온 몸에 햇살을 받고 푸른 하늘 푸른 들이 맞붙은 곳으로, 가르마같은 논길을 따라 꿈 속을 가듯 걸어만 간다. (이상화 '빼앗긴 들에도 봄은 오는가')	② 향단(香丹)아 그넷줄을 밀어라. 머언 바다로 배를 내어 밀듯이, 향단아. (서정주 '추천사')
③ 나는 온몸에 풋내를 띠고, 푸른 웃음 푸른 설움이 어우러진 사이로, 다리를 절며 하루를 걷는다. 아마도 봄 신명이 지폈나 보다. (이상화 '빼앗긴 들에도 봄은 오는가')	③ 종소리도 들려오지 않는데 휘파람이나 불며 서성거리다가, (윤동주 '십자가')
④ 호오이 호오이 소리 높여 나는 누구도 없이 불러 보나. (박두진 '도봉')	④ 모가지를 드리우고 꽃처럼 피어나는 피를 어두워 가는 하늘 밑에 조용히 흘리겠습니다. (윤동주 '십자가')
⑤ 서(西)으로 가는 달같이는 나는 아무래도 갈 수가 없다. (서정주 '추천사')	
⑥ 나는 북관(北關)에 혼자 앓아 누워서 어느 아침 의원(醫員)을 뵈이었다. (백석 '고향')	
⑦ 나 두 야 간다. 나의 이 젊은 나이를 눈물로야 보낼 거냐. 나 두 야 가련다. (박용철 '떠나가는 배')	
⑧ 내 마음은 한 폭의 기(旗) 보는 이 없는 시공(時空)에 없는 것 모양 걸려 왔더니라. (김남조 '정념의 기')	
⑨ 여보소, 공중에 저 기러기 열 십자(十字) 복판에 내가 섰소. (김소월 '길')	

5) 시적 대상 파악하기

① 벼는 서로 어우러져
　기대고 산다.
　햇살 따가워질수록
　깊이 익어 스스로를 아끼고
　이웃들에게 저를 맡긴다.　　　　　(이성부 '벼')

② 기다리지 않아도 오고
　기다림마저 잃었을 때에도 너는 온다.　　(이성부, '봄')

③ 산아, 우뚝 솟은 푸른 산아. 철철철 흐르듯 짙푸른 산아. 숱한 나무들, 무성히 무성히 우거진 산마루에 금빛 기름진 햇살은 내려오고, 둥둥 산을 넘어, 흰구름 건넌 자리 씻기는 하늘, 사슴도 안 오고, 바람도 안 불고, 너멋 골 골짜기서 울어 오는 뻐꾸기……　　(박두진 '청산도')

④ 풀이 눕는다.
　비를 몰아오는 동풍에 나부껴
　풀은 눕고
　드디어 울었다.
　날이 흐려져 더 울다가
　다시 누웠다.　　　　　　　　　(김수영 '풀')

⑤ 눈은 살아 있다.
　떨어진 눈은 살아 있다.
　마당 위에 떨어진 눈은 살아 있다.　(김수영 '눈')

⑥ 새벽 시내 버스는
　차창에 웬 찬란한 치장을 하고 달린다.
　엄동 혹한일수록
　선연히 피는 성에꽃
　어제 이 버스를 탔던
　처녀 총각 아이 어른
　미용사 외판원 파출부 실업자의
　입김과 숨결이
　간밤에 은밀히 만나 피워 낸
　번뜩이는 기막힌 아름다움
　나는 무슨 전람회에 온 듯
　자리를 옮겨 다니며 보고
　다시 꽃이파리 하나, 섬세하고도
　차가운 아름다움에 취한다.
　어느 누구의 막막한 한숨이던가
　어떤 더운 가슴이 토해낸 정열의 숨결이던가
　　　　　　　　　　　　　(최두석 '성에꽃')

⑦ 무너진 성터 아래 오랜 세월을 풍설(風雪)에 깎여 온 바위가 있다.
　아득히 손짓하며 구름이 떠 가는 언덕에 말없이 올라서서
　한 줄기 바람에 조촐히 씻기우는 풀잎을 바라보며
　나의 몸가짐도 또한 실오리 같은 바람결에 흔들리노라.
　아 우리들 태초의 생명의 아름다운 분신으로 여기 태어나,
　고달픈 얼굴 마주 대고 나직이 웃으며 얘기하노니
　때의 흐름이 조용히 물결치는 곳에 그윽이 피어오르는 한 떨기 영혼이여.
　　　　　　　　　　　　　(조지훈 '풀잎단장')

⑧ 나는 이제 너에게도 슬픔을 주겠다.
　사랑보다 소중한 슬픔을 주겠다.
　겨울 밤 거리에서 귤 몇 개 놓고
　살아온 추위와 떨고 있는 할머니에게
　귤값을 깎으면서 기뻐하던 너를 위하여
　나는 슬픔의 평등한 얼굴을 보여 주겠다.
　내가 어둠 속에서 너를 부를 때
　단 한 번도 평등하게 웃어 주질 않은
　가마니에 덮인 동사자가 다시 얼어 죽을 때
　가마니 한 장조차 덮어 주지 않는
　무관심한 너의 사랑을 위해
　나는 이제 너에게도 기다림을 주겠다.
　이 세상에 내리던 함박눈을 멈추겠다.
　보리밭에 내리던 봄눈들을 데리고
　추위 떠는 사람들의 슬픔에게 다녀와서
　눈 그친 눈길을 너와 함께 걷겠다.
　슬픔의 힘에 대한 이야기를 하며
　기다림의 슬픔까지 걸어가겠다.
　　　　　　　　　　　(정호승 '슬픔이 기쁨에게')

02 현대 시의 주제별 유형

1. 현실 인식/대응

A. 일제 강점하 조국 광복 염원
1) 윤동주 : 서시(序詩), 별헤는 밤, 참회록, 쉽게 쓰여진 시, 또 다른 고향, 간(肝), 십자가
2) 이육사 : 절정(絶頂), 광야(廣野), 교목(喬木), 꽃
3) 김소월 : 바라건대 우리에게 보습 대일 땅이 있었더면
4) 신석정 : 꽃덤불, 들길에 서서, 슬픈 구도(構圖)
5) 한용운 : 알수 없어요, 님의 침묵, 나룻배와 행인, 당신을 보았습니다.
6) 조지훈 : 봉황수(鳳凰愁)[망국의 슬픔: 맥수지탄(麥秀之嘆)] ⇒ 정서 표현에 중점
7) 심훈 : 그날이 오면
8) 이상화 : 빼앗긴 들에도 봄은 오는가

B. 독재정권하
1) 김수영 : 풀, 눈, 폭포, 사령(死靈)
2) 신동엽 : 껍데기는 가라, 봄은
3) 김지하 : 타는 목마름으로
4) 이성부 : 벼, 봄
5) 박남수 : 종소리

※ 자기 희생의 이미지
1) 이육사 : 광야
2) 심훈 : 그날이 오면
3) 윤동주 : 십자가/쉽게 쓰여진 시
4) 한용운 : 나룻배와 행인 / 알 수 없어요

2. 죽음-슬픔

- 절제 -
1) 정지용 : 유리창
2) 김광균 : 은수저
3) 박목월 : 하관(下棺)
4) 월명사 : 제망매가(祭亡妹歌)
5) 김현승 : 눈물

- 표출 -
1) 서정주 : 귀촉도(歸蜀道)
2) 박목월 : 이별가
3) 김소월 : 초혼(招魂)

3. 존재 본질 탐구
1) 김춘수 : 꽃을 위한 서시, 꽃(의미있는 존재에의 소망)
2) 신동집 : 오렌지

4. 문명 비판
1) 김광섭 : 성북동 비둘기
2) 박남수 : 새
3) 정한모 : 가을에, 나비의 여행

5. 자아 성찰
1) 윤동주 : 자화상(自畵像), 참회록(懺悔錄), 쉽게 쓰여진 시, 서시(序詩), 또 다른 고향
2) 서정주 : 자화상(自畵像)
3) 이상 : 거울
4) 유치환 : 바위

6. 이상 세계 염원/좌절
1) 유치환 : 깃발
2) 서정주 : 추천사(鞦韆詞)

7. 이미지즘
1) 김광균 : 추일서정(秋日抒情), 와사등(瓦斯燈), 외인촌(外人村), 데생, 설야(雪夜)
2) 전봉건 : 피아노
3) 장만영 : 달·포도·잎사귀
4) 김기림 : 바다와 나비
5) 박남수 : 아침이미지
6) 정훈 : 동백(冬柏)

8. 사실주의 - 일제 식민지하
1) 백석 : 여우난 곬족, 여승(女僧), 고향(故鄕)
2) 이용악 : 낡은집, 오랑캐꽃

9. 삶의 현장성/사실성 - 60, 70년대 산업화/근대화
1) 신경림 : 목계 장터, 농무(農舞)
2) 정희성 : 저문 강에 삽을 씻고

10. 분단 조국 통일 염원

1) 구상 : 초토의 시
2) 박봉우 : 휴전선
3) 박두진 : 강
4) 신동엽 : 봄은, 껍데기는 가라

11. 과거 회상

1) 박재삼 : 추억에서
2) 김종길 : 성탄제

12. 불교 계열

1) 신석초 : 바라춤
2) 허영자 : 자수
3) 조지훈 : 승무

13. 기독교 계열

1) 김남조 : 설일, 겨울바다
2) 김현승 : 눈물, 가을의 기도

14. 가난

1) 서정주 : 무등을 보며
2) 김종길 : 설날 아침에
3) 박재삼 : 흥부 부부상

03 주요 작품

1 사평역에서
— 곽재구

막차는 좀처럼 오지 않았다.
대합실 밖에는 밤새 송이눈이 쌓이고
흰 보라 수수꽃 눈시린 유리창마다
톱밥난로가 지펴지고 있었다.
①그믐처럼 몇은 졸고
몇은 감기에 쿨럭이고
②그리웠던 순간들을 생각하며 나는
한 줌의 톱밥을 불빛 속에 던져 주었다.
내면 깊숙이 한 말들은 가득해도
청색의 손바닥을 불빛 속에 적셔 두고
모두들 아무 말도 하지 않았다.
산다는 것이 때론 술에 취한 듯
한 두름의 굴비 한 광주리의 사과를
만지작거리며 귀향하는 기분으로
③침묵해야 한다는 것을
모두들 알고 있었다.
오래 앓은 기침 소리와
쓴 약 같은 입술 담배 연기 속에서
싸륵싸륵 눈꽃은 쌓이고
그래 지금은 모두들
④눈꽃의 화음에 귀를 적신다.
자정 넘으면
⑤낯설음도 뼈아픔도 다 설원인데
⑥단풍잎 같은 몇 잎의 차창을 달고
밤 열차는 또 어디로 흘러가는지
그리웠던 순간들을 호명하며 나는
한 줌의 눈물을 불빛 속에 던져 주었다.

- 주제: 막차를 기다리는 사람들의 삶의 애환
- 특징: • 차가움과 따뜻함의 이미지 대조를 통해 시적 대상을 표현함.
  • 간결하고 절제된 어조로 표현함.

◆ 국왕노트

1. 시적 화자는?
   → 나(사평역 대합실 안을 바라보는 사람)
2. 시적 상황은?
   → '나'는 사평역 대합실에서 막차를 기다리며 주위 사람들을 보고 있다.
3. 사람들의 모습은?
   → 몇몇은 졸고, 감기에 쿨럭이고, 청색의 손바닥을 불에 쬐이며 침묵하고, 낯설음과 뼈아픔을 느끼고 있다.
4. 3을 통해 알 수 있는 '사람들'의 삶은?
   → 어렵고 고달프다.
5. '사람들'의 삶을 위로하는 것은?
   → 톱밥난로, 눈

◆ 시구풀이

① 그믐처럼 몇은 졸고: 막차를 기다리며 졸고 있는 사람들의 모습을 소멸하는 그믐달의 이미지로 묘사하고 있다.

② 그리웠던 순간들을~던져 주었다.: 현재의 외롭고 쓸쓸한 화자가 과거를 회상하며 톱밥을 난로 속에 던지는 장면으로, 여기서 '그리웠던 순간들'은 밝고 따뜻했던 시절임이 암시되고 있다.

③ 침묵해야 한다는 것을 / 모두들 알고 있었다.: 고단한 삶에 지친 사람들이 말없이 서 있는 모습을 표현한 것이다.

④ 눈꽃의 화음에 귀를 적신다.: 눈 내리는 창밖의 풍경을 청각적인 심상으로 표현하고 있다.

⑤ 낯설음도 뼈아픔도 다 설원인데: 현재의 고단한 삶의 무게도 내일이면 모두 그리운 추억이 된다는 의미이다.

⑥ 단풍잎 같은 몇 잎의 차창을 달고: 스쳐 지나가는 급행 열차의 창문을 마치 단풍잎이 매달린 채 흩날리는 모습으로 표현하고 있다.

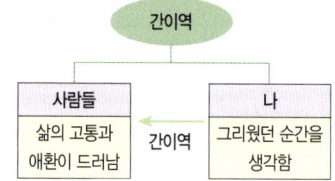

시상의 전개

1~8행	9~16행	17~27행
그믐처럼 몇은 졸고 몇은 감기에 쿨럭이고	청색의 손바닥, 아무 말도 하지 않았다.	한 줌의 눈물을 불빛 속에 던져 주었다.
대합실의 사람들	애환과 고달픔을 간직한 사람들	사람들을 위로하는 눈꽃과 톱밥난로

이해와 감상

이 시는 오지 않는 막차를 기다리는 쓸쓸한 기차역 대합실의 정경을 통해서, 설을 맞아 고향으로 돌아가는 가난한 사람들의 고단한 삶과 추억, 아픔을 함축적으로 나타내고 있다.
이 시의 화자와 등장 인물들은 한결같이 가난하고 소외된 자들이다. 화자는 밤늦게 막차를 기다리며 겨울 추위에 떨고 있는 모습에서 삶의 고단함에 지친 군상들을 발견하게 된다. 피곤에 지쳐 조는 모습, 감기에 걸려 쿨럭거리는 모습, 침묵하는 모습들에서 삶의 무게가 얼마나 무겁고, 산다는 것이 얼마나 고통스러운 것인가를 깊은 응시 속에서 통찰하게 된다.

시는 전체적으로 우울하고 쓸쓸한 분위기를 형성하고 있다. 이는 7·8행의 '그리웠던 순간들을 생각하며 나는 / 한 줌의 톱밥을 불빛 속에 던져 주었다.'라는 서정적 표현에 의해 뚜렷이 드러난다. 이 표현은 사실 시 전체의 분위기의 주춧돌이라 볼 수 있는데, 마지막에는 약간 변주되어 '그리웠던 순간들을 호명하며 나는 / 한 줌의 눈물을 불빛 속에 던져 주었다.'에서 한 번 더 나타나며, 여기서 가난하고 소외된 사람들에 대한 화자의 따뜻한 시선을 느낄 수 있다.

2 은행나무
― 곽재구

①너의 노오란 우산깃 아래 서 있으면
 아름다움이 세상을 덮으리라던
 늙은 러시아 문호의 눈망울이 생각난다.
②맑은 바람결에 너는 짐짓
 네 빛나는 눈썹 두어 개를 떨구기도 하고
 누군가 깊게 사랑해 온 사람들을 위해
 보도 위에 아름다운 연서를 쓰기도 한다.
③신비로와라 잎사귀마다 적힌
 누군가의 옛 추억들 읽어 가고 있노라면
 사랑은 우리들의 가슴마저 금빛 추억의 물이 들게 한다.
④아무도 이 거리에서 다시 절망을 노래할 수 없다.
 벗은 가지 위 위태하게 곡예를 하는 도롱이집 몇 개
 때로는 세상을 잘못 읽은 누군가가
 자기 몫의 도롱이집을 가지 끝에 걸고
 다시 이 땅 위에 불법으로 들어선다 해도
⑤수천만 황인족의 얼굴 같은 너의
 노오란 우산깃 아래 서 있으면
 희망 또한 불타는 형상으로 우리 가슴에 적힐 것이다.

■ 주제 : 은행나무의 아름다움을 예찬
■ 특징 : 참신한 비유와 상징을 통해 대상의 아름다움을 표현하고 있다.

◆ 국왕노트

1. 시적 화자는?
 → 나(드러나 있지 않다.)
2. 시적 대상은?
 → 은행나무
3. 시적 상황은?
 → 노랗게 물든 은행나무 아래에서 길가에 떨어지는 은행잎을 보고 있다.
4. '나'가 은행잎을 통해 바라는 세상의 나의 모습은?
 → 아름다움이 세상을 덮으리라. 희망 또한 불타는 형상으로 우리 가슴에 적힐 것이다.
5. 4를 통해 알 수 있는 '나'의 바람은?
 → 희망

◆ 시구풀이

① 너의 노오란 ~ 눈망울이 생각난다. : 시적 화자는 '은행나무'에게 말을 건네고 있다. '노오란 우산깃' 같은 은행잎 아래에 서 있는 시적 화자는 그 아름다움에 취해서, 그 어떤 추악함도 아름다움 앞에 굴복한다고 했던 톨스토이를 생각하고 있다.

② 맑은 바람결에 ~ 쓰기도 한다 : 맑은 바람결에 흩날려 보도 위에 한 잎 두 잎 떨어지는 잎을 시적 화자는 사랑하는 이들을 위해 쓴 연서에 비유하여 은행나무의 아름다움을 표현하고 있다.

③ 신비로와라 잎사귀마다 ~ 들게 한다. : 사랑하는 이에게 쓴 연서처럼 느껴지는 은행잎을 보며, 그 안에 담긴 우리들 가슴에 잊힌 고운 추억을 떠올리다보면 저마다 간직하고 있던 빛나는 금빛 추억으로 따뜻함을 느끼게 된다고 시적 화자는 말하고 있다.

④ 아무도 이 ~ 들어선다 해도 : 세상의 흐름을 잘못 이해한 어떤 이의 잘못된 마음이 비집고 들어선다 해도 아무도 이렇게 아름다운 거리에서는 절망을 노래할 수 없을 것이라고 한다. 다시는 절망의 시대를 맞고 싶지 않다는 시적 화자의 바람이 담겨 있다.

⑤ 수천만 황인족의 ~ 적힐 것이다. : 표면적으로 '수천만 황인족의 얼굴 같은 너의 / 노오란 우산깃'이 가리키는 것은 '은행나무'이지만, 그 의미를 좀 더 확대하면 '우리 민족'으로 이해할 수 있다. 즉, 시적 화자는 우리 민족의 가슴 속에 은행나무 같은 희망이 간직되기를 기원하고 있다.

시상의 전개

1~3행(과거)	4~10행(현재)	11~18행(미래)
아름다움이 세상을 덮으리라	아름다운 연서, 금빛 추억	희망 또한 불타는 형상으로 우리 가슴에 적힐 것이다.
은행나무의 아름다움에 취함	은행잎이 전하는 아름다움	희망 가득한 은행나무

이해와 감상

'은행나무'라는 객관적 상관물을 소재로 삼아 인간의 삶을 형상화한 작품이다. 의인법을 비롯해 다양한 비유와 상징을 활용하여 은행나무의 풍모를 그려내고 있다. 화자는 부정적인 현실로 인해 절망에 빠진 상황에서 은행나무를 통해 꿋꿋한 삶의 태도를 배우고 있다.

3 ①초토의 시 1 － 구상

②하꼬방 유리 딱지에 애새끼들
얼굴이 불타는 해바라기 마냥 걸려 있다.

내리 쪼이던 햇발이 눈부시어 돌아선다.
나도 돌아선다.

울상이 된 ③그림자 나의 뒤를 따른다.
어느 접어든 골목에서 걸음을 멈춰라.

잿더미가 소복한 울타리에
개나리가 망울졌다.

저기 언덕을 내려 달리는
④소녀의 미소엔 앞니가 빠져
죄 하나도 없다.

나는 술 취한 듯 흥그러워진다.
그림자 웃으며 앞장을 선다.

- **주제** : 전쟁의 상흔의 극복(미래에 대한 희망)
- **구성** :
  - 1연 : 현재의 초토의 상황과 미래 희망
  - 2연 : 밝음의 희망마저 도래하지 않는 현실 인식
  - 3연~5연 : 어둠의 상황 속에서 기대하는 미래
  - 6연 : 어둠의 극복에 대한 믿음.
- **특징** :
  - 대조적 이미지로 전쟁의 비극성을 표현함.
  - '그림자'를 통해 화자의 심리 변화를 간접적으로 제시함.

◆ 국왕노트

1. 시적 화자는?
   → 나(피란민촌에 간 사람)
2. 시적 상황은?
   → 전쟁 후의 비극 속에서 개나리와 소녀의 미소를 보고 희망을 가짐
3. 시적 화자의 태도 변화는?
   → 절망감에서 미래에 대한 희망으로 변화
4. 시적 화자의 현실 인식 변화의 매개체는?
   → 개나리와 체니[少女]의 미소

◆ 시구풀이

① 초토 : 불에 타버린 땅
② 하꼬방 : 보잘것없는 조그만 판잣집
③ 그림자 : 시적 화자의 심리 상태를 간접적으로 제시하는 대상
④ 소녀의 미소 : 전쟁의 상흔과는 무관한 순진무구한 밝음의 이미지-민족의 미래에 대한 낙관적 인식

시상의 전개

| 전쟁의 비극적 상황에 대한 절망, 비애 | → 개나리와 체니의 미소를 통한 인식의 전환 → | 미래에 대한 희망 |

이해와 감상

이 작품은 6.25 전쟁의 민족적 비극의 체험을 바탕으로 노래한 작품이다. 전쟁 체험을 바탕으로 어둡고 밝은 명암의 이미지를 통해 주제를 형상화했다.

사전적인 의미로 '초토(焦土)'란 '까맣게 탄 흙이나 땅'을 말한다. 전쟁 후의 황폐화된 도시를 배경으로 하는 시적 상황이 집약되어 있는 말이다. 골목을 걷던 '나'는 '하꼬방'의 '유리딱지' 같은 창에서 '불타는 햇발', '잿더미가 소복한 울타리에' 망울진 '개나리', '죄 하나도 없는' 천진난만한 소녀의 앞니 빠진 '미소', 이런 것들 때문에 삶의 열렬한 욕망이 생기는 것이다. 따뜻한 인간애가 느껴지는 시이다.

연작시 각 편은 모두 독립된 한편의 시이지만, 15편 전체가 전쟁 체험을 바탕으로, 인간 내면의 윤리의식을 시적으로 형상화하고 있다.

4 와사등
― 김광균

①차단-한 등불이 하나 비인 하늘에 걸리어 있다.
②내 호올로 어딜 가라는 슬픈 신호냐.

긴- 여름 해 황망히 나래를 접고
늘어선 고층(高層), 창백한 묘석(墓石)같이 황혼에 젖어
③찬란한 야경(夜景) 무성한 잡초인 양 헝클어진 채
사념(思念) 벙어리 되어 입을 다물다.

④피부의 바깥에 스미는 어둠
낯설은 거리의 아우성 소리
까닭도 없이 눈물겹고나.

공허한 군중의 행렬에 섞이어
내 어디서 그리 무거운 비애를 지고 왔기에
길-게 늘인 그림자 이다지 어두워

내 어디로 어떻게 가라는 슬픈 신호기
차단-한 등불이 하나 비인 하늘에 걸리어 있다.

■ **주제**: 현대인의 고독감과 불안 의식
■ **특징**: • 시각적, 촉각적, 공감각적 이미지(1연/시각적, 2연/시각적, 3연/공감각적)
  • 비정한 현대 도시 문명 속에서 방향 의식을 상실한 지식인의 고독한 어조
  • 수미 상관식 구성

◆ **국왕노트**

1. 시적 화자는?
   → 나(방향을 상실한 현대인)
2. 시적 대상은?
   → 와사등(가스등)
3. '와사등'을 보는 '나'의 태도는?
   → 어둡고 우울하다.
4. 3과 같이 이해한 근거는?
   → 사념 벙어리 되어 입을 다물다.
   → 까닭도 없이 눈물겹구나
5. '나'가 우울한 이유는?
   → 묘석, 잡초로 비유된 황량하고 무질서한 도시 문명, 낯선 거리의 아우성 소리 때문에
6. 도시 문명에 대한 '나'의 태도는?
   → 비판적

◆ **시구풀이**

① **차단-한**: 김광균의 시에만 나오는 시어로, 차디차면서도 빛나는 뜻을 나타낸다. 이 시에서는 차가운 밤길에 아련히 비치는 등불의 정서를 시각적으로 표현하고 있다.

② **내 호올로 어딜 가라는 슬픈 신호냐**: 삭막한 도시 문명 속에서 방향을 상실한 현대인의 방황과 고독감을 나타내고 있다. 헤매고 있는 시적 자아에게 등불은 어떤 신호처럼 느껴지나 어떤 방향도 지시해 주지 못하기 때문에 슬픈 신호라고 표현한 것이다.

③ **찬란한 야경 무성한 잡초인 양 헝클어진 채**: 도시의 야경을 헝클어진 잡초의 모습으로 보고 있다. 이는 종말이 눈앞에 다가온 줄 모르고 저마다 아름다움을 뽐내는 도시 문명의 무질서한 모습을 비판한 것이다.

④ **피부의 바깥에 스미는 어둠**: 시각을 촉각으로 전이한 공감각적 표현으로 '어둠'의 안과 '어둠'의 바깥을 대립시켜, 제2연의 '바깥' 관점이 '안쪽'으로 옮겨짐을 나타낸다. '어둠'은 2연과 3연을 연결하는 고리이다. 따라서 제2연의 종말감과 문명 비판의 관점도 3연에 그대로 연결된다.

시상의 전개

1연	2연	3연	4연	5연
내 호올로 어딜 가라는 슬픈 신호냐	묘석, 잡초 같은 도시 문명 벙어리 된 사념	어둠, 거리의 아우성 소리	군중의 행렬, 무거운 비애 길게 늘인 그림자	슬픈 신호기
현대인들의 방향 감각 상실	현대인들이 방향 감각 상실의 이유	도시적인 삶 속에 느끼는 비애	도시적인 삶의 중압감의 비애	현대인들의 삶의 방향 감각 상실

이해와 감상

김광균의 대부분의 시가 그렇듯이 이 시도 시각적 심상을 사용하여 사람의 의식이나 소리까지도 모양으로 바꾸어 놓는 회화적 특성을 드러낸다. "와사등(瓦斯燈)"은 아무것도 믿고 의지할 수 없는 1930년대 일제 강점기의 어두운 현실 속에서 어디론가 떠나가야만 하는 현대인의 고독과 슬픔의 신호라고 말할 수 있다. 이러한 떠남의 심상에는 도시적 상황 속에서의 현대인의 불안 의식이 나타나 있다.

1연에서는 물질문명 속에서 현대인의 갈 곳 모르는 슬픈 심정을 잘 그리고 있다.

2연에서는 현대인의 슬픈 심정의 근거를 제시하였다. 다시 말하면, 개인적인 문제의 한계를 벗어나 시대적 상황으로 확대된 것이다. 특히, 2연에서 파악되는 여러 가지 특성은 이 시가 모더니즘의 영향을 받았다는 증거가 되기도 한다.

3연에서는 2연에서의 어둠의 정서를 이어받으면서 다시 개인의 문제로 축소되고 있다. '피부의 바깥에 스미는 어둠'은 시각을 촉각으로 전이시킨 공감각적 심상이다.

4연에서는 현대 문명으로 인한 종말 의식을 갖고 살면서 느끼는 중압감, 그리고 존재로서의 실체를 상실해 버린 슬픔을 나타내고 있다.

5연은 1연의 반복이다. 다만 행의 배열만 바꾸어 놓고 있다. 이것은 등불의 이미지를 선명히 하려는 배려이며, 결국 현대인의 고독감과 비애를 실감나게 하는 효과가 있다.

5 생의 감각 — 김광섭

①여명(黎明)의 종이 울린다.
새벽별이 반짝이고 사람들이 같이 산다.
닭이 운다, 개가 짖는다.
오는 사람이 있고 가는 사람이 있다.

②오는 사람이 내게로 오고
가는 사람이 다 내게서 간다.

③아픔에 하늘이 무너졌다.
④깨진 하늘이 아물 때에도
가슴에 뼈가 서지 못해서
푸른 빛은 장마에
넘쳐 흐르는 흐린 강물 위에 떠서 황야에 갔다.

⑤나는 무너지는 둑에 혼자 섰다.
기슭에는 채송화가 무더기로 피어서
생(生)의 감각(感覺)을 흔들어 주었다.

- **주제**: 강인한 생명 소생의 의지
- **특징**:
  - 개인적인 체험을 통해 깨달은 생의 의미를 차분하게 노래하고 있다.
  - 청각적, 시각적 이미지를 통해 절망감에서 벗어난 상황을 감각적으로 묘사하고 있다.
  - 의식의 세계와 죽음의 그림자가 여러 사물을 통해 형상화됨.
  - 시간적으로 역전된 구성이 나타남.

◆ 국왕노트

1. 시적 화자는?
   → 나(투병 체험을 겪은 사람)
2. 시적 상황은?
   → '나'는 새벽에 별을 보며 종소리, 닭 우는 소리, 개 짖는 소리를 듣고 있다.
3. '나'의 과거 경험을 밝힌 시구는?
   → 아픔에 하늘이 무너졌다.
4. 외로운 투병 생활을 나타낸 시구는?
   → 무너지는 둑에 혼자 섰다.
5. 투병 생활을 하면서 '나'가 발견한 것은?
   → 채송화
6. '나'에게 '채송화'의 의미는?
   → 생의 감각을 흔들어 주었다.

◆ 시구풀이

① 여명의 종이 ~사람이 있다. : 시적 화자의 처지가 절망적인 상황에서 희망적인 상황으로 변해 가고 있음을 나타내고 있다. 시적 화자는 '반짝이는 새벽 별', '닭'의 울음 소리와 '개 짖는 소리' 등 일상적인 생활의 소리를 들으며, 사람들과 함께 생활하면 생의 감각을 느끼고 있다.

② 오는 사람이 ~ 내게서 간다. : '오는 사람'과 '가는 사람'은 시적 화자와 관계를 맺은 모든 사람을 말한다. 즉, 시적 화자는 사람들과 관계를 맺고 있음을 스스로 확인하고 있다. 이런 관계는 시적 화자에게 삶의 의미이다.

③ 아픔에 하늘이 무너졌다. : 시적 화자는 자신의 아픈 과거를 밝히고 이다. '아픔', '하늘'이 '무너졌다'라는 표현은 시적 화자가 갑작스런 발병으로 생명이 위태로웠던 상황에 처했었음을 비유적으로 나타낸 것이다.

④ 깨진 하늘이 ~ 황야에 갔다. : '푸른'과 '흐린'은 시적 화자의 마음 상태를 시각적 이미지로 표현한 것으로, 희망적인 상황, 또는 생명을 상징하는 '푸른 빛'이 '흐린 강물'로 흘러감을 통해 시적 화자가 체험한 극도의 절망감을 상징하는 것이다.

⑤ 나는 무너지는 ~ 흔들어 주었다. : '병마'로 인해 생의 감각을 잃고 절망에 빠진 시적 화자는 기슭에 핀 '채송화'를 보고, 강렬한 생명 의지를 느끼게 된다. 이러한 생명 의식은 인간 생명의 소중함을 깨달은 데에서 비롯되는 것이다.

시상의 전개

1연	2연	3연	4연
새벽별이 반짝이고 사람들이 같이 산다.	내게로 오고 내게로 간다.	아픔에 하늘이 무너졌다.	채송화가 무더기로 피어서 생의 감각을 흔들어 주었다.
절망적인 상황에서 다시 소생한 생명	세상의 의미에 대한 깨달음	절망적인 체험을 통해 깨달은 삶의 의미	극적인 소생과 삶의 의미 파악

이해와 감상

이 시는 1965년 고혈압으로 쓰러져 일주일 동안 사경을 헤매다 다시 소생한 체험을 구상화한 작품이다. 여기서 '생의 감각'이란, 생에 대한 자각인 '부활'을 의미한다. 그래서 이 시에는 인생론적인 면과 소생 과정의 극적인 면이 동시에 수용되고 있다. 고통과 절망으로 이어진 투병 체험 속에서 새롭게 발견하게 된 생명의 의미와 인간 존재의 소중함에 대한 인식을 서정적으로 형상화한 작품이다.

6 바다와 나비
― 김기림

①아무도 그에게 수심(水深)을 일러 준 일이 없기에
흰 나비는 도무지 바다가 무섭지 않다.

②청(靑)무우밭인가 해서 내려갔다가는
어린 날개가 물결에 절어서
공주(公主)처럼 지쳐서 돌아온다.

③삼월(三月)달 바다가 꽃이 피지 않아서 서글픈
나비 허리에 새파란 초생달이 시리다.

- **주제** : 낭만적 꿈의 좌절과 냉혹한 현실 인식
- **특징** : • 감정을 절제한 객관적인 태도
  • 시각적 심상 위주의 색채 대비

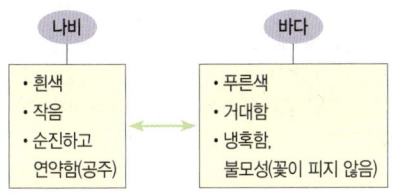

나비		바다

• 흰색
• 작음
• 순진하고
  연약함(공주)
	↔	• 푸른색
		• 거대함
		• 냉혹함,
		  불모성(꽃이 피지 않음)

◆ 국왕노트
1. 시적 대상은?
   → 나비
2. '나비'가 '바다'에 뛰어든 이유는?
   → 청무밭인 줄로 착각하고
3. 2의 '나비'의 결과는?
   → 물결에 절어서 지쳐서 돌아옴
4. '나비'에게 '바다'가 안겨 준 것은?
   → 시련, 좌절
5. '바다'를 만나 지친 '나비'에게 더 큰 냉혹함으로 다가온 대상은?
   → 초생달

◆ 시구풀이
① 아무도 그에게 수심(水深)을~도무지 바다가 무섭지 않다. : '나비(흰색)'와 '바다(푸른색)'를 통해 선명한 시각적 색채 대비를 이루고 있다. 여기서 '바다'는 냉혹한 현실을 의미한다.

② 청(靑)무우밭인가 해서~공주(公主)처럼 지쳐서 돌아온다. : '청(靑)무우밭'이 가진 생명성에 대비되는 바다의 불모성 내지 냉혹함을 나타낸 표현이다. '공주'는 세상 물정에 어두운 연약한 존재를 의미한다. 여기서 바다를 향해 뛰어드는 나비의 모습을 새로운 세계에 대한 동경을, 지쳐서 돌아오는 나비의 행위를 실의와 좌절에 빠져 있는 당시의 지식인의 시련을 나타낸 것으로 보기도 한다.

③ 삼월(三月)달 바다가~새파란 초생달이 시리다. : '흰 나비'와 '새파란 초생달'의 색채 대비를 통해 낭만적 꿈의 좌절과 냉혹한 현실에 대한 인식을 형상화하고 있는 표현이다.

시상의 전개

1연	2연	3연
도무지 바다가 무섭지 않았다.	어린 날개가 물결에 절어서	새파란 초생달이 시리다
나비의 모험	나비의 시련	나비의 좌절

이해와 감상
이 시는 새로운 세계에 대한 동경을 가졌던 시적 화자의 좌절과 냉혹한 현실 인식을, '바다'와 '나비'의 색채 대비를 통해 제시하고 있다.

1연에서는 바다의 무서움을 모른 채 바다가 다가가는 나비의 순진한 모습을 그리고 있다. 이 때 '바다'는 깊은 수심을 지닌 거대한 세계이고, 그 '바다'를 날고 있는 '나비'는 바다의 위험, 즉 수심의 깊이를 모르는 연약한 존재이다.

2연에서는 바다에 도달하지 못하고 지쳐 돌아오는 나비의 시련을 보여 준다. '어린 나비'는 '바다'를 자신이 꿈꾸는 이상적 세계로 알고 다가가지만 '바다'는 '나비'에게 그 낭만적 꿈의 허망한 좌절을 안겨 준다. 여기서 '청무우밭'은 '나비'에 있어 낭만적 꿈의 공간이며 '나비'가 지향하는 세계이다. '어린 날개', '공주처럼'의 표현은 현실 세계의 어려움을 모르는 순진하고 무지한 '나비'의 모습을 드러낸다.

3연에서는 '바다'의 무서운 깊이를 알게 된 '나비'가 꿈꾸는 '청무우밭'이 아니어서 서글 퍼진 흰 나비의 허리에 새파란 초생달이 겹쳐지면서, 거대한 바다의 무서운 깊이를 경험하고 그 냉혹한 현실 앞에서 좌절된 꿈을 안고 돌아온 지친 '나비'의 슬픈 비행이 차갑고 시린 아픔을 느끼게 한다.

객관적이고 단호한 성격의 '―다'로 끝나는 각 연의 종결어들은 대상에 대해 객관적 거리를 유지하면서 시적 긴장을 느끼게 한다. 이런 점에서 이 시는 한국 모더니즘 시의 회화적 특성과 문명 비판적 성격을 잘 보여 주는 작품이라 할 수 있다.

7 설일(雪日) — 김남조

겨울 나무와
바람
머리채 긴 바람들은 투명한 빨래처럼
진종일 가지 끝에 걸려
①나무도 바람도
혼자가 아닌 게 된다.

혼자는 아니다.
누구도 혼자는 아니다.
나도 아니다.
②실상 하늘 아래 외톨이로 서 보는 날도
하늘만은 함께 있어 주지 않던가.

③삶은 언제나
은총(恩寵)의 돌층계의 어디쯤이다.
사랑도 매양
섭리(攝理)의 자갈밭의 어디쯤이다.

이적진 말로써 풀던 마음
말없이 삭이고
얼마 더 너그러워져서 이 생명을 살자.
황송한 축연이라 알고
한 세상을 누리자.

새해의 눈시울이
순수의 얼음꽃
승천한 눈물들이 다시 땅위에 떨구이는
백설을 담고 온다.

- 주제 : 자연에서 느끼는 신의 섭리와 긍정적 삶의 태도
- 특징 : • 서술적 문체로 시적 의미를 충분히 전달하고 있음.
  • 청유형 어미의 사용으로 설득력을 높이고 있음.

◆ 국왕노트

1. 시적 화자는?
   → 나
2. 시적 상황은?
   → '나'는 바람이 불어 흔들리는 겨울 나무를 보고 있다.
3. 2를 보고 생각한 것은?
   → 누구도 혼자는 아니다.
4. '나'와 늘 함께 했던 것은?
   → 하늘(절대자)
5. 4를 통해 깨달은 삶과 사랑의 의미는?
   → 삶은 은총의 돌층계이고, 사랑은 섭리의 자갈밭
6. 새해를 맞는 '나'의 다짐은?
   → 너그러워져서 이 생명을 살자
   → 황송한 축연이라 알고 한 세상을 누리자.

◆ 시구풀이

① 나무도 바람도 / 혼자가 아닌 게 된다 : 찬 겨울에 혼자 서 있는 나무를 보고 시적 자아는 자기의 모습을 투영한다. 그리고 바람에 나뭇가지가 흔들리는 모습을 보고 '나무'와 '바람'은 혼자가 아니라는 사실을 알게 된다. 즉, 이 세상의 모든 존재는 '함께한다'는 사실을 깨닫는다.

② 실상 하늘 아래 ~ 하늘만은 함께 있어 주지 않던가 : 인생을 살면서 고난과 역경 속에 외로움을 느껴도 믿음의 대상인 절대자가 함께 동행하기 때문에 시적 자아가 외톨이로 혼자가 아니라는 사실을 증명하고 있다. '~않던가'의 설의적 표현을 통해 이 구절의 내용이 시적 자아의 체험의 확인임을 강조하고 있다.

③ 삶은 언제나 ~ 자갈밭의 어디쯤이다 : '삶'을 '은총의 돌층계'로, '사랑'을 '섭리의 자갈밭'으로 형상화하고 있다. 때로는 '삶'과 '사랑'이 힘들고 고통스럽게 느껴지게 되더라도 그것은 모두 절대자의 은총이고 섭리에 따라 이루어진다는 신앙적인 깨달음을 노래하고 있다.

시상의 전개

1~2연(기)	3연(승)	4연(전)	5연(결)
누구도 혼자는 아니다	은총의 돌층계, 섭리의 자갈밭	황송한 축연이라 알고 한 세상을 누리자	순수의 얼음꽃
혼자가 아니라는 인식	삶과 사랑에 대한 이해	너그러운 삶을 노래하는 마음	새로운 세계 인식

이해와 감상

이 시는 메말라 가고 파편화 되어가는 현대인의 비극적인 삶을 거부하고 욕심 없는 인간 본연의 순수한 모습을 회복하려는 시인의 의도가 잘 나타나 있는 작품이다.

시인은 물질 문명에 의한 인간성 훼손과 이로 인해 느끼는 인간의 고독감으로부터 인간을 구원하는 것으로 종교적인 인식과 삶의 자세를 들고 있다. 즉 신의 섭리에 따르는 것이 인간의 삶의 바람직한 모습이라고 하여, 자신을 위해 타인을 공격하는 비인간적이고 이기적인 모습을 극복하자고 노래하고 있다.

이 시는 바람에 흔들리는 겨울 나무를 보면서 혼자가 아니라고 느끼는 수평 공간적 인식에서 출발하여, 나를 감싸 돌면서 '수직-수평' 공간적 인식으로 전개되다가 급기야 순수의 눈물이 다시 온 땅에 백설로 응답되는 전 공간적 인식으로 마무리되고 있다.

시인이 자신의 시에서 추구하는 사랑은 인간에 대한 사랑이자, 신에 대한 사랑이다. 그러나 신에 대한 사랑은 인간의 끝없는 자기 초월과 기도를 통해서만 가능한 것이기 때문에 언제나 완성될 수 없는 것이다. 이 때문에 그녀의 시는 언제나 신의 세계에 좀 더 가까이 다가서고자 하는 간절한 염원을 담고 있다. 이 시의 화자 역시 너그럽고 겸손한 자세로 살아가는 것을 이루었다고 하지는 않는다. 단지 그렇게 살아가자고 권유할 뿐이다.

8 남으로 창을 내겠소
― 김상용

①남으로 창을 내겠소.
 밭이 한참 갈이
 괭이로 파고
 호미론 김을 매지요.

②구름이 꼬인다 갈 리 있소.
③새 노래는 공으로 들으랴오.
④강냉이가 익걸랑
 함께 와 자셔도 좋소.

⑤왜 사냐건
 웃지요.

- **주제** : 전원 생활을 통한 달관적인 삶의 추구
- **특징** :
  - 소박하고 친근한 회화조의 어조.
  - '-소, -요, -오'의 각운을 통한 운율감 형성.
  - 간결한 시어의 사용.

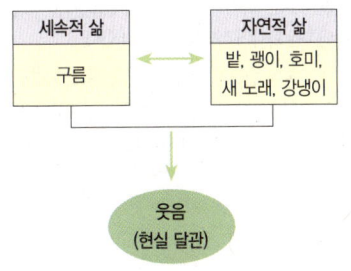

◆ 국왕노트

1. 시적 화자는?
   → 나(드러나 있지 않다.)
2. '나'의 소망은?
   → 남으로 창을 내겠소
3. '나'가 바라는 삶의 모습은?
   → 괭이로 파고 호미로 김을 맨다. 새 노래는 공으로 듣고, 아웃과 강냉이를 나누어 먹는다.
4. 3과 관련 깊은 한자성어는?
   → 안분지족(安分知足)

◆ 시구풀이

① 남으로 창을 내겠소. : 남쪽으로 창을 낸 작은 집을 짓고 살아가겠다는 의미로, 소박하고 평화로운 삶을 기원하는 화자의 태도가 드러나 있다. 여기서 '남쪽'은 전원에서의 밝은 삶을 의미한다.

② 구름이 꼬인다 갈 리 있소. : 어떠한 세속적 유혹에도 흔들리지 않을 것이라는 의지를 드러내면서 전원에서의 삶에 만족하는 화자의 모습이 나타난다.

③ 새 노래는 공으로 들으랴오. : 새 노래는 대가(代價) 없는 아름다운 자연을 뜻한다. 전원 생활에 동화된 화자의 만족감이 드러난다.

④ 강냉이가 익걸랑 / 함께 와 자셔도 좋소. : 전원 생활 속에서 느낄 수 있는 여유로운 삶과 안정을 드러내고 있다.

⑤ 왜 사냐건 / 웃지요. : 시상과 주제가 압축되는 부분으로, 삶에 대한 깊은 성찰과 달관의 자세가 드러난다. 또한 이 구절은 이백의 시 '산중문답(山中問答)'에서도 유사하게 나타나고 있다. → 소이부답(笑而不答)

시상의 전개

1연	2연	3연
남으로 창을 내겠소	강냉이 익걸랑 함께 와 자셔도 좋소	왜 사냐건 웃지요
전원에서의 소박한 생활	자연을 즐기는 생활	달관의 경지

이해와 감상

이 시는 세속적인 욕망에서 벗어나 평화롭게 살아가는 전원 생활의 모습을 보여 주고 있다. 평이한 시어로 전원 생활을 표현하면서, 동시에 여유 있고 달관에 가까운 인생관을 드러낸다.

이 시의 화자는 현재 세속적인 현실에서 벗어나 농촌에서 살아가고 있다. 남쪽으로 창을 낸 집을 짓고 밭에서 열심히 스스로 농사지으며 살고 있는데, 이런 생활에 화자는 만족하고 있다. 그렇기 때문에 아무리 농촌을 떠나 화려한 도시로 가자고 유혹해도 흔들리지 않는다. 구름이 손짓하듯 세속적 욕망이 유혹해도 마음은 이미 농촌의 삶에 만족하고 있기에 흔들림은 없다. 외려 화자는 함께 농촌에 와서 전원 생활의 참맛을 느껴 보자고 말한다. 그 무엇과도 바꿀 수 없이 아름다운 새소리가 있고, 강냉이가 익어가는 전원 생활의 정취에 화자는 흠뻑 빠져 있다. 혹시 어떤 친구가 찾아와 이런 답답하고 불편한 농촌에서 왜 사느냐고 물으면 화자는 웃음으로 답할 뿐이다. 세속적인 삶에 물든 사람을 논리적으로 굳이 설득하려고 애쓰지 않는다. 그 대신에 미소를 지어 보임으로써 자신의 삶의 모습을 드러낼 뿐이다. 즉, 화자는 농촌에서 자연과 벗하며 살아가는 전원 생활에 만족하면서 현실을 달관하고 있는 것이다. 이러한 '웃음' 속에는 안분지족(安分知足)의 전통적인 인생관이 담겨 있다.

9 초혼(招魂) - 김소월

산산이 부서진 이름이여!
허공중(虛空中)에 헤어진 이름이여!
①불러도 주인 없는 이름이여!
부르다가 내가 죽을 이름이여!

심중(心中)에 남아 있는 말 한 마디는
끝끝내 마저 하지 못하였구나.
사랑하던 그 사람이여!
사랑하던 그 사람이여!

②붉은 해는 서산(西山) 마루에 걸리었다.
사슴의 무리도 슬피 운다.
떨어져 나가 앉은 산(山) 위에서
나는 그대의 이름을 부르노라.

설움에 겹도록 부르노라.
설움에 겹도록 부르노라.
③부르는 소리는 빗겨 가지만
하늘과 땅 사이가 너무 넓구나.

④선 채로 이 자리에 돌이 되어도
부르다가 내가 죽을 이름이여!
사랑하던 그 사람이여!
사랑하던 그 사람이여!

- **주제**: 임의 죽음으로 인한 슬픔과 임에 대한 그리움
- **특징**:
  - 반복과 영탄을 통한 격정적 어조를 사용함.
  - 7·5조 3음보의 전통적 민요조를 사용함.
  - 슬픔을 직접적으로 표출함.

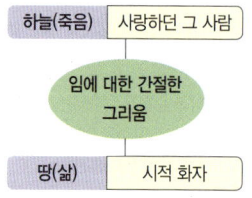

◆ 국왕노트

1. 시적 화자는?
   → 나
2. 시적 상황은?
   → '나'는 저녁 무렵, 산 위에서 임의 이름을 부르고 있다.
3. 임을 표현한 구절은?
   → 산산이 부서진 이름이여, 허공 중에 헤어진 이름이여, 불러도 주인 없는 이름이여, 부르다가 내가 죽을 이름
4. 3을 통해 나타난 '임'의 상황은?
   → 죽음
5. '나'의 정서가 반영된 것은?
   → 붉은 해, 사슴의 무리, 떨어져 나가 앉은 산

◆ 시구풀이

① **불러도 주인 없는 이름이여!**: 임의 부재, 즉 임의 죽음의 상황을 암시하는 부분이다. 이름에 주인이 없다는 것은 논리적 모순으로 역설적 표현이다.

② **붉은 해는 서산(西山) 마루에 걸리었다.**: 낮과 밤의 경계를 통해 삶과 죽음의 경계를 상징하고 있다. 임의 죽음으로 인한 화자의 허탈한 모습이 드러나 있다.

③ **부르는 소리는 빗겨 가지만 / 하늘과 땅 사이가 너무 넓구나.**: 하늘과 땅 사이의 거리는 바로 저승과 이승, 죽은 자와 산 자 사이의 거리를 의미한다. 이 거리가 너무도 멀어 임을 부르는 화자의 소리가 들리지 않는다는 표현에는, 임과 화자 사이의 거리를 확인하는 화자의 절망감이 나타나 있다.

④ **선 채로 이 자리에 돌이 되어도**: 돌아오지 않는 임을 기다리다 죽어 돌이 되었다는 망부석 설화와 연결되어 있다. 여기서 '돌'은 임의 죽음을 결코 인정할 수 없다는 강한 의지의 표현이자, 임은 끝내 돌아와야 한다는 비원(悲願)을 품은 한(恨)의 응결체이다.

시상의 전개

1연	2연	3연	4연	5연
부르다 내가 죽을 이름이여!	끝끝내 마저 하지 못하였구나	떨어져 나가 앉은 산 위에서	하늘과 땅 사이가 너무 넓구나	선 채로 이 자리에 돌이 되어도
임을 잃은 슬픔	마음을 고백하지 못한 후회	임이 없는 공간의 허무의 절망	삶과 죽음 사이의 절망적 거리감	기다림의 의지

이해와 감상

이 시는 '초혼(招魂)'이라는 전통 의식을 통해 사랑하는 사람의 죽음을 마주한 인간의 극한적 슬픔을 표출하고 있다.

1연은 고독과 허탈감에서 비롯되는 절규로, 임은 더 이상 이 세상에 존재하지 않아서, 화자가 부르는 이름은 덧없이 허공으로 '부서지고 헤어질' 수밖에 없다. 2연에서는 화자의 슬픔이 임의 죽음에서 오는 충격 때문만이 아님을 보여 준다. 화자는 한 번도 고백해 본 적이 없는 자신의 사랑이 이제 영원히 가슴 속에만 남아 있을 수밖에 없다고 말한다. 그래서 그 죽음은 더 슬프고 안타까운 것이다. 3연에서 화자는 낮으로 상징되는 삶과 밤으로 상징되는 죽음의 경계에서 무기력하게 밀려서 이름만 부르고 있을 수밖에 없는 자신의 존재에 대한 무력감과 좌절감, 허탈감을 아울러 표현하고 있다. 4연에서는 그래도 화자는 여전히 죽은 이를 부른다. 하지만 죽음의 세계와 삶의 세계의 거리는 목소리의 크기로 극복할 수 있는 물리적 공간이 아니다. 5연에서 화자는 그럴더라도 영원히 그의 이름을 부르며 기억하고 사랑하리라고 다짐한다. '돌'은 화자의 영원한 사랑의 상징이지만, 동시에 그의 크나큰 한의 응결체이다. 돌이 되도록 서서 죽은 이를 부를 만큼 이루지 못한 사랑의 슬픔과 안타까움은 영원히 지워지지 않을 것 같기 때문이다.

10 눈
— 김수영

①눈은 살아 있다.
떨어진 눈은 살아 있다.
마당 위에 떨어진 눈은 살아 있다.

②기침을 하자.
젊은 시인(詩人)이여 기침을 하자.
눈 위에 대고 기침을 하자
눈더러 보라고 마음 놓고 마음 놓고
기침을 하자.

눈은 살아 있다.
③죽음을 잊어버린 영혼(靈魂)과 육체(肉體)를 위하여
눈은 새벽이 지나도록 살아 있다.

기침을 하자
젊은 시인이여 기침을 하자
눈을 바라보며
④밤새도록 고인 가슴의 가래라도
마음껏 뱉자.

■ **주제** : 순수하고 정의로운 삶에의 소망과 부정적 현실의 극복 의지
■ **특징** : • '눈'과 '기침(가래)'의 이미지가 대립 구조를 보임.
　　　　　• 동일한 문장의 반복과 문장 변형 및 첨가를 통한 점층적 진행으로 역동적 리듬을 만들어 냄.

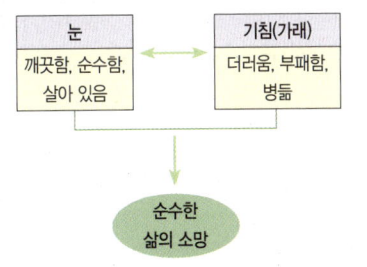

◆ 국왕노트

1. 시적 청자는?
   → 젊은 시인
2. 시적 화자가 하고자 하는 말은?
   → 젊은 시인이여, 눈 위에 대고 기침을 하자.
3. '눈'의 상징적인 의미는?
   → 깨끗하고 순수함, 불의를 보고 참지 못하는 정신
4. 2의 기침 이유는?
   → 가래를 뱉어내기 위해
5. '가래'의 의미는?
   → 더러운 속물 근성, 일상에 안주하려는 타성 등 부정적인 것

◆ 시구풀이

① **눈은 살아 있다.** : 눈의 순수한 생명력을 드러내고 있다. 여기서 '눈'은 눈이 지닌 순수한 이미지와 함께 순결한 생명력을 지닌 살아 있는 존재로 표상되고 있다.

② **기침을 하자. ~ 기침을 하자.** : 순수한 '눈'을 보면서 외부적인 것이든, 내면적인 것이든 억압을 떨쳐 버리고 '마음 놓고' 부끄러운 자신의 더러움을 쏟아 내자는 뜻으로, 화자의 자기 반성을 촉구하는 구절이다.

③ **죽음을 잊어버린 ~ 살아 있다.** : 1연의 변조로, 여기서 '죽음을 잊어버린 영혼과 육체'는 죽음을 초월하여 오로지 순수하고 가치 있는 것에 대한 소망을 가진 이들을 말한다. 즉, 살아 있는 눈은 아무에게나 보이는 것이 아니라 죽음을 초월한, 순수하고 가치 있는 삶에 대한 갈망을 가진 사람에게만 보인다는 의미이다.

④ **밤새도록 고인 가래라도 / 마음껏 뱉자.** : '나'의 가슴에 고인 불순한 것들을, 즉 어두운 현실 속에서 시적 화자를 괴롭히는 모든 부정적인 것들을 깨끗이 씻어 내자는 뜻으로, 시적 화자의 자기 반성을 통한 정화의 의지가 담겨 있다.

시상의 전개

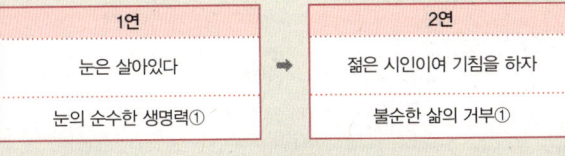

이해와 감상

　이 시는 순수한 삶을 되찾고자 하는 간절한 바람을 '눈'과 '기침'의 변증법적 지양을 통해 형상화하고 있다.
　1연은 '눈은 살아 있다'라는 문장을 세 번 변주하여 순수한 생명으로서의 '눈'의 의미를 나타내고 있다. 2연 역시 1연처럼 '기침을 하자'라는 문장을 세 번 변주하고 있다. '눈'이 보도록 기침을 하자고 '젊은 시인'에게 권유하는 내용인데, 순수 의식을 지향하는 시적 화자의 태도가 나타나 있다. 여기서 기침을 하도록 권유받는 '젊은 시인'은 바로 시적 화자 자신을 가리킨다. 시적 화자는 이 '눈'을 향해 '젊은 시인', 즉 자신에게 '눈 위에 대고', '눈더러 보라고', '마음 놓고', '기침을 하자'고 한다. 이 '기침'은 부패한 현실 속에서 화자 내면에 잠재해 있는 불순함을 의미하는 것이다. 3연에서는 눈이 살아 있는 이유를 알려 준다. 그 이유는 '눈'이 염두에 둔 '죽음을 잊어버린 영혼(靈魂)과 육체(肉體)', 바로 시적 화자 때문이다. 4연에서 알 수 있듯이 시적 화자의 가슴에는 이미 밤새 가래가 고여 있다. 이 '가래'는 '젊은 시인' 또는 시적 화자의 영혼과 육체를 더럽히는 현실의 부정적인 것을 나타내는 이미지이다. 따라서, 살아 있는 '눈을 바라보며', '가슴의 가래'를 '마음껏 뱉자'는 말은 눈의 한없는 순수함, 차가움, 신선함을 통해 현실의 더러움을 씻어 내고 순수한 삶에 도달하고자 하는 시적 화자의 소망과 의지를 고백한 것이다.

11 독(毒)을 차고

- 김영랑

내 가슴에 ①독(毒)을 찬 지 오래로다.
아직 아무도 해(害)한 일 없는 새로 뽑은 독
벗은 그 무서운 독 그만 흩어버리라 한다.
나는 그 독이 선뜻 벗도 해할지 모른다 위협하고,

②독 안 차고 살아도 머지 않아 너 나 마주 가버리면
억만 세대(億萬世代)가 그 뒤로 잠자코 흘러가고
나중에 땅덩이 모지라져 모래알이 될 것임을
'허무(虛無)한듸!' 독은 차서 무엇하느냐고?

③아! 내 세상에 태어났음을 원망않고 보낸
어느 하루가 있었던가, '허무한듸!' 허나
앞뒤로 덤비는 이리 승냥이 바야흐로 내 마음을 노리매
내 산 채 짐승의 밥이 되어 찢기우고 할퀴우라 내맡긴 신세임을

나는 독을 차고 선선히 가리라
막음 날 내 외로운 혼(魂) 건지기 위하여.

- **주제** : 죽음을 각오한 불의와의 대결 의지
- **특징** : • '독'이라는 상징적 소재를 통해 화자의 의지를 강조
  • 두 가지 삶의 자세를 대조적으로 보여 줌.
    (벗: 순응적 ↔ 나: 현실 저항적)

◆ 국왕노트

1. 시적 화자는?
   → 나
2. '나'의 가슴 속에 있는 것은?
   → 독
3. '벗'이 '나'에게 충고한 내용은?
   → '독'을 버리라고 한다.
4. 3의 이유는?
   → 그 '독'이 나를 해할지 모르므로
5. '나'가 '독'을 가진 이유는?
   → 이리 승냥이가 내 마음을 노리매
6. '나'의 결심은?
   → '독'을 계속 차고 있을 것이다.

◆ 시구풀이

① **독(毒)** : 내면적 순수성을 지키기 위해 마음속에 결정한 죽음의 각오를 뜻한다. '독'은 암담한 현실에 저항하여 치열하게 살아가려는 극단적인 대결의지이며, 외로운 혼을 건지기 위한 순결한 의지를 상징한다.

② **독 안 차고 살아도 ~ 잠자코 흘러가고** : 현실에 초연하고 달관한 도교적 허무주의 자세가 반영되어 있다.

③ **아! 내 세상에 태어났음을 ~ '허무한듸!'** : 친구가 던진 '허무한듸!'의 말이 시적 자아에게 영향을 주어 '나' 역시 허무한 상황에 놓여 있음을 깨닫게 만든다. 그러나 친구의 '허무'가 일반적인 인식에서 나온 것임에 비해, 시적 자아의 '허무'는 시대와 현실에 대한 인식에서 나온 것이다.

시상의 전개

1연	2연	3연	4연
독을 찬 지 오래로다.	허무한듸	앞뒤로 덤비는 이리 승냥이	독을 차고 선선히 가리라.
나의 의지	벗의 충고	독을 찬 배경	나의 결의

이해와 감상

이 시에서 '독(毒)'은 일제 강점하의 현실 속에서 죽음을 각오하고 현실과 대항하려는 시적 화자의 강력하고 순결한 의지를 상징한다. 현실 세계에 대하여 침묵했던 영랑의 이러한 시적 변화는 일제 말 그들의 발악이 어떠했는지를 짐작할 수 있게 해 준다.

원망스러운 세상에 태어나 내면의 세계에 침잠하여 마음의 평화와 아름다움만을 추구하던 그러던 삶마저도 보장받지 못하게 된 것이다. 그리하여 '앞뒤로 덤비는 이리 승냥이 바야흐로 내 마음을 노리매 / 내 산 채 짐승의 밥이 되어 찢기우고 할퀴우라 내맡긴 신세임'을 깨닫고, 화자는 마음에 '독'을 품을 수밖에 없다. '벗'은 언젠가는 '땅덩이 모지라져 모래알이 될' 허무한 세상에서 '머지않아 너 나마저 가 버리면' 그만인데 '독을 차고 살아서 무엇하느냐'고 만류한다. 그러나 화자는 '너마저 해할는지 모른다'며 의연하게 대결의 길로 나선다. 그것이 결국 죽음으로 끝나더라도, 맹수 같은 불의의 세력에 무기력하게 생명을 잃어버리고 덧없이 소멸하는 외로움으로부터 자신을 구원하는 길이라고 믿기 때문이라는 것이다.

12 눈물

— 김현승

①더러는
옥토(沃土)에 떨어지는 작은 생명이고저……

②흠도 티도,
금가지 않은
나의 전체는 오직 이뿐!

더욱 값진 것으로
드리라 하올 제,

③나의 가장 나아종 지닌 것도 오직 이뿐!

아름다운 나무의 꽃이 시듦을 보시고
열매를 맺게 하신 당신은

④나의 웃음을 만드신 후에
새로이 나의 눈물을 지어 주시다.

- **주제**: 슬픔의 종교적 승화
- **특징**: • 독백체의 자기 고백
  • 단정적이면서도 경어체를 사용한 경건한 어조
  • 상징적 시어와 선명한 이미지 사용
  • 기독교적 세계관을 바탕으로 함.

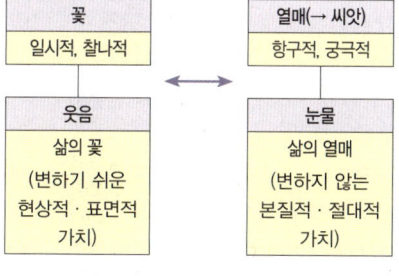

◆ 국왕노트

1. 시적 화자는?
   → 나
2. '나'가 원하는 것은?
   → 작은 생명이고저
3. '작은 생명'이 나중에 변한 모습은?
   → 열매
4. '나의 웃음'이 나중에 변한 모습은?
   → 눈물
5. 3과 4의 변화를 일으킨 사람은?
   → 당신, 절대자

◆ 시구풀이

① 더러는 / 옥토(沃土)에 떨어지는 작은 생명이고저…… : 가끔은 하찮은 존재인 나마 기름진 땅에 떨어져 생명을 틔우는 씨앗과 같은 존재가 되고 싶다는 의미이다. 성서 마태복음 13장 '더러는 옥토에 떨어지매 혹 백 배, 혹 삼십 배의 결실을 하였느니라'를 차용함으로써, 기독교적 발상을 통해 자기 희생의 참된 의미에 대한 깨달음을 담고 있다.

② 흠도 티도, / 금가지 않은 / 나의 전체는 오직 이뿐! : 화자 자신에게 오직 참되고 진실된 것은 눈물 뿐임을 단정적 어조를 통해 드러내고 있다. 여기서 '눈물'은 일체의 불순함이 존재하지 않는 순수를 가리킨다.

③ 나의 가장 나아종 지닌 것도 오직 이뿐! : 내가 가진 가장 최후의 진실 또한 눈물임을 의미한다. 단정적 어조를 통해 눈물의 절대적 가치를 강조하고 있다.

④ 나의 웃음을 만드신 후에 / 새로이 나의 눈물을 지어 주시다. : 웃음만으로는 완전한 삶을 이룰 수 없기 때문에, 참회의 눈물을 주어 아름답고 가치 있는 완전한 삶을 가능하게 하였다는 의미이다. 시적 화자는 '눈물'을 통해 절대 순수에 이르게 한 신의 은총에 대한 감사와 함께 이를 통해 슬픔을 극복하려 하고 있다.

시상의 전개

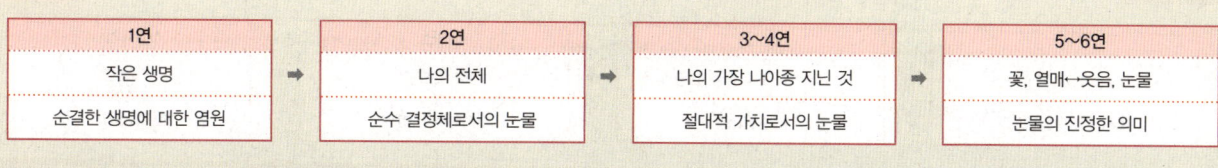

이해와 감상

이 시는 시인이 사랑하는 어린 아들을 먼저 죽음의 세계로 보낸 비극적인 상황 속에서, 그 아픔과 슬픔을 종교적 믿음으로 견디면서 쓴 작품으로 알려져 있다. 시인은 아들을 잃은 슬픔을 통해, 우리 인간은 기쁨보다는 슬픔 속에서 성숙한다는 인간의 삶에 내재된 역설을 깨닫는다.

모두 6연으로 이루어진 이 시는 경어체로 '눈물'에 대해 말하고 있다. 1연에서는 '눈물'이 죽음에서 오는 슬픔이 아닌, 부활을 준비하는 새로운 생명의 씨앗임을 말하고, 2연에서는 온전하고 순수한 것으로서의 '눈물', 3~4연에서는 절대적 가치를 지닌 것으로서의 '눈물'에 대해 말하고 있다. 이처럼 1~4연이 '눈물' 자체의 개별적 의미에 대해 말하고 있다면, 5~6연은 '눈물'의 궁극적 의미를 '열매'라는 객관적 상관물을 통해 형상화하고 있다. 겉으로 드러난 '웃음'이 화려하지만 쉽게 지고 마는 '꽃'의 현상적 아름다움처럼 유한한 가치를 지닌 것이라면, '눈물'은 씨앗을 그 안에 간직함으로써 영원한 생명을 지닌 '열매'처럼 순수하고 진실한 내면적 가치를 지닌 영원한 것, 즉 신의 섭리와 은총인 것이다.

아무리 아름답다 하더라도 영원할 수는 없는 것이 인간적 삶의 한계이다. 이 한계에 부딪혀 절대적 존재 앞에서 흘리는 눈물은 인간의 영혼을 맑게 씻어 주며, 진정한 삶의 가치와 아름다움을 깨닫게 한다고 시인은 말하고 있는 것이다.

13 종소리
― 박남수

①나는 떠난다. 청동(靑銅)의 표면에서
일제히 날아가는 진폭(振幅)의 새가 되어
광막한 하나의 울음이 되어
하나의 소리가 되어.

②인종(忍從)은 끝이 났는가.
청동의 벽에
'역사'를 가두어 놓은
칠흑의 감방에서.

나는 바람을 타고
들에서는 푸름이 된다.
꽃에서는 웃음이 되고
천상에서는 악기가 된다.

먹구름이 깔리면
③하늘의 꼭지에서 터지는
뇌성(雷聲)이 되어
④가루 가루 가루의 음향이 된다.

- **주제**: 자유의 확산과 그 기세
- **특징**:
  - 의인법, 도치법, 은유법
  - '청동, 진폭, 칠흑, 천상, 터지는' 등의 시어들을 선택하여, 객관적 상관물을 사용하는 주지시치고는 어조가 격앙됨.

◆ 국왕노트

1. 시적 화자는?
   → 나(종소리)
2. '나'의 행동은?
   → 소리가 되어 청동의 벽을 떠나고 있다.
3. '종'과 '종소리'에 비유할 수 있는 것은?
   → 칠흑의 감방, 역사
4. 3연과 4연에 나타난 '종소리'의 모습은?
   → 푸름, 웃음, 악기, 음향
5. '나'의 의미는?
   → 자유

◆ 시구풀이

① 나는 떠난다. : 종소리의 의인화된 표현. '종소리'에 시적 자아의 의지가 투영되었음을 의미한다. 이는 자유를 구속당했던 역사의 암흑 시대를 벗어나는 행동의 출발임을 뜻한다.

② 인종(忍從)은 끝이 났는가. : 종소리가 종에 갇혀 있는 동안은 구속과 어둠 속에서 참고 따르는 기간이었다. 그러나 이제 종소리가 울린다는 것은 '인종'의 기간이 끝나고 종에 갇혀 있었던 종소리가 해방됐음을 의미한다.

③ 하늘의 꼭지에서 터지는 : 부정적 세력의 횡포에 저항하는 정도를 강조하기 위해 천상의 끝인 '하늘의 꼭지'라는 표현을 씀.

④ 가루 가루 가루의 음향이 된다. : 종소리가 곱고 부드러운 소리로 흩어져 퍼지는 상태를 말하는데 감각과 심상의 조형으로 시각적 효과가 두드러지는 형태주의 기법에 해당한다.

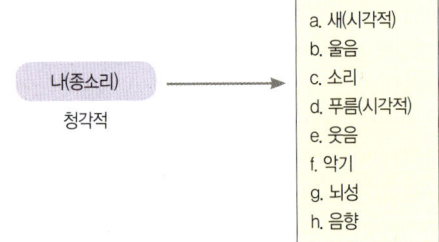

시상의 전개

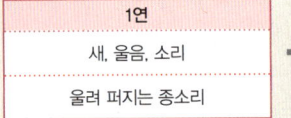

1연	2연	3연	4연
새, 울음, 소리	청동의 벽, 칠흑의 감방	푸름, 웃음, 악기	뇌성
울려 퍼지는 종소리	인종의 끝	종 소리의 변신	종 소리의 의미

이해와 감상

이 시는 박남수의 후기 대표작으로 이미지에 의한 표현을 중시하고, 인간 존재의 가치를 탐구한 주지시이다. 종소리를 의인화하여 자유를 향한 비상(飛翔)과 확산을 남성적, 역동적 심상으로 노래하였다. 관념의 표상으로 인식되기 쉬운 '종'을 이미지로 형상화하면서도 현대적 지성과 융합된 세련된 통일체를 이루었다.

이 시는 종소리를 의인화하여 '나'로 설정하고 자유를 향한 비상(飛翔)과 확산을 노래한 작품이다. 아직 울리기, 전의 종을 무겁고 어두운 감옥 혹은 억압으로 보고, 그 종에서 울려나는 종소리를 자유의 모습으로 표현했다.

1연에서는 종소리를 시적 화자인 '나'로 의인화시켜 표현했다. '나는 떠난다'라는 표현은 종소리가 종에서 울려 나가는 모습을 의인화시켜 표현한 것이다. 종소리는 '나'에서 '새'로, 또 '광막한 하나의 울음'으로, '하나의 소리'로 표현된다. 여기서 '새'는 자유의 표상으로 볼 수 있으며, 하나의 울음소리로 아득하게 멀리 퍼져나간다. 2연에서는 그 멀리 퍼져 나가는 자유를 이제까지 구속해 온 '인종(忍從)의 역사'를 이야기하고 있다. 청동의 벽 속 칠흑의 감방은 이제까지 자유를 구속해 온 공간이다. 3연에서는 이러한 구속을 벗어나 마음껏 자유를 펼치는 부분이다. 종소리인 '나'는 '바람'을 타고, '푸름'이 되고, '웃음'이 되고, '악기'가 된다. 4연에서는 이러한 자유를 마음껏 펼치지 못하게 하려는 '먹구름'과의 대결이 이루어진다. '하늘의 꼭지'는 천상의 끝으로, 횡포에 저항하는 정도를 강조하기 위하여 쓰는 말인 듯하다. '먹구름'과의 대결 속에서 '하늘의 꼭지에서 터지는 뇌성이 되어' 그것을 이겨 내고 종소리는 곱고 부드러운 소리로 흩어져 퍼진다.

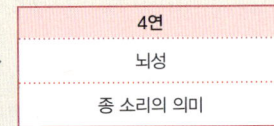

14 새
— 박남수

1
①하늘에 깔아 논
바람의 여울터에서나
속삭이듯 서걱이는
나무의 그늘에서나, 새는 노래한다.
그것이 노래인 줄도 모르면서
새는 그것이 사랑인 줄도 모르면서
두 놈이 부리를
서로의 죽지에 파묻고
따스한 체온(體溫)을 나누어 가진다.

2
②새는 울어
뜻을 만들지 않고
③지어서 교태로
사랑을 가식(假飾)하지 않는다.

3
④――포수는 한 덩이 납으로
그 순수(純粹)를 겨냥하지만
매양 쏘는 것은
피에 젖은 한 마리 상(傷)한 새에 지나지 않는다.

■ **주제**: 순수한 삶의 옹호와 인간과 문명의 비판
■ **특징**:
- 이미지적인 면과 함께 인간 존재의 탐구라는 지적인 면이 함께 나타남.
- 이미지와의 대립을 통한 주제의 형상화

| 새 | 자연(노래, 사랑, 체온) | 순수의 세계 | 대립 |
| 포수 | 인간(가식, 교태, 폭력) | 문명의 세계 | 대조 |

◆ 국왕노트

1. 시적 대상은?
   → 새
2. '새'의 모습은?
   → 노래인 줄도 모르고 노래를 하고 사랑인 줄 모르고 서로의 죽지에 파묻고 따스한 체온을 나누어 가진다.
3. 2와 같은 새의 모습을 한 단어로 표현한다면?
   → 순수
4. '순수'를 겨냥하고 있는 것은?
   → 포수의 한 덩이 납
5. '포수'가 쏘는 것은?
   → 상한 새

◆ 시구풀이

① 하늘에 깔아 논~나누어 가진다. : 대자연 속에서 살아가는 새가 꾸밈없이 아름답고 천지 난만하게 노래하는 모습과 사랑을 나누는 모습을 형상화하고 있다.

② 새는 울어 / 뜻을 만들지 않고 : 자연스러운 본성의 노래일 뿐 인위적인 꾸밈이나 가식이 없음을 의미하는 것으로 자연 그 자체의 순수함을 표현한다.

③ 지어서 교태로 / 사랑을 가식(假飾)하지 않는다. : 그들의 사랑이 진실됨을 의미하는 부분으로 오히려 인간만이 문명이라는 이름으로 거짓으로 꾸며 행동함을 말하고자 하는 것이다.

④ ――포수는 한 덩이 납으로~지나지 않는다. : 순수한 자연을 자기 것으로 만들려는 무분별한 욕망 때문에 자연을 파괴하는 인간의 공격성과 파괴성을 비판하고 있는 부분이다. 여기서, '포수'는 인간의 인위적이고 불순한 욕망과 파괴적 탐욕을, '한 덩이 납'은 인간의 문명을, '상한 새'는 사람의 손에 의해 파괴된 자연의 모습 또는 삶의 순수성을 각각 나타낸 것이다.

시상의 전개

1연	2연	3연
노래인 줄도 모르면서, 사랑인 줄도 모르면서	뜻을 만들지 않고, 가식하지 않는다.	피에 젖은 한 마리 상한 새
순수하고 아름다운 사랑	의미를 붙이거나 가식하지 않는 사랑	삶의 순수성 파괴

이해와 감상

이 시는 '새'라는 연작시 중 하나로, 생명의 순수함과 아름다움을 인간의 인위성과 파괴성에 대립시켜 문명 비판적 주제를 제시한 작품이다.

이 시에서 그리려는 것은 자연물로서의 '새'가 아니다. '새'로 유추된 순수의 세계와 그것이 어떻게 생성되며 지켜질 것인가 하는 점에 화자의 관심이 집중되어 있다.

1연에서 화자는 자기 스스로 의식조차 못하고 노래 부르는 '새'의 노래와 사랑을 통해 자연 세계의 순수함을 보여 준다. 2연에서는 꾸밈과 거짓이 없는 새의 모습을 통해 1연에서 말한 자연의 순수함을 잠언처럼 반복하고 있는데, 이와 같은 구절들의 뒤에는 사람의 생활과 문명에 대한 시인의 비판적 눈길이 자리잡고 있다. 시인은 여기까지 사람에 대하여 한 마디도 하지 않았지만, 새의 순진한 아름다움을 말하면서 간접적인 방법으로 인간의 문명 속에 있는 거짓, 억지스런 꾸밈 등에 대하여 싸늘한 눈초리를 보내고 있는 것이다. 이와 같은 대조는 3연에 와서 '포수'와 피에 젖은 한 마리 상한 '새'의 대조를 통해 더욱 선명하게 드러난다. 포수의 총탄이 닿기 전까지 새는 한없이 아름답고 순수한 존재였다. 그러나 그의 총탄을 맞았을 때, 거기에는 자연의 순수도 아름다움도 없다. 오직 피에 젖은 한 마리 새가 있을 따름이다. 이 '상한 새'는 곧 사람의 손에 의해 파괴된 자연의 모습을 상징한다.

이처럼 이 시는 '포수'와 '새'의 관계 설정을 통해, 인간의 문명에 대한 날카로운 비판을 던지고 있다. 인간이 순수라고 느끼는 자연물이나 상황이나 감각 등은 인위적으로 만들려 하거나 강제로 가지려 한다고 해서 얻어지는 것이 아니며, 오히려 그 상태를 더욱 자연스럽게 풀어 놓는 해방의 과정에서 획득된다고 말하고 있다.

15 이별가
– 박목월

①뭐락카노, 저편 강기슭에서
　니 뭐락카노, 바람에 불려서

　이승 아니믄 저승으로 떠나는 뱃머리에서
　나의 목소리도 바람에 날려서

②뭐락카노 뭐락카노
　썩어서 동아밧줄은 삭아 내리는데

　하직을 말자 하직 말자
　인연은 갈밭을 건너는 바람.

③뭐락카노 뭐락카노 뭐락카노
　니 흰 옷자라기만 펄럭거리고……

④오냐, 오냐, 오냐
　이승 아니믄 저승에서라도……

　이승 아니믄 저승에서라도
　인연은 갈밭을 건너는 바람

⑤뭐락카노, 저편 강기슭에서
　니 음성은 바람에 불려서

　오냐, 오냐, 오냐
　나의 목소리도 바람에 날려서

- **주제** : 생사를 초월한 이별의 정한
- **특징** : • 경상도 방언을 사용하여 소박하고 친근한 정감을 주고 있다.
  • 반복과 점층의 방법으로 이별의 안타까움을 강조하고 있다.

◆ 국왕노트
1. 시적 화자는?
　→ 나(죽은 이를 떠나보내는 사람)
2. 시적 청자는?
　→ 너(나)
3. '너'의 위치는?
　→ 저편 강기슭(저승)
4. '나'와 '너'를 가로막고 있는 것은?
　→ 강
5. 4의 '강'의 의미를 암시하는 것은?
　→ 이승 아니면 저승으로 떠나는 뱃머리
　→ 니 흰 옷자락만 펄럭거리고
6. 5를 통해 볼 때, '강'의 의미는?
　→ 삶과 죽음을 나누는 경계
7. '너'의 죽음을 인정하지 못하는 '나'의 마음이 표현된 것은?
　→ 뭐락카노, 뭐락카노, 뭐락카노
8. '너'의 죽음을 받아들이는 '나'의 마음이 표현된 것은?
　→ 오냐, 오냐, 오냐

◆ 시구풀이
① **뭐락카노, 저편 ~ 바람에 날려서** : 이승과 저승 사이의 아득한 거리감을 표현하고 있다. 시적 화자는 저편 강 기슭에 있는 상대의 말을 들으려고 하지만 생사의 길이 너무 먼 까닭에 들리지 않고, 시적 화자의 목소리 역시 바람에 흩어져 상대에게 들리지 않음을 의미한다. '저편 강기슭'은 저승의 세계를, '뱃머리'는 이승과 저승의 갈림길을 의미한다.

② **뭐락카노 뭐락카노 ~ 건너는 바람** : 이별이 운명일지라도 인연을 끊을 수 없다는 시적 화자의 안타까움이 드러나 있다. '동아밧줄'은 결합과 인연을 의미하므로, 동아밧줄이 삭아 내린다는 말은 인연의 소멸을 의미한다. 하지만 시적 화자는 '하직을 말자, 하직 말자'는 다짐으로 상대의 죽음을 인정하지 않으려는 안타까운 심정을 보이고 있다.

③ **뭐락카노 뭐락카노 ~ 옷자라기만 펄럭거리고** : 시적 화자는 '뭐락카노'를 되풀이하는 질문으로 이별의 정한을 드러내고 있다. '흰 옷자라기'는 '너'의 죽음을 의미하고 있다.

④ **오냐, 오냐 ~ 건너는 바람** : 이승에서의 인연이 다했음을 운명으로 받아들이고 있다. 하지만 이는 체념이 아니라 '이승 아니믄 저승에서라도' 만나자는 소망을 통해 이별의 정한을 이겨 내려는 시적 화자의 심정을 표현한 것이다.
뭐락카노, 저편 ~ 바람에 날려서 : 1, 2연의 내용을 변형하여 시적 화자의 마음을 그리고 있다. 생과 사의 거리감을 반복해서 표현하는 구절로, 죽음을 운명으로 받아들이지 않던 1, 2연과 달리 시적 화자는 죽음과 생의 거리감을 인정하며 운명에 순응하는 초극의 자세를 보이고 있다.

시상의 전개

1~4연	5~7연	8~9연
인연은 갈밭을 건너는 바람	이승 아니면 저승에서라도	오냐, 오냐, 오냐
운명적 이별	이승과 저승의 끊을 수 없는 인연	운명에 순응하며 이별의 정한 초극

이해와 감상
이 작품의 중심을 이루는 시어는 '뭐락카노'이다. 경상도 지역의 방언은 한국 시사(詩史)의 전통에서 볼 때 특이한 예에 속하는데, 이 시어가 소설의 화소(話素)처럼 이야기를 끌고가는 중심축을 이루고 있다.

누군가가 강의 저편에서 화자에게 말을 건네나 바람에 날려서 뭐라고 하는지 잘 들리지 않는다. 강 이편의 화자 역시 상대에게 뭐라고 외치지만, 그 목소리 또한 확연히 전달되지 않는다. 그와 나를 이승과 저승으로 갈라놓은 것은 강— 강은 삶과 죽음의 간격을 의미할 터이다.

그가 누구인지는 분명치 않다. 중요한 것은 인연인데, 그와 생전에 맺은 인연의 밧줄은 삭아 내리고 있다. 세상살이의 인연은 마치 갈밭을 건너는 바람과도 같이 덧없이 보인다. 그러나 나는 되뇌인다. '하직을 말자'고. 나도 머지 않아 강 건너 저 세상으로 갈 것이기 때문이다. 뭐라는지 자세히 들리지는 않지만, 흰 옷자락을 펄럭이며 서 있는 그가 어서 건너오라고 손짓하는 것으로 여겨져 나는 '오냐, 오냐, 오냐'라고 알아 들었다는 듯이 대답한다. 나도 곧 갈 거라는 뜻일 것이다.

대상이 분명하지 않은 누군가의 죽음에 직면해서, 그 상황(죽음의 상황)에서 가질 만한 많은 갈등을 표현한 작품이다. 죽음에 대한 부정, 죽음으로 인한 그와의 인연의 단절, 죽음으로 인한 이별의 안타까움, 죽음에도 어쩔 수 없는 그리움과 한이 복잡하게 담겨있지만, 의외로 시적인 표현은 단순하게 이루어지고 있다.

'뭐락카노'라는 의문과 질문으로 시작하여, '오냐'라는 수긍의 대답으로 마무리지어지는 이 시는, 죽음 앞에서의 큰 깨달음이 담겨 있는 듯하다. 참으로 극복할 수 없고 손 닿을 수 없는 이승과 죽음의 세계 사이의 거리감을 앞에 두고 안타까워할 수밖에 없지만, 결국은 생사를 초월한 만남의 깨달음으로 시는 종결된다.

16 떠나가는 ①배

– 박용철

나 두 야 간다.
②나의 이 젊은 나이를
눈물로야 보낼 거냐.
나 두 야 가련다.

아늑한 이 항군들 손쉽게야 버릴 거냐.
③안개같이 물 어린 눈에도 비치나니
골짜기마다 발에 익은 묏부리 모양
주름살도 눈에 익은 아아 사랑하든 사람들.

버리고 가는 이도 못 잊는 마음
쫓겨 가는 마음인들 무어 다를 거냐.
돌아다보는 구름에는 바람이 ④희살짓는다.
⑤앞 대일 언덕인들 마련이나 있을 거냐.

나 두 야 간다.
나의 이 젊은 나이를
눈물로야 보낼 거냐
나 두 야 간다.

■ **주제** : 고향과 정든 사람들을 두고 떠나는 우울한 심정
■ **특징** : • 의도적인 띄어쓰기를 통해 화자의 감정과 의지를 표현함.
　　　　　• 수미 상관의 구조를 통해 화자의 처지를 강조함.
　　　　　• 설의법을 통해 감정을 표출함.

◆ 국왕노트

1. 시적 화자는?
　→ 나
2. 시적 상황은?
　→ '나'는 떠나가는 배 위에서 항구를 바라보고 있다.
3. '나'가 떠나는 이유는?
　→ 젊은 나이를 눈물로 보낼 수 없기 때문에
4. '나'에게 항구의 의미는?
　→ 사랑하는 사람들이 있는 곳
5. '떠나가는 배'의 의미는?
　→ 사랑하는 사람을 두고 고향을 떠나야만 하는 시적 화자의 처량한 처지

◆ 시구풀이

① **배** : 서정적 자아를 나타내는데 정처 없이 떠난다는 것을 의미함

② **나의 젊은 나이를 / 눈물로 보낼 거냐. / 나 두 야 가련다.** : 일제 강점하의 암담한 현실에서 느끼는 답답함과 어디론가 떠나지 않을 수 없는 절박한 상황을 표현하였다.

③ **안개같이 물 어린 눈에도 비치나니 ~ 주름살도 눈에 익은 아아 사랑하든 사람들.** : 떠나야 한다는 이성적 판단과, 정든 고향과 사랑하던 사람들을 두고 차마 떠나지 못하는 감성적 행동 사이에서 빚어지는 서정적 자아의 고뇌와 갈등이 형상화되었다.

④ **희살짓는다** : 짓궂게 훼방한다.

⑤ **앞 대일 언덕인들 마련이나 있을 거냐.** : 시적 자아는 자신을 배에 비유하고 있으며 '앞 대일 언덕'이란 배를 댈 항구로서 정해진 목적지를 의미한다. 즉, 정해진 목적지도 없이 정처 없이 떠난다는 것을 뜻한다.

시상의 전개

1연	2연	3연	4연
나의 이 젊은 나이를 눈물로야 보낼 거냐	골짜기마다 발에 익은 묏부리 모양 주름살도 눈에 익은 아아 사랑하는 사람들	앞 대일 언덕인들 마련이나 있을 거냐	나의 이 젊은 나이를 눈물로 보낼 거냐.
어디론가 떠나려는 마음	고향 산천과 사람들에 대한 미련	고향을 떠난 미래에 대한 불안감	떠날 수밖에 없는 상황과 떠나려는 결연한 의지

이해와 감상

이 시는 경향파의 대항하여 순수 서정시를 고집한 박용철의 대표작 중의 하나로, 그 율격은 4음보격(2음보도 보임)으로 되어 있다. 또 제1, 4연에서 '나'의 반복과 제 2연 1–2행의 첫음절 '안–'의 반복은 두운적(頭韻的) 요소로 음위율을 형성하기도 한다. 이런 입장에서 보면, 제 2연 3–4행의 '–에 익은', 제3연 2, 4행에서의 '–인들, –거냐'의 반복도 일종의 운율적 요소로 이 시의 음악성을 형성하고 있다고 할 수 있다.

그리고 이 시는 암울한 일제 강점의 현실로 앞에서 젊은이가 눈물로만 세월을 보낼 수 없다는 강변(强辯)을 보여 주고 있다. 가혹한 일제 치하에서 갖은 억압과 수모를 당하면서 나라 잃은 원한을 가슴에 가득히 안은 이 땅의 젊은이들이 헐벗고 굶주린 채 사랑하는 조국, 정든 고향을 버리고 뿔뿔이 흩어져야 했던 민족사의 한 단면을 보여 주고 있는 시이다.

일제 강점하의 암담한 현실에서 벗어나고 싶은 심정을 노래한 작품인 셈인데 어디론가 떠나지 않을 수 없는, 절박한 상황을 보여 주고 있다. 이 시의 시적 자아는 표면상으로는 미래 지향적인 의지를 지니고 '나 두 야 가련다'고 외치지만 그 내면에는 떠나지 못하는 심정이 진하게 깔려 있다. 이러한 갈등은 마지막 연에 와서 눈물로 변해 버린다. 암울한 일제 강점하에서 젊은이가 눈물로만 세월을 보내고 있을 수 없다고 강변하면서도 자신은 먼저 울어 버리는 반어(反語), 이것이 바로 일제 강점하의 암담한 시대를 살아가던 청년들의 모습이었다.

17 추천사 – 춘향의 말1

– 서정주

①향단(香丹)아 그넷줄을 밀어라.
②머언 바다로
배를 내어 밀듯이,
향단아.

이 다소곳이 흔들리는 수양버들나무와
배갯모에 놓이듯 한 풀꽃데미로부터,
자잘한 나비 새끼 꾀꼬리들로부터
아주 내어 밀듯이, 향단아.

③산호(珊瑚)도 섬도 없는 저 하늘로
나를 밀어 올려다오.
채색(彩色)한 구름같이 나를 밀어 올려다오.
이 ④울렁이는 가슴을 밀어 올려다오!

서(西)로 가는 달같이는
⑤나는 아무래도 갈 수가 없다.

⑥바람이 파도(波濤)를 밀어 올리듯이
그렇게 나를 밀어 올려다오.
향단아.

- **주제** : 초월적 세계로의 갈망
- **특징** : • 고전 소설을 모티브로 함.
  • 통사 구조의 반복을 통한 리듬감 형성
  • 운율과 의미가 유기적 관계를 맺으며 시상이 전개됨.
  • 춘향과 향단의 대화 형식을 취함.

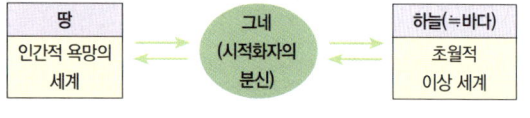

| 땅 | 그네 | 하늘(≒바다) |
| 인간적 욕망의 세계 | (시적화자의 분신) | 초월적 이상 세계 |

◆ 국왕노트

1. 시적 화자는?
   → 춘향
2. '춘향'의 모습은?
   → 그네를 타고 있다.
3. '춘향'이 그네에 태워 보내고 싶은 것은?
   → 울렁이는 가슴
4. 3의 의미는?
   → 초월적 세계에 대한 소망
5. '그네타기'를 통해 '춘향'이 얻은 결론은?
   → 나는 아무래도 저 하늘로 갈 수가 없다.
6. 5의 이유는?
   → '그네'는 시계 추처럼 올라갔다 내려갔다를 반복할 뿐, 그 고리를 끊고 하늘로 가지 못하기 때문이다.

◆ 시구풀이

① 향단(香丹)아 : '향단'은 시적 화자와 대화를 하고 있는 대상으로, 시적 화자가 '춘향'임을 간접적으로 보여 준다.

② 머언 바다로 / 배를 내어 밀 듯이, : '그네'를 타고 억압과 구속이 없는 자유로운 '하늘'로 날아오르고 싶은 시적 화자의 열망을 비유하고 있다.

③ 산호(珊瑚)도 섬도 없는 저 하늘로 : '산호'와 '섬'은 시적 화자를 구속하는 현실적 장애물로 부정적 대상이다. 이런 장애물이 없는 초월적 이상 세계인 '하늘'이 시적 화자가 지향하는 곳이다.

④ 울렁이는 가슴 : 초월적 이상 세계에 대한 소망, 또는 이상과 현실의 괴리에서 오는 시적 화자의 갈등을 상징한다.

⑤ 나는 아무래도 갈 수가 없다. : 초월적 이상 세계에 도달할 수 없는 인간의 운명적 한계에 대한 깨달음을 보여 주는 구절이다.

⑥ 바람이 파도(波濤)를 밀어 올리듯이 : 1연의 반복을 통해 화자의 초월적 의지를 강조하고 있는 부분으로, 인간의 운명적 한계를 인식했지만 포기하지 않고 초월적 세계로의 지향 의지를 강하게 보이고 있다.

시상의 전개

1연	2연	3연	4연	5연
배를 내어밀듯이	수양버들나무, 풀꽃데미, 나비, 꾀꼬리	산호도 섬도 없는 저 하늘	아무래도 갈 수가 없다	바람이 파도를 밀어 올리듯이
현실 초극 의지	현실과 미련과 초극 의지	초월적 세계에 대한 갈망	인간의 숙명적 한계 자각	현실 초극 의지

이해와 감상

이 시는 '춘향의 말'이라는 부제가 붙은 '추천사', '다시 밝은 날에', '춘향유문' 중 첫째 작품이다. 화자인 춘향의 말을 통해 지상적 현실의 세계를 벗어나고자 하는 열망을 노래하고 있는 이 작품은, 그네 타는 행위를 지상적 운명의 구레를 벗어나려는 고뇌의 상징적 표현으로 형상화하고 있다.

춘향은 그네 타는 행위를 단순한 놀이로서가 아니라 땅 위의 인연을 끊어버리고 저 높은 하늘로 올리는 상징적 행동으로 생각한다. 1연에서 향단에게 '머언 바다로 / 배를 내어 밀듯이' 그네를 밀라고 말하는 것은 바로 이 때문이다. 2연에서 춘향이 떠나고자 하는 지상의 사물들은 모두 그것대로 아름다운 사물들이다. 그럼에도 자신이 탄 그네를 밀어 달라고 말하는 것은 이들을 포함한 현실의 세계가 자신의 소망을 실현할 수 없도록 답답하게 가로막혀 있어서 탈출하고 싶기 때문이다. 3연에서 그녀가 가고자 하는 곳은 '산호(珊瑚)도 섬도 없는' 하늘로 표현된다. 1연의 '바다'와 의미가 통하는 초월적 이상의 세계이다. 춘향은 자유롭게 하늘을 떠다니는 채색된 구름처럼 이 세상을 벗어나 하늘 속의 존재가 되도록 자신을 밀어 올려 달라고 말한다. 그러나 사람은 이 세상의 인연에 얽매여서 땅을 디디고 살아갈 운명이다. 4연의 독백 '서(西)으로 가는~갈 수가 없다'라는 시구는 인간의 이러한 운명적 한계에 대한 깨달음을 보여 준다. 아무리 높이 하늘을 향해 차고 오라도 그네는 다시 떨어지고 마는 것이다. 5연에서 그네의 이러한 움직임은 춘향이가 가진 간절한 초월 의지와 그 필연적인 좌절을 상징한다. 그럼에도 춘향은 자신을 밀어 올려 달라고 말한다. 파도가 어쩔 수 없이 다시 떨어져 내려오듯이 소망도 끝내 달성될 수는 없지만 이 지상적 인연을 벗어나려는 괴로운 노력을 포기할 수 없는 것이다.

18 목계장터
― 신경림

①하늘은 날더러 구름이 되라 하고
땅은 날더러 바람이 되라 하네
청룡 흑룡 흩어져 비 갠인 나루
잡초나 일깨우는 잔바람이 되라네.
뱃길이라 서울 사흘 목계 나루에
아흐레 나흘 찾아 박가분 파는
가을볕도 서러운 방물장수 되라네.
②산은 날더러 들꽃이 되라 하고
강은 날더러 잔돌이 되라 하네.
③산서리 맵차거든 풀속에 얼굴 묻고
물여울 모질거든 바위 뒤에 붙으라네.
④민물 새우 끓어넘는 토방 툇마루
⑤석삼 년에 한 이레쯤 천치로 변해
짐부리고 앉아 쉬는 떠돌이가 되라네.
하늘은 날더러 바람이 되라 하고
산은 날더러 잔돌이 되라 하네.

- **주제** : 떠돌이 민중의 삶의 애환
- **특징** :
  - 대립적 심상의 시어들을 통해 시상을 전개함.
  - 향토성 짙은 시어들을 사용함
  - 4음보의 민요적 율격임.
  - 1인칭 화자의 독백적 진술 형태를 취함.

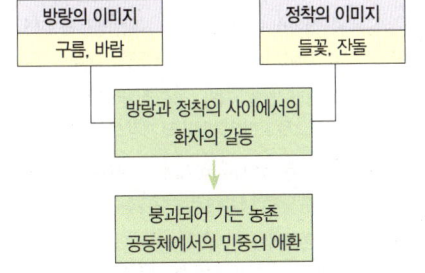

◆ 국왕노트

1. 시적 화자는?
   → 나(유랑하는 민중)
2. '나'가 권유받은 삶의 모습은?
   → 구름, 바람(잔바람), 방물장수, 들꽃, 잔돌
3. 2와 같은 삶의 구체적 모습은?
   → 유랑(구름, 잔바람, 방물장수)
   → 정착(들꽃, 잔돌)
4. '나'의 삶의 자세는?
   → 방랑과 정착의 삶에 대한 욕구를 동시에 지님

◆ 시구풀이

① 하늘은 날더러~되라 하네 : '구름'과 '바람'은 주로 떠남 혹은 방랑의 이미지이다. 이는 화자가 떠돌이의 삶에 대한 운명적 인식을 하고 있음을 보여 주는 것이다.

② 산은 날더러~되라 하네. : '들꽃'과 '잔돌'은 정착하고 사는 일반 민중을 의미하는 것으로, 뿌리내린 삶을 살고자 하는 화자의 욕구를 표현한 것으로 볼 수 있다.

③ 산서리 맵차거든~뒤에 붙으라네. : '산서리'의 '물여울'은 모두 가혹한 시대 현실을 의미한다고 볼 수 있으며, '풀 속에 얼굴 묻'고, '바위 뒤에 붙'어서라도 안식을 취하고 싶다는 화자의 의지가 드러난다.

④ 민물 새우 끓어 넘는 토방 툇마루 : 민물 새우를 넣고 끓인 찌개 냄새가 나는 토방 툇마루의 정경을 표현한 것으로, 풍성하고 넉넉한 인심을 떠올리게 한다.

⑤ 석삼 년에 한 이레쯤 천치로 변해 : 세속적 이해나 명리를 다 벗어버리고 모든 어려움을 잊고자 하는 화자의 마음이 표현되어 있다.

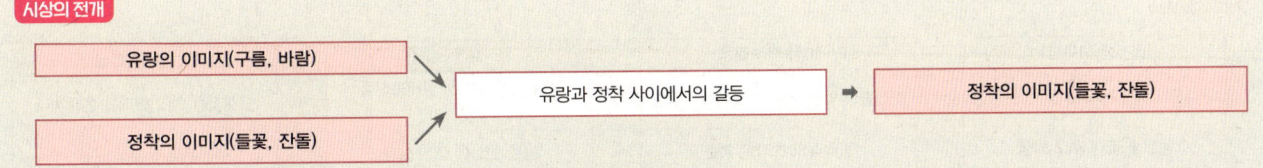

이해와 감상

이 시의 제목이기도 한 '목계장터'는 1910년대까지 중부 지방 각종 산물의 집산지로서 남한강안(南漢江岸)이 수많은 나루터 중 가장 번창했지만, 일제 식민지 수탈 정책의 일환으로 충북선이 부설되자 점차 그 기능을 상실한 곳이다. 시인은 바로 이 '목계 장터'를 공간적 배경으로 삼아 점차 붕괴되어 가고 있는 농촌 사회 속에서 떠돌이 삶을 살아갈 수밖에 없는 민중의 애환을 그리고 있다.

이 시는 전체적으로 방랑과 정착의 이미지가 두 축을 이루고 있다.

1~7행은 '구름', '바람', '방물장수' 등의 시어가 지니는 방랑의 이미지들을 통해 떠돌이의 삶을 살아갈 수밖에 없는 운명에 대한 화자의 인식이 드러나 있다. 8~14행은 정착의 이미지를 지니는 '들꽃,' '잔돌'의 시어를 통해 정착한 삶에 대한 화자의 미련을 드러내는 한편, 떠돌이로서 느끼게 되는 고달픈 삶의 애환과 휴식에 대한 소망을 나타내고 있다. 그리고 15~16행은 방랑과 정착의 갈림길에서 갈등하는 화자의 모습을 보여 줌으로써 방랑과 정착의 기로에 서 있는 농촌 공동체의 삶을 상징적으로 그려 내고 있다.

구성면에서는 1~7행, 8~14행이 유사한 맥락으로 이루어져 있고, 15, 16행은 1, 2행과 8, 9행을 변주함으로써 전체적으로 안정된 구조를 보여 주고 있다. 또한 민요조의 4음보 가락과 '-하고', '-하네', '-라네' 등의 어미를 반복적으로 사용함으로서 생동감 있는 시상을 전개하고 있다.

19 농무(農舞) － 신경림

①징이 울린다 막이 내렸다.
오동나무에 전등이 매어달린 가설 무대
구경꾼이 돌아가고 난 텅빈 운동장
우리는 분이 얼룩진 얼굴로
학교 앞 소줏집에 몰려 술을 마신다.
답답하고 고달프게 사는 것이 원통하다.
②꽹과리를 앞장세워 장거리로 나서면
따라붙어 악을 쓰는 건 쪼무래기들뿐
처녀애들은 기름집 담벽에 붙어 서서
철없이 킬킬대는구나.
보름달은 밝아 ③어떤 녀석은
꺽정이처럼 울부짖고 또 어떤 녀석은
서림이처럼 해해대지만 이까짓
산구석에 처박혀 발버둥친들 무엇하랴.
④비료값도 안 나오는 농사 따위야
아예 여편네에게나 맡겨두고
⑤쇠전을 거쳐 도수장 앞에 와 돌 때
우리는 점점 신명이 난다.
한 다리를 들고 날라리를 불거나.
고갯짓을 하고 어깨를 흔들꺼나.

- **주제**: 농민들의 한(恨)과 고뇌 어린 삶
- **특징**:
  - 직설적 표현으로 현실 인식을 드러내고 있음.
  - 역설적 상황의 설정을 통한 심리 표출.
  - 서사적인 시상 전개가 이루어짐.

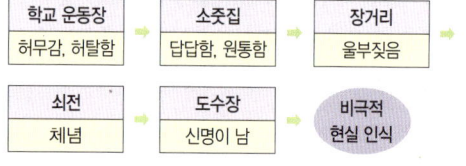

◆ 국왕노트

1. 시적 화자는?
   → 우리(농민들)
2. 시적 화자의 현재 모습은?
   → 농무(공연)를 마치었다.
3. 2의 모습을 구체적으로 찾으면?
   → 학교 앞 소줏집에 몰려 술을 마신다.
   → 꽹과리를 앞장 세워 장거리로 나서면.
   → 쇠전을 거쳐 도수장 앞에 와 돌 때.
4. 현재의 모습에 대해 시적 화자의 생각은?
   → 답답하고 고달프게 사는 것이 원통하다.
   → 산구석에 쳐박혀 발버둥친들 무엇하랴.
   → 비료값도 안 나오는 농사 따위야
5. 마지막 부분에서 시적 화자의 정서는?
   → 신명을 느끼고 있다.
6. '신명'의 의미를 생각해 보면?
   → 고단한 농촌 삶에 대한 몸부림, 삶의 고통스런 현실을 잊고자하는 욕망

◆ 시구풀이

① 징이 울린다 막이 내렸다. : 막이 내리는 장면으로 시작함으로써 모든 것이 끝났다는 느낌을 주어 이 작품의 정조인 비탄과 허탈감을 효과적으로 보여 주고 있다. 여기서 '막이 내렸다는 것은 농촌의 쇠락을 뜻하는 것으로 볼 수도 있다.

② 꽹과리를 앞장세워~철없이 킬킬대는구나. : 예전 농무를 추면 마을 모든 사람들이 함께 어울리던 모습과는 달리 변해버린 농촌 현실을 보여 주고 있다.

③ 어떤 녀석은~서림이처럼 해해대지만 : 농촌 현실에 대한 울분을 조선 시대의 역적인 임꺽정의 울부짖음으로 표현하여 농민의 저항 의식을 드러내고 있다.

④ 비료값도 안 나오는~여편네에게나 맡겨 두고 : 시적 화자가 울분을 느끼는 '비료값도 안 나오는' 농촌의 비참한 현실이 드러나 있다.

⑤ 쇠전을 거쳐~어깨를 흔들꺼나. : 농촌 현실에 대한 뿌리 깊은 좌절감과 울분, 분노와 한을 농무의 신명나는 동작으로 분출하는 역설적 상황이 나타나 있다.

시상의 전개

1~6행(허무함)	7~10행(울부짖음)	11~16행(체념)	17~20행(신명)
구경꾼이 돌아가고 난 텅 빈 운동장	따라붙어 악을 쓰는 건 조무래기들뿐	산구석에 처박혀 발버둥친들 무엇하랴	고갯짓을 하고 어깨를 흔들꺼나
농무를 끝낸 후 허탈함	농악패의 초라한 행렬	농촌 현실에 대한 울분	농무로 울분을 달램

이해와 감상

이 시는 농촌의 비극적 현실을 가장 사실적이고, 극적으로 묘사한 작품이다. 1970년대 초입에 발표되었지만 작품 속 농촌의 현실과 오늘날 농촌의 현실은 그다지 다르지 않다. 그만큼 농촌의 현실을 정확하게 꿰뚫고 있음을 보여 준다.

이 시에는 '농무'라는 놀이가 등장하나 이것은 즐거움으로 충만한 것이 아니다. 농무는 농민들의 분풀이의 성격을 띠고 있기 때문이다. 공연이 끝나고, 학교 앞 소줏집에서 술을 마시는 농민들에게 밀려오는 것은 허탈감뿐이다. 그들의 삶은 '답답하고 고달프게 사는 것이 원통하다'와 '이까짓/ 산구석에 처박혀 발버둥친들 무엇하랴'라는 구절을 통해 극명하게 나타난다. 그래도 그들은 허탈감과 원통함, 울분을 안고 농무를 추면서 쇠전을 거쳐 도수장까지 이르게 되는데, 여기에서 그들이 지닌 한(恨)은 신명으로 전환된다. 그러나 여기에서의 신명은 분노를 삭이면서 형성되는 역설적인 의미를 지닌다.

따라서 겉으로 흥겨운 축제를 보여 주고 있는 이 시는 당대의 사회적 현실을 문학적인 방식으로 고발하고 있음을 알 수 있다. 마지막 부분에 이르러 우리는 농민들의 처절한 몸짓을 보며 자연스럽게 그들의 의식에 공감을 하게 된다.

20 꽃덤불
― 신석정

①태양을 의논(議論)하는 거룩한 이야기는
항상 태양(太陽)을 등진 곳에서만 비롯하였다.

②달빛이 흡사 비오듯 쏟아지는 밤에도
우리는 ③헐어진 성(城)터를 헤매이면서
언제 참으로 그 언제 우리 하늘에
오롯한 태양(太陽)을 모시겠느냐고
④가슴을 쥐어뜯으며 이야기하며 이야기하며
가슴을 쥐어뜯지 않았느냐?

⑤그러는 동안에 영영 잃어버린 벗도 있다.
그러는 동안에 멀리 떠나버린 벗도 있다.
그러는 동안에 몸을 팔아버린 벗도 있다.
그러는 동안에 맘을 팔아버린 벗도 있다.

⑥그러는 동안에 드디어 서른여섯 해가 지나갔다.

다시 우러러 보는 이 하늘에
⑦겨울밤 달이 아직도 차거니
⑧오는 봄엔 분수(噴水)처럼 쏟아지는 태양(太陽)을 안고
그 어느 언덕 꽃덤불에 아늑히 안겨보리라.

- **주제**: 광복의 기쁨과 새로운 민족 국가 건설에의 소망
- **특징**:
  - 반복적 표현을 통해 율격을 형성함.
  - 상징적 심상으로 이미지를 형상화함.
  - 어둠과 밝음의 대립적 이미지를 활용함.

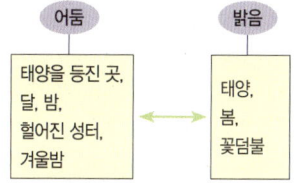

어둠	밝음
태양을 등진 곳, 달, 밤, 헐어진 성터, 겨울밤	태양, 봄, 꽃덤불

◆ 국왕노트

1. 시적 화자는?
   → 나(우리)
2. '나'가 마음에 품고자 하는 것은?
   → 태양(광복)
3. '나'가 처한 현재의 상황은?
   → 밤
4. 과거 '나'의 모습은?
   → 태양을 의논하고, 어두운 밤 헐어진 성터를 헤매이고 있었다.
5. 4를 통해 '나'가 얻은 것은?
   → 다시 우러러보는 이 하늘(해방)
6. 해방 후의 상황은?
   → 겨울밤 달이 아직도 차거니(해방 후, 이념 대립으로 여전히 암울하다)
7. '나'가 바라는 미래의 모습은?
   → 태양을 안고 꽃덤불에 아늑히 안겨 보리라.

◆ 시구풀이

① 태양을 의논(議論)하는~등진 곳에서만 비롯하였다. : 일제 강점기의 삶의 모습을 상징적으로 표현하고 있다. '태양을 의논하는 거룩한 이야기'는 조국 광복에 대한 소망을 함께 나누는 일을 말한다. 그리고 '태양을 등진 곳'은 일제 강점기의 상황 속에서 비밀스럽게 숨어서 독립 투쟁을 벌여야 했던 당시의 불행한 상황을 나타낸다.

② 달빛이 흡사 비오듯 쏟아지는 밤에도 : 달빛이 쏟아지는 밤이라도 그것은 어둠이기에 일반적으로 '밤'이 지니는 부정적 의미를 지닌다. 즉 일제의 지배를 받는 암울한 현실 상황을 나타낸다.

③ 헐어진 성(城)터를 헤매이면서 : '헐어진 성(城)터'는 1연의 '태양을 등진 곳'과 같은 의미로, 국권을 빼앗긴 조국의 모습을 상징한다. 즉 일제 강점의 상황에서의 불안한 삶의 모습을 보여 주고 있다.

④ 가슴을 쥐어뜯으며~가슴을 쥐어뜯지 않았느냐? : 조국 광복을 바라는 안타까움과 소망의 절실함을 강조하고 있다.

⑤ 그러는 동안에 ~ 벗도 있다. : 일제 강점기하의 불행한 삶의 모습을 표현하고 있다. 죽음과 방랑, 전향 변절 등에 대한 비판과 안타까움을 드러내고 있다.

⑥ 그러는 동안에 드디어 서른여섯 해가 지나갔다. : 일제 식민지 36년의 고달픈 삶이 지나가고 광복을 맞이하였음을 말하고 있다.

시상의 전개

1연	2연	3연	4연	5연
태양을 등진 곳에서 태양을 의논함	언제 우리 하늘에 오롯한 태양을 모시겠느냐고	영영 잃어버린, 멀리 떠나버린, 몸을 팔아버린, 맘을 팔아버린	서른여섯 해가 지나갔다.	태양을 안고 꽃덤불에 안겨 보리라.
지하 독립 운동	독립을 위한 노력	죽음, 유랑, 변절의 벗	일제 강점의 종식	새로운 국가 건설의 기대

이해와 감상

이 시는 광복 후 일제 강점기의 어둡고 고통스러웠던 과거를 돌이켜보면서 광복의 기쁨과 완전한 조국의 광복에의 희망을 노래하고 있다. 이 시는 식민지 시대를 다룬 대다수의 시와 마찬가지로 어둠과 밝음의 대립적 이미지를 주축으로 하고 있다. 이 시에서 어둠은 '밤'과 '달'로, 밝음은 '태양'과 '꽃덤불'로 형상화되어 있다.
 1, 2연에 '태양'은 조국의 광복을 의미한다. 1연은 일제 치하에서의 광복을 위한 투쟁의 모습을 보여 준다. 2연에서 '달빛이 비오듯 쏟아지는 밤'은 달빛이 있다 해도 그것이 밤인 한 어둠이고 암흑일 수밖에 없기에 '헐어진 성터를 헤매이면서', '가슴을 쥐어 뜯으며' 조국 광복을 갈망하였던 것이다. 3연에서는 애국지사의 죽음과 방랑, 변절과 전향 등 일제 강점하의 비극적인 상황을 나열하고, 안타까운 심정을 반복을 통해 토로하고 있다. 4연에서 마침내 조국의 광복을 이루었음을 말하고 있다. 그러나 광복 후의 상황은 5연의 '겨울밤 달이 아직도 차거니'에서 알 수 있듯이 아직 완전한 독립을 이루지 못하고 좌 · 우익의 갈등으로 혼란스러운 상황이 계속되고 있음을 말하고 있다. 그리고 이러한 어둠의 잔재를 완전히 청산하고 맞이해야 할 미래의 표상으로 새로운 민족 국가의 수립을 '분수(噴水)처럼 쏟아지는 태양을 안고', '꽃덤불에 아늑히 안기는 모습'을 통해 나타내고 있다.

21 그날이 오면 - 심훈

①그 날이 오면, 그 날이 오면은
②삼각산(三角山)이 일어나 더덩실 춤이라도 추고
한강 물이 뒤집혀 용솟음칠 그 날이
이 목숨이 끊기기 전에 와 주기만 하량이면
나는 밤 하늘에 날으는 까마귀와 같이
③종로(鐘路)의 인경(人磬)을 머리로 들이받아 울리오리다.
두개골은 깨어져 산산조각 나도
기뻐서 죽사오매 오히려 무슨 한(恨)이 남으오리까.

그 날이 와서, 오호 그 날이 와서
육조(六曹) 앞 넓은 길을 울며 뛰며 뒹굴어도
그래도 넘치는 기쁨에 가슴이 미어질 듯하거든
④드는 칼로 이 몸의 가죽이라도 벗겨서
커다란 북을 만들어 들쳐 메고는
여러분의 행렬(行列)에 앞장을 서오리다.
우렁찬 그 소리를 한 번이라도 듣기만 하면
그 자리에 꺼꾸러져도 눈을 감겠소이다.

- **주제** : 조국 광복의 그 날에 대한 간절한 염원
- **특징** : • 반복과 과장을 통해 주제 의식을 강조함.
  • 극한의 시어를 사용하여 격정적 감정을 직접 노출시키고 있음
  • 경어체 종결 어미를 사용하고 있음.

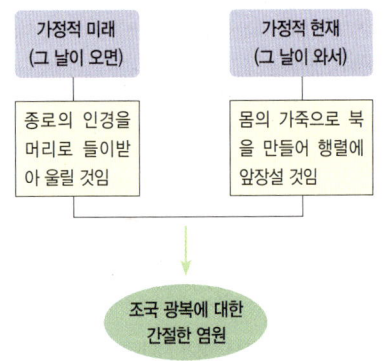

◆ 국왕노트

1. 시적 대상은?
   → 나(조국 광복을 염원하는 사람)
2. 시적 상황은?
   → 자기희생의 의지를 통해 조국 광복을 염원함
3. 시적 화자의 태도는?
   → 자기희생
4. 시적 화자의 실천적 의지를 표현하며, 조국 광복의 날이 온 기쁨을 민족에게 알리기 위한 수단이 되는 소재는?
   → 인경(人磬), 북

◆ 시구풀이

① 그 날이 오면, 그 날이 오면은 : '그 날이 오면'은 가정적 미래의 설정으로, 조국 광복의 '그 날'이 오기를 바라는 화자의 마음을 반복법을 통하여 강조하고 있다.

② 삼각산이 일어나~용솟음칠 그 날이 : 의인법과 과장법을 통해 광복 '그 날'의 환희를 역동적으로 그려내고 있다. 여기서 '삼각산'과 '한강'은 우리나라를 의미하는 소재로 대유법(환유법)이 사용되고 있다.

③ 종로(鐘路)의 인경(人磬)을~울리오리다. : 자신의 희생을 통해 '새날'이 밝아 오고 있음을 알리겠다는 비장한 의지를 표현하고 있다.

④ 드는 칼로 이 몸의 가죽이라도 벗겨서 : 극한의 시어를 사용하여 자기희생적 의지와 광복에 대한 염원을 강조함으로써 전율감마저 느끼게 한다.

시상의 전개

1연	2연
종로의 인경을 머리로 들이받아 울리오리다.	드는 칼로 이 몸의 가죽이라도 벗겨서 커다란 북을 만들어 들쳐 메고는 여러분의 행렬에 앞장을 서오리다.
조국 광복의 염원과 희생 의지 1	조국 광복의 염원과 희생 의지 2

이해와 감상

조국 광복의 그 날을 염원하면서 쓴 것으로 알려져 있는 이 시는 조국 광복의 '그 날'이 찾아왔을 때 폭발하듯 터져 나올 격정과 환희의 모습에 초점을 맞추고 있다.

1연은 가정적 미래의 시점으로 조국 광복의 그 날을 바라는 간절한 염원을 절규에 가까운 격정적 어조로 노래하고 있다. '내 목숨 다하기 전에' '삼각산이 일어나 더덩실 춤이라도 추고 / 한강 물이 뒤집혀 용솟음칠 그 날' 오기만 한다면, 나는 광복의 기쁜 소식을 알리는 인경을 새처럼 머리로 들이받아 울리다가 죽어도 좋으며, 머리가 깨어져 산사조각이 난다 하더라도 광복의 기쁨 속에서 죽을 수 있다면 여한이 없을 것이라는 것이다.

조국 광복이 찾아온 그 날의 감격과 환희를 가정적 현재의 시점으로 노래하고 있는 2연도 1연과 거의 동일한 구조를 취하고 있다. 2연의 전반부 '그 날이 와서~미어질 듯하거든'에서는 조국 광복의 '그 날'이 찾아왔을 때의 기쁨을 제시하고 있으며, 이어서 2연의 후반부 '드는 칼로~눈을 감겠소이다.'에서는 조국 광복의 '그 날'을 위해서라면 기꺼이 자기를 희생하겠다는 시적 화자의 간절한 바람이 죽음을 넘어선 선구자적 모습을 통해 생생하게 그려지고 있다.

이와 같이 이 시는 조국 광복의 '그 날'을 간절히 염원하는 시적 화자의 강인한 의지와 도도한 의기(義氣)의 자세가 극한적 표현과 비장한 목소리를 통해 우리의 귀에 절절한 호소로 다가오는 작품이다.

22 깃발 — 유치환

①이것은 소리없는 아우성.
②저 푸른 해원을 향하여 흔드는
영원한 노스텔지어의 손수건.
순정은 물결같이 바람에 나부끼고
오로지 맑고 곧은 이념의 푯대 끝에
애수는 ③백로처럼 날개를 펴다.
아! 누구던가?
이렇게 슬프고도 애달픈 마음을
④맨 처음 공중에 달 줄을 안 그는.

- **주제**: 이상향에 대한 향수와 그 비애(동경과 좌절)
- **특징**:
  - '깃발'의 상징적 이미지를 역설을 통해 제시함.
  - 깃발의 역동성과 색채 대비를 통해 선명한 이미지를 제시함.

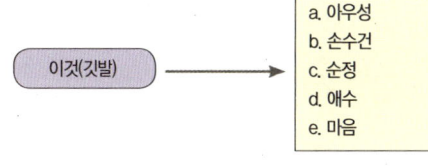

이것(깃발) →
a. 아우성
b. 손수건
c. 순정
d. 애수
e. 마음

◆ 국왕노트

1. 시적 대상은?
   → 깃발
2. 시적 상황은?
   → 깃발은 몹시도 나부끼고 있다.
3. 2의 '깃발'을 표현한 구절은?
   → 소리 없는 아우성, 노스텔지어의 손수건
4. '깃발'이 가고자 하는 곳은?
   → 푸른 해원(이상향)
5. '깃발'이 그 곳에 갈 수 없는 이유는?
   → 깃대에 묶여 있어서
6. '깃발'이 느끼는 마음은?
   → 애수, 슬프고도 애달픈 마음

◆ 시구풀이

① **이것은 소리 없는 아우성**: 1. 시각적 이미지인 '깃발'을 청각적 이미지인 '아우성'으로 전이시킨 '공감각적 심상'의 표현 2. '소리 없는 아우성'은 모순 형용으로 된 역설의 표현 3. '아우성'은 이상을 실현시키고자 하던 많은 사람들의 부르짖음이 깃발에 들어 있다는 것

② **저 푸른 해원(海原)**: '푸른'은 이상과 동경을 상징한다. '해원(海原)'은 바다를 뜻하는 일본어식 표현이다. 따라서 '푸른 해원'은 '이상 세계, 동경의 세계'를 뜻한다.

③ **백로처럼 날개를 펴다**: 1. '백색'은 현실을 상징한다. 2. 대부분의 깃발은 바탕색이 흰색이다. 3. 이 구절은 이상을 염원하지만 실패하고 좌절할 것임을 암시한다. 깃발이 깃대에서 펄럭이는 것은 이상을 향해 날아오르겠다는 의지를 표상한다. 그러나 그 깃발을 깃대에서 이탈시켰을 때 그것은 하늘로 날아오르지 못하고 지상에 추락하게 마련이다.

④ **맨 처음 공중에 달 줄을 안 그는**: 깃발을 달며 이상을 실현하기 위해 발전하여 형성된 것은 '국가'란 개념이다. 그러나 역사상 국가는 이상을 실현시키지 못하고 대체로 몇몇 권력자가 백성들에게 고통만 주어왔다. 이래서 19세기 말엽에 나온 극단적인 정치적 이데올로기가 '무정부주의'이다. 무정부주의는 정치권력이나 정부의 지배를 부정하고, 절대적 자유가 보장되는 사회를 이상으로 삼기 위해 정부 조직을 파괴하는 행동을 실천할 것을 부르짖는다. 주권을 상실하고 일제 식민지 치하에서 고통을 받는 시인은 근본적으로 국가라는 제도에 대해 회의를 느꼈을 것이다. 유치환 시인이 무정부주의를 부르짖는 아나키스트라는 것이 아니라, 당시 아시아권에서 유행하였던 아나키즘의 풍조가 이 시에 영향을 주었다고 평가할 수 있겠다.

시상의 전개

1~3행	4~6행	7~9행
소리 없는 아우성, 노스텔지어의 손수건	순정과 애수	슬프고도 애달픈 마음
초월적 세계에 대한 향수	깃발의 순수한 열정과 애수	인간 존재의 한계와 좌절

이해와 감상

이 작품은 깃발을 통해 이상적인 세계에 대한 동경과 좌절을 노래하고 있다. 여기서 이상 세계는 '푸른 해원'으로 나타나 있으며, 이상 세계를 지향하는 화자의 모습은 '깃발'로 상징되어 있다. 그리고 이상 세계로 갈 수 없는 한계 상황은 '푯대'에 깃발이 묶여 있는 것으로 나타나 있다.

이 시에서 '깃발'은 단순한 사물이 아니라 먼 바다를 향해 처절하도록 줄기차게 나부끼는 모습으로, 도달하기 어려운 이상을 추구하는 화자의 몸짓으로 해석할 수 있다. 즉 영원히 이루어질 수 없는 현실을 인식하면서도 이상을 향해 동경의 끈을 놓지 않는 깃발을 통해 인간 존재의 한계성과 모순성을 보여 주는 작품이라 할 수 있다.

23 생(生) － 유하

①천장(天葬)이 끝나고
일제히 날아오르는 독수리 떼

허공에 무덤들이 떠간다.
②쓰러진 육신의 집을 버리고
휘발하는 영혼아
또 어디로 깃들일 것인가

③삶은 마약과 같아서
끊을 길이 없구나

하늘의 구멍인 별들이 하나 둘 문을 닫을 때
④새들은 또 둥근 무덤을 닮은
알을 낳으리

■ 주제 : • 인간의 무의미하고 허무한 삶
• 자본주의 체제하의 인간 존재에 대한 성찰
■ 특징 : • 삶과 죽음의 순환 구조를 바탕으로 시상을 전개해 나감.
• 부정적이고 허무한 삶의 의미를 담담하게 표현함.

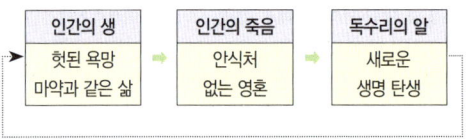

◆ 국왕노트

1. '쓰러진 육신의 집'의 뜻은?
   → 죽은 몸
2. '휘발하는 영혼'에 담긴 정서는?
   → 허무함
3. '헛된 욕망'을 상징하는 시어는?
   → 마약
4. '둥근 무덤을 닮은 알'이 뜻하는 것은?
   → 죽음을 전제로 한 새로운 생명의 탄생
5. '생'에 대한 시적 화자의 인식을 알 수 있는 시어는?
   → '허공의 무덤', '휘발하는 영혼', '삶은 마약과 같아서', '둥근 무덤을 닮은 알'

◆ 시구풀이

① 천장(天葬)이 끝나고~독수리 떼. : 독수리 떼가 죽은 인간의 육신을 파먹고 날아오르는 시적 상황을 제시하고 있다.

② 쓰러진 육신~어디로 깃들일 것인가. : 죽어서도 정착하지 못하는 인간의 영혼을 빗대어 설의적으로 표현하고 있다.

③ 삶은 마약과~길이 없구나. : 인간의 삶이 헛된 욕망만을 쫓아 그 끝을 알 수 없음을 비유하는 말로 의미없이 지속되는 생을 뜻하기도 한다. 삶에 대한 화자의 부정적 인식이 드러나 있다.

④ 새들은 또~알을 낳으리. : 죽음을 전제로 한 새로운 생명이 다시 태어남을 예견하고 있다.

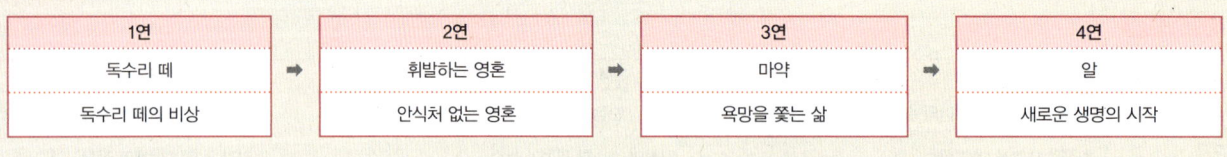

이해와 감상

인간의 역사는 죽음과 삶의 연속으로 이루어진다. 영혼이 휘발하여 깃들일 곳이 없어도 인간의 삶은 끊을 길이 없다. 그리고 인간의 육신을 파먹는 독수리는 또 죽음 전제한 새로운 생을 낳는다. 바로 시 '생(生)'은 삶의 무상감과 허무감이 배어 나오는 작품이다.

그러나 이 시를 좀더 자세하게 살펴 보면 자본주의라는 거대한 체제 아래 놓여 있는 인간 군상들의 존재에 대한 성찰이 들어 있음을 알 수 있다. 자본주의는 생산과 소비를 전제로 하는 사회 체제로, 인간의 욕망이 만들어 낸 산물이다. 그리고 그 속에서 인간들은 채워지지 않는 자신의 욕망을 갈구하며 살아가는 것이다.

시인은 '생'에서 자본주의의 실상을 전제로 인간의 존재를 바라본다. 자본주의가 전세계를 뒤덮은 시대적 상황 속에서 개인의 삶은 자본의 제국에 편입되는 방식만 선택할 수 있게 되었다. 즉, 개인의 삶이 즐거운 욕망의 회로를 따라 가느냐, 아니면 저항하고 비판하면서 질질 끌려 가느냐, 혹은 무관심하거나 초월하면서 좀 우아하게 편승하느냐 정도의 방식만 선택할 수 있는 시대가 된 것이다. 그러나 인간들의 존재를 차분히 바라다보면 각자의 존재 이유와 상관 없이 욕망만을 추구하며 살아가고 있다. 그렇게 헛되이 욕망을 쫓아가는 인간의 모습을, 시인은 '삶은 마약과 같아서 / 끊을 길이 없구나'라고 한 것이다.

24 거울
― 이상

거울속에는소리가없소
저렇게까지조용한세상은참없을것이오

거울속에도내게귀가있오
① 내말을못알아듣는딱한귀가두개나있소

거울속의나는왼손잡이오
② 내악수(握手)를받을줄모르는――악수를모르는왼손잡이오

③ 거울때문에나는거울속의나를만져보지를못하는구료마는
거울아니었던들내가어찌거울속의나를만나보기만이라도
했겠오

나는지금거울을안가졌소마는거울속에는거울속의내가있소
잘은모르지만 ④ 외로된사업(事業)에골몰할께요

⑤ 거울속의나는참나와는반대(反對)요마는
또꽤닮았오.
⑥ 나는거울속의나를근심하고진찰(診察)할수없으니퍽섭섭
하오.

- **주제** : 자아 분열 양상과 현대인의 불안 심리
- **특징** : • 자동 기술법 사용으로 초현실주의 경향을 띰.
  • 역설적 표현으로 자아의 모순성을 드러냄.
  • 띄어쓰기를 무시하는 등의 실험성을 드러냄.

거울 밖의 나	거울	거울 속의 나
현실적, 주체적 자아		내면적, 무의식적 자아

◆ 국왕노트

1. 시적 화자는?
   → 나
2. '나'의 현재 모습은?
   → 거울 속의 '나'를 보고 있다.
3. 거울 속 '나'의 모습은?
   → 내 말을 못 알아 듣고, 내 악수를 받을 줄 모른다.
4. '나'가 생각하는 거울 속의 '나'의 '지금'의 모습은?
   → 외로된 사업에 골몰할 것이다.
5. 시적 화자가 거울 속의 '나'에게 갖는 마음은?
   → 섭섭하다.(안타깝다)

◆ 시구풀이

① 내말을못알아듣는딱한귀가두개나있소 : 거울 속의 나(내면적 자아)와 거울 밖의 나(현실적 자아)가 의사 소통이 단절된 상황을 표현한 것이다. 자의식의 분열상을 구체적인 상황으로 제시하고 있는 부분이다.

② 내악수(握手)를받을줄모르는――악수를모르는왼손잡이오 : 거울 속의 나와 거울 밖의 나와의 거리감, 단절감, 또는 서로 간의 소외감을 표현하고 있다.

③ 거울때문에~보기만이라도했겠오 : 현실적 자아와 내면적 자아 사이의 관계를 차단하지만 한편으로는 현실적 자아가 내면적 자아를 인식하도록 하는 거울의 모순적 기능이 드러나는 부분이다.

④ 외로된사업(事業) : 이 구절은 거울 속의 '나'가 거울 밖의 '나'의 인식과 의도를 벗어난 혼자만의 일을 한다는 뜻으로, 현실적 자아와 내면적 자아 사이의 분열이 심각한 상태임을 나타낸다.

⑤ 거울속의나는~또꽤닮았오. : 거울 밖의 자아(현실적 자아)와 거울 속의 자아(내면적 자아)가 이질성과 동질성을 동시에 지니고 있다는 의미로, 두 개의 서로 모순된 자아를 지니고 있음을 나타낸 것이다.

⑥ 나는거울속의나를근심하고진찰(診察)할수없으니퍽섭섭하오. : 거울 속의 내면적 자아의 모습을 걱정하면서 그 문제점을 해결할 수 없는 안타까운 심정이 나타나 있다. 분열된 자아의 이중성에 대한 인식이 직접적으로 드러나 있다.

시상의 전개

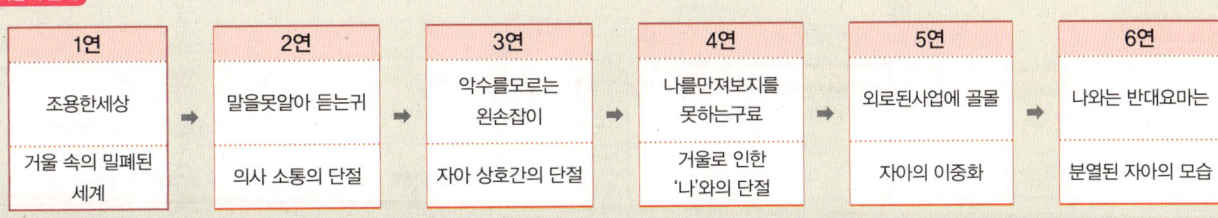

1연	2연	3연	4연	5연	6연
조용한세상	말을못알아 듣는귀	악수를모르는 왼손잡이	나를만져보지를 못하는구료	외로된사업에 골몰	나와는 반대요마는
거울 속의 밀폐된 세계	의사 소통의 단절	자아 상호간의 단절	거울로 인한 '나'와의 단절	자아의 이중화	분열된 자아의 모습

이해와 감상

이 시는 우리들 내면에 존재하는 두 자아의 분열 양상을 표현하고 있다. 두 자아는 거울 밖의 현실 세계를 살아가는 현실적 자아와, 거울 속에 존재하는 내면적 자아를 가리킨다. 시인은 이러한 인간의 자기 모순에서 오는 자아 분열과 갈등 양상을 드러내고 있는데, 이런 모습은 현대인의 심리적 불안감과 갈등 양상을 표현한 것으로 이해할 수 있다.

1연에서 시인은 거울 속이 세계가 조용하다고 말한다. 이것은 한편으로 거울 밖의 현실 세계가 시끄럽다는 것을 암시하기도 한다. 즉 거울이 모든 사물을 거꾸로 비춰 준다는 사실을 염두에 둔다면, 거울 속이 조용하다고 말함으로써 오히려 거울 밖이 소란스럽다는 것을 나타내는 것이다. 이것은 2연에서 말하고 있는 것처럼, 거울 속에 있는 귀가 현실 속의 소란한 소리를 알아듣지 못하기 때문이다.

3연에서 두 자아는 화해를 시도해 보지만 그것은 결국 실패로 끝난다. 거울 밖의 나는 화해를 위한 악수를 청해 보지만, 거울 속의 나는 왼손잡이로서 화해할 수 없게 된다. 즉 자아의 분열이 보다 본질적이고, 근원적인 것임을 드러내는 것이다. 이러한 근원적인 분열은 거울의 모순적 속성에 기인한다. 이어지는 4연에서 거울은 본질적으로 차단과 만남의 양면성을 지닌 모순적 소재로 드러난다. 즉, 거울을 매개로 두 자아가 서로 만날 수 있지만 동시에 거울로 인해 두 자아의 만남이 차단되기도 하는 것이다.

5연에서는 거울 속의 나가 '외로된' 일에 골몰하고 있다고 말함으로써 두 자아가 분열을 넘어 서로 따로 살아가는 존재로까지 표현된다. 이렇게 분리된 자아의 모습을 화자는 안타까워하면서 치료하고 싶어 하지만 치료할 수가 없다. 마지막 연에 이르러 두 자아는 완전히 분리된 양상으로 나타나 있다.

결국 이 시는 모순적 속성을 지닌 '거울'을 통해 현대인의 불안 의식을 표현한 작품으로 이해할 수 있다.

25 벼 － 이성부

벼는 서로 어우러져
기대고 산다.
햇살 따가워질수록
깊이 익어 스스로를 아끼고
이웃들에게 저를 맡긴다.

①서로가 서로의 몸을 묶어
더 튼튼해진 백성들을 보아라.
②죄도 없이 죄지어서 더욱 불타는
마음들을 보아라. ③벼가 춤출 때,
벼는 소리 없이 떠나간다.

④벼는 가을 하늘에도
서러운 눈 씻어 맑게 다스릴 줄 알고
⑤바람 한 점에도
제 몸의 노여움을 덮는다.
저의 가슴도 더운 줄을 안다.

⑥벼가 떠나가며 바치는
이 넓디 넓은 사랑
쓰러지고, 쓰러지고 다시 일어서서 드리는
이 피 묻은 그리움,
이 넉넉한 힘…….

- **주제** : 벼(민중)의 강인한 생명력 예찬
- **특징** : • 비유적 표현을 통한 주제의 형상화
  • 대상을 의인화함.

◆ 국왕노트

1. 시적 화자는?
   → '벼'를 바라보는 사람
2. '벼'의 모습은?
   → 서로 어우러져 기대고 산다. 깊이 익어 스스로를 아끼고 이웃에게 저를 맡긴다. 춤을 춘다.
3. 시적 화자가 '벼'를 통해 생각하고 있는 것은?
   → 튼튼한 백성들
4. '벼'를 통해 시적 화자가 말하고자 한 백성들의 모습은?
   → 가난하고 힘은 없지만 이웃과 더불어 살아가는 사람들, 홀로 설 때는 연약하지만 뭉치면 큰 힘을 내는 민중들

◆ 시구풀이

① 서로가 서로의~튼튼해진 백성들을 보아라. : 개인으로 존재할 때보다 함께 할 때 더 큰 힘을 발휘할 줄 아는 민중의 힘을 나타내고 있다.

② 죄도 없이~마음들을 보아라. : 역사 속에서 끊임없이 강요당하는 고통스러운 삶을 살아온 민중들의 내면적 정서를 형상화하고 있다.

③ 벼가 춤출 때,~소리 없이 떠나간다. : 자신들이 가장 성숙한 모습일 때, 스스로의 이기적인 삶을 버리고 대의(大義)를 위해 희생할 줄 아는 벼의 모습을 통해 민중의 모습을 떠올리고 있다.

④ 벼는 가을 하늘에도~다스릴 줄 알고 : 벼는 맑은 하늘을 보며 서러움을 달랠 줄도 알고의 의미로, 하늘을 향해 서 있는 벼의 모습에서 서러움을 달래는 어진 민중의 모습을 상상하고 있다.

⑤ 바람 한 점에도 ~노여움을 덮는다. : 자연에 순응하는 벼의 모습을 통해 감정을 억제할 줄 아는 민중의 모습을 형상화하고 있다.

⑥ 벼가 떠나가며~넓디 넓은 사랑 : 자기 희생을 통해 사랑을 가르치는 벼의 넉넉함은 민중의 끈질긴 생명력을 상징한다.

시상의 전개

1연	2연	3연	4연
서로 어우러져 사는 모습	서로가 서로의 몸을 묶어 더 튼튼해진 백성	서러운 눈 씻어 맑게 다스릴 줄 알고	쓰러지고, 쓰러지고 다시 일어서서
벼의 외면적 모습	벼의 내면적 덕성	벼의 내면적 태도	벼에 대한 예찬

이해와 감상

이 시는 '벼'라는 소재를 통해 민족, 민중의 공동체 의식을 나타낸 작품으로, 비유와 상징의 기법으로 주제를 형상화하고 있다. 이 시에서 '벼'는 공동체 의식에 바탕을 둔 민중의 생명력으로 상징된다.

1연에는 온갖 고난을 이겨 낸 민중의 모습과 겸손한 자세로 이웃과 더불어 사는 삶이 나타나 있다. 2연에서는 이러한 민중 개개인이 공동체가 될 때 비로소 민중의 저력이 발휘됨을 보여 주고 있다. 그들은 아무 '죄도 없이 죄지은' 것처럼 숨죽이며 살아온 사람들이다. 그렇지만 사회적 힘이 강해질 때면 그들의 가슴엔 세상을 향한 강렬한 저항의 불길이 일어나며, 자신들이 떠나야 할 때는 소리 없이 떠날 줄도 안다. 3연에서는 민중들이 어질고 현명한 존재임을 보여 주고 있다. 서러움을 달랠 줄도 알고, 시련이 닥쳐 올 때 면 노여움을 삭일 줄도 안다. 무엇보다도 그들은 불의의 사회 현실에 대해 저항할 줄 아는 '더운 가슴'이 용솟음치는 이들임을 강조하고 있다. 4연에는 고난과 시련에도 불구하고 역사의 주체로 일어서는 민중의 끈질긴 생명력이 드러나 있다. 벼는 비록 피 흘리며 베어지지만, 자기 희생을 통해 이룩한 '넓디 넓은 사랑'에 만족하며 조용히 쓰러진다. 벼의 고귀한 희생을 거쳐 새로운 벼가 탄생되듯이, 쓰러짐이 끝이 아니라 새로운 시작임을 민중들은 아는 것이다. 그러므로 그들은 서로의 처지를 이해하고, 서로의 아픔을 위로하는 삶의 동반자로서의 공동체 의식을 강화함으로써 역사의 주체로 일어설 수 있는 강한 힘을 얻게 되는 것이다.

25 봄
— 이성부

①기다리지 않아도 오고
 기다림마저 잃었을 때에도 너는 온다.
②어디 뻘밭 구석이거나
 썩은 물 웅덩이 같은 데를 기웃거리다가
 한눈 좀 팔고 싸움도 한 판 하고,
 지쳐 나자빠져 있다가
③다급한 사연 듣고 달려간 바람이
 흔들어 깨우면
 눈 부비며 너는 더디게 온다.
④더디게 더디게 마침내 올 것이 온다.
 너를 보면 눈부셔
 일어나 맞이할 수가 없다
⑤입을 열어 외치지만 소리는 굳어
 나는 아무것도 미리 알릴 수가 없다.
 가까스로 두 팔을 벌려 껴안아 보는
⑥너, 먼 데서 이기고 돌아온 사람아.

■ **주제** : 다가오게 될 새로운 시대에 대한 강한 신념
■ **특징** : • 대상을 의인화하여 상징적으로 그려 냄.
　　　　　 • 확고한 신념에 찬 어조를 띰.

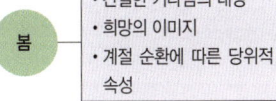
- 간절한 기다림의 대상
- 희망의 이미지
- 계절 순환에 따른 당위적 속성
→ 화자가 현실에 정착되기를 열망하는 민주와 자유

◆ **국왕노트**

1. 시적 화자는?
　→ 나
2. '나'가 기다리는 것은?
　→ 너(봄)
3. 현재 '봄'의 모습은?
　→ 여기저기 기웃거리고, 한눈 좀 팔고, 싸움도 하고, 지쳐 나자빠져 있다.
4. '나'의 마음을 '봄'에게 전해 주는 것은?
　→ 바람
5. '봄'이 왔을 때, '나'의 태도는?
　→ 너무 눈부셔 일어나 맞이할 수 없고, 소리지를 수도 없지만, 두 팔을 벌려 껴안을 것이다.

◆ **시구풀이**

① 기다리지 않아도 오고~너는 온다. : 겨울이 지나면 봄이 오는 자연의 당위성을 기반으로, 봄을 '너'로 의인화시켜 표현하고 있다. 특히 '기다림마저 잃었을 때'라는 표현을 통해, '너'라는 대상이 절망적 상황에서 희망을 줄 수 있는 존재임을 암시한다.

② 어디 뻘밭~나자빠져 있다가 : 의인법을 통해 봄에 일반적인 인간의 속성을 부여함으로써 어휘 사용에 있어 해학성이 느껴진다.

③ 다급한 사연~더디게 온다. : '다급한 사연'이라는 시구를 통해 봄이 속히 와야 하는 이유를 현실의 질곡으로 이해할 수도 있다. 여기서 '바람'은 의인화된 대상으로, 화자의 간절한 소망을 전달하는 매개자 역할을 한다고 볼 수 있다.

④ 더디게 더디게 마침내 올 것이 온다. : 더디기는 하나 끝내 봄은 오고야 말 것이라는 화자의 확신이 드러난 표현으로, 시인의 역사 인식이 드러나는 구절이다.

⑤ 입을 열어~알릴 수가 없다. : '봄'이라는 대상을 맞이한 화자의 감격스러운 태도를 표현하고 있다.

⑥ 너, 먼 데서 이기고 돌아온 사람아. : '봄'이라는 대상이 시적 화자가 기다리는 이상적인 삶의 경지를 가리키기 때문에 봄을 승리자로 의인화하여 표현하고 있다. 봄을 예찬하는 화자의 태도가 나타나 있다.

시상의 전개

1~2행	3~10행	6~7연
기다리지 않아도 오고	더디게 더디게 마침내 올 것이 온다.	가까스로 두 팔을 벌려 껴안아 보는
반드시 올 봄	반드시 봄이 올 것이라는 확신	봄이 왔을 때의 기쁨

이해와 감상

이 시는 '봄'에 상징적 의미를 부여하여, 다가오게 될 새로운 시대에 대한 강한 신념을 노래하고 있는 작품이다.

봄은 계절 순환의 섭리에 의해 겨울이 끝나면 자연스럽게 오는 당위적인 속성을 지닌다. 또한 '겨울'이 시련과 절망의 이미지를 지니는 데 비해, '봄'은 생명의 소생이라는 희망적인 이미지를 지닌다. 따라서, 이 시에서 '봄'은 '반드시 도래할 희망' 정도로 해석할 수 있다.

1~2행에서 화자는 우리의 의지와는 관계없이 봄은 온다고 말함으로써, 봄이 오는 자연 섭리의 당위성을 드러내고 있다. 3~10행에서는 좀처럼 올 것 같아 보이지 않은 봄이지만, 결국에는 오고 말 것이라는 화자의 신념이 드러나 있다. 11~16행은 마침내 도래한 봄을 맞이하는 화자의 감격이 드러나 있다.

이 시에서 화자가 '너'로 의인화시켜 그토록 기다리는 희망의 대상으로서의 봄은, 시인이 발딛고 서 있던 현실이나 그가 평소 다루었던 작품 경향으로 미루어 보아 민주와 자유로 생각할 수 있다. 그런데 민주와 자유는 눈에 확연히 보이는 대상이 아니기 때문에, 그것을 기다리는 사람들을 쉽게 지치게 만들고 포기하게 만드는 경향이 있다. 그런 상황에서도 시인은 민주와 자유를 '봄'으로 형상화함으로써, 그것의 도래에 대해 당위적 속성과 화자 자신의 신념을 드러내는 것이다.

즉, 이 시는 겨울이 지나면 반드시 봄이 오듯, 시대의 아픔과 절망이 언젠가는 사라질 것이라는 강한 신념을 노래하고 있는 것이다.

27 풀벌레 소리 가득 차 있었다
― 이용악

우리집도 아니고
일가집도 아닌 집
①고향은 더욱 아닌 곳에서
아버지의 침상(寢床) 없는 최후(最後)의 밤은
풀벌레 소리 가득 차 있었다.

노령(露領)을 다니면서까지
②애써 자래운 아들과 딸에게
한 마디 남겨 주는 말도 없었고,
아무을만(灣)
설룽한 니코리스크의 밤도 완전히 잊으셨다.
목침을 반듯이 벤 채.

다시 뜨시잖는 두 눈에
피지 못한 꿈의 꽃봉오리가 갈앉고,
③얼음장에 누우신 듯 손발은 식어갈 뿐
입술은 심장의 영원한 정지(停止)를 가르쳤다.
때늦은 의원(醫員)이 아모 말없이 돌아간 뒤
이웃 늙은이 손으로
눈빛 미명은 고요히
낯을 덮었다.

우리는 머리맡에 엎디어
있는 대로의 울음을 다아 울었고
아버지의 침상(寢床) 없는 최후(最後)의 밤은
④풀벌레 소리 가득 차 있었다.

- **주제** : 아버지의 죽음이 준 설움. 아버지의 비참한 죽음과 그에 따른 참담한 슬픔
- **특징** : • 자연물을 통해 화자의 감정을 우회적으로 표현함.
  • 객관적인 상황 묘사를 통해 감정을 절제하여 비극적인 상황을 서술함.
  • 수미 상관식 구성으로 여운을 남김.

◆ 국왕노트

1. 시적 화자는?
   → 아버지의 임종을 지키는 사람
2. 시적 화자가 있는 곳은?
   → 우리집도 아니고, 일가집도 아니고, 고향도 아닌 곳
3. 구체적 지명을 찾아보면?
   → 노령, 아무을만, 니코리스크
4. 시적 화자의 상황은?
   → 아버지가 급작스럽게 돌아가셨다.
5. 아버지가 그 곳에 간 이유는?
   → 일제의 수탈과 궁핍한 가난을 피해
6. 아버지의 죽음을 더욱 비극적으로 느끼게 하는 것은?
   → 풀벌레 소리

◆ 시구풀이

① 고향은 더욱 ~ 최후(最後)의 밤은 : 고국을 떠나 이국 땅을 떠돌다가 맨바닥에서 죽음을 맞으신 아버지와 그 비극적인 상황을 암시하고 있다.

② 애써 자래운 아들과 딸에게 / 한 마디 남겨 두는 말도 없었고 : 아버지의 죽음이 너무나도 갑작스럽게 다가왔음을 알 수 있는 부분으로 비극적인 분위기가 더욱 커진다.

③ 얼음장에 누우신 ~ 정지(停止)를 가리켰다. : 화자는 절제된 감정에 바탕해 아버지의 죽음을 객관적으로 묘사하고 있다.

④ 풀벌레 소리 가득 차 있었다. : 1연에서는 가족의 슬픔을 '가득 찬 풀벌레 소리'로 대리 표현함으로써 외로움과 적막한 정경을 역설적으로 극대화시키고 있고, 4연에서는 가족의 슬픔에 '풀벌레 소리'가 더해짐으로써 슬픔의 무게를 더욱 가중시키고 있다.

시상의 전개

1연	2~3연	4연
우리집도, 일가집도 고향도 아닌 곳에서 침상도 없이	한 마디 남겨 두는 말도 없이, 때늦은 의원	있는 그대로의 울음을 다아 울었고, 풀벌레 소리 가득 찬 밤
아버지의 죽음	아버지의 최후 모습	가족의 슬픔

이해와 감상

이 시의 모티프는 아버지의 죽음이다. 아버지의 죽음은 이용악 시의 근간을 이루는 소재인데, 아버지의 죽음이 준 충격이 담담한 서술 속에 노정되면서도 짙은 슬픔을 충분히 전해 준다. 또한 아버지의 죽음에만 머무르지 않고, 당대 민족의 슬픔을 은연중 드러내고 있다. 그것은 2연에 의해 암시된다. 아버지의 죽음을 '노령(露領)―러시아의 땅)'에서 맞게 된 것이다. 무엇 때문에 러시아 땅에서 죽게 되었는지는 자명하다. 그것은 먹고살기 위해서는 국외로 나돌아 다닐 수밖에 없었던 당대의 궁핍한 상황 때문이었다. 이것은 개인 차원의 문제가 아니고 민족 차원의 문제였다. 따라서 시인 자신의 아픔은 때로 우리 민족의 슬픔으로 확대될 요건을 갖추고 있다는 것이다.

1연에서는 아버지가 객사(客死)했다는 사실을 말한다. '침상 없는 최후의 밤'은 객사의 처참함을 돋보이게 한다. 그러나 슬픔은 절제되고 있다. 화자와 가족들의 통곡을 짐짓 풀벌레 울음으로 대리 표현함으로써 죽음의 극한 슬픔을 극대화하고, 감각적 장면으로 처리한다. 여기에서 모더니즘적 성격도 발견된다.

2연에서는 유언도 없이 돌아가셨다는 화자의 진술이 이어진다. '아수을만(灣)', '니코리스크'라는 지명을 슬쩍 집어넣음으로써 아버지의 죽음을 사회 차원에서 확대한다. 유랑민의 곤궁한 삶은 당시 우리 민족의 가장 큰 설움이었다.

3연에서는 아버지의 죽음 현장이 주는 비극적 모습을 서술한다. 담담한 진술 가운데 애잔한 아픔이 스며들고 있다. '눈빛 미명은 고요히 / 낯을 덮었다.'에서도 모더니즘적 일면이 보인다.

4연에서는 죽음을 맞이한 식구들의 슬픔이 그려진다. 여전히 '풀벌레 소리 가득 차 있었다.'로 장면 처리를 하고 있다. 이것은 화자의 의식이 서술성에 집중되어 있음을 보여 준다. 그리고 과거형 서술어도 그런 면을 강조한다. 마치 소설의 서술어처럼 과거형을 차용함으로써 서술 기능을 강조하는 것이다.

28 슬픔이 기쁨에게
― 정호승

①나는 이제 너에게도 슬픔을 주겠다.
사랑보다 소중한 슬픔을 주겠다.
②겨울 밤 거리에서 귤 몇 개 놓고
살아온 추위와 떨고 있는 할머니에게
귤값을 깎으면서 기뻐하던 너를 위하여
나는 슬픔의 평등한 얼굴을 보여 주겠다.
③내가 어둠 속에서 너를 부를 때
단 한 번도 평등하게 웃어 주질 않은
가마니에 덮인 동사자가 다시 얼어 죽을 때
가마니 한 장조차 덮어 주지 않는
무관심한 너의 사랑을 위해
흘릴 줄 모르는 너의 눈물을 위해
나는 이제 너에게도 기다림을 주겠다.
④이 세상에 내리던 함박눈을 멈추겠다.
보리밭에 내리던 봄눈들을 데리고
추위 떠는 사람들의 슬픔에게 다녀와서
눈 그친 눈길을 너와 함께 걷겠다.
⑤슬픔의 힘에 대한 이야기를 하며
기다림의 슬픔까지 걸어가겠다.

- **주제** : 이기적인 세태에 대한 비판과 더불어 살아가는 삶의 추구
- **특징** : • 상대방에게 말을 건네는 방식으로 시상을 전개함.
  • '슬픔'과 '기쁨'에 일상적 의미에서 벗어난 새로운 의미를 부여하여 주제를 전달함.

◆ 국왕노트

1. 시적 화자는?
→ 나(슬픔)
2. 시적 청자는?
→ 너(기쁨)
3. '나'의 모습은?
→ 사랑보다 소중함, 평등한 얼굴
4. '너'의 모습은?
→ 평등하게 웃어 주지 않음, 무관심한 너의 사랑, 흘릴 줄 모르는 너의 눈물
5. '너'에게 '나'가 주는 것은?
→ 기다림

◆ 시구풀이

① 나는 이제 ~ 슬픔을 주겠다 : 시적 화자가 '슬픔'을 사랑보다 소중하다고 말하는 이유는 개인적인 사랑보다는 약자를 향한 슬픔이 더 값어치가 있다고 생각하기 때문이다.

② 겨울 밤 ~ 보여 주겠다 : 너(기쁨)의 행동이 드러나 있다. 차가운 밤 거리에서 귤을 팔고 있는 노인에게서 귤값을 깎는 행위는 약자를 착취하는 것을 상징한다. 즉, '기쁨'은 누군가에게 상처를 주고 얻은 것은 무의미하다는 것이다.

③ 내가 어둠 ~ 기다림을 주겠다 : 어둠 속에서 '기쁨'의 도움을 요청할 때 웃으며 손을 내밀어 주지 않고, 사람이 얼어 죽을 때 가마니 한 장조차 덮어 주지 않는 이기적이고 무관심한 '기쁨'의 모습이 드러나 있다. '너'의 사랑은 소외된 사람들에게 철저히 무관심하고 위선적이다. 그런 '무관심한 사랑'과 '위선'이 다른 사람을 진정으로 대하는 '슬픔'이 되기 위해서는 매우 긴 시간이 필요하다. 그래서 '기다림'을 주는 것이다.

④ 이 세상에 ~ 함께 걷겠다 : 사람들을 추위에 떨게 하는 함박눈은 멈추고, 추위 떠는 사람들에게 봄눈을 보내어 마음을 녹이고, 눈 그친 눈길을 너와 함께 걷겠다고 한다. 시적 화자의 이웃을 향한 따뜻한 마음과 너에 대한 신뢰를 엿볼 수 있다.

⑤ 슬픔의 힘에 ~ 슬픔까지 걸어가겠다. : '기다림의 슬픔'이란 '기다림은 슬픔이다.'라는 뜻과 함께 '기다림으로 도달하게 되는 슬픔'이라는 뜻을 지닌다.

시상의 전개

1~6행	7~14행	15~19행
사랑보다 소중한 슬픔을 주겠다.	무관심한 너의 사랑을 위해 기다림을 주겠다.	기다림의 슬픔까지 걸어가겠다.
슬픔의 새로운 의미	이기적인 본성에 대한 비판	기다림에 대한 새로운 인식과 사랑의 회복

이해와 감상

이 시는 슬픔에 대한 성찰을 통하여 이기적인 삶의 자세를 반성하고, 사랑을 위해서는 슬픔이 필요하다는 것을 노래하고 있는 작품이다. 이 시에서 '기쁨'은 소외된 사람들에게 무관심한 이기적인 존재이고, '슬픔'은 남의 아픔을 보듬고 소외된 사람을 사랑하는 아름다운 존재이다. 자신의 행복을 위해서 자신만의 안일을 위해 남의 아픔에 무관심하거나 그 아픔을 돌볼 줄 모르는 이기적인 세태를 비판하고 있다. 따라서 이 시의 청자인 '너'는 이기적으로 살아가는 우리 모두일 수 있다.

'모든 진정한 사랑에는 슬픔이 있다는 것을 알게 되었다. 사랑은 슬픔을 어머니로 하고 눈물을 아버지로 한다. 사랑이 위대하고 아름다운 것은 바로 고통 때문이다.'라고 시인은 말했다.

29. 저문 강에 삽을 씻고 – 정희성

①흐르는 것이 물뿐이랴.
 우리가 저와 같아서
②강변에 나가 삽을 씻으며
 거기 슬픔도 퍼다 버린다.
 일이 끝나 저물어
 스스로 깊어가는 강을 보며
③쭈그려 앉아 담배나 피우고
 나는 돌아갈 뿐이다.
④삽자루에 맡긴 한 생애가
 이렇게 저물고, 저물어서
⑤샛강 바닥 썩은 물에
 달이 뜨는구나.
 우리가 저와 같아서
 흐르는 물에 삽을 씻고
⑥먹을 것 없는 사람들의 마을로
 다시 어두워 돌아가야 한다.

- **주제** : 가난한 노동자의 삶의 비애
- **특징** : • 구체적인 삶의 모습을 자연물에 빗대어 형상화함.
  • 차분하고 절제된 어조로 노동자의 비애와 한을 표현함.

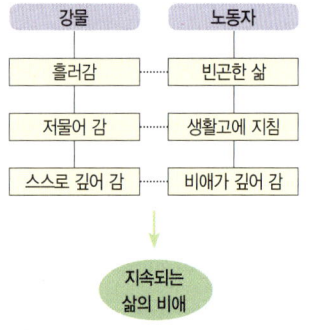

◆ 국왕노트

1. 시적 화자는?
   → 나(중년 노동자)
2. 시적 상황은?
   → '나'는 저문 강에 삽을 씻으면서 우리의 삶을 생각하고 있다.
3. '나'의 모습은?
   → 강변에 나가 삽을 씻으며 거기 슬픔을 퍼다 버린다.
   → 일이 끝나 저물어 스스로 깊어 가는 강을 보며
   → 쭈그려 앉아 담배나 피우고 나는 돌아갈 뿐이다.
4. '나' 생각하는 삶의 모습은?
   → 흐르는 강물, 샛강 바닥 썩은 물에 뜨는 달
5. 앞으로의 '나'의 삶의 모습은?
   → 흐르는 물에 삽을 씻고 먹을 것 없는 사람들의 마을로 다시 어두워 돌아가야 한다.

◆ 시구풀이

① **흐르는 것이 물뿐이랴** : 인생을 흐르는 강물에 비유하고 있다.
② **강변에 나가 ~ 슬픔도 퍼다 버린다.** : '삽을 씻는' 것은 일을 마무리하기 위한 것이 아니라 노동자의 삶의 슬픔을 씻기 위한 것이라는 의미이다.
③ **쭈그려 앉아 ~ 돌아갈 뿐이다.** : 삶에 대해 무기력하고 체념적이며, 소극적인 시적 화자의 태도가 드러나 있다.
④ **삽자루에 맡긴 ~ 저물고, 저물어서** : '삽자루에 맡긴 한 생애'에서 시적 화자가 삽질을 하며 생계를 이어 가는 중년의 노동자임을 알 수 있다. 또한 '이렇게 저물고, 저물어서'는 그의 삶이 아무리 열심히 일해도 결국 제자리였음을 암시한다.
⑤ **샛강 바닥 썩은 물에** : 산업화의 과정에서 공장 폐수로 인한 물의 오염을 의미하며, 시적 화자가 처한 썩은 물과 같은 암담한 노동 현실을 드러낸다. 산업화와 도시화에 대한 비판적인 시각이 나타나 있다.
⑥ **먹을 것 없는 ~ 어두워 돌아가야 한다.** : 가난하고 누추한 곳으로 다시 돌아가야 하는 힘겨운 모습을 보여 준다. 결국 삶의 질이 보장되지 않는 현실을 수긍하는 체념적 태도가 드러나 있다.

시상의 전개

1~4행	5~8행	9~12행	13~16행
강변에 나가 삽을 씻으며 거기 슬픔도 퍼다 버린다.	쭈그려 앉아 담배나 피우고 나는 돌아갈 뿐이다.	샛강 바닥 썩은 물에 달이 뜨는 구나	먹을 것 없는 사람들의 마을로 다시 어두워 돌아가야 한다.
강물에서 발견한 인생의 의미	삶의 무력감과 실의	암담한 노동의 현실 인식	암담한 현실에 대한 체념

이해와 감상

이 시는 1970년대 산업화로 인해 소외된 도시 노동자의 삶을 차분한 어조로 노래하고 있다.

중년의 노동자인 화자가 하루 일을 끝내고 흐르는 강물에 삽을 씻으며, 인생의 의미를 성찰하는 내용인데, 1~4행에서 고단한 하루의 노동을 끝낸 화자는 강물을 보며 삶의 슬픔을 관조하고 있다. 그러나 힘든 노동의 대가는 언제나 보잘것없다. 육체적 노동은 항상 천시당하기만 하고 노동자에겐 무력감과 실의뿐이다. 5~8행에서 적극적인 현실 극복의 의지가 없이 체념하는 화자의 모습이 나타난다. 무력감과 실의에 빠진 화자의 모습이 '스스로 깊어가는 강', '쭈그려 앉아 담배나 피우고', '돌아갈 뿐이다' 등의 시구에서 잘 나타난다.

9~12행은 젊어서부터 중년의 나이까지 그의 노동자 생활이 아무런 발전 없이 반복되어 왔음을 말해 준다. '썩은 물'은 그 세월 동안 세상은 계속 썩어 왔음을 의미하는 것으로, 화자가 처한 암담한 현실을 보여 준다. 13~16행에서 화자는 그래도 시간이 되면 달은 어김없이 뜨고, 썩은 강 위에 뜨는 달과 같이 가난한 집으로 돌아갈 수밖에 없음을 깨닫는다.

이 시는 감정의 절제와 체험적 이미지의 형상화를 통해 깊은 공감대를 확보하고 있다. 특히 노동자의 삶의 한 국면을 자연물인 '강'이 흐름이라는 심상과 결합시켜 형상화함으로써 민중시의 한계를 극복하고 있다.

30 봉황수(鳳凰愁) - 조지훈

벌레먹은 두리기둥, 빛 낡은 단청(丹靑), 풍경 소리 날러 간 추녀 끝에는 ①산새도 비둘기도 둥주리를 마구 쳤다. ②큰 나라 섬기다 거미줄 친 옥좌(玉座) 위엔 ③여의주(如意珠) 희롱하는 쌍룡(雙龍) 대신에 두 마리 봉황새를 틀어 올렸다. ④어느 땐들 봉황이 울었으랴만 푸르른 하늘 밑 추석(秋石)을 밟고 가는 나의 그림자. 패옥(佩玉) 소리도 없었다. 품석(品石) 옆에서 정일품(正一品), 종구품(從九品) 어느 줄에도 ⑤나의 몸 둘 곳은 바이 없었다. ⑥눈물이 속된 줄을 모를 양이면 봉황새야 구천(九天)에 호곡(呼哭)하리라.

- **주제** : 망국(亡國)의 비애
- **특징** :
  - 선경 후정(先景後情)으로 시상을 전개함.
  - 역사적 현실에 대한 비판 의식을 구체적 대상을 통해 드러냄.
  - 차분하고 절제된 어조로 노동자의 비애와 한을 표현함.

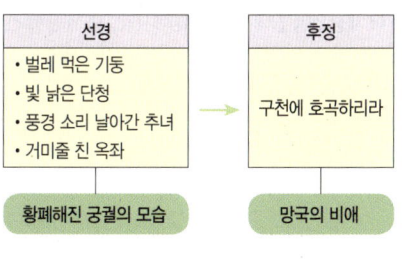

◆ 국왕노트

1. 시적 화자는?
   → 나
2. '나'의 모습은?
   → 궁궐 마당에서 궁궐을 바라보고 있다.
3. '궁궐'의 모습은?
   → 벌레 먹은 두리 기둥, 빛 낡은 단청, 풍경 소리 날러간 추녀 끝에는 산새도 비둘기도 둥주리를 마구 쳤다. 옥좌에는 거미줄이 쳐져 있고 쌍룡 대신 봉황새가 새겨져 있다.
4. 3에서 느껴지는 '궁궐'의 분위기는?
   → 낡고 황폐하고 퇴락한 멸망한 왕궁
5. '나'의 정서는?
   → 슬프다, 비참하다, 허망하다, 원통하다.

◆ 시구풀이

① 산새도 비둘기도 둥주리를 마구 쳤다. : 퇴락한 고궁에 온갖 새들이 날아와 둥지를 만들고 있다는 의미로, '벌레, 산새, 비둘기'는 궁궐을 퇴락하게 만드는 부정적인 요인으로 이해할 수 있다.

② 큰 나라 섬기다 거미줄 친 옥좌(玉座) : '큰 나라'는 중국을 의미하며, '거미줄 친 옥좌'는 우리 나라의 국권 상실을 의미한다. 과거 우리 나라의 사대주의에 대한 비판과 아울러 나라 잃은 비참한 모습을 표현하고 있다.

③ 여의주(如意珠) 희롱하는 ~ 틀어 올렸다. : 중국 황제의 권위에 밀려 쌍룡을 휘장으로 사용하지 못하고 봉황을 사용했던 민족의 슬픈 역사를 드러내고 있다.

④ 어느 땐들 봉황이 울었으랴만 : 우리 민족의 역사가 일찍이 활짝 펴 본 일이 없는 역사적 사실을, 봉황에 비유하여 표현하고 있다.

⑤ 나의 몸 둘 곳은 바이 없었다. : 나라 잃은 상황에서 화자 자신이 위치할 곳은 없다는 표현으로, 현실 인식과 더불어 허망감이 드러나고 있다.

⑥ 눈물이 속된 줄을 모를 양이면 봉황새야 구천(九天)에 호곡(呼哭)하리라. : 눈물을 흘리는 것이 부질없지만 그래도 나라 잃은 슬픔에 실컷 울고 싶다는 뜻으로, '봉황새'에 화자의 감정이 이입되어 있다.

시상의 전개

벌레먹은 ~ 틀어올렸다(선경(先景))	어느 땐들~구천에 호곡하리라(후정(後情))
벌레 먹은 기둥, 빛 낡은 단청, 풍경 소리 날아간 추녀, 거미줄 친 옥좌	푸르른 하늘 밑 추석을 밟고 가는 나의 그림자, 봉황새야 구천에 호곡하리라.
퇴락한 고궁의 모습	망국의 비애

이해와 감상

이 시는 퇴락한 고궁의 모습을 보면서 느끼는 망국(亡國)의 한(恨)을 산문적으로 다루고 있는 작품이다.

한시의 시상 전개 방식은 기승전결과 선경 후정(先景後情)으로 전개되고 있는 이 시는 앞부분에서 퇴락한 고궁의 모습을 제시하고, 뒷부분에 가서 비애감에 젖어 있는 화자의 내면 심리를 드러내고 있다.

첫째 문장에서 벌레 먹은 기둥과 빛 낡은 단청, 새들이 둥우리를 친 추녀의 모습을 통해 무기력하게 망해버린 왕조의 모습을 드러내고 있다. 둘째 문장에서는 큰 나라(중국)를 섬기다 왕조가 거미줄을 쳤다(패망)는 진술을 통해 중국을 섬기던 과거 우리 나라의 사대주의에 대한 비판 의식을 담고 있다. 셋째~다섯째 문장에서는 몰락한 왕궁에 서서 느끼는 화자의 정서가 심화되고 있다. 봉황이 울어 본적이 없다는 표현을 통해 조선 왕조의 무기력함을 한탄하면서, 이제는 나라의 주권마저 없는 현실 속에서 화자는 자신이 살아갈 위치를 상실하고 있음을 깨닫고 있다. 여섯째 문장에서 화자는 망국의 현실에서 느끼는 자신의 슬픔을 봉황새에 감정 이입시켜 표현하고 있다. 망국의 현실을 바라보는 시인의 비애감을 봉황새라는 간접적인 대상을 통해 드러냄으로써, 슬픔을 내면화하는 지사적인 품격을 엿보게 하는 작품이라 할 수 있다.

31 귀천
— 천상병

나 ①하늘로 돌아가리라.
새벽빛 와 닿으면 스러지는
이슬 더불어 손에 손을 잡고,

나 하늘로 돌아가리라.
②노을빛 함께 단 둘이서
기슭에서 놀다가 구름 손짓하면은,

나 하늘로 돌아가리라.
③아름다운 이 세상 소풍 끝내는 날,
④가서, 아름다웠다고 말하리라….

- **주제** : 삶에 대한 달관과 죽음의 정신적 승화
- **특징** : • 담백하고 평이한 진술과 독백의 어조를 사용함.
  • 동일 시구의 반복을 통해 의미를 강조함.

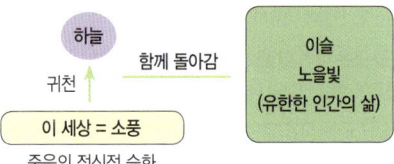

◆ 국왕노트
1. 시적 화자는?
   → 나
2. '나'가 바라고 있는 것은?
   → 하늘로 돌아가는 것
3. '나'가 '하늘'에 함께 가고자 한 것은?
   → 이슬, 노을빛
4. '나'가 생각하는 이승에서의 삶은?
   → 소풍 같은 아름다운 날
5. 4의 내면적 의미는?
   → 괴로웠던 삶

◆ 시구풀이
① **하늘** : 고통스러운 지상의 현실에서 벗어나 정신의 자유로움과 초월성을 획득한 세계를 의미한다.

② **노을빛 함께 단 둘이서 / 기슭에서 놀다가** : 현실 세계에서의 고독과 천대받는 비애의 삶을 역설적으로 미화한 표현이다.

③ **아름다운 이 세상 소풍 끝내는 날** : 이승에서의 삶을 '소풍'에 견주어, 시적 자아는 자신을 하늘에서 잠시 지상에 귀양 온 신선의 처지로 생각하고 있다.

④ **가서, 아름다웠더라고 말하리라...** : 끝에 '말없는 표'로 마무리 지어, '아름다웠다' 는 것이 역설적으로 '괴로웠다'는 의미로 해석될 수도 있는 가능성을 열어 준다.

시상의 전개

1연	2연	3연
이슬 더불어 손에 손을 잡고	노을빛 함께 단 둘이서	아름다운 이 세상 소풍 끝내는 날
이슬과 함께 하는 귀천	노을빛과 함께 하는 귀천	세상의 삶에 대한 평가

이해와 감상
1연은 죽음을 선선히 받아들이겠다는 태도가 드러난다. 새벽빛에 스러지는 이슬처럼 인생도 때가 되면 죽음에 이른다. 이 죽음은 인간에게만 국한된 것이 아니다. 이슬도 그렇듯이 삼라만상은 그렇게 죽어 간다. 제행무상(諸行無常)이라는 인식에서 비로소 죽음을 수긍할 수 있다. 만상과는 달리 자아만은 영생(永生)하리라는 차별 인식을 가지는 한 초월은 불가능하다. 분별없는 마음의 상태는 절대 자유와 평화에 이르게 한다.
2연에서는 '노을'과 함께 하늘에 돌아가겠다고 한다. '아침 이슬'이 그렇듯이 '노을빛'도 소멸의 이미지를 띤다. 그런데 화자가 죽음을 비유한 말들을 보면 하나같이 밝고 아름다운 이미지를 가지고 있다. '이슬', '노을빛'의 깨끗하고 아름다운 이미지로 죽음을 바라보는 태도가 드러난다. 화자는 죽음을 보는 것이다. 이렇게 죽음을 여행 이미지로 그리고 있음은 2연의 3행에서 더욱 두드러진다. 노을빛과 함께 산기슭에서 노닐다가 구름이 손짓하면 구름 있는 하늘로 길을 또 떠난다. 여행이 자유와 의미를 내포하듯이 죽음의 길을 여행 의미로 받아들이는 화자의 심정은 자유로움의 경지에 들어 있는 것이다.
3연에서는 이 여행 이미지가 구체화된다. 이승을 하나의 소풍으로 보는 것이 그것이다. '소풍'의 내포 의미는 행락(行樂)과는 다르다. 글자 뜻 그대로 바람 쐬는 일이며, 정신적으로는 노장(老莊)이 말하는 이른바 소요(逍遙 – 노장 사상에서 일컫는 절대 자유와 평화의 경지로 세속의 원리를 초월함으로써 얻어지는 높은 차원의 정신이다. 불교의 해탈과 비슷한 의미로 보아도 무관하다.)의 경지와 비슷하다. 마음 내키는 대로 슬슬 걸어 다니는 자유를 소풍으로 표현한 것이다. 그러니 이승은 하나의 아름다운 세계일 것이며, 그 속에 정신의 자유를 누리게 될 것이다. 하늘은 화자를 부르는 새로운 여행지이다. 거기서 또 소풍을 즐길 것이다.

32 성에꽃

― 최두석

새벽 시내 버스는
차창에 웬 찬란한 치장을 하고 달린다.
①엄동 혹한일수록
선연히 피는 성에꽃
②어제 이 버스를 탔던
처녀 총각 아이 어른
미용사 외판원 파출부 실업자의
입김과 숨결이
간밤에 은밀히 만나 피워 낸
번뜩이는 기막힌 아름다움
나는 무슨 전람회에 온 듯
자리를 옮겨 다니며 보고
다시 꽃이파리 하나, 섬세하고도
차가운 아름다움에 취한다.
어느 누구의 막막한 한숨이던가
어떤 더운 가슴이 토해낸 정열의 숨결이던가
일없이 정성스레 입김으로 손가락으로
성에꽃 한 잎 지우고
이마를 대고 본다.
③덜컹거리는 창에 어리는 푸석한 얼굴
오랫동안 함께 길을 걸었으나
지금은 면회마저 금지된 친구여.

■ **주제**: 서민들의 삶에 대한 애정
■ **특징**: • 감성과 지성의 어느 한쪽으로 치우치지 않고 균형잡힌 시선을 유지함.
 • 서민들의 삶의 애환을 자연물로 형상화함.
 • 담담한 어조로 암담한 사회 현실을 제시함.

◆ 국왕노트

1. 시적 화자는?
 → 나(새벽 시내 버스를 탄 사람)
2. 시적 상황은?
 → 새벽 시내 버스 속에서 성에꽃을 보고 있다.
3. '나'가 생각하는 '성에꽃'을 만든 사람은?
 → 처녀, 총각, 아이, 어른, 미용사, 외판원, 파출부, 실업자의 입김과 숨결
4. '입김과 숨결'의 의미는?
 → 막막한 한숨, 정열의 숨결
5. '나'가 생각하는 '성에꽃'의 의미는?
 → 서민, 민중의 삶과 애환이 담긴 민중적 삶의 결정체
6. '성에꽃'을 비유한 말은?
 → 찬란한 치장, 차가운 아름다움, 기막힌 아름다움
7. '성에꽃'에서 발견한 것은?
 → 푸석한 얼굴, 금지된 친구

◆ 시구풀이

① 엄동 혹한 일수록 / 선연히 피는 성에꽃 : 성에를 꽃에 비유하여 추운 겨울이라는 암담한 상황에서도 아름답게 피는 꽃이라고 표현하고 있다. 이 꽃은 바로 서민들이 피워 낸 삶의 향기 가득한 아름다움을 가리킨다.

② 어제 이 버스를~기막힌 아름다움. : 가난한 사람들이 만들어 피워 낸 아름다움이 바로 성에꽃이다. 화자가 서민들의 삶에 애정을 지니고 있음을 보여 준다.

③ 덜컹거리는 창에 어리는~금지된 친구여. : 화자는 버스의 유리창에서 이 시대를 살아가는 서민들의 삶을 바라본다. 그러나 버스가 덜컹거리는 순간, 그 창을 통해 사회 운동을 하다 구속된 친구를 떠올리게 된다.

시상의 전개

1~4행	5~10행	11~16행	17~22행
엄동 혹한일수록 선연히 피는 성에꽃	간밤에 은밀히 만나 피워 낸 번뜩이는 기막힌 아름다움	차가운 아름다움에 취한다.	오랫동안 함께 길을 걸었으나 지금은 면회마저 금지된 친구여.
차창에 핀 성에꽃	성에꽃의 아름다움	성에꽃의 아름다움에 취하는 '나'	유리창에 비치는 친구의 얼굴

이해와 감상

이 시는 어느 추운 겨울날의 새벽, 시내 버스 창가에 어린 성애를 통해서, 힘겨운 삶을 함께 살아가는 서민들에 대한 시적 화자의 애정과 더불어 암울한 정치 현실을 노래한 작품이다. 특히 이 시에서 주목해야 할 점은 시적 화자가 동시대 서민들의 삶의 모습을 차창 너머로 바라보는 것이 아니라 같은 버스에 앉아 그들이 남긴 숨결을 함께 느낀다는 점이다. 이러한 시적 화자의 행동은 차창에 서린 '성에꽃'의 '꽃이파리'들을 자리 옮겨 다니며 들여다 보는 행동을 통해 더욱 극명하게 드러나는데, 이러한 모습은 그들의 삶과 정서를 자신에게도 의미 있고 소중한 것으로 느끼는 작가의 내면을 드러내 주기 위한 것이다. 한편, '엄동 혹한'은 외형만 바뀐 군사 독재가 연장되던 당시의 암울한 시대 상황을 상징하는 것으로, 이는 '지금은 면회마저 금지된 친구여'라는 부분에서 더욱 분명히 나타난다. 화자의 정서는 동시대를 함께 살아가는 서민들의 삶에 대한 애정으로부터 구속된 벗에 대한 그리움으로 나아가고 있는데, 이는 그 벗이 화자와 함께 오랫 동안 걸어왔다는 그 길이 민중과 민족에 대한 애정을 실천하는 삶이었음을 암시적으로 나타내 주고 있다.

33 북어

– 최승호

①밤의 식료품 가게
②케케묵은 먼지 속에
 죽어서 하루 더 손때 묻고
 터무니없이 하루 더 기다리는
 북어들,
③북어들의 일 개 분대가
 나란히 꼬챙이에 꿰어져 있었다.
④나는 죽음이 꿰뚫은 대가리를 말한 셈이다.
 한 쾌의 혀가
⑤자갈처럼 죄다 딱딱했다.
 나는 말의 변비증을 앓는 사람들과
 무덤 속의 벙어리를 말한 셈이다.
⑥말라붙고 짜부라진 눈,
⑦북어들의 빳빳한 지느러미,
⑧막대기 같은 생각
 빛나지 않는 막대기 같은 사람들이
 가슴에 싱싱한 지느러미를 달고
 헤엄쳐 갈 데 없는 사람들이
 불쌍하다고 생각하는 순간,
 느닷없이
 북어들이 커다랗게 입을 벌리고
 거봐, 너도 북어지 너도 북어지 너도 북어지
⑨귀가 먹먹하도록 부르짖고 있었다.

■ 주제 : 비판 정신과 삶의 지향점을 잃고 무기력하게 살아가는 현대인의 삶 비판
■ 특징 : • 북어를 인격화하여 표현, 묘사(북어의 모습) + 서술(자신의 느낌)
  • 시적 대상과 화자 간의 관계를 전도시켜 주제를 부각함.
  • 감각적 이미지를 통해 시적 대상인 '북어'를 구체적으로 묘사함.

◆ 국왕노트

1. 시적 화자는?
  → 나(북어를 바라보는 사람)
2. 시적 화자는 언제, 어디에 있는가?
  → 밤의 식료품 가게(혹은 가게 앞을 지나가고 있다)
3. 시적 화자는 무엇을 하고 있는가?
  → 식료품 가게에 있는 북어를 들여다보고 있다.
4. 가게 안에 있는 북어는 어떻게(어떤 상태로, 어떤 모습으로) 놓여 있는가?
  → 손때 묻어 먼지에 묻혀 있다.
  → 일렬로 대가리가 꼬챙이에 꿰어져 있다.
5. 이런 북어를 본 시적 화자는 어떤 느낌이었을까?
  → 볼품없다. 안됐다. 불쌍하다.
6. 그런 느낌을 가지고 북어를 바라보던 시적 화자는 좀 더 다가가서 자세히 보고 있다. 자세히 살펴본 북어의 세부적인 모습은 어떠했나?
  → 혀가 자갈처럼 딱딱하게 굳어 있었다.
  → 눈은 말라붙어 짜부러졌다.
  → 지느러미는 빳빳하게 굳어 있다.
7. 그런 북어를 보고 시적 화자는 무슨 생각을 했을까?
  → 사람들도 북어 같다.
  → 말의 변비증을 앓고(할 말을 속 시원히 하지 못하고) 벙어리처럼 사는 사람들 막대기 같이 뻣뻣하게 굳은 생각을 가진 사람들 생명의 지느러미를 잃고 헤매는 사람들이 불쌍하다고 생각하였다.

◆ 시구풀이

① 밤 : 부정적 공간 배경(군사 독재 정권)
② 케케묵은 ~ 북어들 : 먼지 + 손때 시간의 경과 → 무생명성
③ 북어들의 ~ 꿰어져 있었다 : 획일적인 지배 체제 하의 백성들(혹은 소시민들)
④ 죽음이 꿰뚫은 대가리 : 현대인의 무생명성
⑤ 자갈처럼 ~ 딱딱했다 : 권력 앞에서 진실을 말하지 못하고 침묵만 지키는 현대인 (=말의 변비증)
⑥ 말라붙고 짜부라진 눈 : 현실을 직시하는 능력 상실
⑦ 북어들의 빳빳한 지느러미 : 미래에 대한 꿈과 희망 상실
⑧ 막대기 같은 생각 : 경직된 사고
⑨ 귀가 ~ 있었다 : 환청(북어의 질타) → 무기력한 삶에 대한 반성

이해와 감상

이 시는 식료품 가게에 진열된 '북어'라는 소재를 통해 현대인의 일상적인 모습을 반성적으로 성찰하고 있는 작품이다. 어느 순간 북어의 모습은 화자에게 인간의 모습으로 비쳐진다. 곧 '말의 변비증을 앓고 있는 사람'은 '할 말을 제대로 하지 못하는 사람', '막대기 같은 생각'은 '문제의식과 진지한 사고력마저 상실함', '헤엄쳐 갈 데 없는 사람'은 '꿈과 이상을 상실한 사람'을 의미한다. 마지막 부분에서 "거봐, 너도 북어지"라는 환청을 듣고 화자는 그러한 북어의 모습이 곧 자기 자신의 모습임을 고통스럽게 확인하고 있다. 시적 화자의 진지한 모색이 독특한 발상을 통해 드러난 작품이다.

34 알 수 없어요 - 한용운

① 바람도 없는 공중에 수직(垂直)의 파문을 내이며 고요히 떨어지는 오동잎은 누구의 발자취입니까?
② 지리한 장마 끝에 서풍에 몰려가는 무서운 검은 구름의 터진 틈으로 언뜻언뜻 보이는 푸른 하늘은 누구의 얼굴입니까?
③ 꽃도 잎도 없는 깊은 나무에 푸른 이끼를 거쳐서 옛 탑(塔) 위의 고요한 하늘을 스치는 알 수 없는 향기는 누구의 입김입니까?
④ 근원은 알지도 못할 곳에서 나서 돌부리를 울리고, 가늘게 흐르는 작은 시내는 굽이굽이 누구의 노래입니까?
⑤ 연꽃 같은 발꿈치로 가이 없는 바다를 밟고 옥 같은 손으로 끝없는 하늘을 만지면서, 떨어지는 해를 곱게 단장하는 저녁놀은 누구의 시(詩)입니까?
⑥ 타고 남은 재가 다시 기름이 됩니다. 그칠 줄을 모르고 타는 나의 가슴은 누구의 밤을 지키는 약한 등불입니까?

- **주제** : 절대적 존재에 대한 동경과 그에 대한 구도의 정신
- **특징** :
  - 경어체 사용과 의문형의 어구를 반복하여 표현함.
  - 자연 현상을 통한 깨달음을 형상화 함.
  - 다양한 감각적 이미지를 사용하여 임의 모습을 나타냄.

자연 현상	절대자
오동잎	발자취
푸른 하늘	얼굴
향기	입김
작은 시내	노래
저녁놀	시(詩)

◆ 국왕노트

1. 시적 화자는?
   → 나(임의 존재를 믿는 사람)
2. 각행의 중심 소재와 그것을 비유하는 시어는?
   → 1행 : 오동잎-발자취
   → 2행 : 하늘-얼굴
   → 3행 : 향기-입김
   → 4행 : 시내-노래
   → 5행 : 저녁놀-시
   → 6행 : 나의 가슴-등불
3. '누구'를 향한 '나'의 태도는?
   → 밤을 지키는 약한 등불

◆ 시구풀이

① 바람도 없는 공중에 ~ 누구의 발자취입니까? : 아무것도 보이지 않는 상태에서 드러나는 움직임을 통해 초월적인 힘을 가진 임을 암시하고 있다.

② 지리한 장마 ~ 누구의 얼굴입니까? : 장마 끝에 언뜻 보이는 하늘을 절대적 존재의 표상으로 인식하고 있다. '무서운 검은 구름'을 '세속적 번뇌와 고통'으로 이해하면, '서풍'은 '불교의 진리 또는 부처님의 가르침'이라 할 수 있다.

③ 꽃도 잎도 ~ 누구의 입김입니까? : 꽃이 없어 향기를 피울 수 없는 나무의 푸른 이끼를 거쳐 고요한 하늘로 올라가는 '알 수 없는 향기'를 통해 절대적 존재를 확인하고 있다.

④ 근원은 알지도 ~ 누구의 노래입니까? : 자연과의 교감을 통해 절대자의 존재를 확인하는 부분으로, 시냇물의 끝없는 흐름과 물소리를 절대자와 연관시켜, 절대자에 대한 신비감과 불도에서의 시작도 끝도 없는 영원성을 암시하고 있다.

⑤ 연꽃 같은 발꿈치로 ~ 누구의 시(詩)입니까? : 모든 만물을 비치는 저녁놀을 불가사의한 초월자의 '시'로 표현하여 불성(佛性)으로 정화된 아름다운 종교적 경지를 암시하고 있다.

⑥ 타고 남은 재가 ~ 약한 등불입니까? : 화자의 끝없는 구도 정신과 신앙적 고백이 드러난다. '약한 등불'은 자신을 희생하여 임이 가리워진 암울한 현실을 지키려는 화자의 의지와 희생 정신을 보여 준다.

시상의 전개

1행	2행	3행	4행	5행	6행
바람도 없는 공중에 고요히 떨어지는 오동잎	무서운 검은 구름 사이로 언뜻언뜻 보이는 푸른 하늘	옛 탑 위의 고요한 하늘을 스치는 알 수 없는 향기	근원은 알지도 못할 곳에서 나서 가늘게 흐르는 작은 시내	떨어지는 해를 곱게 단장하는 저녁놀	그칠 줄 모르고 타는 나의 가슴
누구의 발자취	누구의 얼굴	누구의 입김	누구의 노래	누구의 시	약한 등불

자연을 통해 드러나는 절대자의 모습 / 희생적 자세

이해와 감상

시집 「님의 침묵」에서 한용운이 추구하고 있는 '님'의 존재에 대해 선문답적(禪問答的)인 화두(話頭)와 은유법을 통해 종교적 명상의 심화를 성취하고 있는 작품이다.

1~5행까지는 신비하고 평화로우며 아름다운 자연 현상이 누구의 모습인가를 묻고 있다. 그러나 화자의 물음은 답을 필요로 하지 않는 설의적 표현일 뿐이다. 시적 화자는 절대적 존재에 대한 깨달음을 자연 현상 속에서 나타내고 있다. 즉, '오동잎'을 '발자취'로, '푸른 하늘'을 '얼굴'로, '향기'를 '입김'으로, '시냇물의 소리'를 '노래'로, '저녁놀'을 '시(詩)'로 형상화하고 있는 것이다. 따라서 이 시의 제목인 '알 수 없어요'는 화자가 이미 확인하여 알고 있는 사실을 반어적으로 표현한 것이라고 할 수 있다.

6행에서는 절대적 존재가 지금 '밤'의 상황, 즉 시련 속에 있음을 말하고 있다. 그리고 화자는 절대자에게 닥친 '밤'을 몰아내기 위해 가슴을 태워 불을 밝히고 있다. '그칠 줄 모르고 타는', '약한 등불'이라는 표현을 통해, 미약한 힘이나마 최선을 다해 절대자를 둘러싼 밤을 몰아내고자 하는 화자의 강인한 의지를 읽을 수 있다. 그리고 그 노력은 끊임없이 영원히 지속되리라는 것이다. '타고 남은 재가 다시 기름이 됩니다.'라는 역설적 표현이 그러한 다짐을 보여 준다.

한용운은 이 작품을 통해 존재의 근원에 대한 끊임없는 구도 정신으로 형이상학적 깊이를 획득함으로써 우리 시문학의 전통을 한 단계 발전시키는 데 기여했다는 평을 받고 있다.

35 자수(刺繡) — 허영자

①마음이 어지러운 날은
수를 놓는다.

②금실 은실 청홍(靑紅)실
따라서 가면
가슴 속 아우성은 절로 갈앉고

③처음 보는 수풀
정갈한 자갈돌의
강변에 이른다.

남향 햇볕 속에
수를 놓고 앉으면

④세사 번뇌(世事煩惱)
무궁한 사랑의 슬픔을
참아 내올 듯

⑤머언
극락 정토(極樂淨土) 가는 길도
보일 성 싶다.

- 주제 : 수를 통한 번뇌의 극복
- 특징 : • 여성적인 섬세한 정서가 드러남.
  • 불교적인 배경이 바탕을 이룸.

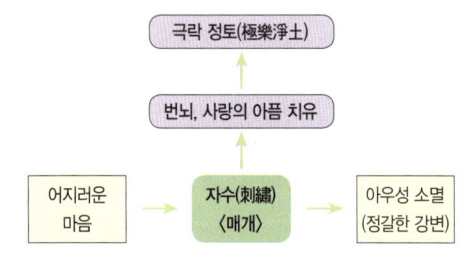

◆ 국왕노트

1. 시적 화자는?
   → 나(드러나 있지 않다.)
2. 시적 화자의 정서는?
   → 마음이 어지럽다.
3. 시적 화자가 어지러운 마음을 극복하기 위해 하는 것은?
   → 수를 놓는다.
4. 수틀에 수 놓인 것은?
   → 수풀, 정갈한 자갈돌, 강변
5. 수 놓기를 통해 시적 화자가 얻은 것은?
   → 끝없는 사랑의 슬픔을 참아낼 수 있다.

◆ 시구풀이

① 마음이 어지러운 날은 / 수를 놓는다. : 화자에게 있어 '수 놓기'가 생산성을 지니는 실질적 의미를 지니는 것이라기보다는 마음을 가라앉히는 방법임을 알 수 있다.

② 금실 은실 청홍(靑紅)실~가슴 속 아우성은 절로 갈앉고 : 수를 놓는 행위를 묘사한 부분으로, 시적 화자가 수놓는 과정을 통해 가슴 속의 괴로움을 가라앉히고 있음을 보여 준다.

③ 처음 보는 수풀~강변에 이른다. : 화자가 마음의 평화를 되찾으면서 만나게 되는 내면 상상의 세계를 의미하는 것으로 자수의 그림 속에 있는 풍경 세계로도 이해할 수 있다.

④ 세사 번뇌(世事煩惱)~참아 내올 듯 : 세상살이의 괴로움, 즉 여기에서는 사랑의 슬픔을 참아내겠다는 의지를 우회적으로 표현한 부분이다. 겸손하고 여성적인 어조를 사용함으로써 호소력을 더하고 있다.

⑤ 머언~보일 성 싶다. : 멀지만 번뇌에서 벗어날 수 있는 절대적인 구원의 경지. '극락 정토'에도 이룰 수 있겠다고 조심스럽게 말하고 있다.

시상의 전개

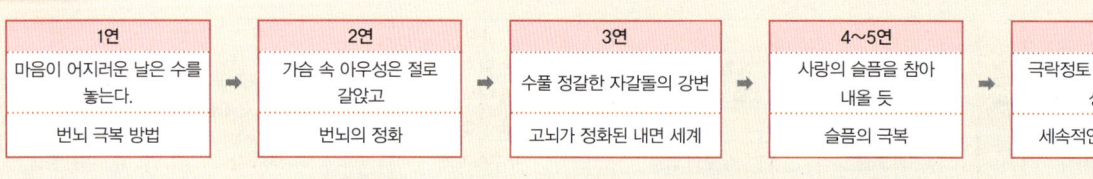

이해와 감상

이 시는 일상적인 일을 통해 세상 번뇌와 사랑의 슬픔을 다스리고 마음의 평화를 찾아가는 체험을 노래한 작품이다. 이 시의 제목이자 핵심 소재인 '자수'는 시인에게 있어 실제적인 수 놓기라기보다는 고뇌를 견디는 방법이요, 극기(克己)의 상징으로 쓰이고 있다.

이 시는 의미상 세 단락으로 나누어진다. 첫 번째 단락은 1연으로 화자가 수를 놓는 일이 어떤 실용적 목적이 아니라, 마음 속의 고뇌나 슬픔을 가라앉히기 위한 것임을 알려 주고 있다. 두 번째 단락은 2~3연으로 오랜 번민을 가라앉히고 아름답고 평화로운 심경에 다다르는 수 놓기의 과정을 보여 주고 있다. 여러 가지 색실을 따라 화자가 수를 놓다 보면, 어느덧 처음 보는 수풀이나 정갈한 자갈들의 강변에 이른다. 그러므로 그 곳은 내면적 상상의 세계로 화자가 수를 놓으면서 되찾게 된 마음의 평화를 의미한다. 세 번째 단락은 4~6연으로 수를 놓고 있으면 사랑의 슬픔도 이겨 내고 번뇌로부터 완전히 벗어날 수 있으리라는 기대와 소망을 보여 주고 있다. 아마도, 화자는 수를 놓는 행위를 통해 아픔을 극복하고 극락 정토라는 절대적 구원까지도 얻을 수 있으리라는 믿음을 가지고 있는 듯하다.

36 조그만 사랑 노래 - 황동규

①어제를 동여맨 편지를 받았다.
늘 그대 뒤를 따르던
길 문득 사라지고
길 아닌 것들도 사라지고
②여기저기서 어린 날
우리와 놀아 주던 돌들이
얼굴을 가리고 박혀 있다.
③사랑한다 사랑한다, 추위 가득한 저녁 하늘에
④찬찬히 깨어진 금들이 뵌다.
⑤성긴 눈 날린다.
땅 어디에 내려앉지 못하고
⑥눈 뜨고 떨며 한없이 떠다니는
몇 송이 눈.

- **주제** : 사랑의 상실로 인한 아픔과 슬픔
- **특징** : • 상실과 소멸의 이미지를 통해 주제를 형상화함.
  • 깨어진 사랑과 추억을 감각적으로 표현함.

어제를 동여맨 편지
- 과거의 추억을 단절하는 이별의 상황
- 지난날 추구하던 삶의 가치가 독재 권력의 의해 억압을 받는 상황

◆ 국왕노트

1. 시적 화자는?
   → 나(실연 당한 사람, 암울한 시대를 사는 사람)
2. 시적 상황은?
   → 시적 화자는 어제를 동여맨 편지를 받고 방황하고 있다.
3. 시적 화자가 느끼고 있는 현실은?
   → 추위 가득한 저녁 하늘
4. 시적 화자의 정서가 이입된 것은?
   → 눈
5. '눈'의 모습은?
   → 땅 어디에 내려앉지 못하고 눈 뜨고 떨며 한없이 떠다니고 있음

◆ 시구풀이

① **어제는 동여맨 편지를 받았다.** : '편지'는 어제와 내일을 단절시키는 독재의 일방적인 통고를 상징한다. 지난날 추구한 가치는 강압적으로 억류되고, 내일은 우리 공동체가 바람직하지 않은 방향으로 전개될 것을 암시한다. 1972년 '10월 유신'의 조치가 지금까지의 민주주의를 압살하고, 자유와 정의가 사라져 버린 사회에 대한 시적 화자의 비극적 인식을 나타내고 있다.

② **여기저기서 ~ 돌들이 얼굴을 가리고 박혀 있다.** : '돌'들은 어린시절과 어제의 아름다운 추억을 연상시키는 매개체의 역할을 한다. 그러나 '어제'가 사라짐으로 '진리'의 가치는 상실되고, 오늘의 그 '돌'들은 부끄러운 현실의 정황 속에 얼굴도 들지 못하고 슬픔에 잠겨 있을 뿐이다.

③ **사랑한다 사랑한다** : 외부의 강압된 힘에 의해 사라져 버린 대상을 시적 화자가 목메어 불러도 그 '사랑'은 실현되지 못하고 다만 그 대상이 상실되었음을 확인할 뿐이다. 따라서 이 구절은 '사랑'이 떠난 상황에서 절망에 싸인 공허한 목소리가 된다. 이 점이 시적 화자에게 아픔을 남겨 주고 시적 화자가 슬픔에 젖게 만든다.

④ **찬찬히 깨어진 금들이 뵌다.** : 어제 '우리와 놀아주던 돌들'은 이제 온전한 모습이 아니다. 아무리 찬찬히 살펴보아도 깨어진 모습이고 금들이 가 있는 상처투성이의 돌들이다. '금'은 당시의 현실과 연관지어 볼 때 '법이나 원칙'을 의미한다. 지켜야 할 민주주의 원칙을 복원할 수 없게 되었고, 시적 화자는 여기에서 짙은 근심과 슬픔에 젖게 된다.

⑤ **성긴 눈 날린다.** : 상처투성이의 대지를 덮기 위해 흩날리는 눈은 얼어붙은 현실 상황을 암시한다. 이 구절은 시의 분위기를 쓸쓸하고 황량하게 만드는 중심적 역할을 한다.

⑥ **눈 뜨고 떨며 한없이 떠다니는 / 몇 송이 눈** : 지상에 내려앉기를 거부하고 한없이 떠다니는 '눈'은 일상화에 안주할 것을 거부하는 시적 화자의 고고하고 자유로운 모습을 상징한다. '눈 뜨고 떨며'를 통해 깨어 있는 시적 화자의 정신을 엿볼 수 있다. 그러나 그 눈송이들은 언젠가 지상에 도달할 것이다. 현실을 인정하지 않고 머뭇거리고 있는 눈의 모습을 통해 자유를 지키려 하면서도 당혹감과 혼란의 상태에 빠진 시적 화자의 심적 상태를 엿볼 수 있다.

시상의 전개

1~4행	5~7행	8~9행	10~13행
어제를 동여맨 편지를 받았다.	우리와 놀아 주던 돌들이 얼굴을 가리고 박혀 있다.	추위 가득한 저녁 하늘에 찬찬히 깨어진 금들이 보인다.	땅 어디에 내려앉지 못하고 눈 뜨고 떨며 한없이 떠다니는 몇 송이의 눈
과거와 현재의 단절	암담하고 끔찍한 현실	현실에 대한 자각	암담한 현실에서 느끼는 불안

이해와 감상

이 시는 표면적으로는 사랑의 아픔을 노래한 '연가(戀歌)'의 형태를 띠면서 절망과 황량함에 가득찬 현실 인식을 노래한 '상징시'라는 이중 구조에 있다. 일반적인 '연가'는 사랑의 대상에 대한 간절한 그리움과 그 대상이 떠난 뒤의 아픔과 고독을 노래하게 마련이다. 과거의 행복했던 시절을 추억하며 혼자 남은 자의 아픔과 상처를 토로하는 것이 일반적인 '연가'의 특징이다. 그러나 이 시는 제목과 형태가 '연가'의 조건을 갖추고 있으면서도 누가 왜 떠났고, 떠난 자와 남은 자 사이에 무슨 일이 있었는지 알 수 없다. 그러나 이 시가 쓰여진 시기가 박정희 정권이 영구 집권을 위해 획책한 1970년대 초 소위 '10월 유신 헌법'공포 직후라는 비민주적 정치 상황을 다룬 작품이라는 사실을 염두에 두면, 이 시를 통해 시인이 노래하고자 하는 것이 무엇을 상징하려고 하는가가 뚜렷해진다. 따라서 이 시는 한 개인에 대한 '연가'가 아니라 갑자기 사라져 버린 이 땅의 민주주의에 대한 그리움과 남은 자의 아픔과 고독과 상처를 노래한 '연가'가 되는 것이다.

37 새들도 세상을 뜨는구나 – 황지우

①영화가 시작하기 전에 우리는
일제히 일어나 애국가를 경청한다.
삼천리 화려 강산의
을숙도에서 일정한 군(群)을 이루며
갈대 숲을 이룩하는 흰 새떼들이
②자기들끼리 끼룩거리면서
자기들끼리 낄낄대면서
일렬 이열 삼렬 횡대로 자기들의 세상을
이 세상에서 떼어 메고
이 세상 밖 어디론가 날아간다.
우리도 우리들끼리
낄낄대면서
깔쭉대면서
우리의 대열을 이루며
한 세상 떼어 메고
이 세상 밖 어디론가 날아갔으면
하는데 대한 사람 대한으로
길이 보전하세로
③각각 자기 자리에 앉는다.
주저앉는다.

- **주제** : 암울한 현실에 대한 좌절감의 비판
- **특징** : • '애국가'가 나올 때의 배경 화면에 따라 시상이 전개됨.
  • 냉소적인 어조를 지님.
  • 반어적 표현을 통해 현실을 풍자함.
  • 대조적 상황을 통해 화자의 좌절감을 강조함.

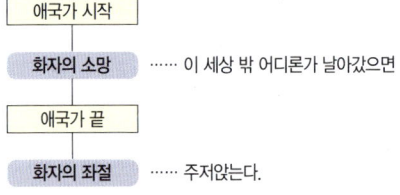

◆ 국왕노트

1. '우리'가 있는 곳은?
   → 영화관
2. '일제히 일어나,' '일렬 이열 삼렬 횡대', '대열'등의 구절들이 공통적으로 드러내는 것은?
   → 군사 문화의 획일성
3. '새떼'들이 날아가는 모습을 보며 시적 화자가 느낀 것을 드러내는 구절과 그 속에 담긴 심정은?
   → '이 세상 밖 어디론가 날아갔으면' : 현실에서 벗어나고 싶어함, 현실 상황에 대한 거부감
4. '주저앉는다.'는 시어에 드러난 정서는?
   → 좌절감

◆ 시구풀이

① 영화가 시작하기 전에 ~ 애국가를 경청한다. : 일상적인 공간을 탈출하기 위해 찾은 극장에서조차 애국가를 경청해야 하는 사실을 통해 당시의 권위주의적이고 획일적인 사회 분위기를 표현하고 있다.

② 자기들끼리 끼룩거리면서 / 자기들끼리 낄낄대면서 : 새들의 자유롭고 유쾌한 비상을 표현하고 있다. 화자는 이러한 새들의 모습을 통해 자유롭지 못하고 유쾌하지 못한 우리의 모습과 대비시켜 냉소적 어조로 표현하고 있다.

③ 각각 자기 자리에 앉는다. : 새들이 하늘로 날아 오르는 것과 대조적으로 우리는 애국가 연주가 끝나자 어쩔 수 없이 자리에 앉는 모습을 대조시킴으로써 화자의 짙은 좌절감을 드러내고 있다.

시상의 전개

1~2행	3~10행	11~16행	17~20행
일제히 일어나 애국가를 경청한다.	자기들의 세상을 이 세상에서 떼어 메고 이 세상 밖 어디론가 날아간다.	한 세상 떼어 메고 이 세상 밖 어디론가 날아갔으면	각기 자기 자리에 앉는다. 주저앉는다.
암울한 현실의 모습	현실에 대한 환멸	현실 극복의 소망	소망의 좌절

이해와 감상

이 시는 1980년대 영화관에서 애국가가 울려 퍼질 때 화면 속에 나오는 새 떼의 비상을 보며, 자신도 이 상황으로부터 떠나고 싶지만 결국 떠날 수 없음을 자각하는 시적 화자의 모습을 통해 현실에 대한 절망감을 드러내고 있다.

영화가 시작되기 전, 관람석의 불이 모두 꺼진 캄캄한 극장은 바로 암울한 현실 상황을 표상하며, '삼천리 화려 강산'을 배경으로 울려퍼지는 애국가를 따라 자리에서 일어나 일제히 부동 자세를 취하는 관객들은 군사 독재 정권하에서 맹목적인 삶을 따라야 했던 당시의 민중들을 의미한다. 그러한 삶을 살아가는 민중의 한 사람인 화자는 '삼천리 화려 강산'을 떠나 줄지어 '이 세상 밖 어디론가 날아가'는 극장 화면의 새 떼들을 보며, '한 세상 떼어 메고 / 이 세상 밖 어디론가 날아갔으면'하는 소망을 갖는다. 그러나 그 같은 소망도 잠시일 뿐, '대한 사람 대한으로 / 길이 보전하세'라는 애국가의 끝 구절이 나오면서 사람들은 서둘러 각각 자기 자리에 앉고, 화자 역시 다른 이들과 마찬가지로 '자기 자리에 주저앉을' 수밖에 없기 때문에 더 큰 좌절감에 빠져든다.

MEMO

2023
국왕국어
요정노트

제 4 부
비문학

01 비문학

02 비문학 기출 연습

1 비문학

I 주제 찾기

1 주제란 무엇인가?
① 글의 중심 사상 또는 글쓴이의 근본적인 서술 의도.
② 글쓴이가 나타내고 주장하고자 하는 그 무엇

2 假主題와 참주제
(1) **가주제**: 핵심적인 내용이지만 그 범위가 넓고 막연한 경우. '막연한 주제'라고도 한다. 제재나 제목은 모두 가주제라고 할 수 있다.
(2) **참주제**: 가주제보다 범위가 좁고, 어떤 대상에 관한 글쓴이의 주장이나 관점으로 집약된 구체적인 주제. '한정된 주제', '중심 사상'이라고도 한다.

가주제	참주제
독서	독서의 종류, 독서와 인격 형성의 관계
길	문명 발달과 길의 상호 관계, 길의 사회학적 의미

3 주제문
(1) **정의**: 주제에 대한 글쓴이의 의견이나 태도가 나타나는 하나의 완결된 문장.
(2) **기능**: 주제문은 글 전체의 방향을 구체적으로 지시하는 기능을 한다.

가주제	참 주 제	주제문
우정	이성간의 우정	이성간의 우정은 성립될 수 있다(혹은 없다)

→ 글이 긍정적인 방향으로 전개될지 부정적으로 전개될지 결정된다.

4 주제 찾기의 요령
(1) **주제를 드러내는 방식에 대한 이해**
① 주제는 대개 글의 처음 아니면 끝에 제시된다.
② 양괄식 구성의 글에서는 처음에 제시된 것을 주제로 한다.
③ 여러 번 반복되는 말(핵심어)은 주제와 밀접한 관계를 갖는다.
④ 주제는 일반적 진술로 되어 있다.

(2) **실전에서 주제 찾기**
① 그 글이 무엇에 대해 쓴 글인지를 확인한다(제재 파악 단계).
② 무엇의 무엇에 대해 쓴 글인지를 또 물어 본다(제재의 어떤 측면에 관한 글인지 확인하는 단계).
③ 무엇의 무엇이 어떠하다는 것인지를 또 물어 본다(제재의 어떤 측면이 어떤 특성을 지녔는가를 확인하는 단계).
④ 위의 질문을 되풀이해서 가장 범위가 좁은 것을 주제로 한다.

무엇	무엇의 무엇	무엇의 무엇이 어떠한가	주제
판소리	판소리의 성격	판소리의 성격은 민중적이다	판소리의 민중성
나	나의 봄에 대한 기대		나의 봄에 대한 기대
인류	인류의 기원	인류의 기원은 오래다.	인류 기원의 장구성
한국 예술	한국 예술의 성격	한국 예술의 성격은 자연적이다.	한국 예술의 자연적 성격(혹은 자연미)

Ⅱ 글의 구성과 전개 방식

1 구성 방식과 전개 방식
구성 방식이란 중심 문장을 어디에 두는가, 논리적 일관성을 중심으로 배열할 것인가, 중요도에 따라 글을 배열할 것인가 등에 관한 문제처럼 글의 배열과 순서에 관한 것이다. 반면, 전개 방식은 글의 대상을 그림을 그리듯이 보여 줄 것인가 아니면 다른 사물이나 현상과의 대비를 통해 보여 줄 것인가, 해부하듯 낱낱이 잘라 내어 보여 줄 것인가 등에 관한 문제처럼 글 주제를 구체화시키거나 그 근거를 밝히는 원리를 가리킨다.

2 글의 구성 방식

(1) 포괄식 구성
글의 결론 부분을 어느 한 곳에 두고 그것을 뒷받침하는 부분을 효과적으로 배열하는 방법으로, 전체 글의 구성보다는 글의 어느 한 부분 혹은 단락 구성에 많이 쓰인다.
① 두괄식 구성 (연역적 구성)
② 미괄식 구성 (귀납적 구성)
③ 양괄식 구성

(2) 전개적 구성 (자연적 구성)
① 시간적 순서에 의한 구성
② 공간적 순서에 의한 구성

(3) 논리적 구성 (단계식 구성)
글을 쓰는 필자의 목적이나 의도와 관련하여 주제가 분명히 드러날 수 있게끔 논리적 일관성을 유지하도록 글을 배열하는 방법
① 3단식 구성 (서-본-결)
② 4단식 구성 (기-승-전-결)
③ 5단식 구성 (주의 환기-과제 제기-과제 해명-해명한 내용의 구체화-결론)

(4) 점층식 구성
중요도의 정도에 따라 작은 것에서 큰 것으로(점층식), 큰 것에서 작은 것으로(점강식) 배열하는 방법으로, 전체 글의 구성보다는 부분이나 단락의 구성에 많이 쓰인다.

(5) 열거식 구성
특별히 중요하다고 생각하는 문제를 밝힐 때 많이 쓰이는 방법으로, 열거되는 화제들 사이의 논리적 일관성이나 의미의 연관은 별로 중시되지 않는다.

(6) 인과적 구성
논증적인 글에서 많이 쓰이는 방식으로, 원인→결과 혹은 결과→원인의 순서로 배열한다.

3 글의 전개 방식

(1) 분석과 분류
분석은 하나의 대상을 마치 해부를 하듯이 나누는 것이라면, 분류는 대상이 여러 개 일 때 그것을 일관된 기준으로 나누거나 묶는 것이다.

(2) 묘사와 서사
묘사는 공간의 이동에 따라 대상을 마치 그림을 그리듯이 보여 주는 방법이라면, 서사는 대상이 시간의 흐름에 따라 변화하는 모습이나 움직임을 그려 내는 것이다.

(3) 예시와 인용
예시는 예를 들어서 보여 주는 것이고, 인용은 다른 사람의 말이나 다른 책의 통계나 자료를 사용하여 주제를 뒷받침하는 방법이다.

(4) 정의와 지정
정의는 대상이 속하는 범위를 정한 후 그 본질을 밝히는 방법이고, 지정은 '~한 사람은 누구냐, ~한 것은 무엇이냐'에 대한 대답의 형식으로 대상을 가리켜 확인하는 방법이다.

(5) 비교, 대조, 유추
둘 이상의 사물에 대해 비슷한 점에 초점을 두고 설명한 것이 비교이고 차이점에 초점을 둔 것이 대조이다. 유추는 범주가 달라 그 본질은 다르지만 밖으로 드러난 비슷한 점을 중심으로 설명하는 방법이다.

Ⅲ. 글의 구조: 한 편의 글이 하나의 주제를 부각시키기 위하여 갖추게 되는 논리적 체계 또는 구성적 특징

○ 글의 종류에 따른 구조적 특징

(1) 설명적인 글

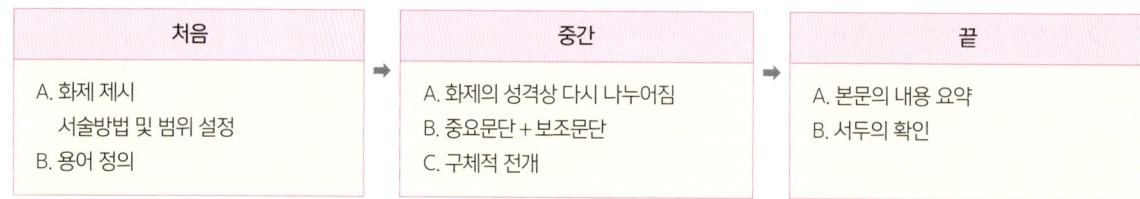

처음	중간	끝
A. 화제 제시 　서술방법 및 범위 설정 B. 용어 정의	A. 화제의 성격상 다시 나누어짐 B. 중요문단 + 보조문단 C. 구체적 전개	A. 본문의 내용 요약 B. 서두의 확인

(2) 논증을 위한 글

서론 - 논지의 제시 ─┬─ 화제의 도입
　　　　　　　　　└─ 논제의 제시
　　↓
본론 - 논지의 전개 ─┬─ 논증 ← 논거
　　　　　　　　　└─ 주장이나 의견의 개진
　　↓
결론 - 논지의 마무리 ─┬─ 본론의 요약 정리
　　　　　　　　　　└─ 새로운 방안 제안

○ 설명적인 글의 조직

(1) 예시의 글의 조직

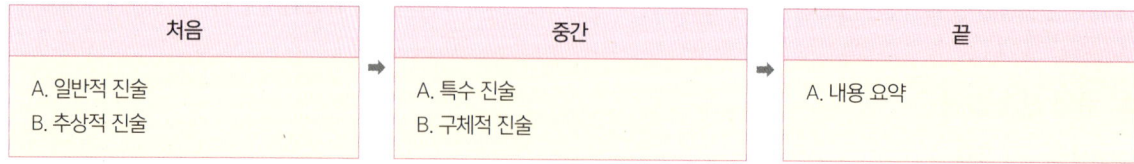

처음	중간	끝
A. 일반적 진술 B. 추상적 진술	A. 특수 진술 B. 구체적 진술	A. 내용 요약

(2) 비교/대조의 글의 조직

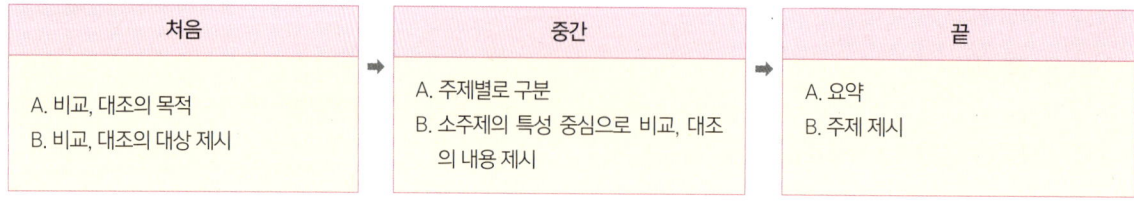

처음	중간	끝
A. 비교, 대조의 목적 B. 비교, 대조의 대상 제시	A. 주제별로 구분 B. 소주제의 특성 중심으로 비교, 대조의 내용 제시	A. 요약 B. 주제 제시

(3) 유추의 글의 조직

처음	중간	끝
A. 유추와 관련된 주제 제시	A. 관련 주제를 친숙하고 단순한 주제와 여러 측면에서 비교	A. 요약 제시

(4) 과정의 글의 조직 〈사건의 단계: 어떻게 일어났는가?〉

처음	중간	끝
A. 주제 제시	A. 각각의 단계 절차 제시	A. 요약

(5) 인과의 글의 조직 〈사건의 관계: 왜 일어났는가?〉

처음	중간	끝
A. 주제 제시	A. 원인→ 그러므로→ 결과 B. 결과→ 왜냐하면→ 원인	A. 요약

정태적 범주와 동태적 범주

특징	전개 방식	범주
전체 → 부분	분석, 묘사	
구분	분류	
구체화	예시	
규정	정의	정태적 범주
공통적	비교	
차이점	대조	
유사점	유추	
시간성	서사/과정/인과	→ 동태적 범주

2 비문학 기출 연습

01   2011 국가직 7급

다음 글에서 다루어진 내용과 가장 거리가 먼 것은?

> 한국 구비문학의 보편적 갈래는 설화, 민요, 무가이다. 설화는 민중 사이에 전승되어 온 이야기로서 신화, 전설, 민담 등이 여기에 속한다. 민요는 민중들 사이에서 불려오던 소박한 노래로서 노동요, 의식요, 유희요 등이 있는데, 노동요로는 농업노동요와 길쌈노동요가 많고, 의식요로는 장례의식요가 많이 전승되며, 유희요로는 '강강술래' 등이 전해진다. 무가는 굿을 할 때 무당이 부르는 노래로서 오늘날까지 매우 많은 자료가 전승되고 있는데, 장편의 축원무가와 수십 종의 서사무가, 그리고 10여 종의 무극(巫劇)이 전한다. 이처럼 설화와 민요, 그리고 무가는 수천 년의 오랜 역사 동안 우리 문학과 문화의 기층을 이루며 민족의 삶을 다독여 주었다

① 구비문학이 가지는 민족 문화적 의의
② 설화의 개념과 하위 범주
③ 민요의 유래와 형식
④ 전승된 무가 자료의 개략적인 상황

정답 ③
해설 이 글에서는 민요란 무엇이고 민요에는 어떤 종류가 있는지에 관해 설명하고 있으나 민요의 유래와 형식에 대해서는 설명하고 있지 않다.

02   2015 사회복지직 9급

다음 글의 서술상 특징으로 옳지 않은 것은?

> 문자는 크게 세 가지 종류로 나눌 수 있다. 하나는 그림문자이고, 다른 하나는 뜻문자이고, 또 다른 하나는 소리문자이다. 그림문자란 문자를 그림으로 나타내어 표현한 것이고 그 예로는 상형문자를 들 수 있다. 뜻문자는 단어를 상징적인 의미의 기호로 표현한 문자로서 한자가 대표적이다. 반면, 소리문자는 알파벳과 같이, 단어의 요소나 소리를 기호로 나타내는 문자이다. 이 세 가지 중에서 소리문자가 가장 발달된 문자인데, 그중에서도 으뜸은 한글이다. 적은 수의 기본자로 많은 말소리를 자유자재로 표기할 수 있기 때문이다.

① 근거를 갖추어 주장을 펼치고 있다.
② 기존의 주장을 반박하는 방식으로 논지를 펼치고 있다.
③ 용어의 정의를 통해서 논지에 대한 독자의 이해를 돕고 있다.
④ 예시와 열거 등의 설명 방법을 구사하여 주장의 설득력을 높이고 있다.

정답 ②
해설 제시된 글에서는 기존의 주장을 반박하는 방식을 사용하지는 않았다. 예시와 열거 등을 통해 용어를 설명할 뿐이다.

03

다음 글을 통해 알 수 있는 내용으로 적절하지 않은 것은?

　재판이란 법원이 소송 사건에 대해 원고·피고의 주장을 듣고 그에 대한 법적 판단을 내리는 소송 절차를 말한다. 오늘날과 마찬가지로 조선 시대에도 재판 제도가 있었다. 당시의 재판은 크게 송사(訟事)와 옥사(獄事)로 나뉘었다. 송사는 개인 간의 생활 관계에서 발생하는 분쟁의 해결을 위해 관청에 판결을 호소하는 것을 말하며, 옥사는 강도, 살인, 반역 등의 중대 범죄를 다스리는 일로서 적발, 수색하여 처벌하는 것을 말한다.

　송사는 다시 옥송과 사송으로 나뉜다. 옥송은 상해 및 인격적 침해 등을 이유로 하여 원(元: 원고), 척(隻: 피고) 간에 형벌을 요구하는 송사를 말한다. 이에 반해 사송은 원, 척 간에 재화의 소유권에 대한 확인, 양도, 변상을 위한 민사 관련 송사를 말한다.

　그렇다면 당시에 이러한 송사나 옥사를 맡아 처리하는 기관은 어느 곳이었을까? 조선 시대는 입법, 사법, 행정의 권력 분립이 제도화되어 있지 않았기에 재판관과 행정관의 구별이 없었다. 즉 독립된 사법 기관이 존재하지 않았으므로 재판은 중앙의 몇몇 기관과 지방 수령인 목사, 부사, 군수, 현령, 현감 등과 관찰사가 담당하였다.

① 일반적인 재판의 정의
② 조선 시대 송사의 종류
③ 조선 시대 송사와 옥사의 차이점
④ 조선 시대 재판관과 행정관의 역할

정답 ④

해설 마지막 문단에서 조선 시대에는 '재판관과 행정관의 구별이 없었다'라고 하였으므로 '재판관과 행정관'의 구별이 있음을 전제로 한 '재판관과 행정관의 역할'은 이 글을 통해 알 수 있는 내용으로 볼 수 없다.

04

㉠~㉣에 들어갈 말로 맞는 것은?

　말하기의 중요한 목적 중에 하나가 설명이다. 설명은 청자가 모르는 사실을 알아듣기 쉽게 풀어서 말하는 것으로, 우리가 알아낸 정보를 전달하거나 지식 체계를 쉽게 이해시키고자 하는 경우에 사용된다. 설명의 방법에는 지정, 정의, (㉠)와/과 (㉡), (㉢)와/과 (㉣), 예시가 있다.

　지정은 가장 단순한 설명의 방법으로 사물을 지적하듯이 말하기를 통하여 지적하는 방법이다. 정의는 어떤 용어나 단어의 뜻과 개념을 밝히는 것으로 충분한 지식을 가지고 있어야 정확한 정의를 내릴 수 있다. 어떠한 대상을 파악하고자 할 때 대상을 적절히 나누거나 묶어서 정리해야 하는데, 하위 개념을 상위 개념으로 묶어 가면서 설명하는 (㉠)의 방법과 상위 개념을 하위 개념으로 나누어 가면서 설명하는 (㉡)의 방법이 있다. 설명을 할 때에 서로 비슷비슷하여 구별이 어려운 개념에 대하여 그들 사이의 공통점이나 차이점을 지적하면 이해하기가 쉬운데, 둘 이상의 대상 사이의 유사점에 대하여 설명하는 일을 (㉢)(이)라 하고, 그 차이점에 대하여 설명하는 일을 (㉣)(이)라 한다. 이러한 방법을 통해서 말하게 되면 평이한 화제를 가지고도 개성 있는 말하기를 할 수 있게 된다. 예시는 어떤 개념이나 사물에 대한 이해를 돕기 위하여 이에 해당하는 예를 직접 보여 주거나 예를 들어 설명하는 것이다.

	㉠	㉡	㉢	㉣
①	대조	비교	구분	분류
②	비교	대조	분류	구분
③	분류	구분	비교	대조
④	구분	분류	대조	비교

정답 ③

해설 '분류'는 '영화를 청소년용과 성인용으로 분류하다.'의 예처럼 많은 것들을 상위의 개념에 따라 묶어서 종류를 가르는 것이다. 반면 '구분'은 '우리는 옳고 그른 일들을 구분할 줄 알아야 한다.'에서 보듯 일정한 기준에 따라 전체를 몇 개로 갈라 나누는 것을 가리킨다. 그리고 '비교'는 사전적 의미로는 '둘 또는 그 이상의 사물이나 현상을 견주어 서로 간의 유사점과 공통점, 차이점 따위를 밝힘.'을 뜻하는 말이나, 이 가운데서 '차이점'을 밝히는 '대조'의 설명 방식과 구분하여 '유사점과 공통점'을 밝히는 것만을 '비교'의 방식이라고 말한다.

05

다음 글에서 보여 주는 설명 방식을 사용하고 있는 것은?

> 지금 지구 상공에는 수많은 인공위성이 돌고 있다. 인공위성은 크게 군사용 위성과 평화용 위성으로 나뉜다. 첩보 위성, 위성 파괴 위성 등은 전자에 속하고, 통신 위성, 기상 관측 위성, 지구 자원 탐사 위성 등은 후자에 속한다.

① 동사는 주어의 동작이나 작용을 나타내는 반면, 형용사는 주어의 성질이나 상태를 나타낸다.
② 표준 발음법은 총칙, 자음과 모음, 음의 길이, 받침의 발음, 음의 동화, 경음화, 음의 첨가 등으로 이루어져 있다.
③ 여닫다, 우짖다, 검푸르다, 검붉다, 뛰놀다, 설익다, 부슬비 등은 일반적인 우리말의 통사적 구성 방법과 어긋나게 형성된 낱말의 예라 할 수 있다.
④ 자음은 조음 위치 및 조음 방법에 따라 다시 나뉜다. 양순음, 치조음, 경구개음, 연구개음, 후음 등은 조음 위치에 따라 자음을 하위 갈래로 나눈 것이고, 파열음, 파찰음, 마찰음, 비음, 유음 등은 조음 방법에 따라 자음을 하위 갈래로 나눈 것이다.

정답 ④
해설 〈보기〉는 '분류(구분)'의 방법을 사용한 것으로 볼 수 있고, ④ 역시 '분류(구분)'의 방법을 사용한 것으로 볼 수 있다. ①은 '대조'의 방식, ②는 '분석'의 방식, ③은 '예시'의 방식을 사용하고 있다.

06

다음 글을 읽은 독자의 반응으로 적절한 것은?

> 인문학은 세상에 대한 종합적이고 비판적인 해석과 시각을 제공한다. 인문학이 해석하는 세상은 지금 우리가 살고 있는 세상이다. 현대 사회는 사회의 복잡성이 비교할 수 없을 정도로 증가함에 따라 위험과 불확실성이 커졌으며, 다양한 정보 통신 기술이 정보와 지식의 생산, 유통, 소비를 혁신적으로 바꾸면서 사람들 사이의 새로운 상호 의존 관계를 만들어 낸다는 점에서 과거와는 다른 차별성을 지니고 있다. 이것은 현대 사회가 불확실하고 복잡하며 매일 매일 바쁘게 돌아가는 세상이 되었다는 것, 나아가 지구 구석구석에 존재하는 타인과의 상호 관계가 내 삶에 예기치 못한 영향을 미치는 세상이 되었다는 것을 의미한다. 이러한 세상을 살아가는 데에 인문학은 실질적인 지침을 제공해야 한다.

① 현대 사회에서 인문학이 담당해야 할 역할에 대해 말하고 있어.
② 현대 사회의 문제점을 부각시키면서 바람직한 해결 방안을 제시하고 있어.
③ 과거와 현대 사회의 모습을 구체적으로 대조하면서 현대 사회의 특징을 드러내고 있어.
④ 사회의 복잡성으로 인해 타인과의 소통에 장애가 생긴다는 점을 현대 사회의 주요한 특징으로 말하고 있어.

정답 ①
해설 주어진 글에서는 인문학이 지금 우리가 살고 있는 세상에 대한 종합적이고 비판적인 해석과 시각을 제공한다고 한 다음, 이 세상을 살아가는 데 인문학이 실질적인 지침을 제공해야 한다고 하여 현대 사회에서 인문학이 담당해야 할 역할을 제시하고 있다.

07

다음 글에서 알 수 있는 내용이 아닌 것은?

> 사물놀이는 사물(四物), 즉 꽹과리, 징, 장구, 북의 네 가지 타악기만으로 연주하는 음악을 말한다. 사물놀이는 풍물놀이와는 좀 다르다. 풍물놀이를 무대 공연에 맞게 변형한 것이 사물놀이인데, 풍물놀이가 대체로 자기 지역의 가락만을 연주하는 데 비해 사물놀이는 거의 전 지역의 가락을 모아 재구성해서 연주한다.
>
> 사물놀이 연주자들은 흔히 쟁쟁거리는 꽹과리를 천둥이나 번개에, 잦게 몰아가는 장구를 비에, 둥실대는 북을 구름에, 여운을 남기며 울리는 징을 바람에 비유한다. 천둥이나 번개, 비, 구름, 바람이 어우러지며 토해 내는 소리가 사물놀이 소리라는 것이다. 사물놀이는 앉아서 연주하는 사물놀이와 서서 연주하는 사물놀이의 두 가지 형태로 나뉘어 있는데, 전자를 '앉은반', 후자를 '선반'이라고 한다.

① 사물놀이의 가치
② 사물놀이의 소리
③ 사물놀이의 악기 종류
④ 사물놀이의 연주 형태

정답 ①

해설 제시문에서 사물놀이의 가치에 대한 언급은 찾아볼 수 없다. ② 사물놀이의 소리는 2문단에서, ③ 사물놀이의 악기 종류는 1문단에서, ④ 사물놀이의 연주 형태는 2문단에서 설명하고 있다.

08

다음 글의 내용과 부합하지 않는 것은?

> 글의 기본 단위가 문장이라면 구어를 통한 의사소통의 기본 단위는 발화이다. 담화에서 화자는 발화를 통해 '명령', '요청', '질문', '제안', '약속', '경고', '축하', '위로', '협박', '칭찬', '비난' 등의 의도를 전달한다. 이때 화자의 의도가 직접적으로 표현된 발화를 직접 발화, 암시적으로 혹은 간접적으로 표현된 발화를 간접 발화라고 한다.
>
> 일상 대화에서도 간접 발화는 많이 사용되는데, 그 의미는 맥락에 의존하여 파악된다. '아, 덥다.'라는 발화가 '창문을 열어라.'라는 의미로 파악되는 것이 대표적인 예이다. 방 안이 시원하지 않다는 상황을 고려하여 청자는 창문을 열게 되는 것이다. 이처럼 화자는 상대방이 충분히 그 의미를 파악할 수 있다고 판단될 때 간접 발화를 전략적으로 사용함으로써 의사소통을 원활하게 하기도 한다.
>
> 공손하게 표현하고자 할 때도 간접 발화는 유용하다. 남에게 무언가를 요구하려는 경우 직접 발화보다 청유 형식이나 의문 형식의 간접 발화를 사용하면 공손함이 잘 드러나기도 한다.

① 발화는 구어를 통한 의사소통의 기본 단위이다.
② 간접 발화의 의미는 언어 사용 맥락에 기대어 파악된다.
③ 간접 발화가 직접 발화보다 화자의 의도를 더 잘 전달한다.
④ 요청할 때 청유문이나 의문문을 사용하면 더 공손해 보이기도 한다.

정답 ③

해설 화자의 의도가 직접 발화와 간접 발화 중 어느 것에서 더 잘 전달될지는 주어진 지문의 내용만으로는 추리할 수 없다.

09
다음 글의 제목으로 가장 적절한 것은?

> 평화로운 시대에 시인의 존재는 문화의 비싼 장식일 수 있다. 그러나 시인의 조국이 비운에 빠졌거나 통일을 잃었을 때 시인은 장식의 의미를 떠나 민족의 예언가가 될 수 있고, 민족혼을 불러일으키는 선구자적 지위에 놓일 수도 있다. 예를 들면 스스로 군대를 가지지 못한 채 제정 러시아의 가혹한 탄압 아래 있던 폴란드 사람들은 시인의 존재를 민족의 재생을 예언하고 굴욕스러운 현실을 탈피하도록 격려하는 예언자로 여겼다. 또한 통일된 국가를 가지지 못하고 이산되어 있던 이탈리아 사람들은 시성 단테를 유일한 '이탈리아'로 숭앙했고, 제1차 세계대전 때 독일군의 잔혹한 압제 하에 있었던 벨기에 사람들은 베르하렌을 조국을 상징하는 시인으로 추앙하였다.

① 시인의 생명(生命) ② 시인의 운명(運命)
③ 시인의 사명(使命) ④ 시인의 혁명(革命)

정답 ③

해설 이 글에서는 '시인의 조국이 비운에 빠졌거나 통일을 잃었을 때 시인은 장식의 의미를 떠나 민족의 예언가가 될 수 있고, 민족혼을 불러일으키는 선구자적 지위에 놓일 수도 있다'고 하여, 시인의 사명(使命)이란 무엇인가에 대해 언급하고 있음을 알 수 있다.

10
다음 글의 필자가 궁극적으로 강조하는 내용으로 가장 적절한 것은?

> 로마는 '마지막으로 보아야 하는 도시'라고 합니다. 장대한 로마 유적을 먼저 보고 나면 다른 관광지의 유적들이 상대적으로 왜소하게 느껴지기 때문일 것입니다. 로마의 자부심이 담긴 말입니다. 그러나 나는 당신에게 제일 먼저 로마를 보라고 권하고 싶습니다. 왜냐하면 로마는 문명이란 무엇인가라는 물음에 대해 가장 진지하게 반성할 수 있는 도시이기 때문입니다. 문명관(文明觀)이란 과거 문명에 대한 관점이 아니라 우리의 가치관과 직결되어 있는 것입니다. 그리고 과거 문명을 바라보는 시각은 그대로 새로운 문명에 대한 전망으로 이어지기 때문입니다.

① 여행할 때는 로마를 가장 먼저 보는 것이 좋다.
② 문명을 반성적으로 볼 수 있는 가치관이 필요하다.
③ 문화 유적에 대한 로마인의 자부심은 본받을 만하다.
④ 과거 문명에서 벗어나 새로운 문명을 창조해야 한다.

정답 ②

해설 이 글에서 '로마는 문명이란 무엇인가라는 물음에 대해 가장 진지하게 반성할 수 있는 도시'라고 한 점과, '문명관(文明觀)이란 과거 문명에 대한 관점이 아니라 우리의 가치관과 직결되어 있다'고 한 점을 종합해 보면, '문명을 반성적으로 볼 수 있는 가치관이 필요하다'가 이 글의 주제임을 알 수 있다.

11
다음 글의 내용과 일치하는 것은?

> 극의 진행과 등장인물의 대사 및 감정 등을 관객에게 설명했던 변사가 등장한 것은 1900년대이다. 미국이나 유럽에서도 변사가 있었지만 그 역할은 미미했을뿐더러 그마저도 자막과 반주 음악이 등장하면서 점차 소멸하였다. 하지만 주로 동양권, 특히 한국과 일본에서는 변사의 존재가 두드러졌다. 한국에서 변사가 본격적으로 등장한 것은 극장가가 형성된 1910년부터인데, 한국 최초의 변사는 우정식으로, 단성사를 운영하던 박승필이 내세운 인물이었다. 그 후, 김덕경, 서상호, 김영환, 박응면, 성동호 등이 변사로 활약했으며, 당시 영화 흥행의 성패를 좌우할 정도로 그 비중이 컸었다. 단성사, 우미관, 조선극장 등의 극장은 대개 다섯 명 정도의 변사를 전속으로 두었으며, 두 명 내지 세 명이 교대로 무대에 올라 한 영화를 담당하였다. 네 명 내지 여덟 명의 변사가 한 무대에 등장하여 영화의 대사를 교환하는 일본과는 달리, 한국에서는 한 명의 변사가 영화를 설명하는 방식을 취하였으며, 영화가 점점 장편화되면서부터는 두 명 내지 네 명이 번갈아 무대에 등장하는 방식으로 바뀌었다. 변사는 악단의 행진곡을 신호로 무대에 등장하였으며, 소위 전설(前說)을 하였는데, 전설이란 활동사진을 상영하기 전에 그 개요를 앞서 설명하는 것이었다. 전설이 끝나면 활동사진을 상영하고 해설을 시작하였다. 변사는 전설과 해설 이외에도 막간극을 공연하기도 했는데 당시 영화관에는 영사기가 대체로 한 대밖에 없었기 때문에 필름을 교체하는 시간을 이용하여 코믹한 내용을 공연하였다.

① 한국과는 달리 일본에서는 변사가 막간극을 공연했다.
② 한국에 극장가가 형성되기 시작한 것은 1900년경이었다.
③ 한국은 영화의 장편화로 무대에 서는 변사의 수가 늘어났다.
④ 자막과 반주 음악의 등장으로 변사의 중요성이 더욱 높아졌다.

정답 ③

해설 제시문의 '영화가 점점 장편화되면서부터 두 명 내지 네 명이 번갈아 무대에 등장하는 방식으로 바뀌었다.'라는 부분에서 한국은 영화의 장편화로 무대에서는 변사의 수가 늘어났음을 추리할 수 있다.

12

2014 국가직 9급

다음 글을 통해 알 수 있는 내용으로 적절하지 않은 것은?

우리나라를 찾는 외국인들이 가장 즐겨 찾는 곳은 이태원이다. 여기서 '원(院)'이란 이곳이 과거에 여행자들을 위한 휴게소였다는 것을 말해 준다. 사리원, 조치원 등의 '원'도 마찬가지이다. 조선 전기에는 여행자가 먹고 자고 쉴 수 있는 휴게소를 '원'이라고 불렀다. 1530년에 발간된 《신증동국여지승람》에 따르면 원은 당시 전국에 무려 1,210개나 있었다고 한다.

조선 전기에도 여행자를 위한 편의 시설은 잘 갖추어져 있었다. 주요 도로에는 이정표와 역(驛), 원(院)이 일정한 원칙에 따라 세워졌다. 10리마다 지명과 거리를 새긴 작은 장승을 세우고, 30리마다 큰 장승을 세워 길을 표시했다. 그리고 큰 장승이 있는 곳에는 역과 원을 설치했다. 주요 도로마다 30리에 하나씩 원이 설치되다 보니, 전국적으로 1,210개나 될 정도로 많아진 것이다.

역이 국가의 명령이나 공문서, 중요한 군사 정보의 전달, 사신 왕래에 따른 영송(迎送)과 접대 등을 위해 마련된 교통 통신 기관이었다면, 원은 그런 일과 관련된 사람들을 위해 마련된 일종의 공공 여관이었다. 원은 주로 공공 업무를 위한 여관이었지만 민간인들에게 숙식을 제공하기도 했다.

원은 정부에서 운영했기 때문에 재원도 정부에서 마련했는데, 주요 도로인 대로와 중로, 소로 등에 설치된 원에는 각각 원위전(院位田)이라는 땅을 주어 운영 경비를 마련하도록 했다. 그렇다면 누가 원을 운영했을까? 역에는 종육품 관리인 찰방(察訪)이 파견되어 여러 개의 역을 관리하며 역리와 역노비를 감독했지만, 원에는 정부가 일일이 관리를 파견할 수 없었다. 그래서 대로변에 위치한 원에는 다섯 가구, 중로에는 세 가구, 소로에는 두 가구를 원주(院主)로 임명했다. 원주는 승려, 향리, 지방 관리 등이었는데 원을 운영하는 대신 각종 잡역에서 제외시켜 주었다.

조선 전기에는 원 이외에 여행자를 위한 휴게 시설이 따로 없었으므로 원을 이용하지 못하는 민간인 여행자들은 여염집 대문 앞에서 "지나가는 나그네인데, 하룻밤 묵어 갈 수 있겠습니까?"라고 물어 숙식을 해결할 수밖에 없었다. 그러나 임진왜란과 병자호란을 거치면서 점사(店舍)라는 민간 주막이나 여관이 생기고, 관리들도 지방 관리의 대접을 받아 원의 이용이 줄어들게 되면서 원의 역할은 점차 사라지고 지명에 그 흔적만 남게 되었다.

① 여행자는 작은 장승 두 개를 지나 10리만 더 가면 '역(驛)'이 나온다는 것을 알았을 것이다.
② '원(院)'을 운영하는 승려는 나라에서 요구하는 각종 잡역에서 빠졌을 것이다.
③ 외국에서 사신이 오면 관리들은 '역(驛)'에서 그들을 맞이하거나 보냈을 것이다.
④ 민간인 여행자들도 자유롭게 '원(院)'에서 숙식을 해결했을 것이다.

정답 ④
해설 "원을 이용하지 못하는 민간인 여행자들은 여염집 대문 앞에서"라는 구절로 보아, 민간인 여행자들은 원을 자유롭게 이용하지는 못했을 것임을 알 수 있다.

13

2016 지방교행직 7급

다음 글로 미루어 알 수 없는 것은?

논증은 여러 가지 논거를 들어 자신이 주장하는 명제가 참이라는 것을 증명하는 것이다. 논증의 목적은 상대방을 효과적으로 설득하는 것이다. 논증이 설득력을 가지려면 주장을 뒷받침할 수 있는 충분하고 객관적인 논거의 제시가 중요한데, 이러한 논거로는 이미 입증된 일반적 원리, 여러 객관적 사례, 권위 있는 전문가의 견해 등이 있다.

논증의 특성은 기술, 인과적 설명 등과 비교해 보면 분명히 드러난다. 기술은 설명 대상이 되는 사물이나 현상 또는 사건을 객관적인 입장에서 있는 그대로 서술하는 것으로, 개인의 주관적 평가나 가치관의 개입이 배제된다. 인과적 설명은 결과에 대한 원인을 제시함으로써 그것의 발생 이유나 정황을 설명하는 것으로, 논거를 통하여 주장이 참임을 밝히는 논증과 차이가 있다.

논증 방법에는 연역법, 귀납법, 유추가 있다. 연역법은 일반적인 사실이나 원리를 전제로 하여 구체적인 사실을 결론으로 이끌어 내는 방법이다. 이 방법은 전제가 반드시 참이어야 하며 전제에 오류가 있으면 성립하지 않는다. 귀납법은 구체적인 사실로부터 일반적인 사실을 결론으로 이끌어 내는 방법이다. 가능한 한 많은 사례를 통해 결론을 도출하는 것이 중요하지만 예외가 있을 때는 주장을 완벽하게 증명하기 어렵다. 유추는 두 대상의 유사한 속성을 근거로 하여 주장을 이끌어 내는 방법이다. 어떤 두 대상에 비슷한 속성이 있기 때문에 하나의 대상에서 발견되는 현상이 다른 대상에서도 발견될 것이라고 주장하는 것이다. 하지만 두 대상의 속성이 비슷하다고 해서 반드시 다른 대상에 같은 현상이 일어나는 것은 아니므로 주장을 완벽하게 증명하기 어려울 수 있다.

① 논증의 개념
② 논증 방법 간 선호도의 차이
③ 논증 방법에 따른 오류의 가능성
④ 귀납법에서 설득력을 높이는 방법

정답 ②
해설 이 글에서 논증 방법(연역법, 귀납법, 유추) 사이의 선호도의 차이에 관해서는 언급하고 있지 않다. ①은 1문단에, ③과 ④는 3문단에 설명되어 있다.

14

〈보기〉에 나타난 설명 방식으로 가장 옳지 않은 것은?

> 필로티(pilotis) 문제가 아니라 왜 필로티 건축인가를 물어야 한다. 이는 주차 문제와 관련이 있다. 소형 주택·상가에서 법정 주차대수를 맞추려면 대지 내에 빼곡히 주차면을 만들어야 한다. 반면에 상부 건물은 대지 경계선으로부터 띄워야 하므로 1층을 필로티로 하여 차가 삐죽 나오도록 하는 것은 논리적 귀결이다. 세월호 평형수가 저렴하도록 반(半)강제된 여객 운임과 관련이 있듯이 필로티에 대한 선호 또한 저렴 주택, 나아가 저렴 도시와 관련이 깊다. 다세대·다가구주택은 단독 주택용 필지에 부피 늘림만 허용한 1970, 80년대 주택공급 정책의 결과다. 공공에서 책임져야 할 주차·도로·녹지를 모두 개별 대지 안에서 해결하려니 설계는 퍼즐 풀기가 되었고 이때 필로티는 모범답안이었다.

① 현상 이면의 구조적 문제를 파악하고 있다.
② 인과관계를 통해 사회 현상을 설명한다.
③ 반복되는 사회적 문제를 환기한다.
④ 유추를 통해 해결 방안을 제시한다.

정답 ④
해설 해결 방안을 제시하는 과정에서 유추, 즉 두 개의 사물이 여러 면에서 비슷하다는 것을 근거로 다른 속성도 유사할 것이라고 추론하는 방법을 사용하지는 않았다.

15

다음 글의 주된 설명 방식이 적용된 것으로 가장 적절한 것은?

> 문학이 구축하는 세계는 실제 생활과 다르다. 즉 실제 생활은 허구의 세계를 구축하는 데 필요한 재료가 되지만 이 재료들이 일단 한 구조의 구성 분자가 되면 그 본래의 재료로서의 성질과 모습은 확연히 달라진다. 건축가가 집을 짓는 것을 떠올려 보자. 건축가는 어떤 완성된 구조를 생각하고 거기에 필요한 재료를 모아서 적절하게 집을 짓게 되는데, 이때 건물이라고 하는 하나의 구조를 완성하게 되면 이 완성된 구조의 구성 분자가 된 재료들은 본래의 재료와 전혀 다른 것이 된다.

① 르네상스 시대의 화가들은 원근법을 사용하여 세상을 향한 창과 같은 사실적인 그림을 그렸다. 현대 회화를 출발시켰다고 평가되는 인상주의자들이 의식적으로 추구한 것도 이러한 사실성이었다.
② 소설을 구성하는 요소는 물론 많지만 그중에서도 인물, 배경, 사건을 들 수 있다. 인물은 사건의 주체, 배경은 인물이 행동을 벌이는 시간과 공간, 분위기 등이고, 사건은 인물이 배경 속에서 벌이는 행동의 세계이다.
③ 목적을 지닌 인생은 의미 있다. 목적 없이 살아가는 사람은 험난한 인생의 노정을 완주하지 못한다. 목적을 갖고 뛰어야 마라톤에서 완주가 가능한 것처럼 우리의 인생에서도 목표를 가지고 꾸준히 노력하는 사람이 성공한다.
④ 신라의 육두품 출신 가운데 학문적으로 출중한 자들이 많았다. 가령, 강수, 설총, 녹진, 최치원 같은 사람들은 육두품 출신이었다. 이들은 신분적 한계 때문에 정계보다는 예술과 학문 분야에 일찌감치 몰두하게 되었다.

정답 ③
해설 주어진 글에서는 문학이 구축하는 세계가 실제 생활과 다르다는 점을 말하기 위해, 건축가가 집을 짓는 경우, 완성된 구조의 구성 분자가 된 재료들이 본래의 재료와 다른 것이 된다는 점에서 유추하여 서술하고 있다. ③에서도 유추의 방법을 사용하고 있는데, 마라톤이 목적을 갖고 뛰어야 완주가 가능한 것처럼 우리의 인생도 목표를 가지고 꾸준히 노력해야 성공할 수 있다는 점을 유추하여 서술하고 있다.

16
2018 국가직 9급

⊙~㉣의 예를 추가할 때 가장 적절한 것은?

> 논리학에서 비형식적 오류 유형에는 우연의 오류, 애매어의 오류, 결합의 오류, 분해의 오류 등이 있다.
> 우선 ⊙우연의 오류란 거의 대부분의 경우에 적용되는 일반적인 원리나 규칙을 우연적인 상황으로 인해 생긴 예외적인 특수한 경우에까지도 무차별적으로 적용할 때 생기는 오류이다. 그 예로 "인간은 이성적인 동물이다. 중증 정신 질환자는 인간이다. 그러므로 중증 정신 질환자는 이성적인 동물이다."를 들 수 있다. ⓒ애매어의 오류는 동일한 한 단어가 한 논증에서 맥락마다 서로 다른 의미를 지니는 것으로 사용될 때 생기는 오류를 말한다. "김 씨는 성격이 직선적이다. 직선적인 모든 것들은 길이를 지닌다. 고로 김 씨의 성격은 길이를 지닌다."가 그 예이다. 한편 각각의 원소들이 개별적으로 어떤 성질을 지니고 있다는 내용의 전제로부터 그 원소들을 결합한 집합 전체도 역시 그 성질을 지니고 있다는 결론을 도출하는 경우가 ⓒ결합의 오류이고, 반대로 집합이 어떤 성질을 지니고 있다는 내용의 전제로부터 그 집합의 각각의 원소들 역시 개별적으로 그 성질을 지니고 있다는 결론을 도출하는 경우가 ㉣분해의 오류이다. 전자의 예로는 "그 연극단 단원들 하나하나가 다 훌륭하다. 고로 그 연극단은 훌륭하다."를, 후자의 예로는 "그 연극단은 일류급이다. 박 씨는 그 연극단 일원이다. 그러므로 박 씨는 일류급이다."를 들 수 있다.

① ⊙ - 모든 사람은 죽는다. 소크라테스는 사람이다. 그러므로 소크라테스는 죽는다.
② ⓒ - 부패하기 쉬운 것들은 냉동 보관해야 한다. 세상은 부패하기 쉽다. 고로 세상은 냉동 보관해야 한다.
③ ⓒ - 미국 아이스하키 선수단이 이번 올림픽에서 금메달을 차지했다. 그러므로 미국 선수 각자는 세계 최고 기량을 갖고 있다.
④ ㉣ - 그 학생의 논술 시험 답안은 탁월하다. 그의 답안에 있는 문장 하나하나가 탁월하기 때문이다.

정답 ②
해설 '부패'라는 말이 '타락'과 '유기물 분해'라는 서로 다른 의미로 사용되고 있어서 애매어의 오류가 나타난다. '부패하기 쉬운 것들은 냉동 보관해야 한다.'에서는 '부패'가 '유기물 분해'라는 의미를 갖지만 '세상은 부패하기 쉽다.'에서는 '부패'가 '타락'이라는 의미를 갖는 것이다.

17
2018 서울시 9급

〈보기〉와 같은 유형의 논리적 오류에 해당하는 것은?

— 보기 —
네가 내게 한 약속을 지키지 않은 것은 곧 나를 사랑하지 않는다는 증거야.

① 항상 보면 이등병들이 말썽이더라.
② 내 부탁을 거절하다니, 넌 나를 싫어하는구나.
③ 김씨는 참말만 하는 사람이다. 왜냐하면 그는 거짓말을 하지 않는 사람이기 때문이다.
④ 거짓말을 하는 것은 죄악이다. 그러므로 의사가 환자에게 거짓말을 하는 것은 당연히 죄악이다.

정답 ②
해설 〈보기〉에서는 어떤 주장에 대해 선택 가능성이 두 가지밖에 없다고 생각하는 데서 발생하는 오류인 흑백 논리의 오류가 나타나는데, ②에서도 이러한 오류가 나타난다.

18
2016 지방직 9급

다음 글의 중심 내용으로 가장 적절한 것은?

> 영어에서 위기를 뜻하는 단어 'crisis'의 어원은 '분리하다'라는 뜻의 그리스 어 '크리네인(Krinein)'이다. 크리네인은 본래 회복과 죽음의 분기점이 되는 병세의 변화를 가리키는 의학 용어로 사용되었는데, 서양인들은 위기에 어떻게 대응하느냐에 따라 결과가 달라진다고 보았다. 상황에 위축되지 않고 침착하게 위기의 원인을 분석하여 사리에 맞는 해결 방안을 찾을 수 있다면 긍정적 결과가 나올 수 있다는 것이다. 한편, 동양에서는 위기(危機)를 '위험(危險)'과 '기회(機會)'가 합쳐진 것으로 해석하여, 위기를 통해 새로운 기회를 모색하라고 한다. 동양인들 또한 상황을 바라보는 관점에 따라 위기가 기회로 변모될 수도 있다고 본 것이다.

① 위기가 아예 다가오지 못하게 미리 대처해야 한다.
② 위기 상황을 냉정하게 판단하고 긍정적으로 받아들인다.
③ 위기가 지나갔다고 해서 반드시 기회가 오는 것은 아니다.
④ 욕심에서 비롯된 위기를 통해 자신의 상황을 되돌아봐야 한다.

정답 ②
해설 이 글의 내용 중 '서양인들은 위기에 어떻게 대응하느냐에~긍정적 결과가 나올 수 있다는 것'에 주목하면, 위기 상황에 대한 판단과 긍정적 수용의 자세를 강조하고 있다는 점을 알 수 있다.

19

다음 글의 중심 내용으로 가장 적절한 것은?

2017 국가직 9급

> 책 없이도 인간은 기억하고 생각하고 상상하고 표현한다. 그런데 책과 책 읽기는 인간이 이 능력을 키우고 발전시키는 데 중대한 차이를 가져온다. 책을 읽는 문화와 책을 읽지 않는 문화는 기억, 사유, 상상, 표현의 층위에서 상당히 다른 개인들을 만들어 내고, 상당한 질적 차이를 가진 사회적 주체들을 생산한다. 누구도 맹목적인 책 예찬자가 될 필요는 없다. 그러나 중요한 것은 인간을 더욱 인간적이게 하는 소중한 능력들을 지키고 발전시키기 위해서는 책은 결코 희생할 수 없는 매체라는 사실이다. 그 능력의 지속적 발전에 드는 비용은 싸지 않다. 무엇보다도 책 읽기는 손쉬운 일이 아니다. 거기에는 상당량의 정신 에너지가 투입돼야 하고, 훈련이 요구되고, 읽기의 즐거움을 경험하는 정신 습관의 형성이 필요 하다.

① 인간의 기억과 상상
② 독서의 필요성과 어려움
③ 맹목적인 책 예찬론의 위험성
④ 책 읽기 능력 개발에 드는 비용

정답 ②

해설 이 글에서는 인간을 더욱 인간적이게 하는 소중한 능력을 지키고 발전시키기 위해 책이 필요하다는 것을 언급하면서 책 읽기는 손쉬운 일이 아니라는 점에 대해서 말하고 있다.

20

다음 글의 주제로 가장 적절한 것은?

2017 서울시 7급

> 합리성이 인간의 본래적인 특성이기는 하지만, 더 나아가 이러한 합리성을 표현할 줄 알아야 한다. 인간은 사회적인 동물이기 때문에 나와 다른 관점을 지닌 무수한 사람들과 부딪히며 어울려 살아야 하기 때문이다. 합리적인 공동체의 합리적인 시민이 되고자 한다면, 단순히 합리적으로 사고하는 것을 넘어 다른 사람들이 자신의 견해를 수용할 수 있을 만큼 타당한 논리를 제시할 줄 알아야 한다. 그러한 주장에 사람들이 동의하지 않는다 하더라도 최소한 존중해 줄 수 있을 정도는 되어야 한다. 합리적으로 보이는 근거를 제시하고 진정으로 사려 깊게 논증한다면 상대방은 입장을 바꿔서 생각해 볼 것이고, 이로써 당신의 생각을 인정할 수도 있다. 어떤 사람의 논증이 일관되고 견고해 보일 때 사람들은 그 사람을 생각이 깊은 올바른 사람이라고 기억할 것이다.

① 합리적인 공동체의 미래
② 합리적 사고의 의미
③ 인간의 사회적 특성
④ 합리적 논증의 필요성

정답 ④

해설 이 글은 인간이라면 합리성을 표현할 줄 알아야 한다는 것, 그리고 합리적으로 보이는 근거를 제시하고 진정으로 사려 깊게 논증해야 한다는 것을 강조하고 있다. 즉 합리적인 논증의 필요성을 강조하고 있는 것이다.

21

다음 글의 중심 내용으로 가장 적절한 것은?

> '언문'은 실용 범위에 제약이 있었는데, 이런 현실은 '언간'에도 적용된다. '언간' 사용의 제약은 무엇보다 이것을 주고받은 사람의 성별(性別)에서 뚜렷이 드러난다. 15세기 후반 이래로 숱한 언간이 현전하지만 남성 간에 주고받은 언간은 찾아보기 어렵다. 이는 남성 간에는 한문 간찰이 오간 때문이나 남성이 공적인 영역을 독점했던 당시의 현실을 감안하면 '언문'이 공식성을 인정받지 못했던 사실과 상통한다. 결국 조선시대에는 언간의 발신자나 수신자 어느 한쪽으로 반드시 여성이 관여하는 특징을 보인다고 할 수 있다.
> 이러한 사용자의 성별 특징으로 인하여 종래 '언간'은 '내간'으로 일컬어지기도 하였다. 그러나 이러한 명칭 때문에 내간이 부녀자만을 상대로 하거나 부녀자끼리만 주고받은 편지로 오해되어서는 안 된다. 16, 17세기의 것만 하더라도 수신자는 왕이나 사대부를 비롯하여 한글 해독 능력이 있는 하층민에 이르기까지 거의 전 계층의 남성이 될 수 있었기 때문이다. 한문 간찰이 사대부 계층 이상 남성만의 전유물이었다면 언간은 특정 계층에 관계없이 남녀 모두의 공유물이었다고 할 수 있다.

① '언문'과 마찬가지로 '언간'의 실용 범위에는 제약이 있었다.
② 사용자의 성별 특징으로 인해 '언간'은 '내간'으로 일컬어졌다.
③ 언간은 특정 계층과 성별에 관계없이 이용된 의사소통 수단이었다.
④ 조선시대에는 언간의 발신자나 수신자 어느 한쪽으로 반드시 여성이 관여하는 특징을 보인다.

정답 ③
해설 마지막 문장에서 '언간'이 특정 계층에 관계없이 남녀 모두의 공유물이었다고 할 수 있다고 한 점에 주목하면, ③이 중심 내용이 된다.

22

다음 글의 제목으로 가장 적절한 것은?

> 어느 대학의 심리학 교수가 그 학교에서 강의를 재미없게 하기로 정평이 나 있는, 한 인류학 교수의 수업을 대상으로 실험을 계획했다. 그 심리학 교수는 인류학 교수에게 이 사실을 철저히 비밀로 하고, 그 강의를 수강하는 학생들에게만 사전에 몇 가지 주의 사항을 전달했다. 첫째, 그 교수의 말 한 마디 한 마디에 주의를 집중하면서 열심히 들을 것. 둘째, 얼굴에는 약간 미소를 띠면서 눈을 반짝이며 고개를 끄덕이기도 하고 간혹 질문도 하면서 강의가 매우 재미있다는 반응을 겉으로 나타내며 들을 것.
> 한 학기 동안 계속된 이 실험의 결과는 흥미로웠다. 우선 재미없게 강의하던 그 인류학 교수는 줄줄 읽어 나가던 강의 노트에서 드디어 눈을 떼고 학생들과 시선을 마주치기 시작했고 가끔씩은 한두 마디 유머 섞인 농담을 던지기도 하더니, 그 학기가 끝날 즈음엔 가장 열의 있게 강의하는 교수로 면모를 일신하게 되었다. 더욱 더 놀라운 것은 학생들의 변화였다. 처음에는 실험 차원에서 열심히 듣는 척하던 학생들이 이 과정을 통해 정말로 강의에 흥미롭게 참여하게 되었고, 나중에는 소수이긴 하지만 아예 전공을 인류학으로 바꾸기로 결심한 학생들도 나오게 되었다.

① 학생 간 의사소통의 중요성
② 교수 간 의사소통의 중요성
③ 언어적 메시지의 중요성
④ 공감하는 듣기의 중요성

정답 ④
해설 수강생들이 교수의 강의를 공감적으로 듣는 연습을 한 후 놀라운 긍정적 변화가 나타난 것이므로 이 글은 공감하는 듣기의 중요성을 강조한 것으로 이해할 수 있다.

23

다음 글의 내용과 부합하는 것은?

2018 국가직 9급

> 동양의 음식 중에는 특별한 의미가 담긴 것들이 있다. 우리나라 대표적인 명절 음식 중 하나인 송편은 반달의 모습을 본뜬 음식으로 풍년과 발전을 상징한다. 《삼국사기》에 따르면, 백제 의자왕 때 궁궐 땅속에서 파낸 거북이 등에 쓰여 있는 '백제는 만월(滿月) 신라는 반달'이라는 글귀를 두고 점술사가 백제는 만월이라서 다음 날부터 쇠퇴하고 신라는 앞으로 크게 발전할 징표라고 해석했다고 한다. 결과적으로 점술가의 예언이 적중했다. 이때부터 반달은 더 나은 미래를 기원하는 뜻으로 쓰이며, 그러한 뜻을 담아 송편도 반달 모양의 떡으로 빚었다고 한다.
>
> 중국에서는 반달이 아닌 보름달 모양의 월병을 빚어 즐겨 먹었다. 옛날에 월병은 송편과 마찬가지로 제수 용품이었다. 점차 제례 음식으로서 위상을 잃었지만 모든 가족이 모여 보름달을 바라보면서 함께 나눠 먹는 음식으로 자리 잡았다. 이 때문에 보름달 모양의 월병은 둥근 원탁에 온가족이 모인 것을 상징한다. 한국에서 지역의 단합을 위해 수천 명 분의 비빔밥을 만들듯이 중국에서는 수천 명이 먹을 수 있는 월병을 만들 정도로 이는 의미 있는 음식으로 대접받고 있다.

① 중국의 월병은 제수 음식으로서의 명맥을 유지하고 있다.
② 신라인들은 더 나은 미래를 기원하는 마음을 담아 송편을 빚었다.
③ 중국의 월병은 한국에서 비빔밥을 만들어 먹는 것을 본떠 만든 음식이다.
④ 《삼국사기》에 따르면 점술가의 예언 덕분에 신라가 크게 발전할 수 있었다.

정답 ②
해설 주어진 글의 1단락에 따르면, 신라에서는 반달이 더 나은 미래를 기원하는 뜻으로 쓰였고 그러한 뜻을 담아 송편도 반달 모양의 떡으로 빚었음을 알 수 있다.

24

다음 글을 통해서 답을 찾을 수 없는 질문은?

2017 지방직 9급

> 해안에서 밀물에 의해 해수가 해안선에 제일 높게 들어온 곳과 썰물에 의해 제일 낮게 빠진 곳의 사이에 해당하는 부분을 조간대라고 한다. 지구상에서 생물이 살기에 열악한 환경 중 한 곳이 바로 이 조간대이다. 이곳의 생물들은 물에 잠겨 있을 때와 공기 중에 노출될 때라는 상반된 환경에 삶을 맞춰야 한다. 또한 갯바위에 부서지는 파도의 파괴력도 견뎌 내야 한다. 또한 빗물이라도 고이면 민물이라는 환경에도 적응해야 하며, 강한 햇볕으로 바닷물이 증발하고 난 다음에는 염분으로 범벅된 몸을 추슬러야 한다. 이러한 극단적이고 변화무쌍한 환경에 적응할 수 있는 생물만이 조간대에서 살 수 있다.
>
> 조간대는 높이에 따라 상부, 중부, 하부로 나뉜다. 바다로부터 가장 높은 곳인 상부는 파도가 강해야만 물이 겨우 닿는 곳이다. 그래서 조간대 상부에 사는 생명체는 뜨거운 태양열을 견뎌내야 한다. 중부는 만조 때에는 물에 잠기지만 간조 때에는 공기 중에 노출되는 곳이다. 그런데 물이 빠져 공기 중에 노출되었다 해도 파도에 의해 어느 정도의 수분은 공급된다. 가장 아래에 위치한 하부는 간조시를 제외하고는 항상 물에 잠겨 있다. 땅위 환경의 영향을 적게 받는다는 점에선 다소 안정적이긴 해도 파도의 파괴력을 이겨내기 위해 강한 부착력을 지녀야 한다는 점에서 생존이 쉽지 않은 곳이다.
>
> 조간대에 사는 생물들은 불안정하고 척박한 바다 환경에 적응하기 위해 높이에 따라 수직으로 종이 분포한다. 조간대를 찾았을 때 총알고둥류와 따개비들을 발견했다면 그곳이 조간대에서 물이 가장 높이 올라오는 지점인 것이다. 이들은 상당 시간 물 밖에 노출되어도 수분 손실을 막기 위해 패각과 덮개판을 꼭 닫은 채 물이 밀려올 때까지 버텨낼 수 있다.

① 조간대에서 총알고둥류가 사는 곳은 어느 지점인가?
② 조간대의 중부에 사는 생물에는 어떠한 것이 있는가?
③ 조간대에서 높이에 따라 생물의 종이 수직으로 분포하는 이유는 무엇인가?
④ 조간대에 사는 생물들이 견뎌야 하는 환경적 조건에는 어떠한 것이 있는가?

정답 ②
해설 조간대의 중부는 만조 때에는 물에 잠기지만 간조 때에는 공기 중에 노출되는 곳인데 물이 빠져 공기 중에 노출되었다 해도 파도에 의해 어느 정도의 수분은 공급된다는 정보만 제시되어 있을 뿐, 조간대의 중부에 사는 생물에 어떠한 것이 있는지에 대한 정보는 언급되어 있지 않다.

25

다음 글에서 알 수 있는 내용이 아닌 것은?

2017 지방직 9급

> 　단어란 흔히 문장을 구성하는 단위 가운데 분리하면 본래의 뜻을 잃어버리게 되는 최소의 자립 형식이라고 정의한다. '오늘 작은언니는 새 옷을 입었다.'라는 문장에서 '오늘, 새, 옷'은 단어들이다. '작은언니'는 '작은'과 '언니'로 분리할 수는 있지만 이렇게 분리하면 본래의 뜻과는 다른 뜻이 되기 때문에 '작은언니'는 한 단어이다. '입었다'는 '입-었-다'로 구성되어 있지만 이들 각각 홀로 쓰일 수 없고 세 단위가 모여서 하나의 자립 형식을 이루기 때문에 '입었다'는 그대로 한 단어가 된다.
> 　그러나 단어의 정의가 그렇게 간단한 일은 아니다. '작은언니는, 옷을'의 '는, 을'과 같은 조사는 '작은언니, 옷'과 분리하여도 제 뜻을 잃어버리지 않는다. 그러나 조사는 홀로 쓰이지 못하고 반드시 체언 등에 붙어서만 쓰인다. 이런 까닭으로 국어의 조사를 단어로 인정하기도 하고 인정하지 않기도 한다. 이와 유사한 어려움은 의존 명사에서도 볼 수 있다. '한 그루, 줄 것'의 '그루, 것'은 의존 명사인데, 이들은 분리는 가능하지만 홀로 쓰이지 못하고 반드시 관형어의 수식을 받아서만 쓰일 수 있다. 그러나 의존 명사는 관형어의 수식을 받는다는 점에서 그 통사적 성격이 명사와 동일하다. 따라서 의존 명사는 명사와 동일한 성격을 지니는 단어로 취급한다.
> 　국어 단어는 그 형성 방식에 따라 크게 두 가지로 구성된다. 하나는 '구름, 겨우, 먹다'처럼 단일한 요소가 곧 한 단어가 되는 경우이다. '구름, 겨우'와 같은 단어들은 더 이상 나뉠 수 없는 단일한 구성을 보이는 예들로서 이들은 단일어라고 한다. '먹다'는 어간 '먹-'에 어미 '-다'가 붙어 이루어진 구성이지만 '먹-'은 의존 형태소로서 단독으로는 쓰일 수 없으며, '-다'는 순수하게 문법적 기능만을 나타내는 어미로서 단어의 구성에는 관여하지 않는다.
> 　다른 하나는 다양한 요소들이 결합하여 한 단어가 되는 경우이다. 이들은 단일어와 구별하여 복합어라고 한다. 복합어는 다시 두 가지 종류로 나뉜다. '샛노랗다, 무덤, 잠'은 어휘 형태소인 '노랗다, 묻-, 자-'에 '샛-, -엄, -ㅁ'과 같은 접사가 덧붙어서 파생된 단어들이다. 이처럼 어휘 형태소에 접사가 결합하여 형성된 단어들을 파생어라고 한다. '손목, 고무신, 빛나다, 날짐승'과 같은 단어는 각각 '손-목, 고무-신, 빛-나다, 날-짐승'으로 분석된다. 이들은 각각 어근인 어휘 형태소끼리 결합하여 한 단어가 된 경우로 이를 합성어라고 한다.

① '작은언니'는 최소의 자립 형식이다.
② '는, 을'은 체언 등에 붙어서만 쓰이므로 단어이다.
③ '그루, 것'은 그 통사적 성격이 명사와 동일하다.
④ '샛노랗다, 손목'은 복합어이다.

정답 ②
해설 2문단의 설명에 의하면 조사는 홀로 쓰이지 못하고 반드시 체언 등에 붙어서만 쓰이므로 조사를 단어로 인정하기도 하고 인정하지 않기도 한다.

26

다음 글을 통해 알 수 있는 것은?

2015 국가직 7급

> 　요한 제바스티안 바흐는 '경건한 종교 음악가'로서 천직을 다하기 위한 이상적인 장소를 라이프치히라고 생각하여 27년 동안 그곳에서 열심히 칸타타를 써 나갔다고 알려졌다. 그러나 실은 7년째에 라이프치히의 칸토르(교회의 음악 감독)직으로는 가정을 꾸리기에 수입이 충분치 못해서 다른 일을 하기도 했고 다른 궁정에 자리를 알아보기도 했다. 그것이 계기가 되어 칸타타를 쓰지 않게 되었다는 사실이 최근의 연구에서 밝혀졌다. 또한 볼프강 아마데우스 모차르트의 경우에는 비극적으로 막을 내린 35년이라는 짧은 생애에 걸맞게 '하늘이 이 위대한 작곡가의 죽음을 비통해하듯' 천둥 치고 진눈깨비 흩날리는 가운데 장례식이 행해졌고 그 때문에 그의 묘지는 행방을 알 수 없게 되었다고 하는데, 그 후 이러한 이야기는 빈 기상대에 남아 있는 기상 자료와 일치하지 않는다는 사실도 밝혀졌다. 게다가 만년에 엄습해 온 빈곤에도 불구하고 다수의 걸작을 남기고 세상을 떠난 모차르트가 실제로는 그 정도로 수입이 적지는 않았다는 사실도 드러나 최근에는 도박벽으로 인한 빈곤설을 주장하는 학자까지 등장하기에 이르렀다.

① 바흐는 일이나 신앙 못지않게 처우를 중시했다.
② 바흐는 생애 중 7년 정도 칸타타를 작곡하였다.
③ 모차르트가 사망하던 당일 빈의 날씨는 궂었다.
④ 모차르트의 작품 수준은 자신의 경제적 상황과 반비례했다.

정답 ①
해설 바흐가 7년째에 라이프치히의 칸토르(교회의 음악감독)직으로는 가정을 꾸리기에 수입이 충분치 못해서 다른 일을 하기도 했고 다른 궁정에 자리를 알아보기도 했다는 점으로 보아, 그가 일이나 신앙 못지않게 처우를 중시했음을 알 수 있다.

27

필자의 견해로 볼 수 없는 것은?

> 우리는 우리가 생각한 것을 말로 나타낸다. 또 다른 사람의 말을 듣고, 그 사람이 무슨 생각을 가지고 있는가를 짐작한다. 그러므로 생각과 말은 서로 떨어질 수 없는 깊은 관계를 가지고 있다.
>
> 그러면 말과 생각이 얼마만큼 깊은 관계를 가지고 있을까? 이 문제를 놓고 사람들은 오랫동안 여러 가지 생각을 하였다. 그 가운데 가장 두드러진 것이 두 가지 있다. 그 하나는 말과 생각이 서로 꼭 달라붙은 쌍둥이인데 한 놈은 생각이 되어 속에 감추어져 있고 다른 한 놈은 말이 되어 사람 귀에 들리는 것이라는 생각이다. 다른 하나는 생각이 큰 그릇이고 말은 생각 속에 들어가는 작은 그릇이어서 생각에는 말 이외에도 다른 것이 더 있다는 생각이다.
>
> 이 두 가지 생각 가운데서 앞의 것은 조금만 깊이 생각해 보면 틀렸다는 것을 즉시 깨달을 수 있다. 우리가 생각한 것은 거의 대부분 말로 나타낼 수 있지만, 누구든지 가슴속에 응어리진 어떤 생각이 분명히 있기는 한데 그것을 어떻게 말로 표현해야 할지 애태운 경험을 가지고 있을 것이다. 이것 한 가지만 보더라도 말과 생각이 서로 안팎을 이루는 쌍둥이가 아님은 쉽게 판명된다.
>
> 인간의 생각이라는 것은 매우 넓고 큰 것이며 말이란 결국 생각의 일부분을 주워 담는 작은 그릇에 지나지 않는다. 그러나 아무리 인간의 생각이 말보다 범위가 넓고 큰 것이라고 하여도 그것을 가능한 한 말로 바꾸어 놓지 않으면 그 생각의 위대함이나 오묘함이 다른 사람에게 전달되지 않기 때문에 생각이 형님이요, 말이 동생이라고 할지라도 생각은 동생의 신세를 지지 않을 수가 없게 되어 있다. 그러니 말을 통하지 않고는 생각을 전달할 수가 없는 것이다.

① 말은 생각보다 범위가 좁다.
② 말은 생각을 나타내는 매개체이다.
③ 말과 생각은 불가분의 관계에 놓여 있다.
④ 말을 통하지 않고도 얼마든지 생각을 전달할 수 있다.

정답 ④

해설 '말을 통하지 않고는 생각을 전달할 수가 없는 것이다.'라는 문장의 내용에 주목하면, 말을 통하지 않고도 얼마든지 생각을 전달할 수 있다는 ④의 설명은 잘못된 것임을 알 수 있다.

28

다음 글의 중심 내용으로 가장 적절한 것은?

> 롤랑 바르트는 《기호의 제국》에서 "우리 얼굴이 '인용'이 아니라면 또 무엇이란 말인가?"라는 말을 한 적이 있다. 우리의 헤어스타일이나 패션, 감정을 나타내는 얼굴 표정 등은 모두 미디어로부터 '복제'된 것일 가능성이 높다. 작가가 다른 책의 구절들을 씨앗글로 인용하는 일을 계기로 한 편의 글을 완성하듯, 우리는 남의 표정과 스타일을 복사한다. 이렇게 다른 것을 복제하고 인용하는 문화는 확산되고 있다. 그것은 오늘날 성형의 트렌드가 확산되는 현상을 보면 잘 알 수 있다. 성형을 하는 사람은 쇼핑하듯 트렌드가 만든 미인 얼굴을 구매한다.

① 롤랑 바르트는 모방이나 복제 문화의 예찬론자이다.
② 모방이나 복제 문화의 대중화가 사람들의 미의식을 세련되게 했다.
③ 모방이나 복제 문화가 확산되고 있다.
④ 모방이나 복제 문화의 대중화로 인해 성형 수술이 유행하고 있다.

정답 ③

해설 지문은 남의 표정과 스타일을 복사하는 것과 같이 다른 것을 복제하고 인용하는 문화가 확산되고 있음을 언급하고 있다.

29

다음 글의 중심 내용으로 가장 적절한 것은?

2015 국가직 7급

한국 한자음이 어느 시대의 중국 한자음에 기반을 두고 있는지에 대해서는 학자들에 따라 이견이 있다. 어느 한 시대의 한자음에 기반을 두고 있을 수도 있고, 개별 한자들이 수입된 시차에 따라서 여러 시대의 중국 한자음에 기반을 두고 있을 수도 있다. 그러나 확실한 것은 한국 한자음은 중국 한자음과도 다르고 일본 한자음과도 다르고 베트남 옛 한자음과도 다르다는 것이다. 물론 그것이 그 기원이 된 중국 한자음과 아무런 대응 관계도 없는 것은 아니다. 그러나 그것은 한국어 음운체계의 영향으로 독특한 모습을 띠는 경우가 많다. 그래서 한국 한자음을 영어로는 'Sino-Korean'이라고 한다. 이것은 우리말 어휘의 반 이상을 차지하고 있는 한자어가, 중국어도 아니고 일본어도 아닌 한국어라는 것을 뜻한다. 우리가 '학교'라고 발음할 때, 중국인도 일본인도 따로 한국어를 공부하지 않는 한 그것이 'xuéxiào'나 'がっこう'인 줄 을 알아차리기는 힘들다.

① 한국 한자음의 특성
② 한국 한자음의 역사
③ 한국 한자음의 기원
④ 한국 한자음의 계통

정답 ①

해설 이 글은 한국 한자음이 중국 한자음과도 다르고 일본 한자음과도 다르고 베트남 옛 한자음과도 다르다는 것에 초점을 맞추고 있으므로 한국 한자음의 특성에 대해 설명하고 있다고 볼 수 있다.

30

다음 글의 내용을 이해한 것으로 적절하지 않은 것은?

2017 국가직 7급

기생 생물과 숙주는 날을 세운 창과 무쇠를 덧댄 방패와 같다. 한쪽은 끊임없이 양분을 빼앗으려 하고, 한쪽은 어떻게든 방어하려 한다. 이때 문제가 발생한다. 기생 생물은 가능한 한 숙주로부터 많은 것을 빼앗는 것이 유리하지만 숙주가 죽게 되면 기생 생물에게도 오히려 해가 된다. 기생 생물에게 숙주는 양분을 공급해 주는 먹잇감인 동시에 살아가는 서식처이기 때문이다. 따라서 기생 생물은 최적의 생활 조건을 유지하기 위해 '중용의 도'를 깨달아야 하는 상황에 놓인다. 이때쯤 되면 기생 생물은 자신의 종족이 장기적으로 번성하려면 많은 양분을 한꺼번에 빼앗아 숙주를 죽이는 것이 아니라 견딜 수 있을 만큼만 빼앗아 숙주를 살려둔 상태로 장기간 수탈하는 것이 더 낫다고 판단한다.

보통, 미생물은 인간과 처음 마주치게 되면 낯선 숙주인 인간을 강력하게 공격한다. 설상가상으로 낯선 미생물을 접해 본 적이 없는 인간의 면역계는 그에 대한 항체를 만드는 데 서투르기 때문에 낯선 미생물과 인간의 초기 전투는 미생물의 일방적인 승리로 끝난다. 2세기경 로마 제국에서는 알 수 없는 역병이 두 번에 걸쳐 유행했다. 이 역병의 대유행으로 지칠 대로 지친 로마는 4세기경 게르만족이 침입했을 때 이미 싸울 기력조차 없었다. 학자들은 지중해의 패권을 쥐었던 로마를 속으로부터 골병들게 만들었던 장본인을 홍역으로 보고 있다. 이제는 유아 질환으로 자리 잡은 홍역의 위력이 당시에는 어마어마했던 것이다. 소에서 유래된 것으로 알려진 홍역 바이러스가 처음 인간의 몸에 유입되었을 때 인간은 이에 대한 항체가 거의 없었기 때문에 속수무책으로 당할 수밖에 없었다. 그러나 대유행이 몇 번 지나가고 나면 점차 독성이 약해진다. 이는 미생물이 숙주를 장기간 착취하려고 한발 물러서는 한편 숙주가 항체를 만들어 내면서 미생물 퇴치에 한발 나아감에 따라 저울의 추가 균형점으로 이동하기 때문이다.

① 숙주는 기생 생물의 서식처이다.
② 홍역은 로마의 전투력 약화에 중요한 원인을 제공했다.
③ 홍역 바이러스의 독성이 약화되는 과정에서 숙주가 하는 역할은 미미하다.
④ 대체로 미생물과의 초기 전투에서 인간은 일방적으로 패배했다.

정답 ③

해설 마지막 문장에 주목하면, 미생물이 숙주를 장기간 착취하려고 한발 물러서는 한편 숙주가 항체를 만들어 내면서 미생물 퇴치에 한발 나아감에 따라 홍역 바이러스의 독성이 약해진다는 것을 알 수 있다. 이로 보아 홍역 바이러스의 독성 약화 과정에서 숙주가 하는 역할이 미미하지 않다는 것을 알 수 있다.

31

다음 글에서 추론할 수 있는 내용으로 적절하지 않은 것은?

> '포스트휴먼'은 그 기본적인 능력이 근본적으로 현재의 인간을 넘어서기 때문에 현재의 기준으로는 더 이상 인간이라 부를 수 없는 존재를 가리키는 표현이다. 스웨덴 출신의 철학자 보스트롬은 건강 수명, 인지, 감정이라는, 인간의 세 가지 주요 능력 중 최소한 하나 이상의 능력에서 현재의 인간이 도달할 수 있는 최대한의 한계를 엄청나게 넘어설 경우 이를 '포스트휴먼'으로 부르자고 제안하였다.
>
> 현재 가장 뛰어난 인간이 가질 수 있는 지능보다 훨씬 더 뛰어난 지능을 가지며, 더 이상 질병에 시달리지 않고, 노화가 완전히 제거되어서 젊음과 활력을 계속 유지하는 어떤 존재를 생각해 볼 수 있다. 이 존재는 스스로의 심리 상태에 대한 조절도 자유롭게 할 수 있어서 피곤함이나 지루함을 거의 느끼지 않으며, 미움과 같은 감정을 피하고, 즐거움, 사랑, 미적 감수성, 평정 등의 태도를 유지한다. 이러한 존재가 어떤 존재일지 지금은 정확하게 상상하기 어렵지만 현재 인간의 상태로 접근할 수 없는 새로운 신체나 의식 상태에 놓여 있을 것임은 분명하다.
>
> 이러한 포스트휴먼은 완전히 인위적으로 만들어진 인공 지능일 수도 있고, 신체를 버리고 슈퍼컴퓨터 안의 정보 패턴으로 살기를 선택한 업로드의 형태일 수도 있으며, 또는 생물학적 인간에 대한 개선들이 축적된 결과일 수도 있다. 만약 생물학적 인간이 포스트휴먼이 되고자 한다면 유전공학, 신경약리학, 항노화학, 컴퓨터-신경 인터페이스, 기억 향상 약물, 웨어러블 컴퓨터, 인지 기술과 같은 다양한 과학 기술을 이용해 우리의 두뇌나 신체에 근본적인 기술적 변형을 가해야만 할 것이다. '포스트휴먼'은 '내가 이런 능력을 가지고 있었으면 얼마나 좋을까' 하고 누구나 한 번쯤 상상해 보았을 법한 슈퍼 인간의 모습을 기술한 용어이다.

① 포스트휴먼 개념에 따라 제시되는 미래의 존재는 과학 기술의 발전 양상에 따른 영향을 현재의 인간에 비해 더 크게 받을 것이다.
② 포스트휴먼 개념은 인간의 신체적 결함을 다양한 과학 기술을 이용해 보완하여 기술적 한계를 극복한 새로운 인간형의 탄생에 귀결될 것이다.
③ 포스트휴먼은 인간의 현재 상태를 뛰어넘는 능력을 가진 새로운 존재일 것으로 예측되지만 그 형태가 어떠할지 여하는 다양한 가능성에 열려 있다.
④ 포스트휴먼은 건강 수명, 인지 능력, 감정 등의 측면에서 현재의 인간보다 뛰어나기 때문에 포스트휴먼 사회에서는 인간에 대한 개념이 새로 구성될 것이다.

정답 ②
해설 포스트휴먼은 다양한 과학 기술을 이용하여 우리의 두뇌나 신체에 근본적인 기술적 변형을 가해 만들어진 존재라고는 할 수 있으나 기술적 한계를 극복한 존재라고까지 말할 수는 없다.

32

다음 글의 내용과 부합하지 않는 것은?

> 세잔이, 사라졌다고 느낀 것은 균형과 질서의 감각이다. 인상주의자들은 순간순간의 감각에만 너무 사로잡힌 나머지 자연의 굳건하고 지속적인 형태는 소홀했다고 느꼈던 것이다. 반 고흐는 인상주의가 시각적 인상에만 집착하여 빛과 색의 광학적 성질만을 탐구한 나머지 미술의 강렬한 정열을 상실하게 될 위험에 처했다고 느꼈다. 마지막으로 고갱은 그가 본 인생과 예술 전부에 대해 철저하게 불만을 느꼈다. 그는 더 단순하고 더 솔직한 어떤 것을 열망했고 그것을 원시인들 속에서 발견할 수 있으리라고 기대했다. 이 세 사람의 화가가 모색했던 제각각의 해법은 세 가지 현대 미술 운동의 이념적 바탕이 되었다. 세잔의 해결 방법은 프랑스에 기원을 둔 입체주의(cubism)를 일으켰고, 반 고흐의 방법은 독일 중심의 표현주의(expressionism)를 일으켰다. 고갱의 해결 방법은 다양한 형태의 프리미티비즘(primitivism)을 이끌어 냈다.

① 세잔은 인상주의가 균형과 질서의 감각을 잃었다고 생각했다.
② 고흐는 인상주의가 강렬한 정열을 상실할 위험에 처했다고 생각했다.
③ 고갱은 인상주의가 충분히 솔직하고 단순했다고 생각했다.
④ 세잔, 고흐, 고갱은 인상주의의 문제를 극복하고자 각자 새로운 해결 방법을 모색했다.

정답 ③
해설 고갱은 인상주의를 접하고 나서도 더 단순하고 솔직한 어떤 것을 열망했다. 그러므로 ③과 같은 진술은 적절하지 않다.

33

2017 국가직 9급

㉠~㉢에 들어갈 적절한 접속어를 순서대로 나열한 것은?

> 역사의 연구는 개별성을 추구하는 것이라고 할 수가 있다. (㉠) 구체적인 과거의 사실 자체에 대해 구명(究明)을 꾀하는 것이 역사학인 것이다. (㉡) 고구려가 한족과 투쟁한 일을 고구려라든가 한족이라든가 하는 구체적인 요소들을 빼 버리고, 단지 "자주적 대제국이 침략자와 투쟁하였다."라고만 진술해 버리는 것은 한국사일 수가 없다. (㉢) 일정한 시대에 활약하던 특정한 인간 집단의 구체적인 활동을 서술하지 않는다면 그것을 역사라고 말할 수 없는 것이다.

	㉠	㉡	㉢
①	즉	가령	요컨대
②	가령	한편	역시
③	이를테면	역시	결국
④	다시 말해	만약	그런데

정답 ①

해설 첫 문장과 두 번째 문장은 환언 관계에 있으며, 세 번째 문장은 이 두 문장에 대해 구체적인 예를 들어 설명한 것에 해당한다. 그리고 마지막 문장은 세 번째 문장까지의 논의의 흐름을 요약한 것으로 볼 수 있다.

34

2016 국가직 7급

다음 글에 이어질 내용으로 가장 적절한 것은?

> 페니실린은 약품으로 정제된 이후 인류의 건강을 위협하는 많은 세균과 질병을 치료하는 데 매우 효과적으로 작용했다. 그런데 문제는 항생제 사용이 잦아지자 세균들이 내성을 갖기 시작했다는 점이다. 항생제는 사람에게는 해를 주지 않으면서 세균만 골라 죽이는 아주 유용한 물질인데, 이 물질을 이겨내는 세균들이 계속 등장했다. 플레밍 또한 《뉴욕타임스》와의 인터뷰에서 페니실린에 내성인 세균이 등장할 수 있음을 경고했다. 이는 불과 몇 년 지나지 않아 현실화되었다. 페니실린에 내성을 가진 황색 포도상 구균이 곧 등장했고 전 세계적으로 확산되었다.
>
> 이후 새로운 항생제를 개발하여 감염증을 치료하려는 인류와, 항생제 내성을 획득하여 생존하려는 세균 간의 전쟁이 지금까지 치열하게 벌어지고 있다. 세균은 인류가 개발한 항생제에 내성을 갖추어 맞서고, 인류는 내성을 가진 세균에 대응하기 위해 또 다른 항생제를 만들어 반격을 하는 식이다.
>
> 이를테면 페니실린에 내성을 가진 황색 포도상 구균은 메티실린 제제가 개발되면서 치료의 길이 열렸다. 메티실린은 포도상 구균을 물리치며 맹활약했지만 세균도 가만있지는 않았다. 메티실린의 효과가 듣지 않는 강력한 세균들이 등장했고, 이에 인류는 반코마이신을 개발해 탈출구를 열었다. 이들 치료제로 효과를 볼 수 없었던 그람 음성 세균은 카바페넴으로 대응했다. 하지만 최강의 항생제인 카바페넴에 내성을 획득한 다제 내성균(슈퍼 박테리아)도 등장했다.

① 인류는 더 강력한 세균에 의해 멸망할 것이다.
② 항생제 사용은 법으로 엄격히 금지해야 한다.
③ 인류는 다제 내성균을 치료할 항생제를 개발할 것이다.
④ 앞으로 항생제에 내성이 없는 세균이 나타날 것이다.

정답 ③

해설 '세균은 인류가 개발한 항생제에 내성을 갖추어 맞서고, 인류는 내성을 가진 세균에 대응하기 위해 또 다른 항생제를 만들어 반격을 하는 식이다.'라는 문장에 주목하면, '최강의 항생제인 카바페넴에 내성을 획득한 다제 내성균(슈퍼 박테리아)도 등장했다.'라는 마지막 문장 다음에는 이 내성균에 대응하기 위한 항생제가 만들어질 것이라는 내용이 올 것이라는 점을 짐작할 수 있다.

2 비문학 기출 연습

01
2016 지방직 7급

다음 글에서 설명한 '정의'에 가장 적절한 것은?

> 글에서 다루게 되는 대상을 명확하게 규정해 주는 방법을 정의라고 한다. 이때 정의하고자 하는 대상을 피정의항이라고 하고, 그 나머지 진술 부분을 정의항이라고 한다. 정의를 할 경우에는 다음 사항에 유의해야 한다. 첫째, 개념을 명확하게 드러낼 수 있도록 풀이해야 한다. 둘째, 정의하고자 하는 대상이나 개념이 정의항에서 되풀이되어서는 안된다. 셋째, 정의항이 부정적인 진술로 나타나서는 안 된다.
> 넷째, 대상에 대한 묘사나 해석은 정의가 아니다.

① 책이란 지식만을 보존해 두는 것이 아니다.
② 입헌 정치란 헌법에 의하여 행해지는 정치이다.
③ 딸기는 빨갛고 씨가 박혀 있는 달콤한 과일이다.
④ 문학은 언어로 인간의 사상과 감정을 표현한 예술이다.

정답 ④
해설 '문학은'이 피정의항에 해당하고, '언어로 인간의 사상과 감정을 표현한 예술이다'가 피정의항의 개념을 명확하게 드러낸 정의항에 해당한다.
오답 풀이 ① 정의항에 부정적인 진술이 있으므로 적절하지 않다.
② 정의하고자 하는 개념이 정의항에서 되풀이되고 있으므로 적절하지 않다.
③ 대상에 대한 묘사가 있으므로 적절하지 않다. '빨갛고 씨가 박혀 있는'은 묘사에 해당한다.

02
2016 지방직 7급

다음 글의 내용으로 적절하지 않은 것은?

> 민주공화국은 국가의 생존과 번영을 도모하기 위해서 국민들 개개인이 벌이는 경쟁의 자유를 최대한 보장하면서 그 수단과 방법을 적절하게 제약하는 규칙을 도입했다.
> 이것이 법률 시스템이다. 법률 시스템은 헌법과 법률, 그리고 다양한 하위 법령으로 구성되어 있다. 제일 중요한 것이 헌법이다. 민주공화국에서 개인들은 마음껏 남과 경쟁해도 된다. 다만, 타인의 권리와 자유를 부당하게 침해하지 않는 범위에서 그렇다. 나는 나의 자유와 권리를 제한 없이 행사할 수 있다. 남을 죽이거나 팔다리를 부러뜨리거나 속이거나, 그 밖에 법률이 명시적으로 금지한 다른 부당한 방법을 쓰지 않는 한 그렇다. 경쟁의 승자는 패자보다 더 많은 자원과 권력과 명예를 얻으며 그 정당성을 인정받는다.

① 민주공화국은 개인들에게 경쟁의 자유를 보장한다.
② 민주공화국에서는 법률 시스템을 통해 개인들 사이의 경쟁을 유발한다.
③ 민주공화국에는 경쟁의 수단과 방법을 제약하는 법률 시스템이 있다.
④ 민주공화국에서 경쟁의 승자는 패자보다 더 많은 보상을 받는다.

정답 ②
해설 제시문에서 '개개인이 벌이는 경쟁의 자유를 최대한 보장하면서 그 수단과 방법을 적절하게 제약하는 규칙'이 '법률 시스템'이라고 하였다. 개인들 사이의 경쟁은 본능적인 것이고 그것을 제약하는 일이 필요한 것이다. 따라서 법률 시스템을 통해 경쟁이 유발된다는 것은 잘못된 추론이다.
오답 풀이 ① 첫 문장에서 법률 시스템으로 자유를 보장한다는 사실이 언급되었다.
③ 첫 문장에서 법률 시스템이 적절하게 수단과 방법을 제약한다는 내용이 제시되어 있다.
④ 마지막 문장을 통해 승자는 패자보다 더 많은 보상을 받는다는 사실을 알 수 있다.

03

다음 글을 읽은 독자의 반응으로 적절하지 않은 것은?

> 인간의 변화는 단지 성숙의 산물만은 아니다. 성숙에 의한 변화는 대체로 신체적, 성적 발달에 국한되는 경우가 많다. 인간은 자기가 속한 환경 속에서 여러 가지를 경험하고 배우며 살아간다. 이러한 경험과 배움을 학습이라고 하는데, 인간의 지적, 정의적 특성은 특히 그와 같은 후천적 학습의 영향이 크다 할 수 있다. 그런데 학습이라 할 때는 경험한 것 모두를 다 지칭하지는 않는다. 학습이란 경험의 결과 상당히 지속적으로 변화가 일어나는 경우를 두고 말한다. 약을 복용한 후나 우리 몸이 피로할 때 일어나는 일시적 변화는 학습이라 하지 않는다.
>
> 학습을 개념화하는 데는 어떤 측면을 강조하여 보느냐에 따라 약간 차이가 있을 수 있다. 행동에 초점을 맞추어 행동의 변화를 학습이라 하기도 하고, 지식에 초점을 두어 지식의 획득을 학습으로 보기도 하며, 정의적 측면을 강조하여 유의미한 인간적 경험, 예를 들면 무엇을 배운 결과 삶의 보람을 느낀 것을 학습이라 보기도 한다. 따라서 좀더 넓은 뜻으로 학습을 정의하자면, 학습은 경험에 의한 비교적 지속적인 지적, 정서적, 행동적 변화를 의미한다고 볼수 있다.

① 인간의 변화에는 성숙만이 아니라 학습도 있는 거야.
② 아이가 자라서 키가 커지는 것은 성숙에 의한 변화겠네.
③ 학습의 개념이 성립되려면 비교적 지속적인 변화라는 성격을 지녀야 해.
④ 과학을 배워서 보람을 느꼈다면, 이는 지적 변화에 초점을둔 학습 개념이지.

정답 ④
해설 제시문에서는 학습을 개념화하는 데 있어서, 정의적 측면을 강조하여 유의미한 인간적 경험, 예를 들면 무엇을 배운 결과 삶의 보람을 느낀 것을 학습이라 보기도 한다고 이야기하고 있다. 따라서 '과학을 배워서 보람을 느꼈다면'은 지적 변화가 아니라 '정의적 변화'에 해당한다.

04

글의 내용으로 미루어 알 수 있는 내용으로 가장 적절한 것은?

> 과학 철학자 칼 포퍼는 과학 연구 과정에서 아무리 오랫동안 대표 이론으로 간주되었던 것이라도 그것의 장점이 아니라 문제점을 지속적으로 발견하려 노력해야 하며 문제점이 정말로 발견되었을 때는 기존 이론을 폐기하고 새로운 대안을 찾아야 한다고 주장했다. 긍정적으로 보면 끊임없이 더 나은 이론을 도출하려는 도전적 태도로, 부정적으로 보면 현실적인 대안을 확보하기 전에 무책임하게 여러 장점을 지닌 이론을 폐기하는 완고한 태도로도 읽힐 수 있는 이러한 입장을 그는 '비판적'이라고 규정했다. 이런 태도를 견지하는 과학자는 어떤 편견으로부터도 자유로우면서 순전히 경험적 근거와 논리적 추론을 통해 과학 연구를 수행해야 한다.
>
> 포퍼의 지적 영향력은 과학철학 분야에만 머물지 않는다. 그는 매우 영향력 있는 정치철학자이기도 했다. 전체주의와 역사주의에 대한 그의 비판은 극단적인 자유주의를 옹호하지는 않으면서도 결국에는 사회를 구성하는 개개인의 자발적 선택을 부각하는 입장으로 나아갔다. 개인의 자발적 선택을 강조하는 근거는, 역사란 미리 정해진 목표에 따라 계획되고 실현될 수 있는 것이 아니라 무수한 개인의 자발적 행동이 모여 개인의 수준에서는 의도하지 않았던 결과로 나타난다는 생각이었다.

① 비판적 태도는 논리와 경험을 중시한다.
② 비판적 태도는 역사주의의 이론적 근거가 된다.
③ 비판적 태도는 불특정 개인보다 사회를 먼저 고려한다.
④ 비판적 태도는 갈등하는 이념 간의 타협점을 찾는 데 유용하다.

정답 ①
해설 칼 포퍼가 말한 '비판적 태도'의 특성을 유추하는 문제이다. 첫째 단락 마지막 문장에서 구체적으로 '이런 태도를 견지하는 과학자는 어떤 편견으로부터 자유로우면서 순전히 경험적 근거와 논리적 추론을 통해 과학 연구를 수행해야 한다.'라고 말하고 있다. 따라서 비판적 태도는 논리와 경험을 중시한다고 할 수 있다.
오답 풀이 ② 둘째 문단에서 칼 포퍼는 역사주의를 비판한다고 언급하였으므로 적절하지 않다.
③ 둘째 문단에서 그의 비판은 사회를 구성하는 개개인의 자발적 선택을 부각하는 입장으로 나아갔다고 하였으므로 적절하지 않다.
④ 첫째 문단에서 칼 포퍼의 비판적 태도는 도전적 태도나 완고한 태도로 읽힐 수 있다고 했으므로 이것이 이념 간의 타협점을 찾는 데 유용하다고 볼 수 없다.

05

다음 글에 대한 이해로 적절하지 않은 것은?

> 음소들이 결합하여 음절이 되고, 이것들이 다시 결합하여 단어가 되고 문장이 되면서 언어의 주요 기능인 의미 전달이 이루어진다. 음소들이 결합될 때 음소들의 음성적 특성, 즉 음성 자질들의 특성에 따라 앞뒤 음소들이 변하게 되는데 이것을 음운의 변동이라고 한다. 그런데 이렇게 소리가 변하는 원인 중 가장 중요한 것은 '노력 경제'와 '표현 효과' 두 가지이다. 즉, 소리는 발음할 때 힘이 덜 드는 방향으로 바뀌거나 아니면 표현을 더 효과적으로 할 수 있는 방향으로 변한다는 것이다.
>
> 가까운 조음 위치나 비슷한 조음 방법의 소리가 연속된 경우엔 그렇지 않은 경우에 비해 발음할 때 힘이 덜 들게 된다. 그래서 상이한 소리들이 비슷한 위치나 방법의 소리들로 닮아 가게 되는데 이것을 '동화'라고 한다. 곧 동화는 노력 경제에 부합하기 때문에 일어나는 현상이다.
>
> 이와 달리 음운의 변동에 '노력 경제'와는 상반된 심리 작용이 작동하기도 한다. 비슷한 특성을 가진 음소의 연결로 청각 효과가 약하다고 인지될 경우, 오히려 공통성이 적은 다른 음소로 바뀔 수 있다. 이처럼 발음상 힘이 더 들더라도 청각 효과를 높이는 방향으로 변동하는 현상을 '이화'라고 하며, 이에는 모음 조화 파괴 현상과 사잇소리 현상 등이 있다.

① '노력 경제'와 '표현 효과'는 음운 변동의 주요한 원인이다.
② 음운의 변동이 일어날 때에는 심리적 원인이 개입될 수 있다.
③ '표현 효과'를 높이기 위해서는 동화의 이점을 포기해야 한다.
④ 가까운 조음 위치나 비슷한 조음 방법을 사용할 경우 청각적 효과가 높아진다.

정답 ④
해설 셋째 단락에서 비슷한 특성을 가진 음소의 연결로 청각 효과가 약하다고 설명하였다. 따라서 가까운 조음 위치나 비슷한 조음 방법을 사용할 경우 청각적 효과가 높아진다는 것은 이를 반대로 이해한 것이기 때문에 적절하지 못하다.

06

다음 글에 대한 이해로 적절한 것은?

> 한자를 빌려 우리말을 표기한 유형과 방식은 대체로 다음의 네 가지로 분류된다.
>
> 첫째, 한자를 수용하여 그대로 사용하되 우리말의 순서대로 배열한 것을 흔히 서기체 표기라 한다. 서기체 표기는 우리말의 어순에 따라 한자가 배열되고 한자의 뜻이 모두 살아 있으므로, 우리말의 문법 형태소를 보충하면 전체적인 의미를 파악할 수 있다.
>
> 둘째, 이두체 표기로, 어휘 형태소와 문법 형태소가 구분되어 표기된다. 즉 어휘 형태소는 중국식 어휘가 그대로 사용되고 문법 형태소는 훈독, 훈차, 음독, 음차 등 다양한 방법으로 표기된다. 그리고 구나 절은 한문이 그대로 나타나기도 한다.
>
> 셋째, 어휘 형태소와 문법 형태소를 가리지 않고, 훈독, 훈차, 음독, 음차 등의 다양한 방법으로 표기되어 있는 것을 향찰체 표기라 한다. 국어 문장의 모습을 그대로 보여 주는 대표적인 차자 표기 방식이라 하겠다.
>
> 넷째, 한문 문장을 그대로 두고 필요한 곳에 구결(입겿)을 달아 이해의 편의를 도모한 문장이 있다. 이를 흔히 구결문이라고 한다.

① '서기체 표기'는 문법 형태소를 반영하였다.
② '이두체 표기'는 문법 형태소가 표기되지 않는다.
③ '향찰체 표기'는 중국어 어순에 따라 어휘가 배열된다.
④ '구결문'은 구결(입겿)이 없어도 문장의 의미를 파악할 수 있다.

정답 ④
해설 '구결'은 한문 문장을 그대로 두고 필요한 곳에 이해의 편의를 도모하기 위해 입겿을 표기하는 방식이므로 입겿이 없더라도 그 의미를 충분히 파악할 수 있다.
오답 풀이 ① 서기체는 우리말의 문법 형태소를 보충하면 전체적인 의미를 파악할 수 있다고 하였으므로 아직 문법 형태소가 반영된 표기 체계가 아니라고 할 수 있다.
② 이두체는 어휘 형태소와 문법 형태소를 구분하여 적는 표기 체계이다.
③ 향찰체는 한문의 표기 방식에서 벗어나 국어 문장의 모습을 그대로 보여 주는 대표적인 차자 표기 방식이다.

07

2016 지방직 7급

다음 글의 내용을 적절하게 이해한 것은?

> 조선 시대에 금속활자는 희귀한 물건이었고, 오로지 국가만이 소유할 수 있었다. 조선 전기는 물론이고 조선 후기에도 사정은 다르지 않았다. 민간에도 금속활자가 몇 종 있었지만 극소수 양반가의 소유였을 뿐이다. 그것을 제외하면, 금속활자는 온전히 국가의 소유였다. 왜 국가가 금속활자를 독점했던 것일까?
> 구텐베르크의 금속활자 고안에는 상업적 동기가 작용했다. 당시 독일에서는 라틴어 문법 서적 등 인쇄물에 대한 민간의 수요가 많았고, 그 수요는 주로 목판 인쇄에 의해 충족되고 있었다. 구텐베르크는 인쇄물의 생산 가격을 낮추기 위해 금속활자 인쇄술을 고안했던 것이다. 즉 서양의 인쇄술은 상업적 목적으로 민간의 필요에 의해 민간에서 제작되었다. 반면 조선의 금속활자는 국가의 필요에 의해 국가에서 제작한 것이었다.
> 구텐베르크의 인쇄술은 어떻게 널리 전파될 수 있었을까? 조선에서는 왜 국가가 금속활자 인쇄술을 독점했을까?
> 여기에는 이루 다 말할 수 없을 정도로 복잡한 이유가 있겠지만, 가장 본질적인 요인은 표의 문자인 '한자'와 표음 문자인 '라틴 자모' 사이의 차이 때문이다. 조선조의 금속활자는 한자 활자가 대부분이었다. 극단적으로 말해 한문으로 쓰인 책을 어떤 장애도 없이 인쇄하자면 한자 수만큼이나 많은 활자가 필요하다는 의미다. 더욱이 자주 쓰이는 글자는 더 많은 수가 필요하니, 실제 필요한 한자 활자는 한자 전체의 수에 몇을 곱해야 할 것이다.
> 금속활자는 결코 대량 인쇄를 목적으로 한 것이 아니었다. 목판은 일단 새겨지기만 하면 수요가 많은 책을 복제하는 데 유리했지만, 새로운 수요에 재빨리 대응하기에는 속도가 너무나 더디었다. 또한 책의 종수만큼 별도의 목판을 제작해야 하는 번거로움이 있었다. 금속활자는 새로운 수요에 신속하게 응할 수 있다는 것이 장점이었다. 다시 말해 다품종 소량 생산이 조선 금속활자의 존재 의의였다.

① 문자의 성격 차이가 금속활자 인쇄술의 전파에 영향을 미쳤다.
② 일반적으로 조선의 목판 인쇄는 새로운 수요에 빠르게 대응할 수 있었다.
③ 서양과 조선에서의 금속활자 인쇄는 서적의 대량 생산, 대량 공급을 목적으로 하였다.
④ 서양에서는 개인이 경제적 이익을 얻기 위하여 금속활자로 인쇄하였지만, 조선에서는 국가가 경제적 이익을 독점하기 위하여 금속활자로 인쇄하였다.

정답 ①

해설 제시문은 왜 서양의 금속활자와 달리 조선의 금속활자는 국가가 독점했는지에 대해 의문을 제기하며, 그에 대한 가장 본질적인 요인은 바로 표의 문자인 한자와 표음 문자인 라틴 자모의 성격 차이에 있다고 보고 있다. 금속활자의 존재 목적은 대량 인쇄가 아닌 다품종 소량 생산에 있다고 이야기하고 있다.

오답 풀이 ② 목판 인쇄는 새로운 수요에 재빨리 대응하기에는 속도가 너무 더디었다고 하였으므로 적절하지 않다.
③ 조선에서의 금속활자는 다품종 소량 생산을 위해 존재 의의를 지닌다고 설명하였다.
④ 서양은 상업적 동기에 의해, 조선은 국가적 필요에 의해 금속활자가 고안되었다고 설명하였다.

08

2016 지방직 7급

다음 글의 주장에 어울리는 것은?

> 과학이 높이 평가받는 이유는 객관성, 그리고 그에 따르는 정확성과 엄밀성 때문이다. 연구자가 연구 대상으로부터 자신을 분리하고 거리를 둠으로써 주관적 요소를 배제하고 사태 자체를 객관적으로 파악하는 것이 과학적 태도라고 우리는 생각한다. 하지만 물리화학, 경제학, 철학 등 다방면에서 학문적 업적을 이룬 마이클 폴라니는 이런 생각에 동의하지 않는다. 그는 암묵적 지식이 늘 지식의 조건으로 전제되며, 통합하는 인격적 행위 없이 지식이 성립하지 않는다는 사실을 보여줌으로써 과학적 지식의 객관성과 가치중립성에 의문을 제기한다. 암묵적 지식이란 한 인격체가 성취한 지식으로, 개인적이고 인격적인 성격을 띤다.
> 암묵적 지식의 한 측면을 우리는 못질하는 행동에서 파악할 수 있다. 우리 눈은 못대가리에 의식적으로 초점을 두어야 하지만 망치를 든 손과 공간에 대한 보조 의식이 없다면 못질은 실패할 것이다. 이런 보조 의식이 암묵적 지식이다.
> 암묵적 지식은 검증되지 않는다. 그러므로 완전한 검증을 거친 지식 체계가 가능하다는 객관주의의 지식 이념은 환상에 지나지 않는다고 할 수 있다.

① 드러나지 않은 다양한 지식의 가치
② 암묵적 지식이 갖는 한계와 비과학성
③ 과학의 객관성이 높이 평가받는 또 다른 이유
④ 완전한 검증을 거친 지식 체계가 갖는 주요한 의의

정답 ①

해설 제시문에서 글쓴이는 '암묵적 지식'의 중요성을 강조하며 '완전한 검증을 거친 지식 체계가 가능하다는 객관주의의 지식 이념은 환상에 지나지 않는다.'라고 하였다. '암묵적'이란 '자기의 의사를 밖으로 나타내지 아니한'이란 뜻을 지니기 때문에, '암묵적 지식'이란 '드러나지 않은 지식'이라고 할 수 있다.

오답 풀이 ② 윗글에서는 암묵적 지식의 중요성을 강조하고 있다.
③ 글쓴이는 과학적 지식의 객관성에 의문을 제기한 마이클 폴라니의 견해에 동조하고 있다.
④ 글쓴이는 완전한 검증을 거친 지식 체계가 가능하다는 객관주의의 지식 이념은 환상에 지나지 않는다고 하였다.

09

'샛강을 어떻게 살릴 수 있을까?'라는 주제에 대해 토의하고자 한다. 이에 대한 설명으로 적절하지 않은 것은?

> 토의는 어떤 공통된 문제에 대해 최선의 해결안을 얻기 위하여 여러 사람이 의논하는 말하기 양식이다. 패널 토의, 심포지엄 등이 그 대표적 예이다. ㉠ 패널 토의는 3~6인의 전문가들이 사회자의 진행에 따라, 일반 청중 앞에서 토의 문제에 대한 정보나 지식, 의견이나 견해 등을 자유롭게 주고받는 유형이다. 토의가 끝난 뒤에는 청중의 질문을 받고 그에 대해 토의자들이 답변하는 시간을 갖는다. 이 질의·응답 시간을 통해 청중들은 관련 문제를 보다 잘 이해하게 되고 점진적으로 해결 방안을 모색하게 된다. ㉡ 심포지엄은 전문가가 참여한다는 점, 청중과 질의·응답 시간을 갖는다는 점에서는 패널 토의와 그 형식이 비슷하다. 다만 전문가가 토의 문제의 하위 주제에 대해 서로 다른 관점에서 연설이나 강연의 형식으로 10분 정도 발표한다는 점에서는 차이가 있다.

① ㉠과 ㉡은 모두 '샛강 살리기'와 관련하여 전문가의 의견을 들은 이후, 질의·응답 시간을 갖는다.
② ㉠과 ㉡은 모두 '샛강을 어떻게 살릴 수 있을까?'라는 문제에 대해 최선의 해결책을 얻기 위함이 목적이다.
③ ㉡은 토의자가 샛강의 생태적 특성, 샛강 살리기의 경제적 효과 등의 하위 주제를 발표한다.
④ ㉠은 '샛강 살리기'에 대해 찬반 입장을 나누어 이야기한 후 절차에 따라 청중이 참여한다.

정답 ④
해설 토론은 하나의 쟁점에 대해 찬반으로 나뉘어 진행하고, 토의는 어떤 공통된 문제에 대해 최선의 해결안을 얻기 위하여 여러 사람이 의논하는 말하기 양식이다. 따라서 '찬반 입장을 나누어' 말하는 방식은 토의가 아닌 토론이다.
오답 풀이 ① 패널 토의와 심포지엄은 전문가의 참여가 이루어지며, 대체로 청중과의 질의, 응답 시간을 갖는다.
② 패널 토의와 심포지엄은 모두 토의의 한 종류이기 때문에 최선의 해결안을 얻는 것이 목적이다.
③ 심포지엄은 사실상 전문가들의 견해를 청취하는 것을 중심으로 진행된다.

10

밑줄 친 부분과 가장 유사한 속성을 지닌 현대인의 삶의 태도는?

> 근대 이후 인간들은 불안감과 고독감에서 벗어나기 위해 자신에게 주어진 자유로부터 도피하려는 경향을 보인다. 그중 하나가 복종을 전제로 하는 권위주의적 양태이다. 이는 개인적 자아의 독립을 포기하고 자기 이외의 어떤 존재에 종속되고자 하는 것으로, 사라진 제1차적 속박 대신에 새로운 제2차적 속박을 추구하는 양상을 띤다. 이것은 때로 상대방을 자신에게 복종시킴으로써 심리적 안정과 만족을 얻으려는 형태로 나타나기도 한다. 일견 대립적으로 보이는 이 두 형태는 불안감과 고독감으로부터 벗어나기 위한 권위주의적 양상이라는 점에서는 동일한 것이다.

① 소속된 집단의 이익이나 정의보다는 개인의 이익이나 행복만을 추구하는 태도
② 집안에서 어떤 일을 결정할 때 부모나 어른의 의견보다는 아이들의 요구를 먼저 고려하는 태도
③ 어떤 상황에 대해 자신의 견해를 가지기보다는 언론 매체의 의견을 무비판적으로 수용하는 태도
④ 직업을 통해서 얻는 삶의 만족보다는 취미 활동을 통해서 얻는 삶의 즐거움을 더 중시하는 태도

정답 ③
해설 주어진 글에서는 현대인들이 자신에게 주어진 자유로부터 도피하기 위해 어떤 존재에 종속되어 복종하는 것을 택하거나 반대로 타인을 복종시키고자 하는 태도를 보인다고 했다. 자신의 생각이 없이 무조건 타인의 생각을 따르는 것도 일종의 종속과 복종이므로 답은 ③번이 된다.
오답 풀이 ① 개인적 자아를 더 중시하므로 밑줄 친 부분과 유사하다고 볼 수 없다.
② 밑줄 친 부분과 유사한 속성이 아니다.
④ 불안감과 고독감에서 벗어나기 위한 권위주의적 양상에 해당하지 않는다.

11

다음 글에 대한 설명으로 적절하지 않은 것은?

> 몽타주는 두 개 이상의 상관성이 없는 장면을 배치함으로써 새로운 의미를 도출하는 것이다. 에이젠슈타인은 몽타주의 개념을 설명하기 위해 상형문자가 합해져서 회의문자가 만들어지는 과정에서 아이디어를 빌려 왔다. 그는 두 개의 묘사 가능한 것을 병치하여 시각적으로 묘사 불가능한 것을 재현하려 했다. 가령 사람의 '눈'과 '물'의 이미지를 충돌시켜 '슬픔'의 의미를 드러내며, '문' 그림 옆에 '귀' 그림을 놓아 '도청'의 이미지를 나타내는 식이다. 의미에 있어서 단일하고, 내용에 있어서 중립적이고 묘사적인 장면을 연결시켜 지적인 의미를 만들어 내는 것이 그가 구현하려 했던 몽타주의 개념이다.

① 몽타주는 상형문자의 형성 원리를 바탕으로 만들어진 기법이다.
② 몽타주는 묘사 가능한 대상을 병치하여 묘사 불가능한 것을 재현한다.
③ '눈'과 '물'의 이미지가 한 장면에 배치되어 '슬픔'이 표현된다.
④ '문'과 '귀'의 이미지가 결합하여 '도청'이라는 의미를 나타낸다.

정답 ①

해설 에이젠슈타인이 몽타주의 개념을 '설명'하기 위해 상형문자의 원리를 빌려온 것이지, 이 원리를 바탕으로 몽타주가 탄생한 것은 아니다. 몽타주가 상형문자의 형성 원리를 바탕으로 만들어진 기법이라는 내용은 지문에서 언급되지 않은 내용이다.

12

다음 글에 대한 설명으로 적절한 것은?

> 노동 시장은 생산물 시장과 본질적으로 유사하지만, 생산물 시장이나 타 생산요소 시장과 다른 특징을 지니고 있다. 그 중 가장 중요한 특징은 인간이 상품의 일부라는 점이다. 생산물 시장에서 일반 재화는 구매자와 판매자 간에 완전한 이전이 가능하고, 수요자와 공급자는 상대방이 누구인가에 대해 전혀 신경 쓸 필요 없이 오로지 재화 그 자체의 가격과 품질을 고려하여 수요·공급 의사를 결정한다. 그러나 노동시장에서 노동이라는 상품은 공급자 자신과 분리될 수 없기 때문에 노동의 수요자와 공급자는 단순히 물건을 사고 파는 것 이상의 인간적 관계를 맺게 되고, 수요·공급에 있어서 봉급, 부가급여, 직업의 사회적 명예, 근무환경, 직장의 평판 등 가격 이외의 비경제적 요소가 많은 영향을 미친다. 따라서 노동 시장은 가격의 변화에 따라 수요·공급이 유연성 있게 변화하지 않는 동시에 수요·공급의 불균형이 발생해도 가격의 조절 기능이 즉각적으로 작동하지 않는다.

① 여러 이론을 토대로 노동 시장에 대한 다양한 관점을 소개하고 있다.
② 여러 사례를 근거로 삼아 노동 시장에 대한 통념을 비판하고 있다.
③ 대비의 방식을 사용하여 노동 시장이 가지는 특징을 설명하고 있다.
④ 노동 시장에 관한 기존의 논의를 분석하여 새로운 주장을 제시하고 있다.

정답 ③

해설 제시문은 '노동 시장'과 '생산물 시장'이 다른 특징을 대비의 방식을 활용하여 노동 시장이 가지는 특징을 설명하고 있다.

오답 풀이 ① 노동 시장에 대한 다양한 관점을 소개한 내용은 없다.
② '통념'은 '일반적으로 많은 사람들이 가지고 있는 생각'을 의미한다. 노동 시장에 대한 통념을 비판한 내용은 없다.
④ 노동 시장에 관한 기존의 논의를 설명할 뿐 새로운 주장을 제시하고 있지는 않다.

13

다음 글의 전개 순서로 가장 자연스러운 것은?

(가) 21세기 인류의 운명은 과학 기술 체계에 부여된 힘이 어떻게 사용되는가에 따라서 좌우될 것이다. 기술 공학에 의해 새로운 유토피아가 도래할 것이라는 소박하고 성급한 희망과, 기술이 인간을 대신해서 역사의 주체로 등극하리라는 허무주의적인 전망이 서로 엇갈리는 기로에 우리는 서 있다. 기술 공학적 질서의 본질과 영향력을 고려하지 않은 모든 문화론은 공허할 수밖에 없다.

(나) 그러나 모든 생산 체제가 중앙 집중적인 기업 문화를 포기할 수는 없으며, 기업 문화의 전환은 어디까지나 조직의 자기 보존, 생산의 효율성, 이윤의 극대화 등을 달성하기 위한 것이다. 또 무엇보다 기업 내부의 문화적 전환을 떠나서 환경이나 자원, 에너지 등의 범사회적인 문제들이 심각해질수록 사람들은 기술 공학의 마술적 힘에 매달리고, 그러한 위기들을 중앙 집중적 권력에 의해 효과적으로 통제·관리하는 기술 사회에 대한 유혹을 강하게 느낄 것이다.

(다) 기술적 질서는 자연은 물론 인간들의 삶의 방식에도 심층적인 변화를 초래했다. 관리 사회로의 이행이나 노동 과정의 자동화 등은 사회 공학적 기술이 정치 부문과 생산에 적용된 대표적인 사례들이다. 물론 기술사회가 반드시 획일화된 관리 사회나 중앙 집권적 기업 문화로만 대표되지는 않는다. 소프트웨어 중심의 컴퓨터 산업이나 초전도체 산업 등 고도 기술 사회의 일부 산업 분야는 중앙 집권적 기업 문화를 지양하고 자율성과 개방성을 특징으로 지니는 유연한 체제를 채택할 것이라는 견해가 상당히 유력하다.

(라) 생활 세계의 질서를 좌우하고 경제적 행위의 목적으로 자리 잡은 기술은 더 이상 상품의 부가 가치를 높여주는 생산 수단만으로 이해되지 않는다. 기술의 체계는 이제 여러 연관된 기술들과 기술적 지식들에 의해서 구성된 유기적인 양상블로 기능하는 것이다. 기술은 그 자체의 질서와 역동성을 지니는 체계이며 유사 주체로서의 양상을 보이기 때문이다.

① (가) - (나) - (다) - (라)
② (가) - (나) - (라) - (다)
③ (가) - (다) - (나) - (라)
④ (가) - (라) - (다) - (나)

14

다음 글의 내용에 부합하지 않는 것은?

책은 인간이 가진 그 독특한 네 가지 능력의 유지, 심화, 계발에 도움을 주는 유효한 매체이다. 하지만, 문자를 고안하고 책을 만들고 책을 읽는 일은 결코 '자연스러운' 행위가 아니다. 인간의 뇌는 애초부터 책을 읽으라고 설계된 것이 아니기 때문이다. 문자가 등장한 역사는 6천 년, 지금과 같은 형태의 책이 등장한 역사 또한 6백여 년에 불과하다. 책을 쓰고 읽는 기능은 생존에 필요한 다른 기능들을 수행하도록 설계된 뇌 건축물의 부수적 파생 효과 가운데 하나이다. 말하자면 그 능력은 덤으로 얻어진 것이다.

그런데 이 '덤'이 참으로 중요하다. 책이 없이도 인간은 기억하고 생각하고 상상하고 표현할 수 있기는 하나 책과 책 읽기는 인간이 이 능력을 키우고 발전시키는 데 중대한 차이를 낳기 때문이다. 또한 책을 읽는 문화와 책을 읽지 않는 문화는 기억, 사유, 상상, 표현의 층위에서 상당한 질적 차이를 가진 사회적 주체들을 생산한다. 그렇기는 해도 모든 사람이 맹목적인 책 예찬자가 될 필요는 없다. 그러나 중요한 것은, 인간을 더욱 인간적이게 하는 소중한 능력들을 지키고 발전시키기 위해서 책은 결코 희생할 수 없는 매체라는 사실이다. 그 능력을 지속적으로 발전시키는 데 드는 비용은 적지 않다. 무엇보다 책 읽기는 결코 손쉬운 일이 아니기 때문이다. 책 읽기에는 상당량의 정신 에너지와 훈련이 요구되며, 독서의 즐거움을 경험하는 습관 또한 요구된다.

① 책 읽기는 별다른 훈련이나 노력 없이도 마음만 먹으면 가능한 일이다.
② 책을 쓰고 읽는 기능은 인간 뇌의 본래적 기능은 아니다.
③ 책과 책 읽기는 인간의 기억, 사유, 상상 등과 관련된 능력을 키우는 데 상당히 중요한 변수로 작용한다.
④ 독서 문화는 특정 층위에서 사회적 주체들의 질적 차이를 유발한다.

15

2015 지방직 7급

다음 글에서 비유법이 사용되지 않은 문장은?

> ㉠ 말은 생각을 담는 그릇으로 생각이 맑고 고요하면 말도 맑고 고요하게 나온다. ㉡ 청산유수처럼 거침없이 쏟아 놓는 말에는 선뜻 믿음이 가지 않는다. ㉢ 우리는 말을 안 해서 후회하는 일보다 말을 쏟아 버렸기 때문에 후회하는 일이 더 많다. ㉣ 때론 말이 사람을 죽일 수도 있다는 것을 생각하면 말은 두려워해야 할 존재임이 틀림없다.

① ㉠ ② ㉡
③ ㉢ ④ ㉣

정답 ③

해설 '쏟다'라는 표현에는 '마음속에 품고 있는 생각이나 말을 밖으로 드러내다'라는 의미가 있다. 즉, '말을 쏟다'는 비유적 표현이 아니다.

오답 풀이 ① 은유법을 활용한 표현이다.
② 직유법을 활용한 표현이다.
④ 의인법이 사용된 표현이다. 의인법도 비유법의 일종이므로 비유법을 사용한 문장에 해당한다.

16

2014 지방직 7급

(가)의 내용에 이어지는 순서로 가장 자연스러운 것은?

> (가) 근대 자유 민주주의는 역사적으로 민주주의의 특정한 형태로서 아테네에서 민주주의가 사라진 후 거의 2,000년이 지나서 역사의 무대에 등장하였다. 전체 서구 역사에서 볼 때 민주주의가 자유주의보다 먼저 출현했지만, 근대에 들어와서는 자유주의가 민주주의에 비해 200년이나 앞서 등장해서 그 후에 등장한 민주주의가 적응해야 하는 세계의 틀을 창조하였다. 곧 자유 민주주의는 기본적으로 자유주의가 설정한 한계 내에서 규정되고 구조화된 민주주의라고 말할 수 있다.
>
> (나) 나아가 거의 모든 고전적 자유주의자들은, 여성은 남편이나 부친을 통해 정치적으로 대표됨으로써 그들의 이익을 보호할 수 있다는 논거 하에 여성의 참정권을 부정하였다. 이처럼 자유주의자들은 참정권의 부여를 일정한 기준, 곧 재산 소유, 가장으로서의 지위 또는 공식적인 교육의 수준에 따라 제한하고자 했다.
>
> (다) 따라서 로크는 묵시적 동의가 아니라 명시적 동의를 할 수 있는 유산 계급에게만 참정권을 인정했다. 또 프랑스 대혁명 기간 중에 제1차 국민의회의 헌법 제정자들은 능동적 시민권과 수동적 시민권을 구분하고, 정치적 권리를 납세자에게만 인정하였다.
>
> (라) 그러나 자유주의자들은 다음과 같은 이유에서 오랫동안 대중에게 참정권을 부여하는 보통 선거권을 도입하자는 민주주의자들의 요구에 대해 부정적이었다. 첫째, 그들은 대중이 대부분 가난한 사람들로 구성되어 있으며 부자와 사유재산제도 일반에 적대적이기 때문에 보통 선거권의 도입을 통해 대중의 지지를 받은 정치가가 정권을 잡게 되면, 부자의 재산을 몰수하여 가난한 자에게 분배하는 등 급진적인 경제 개혁을 실시하는 것을 두려워했다. 둘째로 그들은 대중이란 삶의 모든 영역에서 평등을 추구하기 때문에 그들이 권력을 잡게 되면 문화적 획일성·다양성에 대한 불관용 및 여론에 의한 전제 정치로 귀결될 것이라고 주장했다. 셋째, 자유주의자들은 투표권이란 합리성, 성찰 능력, 사회 정치적 사안에 대한 지식 등을 전제하며 따라서 그러한 자질들을 가진 자들에게 부여되어야 하는데, 대중은 그러한 자질을 결여하고 있기 때문에 그들에게 공공사를 맡길 수 없다고 주장했다.

① (나) - (다) - (라)
② (나) - (라) - (다)
③ (다) - (라) - (나)
④ (라) - (다) - (나)

정답 ④

해설 (가) 단락의 마지막에서 말하고 있는 '자유 민주주의는 기본적으로 자유주의가 설정한 한계 내에서 규정되고 구조화된 민주주의'와 연결될 수 있는 단락을 찾아야 한다. (라) 단락을 보면 '그러나'라고 했고 자유주의자들이 민주주의자들의 요구에 대해 부정적이었다고 했으므로 그와 반대되는 내용이 나와야 한다. 즉, (가) 문단 뒤에 나와야 한다. (라) 단락 뒤에 올 수 있는 내용은 실제 자유주의자들이 민주주의에 대한 부정적 인식을 현실에서 어떻게 적용했는지에 대해 예시를 보여야 하는데 그에 대한 적절한 사례를 (다)에서 보여 주고 있으므로 (다) 단락이 올 수 있겠다. 마지막으로 성별의 차이를 통해 참정권을 제한하고자 했던 사례를 보여 주는 (나) 단락이 뒤를 이어야 할 것이다.

17

다음 글의 내용을 가장 잘 함축하고 있는 것은?

> 사람과 만물은 한가지로 천지의 큰 조화 사이에서 생겨났으니, 백성은 나의 형제요 만물은 나의 이웃이다. 그러므로 사람이 으뜸이 되고 만물은 그 다음이 된다. 그 만물을 어진 마음으로 대하는 것으로 말한다면, 아주 가는 그물을 웅덩이나 못에 넣지 아니하며, 도끼와 낫질을 하되 산림의 때를 가려서 하며, 물고기가 한 자가 되지 않으면 저자에서 팔지 못하는 것이며, 새끼와 알을 취하지 아니하며, 그물을 열어 놓고 새와 짐승의 자유를 빌며, 낚시질은 하되 그물 벼리를 이어서 고기를 잡지는 않는 것이며, 활로 쏘기는 하나 잠자는 것을 쏘지는 않는 것이다.

① 차별(差別)의 정서
② 생명(生命)의 조화
③ 인애(仁愛)의 마음
④ 공감(共感)의 태도
⑤ 융화(融和)의 양태

정답 ③

해설 제시문은 사람이 만물의 영장으로서 만물을 어진 마음으로 대해야 함을 강조하고 있다. 따라서 이 글의 핵심 내용은 '인애의 마음'이라 할 수 있다.

오답 풀이 ① '차별'은 '차이를 두어서 구별하는 분위기'를 뜻한다.
② '사람이 살아서 숨 쉬고 활동할 수 있게 하는 힘의 어울림'을 뜻한다.
④ '공감'은 '남의 감정, 의견, 주장 따위에 대하여 자기도 그렇다고 느끼는 태도'를 뜻한다.
⑤ '융화'는 '서로 어울려 갈등이 없이 화목하게 되는 모습'을 뜻한다.

18

다음 글의 요지를 가장 잘 정리한 것은?

> 신문에 실려 있는 사진은 기사의 사실성을 더해 주는 보조 수단으로 활용된다. 어떤 사실을 사진 없이 글로만 전할 때와 사진을 곁들여 전하는 경우에 독자에 대한 기사의 설득력에는 큰 차이가 있다. 이 경우 사진은 분명 좋은 의미에서의 영향력을 발휘한 것에 해당할 것이다. 그러나 사진은 대상을 찍기 이전과 이후에 대해서 알려 주지 않는다. 어떤 과정을 거쳐 그 사진이 있게 됐는지, 그 사진 속에 어떤 속사정이 숨어 있는지에 대해서는 침묵한다. 분명히 한 장의 사진에는 어떤 인과 관계가 있음에도 그것에 관해 자세히 설명해 주지 못한다. 이러한 서술성의 부족으로 인해 사진은 사람을 속이는 증거로 쓰이는 경우도 있다. 사기꾼들이 권력자나 얼굴이 잘 알려진 사람과 함께 사진을 찍어서, 자신이 그 사람과 특별한 관계가 있는 것처럼 보이게 하는 경우가 그 예이다.

① 사진은 신문 기사의 사실성을 강화시켜 주며 보도 대상의 이면에 대한 이해를 돕는다.
② 사진은 사실성의 강화라는 장점을 지니지만 서술성의 부족이라는 단점도 지닌다.
③ 사진은 신문 기사의 사실성을 더해 주는 보조 수단으로서 항상 좋은 의미에서의 영향력을 발휘한다.
④ 사진은 사실성이 높기 때문에 그 서술성의 부족에도 불구하고 사람을 속이는 증거로 잘못 쓰이는 경우가 있다.
⑤ 사진은 서술성이 부족하지만 객관적인 증거로서의 가치가 크다.

정답 ②

해설 제시문은 '그러나'를 두고 내용이 크게 나뉘는데, 그 이전에는 신문에 실려 있는 사진은 기사의 사실성을 더해 주는 보조 수단으로 활용된다는 내용이고, 그 이후에는 사진은 어떤 인과 관계가 있음에도 그것에 관해 자세히 설명해 주지 못하는 서술성의 부족을 지적하고 있다.

오답 풀이 ① 사진은 사실성을 더해 주는 보조 수단으로 활용될 뿐 찍은 보도 대상의 이면에 대한 이해를 돕지 못한다.
③ 사진은 대상을 찍기 이전과 이후에 대해서 알려 주지 않으므로 좋은 의미에서의 영향력을 발휘한다고 볼 수 없다.
④ 서술성이 부족해서 사실성이 높다고 볼 수 없다.
⑤ 오히려 서술성이 부족하여 객관적인 증거로서의 가치가 있다고 볼 수 있다.

19
2017 국회직 8급

다음 글의 내용을 가장 적절하게 요약하고 있는 것은?

> 민주 국가는 국민을 바탕으로 하기 때문에, 다수 국민의 지지를 받아야 정당성을 얻을 수 있다. 왜냐하면 민주 국가는 국가의 주권이 국민에게 있고, 국민의 의사로 운용되는 국가이기 때문이다. 그러므로 만약 소수의 이익을 위해 운용된다면 다수가 불만을 가질 것이며, 정책 결정에 승복하지 않을 것이다. 결국 일이 원만하게 추진되지 않을 것이고, 추진된다 하더라도 다수가 제대로 동의하거나 지지하지 않기 쉽다.
>
> 옛날 아테네에서는 자유민이 모두 참여하여 정책을 결정했다고 한다. 그러나 오늘날은 과거와 상황이 다르다. 왜냐하면 한 나라 국민 전체의 뜻을 완벽하게 반영한다는 것 자체가 불가능하며, 정책 결정 하나하나가 모두 전문적인 일이기 때문이다. 즉 국민 전체가 참여하자면 시간이 많이 걸려 효율성도 떨어지고, 설령 그렇게 결정한다고 해도 다수를 만족시킬 뿐이지 모두를 만족시키는 것은 아니다. 더구나 논의해야 할 문제들이 일반 상식을 뛰어넘어 대부분 국민들이 판단하기조차 힘들다. 따라서 오늘날에 와서는 소수 전문가 집단이 정책을 결정하는 것이 더 효율적일 수밖에 없게 되었다.

① 소수가 정책을 결정할 수밖에 없으니 정책을 집행할 때 다수의 뜻을 묻는 절차가 필요하다.
② 소수가 정책을 결정하되 민주 국가이므로 다수의 뜻을 항상 잊지 않아야 한다.
③ 정책의 정당성 확보가 필요하므로 다수 국민이 납득할 만한 계층에 의해 정책이 결정되어야 한다.
④ 정책 결정의 효율성보다는 정당성을 확보하는 것이 중요하기 때문에 전문가 집단의 참여가 필요하다.
⑤ 정책의 정당성은 결국 주권을 가진 국민에 의해 판명되므로 결정 과정에 관여하는 숫자가 중요하지는 않다.

정답 ②
해설 첫째 단락의 핵심 내용은 민주 국가에서는 다수의 동의나 지지로 국가가 운용되어야 한다는 것이다. 둘째 단락에서는 오늘날은 효율성을 고려할 때 소수 전문가가 정책을 결정하는 것이 바람직하다는 주장을 담고 있다. 이 두 가지 내용을 합치면, '소수가 정책을 결정하되 민주 국가이므로 다수의 뜻을 항상 잊지 않아야 한다.' 정도가 요약으로 적절하다.
오답 풀이 ① 지문은 소수 전문가가 정책을 결정하는 것이 바람직하다는 주장을 하는 글이므로 적절하지 않다.
③ 지문과는 반대되는 내용의 설명이다.
④ 지문은 정책 결정의 효율성을 주장하는 글이므로 잘못된 설명이다.
⑤ 지문과는 관련이 없는 내용이다.

20
2014 지방직 9급

다음 글의 중심 내용으로 가장 적절한 것은?

> 한 번에 두 가지 이상의 일을 할 때 당신은 마음에게 흩어지라고 지시하는 것입니다. 그것은 모든 분야에서 좋은 성과를 내는 데 필수적인 요소가 되는 집중과는 정반대입니다. 당신은 자신의 마음이 분열되는 상황에 처하도록 하는 경우도 많습니다. 마음이 흔들리도록, 과거나 미래에 사로잡히도록, 문제들을 안고 낑낑거리도록, 강박이나 충동에 따라 행동하는 때가 그런 경우입니다. 예를 들어, 읽으면서 동시에 먹을 때 마음의 일부는 읽는 데 가 있고, 일부는 먹는 데 가 있습니다. 이런 때는 어느 활동에서도 최상의 것을 얻지 못합니다. 다음과 같은 부처의 가르침을 명심하세요. '걷고 있을 때는 걸어라. 앉아 있을 때는 앉아 있어라. 갈팡질팡하지 마라.' 당신이 하는 모든 일은 당신의 온전한 주의를 받을 가치가 있는 것이어야 합니다. 단지 부분적인 주의를 받을 가치밖에 없다고 생각하면, 그것이 진정으로 할 가치가 있는지 자문하세요. 어떤 활동이 사소해 보이더라도, 당신은 마음을 훈련하고 있다는 사실을 명심하세요.

① 일을 시작하기 전에 먼저 사소한 일과 중요한 일을 구분하는 습관을 기르라.
② 한 번에 두 가지 이상의 일을 성공적으로 수행할 수 있도록 훈련하라.
③ 자신이 하는 일에 전적으로 주의를 집중하라.
④ 과거나 미래가 주는 교훈에 귀를 기울이라.

정답 ③
해설 "당신이 하는 모든 일은 당신의 온전한 주의를 받을 가치가 있는 것이야 합니다."를 통해 제시문의 중심 내용을 추리할 수 있다.

[21~22] 다음 글의 핵심 비판 내용으로 옳은 것은?

우리의 밥상에는 밥과 함께 국이 주인이다. 봄이면 냉잇국이나 쑥국의 향긋한 냄새가 좋고, 여름엔 애호박국이 감미로우며, 가을엔 뭇국이 시원하다. 그리고 겨울이면 시래깃국과 얼큰한 배추 김칫국이 있어서 철따라 우리의 입맛을 돋운다.

가을 뭇국은 반드시 간장을 넣고 끓여야 제 맛이 나고, 겨울 시래깃국은 된장을 풀어야 구수한 맛이 돈다. 사람들이 지닌 성품과 애정(愛情)도 이처럼 사계절의 국물맛과 같지 않을까?

조선 시대 왕들은 해마다 봄이 되면 동대문 밖 선농단에서 제사를 지냈다. 그해 농사가 잘 되기를 바라는 의미에서 왕이 친히 선농단까지 나갔던 것이다. 왕이 직접 제사를 지내니 백성들도 구름같이 몰려들었다. 궁궐에서만 사는 왕을 먼발치에 서라도 볼 수 있고, 또 한 해 농사가 풍년이 들기를 바라는 마음이 간절하기도 해서였다. 흉년이 든 다음 해는 백성들이 더 많았는데, 그 까닭은 그곳에 가면 국물을 얻어먹을 수 있었기 때문이다. 그리고 보면 선농단의 국물에는 은혜와 감사, 또는 마음속 깊은 기원(祈願)이나 따뜻한 사랑이 담겨 있었다고 해야 할 것이다.

선농단에서 백성들에게 국물을 나누어 주다가 갑자기 사람이 더 늘어나면 물을 더 붓는다. 그리고 간을 다시 맞추어 나누어 먹는다. 물을 더 부으면 그만큼 영양가가 줄어드는 것은 사실이지만, 어디 지난날 우리가 영양가를 따져 가며 먹고 살아왔던가? 가난을 나누듯 인정(人情)을 사이좋게 실어 나르던 고마운 국물이었던 것이다.

엿장수 인심에 '맛보기'라는 것도 예외가 아니다. 기분만 나면 맛보기 한 번에다 덤을 주는데, 이 역시 국물 한 대접 같은 인정의 나눔이다.

시장에서 콩나물을 살 때도 값어치만큼의 양은 당연히 준다. 그러나 덤으로 콩나물이 더 얹히지 않을 때 아낙네들은 금방 섭섭한 눈치를 한다. 파는 이가 두꺼비 같은 손잔등을 쫙 펴서 서너 개라도 더 올려놓아야 아낙네들은 언제 그랬느냐는 듯 흐뭇한 미소를 지으며 돌아서 간다. 그 덤 역시 국물과 같은 끈끈한 인정의 나눔이리라.

그런데 요즈음 우리네 식탁엔 점차 국물이 사라지고 있다. 걸어가면서 아침을 먹고, 차에 흔들리면서 점심을 먹어야 하는 바쁜 사람들이 많이 생겨서인가? 아니면, 개척 시대 미국 이주민의 생활(生活)이 부러워 그것을 흉내 내고 싶어서인가? 즉석 요리, 인스턴트 식품이 판을 치고 있는 세상이다.

내 아이들도 예외는 아니다. 생선은 굽고, 닭고기는 튀겨야 맛이 있다고 성화인 것만 보아도 그렇다. 나는 그 반대 입장에 서서 국물이 있는 것으로 입맛을 챙기려 하니, 아내는 늘 지혜롭게 식탁을 꾸려 갈 수밖에 없다. 기다릴 줄을 모르고, 자기 욕심 자기주장이 통할 때까지 고집을 피워 대는 내 아이들의 모습을 보면서, 혹시 그런 성격이 서구화(西歐化)된 식탁 문화에서 빚어진 것이 아닌가 하는 걱정도 커진다.

오늘 아침에도 조기 한 마리를 사다 놓고, 이것을 구울까 찌개를 끓일까 망설이는 아내의 처지가 참 안쓰러웠다. 한참을 망설이던 아내는 내 눈치를 보면서 끝내 조기를 굽는다. 국물 없는 아침밥을 먹고 출근하는 발걸음이 어째 가볍지가 않다.

21

2019 국회직 8급

다음 글의 핵심 비판 내용으로 옳은 것은?

① 나눔과 인정이 사라진 현대 사회
② 전통문화를 부러워하는 현대인들
③ 자기주장을 고집하는 세태
④ 바쁘게 돌아가는 현대인의 생활
⑤ 인스턴트 식품의 범람

정답 ①

해설 조선 시대 왕들이 백성들에게 베풀었던 선농단의 국물에는 은혜와 감사, 따뜻한 사랑이 담겨 있다고 했다. 국물을 먹어야 할 사람이 늘어나면 물을 더 부어서 가난을 나누듯 인정을 나누던 것이다. 그런데 현대 사회가 되면서 우리의 식탁에서 국물이 사라지고 있다고 했으므로, 글쓴이가 이 글에서 핵심적으로 비판하는 내용은 '나눔과 인정이 사라진 현대 사회'이다.

오답 풀이 ② 글의 내용과 부합하지 않는 진술이다.
③, ④, ⑤ 글의 핵심 비판 내용은 글 전체를 아우르는 내용이어야 한다. 하지만 이 선지들은 모두 부분적인 내용이며, 글 전체에서 글쓴이가 핵심적으로 비판하는 내용이 아니다.

22

다음 글의 필자가 말하고자 하는 바로 가장 적절한 것은?

2016 기상직 9급

> 언어 기호는 과연 의미를 제대로 전달하는 수단일까? 이런 의문을 처음 제기한 사람은 프랑스의 구조 언어학자인 소쉬르다. 그는 기호를 의미하는 것(기표, signifiant)과 의미되는 것(기의, sifinfié)으로 구분하고, 양자의 관계가 생각하는 것처럼 그렇게 필연적이지 않다고 주장한다. 언어 기호가 지시 대상을 가리킨다고 보는 전통적인 관점을 뒤집은 것이다. 나무라는 말이 나무를 가리키고 바위라는 말이 바위를 가리키는 것은 당연한데, 대체 소쉬르는 무슨 말을 하는 걸까? 그는 스피노자의 말을 빌려 "개는 짖어도 개라는 낱말은 짖지 않는다."고 말한다. 그의 말은 마당에서 뛰노는 실제의 개(기의)를 개라는 이름(기표)으로 불러야 할 필연적인 이유가 없다는 뜻이다. 개를 소나 닭으로 바꿔 불러도 아무런 상관이 없다.
>
> 그렇다면 개를 개라고 부르게 된 이유는 무엇일까? 사실 그런 이유는 없다. 그것은 순전한 우연이다. 개를 개라고 부르는 것은 개라는 낱말이 지시하는 대상, 즉 실제 개와 관계가 있는 게 아니라 단지 언어 체계에서 정해진 약속일 따름이다. 여기서 소쉬르는 '차이'라는 중요한 개념을 끄집어 낸다. 개는 소나 닭이 아니기 때문에 개인 것이다. 차이란 실체가 아니라 관계를 나타내는 용어다. 따라서 중요한 것은 실체적 사고가 아니라 관계적 사고이다. 기호의 의미를 결정하는 것은 실체가 아니라 다른 기호들과의 관계(차이)다. 그런데 관계는 실체에 가려 눈에 잘 띄지 않는다. 우리는 실체적 사고에 익숙하기 때문에 실체의 배후에 숨은 관계를 포착하지 못한다. 기호를 실체로 간주하면 기호와 지시 대상을 무의식적으로 일체화하기 때문에 그 기호의 본래 의미를 알려 주는 맥락을 놓치게 되며, 이른바 '행간의 의미'를 이해하지 못하게 된다.

① 기호를 해석할 때에는 기호 자체보다는 기호를 둘러싼 맥락을 파악해야 한다.
② 어떤 단어가 기의는 같지만 기표가 다른 경우는 언어학적으로 있을 수 없다.
③ 기의와 기표가 자의적인 관계에 있다는 전통적 주장은 수정되어야 한다.
④ 행간의 의미를 이해하기 위해서는 무의식적으로 실체적 사고가 작동되어야 한다.

정답 ①

해설 글쓴이는 언어 기호는 지시하는 대상 그 자체가 아니라 언어 체계에서 정해진 약속일뿐이므로 다른 기호들과의 관계 속에서 의미가 결정된다는 점을 지적하면서, 언어 기호를 해석할 때는 그 기호의 본래 의미를 알려 주는 맥락, 즉 다른 기호들과의 관계를 파악해야 한다는 견해를 제시하고 있다. 그리고 글쓴이의 이런 주장은 둘째 단락의 '기호를 실체로 간주하면 기호와 지시 대상을 무의식적으로 일체화하기 때문에 그 기호의 본래 의미를 알려 주는 맥락을 놓치게 되며, 이른바 '행간의 의미'를 이해하지 못하게 된다.'를 통해서 확인할 수 있다.

오답 풀이 ② 첫째 문단을 통해 우리는 기의는 같지만 기표가 다른 경우가 얼마든지 있을 수 있음을 유추할 수 있다.
③ 둘째 문단에서 글쓴이는 기의와 기표가 자의적인 관계에 있다는 주장을 하고 있다. 또한 첫째 문단 '언어 기호가 지시 대상을 가리킨다고 보는 전통적인 관점'이라는 부분을 통해 언어에 대한 전통적 주장은 기의와 기표를 자의적 관례로 보는 것이 아니라 둘을 필연적인 관계로 보는 것임을 유추할 수 있다.
④ 둘째 문단을 통해 무의식적으로 실체적 사고가 작동되면 기호와 지시 대상을 일체화하는 오류를 범하기 때문에 행간의 의미를 놓치게 됨을 알 수 있다.

23

다음 글의 내용을 이해한 것으로 옳지 않은 것은?

> 입을 열고 말하는 순간 우리는 스스로에 대해 많은 단서들을 흘리게 된다. 목소리는 우리 정체성을 규정하는 중요한 요소다. 우리의 목소리가 상대의 마음을 진정시킬 수도 있고 오히려 흥분시킬 수도 있다. 상대에게 좋은 인상을 줄 수도 있고 상대를 짜증 나게 할 수도 있다. 우리가 말을 하게 되면 말하는 내용과 언어 자체를 제외하고도 목소리에 포함된 다양한 비언어적 요소들이 이면의 감정을 비롯하여 많은 정보를 상대에게 전달한다. 준언어라고 부르는 것으로 구체적으로 소리의 고저, 속도, 톤 등이 포함된다.
>
> 정보 전달에서 목소리가 갖는 힘은 생각보다 강력하다. 전화 건너편의 상대가 미소를 짓는 것을 목소리를 통해 확인할 수가 있을 정도다. 지금 내가 농담을 하고 있다고 생각하는가? 그렇지 않다. 미소를 지으면 성대에서 입술 혹은 콧구멍에 이르는 통로, 즉 성도(聲道)가 짧아지면서 공명이 올라간다. 밝고 유쾌한 목소리는 우월함, 유능함, 풍부한 감수성, 온화함 같은 개인적인 특성과 연관된다. 어쨌든 목소리와 관련된 단서들은 스스로가 어떤 사람인가를 알리기 위해서 활용하는 수많은 준언어 중에 하나다.

① 목소리는 사람의 정체성을 드러내는 요소다.
② 목소리는 상대의 마음을 변화시킬 수 있다.
③ 목소리는 언어 그 자체이다.
④ 목소리는 정보 전달의 부가적 역할을 한다.
⑤ 목소리는 전화 통화 상대자의 표정을 알려 준다.

24

다음 글의 내용과 부합하지 않는 것은?

> 규장(奎章)이란 제왕의 시문이나 글씨를 이르는 말로, 규장각은 역대 임금의 시문과 글씨를 보관하기 위한 왕실 도서관을 가리킨다. 정조는 왕실 도서관이 여러 차례 화재와 전란 등으로 부침을 겪는 것을 보고 크게 탄식했다. 그래서 즉위 이튿날, 창덕궁의 후원에 규장각을 건립하라고 명령했다. 부친인 사도세자의 폐위로 정통성이 흔들린 정조는 자신이 조선 왕실의 적통임을 분명히 한다는 뜻에서 선왕인 영조의 시문을 정리하는 일을 가장 먼저 시도했다. 이렇게 정리된 선왕의 문헌을 체계적으로 보관하기 위하여 설립한 것이 규장각이다.
>
> 왕실에 도서관을 두는 제도는 중국 송나라 때 확립된 바 있다. 송나라에서는 용도각, 천장각, 보문각 등 독립적인 건물을 두어 황제에 따라 별도로 시문과 글씨를 보관했다. 정조는 임금별로 시문과 글씨를 따로 관리하는 송나라의 제도가 번거롭다고 여겨 하나의 궁궐 전각에 함께 봉안하도록 했다. 처음에는 임금이 직접 지은 글을 보관하는 곳이라는 뜻에서 어제각(御製閣)이라 했다가 세조가 직접 쓴 '奎章閣'이라는 액자를 현판으로 옮겨 달면서 규장각이라는 명칭을 본격적으로 사용하게 된 것이다.
>
> 규장각을 설립한 사람은 정조지만 그 구상은 세조 때의 학자 양성지가 제공했다. 이러한 사실을 나중에 안 정조는 "규장각을 건립하자는 의견이 오랜 세월을 두고 합치함이 있기에 그 말을 이용하여 그 사람을 생각하려 함이다."라고 하면서 양성지의 문집을 편찬하여 간행하게 했다. 또한 정조는 양성지의 외손 30여 명이 홍문관 요직에 등용되었던 것을 기리고자 규장각에서 《양문양공외예보(梁文襄公外裔譜)》를 편찬하게 했다.

① 정조는 즉위 초부터 왕실의 정통성 확립을 위한 노력을 기울였다.
② 정조는 송나라의 제도를 답습하여 왕권을 강화하고자 하였다.
③ 규장각이라는 명칭은 정조 시대 이전에 이미 만들어졌다.
④ 정조는 양성지와 그의 후손들을 기리려고 했다.

25

2020 서울시 9급

〈보기〉의 주된 설명 방식이 사용된 것으로 가장 옳은 것은?

> 우리는 좋지 않은 사람을 곧잘 동물에 비유한다. 욕에 동물이 많이 등장하는 것도 동물을 나쁘게 보기 때문이다. 하지만 정말 인간이 동물보다 좋은(선한) 것일까? 베르그는 오히려 "나는 인간을 알기 때문에 동물을 사랑한다."고 말하며 이를 부정한다. 인간은 인간을 속이지만 동물은 인간을 속이지 않는다는 것을 알고 인간에게 실망한 사람들이 동물에게 더 많은 애정을 보인다. 인간보다 더 잔인한 동물이 없다는 것은 인간의 역사가 증명하고 있다. 필요 없이 다른 동물을 죽이는 일을 인간 외 어느 동물이 한단 말인가?

① 교사의 자기계발, 학부모의 응원, 교육 당국의 지원 등이 어우러져야 좋은 교육이 가능해진다. 이는 신선한 재료, 적절한 조리법, 요리사의 정성이 합쳐져 맛있는 음식이 만들어지는 것과 같다.

② 의미를 지닌 부호를 체계적으로 배열한 것을 기호라고 한다. 수학, 신호등, 언어 등이 모두 여기에 속한다. 꿀이 있음을 알리는 벌들의 춤사위도 기호라고 할 수 있는 것이다.

③ 바이러스는 세균에 비해 크기가 작으며 핵과 이를 둘러싼 단백질이 전부여서 세포라고 할 수 없다. 먹이가 있는 곳이라면 어디에서라도 증식할 수 있는 세균과 달리, 바이러스는 살아 있는 생명체를 숙주로 삼아야만 번식을 할 수 있다.

④ 나물로 즐겨 먹는 고사리는 꽃도 피지 않고 씨앗도 만들지 않는다. 고사리는 홀씨라고도 하는 포자로 번식한다. 고사리와 고비 등을 양치식물이라 하는데 생김새가 양(羊)의 이빨과 비슷하다고 하여 붙은 이름이다.

정답 ③
해설 〈보기〉는 인간을 속이는 '인간'과 인간을 속이지 않는 '동물'을 대조하고 있다. ③도 바이러스와 세균의 차이점을 제시하고 있으므로 대조의 방법이 사용되었다.
오답 풀이 ① 유추의 방법을 사용하였다.
② 정의와 예시의 방법을 사용하였다.
④ 분류의 방법을 사용하였다.

26

2019 서울시 9급

〈보기〉의 설명에 활용된 방식과 가장 가까운 것은?

> 유학자들은 자신이 먼저 인격자가 될 것을 강조하지만 궁극적으로는 자신뿐 아니라 백성 또한 올바른 행동을 할 수 있도록 이끌어야 한다는 생각을 원칙으로 삼는다. 주희도 자신이 명덕(明德)을 밝힌 후에는 백성들도 그들이 지닌 명덕을 밝혀 새로운 사람이 될 수 있도록 가르쳐야 한다고 본다. 백성을 가르쳐 그들을 새롭게 만드는 것이 바로 신민(新民)이다. 주희는 《대학》을 새로 편찬하면서 고본(古本)《대학》의 친민(親民)을 신민(新民)으로 고쳤다. '친(親)'보다는 '신(新)'이 백성을 새로운 사람으로 만든다는 취지를 더 잘 표현한다고 보았던 것이다. 반면 정약용은, 친민을 신민으로 고치는 것은 옳지 않다고 본다. 정약용은 친민을 백성들이 효(孝), 제(弟), 자(慈)의 덕목을 실천하도록 이끄는 것이라 해석한다. 즉 백성들로 하여금 자식이 어버이를 사랑하여 효도하고 어버이가 자식을 사랑하여 자애의 덕행을 실천하도록 이끄는 것이 친민이다. 백성들이 이전과 달리 효, 제, 자를 실천하게 되었다는 점에서 새롭다는 뜻은 있지만 본래 글자를 고쳐서는 안 된다고 보았다.

① 시는 서정시, 서사시, 극시로 나뉜다.
② 소는 식욕의 즐거움조차 냉대할 수 있는 지상 최대의 권태자다.
③ 언어는 사고를 반영한다는 말이 있는데, 그 예로 무지개 색깔을 가리키는 7가지 단어에 의지하여 무지개 색깔도 7가지라 판단한다는 것을 들 수 있다.
④ 곤충의 머리에는 겹눈과 홑눈, 더듬이 따위의 감각 기관과 입이 있고, 가슴에는 2쌍의 날개와 3쌍의 다리가 있으며, 배에는 끝에 생식기와 꼬리털이 있다.

정답 ③
해설 〈보기〉는 첫째 문장에 대한 예시로 주희와 정약용을 예로 들어 설명하고 있다. 마찬가지로 ③에서도 '언어는 사고를 반영한다.'에 대한 예로 무지개를 들어 설명하고 있다. 한편 〈보기〉는 주희와 정약용의 친민에 대한 해석 차이를 대조의 방식으로도 설명하고 있다.
오답 풀이 ① 유사한 특성을 지닌 대상들을 일정한 기준에 따라 나누어 설명하는 '구분'의 서술방식이다.
② 소를 권태자에 비유하고 있는 '의인법'이다.
④ 구성 요소나 부분들로 나누어 설명하고 있으므로 '분석'의 방식을 사용하였다.

27

다음 글의 내용 파악으로 옳지 않은 것은?

　음식은 매우 강력한 변칙범주이다. 왜냐하면 음식은 자연과 문화, 나와 타인, 내적 세계와 외적 세계라는 매우 중요한 영역의 경계를 지속적으로 넘나들기 때문이다. 따라서 문화적으로 중요한 의미를 지닌 행사들은 늘 식사 대접을 통해 표현되었고, 날로 먹는 문화에서 익혀 먹는 문화로 변형되는 과정 역시 가장 중요한 문화적 과정 중의 하나였다. 이 과정은 음식에 어떠한 인위적인 조리를 가하기 이전에 이미 음식에 대한 개념에서부터 시작되었는데, 비록 문화마다 음식에 대한 범주가 다르긴 하지만 모든 문화는 자연 전체를 '먹을 수 있는 것'과 '먹을 수 없는 것'으로 구분하기 때문이다.
　인간의 위장은 거의 모든 것을 소화시킬 능력이 있기 때문에 식용과 비식용을 구별하는 것은 생리적 근거에 의해서가 아니라 문화적인 토대에 입각한 것이다. 한 사회가 다른 사회를 낯설고 이질적인 사회라고 증명하는 근거로서 자기 사회에서 먹지 못하는 대상을 그 사회에서는 먹고 있다는 식으로 구분하는 무수한 사례를 통해 이 같은 구분이 지닌 중요성을 인식할 수 있다. 따라서 영국인들에게 프랑스인들은 개구리를 먹는 사람들로 알려져 있고, 스코틀랜드 사람들은 해기스(haggis: 양의 내장을 다져서 오트밀 따위와 함께 양의 위에 넣어서 삶은 것)를 먹는 사람으로 알려져 있다. 아랍인들은 양의 눈을 먹기 때문에 영국인들에게 낯선 인종이며 원주민들은 애벌레를 먹기 때문에 이방인 취급을 받는 것이다.

① 음식의 개념과 범위는 문화에 따라 다르게 정해질 수 있다.
② 위장의 소화 능력에 따라 식용과 비식용이 구별되는 것은 아니다.
③ 음식과 음식 아닌 것을 구분하는 가장 중요한 기준은 문화적인 성격을 갖는다.
④ 사람들은 다른 문화의 낯선 음식에 대해서는 야만적이라고 생각한다.
⑤ 문화마다 음식 개념이 다르니만큼, 음식 문화는 상대적인 성격을 갖는다.

정답 ④
해설 자기 사회에서 먹지 못하는 대상을 다른 사회에서 먹고 있으면, 다른 사회를 낯설고 이질적인 사회라고 생각하지만 야만적이라고 생각하지는 않는다. 애벌레를 먹는 원주민도 이방인 취급을 받긴 하지만 야만적이라고 생각한다는 내용은 없다.
오답 풀이 ① 첫째 단락의 마지막 문장에서 문화마다 음식에 대한 개념과 범주가 다르다고 제시였다.
② 둘째 단락의 첫 문장에서 인간의 위장은 거의 모든 것을 소화시킬 능력이 있기 때문에 식용과 비식용을 구별하는 것은 문화적인 토대에 입각한 것이라고 하였다.
③ 모든 문화는 자연 전체를 '먹을 수 있는 것'과 '먹을 수 없는 것'으로 구분한다고 했으므로 음식과 음식이 아닌 것을 구분하는 기준은 문화라고 보아야 한다.
⑤ 문화마다 음식의 개념과 범주가 다르다는 것은 음식 문화가 상대적인 성격을 갖는다고 볼 수 있다.

28

다음 글의 내용에 대한 이해로 가장 적절한 것은?

　비극은 극 양식을 대표한다. 비극은 고대 그리스 시대부터 발전해 온 오랜 역사를 가지고 있다. 비극은 고양된 주제를 묘사하며, 불행한 결말을 맺게 된다. 그러나 비극의 개념은 시대와 역사에 따라 변하고 있다. 그리스 시대의 비극은 비극적 결함이라고 하는 운명의 요건으로 인하여 파멸하는 인간의 모습을 그려 냈다. 근대의 비극은 성격의 문제나 상황의 문제로 인하여 패배하는 인간의 모습을 보여 준다.
　비극은 그 본질적 속성이 역사적이라기보다 철학적이다. 비극의 주인공으로는 일상적인 주변 인간들보다 고귀하고 비범한 인물을 등장시킨다. 그런데 이 주인공은 이른바 비극적 결함이라고 하는 운명적 특징을 지니고 있다. 비극의 관객들은 이 주인공의 비극적 운명에 대한 공포와 비애를 체험하면서 카타르시스에 이르게 된다. 아리스토텔레스는 이 같은 주장에 의해서 비극을 인간의 삶의 중심에 위치시킨다. 아리스토텔레스는 비극의 결말이 불행하게 끝나는 것이 좋다고 보았으나, 불행한 결말이 비극에 필수적이라고는 생각하지 않았다. 사실 그리스 비극 가운데 결말이 좋게 끝나는 작품도 적지 않다.

① 비극적 결함에 의해 파멸되어 가는 인간의 모습을 담은 것이 근대 비극이다.
② 아리스토텔레스는 그리스 비극이 모두 불행한 결말로 끝이 나야 하는 것으로 보았다.
③ 그리스 시대 비극의 특징은 성격이나 상황의 문제로 인해 패배하는 인간의 모습을 보여 준다.
④ 관객들은 비극을 통해 비범한 인간들의 운명에 대한 공포와 비애를 경험하면서 카타르시스에 이르게 된다.

정답 ④
해설 둘째 단락에서 '비극의 주인공으로는 일상적인 주변 인간들보다 고귀하고 비범한 인물을 등장'시키는데, '비극의 관객들은 이 주인공의 비극적 운명에 대한 공포와 비애를 체험하면서 카타르시스에 이르게 된다.'라고 제시하였다.
오답 풀이 ① 첫째 단락에서 비극적 결함에 의해 파멸되어 가는 인간의 모습을 그린 것은 근대 비극이 아니라 그리스 비극이라는 것을 알 수 있다.
② 둘째 단락에서 '아리스토텔레스는 불행한 결말이 비극에 필수적이라고는 생각하지 않았다'라고 하였으므로 적절하지 않다.
③ 첫째 단락에서 성격이나 상황의 문제로 인해 패배하는 인간의 모습을 보여 주는 것은 그리스 시대 비극이 아니라 근대 비극의 특징이라는 것을 알 수 있다.

29

다음 글의 내용과 다른 것은?

> 이른바 '중심 문화'와 '주변 문화'라는 비대칭적인 양분 논리 속에서 후자에 속한 유목 기마 민족의 역사와 문명이 소외당해 온 것은 분명 문명사 연구의 한 오점이다. 왜냐하면 그들은 고대문명을 응징하기 위해 파견된 신의 채찍으로 역사의 그물을 찢고 인류 문명의 한 수레바퀴를 떠밀어 온 위대한 민족들이기 때문이다. 따라서 문명 교류에 미친 영향을 비롯해 그들의 역사와 문명을 제대로 복원하는 것은 미룰 수 없는 문명사적 과제이다.
>
> 지금으로부터 약 1만~7천 년 전 신생대 제4기 충적세에 들어와서 북방 유라시아에 동서로 긴 지리대가 네 개 형성되었다. 즉 북극해에 면한 동토대와 그 이남의 침엽수림대, 북위 50도 부근의 초원 지대, 그리고 북위 40도 부근의 사막 지대이다.
>
> 그중 초원 지대와 사막 지대는 대규모의 관개 수리가 요구되므로 자연 농경은 거의 불가능하다. 그리하여 생계의 유일한 수단은 가축을 기르는 축산업이다. 그런데 축산은 목초가 필요하고, 인간이나 가축의 생명 유지는 수원(水源)이 필수이다. 게다가 계절의 변화는 인간이나 가축의 이동을 유발한다. 그 결과 수원이나 목초를 따라, 그리고 계절의 변화에 적응하기 위해 부단히 이동하고 순회하게 된다. 이렇게 가축을 사양하면서 수초를 찾아 가재와 함께 주거지나 활동지를 옮기는 사람들을 통칭 유목민이라 한다.
>
> 경제적 관점에서 볼 때 유목은 광역적 이동 목축의 주요 행위이며, 성원 대다수가 주기적 목축 이동에 참여하는 특유한 형태의 식량 생산 경제라고 말할 수 있다.

① 유목 기마 민족은 문명 교류에 적지 않은 영향을 미쳤다.
② 초원 지대에서 자연 농경이 거의 불가능한 것은 농업용수의 부족 때문이다.
③ 사막 지대에서 인간이나 가축이 이동해야 하는 문제와 봄, 여름, 가을, 겨울의 순환은 무관하다.
④ 가축을 기르면서 물과 풀을 찾아 주거지를 옮기는 사람들을 유목민이라 부른다.
⑤ 유목인 집단에서는 구성원 대다수가 주기적인 이동에 참여한다.

30

다음의 글과 같은 방식으로 서술된 것으로 가장 적절한 것은?

> 국가 지정 문화재는 국보, 보물, 사적, 명승 등으로 구분할 수 있다. 국보는 보물에 해당하는 문화재 중 그 가치가 크고 유례가 드문 것이고, 보물은 건조물·전적·서적·회화·공예품 등의 유형 문화재 중 중요한 것이다. 사적은 기념물 중 유적·신앙·정치·국방·산업 등으로서 중요한 것이고, 명승은 기념물 중 경승지로서 중요한 것이다. 이 외에도 천연기념물, 중요 무형 문화재, 중요 민속 문화재도 국가 지정 문화재에 속한다.

① 비빔국수를 만들기 위해 애호박, 당근, 양파, 오이는 채를 썰어 준비하고, 달걀은 얇게 부친 후 채를 썹니다. 양념장 재료를 잘 섞어 양념장을 만들고, 국수를 삶은 후 찬물에 헹구어 물기를 뺍니다. 준비된 재료를 고루 무쳐서 고명을 얹으면 비빔국수가 완성됩니다.

② 신사임당은 1504년에 아버지 신명화와 어머니 용인 이씨 사이에서 태어났다. 1522년 19세에 이원수와 결혼하였는데 결혼 후 몇 달 뒤 아버지가 세상을 떠났다. 1536년에는 아들 이율곡을 낳았다.

③ 난생처음 제주 여행을 하였다. 오전에 일찍 성산 일출봉에 올라 아침 해가 떠오르는 것을 보았고, 내려와선 첫 배로 우도에 들어갔다. 해변의 모래가 유리 가루처럼 잘지 않고 알이 굵었다. 점심 무렵에는 우도에서 나와 근처 식당에서 전복죽을 먹었다.

④ 재생 에너지에는 수력, 지열, 풍력 등이 있다. 수력은 가장 전통적인 재생 에너지로서 일찍이 많이 이용되었다. 지열은 우리나라의 지각이 지질학적으로 비교적 안정적이어서 그리 많지 않다. 풍력은 최근 비약적으로 발전하고 있다.

31
2019 국회직 8급

(가)~(마)의 글을 논리적 순서에 맞게 나열한 것은?

(가) 흔히 방언에 따라 발음이 다르다고 하는 것은 이러한 상황을 가리키는 것에 불과하다.
(나) 그런데 언어 변화는 지역에 따라 차이를 보이기도 하고, 동일한 지역이라도 성별이나 연령, 계층 등의 사회적 변수에 따라 달리 진행되기도 한다.
(다) 만약 언어 변화가 모든 지역의 모든 언중에게서 같은 모습으로 나타난다면 발음의 변이란 생길 수가 없다.
(라) 발음의 변이가 나타나는 가장 중요한 이유는 언어 변화가 일률적으로 일어나지 않은 데 있다.
(마) 이처럼 언어 변화가 여러 조건들에 따라 상이하게 이루어지기 때문에 그와 더불어 발음의 변이도 발생하게 된다.

① (가)-(나)-(라)-(마)-(다)
② (다)-(나)-(마)-(라)-(가)
③ (다)-(라)-(나)-(가)-(마)
④ (라)-(가)-(다)-(나)-(마)
⑤ (라)-(다)-(나)-(마)-(가)

정답 ⑤
해설 (라)의 첫 문장은 앞 문장과 연결되는 부사가 없으니 처음에 오는 것이 적절하다. (라)의 마지막 부분에서 언어 변화가 일률적으로 일어나지 않는다고 했는데, (다)에서는 (라)와 반대로 가정을 하며 그러면 발음의 변이가 생기지 않을 것이라고 말하고 있다. (다)를 (라)의 부연 설명으로 볼 수 있으므로 (라)의 뒤에 (다)가 오는 것이 적절하다. 그리고 (나)에서 언어 변화는 지역, 성별, 연령, 계층에 따라 진행된다고 (다)에 대한 반론을 펼치고 있으므로 (다)의 뒤에 (나)가 오는 것이 적절하다. (마)에서 (나)에서 말한 내용들을 이어받고 있으므로 (나)의 뒤에 (마)가 오는 것이 적절하다.

32
2015 지방직 7급

다음 글의 전개 순서로 가장 자연스러운 것은?

(가) 현대 사회에서의 사회 계층은 일반적으로 학력, 직업, 재산이나 수입 등의 요소를 기준으로 구분한다. 이에 따른 사회 계층의 분화가 분명히 상정될 수 있을 때 그에 상응하여 언어 분화의 존재도 인정될 터이지만 현대 한국 사회는 그처럼 계층 사이의 경계가 확연한 그런 사회가 아니다. 언어와 연관해서는 그저 특정 직업 또는 해당 지역의 주요 산업에 의거한 구분 정도가 제기될 수 있을 뿐이다.
(나) 사회 계층은 한 사회 안에서 경제적·신분적으로 구별되는 인간 집단을 말한다. 그러기에 동일한 계층에 속하는 구성원들끼리 사회적으로 더 많이 접촉하며, 상이한 계층에 속하는 구성원들 사이에 그러한 접촉이 훨씬 더 적은 것은 매우 자연스러운 일이다.
(다) 그런데 한 사회를 구성하는 성원들 사이에 접촉이 적어지고 그러한 상태가 오래 지속되면 언어적으로 분화가 이루어진다. 이러한 사실을 고려할 때 사회 계층의 구별이 엄격한 사회일수록 그에 따른 언어 분화가 쉬 일어나리라는 점은 충분히 예상하고도 남는다. 반상(班常)의 구별이 있었던 한국의 전통 사회에서 양반과 평민(상민, 서얼 등)의 언어가 달랐다는 여럿의 보고가 이러한 사실을 뒷받침해 준다.
(라) 그렇더라도 사회 계층에 따른 언어의 변이를 확인하려는 시도가 전혀 없었던 것은 아니다. '잽히다(잡히다)' 등에 나타나는 움라우트의 실현율이 학력과 밀접히 관련된다는 보고는 바로 그러한 시도 중의 하나라 할 수 있다.

① (가) - (다) - (나) - (라)
② (가) - (라) - (나) - (다)
③ (나) - (다) - (가) - (라)
④ (나) - (라) - (가) - (다)

정답 ③
해설 (나)에서 도입이 이루어지고, (다)에서 이를 받으며 중심 화제인 언어적 분화로 흐름을 전환한 후 한국의 전통 사회에서의 언어적 분화를 언급했다. (가)에서는 이를 이어받아 한국의 현대 사회에서의 언어적 분화가 미미함을 언급한 후 (라)에서는 그럼에도 불구하고 현대 사회에서의 언어의 변이(언어적 분화)를 확인하려는 시도가 있었다고 말하고 있다.

33

다음 글의 견해와 가장 거리가 먼 것은?

> "오륜(五倫)에 충실하고 오사(五事)를 옳게 하는 것은 사람의 예절이며, 떼를 지어 다니고 어미 새끼가 서로 부르며 먹이는 것은 짐승의 예절이며, 떨기로 무성하고 가지가 뻗어 나가는 것은 초목의 예절이니, 사람으로서 다른 생물들을 보면 사람이 귀하고 다른 생물들이 천하지만 다른 생물로서 사람을 보면 그들이 귀하고 사람은 천할 것이며, 하늘에서 전체를 보면 사람과 모든 생물이 균등할 것이다."
> – 홍대용, 〈의산문답(醫山問答)〉

① 기질로 말한다면 바르고 통하는 기(氣)를 얻은 것은 인(人)이 되고, 치우치고 막힌 기(氣)를 얻은 것은 물(物)이 된다. 바르고 통하는 가운데도 맑고 흐리며, 순수하고 불순한 구분이 있다. 치우치고 막힌 가운데도 이따금 통하기도 하고 아주 막히기도 하는 차이가 있다.

② 하늘이 명한 바에서 본다면, 범이나 사람이나 다 같이 물(物)의 하나이다. 하늘과 땅이 물(物)을 낳는 인에서 논한다면, 범이나 메뚜기, 누에, 벌, 개미가 사람과 함께 양육되어 서로 어그러질 수 없다.

③ 물(物)에는 저것 아닌 것이 없고 이것 아닌 것이 없다. 그러나 저것으로부터는 보지 못하고 스스로 아는 것만 안다. 그러므로 저것은 이것 때문에 생겨나고 이것은 저것 때문에 생겨난다.

④ 무릇 생명이 있는 것이라면, 사람으로부터 소나 말, 돼지와 염소, 개미 같은 곤충에 이르기까지, 삶을 사랑하고 죽음을 싫어하는 법이라오. 어찌 꼭 큰 생물만이 죽음을 싫어하고 작은 생물은 그렇지 않다 하겠소?

정답 ①

해설 제시문은 사람과 다른 생물이 귀천에 있어 다르지 않다는 것을 말하고 있다. ①은 '인'과 '물'이 서로 다름을 말하고 있어 제시문의 견해와 거리가 멀다.

오답 풀이 ② 범이나 사람이나 다 같이 '물'의 하나라고 설명하고 있다.
③ '물'에는 이것과 저것의 구별이 없다고 설명하였다.
④ 큰 생물이나 작은 생물이나 똑같이 삶을 사랑하고 죽음을 싫어하는 것이라고 설명하였다.

34

다음 글을 읽고 ㉮와 ㉯에 들어갈 말을 바르게 연결한 것은?

> 만약 한글이 만들어지지 않았다면, 지금 우리의 문자 생활은 어떨까? 한문을 쓰고 있을까, 이두나 향찰 같은 표기법을 그대로 쓰고 있을까, 아니면 영어를 쓰고 있을까? 말은 우리말을 했지만 우리 고유의 문자가 없었을 것이니 말을 표기하는 방식은 시대 상황에 따라 여러 차례 변화가 있었을 것이다. 상황이 그러했다면 우리는 다음의 표기 방식 중 하나로 글을 쓰고 있지 않을까?
>
> 나는 학교에 간다.
> (1) 我去學校
> (2) 我隱學校厓去隱如.
> (3) I nun school ae go handa.
> (4) Nanun hakkoyae ganda.
> (5) I go to school
>
> (1)은 한문으로, 이와 같은 표기는 과거 귀족이나 양반계층의 문자 생활을 보여준다. 이러한 문자 생활은 삼국 시대에서부터 조선 시대에 이르기까지 계속되었다. [중략]
>
> (2)와 같은 표기는 과거 서리나 아전 같은 중인 계급의 행정 관리나 승려들이 사용했다. 이는 한문을 우리말 어순에 따라 바꾸고 우리말 토를 한자의 음이나 훈을 이용해 표시한 것으로 (㉮)(이)라 불렸다. 만일 한글이 창제되지 않아 상류층에서 한문을 사용하고 있다면, 행정관리들은 (2)와 같은 방식으로 문자 생활을 할지도 모른다. [중략]
>
> 우리 역사에서 (3), (4), (5)와 같은 표기를 공식적으로 사용한 적은 없다. 그러나 이는 우리가 충분히 상상할 수 있는 표기 방식이다. 오늘날 영어가 세계어로서 그 영향력을 더욱 강하게 떨치고 있기에 이러한 가정은 자연스럽기까지 하다. 우리 고유 문자가 없고, 영어의 위세가 지금과 같다면 사람들은 (3), (4), (5) 중의 한 방법으로 문자 생활을 하고 있지 않을까? 이중에서 (㉯)와/과 같은 표기 방식은 (2)와 같은 (㉮)식 표기 방식을 연상시킨다. 한자 대신 영어가 사용되었을 뿐 그 원리는 같다.
> – 최경봉 외, 〈한글에 대해 알아야 할 모든 것〉

	㉮	㉯
①	이두	(3)
②	이두	(4)
③	향찰	(4)
④	향찰	(5)

정답 ①

해설 ㉮에는 '과거 서리나 아전 같은 중인 계급의 행정 관리나 승려들이 사용했다. 이는 한문을 우리말 어순에 따라 바꾸고 우리말 토를 한자의 음이나 훈을 이용해 표시한 것'으로 미루어 '이두'가 들어가는 것이 가장 적절하다. ㉯에는 이두와 가까운 표기법을 찾으면 되는데, (3)에서 'I, school, go' 등을 사용했고, 'nun, ae' 등을 사용했으므로 (3)이 이두와 가장 가까운 표기라고 할 수 있다.

35

다음 대화에서 밑줄 친 부분의 표현 효과에 대한 설명으로 적절한 것은?

> 김 대리: 늦어서 죄송합니다. 일이 좀 많았습니다.
> 이 부장: <u>괜찮아요. 오랜만에 최 대리하고 오붓하게 대화도 나누고 시간 가는 줄 몰랐네요. 허허허.</u>
> 김 대리: 박 부장님은 오늘 못 나오신다고 전해 달라셨어요.
> 이 부장: 그럼, 우리끼리 출발합시다.

① 자신과 상대방의 의견 차이를 최소화한다.
② 상대방에게 부담이 되는 표현을 최소화한다.
③ 화자 자신에게 혜택을 주는 표현을 최소화한다.
④ 상대방에 대한 비방을 최소화하고 칭찬을 최대화한다.

정답 ②

해설 이 부장은 김 대리가 늦은 상황을 탓하지 않고 있다. 오히려 오랜만에 최 대리와 대화를 나누고 시간 가는 줄 몰랐다며 이 부장의 부담을 덜어주고 있다. 이처럼 상대에게 부담이 되는 표현을 최소화하는 말하기를 '요령의 격률'이라고 한다.

오답 풀이 ① 자신과 상대방의 의견 차이를 최소화하는 것은 '동의의 격률'이다.
③ 화자 자신에게 혜택을 주는 표현을 최소화하는 것은 '관용의 격률'이다.
④ 상대방에 대한 비방을 최소화하고 칭찬을 최대화하는 것은 '찬동의 격률'이다.

36

진행자의 말하기 방식에 대한 설명으로 적절하지 않은 것은?

> 진행자: 안녕하십니까? 오늘은 고령자의 운전면허 자진 반납 제도에 대해 홍○○ 교수님 모시고 말씀 들어 보겠습니다.
> 홍 교수: 네, 반갑습니다.
> 진행자: 나와 주셔서 감사합니다. 우선 이 제도가 어떤 제도인 가요?
> 홍 교수: 지자체마다 조금씩 다르기는 하지만 고령 운전자들이 운전면허를 자발적으로 반납하게 유도하여 고령 운전자에 의한 교통사고를 줄이고자 하는 제도입니다.
> 진행자: 고령 운전자에 의한 교통사고가 심각한가요? 뒷받침할 만한 자료가 있나요?
> 홍 교수: 네. 도로교통공단의 통계에 따르면, 전체 교통사고 대비 고령 운전자에 의한 교통사고 비율이 2014년에는 9.0%였으나 매년 조금씩 증가하여 2017년에는 12.3%를 차지하고 있습니다.
> 진행자: 그렇군요. 아무래도 고령화 사회로 진입하다 보니 전체 운전자 중에서 고령 운전자에 해당하는 비율이 늘었기 때문인 것 같은데요.
> 홍 교수: 네, 그렇습니다. 이전보다 차량 성능이 월등히 좋아진 점도 하나의 요인이 될 것입니다.
> 진행자: 그렇다고 해도 무작정 운전면허를 반납하라고만 할 수는 없을 테고, 뭔가 보완책이 있나요?
> 홍 교수: 네. 지자체마다 차이가 있지만 소정의 교통비를 지급함으로써 대중교통 이용을 권장하고 있습니다.
> 진행자: 취지 자체만으로는 긍정적으로 평가할 수 있을 것 같은데, 혹시 제도 시행상의 문제점은 없나요?
> 홍 교수: 일회성이 문제라고 생각합니다.
> 진행자: 아, 운전면허를 반납한 당시에만 교통비가 한 차례 지원된다는 말씀이군요.
> 홍 교수: 네. 이분들이 더 이상 운전을 하지 않아도 이동권을 확보할 수 있도록 지속적인 지원이 이루어져야 이 제도가 효과를 얻을 수 있습니다.
> 진행자: 그에 더해 장기적으로는 고령자 친화적인 대중교통 인프라를 구축하는 일도 필요할 듯합니다. 교수님, 오늘 말씀 감사합니다.

① 상대방의 의견이 합리적이지 않음을 지적하며 인터뷰를 마무리 짓는다.
② 상대방이 인용한 통계 자료에 대해 자기 나름대로의 해석을 제시한다.
③ 상대방이 제시한 정보 이외에 추가적인 정보를 요구한다.
④ 상대방에게 해당 제도의 시행 배경에 대한 객관적인 근거를 요구한다.

정답 ①

해설 진행자는 '그에 더해 장기적으로는 고령자 친화적인 대중교통 인프라를 구축하는 일도 필요할 듯합니다. 교수님, 오늘 말씀 감사합니다.'라고 말하며 인터뷰를 마무리했다. 지속적인 지원이 필요하다는 상대의 의견에 자신의 의견을 덧붙이고, 상대방에게 감사를 표하며 마무리한 것이다. 상대방 의견에 대한 지적은 하지 않았다.

오답 풀이 ② 고령 운전자에 의한 교통사고 비율이 증가하고 있다는 통계 자료에 대해 진행자는 '아무래도 고령화 사회로 진입하다 보니 전체 운전자 중에서 고령 운전자에 해당하는 비율이 늘었기 때문'인 것 같다며 자기 나름의 해석을 제시하였다.
③ 사회자는 고령 운전자로 인한 사고 비율이 늘어난다는 정보에 대해 '뭔가 보완책이 있나요?'라고 물으며 추가적으로 대안에 대한 정보를 요구하고 있다.
④ 진행자는 '고령 운전자에 의한 교통사고가 심각한가요? 뒷받침할 만한 자료가 있나요?'라고 질문하며 상대방에게 고령자 운전면허 자진 반납 제도를 시행하게 된 객관적인 근거를 요구하고 있다.

37

2019 국가직 9급

토론자들의 말하기 방식에 대한 설명으로 적절한 것은?

> 사회자: 학교 폭력 문제가 나날이 심각해지고 있습니다. 이와 관련해 오늘은 '학교 폭력을 방관한 학생에게도 책임을 물어야 한다'를 주제로 토론을 해 보도록 하겠습니다. 먼저 찬성 측 말씀해 주시죠.
>
> 찬성 측: 친구가 학교 폭력에 의해 희생되고 있는데도 자신에게 피해가 올까 두려워 아무런 조치를 취하지 않는 학생들이 많다고 합니다. 이러한 행동으로 인해 학교 폭력은 점점 확산되고 있습니다. 학교 폭력을 행하는 것을 목격했음에도 어떤 조치도 취하지 않은 것은 폭력에 대해 묵시적으로 동의한 것과 같습니다. 폭력을 직접 행사하는 행위뿐 아니라, 불의에 저항하지 않는 정의롭지 못한 행위에 대해서도 합당한 책임을 물어야 할 것입니다.
>
> 사회자: 다음으로 반대 측 의견 말씀해 주시죠.
>
> 반대 측: 특정 학생에게 폭력을 직접 행사해서 피해를 준 사실이 명백할 때에만 책임을 물을 수 있을 것입니다. 또한 사건에 대한 개입과 방관은 개인의 자율적 의지에 달린 문제이므로 외부에서 규제할 성질의 문제가 아닙니다.
>
> 사회자: 그럼 이번에는 반대 측부터 찬성 측에 대해 반론해 주시지요.
>
> 반대 측: 과연 누구까지를 학교 폭력의 방관자라고 규정지을 수 있을까요? 집에 가는 길에 우연히 폭력을 목격했을 경우, 자신의 친구로부터 폭력에 관련된 소문을 접했을 경우 등 방관자라고 규정하기에는 애매한 경우가 많습니다. 어떠한 행위를 처벌하려면 확고한 기준이 필요한데, 방관자의 범위부터 규정하기가 불명확하다고 볼 수 있습니다.
>
> 찬성 측: 불의를 방관한 행위에 대해 사회가 책임을 묻지 않는다면 이후로도 사람들은 아무런 죄책감 없이 불의를 모른 체하고 방관할 것입니다. 결국 이는 사회 전체의 건전성과 도덕성을 떨어뜨릴 것이고, 정의에 근거한 시민의 고발정신까지 약화시킬 것입니다.

① 찬성 측은 친숙한 상황을 빗대어 자신의 견해를 펼치고 있다.
② 찬성 측은 자신의 경험을 제시하여 논지를 보충하고 있다.
③ 반대 측은 윤리적 방법으로 해결책을 제시하고 있다.
④ 반대 측은 논제에 의문을 제기하여 주장을 강화하고 있다.

정답 ④

해설 이 토론의 논제는 '학교 폭력을 방관한 학생에게도 책임을 물어야 한다'이다. 반대 측은 "어떠한 행위를 처벌하려면 확고한 기준이 필요한데, 방관자의 범위부터 규정하기가 불명확하다고 볼 수 있습니다.", "과연 누구까지를 학교 폭력의 방관자라고 규정지을 수 있을까요?"라고 의문을 제기하여 논제의 '방관자'를 정의하기가 어렵다는 것을 근거로 주장을 강화하고 있다.

오답 풀이 ① 반대 측에서는 집에 가는 길에 폭력을 목격했을 경우와 친구로부터 폭력에 관련된 소문을 접했을 경우 등을 예로 들어 반론을 했다. 친숙한 상황을 제시한 것은 적절하지만 선지에서는 '찬성 측'의 말하기 방식을 묻고 있으므로 적절하지 않다.
② 찬성 측과 반대 측 모두 자신의 경험을 제시하지는 않았다.
③ 반대 측에서는 개인의 자율적 의지는 외부의 규제 대상이 아니라고 주장하고 있다. 방관자들을 처벌하는 것은 개인의 자율적 의지에 대한 침해이고 '방관자'를 명확하게 규정하기 어렵다고 했다. 논제에 대한 반대 의견을 말하였을 뿐, 학교 폭력 방관 문제에 대한 윤리적인 해결책을 제시하지는 않았다.

38

진행자의 말하기 방식에 대한 이해로 가장 적절한 것은?

2018 지방직 7급

> 진행자: 최근 사회적으로 이슈가 되고 있는 노키즈 존(No Kids Zone)에 대한 의견을 들어 보겠습니다. 먼저, 한국대학교 홍○○ 교수입니다. 안녕하세요? 우선 노키즈 존이 정확하게 뭔가요?
> 홍 교수: 사업체마다 조금씩 다르긴 하겠지만 특정 연령 이하 아이들의 출입을 제한하는 공간을 말합니다.
> 진행자: 공공 목적을 가진 곳에서는 그럴 수도 있겠다 싶지만, 상업 시설에서도 그런가요?
> 홍 교수: 네. 음식점이나 카페 같은 곳도 해당됩니다. 서비스의 형평성 문제나 불만으로 인해 전체 매출에 좋지 않은 영향을 끼치는 걸 미연에 방지하고자 하는 거죠.
> 진행자: 아, 어린이 동반 손님을 받다 보면 오히려 다른 손님들을 더 많이 못 받을 수 있다?
> 홍 교수: 네. 아무래도 경영을 하시는 분 입장에서는 그런 취지겠죠.
> 진행자: 피해가 발생하니까 이런 생각을 하시는 것이겠지만 언뜻 특정인들을 위한 전용 버스 운행과 같이 또 다른 차별의 예를 떠올리게 하네요.
> 홍 교수: 많은 분들이 걱정하는 것도 그 부분입니다. 한국 사회가 시장주의 위주로 성장해 오면서 특정 집단에 대한 차별 같은 부분은 깊이 생각해 오지 못한 것은 아닌가 합니다.
> 진행자: 네, 그렇군요. 물론 특정 집단의 차별에 대해 일부 사람들 때문에 피해를 경험했던 분들은 다른 생각을 하실 수도 있을 것 같습니다. 교수님, 오늘 말씀 감사합니다.

① 상대방의 발언에 적극 동조하며 다음 인터뷰를 기약한다.
② 예상되는 반론 가능성을 차단하며 자기의 주장을 관철한다.
③ 사례를 언급하며 상대방이 생각을 더 할 수 있도록 유도한다.
④ 지속적인 질문을 통해 상대방의 태도에 문제가 있음을 환기시킨다.

정답 ③

해설 진행자는 '특정인을 위한 전용 버스 운행'과 같은 예를 들어 노키즈 존과 관련하여 좀 더 생각해 보도록 유도하고 있다. 진행자는 노키즈 존 역시 또 다른 차별이 될 가능성을 언급하였고, 상대방은 특정 집단의 차별 같은 부분은 사람들이 깊게 생각해 보지 못했던 부분이라고 답하였으므로, 상대방이 생각을 더 할 수 있도록 유도했다는 설명은 적절하다.

오답 풀이 ① 진행자는 '공공 목적을 가진 곳에서는 그럴 수도 있겠다 싶지만, 상업 시설에서도 그런가요?'라고 질문하였다. 상대의 말을 일부 인정하고 '상업 시설'과 같은 예외적 경우에도 그런지 질문을 한 것이다. 예외에 대한 가능성을 질문하고 있는 것이므로 상대의 발언에 적극 동조한다고 볼 수 없다. 또한 다음 인터뷰에 대한 기약도 없다.
② 사회자는 반론 가능성을 차단한 것이 아니라, 오히려 다른 생각을 하는 사람들이 있을 것 같다며 반론의 가능성을 열어두고 의견을 제시하였다.
④ 진행자가 홍 교수에게 지속적으로 질문을 하고 있는 것은 맞지만 이 질문은 상대방의 태도를 지적하는 질문이 아니라, 노키즈 존의 개념과 특성에 관련한 것이다. 태도에 문제가 있음을 환기하는 질문은 하지 않았다.

39

'손님'의 말에 나타난 공손성 원리로 가장 적절한 것은?

2017 지방교행직 9급

> 손님: 바쁘실 텐데 초대해 주셔서 감사합니다. 음식이 참 맛있네요. 요리 솜씨가 이렇게 좋으시니 정말 부럽습니다.
> 주인: 뭘요, 과찬이세요. 맛있게 드셨다니 감사합니다.

① 상대방에 대한 비난을 최소화하고 칭찬의 표현을 최대화한다.
② 상대방에 대한 부담은 최소화하고 혜택의 표현을 최대화한다.
③ 자신에 대한 혜택은 최소화하고 부담의 표현을 최대화한다.
④ 자신에 대한 칭찬은 최소화하고 비난의 표현을 최대화한다.

정답 ①

해설 손님은 주인의 요리 솜씨에 대한 칭찬에 주력하고 있으므로 상대방에 대한 비난을 최소화하고 칭찬의 표현을 최대화한 찬동의 격률을 사용한 것이다.

[보충자료] 공손성의 원리 : 상대방에게 공손하지 않은 표현을 최소화하고 공손한 표현을 최대화하는 것

요령의 격률	상대방에게 부담이 되는 표현은 최소화하고, 이익은 극대화하는 표현을 사용한다.
관용의 격률	화자 자신에게 혜택을 주는 표현을 최소화하고, 부담을 주는 표현을 최대화한다.
찬동의 격률	다른 사람에 대한 비방은 최소화하고, 칭찬을 극대화한다.
겸양의 격률	자신에 대한 칭찬은 최소화하고, 비방을 극대화한다.
동의의 격률	자신의 의견과 다른 사람의 의견 사이의 다른 점을 최소화하고, 일치점을 극대화한다.

40

다음 개요에서 알 수 있는 글쓰기 전략으로 가장 적절한 것은?

> Ⅰ. 서론
>   1. 재능 기부 현황과 재능 기부에 대한 인식 실태
>   2. 재능 기부의 의의와 필요성
> Ⅱ. 재능 기부의 장애 요인
>   1. 홍보 부족
>   2. 참여 의식 부족
>   3. 프로그램 영역의 편중
>   4. 기부자와 수혜자의 연계 채널 미비
> Ⅲ. 재능 기부 활성화 방안
>   1. 홍보 강화
>   2. 국민의 공감대 형성
>   3. 프로그램 영역의 다양화
>   4. 연결망 구축
> Ⅳ. 결론

① 재능 기부의 활성화 방안을 간접적으로 제시한 후 재능 기부가 이루어지지 못하는 현실을 개탄하는 내용으로 마무리한다.
② 재능 기부의 필요성을 알리고 재능 기부가 잘 이루어지도록 하기 위해 논의의 초점을 재능 기부의 장애 요인에 맞춘다.
③ 재능 기부의 현황을 토대로 의의와 필요성을 밝히고 재능 기부의 장애 요인을 해결하는 방향으로 활성화 방안을 제시한다.
④ 재능 기부의 필요성과 활성화 방안이 초점이므로 재능 기부의 의의와 필요성을 토대로 재능 기부의 현황과 인식 실태 파악을 이끌어 낸다.

정답 ③
해설 서론에서는 재능 기부의 현황과 인식, 필요성을 알리고 있다. 이후 본론에서는 재능 기부의 장애 요인과 그것을 해결하는 방안을 구체적으로 제시하고 있으므로 적절한 내용이다.
오답 풀이 ① 재능 기부의 활성화 방안으로 '1. 홍보 강화 2. 국민의 공감대 형성 3. 프로그램 영역의 다양화 4. 연결망 구축'이라는 직접적인 방안을 제시하였기에 적절하지 않다.
② 서론에서 재능 기부의 필요성을 알리고 있고, 재능 기부가 잘 이루어지는 방안에 대해 글을 쓴 것은 맞지만 논의의 초점은 재능 기부의 장애 요인이 아니라, 그것을 해결하는 방안이다.
④ 재능 기부의 필요성은 서론에서 언급한 것이다. 서론은 글의 중심 화제를 제시하고 문제를 제기하는 부분이므로, 재능 기부의 필요성은 글의 초점이라고 할 수 없다. 이 글의 초점은 재능 기부의 장애 요인과 그것을 해결하는 방안이다. 재능 기부의 의의와 필요성을 토대로 재능 기부의 현황과 실태 파악을 이끌어 내는 것이 아니라, 재능 기부의 인식과 실태 파악을 바탕으로 그 해결책을 이끌어 내고 있다.

41

〈보기〉를 근거로 판단할 때, ㉠~㉣ 중 적절하지 않은 것은?

> 통일성은 글의 내용이 하나의 주제로 긴밀하게 관련되는 특성을 말한다. 초고의 적절성을 평가할 때에는 글의 내용이 하나의 주제를 드러낼 수 있도록 선정되었는지, 그리고 중심 내용에 부합하는 하위 내용들로 선정되었는지를 검토한다.

> 사람들은 대개 수학 과목이 어렵다고 한다. 하지만 나는 수학 시간이 재미있다. ㉠ 바로 수업을 재미있게 진행하시는 수학 선생님 덕분이다. 수학 선생님은 유머로 딱딱한 수학 시간을 웃음바다로 만들곤 한다. ㉡ 졸리는 오후 시간에 뜬금없이 외국으로 수학여행을 가자고 하여 분위기를 부드럽게 만든 후 어려운 수학 문제를 쉽게 설명한 적도 있다. 그래서 우리 학교에서는 수학 선생님의 인기가 시들 줄 모른다. ㉢ 그리고 수학 선생님의 아들이 수학을 굉장히 잘한다는 소문이 나 있다. ㉣ 내 수학 성적이 좋아진 것도 수학 선생님의 재미있는 수업 덕택이다.

① ㉠
② ㉡
③ ㉢
④ ㉣

정답 ③
해설 이 글의 중심 내용은 수학 시간이 재미있다는 것이다. 수학 선생님이 수업을 재미있게 진행하고(㉠), 졸린 시간엔 분위기를 부드럽게 만들어 쉽게 설명해 주고(㉡) '나'의 수학 성적도 좋아졌다는(㉣) 것은 모두 중심 내용에 부합하는 하위 내용 들이다. 하지만 수학 선생님의 아들이 수학을 잘한다는 내용은 수학 시간이 재미있다는 중심 내용에서 벗어난 내용으로, 글의 통일성을 해치고 있다. 따라서 ㉢은 삭제하는 것이 적절하다.

42

2020 지방직 9급

'청소년 인터넷 중독의 현황과 문제 해결'에 대한 글을 작성하고자 한다. 글의 내용으로 포함하기에 적절하지 않은 것은?

① 국내 최대 게임 업체의 고객 개인 정보가 유출되어 청소년들에게 성인 광고 문자가 대량 발송된 사건을 예로 제시한다.
② 인터넷에 중독되는 청소년의 비율이 해마다 증가한다는 통계를 활용하여 해당 사안이 시급히 해결되어야 할 문제임을 강조한다.
③ 사회성 결여, 의사소통 장애, 집중력 저하 등 인터넷 중독이 야기할 수 있는 부정적 현상들을 열거하여 문제의 심각성을 환기한다.
④ 청소년 대상 인터넷 중독 상담 프로그램의 개발 및 운영을 위해 할당된 예산이 부족하다는 전문가의 의견을 인용하여 해당 문제에 대한 대처가 미온적임을 지적한다.

정답 ①

해설 개인 정보의 유출과 청소년들에게 성인 광고 문자가 발송된 사건은 '청소년 인터넷 중독의 현황'이나 문제 해결 방안과는 무관하다. 개인 정보 유출은 기업의 개인 정보 관리 부주의나 개인 정보 해킹으로 인한 문제점으로 보아야 한다.

오답 풀이 ② 인터넷에 중독되는 청소년의 비율이 증가한다는 통계는 청소년 인터넷 중독의 현황을 보여 주는 자료로 적절하다. 이를 통해 문제 해결의 시급성을 강조할 수 있다.
③ '사회성 결여, 의사소통 장애, 집중력 저하'처럼 인터넷 중독이 야기하는 부정적인 현상들을 구체적으로 열거하면 청소년 인터넷 중독 문제의 심각성을 환기할 수 있으므로 글의 내용에 포함하기에 적절하다.
④ 청소년 인터넷 중독의 문제를 해결하기 위한 상담 프로그램의 개발과 운영에 할당된 예산이 부족하다는 내용은 해당 문제에 대한 대처가 미온적이라는 것을 보여준다. 문제 해결에 대한 적극적인 대처가 필요하다는 내용과 연결될 수 있으므로, 글의 내용으로 포함하기에 적절하다.

43

2019 지방직 7급

다음은 신문 기사의 일부이다. 〈보기〉를 참고할 때 ㉠~㉣에 대한 설명으로 가장 적절한 것은?

㉠ 별 헤는 밤
㉡ - 울산과 부산서 11, 12일 별 축제 열려 -
㉢ 11일과 12일 저녁 울산과 부산에서 가을밤 별자리를 관찰할 수 있는 축제가 잇따라 펼쳐진다.
㉣ 울산광역시와 한국천문연구원은 11일 오후 5시부터 한국우주전파관측망(KVN) 울산전파천문대에서 '울산전파천문대와 함께하는 대한민국 별 축제'를 연다. 이 축제는 울산광역시 생활과학교실과 한국아마추어천문학회가 주관해 2010년부터 해마다 여는, 청소년을 위한 과학 문화 축제이다. [하략]
- 《OO신문》, 2000. OO. OO.

신문 기사에서 '전문'은 기사의 내용을 요약하여 제시한 부분으로, 대체로 육하원칙에 의거하여 기사 내용의 뼈대를 제공한다. 이는 본문을 요약하는 전문, 배경을 설명하는 전문, 여론을 환기하는 전문, 결과를 제시하는 전문 등으로 나눌 수 있다.

① ㉠: 기사 내용을 요약 제시한 전문이다.
② ㉡: 사건의 결과와 함께 원인을 제시한다.
③ ㉢: 육하원칙의 몇몇 요소로 기사의 요지를 제시한다.
④ ㉣: 대중의 관심을 환기하는 전문에 해당한다.

정답 ③

해설 ㉢은 '전문'으로 기사의 내용을 육하원칙에 따라 요약적으로 제시하는 부분이다. 윗글의 전문 역시 육하원칙에 근거하여 언제(11일과 12일 저녁), 어디에서(울산과 부산에서), 무엇을(별자리를 관찰할 수 있는 축제)하는지 요약적으로 설명하고 있다.

오답 풀이 ① ㉠은 '표제'에 해당한다. 기사의 내용을 대표하는 핵심 제목으로, 사건이나 상황을 집약적으로 알리는 역할을 한다.
② ㉡은 '부제'에 해당한다. 표제를 뒷받침하는 보조 제목으로, 표제의 내용을 구체적으로 알리는 역할을 한다.
④ ㉣은 '본문'에 해당한다. 실제 기사 내용을 보조 자료와 함께 상세하게 서술하는 부분이다. 참고로, 기사문에는 내용에 대한 참고 사항이나 설명을 덧붙이는 '해설'이 본문 뒤에 붙기도 하는데, 제시된 지문에서는 '해설' 부분은 없다.

44

2020 지방직 9급

다음 보도 기사별 마무리 표현으로 적절하지 않은 것은?

보도 기사	마무리 표현
소송이나 다툼에 관한 소식	㉠
어느 쪽이 옳다고 말하기 애매한 소식	㉡
사건이 터지고 결과가 드러나기 전 소식	㉢
연예 스캔들 소식	㉣

① ㉠: 모쪼록 원만히 해결되기 바랍니다.
② ㉡: 그 의미를 새삼 돌아보게 됩니다.
③ ㉢: 현재 귀추가 주목되고 있습니다.
④ ㉣: 호사가들의 입방아에 오르내리고 있습니다.

정답 ②

해설 '그 의미를 새삼 돌아보게 됩니다.'라는 마무리 표현은 보도하는 소식의 의미를 강조하거나 환기할 때 쓰는 것이 적절하다. 어느 쪽이 옳다고 말하기 애매한 소식의 경우에는 '귀추가 주목됩니다.'와 같은 표현이 적절하다. 참고로 '귀추'는 '일이 되어가는 형편'을 의미하고, '호사가'는 일을 벌이기 좋아하는 사람이나 남의 일에 특별히 흥미를 가지고 말하기 좋아하는 사람을 의미한다.

MEMO

MEMO

MEMO

MEMO